Bilder – Sachen – Mentalitäten

Heidrun Alzheimer · Fred G. Rausch · Klaus Reder
Claudia Selheim (Hgg.)

Bilder – Sachen – Mentalitäten

Arbeitsfelder historischer Kulturwissenschaften
Wolfgang Brückner zum 80. Geburtstag

SCHNELL + STEINER

Die Abbildungen auf der vorderen Umschlagseite zeigen von links nach rechts:

(1) Überlinger Schwedenmadonna von 1658, Beitrag Alois Schneider
(2) Satteldachtruhe, Beitrag Maierbacher-Legl
(3) Schülerinnen der Nördlinger Landwirtschaftsschule, Beitrag Kilian
(4) Gleichnis vom verlorenen Sohn, Beitrag Bringéus
(5) Altinnsbrucker Tracht, Beitrag Selheim
(6) Tanz beim Würzburger Bürgermahl, Fries-Chronik, Beitrag Wimmer
(7) „Nickneger" des Päpstlichen Missionswerkes, Beitrag Reder
(8) Richard Henschel als „Hahn im Korb", Beitrag Stonus
(9) Jan Steen, Wie die Alten sungen (1665), Beitrag Mohrmann
(10) Nadeletuis aus Oberammergau, Beitrag Zull
(11) Riesenchristus für Wassertrüdingen, Beitrag Thurnwald
(12) Der Evangelist Johannes, Beitrag Hess

Foto des Frontispiz: Arkadiusz Dag

Gedruckt mit freundlicher Unterstützung durch:

Bezirk Unterfranken, Würzburg
Bezirk Mittelfranken, Ansbach
Bischöfliches Ordinariat Würzburg
Frankenbund, Vereinigung für fränkische Landeskunde und Kulturpflege e.V., Gruppe Würzburg
Görres-Gesellschaft, Bonn
Kurtz Holding GmbH Co, Kreuzwertheim-Wiebelbach

Bibliografische Information der Deutschen Nationalbibliothek
Die Deutsche Nationalbibliothek verzeichnet diese Publikation in der Deutschen Nationalbibliografie; detaillierte bibliografische Daten sind im Internet über http://dnb.d-nb.de abrufbar.

1. Auflage 2010

Satz: Vollnhals Fotosatz, Neustadt a. d. Donau
Umschlaggestaltung: Anna Braungart, Tübingen
Druck: Hubert & Co., Göttingen

ISBN 978-3-7954-2323-0

Weitere Informationen zum Verlagsprogramm erhalten Sie unter:
www.schnell-und-steiner.de

Inhaltsverzeichnis

Erzählforschung

Materialien und Realien

Visuelle Kultur

Kulturelles Gedächtnis und Erinnerungsorte

Ritual und Zeichen

Tabula gratulatoria

Privatpersonen

Rüdiger Ahrens, Höchberg
Rainer Alsheimer, Bremen
Heidrun Alzheimer, Bamberg
Hermann Bausinger, Tübingen
Rosemarie Beck, Mühltal
Wolfgang Beck, Steinhöring
Konrad Bedal, Bad Windsheim
Klaus Beitl, Wien
Gertrud Benker, München
Werner K. Blessing, Erlangen
Ulrich Boom, Weihbischof, Würzburg
Stephanie Böß, Bad Windsheim
Gerhard Bott, Fratta Todina
Harm-Hinrich Brandt, Reichenberg
Rolf W. Brednich, Göttingen
Mirco Breitenstein, Dresden
Nils-Arvid Bringéus, Lund
Barbara Brückner, Frankfurt a. M.
Manfred Brückner, Freigericht
Horst Brunner, Würzburg
Piet Buijnsters und Leonine Buijnsters-Smets, Nijmegen
Enno Bünz, Leipzig
Christine Burckhardt-Seebass, Basel
Dominik Burkard, Höchberg
Heinrich L. Cox, Bonn
Gerd Dänekamp, Halstenbek
Bernward Deneke, Bielefeld
Udo Dickenberger, Niddatal
Günter Dippold, Bayreuth
Sabine Doering-Manteuffel, Augsburg
Alois Döring, Bonn
Arkadiusz Drag, Bonn
Daniel Drascek, Lappersdorf
Kurt Dröge, Oldenburg
Michael N. Ebertz, Freiburg
Trude Ehlert, Giebelstadt
Renate Eikelmann, München
Bettina Eimannsberger, Donauwörth
Johannes Erichsen, München
Walter Eykmann, Würzburg
Ute Eymann, Aschaffenburg
Hans Fasold, München
Helmut Flachenecker, Würzburg
Werner Freitag, Münster
Regina Fritsch, Detmold
Andrea Geldmacher, Erfurt
Helge Gerndt, München
Cornelia Göksu, Hamburg-Ottensen
Maria Goldoni, Bamberg
Renate Gollmitz, Berlin
Matthias Gorzolka und Gabriele Gerstmeier, Gerbrunn
Silke Göttsch-Elten, Rumohr
Armin Griebel, Uffenheim
Helmut Groschwitz, Regensburg
G. Ulrich Großmann, Nürnberg
Andreas Grundmann, Münster
Elisabetta Gulli Grigioni, Ravenna
Nikolaus Gussone, Münster
Klaus Guth, Bamberg
Waltraud und Hugo Hahn, Würzburg
Roland Halbritter, Nüdlingen
Notker Hammerstein, Bad Homburg
Gerhard Handschuh, Bamberg
Christine Hans-Schuller, Bamberg
Wolfgang Harms, München
Walter Hartinger, Regensburg
Christian Hecht, Nürnberg
Julia Hecht, Nürnberg
Ingrid Heeg-Engelhart, Würzburg
Hilde Heidelmann, Wertheim
Eva Heller-Karneth, Alzey
Michael Henker, München

Günter Hess, Berg
Andreas Holzem, Tübingen
Barbara Hornberger, Stuttgart
Ernst J. Huber, Basel
Stefan Janson, München
Birgit Jauernig, Hallstadt
Frank Matthias Kammel, Nürnberg
Norbert Kandler, Würzburg
Monika Kania-Schütz, Großweil
Roger Kaysel, Birmenstorf
Bärbel Kerkhoff-Hader, Bamberg
Bettina Keß, Veitshöchheim
Ruth Kilian, Maihingen
Thorkild und Kathrine Kjœrgaard, Nuuk
Eva Klose, Utting
Ulrike Klotz, Krombach
Christel Köhle-Hezinger, Jena
Ines Köhler-Zülch, Göttingen
Theodor Kohlmann, Welver
Konrad Köstlin, Wien
Norbert Kotowski, Pegnitz
Anne Kraft, Karlstadt
Barbara Kruhöffer, Rehburg-Loccum
Hartmut Kühne, Berlin
Stefan Kummer, Würzburg
Christiane Landgraf, Würzburg
Gregor Lechner OSB, Stift Göttweig
Jürgen Lenssen, Würzburg
Friederike Lindner, Rothenburg
Anja Lippert, Aschaffenburg
Detlef Lorenz, Berlin
Günter Lott, Uerikon
Gabriela Löwe-Hampp, Amöneburg-Roßdorf
Petr Lozoviuk, Dresden
Gerhard Lutz, Hamburg
Ellen Maas, Frankfurt a. M.
Franz Machilek, Erlangen
Maria Christa Maennerdoerfer, Siegburg
Gerdi Maierbacher-Legl, Hildesheim
Herbert May, Bad Windsheim
Gert Melville, Dresden
Herlinde Menardi, Innsbruck
Hedda Meyer, Hamburg
Heinz-Peter Mielke, Grefrath
Alberto Milano, Mailand
Ruth E. Mohrmann, Münster
Winfried Müller, Dresden
Angelika Müllner-Pianka, Sulzfeld
Karl B. Murr, Augsburg
Sigrid Nagy, Berlin
Hermann Neubert, Iphofen
Norbert Neumann, Hamburg
Erdmute Nieke, Berlin-Heiligensee
Elisabeth Oehm, Hamm
Judith Orschler, Würzburg
Helmut Ottenjann, Cloppenburg
John Roger Paas, Northfield MN
Martha Pass-White, Northfield MN
Elisabet Petersen, Regensburg
Christa Pieske, Lübeck
Jürgen Plötz, Würzburg
Robert Plötz, Würzburg
Beate Plück-Daecke, Bad Kissingen
Walter Poganietz, Dachau
Walter Pötzl, Neusäß
Michael Prosser-Schell, Freiburg
Jochen Ramming, Würzburg
Fred G. Rausch, München
Barbara Rawitzer, München
Klaus Reder, Würzburg
Rolf Reichardt, Mainz
Bärbel Reißmann, Berlin
Gisela Reschke, Hamburg
Hans Ries, Gilching
Stefan W. Römmelt, Würzburg
Klaus Roth, München
Michael Rüdiger, Hamburg
Sibylle Ruß, Bamberg
Heidemarie Schade, Berlin-Dahlem
Martin Scharfe, Marburg/Lahn
Paul-Werner Scheele, Bischof em., Würzburg
Barbara Schier, München
Elfi Schild von Spannenberg, Schwandorf
Heinz Schilling, Frankfurt a. M.
Margot Schindler, Wien
Heinz Schmidt-Bachem, Düren
Gerhard Schmitt, Heppenheim
Erich Schneider, Schweinfurt
Alois Schneider, Weinstadt
Wolfgang Schneider, Würzburg

Josef H. Schopf, Würzburg
Gertraud und Gerd Schorer, Herrenberg
Thomas Schwämmlein, Sonneberg
Wolfgang Seidenspinner, Eggenstein-Leopoldshafen
Georg Seiderer, Erlangen
Manfred Seifert, Dresden
Claudia Selheim, Nürnberg
Michael Simon, Mainz
Katrin Sohl, Taucha
Birgit Speckle, Würzburg
Beate Spiegel, Oberschönenfeld
Justin Stagl, Salzburg
Monika Ständecke, Pfaffenhofen
Eva Stille, Frankfurt a. M.
Irmela Stock, Weimar
Dagmar Stonus, Würzburg
Richard Strobel, Alzenau
Robert Suckale, Berlin
Lutz Tauber, Remse
J. G. L. Thijssen, Bilthoven
Andrea Thurnwald, Bad Windsheim
Angela Treiber, Nürnberg
Hans-Peter Trenschel, Würzburg
Bernhard Tschofen, Tübingen
Gábor Tüskés, Budapest
Birgit Unger, Würzburg
Hansjörg Uther, Göttingen
Christiane Utsch, Riomaggiore
Jurjien van der Kooi, Groningen
Konrad Vanja, Berlin
Werner Vollmuth, Würzburg
Wassilia von Hinten, Veitshöchheim
Matthias Wagner, Tauberbischofsheim
Karin Walter, Bremen
Inge Weid, Emmering
Albrecht Weiland und Jutta Dresken-Weiland, Regensburg
Dieter J. Weiß, Bayreuth
Max Wiederer, Würzburg
Peter Wiegleb, Waldbrunn
Birgit Wildmeister, Veitshöchheim
Johannes Karl Wilhelm Willers, Nürnberg
Dietmar Willoweit, Würzburg
Erich Wimmer, Würzburg
Norbert Richard Wolf, Würzburg
Heidrun Wozel, Dresden
Dominik Wunderlin, Basel
Walter Zahner
Irene Ziehe, Berlin
Arnold Zingerle, Bayreuth
Gertraud Zull, München

Institutionen

Arbeitskreis Bild Druck Papier, Berlin
Archiv und Bibliothek des Bistums Würzburg
Badisches Landesmuseum Karlsruhe
Bayerisches Nationalmuseum, München
Bezirk Mittelfranken, Ansbach
Bezirk Unterfranken, Würzburg
Bischöfliches Ordinariat Würzburg
Centre d'histoire culturelle des Sociétés contemporaines, Vincennes
Deutsche Gesellschaft für Volkskunde, z. Zt. Tübingen
Fototext Verlag, Stuttgart
Frankenbund, Vereinigung für fränkische Landeskunde und Kulturpflege e.V.
Frankenbund, Vereinigung für fränkische Landeskunde und Kulturpflege e.V., Gruppe Würzburg
Fränkische Schweiz-Museum Tüchersfeld, Pottenstein
Fränkisches Freilandmuseum, Bad Windsheim
Gerätemuseum des Coburger Landes, Ahorn
Germanisches Nationalmuseum, Nürnberg

Görres-Gesellschaft, Bonn
Herzogskasten, Stadtmuseum Abensberg
Institut für Sächsische Geschichte und Volkskunde e.V., Dresden
Institut für Volkskunde der Universität Freiburg
Institut für Volkskunde und Kulturanthropologie der Karl-Franzens-Universität Graz
Iowa State University
Kulturanthropologie / Volkskunde des Instituts für Germanistik, Vergleichende Literatur- und Kulturwissenschaft der Rheinischen Friedrich-Wilhelms-Universität Bonn
Kunstkommission im Bistum Würzburg
Kurtz Holding GmbH Co, Kreuzwertheim-Wiebelbach
Lehrstuhl für Indologie der Universität Würzburg
Lehrstuhl für Europäische Ethnologie / Volkskunde der Universität Würzburg
LVR-Institut für Landeskunde und Regionalgeschichte, Bonn
Meertens Instituut, Amsterdam
Museum europäischer Kulturen – Staatliche Museen zu Berlin – Stiftung preußischer Kulturbesitz, Berlin
Museum Kirche in Franken, Bad Windsheim
Niederrheinisches Freilichtmuseum, Grefrath
Salzburger Landesinstitut für Volkskunde
Sächsische Landesbibliothek – Staats- und Universitätsbibliothek Dresden
Schwäbisches Bauernhofmuseum Illerbeuren
Schweizerische Gesellschaft für Volkskunde, Basel
Staatsarchiv Würzburg
Stadt- und Stiftsarchiv Aschaffenburg
Stadtarchiv und Stadtbibliothek Schweinfurt
Stiftung Deutsches Historisches Museum, Berlin
Verein und Museum für Volkskunde, Wien

Vorwort

Heidrun Alzheimer

Am 14. März 2010 wird Wolfgang Brückner, emeritierter ordentlicher Professor für deutsche Philologie und Volkskunde, 80 Jahre alt. Zu diesem Anlass gratulieren ihm Schülerinnen und Schüler, Kolleginnen und Kollegen mit dieser Festschrift. Sie danken ihm damit für seine wissenschaftliche Begleitung und Förderung, seine Anteilnahme am beruflichen und privaten Werdegang und für seinen ansteckenden Elan, den er sich bis heute bewahrt hat.

Als Sohn eines Lehrers 1930 in Fulda geboren, wuchs Wolfgang Brückner in Oberschlesien auf, legte in Gelnhausen das Abitur ab und studierte an den Universitäten Marburg, München, Kiel und Frankfurt am Main, wo er 1956 promovierte und sich 1964 habilitierte. 1968 wurde er Professor und Leiter des Frankfurter Instituts für Volkskunde, ehe er 1973 dem Ruf nach Würzburg folgte. Brückner hat neben der Publikation zahlreicher Monografien mehrere Reihen und wissenschaftliche Zeitschriften initiiert oder mit herausgegeben, war und ist an mehreren Handwörterbüchern und Enzyklopädien in verantwortlicher Position tätig und kann eine umfangreiche Bibliografie vorweisen.[1] In seinem Engagement für das Germanische Nationalmuseum Nürnberg (1965–2008) sowie als Mitglied des wissenschaftlichen Beirats des Staatlichen Instituts für Sächsische Geschichte und Volkskunde in Dresden (1998–2007) verschaffte er der Disziplin Volkskunde/Europäische Ethnologie über die Grenzen der Universität hinaus Gehör und Gewicht. Einem breiten Publikum ist Wolfgang Brückner bekannt durch die samstägliche BR-Fernsehsendung „Kunst und Krempel", wo er als Experte für sogenannte „Religiöse Volkskunst" mitwirkt.

Als bewundernswert vielseitiger und produktiver Forscher, Lehrer und Berater hat er zahlreiche Schüler und Weggefährten um sich geschart. Er wusste und weiß sie zu immer neuen Themen anzuregen, und sei es durch Provokation. Die Namen der 67 Kolleginnen und Kollegen, die der Einladung folgten, an dieser Festschrift mitzuarbeiten, verdeutlichen die Wertschätzung, die der Jubilar als Mensch und als Wissenschaftler erfährt. Das so entstandene Kompendium spiegelt „seine" Sujets und führt sie zum Teil auf originelle Weise fort. Dabei hat sich ein Panorama gegenwärtiger Forschungsfelder und Fachrichtungen entfaltet, doppelt reizvoll durch das Zusammenwirken verschiedener Forschergenerationen. Hier liegt auch der Grund für eine Besonderheit, für die die Herausgeber um Nachsicht bitten: Die Rechtschreibung folgt teils den alten, teils den neuen Regeln. Das rührt daher, dass einige Autoren ihre Mitarbeit davon abhängig gemacht haben, das überkommene Regelwerk anwenden zu dürfen.

Festschriften herauszugeben, ist ein heikles Unterfangen und hat im Vorfeld des nun erschienenen Werkes zu unterschiedlichen Einschätzungen geführt. Manche hegen den Verdacht, sie seien ein Auffangbecken für andernorts nicht platzierbare Beiträge und warnen vor

1 Wolfgang Brückner, Bibliographie 1954 bis 1990, in: Ulrike Klotz/Brigitte Fidler (Bearb.), Sozialgeschichte regionaler Kultur. Lebenslaufnotizen, Positionsbestimmungen, Bibliographie von Wolfgang Brückner (= VVK 42), Würzburg 1990, S. 93–155. – Wolfgang Brückner, Bibliographie und Gesamtregister zu den „Gesammelten Schriften" (= VVK 88,2), Würzburg 2004. – Wolfgang Brückner, Bibliographie 2004–2010, in: Nachträge III (= VVK 88,4) (in Vorbereitung).

fehlender Selektivität und starker Heterogenität. Um dies zu vermeiden, könnten die Herausgeber enge Themenfelder vorgeben. Im konkreten Fall erachteten sie das nicht für ratsam, denn die Vielfalt der Brücknerschen Einlassungen ist nicht auf einen Nenner zu bringen. Es war klar, dass bei der zu erwartenden großen Zahl eingereichter Manuskripte sich leicht thematische Gruppen bilden lassen würden. Tatsächlich konnte die Redaktion die Texte in sieben Bereiche gliedern, welche die wohl bekanntesten, aber bei weitem nicht einzigen Forschungsfelder des Würzburger Emeritus spiegeln: Frömmigkeit und Konfession – Erzählforschung – Aufklärung als kulturelle Konstante – Materialien und Realien – Visuelle Kultur – Kulturelles Gedächtnis und Erinnerungsorte – Ritual und Zeichen. Es ist nicht möglich, im Rahmen dieses Vorworts alle Aufsätze zu würdigen. Ich kann sie nur impressionistisch akzentuieren.

Die stattlichste Gruppe bilden Beiträge zum Themenkreis „Frömmigkeit und Konfession". Martin Scharfe attestiert dem Jubilar im Entrée der Festschrift lebenslanges „Erkennenwollen", das sich in zahlreichen Rückbezügen innerhalb Brückners eigenem Werk manifestiere. Der Autor greift diesen Gestus auf, indem er sich mit dem Verbrennen geweihter Dinge befasst, deren simple Entsorgung als Müll die angstbesetzte Ehrfurcht verbot. Andere Autoren bewegen sich im eigentlich christlich-religiösen Feld, wenn sie sich mit Geschichte und Gegenwart der *praxis pietatis* beschäftigen.

Ebenfalls breiten Raum nimmt die Erzählforschung ein; das Angebot reicht von mediävistischer Textanalyse bis hin zur Beschäftigung mit der „einfachen Form" des Wellerismus. Diese Abteilung ist – wie die Erzählforschung generell – besonders international ausgerichtet. Hier schreibt der Ungar Gábor Tüskés ebenso mit wie der Schwede Nils-Arvid Bringéus oder die Niederländer Heinrich L. Cox und Jurjien van der Kooi. Sie verdeutlichen die Achtung, die Wolfgang Brückner auch international erfährt.

„Aufklärung als kulturelle Konstante" spannt den Bogen vom 18. Jahrhundert bis in die Gegenwart. Das Kapitel beginnt mit Erörterungen über frühe Zeitungen und Enzyklopädien, in denen (volks-)aufklärerisches Gedankengut greifbar wird und endet mit „Aufklärung" im 20. Jahrhundert durch Anleitung junger Bäuerinnen zu wirtschaftlichem Haushalten.

„Materialien und Realien" liegen Wolfgang Brückner, der als junger Mann während seines Volontariats am Historischen Museum der Stadt Frankfurt am Main selbst praktische Erfahrungen im Umgang mit Dingen gesammelt hat, besonders am Herzen. Die Beschäftigung mit und die Analyse von „Sachen" ziehen sich als Konstante durch sein Arbeiten. Kompaktseminare im Bayerischen und im Germanischen Nationalmuseum gehörten zum festen Bestandteil seiner Lehre. Seine eigenen Aufsätze über Realien füllen allein einen Band seiner „Gesammelten Schriften".[2]

Das Engagement, das Brückner für den seit 1981 bestehenden Arbeitskreis „Bild Druck Papier" aufbringt, schlägt zu Buche in der Abteilung „Visuelle Kultur", die Helge Gerndt mit einem fachtheoretischen Beitrag eröffnet. Die Saat, die Brückner auf diesem Feld gelegt hat, trägt besonders reiche Frucht, ablesbar an Erörterungen über Inkunabeln, handgefertigte Glückwünsche, konfessionell geprägte Drucke, „lebende Bilder" auf Amateurfotografien, historische Postkarten, Graffiti und Karikaturen.

2 Wolfgang Brückner, Volkskunde als historische Kulturwissenschaft. Gesammelte Schriften (= VVK 77 bis 88,4), Würzburg 2000–2010, hier: Bd. 83: Materialien und Realien. Stoffwertigkeiten, Symbolwelten, Zeichensysteme.

Nikolaus Gussone eröffnet den Reigen von Stellungnahmen zum „Kulturellen Gedächtnis“, indem er die Anfänge der Diözesanmuseen rekapituliert. Bettina Keß widmet sich angesichts kürzlich durchgeführter bzw. anstehender Neuaufstellungen volkskundlicher Abteilungen der musealen Repräsentanz unserer Disziplin. Andere Autoren kreisen in diesem Kapitel um den Begriff der Heimat. Armin Griebel befasst sich mit der musikalischen Manifestation von Heimat, indem er die Hintergründe einer populären Melodie beleuchtet, die u. a. in Oberschlesien, wo Brückner aufwuchs, wie in Unterfranken, wo er seit beinahe 40 Jahren zu hause ist, gleichermaßen als „eigen“ erachtet wird. Stefan Kummer wandelt auf den Spuren des ersten Würzburger Professors für mittlere und neuere Kunstgeschichte Fritz Knapp (1870–1938), der seit dem Sommersemester 1909 Übungen zur „Kunst der fränkischen Region“ angekündigt hat, die er ab 1922 „künstlerische Heimatkunde“ nannte. Volkskunde/Europäische Ethnologie – so kann man daraus folgern – ist also nicht nur ein „Kind der Germanistik“,[3] sondern wurzelt auch in der Nachbardisziplin Kunstgeschichte. Die Stationen, die Knapp 1920 auf einer „heimatkundlichen Studienfahrt durch Mainfranken“ besucht hat, kennen Generationen von Würzburger Studierenden durch Exkursionen, die Wolfgang Brückner unermüdlich mit ihnen unternimmt. Die Erschöpfung, die heimwärts alle Teilnehmer außer den Exkursionsleiter erfasst, ist legendär.

Die letzte Gruppe der Beiträge zu dieser Festschrift ist „Ritualen und Zeichen“ gewidmet, die zeitlich den Bogen von der Frühen Neuzeit bis in die Gegenwart spannen: Ruth-E. Mohrmann eröffnet dieses Kapitel mit ihren Nachforschungen über die Art und Weise, wie man im 16. und 17. Jahrhundert ein Trinkgefäß zu halten hatte, Inge Weid schließt es mit ihren Beobachtungen eines aktuellen Rügebrauchs für Väter ohne männliche Nachkommen. Am Ende dieser thematischen Würdigungen steht ein sehr persönlich gefärbter Beitrag von Notker Hammerstein, der aus den Habilitationsakten des Jubilars zitiert. Er zeigt zum einen, gegen welche Zumutungen eine Professorin – Wolfgang Brückner hatte in Mathilde Hain eine Doktor- und Habilitationsmutter – in der von Männern dominierten Welt der Wissenschaften (damals) zu kämpfen hat(te), und er belegt zum anderen, wie reserviert man dem Fach Volkskunde innerhalb der universitären Rangordnung entgegentrat. Wolfgang Brückner hat vorgemacht, dass Widerstände nicht Resignation nach sich ziehen sollten, sondern als Herausforderung begriffen werden können, die zu Höchstleistungen anspornen. Offenbar ein Erfolgsrezept, das jung hält! Ad multos annos!

Die Herausgeber danken allen Autorinnen und Autoren, dass sie uns trotz zum Teil zeitgleicher starker Beanspruchung durch andere Projekte so facettenreiche Beiträge geliefert haben, daneben Elisabet Petersen für das Lektorat und Theresa Osterholzer für die Einrichtung der Tabula gratulatoria. Möglich gemacht haben das Erscheinen großzügige Sponsoren, die im Impressum zu finden sind. Dem Verlag Schnell & Steiner in Regensburg sei herzlich gedankt für die pünktliche Fertigstellung des Werkes zum Geburtstagsfest.

Bamberg, im Februar 2010

3 Wolfgang Brückner, Deutsche Philologie und Volkskunde an der Universität Würzburg bis 1925. Ein Beitrag zur wissenschaftlichen Institutionengeschichte, in: Ders.: Wissenschafts- und Institutionengeschichte der Volkskunde (Gesammelte Schriften, 78), Würzburg 2000, S. 108-141, hier 108.

Frömmigkeit und Konfession

Der Brennwert des Heiligen

Notizen zum Akt des Verbrennens und zur kulturellen Bedeutung des Mals

Martin Scharfe

Der Brücknersche Gestus

Kaum jemand hat vehementer und ausdauernder als Wolfgang Brückner die Auffassung vertreten, Volkskunde sei eine *historische* Kulturwissenschaft; und er hat diese Auffassung nicht nur postuliert, sondern auch in einer Fülle von Studien und Beispielen plausibel zur Anschauung gebracht. Doch das Wissen um die Traditionen, die „nicht zeitlos, vielmehr zeitgebunden" sind, war ihm nie abzutrennen von der Erkenntnis, daß sie ‚zugleich die Zeiten verbinden', und von der Frage, was „die wahren Konstanten menschlicher Lebensgestaltung" seien.[1] Diesen anderen (und notwendigerweise zu einer historisch penibel nachzeichnenden Skizze des Kulturlebens gehörenden) Pol hat Josef Dünninger seinerzeit fast noch stärker markiert mit dem Satz, „die für die Volkskunde entscheidende Frage" sei, „was bei den geschichtlich beobachteten Erscheinungen in der Geschichte *nicht aufgeht*", so „daß sie über ihre Geschichtlichkeit hinaus einer weitergreifenden Interpretation bedürfen".[2]

Kein wirklich historisch orientierter Kulturwissenschaftler wird diese Dialektik negieren können (allenfalls die Betonungen werden sich unterscheiden); und kein wirklicher Wissenschaftler wird übersehen können, daß auch er selbst (als Wissenschaftler) gleichzeitig Vernunftwesen wie Gattungswesen ist (mit allem, was dazugehört: etwa die Triebstruktur) – daß er also selbst einerseits (mit Dünninger zu reden) in der Geschichte ‚aufgeht', andererseits aber auch nicht. Und so ist und bleibt eine der ungelösten, ja kaum je einmal aufgeworfenen Fragen des Erkennens, wie die Themen unseres sich objektiv gebärdenden wissenschaftlichen Interesses mit unserer historisch einmaligen und doch zugleich auch gattungsmäßigen Existenz verknüpft sind.

Historizität ist jedenfalls ein Modus (wenn auch nicht der einzige), der nicht nur die Objekte unseres Erkennens, sondern auch uns selbst – als Erkennenwollende – in der Wolle durchgefärbt hat. Wolfgang Brückner hat an diesen Umstand stets und immer wieder aufs neue erinnert, indem er auf die Geschichtlichkeit – und das heißt zugleich: die Veränderbarkeit – des eigenen Forschens und Denkens verwies. Es ist deshalb kein Zufall, daß sich sein Werk auszeichnet durch zahlreiche Rückbezüge (die sich übrigens durch kein Register erschließen lassen) auf ältere Erkenntnisstände und neuere Erkenntnisveränderungen, auf Positionsmarkierungen und Markierungsverschiebungen. Erkennenwollen, das bedeutet uns dieser Gestus, ist ein lebensgeschichtlicher und lebenslanger Prozeß.

---

1 Wolfgang Brückner, Kontinuitätsproblem und Kulturbegriff in der Volkskunde (1967), in: Hermann Bausinger/Wolfgang Brückner (Hgg.), Kontinuität? Geschichtlichkeit und Dauer als volkskundliches Problem, Berlin 1969, S. 31–46; hier: S. 43.

2 Josef Dünninger, Tradition und Geschichte, in: ebd., S. 57–66; hier: S. 63, Hervorhebung von mir, MSch.

Das Thema Verbrennen

Darf man von diesem Gestus lernen, darf man ihn imitieren? Vor Jahren schon hatte ich eine Problemskizze über den Umgang mit religiösen Objekten, die aus der Mode und außer Gebrauch gekommen sind, eher ertastet und punktiert als mit festem Strich hingezeichnet unter dem in sich selbst widersprüchlichen Titel: Heiliger Müll. Es war eine anspruchslose Aufzählung von Weisen des Umgangs mit ‚heiligem' Abfall, die nicht ohne Absicht den Modus des Verbrennens – als der vielleicht rätselvollsten Art der Vernichtung (oder Sublimierung?) – an den Schluß gestellt hatte unter der kleinen Überschrift: Vom Brennwert des Heiligen.[3] Rätselhaft sind die Akte des Verbrennens (wenn ihnen in den Erzählungen denn das Gelingen gestattet ist!) von ‚heiligen' Dingen insbesondere wegen ihrer Ambivalenz: Denn sie können sowohl verachtende als auch würdigende Bedeutung haben; das allein schon müßte ihnen Aufmerksamkeit garantieren.[4]

Es war also der auf den Vernichtungs- und Ächtungs- oder aber auf den Würdigungsmodus ‚Verbrennen' ausgerichtete Stoff neu zu sichten und zu gruppieren in der Hoffnung und Erwartung neuer Einblicke. Es wird leicht zu begreifen sein, daß sich insbesondere aus der Reflexion der Zwischenresultate – also aus der Betrachtung des Angebrannten, des Brandmals, der Brandspur – Überlegungen ergeben, die an- und aufregender sind als jene, die wir aus der Betrachtung völlig erfolgreicher oder absolut mißglückter Brandstiftungen gewinnen können. Gleichwohl lohnt es sich (wie stets), mit einer schlichten Typologie anzusetzen. Denn Brand ist nicht gleich Brand und Verbrennen nicht stets dasselbe – es scheint ‚gute' Brände zu geben und ‚böse', ‚heilige' Verbrennungen und ‚unheilige'. Ich beginne mit letzteren.

Der unheilige Brand

Von ‚bösen', ‚unheiligen' Bränden könnte man sprechen anläßlich der zahlreichen Mirakelerzählungen, die davon berichten, wie ein Unbefugter, ein Ungläubiger und Religionsverächter, ein Missetäter eben sich am heiligen Ding vergreift dergestalt, daß er es zum Zwecke der Vernichtung anzündet oder ins Feuer wirft; das Resultat der schändlichen Handlung ist denn dann auch (und das ist, wie bald andere Fälle zeigen werden, keineswegs trivial), daß sich das im Objekt steckende ‚Heilige', das Numen, zunächst und vordergründig der Physik unterwirft und die Materie, sein Äußeres also, ganz irdisch verbrennen läßt – so als ob es damit die blasphemische Absicht und die Verworfenheit des Charakters erst richtig sich zum Ausdruck bringen lassen oder sich entlarven lassen wolle; der daraufhin erfolgende überirdische Eingriff – das Mirakel, die wunderbare Bestrafung des Übeltäters – erscheint dann als konsequent und berechtigt.

3 Martin Scharfe, Heiliger Müll. Tastversuche im kulturellen Souterrain, in: Bricolage. Innsbrucker Zs.f. Europäische Ethnologie, H. 2: Müll/Abfall, Innsbruck 2004, S. 27–39. – 1997 hatte ich mich erstmals mit der gegenwärtigen kulturellen Praxis des Verbrennens befaßt; vgl. Martin Scharfe, Böse Geister vertreiben. Volkskundliches Wissen als kulturelle Praxis. Zugleich ein Beitrag zur Brauchforschung, in: Konrad Köstlin/Herbert Nikitsch (Hgg.), Ethnographisches Wissen. Zu einer Kulturtechnik der Moderne, Wien 1999, S. 137–167.

4 Nimmt man die Registerstichworte diverser volkskundlicher Studien als Indiz, ist von solcher Aufmerksamkeit wenig zu spüren; das Wort Verbrennen wird meist unter ‚Feuer' subsumiert. Die ‚Enzyklopädie des Märchens' (seit 1977 erscheinend) hat das Stichwort freilich vorgesehen; im alten ‚Handwörterbuch des deutschen Aberglaubens' taucht es sogar ausdrücklich als Verb (kleingeschrieben!) auf. Vgl. Herbert Freudenthal: verbrennen, in: Hanns Bächtold-Stäubli (Hg.), Handwörterbuch des deutschen Aberglaubens, Bd. 8, Berlin, Leipzig 1936/1937, Sp. 1550–1560.

Solche Strafmirakelberichte sind derart verbreitet und bekannt, daß hier drei Beispiele aus fast beliebig ausgewählten Sagensammlungen leicht hinreichen, das Prinzip deutlich zu machen. Der Revolutionsmann Schunck verbrennt die Wachsfigur des Ortspatrons, des heiligen Wendel, samt Grabkreuzen und muß deshalb nach seinem Tode ‚umgehen'; ein ‚aufgeklärter' Pfarrer ordnet die Verbrennung wächserner Votivgaben an, die Folgen sind ein langwieriges Beinleiden und, bei den Mittätern, eine blatternartige Krankheit; der neue Hofbauer weist seine Mägde an, eine alte Holzfigur des heiligen Ägidius ins Ofenloch zu schieben, wo „das Geraffel" noch zu etwas nütze sei – und das Anwesen brennt bis auf den Grund nieder.[5]

Die Kennerin, der Kenner der Materie hat natürlich längst die Entsprechung von Sanktion und Tat erwartet: Der verruchten Tat folgt die negative Sanktion. Doch müßte das, dem christlichen Gottesbild zufolge, keineswegs zwangsläufig so sein; denn Gott – als der Ganz Andere – läßt sich seine Reaktionen nicht prognostizieren. Deshalb hat der bis heute so erfrischend gebliebene Theologe, Philosoph und Naturforscher Friedrich Christoph Oetinger schon Anfang der 1760er Jahre in einer – fast möchte man sagen: ironischen – Wendung angemerkt: ‚von außen' Gott wirke auf die Menschen ein unter anderem durch „Belohnung und Bestrafung mit oder ohne Proportion des Tugenden und Laster, doch meistens nach Proportion derselben".[6]

Das heißt: Gott hätte sich vorbehalten, wie er – und ob er überhaupt – bestrafe: das Erzählmuster, demzufolge dem Frevel die Strafe folgen *muß*, ist mithin ein Schema der Trivialtheologie, das sich nicht an konfessionelle Grenzen hält.[7] Keineswegs trivial finden muß man indessen einen anderen Skopus der Geschichten vom unheiligen Brand, nämlich die wenigstens latent existierende Einschätzung, die Brandtat habe nicht wirklich zum Ziel geführt; es sei ihr unmöglich, das Heilige zu vernichten; was sie zu zerstören vermöge, sei nur seine äußere, seine irdische, seine physische Hülle.[8]

Der heilige Brand

Wenn das freilich der eigentliche Kern der Geschichten vom unheiligen Brand ist – zwar kann das Äußere vernichtet werden; über Inneres und ‚Geist' aber hat das Feuer keine Macht –, dann sind sie auch nur äußerlich, nicht aber wesentlich zu unterscheiden von einer zweiten Klasse von Erzählungen (ich nenne sie: Erzählungen vom heiligen Brand), in denen das Verbrennen des heiligen Objektes nicht als böse, sondern als gute Tat, nicht als gottlose,

5 Vgl. Will-Erich Peuckert, Westalpensagen (Europäische Sagen, 4), Berlin 1965, S. 144. – Emmi Böck, Sagen aus der Hallertau, Mainburg 1975, S. 172f.; ebd. S. 15 (vgl. dazu auch noch die Anmerkung auf S. 248!).

6 Friedrich Christoph Oetinger (1702–1782), Lebens-Abriß, von ihm selbst entworfen. Genealogie der reellen Gedanken eines Gottesgelehrten (1762), Stuttgart 1849, S. 3. – In der auf einer Edition vom Jahr 1859 beruhenden, aber für eine fromme und wenig gebildete Leserschaft bearbeiteten Ausgabe lautet die hier interessierende Passage: „durch Belohnung und Bestrafung im und ohne Verhältnis zu den Tugenden und Lastern, doch meistens im Verhältnis zu denselben". Ders., Selbstbiographie. Genealogie der reellen Gedanken eines Gottesgelehrten, hg. v. Julius Roessle, Metzingen [3]1990, S. 13.

7 Vgl. dazu Martin Scharfe, „Lebensläufle". Intentionalität als Realität. Einige Anmerkungen zu pietistischen Biographien, in: Rolf Wilhelm Brednich u. a. (Hgg.), Lebenslauf und Lebenszusammenhang. Autobiographische Materialien in der volkskundlichen Forschung, Freiburg i. Br. 1982, S. 116–130.

8 Alfred Messerli weist anläßlich der Geschichten vom unverbrennbaren ‚Paradiesgärtlein' des Johann Arndt auf eine besondere protestantische Note hin: das ‚Wort' (in der spezifisch Lutherischen Betonung!) kann nicht vergehen; vgl. A. Messerli, Die Errettung des Paradiesgärtleins aus Feuers- und Wassernot, in: Fabula. Zs.f. Erzählforschung 38 (1997), S. 253–279; hier: S. 266.

sondern als fromme Handlung gedeutet ist – weshalb man sagen möchte: Es sei allein die ‚gute' oder ‚böse' Gesinnung, die fromme oder unfromme Absicht, welche die ‚heiligen' von den ‚unheiligen' Bränden trenne.

Das heißt also: Während das Verbrennen des Heiligen auf der einen Seite als Ruchlosigkeit gedeutet wird, kann es auf der anderen Seite als die einzig adäquate Weise des auf Zukunft angelegten Umgangs mit dem Heiligen gelten; der heilige Brand wäre also der Versuch, das Heilige durch äußerliche Vernichtung hinüberzuretten. Kronzeuge für diese Haltung ist uns Peter Rosegger, dessen Beobachtungen zur ‚Volksmetaphysik'[9] viel zu wenig beachtet und genützt worden sind: „Das Verbrennen", hat er 1911 notiert, „ist im Volke der beliebteste Vernichtungsprozeß für geweihte Dinge".[10]

Rosegger bietet keine Erklärung für diese zunächst so widersprüchlich erscheinenden Akte. Doch läßt sich leicht denken, daß ihnen ein Amalgam verschiedenster, doch jeweils völlig unbewußter Motive zugrundeliegt, das vom historischen Wissen, das heißt: aus der Praxiserfahrung des rituellen Tuns in Bewegung gesetzt, strukturiert und gesteuert wurde. Diese historischen Aktualisierungen der heiligen Vernichtungshandlungen werden stets von Empfindungen des Schauers und Schauderns begleitet sein über das Wunder des allmählichen Verschwindens, über das Spektakel der Auflösung des Objekts in Hitze, Feuer-Licht, Glut, weiße duftige Asche, warmen Lufthauch, über das Mysterium der Selbstverzehrung. Doch mögen diese von tradierten Handlungsanleitungen geordneten Empfindungen stets noch Spuren und Beimischungen von anderen durchaus herkömmlichen historischen Gefühlserfahrungen aufweisen – Beimischungen und Spuren in unbekannter Stärke und Zusammensetzung, die selbst noch in säkularen (säkularen?) Derivaten wie Feuerbestattung und Müllverbrennung nicht ausgeschlossen werden können.[11]

Zu denken ist hier einmal an die Idee der Opferung, wie sie in den Erzählungen vom Feuertod der Märtyrer, ja selbst noch im modernen Hölderlinschen Mythos vom Selbstopfer des Wissenschaftlers Empedokles[12] perpetuiert wird. Diese Idee fällt ohne Zweifel zusammen mit Reinigungs- und Läuterungsvorstellungen, die sich im kulturellen Projekt eines Purgatoriums verdichtet haben, von dem uns der verbreitete Arme-Seelen-Glaube und -Brauch Kunde gibt; auch hier lassen sich moderne Ausfaserungen beobachten.[13] Doch dieser Vorstellungskomplex wiederum, drittens, scheint innig verflochten zu sein mit der Idee, Feuer vernichte ohne jeden Rest das Bedrohliche, das Böse, das Falsche, wie sie sich sowohl in altherkömmlichen Mythen

9 Ein Ausdruck, den Schopenhauer häufig verwendet – insbesondere in seiner Religionsanalyse. Vgl. z. B. Arthur Schopenhauer, Ueber die Religion, in: ders., Parerga und Paralipomena. Kleine philosophische Schriften, Bd. 2 (1851), Zürich 1988, S. 287–345. Zum ausdrücklich in Analogie zu ‚Volkspoesie' und ‚Volksweisheit' gebildeten Begriff Volksmetaphysik vgl. ders., Die Welt als Wille und Vorstellung, Bd. 2 (1844), Zürich 1988, S. 190.

10 Peter Rosegger, Heimgärtners Tagebuch, Leipzig 1913, S. 317 – so gesehen hat der Aufklärer R. ebd. hinzugesetzt, stehe der Feuerbestattung eigentlich nichts im Wege. – Beispiele für verbrannte Sakramentalien (z. B. geweihte Palmen, geweihte Kräuter) bei Paul Geiger/Richard Weiss, Atlas der schweizerischen Volkskunde. Kommentar, Teil 2. Basel o. J. (1949), S. 144f., 148.

11 Vgl. z. B. Norbert Fischer, Vom Gottesacker zum Krematorium. Eine Sozialgeschichte der Friedhöfe seit dem 18. Jahrhundert, Köln/Weimar/Wien 1996. – Sonja Windmüller, Die Kehrseite der Dinge. Müll, Abfall, Wegwerfen als kulturwissenschaftliches Problem, Münster 2004 (insbes. Kap. III. 4, S. 122–156). – Sabine Manke, Brandt anfeuern. Das Misstrauensvotum 1972 in Bürgerbriefen an den Bundeskanzler. Ein kulturwissenschaftlicher Beitrag zu modernen Resonanz- und Korrespondenzphänomenen, Marburg 2008 (insbes. Kap. VI: Brand(t)bilder, S. 221–344).

12 Vgl. dazu Martin Scharfe, Berg-Sucht. Eine Kulturgeschichte des frühen Alpinismus 1750–1850, Wien/Köln/Weimar 2007, S. 87.

13 Zur Opferidee beim Gipfelfeuer der ersten Ersteigung des Ortlers vgl. ebd. S. 140f., 260f.

vom endgültigen Verbrennen der menschlichen Werke wie auch in den zu neuer Beliebtheit gelangten Feuerbräuchen der Gegenwart ausdrückt.[14]

Die Erleichterung aber über das spurlose Verschwinden des Objektes im Abtun des Verbrennens bildet eine vierte Spur, die eng an einer fünften liegt – ja manchmal gar mit ihr identisch zu sein scheint: Ich meine das Paradoxon der Vorstellung, man könne das Heilige vor dem Vergehen retten, indem man das, was an ihm irdisch ist, zerstöre und vernichte. Da liegt dann auch noch eine letzte Idee parat, die wohl in alle Verbrennungshandlungen hineinfasert, soweit durch sie eben nicht nur das Objekt sich verflüchtigt, sondern auch die Tat selbst ohne äußerliche Spuren bleibt: die Idee nämlich, man könne im Brand selbst noch das Abtun ungeschehen machen, wenn man nur das schlechte Gewissen, soweit es sich rege, unter Kontrolle habe.

Die Verweigerung des Brennwerts

Insofern ist der Schrecken verständlich, über den gelegentlich berichtet ist: der Schrecken im Falle des Nichtverbrennens der ansonsten als brennbar bekannten Materie – also im Falle der Verleugnung oder Verweigerung des Brennwerts. Mit dieser Formel ist gemeint, daß der heilige Stoff – also die irdische Materie, in die sich das Heilige nach dem Dogmenmuster der ‚Fleischwerdung' Gottes notwendigerweise einlassen muß – dem physikalischen Gesetz den Gehorsam verweigert; er entzieht sich unerwartet der Naturgesetzlichkeit; er ist in einer unvorhergesehenen Wendung nicht bereit, den schuldigen physikalischen Brennwert zu liefern. Dieser Ausbruch aus dem naturgesetzlichen Zwangszusammenhang ist das Wunder.

An einschlägigen Mirakelgeschichten besteht kein Mangel, ich kann mich wieder auf wenige Beispielsandeutungen beschränken. Die ins Feuer geworfene Holzfigur des heiligen Sebastian springt aus dem Ofen, so wie sich die Marienstatue auf wundersame Weise aus der Waldkapelle entfernt, bevor diese von der schändlichen Soldateska angesteckt wird.[15] Die mit Heiligkeit aufgeladenen Objekte wie die hölzerne Wallfahrtskapelle von Sammerei oder die drei Figuren der Kreuzigungsgruppe in der Kirche des Stiftes Innichen widerstehen Brandstiftung und Feuer.[16] Doch auch hier wieder schützt die Konfessionsgrenze nicht vor dem Hereinbrechen des Mirakels, denn auch die protestantische Tradition kennt das Unverbrennbare – seien es nun Bilder Martin Luthers[17] oder Exemplare des hochgeschätzten ‚Paradiesgärtleins', des von

14 Zu letzteren nochmals Scharfe, Böse Geister vertreiben (wie Anm. 3). – Zu einem Bericht aus den 60er Jahren des 20. Jahrhunderts, demzufolge ein norddeutscher evangelischer Pfarrer einen unter Denkmalschutz gestellten Kruzifixus des 19. Jahrhunderts („süßlich, sentimental", „ein Ärgernis des Glaubens"!) zersägt und dann – „mit Ernst und voller Glauben" – verbrannt habe, vgl. Harald von Koenigswald, Das falsche Bildnis, in: Evangelisches Gemeindeblatt für Württemberg 62 (1967), Nr. 4 (22. 1. 1967), S. 10.

15 Vgl. Hermann Endrös/Alfred Weitnauer (Hgg.), Allgäuer Sagen, Kempten ^{2}1954, S. 501. – Will-Erich Peuckert (Hg.), Ostalpensagen (Europäische Sagen, 3), Berlin 1963, S. 215f. – Die Gebärde des Aus-dem-Feuer-Springens, eine besonders kraftstrotzende Reaktion des Numen, ist auch schon in der Vita des Dominicus in der Legenda Aurea vorbereitet: den Zettel, auf den der Heilige seine katholischen Glaubensargumente geschrieben hat, können die französischen Ketzer nicht verbrennen, er springt dreimal aus dem Feuer, vgl. Jacobus de Voragine, Die Legenda aurea. Aus dem Lateinischen übersetzt von Richard Benz (1917, 1921), Heidelberg o. J., S. 539. Zu diesem Motiv auf Barockbildern vgl. A. Pigler, Barockthemen. Eine Auswahl von Verzeichnissen zur Ikonographie des 17. und 18. Jahrhunderts, Budapest 1956, Bd. 1, S. 426f.

16 Vgl. Lenz Kriss-Rettenbeck, Bilder und Zeichen religiösen Volksglaubens, München 1963, S. 89 (Abb. 302). – Ludwig Steub, Drei Sommer in Tirol, Stuttgart ^{2}1871, Bd. 2, S. 236.

17 Vgl. Robert W. Scribner, ‚Incombustible Luther': The Image of the Reformer in Early Modern Germany, in: Past and Present 110 (1986), S. 38–68. Ders., Religion und Kultur in Deutschland 1400–1800, Göttingen 2002, S. 387f. (über Unverbrennbarkeit von ‚Sakramentalien' in der protestantischen Kultur).

Johann Arndt verfaßten Erbauungsbuches,[18] dem in späteren Ausgaben „Vierzehen wunderbare Geschichten“ vorangestellt waren, „wie nämlich GOtt der HErr das Paradiesgärtlein sowohl im Feuer, als auch im Wasser unversehrt ganz wunderbar erhalten hat.“[19]

Freilich geht es nicht nur um das Heilige in einem engen christlich-religiösen Sinne, also um ‚christliche Feuerwunder‘ der einen oder anderen Art.[20] Denn es sind zum Teil geradezu widerchristlich besetzte, aber eben dennoch *numinose* Objekte, die den Schutz der Unverbrennbarkeit an sich tragen. So erweist sich das Holz des Baumes, der über einer mysteriösen Grabstelle gewachsen ist, als nicht brennbar. Den Anzug des Teufelsjüngers, auch ein Zauber- und Teufelsbuch kann das Feuer nicht verzehren. Die frevelhafte Hand, die einst die eigene Mutter geschlagen hat, verbrennt nicht[21] – auch in solchen Fällen verleugnet das Objekt seinen Brennwert, bricht aus der Regelhaftigkeit der vernunftgemäßen Alltagserfahrung und der Physik aus und verweist damit auf sein Numen.[22]

Das Brandmal

Wer indessen die numinos begabten Objekte der einen oder anderen Art, die einen Brandanschlag überstanden haben, unvoreingenommen betrachtet, wird bald feststellen, daß sie keinesfalls völlig unversehrt geblieben sind: sie haben Brand-Spuren an sich, sie zeigen Brand-Male – sie sind zwar nicht verbrannt, aber auch nicht mehr unberührt.

Der so kenntnisreiche wie empfindsame Spötter Ludwig Steub hat solche Mirakelwirkungen in das einprägsam-sinnliche Bild von den versengten Hintern der drei Heiligen von Innichen gefaßt: „Unerforschliche Laune der göttlichen Allmacht, welche heute die wunderthätigen Bilder an ihren Hintertheilen anbrennen, sie aber morgen wieder zur Rettung ihrer Ehre vor aller Augen Blut schwitzen läßt!“[23] Viel deutlicher aber sind die Brandspuren an den diversen erhalten gebliebenen Exemplaren des Arndtschen Paradiesgärtleins dokumentiert. Zwar sind sie, so müssen wir vermuten, „nicht ohne Zutun bestimmter ‚Arndtfreunde‘“ zustandegekommen,[24] doch sind wir letzteren zu erkenntnistheoretischem Dank verpflichtet, weil sie uns auf einen so trivial scheinenden wie bemerkenswerten Fakt hinweisen – nämlich

18 Vgl. Bernhard Schreiber, Des geistreichen Herrn Theologi Johann Arndts Paradiesgärtleins wunderbare Rettung in Langgöns in Oberhessen, in: Hess. Bll.f. Volkskunde 12 (1913), S. 143–146. – Hugo Hepding, Johann Arndts Paradiesgärtlein, in: ebd. 18 (1919), S. 113f. – Ders, Johann Arndts Paradiesgärtlein, in: ebd. 26 (1927), S. 182f. – Alfred Messerli, Die Errettung des Paradiesgärtleins (wie Anm. 8). – Jörg Jochen Berns, Herzog August und die Frömmigkeit, in: Sammler, Fürst, Gelehrter. Herzog August zu Braunschweig und Lüneburg, 1579–1666, Wolfenbüttel 1979, S. 365–378, hier bes. S. 365f. – Dem Marburger Kollegen J. J. Berns gebührt auch an dieser Stelle herzlicher Dank für wichtige Anregungen!

19 Johann Arndt, Paradiesgärtlein, voller christlichen Tugenden, wie solche zur Uebung wahren Christenthums durch geistreiche Gebete in die Seelen zu pflanzen [...], Reutlingen 1847, S. 8–19.

20 Vgl. Donald Ward, Feuer, in: EM 4 (1984), Sp. 1066–1083 (Sp. 1072–1074: 6. Christliche Feuerwunder).

21 Vgl. Endrös/Weitnauer (wie Anm. 15), S. 224. – Richard Kühnau, Schlesische Sagen IV. Leipzig/Berlin 1913, S. 205. – Peuckert, Ostalpensagen (wie Anm. 15), S. 76. – Rudolf Schenda, Happel, Eberhard Werner (1647–1690), in: EM 6 (1990), Sp. 510–514; hier: Sp. 512.

22 Die Leserin, der Leser hat längst bemerkt, daß ich es für tunlich halte, die Ambiguität des Heiligen, um Mißverständnisse zu meiden, mit dem von Otto schon vor nahezu einem Jahrhundert in die religionswissenschaftliche Debatte geworfenen Begriff des Numen (oder des Numinosen) zu bezeichnen. Das darf man tun selbst dann, wenn man sich gegen die theologischen Implikationen des Ottoschen Entwurfs sperrt. Vgl. Rudolf Otto, Das Heilige. Über das Irrationale in der Idee des Göttlichen und sein Verhältnis zum Rationalen, 1. Aufl. Breslau 1917. Vgl. dazu Martin Scharfe, Über die Religion. Glaube und Zweifel in der Volkskultur. Köln/Weimar/Wien 2004, S. 235. – Ders., Berg-Sucht (wie Anm. 12), S. 78, 294f.

23 Wie Anm. 16.

24 Berns, Herzog August und die Frömmigkeit (wie Anm. 18), S. 366.

auf einen in unserem Zusammenhang bedeutsamen Unterschied zwischen gedächtnisgebundener und dinggebundener Überlieferung.

Die Objekte können in Augenschein genommen werden, wobei sie den Abnützungs-, Zurichtungs- und Stilisierungsprozessen, welche die Historie der Erzählung begleiten, widerstehen; sie können nicht vergessen wie die Erzählung; sie haben eine andere Erinnerungskompetenz. Die gedächtnisgebundene Überlieferung dagegen, die auf Mündlichkeit gründet (also zum Beispiel die Überlieferung des Rituals, der Wissens- und Erfahrungsbestände, der Erzählungen), zeichnet sich seit jeher durch einen gewissen Rigorismus aus: Sie will deutliche, klare Linien, sie sucht einen unmißverständlichen Skopus, sie mag keine Umschweife, sie ist Simplificateur, zuweilen gar Simplificateur terrible. Sie läßt das in ihren Augen Nebensächliche weg, sie vergißt es einfach. So springt die schon erwähnte Allgäuer Sebastiansfigur nicht einfach nur aus dem Ofen, sie tut das ausdrücklich „unversehrt und ohne Brandmal"[25] und folgt damit einer uralten und weithin ‚unbewußten Regie', die schon die Dramaturgie der alttestamentlichen, im Buch des Propheten Daniel erzählten Geschichte von den drei Männern im Feuerofen bestimmt hatte: Der König Nebukadnezar läßt die drei jüdischen Männer Sadrach, Mesach und Abed-Nego, die seinen goldenen Götzen nicht anbeten wollen, in den „siebenmal heißer" gemachten, glühenden Ofen werfen. Doch siehe da: Ihr Gott ist mächtiger. Alle konnten sehen, lesen wir, „daß das Feuer keine Macht am Leibe dieser Männer bewiesen hatte und ihr Haupthaar nicht versengt und ihre Mäntel nicht versehrt waren; ja man konnte keinen Brand an ihnen riechen."[26]

Hier ist die sinnliche Erfahrung angesprochen. Nichts ist angekohlt, der Sehsinn hat nichts zu tun – nicht einmal der empfindlichste Sinn, der Geruchssinn, wird gefordert. Die Stelle im Buch Daniel ist deshalb so bemerkenswert, weil sie gewissermaßen eine Hierarchie der Sinnesempfindungen benennt, die in der Erzählung außer Kraft gesetzt sind. Ganz anders jedoch die dingliche Überlieferung, wie sie uns in den diversen Exemplaren des angekohlten Arndtschen ‚Paradiesgärtleins' entgegentritt: Der Augenschein, der Geruchssinn kann die Brandspuren des Objektes nicht übergehen, Geruchssinn und Sehsinn können die Brandmale nicht ‚vergessen', weil sie stets aufs neue mit dem Objektzeugen konfrontiert sind. Diese Beobachtung hat Konsequenzen; das Brandmal ist ein eigentümliches kulturelles Element mit verschiedenen Aspekten, von denen hier lediglich zwei noch angedeutet werden sollen: Ambivalenz und Spur.

Die Ambivalenz des Mals

Schon bei der Betrachtung des Aktes des Verbrennens war ja die Zweideutigkeit ins Auge gefallen: die Brände der Bösen, verkürzt gesagt, und die Brände der Guten, unheilige und heilige Brennhandlungen. Eine ähnliche Ambivalenz läßt sich auch hinsichtlich der Resultate unvollständiger Brand-Akte beobachten, also hinsichtlich der Brandspuren und Brandmale.

Im Vordergrund steht hier offenbar meist die negative kulturelle Bewertung, wie sie unsere Alltagssprache bis heute im Verb brandmarken aufbewahrt hat; im Märchen, hat man bemerkt, tritt die Brandmarke vornehmlich als „Signum der Versklavung auf",[27] in vielerlei Sagen das

25 Endrös/Weitnauer (Hgg.), Allgäuer Sagen (wie Anm. 15), S. 501.

26 Daniel 3, 27 (revidierter Luther-Text).

27 Kurt Ranke, Brandmarken, in: EM 2 (1979), Sp. 658–660, hier: Sp. 658.

Brandmal als unauslöschliches und zugleich öffentlich gewordenes und damit verräterisches Zeichen der Begegnung mit dem untoten Toten, dem Wiedergänger, dem Unerlösten,[28] also letztlich mit dem Bösen.[29] Den Titel einer wichtigen Brücknerschen Studie aus den Sechzigern paraphrasierend könnte man unser Thema also nennen: Hand und Unheil.[30]

Es ist deshalb begreiflich, daß die mündliche Überlieferung – ganz nach dem Muster der alttestamentlichen Legende von den drei Männern im Feuerofen – die Brandmale in der Regel ‚vergessen' hat. Nicht nur das – vielmehr wird, etwa in frühen christlichen Martyriumsberichten, expressis verbis betont, man habe an Haut und Haaren und Kleidern der im Feuer erprobten Heiligen keinerlei Brandspuren entdecken können.[31]

Zu diesen älteren Bewertungen des Brandmals als eines gefährlichen, ausliefernden, bösen Zeichens tritt aber – wohl ohne alle historische Entwicklung, also *im Prinzip* (was allein das Recht gibt, von Ambivalenz zu sprechen) – jene andere und positive Bedeutungsaufladung, wie sie sowohl im Begriff des Stigmas erscheint (als Stigmata können einerseits die Brandmarken des Verbrechers, andererseits aber auch die heilbringenden Wundmale Jesu Christi bezeichnet sein) als auch in der Urgeschichte des Kainsmals: zwar wird Kain wegen des Mordes am Bruder Abel von Gott verflucht, gleichwohl aber mit einem schützenden Mal versehen. „Und der Herr", wissen wir aus der biblischen Überlieferung, „machte ein Zeichen an Kain, daß ihn niemand erschlüge, wer ihn fände"[32] – das Mal der Bewahrung aber ist im Grunde zugleich das Mal der Verfluchung.

Vielleicht muß man sich gar nicht mit dem Versuch aufhalten, weitere Spielarten der Ambivalenz des Verbrennens, des Brandmarkens, des Brandmals zusammenzustellen,[33] vielleicht reicht es völlig, einen Aphorismus Georg Christoph Lichtenbergs aus dem Jahr 1776 recht zu bedenken. „Die letzte Hand an sein Werk legen", hat er notiert, „das heißt [es] verbrennen."[34] Damit ist gesagt: Die letzte Verbesserung ist so gut wie die Vernichtung, ja die Vernichtung des Werks im Brand macht erst die Phantasie frei für die höchste, die gelungenste Gestaltung.

---

28 Vgl. Herbert Freudenthal, Das Feuer im deutschen Glauben und Brauch, Berlin/Leipzig 1931, S. 459 (der Wiedergänger verursacht ein Brandmal), S. 461 (die Hand des Wiedergängers brennt sich in Holz ein), S. 462f. (den Feurigen, den Nichterlösten darf man keine Hand geben). Vgl. dazu auch die zahlreichen Beispiele (auch Abbildungen!) aus der Gegenwartskultur bei Leander Petzoldt, Botschaften vom „Dritten Ort". Zum Phänomen der feurigen Hände in der religiösen und okkulten Subkultur der Gegenwart, in: Rhein. Jb. f. Volkskunde 35 (2003/2004), S. 287–304.

29 Die Spur der versengenden Teufelshand ist in Sagensammlungen fast unübersehbar, deshalb hier nur der Hinweis auf zwei Beispiele; vgl. also etwa Ernst Ludwig Rochholz, Naturmythen. Neue Schweizersagen, Leipzig 1862, S. 182. – Wolfgang Brückner (Hg.), Volkserzählung und Reformation. Ein Handbuch zur Tradierung und Funktion von Erzählstoffen und Erzählliteratur im Protestantismus, Berlin 1974, S. 443 (Nr. 119).

30 Vgl. Wolfgang Brückner, Hand und Heil im „Schatzbehalter" und auf volkstümlicher Graphik, in: Anzeiger des Germanischen Nationalmuseums Nürnberg 1965, S. 60–109.

31 Einige Beispiele des ‚ignis impotens', des machtlosen Feuers, bei Heinrich Günther, Legenden-Studien, Köln 1906, S. 23 (Erasmus), S. 69 (Agape und Chionia), S. 87 (die Drillinge Eleusipp, Meleusipp und Speusipp).

32 Genesis 4,15 (revidierter Luther-Text).

33 Wenn man denn eine Tendenz mit dem ja nun wirklich nur mit äußerster Zurückhaltung benutzbaren Ausdruck Säkularisierung belegen möchte, so ist es die dem Zeitalter zugespitzter Kapitalverhältnisse eigene Wendung des Brandmarkens ins Positive: die Brandmarke, das Brandmal als Warenmarke, die sich dem Käufer empfiehlt. Ein frühes Beispiel wäre der ‚Two-Horse-Brand' (ein Stempel auf einem Lederrechteck) am hinteren Hosenbund der Levi's Jeans seit 1886, ein jüngeres die nervöse Diskussion um Marken im zunehmend ökonomisierten Kulturbereich – den Hinweis auf diese Entwicklung verdanke ich Prof. Dr. Karl Braun, Marburg. Vgl. Steffen Höhne/Ralph Philipp Ziegler (Hgg.), „Kulturbranding?" [sic!] Konzepte und Perspektiven der Markenbildung im Kulturbereich, Leipzig 2006 (hier Abb. 3 auf S. 116: Gucci-Brandeisen!).

34 Ich zitiere nach der Ausgabe: Georg Christoph Lichtenberg, Schriften und Briefe, hg. v. Franz H. Mautner, Bd. 1: Sudelbücher, Fragmente, Fabeln, Verse, Frankfurt a. M. 1983, S. 277, in der Numerierung des Herausgebers: F 172. In der kritischen Gesamtausgabe ist der Eintrag als F 173 gezählt; vgl. Georg Christoph Lichtenberg, Sudelbücher I, hg. v. Wolfgang Promies, München 2005, S. 486.

Im Grunde aber liegt solche Erkenntnis schon lange im Begriff der Sublimierung beschlossen, der sowohl die Auflösung der Materie ins Gasförmige meint als auch die Freisetzung und Entfaltung höchster geistig-kultureller Leistung durch geheimnisvolle Transformation der leiblichen Triebenergie.

Zur kulturellen Bedeutung des Mals

Gerade die Möglichkeit der Zerstörung des menschlichen Werks – etwa des Aufgeschriebenen, des Schriftwerks, des Buches – hat wohl schon früh und immer wieder zu Überlegungen Anlaß gegeben: etwa dergestalt, daß man die Frage erörterte, ob mit der massenhaften Verbrennung eines Buches oder mit dem Brand einer Metropolen-Bibliothek auch das darin gespeicherte Wissen vernichtet sei.[35] Es ist eine Frage, die auch im Hinblick auf die mit Absicht veranstalteten Bücherverbrennungen – eigentlich ‚Hinrichtungen' von Büchern – gestellt werden mußte und auch tatsächlich regelmäßig aufgeworfen wurde.[36] Doch hat die historische Untersuchung solcher im Interesse der Zensur veranstalteten Brandakte ergeben, daß selbst die Wächter über die rechte Lehre in sogenannten Irrtumslisten sorgfältig Buch führten über die Inhalte der vernichteten Werke, ja daß wir von der Existenz von Archiven der ketzerischen Literatur ausgehen müssen[37] – daß also die theoretische Neugierde stärker war als der Trieb des Vergessenmachens, und daß auf diese Weise willentlich eine Spur gelegt wurde, die dem Auslöschen des abgelehnten Teils des kulturellen Erbes widersprach.

Der Irrtum sollte also nicht nur ausgerottet – es sollte zugleich an ihn erinnert werden.[38] Die spektulären Akte des Verbrennens eines leblosen Wesens hatten nicht nur „etwas Fürchterliches" an sich, wie ein später Beobachter, Goethe, zu erkennen meinte, sondern sie sorgten auch für „Publizität" des Autors – eigentümlich auch und durchaus in unseren Zusammenhang gehörig eine weitere Notiz des seinerzeit noch jungen Frankfurters: die Menge „haschte begierig" nach den angebrannten Blättern eines exekutierten französischen Romans, die in der Luft herumwirbelten.[39] Das Verbrennen hat also wohl selten den beabsichtigten Erinnerungstod bewirkt, eher vielleicht Aufmerksamkeit; jedenfalls half es, eine Spur der Erinnerung zu legen – teils mit Hilfe der doppelbödigen Institutionen der Archive für Ketzerliteratur und der die Irrtümer fixierenden Listen, teils durch eine ‚List' der Physik, welche die angesengten Bücher (wie Arndts wunderbar erhaltenes ‚Paradiesgärtlein'), die erhaschten verkohlten Blätter (die Goethe erwähnt) und die angebrannten Hintern (über die Steub spottet) der Heiligen zum „Denkmal" werden ließ[40] – zu einem historischen Zeugen also oder zu einem Zeugnis, das Auskunft gibt über kulturelle Attacken und Siege, über Niederlagen und Kompromisse.

35 Vgl. Martin Scharfe, Menschenwerk. Erkundungen über Kultur, Köln/Weimar/Wien 2002, S. 218–225. Zur sagenhaften Zerstörung der Alexandrinischen Bibliothek Luciano Canfora, Die verschwundene Bibliothek. Das Wissen der Welt und der Brand von Alexandria. Aus dem Italienischen von Hugo Beyer, Hamburg 1998.

36 Zu Bücherverbrennungen vgl. z. B. Wolfgang Speyer, Büchervernichtung und Zensur des Geistes bei Heiden, Juden und Christen, Stuttgart 1981. – Hermann Rafetseder, Bücherverbrennungen. Die öffentliche Hinrichtung von Schriften im historischen Wandel, Wien/Köln/Graz 1988.

37 Vgl. dazu Thomas Werner, Vernichtet und vergessen? Bücherverbrennungen im Mittelalter, in: Otto Gerhard Oexle (Hg.), Memoria als Kultur, Göttingen 1995, S. 149–184; hier: S. 170f.

38 Vgl. ebd. S. 181.

39 Johann Wolfgang Goethe, Dichtung und Wahrheit, Frankfurt a. M. 1975. Bd. 1, S. 169.

40 So Alfred Messerli (wie Anm. 8), S. 265.

Der vergleichende Blick aber einerseits auf die Brandmale, die in der erzählenden mythischen Überlieferung erscheinen – als Beispiele dienten das Kainsmal, der Teufelshand-Abdruck, die von den Händen der Armen Seelen versengten Hautstellen –, und andererseits auf die real existierenden, die sichtbaren dinglichen Brandspuren zeigt, daß vor allem die materiellen Objekte Rätselfragen stellen, die verschiedene Lesarten provozieren können. Die religiös-mythische Lesart antwortet uns ungefragt, das Numen habe sich bewiesen, es habe den Brand verhindert oder doch bestraft, das Mal aber sei ein Zeichen seiner Wirkkraft[41] – wenn man so will, ist diese Lesart der Versuch, selbst noch die wirkliche Brandspur am Objekt auch dem empirisch prüfenden Auge und der kritischen Nase als Anzauberung, als numinoses Wunder aufzuschwatzen. Die Brandspur, das Brandmal ist dann ontisch gestiftetes Zeichen. Die zweite Lesart aber, die kritisch-kulturhistorische, erkennt die Brandspur am Objekt als Symptom menschlich-historischen Handelns, das heißt: als Ausdruck sowohl der Dauernsfähigkeit des kulturellen Objekts als auch seiner Veränderbarkeit durch Tat und Bedeutungszumessung.

Im Brand, im Verbrennen hat man wohl seit jeher, wie ja schon die Prometheus-Mythe zeigt, einen zentralen „Kulturfaktor"[42] gesehen: das Feuer nämlich (als Wärme, Licht, Kraft erzeugendes Medium) als Beförderer der menschlichen Kultur oder aber als Störer, ja gar Zerstörer menschlicher Kultur (bis hin zur Ahnung eines apokalyptischen Weltenbrandes) – als Kulturfaktor, will sagen: als bewirkende Kraft. Es hat sich in der Ordnung und Erörterung der Beispiele indes gezeigt, daß uns noch ganz andere Facetten seiner kulturellen Bedeutung vors Auge rücken, wenn wir es nicht nur als Ursache, sondern als Symptom zu begreifen versuchen.

41 Zu ihrem Zeichencharakter vgl. Rainer Wehse, Erkennungszeichen, in: EM 4 (1984), Sp. 180–194.

42 Vgl. dazu das Vorwort (S. 5) des preußischen Branddirektors Gustav Effenberger zu seinem monumentalen Werk: Die Welt in Flammen. Eine Geschichte der großen und interessanten Brände aller Jahrhunderte, Hannover 1913.

Gerechtigkeit als fundierendes Element des mittelalterlichen Mönchtums[1]

Mirko Breitenstein und Gert Melville

Wenn es einen Text gibt, der in seiner Fundamentalität der Nikomachischen Ethik des Aristoteles gleichzusetzen ist, dann ist es die sogenannte „Bergpredigt" Christi (Mt 5,1–7,29). Unübertrefflich in der Präzision der Definition verankert die Nikomachische Ethik die Tugenden des rechten Verhaltens in der immanenten Seinsweise des Menschen als politisch-gesellschaftliches Wesen (*Zoon Politikon*) und begründet sie daraus.[2] Unübertrefflich in der Überzeugungskraft des Wortes verankert die Bergpredigt die Tugenden des rechten Verhaltens in der Transzendenz des menschlichen Seins und begründet sie in Gott.[3] Rechnet die Nikomachische Ethik mit der Vernunft der menschlichen Seele, sich möglicherweise für die Tugenden zu entscheiden, so verpflichtet die Bergpredigt die Seele des Menschen auf die Tugenden. Führen die Tugenden gemäß der Nikomachischen Ethik zum irdischen Glück, so führen sie gemäß der Bergpredigt zum Himmelreich: „Selig, die ein reines Herz haben, denn sie werden Gott schauen" (Mt 5,8). Tugendsam zu sein entscheidet gemäß der Bergpredigt über die Existenz als Mensch, der ein Mensch nur ist, weil er ein Geschöpf Gottes ist.

Mönch zu sein hieß im Mittelalter, die Transzendenz Gottes sich seiner Seele immanent zu machen und Gott durch Liebe und Gehorsam eine Wohnstätte in der Seele zu geben.[4]

---

1 Dieser Beitrag ist Ergebnis eines längeren Diskurses zwischen den beiden Autoren im Rahmen gemeinsamer ordensgeschichtlicher Forschungen am ehemaligen Dresdner Sonderforschungsbereich 537. Gegenwärtig arbeitet Mirko Breitenstein an einem Projekt, mit dem untersucht werden soll, in welcher Weise das abendländische Mönchtum der Umbruchszeit des 11. und 12. Jahrhunderts auf die antiken und die christlichen Gerechtigkeitstraditionen zurückgriff, diese für sich selbst adaptierte und dabei eine ganz spezifische Konzeption von Gerechtigkeit als Leitidee und Ordnungsprinzip der eigenen Lebensform etablierte.

2 Siehe Aristoteles, Werke in deutscher Übersetzung, Bd. 6: Nikomachische Ethik, Berlin [10]1999; vgl. Troels Engberg-Pedersen, Aristotle's Theory of Moral Insight, Oxford 1983; Richard Kraut, Aristotle on the Human Good, Princeton 1989; Bernard Yack, The Problems of a Political Animal: Community. Justice, and Conflict in Aristotelian Political Thought, Berkeley 1993; Mark A. Young, Negotiating the good life. Aristotle and the civil society, Aldershot 2005. Vgl. speziell zu dem hier gestellten Thema: Theodore Scaltsas, Reciprocal Justice in Aristotle's Nicomachean Ethics, in: Archiv für Geschichte der Philosophie 77 (1995), S. 248–262; Dennis McKerlie, Aristotle's Theory of Justice, Southern Journal of Philosophy 39 (2001), S. 119–141. Zur Rezeption der Nikomachischen Ethik seit dem 13. Jahrhundert vgl. István P. Bejczy (Hg.), Virtue Ethics in the Middle Ages. Commentaries on Aristotle's Nicomachean Ethics, 1200–1500 (Brill's Studies in Intellectual History 160), Leiden/Boston 2008.

3 Vgl. Johannes Kuhn (Hg.), Die bessere Gerechtigkeit. Die Bergpredigt zwischen Utopie und Realität, Stuttgart 1969; Andreij Kodjak, A structural analysis of the Sermon on the Mount, Berlin 1986; Marcel Dumais, Le Sermon sur la Montagne. Etat de la recherche, interpretation, bibliographie, Paris 1995; Hans Dieter Betz, The Sermon on the mount. Commentary on the Sermon on the mount including the Sermon on the plain (Matthew 5.3–7.27 and Luke 6.20–49), Minneapolis 1995. Siehe auch zur Wirkungsgeschichte im Mittelalter Birgitta Stoll, ‚De Virtute in Virtutem'. Zur Auslegungs- und Wirkungsgeschichte der Bergpredigt in Kommentaren, Predigten und hagiographischer Literatur von der Merowingerzeit bis um 1200 (Beiträge zur Geschichte der biblischen Exegese 30), Tübingen 1988.

4 Vgl. Gerhard Bauer, ‚Claustrum animae'. Untersuchungen zur Geschichte der Metapher vom Herzen als Kloster, München 1973; Ineke van't Spijker, Fictions of the Inner Life. Religious Literature and Formation of the Self in the Eleventh and Twelfth Centuries, Turnhoult 2004; Gert Melville, Im Zeichen der Allmacht. Zur Präsenz Gottes im klösterlichen Leben des hohen Mittelalters, in: ders. (Hg.), Das Sichtbare und das Unsichtbare der Macht. Institutionelle Prozesse in Antike, Mittelalter und Neuzeit, Köln/Weimar/Wien 2005, S. 19–44.

Für dieses Ziel nahm er den Abschied von der äußeren Welt in Kauf und unterwarf sich unter Verzicht auf einen eigenen Willen den strikten Regeln eines gemeinschaftlichen Lebens im Kloster. Dem Mönch eröffnete die Bergpredigt grundlegende Normen seines Verhaltens, zu denen es existenziell keine Alternative gab: „Ihr seid das Salz der Erde" – hieß es dort – „Wenn das Salz seinen Geschmack verliert, womit kann man es wieder salzig machen? Es taugt zu nichts mehr; es wird weggeworfen und von den Leuten zertreten" (Mt 5,13). Dabei spielte der Umgang mit der Gerechtigkeit eine besondere, ja wesensbestimmende Rolle.[5]

Keine andere Stelle in den vier Evangelien erwähnt den Begriff „Gerechtigkeit" so häufig wie die Bergpredigt: „Selig, die hungern und dürsten nach der Gerechtigkeit, denn sie werden satt werden" (Mt 5,6) – „Selig, die um der Gerechtigkeit willen verfolgt werden, denn ihnen gehört das Himmelreich" (ebd. 5,10) – „Wenn eure Gerechtigkeit nicht weit größer ist als die der Schriftgelehrten und der Pharisäer, werdet ihr nicht in das Himmelreich kommen" (ebd. 5,20) – „Hütet euch, eure Gerechtigkeit vor den Menschen zur Schau zu stellen, sonst habt ihr keinen Lohn von eurem Vater zu erwarten" (ebd. 6,1). „Gerechtigkeit" ist, wie die anderen Tugenden auch, verankert in der Transzendenz göttlicher Segnungen und stellt somit einen Brückenschlag zur Seeligkeit dar.[6]

Weil der Mönch mehr als alle andere Menschen sein Leben der Liebe zu Gott zu widmen gelobte, ist er mehr als alle anderen verpflichtet zur Gerechtigkeit – und er bezeugt dies auch von sich selbst. Petrus Venerabilis, Abt von Cluny in der ersten Hälfte des 12. Jahrhunderts, zum Beispiel spricht davon, daß sich alle Tugenden als Mitwirkende (*cooperatrices*) der Gerechtigkeit zu verstehen haben und sich auf diese bezögen wie Töchter zur Mutter, wodurch gelte: „Wo die Keuschheit, wo die Demut, wo die Aufrichtigkeit, wo die Ehrlichkeit und wo der Gehorsam ist, dort ist die ganze Gerechtigkeit".[7] Sein Zeitgenosse, der große zisterziensische Theologe Bernhard von Clairvaux wiederum mahnte seine Brüder, daß die drei von Paulus dem Titus empfohlenen Tugenden der Besonnenheit, der Frömmigkeit und eben der Gerechtigkeit jene seien, die auch für den Lebenswandel des Mönches in besonderer Weise nötig wären.[8]

Was Mönche von ihrer Verpflichtung wissen, müssen sie zu ihrer Legitimation auch nach außen erfahrbar machen. So hebt David von Augsburg, franziskanischer Prediger und Mystiker im 13. Jahrhundert, hervor: „Unsere Tugenden, die wir wegen der Gebote Gottes oder der Kirche innehaben, oder an die wir durch ein offenkundiges Gelübde gebunden sind, müssen wir den Menschen zeigen; dazu zählen Glaube, Liebe, Gerechtigkeit, Wahrhaftigkeit, Keuschheit, Gehorsam und die Verachtung alles Weltlichen. Wenn die Menschen das an uns nicht sähen, würden sie verärgert und uns für Übertreter unserer Gelübde halten, weil

5 Vgl. generell zur Bedeutung der Gerechtigkeit in der europäischen Kultur Paolo Prodi, Una storia della giustizia dal pluralismo dei fori al moderno dualismo tra coscienza e diritto, Bologna 2000. Für das Mönchtum vgl. vorläufig nur den Beitrag Geoffrey Koziol, The Monastic Idea of Justice in the Eleventh Century, in: Andrew MacLeish (Hg.), The Medieval Monastery (Medieval studies at Minnesota 2), St. Cloud, Minn. 1988, S. 70–76.

6 Zur Konzeption der Tugenden im hohen Mittelalter vgl. jetzt István P. Bejczy/Richard Newhauser (Hgg.): Virtue and Ethics in the Twelfth Century (Brill's studies in intellectual history 130), Leiden/Boston 2005.

7 *Haec est illa caritas non tantum facies, se domnino perficiens iustitiam, ad quam ceterae uirtutes iustitiae cooperatrices, uelut ad matrem filiae respiciunt ... Ibi castitas, ibi humilitas, ibi ueritas, ibi obaedientia, ibi omnis iustitia*; The letters of Peter the Venerable, ed. Giles Constable, Bd. 1, Cambridge Mass. 1967, S. 237.

8 *Unde Apostolus ait: Sobrie et iuste et pie vivamus* [Tit 2, 12] *Haec enim tria sunt conversationi nostrae maxime necessaria*; Bernhard von Clairvaux, In resurrectione sermo secundus, 11, in: Bernhard von Clairvaux, Sämtliche Werke, hg. v. Gerhard B. Winkler, Bd. 8, Innsbruck 1997, S. 260–274, hier S. 272.

sie wissen, daß wir dazu verpflichtet sind."[9] Ein Mönch ist also unter anderem durch seine Gerechtigkeit zu erkennen.

Gerechtigkeit ist eine solch hohe Tugend, weil sie Gott zu eigen ist, weil es um die Gerechtigkeit Gottes selbst geht. „Euch aber muß es zuerst um sein Reich und um seine Gerechtigkeit gehen, dann wird euch alles andere dazugegeben" – heißt es ebenfalls noch in der Bergpredigt (Mt 6,33). Gott ist gerecht.[10] Er hatte die rechte Ordnung geschaffen, die er als „sehr gut" befand, wie es in der Genesis (Gen 1,31) heißt – im aristotelischen Sinne könnte man von einer „kommutativen Gerechtigkeit" sprechen, die hier walten sollte. Auch nachdem diese Ordnung sich durch den Sündenfall – was analog zu Aristoteles einen Bruch der „gesetzlichen Gerechtigkeit" darstellte – als eine gestörte zeigt, wahrt er die rechte Ordnung permanent durch seine eingreifende Gerechtigkeit, die eine „distributive" ist. „Er erweist seine Gerechtigkeit in der gegenwärtigen Zeit," – heißt es im Römerbrief des Paulus[11] – „um zu zeigen, daß er gerecht ist und denjenigen gerecht macht, der an Jesus glaubt." Nach diesem Maß wird er beim Jüngsten Gericht „den Erdkreis in Gerechtkeit richten", wie in der Apostelgeschichte zu lesen ist. *Justus est Deus, sua cuique distribuendo* – „Gerecht ist Gott, indem er jedem das Seine zuteilt", faßte Augustinus zusammen.[12]

Diese Zuteilung von Gerechtigkeit nach Maß des Glaubens wird nicht durch den Gott der Güte gleichsam ausgehebelt.[13] Abt Bernhard von Clairvaux insistierte: „Güte ohne Gerechtigkeit ist keine Tugend."[14] Und mahnend wandte er sich an einen Mitbruder: „Weil du dich also für die uneigennützige Güte Gottes, durch die du ohne dein Verdienst geschaffen worden bist, undankbar zeigst, die Gerechtigkeit aber nicht fürchtest, weil du sie noch nicht kennengelernt hast, und deshalb vermessen Schuld auf dich lädst, für die du dir in falscher Hoffnung Straflosigkeit versprichst, siehe, so wirst du endlich die Gerechtigkeit dessen spüren, den du nur in seiner Güte kennst, und in die Grube stürzen, die du deinem Schöpfer gräbst."[15] Mönche, die um ihr Seelenheil rangen und sich ihrer Fehlerhaftigkeit bewußt waren, erwartete vielmehr die

9 *Bona nostra, ad quae tenemur ex praecepto Dei vel Ecclesiae, vel ad quae ex manifesto voto adstringimur, debemus hominibus ostendere, ut fidem, caritatem, iustitiam, veritatem, castitatem, obedientiam et contemptum mundanorum. Quae si homines in nobis non viderent, cum sciant, nos ad ea teneri, scandalizarentur et reputarent nos praevaricatores voti nostri.* David von Augsburg, De exterioris et interioris hominis compositione, ed. PP. Collegii S. Bonaventurae, Quaracchi 1899, lib. 2, pars 1, cap. 12.1–2 (S. 97f.).

10 Vgl. Arnold Angenendt, Geschichte der Religiosität im Mittelalter, Darmstadt 1997, S. 94ff.

11 Vgl. Peter Stuhlmacher, Gerechtigkeit Gottes bei Paulus, Göttingen ²1966; Erwin Ochsenmeier, Mal, souffrance et justice de dieu selon Romains 1–3. Etude exégétique et théologique, Berlin/New York 2007.

12 Augustinus De ordine libri duo, ed. Pius Knoell, S. Aureli Augustini opera, sect. 1, pars 3 (Corpus scriptorum ecclesiasticorum Latinorum 63), Wien 1922, lib. 1, cap. 7 (S. 19). Vgl. dazu auch Philippe Curbelié, La justice dans La ‚cité de Dieu', Paris 2004.

13 Vgl. die Erörterungen einschlägiger Autoren bei Josef Siegwart, Erziehung, Gerechtigkeit Gottes und Strafe im Psalmenkommentar Manegolds von Lautenbach, in: Carlos-Josaphat Pinto de Oliveira (Hg.), ‚Ordo sapientiae et amoris': Image et message de saint Thomas d'Aquin à travers les récentes études historiques, herméneutiques et doctrinales. Hommage au Professeur Jean-Pierre Torell OP à l'occasion de son 65e anniversaire, Fribourg 1993, S. 595–616; Georg Plasger, Die Macht der barmherzigen Gerechtigkeit Gottes. Die Erkenntnis der Treue Gottes in Jesus Christus nach Anselms ‚Cur Deus Homo', in: Paul Gilbert/Helmut Kohlenberger/Elmar Salmann (Hgg.), ‚Cur deus homo'. Atti del Congresso anselmiano internazionale Roma, 21–23 maggio 1998, Rom 1999, S. 697–708.

14 *Absit tamen ab ejus perfectione, ut quia dulcis est, iustus non sit, quasi simul dulcis et iustus esse non possit, cum melior sit iusta dulcedo quam remissa, immo virtus non sit dulcedo sine iustitia.* Bernhard von Clairvaux, De gradibus humilitatis et superbiae, cap. 33, in: Bernhard von Clairvaux, Sämtliche Werke, hg. v. Gerhard B. Winkler, Bd. 2, Innsbruck 1992, S. 29–135, hier S. 96. Vgl. Basil Pennington, Saint Bernard's steps of humility and pride. An introduction, in: Studia monastica 22 (1980), S. 43–61.

15 *Quia igitur gratuitae Dei bonitati, qua gratis factus es, ingratus existis, iustitiam vero quam expertus non es, non metuis; ideoque audacter committis culpam, de qua tibi falso promittis impunitatem. Iam ecce iustum senties, quem bonum nosti, cadens in foveam, quam paras auctori* […]. Bernhard von Clairvaux, De gradibus humilitatis et superbiae, cap. 33, S. 96.

unbeeinflußbare Gerechtigkeit Gottes als ihres Richters, so daß sie von sich sagen konnten – wie ein anonymer Autor des 12. Jahrhunderts ausführte: „Es beurteilt mich also jener [Gott], dem alle nackt sind und offen stehen, den ich nicht täuschen kann, weil er die Weisheit ist, dem ich nicht entfliehen kann, weil er überall ist, und den ich nicht bestechen kann, weil er die Gerechtigkeit ist.“[16]

Gerecht sein bedeutete also für den Mönch, der vollkommen Gott als Richtmaß in sich aufgenommen hatte, erstens teilzunehmen am Prinzip der gerechten Ordnung, zweitens teilzunehmen an dem Heilswerk Gottes – dem *opus restaurationis*[17] – und drittens teilzunehmen am richterlichen Handeln Gottes, das demjenigen dasjenige zuteilt, was er verdient. Die beiden ersten Formen dieser Partizipation umschließen den Mönch in passiver Weise gewissermaßen ontologisch und soterologisch, die letztere verlangen von ihm selbst eine soziale, kommunikative Aktivität: gerechtes Handeln. Um diese Form der Gerechtigkeit, die am stärksten im Mittelpunkt des klösterlichen Lebens stand, soll es nun im folgenden zunächst gehen.

Die distributive und damit eine – nach christlicher Vorstellung – dem göttlichen Handeln analoge Gerechtigkeit war bekanntlich bereits eine antike Kategorie vornehmlich des obrigkeitlichen Handelns. Von Cicero (*De legibus* 1, 6, 19 oder *De officiis* 1, 5, 15) tradierte sich das Schlagwort *suum cuique*[18] in das *Corpus Iuris Civilis* – genauer gesagt: in die *Institutiones* Justinians[19] –, floß nachfolgend in die kanonistischen und legistischen Diskurse des hohen Mittelalters[20] und wurde ab dem 12. Jahrhundert auf dieser Basis neben der Goldenen Regel auch eine der wichtigsten Maßgaben für christliche Herrscher.[21] Für das mittelalterliche Mönchtum war eine andere Quellengrundlage wichtiger: Augustinus nämlich,[22] der von der distributiven Gerechtigkeit sagte, sie sei jene Tugend, die jedem das Seine zuteile (*Justitia porro ea virtus est, quae sua cuique distribuit*), und ihre Wirkung sei dabei, den Zuteilenden in eine gottzugewandte Haltung von Seele und Körper zu bringen.[23] Distributive Gerechtigkeit auszuüben bedeutete also für den Mönch, sich Gott durch analoges Handeln anzunähern und so wiederum auch seine soterologische Teilhabe an Gottes Gerechtigkeit zu verstärken.

Distributive Gerechtigkeit, wie sie in der Formulierung *Suum* oder *sua cuique* Ausdruck fand, ist jedoch keineswegs einheitlicher Maßstab der Zuteilung von Rechten oder Pflichten, Gütern oder Lasten. Sie kann vielmehr als egalisierende, leistungsabhängige oder aber bedarfsabhängige Gerechtigkeit begegnen.[24] In ihrer praktischen Umsetzung meint egalisierende Gerechtigkeit die Zuteilung von in Quantität wie Qualität gleichwertigen Gütern bzw. von

16 *Judicet ergo me ille, cui omnia nuda sunt et aperta: quem fallere non possum, quia sapientia est; nec effugere, quia ubique est; neque corrumpere, quia justitia est*; De interiori domo, cap. 27, in: Migne, PL 184, Sp. 507–552, hier Sp. 545

17 Vgl. Alois Dempf, Weltordnung und Heilsgeschichte, Einsiedeln 1958; Amos Funkenstein, Heilsplan und natürliche Entwicklung. Formen der Gegenwartsbestimmung im Geschichtsdenken des hohen Mittelalters, München 1965.

18 Frederic L. Cheyette, ‚Suum cuique tribuere‘, in: French historical studies 6 (1970), S. 287–299; Wolfgang Waldstein, Ist das ‚suum cuique‘ eine Leerformel?, in: Studia et documenta historiae et iuris 61 (1995), S. 179–216

19 Corpus Iuris Civilis, 1: Institutiones ed. Paulus Krueger, Berlin [24]1963, 1, 1, 3.

20 Vgl. István P. Bejczy, Law and Ethics. Twelfth-Century Jurists on the Virtue of Justice, in: Viator 36 (2005), S. 197–216.

21 Vgl. Knut Görich, ‚Rex iustus et pacificus‘. Der Herrscher als schlichtender Richter und als interessierte Partei in staufischer Zeit, in: Rolf Ballof (Hg.), Geschichte des Mittelalters für unsere Zeit, Stuttgart 2003, S. 249–261.

22 Zum Vergleich zwischen Cicero und Augustinus siehe Christoph Horn, Politische Gerechtigkeit bei Cicero und Augustinus, in: Etica & Politica/Ethics & Politics, 9.2 (2007), S. 46–70.

23 Vgl. Karl Lucks, Die Gedanken des Aurelius Augustinus über das Naturrecht und die Gerechtigkeit. Eine rechtsphilosophische Untersuchung, Köln 1957.

24 John E. Roemer, Theories of distributive justice, Cambridge, Mass 1998; Samuel Fleischacker, A short history of distributive justice, Cambridge, Mass. 2004; für das frühe Mittelalter vgl. jetzt Bettina Emmerich, Geiz und Gerechtigkeit. Ökonomisches Denken im frühen Mittelalter (Vierteljahrschrift für Sozial- und Wirtschaftsgeschichte, Beihefte 168), Stuttgart 2004.

identischen Rechten – jedem das Gleiche; leistungsabhängige Gerechtigkeit bedeutet die Ausrichtung von Quantität und Qualität des zugewiesenen Kapitals bzw. die Orientierung gewährter Rechte an einer erbrachten Leistung – jedem nach seiner Leistung. Von bedarfsabhängiger Gerechtigkeit spricht man wiederum dann, wenn konkrete persönliche Bedürfnisse als Maßstab bei der Zuteilung von Gütern oder der Gewährung von Rechten fungieren – jedem nach seinen Bedürfnissen.

Zur Praktizierung von Gerechtigkeit bedurfte es also einer bestimmten Fähigkeit der Differenzierung, um nicht durch verfehlte Gerechtigkeit geradewegs ungerecht zu handeln. Diese Fähigkeit hatte bereits im frühen Mönchtum einen Begriff gefunden: *discretio*. Schon bei Cassian im 5. Jahrhundert, der entscheidend die allgemeine Entwicklung des abendländischen Mönchtums geprägt hat, liest man, daß die *discretio* die „Mutter und Bewahrerin aller Tugenden" sei.[25] Dieses Bild von der Unterscheidungsgabe als höchster Rahmen der Tugenden zieht sich von da an durch die Geschichte des monastischen Lebens. Bernhard von Clairvaux zum Beispiel wird später sagen: „Damit also der, der läuft, nicht ins Verderben läuft, muß er vom Licht der klugen Unterscheidung (*discretio*) erleuchtet werden; sie ist die Mutter der Tugenden und die Krönung der Vollkommenheit, sie lehrt, weise Maß zu halten."[26] Abaelard, sein Kontrahent und unter anderem Abfasser einer Klosterregel, sprach noch präziser die funktionale Bedeutung von *discretio* an. Sie werde benötigt bei der gerechten Verteilung: Wenn man nämlich etwas richtig anbiete, es aber nicht richtig zuweise, sündige man.[27]

Es lag in der spirituellen und organisatorischen Struktur des Mönchtums, daß sich schon früh im zönobitären Zusammenleben eine Hierarchie der Kompetenz und damit der Autorität herausgebildet hatte, die ihre Transzendenz in der Anbindung des Hauptes an die Allmacht Gottes hatte. Am ausgefeiltesten finden wir dies in der Regel des Heiligen Benedikts aus dem 6. Jahrhundert, die den Abt eines Klosters als Stellvertreter Christi deklariert und ihn nach dessen Weisungen handeln läßt. Somit ist es dort der Abt, auf dem allein die Last und Verantwortung der distributiven Gerechtigkeit im Kreise seiner Gemeinschaft liegt. „Er muß wissen" – heißt es im Regeltext – „welch schwierige und mühevolle Aufgabe er auf sich nimmt: Menschen zu führen und der Eigenart vieler zu dienen. Muß er doch dem einen mit gewinnenden, dem anderen mit tadelnden, dem dritten mit überzeugenden Worten begegnen. Nach der Eigenart und Fassungskraft jedes einzelnen soll er sich auf alle einstellen und auf sie eingehen."[28] Er hatte also in besonderem Maße die Fähigkeit zur *discretio* aufzuweisen. Die Regel weist ihn an, bei allen geistlichen wie weltlichen Aufträgen genau zu unterscheiden und Maß zu halten. Wörtlich heißt es: „Diese und andere Zeugnisse maßvoller Unterscheidung (*discretio*), der Mutter aller Tugenden, beherzige er. So halte er in allem Maß, damit die Starken finden, wonach sie verlangen, und die Schwachen nicht davon

25 Johannes Cassian, Collationes XXIIII, coll II.11, in: Iohannis Cassiani Opera, Bd. 2, ed. Michael Petschenig (CSEL 13), Editio altera, supplementis aucta curante Gottfried Kreuz, Wien 2004, S. 51. Siehe im Überblick Gabriel Busch, Discretio est mater virtutum. Ein Versuch zur Entwicklungsgeschichte der Discretio und des Mönchsethos, Bonn 1950.

26 *Ergo ne incurrat, qui currit, illuminari necesse est lumen discretionis, quae mater virtutum est et consummatio perfectionis.* Bernhard von Clairvaux, In cicumcisione Domini, in: Bernhard von Clairvaux, Sämtliche Werke, hg. von Gerhard B. Winkler, Bd. 7, Innsbruck 1996, S. 283–319, sermo 3.11 (S. 316). Vgl. Edith Scholl, The mother of virtues: discretio, in: Cistercian studies quarterly 36 (2001), S. 389–401.

27 *Est enim discretio mater omnium virtutum. Etsi recte offeras, sed non recte dividas, peccasti*, Petrus Abaelardus, Sermo XXX. De eleemosyna, pro sanctimonialibus de Paraclito, in: Migne, PL 178, Sp. 567f.

28 Benedicti regula, ed. Rudolf Hanslik (Corpvs scriptorum ecclesiasticorum latinorum 75), Wien [2]1977, cap. 2, 31f.: *Sciatque quam difficilem et arduam rem suscipit regere animas et multorum servire moribus, et alium quidem blandimentis, alium vero increpationibus, alium suasionibus; et secundum uniuscuiusque qualitatem vel intellegentiam, ita se omnibus conformet et aptet …*

laufen."[29] Papst Gregor der Große bezeichnete von daher die Regel des Benedikts als *discretione praecipua*.[30]

Dem Abt war also aufgetragen, mit Hilfe der *discretio* sein Amt in Gerechtigkeit auszuüben. „Sein Befehl und seine Lehre sollen wie ein Ferment der göttlichen Gerechtigkeit – der *divina iustitia* – die Herzen der Jünger durchdringen", heißt es.[31] Ihm müssen diese gehorchen, wie er seinerseits „alles vorausschauend und gerecht ordnen muß" (*et ipsum provide et iuste condecet cuncta disponere*).[32]

Die Benediktsregel selbst verlangt, wie es im Prolog heißt, *nihil asperum, nihil grave* – nichts Herbes, nichts Schweres. Mit der Regel steht dem Abt ein Dokument zur Verfügung, zu dessen Prinzipien vor allem das Ideal des rechten Maßes zählt.[33] Sei es bei der Zuteilung des Notwendigen allgemein, der Zuteilung von Kleidung, der Speisen und der Getränke oder bei der Zuweisung von Arbeit, bei der Behandlung von Alten, Kindern und Kranken oder bei der Praxis der Bestrafungen. Eindringlich sind diese Regelungen formuliert, wie zum Beispiel: „Zwar neigt der Mensch schon von Natur aus zu barmherziger Rücksicht auf die Lage der Alten und der Kinder; doch soll auch durch die Autorität der Regel für sie gesorgt sein. Immer achte man auf ihre Schwäche. Für ihre Nahrung darf die Strenge der Regel keinesfalls gelten. Vielmehr schenke man ihnen Güte und Verständnis."[34] Oder: „Kranken und empfindlichen Brüdern werde eine passende Beschäftigung oder ein geeignetes Handwerk zugewiesen; sie sollen nicht müßig sein, aber auch nicht durch allzu große Last erdrückt werden."[35] – Gerechtigkeit und humane Angemessenheit sollen Leitprinzipien sämtlicher Entscheidungen des Abtes sein. Als „lebende Regel" vertritt, ja verkörpert er diese Prinzipien zudem selbst. Sein Tun, jede seiner Entscheidungen sind daher der in der Regel impliziten *discretio* zur Realisierung von Gerechtigkeit verpflichtet.[36]

Dies aber darf ihn nicht davon abhalten, Gerechtigkeit auch in gewisser Strenge auszuüben. Man erinnere sich an das zitierte Wort Bernhards von Clairvaux: „Güte ohne Gerechtigkeit ist keine Tugend." In den *Tres libri de miraculis* des Herbert von Clairvaux findet sich hierzu eine illustrative Geschichte als Beispiel. Es ging um einen Dialog des Bernhard von Clairvaux mit einem im Sterben liegenden Konversen. Dieser hatte Bernhard als seinen Abt durch ein Übermaß an Heilsgewißheit derartig verblüfft, daß Bernhard alle brüderliche Rücksicht verlor und den Sterbenden anfuhr:

„Bist du denn nicht in der Tat jener armselige und elende Mensch? Einstmals bist du ohne Stiefel und Schuhe, ja fast halbnackt herumgezogen; und als du vielleicht Hunger und Kälte

29 Ibid., cap. 64, 19: *Haec ergo aliaque testimonia discretionis matris virtutum sumens, sic omnia temperet ut sit et fortes quod cupiant et infirmi non refugiant.*

30 Gregorius Magnus, Libri IV dialogorum de vita et miraculis patrum Italicorum et de aeternitate animarum, ed. Umberto Moricca (Fonti per la storia d'Italia 57), Rom 1924, lib. 2, cap. 36. Vgl. Aquinata Böckmann, Discretio in Benedict's Rule and its Tradition, in: Tjurunga 59 (2000), S. 14–26

31 Benedicti regula, cap. 2, 5: *sed iussio eius vel doctrina fermentum divinae iustitiae in discipulorum mentibus conspargatur.* Zur Konzeption der Gerechtigkeit in der Benediktsregel vgl. Terrence Kardong, Justitia in the Rule of Benedict, in: Studia Monastica 24 (1982), S. 43–73; John Fortin, The Influence of Benedict's Regula on Anselm's Concept of Justice, in: American Benedictine Review 58 (2007), S. 154–171.

32 Benedicti regula, cap. 3, 6.

33 Gislar Aulinger, Das Humanum in der Regel Benedikts von Nursia. Eine moralgeschichtliche Studie, St. Ottilien 1950.

34 Benedicti regula, cap. 37, 1–3: *Licet ipsa natura humana trahatur ad misericordiam in his aetatibus, senum videlicet et infantum, tamen et regulae auctoritas eis prospiciat. Consideretur semper in eis imbecillitas et ullatenus eis districtio regulae teneatur in alimentis, sed sit in eis pia consideratio ...*

35 Ibid., cap. 48, 24: *Fratribus infirmis aut delicatis talis opera aut ars iniungatur ut nec otiosi sint nec violentia laboris opprimantur ...*

36 Vgl. die grundlegende Untersuchung von Franz Joseph Felten, Herrschaft des Abtes, in: Friedrich Prinz (Hg.), Herrschaft und Kirche. Beiträge zur Entstehung und Wirkungsweise episkopaler und monastischer Organisationsformen, Stuttgart 1988, S. 147–296.

littst, flohst du zu uns, um endlich mit vielen Bitten den Eintritt durchzusetzen. Wir haben dich Gott zuliebe aufgenommen und dich in Nahrung und Kleidung und allem übrigen zur Gemeinschaft gehörenden denen, die bei uns sind – weisen und bedeutenden Männern – gleichgestellt, und du bist gleichsam einer von ihnen geworden.“[37]

Da der Konverse jedes Maß an *humilitas* – an Demut – vermissen ließ und sich selbst dem Abt in seiner Heilssicherheit gleichstellte, fühlte sich Bernhard genötigt, so harsch zu replizieren und den Konversen ausdrücklich auf den bestehenden Standesunterschied hinzuweisen. Bernhard reagierte auf die mangelnde *humilitas*, wenn nicht gar die *superbia* des Konversen in einem seiner Ansicht nach gerechtfertigten Maß – er bewies also *discretio* und handelte somit durchaus gerecht.

„Der Baum der Erkenntnis des Guten und des Bösen im Paradies, die Fähigkeit der Unterscheidung also, liegt im Ordensleben beim geistlichen Vater, der alles beurteilt, selbst aber von niemandem beurteilt wird. Seine Sache ist es, zu unterscheiden, die der anderen, zu gehorchen“, faßte der Zisterzienser Wilhelm von Saint-Thierry diese Strukturen zusammen.[38]

Obgleich Gehorsam also zu den Grundprinzipien des klösterlichen Lebens im allgemeinen und des benediktinischen im besonderen zählt, darf der Abt keine Willkürherrschaft ausüben. Nichts darf er befehlen, was gegen die Gebote Gottes oder gegen die Regel verstößt. Zwar sind Entscheidungen des Abtes nahezu indiskutabel, dennoch erkennt die Regel die Möglichkeit eines gerechten Grundes zum Murren – zur *iusta murmuratio*. Smaragd von St. Mihel erklärte hierzu in seinem Regelkommentar aus dem 9. Jahrhundert, daß ein solches „gerechtes Murren“ Folge einer ungerechten Bedrückung durch den Vorsteher sei (*Iusta enim murmuratio monachorum ab iniusta obpressione solet consurgere magistrorum* ...).[39] Solche ungerechten Bedrückungen müssen in erster Linie als Ausdruck mangelnder *discretio* verstanden werden. Zugleich aber sind sie auch Indiz für eine nur eingeschränkte Demut des Abtes. Ein Oberer, dessen Einsichtsfähigkeit nicht ausreicht, um maßvolle und angemessene Entscheidungen zu treffen, sollte diesen Mangel auszugleichen suchen, indem er demütig den Rat der Brüder einholt. Dabei ist jedoch zu beachten, daß dieser Form der Demut nur eine korrektive Funktion gegenüber der *discretio* zukommen kann. Ein völliges Fehlen der Unterscheidungsgabe hieße in Konsequenz, daß die betreffende Person als Haupt des Klosters gänzlich ungeeignet sei. Wer nicht in der Lage ist, maßvolle und angemessene Entscheidungen zu treffen, ist untauglich, einer Gemeinschaft vorzustehen, für die er in immanenter wie auch transzendenter Weise Verantwortung trägt.

Gerechtigkeit widerfahren zu lassen, *discretio* also zur Anwendung zu bringen, war den Mönchen nicht zuletzt eine Sache der Erfahrung, die man sich aneignen mußte. Die Regel des Benedikts sagt an einer Stelle, wo es um den gerechten Umgang mit aufgenommenen Kindern

37 *Enimvero, num tu es ille pauperculus, miserabilis homo? Quondam forte sine caligis et calceis, vel etiam seminudus incedere solebas; et cum esses forsitan fame et frigore afflictus, confugisti ad nos, multis precibus tandem aditum impetrando. Nos vero causa Dei collegimus inopem, et parem te fecimus in victu atque vestitu, caeterisque communitatibus, iis qui nobiscum sunt sapientibus atque magnatis viris, et factus es quasi unus ex illis.* Herbert von Clairvaux, Tres libri de miraculis, lib. 1, cap. 29, in: Migne PL 185, Sp. 1273–1383, hier Sp. 1302 A-B. Konrad von Eberbach hat dieses Exemplum leicht modifiziert auch in sein Exordium magnum übernommen: Konrad von Eberbach, Exordium magnum Cisterciense sive Narratio de initio Cisterciensis ordinis, ed. Bruno Griesser (Series scriptorum s. ordinis Cisterciensis 2), Rom 1961, dist. 4, cap. 19 (S. 244f.).

38 Wilhelm von Saint-Thierry, Epistola ad frates de Monte Dei, 53f., in: ders., Opera didactica et spiritualia, ed. Paul Verdeyen (= Guillelmi a Sancto Theodorico opera omnia 3) (Corpus Christianorum. Continuatio Mediaevalis 88), Turnhout 2003, S. 213–289, S. 239. Vgl. allgemein Paul Verdeyen, La théologie mystique de Guillaume de Saint-Thierry, Paris 1990.

39 Smaragdi abbatis expositio in regulam s. Benedicti, ed. Alfred Spannagel/Pius Engelbert (Corpus Consuetudinum Monasticarum 8), Siegburg 1974, cap. 41.5 (S. 260).

geht, ausdrücklich, daß die entsprechende Regelung getroffen wurde, *quod experimento didicimus* („weil wir aus der Erfahrung gelernt haben").[40]

Allerdings ist Erfahrung nur eine notwendige, aber keine hinreichende Bedingung für gerechtes Handeln, wie zum Beispiel eine Passage aus der Vita Anselms von Canterbury verdeutlicht: Ein namentlich nicht genannter Abt hatte sich mit der Frage an Anselm gewandt, was mit den Knaben in seinem Kloster geschehen solle, da diese sämtlich durch und durch verdorben seien. Zwar würde man sie Tag und Nacht prügeln, doch führe dies keineswegs zum gewünschten Erfolg. Statt sich zu bessern, würden sie stets nur noch schlechter. Der so um Rat gebetene Anselm zeigte sich verwundert (*miratus*) über das, was ihm der Abt, der immerhin „für sehr fromm gehalten wurde" (*qui admodum religiosus habebatur*) über den Umgang mit dem monastischen Nachwuchs berichtete. Auf die Nachfrage Anselms, ob er denn wisse, zu welchem Ergebnis diese Art der Behandlung der Knaben führe, gab der Ratsuchende unumwunden zu, daß diese zu Stumpfsinnigen oder Bestien heranreifen würden. Warum aber, so fragte Anselm dann, behandele er sie wie Bestien, wo sie doch Menschen seien?[41]

Die Belehrung des Abtes über den ungerechten Umgang mit Knaben zielte in erster Linie darauf, diesem klarzumachen, daß die körperliche wie auch seelische Konstitution einer Person der Behandlung bedarf, die ihr jeweils angemessen ist. Eine solche Belehrung durch einen Meister der *discretio* wie Anselm zeigte offensichtlich Erfolg: „Da seufzte der Abt" – hieß es – „und sprach: Wahrhaftig, wir waren abgeirrt von der Wahrheit, und das Licht der Unterscheidung hat uns nicht geleuchtet."[42]

Kam es zwar grundsätzlich dem Abt zu, durch aktive *discretio* eine distributive Gerechtigkeit zu üben, da er vor der klösterlichen Gemeinschaft Gott in dessen gerechtem Handeln zu vertreten hatte, so war dennoch der Umgang mit Gerechtigkeit im Mönchtum weiter gefaßt und betraf auch jene Form der göttlichen Gerechtigkeit, von der – wie gezeigt – eine ontologische Verankerung in der Schöpfungsordnung behauptet werden konnte. Nicht sogleich der Abt hatte den einzelnen Mönch zu beurteilen, nicht auch sogleich Gott hatte sein Urteil zu fällen, sondern der einzelne Mönch hatte dies zunächst mit sich selbst anzustellen, denn er war das Subjekt seiner Seele, die freiwillig die Liebe dazu aufbringen mußte, der Regel, dem Abt und Gott gehorchen zu wollen. Der einzelne Mönch hatte sich in erster Linie selbst „von seinem inneren Gesetz in Schranken halten zu lassen".[43] Man glaubte in hohem Maße an die unausweichliche Kraft des Gewissens, die ebenfalls auf der Fähigkeit zur *discretio* beruhte.[44] Wenn er sich nicht erforsche, haderte – wie überliefert – ein um sich ringender Mönch, dann kenne er sich nicht, wenn er es aber tue, könne er sich nicht ertragen, denn so viel finde er in sich, was des Tadels und der Bestürzung wert sei. Das Gewissen ist der Ankläger, der Zeuge ist die Erinnerung, die Vernunft

40 Benedicti regula, cap. 59, 6.

41 Vgl. zu den Vorstellungen von Gerechtigkeit bei Anselm von Canterbury: Mechthild Dreyer, Veritas – rectitudo – iustitia. Grundbegriffe ethischer Reflexion bei Anselm von Canterbury, in: Recherches de théologie et philosophie médiévales 64 (1997), S. 67–85; García Bernadal/Luis Manuel, Precisiones acerca del concepto de iustitia en Anselmo de Canterbury, in: Compostellanum. Revista de la Archidiócesis de Santiago de Compostela 51 (2006), S. 61–71.

42 Eadmer, Vita sancti Anselmi, 22, The Life of St Anselm, Archbishop of Canterbury by Eadmer, ed. Richard W. Southern (Oxford Medieval Texts), Oxford 1972 (S. 37–40).

43 *Lex tua te constringit*; De interiori domo, cap. 25 (Sp. 543).

44 Vgl. Marie-Dominique Chenu, L'éveil de la conscience dans la civilisation médiévale, Montréal/Paris 1969; Ermenegildo Bertola, Il problema della coscienza nella teologia monastica del XII secolo, Padua 1970; Gert Melville, Der Mönch als Rebell gegen gesatzte Ordnung und religiöse Tugend. Beobachtungen zu Quellen des 12. und 13. Jahrhunderts, in: ders. (Hg.), ‚De ordine vitae'. Zu Normvorstellungen, Organisationsformen und Schriftgebrauch im mittelalterlichen Ordenswesen (Vita regularis 1), Münster/Hamburg/London 1996, S. 153–186.

ist die Richterin, die Begehrlichkeit ist das Gefängnis und die Furcht ist die Strafe.[45] Angesichts eines solchen gewissermaßen ‚Gerichtsverfahren' ist es nicht verwunderlich, daß die Gerechtigkeit dem sich selbst erschließenden Mönch als eine ihm ganz eigene Instanz unmittelbar entgegentritt: „Lerne" – schrieb der schon zitierte Wilhelm von Saint-Thierry – „dich selbst zu beurteilen, dich bei dir anzuklagen, oft auch zu verurteilen und nicht ungestraft freizulassen. Die Gerechtigkeit soll richten, das Gewissen soll schuldig erscheinen und sich selbst anklagen."[46] Gerechtigkeit ist in der monastischen Welt folglich nicht nur ein Ausfluß der herrschaftlichen Gewalt eines Abtes, sondern für jedes Klostermitglied auch ein Kriterium seines eigenen Verhaltens. Der Mönch empfängt also nicht nur Gerechtigkeit, sondern er trägt sie in sich als Bestandteil seiner Befindlichkeit. So nimmt er dadurch am Prinzip der gerechten Ordnung teil und erfährt eine ontologische Gerechtigkeit als Richtschnur seines von Gott geschaffenen Lebens.

Doch die bemerkenswerteste Form des monastischen Umgangs mit Gerechtigkeit – und zugleich auch diejenige, die trotz aller bestürzenden Eigentümlichkeit als die logischste erscheint – war jene, die eine soterologische Wirkung hatte:

Sieht sich der Mönch auf dem Weg zu Gott und ist ihm Christus die Wahrheit und das Leben – *Ego sum, inquit, via, veritas, et vita* (Joh 14,6) –, so gilt für ihn auch die nachfolgende Feststellung: „Der Weg ist die Demut, die zur Wahrheit führt." Befragt, was der Kern der mönchischen Lebensführung sei, antwortete Bernhard von Clairvaux: „Unsere Lebensform ist Erniedrigung, ist Demut."[47] Demut zu empfinden, hieß, sich als sündiges Geschöpf Gottes zu erkennen, das der Erlösung durch Gott bedarf – und eben durch diese Erkenntnis auch auf Erlösung hoffen darf.

Die Verbindung zwischen Demut und Gerechtigkeit ist schon – wie erwähnt – in der Bergpredigt angesprochen worden, als es dort hieß: „Hütet euch, eure Gerechtigkeit vor den Menschen zur Schau zu stellen, sonst habt ihr keinen Lohn von eurem Vater zu erwarten." Nicht Stolz sollte man zeigen wegen seiner Gerechtigkeit, sondern Demut im Wissen um gerechtes Handeln. Aber erst Bernhard von Clairvaux hat diese Struktur in letzter Konsequenz auf den Punkt gebracht. Er legte folgendes dar: „Es gibt aber eine Gerechtigkeit, die sehr schmal und eng ist, so daß du in die Grube der Sünde fällst, sobald du auch nur eine Fußbreite abweichst; sie besteht darin, sich nicht über den Gleichgestellten zu erheben und sich dem Vorgesetzten nicht gleichzustellen. Man kann sie so bestimmen: Jedem das Seine geben. Es gibt eine andere Gerechtigkeit, die höher und umfassender ist: sich dem Gleichrangigen nicht gleichzustellen und sich nicht über den Untergeordneten zu stellen. Wie es nämlich ein großer und unheilvoller Stolz ist, wenn man sich über den Gleichrangigen stellt oder sich dem Vorgesetzten gleichstellt, so ist es ein Beweis großer Demut, wenn einer sich dem Gleichgestellten unterordnet oder dem Untergeordneten gleichstellt; die größte und volle Gerechtigkeit aber besteht darin, sich dem Niedrigsten unterzuordnen."[48] Gemäß dieser Aussage bewirkte der Verzicht auf die

45 Vgl. Meditationes piissimae de cognitione humanae conditiones, in: Migne PL 184, Sp. 485–508, hier Sp. 502f.

46 *Disce [...] temetipsum indicare, teipsum apud teipsum accusare, saepe etiam et condemnare, nec impunitum dimittare. Sedeat iudicans iustitia, stet rea et semetipsam accusans conscientia.* Wilhelm von Saint-Thierry, Epistola ad fratres de Monte Dei, 107 (S. 250f.).

47 *Ordo noster abjectio est, humilitas est*; Bernhard von Clairvaux, ep. 142, ad monachos Alpeneses, in: Bernhard von Clairvaux, Sämtliche Werke, hg. von Gerhard B. Winkler, Bd. 2, Innsbruck 1992, S. 920–923, hier S. 920. Vgl. Robert W. Englert, Monastic humility. A study of humility in Bernard of Clairvaux and the author of ‚The cloud of unknowing', in: Studia mystica 19 (1998), S. 36–44. Vgl. allgemein zur Frömmigkeit Bernhards von Clairvaux Ulrich Köpf, Religiöse Erfahrung in der Theologie Bernhards von Clairvaux, Tübingen 1980.

48 *Est autem iustitia quaedam stricta et angusta valde, ita ut quam cito pedem verteris, in peccati foveam cadas, nec praeponere se aequali, nec aequare praeposito. Huius definitio est: reddere cuique quod suum est. Altera latior et amplior iustitia, nec aequare se pari, nec inferi-*

Gerechtigkeit des distributiven „Jedem das Seine“ den Gewinn einer höheren Gerechtigkeit, die im restaurativen Heilswerk Gottes verankert ist und die sich nur durch Demut als Bekenntnis zum Heilsbedarf erschließt.

Hier dürfte der Schlußstein gefunden worden sein bei der Suche nach dem, was „Gerechtigkeit“ ganz spezifisch für den Mönch bedeutete: Aufgrund seines tugendhaften, gottnahen Lebens nicht nur das zu erhalten, was ihm zustand, sondern auch demütig teilhaben zu dürfen am Heilswerk Gottes und ein Teil zu sein der rechten Ordnung Gottes.

ori praeponere. Sicut enim grandis et gravis superbia est praeferre se aequali aut aequare praelato, ita magnae humilitatis est inferiorem se exhibere aequali aut aequalem inferiori. Maxima et plena iustitia est inferiorem exhibere etiam ipsi inferiori. Sicut enim summa et intolerabilis superbia est, superiori se praeponere: ita inferiori se subdere, summa et plena iustitia. Bernhard von Clairvaux, In octava epiphaniae sermo 4. in: Bernhard von Clairvaux, Sämtliche Werke, hg. v. Gerhard B. Winkler, Bd. 7, Innsbruck 1996, S. 356–363, hier S. 360.

Konfessionelle Streit- und Lehrschriften aus dem frühneuzeitlichen Bamberg

Leben und Werk des Franziskaners Michael Anisius († 1601)

Fred G. Rausch

Durch die Katalogisierungs- und Digitalisierungsprogramme der großen Bibliotheken werden kulturhistorisch bedeutsame Texte für die wissenschaftliche Arbeit erschlossen und verfügbar gemacht.[1] Die Bayerische Staatsbibliothek München hat seit der Aufnahme ihres Programms zur Digitalisierung frühneuzeitlicher Texte in Jahre 1997 bis heute 147.117 Titel digitalisiert und zur wissenschaftlichen Nutzung bereit gestellt.[2] Bereits im März 2007 hatte die Bayerische Staatsbibliothek München mit der „Google Germany GmbH" eine Kooperationsvereinbarung über die Digitalisierung ihres „nicht mehr dem Urheberschutz unterliegenden Bestandes" bekannt gegeben. Inzwischen finden sich im „Google-Bibliotheksprojekt" zahlreiche Google-Digitalisate von frühneuzeitlichen Druckwerken aus dem Münchner Bestand. Sie werden über das Internet im BSB-Bestandskatalog und im Google-Bücherbestand nachgewiesen.[3]

Unter den im Juli 2009 vorgestellten Neuzugängen von digitalisierten Texten der Münchner Staatsbibliothek fand ich Predigtpublikationen von drei Bamberger Autoren aus den letzten Jahrzehnten des 16. Jahrhunderts, die ich bei früheren Recherchen nach Lobreden auf (Würzburger) Fürstbischöfe nicht „entdeckt" hatte.[4] Zwischen den Hochstiften Bamberg und Würzburg gab es, wie auch zwischen anderen geistlichen Fürstentümern im „Alten Reich", vielfältige Personalunionen bei der Wahrnehmung der geistlichen Ämter sowie gegenseitigen Austausch und Einfluss, wie die beiden folgenden frühneuzeitlichen Predigtdrucke zeigen.

---

1 Zur Intention und Bedeutung der bibliothekarischen Dokumentation der im deutschen Sprachbereich erschienenen Drucke des 16. (VD 16) sowie des 17. Jahrhunderts (VD 17) siehe die Erläuterungen auf den Homepages des Bibliotheksverbundes Bayern und der Bayerischen Staatsbibliothek München. Zusammenfassend wird dort dargelegt, dass die retrospektive Erstellung einer deutschen Nationalbibliographie des 16. und 17. Jahrhunderts die Programmabsicht des von der DFG seit 1969 in unterschiedlicher Intensität geförderten Unternehmens ist, das auch durch eigene Mittel der beteiligten Bibliotheken und Länder erheblich mitfinanziert wird. Siehe auch Mitteilung auf der Homepage des Digitalisierungszentrums München http://www.digitale-sammlungen.de/ vom 21.09.2009. Für die Digitalisierung von Werken des Anisius werden die Bayerische Staatsbibliothek in München, die Herzog August Bibliothek in Wolfenbüttel und die Universitäts- und Landesbibliothek in Halle in den unterschiedlichen Katalogen genannt.

2 Stand vom 21. August 2009. Mitteilung auf der Homepage des Digitalisierungszentrums München.

3 Gemeinsame Presseerklärung der Bayerischen Staatsbibliothek und der Google Germany GmbH vom 6. März 2007, zitiert nach http://www.bse-muenchen.de/Einzeldarstellung.402.0html?tx_ttnews%5Btt_news%5..., Ausdruck vom 13.01.2010.

4 Fred G. Rausch, Leichenreden, Katafalkbilder und Trauergedichte auf Johann Philipp von Schönborn, in: Anzeiger des Germanischen Nationalmuseums 1989, Nürnberg (1990), S. 217–229; ders., Fürstenlob am Katafalk: zwei Veränderungen im Bestattungsritual der Würzburger Fürstbischöfe im 17. Jahrhundert, in: Volkskultur – Geschichte – Region, hg. von Dieter Harmening/Erich Wimmer (Quellen und Forschungen zur europäischen Ethnologie 7: FS für Wolfgang Brückner zum 60. Geburtstag), Würzburg 1990, S. 360–381.

Die erste gedruckte Leichenrede auf einen Würzburger Fürstbischof ist wohl jene auf Friedrich von Wirzberg (* 1507, 1558–1573)[5], verstorben am 10. November 1573 in Würzburg. Sie wurde von Weihbischof Jakob Feucht (* 1540, 1571–1580)[6] 1573 im Bamberger Dom gehalten und bereits 1574 veröffentlicht:

> Feucht, Jakob: Vierzehn Catholische Leichpredigen/ zum Teil uber der Besingnuß/ weyland des Hochwirdigen in Gott/ Fürsten und Herrn/ Herrn Friderichs/ Bischoffs zu Wirtzburg/ und Herzogs in Francken etc. im Thumbstifft zu Bamberg: Zum theil/ in S. Martins Pfarkyrchen daselbsten/ gehalten. In welchen Gründtlich und außführlich/ vom Fegfewr/ wort/ ort/ pein/ erlösung etc. desselbigen: Auch/ vom fürbitt der Verstorbenen/ von mitteln/ jnen zu helffen etc. gehandlet wirdt. Köln 1574.[7]

Den Predigtsammelband, in dem er diesen Nachruf veröffentlichte, widmete der Autor Wirsbergs jungem Nachfolger, dem am 1. Dezember 1573 gewählten Julius Echter von Mespelbrunn (* 1545,1573–1617), der in den ersten Jahren seines Würzburger Episkopats auch Domherr in Bamberg gewesen ist.[8] Echters Priesterweihe erfolgte am 20. Mai 1575. Im Rahmen der vom Mainzer Weihbischof Stephan Weber (1569–1622)[9] gespendeten Priester- und Bischofsweihe für den neuen Würzburger Fürstbischof predigte vor der Bischofskonsekration im Würzburger Dom am Pfingstsonntag, dem 22. Mai 1575, frühmorgens um 5.00 Uhr, wieder der nur wenige Jahre ältere Bamberger Kontroverstheologe Weihbischof Dr. Jakob Feucht. Er sprach über ein besonders strittiges Thema zwischen den konfessionellen Richtungen.[10] Die Mess-, Gottesdienst- und Opfertheologie gehört bis heute zu den Grundlagen des unter-

5 Brunnhilde Giesecke, Friedrich von Wirsberg (27. April 1558 – 12. November 1573), Bischof von Würzburg und Herzog zu Franken. Der Beginn der Gegenreformation im Bistum Würzburg, in: Mainfränkische Studien, Bd. 18, Würzburg 1978. Jakob Feucht kommt bei den gedruckten Quellen sowie in der Literaturübersicht nicht vor. – 425 Jahre Wirsberg-Gymnasium Würzburg. FS zum Gründungsjubiläum, Würzburg 1986.

6 Biographische Information: Joseph Metzner, Ernst von Mengersdorf, Fürstbischof von Bamberg, Die Weihbischöfe Dr. Jakob Feucht und Dr. Johann Ertlin. Biographische Skizzen, Bamberg 1886. – Lothar Bauer, „Das Konzil von Trient und die Bamberger Weihbischöfe Jakob Feucht (1571–1580) und Johann Ertlin (1580–1607)", in: Lothar Bauer, Die Bamberger Weihbischöfe Johann Schöner und Friedrich Förner. Beiträge zur Gegenreformation in Bamberg, Diss. Erlangen 1964 [101. Bericht des Historischen Vereins Bamberg 1965, S. 304–528]. – Johannes Kist, Feucht, Jakob, Weihbischof von Bamberg, in: NDB, Bd. 5, S. 319, Internetfassung: http://mdz10.bib-bvb.de/~db/0001/bsb00016321/images/index.html?seite=121, 16.09.2009. – Winfried Kausch, Feucht, Jakob, Weihbischof von Bamberg, in BBKL, Band XXVI, Nordhausen (2006), Sp. 311–313, Internetfassung: http://www.bautz.de/bbkl/f/feucht_j.shtml vom 16.09.2009.

7 VD 16 F 868, Digitalisierung im BSB-DFG-Projekt 2007–2009 vorgesehen. Inzwischen von „Google" (am 15. Juni 2009) digitalisiert, steht aber noch nicht im Netz. Nachweise: BSB München, Stadtbibliothek Trier. Die Standortnachweise können natürlich keinen Anspruch auf Vollständigkeit erheben. Das gilt auch für alle folgenden Standortaufzählungen.

8 Friedrich Wachter, General-Personal-Schematismus der Erzdiözese Bamberg 1007–1907. Bamberg 1908, S. 99, Nr. 1909. Echter resignierte auf seine Bamberger und Würzburger Domherrenpräbende am 15. April 1575.

9 Friedhelm Jürgensmeier, Das Bistum Mainz. Von der Römerzeit bis zum II. Vatikanischen Konzil. Frankfurt 1988, S. 204f. Julius Echter war auch Domherr in Mainz und bewarb sich sowohl 1582 als auch 1604 um den Mainzer Erzstuhl. – Über Echters feierliche Konsekration zum Pfingstfest 1575 siehe Joh. Nep. Buchinger, Julius Echter von Mespelbrunn, Bischof von Würzburg und Herzog von Franken, Würzburg 1843, S. 48f. – Götz von Pölnitz, Julius Echter von Mespelbrunn. Fürstbischof von Würzburg und Herzog von Franken (1573–1617), München 1934, S. 127f. Der weihende Mainzer Weihbischof Stephan Weber und der Festprediger Feucht aus Bamberg werden namentlich nicht genannt (Register). – Andere Darstellungen Echters nennen den exakten Zeitpunkt der geistlichen Weihen meistens nicht, so 1917 der „Subregens im bisch. Klerikalseminar" (Würzburg) Vitus Brander in seiner Darstellung „Julius Echter von Mespelbrunn. Fürstbischof von Würzburg", S. 52 f. – Gottfried Mälzer, Julius Echter. Leben und Werk, Würzburg 1989, S. 35, nennt den Termin der Priester- und Bischofsweihe als Ausfluss reichspolitischer Abläufe sowie in seiner „Zeittafel", S. 120. Der mit Echter persönlich verbundene Prediger Feucht kommt auch in dieser Monographie (Register) nicht vor.

10 Erik Soder von Güldenstubbe, Die Bischofsweihe des Julius Echter von Mespelbrunn, in: Würzburger Diözesangeschichtsblätter 42. 1980, S. 245–294, Zitat: „Uff den heyligen Pfingstag zu frue, sollen sie nach 4 Uhr ein grosse Glocken leudten und sollen die Herren in Chor kommen und die Prim und Tertz singen, dass man umb 5 Uhr gewiß die Predig anfahe, welche uffs lengst nit lenger biss uff 6 Uhr wehren soll."

schiedlichen Amtsverständnisses zwischen der überkommenen „alten“ Glaubenslehre und den davon unterschiedenen Auffassungen der „newen Christen“. Der Inhalt dieser Predigt betraf den Kern des priesterlichen und bischöflichen Amtsverständnisses Echters und Feuchts gleichermaßen:

> Feucht, Jakob: Ein Catholische Meßpredig: Darinnen kürtzlich, aus dem alten vnd newen Testament, auß den H. Concilien vnd H. Lehrern, auß dem immerwerenden gebrauch der Catholischen Kirchen und zeugnussen Lutheri selbsten erwisen wirdt: Dass die heilig Meß ein Opffer sey. Sampt einer kurtzen Widerlegung der vermainten Einreden der newen Christen so sie hiewider fürbringen. Am H. Pfingstag des 75. Jars im hochlöblichen Thummstifft zu Wirtzburg über der herrlichen Catholischen und gantz Christlichen Consecration des Hochwirdigen in Gott Fürsten und Herrn Herrn Julij/ Bischoffs daselbsten vnd Hertzogs in Francken etc. gehalten vnnd alsbald meniglich zu gutem in Truck verfertigt. Durch D. Jacobum Feucht Weyhebischoff zu Bamberg. Dillingen 1575.[11]

Dr. Jakob Feucht war, wie auch sein Nachfolger im Amt des Bamberger Weihbischofs, Dr. Johann Ertlin (* 1548, 1580–1607)[12] ein wortgewaltiger Prediger. Als Kontroverstheologen und Vertreter der Lehre des Trienter Konzils legten beide auf die bestmögliche Verbreitung ihrer Schriften größten Wert und nutzten – wie auch die Vertreter der Reformation – den Buchdruck als ihr vielleicht wichtigstes Instrument bei der Auseinandersetzung zwischen den sich herausbildenden konfessionellen Lagern.[13] In den beiden letzten Jahrzehnten des 16. Jahrhunderts lebte und publizierte in und aus Bamberg noch ein dritter Kontroverstheologe, der Franziskaner Michael Anisius, der 1601 als Domprediger von Passau in der zur Diözese Linz (Österreich) gehörenden Pfarrei St. Georg im Attergau verstarb.[14] Die Ergebnisse meiner

11 VD 16 ZV 5811, Variante zu ZV 5812; Digitalisierung im BSB-DFG-Projekt 2007–2009 vorgesehen. Nachweise: BSB München, Staatsbibliothek Preuß. Kulturbesitz Berlin, Dombibliothek Hildesheim, Österreich. Nationalbibliothek Wien, UB Freiburg i. Br.

12 Joachim Heinrich Jäck, Pantheon der Literaten und Künstler Bambergs, 1812, Sp. 246–248.– Joseph Metzner, Ernst von Mengersdorf, 1886. – Johannes Kist, Ertlin (Oertlein), Johann, Weihbischof von Bamberg, in: NDB, Bd. 4, S. 365 Internetfassung, 18.09.2009: http://mdz10.bibbvb.de/~db/0001/bsb00016320/images/index.html?seite=651. – Johann Ertlin. Heute vor 400 Jahren am 25. März 1607, starb in Bamberg Weihbischof Johann Ertlin (Erthlein, Oerthlein), in: Das Portal zur kath. Geisteswelt, http://www.kath-info.de/inhalt.html, abgerufen am 23.08.2009.

13 Über die drei in diesem Aufsatz angesprochenen Bamberger Prediger des ausgehenden 16. Jahrhunderts, den beiden Weihbischöfen Dr. Jakob Feucht und Dr. Johann Ertlin sowie über den Franziskaner Michael Anisius finden sich eindrucksvolle Analysen bei Johann Nepomuk Brischar in seinem mehrbändigen Handbuch „Die katholischen Kanzelredner Deutschlands seit den drei letzten Jahrhunderten. Als Beitrag zur Geschichte der deutschen Kanzelberedsamkeit sowie als Material zur practischen Benutzung für Prediger. 1. Band: Die Kanzelredner des 16. Jahrhunderts“, Schaffhausen 1867, Jakob Feucht, S. 544–609, Johann Ertlin (teilweise ist dieser Abschnitt überschrieben mit Feucht-Ertlin), S. 610–675, Michael Anisius, S. 864–914.

14 Freundlicher Hinweis von Professor Dieter J. Weiss, Bayreuth, auf den Nekrologeintrag der Passauer Franziskaner zum 24. Juli 1601, in: Bavaria Franziscana Antiqua Bd. 2 (1954), S. 168–231, 213 (Email vom 12.08.2009). – Dem Passauer Diözesanarchivar Dr. Herbert W. Wurster danke ich sehr für seine Hilfe bei der Erforschung biographischer Hinweise zu Michael Anisius. Meinem Lehrer aus den Anfangsjahren meiner Würzburger Studienzeit, Herrn Prof. Dr. Gerd Zimmermann, Bamberg, sowie Herrn Dr. Werner Zeissner von der Universitätsbibliothek Bamberg und Herrn Dipl. Archivar Horst Gehringer danke ich für Rat und Hilfe bei der Suche nach dem Bamberger Barfüßer-Mönch Michael Anisius, ebenso meinem Kölner Freund Dr. Franz Josef Burkardt. – Offensichtlich haben schon viele Autoren vor mir das (Bamberger) Wirken des Michael Anisius näher erkunden wollen und konnten ihn nicht so richtig fassen, wie auch die einleitende Bemerkung des Bamberger Privatgelehrten Joseph Heller (1758–1849) in seinem Aufsatz von 1836 belegt: Gelehrten- und Künstler-Belohnungen im 16. und 17. Jahrhundert, in: ArchGuAlterthumskunde des Ober-Main-Kreises 2, 1836, Drittes Heft, S. 69–79, 69: „Sonst sendeten Gelehrte und Künstler weit häufiger ihre Werke an Regenten, an Magistrate der Städte, an Klöster und andere Korporationen, als jetzt, wofür sie aber auch reichlich belohnt wurden. Bei Durchsicht der fürstbischöflich-bambergischen Kammer-Rechnungen und der städtischen Rechnungen nahm ich besondere Rücksicht darauf, um so mehr, da ich auf mehrere Gelehrte und Künstler kam, von welchen bis jetzt fast gar keine, oder doch nur sehr wenige Notizen bekannt sind.“

Recherchen zur Biographie und zum Lebensweg dieses Mannes sind sehr überraschend und waren nur durch die neuen Möglichkeiten der bibliothekarischen Arbeitsweisen zu erzielen. In der fränkischen Landesgeschichtsschreibung ist der Franziskaner Michael Anisius gleichsam ein unbeschriebenes Blatt.[15] Zu seiner Biographie gibt es nur marginale Hinweise. Das neue „World Biographical Information System Online" aus dem Münchner Verlag K. G. Saur benennt zwei Literaturbelege für den „Theologen am Ende des 16. Jahrhunderts": Johann Nepomuk Brischar, „Die katholischen Kanzelredner Deutschlands seit den drei letzten Jahrhunderten" aus dem letzten Drittel des 19. Jahrhunderts, sowie Joachim Heinrich Jäck mit seinem „Pantheon der Literaten und Künstler Bambergs" aus dem Anfang des 19. Jahrhunderts.[16] Von diesem elektronischen Rechercheverfahren, das die wissenschaftlichen Bibliotheken heute als umfassende Hilfe für die biographiebezogene Katalogrecherche einsetzen, wird jene Spur nicht gefunden, die uns die neuesten Forschungsergebnisse über Michael Anisius liefern würde. Hans-Gert Roloff, der Berliner Emeritus (* 1932) für Mittlere Deutsche Literatur und Neulatein an der Freien Universität, hat 1991 ein – seiner Konzeption nach – großes Literaturlexikon begründet, das allerdings 2001 sein Erscheinen einstellen musste.[17] Der zuletzt erschienene Band enthält auch die bisher umfassendste bio-bibliographische Darstellung

15 Im „Jöcher" findet sich nur ein Hinweis auf seine Existenz im 16. Jahrhundert in Bamberg und ergänzend, dass er Predigten herausgegeben habe. Dem vergleichbar ist der Eintrag in Zedlers Universallexikon, (1731–1754), Bd. 2, Sp. 341. In diesem Dreizeiler wird Anisius als „Prediger Ord. Carmelit. Discalceat. zu Bamberg" genannt. Beide Lexika stützen sich auf die jeweils gleiche Quelle, einem Brandenburger Lexikon des 17. Jahrhunderts. – Der Bamberger Exzisterzienser Joachim Heinrich Jäck weiß 1812 in seinem „Pantheon" keine Lebensdaten mitzuteilen und nennt acht Titel der Schriften des Anisius. – Der Bamberger Privatgelehrte Joseph Heller (1758–1849) veröffentlicht 1836 einen mehrzeiligen Hinweis und berichtet von der Predigertätigkeit in der „oberen Pfarre", die auch in und mit den Schriften des Anisius belegt ist. Ferner erwähnt Heller den Wechsel in die Funktion des Dompredigers in Passau, was Anisius auch selbst in seinen aus Passau vorgelegten Schriften mitteilte, so im Vorwort der „Sieben katholischen Predigen" 1599 und in seiner Titelangabe im Jahre 1600. – Im Nekrolog der Passauer Franziskaner findet sich im Juli 1601 der Hinweis auf seinen Tod in der Pfarrei St. Georg im Attergau. In den mir bekannten Darstellungen der Gegenreformationszeit in Bamberg kommt Pater Michael Anisius nicht vor. – In seiner ältesten, in der Bayerischen Staatsbibliothek München in drei Exemplaren erhaltenen Druckschrift „Carmen Consolatorium ..." nannte sich Ansius 1580 „Michaele Anisio Parocho Brunouiense", vgl. Abbildung des Titelblattes bei Theo G. M. van Oorschot, „235 Michael Anisius" in „Die Deutsche Literatur", hg. von Hans-Gert Roloff, Reihe II., Abt. A (Autorenlexikon), Band 3. 2001, S. 225–233, 229. In den bibliothekarischen Titelaufnahmen ist dieser Hinweis nicht verzeichnet. – 1582 erschien in Pataviae [Passau] auf seinem gedruckten Titel „Laudes & Hymni in honorem nativitatis ..." sein Name als „Michaele Anisio Saxone, Parocho Brunouiensi.", 1584 unterzeichnete er in München in einem Sammelwerk von Franziskanern, als „F. Michaël Anisius Franciscanus f.", ebenfalls 1584 in einer Münchner Drucksache „F. Michaele Anisio Saxone". Um diese Zeit ist er in den Orden eingetreten. Theo G. M. van Oorschot nennt 2001 den 25. März 1584 als Tag seiner Profess, liefert aber für dieses Ereignis keinen Beleg (siehe meine Erläuterungen zu Roloffs Autorenlexikon an anderer Stelle dieses Beitrages, insbesondere Anmerkungen 15–17). 1585 gab Anisius in der Schrift „Tricesimus Reverendo ac verb Religioso", vgl. Abbildung des Titelblattes bei Oorschot, 2001, S. 230, an: „Avctore F. Michäele Anisio, eiusdem Ord: Sacerdote", 1589 hieß sein Autorenvermerk „à Michaele Anisio Franciscano" in Bamberg, 1590 „Durch F. Michaëln Anisium, Barfuesser Ordens Concionatorem" in der Bamberger Stiftskirche St. Jakob, 1590 „scripta a Michaele Anisio Franciscano", 1591 „Geschehen zu Bamberg im Parfüsser Closter/ den 23. Decemb. deß ablauffenden 1590. Jars. Durch F. Michaeln Anisium/ desselben Ordens Concionatorem", 1591 „a F. Michaele Anisio Franciscano", 1592 in Ingolstadt „Durch F. Michaeln Anisium/ desselben Ordens Priestern unnd Concionatorem, Straßburger Prouintz", 1593 (in Würzburg) „Beschriben vnd zum theil gepredigt/ zu Bamberg/ im Barfusser Closter durch F. Michaelem Anisivm Predigern daselbst", 1594 „Anno 1590 am Mittwochen nach Letare: Durch F. Michaèlem Anisium, Barfuesser Ordens etc.", 1595 „Durch F. Michaëlem Anisium, in unser lieben Frauen Pfarr. Kirchen daselbst Predigern", erschienen in Dillingen, 1599 „gehalten zu Bamberg im 4. vnnd 95. Jar. Durch F. Michaelem Anisium Franciscanum", erschienen in München, 1600 „A F. Michaele Anisio Franciscano, Cathedralis Ecclesiae Patavien: Concionat", 1601 „A F. Michaele Anisio Franciscano." erschienen in „Ingolstadii ... Anno M.DCI".

16 Johann Nepomuk Brischar, Die katholischen Kanzelredner, 1867, Michael Anisius, S. 864–914. – Joachim Heinrich Jäck, Pantheon 1812, Sp. 20.

17 Hans-Gert Roloff, Die deutsche Literatur: biographisches und bibliographisches Lexikon in sechs Reihen unter Mitarbeit zahlreicher Fachgelehrter, hg. von Hans-Gert Roloff. Bern, dann Stuttgart 1991 ff. (insgesamt sind 9 Bände erschienen).

des Michael Anisius aus der Feder von Theo G. M. van Oorschot (* 1926).[18] Leider liefert der Autor keine Nachweise für seine biographisch grundlegenden Hinweise, so dass man sein Lebensbild nicht nachvollziehen kann.[19] Folgt man van Oorschot, und sein Stuttgarter Beleg ist eindeutig, dann war Michael Anisius vor seiner Braunauer[20] Zeit „Concionator et Viceplebanus Salisburgensis", war demnach also Salzburger Kleriker.

Mit dieser Amtsbezeichnung trug er sich am 27. Juli 1578 in das „Stammbuch" des Georg Kirchperger ein.[21] Die biographische Tragweite dieses Eintrags ist noch klärungsbedürftig. Möglicherweise steht sie dafür, dass Michael Anisius ein geweihter Priester des zu diesem Zeitpunkt von der Gegenreformation bestimmten Erzbistums Salzburg gewesen ist. Aber vielleicht könnte er auch ein Hinweis auf seine altkirchliche theologische Ausbildung an einer der Universitäten sein, die auch Kirchperger besuchte. Dieser war ab 1590 Stadtrat, von 1600 bis 1606 und nochmals von 1611 bis zu seinem Tod 1613 Bürgermeister im gegenreformatorisch bestimmten Salzburg.[22]

Oorschot rückte Anisius auch in die Nähe der bayerischen Herzogsfamilie und teilte mit, der Mönch habe am 25. März 1584 seine Profess in Anwesenheit der Herzöge Wilhelm (1548–1626), Ferdinand (1550–1608) und Kasimir[23] von Bayern abgelegt, nachdem er eine einjährige Probezeit – das wäre wohl eine Art Noviziat gewesen – absolviert hatte. Zudem weiß Oorschot zu berichten, dass Anisius als kranker Mann in den Orden eintrat. Die Krankheit soll er dank „der

18 Theo G. M. van Oorschot, 235 Anisius, Michael, in: Hans-Gert Roloff/Jörg Jungmayer, Die deutsche Literatur. Reihe II, Die deutsche Literatur zwischen 1450 und 1620, biographisches und bibliographisches Lexikon, Bd. A, 3. Lieferung 1 (2001), Abt. A. Autorenlexikon, Bd. 3, S. 225–233, (mit Abbildungen aller nachgewiesenen Titel).

19 Der ursprünglich geplante Lexikonband zur Forschungsliteratur und zu den Quellen wird nach der Auskunft des Mitherausgebers Jörg Jungmayr (* 1948), FU Berlin, nicht mehr erscheinen. Die ehemals angelegten Materialsammlungen sind zumindest gegenwärtig nicht zugängig. Der Autor Oorschot hat auf telefonische Anfrage hin am 16. September 2009 mitgeteilt, dass er seine Materialsammlung aufgelöst habe.

20 Braunau gehörte damals kirchenrechtlich zum Bistum Passau; vgl. Brigitte Kaff, Volksreligion und Landeskirche. Die evangelische Bewegung im bayerischen Teil der Diözese Passau, München 1977 [Miscellana Bavaria Monacensia 69]. Brigitte Kaff hat bei ihren Recherchen im Bayerischen Hauptstaatsarchiv auch Akten über Anisius gefunden, die bisher noch nicht ausgewertet sind. Sie betreffen den Braunauer Konfessionskonflikt und die Stellung des Anisius in dieser Auseinandersetzung.

21 Information nach Oorschot, Anisius, 2001, S. 225; nach Bestand Württembergische Landesbibliothek Stuttgart, Handschriftenabteilung, Signatur: HB V 50. Die Bibliothek erläutert ihre Handschrift: „Georg Kirchperger (Schreibweise der Bibliothek) stammte aus Salzburg und studierte Rechtswissenschaft in Siena, außerdem war er immatrikuliert in Ingolstadt (1566) und Pisa (1577), 1575 war er Prokonsiliar dt. Nation. Die Eintragungsorte des Stammbuchs sind daher auch in Italien. Der Eintrag des Michael Anisius auf fol. 50v stammt aus dem Jahr 1578, allerdings ohne Ort und besteht nur aus einem kurzen lateinischen Zitat und einem weiteren Motto oder Zitat in griechischer Schrift", so Magdalene Popp-Grilli von der Landesbibliothek Stuttgart in ihrer Email vom 17. September 2009 an den Autor. – Ingeborg Krekler, Stammbücher bis 1625. Wiesbaden 1999, in: Die Handschriften der Württembergischen Landesbibliothek Stuttgart. – Zum Thema „Stammbuch" siehe Werner Wilhelm Schnabel, Das Stammbuch: Konstitution und Geschichte einer textsortenbezogenen Sammelform bis ins erste Drittel des 18. Jahrhunderts, Tübingen 2003, zugleich Erlangen-Nürnberg, Univ. Habil.-Schrift 2000. – Wolfgang Klose (Hg.), Stammbücher des sechzehnten Jahrhunderts: (Vorträge, gehalten anläßlich eines Arbeitsgespräches vom 18. bis 20. Juni 1986 in der Herzog-August-Bibliothek), Wiesbaden 1989 (Wolfenbütteler Forschungen 42). – Jörg Ulrich Fechner (Hg.), Stammbücher als kulturhistorische Quellen: Vortrag gehalten anlässlich eines Arbeitsgesprächs vom 4. bis 6. Juli 1978 in der Herzog August Bibliothek, München 1981 (Wolfenbütteler Forschungen 11).

22 Nach Franz Valentin Zillner, Geschichte der Stadt Salzburg, Salzburg 1885–1890. I. Buch , S. 345–346 (Besitznachweise der Kirchperger-Familie am Kranzlmarkt), II. Buch, 2. Hälfte, S. 499–508 (Bericht über Stadtregierung und Gegenreformation in Salzburg). Dem Leiter des Stadtarchivs Salzburg, Herrn Dr. Peter F. Kramml, danke ich für seine stadtgeschichtlichen Hinweise. „Eine umfassende Darstellung der führenden Salzburger Familien des Mittelalters und der frühen Neuzeit", so Dr. Kramml, „gibt es leider noch immer nicht ... und wir sind auf eine Stadtgeschichte angewiesen, die in den Jahren 1885 bis 1890 ... verfasst worden ist" (Email vom 22.09.2009 an den Autor).

23 Den von Oorschot genannten Herzog Kasimir von Bayern konnte ich nicht ermitteln. Im Gesamtindex der „Genealogie der Wittelsbacher", www.gen.heinz-wember.de/Wittelsbacher/Abfrage vom 18.09.2009, gibt es keinen Wittelsbacher mit dem Namen Kasimir.

frugalen Ernährung"[24] im Kloster überwunden haben. Oorschot nimmt an, dass Anisius bis 1586 dem Münchner Konvent der Franziskaner angehörte und seit 1590 in Bamberg als Prediger wirkte. Die 1590 erschienene Bittprozessionspredigt um „fruchtbarn" Regen hat er jedenfalls in der Bamberger Stiftskirche St. Jakob gehalten. Der Druck ist dem Bamberger Domherrn Johann Dietmar gewidmet. Über die Predigerqualität des Anisius kennt Oorschot einen Brief des Generalkommissars des Ordens in Süddeutschland, Valentin Frick (Fricius),[25] an Anisius, in dem dieser als „concionator doctissimus" bezeichnet und aufgefordert wird, in seinen publizistischen Aktivitäten nicht nachzulassen. Dafür wurde er von der Verpflichtung zum Chorgebet befreit. Mitbrüdern, die die Sonderstellung des Anisius kritisierten, drohte der General mit der Exkommunikation, so Oorschot. Die Hinweise bleiben bei ihm ohne Nachweise.

Allein die Antwort auf die Frage „Wer war der Bamberger Franziskaner Michael Anisius?" bleibt, auch bei Einbeziehung der Informationen von Oorschot, schemenhaft. „Über das Leben A.s", so van Oorschot, „geben hauptsächlich die verstreuten Hinweise in seinem Werk Auskunft".[26] Seine zahlreichen kontroverstheologischen Schriften zeigen uns, dass er, wie auch die beiden Weihbischöfe, für etwa ein Jahrzehnt zu den herausragenden Predigerpersönlichkeiten der römischen Kirche im ausgehenden 16. Jahrhundert in Bamberg gehörte. Dabei wissen wir nicht genau, wann er in die Stadt kam, und können nur aus seinen Schriften schließen, dass er wohl 1597/98 vom Bamberger Franziskanerkonvent in den 1564 gegründeten Passauer Konvent wechselte. Der dortige Fürstbischof, Urban von Trennbach (* 1525, 1561–1598), erwartete von den neu in die Stadt geholten Franziskanern 1587 die Einrichtung und den Betrieb eines – den Trienter Konzilsvorstellungen entsprechenden – philosophischen und theologischen Studiums in Passau, was allerdings scheiterte.[27]

Die inhaltliche Position seiner ordenspolitischen Schrift „Freundtliche Zerreissung Deß schoenen wolriechenden Rosenkrantzs" schrieb Anisius im Januar 1592 und beschloss sein Vorwort mit der Feststellung „Dann wer da wil unbestaubt seyn der bleib auß der Mühl" am 31. Januar 1592.[28] Wie er darlegte, wollte er eigentlich „unbestaubt" bleiben und hatte deshalb das Abfassen der Streitschrift immer wieder hinausgezögert. Aber seine Ordensoberen hatten ihn wiederholt aufgefordert, die unwahrhaftige Kritik des Stuttgarter Hofpredigers Lucas Osiander (1534–1604) am angeblichen Fehlverhalten der Franziskaner, abgeleitet aus dem vom Trienter Konzil verbotenen „Librum Conformitatum", einem angeblichen mittelalterlichen Regelwerk des Ordens, auf den Weg zu bringen.[29] Die Auseinandersetzung ging um die angebliche Franziskusverehrung des Ordens, der in der Ordenstradition Franziskus Christus gleichgestellt haben soll.[30]

---

24 Meint wohl „reduziert", siehe Duden, Mannheim [24]2006, S. 424: frugal (lat,): mäßig, einfach, bescheiden.

25 Auch Valentin Frick ist mit vier Werken zur Tradition und Geschichte des Franziskanerordens im Digitalisierungsprogramm der Bayerischen Staatsbibliothek München vertreten, im Bibliothekskatalog finden sich insgesamt sechs Einträge (fünf Titel) unter dem Namen Valentin Fric(c)ius. Im „World Biographical Information System" kein Eintrag für Valentin Frick.

26 Oorschot, Anisius 2001, S. 225.

27 Internetauftritt des Priesterseminars Passau, vgl. www.priesterseminar-passau.de/ Abruf vom 16.09.2009. Alternativ stattete Fürstbischof von Trennbach zunächst ein kleines Seminar für zwölf Passauer Alumnen in Wien aus.

28 Freundliche Zerreissung, Anno M.D.LXXXXII (1592), A iii v., vgl. Oorschot, Anisius, S. 232.

29 VD 16 B 557, Osiander, Lucas: Ein schöner wolriechender Rosenkrantz. Zusammen gebunden/ auß dem köstlichen/ ubertrefflichen Buch der Franciscaner Mönch/ welches sie Librum conformitatum nennen. Zu Ehren der Barfusser Mönch/ im Kloster zu Freiburg im Preißgew/ in den Truck verfertigt. Darauß die besondere Andacht und heiligkeit der Seraphischen Brüder zu vernemen. Lucas Osiander D. Tübingen M.D.XCI (1591), BSB München 4 H.mon.503, digitalisiert „by Google", kein Hinweis auf das Digitalisat im Bibliothekskatalog.

30 Anisius über die Kritik des Osiander: „im Exponieren und Gloßieren/ hält er sich wie ein trewloser/ meineydiger/ unwarhaftiger Lästerer und Hosenpasthart. Ich hätte mich schier mit Händen und Füssen gesegnet/ uber so gar zugroben und unuerschämbten Lügen: stellet sich fein eyfferig darzu/ als wolt er umb die Ehr Christi auß der Haut fahren/ schwirmet unnd stürmet

Die Bamberger Publikationsthemen des Michael Anisius waren geprägt von der täglichen Seelsorge und Predigertätigkeit des Franziskaners in seiner Klosterkirche, der 1812 in der Bamberger Altstadt im Domviertel abgebrannten Kirche St. Anna, sowie von Predigten in jenen Kirchen der Stadt, in denen er eingesetzt war.[31] So predigte Michael Anisius auf Veranlassung des Fürstbischofs Ernst von Mengersdorf (* 1554, 1583–1591) in der „Oberen Pfarre" „Zu unserer lieben Frau". Nach dem Selbstzeugnis des Autors hatte ihn der Fürst ausdrücklich zur Predigt angehalten. Zur Drucklegung wurde er von vielen Zeitgenossen, aber auch von seiner Ordensleitung veranlasst.[32]

Niemand, auch Oorschot nicht, hat bisher dargelegt, dass Michael Anisius auch vor seiner bairisch-fränkischenen Zeit bereits publizistisch tätig war. Durch die Recherche im Wolfenbütteler und Hallenser Katalog sowie den VD-16-Nachforschungen habe ich herausgefunden, dass – bereits 1569 beginnend – mindestens drei weitere Publikationen unter seinem leicht veränderten Namen Michael Annisius erschienen waren. Allerdings waren das Texte, die ihren Autor als neugläubigen Theologen erscheinen lassen. Die wohl augenfälligste Ergänzung seiner Vita ergibt sich aus der in Wolfenbüttel bereits digitalisierten „Brautliedersammlung" aus dem Jahre 1570, mit der drei protestantische Theologen aus Anlass der Hochzeit ihres Kollegen Hieronymus Morlinus, – er ist der Sohn des samländischen, in Königsberg residierenden, aus Wittenberg stammenden Bischofs Joachim Mörlin,[33] lateinisch „Morlinus" (* 1514, 1567–1571) – ihre lateinischen Hochzeitswünsche dem jungen Paar widmeten und gedruckt über-

---

wider die armen Parfüsser/ als wolt er sie mit Leib und Seel/ mit Kopff/ Bauch unnd Gehirn auff einmal hinweg fressen", A ii v.

31 Franziskanerkirche und Kloster waren im Straßenbereich „Schranne", 96049 Bamberg. Das Dienstgebäude des Polizeireviers Schranne 2 befindet sich auf dem Grundstück des ehemaligen Franziskanerklosters Bamberg. Mit dem Bamberger Kloster der Franziskaner ist nach der Säkularisation auch sein Archiv untergegangen. Anders als vermutet, gibt es im Münchner Hauptstaatsarchiv keinen nennenswerten Archivbestand über das einst älteste fränkische Franziskanerkloster. – Siehe auch: Hans Paschke, Um Schütt, Lugbank und Schranne zu Bamberg, Bamberg 1973. Paschke hat in einem Stadtplanausschnitt Kirche und Kloster eingefügt. Hans Paschke, Das Franziskanerkloster an der Schranne zu Bamberg. Dem Collegio S. Bonaventura padre editiori di Quarachi zur 7. Jahrhundertfeier 1274–1974, Bamberg 1974, in: 110. Bericht d. Historischen Vereins Bamberg 1974, S. 168–318. Anisius kommt bei ihm S. 277f. im Zusammenhang mit einem Druckkostenzuschuss des Fürstbischofs vom 24. Juli 1591 vor.

32 Anisius schreibt im Vorwort seiner „Proceßion Predig", 1590 an „Joann Dietmar/ Thumherren zu Bamberg": „Ehrwürdiger/ Edler/ gnädiger Herr/ dise einfältig Predig/ so auß genädigem Befelch deß Hochwirdigen Fürsten und Herren/ Herrn Ernesten/ Bischoffen zu Bamberg/ etc. unsers gnädigen Fürsten und Herrn/ von mir alß eim unwirdigen beschehen/ habe ich E. G. und Herrligkeiten/ auff derselbengünstig Begern/ erstmals schrifftlich uberantwort: Weil aber von andern guthertzigen Leuten ich weiter drumb angesprochen/ bin ich in Gedancken gerathen/ ob diesselbi durch offenen Truck möcht publiciert werden/ der Hoffnung/ weil die gantz Bambergisch Gemeyn/ mit sonderbarer Andacht und Seufftzen sie angehöret/ es werden …", zitiert nach dem Exemplar des Franziskanerklosters St. Anna München, Sign. 8° Dogm. 31, dort auch ein weiteres Exemplar mit der Sign. 8° Apol. 88, Beiband 4.
Im Vorwort zur Leichenrede auf den den jungen Baron Hans Wilhelm zu Guttenberg, Ingolstadt 1591 teilt Anisius mit: „Zum dritten/ dieweil jüngst von dem ehrwirdigen Vatter/ P. Valentino Fricio, vber vnsern Orden inober Teutschlandt/ Ungern/ Böhmen/ Polen/ etc. General-commissarien/ durch ein Specialobedientz mir aufferladen/ ich soll/ in Verdienst deß H. Gehorsams/ unerschrocken fortfahren/ gute und fruchtsame Materias, so zur Fortsetzung Catholischer Religion/ vnnd Pflantzung guter Sitten ersprießlich/ fleißig zusammen tragen/ vnd zum Truck abfertigen. Ob gleichwol ich/ dem sein eygen Unvermögen wol bekandt/ mich vil zuwenigdarzu achte/ wil es mir doch gebüren/ ernandten Befelch in der Gehorsam nachzusetzen: kan nichts desto weniger bey dem zweck und Zyl meines Vermögens bleiben/ und nicht wandlen in mirabilibus supra me. Hab also im Namen Gottes nit diser Leychpredig/ welche allererst die ander/ so von mir durch den Truck an Tag geben/ dieweil wöllen wir herfür wischen/ gantz tröstlicher Zuuersicht/ sie werde sich dannoch cæteris paribus sich lesen lassen/ vnd etwan einem einfältigen guthertzigen Christen ein heysame Erinnerung seyn." Die Leichenpredigt auf Hans Wilhelm von Guttenberg wurde 2008 durch die Bayerische Staatsbibliothek München digitalisiert. [Exemplar der BSB München, 4 Hom. 1051#Beibd.1], S. 8.

33 Vgl. „World Biographical Information System", https://emedial1.bsb-muenchen.de/hn/W-BIS/db.saur.de/WBIS/basicTextDocument.jsf, abgerufen am 18.09.2009. Joachim Mörlin war mit Luther eng verbunden, wurde gelegentlich „Kaplan Luthers" genannt und konnte sich in zahlreichen Führungsämtern nur selten halten, er schied immer wieder im Streit aus seinen Ämtern.

reichten. Bereits in den Titeln der lateinischen Texte scheinen die familiären Zusammenhänge zwischen Bräutigam und Braut im Umfeld geistlicher Netzwerke auf und lassen vermuten, dass sich die genannten Männer im Kontext ihres theologischen Werdegangs kennen gelernt hatten. Für „Michael Anisius Seruestanus" lässt sich in diesem Zusammenhang sogar ein zweiter, sehr konkreter biographischer Hinweis ermitteln. Er hatte sich am 25. April 1565 in Wittenberg unter Angabe seiner Zerbster Herkunft immatrikuliert, was sicher bedeutet, dass er seine (theologische) Ausbildung an einer protestantischen Universität absolviert hatte, als er den Beitrag von 1570 schrieb.[34] Die anderen Autorenamen der „Brautlieder" sowie der Name des „Hochzeiters" lassen sich im Wittenberger Matrikelband allerdings nicht ausmachen, aber im Wolfenbütteler Bibliothekskatalog erscheinen sie als Autoren, bzw. Herausgeber kontroverstheologischer Schriften.[35] In den Zerbster Bürgerverzeichnissen von 1500 bis 1600 ist Michael Anisius nicht nachzuweisen.[36] Das Franziskanerkloster St. Johannes in Zerbst war eine mittelalterliche Gründung und endete mit seiner Auflösung durch den Rat der Stadt 1530. Es ist davon auszugehen, dass Michael Anisius die franziskanische Tradition seiner Heimatstadt kannte und in der aus dem Zerbster Johanneskloster hervorgegangenen Lateinschule bis 1564 seine Schulausbildung erfahren hat. Über die Konfessionalisierung in Zerbst und die Rolle der Franziskaner in der Stadt, in deren ehemaligen Klostergebäude das „Francisceum" noch heute als Schule geführt wird, informiert Joachim Castan in seiner 1999 erschienenen Osnabrücker Dissertation über das Zerbster Gymnasium Illustre.[37] Allerdings beschreiben seine Forschungen eine Zeit, zu der Anisius längst seine Ausbildung abgeschlossen hatte und sicher im protestantischen Zerbst keine Rolle mehr spielte. Seine Herkunftsangaben in seinen Publikationen beschränken sich seit seinen Salzburgbezug auf „Sachsen" oder auf die Angabe seines jeweiligen Lebens- und Wirkungsbereiches. In den reformationsgeschichtlichen Studien vom Anfang des 20. Jahrhunderts für Sachsen-Anhalt und Zerbst von Heinrich Becker, einem protestantischen Pfarrer in Anhalt, kommt eine theologische Tätigkeit des Michael Anisius nicht vor.[38] Für den 1541 in Wittenberg eingeschriebenen „Georgius Anisius Zerbstensis" teilte Becker mit, dass er 1552 „Diakonus in Zerbst" war, während er für den 1553 in Wittenberg immatrikulierten „Thomas Anis Zervestensis" auch keine weiteren Angaben machte.[39]

Aber zurück zu unseren „Brautliedern" und damit zu der frühen Veröffentlichung unseres Protagonisten. Da der Bräutigam Hieronymus Morlinus in Löbau in Ostpreußen als Pfarrer tätig war, wird man diese Stadt auch als (nicht benannten) „Erscheinungsort" der „Brautlieder"

34 Karl Eduard Förstemann, Album Academiae Vitebergensis, Lipsiae, Bd. 2. 1894, S. 81b. – Vgl. Heinrich Becker, Anhaltische Studenten in Wittenberg von 1502 bis 1602, in: Mitteilungen des Vereins für anhaltische Geschichte und Altertumskunde 8 (1898–1901), Dessau 1902, S. 18–89. Becker nennt in seinem alphabetischen Namensregister drei Männer aus Zerbst mit dem Familiennamen Anisius, die sich in Wittenberg immatrikulierten: (1) 1541 Georgius Anisius Zerbstensis. Er ist 1552 Diakonus in Zerbst. (2) 1553 Thomas Anis Zervestensis, 11. März 1554. (3) 1564 Michael Anisius Servestensis, 25. April (1565). Michael Anisius war einer von vierzehn Zerbster Studenten, die sich im Studienjahr 1564/65 in Wittenberg immatrikulierten. Nur in Einzelfällen kann Becker mit biographischen Informationen den eigentlichen Matrikeleintrag ergänzen. In der Wittenberger Matrikel schreibt sich Michael Anisius noch mit einem „n".

35 Polemann, Jakob († 1611?), aus Verden, Mag., Geistlicher in Verden; Fromm, Johann (†1588); Hieronymus Mörlin erscheint als Herausgeber der Werke seines Vaters, über den er auch eine Vita veröffentlichte. Zu den Lebensdaten H. M. gibt es im Wolfenbütteler Katalog keine Angaben.

36 Freundliche Mitteilung von Frau Margitta Felgenträger aus dem Stadtarchiv Zerbst, Email von 09.09.2009.

37 Joachim Castan, Hochschulwesen und reformierte Konfessionalisierung. Das Gymnasium Illustre des Fürstentums Anhalt in Zerbst, 1582–1652, Halle 1999.

38 Heinrich Becker, Anhaltische Studenten in Wittenberg von 1502 bis 1602, in: Mitteilungen des Vereins für anhaltische Geschichte und Altertumskunde 8 (1898–1901), S. 18–89; Heinrich Becker, Reformationsgeschichte der Stadt Zerbst, in: Mitteilungen des Vereins … 11 (1908–1912), S. 241–460.

39 Heinrich Becker, Anhaltische Studenten, Einträge unter den jeweiligen Jahresabschnitten.

um 1570 annehmen und die Autoren für evangelische Geistliche halten dürfen. Löbau gehörte zum Bistum Samland, dessen Bischof der aus Wittenberg stammende, in Königsberg residierende, vorher in Braunschweig wirkende Vater des Bräutigams, Dr. Joachim Mörlin, war.[40]

> Epithalamia qvædam, scripta Reverendißimo atque doctißimo uiro. D. M. Hieronymo Morlino, amplißimi & uenderandi D. D. Ioachimi Morlini, Episcopi Sambiensis[41] filio, pastori Ecclesiæ Lebenicensis[42] uigilantißmo, nuptias celebranti cum pudicißima ac honestißima virgine Anna, integerrimi & ornatißimi uiri Gregorij Schultzen, pie defuncti, filia.
> Autoribus: Johanne Frum M., Iacobo Polemanno Verdensi[43], Michàéle Annisio Seruestano. (Löbau 1570)[44]
> Johanne Frum M., Carmen de Conivgio, scriptvm ad reuerendißimum atque doctißimum virum D. M. Hieronymum Morlinum, Pastorem Ecclesiæ Lebenicensis uigilantißimum, celebrantem nuptias cum honestißima virgine Anna, ornatißimi & integerrimi viri Gregorij Schultzen, piæ memoriæ filia. Avtore Johanne Frum M. (Löbau 1570)
> Jacobus Polemannus Verdensis, Epithalamivm in honorem nvptiarvm Reverendi & doctisßimi uirij, D. Magistrij Hieronymj Morlinj Pastoris Lebenicensis in monte Regio[45] & honestissimæ virginis Annæ Schultzen, sponsæ eius. Scriptum A. Iacobo Polemanno Verdensi. (Löbau 1570).
> Annisius, Michael: Epithalamion in nvptiie docti ac reverendi viri, D. Magistri Hieronimj Morlini Pastoris Ecclesiæ Lebenicensis, & pudicißmæ Viginis Annæ Gregorij Schultzen pié defuncti filiæ. Scriptu A. Michaële Annisio Seruestano. (Löbau 1570).

Neben dieser Wolfenbütteler Drucksache gehören in jene Lebensphase des Michael Annisius[46] ebenso die Schriften, die die Universitäts- und Landesbibliothek in Halle besitzt. Andere Standorte für diese nach VD 16 katalogisierten Drucke konnte ich nicht ermitteln:

> Annisius, Michael: Elegia de miraculi duorum quorunddam suitarum sive stygiitarum[47] anno MDLXIX (1569) facis.[48]
> Annisius, Michael: Epistolae dvae altera Svsannae filiae Helkiae ad Ioachimvm svvm maritum: Altera Thamar filia Dauidis ad Amnonem suum fratrem: Quibus addita est Elegia de miraculis duorum quorundam Svitarum sive Stygiitarvm, anno M.D.LXIX (1569). factis. Avtore Michaele Annisio Servestano.

40 Der Wolfenbütteler Katalog liefert keinen Hinweis zu einem Erscheinungsort. Biographischer Hinweis für Jakob Polemann (–1611?), aus Verden, Mag., Geistlicher in Verden, für Johann Fromm (–1588). Annisius Seruestano im Titel, in der Verfasserangabe der Bibliothek: Anisius, Michael.

41 Sambia, Samlandia, Sambita, Zambia, Samland, Lschf. Preußen (Ostpreußen), nach J.G.Th. Graesse, Orbis Latinus online nach der ²1909, Internet. http://www.columbia.ed-u/acis/ets/Graesse/orblats.html#Sambia. Die Ortsbestimmungen nach diesem Werk, wenn keine andere Angabe gemacht wird. Joachim Morlinius ist der Bischof des Samlandes, dessen Sitz Königsberg war. Freundliche Mitteilung von Dr. Rainald Becker, Augsburg.

42 Die deutsche Übersetzung dieses Ortsnamens ist Löbau nach Labiavia, Labio, Labiau, Stadt in Ostpreußen, nach http://www.columbia.edu/acis/ets/Graesse/orblatl.html, abgerufen 19.09.2009.

43 Verdensis od. Fardunensis ist Verden an der Aller.

44 VD 16 ZV 6273, HAB Wolfenbüttel, nach der BVB-Recherche einziger Standort, digitalisiert durch HAB. Seruestano = Zerbst in Sachsen-Anhalt.http://diglib.hab.de/drucke/171-5-quod-14/start.htm, abgerufen 18.09.2009.

45 Regiomont(i)um, Regalis, Regius od. Regis mons, für Königsberg, Preußen (Ostpreußen).

46 In den Bibliothekskatalogen wird die unterschiedliche Schreibweise mit einfachem oder doppeltem „n" nicht unterschieden. So erscheint in der Wolfenbütteler Titelwiedergabe der „Epithalmia" Anisius mit doppeltem „n" (wie in dem frühneuzeitlichen Text), während die katalogmäßige Autorenangabe mit nur einem „n" geschrieben ist.

47 Albert Sleumer, Kirchenlateinisches Wörterbuch, 4. Nachdruck der Ausgabe Limburg 1926, Hildesheim 2006, S. 746: Stygius, s. Styx: 3 Bedeutungen: (1.) Ein Quellflüsschen in Arkadien das durch sein eiskaltes und giftiges Wasser verrufen war. (2.) Ein sagenhafter Fluss oder Sumpf der Unterwelt, bei dem die Götter ihre Eide schwuren. (3.) Unterwelt, Hölle; davon: Stygius (3): unterirdisch, unterweltlich, höllisch; unheilvoll, greulich, tödlich.

48 Enthalten in VD 16 ZV 626, Universitäts- und Landesbibliothek Halle nach BVB Bayern, Katalogabfrage vom 02.09.2009; keinen anderen Nachweis gefunden.

Epithalamion ornatissimo viro bono arctopolitano et ... virgini Annae filiae ... D. Magistri Iohannis Trvckenroth Illustriss: Principis Anhaltini Ioachimi Ernesti Cancellarij Scriptum Michaele Annisio Seruestano. VVitebergae (Wittenberg) 1571.[49]

Bei den eindeutig protestantischen Beziehungen, die sich allein aus den Autoren- und Verwandtenhinweisen des „Seruestano" aus seinen frühen Titeln ergeben, verwundert es sehr, dass wir den Autor Michael Annisius gegen Ende des Jahrzehnts als „Concionator et Viceplebanus Salisburgensis" und schließlich als Pfarrer in Braunau am Inn finden. Brigitte Kaff hat in ihrer Münchner Dissertation „Volksreligion und Landeskirche. Die evangelische Bewegung im bayerischen Teil der Diözese Passau" darauf hingewiesen, dass Michael Anisius von ca. 1579 bis 1582 als katholischer Pfarrer im Dienste der Rekatholisierung zu Braunau im heute österreichischen Innviertel tätig gewesen ist.[50]

Wenn wir die Immatrikulation 1565 in Wittenberg und die 1570 publizierten Hochzeitsschriften für einen protestantischen Geistlichen als sichere Kriterien für einen eindeutigen konfessionellen Status bewerten, dann muss Anisius im Laufe der Jahre seine konfessionelle Richtung gewechselt haben. Die Salzburger Amtsbezeichnung eines katholischen Priesters und die altgläubige Pfarrstelle in Braunau sind sichere Hinweise dafür, dass sich Anisius inzwischen mit seiner priesterlichen Tätigkeit – in Braunau ging es um die Wiedereinführung der überkommenen Lehre und um die Überwindung der protestantischen Neuerungen, insbesondere um die Wiederabschaffung der Kelchkommunion – der Lehre der römischen Kirche zugewandt hatte. Der Konvertit im Priesteramt bezweifelte auf der Kanzel den ernsthaften Willen des Braunauer Rates bei der Durchsetzung der Rekatholisierung. In der Gemeinde war seine persönliche Lebensweise offensichtlich umstritten. Ihm werden Frauengeschichten vorgeworfen, er hat also Probleme mit der geforderten zölibatären Lebensweise der altgläubigen Priester. Jedoch wird er mit dem Bekenntnis zitiert, „dass er selbst schon mit allerlei secten befleckt gewesen, jetzt aber auf dem richtigen Weg sei".[51] In seinem Pfarrort Braunau entsteht offensichtlich auch seine erste katholische Bekenntnisschrift in Bayern. Es handelt sich um eine Form des Fürstenlobs, gerichtet an den regierenden Bayernherzog Wilhelm V. Oorschot sieht Anisius in persönlicher Nähe zum bayerischen Herrscherhaus. Der Druckort seiner dem Fürsten gewidmeten Lobschrift weist auf altkirchliche Bindungen hin, denn sie erscheint 1580 in der Tegernseer Klosterdruckerei als „Trost- und Bittgesang" und ist gerichtet an den bayerischen Herzog Wilhelm V. den Frommen (* 1548, 1579–1597/89), einem entschlossenen Verfechter der Katholischen Reform nicht nur in seinem eigenen Herrschaftsbereich, sondern in allen Bereichen, wo er Einfluss gewinnen konnte:[52]

Anisius, Michael: Carmen/ Consolatorium, idem et Supplicatorium, ad Serenissimum & illustrissimum Principem ac Dominum, Dominum, Gvilielmum, comitem Palatinum/ Rheni, vtrius-

49 VD 16 ZV 627, Universitäts- und Landesbibliothek Halle, Digitalisierung im DFG-Projekt der ULB Halle 2009–2011(13) vorgesehen. Die Bibliothek in Halle dokumentiert drei Katalogeinträge für Anisius/Annisius unabhängig von der Schreibweise „n" oder „nn". Im Katalog wird der Titel übersetzt „Hochzeitsglückwunsch auf Herrn Vitus Bono und Anna Truckenroth, Tochter Johann Truckenroths, 1571".

50 Brigitte Kaff, Volksreligion und Landeskirche, 1977, S. 274f. Herrn Archivdirektor Dr. Herbert W. Wurster vom Diözesanarchiv Passau danke ich sehr für seine großzügige Hilfe bei der Suche nach den biographischen Stationen des Michael Annisius, der sich wohl vor seiner Braunauer Zeit wieder Michael Anisius nannte. Die neue Namensschreibweise, die er offensichtlich bewusst in seinen Publikationen wieder verwendet, ist vielleicht auch als Hinweis auf seine persönliche Neuorientierung zu verstehen.

51 Brigitte Kaff, Volksreligion 1977, S. 274.

52 Wolf Weigang, Wilhelm V., der Fromme, in: BBKL Bd. XIII (1998), Sp. 1221–1224, Internetfassung: http://www.bautz.de/bbkl/w/wilhelm_v_v_b.shtml, abgerufen, 17.09.2009.

que Bauariae Ducem Principem ac Dominum suum clementissimum. Scriptum à Michaele Anisio Parocho Brunouiense ... Anno M.D.LXXX (1580) [Tegernsee, Klosterdruckerei].[53]

Aber kommen wir wieder zur Zusammenschau der drei Bamberger Kontroverstheologen im ausgehenden 16. Jahrhundert zurück. Sie sind mir zunächst als Autoren von gedruckten Bamberger Leichenreden begegnet. Dabei ist auffällig, dass nicht nur Fürstbischof Ernst von Mengersdorf sowie Weihbischof Dr. Jakob Feucht einen gedruckten Nachruf erhielten. Vielmehr ist bemerkenswert, dass Anisius eine gedruckte Leichenrede für den 18-jährigen Adeligen Hans Wilhelm von Guttenberg, einem Verwandten des Fürstbischofs, veröffentliche. Im Widmungsschreiben dieser Predigt teilt der Autor mit, dass auch der Fürstbischof selber zu seinen Zuhörern beim Requiem gehörte.

Heute sind die Werke der drei Bamberger Kontroverstheologen aus dem letzten Viertel des 16. Jahrhunderts kaum mehr bekannt. Umso spannender fand ich es, ihre Titel mit Hilfe der heute möglichen elektronischen Bibliotheksrecherche zu bibliographieren. Mehrere digitalisierte Texte der drei Kleriker stehen inzwischen online zur Verfügung. Nach den Katalogangaben des Bayerischen Bibliotheksverbundes ist zudem die Digitalisierung nahezu aller Druckschriften der Weihbischöfe Jakob Feucht und Johann Ertlin, der die Edition der Feuchtwerke nach dessen frühen Tod betrieb, und der Schriften des Franziskaners Michael Anisius in naher Zukunft zu erwarten. Dafür steht aber auch die Kooperationsvereinbarung zwischen der Bayerischen Staatsbibliothek München und der Google-GmbH Deutschland von 2007, deren Wirkung im 2. Halbjahr 2009 deutliche Fortschritte bei der Digitalisierung der frühneuzeitlichen Druckschriften der Münchner Staatsbibliothek erkennen lassen. Bei den Bamberger Publikationen handelt es sich zum allergrößten Teil um gedruckte Predigten sowie Streitschriften gegen protestantische Autoren, deren Multiplikationseffekt durch die Drucklegung erhöht werden sollte, wie Johann Ertlin unter Bezug auf das Beispiel und Vorbild der Apostel Petrus und Paulus erläuterte.[54] Wie die Apostelfürsten, so Ertlin selbstbewusst, schrieben die Kontroverstheologen ihren Gemeinden und übermittelten ihnen ihre Texte zur nachhaltigen Rezeption.

Für die drei Autoren erstelle ich im ersten bibliographischen Teil einen gemeinsamen Katalog der bereits digitalisierten Objekte mit genauer Wiedergabe der Originaltitel. Im Anschluss daran findet sich ein (vorläufiges) Gesamtverzeichnis der Schriften des Anisius, die ich ermittelt habe auf der Grundlage der bibliographischen Angaben moderner Bibliothekskataloge[55] sowie unter Hinzuziehung der Bamberger Autoren Joachim Heinrich Jäck (1777–1847)[56] und Joseph Metzner (1839–1888)[57]. Wenn die jeweilige Titelei bei Johann Nepomuk Brischar

53 VD 16 A 2867, BSB München, 3 Nachweise, BVB: Digitalisierung im BSB-DFG-Projekt 2007–2009. Standort: BSB München. Bei Oorschot, Anisius, 2001, S. 227, Nr. 1.01.01

54 Im Vorwort seiner Abschiedspredigt in Forchheim [Von dem rechten/ alten/ Catholischen Glauben der Teutschen Nation. Ingolstatt M.D.LXXXI] schreibt Ertlin, S. 1: „Es wirdt mir meines verhoffens niemandt in argem verdencken können ... wann ich mich des jenigen annim vnd verhalte/ welches die Fürsten der Apostel/ als Petrus vnd Paulus selber gethan und erzeigt haben/ von denselben lesen und befinden wir so vil/ dass sie etwann an die Christenliche Stätt und Gemein/ welchen sie zuuor den rechten Glauben gepredigt/ zuruck geschrieben/ und sie in dem empfangenen Christenlichen Glauben gesterckt vnd bestettigt/ auch wann sie von demselben etwas abgewichen/ ernstlich gestrafft haben. Und also schrieb Petrus an die zerstrewten Christen in Ponto/ Galatia ...“

55 Bibliotheksverbund Bayern [BVB], Bayerische Staatsbibliothek München und Bamberg, Universtätsbibliotheken in München, Tübingen, Würzburg, Köln.

56 Pantheon der Literaten und Künstler Bambergs von Joachim Heinrich Jäck. Verlagsangabe: Bamberg im Komptoir der Zeitung 1812. Für Feucht, Sp. 269–271, verzeichnet Jäck 18 Einträge, für Anisius, Sp. 20, 8 Einträge und für Ertlin, Sp. 246–248, 7 Einträge.

57 Joseph Metzner, Ernst von Mengersdorf, Fürstbischof von Bamberg. Die Weihbischöfe Dr. Jakob Feucht und Dr. Johann Ertlin. Biographische Skizzen von Joseph Metzner, Domkapitular und Regens im Ernestinum, Bamberg 1886. Die bibliographischen Angaben dieser Autoren entsprechen nur zum Teil der heutigen Bibliographienorm.

vollständiger verzeichnet war als in den benutzten Bibliothekskatalogen oder in den genannten Bamberger Arbeiten, habe ich meine Wiedergaben entsprechend ergänzt. Bei den digitalisierten Texten nutze ich die jeweiligen Titelseiten für die Bibliographie der Texte. Soweit die Arbeiten in den Werkverzeichnissen von VD 16 und VD 17 enthalten sind, liefere ich die entsprechenden Ordnungsnummern. Wenn es dezidierte Hinweise auf eine beabsichtigte Digitalisierung gibt, werden auch diese im Fußnotenapparat vermerkt. Bei den überregional beachteten Streitschriften der Autoren Feucht und Anisius ist jeweils der aus Nürnberg stammende Stuttgarter Hofprediger Lucas Osiander (1534–1604) der Gegner, der sie auch persönlich attackierte und mit dessen Schriften sie sich auseinanderzusetzen hatten. Seine Titel, auf die sich die Bamberger Autoren beziehen, erscheinen in den Anmerkungen.

Die digitalisierten Objekte der Bamberger Autoren

Von den drei Autoren Jakob Feucht, Johann Ertlin und Michael Anisius sind bisher folgende Werke meist über Bibliothekskataloge nachgewiesen und in digitalisierter Fassung abrufbar. Die Texte stehen für wissenschaftliche Zwecke zur online-Nutzung zur Verfügung. Sie sind hier nach ihrem Erscheinungsjahr verzeichnet.

Feucht, Jakob: De summo, & vniuersali mortalium omnium iudicio: deq; eiusdem iudicij prodomis, & peristasibus, disputatio secunda, in Academia Ingolstadiana anno 1569 publice proposita. Sub præsidio Theodori Peltani Doctoris Theologi & Professoris ordinarij, ad has se summo, & universali mortalium omnium iudicio theses, respondebunt egregiae pietatis, & eruditionis uiri DD. Iacobus Feüchtius Pfullendorfius, & Lucas de Guilielmis Tyrolensis, artium & philosophiæ Magistri, sacræque Theologiæ studiosi, etc. Ingolstadt 1569.[58]

Annisius, Michael u. a.: Epithalamia qvædam, scripta Reverendißimo atque doctißimo uiro. D. M. Hieronymo Morlino, amplißimi & uenderandi D. D. Ioachimi Morlini, Episcopi Sambiensis filio, pastori Ecclesiæ Lebenicensis uigilantißmo, nuptias celebranti cum pudicißima ac honestißima virgine Anna, integerrimi & ornatißimi uiri Gregorij Schultzen, pie defuncti, filia. Autoribus: Johanne Frum M., Iacobo Polemanno Verdensi, Michàéle Annisio Seruestano (1570).[59]

Feucht, Jakob: De Sacramentali Confessione Disputatio, Anno M.D.LXX. in Inclyta Academia Ingolstadiana publiè proposita Discutientur proximo die Veneris, sub ocutaum. Ingolstadii Anno M.D.LXX (1570) in Inclyta Academia Ingolstadiana publiè proposita. Defendit venerandus, excellens, & erudiditus vir, D. Jacobus Feüchtius Pfullendorffius, ingenuarum artium Magister, S. Theol. Baccal. & ad ædem Virginis Matris Ingolstadij Pastor D. etc.[60]

Feucht, Jakob: Septem et Triginta Catholicae Assertiones: quas Pietate, et E præstans vir, M. Iacobus Feuchtius Pfullendorffius, SS. Theologiae Baccalaureus formatus, ad D. Virginem Pastor, & Ecclesiastes cumprimis Catholicus, Catholicae veritatis studio, & amore, in orthodoxa Academia Ingolstadiana publicè examinandas & discutiendas proposuit. Ingolstadii M.D.LXXII. (1572).[61]

---

58 VD 16 P 1282, digitalisiert durch Bayerische Staatsbibliothek München 2009, Sign. 4 Diss. 1356#Beibd. 16. Die Arbeit wurde bei dem Ingolstädter Professor und Jesuiten Theodor Anton Peltanus (1527–1584) erstellt und ist unter seinem Namen erschienen. Sowohl Peltanus als auch Feucht erscheinen auf der letzten Seite des Textes. Das Münchner Digitalisierungszentrum hat 20 Schriften von Peltanus bisher digitalisiert (nach Katalogabfrage vom 28.08.2009).

59 VD 16 ZV 6273, HAB Wolfenbüttel, nach der BVB-Recherche einziger Standort, digitalisiert durch HAB. Seruestano = Zerbst in Sachsen-Anhalt. Dieser Titel ist wegen seiner grundlegenden biographischen Bedeutung bereits bei der Diskussion um die Frage, ob Annisius ein Konvertit war, eingeführt worden, vgl. Anm. 41–45, und wird wegen seiner bereits erfolgten Digitalisierung hier noch einmal angeführt.

60 VD 16 F 865, digitalisiert durch Bayerische Staatsbibliothek München 2009, Sign. 4 Diss.1355#Beibd. 19.

61 VD 16 F 866, Bayerische Staatsbibliothek München digitalisiert 2009, Sign. 4 Diss. 3179,5.

Feucht, Jakob: Christlicher/ kurtzer/ und wahrhafftiger Bericht/ wie ein gouthertziger Christ/ auff die 37 Hauptarticul des wahren Christlichen Glaubens/ so ihme in Bayern unnd anderen orten im Teutschland/ da das H. Euangelium sehr geliebt/ und rain gelehrt wirdt/ fürgehalten werden/ antworten solle. Sampt Einer kurtzen widerlegung/ der vermainten und ungegründten Anwort Lucae Osiandri/ eines Lutherischen Hofpredicanten zu Stückgart/ so er diß nächst verschinen 71. Jars schrifftlich/ und in den offentliche Truck auff dise 37 Articul verfertigt/ und an tag geben hat. Nit allein allen Catholischen/ sonder auch und noch vilmehr den zweiffelhafftigen/ unnd in dem wahren Glauben verfürten/ sehr nutzlich zulesen. Similis factus sum. Pelicano Solitudinis Psal. 101. Geschriben/ und zum thail geprediget durch M. Jacobum Feuchtium Pfullendorffium/ SS. Thelo. Baccal. Formatum. Pfarrherrn zu Ingolstat bey unser lieben Frawen etc. Ingolstat/ 1572.[62]

Feucht, Jakob: Christlicher/ kurtzer/ und warhafftiger Bericht/ wie ein guthertziger Christ/ auff die 37: Hauptarticul des wahren Christlichen Glaubens/ so ihme in Bayern und anderen orten im Teutschland/ da das H. Euangelium sehr geliebt und rein gelehrt wirdt/ fürgehalten werden/ antworten solle. Sampt Einer kurtzen widerlegung/ der vermeinten und ungegründten Antwort Lucae Osiandri/ eines Lutherischen Hofpredicanten zu Stutgart/ so er deß verschinen 71. Jars schrifftlich/ und in den offentlichen Truck auff dise 37 Articul verfertigt/ und an tag geben hat. Mit angehenckter Bescheidender und wolgegründter Rettung des obgemelten Christlichen Berichts/ Wider vorgedachten Osiandri auff denselbigen außgangene vermeinte Antwort. Nit allein allen Catholischen/ sonder auch und noch vilmehr den zweiffelhafftigen/ und in dem wahren Glauben verfürten/ sehr nutzlich zu lesen. Geschriben/ und zum theil geprediget/ durch M. Jacobum Feuchthium Pfullendorffium/ SS. Theol. Baccal. Formatum, Pfarrherrn zu Ingolstat bey unser lieben Frawen/ nachmals der H. Schrifft D. und Weyhebischoffen zu Bamberg etc. Cöln M.D.LXXXIIII (1584).[63]

Feucht, Jakob: Bescheidne und wolgegründte Rettung Des Christlichen unnd kurtzer Berichts: wie ein guthertziger Christ/ auff die 37 Haubtartickel des wahren Christllichen Glaubens/ eigentllichen antworten sol. Wider Die vermeinte Antwort Lucae Osiandri, Hoffpredigers zu Stuttgart/ die er kutz zuuor wider denselbigen in offentlichen Truck hat lassen ausgehen. Gestelt/ durch Jacob Feucht/ Weyhbischoff zu Bamberg. München M.D.LXXIII. (1573).[64]

Feucht, Jakob: Wilkomm/ oder Abdanck Osiandri/ Sampt seiner Endtlichen (und zwar gar stattlichen/ in drey gantze bogen/ verfasten) Abfertigung/ D. Jacobi Feuchten/ Weyhbischoffs zu Bamberg. Darauß zuuernemen/ das gedachter Osiander/ auff die 37 Artickel des Catholischen Glaubens/ als nichts geantwortet. Und/ das sich Jacob Feucht/ seines Baptischen/ Catholischen Glaubens/ im Artickel des H. Verdiensts Christi (gleich wie in anderen allen) gar nicht schemet/ Osiander aber/ ihmme selbsten hierinnen/ stracks zu wider ist. Das er auch/ wider sein Gewissen/ das zerrissen und Wurmstichig Lutherthumb/ vergebenlich zu verfechten understanden/ jetzund aber gar schaal am Hage abzeühet. Köln M.D.LXXIIII. (1574).[65]

Feucht, Jakob: Kleins Christlichs vnd Catholisch Betbüchlin. Darinnen dreißig Gebetlein vber die History der heyligen Paßion/ Leyden/ Pein/ Marter/ Sterben/ Tod/ Begräbnuß/ Auffersteung vnnd Auffart/ etc. vnsers ainigen Erlösers IESV CHRISTI begriffen werden. D. Jac. F. Weyhebischoff zu Bamberg. Dillingen 1576.[66]

Feucht, Jakob: Neun und dreissig Cathollische Predigen/ Zu underschidlichen zeiten und von mancherley Materien vormalen verfertiget und in Druck außgangen/ Nun aber widerumb uberlesen/

62 VD 16 F 832, digitalisiert von der Bayerischen Staatsbibliothek München, eingesehen am 13. Januar 2010 über Katalog BSB, Signatur 4 Pol. 1180.

63 VD 16 F 832, digitalisiert von Google, über Katalog der BSB eingesehen am 12. Januar 2010, Signatur 4 Polem. 1181.

64 Bayerische Staatsbibliothek München, Signatur 4 Polem. 1182, digitalisiert 2009 „by Google“.

65 VD 16 F 869, Bayerische Staatsbibliothek München, Signatur 4 Polem. 1183, digitalisiert 2009 „by Google“, über Katalog der BSB eingesehen am 12. Januar 2010.

66 VD 16 F 853, Bayerische Staatsbibliothek München, digitalisiert 2009, Sign. Asc. 1865.

und also in einen Tomum gebracht/ Durch D. Jacobum Feuchthium etc. Sampt einem Offentlichen Widerruff zweyer geborner Jüden ihres Jüdischen Unglaubens und Bekantnuß des Christlichen Catholischen Glaubens. Den Inhalt jeder Predigen/ wirdt der Günstig Lester jenseits diß Blats finden. Saluo in omnibus S.S. Apostolicae Sedis Iudicio. Cöln Im Jar M.D.LXXVIII (1578).[67]
Feucht, Jakob: Christlliche Walfahrt. Der Neun Fürungen oder Gäng/ unsers Herren Jesu Christi/ im Heiligen Passion. Warumb und wie nach altem Christlichem unnd Catholischem brauch/ Neun Kirchen oder Neun Altär/ inn Betrachtung deß Bittern Leydens und Sterbens Christi Jesu/ an dem Heiligen Carfreytag und sonsten gesucht werden. Durch D. Jacobum Feuchten weylund Weichbischoffen zu Bamberg. Dillingen M.DC. (1600).[68]
Feucht, Jakob: Christliche Walfahrt Der neun Führungen oder Gäng unnsers Herren Jesu Christi/ im heyligen Passion. Warumb unnd wie/ nach altem Christenlichen und Catholischen Brauch/ Neun Kirchen oder neun Altär/ in Betrachtung deß bittern Leeydens und Sterbens Christi Jesu/ am H. Carfreytag und sonsten gesucht werden. Durch D. Jacobum Feuchten/ weylund Weybischoffen zu Bamberg. Dillingen 1619.
Ertlin, Johann: Ein Catholische Leichpredig/ Bey der Christlichen Begräbnus und Besingnus/ Weyland des Ehrwirdigen in Gott/ hochgelährten Herrn/ Herrn Jacob Feuchten Episcopi Naturensis, Weichbischoffen zu Bamberg/ Römisch. Kay. May. Raht, Vnd der H. Schrifft Doctorn/ etc. So am Dienstag nach Iubilate, den 26. Aprilis zu Morgens früe/ diß 1580. Jars/ seligklich in Gott verschiden: zu Bamberg in S. Martins Pfarrkirchen gehalten/ vnd in Truck verfertiget. Durch Joannem Ertlinum, der H. Schrifft Doctorn/ Chorherren und Predigern S. Martins Stiffts zu Vorcheim/ etc. Ingolstadt Anno M.D.XXC (1580).[69]
Ertlin, Johann: Christliche wolgegründte Predig Von dem rechten/ alten/ Catholischen Glauben der Teutschen Nation/ Am 23. Tag nach Trinitatis Anno 1581 zu Vorcheim in S. Martins Stifft und Pfarr-Kirchen zu einem Christlichen Valete gehalten/ vnd in Truck gegeben Durch Joan Ertlin der heiligen Schrifft Doctorn/ damals bemeltes Stiffts Canonicum vnd Prediger/ jetzundt aber Weychbischouen zu Bamberg/ etc. Ingolstatt Anno M.D.LXXXI (1581).[70]
Anisius, Michael: Laudes & hymni in honorem nativitatis et assumptionis Beastissimae Deiparae Virginis Mariae. Authore: Michaele Anisio Saxone, Parocho Brunouiensi. Pataviae 1582.[71]
Ertlin, Johann: Ein Christliche Predig Von der Brotbrechung Christi zu Emaus/ darinn das Euangelium am heiligen Ostermontag in dreyen Stucken abgehandlt/ vnd darauff mit guetem Grundt dargethan vnd erwisen wirdt: Dass Christus zu Emaus seinen zarten Fronleichnam/ allein auß Brot gemacht/ vnnd also das heilig Sacrament nach altem wolhergbrachtem Brauch der rechten Catholischen Roemischen Kirchen under einer Gestalt selbs gereicht hab. Durch Johannem Ertlin Bischouen zu Natur und Weybischouen zu Bamberg/ der heiligen Schrifft Doctorn. Ingolstadt Anno Domini M. D. LXXXIII (1583).[72]

67 VD 16 F 861, Bayerische Staatsbibliothek München, „digitized by Google", Sign. 4 Hom. 634

68 Bayerische Staatsbibliothek München, Sign. Asc. 1166, digitalisiert 2009.

69 VD 16 E 3882, digitalisiert durch Bayerische Staatsbibliothek München, Res/4 Or.fun. 255,11. Die Schrift ist gewidmet „Dem Ehrwirdigen und Edlen Herrn/ Wolffgang Alberten von Würtzburg/ zu Bamberg und Würtzburg Thumbherrn/ auch daselbst zu Bamberg Cellario vnd Cantori, vnd Probst S. Martins Stiffts zu Vorheim/ etc. Seinem gnedigen Herrn vnd Patronen".

70 VD 16 E 3880, digitalisiert durch Bayerische Statsbibliothek München, Sign. 4 Hom. 577. Widmung: „Den fürsichtigen Ersamen und Weisen Herren Richter/ Burgermeister und Rhat der Fürstlichen Statt Vorcheim/ etc. Wünschet Joan Ertlin/ der heilign Schrifft Doctor/ bestättigter zu Weichbischoue zu Bamberg/ etc."

71 VD 16 A 2875, digitalisiert durch Bayerische Staatsbibliothek München, Sign. 4 Polem. 457#Beibd.2; es handelt sich um liturgische Texte zu den beiden Marienfeiertagen „In Assumptione B.M.V. (Fest Mariä Himmelfahrt, 15. August) und „In Nativitate B.M.V. (Fest Mariä Geburt, 8. September)". Gewidmet ist die Schrift dem „Magnifico et excellentissio Viro, D. Erasmo Vendio, Illustrissimo Bauariæ Duci Gvilielmo à consiliis intimis etc. Fomino suo & Patrono optimo, S." Bei Oorschot, Anisius 2001, S. 227, Nr. 1.02.01.

72 VD 16 E 3878, digitalisiert 2008 durch die Bayerische Staatsbibliothek München, Sign. 4 Hom. 576. Die Schrift ist gewidmet „Dem Hochwürdigen Fürsten und Herrn/ Herrn Marquardo/ Bischouen zu Augsburg/ unnd Thumbprobst zu Bamberg/ etc. Meinem gnädigen Fürsten und Herrn." Zu Marquard vom Berg, siehe Wolfgang Wüst in BBKL Bd. V, Sp. 872–876, Internet-

Cheffontaines, Christophe de[73] und Michael Anisius: Compendium Privilegiorum Fratrum minorum et religiosarum sub eorum cura vluentium, necnon & aliorum Fratrum Mendicatium, ordine Alphabeico digestum. ... Per RPF Christophorum de capite fontium, totius ordinis minorum generalem Ministrum, iam Sexenium ante recognitum, nunc de nuo excusum. Adiectas reperies in fine huius Compendij quarun dam quaestinum, quas aduersus statum fratrum Minorum quidam opponere solent, Diui Bonauenturae solutiones, cum bulla coenae Domini Gregorij XIII Papae moderni. Monachii M.D.LXXXIII [1584].[74]

Anisius, Michael: Festum Annvnciationis Beatissimae Deiparae virginis Mariae, Heroico Celebratum Carmine, Monachij in conuentu Fratrum Minorum recitato à F. Michaele Anisio Saxone, cum ad eiusdem Ordinis professionem reciperetur, &c. Monachii M.D.LXXXIIII (1584).[75]

Anisius, Michael: Ein Proceßion Predig/ Bey gemeyner Fürbitt zu Gott/ umb ein fruchtbarn Regen: genommen auß dem andern Capitul/ deß heiligen Propheten Oseae: unnd gehalten zu Bamberg/ in vigilia S. Iacobi deß Apostels/ inn seiner Stifftkirchen daselbst/ Durch F. Michaeln Anisium, Barfüsser Ordens Concionatorem. Ingolstatt 1590.[76]

Anisius, Michael: Ein tröstliche Leychpredig/ Bey der Christlichen und volckreichen Begräbnuß/ deß Edlen unnd frommen Jünglings/ weyland Hansen Wilhelms von Guttenberg: deß edlen und ehrnuesten Herren/ Lorentzen von Guttenberg zu Kirchlautern/ etc. F. Bambergischen Raths/ und Pflegers auff Giech: Unnd der auch edlen/ gottseligen und tugendsamen Frawen/ Anna von Wisenthaw/ seliger/ eheliches Sohns. Geschehen zu Bamberg im Parfüsser Closter/ den 23. Decemb. Deß ablauffenden 1590. Jars. Durch F. Michaeln Anisium/ desselben Ordens Concionatorem. Ingolstadt Anno M.D.LXXXXI (1591) (Abb. 1).[77]

Anisius, Michael: Freundtliche Zerreissung/ Deß schönen/ wolriechenden Rosenkrantzs/ welchen ein Stuetttische Graßmagd/ Hoserle[78] genandt/ auß dem köstlichen/ ubertrefflichen Buch der Franciscaner Mönch/ welches sie Librum Conformitatum nennen/ abgebrochen: Zu Ehren der visierlichen Krantzwinderin/ inn Truck verfertiget Durch F. Michaeln Anisium/ desselben Ordens Priestern unnd Concionatorem, Straßburger Prouintz. Daraus die besonder getrewe Dolmetschun/ Erbarkeit unn Zucht dieser tollen Metschen/ und anderer deß newen Euangelij Schreyanten/ zuuernemmen. In Lucam Osiandrum ... Ingolstatt M.D. LXXXXII (1592).[79]

---

fassung, http://www.bautz.de/bbkl/m/marquard_v_b.shtml in Bearbeitung vom 11.07.1998, Internetfassung vom 17.09.2009.

73 Einer von mehreren Beiträgern ist Michael Anisius, VD 16 C 2141, digitalisiert durch Bayerische Staatsbibliothek München 2009.

74 VD 16 C 2141, digitalisiert durch Bayerische Staatsbibliothek München 2009.

75 BSB München, 4 P.o.lat. 27, digitalisiert „by Google", kein Hinweis auf das Digitalisat im Bibliothekskatalog.

76 VD 16 A 2877, BSB München, Sign. 4 Hom 101, (insgesamt 5 Exemplare, digitalisiert „by Google", kein Hinweis auf die Digitalisate im Bibliothekskatalog.

77 VD 15 A 2881, digitalisiert durch Bayerische Staatsbibliothek München, Sign. 4 Hom. 1051#Beibd.1. Widmung: „Dem Edlen vnnd ehrnuesten/ Christophen von vnd zu Wisenthaw/ Regensperg/ vnd Peulendorff/ Fürstlichem Bambergischem Rath/ etc. wünschet F. Michael Anisius/ Franciscaner Ordens vnwirdiger Priester und Prediger/ Gnad/ Segen vnnd Barmhertzigkeit von Gott dem Vatter/ vnsers lieben Herrn vnnd Heylandes Jesu Christi". Im Vorwort seiner Rede legt Anisius einmal mehr da, dass er von seiner Ordensleitung zur Veröffentlichung „fruchtsamer materias" angehalten werde. Am Trauergottesdienst für Hans Wilhelm von Guttenberg nahm Fürstbischof Ernst von Mengersdorf teil, vgl. Metzner 1886, S. 17. Metzner weist darauf hin, dass der Fürstbischof mit Guttenberg verwandt war. Diese „Verwandtschaft" ging auf die Urgroßmutter des Fürstbischofs zurück. Sie war eine Elisabeth von Wiesenthau. Die Mutter Guttenbergs war eine „Anna von Wisenthaw", wie im Titel hingewiesen wird. Der Bibliotheksverbund Bayern [BVB] nennt die Standorte BSB München, LMU München, UB Eichstätt, Stiftsbibliothek Aschaffenburg, HAB Wolfenbüttel, Österreichische Nationalbibliothek Wien. Im Katalog der BSB Bamberg sind zwei Exemplare nachgewiesen: 22/MvO. Sol.55 und 22/RB.Or.fun.q.7, sie sind im BVB nicht erfasst. Ich hatte ein Exemplar in der Bibliothek des Franziskanerklosters St. Anna, München, Sig. 8° Hom.31, in der Hand. [Bei Jäck, Pantheon 1812, sehr verkürzt als Nr. 5 verzeichnet]. Bei Oorschot, Anisius 2001, S. 228, Nr. 1.09.01

78 VD 16 O 1179, Osiander, Lucas: Bericht an alle fromme Christen/ welche die Warheit lieben: Warumb die beide rasende Barfüsser Mönch/ Georg Eckhart und Michael Anisius/ keiner Antwort werth seien. Gestelt Durch Lucas Osiander/ D. Würtembergischen Hoffpredigern. Tübingen 1592.

79 BSB München, Sign. 4 Polem. 164, Digitalisat BSB über Bibliothekskatalog, und „by Google" (ohne Hinweis im Bestandskatalog, Mikroreprod. durch Universitätsbibliothek Freiburg bereits 1992 (1 Mikrofiche).

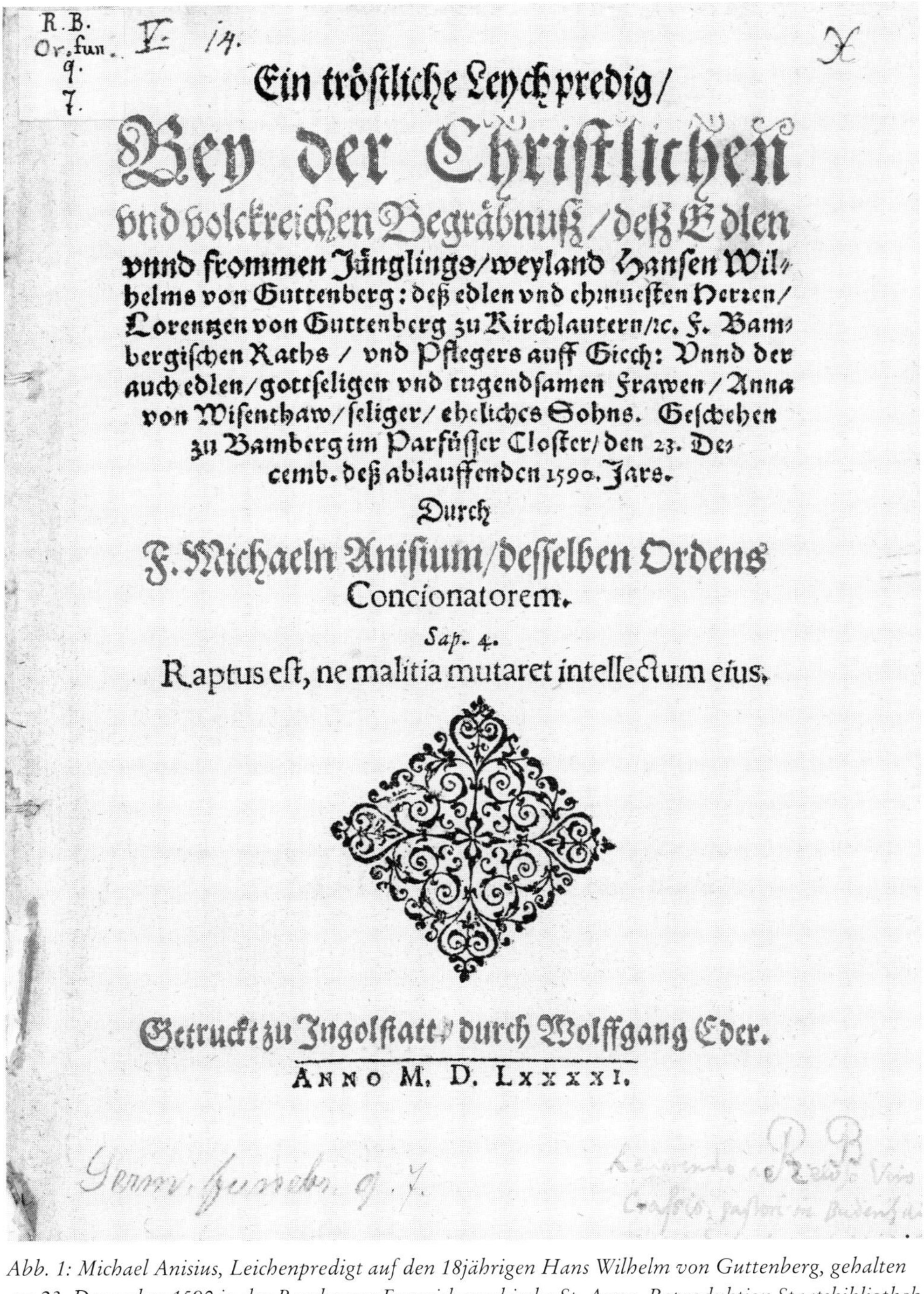

Ein tröstliche Leychpredig /
Bey der Christlichen
vnd volckreichen Begräbnuß / deß Edlen
vnnd frommen Jünglings / weyland Hansen Wil-
helms von Guttenberg: deß edlen vnd ehrnuesten Herren /
Lorentzen von Guttenberg zu Kirchlautern / rc. F. Bam-
bergischen Raths / vnd Pflegers auff Giech: Vnnd der
auch edlen / gottseligen vnd tugendsamen Frawen / Anna
von Wisenthaw / seliger / eheliches Sohns. Geschehen
zu Bamberg im Parfüsser Closter / den 23. De-
cemb. deß ablauffenden 1590. Jars.

Durch

F. Michaeln Anisium / desselben Ordens
Concionatorem.

Sap. 4.
Raptus est, ne malitia mutaret intellectum eius.

Getruckt zu Ingolstatt / durch Wolffgang Eder.
ANNO M. D. LXXXXI.

Abb. 1: Michael Anisius, Leichenpredigt auf den 18jährigen Hans Wilhelm von Guttenberg, gehalten am 23. Dezember 1590 in der Bamberger Franziskanerkirche St. Anna. Reproduktion Staatsbibliothek Bamberg, nach dem Exemplar RB.Or.fun.q.7, Gerald Raab

Anisius, Michael: Erklärung sieben notwendiger Puncten/ von Communion einer und beyderley Gestalt/ im H. Sacrament deß Altars. Denen in sonderheit zu Trost und besserm nachdencken die sonsten nit wichtigen Mängel an der Catholischen Religion haben/ wann nur diß Sacrament/ in beyden Gestalten/ ihnen ervolgte: Geschrieben/ und zum theil gepredigt/ zu Bamberg/ im Barfusser Closter/ durch Michaelem Anisium Predigern daselbst. Wirtzburg 1593.[80]

Anisius, Michael: Ein starcke Procession Predigt/ Uber das Jubeljahr/ weylandt Sixti Bapstes/ des Fünfften dises Namens: In gemain der gantzen Catholischen Christenhait zum besten/ insonderhait aber wegen deß betrangten Franckreichs/ außgangen unnd verlihen. Geschehen zu Bamberg/ in unser lieben Frawen Pfarrkirchen/ bey grosser Versammlung deß Volcks/ anno 1590. Am Mittwoch nach Letare: Durch F. Michaélem Anisium, Barfüsser Ordens/ etc. Was in dieser Predigt fürnemblich gehandelt. (I) Von zeitllichen Straffen/ Ablaß und Jubeljar/ (II) Was vom Glauben unserer lieben Vorältern zu halten. (III) Ob ein Uncatholischer König/ uber ein Catholisch Reich einzulassen. (IIII) Vom unuermögen alles menschlichen Gewalts. Ingolstadt 1594. Ingolstadt 1594.[81]

Anisius, Michael: Concio Threnodica. Das ist: Ein Klagpredig/ bey gemainer Proceßion und Bittfahrt wider unserem allgemainen Erbfeindt dem Türcken: geschehen zu Bamberg den 19. Octobris/ verschienens 94. Jares: im Barfüsser Closter. Durch F. Michaëlem Anisium, in unser lieben Frawen PfarrKirchen daselbst Predigern. Allenguthertzigen Seelsorgern unnd Predigern/ zu gůtem in Truck verfertiget. Was in dieser Predig gehandelt: (1) Vom hochgefährlichen Ubelstand der Christenheit/ sonderlich Teutscher Nation/ und von dessen Ursachen. (2) Das/ gleich wie Christus das unuberwindtliche Lamb Gottes/ von anbegün der Welt seine Feinde endtlich gestürtzet/ und Biss an jüngsten Tag stürtzen werde: also auch dem Türcken seine Straff noch beuor stehe. (3) Das ernstliches Büßwürcken darzu vonnöten/ sampt gemainer Vermahnung zur besserung deß lebens. Dillingen M.D.XCV. (1595).[82]

Anisius, Michael: Siben Catholische Predigen/ Bey gemeinen Processionen/ Kirch unnd Bittfahrten wider deß Christlichen Namens Erbfeind dem Türcken/ gehalten zu Bamberg/ im 4. Unnd 95. Jar. Durch F. Michaelem Anisium Franciscanum. Bey diesem zerrütten Weltwesen/ und ellenden Zeiten/ der gantzen Christenheit fast nutzlich/ und notwendig zuwissen: Darinn sich Geistliche und Weltliche/ so wol Obrigkeiten und Unterthanen zuspiegeln haben. Jerem. 3. … München M. D. XCIX (1599).[83]

Feucht, Jakob: Christliche Walfart Der neun fürungen oder Gäng unsers Herrn Jesu Christi/ im heiligen Passion. Warumb und wie nach altem Christlichem und Catholischem brauch/ neun Kirchen oder neun Altär/ inn Betrachtung des Bittern Leydens und Sterbens Christi Jesu/ an dem Heiligen Carfreytag/ und sonsten/ gesucht werden. Durch D. Jacobum Feuchten weylund Weichbischoffen zu Bamberg. Mit Röm. Keis. May. Freyheit. Dillingen 1600.[84]

80 VD 16 A 2871, BSB München, Sign. Polem. 80, digitalisiert „by Google", kein Hinweis im Bestandskatalog der BSB. Mikroreproduktion UB Freiburg bereits 1992, 2 Mikrofiches.

81 VD 16 A 2879, BSB München, Hom 102 und 5 weitere Exemplare, 1 Mikrofiche, digitalisiert „by Google", kein Hinweis auf das Digitalisat im Bestandskatalog.

82 VD 16 A 2868, digitalisiert durch die Bayerische Staatsbibliothek München, Sign. Res/4 Asc. 1180#Beibd.8. Anisius widmet die Schrift „Dem hoch vnnd Ehrwürdigen Herren/ Herrn Wolffgang Albrechten/ Thumprobsten zu Bamberg/ Probsten der Stiffte S. Steffan vnnd S. Gangolffs daselbsten/ auch Thumbherren zu Würtzburg/ etc. Meinem gar genädigen Herren". Im Vorwort bedankt er sich auch für persönliche Hilfe und Unterstützung, die er durch den Bamberger Dompropst erfahren habe [Dann die Wolthaten/ so E.G. auß angeborrner güte/ miltigkeit vnd sanfftemütigkeit/ zu mehrer maln/ insonderheit zu meinen Sawerbrünnischen Curen zumzwayten mal/ sich auß Christlichem mitleiden spontè offerendo, mir gantz genedigklich erhailt/ …], Siehe auch Ertlins Widmung des Drucks der Leichenrede auf Weihbischof Jakob Feucht. Vgl. Oorschot, Anisius, 2001, S. 228, Nr. 1.15.01. Bei ihm wird aus der zweimaligen Zuwendung „für die ‚Sawerbrünnischen Curen' eine 20malige Zuwendung" (S. 226).

83 BSB München, Hom 105 und sechs weitere Exemplare, digitalisiert „by Google", kein Hinweis auf das Digitalisat im Bestandskatalog.

84 VD 16 F 829, Bayerische Staatsbibliothek München ASC 1866, digitalisiert 2008; bei dem Text handelt es sich um eine Kreuzwegandacht (kein Vorwort, keine Widmung). Die erste bekannte Auflage ist Köln 1574 (VD 16 F 827). Zu dieser Art Kreuzwegandacht vgl.

Feucht, Jakob und Johann Ertlin: Epitome. Postillæ Fevchtianæ de Sanctis. Das ist: Kurtze Catholische Außlegung aller Feyertäglichen Euangelien/ durch das gantze Jar/ darinnen ein jedes Euangelium in dreyen Stucken abgehandlet/ und darauff allwegen ein fürnemer Punct/ je den Glauben/ je das Leben betreffendt/ gemeingklich in zweyen Teilen außgeführt und erklärt wirdt. Aus der grossen Postillen/ weylandt deß Hochwürdigen in Gott/ und Hochgelerten Herrn/ Herrren Iacobi Fevchtii, Episcopi Naturensis, Bambergischen Weyhbischouen/ der H. Schrifft Doctorn/ Röm. Kay. May. Rath/ etc. gezogen und in dise Form gestellt Durch Johann Ertlin/ auch der H. Schrifft Doctorn/ Hochernanntes Herrn Fevchthii, in dem Episcopat Zu Natur/ und Suffraganeat zu Bamberg Successorn und Nachkömling/ etc. Ingolstadt M.D.LXXXIII (1583).[85]

Feucht, Jakob und Johann Ertlin. [Epitome]. Postillæ Fevchtianæ de Sanctis. Der ander Theil. Darinnen jede Fest und feyertägliche Euangelien/ vom Pfingstmontag biss auff Andreæ deß Apostels/ Catholisch außgelegt/ und hernach andere nutzliche Puncten/ je den Glauben/ je das Leben betreffendt/ gehandelt werden. Auß der grossen Postillen Weyland /deß Hochwürdigen in Gott/ und Hochgelehrten Herrn/ Herrn Iacobi Fevchtii, Episcopi Naturensis, Bambergischen Weyhbischouen/ der heiligen Schrifft Doctorn/ Röm. Kay. May. Rath/ etc. gezogen/ und in dise Form gestellt. Durch Johann Ertlin/ auch der H. Schrifft Doctorn/ Hochernanntes Herrn Fevchtii, in dem Episcopat zu Natur/ und Suffraganeat zu Bamberg Successorn und Nachkömling/ etc. Ingolstadt Anno Domini M.D.LXXXIII (1583).[86]

Feucht, Jakob und Johann Ertlin: Epitome Postillæ Fevchtianæ de Sanctis. Der dritte Theil. Darinnen neun Predigen uber die Histori der H. Paßion Iesv Christi, nach dem Text der vier H. Euangelisten/ begriffen werden. Auß der grossen Catholischen Postill/ deß Hochwürdigen und Hochgelehrten Herrn/ Hernn Iacobi Feuchtii, Episcopi Naturensis, Bambergischen Weyhbischouen/ der H. Schrifft Doctorn/ und Canonici daselbsten bey S. Stephan. Röm. Key. May. Rath/ etc. gezogen/ und in diese Form gestelt. Durch Johann Ertlin/ auch der H. Schrifft Doctorn/ Hochernanntes Herrn Fevchthii, in dem Episcopat zu Natur/ und Suffraganeat zu Bamberg/ Successorn und Nachkömling.Ingolstadt Anno Domini M.D.LXXXIII (1583).[87]

Feucht, Jakob und Johann Ertlin: Epitome: Postillæ Feuchtianæ maioris de Sanctis. Das ist: Kurtze Catholische Außlegungen aller Feyrtäglichen Euangelien/ durch das gantze Jar/ Darinnen ein jedes Euanglium in dreyen Stucken abgehandelt/ und darauff allwegen ein fürnemmer Punct: je den Glauben: je das Leben betreffend/ gemeingklich in zweyen Theilen außgeführt und erklärt wirdt. Auß der grossen Postill/ weyland deß Hochwürdigen in Gott Vattern/ und Hochgelehrten Herrn/ Herrn Iacobi Fevchtii, Episcopi Naturensis, Bambergischen Weybischouen/ der H. Schrifft Doctorn/ Röm. Kay. May. Rath/ etc. gezogen/ und in dise Form gestellt/ auch jetzund widerumb von newem ubersehen/ gebessert/ und zum vierdten mal in Truck verfertigt: Durch Johann Ertlin/ Hochernanntes Herrn Fevchthii, in dem Episcopat zu Natur/ und Suffraganeat zu Bamberg/ Successorn und Nachkömbling/ auch der H. Schrifft Doctorn/ etc. Ingolstadt Anno Domini 1598.[88]

Fred G. Rausch, Rom und die Würzburger Karfreitagsprozession. Volksliturgische Frömmigkeitsformen der frühen Neuzeit, in: JbVk NF 9.1986, S. 151–174, 157; der dort von Matthäus Tympius angeführte Titel „Geistliche Charwochenspeis/ Oder: Zehen elendige Gäng Christi/ und Zwantzig hertzliche schmertzen Marie. In den Bettgängen unnd andächtigen besuchungen zehen fürnehmser Münsterischer und Cöllnischer Kirchen/ oder auch anderer Gottshäuser und Altärn/ darnach einem jeden zeit und von Gott andacht gegeben wirt/ zu gebrauchen". Münster 1613, UB Münster, Sign. G+3 1796, ist mit der „Christlichen Walfahrt" des Jakob Feucht sehr verwandt. Die Münsteraner „Charwochenspeis" ist nicht in der VD-17-Dokumentation erfasst, und ich habe bisher kein zweites Exemplar finden können. Die UB Münster hat auf Nachfrage bestätigt, dass in Münster eine VD-17-Erfassung nicht vorgenommen und auch nicht bekannt ist.

85 VD 16 F 846, Bayerische Staatsbibliothek München, digitalisiert, Sign. 4 Hom. 571–2.2/3#1.

86 VD 16 F 846, Bayerische Staatsbibliothek München digitalisiert, Sign. 4 Hom. 571-2.1/3#2.

87 VD 16 F 846, Bayerische Staatsbibliothek München digitalisiert, Sign. 4 Hom. 571-2.1/3#3.

88 VD 16 F 851, Bayerische Staatsbibliothek München digitalisiert, Sign. 4 Hom. 575-1/3#1.

Feucht, Jakob und Johann Ertlin: Epitome: Postillæ Fevchtianæ Maioris de Sanctis. Darinnen jede Fest und Feyrtägliche Euangelien/ vom Pfingstmontag biss auff Andree deß Apostels/ Catholisch außgelegt/ vnnd hernach andere nutzliche Puncten/ je den Glauben/ je das Leben betreffend/ gehandelt werden. Auß d´ grossen Postillen weyland/ deß Hochwürdigen in Gott Vattern/ und Hochgelehrten Herrn/ Herrn Iacobi Fevchthii, Episcopi Naturensis, Bambergischen Weyhbischouen/ der H. Schrifft Doctorn/ Röm. Key. May. Rath/ etc. gezogen/ und in dise Form gestellt/ auch jetzund widerrumb von newem vbersehen vnd gebessert. Durch Johann Ertlin/ Hochernanntes Herrn Fevchthii, in dem Episcopat zu Natur/ vnd Suffraganeat zu Bamberg Successorn und Nachkömbling/ auch der H. Schrifft Doctorn/ etc. Ingolstadt Anno Domini 1598.[89]

Feucht, Jakob und Johann Ertlin: Epitome: Postillæ Fevchthianæ Maioris de Sanctis. Darinnenneun Predigen vber die Histori der H. Passion Jesu Christi/ nach dem Text der vier H. Euangelisten begriffen werden. Auß der grossen Catholischen Postill/ weyland deß Hochwürdigen inn Gott Vattern/ vnnd Hochgelehrten Herrn/ Herrn Iacobi Fevchthii, Episcopie Naturensis, Bambergischen Weyhbischouen/ der H. Schrifft Doctorn/ vnnd Canonici daselbsten bey S. Stephan/ Röm. Key. May. Raht/ etc. gezogen/ vnd inn dise Form gestellt/ auch jetzund widerumb von newem vbersehen und gebessert. Durch Johann Ertlin/ Hochernanntes Herrn Fevchthii, inn dem Episcopat zu Natur/ und Suffraganeat zu Bamberg/ Successorn vnd Nachkömbling/ auch der H. Schrifft Doctorn/ etc. Ingolstadt Anno Domini 1598.[90]

Feucht, Jakob: Creutzgäng. Das ist/ Vier Christliche/ Catholische Predigen/ der zeit der heiligen Creutzwochen/ gemeinen Processionen vnd Walfarten sehr nutzlich und nothwendig/ Deren Inhalt nachfolgend Blatt anzeigt. Auß der grösseren Postill Jacobi Feuchtij gewesten Weybischoff zu Bamberg etc. genommen. Ingolstadt 1599.[91]

Inhalt vier gemelder Predigen. (1) Die erste/ wo wir in unser Angst und Trübsal Hülff suchen vnnd finden sollen/ vnd vns derselbig helffen kan und gern wil. (2) Die ander/ Ob ein jeder Mensch nur für sich selbsten bitten müsse? oder jemands andern hierinnen verhülfflich seyn könde: Und warumb die Processiones und Creutzgäng angestellt seyn? (3) Die dritt Predig lehret/ Was wir am meisten von Gott bitten vnnd begehren sollen/ vnd wie vnser Gebett geschaffen seyn müsse. (4) Die vierdt/ Von etlichen beweglichen Ursachen/ so vns zum Gebett bewegen sollen/ Auch wo vnd an welchem Ort vnser Gebett Gott am angenemsten seye.[92]

Die Schriften des Michael Anisius insgesamt

Im letzten Abschnitt werden die aus den unterschiedlichen Quellen ermittelten Schriften des Michael Anisius dokumentiert, weil von ihnen bisher keine umfassende Gesamtschau existiert. Brischar, dessen Darstellung der Länge nach relativ umfangreich ist, hat nur zwei „Türkenpredigen" im Blick, die er sehr ausführlich präsentiert.[93] Bei der jüngsten Darstellung von

89 VD 16 F 581, Bayerische Staatsbibliothek München digitalisiert, Sign. 4 Hom. 575-1/3#2.

90 VD 16 F 851, Bayerische Staatsbibliothek München, digitalisiert, Sign. 4 Hom. 575-1/3#3.

91 VD 16 F 852, Bayerische Staatsbibliothek München, digitalisiert 2008, Sign. 4 Asc. 1184#Beibd,3, eingesehenes Exemplar: Bibliothek des Franziskanerklosters St. Anna München, Sign. 8° Hom. 31 [Sammelband für Predigten zu unterschiedlichen Tagen des Jahres. Enthalten auch die zwei Leichenpredigten von Michael Anisius und Johann Ertlin aus dem Jahr 1591].

92 Das Werk lässt keinen verantwortlichen Herausgeber erkennen. Die BSB München benennt nur den bereits verstorbenen Jakob Feucht als Autor. Der Band 4 Asc. 1184 versammelt unterschiedliche Predigtautoren und Signaturen (6 Titel).

93 Türkenpredigt (1), Brischar, 1867, S. 866–891, Türkenpredigt (2), Brischar 1867, S. 891–914. Um die Bedeutung zu unterstreichen, zitiert er einleitend (S. 864) den Jesuiten Balthasar Knellinger (1634–1696), Predigten zur Zeit des Türkenkrieg(e)s, in welchem das Christen-Volk zur Buß, und Andacht, dann auch zu Lob- und Dank-Sprechung auffgemahnet worden, 4 Tle, München 1686–92, 1687, mit dem Satz: (Michael Anisius war) „ein sehr helles Licht aus dem Orden des großen Erzstifters Francisci Seraphici". Siehe auch Manfred Knedlik, „Knellinger, Balthasar SJ", in: BBKL, Bd. XIX (2001), Sp. 812–814, Internetfassung

Oorschot fehlen, wie bereits dargelegt, die Titel aus der „vorkatholischen" Zeit. Der besseren Übersicht wegen werden alle bekannten Titel in einer nach den Erscheinungsjahren geordneten Titelliste zusammengeführt.

Durch Brischars Darstellung erfahren wir auch, dass Michael Anisius das „Sendschreiben" seiner aus Passau nach Bamberg gewidmeten Schrift gezielt zur Bewertung der Bamberger Situation eingesetzt, das Vorwort gleichsam zum Rückblick auf seine Bamberger Zeit genutzt und gleichzeitig die Auseinandersetzung mit den „sectischen Prädicanten" insgesamt gesucht hat, indem er behauptete, dass diese ihre „Scheinpredigten wider den Türken zu etlichen Dutzenden in Druck aussprengten, ... da sie doch simpliciter den Türken nicht so gar feind sind". Er richtete das Vorwort der Predigtsammlung an „die ehrenvesten, ehrsamen und weisen Herrn Bürgermeister und den ganzen Rath der löblichen bischöflichen Hauptstadt Bamberg":

> „Demnach die giftige Seuch der neuen und falschen Lehr bei euch zu Bamberg überhand genommen, von Tag zu Tag weiter eingerissen, und den Unwissenden je länger je anmüthiger worden, dermaßen, dass, welche nicht ganz und gar abgefallen, doch in Zweifel gesteckt (worden), und so viel als nichts geglaubt haben, war es zu allervörderst hoch vonnöthen, dass die ordentlichen Prediger daselbst mit gesunder heilsamer Arznei des göttlichen Worts diesem verdammlichen Seelengeist auf den Kanzeln emsig und mannlich begegneten, die verführten, unwissenden Herzen in der Liebe Christi Jesu treulich unterwiesen, warneten, ermahnten, bei ihnen anhielten, mit Gelegenheit und Ungelegenheiten, mit Bitten und Schelten in aller Geduld und Lehre, damit also zur christlichen Reformation, welche der ... Neithart, Bischof zu Bamberg .... aus natürlicher Sorg und obliegendem Hirtenamt in´s Werk gerichtet, die Gemüther und Herzen des Völkleins desto geschickter und gutwilliger würden. Welches denn auch durch Beistand göttlicher Gnade mit reicher Frucht an und abgegangen, auch um so förderlicher, je geneigter und eifriger die bambergische Gemeinde den Predigten zugeflossen".[94]

Nach dieser Philippika aus Passau ist es um so überraschender, wie freundlich der Bamberger Rat auf diese Widmung reagierte. Anisius erhielt eine Zuwendung von 10 fl. aus Bamberg schrieb der Bamberger Privatgelehrte Joseph Heller im 19. Jahrhundert.

> „1598. Der Barfußermönch Michael Anisius, welcher früher zu Bamberg in der oberen Pfarrkirche[95] predigte, und dann als Domprediger nach Passau kam, dedizirte von daher dem Rath einige gedruckte Predigten, welcher ihm mit einer Verehrung von 10 fl. dankte."[96]

---

http://www.bautz.de/bbkl/k/knellinger_b.shtml vom 17.09.2009. Nach seinen Angaben habe ich den Titelnachweis ergänzt.

94 Zitiert nach Brischar, Kanzelredner, 1867, S. 864f.

95 Der klare Hinweis auf das Predigeramt „in unser lieben Frauwen Pfarrkirchen daselbst Predigern" erscheint bereits auf der „Klagpredig ... wider unserem allgemainen Erbfeindt dem Türcken" Dillingen M.D.XCV. (1595). Der Band ist auch in Bamberg in der Staatsbibliothek vorhanden. Siehe auch HdBG: „Zu den Aufgaben der Barfüßer gehörte u. a. die Gottes- und Predigtdienste in der Klosterkirche, in dem Kirchlein beim Leprosenheim, in der Marienkapelle und seit 1550 die Predigerstelle an der Pfarrkirche auf dem Kaulberg", nach: Christine Riedl-Valder, Bamberger Franziskaner – Fröhliche Brüder als Vorbild für Nächstenliebe und Disziplin, in: http://www.hdbg.de/kloester/kloster_detailansicht_basisdaten.php?id=Ks0039&temp..., Ausdruck vom 24.08.2009. VD 16 A 2877, Die Predigt um Regen 1590 hält Anisius in der Stiftskirche St. Jakob.

96 Joseph Heller, Gelehrten- und Künstler-Belohnungen im 16. und 17. Jahrhundert, in: ArchGuAlterthumskunde des Ober-Main-Kreises 2. 1836, Drittes Heft, S. 69–79, 74. Heller schreibt in seiner Einleitung (69): „Sonst sendeten Gelehrte und Künstler weit häufiger ihre Werke an Regenten, an Magistrate der Städte, an Klöster und andere Korporationen, als jetzt, wofür sie aber auch reichlich belohnt wurden. Bei Durchsicht der fürstbischöflich-bambergischen Kammer-Rechnungen und der städtischen Rechnungen nahm ich besondere Rücksicht darauf, um so mehr, da ich auf mehrere Gelehrte und Künstler kam, von welchen bis jetzt fast gar keine, oder doch nur sehr wenige Notizen bekannt sind. Auch wird man aus den hier mitgetheilten Nachrichten ersehen, dass die bambergischen Fürstbischöfe wie der Rath der Stadt sehr gerne Gelehrte und Künstler unterstützten."

Aus dem Werkkatalog des Theo G. M. van Oorschot bleiben zwei Titel ungeklärt, die durch Katalogrecherche nicht ermittelt werden können. Das ist zum einen das Blatt „Manassae Regis iuda, cum in Babylone captivvus detineretur, Paraphrasi poetica expressa". Bei Oorschot ist er unter der Nummer 1.13.01. verzeichnet und wird mit dem Standort SB Bamberg nachgewiesen. Im Bamberger Katalog war der Titel nicht aufzufinden. Auch über die VD 16-Recherche ist er nicht zu ermitteln.

Für die Oorschot-Titelangabe „Carmina gratulatoria ... in honorum Nativitatis et Assumptionis B(eatae) M(ariae) V(irginis) Pataviae 1580" war mit der Katalogrecherche kein Nachweis zu ermitteln. Als zusätzliche Titel weise ich die im Katalog von Wolfenbüttel sowie im Katalog der Universitäts- und Landesbibliothek Halle gefundenen Titel nach, die auf eine „neugläubige Phase" im Leben des Michael Anisius hinweisen. Nach den Standortangaben mit Hilfe der VD-16-Recherche scheint es sich bei den Exemplaren in Wolfenbüttel und Halle um Unikate zu handeln.

Der Werkkatalog des Michael Anisius

Annisius, Michael: Elegia de miraculi duorum quorunddam suitarum sive stygiitarum[97] anno MDLXIX (1569) facis.[98]

Annisius, Michael: Epistolae dvae altera Svsannae filiae Helkiae ad Ioachimvm svvm maritum: Altera Thamar filia Dauidis ad Amnonem suum fratrem: Quibus addita est Elegia de miraculis duorum quorundam Svitarum sive Stygiitarvm, anno M.D.LXIX. factis (1569). Avtore Michaele Annisio Servestano.[99]

Annius, Michael: Epithalamia qvædam, scripta Reverendißimo atque doctißimo uiro. D. M. Hieronymo Morlino, amplißimi & uenderandi D. D. Ioachimi Morlini, Episcopi Sambiensis[100] filio, pastori Ecclesiæ Lebenicensis[101] uigilantißmo, nuptias celebranti cum pudicißima ac honestißima virgine Anna, integerrimi & ornatißimi uiri Gregorij Schultzen, pie defuncti, filia.
Autoribus: Johanne Frum M., Iacobo Polemanno Verdensi[102], Michàéle Annisio Seruestano. (Löbau 1570).[103]

Annisius, Michael: Epithalamion ornatissimo viro bono arctopolitano et ... virgini Annae filiae ... D. Magistri Iohannis Trvckenroth Illustriss: Principis Anhaltini Ioachimi Ernesti Cancellarij Scriptum Michaele Annisio Seruestano. VVitebergae (Wittenberg) 1571.[104]

Anisius, Michael: Carmen/ Consolatorium, idem et Supplicatorium, ad Serenissimum & illustrissimum Principem ac Dominum, Dominum, Gvilielmum, comitem Palatinum/ Rheni, vtriusque Bauariae Ducem ... Scriptum à Michaele Anisio Parocho Brunouiense ... Anno M.D.LXXX 1580 [Tegernsee, Klosterdruckerei].[105]

Anisius, Michael: Laudes & hymni in honorem nativitatis et assumptionis Beastissimae Deiparae Virginis Mariae. Authore: Michaele Anisio Saxone, Parocho Brunouiensi. Pataviae 1582.[106]

Anisius, Michael: Festvm Annvciationis Beatissimae Deiparae Virginis Mariae, Heroico Celebratvm Carminie Monachij in conuentu Fratrum Minorum recitato à Michaele Anisio Saxone. Monachii 1584.[107]

97 Vgl. Anm. 47.
98 Vgl. Anm. 48 (UB Halle).
99 Vgl. Anm. 48 f. (UB Halle)
100 Vgl. Anm. 41.
101 Vgl. Anm. 42.
102 Vgl. Anm. 43.
103 Vgl. Anm. 44.
104 Vgl. Anm. 49.
105 Vgl. Anm. 53.
106 Vgl. Anm. 71.
107 Vgl. Anm. 75, VD 16 A 2872, BSB München, 4 P.o.lat. 27, digitalisiert „by Google", kein Hinweis auf das Digitalisat im Bibliothekskatalog, bei Oorschot, Anisius 2001, Nr. 1.03.01.

Anisius, Michael: Festum visitationis Beatissimae Deiparae Virginis Mariae carminibus celebratum a F. Michaele Anisio saxone. Franciscano, Monachium 1584.[108]

Anisius, Michael: Tricesimus, Reverendo ac vere religioso patri, P. Guolphgango Smilchofero, Fel: Me: Ord. Minorum Prouinciae Argentinae olim Ministro, Conuentus Monacensis Guardiano & Concionatori excellentissimo ... habitus à Fratribus Monacensibus ... Auctore/ F. Michäele Anisio, eiusdem Ord. Sacerdote. Obijt XXII. Febr. Anni praesentis: Aetatis vero LXXXV-moris et memoriae ergo a Fratribus Monacensibus. Monacium [15]85.[109]

Anisius, Michael: Nativitas Beatissimae et Immaculatae Virginis Matris Mariae carmine elegiaco celebrata à Michaele Anisio. Bambergae 1589.[110]

Anisius, Michael: Ein Proceßion Predig, bey gemeymer Fürbitt zu Gott, umb ein fruchtbarn Regen genommen auß dem andern Capitul deß heiligen Propheten Oseae vnnd gehalten zu Bamberg, in vigilla S. Jacobi deß Apostels, inn seiner Stifftkirchen daselbst Durch F. Michaëln Anisium, Barfüsser Ordens Concionatorem. Ingolstatt 1590.[111]

Anisius, Michael: Elegia in festo S. Leonardi confessoris In Gratiam et honorem Ingenui praeclarique; Viri D. Leonardi Neningeri Bambergiensis, liberalium scientiarum fautori optimo, scripta a F. Michaele Anisio Franciscano. Bambergae Anno M.D.LXXXX. (1590).[112]

Anisius, Michael: Psalmi Davidici Poenitentiales Septem Sapphicis Nvmeris[113] Redditi, Diva Maria Magdalena carmine Heroico celebrata[114], Duae, Pro Plenaria Peccatorum Remissione obtinenda, Orationes ardentissimae, ex scriptis R. P. Ludovici Granatensis desumptae[115] a Michaele Anisio. Bambergae 1591.

Anisius, Michael: Ein tröstliche Leychpredig/ Bey der Christlichen und volckreichen Begräbnuß/ deß Edlen unnd frommen Jünglings/ weyland Hansen Wilhelms von Guttenberg: deß edlen und ehrnuesten Herren/ Lorentzen von Guttenberg zu Kirchlautern/ etc. F. Bambergischen Raths/ und Pflegers auff Giech: Unnd der auch edlen/ gottseligen und tugendsamen Frawen/ Anna von Wisenthaw/ seliger/ eheliches Sohns. Geschehen zu Bamberg im Parfüsser Closter/ den 23. Decemb. Deß ablauffenden 1590. Jars. Durch F. Michaeln Anisium/ desselben Ordens Concionatorem. Ingolstadt Anno M.D.LXXXXI (1591).[116]

Anisius, Michael: Freundliche Zerreissung deß schönen wolriechenden Rosenkrantzs,[117] welchen ein stuettische Graßmagd, Hoserle [d.i. Lucas Osiander][118] genandt, auß dem köstlichen uber-

108 VD 16 A 2873, Bayerische Staatsbibliothek München Res/4 P.o.lat. 741,29, BVB Digitalisierung im BSB-DFG-Projekt 2007 bis 2009. Bei Oorschot, Anisius 2001, S. 228, Nr. 1.04.01.

109 VD 16 A 2880, Bayerische Staatsbibliothek München, Signatur Res/4 Bavar. 2121,2, BVB Digitalisierung im BSB-DFG-Projekt 2007 bis 2009. Bei Oorschot, Anisius 2001, S. 228, Nr. 01.05.01.

110 VD 16 A 2876, Bayerische Staatsbibliothek München Res/4 P.o.lat. 741,31, Digitalisierung im BSB-DFG-Projekt 2007–2009. [Bei Jäck verkürzt verzeichnet als Nr. 2]. Bei Oorschot, Anisius 2001, S. 228, Nr. 01.06.01.

111 Vgl. Anm 76.

112 Bayerische Staatsbibliothek Bamberg, Sign. 22/ Misc.q.42#25, Titelergänzung nach dem Exemplar der Franziskanerbibliothek St. Anna, München, Sign. 8 doc.31 (Beibd.6) [Bei Jäck als Nr. 3 verkürzt verzeichnet]. Bei Oorschot, Anisius, S. 228, Nr. 1.07.01.

113 Das ist: VD 16 B 3474. [Bei Jäck als Nr. 4 verzeichnet, aber nicht präzise im Wortlaut]. Bei Oorschot, Anisius, S. 228, Nr. 1.10.01.

114 Das ist: VD 16 A 2870: Diva Maria Magdalena carmine heroico celebrata. Bei Oorschot nicht als eigenständiger Titel verzeichnet, sondern Teil von 1.10.01.

115 Das ist VD 16 L 3219: Luis de Granada: Duae pro plenaria peccatorum remissione obtinenda orationes ardentissimae <lat.> Beteiligte Person: Anisius, Michael: Digitalisierung im BSB-DFG Projekt 2007–2009 vorgesehen; Bestandsnachweis BSB Bamberg 22/ Misc.q.42#24. Bei Oorschot nicht als eigenständiger Titel verzeichnet, sondern als Teil von 1.10.01.

116 Vgl. Anm. 77 sowie Abb. 67.

117 Zur Gegenschrift vgl. Anm. 28, 29, 78 und 79, Bartholomaeus de Pisa: „Ein schöner wolriechender Rosenkrantz, zusamen gebunden auß dem köstlichen, vbertrefflichen Buch der Franciscaner Mönch, welches sie Librum conformitatum nennen; Zu Ehren der Barfusser Mönch, im Kloster zu Freiburg im Preißgew, in den Truck verfertiget. Darauß die besondere andacht vnd heiligkeit der Seraphischen Brüder zu uernemen", Tübingen 1591. Die BSB München nennt im Katalog Lucas Osiander als Autor und als weiteren bibliographischen Nachweis: VD 16 F 557 mit der Anmerkung: „Der Verf. Bartholomaeus de Pisa ist im Druck genannt". Originaltitel: „De conformitate vitae Beati Francisci ad vitam Domini Jesu <dt.>", zwei Exemplare: 4 H.mon.503 und Eslg/4 Polem. 2275#Beibd. 4. Das Titelblatt des Druckes (digitalisiert „by Google") legt Osiander als Hauptautor des Werkes nahe.

118 Namensergänzung in verschiedenen Bibliothekskatalogen eingefügt, ergibt sich aber auch aus dem Anisi-

trefflichen Buch der Franciscaner Mönch, welches sie Librum Conformitatum[119] nennen abgebrochen. Zu Ehren der visierlichen Krantzwinderin/ in Truck verfertiget.[120] Durch F. Michaeln Anisium/ desselben Ordens Priestern unnd Concionatorem, Straßburger Prouintz, Darauß die besonder getrewe Dolmetschung/ Erbarkeit und Zucht diser tollen Metschen/ und anderer deß newen Euangelij Schreyanten zuuernemmen. Ingolstatt Anno M.D.LXXXXII. (1592).[121]

Anisius, Michael: Erklärung, siben nothwendiger Puncten von Communion einer und beyderley Gestalt im H. Sacrament deß Altars denen insonderheit zu Trost und besserm nachdencken die sonsten nit wichtigen Mängel an der Catholischen Religion haben wann nur diß Sacrament in beyden Gestalten ihnen ervolgte: ... beschriben und zum theil gepredigt zu Bamberg im Barfusser Closter durch Michaelem Anisium [OFM]. Wirtzburg 1593.[122]

Anisius, Michael: Oratio pro M. Schwein parocho Hassfurtensis Bamberg. 1594 f.[123]

Anisius, Michael: Concio Threnodica. Das ist: Ein Klagpredig/ bey gemainer Proceßion und Bittfahrt wider unserem allgemainen Erbfeindt dem Türcken: geschehen zu Bamberg den 19. Oc-

---

us-Text. Exemplar der Franziskanerbibliothek St. Anna München, Sign. 8° Fra 19. Das Vorwort ist geschrieben „Bamberg den 31. Januarij 1592." Nach seinen Einlassungen im Vorwort schreibt Anisius seinen Text gegen Osiander nach zweimaliger Intervention seiner Ordensoberen.

119 Bartholomaeus <Albicius>: Liber aureus conformitatum vitae Beati, ac Seraphicis Patris Francisci ad Vitam Jesu Christi Domini Nostri. Nunc denuo in lucem editus, atque infinitis propemodum mendis correctus a Jermia Bucchio. Bononia 1590, nach BSB München, Sign. 4 V.ss. 622; Bartholomaeus <Albicius>: Liber Conformitatum vitae B. Francisci ad Vitam J. Christi. Mediolanum 1510, nach BSB München, Sign. Rar.45. Bartholomaeus <Albicius>: Liber Conformitatum vitae B. Francisci cum Vita J. Chr. BSB München, Exemplare: Rar. 46 und 2 P.lat. 216.

120 VD 16 B 557. Der Verf. Bartholmaeus de Pisa ist im Druck genannt, aber nicht auf der Titelseite. Orginaltitel: De conformitate vitae Beati Francisci ad vitam Domini Jesu <dt.> (Katalogangaben BSB München, 2 Exemplare), BVB: Digitalisierung im BSB-DFG-Projekt 2007–2009. Nachweise: BSB München, Nationalbibliothek Budapest, UB Halle, Herzogin Anna Amalia Bibliothek Weimar, HAB Wolfenbüttel, LMU München. Bei Oorschot, Anisius 2001, S. 228, Nr. 1.11.01.

121 Bezieht sich auf Lucas Osiander: Ein schöner wolriechender Rosenkrantz zusammen gebunden, auß dem köstlichen, vbertrefflichen Buch der Franciscaner Mönche; welches sie Librum conformitatum nennen, Zu Ehren der Barfusser Mönch, im Kloster Freiburg im Preißgew, in den Truck verfertiget. Darauß die besondere andacht vnd heiligkeit der Seraphischen Brüder zu vernemen, Tübingen Anno M.D.XCI. (1591) Im Katalog der BSB München wird Bartholomaeus de Pisa als Autor genannt, vgl. Anm. 117.
Ecker, Georg: Ein Schöner Alcoranische Nessel-Krantz. Außden Köstlichen unnd Ubertrefflichen, nicht Tischreden, sondern Fürnemen Operipus, und Büchern ...Martini Lutheri etc. Für ein Meßkram Zusammen in unterschiedenen Azoaras gebunden, und auff des Gottlosen Lucas Osianders Doctors und Hoffpredigers zu Stutgart, Unsinnig Alcoranische Haupt, zu außziehung seiner Ehrrüriger Lugenhaffter Dämpf, auffgesetzt etc. Meniglichen zu einem Spiegel der Lutherischen Gottslesterung und Abscheulichen Unflats in Tag geben. F. Georgius Ecker, Barfüsser Ordens, Prediger zu Freyburg im Breißgau, Freyburg in Uchtland 1589, 1591
Antwort des Lukas Osiander an die Franziskaner: Osiander, Lucas: Bericht An alle fromme Christen, welche die Warheit lieben: Warumb die beide rasende Barfüsser Mönch, Georg Eckhart und Michel Anisius, keiner Antwort werth seien. Gestelt Durch Lucas Osiander, D. Würtembergischen Hoffpredigern. Tübingen 1592. VD 16 O 1179; BSB München, Polem. 3131 f. BVB nennt die Standorte BSB München, UB Halle, HAB Wolfenbüttel, Digitalisierung im BSB-DFG-Projekt 2007–2009 angekündigt. Die UB Tübingen weist 2 Exemplare nach. Digitalisat im Netz zu finden: Digital Special Collections Universiteit Utrecht, Universitätsbibliothek, vgl. http://digbijzcoll.library.uu.nl/boeken/Boeken 1-500/000449/Images/0449titel.gif (Ausdruck vom 12.08.2009)
Ecker, Georg: Auff des Gottlosen, vntüchtigen Schandmauls vnd Ehrnschänders D. Lucas Osianders ferner verlogene Beweisung; damit er abermals ... D. Joannem Pistorium Nidanum ... mit seiner Teuffelischen federn ... zu schanden begert. Warhaffte bestendige Antwort/ Geschriben durch ... F. Georgium Eckern Barfüsser Ordens und Predigern im Parfüsser Kloster zu Freyburg. Coeln, 1590
Georg Ecker, Auff des Schandmauls D. Lucas Osianders Hoffpredigers zu Studgart, Letstes Unsinniges Eselsgeschrey: Darinnen ehr den Herrn Iohannem Pistorium Nidanum ... und dann Fratrem Georgium Eckern ... ferners gern ohnverschambter Närrischer weiß Iniurien und sich abermals ... salvieren wöllen, etc. Beweißung das er Lucas Osiander ein Verlogener Leichtfertiger Mann sey... F. Georgius Ecker, Barfüsser Ordens, Prediger zu Freyburg im Breißgaw, Freyburg im Uchtlandt 1591

122 VD 16 A 2871, BSB München, Sig. Polem. 80; BSB Bamberg: 22/RB.Th.past.o.8 BVB: Digitalisierung im BSB-DFG-Projekt 2007 bis 2009, Nachweise: BSB München, LMU München, UB Freiburg/Breisgau, Forschungsbibliothek Gotha, Österreichische Nationalbibliothek Wien. [Bei Jäck als Nr. 6 verzeichnet, ergänzt mit dem Hinweis: „8. Dedicirt dem Anselm von Hondorf fürstl. Rathe und Oberschultheiß in Bg."]. Bei Oorschot, Anisius 2001, S. 228, Nr. 1.12.01.

123 Zitat nach Jäck, Nr. 7. Bei Oorschot, Anisius 2001, entspricht wohl dem Titel 1.13.01. Die Textangabe ist sehr reduziert und die Abbildung so verkleinert, dass sich der Titel nicht entziffern lässt.

tobris/ verschienens 94. Jares: im Barfüsser Closter. Durch F. Michaëlem Anisium, in unser lieben Frauwen PfarrKirchen daselbst Predigern. Allenguthertzigen Seelsorgern unnd Predigern/ zu gůtem in Truck verfertiget. Was in dieser Predig gehandelt: (1) Vom hochgefährlichen Ubelstand der Christenheit/ sonderlich Teutscher Nation/ und von dessen Ursachen. (2) Das/ gleich wie Christus das unuberwindtliche Lamb Gottes/ von anbegün der Welt seine Feinde endtlich gestürtzet/ und Biss an jüngsten Tag stürtzen werde: also auch dem Türcken seine Straff noch beuor stehe. (3) Das ernstliches Büßwürcken darzu vonnöten/ sampt gemainer Vermahnung zur besserung deß lebens. Dillingen M.D.XCV. (1595).[124]
Anisius, Michael: Siben Catholische Predigen, Bey gemeinen Processionen, Kirch und Bittfahrten wider deß Christlichen Namens Erbfeind dem Türcken gehalten zu Bamberg, im 4. vnnd 95. Jar ... Bey disem zerrütteten Weltwesen, und ellenden Zeiten, der gantzen Christenheit fast nutzlich, und notwendig zuwissen: Darin sich Geistliche u. Weltliche, so wol Obrigkeit als Unterthanen zuspieglen haben. Durch F. Michaelem Anisium Franciscanum [OFM]. München 1599.[125]
Anisius, Michael: Consideratio/ Poenarum/ Infernalium, Elegiacis versibus breuiter expressa/ idem: Canticum Ezechiae Regis iuda, Saphicis numeris/ redditum: A F. Michaele Anismio, Franciscano, Cathedralis Ecclesia Patavien; Concionat. Pataviae MDC [1600].[126]
Anisius, Michael: Carmen heroicum de creatione et lapsu primorum parentum. Item Psalmus trigesimus octavvs, saphicix numeris redditum. A F. Michaele Anisio Franciscano. Ingolstadium Anno M.DCI (1601).[127]

124 VD 16 A 2868, vgl. Anm. 82.
125 VD 16 A 2878, vgl. Anm. 83, BSB München 8 Nachweise, BSB Bamberg: 22/RB.Th.hom.q.21#10; BVB-Nachweise: BSB München, UB Eichstätt, HAB Wolfenbüttel, Österreichische Nationalbibliothek Wien, Digitalisierung im BSB-DFG-Projekt 2007–2009, Brischar, Kanzelredner, 1867, S. 864–914. Bei Oorschot, Anisius, 2001, S. 229. Nr. 1.16.01, BSB München, Sign. Hom, 105 digitalisiert „by Google".
126 VD 16 A 2869; enth. Werk: Anisius, Michael: Canticum Ezechiae regis Juda Sapphicis numeris redditum (VD 16 A 2866), BVB Standorte: BSB München, Württembergische Landesbibliothek Stuttgart, Digitalisierung im BSB-DFG-Projekt 2007–2009. Bei Oorschot, Anisius 2001, 229, Nr. 1.17.01.
127 BSB München, Res/ 4 P.o.lat. 741,26. Bei Orschot, Anisius 2001, 229, Nr. 1.18.01.

Kriegserfahrung und *praxis pietatis*

Die Reichsstadt Überlingen im Dreißigjährigen Krieg

Alois Schneider

Die Schlacht von Breitenfeld bei Leipzig am 17. September 1631, in der König Gustav II. Adolf die kaiserlichen Truppen unter Graf Tilly vernichtend schlug, hat für die Truppen der protestantischen Stände das Tor nach Franken und weiter in den süddeutschen Raum aufgestoßen. Vom folgenden Jahr an sind auch Oberschwaben und das Bodenseegebiet endgültig in die militärischen Auseinandersetzungen des Dreißigjährigen Krieges einbezogen worden.[1] Während der vorausgehenden böhmisch-pfälzischen und dänisch-niedersächsischen Kriegsphase hatte die Reichsstadt Überlingen zwar die Lasten von Einquartierungen und Kontributionen zur Substituierung des kaiserlich-ligistischen Heeres zu tragen, war aber selbst nicht unmittelbar von Kriegshandlungen betroffen gewesen. Die katholische Reichsstadt als entschiedene Parteigängerin des Kaisers in einem Gebiet, wo nunmehr die anti-habsburgische Koalition das Terrain bis zum Rhein weitgehend in ihre Hand gebracht hatte, galt der protestantischen Partei als ein strategisch wichtiges Ziel. Überlingen hat von da an im Theatrum Belli nicht mehr nur die Rolle gespielt, gleichsam aus der Etappe heraus den kaiserlichen Militärapparat in einem ständig wachsenden Umfang zu unterstützen, die Stadt rückte jetzt auf die vordere Bühne und wurde wiederholt selbst Schauplatz im Kriegsgeschehen: 1632 bei einem schwedischen Überfall, 1634, als sie durch die Schweden belagert wurde, seit Ende der 1630er Jahre bei den Raubzügen Konrad Widerholds, des württembergischen Kommandanten auf der Bergfestung Hohentwiel, 1643 bei der handstreichartigen Einnahme durch Widerhold, während der anschließenden französischen Besetzung oder auch bei der Belagerung durch bayerische Truppen unter Feldmarschall Franz von Mercy von November 1643 bis zum Frühjahr 1644.[2] Am Ende dieses Krieges war neben den Toten und Verletzten, den Schäden an Gebäuden und an der Infrastruktur, der Verwüstung der Rebflächen, die man zu beklagen hatte, der Schuldenstand der Stadt weitgehend außer Kontrolle geraten – und er wuchs dramatisch an, weil vom Kaiser weiterhin außerordentliche Abgaben und Reparationsgelder eingefordert wurden.[3]

Unter diesen Kriegsereignissen sollen uns im Folgenden jene aus den Jahren 1632 und 1634 interessieren – nicht nur, weil gerade sie bis heute im kollektiven Gedächtnis der Stadt einen festen Platz gefunden haben, sondern vor allem auch deshalb, weil beide als Beispiel gelten

1 Einen knappen Überblick mit weiterer Literatur gibt Eike Wolgast, Reformationszeit und Gegenreformation (1500–1648), in: Handbuch der baden-württembergischen Geschichte, Bd. 1/II: Vom Spätmittelalter bis zum Ende des Alten Reiches, Stuttgart 2000, S. 260ff.

2 Vgl. Alfons Semler, Überlingen. Bilder aus der Geschichte einer kleinen Reichsstadt, Singen 1949, S. 142ff. – Wolfgang Bühler, Ein Gang durch die Geschichte, in: Überlingen. Bild einer Stadt, hg. v. der Stadt Überlingen in Rückschau auf 1200 Jahre Überlinger Geschichte 770–1070, Weißenhorn 1970, S. 34ff.

3 Johanna Möllenberg, Überlingen im Dreißigjährigen Krieg. Die Auswirkungen des Krieges auf das Wirtschaftsleben der ehemaligen Reichsstadt, in: Schriften des Vereins für Geschichte des Bodensees und seiner Umgebung 74 (1956), S. 25–67 (die Zeitschrift wird im Folgenden zitiert: SVG Bodensee). Vgl. z. B. den Bericht der Stadt über die kriegsbedingten *gradus calamitatis et miseriae* aus dem Jahr 1653, dem auch ähnlich lautende Negativbilanzen folgten: Überlingen, StadtA: Reichsstadt, C 741/1.

können für eine gerade diese Zeit kennzeichnende Interdependenz von schmerzlichem Erleiden des Krieges und der Transzendierung des Leides im Suchen und Finden göttlicher Hilfe. Die existentiellen Grenzerfahrungen in Kriegszeiten lassen die Betroffenen stets nach Bewältigungsstrategien suchen, um die vielfachen Drangsale nicht als sinnlos erscheinen zu lassen. Und häufig münden diese Fragen nach dem „Warum?“ in eine Hinwendung zur Religion. Der Weg einer religiösen Sinngebung des Krieges führt in der christlich geprägten abendländischen Tradition vornehmlich auf zwei Modelle zu: „Legitimation“ – in den damaligen Konfessionskriegen hieße das: die gerechtfertigte Verteidigung des von jedem der Kontrahenten als das einzig wahre definierten Bekenntnisses – und „Konsolation“ – Krieg zwar Zeichen göttlichen Zorns über die Sünden der Menschen, Bußwerke und Gebet jedoch als von der Kirche angebotene Mittel, um der göttlichen Barmherzigkeit wieder teilhaftig zu werden, die sich dann auch im wunderbaren Gnadenakt manifestieren kann.[4] Eine solche Deutung des Krieges vermag darüber hinaus die obrigkeitlich erwünschte Formierung politischer und konfessioneller Identitäten nachhaltig zu unterstützen.

Am 11. Juli 1632 versuchte General Bernhard Herzog von Sachsen-Weimar, der von der oberen Donau aus an den Bodensee vorgestoßen war, die scheinbar ungerüstete Reichsstadt Überlingen während des Gottesdienstes zum Schutzengelfest einzunehmen. Doch gelang es den Bürgern, die – so stellt es zumindest der Überlinger Rat zwei Jahre später in einem offenen Schreiben an Kaiser Ferdinand II. dar – weder Kriegserfahrung besaßen noch über militärische Unterstützung verfügten, den Angriff rasch abzuwehren. Dieser Erfolg habe *die mitwürkende Hand des Allmächtigen* deutlich spüren lassen.[5] Gleich danach hat die Stadt ein *solennisch Votum* mit drei Versprechen abgelegt: sobald als möglich eine Rosenkranzbruderschaft aufzurichten, eine Wallfahrt nach Einsiedeln zu machen und gegen das gotteslästerliche Fluchen vorzugehen.[6] Die Prozession wurde, vom Rat verordnet, am Schutzengelfest des Jahres 1633 erstmals begangen; sie sollte künftig immer zu diesem Termin stattfinden.[7] Schon kurz zuvor, am 21. Juni 1632, hatte der Rat entschieden, dass *wegen vorhabens einsetzung vnßer lieben frawen bruderschafft deß Rosarij* [...] *künftiges festum visitationis B. Mariae Virg: vor mitten tag gefeüret vnd ein solches durch den herrn pfarrer publicirt* werden solle.[8] So konnte man dann 1634 bilanzieren, die Stadt habe das erste und das dritte Gelöbnis bereits *zu Werck gericht*; die Wallfahrt sei keineswegs in Vergessenheit geraten.[9]

Zwei Jahre später, im Frühjahr 1634, rückte General Gustav Graf Horn von Memmingen aus mit der Order des Reichskanzlers Axel Graf Oxenstierna an den Bodensee vor, Überlingen und danach Villingen in schwedische Hand zu bringen. Wesentliche Gründe für das große militärische Interesse an Überlingen waren die verkehrsgeographisch günstige Lage der Reichsstadt als Hafenplatz an der engsten Stelle des Bodensees, zugleich Zentrum des Korn- und Weinhandels, und ihre, verglichen mit den anderen Städten der Region, sehr gut ausgebaute Stadtbefestigung.

4 Vgl. dazu Anton Schindling, Das Strafgericht Gottes. Kriegserfahrungen und Religion im Heiligen Römischen Reich Deutscher Nation im Zeitalter des Dreißigjährigen Krieges. Erfahrungsgeschichte und Konfessionalisierung, in: Das Strafgericht Gottes, hg. v. Matthias Asche/Anton Schindling, Münster 2001, S. 20ff.

5 Vberlingische Belägerung. Das ist Abtruck Schreibens An die Röm: Kays: Mayest: Ferdinandum 2. Von Burgermaister vnnd Rath deß H. Röm: Reichs Statt Vberlingen abgangen. Getruckt zu Costantz am Bodensee bey Leonhardt Strauben 1634, S. 4f. (Überlingen, StadtA: Bibl. U 1115; Tübingen, UB: Fo XIIIa 598a 4); vgl. auch Johann Heinrich Eschlinsberger, ‚Kollektaneen‘, Bd. 2, 8[v] f. (Stuttgart, WLB: Cod. hist. 4° 486b).

6 Belägerung 1634 (wie Anm. 5), S. 6.

7 Überlingen, StadtA: Rp 1632–33, 53[r]; ebd.: Reichsstadt, C 1591.

8 Überlingen, StadtA: Rp 1628–32, 652. Bereits 1631 war in der Werkstatt des Jörg Zürn der Rosenkranzaltar für das Überlinger Münster entstanden.

9 Belägerung 1634 (wie Anm. 5), S. 6.

Die Wehranlagen hatte man hier nicht auf einem spätmittelalterlichen Stand belassen, sondern in der ersten Hälfte des 16. Jahrhunderts und auch noch während der frühen Kriegsjahre wenigstens an exponierten Abschnitten auf einen fortifikatorisch modernen Stand zu bringen versucht.[10] Von einer solchen Intention der Schweden geht noch 1635 ein Bericht der Stadt an das kaiserliche Militärkommando aus: Überlingen könne ohne großen Aufwand zu einer Festung ausgebaut werden, zu der man dann in Oberdeutschland wohl nur schwerlich eine vergleichbare finde. Deshalb habe General Horn der Stadt so hart zugesetzt, *weilen er sich darinnen fortificiren, das ganze Landt vnd Bodensee infestiren vnd gar in die Vor Arlbergische Herrschaften vnd noch weiter* [...] *freyen paß haben* wollte[11] – Überlingen und die Herrschaft am Bodensee demnach gesehen als strategische Basis, um sich über den Arlberg den Zugang nach Tirol zu verschaffen und den Krieg direkt in die Habsburger Kernlande hinein zu tragen.

Die Schweden, ein Kontingent von etwa 5300–5500 Mann, begannen am 23./24. April mit der Belagerung der Stadt. Die Verteidigung ruhte lediglich auf den Schultern von damals wohl nicht einmal 300 wehrfähigen Bürgern und einer nur wenig größeren Zahl von Bauern aus den umliegenden Ortschaften, die den Schutz der Mauern gesucht hatten, ferner einem kleinen Trupp städtischer Söldner, einer in der Stadt liegenden kaiserlichen Reiterschwadron sowie zunächst 100 Musketieren, die tags zuvor von Bregenz aus über den See nach Überlingen abkommandiert worden waren.[12] Die wichtigste zeitgenössische Quelle zum Ablauf der Belagerung ist das schon genannte Schreiben des Überlinger Rates an Kaiser Ferdinand II. vom 1. Juni 1634, das der kaiserliche Rat und spätere Überlinger Bürgermeister Dr. Johann Heinrich von Pflummern (1585–1671) abgefasst hat und das gleichsam als offizielles Kommuniqué die Vorgänge schildert. Der Bericht in Form eines Tagebuchs ist gleichzeitig auch in Druck gegeben worden, so dass das Ereignis früh eine sicher erwünschte Publizität erlangt hat.[13] Weitere Auflagen – z. B. von 1756, 1906, 1920 und zuletzt noch von 1934 – haben dieses Geschehen immer wieder neu ins Gedächtnis gerufen. Die Ausgaben nach 1634 wurden um einen Anhang von fünf auf das Ereignis bezogenen Dokumenten erweitert. Der Salemer Zisterzienser Sebastian Bürster († 1649) hat das Schreiben etwa 10 Jahre später wörtlich in seine bis zum Jahr 1647 geführte Chronik des Dreißigjährigen Krieges aufgenommen.[14] Ebenfalls tagbezogen, aber kürzer und auch distanzierter berichten Konventualen des Zisterzienserklosters Salem, die vor den Schweden in den Salemer Pfleghof zu Überlingen geflüchtet waren, ihrem in Konstanz weilenden Abt über die Belagerung.[15] Eine weitere zeitgenössische Quelle dazu stellen die historischen ‚Kollektaneen' des Überlinger Ratsherrn und Spitalpflegers Johann Heinrich Eschlinsberger (um 1576/77–1654) dar.[16] Überrascht ist man, dass Medard Reutlinger (1626–1704), der das 16 Bände umfassende historische Sammelwerk seines Großvaters Jakob Reutlinger (1545–1611) um einen Band bis zum Jahr 1674 erweitert hat, im Rahmen

10 Vgl. dazu: Wilhelm Telle, Die Überlinger Befestigungen, in: SVG Bodensee 54 (1926), S. 142–203; Alois Schneider, Überlingen (Archäologischer Stadtkataster Bad.-Württ., Bd. 34), Esslingen 2008, S. 104ff., 111f.

11 ‚Kurzer Entwurff Vberlingschen Stattwesens' (Überlingen, StadtA: Reichsstadt, C 719).

12 Die Abläufe aus militärischer Sicht hat Wilhelm Telle ausführlich behandelt: Die Belagerung Überlingens durch die Schweden vom 23. April bis 15. Mai 1634, in: SVG Bodensee 52 (1923), S. 12–56.

13 Belägerung 1634 (wie Anm. 5). Pflummern selbst verhandelte in diesen Wochen als Gesandter der Stadt mit den militärischen Befehlshabern am See sowie am Innsbrucker Hof, um Hilfe zu organisieren (Die Tagebücher des Dr. Johann Heinrich von Pflummern 1633–1643, hg. v. Alfons Semler, Bd. 1, Karlsruhe 1950, S. 145ff.).

14 Sebastian Bürster's Beschreibung des Schwedischen Krieges 1630–1647. Nach der Original-Handschrift im General-Landesarchiv zu Karlsruhe hg. v. Friedrich von Weech, Leipzig 1875, S. 51ff.

15 Tagbuch über die Belagerung der Reichsstadt Überlingen durch die Schweden vom 24. April bis zum 16. Mai 1634, hg. v. (Christian) Roder, in: SVG Bodensee 40 (1911), S. 116–140.

16 Bd. 2 (wie Anm. 5), 40^{r}ff.

seiner Chronik der Jahre von 1612 bis 1662 nur mit wenigen Sätzen auf dieses Ereignis eingeht, obwohl er darüber bis zu einem gewissen Grad sogar aus eigenem Erleben hätte erzählen können.[17] Aus dem Jahr 1713 kennt man eine Theateraufführung der Belagerung an dem von den Franziskanern geleiteten Überlinger Gymnasium.[18] In der ältesten Stadtgeschichte Überlingens von 1859 findet man eine lebhafte Schilderung der damaligen Ereignisse, die geradezu ein Loblied auf die Tapferkeit und den Durchhaltewillen der Bürgerschaft anstimmt.[19]

Von ihren auf der Höhe des Mühlbergs aufgeworfenen Stellungen und von dem geschützten Geländeeinschnitt bei den städtischen Rietmühlen aus konzentrierten die Schweden ihre Angriffe zunächst auf die Ostseite der staufischen Stadtmauer als der augenscheinlich am wenigsten gesicherten Flanke. Dort hatte der Rat noch beim Aufmarsch der Schweden die kleine offene Helltor-Vorstadt niederreißen lassen, um dem Feind im Vorfeld der Mauern keine Deckung zu bieten. Die Kanonade zur Vorbereitung der Sturmangriffe hat rasch zahlreiche Schäden nicht nur an den Befestigungswerken, sondern auch an Gebäuden, bis hinein in das Zentrum, verursacht. Schon nach drei Tagen wies die Mauerfront im Abschnitt zwischen dem Helltor und dem Seeufer zahlreiche Breschen auf; Pulverturm, Kutzisturm und Zeughaus waren ruiniert. Der Torturm wurde schließlich am 27. April *gar zu hauffen geschossen*, so dass der Feind *den freyen prospect biß auff den Marcktplatz gehabt*.[20] Den Verteidigern, die jede Aufforderung zur Kapitulation ablehnten, gelang es, unterstützt durch Flankenfeuer vom St. Johann-Turm im Norden und vom See her, drei Angriffswellen der Schweden abzuwehren und die Lücken in der Mauer durch Palisaden wieder notdürftig zu schließen. Trotzdem wurde die Lage der Stadt gegen Ende des Monats als so aussichtslos eingeschätzt, dass bei dem kaiserlichen Oberbefehlshaber in Tirol und am Bodensee Matthias Gallas Graf von Campo der Gedanke aufkam, das Militär abzuziehen und die Stadt *bloß stehen* [zu] *lassen*; mit drei oder vier großen Schiffen könne man auch das dort lagernde Getreide großenteils evakuieren.[21]

In dieser äußerst kritischen Situation haben sich Rat und Bürgerschaft am 29. April zum Gottesdienst im Münster versammelt, wo die Bevölkerung schon seit Beginn der Belagerung vor dem Allerheiligsten um die Errettung der Stadt betete. Wie beim Angriff zwei Jahre zuvor hat die Gemeinde *Gott dem Herrn vnd der Himmel Königin Mariae, als vnserer erkießten Fürbitterin* [...] *ein abermaliges Votum auffgeopffert*: Die Stadt gelobt, sie werde, wenn sie diese Gefahr unbeschadet überstehe, für ewige Zeiten den Tag, an dem der Feind abgezogen sei, mit einem Gottesdienst, einer Prozession und dem ‚Te Deum' feierlich begehen. Ferner verspricht sie, *die Bildtnuß der Jungfrawen Mariae nach der Figur (wie solche* [am Tag zuvor] *zwischen 9. vnd 10. Vhren Vormittag von etlichen Frommen Gottsförchtigen Personen ob der Statt in den Lüfften gesehen worden) Nämblich mit ihrem geliebten Kindlein in einem Krantz eingeschlossen, von lauterm Silber nach ertrag: vnd möglichkeit vnseres erarmten Stattwesens machen: vnnd als ein offen beständiges Siegzeichen in besagter Jährlicher Procession vmbtragen* zu lassen. Pater Stanislaus Saurbeck (1595–1647), damaliger Stadtprediger und Guardian des 1618 gegründeten Überlinger Kapuzinerklosters, verkündete dieses Gelübde auf den Knien vor dem Altar und verlieh ihm durch diesen öffentlichen Akt gewissermaßen Rechts-

17 Überlingen, StadtA: Chronik Reutlinger, Bd. XVI/2, 390ʳ f.

18 Gloriosae & electae Deiparae trivmphvs quem in antiquo-cath. S. R. I. Urbis Uberlingae Obsidione a jurato fidei salvantis hoste ... Dramate Autumnali exhibitus A ... studiosa juventute Gym: Uberling., Überlingen 1713 (Stuttgart, WLB: R 17 Sam 1-[97a]).

19 Franz Xaver Staiger, Die Stadt Überlingen am Bodensee sonst und jetzt mit ihrem Bade und ihrer nächsten Umgebung, Überlingen 1859, S. 185ff.

20 Belägerung 1634 (wie Anm. 5), S. 8.

21 Überlingen, StadtA: Reichsstadt, C 720. Ein zeitgenössischer Leser dieses Memorandums hat hier sarkastisch an den Rand notiert: *O lepus, et leporis catella!*

kraft.[22] Es fällt auf, dass weder Johann Heinrich Eschlinsberger noch das ‚Tagbuch' der Salemer Mönche ein Wort über diese Marienerscheinung verlieren; letztere inserieren dem Bericht zu diesem Tag nur allgemein den Dank an Gott für seine Hilfe, in den dann zwei Tage später auch die Gottesmutter ausdrücklich einbezogen wird.[23]

Nach dem erfolglosen Sturm gegen das Helltor hat General Horn die Front Anfang Mai an die Nordost-Seite der Stadt verschoben und von da an die Abschnitte zwischen dem Obertor bei der Johanniterkommende und der Rosenobel-Bastion wie auch die östliche Mauerlinie der spätmittelalterlichen Neustadt zwischen dem Wagsauterturm und dem Wiestor ins Visier genommen. Trotz weiterer schwerer Schäden, z. B. am Rosenobelturm, der zur Hälfte einstürzte, hielt die Stadt auch dort Stand. Man war im Gegenzug sogar in der Lage, die Schweden mit Ausfällen selbst zu attackieren und ihnen dabei Verluste zuzufügen. Am frühen Abend des 9. Mai wollen Augenzeugen ein weiteres himmlisches Zeichen gesehen haben: Über dem Rosenobel-Turm soll das Bild des Gekreuzigten erschienen sein.[24] Nachdem die schwedische Artillerie Überlingen am 15. Mai noch einmal gewaltig unter Feuer genommen hatte, ohne aber die Stadt sturmreif schießen zu können, ließ General Horn die Belagerung noch in dieser Nacht abbrechen. Auf ihrem Rückzug in Richtung Buchhorn (Friedrichshafen) haben die Schweden mehrere Dörfer im Umland der Reichsstadt niedergebrannt.[25] Ein Schadensverzeichnis listet 24 Einzelposten – hauptsächlich Mauerabschnitte und Türme, aber auch Baulichkeiten außerhalb der Stadt – auf und errechnet zu Lasten der Stadt eine Summe von etwa 85000 fl.[26] Die Ursache für das Scheitern Gustav Horns, der schon ein halbes Jahr zuvor seine Belagerung der Bischofsstadt Konstanz hatte erfolglose beenden müssen, lag nicht zuletzt darin, dass die Schweden mangels eigener Schiffe den Nachschub für Überlingen, der allein über den Bodensee lief, nicht blockieren konnten; andererseits gerieten die Schweden selbst in Versorgungsschwierigkeiten, weil ihr Proviantbedarf aus dem stark zerstörten Umland nicht mehr zu decken war.[27] Dazu kam sicherlich, dass die Moral der Truppe nach dem erfolglosen Anrennen gegen die militärisch unterlegene Reichsstadt eine Fortsetzung dieser Aktion nicht mehr geraten erscheinen ließ.

Eine Woche nach dem Abmarsch der Schweden hat die Stadt mit einem Dankgottesdienst und einer Prozession zu Ehren Marias den ersten Teil ihres Gelübdes eingelöst.[28] Zugleich hat der Magistrat den Beschluss gefasst, das Ende der Belagerung künftig jedes Jahr als Fest Maria de Victoria mit Gottesdienst und Prozession zu begehen, weil *wir vnsere erledigung niemandt billicher, dann dem einigen Barmhertzigen Gott vnnd dem getrewen Fürbitt seiner werthen Mutter, als vnserer erwöhlten sonderbaren Patronin zuschreiben, vnnd mit gemeinem offnen Danckgebett die empfangne hohe Gnad erkennen sollen.*[29] Damit wurde – nach der 1633 eingerichteten – die zweite Überlinger sogenannte Schwedenprozession gestiftet. Das Fest ist dann am 16. Mai des folgenden Jahres erstmals gefeiert worden.[30] Den Ablauf der damaligen

22 Belägerung 1634, S. 13; Überlingen, Leopold-Sophien-Bibliothek: Ms. 97, 351 (die Bibliothek im Folgenden: LSB); Chronik Reutlinger, Bd. XVI/2, 390r.

23 Tagbuch (wie Anm. 15), S. 126, 128.

24 ‚Notae quaedam Speciales ... circa Überlinganae obsidionis statum', 1634 (Überlingen, StadtA: Reichsstadt, C 746): *praesagium vrbi bonum* […], *Hostis praeludia* […] *novissama.*

25 Eschlinsberger, ‚Kollektaneen'(wie Anm. 5), Bd. 2, 41r; Tagbuch (wie Anm. 15), S. 138.

26 Eschlinsberger, ‚Kollektaneen' (wie Anm. 15), Bd. 1, 187vff.; vgl. auch die ‚Notae quaedam Speciales' (Überlingen, StadtA: Reichsstadt, C 719). In diesen Tagen sind viele Schaulustige nach Überlingen gekommen, um *die liberirte vnd beneben ellendiglich ruinirte Statt zu besichtigen* (Belägerung 1634 [wie Anm. 5], S. 22).

27 Vgl. ein Schreiben General Horns an Oxenstierna vom 15. Mai 1634 (Tagbuch [wie Anm. 15], S. 118f.).

28 Tagebücher Pflummern (wie Anm. 13), S. 158; Chronik Reutlinger, Bd. XVI/2, 390v.

29 Belägerung 1634 (wie Anm. 5), S. 21; ‚Notae quaedam Speciales' (Überlingen, StadtA: Reichsstadt, C 719).

30 Überlingen, StadtA: Rp 1635–45, 30.

Prozession mit ihren einzelnen Stationen, an denen stets *ein Motet gesungen vnd die benediction geben* wurde, schildert uns ausführlich Johann Heinrich Eschlinsberger, der als Standesperson damals den Himmel hat tragen helfen.[31] Die beiden Umgänge, bei denen stets das Allerheiligste das Herzstück bildet und die somit eucharistische Prozessionen sind, werden bis heute und immer auch unter Teilnahme von Bürgermeister und Stadtrat an den Sonntagen im Mai bzw. Juli, die dem historischen Ereignis am nächsten liegen, abgehalten. Ihren Ablauf bestimmt eine eigene Liturgie.[32]

Das andere Versprechen des städtischen Gelübdes vom 29. April 1634, die Anfertigung einer silbernen Marienfigur, ließ sich erst mehrere Jahre später verwirklichen.[33] Der Rat beauftragte damit um 1646 den Konstanzer Goldschmied Jakob Übelacker, der das Werk aber, als er 1658 starb, in einem *noch vnausgemachten* Zustand hinterließ. Die Fertigstellung der in Silber getriebenen, teilweise vergoldeten Figur erfolgte dann im Jahr 1660 durch den Überlinger Goldschmied Gottfried Haitinger.[34] Als Modelleur lässt sich der Bildhauer Hans Christoph Schenck namhaft machen.[35] Die über der Madonna schwebende Heiliggeist-Taube wurde erst um 1750 vom Augsburger Goldschmied Franz Thaddäus Lang hinzugefügt.[36] Die gekrönte und mit einem reich ornamentierten, wehenden Gewand bekleidete Muttergottes steht, den rechten Fuß auf einem mit Engelsköpfen besetzten Wolkensockel, den linken in eine Mondsichel auf der Wolkenbank gestellt, vor einem Strahlenkranz; ein Zepter in der rechten Hand, trägt sie auf dem linken Arm das Jesuskind, das die Rechte segnend erhebt und mit seiner linken Hand die Erdkugel als Herrschersymbol hält (Abb 1.). Ikonographisch versammelt die „Schwedenmadonna" Elemente des auf einer mariologischen Interpretation von Bibelstellen aus der Offenbarung des Johannes und dem Hohenlied beruhenden Typus der Immaculata Conceptio – Strahlenkranz und Mondsichel (*mulier amicta sole et luna pedibus eius*, Offb 12,1), Schönheit der Gestalt (*quam pulchra es amica mea quam pulchra es*, Hld 4) und florale Motive auf dem Mantel (*flos campi et lilium convallium*, Hld 2,1) – und der Himmelskönigin (Krone, Zepter). Die Überlinger Plastik rezipiert insgesamt eine Darstellungsform, die im Marienbild des Barock weit verbreitet ist. Gleichsam als Inkunabel für diesen Typus kann man die Bronzestatue Hubert Gerhards von 1593 für das Grabmalprojekt Herzog Wilhelms V. von Bayern ansehen, die schließlich 1638 ihren Platz auf der von Kurfürst Maximilian I. als ex voto errichteten Mariensäule in München gefunden hat. Zubehör des Überlinger Ensembles ist reicher Schmuck, der überwiegend später zugestiftet wurde; über den rechten Arm Marias sind mehrere große Rosenkränze gehängt. Die Figur, heute Inventar des Überlinger Münsterschatzes, wird neben den Schwedenprozessionen auch an Fronleichnam mitgetragen.

Das Gelübde von 1632 verlangte noch immer die Wallfahrt der Überlinger nach Einsiedeln in der Schweiz (Abb. 2). Dieses Versprechen wurde 1636 eingelöst: Einem Ratsprotokoll vom

31 ‚Kollektaneen' (wie Anm. 5), Bd. 2, 50^r f. Am Ende seines Berichtes über die Belagerung stehen mehrere von ihm verfasste vielstrophige Preislieder auf Maria vom Sieg, zu singen im Ton ‚Freu dich, du Himmelskönigin', ebenso einige Spottlieder auf Gustav Horn (Ebd., 54^{r}ff.).

32 Liturgie der feierlichen Schwedenprozessionen der Stadt Überlingen am 16. Mai und am Schutzengelsonntag, Überlingen [3]1941 (Überlingen, StadtA: Bibl. Üf 4).

33 Sebastian Bürster kommentiert diese Verzögerung spitz: *habenß versprochen, voverunt sed non reddiderunt* [...], *lang uffgeschoben und nit geben (welcher unsser frawen, dubitatur: zue Einsidlen, Bürnow oder der ihren).* Er vermeldet allerdings auch, dass man bereits Silber gesammelt habe (Bürster (wie Anm. 14), S. 48).

34 Die Quellen zu dem langwierigen Prozess bei Dieter Stolz, Konstanzer Goldschmied schuf Überlinger Schwedenmadonna, in: Freiburger Diözesan-Archiv 86 (1966), S. 516f.

35 Ulrich Knapp, Das Gelübde der Überlinger, in: Weltkunst 76 (2006), S. 30f. (die ältere Zuschreibung an den Bildhauer Martin Zürn korrigierend).

36 Mane Hering-Mitgau, Barocke Silberplastik in Südwestdeutschland, Weißenhorn 1973, Nr. 27, S. 152ff. – Barock in Baden-Württemberg. Ausstellungskatalog Karlsruhe, Bd. 1, Karlsruhe 1981, Nr. C 29.

Abb. 1: Überlinger „Schwedenmadonna“ von 1658. Schwedenprozession am 17. Mai 2009. Foto: Walter Liehner, Überlingen

18. August 1636 zufolge hat der Magistrat festlegt, dass die Wallfahrt *nach eingebrachtem herbst* [d. h. nach der Weinlese], *wan andere vngelegenheiten nit einfallen, verrichtet werden* solle.[37] In der späten Nacht des 20. Oktober sind fast 600 Überlinger Pilger *vberse* gefahren und haben am 23. Oktober vormittags ihr Ziel erreicht, wo sie von Abt und Konvent feierlich empfangen wurden.[38] An einem Pfeiler im Münster wurde eine mitgetragene schwere *Sprengkugel* aufgehängt, die von den Schweden in die Stadt geschossen worden war. Auf der mit dem Überlinger Stadtwappen bezeichneten Kugel war der Votationsanlass angegeben: *Jndex Suecicus Uberlinganae Obsidionis Coeptae 1634 die 24ta Aprilis. Solutae 16 May ejusdem feliciter.*[39] An den folgenden Tagen haben die Überlinger mehrere Gottesdienste in der Gnadenkapelle besucht, die erst kurz zuvor durch die Ummantelung mit Platten aus schwarzem Marmor ihre frühbarocke Gestalt erhalten hatte. Bei dieser Gelegenheit hat Pater Stanislaus Saurbeck, *so selbst hat die Wahlfart helffen verrichten*, eine *stattliche Predig* gehalten, die das ganze dramatische Geschehen von 1634 noch einmal hat lebendig werden lassen, so dass alle Zuhörer zu Tränen gerührt waren. Bei ihrer Rückkehr nach Überlingen sind die Wallfahrer von der Schiffslände aus mit Kreuz und Fahnen in das Nikolausmünster geleitet worden, wo man zum Abschluss das ‚Te Deum' gesungen hat. Lapidar – und man möchte fast sagen: erschöpft-erleichtert – endet der Bericht: *ist also die Wahlfahrt wohl verricht worden, ist aber mehrer theils groß Regenweter gewesen, Laus Deo.*[40]

Doch begnügte sich die Reichsstadt nicht mit dieser Wallfahrt und der Deponierung der „Schwedenkugel" als ex voto, sondern dokumentierte ihre Dankbarkeit gegenüber der Gottesmutter noch durch ein weiteres Zeichen: Im Auftrag des Rates hat der hiesige Maler Daniel Hauser die Belagerung von 1634 *in den Grundt gelegt Vnd auf ein tuch gemalt.*[41] Das Bild, das den Blick vom See her auf die Reichsstadt richtet, gilt wegen seiner detaillierten Wiedergabe des damaligen Baubestandes als eine herausragende stadtgeschichtliche Quelle, deren Zeugniswert den etwa gleichzeitig entstandenen Kupferstich für Merians ‚Topographia Sueviae' (gedruckt Frankfurt 1645) übertrifft. Der Prospekt, dessen Genauigkeit der Historiker heute dankbar zur Kenntnis nimmt, ist aber nur Kulisse für das eigentliche Thema, das die Auftraggeber bewegte: nämlich durch die Bilder der Beschießung, der Zerstörungen an Mauern und Häusern, des Abwehrkampfes der Verteidiger, der Gebete der Bewohner – in Szene gesetzt durch einen gewissermaßen die Votanten repräsentierenden Prozessionszug nahe des von den Schweden am heftigsten attackierten Mauerabschnitts – den Votationsanlass vor aller Augen zu führen und mit der Darstellung der Marienerscheinung über dem St. Johann-Graben inmitten des Kampfgetümmels den Moment des göttlichen Eingreifens zugunsten der bedrängten Stadt zu dokumentieren. Im Juni 1637 haben mehrere Bürger das Bild nach Einsiedeln gebracht. Dem Begleitschreiben von Bürgermeister und Rat an Abt Placidus Reimann zufolge ist das Gemälde *zue bezaigung obligender schuldigkheit, auch tragender gegen der Übergebenedeuten Junckhfrawen vnnd Himmelkhönigin Maria allervnderthönigster veneration* angefertigt worden; man bitte den Abt, er möge es *zue allerhöchstgedachter Einsidlischen Junckhfrawen Lob vnd Ehren, als ein Trophaeum vnd Sigzeichen* im Münster anbringen lassen.[42]

37 Überlingen, StadtA: Rp 1635–45, 244; vgl. ebd., 252.

38 Den Bericht über die Wallfahrt findet man in der bis 1606 geführten und um einen Nachtrag zu den Jahren 1621 bis 1644 ergänzten ‚Cronickh unnd Verzaichnus etlicher fürnemer geschichten' (Überlingen, LSB: Ms. 97, 356f.). Dazu auch ebd.: Ms. 110b, 345; Eschlinsberger (wie Anm. 5), Bd. 2, 54^r^.

39 Überlingen, LSB: Ms. 110b, 345. Die Kugel ist verloren. In den Überlinger Stadtrechnungen sind damals Kosten vermerkt *von der Kugel so nacher Einsidlen gefuert vnd gesaumet* worden (Überlingen, StadtA: Ausgabenbuch 1636–37, 99^r^).

40 Überlingen, LSB: Ms. 97, 356f.

41 Überlingen, LSB: Ms. 97, 357.

42 KlosterA Einsiedeln: A. SE. 1, Nr. 5 (dorsual: *Statt Vberlingen überschikht delineationem Jhrer belägerung 1637*).

Abb. 2: Anlage des Klosters Einsiedeln zur Zeit der Einlösung der Überlinger Gelübde, kolorierte Federzeichnung in Gabriel Bucelins ‚Constantiae Benedictae'. Stuttgart, WLB: HB V 4, Bd. 2, 201v

Gerade der Transfer des Bildes an den für die Widmung des Votivs ausgewählten Gnadenort macht deutlich, dass die Stadt mit dieser szenischen Darstellung der Belagerung keineswegs ein historisches Erinnerungsbild im Sinn hatte – eine solche Intention verbindet man beispielsweise mit dem Bild der Seeschlacht bei Lepanto 1571, das die Signoria Venedigs von Jacobo Tintoretto für den Dogenpalast malen ließ.[43] Vielmehr wollte man mit dieser Votivgabe ein religiöses *monumentum publicum* aufrichten, wie es in anderer Form die Mariensäulen des 17. Jahrhunderts Platzräume prägend zeigen. Eine solche *in loco conspicuo* realisierte „Bekanntmachung" der aufgrund des Gelübdes erhaltenen Gnadenerweise, die Promulgatio, schließt den Überlinger Anheimstellungsakt von 1634 formell ab. Fast zeitgleiche Beispiele für solche von Städten und anderen Schicksalsgemeinschaften gestiftete Tafeln finden sich vielerorts: Man denke etwa an das Votivbild aus der Franziskanerkirche zu Villingen, das von der glücklichen Errettung der Reichsstadt aus den Belagerungen in den Jahren 1633 und 1634 berichtet, die der Schutzmantelmadonna zugeschrieben wurde, oder an jene große Votivtafel, die die Münchner Schwedengeiseln nach ihrer Heimkehr 1635 in die Wallfahrtskirche Maria Ramersdorf gestiftet haben.[44]

43 Für das 1577 durch Brand zerstörte Gemälde schuf wenig später Andrea Vicentino einen Ersatz (jetzt dort in der Sala dello Scrutinio).

44 Weitere Beispiele aus Einsiedeln, bei denen der Votationsanlass mit einer Stadtansicht verbunden wurde, bei Odilo Ringholz, Wallfahrtsgeschichte Unserer Lieben Frau von Einsiedeln. Ein Beitrag zur Culturgeschichte, Freiburg i. Br. 1896, S. 129ff.

Der Salemer Zisterzienser Sebastian Bürster kennt das Bild in Einsiedeln und nutzt die Gelegenheit, um auch hier seine tiefgehende Abneigung gegen die Reichsstadt zum Ausdruck zu bringen: Es seien doch kaiserliche Soldaten und vor allem nach Überlingen geflüchtete Bauern aus salemischen Klosterorten gewesen, die unter Einsatz ihres Lebens die Stadt verteidigt hätten – und nicht die Bürger, die sich als Retter inszenierten: Diese hätten sich doch damals *in die scheudterbeigen lassen beigen* und seien *in die keller verschloffen*. Der Wahrheit halber müsse man das Bild neu malen und die Bürger durch Bauern ersetzen.[45] Ob die Tafel im Neubau der barocken Einsiedler Klosterkirche (Weihe 1735) wieder Aufnahme gefunden hat, ist fraglich. Spätestens bei der systematischen Plünderung von Kloster und Kirche durch die Franzosen im Frühjahr 1798 dürfte sie endgültig verloren gegangen sein.[46] Im Städtischen Museum Überlingen befindet sich aber eine großformatige Kopie dieses Bildes. Der Rat hatte das Gemälde 1670/71 – aus welchem Grund, wissen wir nicht – von dem Feldmesser Johann Jakob Mayer neu malen und im Nikolausmünster aufhängen lassen.[47] Wohl bei der wesentlich von stilpuristischen Grundsätzen geleiteten Münstersanierung der Jahre 1838–1841, der auch einiges wertvolle Kircheninventar zum Opfer fiel,[48] ist das Bild dort wieder entfernt worden. 1864 erwarb es die Stadt aus dem Nachlass des Stadtpfarrers Johann Nepomuk Müller.[49]

Die „Obligation", in der sich die Reichsstadt gegenüber der Madonna von Einsiedeln und somit, stellvertretend, gegenüber dem Kloster offenbar weiterhin sah, hat nach Kriegsende auch eine kommunalpolitische Entscheidung beeinflusst – zumindest wird seitens der Stadt mit einer solchen Verpflichtung argumentiert, um ein spektakuläres Verkaufsgeschäft zu rechtfertigen: Die hohen Schuld- und Zinsverpflichtungen, die das wegen der am Boden liegenden Wirtschaft nur spärliche Steueraufkommen nicht entfernt mehr finanzieren konnte, zwangen die Stadt auch zur Veräußerung eigener Immobilien. Zu den Rettungsmaßnahmen gehörte 1650 der Verkauf der städtischen Vogtei Ittendorf (bei Markdorf) an das Kloster Einsiedeln.[50] Bürgermeister und Rat begründeten den wohl als zu niedrig kritisierten Verkaufspreis von 30000 fl, den sie für ihr *vornembstes Kleinot vnd vhralteß Patrimonial Stuckh* erzielt hatten, mit der *hochheyligen Wallstatt zue vnser Lieben Frauwen von Einsidlen*.[51] Bürgermeister Johann Heinrich von Pflummern[52] schreibt noch 1651 nach Einsiedeln, dass man die Vogtei Ittendorf zwar zuerst der benachbarten Grafschaft Fürstenberg-Heiligenberg angeboten habe, sie dann aber dem Kloster Einsiedeln zu *desto wolfeileren Kauff* überlassen habe, weil man *vnser Lieben Frauwen sonst obligirt, vnd hoffnung hab, durch dero Fürbitt bey Gott diß*

45 Bürster (wie Anm. 14), S. 46f.

46 In Einsiedeln sind keine Votivtafeln aus der Zeit vor dem Wiederaufleben der Wallfahrt nach der Rückkehr des Gnadenbildes 1803 überliefert (Rudolf Henggeler, Die Einsiedler Mirakelbücher, in: Der Geschichtsfreund 97 [1944], S. 151f.).

47 Die 1671 angebrachten Namen und Wappen des Bürgermeisters Jakob Heudorf und des Oberzunftmeisters Jakob Keßler dürften das Jahr der Fertigstellung angeben. Unbekannt ist auch, warum 1691 weitere drei Überlinger Bürger namentlich auf dem Bild vermerkt worden sind.

48 Viktor Mezger, Die Wiederherstellung des Münsters zu Überlingen, in: SVG Bodensee 53 (1924), S. 64ff.

49 Freundl. Hinweis von Stadtarchivar W. Liehner, Überlingen.

50 Karlsruhe, GLA: 5/253. Wenig später erhielt Einsiedeln um 6000 fl auch Zehnten in dem zu Ittendorf gehörenden Ort Ahausen (Ebd.: 5/100).

51 Einsiedeln, KlosterA: A. AS. 1, Nr. 5. Vgl. auch den ersten vidimierten Kaufrezess vom 25. Juli 1650, in dem der geplante Verkauf u. a. mit der *sonderbahrn zue der hochheiligen Wallfahrts Statt Vnser Lieben Frawen zue Einsidlen tragenden anmueth vndt zuneigung* erklärt wird (Ebd.).

52 Pflummern war als juristischer Berater wiederholt für das Kloster Einsiedeln tätig gewesen, vor allem 1639 bei den Streitigkeiten mit dem Kanton Schwyz um landesherrliche Rechte (Tagebücher Pflummern [wie Anm. 13], S. 381f.). Aus diesem Anlass hat er alle einschlägigen Privilegien des Klosters gesammelt und kommentiert: Libertas Einsidlensis. Oder Begründter ... Bericht und Beweisz Dasz das Fürstliche Gotteshausz Einsidlen in freyem Standt gestifftet: noch jemal einem Landtherrn underworffen: sonder mit seinen selbst aignen Gerichten ... und Landtsherrlichkeit versehen geweszt, [Konstanz] 1640 (Überlingen, LSB: Fe 141).

schadens vnd anderer Trangsalen, welche wir durch das Leidige Kriegßwesen erlitten, widerumb ergetzt vnd compensirt zuewerden.[53] Man ließ sich also bei der Entscheidung von der Hoffnung leiten, dass ein Entgegenkommen bezüglich der Kaufsumme, zu dem man sich der Gottesmutter zuliebe aufgerufen sah, das scheinbare Verlustgeschäft letztlich doch wieder kompensieren werde, wenn ein neuer göttlicher Gnadenerweis der Stadt in der aktuellen Notlage Hilfe bringen sollte. Liest man dagegen die aus Einsiedeln kommenden Äußerungen zu den Verhandlungen, so ist dort eher davon die Rede, dass die Reichsstadt bei ihren (schuldenbedingt) hohen Preisvorstellungen jenseits des Bodensees keinen Käufer gefunden habe, der in der Lage gewesen wäre, diese Forderungen zu erfüllen. So schreibt Abt Placidus an die Stadt: Es habe sich zu Zeiten der Not *niemandt Euch zue hilff herfür gethon. Sonder Wir seindt Euch auff Ewer anlass vndt begehren vermitelst diser vogtey* [...] *mit allen treuwen vnd recht wahren Christenlichen mit Leiden* [...] *hilfflich erschinen*; allein das Kloster habe der Stadt *die handt gebotten, vndt zwar nit ohne grosse mühe vnd besorgende Gefahr.*[54] Wegen des Verkaufs von Ittendorf fand die Stadt Überlingen Aufnahme in das 1588 unter Abt Ulrich III. Wittwiler angelegte und bis 1785 geführte ‚Guttäterbuch'. Die Reichsstadt sei in das Gebetsgedenken des Konvents eingeschlossen worden, weil sie diese Herrschaft keinem anderen Interessenten um den (niedrigen) Preis überhaupt angeboten habe, für den sie dann dem Kloster zufiel und der *Vberschuß des KauffSchillingß wegen Einer alten obligation der aller Seeligisten Jungfrawen vnd Mueter Gotteß Mariae, vnd dero Heyligen von Gott geweichten Capell verstifftet vnd vergaabet* wurde.[55]

Die Kriegsgefahr während des Spanischen Erbfolgekrieges hat die Stadt im Jahr 1703 erneut zu einem Votum an die Einsiedler Madonna veranlasst: Wenn Überlingen *vor frembdem gewalth würdet conservieret*, werde man eine Wallfahrt nach Einsiedeln machen, im festen Glauben, die Himmelskönigin werde *dises gelübd zue gefallen auffnehmen, mithin Jhren liebsten Sohn für die erhalltung hiesiger Statt bitten vnd all bestehendes vbel gnädiglich abwenden.*[56] Im Jahr darauf war die Wallfahrt *wegen der* [...] *Kriegs Troublen* noch nicht durchgeführt, doch will der Rat bei nächster Gelegenheit 20 Personen samt einem Geistlichen dorthin schicken, um Gott und die Mutter Maria zu bitten, *damit Er vnß noch fürbaß also gnädiglich erhallten wolle.*[57] Wenn sich im ‚Guttäterbuch' zum Jahr 1716 ein Eintrag findet, dass die Stadt Überlingen der Muttergottes *ein guldenes Kleinod mit steinen und Perlen besezt, auf dem Ruggen das Wappen der Statt haltend*, verehrt habe,[58] so könnte es sich dabei durchaus um ein weiteres Votiv handeln, das die Überlinger nach dem im Jahr 1713 zu Ende gegangenen Krieg, bei dem die Stadt nicht in militärische Aktionen einbezogen wurde, nach Einsiedeln gestiftet haben.

Wenn man die Überlinger Ratsprotokolle, die 1734 kein Wort über eine städtische Wallfahrt nach Einsiedeln verlieren, richtig deutet, scheint die 100. Wiederkehr der Schwedenbelagerung zumindest keine besonderen „amtlichen" Feierlichkeiten ausgelöst zu haben. Möglicherweise ist damals aber eine bei Johann Georg Salomon in Überlingen gedruckte

53 Einsiedeln, KlosterA: A. AS. 1, Nr. 27. Vgl. auch ebd.: Documenta, Bd. 14, Capsula A, S. 142f.

54 Einsiedeln, KlosterA: A. AS. 1, Nr. 35. Dass Einsiedeln sein Amt Ittendorf 1693 um 132000 fl an das Kloster Weingarten wieder veräußert hat (Stuttgart, HStA: B 522 K, U 462), lässt – auch wenn unterdessen in diesen Komplex einige gegenüber 1650 durch Einsiedeln zusätzlich erworbene Güter und Rechte eingeschlossen waren – doch vermuten, dass sich spätestens jetzt ältere Sorgen, man könne sich mit dem Kauf übernehmen, zerstreut haben dürften.

55 Einsiedeln, KlosterA: A. WD 11a, 382.

56 Überlingen, StadtA: Rp 1702–04, 99.

57 Überlingen, StadtA: Rp 1702–04, 214.

58 Einsiedeln, KlosterA: A. WD 11a, 382.

undatierte Neuauflage der ‚Überlingischen Belagerung' erschienen.[59] Auch für das Jubiläumsjahr 1834 finden wir in den Quellen keinen erkennbaren Niederschlag. Dagegen ist die 300. Wiederkehr der erfolgreich abgewehrten Belagerung in großem Stil begangen worden: Zum Gedächtnis an das damalige Gelübde fand Ende April 1934 eine Jubiläumswallfahrt nach Einsiedeln statt, bei der man laut Programm *im Sonderzug ohne Umsteigen in bequemen Durchgangswagen* ans Ziel gelangte. Im Einsiedler Verlag Benziger wurde ein dann am Gnadenbild berührtes Wallfahrtsbildchen gedruckt, das auf der Rückseite vermeldet, dass die Pfarrgemeinde Überlingen *ihr Gelöbnis zur Treue an die Mutter Gottes von Einsiedeln* erneuert habe. Auf der Naturbühne im Stadtgarten kam an mehreren Tagen ein Theaterstück *aus Überlingens schwerster Zeit* mit dem Titel ‚Ehr und Wehr' zur Aufführung. Schließlich wurde beim früheren Obertor der Marienbrunnen aufgestellt, den eine aus Bronze gegossene Marienfigur als Nachbildung der Schwedenmadonna bekrönt.[60]

Die der Fürbitte Marias zugeschriebene Errettung Überlingens aus den Kriegsgefahren von 1632 und 1634 erscheint schon bald im Katalog der gedruckten Einsiedler Mirakelsammlungen.[61] Im 3. Teil der von Konrad Hunger besorgten und bei David Hautt in Luzern 1653 und 1654 verlegten Ausgaben[62] sind, in viele Kategorien gegliedert, ausgewählte Wunderwerke verzeichnet, die erweisen, *dass vnsere Einsidlische Mutter den Hülfflosen Menschen in allen* [...] *Gefahren* [...], *so groß vnd vnterschiedlich selbe auch immer seind, gnädigst beystehe*.[63] In dem Kapitel über die Errettung mehrerer Städte, die im Dreißigjährigen Krieg *ihre Zuflucht allhero genommen*, steht an erster Stelle Überlingen mit dem Bericht über die beiden schwedischen Angriffe, die Marienerscheinung vom 28. April 1634 und die Einlösung des Gelübdes durch die Wallfahrt und durch die nach Einsiedeln verbrachten Votive: nämlich eine *sehr grosse gemahlte Taffel, darinn die Belägerung vnd Jmpressa deutlich fürgebildet ist, sampt einer grossen von dem trutzigen Feind eingeschossnen Granat oder Fewrkugel*.[64] In den Überlinger Stadtgeschichten seit dem 19. Jahrhundert wird die Marienerscheinung im Abschnitt über den Dreißigjährigen Krieg jedoch bestenfalls marginal notiert, meist aber gar nicht mehr erwähnt.[65] Dagegen hat sie mit der Überschrift „Muttergottestritt in Überlingen" in die örtliche Sagensammlung von 1909 Eingang gefunden: Maria soll – auf der Mauer zwischen Helltor und Weißem Turm stehend, wo angeblich noch lange ein Stein mit dem Eindruck von zwei Füßen zu sehen war – mit dem gegen die Schweden gewendeten Ruf „Zurück! Zurück!" die Verteidiger ermutigend selbst in das Kampfgeschehen eingegriffen haben.[66]

59 Als einziges Exemplar bislang nachweisbar: Tübingen, UB: Fo XIIa 598.4. Die nach Salomons Tod (1727) von seiner Tochter Maria Christina, verheiratet mit dem Drucker Ferdinand Caspar Daschek, weitergeführte Offizin bestand bis um 1735 (Erik Weltsch, Ferdinand Caspar Daschek, Buchdrucker in Bregenz 1735 [1733?]–1764, in: Montfort 46 [1994], S. 400–406).

60 Deutsche Bodensee-Zeitung Nr. 298 vom 10. Dezember 1934. Das Programm des Theaterstücks: Überlingen, StadtA, o. Sign.

61 Ausführlich zu den seit 1531 vorliegenden Sammlungen der Mirakel-Attestate, zum ersten handschriftlichen Mirakelbuch des Leonhard Zingg von 1619, zu den im Jahr 1649 beginnenden ‚Protocolla miraculorum' und zu den gedruckten Wundersammlungen Pater Konrad Hungers seit 1630 vgl. Henggeler, Mirakelbücher, in: Geschichtsfreund 97 (1944), S. 99–273; 98 (1945), S. 53–233.

62 Unser liebe Fraw zu Einsidlen/Das ist: Kurtze Chronica/oder Geschichtbuch von dem Ursprung der Uhralten Weltberühmten/vnd von dem Herren Christo selbsten geweyhten vnser lieben Frawen Capellen/ Auch [...] deß H. Römischen Reichs Gefürster Stifft/ vnd Gottshauses Einsidlen [...] Auff ein newes vbersehen/gebessert/vnd mit mehr als 200. schönen jüngsthin beschehenen Wunderwercken gemehrt. Luzern 1654 (Stuttgart, WLB: Kirch. G. 8° 2308). Die identische Ausgabe von 1653: Einsiedeln, KlosterA: A. FB 3.

63 Chronica oder Geschichtbuch, S. 155.

64 Chronica oder Geschichtbuch, S. 492ff. Zuletzt noch in der verbesserten Auflage Einsiedeln 1783, S. 327ff. (Stuttgart, WLB: Kirch. G. 8° 1363).

65 So fehlt sie bei Staiger (1859), Telle, Belagerung (1927) und Semler (1949).

66 Theodor Lachmann, Überlinger Sagen, Bräuche und Sitten mit geschichtlichen Erläuterungen. Ein Beitrag zur Volkskunde der badischen Seegegend, Konstanz 1909, S. 44f.

Wenn man mit Blick auf das Erscheinungswunder von 1634 an das Dekret des Tridentinums vom 3. Dezember 1563 über die ‚Anrufung, die Verehrung und die Reliquien der Heiligen und über die heiligen Bilder' denkt, das verlangt, dass *keine neuen Wunder zugelassen oder neue Reliquien aufgenommen werden, ohne dass* [der] *Bischof davon weiß und seine Zustimmung gibt*,[67] dann könnte man fragen, ob nicht diese Marienerscheinung für eine Untersuchung durch den Konstanzer Bischof hätte Anlass geben sollen. Doch eine solche kirchenamtliche Überprüfung hat offenbar nicht stattgefunden – und sie war aus dem Glaubensverständnis der katholischen Kirche in diesem wie in damals vielen anderen vergleichbaren Fällen eines sichtbaren himmlischen Zeichens auch nicht erforderlich: Zum einen hat sich am Ort der Marienerscheinung kein Kult entwickelt. Entscheidend aber war, dass das Wunder eingebettet ist in die seit alters in der Kirche besondere Verehrung Marias, die auf der Glaubenslehre von Maria als der Mittlerin aller Gnaden beruht: Als Mutter des Erlösers, die ihren Sohn bis zu seinem Tod am Kreuz begleitet hat, ist Maria auf einzigartige Weise Mitwirkende am Heilswerk und sie nimmt diese Mittlerschaft auch nach ihrer Aufnahme in den Himmel wahr. In ihrer mütterlichen Liebe trägt sie die Sorgen und Nöte des pilgernden Gottesvolkes vor ihren Sohn, dem sie von allen Heiligen am nächsten steht. Deshalb sucht die Kirche gerade die Fürbitte Marias in ganz einem besonderen Maß.[68] Folglich ist das tiefe Vertrauen auf die Mittlerrolle der Muttergottes, das die vom Feind bedrängten Menschen im inständigen Gebet zum Ausdruck brachten, Erklärung genug, dass Gott helfend eingegriffen und seinen Gnadenerweis auch im Wunderzeichen manifestiert hat.

In vielen Gebeten, die gerade in der auf Maria ausgerichteten *praxis pietatis* des Barock zum beinahe alltäglichen Gebetsschatz zählten, wird Maria unter den Titeln der Anwältin, der Helferin, der Mittlerin, der Trösterin angerufen, um die Gnade Gottes zu erwirken. Hinweisen könnte man auf die marianische Antiphon ‚Salve Regina', auf die Marieninvokationen der ‚Lauretanischen Litanei' samt dem Gebet ‚Sub tuum praesidium confugimus' nach der Litanei oder auf das ‚Officium parvum Beatae Mariae' im nachtridentinischen ‚Römischen Brevier', wo in den Bittgebeten immer wieder die *gloriosa intercessio* Marias angesprochen wird. Bedenkt man diesen theologischen Hintergrund, die darauf basierende Christenlehre und die daraus hervorgehende religiöse Praxis in der Zeit der katholischen Reform, dann hat auch eine scheinbar gerichtsmäßige Zeugenvernehmung, wie sie im Auftrag des Konstanzer Bischofs in der Reichsstadt Rottweil nach dem Wunder der „Augenwende" durchgeführt wurde, das zahlreiche Beter an der Marienstatue in der dortigen Dominikanerkirche während der französischen Belagerung im November 1643 beobachtet hatten,[69] keineswegs die Absicht, den Vorgang grundsätzlich in Zweifel zu ziehen. Mit den gerichtsmäßig zu Protokoll genommenen

67 Kompendium der Glaubensbekenntnisse und kirchlichen Lehrentscheidungen, hg. v. Heinrich Denzinger u. Peter Hünermann, Freiburg, Basel, Wien [40]2005, Nr. 1825, S. 581.

68 Vgl. zuletzt das 8. Kapitel der Kirchenkonstitution von 1964 des 2. Vatikanischen Konzils, wo im Wesentlichen frühere Lehraussagen der Kirche rezipiert werden (Der Glaube der Kirche in den Urkunden der Lehrverkündigung, neubearb. v. Karl Rahner/Karl-Heinz Weger, Regensburg [13]1992, S. 337ff.). Dazu auch die Erläuterung zum ‚Ave Maria' im Catechismvs, Ex Decreto Concilii Tridentini, Ad Parochos, Pii V. Pont. Max. iussu editus, Rom 1567, S. 543 (Stuttgart, WLB: Theol. 8° 2894).

69 Winfried Hecht, Die Rottweiler Augenwende von 1643. Ereignis und Wirkung, in: 1643–1993. 350 Jahre Unsere Liebe Frau von der Augenwende Rottweil, Rottweil o.J. (1993), S. 5ff.; Andreas Holzem, … zum Seufzen und Weinen also bewegt worden. Maria im Krieg – Das Beispiel Rottweil 1618–1648, in: Religionskriege im Alten Reich und im Alten Europa, hg. v. Franz Brendle/ Anton Schindling, Münster 2006, S. 191–216. Allerdings präfiguriert das Wunder hier keine glückliche Wendung, wurde doch Rottweil kurz darauf erobert: Maria wird vielmehr – im Wissen um den unausweichlichen Kreuzestod des Kindes auf ihrem Arm – zum Trostbild der *compassio* angesichts des Leidens, von dem die Stadt betroffen sein sollte.

affirmativen Aussagen der Augenzeugen sicherte man gewissermaßen juristisch unanfechtbar den Wahrheitsgehalt des wunderbaren Geschehens.

Doch hat die Errettung Überlingens aus größter Kriegsnot, für die städtischer Diktion zufolge die vertrauensvolle Bitte der Bevölkerung um göttliche Hilfe den Grund gelegt hat, keineswegs nur diese eine religiös-geistliche, sondern zugleich eine politisch-ideologische Komponente. Durch die Ansprache Marias als Helferin in den Krisen 1632 und 1634 übernehmen Bürgermeister und Rat ein Deutungsmodell, das sich nach dem Seesieg der christlichen Armada über die türkische Flotte bei Lepanto 1571 rasch verbreitet hatte: die Gottesmutter als *auxilium Christianorum* beim Kampf gegen den Glaubensfeind. Im Rahmen der konfessionellen Konflikte des Dreißigjährigen Krieges ließ sich auf katholischer Seite ein militärischer Erfolg leicht in diesem Sinne interpretieren und propagandistisch gegen die Protestanten ins Feld führen. Auch wenn die Quellen nicht sehr breit fließen, wird man doch sagen können – und das bestätigt gerade der Bericht der Überlinger an Kaiser Ferdinand II. –, dass das Stadtregiment in Überlingen das religiöse Handeln in diesen Wochen auch mit Blick auf seine Tauglichkeit für die reichsstädtische Politik zu lenken versucht hat. Am Ende der Belagerung, die durch äußersten menschlichen Einsatzwillen, auf den alle Bürger anfangs, *von der Obrigkeit gebotten*, im Münster feierlich eingeschworen wurden,[70] und durch himmlische Fügung glücklich überstanden war, konnte die Reichsstadt dem Kaiser als treue Parteigängerin entgegentreten und sich in eine Konsensgemeinschaft mit ihrem katholischen Stadtherrn eingeschlossen sehen.

Vom Beginn der Reformation an war das politische Agieren des Überlinger Rates ganz auf die Erhaltung des alten Glaubens ausgerichtet.[71] Die Festlegung in der Konfessionsfrage signalisiert nachdrücklich, dass Herrschernähe und Reichstreue gleichsam ein Axiom der Überlinger Politik bildeten. Die Katholizität der Reichsstadt wurde nie kontrovers diskutiert, auch wenn jedes Jahr am Beginn der konstituierenden Sitzung des Kleinen Rates formell darüber abgestimmt wurde, ob man weiterhin *bey der althen, wahren, unverfelscheten catholischen kürchen verpleiben, auch* [wie seit alters üblich] *den wochenlichen creuzgang, den ainen sambstag gen Bürnaw, den anderen zů unser lieben frawen zů der außfürung halten* wolle.[72] Mit der Übernahme des Patronatsrechtes der Pfarrkirche von der Deutschordenskommende Mainau (1557) hatte der Magistrat faktisch die Kirchenhoheit in der Stadt übernommen. Seit der zweiten Hälfte des 16. Jahrhunderts intensivierte der Rat seine Kirchen- und Religionspolitik, z. B. durch neue Prozessionen oder den Erwerb von Ablässen und Reliquien, aber nicht zuletzt auch durch den Erlass von Zuchtmandaten, die den sittlichen Lebenswandel der Bürger im Auge hatten, den es über das strenge Befolgen kirchlicher Gebote zu disziplinierenden galt.[73]

Das entschiedene Festhalten am alten Glauben und damit auch die uneingeschränkte Unterstützung der kaiserlichen Politik hatten der Stadt zu mehreren Privilegierungen durch

70 Tagbuch (wie Anm. 15), S. 120, 122.

71 Ausführlich dazu: Winfried Enderle, Konfessionsbildung und Ratsregiment in der katholischen Reichsstadt Überlingen (1500–1618) im Kontext der Reformationsgeschichte der oberschwäbischen Reichsstädte (Veröff. d. Komm. f. geschichtl. Landeskunde in Bad.-Württ. Reihe B, Bd. 118), Stuttgart 1990, S. 30ff. – Ders., Keine Reformation in Überlingen. Ein Erklärungsmodell der konfessionellen Beharrung der Bodenseestadt, in: SVG Bodensee 111 (1993), S. 105–118.

72 Überlingen, StadtA: Reichsstadt, C 148.

73 Damals war bei Verstößen gegen kirchliche Gebote auch eine vom Rat angeordnete Wallfahrt nach Einsiedeln (*zu Einsidlen beichten und kommunizieren* und darüber dem Rat eine Bestätigung vorlegen) Bestandteil des städtischen Strafenkatalogs, z. B. Überlingen, StadtA: Rp 1573–87, 395^{v}f., 369^{r}, 396^{v}; ebd.: Rp 1597–1603, 409^{r}; ebd.: Rp 1603–07, 246^{v}f.; ebd.: Rp 1607–12, 76^{v}f.). Zu den Bemühungen um die Sozialdisziplinierung und Verchristlichung des Lebens durch die obrigkeitlich gelenkte Restauration spätmittelalterlicher Frömmigkeitsformen: Enderle, Konfessionsbildung (wie Anm. 71), S. 345ff.

Kaiser Karl V. verholfen. Bezeichnend ist die Begründung für die Wappenbesserung von 1528: Weil sie sich *in den negsten Lutterischen, beurischen emborungen und aufrurigen schweren leufen uns und der hailigen cristlichen kirchen zu gehorsam dapfer* [...] *und redlich gehalten*, auch wegen der *willigen dienst, so si uns und dem hailigen reiche in mannigfeltig weg* geleistet habe, komme die Stadt in den Genuss dieser kaiserlichen Gunst.[74] Auch als der Kaiser der Stadt zwei Jahre später ein privilegium de non appellando erteilte, begründete er dies mit dem Einsatz der Überlinger gegen die Lutherischen und im Bauernkrieg.[75] *Umb ihres wolhaltens willen* für den Kaiser und gegen die protestantischen Fürsten im Schmalkaldischen Krieg erhielt die Stadt 1547 ein neues Marktprivileg.[76]

So steht die Überlinger Auswertung der Geschehnisse von 1632 und 1634 in einer festen politischen und religiösen Tradition. Wie auch vergleichbare Vorgänge in anderen katholischen Orten, z. B. im benachbarten Konstanz,[77] förderten sie nicht nur die Identitätsstiftung innerhalb der Konfessionskirche, sondern unterstützten zugleich die habsburgische Herrschaftsideologie, die – bald nach der Mitte des 17. Jahrhunderts unter dem Begriff der *Pietas Austriaca* propagiert[78] – auf drei Pfeilern ruhte: katholischer Glaubenseifer des Hauses Österreich, Verehrung der Eucharistie und Ausbildung einer besonderen Marienfrömmigkeit. Der Überlinger Belagerungsbericht versichert Ferdinand II. am Schluss: Man bete zu Gott, *er wolle E: Kays: Mayest:* [...] *stercken, damit sie vns vnd andere getrewe Fromme ReichsGlieder bey vnserer wahren alten Catholischen Religion vnnd wol hergebrachter, an jetzo glücklich verfochtner* [...] *libertet vor all weiterm Feindlichen Aanfall* [...] *schutzen vnd schirmen mögen.*[79] Das kaiserliche Antwortschreiben vom 31. Juli, das den jüngeren Ausgaben der ‚Überlingischen Belagerung' hinzugefügt wurde, hat diese hoffnungsvollen Wünsche der Reichsstadt jedoch in für sie ernüchternde politische Forderungen umgemünzt: Nach einem kurzen Dank für ihre tapfer erwiesene Reichstreue, die den Überlingern bei ihm *wohl-gefällige allergnädigste Aufnehmung* verschafft hat, fordert der Kaiser die Reichsstadt *aus tragender Vätterlicher Fürsorg* auf, ihre Pflichten hinsichtlich der Einquartierung von Militär weiterhin zu erfüllen und auch künftig den erforderlichen *Succurs* zu leisten.[80] Und durch diesen kaiserlichen Befehl sah sich die Reichsstadt Überlingen wieder mitten in den Alltag des Dreißigjährigen Krieges hinein versetzt.

---

74 Oberrheinische Stadtrechte, hg. v. der Badischen Hist. Komm., 2. Abt.: Schwäbische Rechte, 2. Heft: Überlingen, bearb. v. Fritz Geier, Heidelberg 1908, Nr. 50.

75 Stadtrechte, Nr. 53.

76 Überlingen, StadtA: Reichsstadt, A 22.

77 Wolfgang Zimmermann, Städtische Frömmigkeit und barocke Konfessionskultur in Konstanz (1650–1700), in: Christoph Daniel Schenck 1633–1691, hg. v. Rosgartenmuseum Konstanz, Sigmaringen 1996, S. 33–51.

78 Anna Coreth, Pietas Austriaca. Österreichische Frömmigkeit im Barock, 2. erw. Aufl., Wien 1982, S. 13ff.

79 Belägerung 1634 (wie Anm. 5), S. 22.

80 Überlingische Belagerung, Konstanz 1756, S. 37f. (Stuttgart, WLB: HBF 4010).

Abb. 1: „Marienkapelle" in Rodheim, Gemeinde Oberickelsheim, Landkreis Neustadt a. d. Aisch – Bad Windsheim, zu Torstraße 21 (ehemalige Hausnr. 29) gehörig. Foto: Konrad Bedal, 2003

Die „Wies" in Franken

Zur Figur eines gegeißelten Heilands aus einer Kapelle in Rodheim bei Uffenheim

Konrad Bedal

Vorbemerkung

Seit einigen Jahren bemüht sich das Fränkische Freilandmuseum des Bezirks Mittelfranken in Bad Windsheim um die Translozierung einer privaten Feldkapelle („Marienkapelle") am Ortsrand von Rodheim im Landkreis Neustadt a. d. Aisch – Bad Windsheim (Abb. 1). Der seit langem nicht mehr „genutzte" und gepflegte Bau weist vor allem im Fundamentbereich erhebliche Bauschäden auf, die auch durch Höherlegung der Ortsstraße und einen modernen Schweinestall in unmittelbarer Nähe mit verursacht und daher vor Ort kaum zu heilen sind. Aufgrund der ungünstigen lokalen Erhaltungsbedingungen hat die zuständige untere Denkmalschutzbehörde am Landratsamt in Neustadt in Abstimmung mit dem Landesamt für Denkmalpflege 2003 angeregt, diese Kapelle in das Fränkische Freilandmuseum in Bad Windsheim zu übernehmen,[1] worauf das Museum konkrete Schritte zur Vorbereitung einer solchen Maßnahme einleitete.[2] Die Übertragung der Kapelle in das Fränkische Freilandmuseum des Bezirks Mittelfranken ist für den Herbst/Winter 2009/2010 geplant.

Die Marienkapelle in Rodheim ist kein kunstgeschichtlich bedeutsamer Sakralbau und daher bisher auch noch nirgends näher wissenschaftlich behandelt worden, sieht man einmal vom Eintrag im „Kurzinventar" des Landkreises Uffenheim von 1966 ab, wo es heißt: *Marienkapelle. 1861 erbaut. – Am westlichen Ortsrand gelegener, nach Norden ausgerichteter, zweiachsiger, rechteckiger Saalraum mit Plattenboden und verputzter Flachdecke über Hohlkehle. Lisenengliederung, Spitzbogenfenster, Eingangstür mit rundbogigem Gewände. Außen Eckquadern, die, mit Blendmaßwerk versehen, als Giebelschenkel weitergeführt sind. Verputzte Bruchsteinmauern, Rahmungen und Kanten aus Haustein. An der südlichen Giebelseite Spitzbogentür mit Relieftympanon (Kelch und Schriftband, bezeichnet M. D. Kämmerer 1861), Vierpaßfenster gegen den Dachboden. Satteldach mit steinernem Firstkreuz. Altar, von 1861, neubarocke Ädikula mit gemaltem Marienbild. Holzfiguren, 1. Hl. Bischof Valentin, etwas unterlebensgroße, gefaßte Schreinfigur aus der Werkstatt von Tilman Riemenschneider, um*

1 Unter der Voraussetzung der Zustimmung der Eigentümer (Familie Engert) wurde dieses „Angebot" schon damals vom Museum aus bejaht – da aber diese wiederum die „Zustimmung" der Ortsbevölkerung, aus der heraus sich vereinzelt Widerstand gegen eine Versetzung gebildet hatte, wollten (und deren finanzielle Beteiligung bei einer Sanierung vor Ort), zog sich eine endgültige Einigung mit den Besitzern noch bis 2007/2008 hin, s. auch Bericht in der Mainpost, Ausgabe Ochsenfurt, vom 8.7.2007.

2 2005 hat das Museum den Bauforscher Christoph Kleiber mit dem verformungsgetreuen Aufmaß der Kapelle beauftragt, zu Beginn des Jahres 2008 die Bauforscherin Eva Fritz mit einer Befunduntersuchung der Putz- und Farbschichten innen und außen und seit 2008 bemüht sich Ralf Rossmeissl vom Freilandmuseum um die Aufdeckung der schriftlichen Überlieferung zur Kapelle.

1500 (wird nicht in der Kapelle aufbewahrt). – 2. Hl. Apostel, zweite Hälfte 18. Jh., gefaßt. – 3. Hl. Johannes d. T., Gegenstück zu vorigem. – 4. Heiland an der Geißelsäule, erste Hälfte 18. Jh. Stein, gefaßt.[3] Mit Ausnahme eines kleinen Irrtums (ein rundbogiger Eingang ist nicht vorhanden, nur ein spitzbogiger!), ist damit das Wesentlichste, was sich aus dem ersten Augenschein ergibt, über den Bau ausgesagt. Offensichtlich handelt es sich um eine kleine neugotische, einheitlich 1861 erbaute Kapelle, einen schlichten rechteckigen, Nord–Süd gerichteten Bau mit Satteldach, der nur an der südlichen Eingangsseite mit Spitzbogentür, Vierpassfenster und Maßwerkfries, jeweils aus grünlichem Sandstein gemeißelt, etwas aufwändiger gestaltet ist. Die Eingangstür und die Fenster wurden um 1970 erneuert, der ursprüngliche Zustand ist anhand von älteren Fotos noch gut nachvollziehbar. Das kleine Kreuz als Giebelbekrönung, ursprünglich Sandstein, wurde in Beton erneuert.

Freilich, nach einer ersten intensiveren baulichen wie archivalischen Untersuchung stellt sich die Situation doch etwas komplizierter dar. Denn wie sich allein aus dem erhaltenen Bauantragsplan von 1861 ergibt,[4] verfertigt von dem Maurermeister Georg Marck aus Ochsenfurt, wurde damals die Kapelle keineswegs neu erbaut, sondern lediglich nach Süden zu um etwa zwei Meter verlängert und mit der bereits geschilderten neugotischen Fassade versehen. Die Baunaht ist noch heute am Bau nachweisbar: einmal außen an der Traufe, wo ein Brettstoß die Verlängerung des Baus markiert, und im Innern an den Farbschichten, von denen im älteren nördlichen Teil noch eine barock anmutende Ockerfassung mit schwarzem Sockelstrich nachzuweisen ist, die im südlichen Teil fehlt. Den sicheren Beweis für den ursprünglich kürzeren Kapellenbau brachte dann die Aufdeckung der Fundamente für die einstige südliche Giebelwand im Innern,[5] die genau mit den bereits festgestellten Spuren zusammengeht. Auch der älteste Katasterplan Rodheims von 1828 zeigt an der Stelle der heutigen Kapelle einen kleineren Bau.

Die darin eingeschriebene Zahl „29" verweist auf den Hof Hausnummer 29 in Rodheim, zu dem die Kapelle bis heute gehört. Sie ist also in Privatbesitz und, soweit wir sehen können, war sie dies schon immer. Darauf verweist übrigens auch die Inschrift *M.D. Kämmerer* über der Tür, die als *M*aria *D*orothea *Kämmerer*, die Witwe des Johann Michael Kämmerer, der 1829 durch Heirat mit Maria Dorothea Schmitt den Hof übernahm und 1849 starb, zu lesen ist – wenn nicht quasi posthum das „Stifterehepaar" *M*ichael und *D*orothea *Kämmerer* dahinter steht. Der Kelch dagegen könnte auf die einzige bekannte öffentlich-religiöse Funktion der Kapelle hinweisen, nämlich als Station anlässlich der Flurprozession am sogenannten „Hagelfeiertag" eine Woche nach Fronleichnam, wie auch noch die heutige Altbäuerin weiß.[6]

Die Kapelle ist also sicher bereits vor 1861 entstanden, aus welchem Anlass und wann genau, ist bisher nicht bekannt. Am Bau gibt es zwei weitere Jahreszahlen: einmal am sekundär verbauten Sturz der rückwärtigen Luke ins Dach die Inschrift *18 I. L. Schmitt 04*, zum anderen fanden sich am Dachboden zwei Dachziegel mit der Jahreszahl *1728* – inwieweit diese Daten mit der Erbauung der Kapelle selbst im Zusammenhang gebracht werden dürfen, bleibt aber unklar.

Die private, offenbar nicht geweihte Kapelle besitzt seit der Erweiterung von 1861 eine Grundfläche von etwa 4, 5 mal 8, 5 Meter und bietet in vier Bankreihen etwa 16 Personen zu

3 Hans Karlmann Ramisch, Bayerische Kunstdenkmale – Landkreis Uffenheim, München 1966, S. 173.

4 Staatsarchiv Nürnberg LG Uffenheim Baugesuche Nr. 409/82 (unverzeichnet).

5 Schnitt und Dokumentation Ralf Rossmeissl, Freilandmuseum, Mai 2009.

6 Mdl. Auskunft von Erhard Schneider, ehem. Kirchenpfleger in Rodheim; eine (verbotene) Hagelfeier wird schon 1772 für Rodheim genannt (Johann Baptist Barnickel, Grundzüge zur Geschichte der zum Erzbistum Bamberg gehörigen Pfarrei Rodheim, im k. Landgerichte Uffenheim und im Dekanat Iphofen, Bamberg 1846, S. 84.

einer Andacht Platz. Der kleine über zwei Holzstufen erhöhte hölzerne Altar besitzt ein schrankartiges Unterteil und darauf zwischen gewendelten Säulen das Bild der Maria als Himmelskönigin; er scheint ältere Elemente wieder zu verwenden. Aber auch die übrige Ausstattung macht keinen einheitlichen Eindruck, sondern wirkt irgendwie zusammengewürfelt. An der Südwand neben dem Eingang steht ein hölzerner barocker Opferstock, auf Sockeln an der Wand links und rechts vom Altar sind Maria und Jesus als bemalte Gipsfiguren des 19. Jahrhunderts aufgestellt, in der Mitte der Westwand die hölzerne Figur von Josef mit dem Jesuskind, wohl erst aus dem frühen 20. Jahrhundert stammend (Abb. 2). Die 1966 im Kurzinventar noch erwähnten Figuren des Johannes des Täufers und eines Apostels aus dem späten 18. Jahrhundert sind offenbar ebenso entfernt worden wie schon zuvor die spätgotische Figur des hl. Valentin, es finden sich nur noch „leere" Sockel an der Süd- und Ostwand, über den Verbleib ist derzeit nichts bekannt.

Eine Figur des Heilands an der Geißelsäule an der Mitte der Ostwand war jedoch glücklicherweise noch an ihrem Platz vorhanden, inzwischen ist sie vom Museum aus Sicherheitsgründen entfernt und geborgen worden. Sie unterscheidet sich ganz wesentlich von allen anderen Figuren der Kapelle: Sie ist als einzige auf ein vorkragendes Podest gestellt, das von geschmiedeten, halbrund geformten Eisenstangen gehalten wird, sie ist vollplastisch aus Sandstein gearbeitet und wesentlich größer (Gesamthöhe 1, 25 Meter) und voluminöser (Abb. 3).

Ohne Zweifel besitzt sie auch künstlerisch gesehen eine ganz andere Qualität und ein höheres Alter als die übrige Ausstattung der Kapelle. Christus, halbnackt und nur mit einem effektvoll drapierten, links geknoteten Lendentuch bekleidet, steht seitlich hinter einer runden ballusterartigen Säule, die beiden übereinanderliegenden Hände sind mit Stricken an einem Stift am Kopf der Säule angebunden; zusätzlich liegt eine schwere Eisenkette um seinen Hals, die dann noch zweimal um seinen Leib geschlungen ist, um dann ebenfalls am Säulenkopf angehängt zu sein. Christus selber lehnt rückwärts an einem „Stapel" aus drei Quadersteinen, die kräftigen Beine besitzen eine leicht verdrehte, doch zugleich elegante Schrittstellung. Sein ausdrucksstarkes knochiges Gesicht mit den lockigen, langen Haaren ist schmerzverzerrt, die Augenbrauen hochgezogen, der Mund leidend gespitzt. Ein aufgesetzter vergoldeter Strahlenkranz krönt die ganze Figur. Der in sich gedrehte und leicht nach vorn geneigte Körper ist anatomisch realistisch und zugleich sehr muskulös gearbeitet. Eine eher zurückhaltende Farbfassung mildert die Drastik der Darstellung, was durch die wenigen „Blutspritzer" auf der nackten Haut nochmals unterstrichen wird. Es ist nach dem ersten Augenschein zumindest eine weitere Farbfassung darunter vorhanden – sie mag deutlicher die durch die Geißelung entstandenen Wunden am Körper zeigen.

Die überzeugende skulpturale Gestaltung stammt zweifellos von einem erfahrenen, ja wohl bedeutenden Bildhauer – und will so gar nicht in diese doch eher unbedeutende neugotische Kapelle passen, zu der sie auch zeitlich kaum gehört, denn dass es sich um eine in den Formen ganz bewegte, barocke Skulptur handelt, steht außer Frage – nur den Bildhauer und die genaue Zeitstellung müssen wir offen lassen.

Darstellungen des gemarterten bzw. „gegeißelten" Heilands an einer Säule („Martersäule") sind ein durchaus gängiges Motiv in der süddeutschen kirchlichen Kunst seit dem 17. Jahrhundert, also im Zuge der Gegenreformation, und stehen gerade in ihrer drastischen Darstellungsweise wohl auch im Zusammenhang mit Karfreitagsumzügen und Passionsspielen.

Am berühmtesten ist das auch als „Wiesheiland" bekannt gewordene Gnadenbild in der „Wieskirche" bei Steingaden im südwestlichen Oberbayern. Die Entstehung und Verbreitung

Abb. 2: Blick in den Innenraum der Rodheimer Kapelle zum Altar, rechts der gegeißelte Heiland. Foto: Ralf Rossmeissl, 2009

dieser an sich recht jungen, aber in kurzer Frist ungewöhnlich „volkreichen" Wallfahrt ist gut belegt: 1734 wurde das spätere Gnadenbild für die Karfreitagsprozession in Steingaden geschaffen, dann wieder vergessen, 1738 von der „Wiesbäuerin" Maria Lory auf ihren Hof geholt, wo sich das „Tränenwunder" ereignete, das in kürzester Frist unzählige Scharen von Pilgern zur bald in eine Holzkapelle überführten Figur anlockte. Doch die Zahl der Wallfahrer wuchs immer mehr an, so dass sich der zuständige Abt des Klosters Steingaden zu dem Bau einer steinernen Wallfahrtskirche entschloss. Der Grundstein wurde 1746 gelegt, 1749 konnte die Figur in den fertig gestellten Chorraum gebracht werden, 1757 war der von Dominikus Zimmermann aus Wessobrunn errichtete Kirchenbau vollendet.[7]

Die Wirkung des „Wieswallfahrt" war so gewaltig, dass in kürzester Frist überall in Süddeutschland, Österreich und der Schweiz „Ableger" entstanden, in denen Nachbildungen des „Wiesheilands" aufgestellt und die manchmal ebenfalls zu bedeutenden Wallfahrtszielen wurden, wie etwa schon ab 1748 die „Wieskirche" bei Freising.

Auch in Franken lassen sich die Spuren der Verehrung des Wiesheilands verfolgen, wie etwa in dem nur knapp zehn Kilometer, also zwei Stunden Wegzeit westlich von unserem Rodheim gelegenen Gelchsheim im Ochsenfurter Gau.

7 Zur Wies und zur Wieswallfahrt vgl. u. a. Thomas und Helene Finkenstaedt, Die Wieswallfahrt. Ursprung und Ausstrahlung der Wallfahrt zum gegeißelten Heiland, Regensburg 1981.

Abb. 4: Breverl mit Kupferstich des Wiesheilands, gefunden 2009 in Karlstadt bei Ausgrabungen. Foto: Bayerisches Landesamt für Denkmalpflege, Würzburg

Abb. 3 (links): Der „Gegeißelte Heiland" aus der Rodheimer Kapelle, nach der Bergung im Museum. Foto: Konrad Bedal, 2009

Die Kappel zum Gegeißelten Heiland in Gelchsheim gehört zu den frühesten und bedeutendsten Wallfahrtsorten in der Wiesnachfolge überhaupt, ist aber heute weitgehend vergessen.[8] Die Geschichte beginnt bereits 1750, also ein Jahr, nachdem das Gnadenbild in der Wies seinen bis heute geltenden Platz im Hochaltar bekam. In diesem Jahr suchten der Gelchsheimer Gastwirt Michael Öchsner und seine Frau das Gnadenbild in der Wies bei Steingaden auf und waren so beeindruckt, dass sie schon im September 1750 von dem aus Hildburghausen gebürtigen Ochsenfurter Steinbildhauer, Ludwig Hermes,[9] eine Statue des „gegeißelten Heilands" anfertigen ließen, die auf freiem Feld aufgestellt wurde und ebenfalls in kürzester Zeit viele Leute anzog, die dort ihr Anliegen vortrugen, beteten – und für ein „würdiges"

8 Wolfgang Brückner/Wolfgang Schneider, Wallfahrt im Bistum Würzburg. Gnadenorte, Kult- und Andachtsstätten in Unterfranken, Würzburg 1996, S. 126f. – Lothar Brunnquell, Kapelle St. Johannes Nepomuk in Gelchsheim, genannt „Kappel zum gegeißelten Heiland". Ein Beitrag zur Heimatgeschichte, Gelchsheim 1987.

9 Zu Ludwig Hermes: Georg Menth, Die Bildhauerfamilie Auwera in Aub. Zu Leben und Werk der Bildhauer im 18. Jahrhundert zwischen Main und Tauber, Wolfratshausen 1987, bes. S. 265–268.

Gotteshaus zum Aufstellen der Figur spendeten. Und tatsächlich dauerte es nicht lange, und es konnte mit dem Bau einer durchaus ansehnlichen Kapelle begonnen werden: Am 17. Dezember 1753 ging das Baugesuch der Gemeindebürger an den Würzburger Bischof, dann auch an den Deutschen Orden in Mergentheim, die zuständige Grundherrschaft des Ortes, und schon am 25. Januar 1754 war die Genehmigung zum Bau da. 1757, also praktisch gleichzeitig mit der Fertigstellung der berühmten Steingadener Wieskirche, war auch der Gelchsheimer Bau so weit vorangekommen, dass die Figur des Gegeißelten Heilands im Hochaltar aufgestellt werden konnte.[10] Er kehrt nochmals als Flachrelief in der Mitte des 1771 von Michael Babilitsch aus Aub geschaffenen, virtuosen Stuckovals der Langhausdecke wieder. Eigenartiger- oder bezeichnenderweise ist das Patrozinium der Gelchsheimer Wallfahrtskirche nicht der gegeißelte Heiland selbst, sondern der hl. Nepomuk – vielleicht um den „Kirchenoberen“ entgegenzukommen. Denn es hat den Anschein, als wäre der gebildeten, bereits von der Aufklärung „angesteckten“ Geistlichkeit die große Verehrung des „Wiesheilands“ nicht so ganz recht gewesen. Die Planung des eher einer Kirche denn einer Kapelle gleichenden Baus erfolgte durch den aus Wien gebürtigen Deutschordens-Hofbaumeister Franz Joseph Roth (1690–1758), der zu der Zeit auch für das Schloss- und Kirchenbauwesen in Ellingen und Mergentheim verantwortlich war. Die Gelchsheimer Kapelle ist sein letztes Bauwerk; er ist in Gelchsheim, wo seine Tochter verheiratet war, verstorben.

Es gibt weitere Spuren der Verehrung des „Wiesheilands“ im Ochsenfurter Raum: so im von Gelchsheim nur drei Kilometer entfernten Sonderhofen, wo 1752 ebenfalls eine ansehnliche Kapelle zum Gegeißelten Heiland gebaut werden sollte, was dann doch unterblieb; dafür wurde nur ein „Gehäuse“ über der Figur, die wohl ebenfalls von Ludwig Hermes geschaffen wurde, erstellt. Ein solches, nochmals kleineres Bildhäuschen schützt auch die Figur eines steinernen gegeißelten Heilands im nicht weit entfernten Acholshausen, die wiederum dem Ochsenfurter Bildhauer Ludwig Hermes zugeschrieben wird. Von ihm soll auch die hölzerne Figur eines gegeißelten Heilands in einer kleinen Kapelle in Frickenhausen stammen.[11] Erst in die 1760er Jahre datieren die in einer Nische am Haus aufgestellte Figur eines Heilands an der Geißelsäule (ohne die sonstigen zugehörigen Attribute) in Wolkshausen und die als Bildstock wirkende in Röttingen, beide von Johann Georg Auwera geschaffen.[12]

Der gegeißelte Heiland in Rodheim – ebenfalls ein Wiesheiland?

Von Gelchsheim nach Rodheim sind es zwei Stunden Fußweg, da wäre es wohl nicht weiter verwunderlich, wenn schon um 1750 auch Rodheimer den Wiesheiland dort besucht hätten. Tatsächlich gibt es sogar einen schriftlichen Beleg über eine „erfolgreiche“ Wallfahrt in dieser Zeit aus diesem Ort: ... *das schon einige deren frembten beträchtliche gutthaten erhalten, worunter keine der geringsten ist, dass ein blindtes Kind von rotheim 2 stunden von hier auf die von seinen Eltern anhero gelobte und auch vollbrachte Wallfahrt wiederum sehend worden ist ...*[13]

Da liegt es nahe, auch die Figur des Heilands an der Geißelsäule in der Rodheimer Kapelle mit der Wallfahrt in Gelchsheim und damit der berühmten Wieswallfahrt in Zusammenhang zu bringen. Dafür spricht aber auch die Darstellung selbst. Zwar ist nicht jedes „Bildnis“ eines

10 Am 14. Mai, Brunnquell 1987, S. 12.
11 Menth 1987, S. 172.
12 Menth 1987, S. 108, 117.
13 Menth 1987, Q 102.

gegeißelten Heilands an der Säule auch ein Wiesheiland, doch lassen sich mehrere typische Merkmale dafür aufzeigen,[14] wie sie auch auf zeitgenössischen Kupferstichen zu sehen sind, die durchaus als Vorlage für den Gelchsheimer Heiland gedient haben könnten: die niedrige gedrehte Säule, das links an der Hüfte mit einem Knoten gebundene Lendentuch, die mit Stricken angebundenen, offenen Hände, vor allem aber die um Hals und Körper geschlungenen schweren Ketten und schließlich der Strahlenkranz am Haupt – all das kennzeichnet auch unseren Rodheimer Heiland. Nur ein für das Gnadenbild in der Wies ebenfalls typisches Merkmal fehlt: die eisernen Armschellen, mit denen Christus zusätzlich angekettet ist. Die genannten Darstellungen in Sonderhofen, Acholshausen und Frickenhausen dagegen verzichten nicht auf diesen besonderen „Grausamkeitsfaktor“.

Dass aber dies kein Gegenargument für eine Darstellung in der Nachfolge des „Wiesheilands“ ist, zeigt der Gegeißelte Heiland von 1750 in der Gelchsheimer Wallfahrtskirche: auch ihm fehlen die Armschellen mit den zugehörigen Ketten (der Heiland in Stuck von 1771 an der Langhausdecke besitzt dagegen die Armschellen). Dabei ist für ihn ja eindeutig überliefert, dass er dem Gegeißelten Heiland in der Wies bei Steingaden nachgebildet wurde. Damit scheint es doch sehr wahrscheinlich, dass für unseren Rodheimer Geißelheiland der Gelchsheimer das unmittelbare Vorbild darstellte. Und ganz auszuschließen ist auch nicht, dass das für die Zeit kurz nach 1750 überlieferte Wunder der Blindenheilung eines Rodheimer Kindes (nach einer zur Zeit nicht auffindbaren Chronik soll es sich um ein Mädchen gehandelt haben)[15] der Auslöser für die Rodheimer Figur selbst war.

Für den Zusammenhang Gelchsheim – Rodheim spricht aber auch, dass die Rodheimer Kapelle am Weg nach Gelchsheim liegt, die Gelchsheimer umgekehrt am Weg nach Rodheim. Freilich befinden sich dazwischen noch zwei Dörfer, Öllingen und, Rodheim zunächst, Gülchsheim, ein evangelischer Ort. Rodheim selbst ist übrigens ganz von evangelischen Dörfern umgeben, eine katholische Enklave, vielleicht mit ein Grund, dass man sich hier, nach einer offenbar schwierigen Phase der Rekatholisierung unter Julius Echter, ganz bewusst als katholisches Dorf verstand und sich an diesem Ort bis heute auffallend viele Bildstöcke und „Hausheilige“ erhalten haben. Darauf hat man auch nach der großen Zerstörung im Zweiten Weltkrieg nicht verzichtet und beim Wiederaufbau die alten Figuren an den neuen Häuser wieder angebracht oder neue anfertigen lassen, so dass sich Rodheim bis heute ganz deutlich als „katholisches“ Dorf von den „evangelisch bestimmten“ Dörfern im Umkreis abhebt.[16]

Doch noch einmal zurück zu unserer Kapelle als Standort der Figur eines Gegeißelten Heilands in der Nachfolge des Wiesheilands, wie wir wohl sicher annehmen können. Wie kommt die Figur hierher, stand sie schon immer hier? Da erhebt sich natürlich zuerst die Frage nach dem Alter der Figur – und da dürfen wir wohl die 50er Jahre des 18. Jahrhunderts annehmen, also den Beginn der Gelchsheimer Wallfahrt. Die Gestaltung der Figur, ihre recht bewegte Auffassung, steht einer solchen Datierung nicht entgegen. Vielleicht hat sie ja ebenfalls der Ochsenfurter Bildhauer Ludwig Hermes geschaffen, dem das Gelchsheimer Gnadenbild sicher, aber auch die anderen Nachfolgefiguren in Sonderhofen, Acholshausen und Frickenhausen zugeschrieben werden. Ein genauerer Vergleich offenbart jedoch gewisse Unterschiede in der

14 Finkenstaedt 1981, bes. S. 27–45.

15 Mdl. Mitteilung des ehem. Mesner von Gelchsheim (Hinweis R. Rossmeissl).

16 Judith Schuhmann hat im Rahmen einer Seminararbeit die noch vorhandenen 32 Hausfiguren erfasst (Erfassung der Hausfiguren in Rodheim, Manuskript 2009); auch im Denkmalpflegerischen Erfassungsbogen zur Dorferneuerung von Rodheim 2004 (Verfasser R. Bittner, Manuskript) wird darauf eingegangen.

Darstellung: Die anderen Hermes-Figuren wirken derber, nicht so elegant in der Haltung, vor allem das Gesicht ist weniger ausdrucksstark. Die Rodheimer Figur scheint mir von größerer künstlerischer Qualität. Vielleicht stammt sie ja auch von einem anderen Bildhauer der Region. In Frage käme vielleicht Johann Michael Joseph Auwera aus Aub[17] (zu dessen Kirchenbezirk Rodheim gehörte), kaum jedoch Ferdinand Tietz, der ebenfalls im Ochsenfurter Gau gearbeitet hat, aber ab 1750 für 14 Jahre nicht mehr in Franken, sondern in Trier arbeitete.

Sieht man sich nochmals die Aufstellung der Figur in der Kapelle an, so wird deutlich, dass sie hier kaum ursprünglich gestanden haben kann: Als kräftige, weit ausladende Sandsteinfigur passt sie eigentlich gar nicht an die Wand. Die Darstellungsart entspricht vielmehr der in einem überdachten, freistehenden Gehäuse, einem „Bildhäuschen“, wie es wohl ursprünglich auch für den Gelchsheimer Heiland gegolten hat, bevor er auf den Hochaltar der neuen Kirche wanderte.

Damit ist nicht auszuschließen, dass der eigentliche Anlass für die Rodheimer Kapelle eine kleine örtliche Andacht zum Gegeißelten Heiland war, der zunächst im Freien, am Weg nach Gülchsheim – Öllingen – Gelchsheim, in einem Gehäuse stand, dann in eine kleine Kapelle überführt wurde (deren Ausmaße sich noch in der heutigen Kapelle andeutet), bevor im Zuge der Erweiterung der Kapelle 1861 und ihrer Umwidmung zu einer Marienkapelle der Heiland seitlich an die Wand rückte. Nicht auszuschließen ist, dass die überlieferte Blindenheilung eines Rodheimer Kindes 1750 den Anstoß zur Aufstellung eines „Wiesheilands“ am Ortsrand gab, ja dass die bis heute bestehende Beziehung zwischen der Kapelle und dem Hof Nr. 29 sich ebenfalls darin begründet: Vielleicht stammte das Kind von diesem Hof? Es war (und ist) immerhin einer der großen, wirtschaftlich bedeutenden Höfe, der als sogenannter Unterer Meierhof das Kloster Michelsberg in Bamberg zum Grundherrn hatte. Leider geben bisher die sehr mageren Rodheimer Quellen darüber keine befriedigende Antwort, so dass diese Ausführungen nicht mehr als ein erster Versuch sein können, das Rätsel um den Rodheimer Gegeißelten Heiland zu lösen[18] – vielleicht hilft uns dabei ja noch das große Wissen des Jubilars. Jedenfalls scheint in der zweiten Hälfte des 18. Jahrhunderts die Verehrung des Wiesheilands auch in Franken eine größere Bedeutung besessen haben, als man bisher angenommen hat. Das unterstreicht ein erst jüngst in Karlstadt gefundenes, eingeglastes „Breverl“ mit einem Kupferstich des Wiesheilands, das um 1750 in ein Grab mitgegeben wurde (Abb. 4).

17 Dazu Menth 1987, S. 21–41; im Werkverzeichnis, das Arbeiten zwischen 1747 und 1757 umfasst, wird auch eine Pietà im Kirchhof von Rodheim aufgeführt, für die Kappel in Gelchsheim schuf er die Maria über der Eingangstür. Von seinem Sohn, Johann Georg Auwera, ist als Hausfigur in Wolkshausen ein Gegeißelter Heiland bekannt, der gewisse Ähnlichkeiten mit dem Rodheimer aufweist, u. a. fehlen die Armschellen.

18 Für vielfältige Unterstützung und Anregung danke ich Ralf Rossmeissl, Freilandmuseum, ganz herzlich.

Heiliggrab hundertfach

Eine Ergänzung des Kultstätten-Katalogs von Nachbauten des Heiligen Grabes im Zeitalter von Gegenreformation und Barock

Michael Rüdiger

Barockes Glaubensleben in den katholischen Ländern Mitteleuropas entfaltete sich als weit verzweigtes, doch mit Bedacht beschnittenes und sorgsam geleitetes Geäst aus kultischen und brauchtümlichen Formen, das in der altkirchlichen *praxis pietatis* des späten Mittelalters wurzelte. Was im Rahmen der kirchlichen Reform nach dem Konzil von Trient als spezifisch katholische Kultprogrammatik und damit verbundenem Angebot zu religiöser Betätigung begründet und im Zuge der Gegenreformation popularisiert wurde, das erlebte in der Konfessionsfrömmigkeit dieser Gebiete bis in die Zeit der Aufklärung eine reiche Blüte. Dabei standen neben der intensiven Verehrung der Heiligen und ihrer Reliquien sowie dem dezidierten Marienkult ein ausgeprägter Eucharistie-Kult und eine gesteigerte Leiden-Christi-Verehrung im Mittelpunkt.

Ein wichtiger Teil dieses Prozesses der auswählenden Aneignung vorreformatorischer Überlieferung, für den Wolfgang Brückner den Begriff der *Erneuerung als selektive Tradition* geprägt hat,[1] war die Wiederbelebung des Phänomens der religiös motivierten Architekturkopie. Die Idee, ein als heilig verehrtes Gebäude in einer möglichst form- und maßgetreuen Nachbildung andernorts wiedererstehen zu lassen, um damit den Bedeutungsgehalt des Originals zu übertragen und die spirituelle Gegenwart des Heiligtums zu sichern, entwickelte sich im frühen Mittelalter und wurde über Jahrhunderte durch Nachahmungen der Grabeskirche bzw. der Anastasis-Rotunde sowie der Aedicula des Grabes Christi ins Werk gesetzt. Im späten Mittelalter konzentrierte sich der Wunsch nach unmittelbarer Vergegenwärtigung dieser in der Heilsgeschichte so herausragenden Stätte auf die Reproduktion der Grabeskapelle. Hieran knüpfte man an, als man in nachtridentinischer Zeit den Gedanken der architektonischen Devotionalkopie wieder aufgriff. Bald sollten nördlich der Alpen auch Nachbildungen des Heiligen Hauses von Loreto, der Heiligen Stiege in Rom sowie der Geburtsgrotte zu Bethlehem entstehen. Später übertrug man den Gedanken sogar auf heimische Gnadenorte wie die Heilige Kapelle von Altötting oder die Gnadenkapelle zu Maria Einsiedeln.

In der Zeit von Gegenreformation und Barock wurden so viele Nachbauten des Grabes Christi wie nie zuvor errichtet. Gemeinsam mit den anderen architektonischen Devotionalkopien von Heiligen Stätten Palästinas haben sie die sakrale Topographie von Stadt, Dorf und Landschaft in beträchtlichem Maße geprägt. In ihrem Zusammenwirken vermittelten diese Bauten eine anschauliche Vorstellung von den fernen Orten, an denen sich die im Credo

1 Wolfgang Brückner, Erneuerung als selektive Tradition. Kontinuitätsfragen im 16. und 17. Jahrhundert aus dem Bereich der konfessionellen Kultur, in: Der Übergang zur Neuzeit und die Wirkung von Traditionen (Veröffentlichungen der Joachim-Jungius-Gesellschaft der Wissenschaften Hamburg 32), Göttingen 1978, S. 35–78.

formulierten Glaubensgeheimnisse der menschlichen Existenz Christi zutrugen. Wir können demnach von einer Art Katechese durch das Mittel der Architekturkopie sprechen. Das Heilige Land lag vielerorts nunmehr sozusagen vor der Haustüre.

Die meisten der barockzeitlichen, zwischen etwa 1600 und 1770 errichteten Nachbauten des Jerusalemer Heiligtums entstanden in den Territorien unter der Herrschaft des Hauses Habsburg. In diesen Ländern hatte sich kirchliche Kultpropaganda besonders intensiv um die Verbreitung des Grab-Christi-Kultes mit den Mitteln der architektonischen Devotionalkopie bemüht. Die Errichtung von Nachbildungen der Heiliggrab-Aedicula kann als ein von den geistlichen Orden propagiertes Anliegen bezeichnet werden, bei dem sich vor allem die Reformzweige aus der Ordensfamilie des hl. Franziskus, mithin die reformierten Observanten und die Kapuziner, sowie die Gesellschaft Jesu hervortaten. Namentlich den Franziskanern der strikten Observanz in der österreichischen Ordensprovinz, an deren Wiener Hauptkloster zu St. Hieronymus das reichsweit zuständige Generalkommisariat des Heiligen Landes angesiedelt war, gelang es, eine beträchtliche Anzahl von Gläubigen zur Stiftung einer solchen Art von Bauten anzuregen. Eine ebenso große Wirksamkeit entfaltete in dieser Hinsicht der Jesuitenorden. Seinem Betreiben verdanken viele Grab-Christi-Kapellen in Österreich, Böhmen und Ungarn ihre Existenz, darunter die so viel beachteten zu Hernals bei Wien und zu Graz.[2]

In ihrem Bemühen um die Popularisierung des Heiliggrab-Gedankens gewannen die Vertreter der Kirche vor allem im Adel einen stiftungseifrigen Verbündeten. Dabei setzte sich die Schar der sogenannten „*Wohltäter*" zu einem großen Teil aus den Spitzen von Staat und Gesellschaft zusammen. In der Liste der Stifter lesen wir so klingende Familiennamen wie Schwarzenberg, Liechtenstein, Trauttmannsdorff, Auersperg oder Esterházy – um nur einige zu nennen. Bis in die frühen Jahre der Regentschaft Kaiser Leopolds I. finden wir so manchen Protagonisten der Gegenreformation unter ihnen.

Als außerordentlich förderlich erwies sich der Umstand, dass das Heilige Land im dynastischen Verständnis der Habsburger vom Kaisertum einen hohen Stellenwert besaß und „*das allerheiligste Grab des Herrn zu Jerusalem*" bei den damaligen Regenten große Aufmerksamkeit genoss. Ein „*vorleuchtendes Beispiel*" gab die kaiserliche Familie mit ihrer Verehrung des Heiligen Grabes von Hernals. Dieses war auf Betreiben des Jesuiten Karl Musart als Ziel eines Stationenweges zur Passionsandacht errichtet worden, der am Corporis-Christi-Altar im Wiener Stephansdom seinen Ausgang nahm und mit sechs Kapellchen aus der Stadt hinaus zum Dorf Hernals – einer ehedem protestantischen Hochburg, die nun der Herrschaft des Domkapitels unterstand – führte. Niemand Geringeres als Kaiser Ferdinand III. hatte im Rahmen der mit großem Pomp begangenen Einweihung der Anlage am 23. August 1639 die für diesen Tag extra aufgeschobene Grundsteinlegung vollzogen. In der Folgezeit brachten vor allem die weiblichen Mitglieder des Kaiserhauses dem Heiligen Grab zu Hernals eine tiefe Verehrung entgegen, namentlich Eleonora von Gonzaga, die Witwe des verstorbenen Kaisers Ferdinand II., nahm hierher sehr oft ihre Zuflucht.[3]

Bislang haben wir für die Zeit von Gegenreformation und Barock in 94 Fällen nachweisen können, dass man das Jerusalemer Heiligtum baulich nachbildete.[4] Die im Folgenden vorgestellten Beispiele ergänzen den Kultstätten-Katalog um weitere Belege.

2 Michael Rüdiger, Nachbauten des Heiligen Grabes in Jerusalem in der Zeit von Gegenreformation und Barock. Ein Beitrag zur Kultgeschichte architektonischer Devotionalkopien, Regensburg 2003, S. 76–97.

3 Rüdiger, Nachbauten des Heiligen Grabes, S. 104–112.

4 Rüdiger, Nachbauten des Heiligen Grabes, S. 177–244.

Durch das Beispiel des Wiener Stationenwegs nach Hernals angeregt, beförderten die Jesuiten in der oberungarischen Bergbaustadt Neusohl (Banská Bystrica) die Errichtung einer ähnlichen Anlage.[5] Das Vorhaben wurzelte in einem Gelübde der Bürger von Neusohl im Jahre 1663, die sich angesichts der Eroberung der wichtigen Grenzfestung Neuhäusel (Nové Zámky) durch die Türken bedroht gesehen hatten. Nachdem die größte Gefahr abgewendet war, ging man daran, das fromme Versprechen zu verwirklichen und errichtete einen Passionsweg, der in der Kapelle der Neusohler Jesuitenresidenz seinen Ausgang nahm und über sieben Stationen aus der Stadt hinaus in die gut drei bis vier Fußstunden entfernt im Gebirge gelegene Bergbausiedlung Herrengrund (Špania Dolina) führte; dort ließ man den Andachtsweg in einer Nachbildung des Jerusalemer Heiligtums enden. 1665 erschien in Wien ein Gebetbüchlein mit dem Titel „*Newe Wallfahrt, in denen Hungerischen Bergstätten zu Newsol von der Kapellen der Residenz Soc. Iesu durch siben Stationen zu dem H. Grab Christi Jesu im Keyserl. Herrngrund*“. Die Herrengrunder Heiliggrab-Kopie ist die einzige ihrer Art, die sich in der heutigen Slowakei hat erhalten können. Mit ihrer rückwärtig vorgeblendeten Arkadengliederung aus zehn gedrungenen Säulchen und Spitzbogen sowie der sechseckigen offenen Laterne über dem Gebäudehaupt entspricht sie dem verbreiteten Typus.[6]

Zur gleichen Zeit entstand im Norden Böhmens die Grab-Christi-Kapelle zu Niemes (Mimoň).[7] 1665 begann man dort mit den Arbeiten. In zweijähriger Bauzeit wuchs eine für böhmische Verhältnisse bescheidene Ambitenanlage heran, die in ihrem Innenhöfchen die Nachbildung des Jerusalemer Heiligtums birgt. 1668 erfolgte die feierliche Einweihung der Anlage. Sie befindet sich ein gehöriges Stück außerhalb der Ortsmitte, an der nach Norden führenden Landstraße, jenseits des Jungfernbaches (Panenský potok) auf einem leicht ansteigenden Gelände. Ob man bei der Wahl des Bauplatzes die Heilstopographie Jerusalems im Blick hatte, mag dahingestellt sein, jedenfalls stellten spätere Interpreten Bezüge zwischen der heimischen Landschaft und dem Kidronbach, dem Golgothahügel und dem Tal Josaphat her. Vermutlich erwuchs diese Sichtweise aus der zweifelhaften Überlieferung, die von der verwickelten Gründungsgeschichte des Komplexes Kunde gab. Die Passionsstätte geht demzufolge auf den seinerzeitigen Ortsherrn Johann Freiherr Putz von Adlersthurn zurück, der nach der Schlacht am Weißen Berg als kaiserlicher Kommissär für die Konfiskationen in Böhmen fungierte und später das Amt eines böhmischen Rentmeisters und Hofkammerrates bekleidete.[8] Im Jahre 1625 soll er in Rom die Karwoche und Ostern erlebt haben und von den Feierlichkeiten dermaßen begeistert gewesen sein, dass er beschloss, etwas Ähnliches in seiner Heimat zu verwirklichen. Um genaue Pläne und Maße zu besorgen sei er gleich zweimal, jeweils über Rom, nach Jerusalem gereist. An der Realisierung sei Johann Putz von Adlersthurn dann durch den Dreißigjährigen Krieg abgehalten worden, so dass er auf dem Totenbett im Jahre 1660 das fromme Werk seinem Sohn Johann Franz Edmund aufgegeben habe. Offenkundig

5 Die im Kultstätten-Katalog des Autors noch nicht identifizierte Kapelle ist wenig später von Martin Čičo lokalisiert worden. – Rüdiger, Nachbauten des Heiligen Grabes, S. 251. – Martin Čičo/Michaela Kalinová/Silvia Paulusová. Kalvárie a Krížové cesty na Slovensku, Bratislava 2002, S. 66–73 u. S. 390.

6 Zur Typik von Heiliggrab-Kopien der Barockzeit vgl. Rüdiger, Nachbauten des Heiligen Grabes, S. 58–72.

7 Josef Tille, Geschichte der Stadt Niemes und ihrer nächsten Umgebung, Niemes 1905, S. 438–442. – Umělecké památky Čech, Bd. 2, Prag 1978, S. 393. – Kurt Augustinus Huber, Katholische Kirche und Kultur in Böhmen, Ausgewählte Abhandlungen, hg. v. Joachim Bahlcke/Rudolf Grulich (Religions- und Kulturgeschichte in Ostmittel- und Südosteuropa 5), Münster 2005, S. 429–430.

8 Roman Freiherr von Procházka, Genealogisches Handbuch erloschener böhmischer Herrenstandsfamilien, Neustadt an der Aisch 1973, S. 242–243. – Ferdinand Seibt/Hans Lemberg/Helmut Slapnicka (Hgg.), Biographisches Lexikon zur Geschichte der böhmischen Länder, Bd. 3, München 2000, S. 361.

hat sich in dieser örtlichen Tradition ein Topos herausgebildet, der wie in anderen Fällen dazu geeignet erschien, die besondere Authentizität der *imitatio* zu beweisen.[9] Nach allem, was über den Erben der Herrschaft Niemes bekannt ist, war Johann Franz Edmund Putz von Adlersthurn, wie sein Vater, ein großer Freund der Jesuiten.[10] Ihnen dürfen wir deshalb wohl erheblichen Einfluss auf das Projekt zusprechen.

Mit der Ausführung hatte Johann Franz Edmund Putz von Adlersthurn, seines Zeichens königlich böhmischer Kammergerichtsrat und Verwalter der königlichen Bergstädte in Böhmen,[11] den italienischstämmigen Baumeister Giulio Broggio aus Leitmeritz betraut. Nach seinem Entwurf errichtete man die Kapelle des Grabes Christi als sauber gefügten Quaderbau über längsrechteckigem Grundriss mit 5/8-Schluss. Rückwärtig wird der Bau von einer spitzbogigen Blendarkade aus zehn Säulchen toskanischer Ordnung bis auf halbe Länge der Seitenwände umzogen. Auf dem flach geneigten Dach markiert eine luftige Laterne aus acht im Polygon gestellten Säulchen die Zelle mit der Ruhestatt des Leichnams Jesu im Innern. Die fensterlose tonnengedeckte Grabkammer ist durch eine wie üblich niedrige und schmale Türöffnung vom sogenannten Engelsraum zu betreten, der sich nach hinten in einer seichten Apside auswölbt. Ein stattlicher Quader stellt hier den Teil des Grabverschlusses dar, auf welchem nach gläubiger Überzeugung am Ostermorgen der Engel saß, der die Frohbotschaft von der Auferstehung Christi verkündete. Die Befensterung zeigt sich in Form eines einzelnen Schlitzfensters in der rechten sowie eines doppelten in der linken Wand; ein drittes sitzt am linken Apsidenrand und ist über einen schräg gezogenen Schacht mit dem ersten Arkadenfeld verbunden. Entsprechend den bildlichen Wiedergaben des Jerusalemer Heiligtums in manchen zeitgenössischen Pilgerberichten und Reisebeschreibungen hat man an der Fassade oberhalb des Türsturzes drei kleine rechteckige Felder und zu den Seiten ein vierfach umgebrochenes, von Kante zu Kante verlaufendes Band aus dem Werkstein gemeißelt. Jene Illustrationen gaben wohl auch die Anregung, den Platz vor dem Eingang mit zwei länglichen Steinblöcken beiderseits einzufassen.[12]

Rund fünfzig Jahre nach seiner Errichtung wurde das Heilige Grab von Niemes augenscheinlich zum Vorbild der Grab-Christi-Kopie auf dem Kapellenberg zu Neuland (Ostré) bei Auscha (Ustek), der seinerzeit nur einen Tagesmarsch in Richtung Leitmeritz entfernt lag. Die Neuländer Kapelle wird gemeinhin als das Werk des Leitmeritzer Architekten Octavio Broggio, des Sohnes von Giulio Broggio, angesehen. Vor diesem Hintergrund erklären sich die weitgehenden Übereinstimmungen in Bauweise, Zuschnitt und baulichen Eigentümlichkeiten.[13]

Von Niemes angeregt scheint auch der Bau der Grab-Christi-Kapelle auf dem Kreuzberg bei St. Georgenthal (Jiřetín pod Jedlovou) gewesen zu sein.[14] Es ist gut vorstellbar, dass der Georgenthaler Pfarrer Gottfried Liessner, der den monumentalen Ausbau des hiesigen Kreuzweges veranlasste, das Heilige Grab im nahen Niemes aus eigener Anschauung kannte. Zweifellos steigerte die Devotionalkopie die Attraktivität der Kreuzweg-Anlage, die 1759 als Folge von elf den Berghang empor gestaffelten gemauerten Nischenkapellchen mit steinernen Reliefdarstellungen der Leidensgeheimnisse errichtet wurde und in der auf dem Gipfel platzierten, damals noch aus Holz gezimmerten Hl.-Kreuz-Kapelle die zwölfte und dreizehnte Station erhielt: Der

9 Vgl. Rüdiger, Nachbauten des Heiligen Grabes, S. 39–42.

10 Tille, Geschichte der Stadt Niemes, S. 116–119.

11 Freiherr von Procházka, Genealogisches Handbuch, S. 242–243.

12 Vgl. Rüdiger, Nachbauten des Heiligen Grabes, S. 61–63.

13 Rüdiger, Nachbauten des Heiligen Grabes, S. 206–207.

14 Umělecké památky Čech, Bd. 1, Prag 1977, S. 626. – www.luzicke-hory.cz/mista/index.php?pg=zmkrihd (27.6.2009)

beschwerliche Aufstieg verhieß dem Gläubigen am Ende das getreue Abbild des im fernen Jerusalem gewussten Ortes der Totenruhe Jesu und seiner Auferstehung erleben zu können.

Die Nachahmung des verehrten Heiligtums, die knapp 50 Meter hinter der Hl.-Kreuz-Kapelle liegt, präsentiert sich als typischer Vertreter dieser Art von Bauten, wenngleich einzelne Bauglieder, wie etwa der Schmuckgiebel der Frontseite, im Stile des Rokoko gestaltet sind. In den 1990er Jahren erfuhr die Kapelle eine grundlegende Renovierung, wobei sorgsam darauf geachtet wurde, alle markanten Details zu bewahren. So erneuerte man die Fassade mit ihrem eigentümlichen Dekor aus aufgeputzten Bändern, Streifen und Quadraten, die dem aus Niemes bekannten Schema entsprechen. Glücklicherweise haben sich auch die zur Fassadengestaltung gehörenden Steinblöcke erhalten können, die das gepflasterte Plätzchen vor dem Eingang flankieren. Die obligatorische Blendarkade um das Gebäudehaupt besteht aus zehn stämmigen Halbsäulen mit kelchförmigen Kapitellen und neun behäbigen Spitzbögen. Auf dem gestuften, in seiner Form dem geknickten Ziergiebel angepassten Dach reckt sich ein oktogonaler Dachreiter mit Glockenhaube in der Art einer offenen Laterne in Höhe, der gemeinsam mit der Arkadengliederung die Lage der Grabkammer nach außen kennzeichnet.

Wie weitreichend die oben angesprochene Bedeutung des Wiener Passionsweges zum Heiligen Grab in Hernals als prominenter Bühne für die demonstrativ vollzogene *praxis pietatis* der kaiserlichen Familie und der Hofkreise offenbar war, lässt sich mit Blick auf den Stifter der Grab-Christi-Kapelle im südmährischen Dorf Paulitz (Pavlice) nachzeichnen.[15] Die 1675 an der Dorfkirche St. Philippus und Jakobus erbaute Devotionalkopie entstand auf Geheiß des kaiserlichen Feldmarschalls Jean Louis Raduit de Souches, der sich zu jener Zeit, nach unfreiwilliger Beendigung seiner militärischen Laufbahn, auf seine Güter in Mähren zurückgezogen hatte und dort, angesichts seines vorgerückten Alters und von gesundheitlichen Problemen geplagt, mit frommen Werken ein Andenken zu sichern suchte. Als Verteidiger Brünns gegen die Schweden im Jahre 1645 zu Ruhm gelangt und in der Folge in höchste militärische Ämter aufgestiegen, gehörte Raduit de Souches zu jenen Parteigängern der Habsburger, die ihre konfessionellen Wurzeln im Protestantismus hatten und ihren politischen und konfessionellen Wechsel mit einer steilen Karriere belohnt sahen. Zum Dank für seine Verdienste war er von Ferdinand III. 1646 in den Freiherrenstand erhoben und mit einer großzügigen Schenkung von 30.000 Gulden bedacht worden. Drei Jahre später verlieh ihm der Kaiser das Inkolat von Mähren im Herrenstande unter der Bedingung, dass er zum Katholizismus überträte. Nachdem Raduit de Souches dieser Forderung, von deren Erfüllung das Recht zum Erwerb von Grundbesitz abhängig war, genügt hatte, erwarb er ausgedehnte Ländereien in Mähren, darunter auch die Herrschaft Jaispitz, zu welcher das Dorf Paulitz gehörte. Seit 1663 mit dem Grafentitel geehrt, wurde er von Leopold I. im Jahre 1668 zum kaiserlichen Geheimen Rat und Hofkriegsrat ernannt sowie zum Stadtobristen von Wien bestellt.[16] Um seinen Verpflichtungen nachzukommen hielt sich Raduit de Souches des Öfteren in der kaiserlichen Haupt- und Residenzstadt auf, wo er nachweislich auch ein Haus erstand. Wir dürfen deshalb mit an Sicherheit grenzender Wahrscheinlichkeit annehmen, dass ihm der Leidensweg nach Hernals

15 Gregor Wolny, Kirchliche Topographie von Mähren, meist nach Urkunden und Handschriften, II. Abt., Brünner Diöcese, IV. Bd., Brünn 1861, S. 304. – František Václav Peřinka, Vlastivěda moravská. Znojemský okres, Brno 1904, S. 416. – Karl Vsedni, Der Pilgerweg nach Hernals mit der Nachbildung des Heiligen Grabes in Jerusalem und dessen Bezüglichkeiten, Diplomarbeit Universität Wien, Wien 1999, S. 151–156.

16 Allgemeine Deutsche Biographie, Bd. 56, [1]1892, S. 698–700. – Peter Broucek, Louis Raduit de Souches, kaiserlicher Feldmarschall, in: Jahrbuch der Heraldisch-Genealogischen Gesellschaft „Adler“, 3. F., Bd. 8, Jg. 1971/1973, S. 123–136.

bekannt war und er um die regelmäßige Teilnahme von Mitgliedern des Kaiserhauses an der großen jährlichen Bußprozession dorthin wusste. Es würde nicht verwundern, wenn er sogar selbst daran teilgenommen hätte, gab ihm dies doch Gelegenheit, als Konvertit seine gut katholische Gesinnung zu demonstrieren.[17] Vor solchem Hintergrund wird verständlich, wie in Jean Louis Raduit de Souches der besondere Wunsch heranreifen konnte, ein getreues Abbild des Jerusalemer Heiligtums zu stiften.

Bei der Umschau nach Vorbildern hätten dem unbekannten Baumeister der Paulitzer Devotionalkopie drei Kapellen zur Anschauung dienen können, die im südlichen Mähren und nahen nördlichen Niederösterreich damals jüngst entstanden waren: die Nachbauten zu Nikolsburg, Eggenburg und Wilfersdorf aus den Jahren um 1670.[18] Ob diese beim Entwurf tatsächlich berücksichtigt wurden, muss freilich offen gelassen werden. Eine engere, über die allgemeine Typik hinausgehende Verwandtschaft kann nur mit Blick auf die eigentümliche sechseckige Dachlaterne aus Stein festgestellt werden, bei der zwölf paarweise angeordnete toskanische Säulchen einen Aufsatz in die Höhe stemmen, der sich aus einem Architrav, einer Zone mit spitzbogigen Durchbrüchen, sowie einem sechsteiligen Kuppelhelm zusammensetzt. Darüber hinaus sehen sich nur mehr die Paulitzer und die Eggenburger Kapelle in der Form ihrer Blendarkadengliederungen sehr ähnlich. Hier wie dort umstehen zehn Halbsäulen toskanischer Ordnung das fünfseitig schließende Kapellenhaupt. Ihre Schäfte weisen einen jeweils schlanken, leicht entasierten Zuschnitt auf, und ihre Basen gründen auf Konsolen, die aus einem abgeschrägten Sockelgesims erwachsen.

Einem der führenden Adelsgeschlechter des Habsburger Reiches gehörte der mutmaßliche Stifter der Grab-Christi-Kapelle von Burg Neuberg in der Steiermark an: Johann Georg Graf von Herberstein, Freiherr von Neuberg und Gutenhag, der neben dem Titel des Erbkämmerers und Erbtruchsessen in Kärnten auch die Ämter eines kaiserlichen Kammerherrn, Hofkriegsrates sowie Obristen bekleidete. 1660 war Neuberg wieder in den Besitz der Familie Herberstein gekommen, woraufhin Johann Georg als Inhaber der Herrschaft die Burg großzügig erweitern und modernisieren ließ. Im Zuge dieser Maßnahmen verlegte man die Schlosskapelle in das Erdgeschoss des mächtigen Kanonenturms am äußeren Tor der Vorburg und stattete den neu geschaffenen Sakralraum entsprechend aus; 1661 datiert der von Johann Georg gestiftete Hochaltar mit der Darstellung des hl. Ägydius. Um diese Jahre wird wohl die Nachbildung der Heiliggrab-Aedicula an der Nordostecke des trutzigen Kapellenturms entstanden sein.[19] Wie sein älterer Bruder, Johann Maximilian I., war Johann Georg ein überaus eifriger Förderer des katholischen Glaubenslebens in der Steiermark. Seit geraumer Zeit war er mit dem Gedanken der architektonischen Devotionalkopie vertraut, hatte er doch im Jahre 1651 bei der Kirche der Barmherzigen Brüder in Graz eine Loretokapelle gestiftet.[20] Auch

---

17 In diesem Zusammenhang sei auf Konrad Balthasar von Starhemberg und die von ihm getragene Heiliggrab-Kopie zu Schönbühel an der Donau verwiesen. Auch Starhemberg durchlief nach seiner Konversion eine steile Karriere und zählte bald zu den engeren Vertrauten des Kaiserhauses. Die Stiftung des Schönbüheler Servitenklosters und der Bau von Kirche und Heiliggrab-Kapelle gehört zu einem ganzen Katalog von frommen Werken, mit denen er sich bei Hofe empfahl. S. dazu: Rüdiger, Nachbauten des Heiligen Grabes, S. 108–109.

18 Rüdiger, Nachbauten des Heiligen Grabes, S. 184, S. 210–211, S. 242.

19 Kurt Woisetschläger / Peter Krenn (Bearbb.), Dehio-Handbuch. Die Kunstdenkmäler Österreichs. Steiermark (ohne Graz), Wien 1982, S. 321–323. – www.burgen-austria.com/Archiv.asp?Artikel=Neuberg (27.6.2009).

20 Evelyn Flögel, Die Loretokapellen in Baden-Württemberg, Bayern und der Republik Österreich, Phil. Diss. München, Teil 2, S. 160–161. – Gerhard Pferschy/Peter Krenn (Hgg.), Die Steiermark. Brücke und Bollwerk, Katalog der Landesausstellung auf Schloß Herberstein (Veröffentlichungen des steiermärkischen Landesarchivs 16), 2. verb. Aufl., Graz 1986, S. 536. – Horst

dürfte ihm die Heiliggrab-Nachbildung am Fuße Grazer Kalvarienberges bekannt gewesen sein, die auf Betreiben der Jesuiten im Jahre 1654 erbaut worden war.[21] In Sonderheit war es aber wohl das Beispiel seines Bruders, das hier anregend gewirkt haben dürfte. 1654 hatte Johann Maximilian I. für das von ihm gegründete Kloster der unbeschuhten Augustiner zu St. Johann bei Herberstein eine Loretokapelle gestiftet und einen Heiliggrab-Nachbau auf dem Klausenberg errichten lassen.[22]

Obschon das Heilige Grab zu St. Johann bei Herberstein wohl das Vorbild abgegeben hatte, ist das Neuberger Exemplar keine exakte Kopie von diesem. Dem allgemein verbreiteten Typus folgend, schuf der namentlich nicht bekannte Baumeister zu Neuberg einen durchaus individuellen Entwurf. Außen wird dies vor allem an der hoch aufgesockelten Blendarkade deutlich, von der die hintere Hälfte der Kapelle umzogen wird. So erscheinen im Vergleich beider Bauten die Neuberger Dreiviertelsäulchen toskanischer Ordnung gedrungener proportioniert, die darüber ausgesparten Spitzbögen steiler zugeschnitten. Eine eigene Lösung fand der Baumeister zudem für die Gestaltung der Auftaktstütze vorne rechts, deren Schaft er im unteren Drittel spiralig gewunden, ansonsten aber glatt meißeln ließ. Im Gegensatz zu St. Johann hat sich in Neuberg die charakteristische Dachbekrönung über dem fünfseitig schließenden Kapellenhaupt erhalten können. Die kleinteilige Steinmetzarbeit in Form einer offenen Laterne ist ein luftiges Gebilde aus zwölf paarweise angeordneten toskanischen Säulchen, die einen polygonalen Aufsatz aus sechs Platten mit spitzbogigen Ausschnitten tragen; obenauf ruht ein kuppelförmiger Helm.

Die hier nachgetragenen Beispiele bestätigen unsere frühere Erkenntnis, dass sich bei der Errichtung von Heiliggrab-Nachbildungen hauptsächlich Angehörige des Adels engagiert zeigten, und nur wenige Bauten auf das Konto von sogenannten „*Gutthätern*" aus dem Bürgerstand gingen.[23] Einer der seltenen Fälle bürgerlichen Engagements ist für die mährische Bischofsstadt Olmütz (Olomouc) nachweisbar, wo der Ratsherr und Bürgermeister Tobias Schwonauer im Jahre 1653 eine Kapelle des Grabes Christi erbauen ließ.[24] Begünstigte seines frommen Werkes waren die Franziskaner-Observanten an der Kirche zur Unbefleckten Empfängnis Mariens. Die Devotionalkopie, die man in den Winkel von Chor und südlichem Seitenschiff des Langhauses platzierte, bildet das verehrte Original auf vergleichsweise sehr freie Art nach. Ihr eigentümlicher Schmuck aus polygonalen Halbsäulchen am leicht eingezogenen, dreiseitig schließenden Gebäudehaupt ist dem geschulten Auge allerdings Hinweis genug, um den besonderen Charakter der Architektur erkennen zu können. Die außergewöhnlichen, weil einzeln auf hohe polygonale Sockel gestellten Vorlagen, von denen man von der Straße aus fünf zählen kann, verbinden sich mit einer Reihung von flachen Segmentbögen zu jener Art Blendarkatur, mit der man bei vielen anderen Bauten jeweils die Lage der Grabkammer gekennzeichnet hat.[25]

Schweigert (Bearb.): Dehio-Handbuch. Die Kunstdenkmäler Österreichs. Graz, Horn/Wien 1979, S. 150. – Horst Schweigert, Barmherzigenkirche Graz (Christliche Kunststätten Österreichs 207), Salzburg ²1991, S. 15–17.

21 Die besondere Vorliebe des Grafen Johann Georg von Herberstein für diese populäre Grazer Andachtsstätte erweist sich darin, dass er den Neubau der Kalvarienbergkirche 1668 veranlasste. Vgl. Pferschy/Krenn, Die Steiermark, S. 387. – Schweigert, Dehio-Graz, S. 152.

22 Pferschy/Krenn, Die Steiermark, S. 534. – Rüdiger, Nachbauten des Heiligen Grabes, S. 228.

23 Rüdiger, Nachbauten des Heiligen Grabes, S. 104–116.

24 Robert Smetana, Průvodce památkami v Olomouci, 2. verb. u. verm. Aufl., Ostrava 1966, S. 46. – Libuše Spáčilová / Vladimír Spáčil, Popis královského hlavního města Olomouce sepsaný syndikem Floriánem Josefem Louckým roku 1746, Olomouc 1991, S. 56. – Dušan Foltýn u. a., Encyklopedie moravských a slezských klášterů, Praha 2005, S. 503.

25 Inwieweit der Kapelle weitere Merkmale, die zur Identifizierung als Heiliggrab-Kopie wichtig sind, im Laufe der Zeit abhanden kamen, können wir mit unserem Kenntnisstand nicht beantworten. So wissen wir nicht, ob das Innere ursprünglich durch eine Zwischenwand in Grabkammer und Vorraum geschieden war.

Im Falle der Heiliggrab-Kopie zu Brünn (Brno), die von 1701 bis 1703 an der Dominikanerkirche St. Michael entstand,[26] wissen wir leider keine Antwort auf die Frage zu geben, wer für den Bau verantwortlich zeichnete: Gab es einen den Brünner Dominikanern besonders verbundenen Stifter oder trat das Kloster hier etwa selbst als Bauherr in Erscheinung? Wie dem auch sei – im Jahre 1707 beschafften die Dominikaner aus eigenen Mitteln für die Kapelle ein vergoldetes und mit Edelsteinen besetztes Ostensorium aus Silber, worin neben anderen Reliquien ein kostbares Kreuzpartikel eingefasst war. Um die Attraktivität des neu erbauten Heiligen Grabes zu steigern, hatte man überdies in Rom einen Ablass erwirkt, der jedem Gläubigen für seinen andächtigen Besuch an Freitagen in der Fastenzeit versprochen war.[27] Damit eröffneten die Dominikaner von St. Michael dem Brünner Kirchenvolk ein seelsorgliches Angebot, wie es nachweislich bei einem guten Dutzend Heiliggrab-Kapellen auch andernorts bestand.[28] Die Kapelle ist von Süden an die Chorabseite der Michaelskirche angebaut und ragt der Länge nach in den Zwickelraum an der Wegbiegung der Dominikanergasse (Dominikánská ul.). Ihr Architekt, der womöglich der Brünner Baumeister Moritz Grimm gewesen war, interpretierte den damals verbreiteten Typus dergestalt, dass er dem Gebäude einen dreifach gebrochenen Schluss gab und es rückwärtig mit einer Blendarkade aus folglich nur acht breiten Pilastern mit schlichten Profilkämpferplatten und sieben Spitzbögen umzog; über dem so geschmückten Haupt ließ er eine im Verhältnis mächtige sechseckige Laterne mit Glockenhaube aufragen. Im Innern entsprach sein Entwurf dem gewohnten zweiräumigen Muster. Die ursprüngliche Aufteilung ist spätestens seit der Umwidmung der Kapelle in eine Marienandachtsstätte verunklärt. So macht heute eine weite Öffnung in der Rückwand des einstigen Engelsraumes den Blick frei auf die Lourdesgrotte, die man in der früheren Grabkammer eingebaut hat.

Ob zu den Bauten und Bildwerken einer Jerusalem-, Kalvarienberg- oder Passionsweg-Anlage gehörend, ob als Friedhofskapelle dienend oder aber ohne eine spezielle Funktion erbaut, nahezu alle barockzeitlichen Nachbildungen der Kapelle des Grabes Christi waren öffentlich wirksame Orte, an denen sich allgemeine Glaubenspraxis vollziehen konnte, sei es in persönlich motivierter und individuell gestalteter Weise, sei es in kirchlich organisierter und gemeinschaftlich geübter Form. Freilich gab es auch einzelne Kopien, die dem Kirchenvolk offenbar gänzlich verborgen blieben, da sie im Klausurbereich von Frauenklöstern entstanden waren.[29] In Wien existierten gleich derer zwei. Die vermutlich ältere von beiden befand sich bis zur Klosteraufhebung unter Joseph II. bei den Augustiner-Chorfrauen von St. Laurenz am Fleischmarkt.[30] Sie war wohl um die Mitte des 17. Jahrhunderts nach Fertigstellung der 1643

26 Jan Pernička, Brněnský architekt Mořic Grimm, in: Jaroslav Sedlař (Hg.), Uměleckohistorický sborník, Brno 1985, S. 174. – Umělecké památky Moravy a Slezska, Bd. 1, Prag 1994, S. 172. – Foltýn, Encyklopedie moravských a slezských klášterů, S. 159–160.

27 Gregor Wolny, Kirchliche Topographie von Mähren, meist nach Urkunden und Handschriften, II. Abtheilung, Brünner Diöcese, Bd. 1, Brünn 1856, S. 58.

28 Ablässe konnte man beim Besuch der Heiligen Gräber an den niederösterreichischen Franziskaner-Observanten-Klöstern Stockerau, Katzelsdorf und Neulengbach, sowie den Devotionalkopien von Stephansdorf bei Laibach und Rudolfswerth in der Krain erwerben; auch die Grab-Christi-Nachbauten zu Neumarkt in der Oberpfalz und Klein-Jerusalem im damaligen Erzstift Köln waren mit Ablässen begabt. In die Ablassversprechen von Passionswegen und Kalvarienbergen waren die Heiliggrab-Stationen in Hernals bei Wien, Graz, Bozen und Maria Plain bei Salzburg eingeschlossen; in gleicher Weise galt dies für die Jerusalemanlagen von Kalwaria Zebrzydowska, Wejherowo sowie auf dem St. Annaberg. Rüdiger, Nachbauten des Heiligen Grabes, S. 144–147.

29 Bislang verzeichnete der Kultstätten-Katalog nur ein einziges Beispiel für eine Grab-Christi-Kopie in einem Frauenkloster: das Heiliggrab-Kapellchen bei den Dominikanerinnen zu Imbach in Niederösterreich. Vgl. Rüdiger, Nachbauten des Heiligen Grabes, S. 97 und S. 190–191.

30 Richard Perger/Walther Brauneis, Die mittelalterlichen Kirchen und Klöster Wiens (Wiener Geschichtsbücher 19/20), Wien/Hamburg 1977, S. 205. – Vsedni, Pilgerweg nach Hernals, S. 164–166.

begonnenen neuen Klostertrakte entstanden und erhob sich in Gestalt eines kleinen Kapellgebäudes im Geviert des Klosterhofes, der nordöstlich der Laurenzkirche gelegen war. Wie die ebenfalls im Kloster vorhandene Loreto- und die Maria Zell-Kapelle wurde die Jerusalem-Replik von den Laurenzerinnen gerne zu Andachten aufgesucht;[31] seit 1696 bestand für das Heilige Grab ein Stipendium für eine stille Freitagsmesse, das Maria Josefa Gräfin von Starhemberg gestiftet hatte.[32] Rückschlüsse auf das Aussehen lässt ein 1786 von anonymer Hand gezeichneter Plan des Klosterareals in den Beständen des Hofkammerarchivs zu.[33] Demnach besaß die Kapelle eine längsrechteckige Grundrissgestalt mit einem polygonalen Schluss aus fünf Seiten. Ihr Haupt scheint von zehn Stützen umstellt gewesen zu sein, die vermutlich mit einer entsprechenden Anzahl von Bögen eine Blendarkade bildeten. Das von der Frontseite aus zu betretende Innere präsentierte sich als Folge von zwei durch eine schmale Öffnung miteinander verbundene Zellen. Die vordere wird mit querrechteckigem, nach hinten halboval erweitertem Zuschnitt überliefert, die rückwärtige mit querrechteckigem Grundformat gezeigt. Der Grundriss des Kapellchens ist so detailliert gezeichnet, dass wir im Engelsraum den sogenannten Engelsstein, und in der Grabkammer die Altarstelle über dem Grabe Christi markiert sehen.

Durch einen sehr ähnlichen Grundriss ist auch die zweite Heiliggrab-Kopie, die ehemals in einem Wiener Frauenkloster existierte, als solche identifizierbar: „*[D]as Questenbergische schoene H. Grab des Herrns*"[34] im Kloster der Augustiner-Chorfrauen bei St. Agnes zur Himmelpforte.[35] Das Kapellchen, das wie die Kirche und die Konventgebäude 1784 demoliert wurde, ist auf einem Plan des Himmelpfortklosters dokumentiert, der im Jahr der Klosteraufhebung 1783 von Johann Hillebrand gezeichnet wurde.[36] Es handelte sich offenbar um einen länglichen, fünfseitig schließenden Bau, den man rückwärtig mit zehn Stützen, vermutlich in Form von Säulchen einer Blendarkade, geschmückt hatte, um so jenen Teil auszuzeichnen, in welchem die Kammer mit der Darstellung des Herrengrabes lag. Die Grabeszelle ist als ein annähernd gleich langes wie breites Gelass ohne Fenster gezeigt, das durch eine schmale Öffnung vom sogenannten Engelsraum erschlossen wurde. Jener Vorraum ist in einer typischen Grundrissgestalt mit halboval ausschwingender Rückwand überliefert; zwei Fensterchen in den Seitenwänden scheinen ihn mit spärlichem Tageslicht versorgt zu haben. Nach dem im Wien-Museum aufbewahrten Hillebrand-Plan zu schließen, hatte man die Nachbildung des Jerusalemer Heiligtums im langgestreckten Hof des östlich der Klosterkirche gelegenen Konventtraktes errichtet. Da Fuhrmann in seiner Beschreibung Wiens aus dem Jahre 1767 von dem „*Questenbergische[n]*" Heiligen Grab spricht, dürfen wir mit Karl Vsedni annehmen, dass die Devotionalkopie auf Veranlassung der Oberin Anna Jakobina von Questenberg errichtet wurde, die von 1671 bis 1685 den Himmelpfortnerinnen vorstand.[37]

---

31 P. Mathias Fuhrmann, Historische Beschreibung Und kurz gefasste Nachricht Von der Roemisch. Kaiserl. Und Koeniglichen Residenz=Stadt Wien etc., 2. Teil 1. Bd., Wien 1767, S. 263: „*Keine deren daselbst verschlossenen Frauen hat Ursach sich nach sonderbaren Andachten ausser der Clausur zu sehnen. Alle Orte in dem Hauß, wo man gehet, seynd mit heiligen Bildern ausgezieret, welche in denen Herzen die Andacht erwecken und vermehren. Sie haben Maria Zell, das H. Grab Christi, das H. Haus von Loreto, wobey sie ihren Andacht obliegen.*"

32 Gabriela Strausz (Sr. M. Irmgardis), Das Nonnenkloster St. Laurenz in Wien, Dissertation Universität Wien, Wien 1949, S. 204.

33 Perger/Brauneis, Mittelalterliche Kirchen und Klöster Wiens, Abb. 37.

34 Fuhrmann, Beschreibung von Wien 1767, S. 118.

35 Perger/Brauneis, Mittelalterliche Kirchen und Klöster Wiens, S. 193. – Felix Czeike, Historisches Lexikon der Stadt Wien Bd. 3, Wien 1994, S. 191. – Vsedni, Pilgerweg nach Hernals, S. 159–164.

36 Perger/Brauneis, Mittelalterliche Kirchen und Klöster Wiens, Abb. 28.

37 Vsedni möchte die Entstehung sogar auf die Zeit zwischen 1674, dem Jahr, in welchem die Prozessionen zum Heiligen Grab in Hernals offiziell eingestellt wurden, und 1679, dem großen Pestjahr, eingegrenzt wissen. Vgl. Vsedni, Pilgerweg nach Hernals, S. 160.

Durch den Zuwachs des Kultstätten-Kataloges gewinnen Böhmen und Mähren im Gefüge der territorialen Verbreitung von Nachbauten des Heiligen Grabes deutlich an Gewicht. Olmütz und Brünn komplettieren nun die Gruppe der großen und bedeutsamen Städte im Habsburger Reich, in deren Mauern oder aber nächster Umgebung eine Replik des Herrengrabes zu Verehrung und Andacht aufgesucht werden konnte.[38] Wenngleich die beiden Exempel aus den Wiener Stadtklöstern zu St. Laurenz und bei St. Agnes wohl nur den Stiftsdamen zugänglich waren, erhöhen sie die Belege für die kaiserliche Haupt- und Residenzstadt und profilieren Wien als Zentrum des Heiliggrab-Kultes neben Prag.[39] Mit den Gründern der Grab-Christi-Kapellen zu Niemes, Paulitz und Neuberg erweitert sich der Kreis adeliger Stifter um weitere markante Persönlichkeiten. In der Chronologie der Bauten verdichtet sich die zweite Hälfte des 17. Jahrhunderts zunehmend. Insgesamt steigt die Zahl der sicher nachweisbaren Beispiele dieser Art von Devotionalkopien um neun auf nicht weniger als 103, so dass es nun heißen mag: Heiliggrab hundertfach!

38 Bozen, Graz, Klagenfurt, Laibach (Ljubljana), Linz, Preßburg (Bratislava), Raab (Győr), Reichenberg (Liberec), Steyr.

39 Neben den nahegelegenen Heiliggrab-Kapellen in Hernals und Unterlaa konnte man in der ferneren Umgebung Wiens weitere Kopien in Maria Lanzendorf sowie in Bisamberg aufsuchen. Prag beheimatete Mitte des 18. Jahrhunderts nicht weniger als vier Nachbildungen des Jerusalemer Heiligtums, eine zusätzliche lud auf dem Weißen Berg zum andächtigen Besuch ein.

Ein Miniaturheiliggrab im Freilichtmuseum Glentleiten

Monika Kania-Schütz

Fund

Die Nachbildung eines sogenannten Heiligen Grabes, die sich im Bestand des Freilichtmuseums Glentleiten befindet, zählt zu den eher ungewöhnlichen und selten überlieferten Zeugnissen privater Frömmigkeit des ausgehenden 18. Jahrhunderts (Abb. 1). Mit einigem Zubehör hat sich die Miniatur im Kontext eines vom Museum übernommenen umfangreichen Inventars einer Privatkapelle erhalten.

Es handelt sich um eine detailreiche kleine Nachbildung einer jener Heilig-Grab-Kulissen, wie sie bis zur Säkularisierung und mit verschiedenen Unterbrechungen auch noch bis ins 20. Jahrhundert hinein während der Karwoche in den katholischen Kirchen zu finden waren. Während die häufig recht monumentalen und den ganzen Chorraum ausfüllenden Ausgaben dieser bildlichen Inszenierungen des Passionsgeschehens derzeit allenthalben wiederentdeckt und als traditionsreiche orts- und kirchengeschichtliche Zeugnisse in den Gemeinden zu neuem Ansehen gelangen, gilt dies nicht für dreidimensionale Miniaturheiliggräber. Generell ist wohl zu sagen, dass sich diese Objekte weniger häufig erhalten haben und auch weniger verbreitet waren als die in den Kirchen aufgestellten Stücke.[1] Das ins Museum gelangte Objekt ist also ein seltenes Beispiel dieser Art.

Beschreibung

Das Objekt hat die Form einer barocken Miniaturtheaterkulisse, misst ca. 50 cm in der Höhe und weist deutliche Spuren des Gebrauchs auf.[2] Der nach vorne geöffnete, hochformatige, ca. 18 cm tiefe und 24 cm breite Kasten aus Nadelholz ist horizontal in zwei Bereiche geteilt, die sich beide in annähernd gleicher Breite bogenförmig zum Betrachter hin öffnen. Die Sockelzone mit aufgemaltem, grob rustiziertem Mauerwerk nimmt knapp ein Drittel der Höhe ein, darüber baut sich ein Raum mit Rustikaquaderung in der Rahmung auf, dem eine leicht erhaben ausgebildete, marmorierte Pfeilerarchitektur vorgeblendet ist. Den Abschluss findet die Architektur in einem barocken Sprenggiebel. Auf dem Boden der Sockelzone markiert die untere Hälfte einer Tumba den Platz für die Grablegung, allerdings fehlt die passende Miniaturskulptur. Die Bögen dieses Grabraumes setzen sich in zwei gleichartigen, gestaffelt nach hinten versetzten Kulissenteilen fort, von denen das erste aufgemaltes Mauerwerk, das zweite zusätzlich Flammen zeigt. Den hinteren Abschluss bilden Flammen, die aus dünn gehobeltem Holz in zwei Reihen auf eine Bodenplatte montiert sind.

---

1 Vgl. dazu unten den Abschnitt zu „Hausheiliggräbern".

2 Die genauen Maße sind H 48,6 x B 24,2 x T 17,9 cm.

Die obere Zone ist vierstufig nach hinten gestaffelt, wobei drei der Kulissenteile eine randständige Säulenarchitektur zeigen und das vierte als ovaler Wolkenkranz gestaltet ist, hinterfangen von einer aufklappbaren Abschlussplatte mit aufgemaltem Strahlenkranz und Wolken. Hier markiert ein gedrechseltes Podest den Platz für die Monstranz. An der Basis jeder der Säulen sind Miniaturkerzenhalter angebracht, gebildet von gebogenen Drahtarmen mit gedrechselter Tropfschale. Eine Darstellung der Stadt Jerusalem findet sich durchgehend in der Sockelzone der ersten Kulissenebene. Zusammen mit einem Kreuz, das möglicherweise ehemals in der zweiten Kulissenebene angebracht war, kann sie als Bühne für unterschiedliche Passionsszenen genutzt worden sein. Ob allerdings die überlieferte Figur eines knienden, blutschwitzenden Christus ehemals an dieser Stelle zu sehen war, scheint angesichts der Größenverhältnisse eher fraglich. Sie ist wohl zusammen mit den Miniaturen dreier schlafender Jünger einer ebenfalls im Bestand der Zuhauskapelle befindlichen Ölbergkulisse zuzuordnen. Auch eine kleine freigestellte Szene mit der Dornenkrönung, ein aus dem Zusammenhang herausgenommener, fein ausgeschnittener und auf Holz montierter Stahlstich, lässt sich nicht mehr konkret zuordnen.

In der Mitte der Stadtvedute wird die Szenerie durch ein vergittert erscheinendes, rundbogiges Feld mit aufgestreuten Glanzpartikeln unterbrochen, das ehemals von einer kleinen Architektur gerahmt war. Ausdehnung und Form der Fehlstelle in der Malerei erinnern an einen Tabernakel. Die Betonung der Mittelachse setzt sich am Übergang zwischen unterer und oberer Zone des Kastens fort, wo eine sorgsam ausgearbeitete Einkerbung auf ein verloren gegangenes, einst an dieser Stelle angebrachtes Bauteil hinweist. Genau darunter, nahe dem Scheitelpunkt des unteren Bogens, ist ein rundes Loch eingearbeitet, vermutlich zur Fixierung des ehemals darüber befindlichen Teils mittels eines Zapfens. An den Fehlstellen der jetzigen Fassung scheint ein dunkelbrauner Farbauftrag durch. Die rahmenden Säulen waren in dieser Phase mit girlandenumwundenen, gedrehten Schäften gemalt.

Die Genauigkeit in der Nachahmung großformatiger barocker Heiliggrab-Kulissen ist schließlich auch an den über die gesamte Schauseite verteilten, nach oben gebogenen Drahtenden ablesbar, die vermutlich der Befestigung kleiner farbiger Glaskugeln dienten, entsprechend den „Schusterkugeln" der großen Originale. Diese wurden mit Kerzen oder Öllämpchen von hinten angeleuchtet und dienten der Streuung des Lichtes.[3] Ruß- und Brandspuren an den Sockeln der beiden Außensäulen weisen auf zumindest gelegentliches Anzünden von Kerzen hin.

In Funktion genommen werden konnte das Miniatur-Heilig-Grab durch eine kleine Klappe in der linken Seitenwand, die genau in Höhe der Stadtvedute angebracht ist und in den Raum zwischen der zweiten und dritten Säulenkulisse führt. An der Rückwand des Kastens gibt es zwei voll funktionsfähige rundbogige Klappen, einmal in Höhe des Podestes für die Monstranz und einmal in der Basiszone. Beide sind sorgfältig gearbeitet, bewegen sich leicht in den Scharnieren, schließen dicht ab und sind mit kleinen Knebeln sicher und fest zu fixieren.

Obwohl zentrale Figuren und Requisiten fehlen, etwa der im Grab liegende Christus oder eine kleine Monstranz, vermittelt der überlieferte Bestand ein deutliches Bild vom einstmaligen Umgang mit diesem Objekt. Als kleines „Theatrum Sacrum" erlaubte es die Inszenierung des Heilsgeschehens bis hin zur Auferstehung Christi am Ostermorgen. Die Miniatur-

3 Die Kugeln waren entweder mit farbigen Flüssigkeiten gefüllt oder bestanden aus gefärbtem Glas. Das Licht funkelte durch die Farbkörper hindurch und beleuchtete diese auf atmosphärisch besondere Art. Zusätzlich sorgte es für eine gewisse Helligkeit in den dahinter liegenden Grabkulissen. Vgl. dazu z. B. Thomas Kamm, Sein Grab wird herrlich sein. Heilige Gräber als Zeugen barocker Volksfrömmigkeit, Salzburg 2003, S. 58–66.

Abb. 1: Miniaturheiliggrab aus der Zuhauskapelle des Fischerweberhofes aus Rottach-Egern, zweite Hälfte 18. Jahrhundert. Foto: Freilichtmuseum Glentleiten, Maria Wimmer

kopie besticht durch ihre Detailgenauigkeit und lässt eine Vielzahl von Variationsmöglichkeiten ahnen. Sie steht in der Folge barocker Kulissengräber, die ihre Blütezeit im 17. und 18. Jahrhundert hatten und im katholisch bestimmten Kulturraum weit verbreitet waren.

Kontext: Das Inventar einer Privatkapelle

Das Objekt ist Teil des Inventars einer zum Wiederaufbau im Freilichtmuseum vorgesehenen bäuerlichen Hauskapelle, die sich im Inneren eines kleinen privaten Wohnhauses befand. Während das Haupthaus, der Fischerweberhof aus Egern am Tegernsee, den Museumsbesuchern bereits seit 2001 offen steht, erfolgte die Translozierung des Zuhauses an die Glentleiten erst Ende des Jahres 2007.[4]

In einem der Räume des Zuhauses erstreckt sich seit der Mitte des 19. Jahrhunderts über zwei Geschosse eine Kapelle.[5] Diese war über zwei Zugänge erreichbar: der eine lag im Innern des Hauses, der andere öffnete den Raum zur Straßenseite hin. Von außen erlaubte ein kunstvoll vergittertes Fenster einer rundbogigen Tür den Blick in den Raum hinein auf die Altarwand, daneben befand sich ein kleines Fenster, durch das man mit dem Arm den Opferstock erreichen konnte.[6] Im überlieferten Zustand stand auf dem Altar eine bekleidete Statue der Mater Dolorosa, die eine Kopie des Gnadenbildes der Münchner Herzogspitalkirche darstellt, und darüber als Chorkreuz ein mächtiges Kruzifix, das sich fast bis zur Decke des flachgewölbten, hölzernen Raumes erstreckte. Mehr als 270 weitere Ausstattungsgegenstände füllten die Kapelle aus, als die Mitarbeiter des Museums den Bestand des Zuhauses bargen. Sie entdeckten diese Objekte in dichter Aufstellung und Hängung auf dem Altar, an den Wänden und in zwei Wandschränken der Hauskapelle.

Ist es an sich schon bemerkenswert, in einem Zuhaus, einem kleinen, nachgeordneten Gebäude für eher bescheidene Ansprüche, genutzt von Altenteilern, Dienstboten oder für sonstigen Bedarf, eine derart raumgreifende und reichhaltig ausgestattete Kapelle vorzufinden, so überrascht der Inhalt der Ausstattung mindestens genauso. Er ist äußerst vielgestaltig, setzt sich aus Skulpturen, liturgischen Gerätschaften wie Kerzenständern und Wandleuchtern, Altarleuchtern und Altarvasen, einer Ewig-Licht-Ampel, einer Heilig-Geist-Taube, diversen Devotionalien, sogenannten „schönen Arbeiten“ oder Klosterarbeiten sowie aus zahlreichen höchst unterschiedlich gerahmten Drucken zusammen.

Bemerkenswert ist sodann die enorme zeitliche Streuung von gut 450 Jahren, aus denen die Objekte stammen, beginnend bei einer Figur des auferstandenen Christus, die um 1470 geschaffen worden sein dürfte. Außer weiteren Figuren und ornamentalen Details aus ehema-

4 Für das Jahr 2011 ist die Fertigstellung geplant. Geborgen wurden mehrheitlich große Teile, im Anschluss erfolgten Grabungen, die Rückschlüsse auf die Datierung der Baumaßnahmen auf dieser Parzelle erlauben. Sie ergaben, dass das Zuhaus älter als das Haupthaus ist und für die jetzt geborgene Bausubstanz Vorgängerbauten nachgewiesen werden können. Die Publikationen der Ergebnisse sind für eines der nächsten Jahrbücher für die oberbayerischen Freilichtmuseen Glentleiten und Amerang geplant.

5 Aufgrund datierter Einbauten lässt sich ein Kapellenraum im Erdgeschoss seit spätestens 1828 nachweisen. Für die Funktion dieses Raumes unmittelbar nach dem Ausbau des ehemals sehr viel kleineren Hauses im Jahr 1793 können keine Aussagen getroffen werden.

6 Vgl. dazu den Aufsatz zu Privatkapellen im Freilichtmuseum von Monika Kania-Schütz im Band zur Tagung der Arbeitsgruppe Sachkulturforschung und Museum in Telgte 2006: Dinge – Räume – Zeiten. Religion und Frömmigkeit als Ausstellungsthema, hg. von Anja Schöne. Münster 2009, S. 91–110. Die dort zur Datierung des Baus getroffenen Aussagen sind inzwischen durch Forschungen erweitert, die sich an den erst nach der Tagung erfolgten Abbau und anschließende Grabungen knüpften (vgl. Anm. 3).

ligem Kirchenbesitz der Zeit vor 1700 ist noch ein umfangreiches Konvolut sakraler, individuell gefertigter Kleinkunst aus dem ausgehenden 18. Jahrhundert zu nennen. Es folgen religiöse Produkte regionalen Handwerks aus dem späten 18. und frühen 19. Jahrhundert, etwa aus Oberammergau oder dem Staffelseegebiet, den Abschluss bilden dann Gegenstände industrieller Massenproduktion des 19. und beginnenden 20. Jahrhunderts.

Die größte Gruppe innerhalb des Bestandes bildet das genannte Konvolut sakraler, individuell gefertigter Kleinkunst, das sich als ambitionierte private Bastelarbeit beschreiben lässt. Diese Objekte sind mehrheitlich aus Holz und von mindestens einem mehr oder weniger talentierten Handwerker überwiegend geschnitzt, aber auch gedrechselt sowie zum großen Teil mit einfachen Fassungen versehen worden. Ob das sorgfältig gearbeitete Heilige Grab ursächlich zu diesem Konvolut gehört oder ob es aus ehemaligem Kirchenbesitz stammt und dann überarbeitet wurde, muss vorerst offen bleiben.[7]

Auffällig ist der hohe Anteil von Objekten, die sich der Passionsfrömmigkeit zuordnen lassen. Das beginnt mit dem von blutigen Wundmalen bedeckten Korpus des Altarkreuzes und der schmerzhaften Muttergottes, von denen zudem mehrere kleinformatige Kopien verschiedener Größen existieren, erstreckt sich über gleich in zwei Varianten vorliegende Bilder des Kreuzwegs und eine ebenfalls mehrfach vorhandene Gestalt des Auferstandenen bis hin zu Figuren, die sich einer Ölbergsandacht zuordnen lassen, und schließlich zur Heilig-Grab-Miniatur.

Zeitliche Einordnung und Entstehung des Bestandes

Der Ursprung des Kapellenbestandes gibt Rätsel auf. Kapelleninventar verbindet sich nachweislich spätestens seit dem Jahr 1803 mit dem Fischerweberanwesen, belegt durch einen Übergabevertrag. Allerdings ist das „Altargerät", das zusammen mit „Webergeschirr und weiteren Dingen" zur Erbmasse zählte, nicht einzeln aufgezählt und näher beschrieben.[8] Welchen Umfang hatte es?

Da in den älteren Übergabeverträgen noch kein solcher Posten aufgeführt ist, steht zu vermuten, dass es sich um einen Neuzugang handelt, der sich auch herstellungstechnisch mit dem Erblasser des Jahres 1803 verknüpft, mit Joseph Jaud.[9] Dieser hatte, nachdem er 1783 durch Heirat an den Hof gekommen war, zwanzig Jahre im Fischerweberhaus gelebt und wird in den Papieren als Weber und Spielmann bezeichnet.

Dass er nicht nur als Weber tätig gewesen war, sondern darüber hinaus weiteres handwerkliches Geschick besessen hatte, ist einer Beschwerde zu entnehmen, die ortsansässige Handwerker – ein Maler, ein Kistler und ein Weber – gleich im Jahr seiner Verstiftung gegen ihn erhoben hatten.[10]

Noch ein weiterer Handwerker lebte in der Zeit der Sammlungsentstehung im Fischerweber, der für das Kloster Tegernsee arbeitende Maurer Andreas Gschwandtner. Er hatte den Hof 1761 von seinem Vater übernommen, ihn 1783 an die nächste Generation weitergegeben und verbrachte die letzten vierzehn Jahre seines Lebens im Austrag, bevor er 1797 starb, nur

7 Eine Pigmentanalyse steht aus.

8 Vertragsbrief vom 4.3.1803, Familie Kreuz (Archiv Freilichtmuseum Glentleiten, Ablage 4.4).

9 Ältere Übergabeverträge datieren aus den Jahren 1608, 1704 u. 1742.

10 Sie warfen ihm 1783 vor, mit Produkten an die Öffentlichkeit getreten zu sein, die ihrer Arbeit Konkurrenz gemacht haben. Unter Geldstrafe war ihm verboten worden, weiterhin in einem der genannten Handwerke tätig zu sein (Archiv Freilichtmuseum Glentleiten).

sechs Jahre vor seinem Schwiegersohn. Auch dieser Hausbewohner ließe sich also mit der Herstellung und Bearbeitung des Inventars in Verbindung bringen, möglicherweise zusammen mit seinem Schwiegersohn, womit auch die Beobachtung von zweierlei Handschriften am Schnitzwerk ihre Erklärung fände.

Ob nun aber die Bearbeiter des Bestandes im oder außerhalb des Fischerweberanwesens zu suchen sind, für die Einordnung in die letzten Jahrzehnte des ausgehenden 18. Jahrhunderts sprechen neben stilkritischen Argumenten auch die Datierungen vieler der Druckgrafiken. Daran knüpft sich eine weitere objektkritische Beobachtung: Eine der Grafiken, ein in der einschlägigen Art und Weise genau wie die religiösen Drucke individuell gerahmtes Kalenderblatt, lässt sich in die Jahre zwischen 1763 und 1774 datieren. Das gerahmte Blatt kann folglich zum 1803 übergebenen Bestand gehört haben. Das würde damit für das gesamte, gleichartig gestaltete Konvolut privater Schnitz- und Bastelarbeit gelten. Da auch die aus Kirchenbesitz stammenden, zahlenmäßig geringeren Objekte dieselben auffälligen Spuren und Eingriffe zeigen, ist anzunehmen, dass sie um dieselbe Zeit überarbeitet wurden. Die Zusammensetzung des in dem Übergabebrief nicht weiter differenzierten „Altargeräts“ wäre zum Zeitpunkt der Übergabe also nicht nur der juristischen Form halber, sondern auch wegen seines Umfangs nennenswert gewesen.

Eine eigene Frage bleibt es, wann und wie das oben bereits erwähnte, aus ehemaligem Kirchenbesitz stammende Gut in den Familienbesitz gelangte, als dessen ältestes Objekt eine spätgotische Schnitzfigur des auferstandenen Christus gilt.[11] War die Beziehung der im Fischerweberanwesen lebenden Bewohner zur Kirche und zum Kloster so, dass nicht mehr genutzte Ausstattungsgegenstände den Besitzer wechselten? Steht der Besitzerwechsel mit der Säkularisation in Verbindung? Der Übergabebrief, der nachweislich zum ersten Mal von dem Altargerät spricht, trägt als Datum den 4. März des Jahres 1803, die Aufhebung des Klosters Tegernsee wurde dem Abt kurz darauf eröffnet, am 7. März 1803.[12]

In jedem Fall ist die höchst individuell gearbeitete kleine Nachbildung des Heiligen Grabes in das ausgehende 18. Jahrhundert zu datieren.

Das Heilige Grab in der Pfarrkirche von Egern

Das konkrete Vorbild der Miniatur findet sich in unmittelbarer Nähe des Fischerweberanwesens, in der Pfarrkirche St. Laurentius in Egern (Abb. 2). Dort gab es ein den gesamten Chorraum der Kirche ausfüllendes Heiliges Grab, das 9 Meter in der Höhe, 4,50 Meter in der Breite und 6 Meter in der Tiefe maß. Dieses Grab hat die Zeiten auf dem Kirchenspeicher überdauert und wird derzeit restauriert.[13]

---

11 Zu diesen Objekten in Sekundärnutzung zählen außerdem Maria und Johannes als Assistenzfiguren unter dem Kreuz, zwei Auszugsfiguren aus einem Altaraufbau, vier Wandleuchter, vier Cheruben aus einer Altararchitektur, zwei Putti, eine bekleidete, sitzende Marienfigur mit Kind, ein barocker Schrein mit Krippenengel und ein ehemaliges Reliquienaltärchen.

12 Johann Nepomuk Kißlinger, Chronik der Pfarrei Egern am Tegernsee, München 1907, S. 188.

13 Dem Kunstreferenten des Erzbischöflichen Ordinariats, Dr. Hans Rohrmann, danke ich herzlich für den Hinweis auf diese Restaurierungsmaßnahme sowie für weiterführende Hinweise zum Thema der Heiligen Gräber. Genauso danke ich ihm sowie Dr. Roland Götz vom Archiv des Erzbistums München und Freising für die informative Broschüre der Kirchenstiftung St. Laurentius, mit der diese zu Spenden für die Restaurierungsmaßnahme aufruft. Der Restaurierungswerkstätte Wiegerling in Gaissach schließlich gilt mein Dank dafür, dass ich das Grab in aufgestelltem Zustand besichtigen konnte.

Abb. 2: Skizze des Heiligen Grabes, wie es seit 1757 in der Pfarrkirche St. Laurentius in Rottach-Egern aufgestellte wurde. Kunsttopographie des Erzbistums Freising

Dass die Klosterchronik es für das Jahr 1757 als „Sepulchrum novum in Egern“ aufführt, lässt auf eine Vorgängereinrichtung schließen.[14] Ein Blick in die Chronik der Gemeinde bestätigt diese Folgerung, dort ist bereits für das Jahr 1639 von einem nicht näher beschriebenen Ölberg und einem Heiligen Grab die Rede.[15] Im Inventarverzeichnis der Pfarrei begegnet zum ersten Mal im Jahr 1663 ein Heiliges Grab.[16]

Das „neue“ Heilige Grab stammt von Joseph Ignaz Schilling, einem Künstler, der mit weiteren Heiligen Gräbern im bayerischen Raum in Verbindung zu bringen ist und der in München als Hoftheatermaler beschäftigt war.[17] Schilling nutzte als Malgrund textile Bildträger, die auf hölzerne Rahmen gespannt wurden, teilweise malte er auch direkt auf Holz oder auf Metallbildträger.[18]

Dieses Vorbild aus dem Jahr 1757 hatte der Hersteller der Miniatur vor Augen und kopierte es in formalen und inhaltlichen Details. Da ist etwa die Zweiteilung in einen unteren und oberen Bereich, die Öffnung der Sockelzone mit der Rustikaquaderung im Bogen und in der verbleibenden Wandfläche sowie die perspektivisch auf die zentrale Monstranz zulaufende Staffelung der Kulissen der oberen Zone. Im Bereich der Säulen mit den verkröpften Kapitellen über gedrehten Schäften, um die sich Blumengirlanden winden, wird die Übereinstimmung besonders deutlich. Denn die alte Fassung der Miniatur zeigt anstelle der jüngeren, lapislazuliblau-marmorierten Außensäulen ebenfalls braun gefasste Säulen mit gedrehten Schäften, von Blumengirlanden begleitet.

Schließlich legen auch jene Kulissen den Vorbildcharakter des kirchlichen Heiligen Grabes für den privaten Kopierer offen, die nicht fester Teil der kastenförmigen Scheinarchitektur, sondern flexible, austauschbare, ergänzende Versatzstücke waren. Auf dem Kirchenspeicher haben sich verschiedene dieser Bilder erhalten, die sich der Scheinarchitektur je nach Bedarf zuordnen ließen. Dazu gehören die Motive der Verurteilung Jesu durch Pilatus, der Geißelung Jesu, der Dornenkrönung und Verspottung, der Kreuztragung und der Kreuzigung.[19] Vor dem Hintergrund dieses Fundes lässt sich die Miniatur in der kleinen Grabnachbildung mit der Dornenkrönung als Kopie des Vorbildes in der Kirche von Egern verstehen. Es handelt sich wohl um das einzige Überbleibsel dieser Art, das sich erhalten hat. Der kleinen Kopie fehlen also nicht nur der Grabchristus und die Monstranz, sondern sehr wahrscheinlich auch weitere Details. In jedem Fall macht der Vergleich deutlich, dass der Fertiger der Miniatur das Heilige Grab der Egerner Pfarrkirche aus eigener Anschauung kannte, es als Vorbild nutzte und sich von diesem inspirieren ließ (Abb. 3).

14 Pirmin Lindner führt in der von ihm herausgegebenen Historia monasterii Tegernseensis, in: Martin von Deutinger (Hg.), Beiträge zur Geschichte, Topografie und Statistik des Erzbistums München und Freising. München 1901, S. 179–258, die Quellenmaterial für den Zeitraum von 1737 bis 1803 enthält, für das Jahr 1757 unter der Nr. 180; S. 244, einen Eintrag zum „Sepulchrum novum in Egern“ an: „Novum Christi patientis sepulchrum in Egern a P. Nonnoso Pämer, p. t. Vicario erigitur; hoc amoris monumentum pencillo Dni. Josephi Schilling elaboratum, diversisque figuris accomodis ornatum fuit. Constitit universa structura 400 florenis, ea tamen ratione, ut sine ullis Ecclesiae expensis ad suum statum perducta fuerit.“

15 Kißlinger, S. 136. – In der Pfarrei befinden sich heute noch Reste eines älteren, einfacheren Kulissengrabes.

15 So der Pfarrer Norbert Kley in der Spendenwerbebroschüre des Jahres 2007.

17 Schilling (* 1702 in Villingen, † 2.4.1773 in München) hat beispielsweise auch für die Jesuiten in Dillingen gearbeitet und die Heiligen Gräber für St. Peter und Paul in München, für die Jesuitenkirche in Altötting, für Jettenbach und Offenstetten sowie 1757, also im selben Jahr wie das Egerner Heilige Grab, ein Castrum doloris für Kaiserin Maria Amalie in der Theatinerkirche München gefertigt. Vgl. Thieme/Becker, Allgemeines Lexikon der bildenden Künstler von der Antike bis zur Gegenwart, Bd. 29/30, München 1992, S. 69.

18 So die seitlichen Bereiche einer Wolke mit vier Putti. Die Details sind dem Kapitel „Vorbereitende Maßnahmen und Muster“ des 2007 von Erwin Wiegerling erstellten, nicht publizierten Papiers über die Heilig-Grab-Kulissen entnommen, S. 11.

19 Abb. in der Broschüre von Pfarrer Norbert Kley.

Abb. 3: Ungefähr 3,5 cm große Szene mit der Dornenkrönung aus dem Inventar der Heiliggrab-Nachbildung. Foto: Freilichtmuseum Glentleiten, Maria Wimmer

Der Brauch des Heiligen Grabes

Heilig-Grab-Aufbauten wie in der Pfarrkirche von Egern hatten ihre Blütezeit im 17. und 18. Jahrhundert. Sie waren von der Tradition des geistigen Schauspiels der Jesuiten beeinflusst.[20] Osterspiele hat es auch in Egern gegeben, die Kirchenrechnungen verzeichnen für das Jahr 1640 die Summe von 24 Kreuzern, die für „allerhand zur Comedi bedürftig gewester Sachen" ausgegeben worden sind, und gut 50 Jahre später, 1694, waren 2 Gulden nötig, „um etliche Kleider und andere zugehörige Sachen in der Karwochen bei einer traurigen Comedi zu gebrauchen".[21]

20 Zur Kulturprägung durch Konfession vgl. grundsätzlich Wolfgang Brückner, Frömmigkeit und Konfession. Verstehensprobleme, Denkformen, Lebenspraxis, Würzburg 2000.

21 Kißlinger, S. 136.

Der Chronist des Jahres 1901 beschränkt sich bei der Beschreibung des kirchlichen Lebens der Pfarrei Egern für den Karfreitag darauf, nach „der Passionspredigt die geheimnisvollen Cäremonien" zu nennen.[22] Einen Ölberg und ein Heiliges Grab macht er für das Jahr 1639 zum ersten Mal aus und erwähnt bei dieser Gelegenheit, dass letzteres mit Schmalz beleuchtet wurde, welches die Hausfrauen zur Kirche brachten.[23] Ob dieses Fett bereits zur Hinterleuchtung gläserner Grabkugeln diente, lässt sich dem Vermerk nicht entnehmen. Es ist aber denkbar, wenn auch der bisher bekannte früheste Beleg für diese Beleuchtungsform bei Heiligen Gräbern aus dem Jahr 1655 datiert[24] und selbst in der städtischen Pfarrkirche Weilheim ausdrücklich zum ersten Mal im Jahr 1724 „Grabkugeln" Verwendung fanden.[25] Allgemein werden diese Kugeln mit der Beleuchtung des Jerusalemer Heiligen Grabes in Verbindung gebracht, deren Lichtfülle sie nachahmen sollen, technisch lassen sie sich auf die italienische Renaissancebühne zurückführen.[26]

Im Ölberg der Egerner Kirche ist schließlich mit großer Wahrscheinlichkeit das Vorbild für die Ölberg-Miniatur in der Fischerweberkapelle zu sehen.[27] Bis heute hat sich die große, bewegliche Gliederfigur eines Christus erhalten, der seine Rolle in einer ähnlich eindrucksvoll bildlichen Andacht spielte, wie es für die Heilig-Grab-Zeremonien überliefert ist.[28] Die Miniaturskulptur eines knienden, blutschwitzenden Christus hatte in diesem ihr Vorbild, und auch die Figur der drei schlafenden Jünger lassen sich dieser Andacht zuordnen. Vermutlich handelt es sich um die Reste einer Figurengruppe, zu der zudem ein Engel gehörte.[29]

Noch ein weiteres mechanisches Detail aus dem barockfrommen Theater des Egerner Kirchenraums ist überliefert, das den Bewohnern des nahen Fischerweberanwesens bekannt gewesen sein dürfte: Am Christi-Himmelfahrtstag wurden durch das Kirchengewölbe zwei Engel herabgelassen und eine bekränzte Statue des auferstandenen Heilands aufgezogen.[30] Möglicherweise stammt die gotische Urständfigur im Inventar der Zuhauskapelle genau aus diesem Zusammenhang. Und schließlich fand hier auch die Sendung des Heiligen Geistes ihre bildliche Darstellung, indem nämlich durch das „Heiligengeistloch" im Scheitel des Langhausgewölbes eine hölzerne Taube herabgelassen wurde.[31]

---

22 Kißlinger, S. 136.

23 Kißlinger, S. 136. – Bei Josef Schlicht, Bayerisch Land und Bayerisch Volk, Straubing o.J. [1930], S. 117, heißt es dazu: „Die Hauptsache ist der ununterbrochene größtmögliche Beleuchtungsglanz. Und der ist die Sorge der frommen Hausfrauen, insbesondere der Großbäuerinnen. Am Karfreitag öffnen sie ihre Vorräte: keine kommt zum Heiligen Grab mit leeren Händen, jede bring eine schöne Gabe von Öl, Fett, Unschlitt, um die Beleuchtungsampeln fortwährend zu speisen."

24 Kamm, S. 58, nennt eine Kirchenrechnung für „vier gläserne Ampeln", die 1655 in Höslwang „zum Grab Christi" gekauft wurden.

25 Philipp Maria Halm, Heilige Gräber des 18. Jahrhunderts, in: Christliche Kunst 1 (1904/05), München 1905, S. 164–168, 182–190 zit. auf S. 190 die ‚Böhaimbchronik' der Stadt Weilheim aus dem Jahr 1865, S. 125.

26 Sebastiano Serlio, De' Lumi artificiali delle Scene, in: Tutte l'opere d'architettura de Sebastiano Serlio Bolognese ..., Libro secondo. Venedig 1584, S. 52r. – Vgl. auch Kamm, S. 62, sowie Halm, S. 190. Halm vermutet die Vermittlung dieser Beleuchtungskörper in nördlichere Regionen über die Jesuiten.

27 Vgl. dazu Edgar Harvolk, Szenische Ölbergandachten in Altbayern, in: BJV 1976/77, S. 69–87, sowie den Nachtrag ebd., 1983/84, S. 181f., der zahlreiche Belege zu Ölbergandachten in Altbayern und Quellenzitate bringt, die eine Vorstellung vom Verlauf dieser Andachten geben.

28 Diese Figur gelangt nach Aussage von Pfarrer Kley heute noch regelmäßig zur Aufstellung.

29 Die Evangelien berichten, dass Jesus nur Petrus, Jakobus und Johannes mit sich nahm und sie wiederholt vergeblich bat, mit ihm zu wachen und zu beten. Bei Matthäus und Markus heißt es, dass er dreimal niederfiel, bei Lukas, dass er Blut schwitzte und ihm ein tröstender Engel erschien. Diese Begebenheit mit dem dreimaligen Fall wurde in den Andachten nachgespielt.

30 Kißlinger, S. 137. Die dazugehörige Winde des Aufzugs ist laut Aussage des Pfarrers Kley von St. Laurentius bis heute auf dem Kirchendachboden funktionsfähig vorhanden. – Zum Himmelsloch vgl. Hans-Joachim Krause, „Imago ascensionis" und Himmelsloch. Zum „Bild"-Gebrauch in der spätmittelalterlichen Liturgie, in: Friedrich Möbius/Ernst Schuber (Hgg.): Skulptur des Mittelalters. Funktion und Gestalt. Weimar 1987, S. 280–353. – Vgl. außerdem Johannes Tripps, Das handelnde Bildwerk in der Gotik, Berlin [2]2000.

31 Kißlinger, S. 21: „Am Scheitel des Langhausgewölbes sind 7 Felder mit Heiligengeistloch, [...]." – Vgl. zur Heiliggeist-Taube auch Albrecht A. Gribl, Häusliche Andacht. Gegenwart des Heiligen in Stube und Haus. Ein historischer Abriss, Dachau 1994, S. 130f.

Die Präsentation der Heiliggrabkulissen und ihre Einbindung in die Liturgie war Teil dieser sinnlich-bildhaften barocken Frömmigkeitswelt.[32] Obwohl diese Scheinarchitekturen nur für eine vorübergehende Zeit errichtet wurden, handelte es sich nicht selten um äußerst aufwändige Kulissen, die mit einer Fülle von Eindrücken an die Sinne der Betrachter appellierten. Wie bei einer Theaterbühne sorgte perspektivische Malerei für die Illusion von Tiefe, von hinten beleuchtete bunte Glaskugeln tauchten das Bild in mystisches Licht, dazu kamen schmückende Altarvasen und Statuen, die zum Teil sogar beweglich waren. Ein Zusammenspiel solcher Effekte mit gezieltem Lichteinsatz – zusätzlich zu den Glaskugeln gab es etwa beleuchtete Metallschirme, reflektierende Glaskristallsteine oder aus Glasperlen gebildete drehbare Sonnenräder –, konnte diese Anlagen zu einem uhrwerksartigen Mechanismus werden lassen.[33] So konnte der im Grab liegende Christus beispielsweise durch eine Leinwand oder ein Brett mit der Zeichnung eines leeren Grabes verdeckt oder ersetzt werden, am Grab ein Engel die Auferstehung künden, während im Raum darüber der Auferstandene erschien. Dazu kam die Wirkung von Orgel und Chor.[34]

Ein Zeitzeugenbericht der 1930er Jahre beschreibt den Moment der Auferstehung für das auch wegen seiner lebenden Wächter berühmte Heilige Grab in Aschau im Chiemgau wie folgt: „Da – alles starrt zum Grab empor – ein Knall, die Ketten rasseln, ein schwerer Laden fährt nieder, Feuer blitzt aus dem Grab, bengalisches Licht brodelt auf, die Wächter greifen sich wie geblendet an die Stirn und stürzen dann krachend zu Boden. Und ehe wir uns vom Staunen des Augenblickes erholt haben, sehen wir das Grab leer, ein Engel sitzt vor dem verlassenen Totenlinnen und hoch oben, wo erst noch die Monstranz gestanden, glänzt jetzt der Auferstandene mit der Osterfahne."[35]

Erst nach der Reformation entstanden solche die Monstranz präsentierenden Expositionsgräber, denn in der Demonstration der eucharistischen Gegenwart Christi lag ein konfessionelles Bekenntnis.[36] Im Mittelalter hatte es das Depositionsgrab gegeben, in dem am Karfreitag ein verhülltes Kreuz in einem truhenartigen Grab niedergelegt wurde, später stattdessen nur noch die Figur des Gekreuzigten zusammen mit konsekrierten Hostien in einer Kapsel, die in die Figur eingebracht wurde. Beide Formen, die vor- und die nachtridentinische Ausprägung dieser ephemeren Heiligen Gräber, beziehen sich letztlich auf die Idee des Urbildes in Jerusalem. In den barocken Schauanlagen werden das Grab und die zentrale Aussage zusätzlich von dem rahmenden Bildprogramm interpretiert. Wie eine Bilderbibel erläutern die Szenen und

---

32 Vgl. dazu vor allem Wolfgang Brückner, Zum Wandel der religiösen Kultur im 18. Jahrhundert. Einkreisungsversuche des Barockfrommen, in: ders., Frömmigkeit und Konfession, Würzburg 2000, S. 411–423 oder Benno Hubensteiner, Vom Geist des Barock: Kultur und Frömmigkeit im alten Bayern. München [2]1978 sowie Andreas Veit/ Ludwig Lenhart, Kirche und Volksfrömmigkeit im Zeitalter des Barock, Freiburg 1956.

33 Bekannt für seine Finessen ist bis heute das Heilige Grab in Höglwörth. – Vgl. z. B. auch Sixtus Lampl, Das Hl. Grab von Fischbachau, in: Jb. d. Vereins für christliche Kunst 16 (1987), S. 265–270. – Vgl. auch die Beschreibung bei Barbara Goy, Aufklärung und Volksfrömmigkeit in den Bistümern Würzburg und Bamberg, Würzburg 1969, S. 46f., die die Beobachtung des Kanzlisten Endres zitiert, der 1788 dem von der Aufklärung kritisierten Brauch nur noch in der Kapuzinerkirche begegnete. Er notierte „Nach der Unterschrift besuchte man die Heiligen Gräber, in der Domkirche, in Neumünster, in der Capuzinerkirche, in dieser allein sahe man noch die altmodischen gefärbten Kugeln und um das Venerabile Strahlen von Flor, und hinter dem Venerabile ein Rad von silber sendel in beständiger Bewegung von der Hitz getrieben", ebd. S. 46f.

34 Vgl. dazu etwa die ausführlichen Beschreibungen bei Kamm oder Reinhard Rampold (Hg.), Heilige Gräber in Tirol. Nordtirol – Osttirol – Südtirol, Innsbruck/ Wien 2009.

35 Otto Heichele, Altbayerische Fröhlichkeit vor dem Heiligen Grab, in: Der Deutsche Krippenfreund, 88 (1935/1), S. 14f. – Vgl. dazu auch: Max Ziegmann (Bearb.), Aschau wie es früher war. Heimatkundliche Aufzeichnungen, Rosenheim 1964, S. 224f.

36 Vgl. zu „Altarsakrament und Prozessionen" Wolfgang Brückner, Konfessionsfrömmigkeit in Unterfranken zwischen Trienter Konzil und kirchlicher Aufklärung in Unterfranken, in: ders.: Frömmigkeit und Konfession, Würzburg 2000, S. 351f.

symbolischen Darstellungen das Geschehen, führen die Ereignisse der Osterzeit vor Augen und betten sie in die Heilsgeschichte ein.

Diese ephemeren Scheinarchitekturen sind von den „Heilig-Grab“ genannten Bauwerken zu unterscheiden, die dauernd an ihrem Standort verbleiben, entweder als Teil der Kirchenausstattung oder als separater Sakralraum, als Kapelle oder Kirche.[37] Solche Devotionalkopien sind als genaue Nachbauten oder auch Zitate des Grabs bzw. der Grabkapelle in Jerusalem angelegt, zuweilen ergänzt mit einem illustrierenden figuralen Bildprogramm, wie es sich beispielsweise in der Stiftskirche von Gernrode findet.[38] Gedacht sind diese Architekturen als „wahre“, originalgetreu aufgefasste Nachbildungen des Jerusalemer Heiligen Grabes in Europa.[39] Sie sollten zu einer genauen Anschauung des Originals verhelfen und hatten den Charakter von Reliquien. Pilger brachten die „wahren Maße“ aus dem Heiligen Land mit, so dass weniger gut gestellte Gläubige sich auf diese bald zahlreich vorhandenen Kopien konzentrieren konnten.[40]

Aus demselben Gedanken heraus wurden die „wahren Maße“ nicht nur vom Grab oder der Grabkapelle genommen, sondern beispielsweise auch von der „Länge“ Christi oder von seinem Fußabdruck. Die Kopien dieser auf Papierstreifen oder Textilien übertragenden Maße waren weit verbreitet, auch zum Besitz der Kirche in Egern gehörte laut Aussage des Chronisten Kißlinger ein Tuch mit den wahren Maßen Christi.[41]

Restriktionen des Brauchs

Der Chronik der Pfarrei Egern am Tegernsee lässt sich entnehmen, dass es mit der Aufstellung des Heiligen Grabes vorbei war, als die Säkularisation 1803 zur Aufhebung des Klosters führte. Bis 1802 enthalten die Kirchenrechnungen für „ein Lamm zu Heiligen Grabe“ eine Ausgabe von 45 Kreuzern.[42] Wenig später kam das Verbot. Zusammen mit dem Heiligen Grab wurden etliche weitere der bis dahin üblichen Ausdrucksformen frommer Lebenspraxis abgeschafft, die man als der Konzentration auf das Wesentliche hinderlich erachtete, in Egern konkret: „[...], die Himmelfahrtsfeier, die Fronleichnamsprozession, die Bruderschaftskutten, das Ablesen der Gedächtnisse, die Amulette und Lukaszettel, der Gottesdienst in der Heiligen Nacht, der Gebrauch des Oeles, das Wetterläuten.“ [43] Der Pfarrer wurde abgesetzt, weil er am Pfingstdienstag ein feierliches Amt gelesen hatte, also gegen die Verordnung der abgeschafften Feiertage verstoßen hatte.[44]

In Bayern war es Minister Montgelas, der sich im Sinne der Aufklärung gegen die alten Bräuche wandte und unter Kurfürst Max IV. Josef 1803 für das Verbot der aufwändigen baro-

37 Vgl. dazu beispielsweise den Überblick bei Kamm, S. 13–18 bzw. Michael Rüdiger, Nachbauten des Heiligen Grabes in Jerusalem in der Zeit von Gegenreformation und Barock. Ein Beitrag zur Kulturgeschichte architektonischer Devotionalkopien, Regensburg 2003

38 Vgl. Klaus Voigtländer, Die Stiftskirche zu Gernrode, Berlin 1980.

39 Zu frühen Wallfahrten ins Heilige Land und baulichen Erinnerungen an das Jerusalemer Grab, vgl. Wolfgang Brückner, Öffentliche Frömmigkeitsformen vor 1517, in: ders.: Frömmigkeit und Konfession, Würzburg 2000, S. 133.

40 Als älteste Kopie gilt S. Stefano in Bologna aus der Mitte des 5. Jahrhunderts. In Deutschland haben sich zahlreiche Exemplare erhalten; vgl. z. B. Astrid Krüger/Roswitha Mattausch-Schirmbeck (Bearb.), Jerusalem im Abendland. Das Heilige Grab in Bad Homburg v. d. Höhe, Bad Homburg 2008 sowie Ines Anders/Marius Winzeler (Hgg.), Lausitzer Jerusalem. 500 Jahre Heiliges Grab zu Jerusalem, Görlitz 2005.

41 Kißlinger, S. 142: „In der Tegernseer Gegend verstand man unter ‚Länge Christi‘ ein Tuch, in welches der Leichnam Christi eingehüllt war. Eine solche Länge Christi befindet sich im Pfarrarchive.“

42 Kißlinger, S. 136.

43 Kißlinger, S. 199f.

44 Kißlinger, S. 199.

cken Heiligen Gräber sorgte. Für das habsburgische Reich hatte Kaiser Joseph II. schon früher Verordnungen gegen zahlreiche Passionsbräuche erlassen,[45] 1781 gegen einzelne szenische Ölbergandachten mit beweglichen Figuren, wenig später gegen unangemessenen „Aufputz, Prunk und Beleuchtung in den Kirchen“[46] und 1782 gegen Grablegungszeremonien und das Aufstellen Heiliger Gräber.[47] Neben diesen Eingriffen der weltlichen Obrigkeit in die barocke Brauch- und Bilderwelt gab es aber auch Bestrebungen des aufgeklärten Klerus, die in diese Richtung zielten.[48] So hat sich ein Erlass des Passauer Ordinariats vom 14. Februar 1786 erhalten, der detailliert ein reduziertes, völlig figurenloses Ensemble vorschreibt und einen dazugehörigen Stich liefert.[49] Andere kirchliche Reformpläne sind für das Jahr 1784 aus Schwaben bekannt, die einen mit Blumen und Kerzen geschmückten Altar mit dem Grabchristus und ausgesetzter Monstranz vorsahen.[50] Die nach den Verboten 1803 in Bayern entstandenen schlichten Varianten, bei denen die Grabfigur auf dem Antependium dargestellt war, wurden „Montgelasgräber“ genannt.

Nichtsdestotrotz erlebten die vertrauten religiösen Bräuche im Umfeld der Heiligen Gräber schon bald nach diesen Verboten einen neuen Aufschwung, besonders in Tirol,[51] aber auch in Bayern.[52] Der Pfarrer der Gemeinde Egern notierte 1814 stoisch-spöttisch „Himmelfahrt Christi vom kgl. Bayerischen Herrschaftsgerichte Tegernsee erlaubt“.[53] Johann Andreas Schmeller nahm das Stichwort in sein 1827–1837 erschienenes Bayerisches Wörterbuch auf und notierte dazu u. a.: „Am Donnerstag, Freytag und Samstag der Charwoche wird in den kath. Kirchen durch eigene, besonders auf den Farbensinn wirkende Decorationen das Grab Christi oder das háli’ Gràb dargestellt. An diesen Tagen ist in der Stadt wie auf dem Lande Jung und Alt auf den Beinen, um von Kirche zu Kirche seine Andacht zu verrichten, oder wie man sagt: die Gräber zu besuechen.“[54]

---

45 Insgesamt waren unter den etwa 6.000 zwischen 1780 und 1783 erlassenen Verordnungen Josephs II. zahlreiche Verbote von Passionsbräuchen. Vgl. Theologische Realenzyklopädie, Bd. 27, s.v. „Passionsfrömmigkeit“, S. 754.

46 Nikolaus Grass, Barock-Heiliggräber. Ein Beitrag zur Kultur- und Kunstgeschichte Tirols, in: ders. (Hg.), Ostern in Tirol (Schlern-Schriften 169), Innsbruck 1957, S. 221–269, hier S. 253.

47 Noch am 27. Oktober 1782 hatte der Kaiser „die Aufstellung der s.g. ‚Heiligen Gräber‘“ vom Verbot ausgenommen, und zwar gegen das Anraten der Geistlichen Kommission, wie sich einer Randglosse der Staatsratsprotokolle entnehmen lässt. Am 14. Dezember 1782 wurden „Grablegungszeremonien“ zusammen mit der „Auferstehungsfeier“ und zahlreichen anderen kirchlichen Festlichkeiten verboten. Vgl. Hock/Bidermann, Der österreichische Staatsrath (1760–1848), Wien 1879, Nachdruck 1972, S. 510.

48 Beispielsweise hatte sich Ende der 1760er Jahre der Tegernseer Benediktiner Heinrich Braun an der Diskussion beteiligt, die Passionsspiele zu verbieten, mit dem Argument, dass zentrale Glaubensinhalte nicht auf öffentlichen Bühnen, sondern liturgienah vermittelt werden sollten. Vgl. dazu Dietz-Rüdiger Moser, Die Bühnenformen der Passionsspiele. Eine Skizze, in: Michael Henker u. a., (Hgg.): Hört, sehet, weint und liebt. Passionsspiele im alpenländischen Raum, München 1990, S. 95–110, hier S. 101.

49 Vgl. dazu Abb. 24 bei Kamm, S. 83.

50 1784 im Auftrag von Fürstbischof Clemens Wenzeslaus in Auftrag gegeben; vgl. dazu den quellenbasierten Beitrag von Peter Rummel, Katholisches Leben in der Reichsstadt Augsburg (1650–1806), in: Jahrbuch des Vereins für Augsburger Bistumsgeschichte 18 (1984), S. 7–161, hier S. 68. – Vgl. dazu auch Walter Pötzl, Brauchtum. Von der Martinsgans zum Leonharditritt, von der Wiege bis zur Bahre, Augsburg 1999, S. 114.

51 Sofort nach dem Tod Josephs II. wurden die Gräber in Österreich wieder aufgestellt und neue Anlagen geschaffen. Eine neue Verbotswelle kam in Tirol mit der bayerischen Herrschaft 1805–1814, danach lebte der Brauch erneut auf. Vgl. Grass, S. 255–259.

52 Allerdings scheint es regionale Unterschiede gegeben zu haben. Nur in Rudimenten, so Brückner in: Konfessionsfrömmigkeit zwischen Trienter Konzil und kirchlicher Aufklärung in Unterfranken, in: ders., Frömmigkeit und Konfession. Würzburg 2000, S. 341f., sind die Ölbergerrichtungen, Heiligen Gräber und Karfreitagsprozessionen wiederbelebt worden, und deshalb sei auch nur „Zufallsüberlieferung“ zu finden, wie etwa die Theaterkulissen des Heiligen Grabes aus Kleineibstadt im Museum der Diözese Würzburg in der Kartause Astheim. Dagegen scheint die Überlieferungssituation für Altbayern dichter zu sein.

53 Kißlinger, S. 190.

54 Johann Andreas Schmeller, Bayerisches Wörterbuch. 3. Neudruck der 2. Ausgabe München 1872–77 in 2 Bde., München 1961, Bd. 1, S. 980. – Vgl. zum Brauch durch die Zeiten auch die quellenbasiert vorgestellten Beispiele aus Bayerisch Schwaben bei Pötzl (wie Anm. 49), S. 111–118. – Für Franken vgl. Goy (wie Anm. 32), hier besonders S. 45–47.

Es entstanden neue Grabanlagen, die entweder den bekannten Formenkanon aufnahmen oder aber zu einem neuen Stil fanden. Das bekannte Kulissengrab von Höglwörth im Rupertiwinkel etwa stammt in seiner heutigen Gestalt aus dem Jahr 1836.[55] Bald gab es auch Heilige Gräber auf Bestellung aus dem Katalog.[56] Die in der zweiten Hälfte des 19. Jahrhunderts gefertigten Exemplare zeigen Elemente der Neogotik, Neoromanik und den Stil der Nazarener. In einem Dekret vom 15. Dezember 1896 äußerte sich schließlich die Ritenkongregation zu den Gräbern, stellte fest, dass das Heilige Grab für das katholische Volk das Zentrum der Karwoche sei, und legalisierte es damit. Es kämen, so heißt es in dem Dekret, an keinem anderen Tag vergleichbar viele Gläubige in die Kirchen der Städte und auf dem Land, Gläubige jeden Alters und Standes, Arme und Reiche, Alte wie Junge und auch Kinder, und niemals sei dabei Unwürdiges zu sehen.[57] Dessen ungeachtet wurde die barocke Anlage in Egern 1889 zum letzten Mal vollständig aufgebaut. Der Zustand der Kulissen ließ seitdem nur noch die Errichtung einer verkleinerten, wohl eingeschossigen Variante zu. Die Liturgiereform Mitte des 20. Jahrhunderts brachte dann eine deutliche Zensur dieser Brauchform.[58] Sie sorgte für ein rasches Ende der Heiligen Gräber, wo sie bis dahin noch aufgestellt worden waren.

Neubelebung Heiliger Gräber in Kirchen

Seit einiger Zeit haben die Heiligen Gräber wieder Konjunktur. Wie das in Egern werden an immer mehr Orten überlieferte Kulissen neu entdeckt, restauriert und wieder aufgestellt. In Tirol setzte diese Renaissance bereits in den 1980er Jahren ein,[59] in Altbayern ist sie seit den 1990er zu beobachten.[60] Mit dieser Renaissance der Form verbindet sich allerdings keine Wiederkehr der theatralischen Inszenierungen der Barockzeit.[61] Vielmehr hängt es vom jeweiligen Umfeld ab, ob und wie die alten Formen mit der aktuellen Frömmigkeitspraxis in Einklang gebracht werden. Das Spektrum der Gründe für die Neupräsentation ist breit und reicht von der Einladung zu Meditation und Gebet[62] über Stolz auf die gemeindeeigene Überlieferung bis hin zu denkmalpflegerischem Interesse[63] und schließlich auch zur touristischen

55 Michael Karger, Eine volkstümliche Andacht kehrt zurück. Die Verehrung des Heiligen Grabes in der Frömmigkeitsgeschichte, in: Tagespost. Katholische Zeitung für Politik, Gesellschaft und Kultur, 09.04.2004, www.die-tagespost.de/Archiv/titel_anzeige.asp?ID=8383. Abruf 18. Juli 2009.

56 So lieferten z. B. die kirchliche Kunstanstalt Adolf Vogl in Innsbruck (vgl. Kamm, S. 86, Abb. 26 und Rampold, S. 25) oder die Wiener Kunstanstalt J. Handl (vgl. Rampold S. 24) oder die Firma Eduard Zbitek aus Olmütz (vgl. Rampold S. 262f.) Versatzstücke, die nach dem Wunsch der Kunden zusammengestellt wurden.

57 Zit. n. Kern, S. 129, Anm. 25. – Zur Stellung der Heiligen Gräber in der Liturgie vgl. Georg Schober, Die heiligen Gräber in der Karwoche, in: Theologisch-praktische Quartals-Schrift, Linz 1897, S. 286–308 u. 558–583.

58 Dekret „Maximae redemptionis nostrae", in: Acta Apostolicae Sedis (AAS) 47 (1955), S. 838–847.

59 Herlinde Menardi, Die Heiligen Gräber in Tirol und ihr Wiedererstehen in den achtziger Jahren, in: Helmut Eberhart und Edith Hörandner/Burkhard Pöttler (Hgg.): Volksfrömmigkeit, Wien 1990, S. 167–189, hier S. 159.

60 Walter Hartinger, Religion und Brauch, Darmstadt 1992, S. 200.

61 Eine Besonderheit stellt die Praxis in Diessen am Ammersee dar, wo sich die barocken Kulissen erhalten haben, in denen nach siebenjähriger Restaurierung seit Ende der 1980er Jahre wieder regelmäßig Bilder in Szene gesetzt werden. Mit zugekauften Barockfiguren fungieren die Kulissen in der Weihnachts- und Passionszeit als sogenannte „Mysterienbühne"; vgl. dazu Benedicta von Mangoldt, Der Dießener Himmel. Vidi Caelum Novum, Tübingen 1988, S. 15.

62 So in der Pfarrei Grabenstätt im Bistum Freising, wo das auf das Jahr 1660 zurückgehende Heilige Grab nach einer nicht überprüften Aussage des Ortsheimatpflegers Gustl Lex im Jahr 2004 seit 1818 aufgebaut wird und laut Angabe der Pfarrei zur Meditation einladen soll, „als frommer Ausdruck der Pfarrgemeinde an Kartagen" und ausdrücklich nicht als ein „Zur-Schau-Stellen alter Traditionen".

63 So eines der Argumente der Broschüre, mit der in Egern um Spenden für die Restaurierung geworben wird.

Attraktion, die beispielsweise das wohl bekannteste Kulissengrab in Süddeutschland darstellt, die Anlage in Höglwörth. Dabei sind Mehrfachmotivationen wohl die Regel, weshalb die jüngste Publikation über Heilige Gräber in Tirol nach der Geschichte des Phänomens und einem umfangreichen Katalog der Objekte nicht nur Vorschläge zur Einbindung des Heiligen Grabes in die österliche Liturgie bringt, sondern dem Kulturtouristen auch gleich überlegt ausgearbeitete Routenvorschläge zur optimalen Planung von Besichtigungsfahrten anbietet.[64] Oder es werden Führungen zur Geschichte des Objekts angeboten, wie beim Heiligen Grab in Iffeldorf bei Murnau, das 1895 in die Gemeinde kam und eines von mehr als zwanzig erhaltenen „Kataloggräbern" der Firma Emil Zbitek in Neustift bei Olmütz ist.[65]

Weitere jüngere Beispiele für vergessene und wieder entdeckte Gräber sind das in der Sylvesterkirche in München-Schwabing 2003 erstmals nach sechzig Jahren wieder aufgebaute Grab im Jugendstil oder das große, 2004 in der Landshuter Jesuitenkirche errichtete barocke Kulissengrab, das ursprünglich in der Landshuter Stiftsbasilika St. Martin stand. Eine fast 30 Standorte umfassende Liste aller 2009 im Erzbistum München und Freising präsentierten Heiligen Gräber war in der Osterzeit den Websites des Erzbistums zu entnehmen, beginnend bei Altomünster und endend bei Weihenlinden. Und eine Umfrage der Katholischen Sonntagszeitung förderte für das Bistum Augsburg im Frühjahr 2009 eine ganze Reihe Heiliger Gräber oder Reste davon zutage. Die meisten gehen in das 19. oder frühe 20. Jahrhundert zurück und werden mehrheitlich erst seit wenigen Jahren wieder aufgestellt.[66] Es finden sich darunter schlichte Ausführungen, die an die Reformgräber nach Montgelas erinnern, genauso wie malerische Anlagen im Stil der Nazarener oder Kataloggräber von der schon genannten böhmischen Firma Zbitek sowie von der Firma Kraft aus Pfaffenhofen/Ilm.[67] Auch für andere katholische Regionen gibt es Beispiele der Wiederbelebung.[68]

Hausheiliggräber

Die Geschichte der Miniatur-Heiliggräber lässt sich nicht nur deshalb weniger genau nachvollziehen, weil diese rarer waren, sondern vor allem wegen ihres in der Regel die Öffentlichkeit ausschließenden Charakters. Nur durch Zufallsfunde ist von ihnen zu erfahren. Jüngere Beispiele als die Miniatur der Zuhauskapelle aus Rottach-Egern haben sich etwa in Tirol erhalten. So ist eine Nachbildung aus Innsbruck bekannt, wo der Beamte Benedikt Beyerer in den

64 Rampold, S. 324–326 sowie S. 335–342.

65 Bei Rampold finden sich Abbildungen für Pettnau (S. 203), Söll (S. 261), Stanzach (S. 262) und Schwendt (S. 258) sowie auf S. 264 eine detaillierte Auflistung von 17 weiteren bekannten erhaltenen Exemplaren. Ein bisher noch nicht als Produkt dieser Firma bekanntes Grab, das bis in die 1950er Jahre in Zusamzell im Dekanat Dinkelscherben aufgebaute wurde, brachte eine Umfrage der Katholischen Sonntagszeitung im Frühjahr 2008 zutage.

66 Das Ulrichsbistum. Katholische Sonntagszeitung 82 (2009), Nr. 14 vom 4./5. April, S. 16f., und Nr. 15 vom 11./12. April 2009, S. 16f. – Frau Barbara Lang, der Redaktionsleiterin, danke ich herzlich dafür, dass sie mir die Ergebnisse dieser Umfrage zugänglich gemacht hat.

67 Ein Grab dieser „Kunstanstalt für kirchliche Arbeiten" gelangte 2005 in das Schwäbische Volkskundemuseum Oberschönenfeld, das dem Thema 2007 eine kleine Ausstellung widmete. In dem Ausstellungsflyer ist für das Jahr 1999 von mehr als 30 teils wieder entdeckten Heiligen Gräber im Bistum Augsburg die Rede.

68 Für freundliche Hinweise auf Beispiele in Franken, so in Virnsberg im Landkreis Ansbach, in Bad Staffelstein, in Neufang im Landkreis Kronach, in Geldersheim bei Schweinfurt, in Baunach im Landkreis Bamberg oder in Neunkirchen am Brand, danke ich Fred G. Rausch, Bamberg. Darunter befindet sich mit dem Beispiel vom Ankauf eines Heiligen Grabes via Internet ein Beleg für die entschlossen betriebene Wiederbelebung dieses Brauchs auch ohne Existenz lokaler Überreste (2004 durch Pfarrer Öhrlein aus Hopferstadt bei Ochsenfurt am Main).

sechziger Jahren des 19. Jahrhunderts eine getreue Reproduktion des Heiligen Grabes der dortigen St. Jakobskirche angefertigt hat. Drei Jahre soll das gedauert haben, und Nikolaus Grass, der diese Nachricht überliefert, spricht von „unendlicher Mühe", die Beyerer in seiner Freizeit darauf verwendet habe.[69]

Weitere, den großen Vorbildern in ihrer gestalterisch-künstlerischen Qualität vergleichbare Beispiele begegnen im öffentlichen Bereich[70] und stammen fast durchgehend aus Tirol.[71] Manche Exemplare lassen sich mit bestimmten Künstlern in Verbindung bringen und hatten möglicherweise Modellfunktion.[72] Eine getreue auch wegen ihres recht großen Formats auffällige Kopie des Grabes der Landhauskapelle in Innsbruck, die auf den Buchhalter Peter Wackerle (1819–1876) zurückgeht, gibt Zeugnis vom seit 1938 verschollenen Original. Erst seit 1895 wurde sie öffentlich präsentiert, ursprünglich war sie in der Wohnung ihres Schöpfers aufgestellt.[73]

Sehr vergleichbar mit der Nachbildung aus dem Fischerweberanwesen ist ein guckkastenartiges Objekt, das im sächsischen Zisterzienserinnnen-Kloster St. Marienstern überdauert hat. Es handelt sich um eine einstöckige, barocke Kulissenanlage, die auf einen Wolkenkranz mit Monstranz zuläuft, darunter liegt der Grabchristus, in den Kulissen stehen barocke Engelfiguren, vor der Fassade ein Grabwächter. Selbst die Grabkugeln sind getreu nachgebildet.[74] Da in der Klosterkirche eine im Format deutlich größere Auferstehungsgruppe Aufstellung fand, ist anzunehmen, dass das kleine Heiliggrab im Klausurbereich verblieb.[75]

Eines der Beispiele für eine private Bastelarbeit führt in das 20. Jahrhundert. Das gut 60 cm hohe Exemplar aus Zigarrenkistchenbrettern im Diözesanmuseum in Freising ist in die Anfangszeit des 20. Jahrhunderts zu datieren und orientiert sich in Aufbau und Ausstattung an den schlichten Originalen des 19. Jahrhunderts.[76] Wenn auch keinerlei Kenntnisse mehr über die ehemaligen Nutzer und die Funktion dieser Miniatur existieren, so ist doch anzunehmen, dass es Kindern als Spielzeug oder als religiöses Anschauungsobjekt diente, ähnlich den sehr viel gebräuchlicheren Spielzeugaltären des 19. Jahrhunderts.[77]

69 Grass, S. 268. Inzwischen hat es das Innsbrucker Volkskunstmuseum übernommen. Vgl. auch Josef Dinkelhauser, Hl. Gräber und deren Schichsale, in: Der Krippenfreund (Innsbruck) 134/135 (1952), S. 17–20.

70 Vgl. etwa eine Kopie des Bozener Grabes im dortigen Gesellenhaus um 1950 (Grass, S. 268) oder die Miniatur in einer Wegkapelle bei Rum in Innsbruck. Abbildung in: Heilige Gräber in Tirol. Ein Osterbrauch in Kulturgeschichte und Liturgie, Innsbruck 1987, S. 64.

71 Eine Ausnahme hat sich im Germanischen Nationalmuseum erhalten hat; vgl. Frank Matthias Kammel, Schwäbisch Gmünder Passionskrippen. Bildschnitzerei und Frömmigkeitspraxis im Rokoko, in: Monats-Anzeiger, 2005, S. 133–150.

72 Vgl. in: Heilige Gräber in Tirol. Ein Osterbrauch in Kulturgeschichte und Liturgie, Innsbruck 1987, die Abb. eines Grabes vom Maler Edmund von Wörndle (1827–1906) oder einer jüngeren Interpretation von Wolfram Köberl auf S. 66 sowie auf S. 181 die eines barocken Hausheiliggrabs für die Familie Woertz, vom Künstler Josef Arnold nach einem Entwurf seines Lehrers Schöpf gemalt. Allerdings beteiligte sich der Auftraggeber an der Herstellung. – Vgl. dazu auch Grass, S. 268. – Das Innsbrucker Volkskunstmuseum besitzt insgesamt drei Beispiele, davon ein um 1800 datiertes Modell zu einem Heiliggrab, das Josef Giner zugeschrieben wird und in die 2009 neu aufgestellte Dauerausstellung unter dem Thema „Das pralle Jahr" integrierte ist. Für die freundliche Auskunft danke ich Frau Dr. Menardi. – Zu Arnold vgl. Heilige Gräber in Tirol, 1987, S. 177–184, zu den Künstlermonografien allgemein vgl. Rampold, S. 311–323. Ebd. findet sich auf S. 26 auch eine Abbildung des Köberl-Grabes.

73 Vgl. die Abb. in: Heilige Gräber in Tirol, 1987, S. 68. Das Exemplar maß etwa drei Meter in der Länge und einen Meter in der Höhe.

74 Anders/Winzeler, S. 85f., Kat.-Nr. IV.15. Nur dieses Exemplar ist in unserem Zusammenhang von Interesse, währende die anderen verwandten Versatzstücke für ein Heiliges Grab, Kat.-Nr. IV.16, größer dimensioniert sind und in der Kirche in Ostro zur Aufstellung kamen.

75 Anders/Winzeler, S. 87, Kat.-Nr. IV.17.

76 Eine Abb. dieses H 62 x B 50 x T 30 cm messenden, aus Zigarrenkistenbrettchen gebastelten Miniaturgrabes bei Krüger/Mattausch-Schirmbeck, S. 211. Den frdl. Hinweis auf dieses Objekt verdanke ich Frau Dr. Carmen Roll vom Diözesanmuseum Freising.

77 Auch im Depot des Freilichtmuseums Glentleiten befindet sich ein Exemplar. – Eine bekannte Produktionsstätte der detailgetreuen Ausstattung solcher Spielzeugaltäre, die ein beliebtes religionspädagogisches Geschenk für Jungen waren, liegt in Diessen am Ammersee. Zwei Nutzer solcher Altäre waren etwa der 1876 geborene spätere Papst Pius XII. und Wolfgang Döbereiner, der

Im Adel scheint dies bereits hundert Jahre früher geläufig gewesen zu sein. Von Kronprinz Ludwig (dem späteren Ludwig II.) ist überliefert, dass er sich als Kind gerne damit beschäftigte, „ein heiliges Grab aufzustellen, zu schmücken und mit Lichtern zu versehen".[78]

Die Frage nach Bilderbögen, die Passionskrippen oder auch Heilige Gräber zeigen, führt zwar weiter in den Bereich des spielerischen häuslichen Umgangs mit religiöser Bilder- und Dingwelt, aber weg von der individuellen hin zur industriellen Produktion. Mit den oben genannten Scheinarchitekturen sind die Ausführungen in Papier daher nur von der Ikonografie her vergleichbar. So nimmt ein 1930 in Innsbruck gedruckter Bogen eindeutig die Elemente der Kulissengräber jener Zeit auf, enthält neben dem aufgebahrten Leichnam Jesu die Figuren zweier Grabwächter, zweier anbetender Engel und nicht zuletzt die vielfach üblichen Schmuckelemente wie Orangenbäumchen und Blumenvasen sowie vor allem auch die Umrisse von farbigen Glaskugeln.[79] Es handelt sich aber nicht um allgemeine Zitate, vielmehr lag diesem Bogen der Innsbrucker Lithografischen Anstalt Kravogl ein konkretes Vorbild zugrunde, und zwar das berühmte, vom Künstler Josef Arnold d. Ä. für die Universitätskirche der Stadt geschaffene Grab.[80]

Die von den großen bekannten Offizinen angebotenen Passionsbilder sind – soweit bekannt – nicht als Kulissen oder Versatzstücke für die Kulissen gedacht, sondern als reine Bilderbögen. So geben etwa die in der zweiten Hälfte des 19. Jahrhunderts entstandenen Blätter von May in Frankfurt und Wentzel in Weißenburg, die sich auf die Grablegungsnische mit dem Kelch auf dem Grab und adorierenden Engeln konzentrieren, lediglich die Kernszene der Grabarchitekturen wieder.[81] Bei Oehmigke und Riemschneider findet sich ein Stahlstich aus dem Jahr 1856, der unter sechs Bildern zum Kreuzgang in Jerusalem eine Szene im Innern der Heiliggrabkirche zeigt.[82] Die Imagerie populaire aus Weißenburg lieferte beispielsweise einen Bogen mit der Auferstehung Christi, deren Komposition sich eng an die der Auferstehung in den Scheinarchitekturen anlehnt,[83] aber keine den Krippenbögen vergleichbare Blätter. Auch bei den Kulissen für Papiertheater scheint dieses Motiv nicht beliebt gewesen zu sein.[84]

Begründer der „Münchner Rhythmuslehre", die laut biografischer Berichte als 5- bzw. als 10-jährige Knaben mit einem Spielzeugaltar beschenkt wurden.

78 Zit. bei Rupert Hacker (Hg.), Ludwig II. von Bayern in Augenzeugenberichten, München 1966, S. 35.

79 Es handelt sich um den 1930 von der Marianischen Vereinsbuchhandlung und Buchdruckerei A.G. in Innsbruck gedruckten Ausschneidebogen mit „Kravogls Heiliggrab-Figuren", der im Vor- und Nachsatz des 2009 hg. Buches von Reinhard Rampold über Heilige Gräber abgedruckt ist.

80 Vgl. dazu Grass, S. 260 sowie Rampold, S. 311, der davon spricht, dass verschiedene von Arnolds Entwürfen „(auch von der Lithographischen Anstalt Kravogl vervielfältigt)" überliefert seien. So auch nachzulesen in: Heilige Gräber in Tirol, S. 178. Danach gab es bei Kravogl nicht nur Ausschneidbögen mit Heiligen Gräbern, sondern auch Fastenkrippen und die Figur des Auferstandenen auf Postkarten. Vgl. ebd. die Abb. einer Ganzjahreskrippe auf S. 65.

81 Vgl. dazu etwa die Abb. 59 auf S. 55 in Wolfgang Brückner, Die Bilderfabrik, Frankfurt 1973, oder im Museum Neuruppin die Bögen aus der Sammlung Hecht mit den Nummern HE 02231 (Eckart Gustav May-Wirsing, Nr. 318), HE 04060 (Eckart Gustav May-Wirsing, Nr. 7), HE 03185 (Fr. Wentzel à Wissembourg, Nr. 193), HE 04986 (Humbert et Wentzel, Paris, Nr. 90). Für die Recherche im Bestand des Neuruppiner Museums danke ich dem Museumsleiter Hansjörg Albrecht. – Auch die Arbeit von Erdmute Nieke, Religiöse Bilderbögen aus Neuruppin. Eine Untersuchung zur Frömmigkeit im 19. Jahrhundert, Frankfurt a. M. 2008, bringt keine darüber hinausgehenden Beispiele.

82 Der Bogen mit der Inv.-Nr. HE 01112 stammt aus der Slg. Hecht im Museum Neuruppin. Den frdl. Hinweis darauf verdanke ich dem Museumsleiter, Herrn Hansjörg Albrecht

83 Vgl. Katharina Siefert, Heilige, Herrscher, Hampelmänner. Bilderbogen aus Weißenburg, Karlsruhe 1999, S. 79, Nr. 60.

84 Zumindest enthält der umfangreiche Katalog von Katharina Siefert keine solche Abbildung.

Das Miniaturheiliggrab in der Zuhauskapelle

Festzuhalten bleibt, dass das in das letzte Drittel des 18. Jahrhunderts zu datierende Miniaturheiliggrab aus dem Bestand der Zuhauskapelle des Fischerwebers ein recht einzigartiges Relikt ist. Dass es sich bis heute in eben jenem privaten Kontext erhalten hat, in dem es sich vermutlich seit spätestens 1803 befindet, steigert seine Aussagekraft. Als „Theatrum sacrum" erlaubt es Einblicke in die spätbarocke Frömmigkeitspraxis und beleuchtet vor allem die Passionsfrömmigkeit jener Zeit. Die verschiedenen Überarbeitungsphasen und Gebrauchsspuren lassen auf einen länger währenden Umgang mit der Miniaturkulissenarchitektur schließen, zuletzt möglicherweise im Sinne einer Passionskrippe. Angesichts der Quellenlage muss allerdings nach wie vor offen bleiben, wer für die Miniatur und für welche Nutzungs- und Überarbeitungsspuren im Verlauf ihrer Geschichte verantwortlich zeichnet. Gelangte sie aus Klosterbesitz in das Fischerweberanwesen, oder entstand sie im Kontext der individuell gefertigten Kapellenausstattung, die mit dem Zuhaus in das Museum kam? Immerhin handelt es sich dabei um einen äußerst reichhaltigen Bestand, der hinsichtlich Ikonografie und Altaraufbau einem theologischen und liturgischen Konzept folgt. Auch für den Fall der Übernahme aus amtskirchlichem Besitz stellt sich die Frage nach dem privaten Umgang mit dem Kultobjekt, da es sich in diesem Fall ja um einen aktiven Akt der Übernahme handeln würde. Die Geschichte der Hauskapelle gibt also noch manches Rätsel auf.

Spätestens im Laufe des 20. Jahrhunderts verlor die Privatkapelle ihre Bedeutung als Sakralraum. Die Bewohner des Fischerweberanwesens nutzten sie zuletzt als Abstellfläche, deponierten dort etwa alte Grabkreuze oder aus dem Wohnbereich ausgesonderte Druckgrafik profaner Thematik.[85] Es gab in dieser Zeit weder gezielt vorgenommene Erweiterungen des religiösen Inventars noch dessen intensive Einbindung in die Frömmigkeitspraxis der Bewohner des Fischerweberanwesens und des Ortes.[86] Dass am Ende auch die allgemeine Erinnerung an Existenz und Nutzung der Kapelle des Zuhauses verblasst war, belegt ein heimatkundlicher Beitrag, der seine Leser im Jahr 2000, nachdem das Haupthaus in das Freilichtmuseum transloziert worden war, an die „ganz eigene Geschichte" des Zuhauses und seiner Kapelle erinnerte.[87]

Die Eröffnung des Zuhauses mit seiner Kapelle im Freilichtmuseum Glentleiten ist für das Jahr 2012 geplant.

85 Vgl. dazu Hans Dünnniger, Deponia Pia, in: JbfVk NF 2, 1979, S. 238–240.

86 Das ergab die Befragung von Gewährspersonen, mit dem Ziel, etwas über die Funktion und Nutzung der Kapelle während des 20. Jahrhunderts zu erfahren. Vgl. Archiv Freilichtmuseum Glentleiten.

87 Alois Limmer, Beim Fischerweber am Egerer G'stad, in: Tegernseer Tal, Nr. 131, Sommer 2000, S. 34.

Der „wachsende Fels“ von Usterling und sein heilkräftiges Rinnsal[1]

Gertrud Benker

Als ich mich seinerzeit an der Festschrift zum 60. Geburtstag von Professor Wolfgang Brückner beteiligte, wählte ich das Thema „Wasser des Lebens. Geistliche Badenfahrt zu bayerischen Heilbädern“ – ein wenig zur Anregung und Erfrischung für den Jubilar gedacht, der über eine entscheidende Schwelle des Lebens „hinübergeschwemmt“ werden sollte. Die diskutierten Heilbäder weisen ein erprobtes Konzept heilender Wasser auf, mehrere sind seit Jahrhunderten ob ihrer Wirksamkeit berühmt. Inzwischen sind dem Jubilar zwanzig wertvolle Jahre des Hinterfragens und Wirkens geschenkt worden, ob heilende Wasser dazu beitrugen, seine Kräfte zu erhalten und zu stärken, entzieht sich meiner Kenntnis. Wie in einem großen See hat sich die Summe des Wissens gesammelt, Kollegen, Studenten und Freunde schlürfen dankbar aus dem Reservoir.

Heute möchte ich nicht die großen Bäder des Landes ansprechen, sondern ein kleines Rinnsal, dem Erleuchtung und Heilkraft zugeschrieben wurde und wird. Es handelt sich um die Usterlinger Tuffstein-Rinne, zu der Gläubige bis dato ihre Gebresten tragen, vor allem bei Augenleiden. Ich konnte selbst erleben, wie Menschen an einem gewöhnlichen Werktag am Fuß der Mauer standen und ihre Augen mit dem heilkräftigen Wasser benetzten.

Da ich annehme, dass der Ort Usterling und seine Sonderheiten außerhalb der Region kaum bekannt sind, will ich sie kurz vorstellen. Das kleine Dorf Usterling (800 Seelen) in Niederbayern liegt vier Kilometer südöstlich von Landau am Steilhang der seenartig aufgestauten Isarlandschaft. Gegen Süden gelangt man in das großwellige tertiär-quartäre Hügelland und weiter ins Tal der Rott. Eine stille, bäuerlich bestimmte Gegend, die nicht nur an landschaftlicher Schönheit, sondern auch an versteckten Sonderheiten und Kunstwerten reich ist.

Der Untergrund besteht überwiegend aus kalkhaltigem Geröll, das während der Eiszeit von Alpengletschern nach Norden transportiert und abgelagert wurde. Dazwischen sammelte sich in ruhigen Erdperioden Mergel an, bestehend aus kalkhaltigen Tonen (5–20 % Kalkgehalt), die teilweise wiederum von Schotter bedeckt wurden. Mergel ist wasserstauend, Schotter wasserdurchlässig.

„Aufgebaut wird das Tertiär-Hügelland von miozänen Ablagerungen der Oberen Süßwassermolasse: Kiese und Sande wechselnder Mächtigkeit mit zwischengelagerten Schluffen, Mergeln, Süßwasserkalken und Tonen.“[2]

Nur so viel Geologie zum Verständnis der Usterlinger Mauer, die über eine steile Flanke der bewaldeten Schlucht schräg nach oben verläuft (Abb. 1). Eine Holzbalkentreppe begleitet sie

---

1 Frau Erna Steinbeißer danke ich herzlich für die Kirchenführung in Usterling und das Überlassen schriftlicher Unterlagen. Herrn Kurt Kowald bin ich zu Dank verpflichtet für sachkundige Mitteilungen und Anregungen sowie für zahlreiche Fotos der Mauer und ihres Umlandes und der Kirche in Usterling.

2 Gertrud Kein/Stefan Glaser/Ulrich Lagally, Geotope in Niederbayern, in: Erdwissenschaftliche Beiträge zum Naturschutz, Bd. 4 (2004), hg. v. Bayer. Geologisches Landesamt, München, S. 157.

Abb. 1: Deutlich ist die über den Scheitel der Kalktuffmauer verlaufende Rinne zu sehen. Foto: Kurt Kowald

rechts. Der Untergrund wird am oberen Hang schlüpfrig, verschieden große Quellen treten zu beiden Seiten des Weges aus. Eine betonierte Quellfassung ist am linken Quellhorizont auszumachen. Seit Jahrhunderten wurde von hier in hölzernen, später in tönernen oder metallenen Röhren Wasser abgeleitet, das noch um das Jahr 2000 Usterling mit Trinkwasser versorgte. Zerbrochene Röhrenteile kann man in der Schlucht entdecken.

Die Mauer besteht aus porösem Kalktuff und weist einige Kurvungen auf. Sie hat eine Länge von ungefähr vierzig Meter. Die Höhe beträgt 2,2–5,7 Meter, die Breite zwischen 1,7 und 2 Meter. Die Farbe der Oberfläche ist grau-braun, teilweise grün. In einer fingerbreiten Rinne läuft über den Scheitel etwas Wasser hinunter zu einer Felsnase, wo es durch einen Trog aufgefangen wird bzw. mit den übrigen Gewässern in die Schlucht abläuft.

Derlei relativ junge nacheiszeitliche Felsgebilde gibt es an mehreren Stellen in Bayern, z. B. bei Bad Tölz, bei Weißenburg und bei Landshut-Schönbrunn (Racoczi-Quelle), doch hat keines die Ausmaße der Usterlinger Mauer erreicht. Bei ihr wurde ein Wachstum von 1–2 mm im Jahr festgestellt; die Entstehungszeit dürfte sich daher über 3000 Jahre erstrecken.

Neben den geologischen Voraussetzungen spielen noch andere Faktoren zur Entstehung des Naturphänomens eine Rolle: die Druckentlastung und Erwärmung des gestauten Wassers bei seinem Austritt, vor allem aber der Bewuchs an den Seitenwänden mit Moosen und im Scheitelbereich mit Algen. „Die Algen entziehen dem Wasser Kohlendioxid. Genauer gesagt: Die Pflanze nimmt das im Wasser gelöste Kalziumbikarbonat mit auf und reduziert es zu Kalziumhydroxid ... Der wasserlösliche Kalk kristallisiert zu einem erheblichen Teil aus und bleibt an den Algen haften. Sie werden von ihm überkrustet. Da sich die Pflanzen aber ihres

Lebens wehren, wachsen sie immer wieder aus der Verkrustung heraus, und der ganze Vorgang, dessen Endeffekt die Kalktuffbildung ist, setzt sich nach oben hin fort.“[3]

Das Wachstum der Mauer ist aber nicht allein den geologischen Bedingungen und der Mikrofauna zu verdanken. Der menschliche Zugriff kann nicht übersehen werden: Die Rinne ist nicht durch Erosion entstanden, sondern durch bewusste Maßnahmen. Die Mesner der Kirche von Usterling waren Generationen hindurch für das Fortbestehen verantwortlich. Sie befreiten die Rinne von Laub und Erde; sie sorgten dafür, dass im Winter keine Schäden durch Vereisung entstehen konnten und bedeckten den oberen flachen Teil der Mauer mit Erde. Das Wasser wurde in der kalten Jahreszeit nach beiden Seiten umgeleitet. „Inzwischen hat diese Arbeit die Naturschutzwacht des Landkreises Dingolfing-Landau übernommen. Seit 1937 steht der eindrucksvolle Kalktuffdamm unter Naturschutz.“[4] Ohne dieses schonende Eingreifen des Menschen wäre der Stein wahrscheinlich auseinander gebrochen.

Schon in früher Zeit bestaunten die Menschen der Umgebung das Naturphänomen. Der „Wachsende Stein“ wurde bereits auf den „Landtafeln“ des Philip Apian (1563) eingezeichnet[5] und in der „Topographie“ dieses Landvermessers erstmals erwähnt. Die Übersetzung des Textes[6] lautet: „Am rechten Ufer der Isar befindet sich das Dorf Usterling und ein Heiligtum auf einem Hügel, wie überhaupt der gesamte Höhenzug diesseits der Isar hügelig ist. Mit Schweigen kann ich an dieser Stelle nicht vorübergehen, die in der Nähe des Dorfes sich befindet, gegen den östlichen Hang hin überwiegend sumpfig ist, und aus der sich eine ergiebige Quelle ins Tal ergießt. Und über den Tuff, der sich von oben ins Tal hinunterneigt, verschiedentlich gekrümmt ist, hoch zwar, doch an Breite einen dicken Palmbaum (oder Palmstamm) nicht übertreffend, über die Krone dieses Tuffs also, in einer Rinne, die kaum zwei Finger breit ist, fällt das Wasser, das sich wunderbar schlängelt (ein wunderbarer Anblick), herunter. Die Anwohner bestätigen auch, dass dieser Tuff immer höher aufsteigt und wächst. Dieses wunderbare Werk der spielerischen Natur ist wahrhaftig ergötzlich anzuschauen.“

Die nahe, jenseits der Schlucht und der von Landau kommenden Straße gelegene Dorfkirche ist dem hl. Johannes dem Täufer und als zweitem Patron dem Johannes Evangelist geweiht, wie auch die beiden Plastiken im Mittelteil des Altars bekunden. Eine Johanneskirche ist für Usterling bereits im Jahr 1148 bezeugt; die Entstehung des Heiligtums reicht vermutlich weiter zurück. Der wohlproportionierte Backsteinbau, ähnlich der Kirche im Nachbardorf Zulling, erhebt sich über dem Steilhang des Isartales und ist von einer Ziegelmauer umschlossen.

Vom prachtvollen Hochaltar mit seinen künstlerisch wertvollen Plastiken, heute dem Kreis um den Landshuter Bildschnitzer Hans Leinberger zugeschrieben, wie Monika Fahn in dem Band „Um Leinberger“ ausführlich darlegt, soll im Zusammenhang mit dem Usterlinger Naturphänomen nicht die Rede sein. Vielmehr interessieren hier vor allem volkskundliche Aspekte.

Wenn wir den unteren linken Flügel des Hochaltars betrachten, so stellen wir fest, dass wir mit dieser Reliefszene nichts anfangen könnten, wenn wir mit der Usterlinger Topografie nicht vertraut wären (Abb. 2). Dem Nichteingeweihten müsste sie fremdartig und unverständlich

3 Wolfgang Voigtländer, Die „Steinerne Rinne“ bei Wolfsbronn. Geologische Blätter für Nordost-Bayern, Bd. 16, Heft 1, Erlangen 1966, S. 5, und Hans Bleibrunner, Landauer Heimatbuch, Passau 1958, S. 67. – Vgl. auch: Wolfgang Voigtländer, Der wachsende Stein von Usterling, Blätter für Naturschutz 48. Jg., München 1968, Heft 2/3.

4 Geotope (2004), S. 158.

5 Voigtländer, S. 5, und Bleibrunner, S. 67.

6 Armin Steinberger, Der „wachsende Stein“ von Usterling. Landshut 1966, S. 9, dort auch der lateinische Originaltext [Beilage zum Amtlichen Schulanzeiger für den Regierungsbezirk Niederbayern].

Abb. 2: Linker unterer Seitenflügel des Hochaltars 1520. Auf der rechten Seite nimmt Johannes mit dem Wasser der Rinne die Taufe Christi vor. In der Mitte die Mauer, links predigt Johannes den Juden. Foto: Kurt Kowald

Abb. 3: Votivbild von 1793 (heute in der Usterlinger Kirche). Links der Votant, rechts Johannes der Täufer, der Christus mit dem Wasser der Rinne tauft. Schwach ist die Mauer hinter beiden zu erkennen. Foto: Kurt Kowald

erscheinen. Die rechte Seite meint die Taufe Christi durch Johannes, dargestellt nicht im Jordanfluss, sondern im Schluchtenbach. Die Übertragung in das örtliche Umfeld setzt sich fort in der Darstellung einer hölzernen Röhre, die oberhalb den Hang überquert. Sie wird von einem Baumstamm gestützt. Von rechts neigt sich eine mit Früchten prangende Palme – eine Erinnerung an den biblischen Ort des Geschehens – über die Leitung. Auf der linken Seite des Reliefs predigt der bärtige Johannes, dem ein weißes Lamm zu Füßen liegt, einer Schar vornehmer Juden. In der Mitte des Reliefs ist der Realität wiederum Raum gegeben: Die Tuffmauer stößt von links oben schräg nach unten vor; deutlich ist die Rinne zu erkennen, deren Wasser in einem Holztrog aufgefangen wird. Wir haben es hier mit der ältesten Darstellung der Usterlinger Mauer zu tun, wie sie zur Zeit der Kirchenausstattung um 1520 schon bestand.

> „Natur und Kunst, sie scheinen sich zu fliehen,
> Und haben sich, eh man es denkt, gefunden.“

Diese aus lebenslanger Erfahrung entsprungene Einsicht aus einem Sonett von Goethe scheint sich in Usterling zu bestätigen. Natur, Kunst und Gläubigkeit gehen in Usterling eine Symbiose ein.

Ein Meister oder eine Schnitzschule ist für diesen Altarteil nicht bekannt. Es wird vermutet, dass der Inhaber des Edelsitzes Usterling, das war zu Beginn des 16. Jahrhunderts ein Jörg Wieland von Hagsdorf, die Darstellung bestellt hat, um das Kuriosum seines Besitztums zu dokumentieren. Stifterwappen dieses Adeligen und seiner Gemahlin findet man zu beiden Seiten des Tabernakels. Es kann vermutet werden, dass um diese Zeit bereits eine Verehrung des Rinnen-Wassers begonnen hat, die dann im folgenden Jahrhundert zunahm. Während der Barockzeit, als im katholischen Niederbayern das Wallfahrtswesen zur Blüte gedieh, scheint auch hier ein Aufschwung der religiösen Deutung des Naturwunders erfolgt zu sein. Mitte des 18. Jahrhunderts wurde am oberen Ende der Mauer eine Johanneskapelle mit geschweiftem Giebel errichtet, am Fußende kam später eine neugotische Kapelle dazu. Die Votivtafeln, die ehemals in der Barockkapelle hingen, befinden sich heute – soweit noch vorhanden – in der Dorfkirche (Abb. 3). Eine medizinische Heilkraft, die wegen der verschiedenen Mineralien in dem Wasser für möglich gehalten wird, ist meines Wissens bisher nicht festgestellt worden.

„Franz Xaver Gierster hat in einem Vortrag am 22. November 1932 in Landshut über den Usterlinger Stein gesagt, dass dieser von Sagen umwoben, Wallfahrtsort gewesen und der Wasserlauf von Einsiedlern betreut und geregelt worden sei. 1913 hat er noch den letzten Klausner, Dirscherl mit Namen, angetroffen. Dessen Vorgänger war der Einsiedler Isaak. Er hat die Wallfahrt und den Stein zur Zeit des jüngsten noch vorhandenen Votivbildes (1890) betreut. Diese Einsiedler haben auch den Mesnerdienst an der Usterlinger Kirche wahrgenommen und in dem Mesnerhäusl neben der Kirche gewohnt.“[7] Es soll auch oben bei der Kapelle eine Hütte mit einem Aufenthaltsraum für die Betreuer während der Hauptzeiten des Besuches gegeben haben, das war wohl um Ostern und am Johannestag (24. Juni). Wie viele Besucher heute noch als Gläubige zur Quelle kommen, konnten auch Anwohner nicht aussagen.

7 Steinberger, S. 10.

Der Beginn theologischer Deutungen von Heilwasser im deutschen Luthertum

Hartmut Kühne

Wer sich mit den Arbeiten Wolfgang Brückners zur Wallfahrts- und Brauchforschung beschäftigt, stößt früher oder später auf ein volkskundliches ‚Arkanum': die „heiligen Quellen" im protestantischen Dänemark. Dieses in der Frühen Neuzeit gut bezeugte aber gegenwärtiger Wahrnehmung konfessioneller Praxis widersprechende Faktum taucht in Wolfgangs Brückners Argumentation dort auf, wo es um die Zurückweisung älterer volkskundlicher Denkstereotypen geht, etwa den heidnischen „Quellkulten" à la Kurt Weinhold.[1] Demgegenüber soll das dänische Beispiel die grundsätzliche Offenheit des Gebrauchs von Heilquellen zeigen, denn dort haben sich „m[ittel]a[lterliche] Kultplätze z. T. bis ins 19. Jahrhundert als theol[ogisch]-med[izinisch] begründete und gebilligte öffentl[iche] Gesundbrunnen erhalten".[2] Die forschungsgeschichtliche Grundlage dieser Aussage bildet die 1926 publizierte Untersuchung von August F. Schmidt über „heilige Quellen" in Dänemark, in der er gut 600 solcher religiös konnotierten Brunnen auflistet,[3] und die durch das Referat in Christoph Daxelmüllers dänischem Wallfahrtskatalog von 1978 auch für des Dänischen Unkundige zugänglich wurde.[4] Freilich hat die dänische Forschung das von Schmidt entworfene Bild inzwischen korrigiert: Nicht im Hinblick auf das Phänomen religiös aufgeladener Heilquellen im Protestantismus, wohl aber, was deren Kontinuität zum Mittelalter hin betrifft. Die Archäologin Susanne Andersen kam 1985 zu dem Ergebnis, dass so gut wie alle archäologischen und schriftlichen Zeugnisse für die Existenz heiliger Quellen in Dänemark aus nachreformatorischer Zeit stammen.[5] Auch Jens Christian Johansen stellte 1997 fest, dass in Dänemark während des Mittelalters heilige Quellen von geringer oder gar keiner Bedeutung waren und erste schriftliche Erwähnungen erst aus den 1560er Jahren stammen.[6] Die dänischen „heiligen Quellen" sind also ein nachreformatorisches Phänomen, das in der zweiten Hälfte des 16. Jahrhunderts zunächst kontrovers diskutiert, im 17. Jahrhundert aber sowohl von der Masse der Bevölkerung als auch von den kirchlichen Eliten positiv bewertet wurde. Diese theologisch begründete Anerkennung gesund machender Quellen als spezieller Gnadengaben Gottes macht

1 Kurt Weinhold, Die Verehrung der Quellen in Deutschland (Philosophische und Historische Abhandlungen der Königlichen Akademie der Wissenschaften zu Berlin 1898/1), Berlin 1898.

2 Wolfgang Brückner, Art. Brunnen (V. Volkskunde), in: Lexikon des Mittelalters, Bd. 2, Sp. 778–780, hier Sp. 779. „Historisch bedeutsam scheint mir, daß im protestantischen Dänemark alle einst kirchlich abgesegneten Heilquellen die Reformation überstanden haben und zu säkularen Badeorten werden konnten…" Ders., Brauchforschung tut not, in: Jahrbuch für Volkskunde NF 21 (1998), S. 107–138, Neudruck in: ders., Bilder und Öffentlichkeit. Ästhetische Theoriebildung, museale Praxis, Quellenkritik, Würzburg 2000, S. 373–407, hier S. 400f.

3 August F. Schmidt, Danmarks helligkilder. oversigt og literaturfortegnelse, Kopenhagen 1926.

4 Christoph Daxelmüller, Marie Luise Thomsen, Mittelalterliche Wallfahrtsorte in Dänemark, in: JbfVk NF 1 (1978), S. 155–204, hier S. 171–174.

5 Susanne Andersen, Helligkilder og valfart, in: Festskrift til Thelma Jexlev. Fromhed og verdslighed i middelalder og renaissance, hg. v. Ebba Waaben u. a., Odense 1985, S. 32–44.

6 Jens Chr. V. Johansen, Holy Springs and Protestantism in Early Modern Denmark: A Medical Rationale for a Religious Practice, in: Medical History 41 (1997), S. 59–69, hier S. 61.

Dänemark aber nicht zum konfessionellen Sonderfall. Auch in den lutherischen Territorien Mittel- und Norddeutschlands gab es solche Gnaden- oder Wunderbrunnen, deren theologische Propagierung und kirchliche Pastorierung in der zweiten Hälfte des 17. Jahrhunderts ihren Höhepunkt erlebte und die erst zu Beginn des 18. Jahrhunderts bei den lutherischen Geistlichen unter dem Einfluss der Aufklärung aus der Mode kamen. Die Erinnerung an diese Wunderbrunnen ist aus dem Gedächtnis des modernen Protestantismus getilgt worden, weil sie nicht zu seinem seit dem 19. Jahrhundert manifesten Selbstbild passte. Auch deshalb gibt es bisher keine Arbeit, die das Phänomen in einer vergleichenden Weise darstellt. Für einen umfassenden Überblick muss der Vf. auf seine noch nicht abgeschlossene Monografie über die lutherischen Wunderbrunnen Mittel- und Norddeutschlands verweisen.[7] Dieser Beitrag beschäftigt sich mit den frühesten einschlägigen Deutungsversuchen im Umfeld der lutherischen Konfession.

Das Wundergeläuf nach Pyrmont

Von den zahlreichen im 16. Jahrhundert entdeckten Mineral- oder „Sauerbrunnen" unterschied sich der bei dem Schloss Pyrmont unweit von Hameln gelegene in zwei Hinsichten: durch die enorme Geschwindigkeit, mit der sich sein Ruf im Jahr 1556 verbreitete und durch die vermeintlich universelle Anwendbarkeit seiner Wasserkuren. Was sich in der winzigen Grafschaft Pyrmont, die eine Stadt und fünf Dörfer auf gut 60 km² umfasste, im Jahr 1556 historisch ereignete, lässt sich schwer rekonstruieren.[8] Glaubhaft ist, dass sich Tausende Heilungssuchende im Frühjahr 1556 zu dem Brunnen aufmachten, um dessen unerhörte Kräfte zu erproben. Das historische Bild dieses Ereignisses wurde im besonderen Maße durch den Bericht des lutherischen Predigers Cyriakus Spangenberg geprägt, der in seiner 1572 gedruckten Mansfeldischen Chronik erzählt:

„Im Aprill Mond ist ein wundergeleuffe gewesen/ nach einem Heilbrunnen/ so sich vmb diese zeit in der Graffeschafft Spiegelberg/ etwan zwo Meilen von Hameln gefunden/ vnd wider mancherley Kranckheiten gebrauchet worden/ auch etlichen Leuten geholffen. Daher ein geschrey ausgebrochen/ als solte und ko(e)ndte dieser Brunn/ alle Seuchen und Gebrechen heilen/ wer nue einen grossen oder kleinen mangel hatte/ vnd ein wenig auskommen kundte/ der suchete den Brunnen/ da sahe man auff allen Strassen zufahren und reitten/ vnd die Krancken auff Wagen/ Karren und Schlitten bringen/ die andern gebrechlichen Leute herlauffen/ gehen und kriechen welche nahe dabey waren/ vnd durch keine andere mittel die jren dahin bringen kondten/ trugen die auff dem Ru(e)cken zum Brunnen/ vnd waren offt etliche tausend Menschen dabey/ das sie nicht anders daselbst als in einem Feldlager vmb den Brunnen lagen [...] Es wurden auch grosse Fasse und Kuffen/ Legel und Flaschen/ vnd andere Gefesse bey diesem

7 Der Vf. bereitet eine monographische Gesamtdarstellung des Phänomens in Mittel- und Norddeutschland vor. Bisher liegen zwei exemplarische Darstellungen vor: Hartmut Kühne, Märkisches Bethesda – ein Wunderbrunnen des 17. Jahrhunderts und der lutherische Wunderglaube, in: Kirche – Kunst – Kultur: Beiträge aus 800 Jahren Berlin-Brandenburgischer Geschichte. Festschrift für Gerlinde Strohmaier-Wiederanders zum 65. Geburtstag, hg. von Hartmut Kühne/Erdmute Nieke, Frankfurt a. M. u. a. 2008, S. 131–147. – Ders., „...ein rechter Wunder-Brunn Gottes". Ein Beitrag zur lutherischen Frömmigkeit im 16. und 17. Jahrhundert, in: Jahrbuch für Fränkische Landesforschung 68 (2008) S. 63–92.

8 Einen lokalgeschichtlich orientierten Überblick gibt Wilhelm Mehrdorf, Chronik von Bad Pyrmont, 1. Teil: Geschichte des Bades Pyrmont, Bad Pyrmont 1967, S. 36–42; vgl. auch Hermann Engel, Das Pyrmonter „Wundergeläuf" von 1556, in: ders. Kulturgeschichtliche Streifzüge durch das Pyrmonter Tal, München 1973, S. 189–194. Zur Grafschaft im 16. Jahrhundert vgl. ders., Die Geschichte der Grafschaft Pyrmont von den Anfängen bis zum Jahr 1668, München 1972, bes. S. 134–163.

Brunnen gefu(e)llet/ vnd weit und ferne gefu(e)ret und getragen/ die abwesenden Siechen damit zu baden/ vnd zu trencken halff aber was es kundte/ ob gleich bissweilen etliche daru(e)ber ihrer gebrechen entledigt wurden."[9]

Von Spangenbergs Text sind weitere chronistischer Darstellungen abhängig, u. a. Heinrich Büntings Braunschweigisch-Lüneburgischer Chronik.[10] Die Retrospektive der lutherisch geprägten Chronistik war also von einer zumindest ambivalenten Haltung gegenüber den Pyrmonter Vorgängen bestimmt. Ein Teil der medizinischen Bäderliteratur verurteilte den Konkursus zum sogenannten „Wunderbrunnen" sogar als betrügerisches Unternehmen.[11] Am schärfsten polemisierte der Wormser Stadtarzt Jacob Tabernaemontanus gegen die Ereignisse von 1556. Er verglich den Zulauf mit dem „wu(e)tend und rasend Wallen zu der scho(e)nen Maria vnd Nothelfferin zu Regenspurg/ dann es war schier kein Blinder/ Tauber/ Stummer oder von Mutterleib Lahmer/ wie auch die Sondersichen oder Außsetzigen/ die nicht verhofften in diesem Brunnen jhre Gesundheit zu erlangen".[12] Als Urheber des Geläufs identifizierte er „etliche a(e)rtzt oder Doctores, oder vielmehr Impostores oder Deceptores vnd Landbuben/ die liessen ein offentlichen Truck außgehen/ daß diser new Wunderbrunnen nicht nur allein die erzehleten Kranckheiten/ sondern sonst auch alle andere Erbkranckheiten oder angeborne Seuchen curieren vnd heylen solt/ welchs doch mit keiner Artzeney auff dem gantzen erdboden zuwegen zu bringen ist/ vnd dieselbe Kunst vnser Erlo(e)ser vnd Seligmacher jhme allein vorbehalten hat."[13] Auch ein kühleres historisches Urteil wird nicht bestreiten, dass eine Serie von Drucken die Popularität des Pyrmonter Heilbrunnens 1556 beförderte. Nur für einen dieser Drucke ist die Verfasserschaft gesichert: Es handelt sich um ein lateinisches Gedicht und seine deutschen Reimfassung, geschrieben vom Rektor des Mindener Gymnasiums Hermann Huddeus, das dieser nach seiner eigenen Heilung von einem chronischen Geschwür durch das Pyrmonter Wasser verfasste.[14] Der am 3. Mai 1556 vollendete und in Wittenberg – angeblich durch Vermittlung Melanchthons – gedruckte Text lobt zwar die Wirkungen des Wassers im Falle zahlreicher Krankheiten, warnt aber zugleich vor irrealen Hoffnungen auf Heilung, etwa im Fall angeborener Lähmungen, Taubheit oder Blindheit.[15] Besonders mahnt Huddeus, keine „Abgötterei" mit dem Brunnen zu treiben, eine Forderung, die angeblich auch Graf Philipp von Pyrmont als Brunnen-„Artickel" öffentlich anschlagen ließ.[16] Wie diese Warnung zu verstehen ist, bleibt

9 Cyriakus Spangenberg, Mansfeldische Chronica, Der Erste Theil [...], Eisleben 1572 bei Andreas Petri, Bl. 474r: Derselbe Text findet sich auch in der leicht modifizierten Neuausgabe: ders., Sächssische Chronica [...], Frankfurt a. M. 1585 bei Sigmund Feyerabend, S. 686f.

10 Heinrich Bünting, Braunschweigische und Lüneburgische Chronica [...] Das Dritte Theil, Magdeburg 1586, S. 73f.

11 Einen immer noch unersetzten Überblick über die Literatur des 16. Jahrhunderts zu dem Pyrmonter Brunnen bietet Karl Theodor Menke, Die Literatur zur Geschichte und Physiographie Pyrmonts, in: Beiträge zur Geschichte der Fürstenthümer Waldeck und Pyrmont, hg. v. Ludwig Curtze, 2. Teil, Arolsen 1869, S. 296–310 und 528–540, hier bes. S. 306–310 und S. 528–540.

12 Jacob Theodor Tabernaemontanus, Neuw Wasserschatz/ das ist Aller heylsamen metallischen minerischen Bäder und Wasser [...] Auch aller anderer Sawrbrunnen eigentliche Beschreibung [...], Frankfurt a. M. 1581, S. 354.

13 Ebd.

14 Elegia Hermanni Hvddæi Mindensis De Fonte Hamelensi. Eine Schrifft Hermanni Huddei M. vom Bronnen bey Hamel, [Wittenberg bei Veit Kreutzer] 1556 (VD 16 H 5661). Eine Abbildung des Titelblattes und der deutschen Reime findet sich bei Hermann Engel, Die Schriften von 1556 über die Pyrmonter Heilquellen, in: Bad Pyrmont – Tal der sprudelnden Quellen. Zur Geschichte der Pyrmonter Heil- und Mineralquellen, hg. v. Andreas Lilge, Pyrmont 1992, S. 29–45, hier S. 32–35.

15 Die Angabe, Melanchthon habe den Druck der Elegia vermittelt, findet sich bei Menke, Die Literatur, S. 306, ohne einen konkreten Nachweis. Der unfirmierte Druck von Veit Kreuzer in Wittenberg, der damals auch zahlreiche Texte von Melanchthon druckte, spricht zumindest nicht gegen diese Behauptung.

16 „Zum ersten solln diesen Fontein/ || Besuchen / reich / arm / gros vnd klein || Sich in allweg thun befleissen / || Das im nicht go(e)ttlich ehr beweisen/ || Diesen Brunnen/ vnd machen in nicht / || Zu einem Abgott sondern

unklar. Im lateinischen Text berichtet Huddeus über den Ursprung des Namens „fons sacer“: Ein Greis habe ihm erzählt, dass an diesem Ort einst heidnische Umzüge stattfanden, die mit der Schlachtung eines Ochsens und einem Festmahl verbunden waren. Diese Erzählung scheint weder eine Erinnerung an vorchristliches Brauchtum noch ein Reflex auf reale spätmittelalterlich-kirchliche Riten zu sein, etwa eine Prozession zu Brunnen, die es in Pyrmont sehr wahrscheinlich nicht gegeben hat.[17] Insofern dürfte die Gefahr der Reaktivierung altgläubiger oder gar heidnischer Traditionen kaum bestanden haben. Da der Übergang zur Reformation in der Herrschaft erst kurz zuvor, im Jahre 1552, durch die Einführung des Predigers Dietrich von Collum als Hofprediger und Pfarrer in Oesdorf erfolgte, könnte die kirchlich noch instabile Lage allerdings eine Rolle gespielt haben.[18]

Weitaus wirksamer als die Elegia des Hermann Huddaeus dürfte eine Serie von Drucken für Pyrmont geworben haben, die 1556 unter dem leicht variierten Titel „Gründlicher: warhafftiger Bericht von dem new gefundenen wunder Brunnen in der Graffschafft Spiegelberg [...]“ im Umfang von vier Blättern durch mindestens vier verschiedene Druckereien in Leipzig, Erfurt und Nürnberg hergestellt wurde – hinzu kommt ein niederländischer Druck aus Nijmegen.[19] Diese Drucke geben mit leichten sprachlichen und geringen inhaltlichen Varianten einen Text wieder, der aus drei Teilen besteht. Zum ersten wird ein chemisch-medizinisches Gutachten geboten, das die Heilwirkung des Wassers auf den hohen Gehalt von Ocker zurückführt und dafür auf das klassische Arzneihandbuch, die „Materia Medica“ des Dioscurides, verweist.[20] Während das Baden im Wasser gegen „alle reudigkeit/ kretz/ grind/ bo(e)se flu(e)sse/ Frantzosen/ offene scheden/ Gicht/ das heilige ding [d. h. die Wundrose] vnd Podagra“ empfohlen wird, warnt der Autor vor einer inneren Anwendung des Wassers. Der Verfasser dieses Gutachtens war der Mediziner Burchard Mithoff (auch Mitobius oder Metobius). Eine ausführlichere Fassung, die Metobius 1556 für Dietrich von Plesse verfasst haben soll, druckte 1597 der Lügder Schulrektor Johann Feuerberg in seiner Beschreibung des Pyrmonter Brunnens ab.[21] Metobius sandte seine Expertise

schlicht/ || Zu Gottes ehren sein geniessen/ || Von dem kompt diese gnad herfliessen“ Ebd., nach dem Abdruck bei Engel, Die Schriften, S. 35.

17 Vgl. dazu Christoph Völker, Geschichte der katholischen Kirche in der Grafschaft Pyrmont bis 1668, Lügde 1991, S. 197–214.

18 Vgl. Völker, Geschichte, S. 219; Evangelische Geistliche zu Pyrmont seit der Reformationszeit bis auf die neueste Zeit, in: Beiträge zur Geschichte der Fürstenthümer Waldeck und Pyrmont, hg. v. Ludwig Curtze, 2. Teil, Arolsen 1869, S. 571–577.

19 Ich verzichte an dieser Stelle auf ausführliche bibliografische Angaben; es handelt sich um die Drucke VD 16 G 3608, 3609, 3610 und 3611. Nur der Druck G 3611 ist firmiert als Druck von Andreas Obermayer in Nürnberg. Ich habe Herrn Ulrich Kopp von der Herzog-August-Bibliothek in Wolfenbüttel sehr für die Druckbestimmung der anderen Nummern zu danken. Danach handelt es sich bei VD 16 3608 um einen Druck von Gervasius Stürmer in Erfurt, bei VD 16 3609 um einen Druck von Georg Hantzsch in Leipzig und bei VD 16 3610 um einen Druck von Melchior Sachse d. J. aus Erfurt (Mitt. v. 18.5.2009 sowie v. 11.8.2009). Der Text könnte noch in weiteren Druckfassungen verbreitet worden sein. Im Kirchlichen Zentralkatalog beim Evangelischen Zentralarchiv in Berlin, hg. v. Uwe Czubatynski, München 1997, findet sich der Nachweis eines offenbar im Titel abweichenden Druckes in der Kirchenbibliothek von Kalbe (Altmark): „Gru(e)ndlicher/ warhafftiger bericht/ || Von dem newgefundenen Wunder-Brunnen/ || in der Graffschaft Spiegelberg/ zwo || meyl weges gelegen von Hamelen || an der Weser.“ Leider konnte ich bisher keine weitere Auskunft über diesen Druck erhalten.
Den niederländische Druck über die „nieuwen gevondenen Fonteyne“ soll 1556 Peter von Elzen in Nijmegen hergestellt haben; das einzige bekannte Exemplar befindet sich im Heimatmuseum Coppenbrügge; vgl. Engel, Die Schriften, S. 44.

20 Vgl. Pedanius Dioscurides aus Anazarba, Fünf Bücher über die Heilkunde, hg. v. Max Aufmesser, Hildesheim u. a. 2002, zum Ocker hier S. 324.

21 Der Erstdruck Johannes Pyrmontanus [Feuerberg], FONS SACER/ Das ist/ Beschreibung der/ Wunderbaren/ Ko(e)st-/ lichen vnd Weitberu(e)mbten Heilig-/ brunnen [...], Lemgo 1597 war mir nicht erreichbar. Das einzige nachweisbare Exemplar befindet sich in der Universitätsbibliothek Basel, Signatur: hx VII 2: 4. Benutzt wurde deshalb der Nachdruck im Anhang zu Andreas von Keil, Beschreibung des Pyrmontischen Sauerbrunnen [...], Lemgo 1697, hier S. 9f.

zusammen mit einer Probe des Pyrmonter Wassers auch nach Wittenberg an Melanchthon, der den Text weiter verbreitete.[22]

Dem Gutachten des Metobius folgt in den Drucken ein kurzer Abschnitt, der mit dem Satz beginnt: „Es hat/ Gott lob/ dieser brunnen vielen leuten geholffen/ die etliche jar taub vnd blind gewesen sein…" Dieser Abschnitt erklärt mehrfach, die Heilwirkungen in Pyrmont seien „durch die Gnade Gottes" bewirkt. Der Passus schließt predigtartig mit „Gott verleihe vns vnd allen Christgleubigen seine Gnade/ Amen."[23] Den größten Raum in diesem Textabschnitt nimmt die Schilderung eines durch das Trinken des Wasser bewirkten Exorzismus ein, „das der bo(e)se Geist von im hat mu(e)ssen weichen/ vnd Gott hat sein gnad dazu geben".[24] Den dritten Teil des Druckes bildet ein Brief, den ein nicht weit vom Brunnen wohnende Pfarrer an einen Lübecker Bürger geschrieben haben soll.[25] Auch hier werden zunächst die Heilwirkungen im Allgemeinen benannt und danach einige spektakuläre Fälle beschrieben: einer vergifteten Frau aus Bielefeld seien nach dem Trinken des Brunnens eine Eidechse und Würmer aus dem Leib gekrochen, ein seit sieben Jahren stummer Mann habe durch das Trinken wieder die Sprache erlangt und ein erblindeter Schmiedeknecht konnte nach dreitägiger Behandlung des Auges wieder sehen. Der Brief schließt mit der Formel „Des sey Gott gelobet vnd geda(e)nckt in ewigkeit/ dem kein ding unmu(e)glich ist/ Amen."[26]

Obwohl die Drucke von dem chemisch-medizinische Gutachten ausgehen, verschiebt sich in ihnen der Akzent hin zu einer religiösen Interpretation protestantischen Zuschnitts: Nicht ein Ritus, der heilige Ort oder die Fürsprache eines himmlischen Patrons, sondern die Gnade Gottes ist der Grund für die Heilungen in Pyrmont. Im Gegensatz zu den Warnungen des Arztes Metobius vor dem inneren Gebrauch des Wassers bewirkt gerade das Trinken des Wassers die spektakulärsten Heilungen: das Ausscheiden giftigen Gewürms, die Wiederherstellung der Sprache und vor allem das Ausfahren dämonischer Geister. Auch Hermann Huddaeus spricht in seiner Elegie von Exorzismen und erwähnt einen blinden Teufelsbanner, über dessen Tun er aber kein sicheres Urteil fällen will, da es sich möglicherweise um teuflischen Betrug handelt und Anlass zur „Abgötterei" gibt.[27] Heinrich Bünting, der vom teuflischen Ursprung der Exorzismen in Pyrmont überzeugt ist, widmet sich dieser Geschichte ausführlicher: Eine „schöne Dirn", die in Pyrmont exorziert wurde, heiratete den Teufelsbanner und zog mit ihm nach Osnabrück. Dort brachte sie ihren Mann, vom Teufel verführt, schließlich auf schauerliche Weise um – was Bünting als angemessener Lohn für den teuflischen Exorzisten erscheint.[28] Trotz dieser kritischen Stimmen scheinen die erfolgreichen Exorzismen in Pyrmont und auch später im lutherischen Kontext die göttlichen Gnadenwirkungen an den Wunderbrunnen besonders anschaulich gemacht zu haben.

22 Das Schreiben an Melanchthon ist nicht erhalten, sein Inhalt ist aber aus der Antwort Melanchthons an Metobius vom 12. April 1556 zu erschließen (Corpus Reformatorum 8, Halle 1841, Nr. 5961, Sp. 730f.; vgl. auch Melanchthons Briefwechsel. Kritische und kommentierte Gesamtausgabe hg. v. Heinz Scheible, Bd. 7, Stuttgart 1993, Nr. 7780, S. 416). Ausführlicher geht Melanchthon auf das Gutachten in einem Brief an Johannes Mathesius vom 13. April 1556 ein: Hans Volz, Neue Beiträge zum Briefwechsel von Melanchthon und Mathesius III, Archiv für Reformationsgeschichte 30 (1933), S. 37–66 und S. 212–246, hier Nr. 43, S. 61–63.

23 Das Zitat nach dem Erfurter Druck VD 16 G 3610, Bl. A2v bzw. A3r.

24 Ebd., Bl. A3r.

25 Wenn die Angabe über die Verfasserschaft des Briefes zutrifft, so muss es sich um den oben erwähnten Dietrich von Collum, den ersten protestantischen Prediger in Oesdorf, gehandelt haben; vgl. oben Anm. 18.

26 VD 16 G 3610, Bl. A4r.

27 Huddaeus, Elegia zitiert nach Engel, Die Schriften, S. 35.

28 Büntig, Chronika, S. 74. Diese nur von Bünting kolportiere Erzählung beruhte nach der Darstellung von Georg Bolmann, Kurtze Beschreibung des Pyrmontschen Saur-Brunnens […], Rinteln 1661, Bl. A3v, auf einem von einem Soldaten im Pyrmonter Schloss 1556 hinterlassenen Brief, den Büntig angeblich benutzt haben soll.

Denselben Text wie die genannten Drucke verwenden noch mindestens zwei weitere Flugschriften, die beide den Titel: „Beschreibung des neuwen gefundenen Bronnens/ : inn wellichem der Allmechtige Gott teglich seine gaben reychlich erscheynen lasset [...]“ tragen. Einer der beiden Drucke war bisher in der Literatur über Pyrmont unbekannt.[29] Der Druck bietet über die besprochenen Flugschriften hinaus zwei Erweiterungen. Am Ende der zweiten Textpassage nennt er Metobius als Autor.[30] Grundsätzlicher ist, das auf der letzten Seite der Satz: „Die wunderzeichen Christi seind nicht zu verlachen/ Die Blinden macht er sehent/ die lamen gerade/ die Tauben ho(e)rent/ die stummen redent/ etc.“ mit der Holzschnittdarstellung einer neutestamentlichen Krankenheilung verbunden wird.[31] Auf diese Weise soll offenbar eine Parallele zwischen den neutestamentlichen Heilungswundern und den in Pyrmont geschehenen Heilungen gezogen werden. Nicht nur implizit, sondern explizit wird diese Verbindung in dem letzten der hier vorzustellenden Texte vollzogen. Es handelt sich um einen inzwischen verschollenen Druck, der zuletzt von Alfred Martin für seine 1906 erschienene Geschichte des Badewesens benutzt wurde. Martin druckte das Titelblatt sowie den vollständigen Text in leicht modernisierter Form ab.[32] Auch diese Flugschrift verwendet die oben beschriebene Textkombination aus chemischem Gutachten, religiöser Interpretation der Heilungen sowie dem Brief des Ortspfarrers. Metobius wird im Text als Verfasser genannt. Vorgeschaltet wird eine kurze Chronik der Ereignisse: Angeblich sei der Brunnen bereits 300 Jahre zuvor ähnlich heilkräftig gewesen. Weil die Grafen damals den Quell einfassen ließen und von dem Wasser „Tribut oder zinß geheyschet“, sei der Brunnen versiegt und erst im März 1556 „durch die krafft Gottes“ wieder eröffnet worden. Das Versiegen der Quelle wegen der finanziellen Ausnutzung des Wassers sollte im Übrigen ein in der lutherischen Wunderbrunnenliteratur des 17. Jahrhunderts weit verbreitetes Motiv werden. Die Heilkraft des im März 1556 neu entsprungenen Brunnens wurde durch einen armen und gelähmten Mann entdeckt. Da sich Tiere durch das Wasser vergifteten, habe er beschlossen, seinem Leben durch das Trinken des Brunnens ein Ende zu setzten. Als aber durch den Genuss des Wassers eine Besserung seines Zustandes eintrat, habe er weiter getrunken und sich mit dem Wasser gewaschen und sei auf diese Weise geheilt worden, woraufhin der massenhafte Zulauf nach Pyrmont einsetzte.

Der von Alfred Martin benutzte Druck erweiterte auch den Umfang des dritten Textteils, des nach Lübeck gerichteten Briefes des Ortspfarrers. Diesem wird zunächst ein weiteres Exempel hinzugefügt, allerdings keine Heilung, sondern ein Strafwunder, das sich an drei Landsknechten vollzog, die über die Wunderkraft des Brunnens spotteten und deshalb „unsinnig“ und „toll“ wurden. Ferner wird in einem neuen Abschnitt ausdrücklich eine Generalindikation für den Gebrauch des Wassers behauptet: „In summa, was doch presthafft ist, kein kranckheit vßgenommen, hat alles sein zuflucht zu diesem brunnen.“[33] Dies leitet zu Diskussion der gegenwärtigen Wirksamkeit Gottes in Wundern über: Es gäbe nämlich Leute die behaupten,

29 Der Druck VD 16 ZV 24438 befindet sich im Besitz der Staatsbibliothek Berlin, Signatur: Js 10485 (R). Nach einem Zusatz auf dem Titelblatt ist die Schrift an Christian III. von Dänemark gerichtet: „Geschrieben vnd gesandt/ zu dem durchleuchtigsten Hochgebornen Fürsten vnnd Herrn/ Herrn Christian von Gottes gnaden/ Ko(e)nig in Denmarck/ etc.“ Nach der Untersuchung der Typen durch Ulrich Kopp (vgl. Anm. 19) handelt es sich um einen Druck von Franz Behem in Mainz. Warum diese Druckerei mit ihrem klar reformkatholisch-antiprotestantischen Profil diesen Druck hergestellte, bedürfte einer eigenen Untersuchung. Zu Franz Behem vgl. Christoph Reske, Die Buchdrucker des 16. und 17. Jahrhunderts im deutschen Sprachgebiet, Wiesbaden 2007, S. 593f. mit ausführlicher Lit.

30 „Durch Doctor Borchardum Metobium“, VD 16 ZV 24438, Bl. A3r.

31 Auch der Erfurter Druck VD 16 G 3608 bildet auf dem Titelblatt einen Holzschnitt mit der Darstellung des Wasserwunders in der Wüste nach Ex 17 ab.

32 Alfred Martin, Deutsches Badewesen in vergangenen Tagen. Nebst einem Beitrage zur Geschichte der deutschen Wasserheilkunde, Jena 1906, hier S. 286–290.

33 Ebd., S. 289f.

dass Gott sich den Menschen heute nicht mehr durch so große Wunderwerke bekannt macht wie zur Zeit Christi; „nemen die selbigen diß wunderwerck für augen, so werdens nit so vnwüssent von Gott vnd seinem wunderwerck reden."[34] Wie die Prodigienliteratur spricht der Text von der beständigen extraordinären Wunderpredigt Gottes seit den Zeiten des Auszugs des Volkes Israel aus Ägypten bis zu Gegenwart, die nach der „Wiederentdeckung des Evangeliums" in der Reformation als Endzeit gedeutet wird: „Also ist es zu vnsern letsten zeiten gleich auch ein ding, so vns Gott seine gaben mit wunder wercken erzeigt, so halten wir es für ein gespöt oder fabel."[35] Von allen Pyrmont betreffenden Drucken, artikuliert dieser „Bericht" am deutlichsten die spezifisch lutherische Sicht auf die eigene Gegenwart als Endzeit, in der sich Gott besonders eindringlich durch Wunderzeichen vernehmen lässt.

Allerdings blieb die theologische Aufwertung des Pyrmonter Brunnens ebenso wie sein massenhafter Besuch eine Erscheinung von sehr kurzer Dauer, die kaum über den Sommer des Jahres 1556 hinausreichte. Auffällig ist die Anonymität der einschlägigen Flugschriften; die Verfasserschaft von Burchard Metobius für den gesamten Text und insbesondere für die am stärksten theologisch aufgeladene Fassung anzunehmen erscheint abwegig.[36]

In den Drucken über den Pyrmonter Brunnen war das ‚Konzept' der lutherischen Gnaden- und Wunderbrunnen erstmals ‚erprobt' worden. Zunächst blieb den Wunderbrunnen eine nachhaltige Anerkennung versagt. Dies zeigt besonders das ambivalente Echo in der lutherischen Chronistik. Auffällig ist auch, dass der Klassiker der lutherischen Prodigienliteratur, die Wunderzeichensammlung von Hiob Finzel, in der zweiten Ausgabe von 1559 unter den Nachträgen zum Jahr 1556 Pyrmont nicht erwähnt.[37] Dennoch blieben die Drucke zu Pyrmont in Erinnerung, wie z. B. die Magdeburger Stiftschronik des Wolmirstedter Pfarrers Werner von 1584 zeigt, der eine Passage daraus zitiert.[38]

Erst zu Beginn des 17. Jahrhunderts wurde das Konzept der Wunderbrunnen im deutschen Luthertum reaktiviert – diesmal mit anhaltendem Erfolg.

Neue Wunderbrunnen nach 1600

Kurz nach 1600 gab es eine Welle der Entdeckung von Quellen, denen in ähnlicher Weise wie dem Brunnen von Pyrmont außergewöhnliche Heilerfolge nachgerühmt wurden. Der erste dieser Brunnen scheint eine Quelle im Oberschlesischen Steinau (heute Ścinawa Mała, ehemals Landkreis Neustadt) gewesen zu sein. Über ihn berichtet einen anonyme Flugschrift aus dem Jahr 1602, in der die Erzählung von dem Brunnen nach der Melodie des Passionsliedes „Hilf Gott, dass mir's gelinge" in Versform geboten wird.[39] Der Text beginnt mit einem heils-

34 Ebd., S. 290.

35 Ebd.

36 Seit der Publikation des Textes durch Alfred Martin wird Metobius als Autor des Textes geführt. Die Behauptung der Verfasserschaft von Metobius durch Engel, Die Schriften, S. 40–43 ist nicht stichhaltig. Die Behauptung, dieser umfangreichste Druck sei der früheste gewesen und die anderen Flugschriften seien durch Kürzungen dieses Druckes entstandene, ist fragwürdig. Auch verkennt Engel die theologischen Implikationen der Texte.

37 Hiob Finzel, Wunderzeichen [...] die von dem Jar an M. D. XVII. bis auff jtziges Jar M. D. LVI. geschehen und ergangen sind nach der Jarzal, Leipzig 1559.

38 Andreas Werner, Chronica Des Hochlöblichsten Keyserfreyen Ertz und Primat Stiffts Magdeburg [...], Magdeburg, bey Paul Donat ... 1584, Neudruck in: Chur-Brandenburgische, Märckische, Magdeburgische und Halberstädtische Chronica [...], hg. v. Heinrich Ammersbach, Halberstadt 1682, S. 141.

39 Zwo warhafftige newe Zeitung/ Von einem Brunnen/ welchen Gott der Allmechtige aus der Erden hat auffspringen lassen/ in Schlesien bey der Steina [...], Neiße bei Caspar Seyfried 1602. Das einzige bekannte Exemplar befindet sich in der Staatsbibliothek Berlin, Signatur 16 an: Yd 7852.

geschichtlichen Summarium von der Schöpfung über den Fall des Menschen bis zur Erlösung. Der Hinweis auf ein Unwetter zu Mitfasten 1602 als Gottes Strafpredigt „In dieser letzten Zeit" wird verbunden mit dem Entspringen des Brunnens als Zeichen für Gottes Barmherzigkeit, denn hier würden Blinde, Lahme und Stumme geheilt.[40] Die angeführten Exempel umfassen die Heilung eines sieben Jahre lang stummen und eines von Geburt an lahmen Kindes sowie ein Strafwunder, das einen Bauern ereilte, der sein blindes Pferd zum Spott zu dem Brunnen führte und selbst erblindete. Der Text endet mit biblischen Belegen wie dem Wasserwunder des Mose in der Wüste (Num 20, 1–13) und schließt mit dem Lobpreis Christi. Abgesehen von dieser Flugschrift sind keine weiteren Zeugnisse über diesen Wunderbrunnen bekannt.

Der berühmteste unter den kurz nach 1600 entdeckten Wunderbrunnen war der „Tannenbrunnen" bei Zwönitz im Erzgebirge.[41] Seine Popularität belegen mindestens sieben verschiedene Drucke, die sich mit diesem Brunnen beschäftigen. Sie stammen von Martin Pfündel, Schulrektor und späteren Superintendenten in Plauen,[42] Johann Philipp Brendel, Stadtarzt in Neustadt an der Orla,[43] Johann Thölde, dem bekannten Alchemisten und Salinenexperten,[44] sowie von Henning Scheunemann,[45] dem paracelsischen Mediziner und Leibmedikus des Bamberger Fürstbischofs Johann von Gelbsattel.

Alle diese Drucke bezeugen den außerordentlichen Ruf der im April 1608 durch eine Bäuerin entdeckten Quelle, der das Wasser zur Heilung eines seit Jahren offenen Geschwürs verhalf. Freilich waren sich die Autoren in der Beurteilung der Offenbarung der Quelle durch einen Traum uneins.[46]

Bezeugt wird die öffentliche Danksagung für die Heilung in der Kirche, eine Praxis, die ab der Mitte des 17. Jahrhunderts bei allen Wunderbrunnen üblich war.[47]

Die vermeintliche Generalindikation des Zwönitzer Wassers wird mehrfach erwähnt und besonders kritisch von dem Mediziner Brendel gerügt: „der gemeyne Man [will] eine Panaceam darauß machen/ vnd dafu(e)r halten .../ daß er alle Kranckheiten heile".[48] Weniger polemisch beschrieb Johann Thölde den Ruf des Brunnens und seinen Besuch: „Es ist zwar/ in sehr wenig/ vnd kurtzer zeit/ in viel Landt vnd Fu(e)rstenthumb hin vnnd wieder erschollen/ wie das dieser erwehnte Bronnen [...] vor alle inner/ vnd eusserliche gebrechen/ nu(e)tzlich/ haylsam/ vnd gut sein solte/ das/ wer dieses Brunnen wassers gebrauchte/ die blinden sehent/ die stummen redent/ die Tauben ho(e)rent/ die Gichtbru(e)chigen/ oder so gantz vnnd gar

40 Ebd., Bl. A2r.

41 Über die Geschichte des Brunnens orientieren zwei heimatgeschichtliche Publikationen: [Friedrich Hermann] Löscher, Geschichte des Bades zum „Guten Brunnen" bei Zwönitz, in: Aus dem Zwönitzthale 3/4 (1896), S. 41–88; Johannes Pöschmann, 500 Jahre Guter Brunnen Zwönitz, Zwönitz 1998.

42 Pfündel verfasste eine Descriptio Historica Novi Fontis [...], Hof 1608 (VD 17 14:016976B), die in einer deutschen Fassung als „Warhafftige/ Gründliche/ Historische Beschreibung/ Deß newen wunderbaren erfundenen Brunnens in Meissen [...] zuerst in Nürnberg und nochmals in Magdeburg gedruckt wurde (VD 17 23:246571F / 23:686222M). Ein Teil dieses Textes wurde als Anhang in dem Druck Johann Ph. Brendels aufgenommen, vgl. die folgende Anm.

43 [Johann Philipp Brendel], Kurtzer/ doch gründlicher Bericht/ Von Natur/ Eigenschafft/ Krafft/ Wirckung/ und rechtmässigem Gebrauch Des new erfundenen Brunnens/ zun dreyen Tannen in Meissen bey der Zweynitz gelegen [...] Jena 1608 (in zwei Auflagen VD 17, 1:062776Q / 23:686239W).

44 Johann Thölde, Examen Und Iudicium deß weitbeschrienen Brunnens/ in der Chur Sachsen [...], Bamberg 1608 (VD 17, 23:247003C); ein von Oliver Humberg/Hans-Hennig Walter kommentiertes Reprint erschien 2007 im Drei-Birken-Verlag Freiberg.

45 Henning Scheunemann, Hydromantia Paracelsica, Hoc est, Discursus Philosophicus De Novo Fonte In Saxonia Electorali [...], Bamberg 1613 (VD 17, 23:242100P).

46 Während Scheunemann, Hydromantia, Bl. A 2r, diese Erzählung als glaubwürdig wiedergibt, bestreitet Thölde, Examen, Bl. C2r, diese und ähnliche Erzählungen und bezeichnet sie als „deß gemeinen Mannes [...] gemeine sage".

47 Die Frau „nachdem sie also vermittelst go(e)ttlicher Vorleihung wieder zu voriger Gesundheit vnd Sta(e)rcke kommen/ lesset vnserm HERRN Gott o(e)ffentlich in der Kirchen fu(e)r solche gna(e)dige Woltat danken/ ru(e)hmet dieselbe allenthalben." Brendel, Bericht, Bl. E4v.

48 Ebd., Bl. A4r.

contract, in allen Gliedmassen erlahmet/ gerad/ auch die Podagrici wieder gesundt wu(e)rden." Deshalb entstand ein Zulauf „zu Wagen/ Roß/ vnd zu Fuß/ von hohen/ vnd niedern/ gesunden sowol/ als krancken vnd gebrechlichen Leuthen". Auch werde das Wasser in Flaschen „nach Prag/ Wien/ Hamburg/ Regenspurg/ Augspurg/ Nu(e)rnberg/ item in Meissen/ Sachsen/ Du(e)ringen/ Francken/ Schlesien/ in die Pfaltz [...] hingefu(e)hret".[49]

Alle Autoren deuten die religiöse Dimension der Heilungen eher zurückhaltend an, so dass die Auffassung, es handle sich um einen Gnaden- oder Wunderbrunnen, vor allem im Referat der umlaufenden Meinungen auftaucht.

Der Hamburger Lehrer und spätere Lüneburger Pfarrer David Lange[50] brachte im Jahre 1612 eine Flugschrift über die bei Sallahn im Wendland entsprungene Heilquelle zum Druck, die durchgängig theologisch argumentiert.[51] Die Quellen entsprangen „auß sonderlicher schickung GOTTES/ vielen armen Leuten vnd vns Christen zu trost/ auß Gnaden",[52] die Allmacht Gottes heilte zuerst ein blindes und taubes Mädchen, danach „viel Kranke/ Lame/ Blinde" innerhalb kürzester Zeit. Es wird die Anlage der zwei Brunnen – einer zum Baden und einer zum Trinken – geschildert. Der Badebrunnen wird regelmäßig entleert und läuft rasch wieder voll, das Wasser steigt aber auf wundersame Weise niemals über den Rand „daß man sich der grossen gnade und Gu(e)te GOTtes billich zu verwundern hat."[53] In einer predigtartigen Ermahnung schildert der Autor die Sünde der Menschheit, die das göttliche Geschenk des extraordinären Heilbrunnens noch gnadenhafter erscheinen lässt. Auch wird der theologische Kernbegriff des Glaubens in einer problematischen Weise direkt auf die Heilungen durch den Brunnen bezogen: „denn wer an den Brunnen nebenst GOTTes hu(e)lffe geleubet wird Gesundt/ wer aber nicht gleubet/ bleibt als er ist/ wer aber ein schwachen kleinen Glauben hat/ bekompt wenig hu(e)lffe/ alß der Gelaub da ist ist Gott auch mit seiner Gnad da."[54] Der Text ermahnt mit zahlreichen Bibelzitaten zu angemessenem Verhalten angesichts dieser besonderen Gnade, denn dieser Brunnen ist „auch ein anzeigung das der Tag des Herrn nahe bey ist"[55] und muss deshalb als Aufforderung zur Bekehrung am Ende der Zeiten verstanden werden.

Ebenfalls 1612 entstand zu dem in der Nähe des Klöster Lüne nahe Lüneburg gelegenen Gungelsbrunnen ein Zulauf, über den es in der Bardowiker Chronik Christian Schlöpkes heißt, der Brunnen habe 1612 seine „heilsame Krafft gea(e)ussert/ und seynd durch dessen Brauch in diesem und folgendem 13ten Jahr [...] viele preßhaffte vermittels Go(e)ttlichem Segens curiret. Der damahlige Superintendens zu Lühne/ Fridericus Leseberg/ welcher bey solchem Brunnen um diese Zeit den Gottesdienst verwaltet/ hat darvon einen ausfu(e)hrlichen warhafftigen Bericht geschrieben".[56] Dieser gedruckte „Bericht" Lesebergs wurde mehrfach in der Literatur

49 Thölde, Examen, Bl. B3r–B4r.

50 Der Hamburger Lehrer David Lange, der dort bis 1621 auch schriftstellerisch tätig war (vgl. Lexikon der hamburgischen Schriftsteller bis zur Gegenwart, hg. v. Hans Schröder u. a., Bd. 4, Hamburg 1866, S. 302), ist wohl mit dem ab 1624 in Lüneburg zunächst als dritter Pfarrer an S. Lamberti und danach von 1634 bis 1662 als erster Pfarrer an S. Nikolai tätigen David Lange (vgl. Philipp Meyer, Die Pastoren der Landeskirchen Hannovers und Schaumburg-Lippes seit der Reformation, Bd. 2, Göttingen 1942, S. 105 und 108) identisch.

51 David Langius; Mirakel vnd Wunderwerck/ auch Eigentlicher vnd warhafftiger Bericht: Von einem new erfundenen Brunnen/ so im Lande zu Lu(e)neburg [...] gelegen [...], Hamburg 1612. Das einzige bekannte Exemplar dieses Druckes, der noch nicht im VD 17 erfasst ist, befindet sich in der Staats- und Universitätsbibliothek Hamburg, Signatur Scrin A/1915. Ich habe Philipp Cordez (Hamburg) für die Unterstützung bei der Übermittlung einer digitalen Aufnahme zu danken. Der Druck ist auch in der lokalgeschichtlichen Literatur unbekannt. Dort wird die Nachricht kolportiert, der Heilbrunnen sei erstmals 1622 entdeckt worden, vgl. Art. „Sallahn", in: Wendland-Lexikon, hg. v. Wolfgang Jütte/Berndt Wachter, Lüchow [2]2008, Bd. 2, S. 324f.

52 Ebd., Bl. A1v.

53 Ebd., Bl. A2v.

54 Ebd., A3r.

55 Ebd., Bl. A4r.

56 Christian Schlöpken, Chronicon oder Beschreibung der Stadt und des Stiffts Bardewick [...], Lübeck 1704, S. 340. Friedrich Leseberg war von 1608–1635 Pfarrer und Superintendent in Lüne; vgl. Meyer, Die Pastoren, Bd. 2, S. 99.

genannt, m. W. zuletzt von Wilhelm Friedrich Volger, der eine gekürzte und wohl auch sprachlich modernisierte Fassung abdruckte[57] – derzeit ist kein Exemplar des Druckes bekannt. Die von Volger gebotene Fassung in Reimen beschäftigt sich vor allem mit der spätmittelalterlichen Vorgeschichte des Brunnens. Die knappen Angaben zum Besuch des Brunnens im Jahr 1612 berichten von der Heilung einer stummen und lahmen Magd sowie eines gelähmten Geschwisterpaars. Die religiöse Dimension der Quelle erscheint in dem Text etwas formelhaft, was freilich auch an der Auswahl und sprachlichen Fassung durch Volger liegen kann.

Wohl ebenfalls 1612 wurde auch im Erzstift Bremen ein solcher Wunderbrunnen in der Wingst (ca. 35 km südöstlich von Cuxhafen) entdeckt.[58] Der einzige historische Zeuge für diesen Gnadenbrunnen ist Christoph Barbarossa, der von 1599 bis 1613 Pfarrer in dem der Wingst benachbarten Altenbruch war. Einer 1613 gedruckten Predigtsammlung fügte er ein „Tracta(e)tlein von den jetzigen WunderBrunnen Gottes“ hinzu.[59] Dieser Traktat ist die erste ausführliche und grundsätzliche Erörterung eines lutherischen Theologen über das Phänomen der Wunderbrunnen. Der Traktat wurde 1646 nochmals selbständig gedruckt.[60]

Der Wunderbrunnentraktat des Christoph Barbarossa

Der aus einer lutherischen Pfarrerfamilie stammende Christoph Barbarossa (Rodtbart) wurde um 1560 in Jever geboren, studierte ab 1585 in Wittenberg Theologie,[61] übernahm seine erste Pfarrstelle 1589 in Otterndorf im Lande Hadeln, ging 1597 als erster Pfarrer an die Lüneburger Johanniskirche und folgte seinem Vater 1599 in der Pfarrstelle von Altenbruch sowie als Superintendent für das Land Hadeln.[62] Nachdem er sein Pfarramt 1613 nach einem Konflikt in seiner Pfarrei wegen des „Straffamptes“ verlassen musste,[63] konnte er bis zu seinem Tod 1623 nirgendwo dauerhaft Fuß fassen und verstand sich als „Exulant“. Er hat literarisch durch zahlreiche Predigtsammlungen und katechetischen Schriften gewirkt. Der älteren Literatur ist aber sein publizistisches Engagement in der Rosenkreuzer-Debatte und zugunsten von Paracelsus entgangen. Freilich hat er diese Drucke auch anonym, d. h. unter dem Pseudonym „Radtichs Brotoffer“, drucken lassen.[64]

57 [Wilhelm Friedrich] Volger, Der Gungelsbrunnen bei Lüne, in: Jahreshefte des naturwissenschaftlichen Vereins für das Fürstenthum Lüneburg 2 (1866), S. 21–31, der Text findet sich auf den S. 26–31.

58 Die lokalhistorische Literatur ist für das 17. Jahrhundert unzuverlässig: Wilhelm Eimers, Der Johannisbrunnen in der Wingst, in: Zwischen Elbe und Weser 2 (1984), Heft 3, S. 1–3. – Walter Umland, Wingster Chronik, Wingst 1995, S. 146–151.

59 Christoph Barbarossa, Epistolae symphygeis. Oder 23. Klag: un[d] Warnungs Briefe Jesu Christi […], Goslar 1613 (VD 17 23:648968S).

60 Wunder-brun[n]en Gottes/ Das ist: Waarhafftiger/ Christlicher und nothwendiger Bericht/ was von denen Brunnen zuhalten/ darbey so grosse Zeichen und Wunder geschehen […] publicirt durch M. C. B. Jetzo aber … widerholt und gedruckt, Nürnberg [1646]. Der Vergleich des Nachdrucks mit dem Druck von 1613 zeigt , dass es sich um einen außerordentlich getreue Wiedergabe des Originals handelt.

61 Er wurde im April 1585 an der Universität Wittenberg immatrikuliert, vgl. Album academiae Vitebergensis, hg. v. Karl Eduard Förstemann, Bd. 2, Halle 1894, S. 328.

62 Eine moderne Darstellung seiner Biografie fehlt. Die instruktivste Darstellungen findet sich bei Ludolph Schröder, Das Evangelische Lüneburg […], Braunschweig 1719, S. 337–342, vgl. auch die Korrekturen dazu bei Heinrich Wilhelm Rotermund, Das gelehrte Hannover […], Bd. 1, Bremen 1823, S. 344–346, sowie Meyer, Die Pastoren, Bd. 2, S. 102 und S. 259f.

63 Darüber berichtet er in der Dedikation seines Brunnentraktates: Barbarossa, Epistolae, Bl. Eee5r.

64 Ratichs Brotofferr, Elucidarius Chymicus. Oder/ Erleuchterung und deutliche Erklerung/ was die Fama fraternitatis vom Rosencreutz/ für Chymische Secreta de lapide Philosophorum, in ihrer Reformation der Welt/ mit verblu(e)mbten Worten versteckt haben, Goslar/ Lüneburg 1616 (VD 17, 23:276571R), 1617 nochmals in Goslar nachgedruckt (VD 17 39:137797Z), ders., Elucidarius Maior. Oder Erleuchterunge uber die Reformation der gantzen weiten Welt […], Lüneburg 1617 (VD 17 39:116498E); [R. B.], Theophrastus non Theophrastus […], Goslar/Lüneburg 1617 [14:050837Q].

Der Traktat zu den Wunderbrunnen wurde im Juli 1613 in Stade geschrieben,[65] nimmt aber auf Erlebnisse Bezug, die sich noch in der Zeit seines Pfarramtes in Altenwalde ereigneten; an einer Stelle heißt es, das Geschehen sei „fast eben ja(e)rig", muss sich also im Sommer 1612 ereignet haben. Der umfangreiche Predigtband wurde bei Hans Stern in Lüneburg verlegt, wo alle Schriften Barbarossas zwischen 1608 und 1617 erschienen sind.[66] In der Vorrede erklärt Barbarossa, der habe den Traktat geschrieben, weil „viel Spo(e)tter und leichtsinnige ruchlose Leute gefunden werden/ die [...] wol schimpflich/ ja lesterlich [von den Brunnen] reden/ und alle wunder/ die darbey geschehen/ aus irem verkehrten Sinne/ weil sie meinen/ daß zu dieser Zeit keine Wunderwercke mehr geschehen sollen und mu(e)ssen/ schlechter ding dem Teuffel zuschreiben du(e)rffen."[67]

Der Traktat ist als „Gespra(e)ch eines Beichtkindes mit seinem Beichtvatter", also in Form eines Dialogs gestaltet und wird durch die Frage des Beichtkindes nach jenen Brunnen eröffnet, die „im Land Lu(e)neburg an unterschiedlichen Orten auch im Stifft Bremen an der Winckst/ vnd sonsten in andern Landschafften mehr/ zu dieser zeit [...] quellen und fliessen sollen/ dahin viel Leute ziehen vnd raisen/ denen wunderliche Hu(e)lffe widerfa(e)ret/ dergleichen ich zuvor mein Lebenlang nie geho(e)ret habe" und was davon zu halten sei.[68] Der Beichtvater erkennt diese Frage als „recht und christlich" an und gibt die Struktur des Gesprächs vor, in welchem vier Punkte behandelt werden sollen: „1. Was von solchen Brunnen zu halten sey oder nicht. 2. Zu was Lehre sie einem Christen-Menschen sollen dienen. 3. Zu waserley Trost. 4. zu welcher Warnung und Vermahnung/etc."[69]

Im Folgenden werde ich mich im Wesentlichen auf das Referat des ersten Kapitels beschränken. Dieses beginnt mit der theologisch grundlegenden Unterscheidung zwischen dem Predigtamt und der Sakramentsverwaltung – als den von Gott befohlenen Heilsmitteln und Kennzeichen der Kirche entsprechend Art. 5 und Art. 7 der Augsburger Konfession – und den Wunderbrunnen, denn von diesen gibt es kein göttliches Mandat in der Schrift.[70] Diese Unterscheidung wird in dem Text immer wieder eingeschärft: Allein Predigt und Sakramenten sind von Gott eingesetzt und werden durch die Heilige Schrift bezeugt; sie sind hinreichend „zur Seeligkeit/ ja zu zeitlicher und ewiger Wolfart".[71] Deshalb widerspricht Barbarossa auch der Behauptung, „daß wer den Glauben nicht hat/ dem ko(e)nne auch durch solche Brunnen nicht geholffen werden"; denn es wäre unchristlich, solche Brunnen zum „Fundament deß Glaubens" zu machen, ohne ein entsprechendes Wort in der Heiligen Schrift zu haben. „Darumb muß man zusehen/ wenn man darbey auff den Glauben dru(e)ngen will/ daß nicht ein falscher Wahnglaube darauß werde."[72] Hier wird offenbar auch gegen jene Formulierungen polemisiert, die sich in der Flugschrift von David Lange über den Brunnen in Sallahn finden.

Nach dieser grundsätzlichen Klärung werden die Brunnen ausdrücklich als theologisch relevantes Phänomen anerkannt, denn sie sind nicht „bloß naturales [...] sondern viel mehr u(e) bernatu(e)rlich". Barbarossa begründet dies mit ihren besonderen Heilwirkungen, durch die viele und verschiedenartige Krankheiten geheilt werden „welches die Schrift Miracul und Wunderzeichen nennet/ und zwar solche/ die dem Herrn Messia selbst zugeleget werden. Denn hie werden die Lahmen gehen die Tauben ho(e)ren, die Blinden sehen/ die Sprachlosen

65 Barbarossa, Epistolae, Bl. Fff1v.

66 Zur Tätigkeit Sterns vgl. Reske, Die Buchdrucker, S. 571f.

67 Barbarossa, Epistolae, Bl. Eee6r– Eee6v.

68 Ich zitiere hier und im Folgenden nach dem Nachdruck von 1646: Wunder-brun[n]en Gottes, Bl. A2r.

69 Ebd.

70 Ebd., Bl. A2v.

71 Ebd., A3v.

72 Ebd.

reden/ und die Aussetzigen rein gemachet/ wie denn ich solches alles zum theil mit Augen gesehen/ und selbst erfahren [...] habe."[73] Neben den Krankenheilungen führt Barbarossa als schlagendstes Argument für den göttlichen Ursprung der Wunderkuren die dort vollzogenen Exorzismen an, „daß vom Teuffel besessene Leut dadurch entfreyet werden/ wie man denn Exempel weiß und hat/ daß bey dem Brunnen auff der Winckst im stifft Bremen/ so gut als in 14 Tagen/ vier besessene Leut/ durch Gottes hu(e)llf und gnad/ sind erlo(e)set worden/ und ich kan mit Warheit sagen und bezeugen/ daß ich ein Exempel selbst mit gesehen und erfahren habe."[74] Im Folgenden beschreibt Barbarossa als Augenzeuge ausführlich zwei Exorzismen. In dem einen Fall schildert er, wie er selbst eine besessene Frau in den Brunnen führte, wo unter dem gemeinsamen Gebet der versammelten Menge „der böse Feind" aus ihrem Mund ausfuhr. Der zweite Fall betraf eine besessene und am ganzen Körper gelähmte Frau aus Otterndorf, deren Leiden er bereits aus der Zeit seines dortigen Pfarramtes kannte, das also schon mindestens 16 Jahre andauerte. Zwar wurde sie „nicht ga(e)ntzlich von dem bo(e)sen Geist bey solchem Brunnen entfreyet" doch „ist ihr doch die Gnade von gott widerfahren/ daß sie ... vollkommene Gesundheit ihres Leibes wider erlanget" und auch wieder fähig war, die Kirche zu besuchen.[75]

Der Vergleich dieser Wunder mit den im Neuen Testament bezeugten führt zu der grundsätzlichen Frage, ob „nunmehr die Zeit der Wunderwercke fu(e)ru(e)ber/ vnd bey dem hellen Lichte deß Evangelii die Wunderzeichen nicht mehr no(e)thig" sind.[76] Mit der Behauptung, die Wunder seien auf die Frühzeit der Kirche beschränkt, wird ein Denkmuster benannt, dass sich auch sonst in der lutherischen Theologie findet.[77] Bevor Barbarossa auf diese Frage inhaltlich eingeht, verweist er darauf, dass diese Argumentation nicht vom Kirchenvolk, sondern aus dem ‚Theologen-Millieu' stammt: „ich weiß/ daß etliche/ auch wol vnter den Predigern/ werden gefunden/ die darmit denken/ solche Wunderbrunnen GOttes zu verkleinern/ oder bey den Leuten verhasset und veracht zu machen."[78] Diesen Predigern unterstellt Barbarossa, dass sie entweder „rechte Epicurer" oder „mit dem Calvinistischen Schwarm behafft" seien.[79] Er parallelisiert auf diese Weise die lutherisch-calvinistischen Differenzen im Sakramentsverständnis mit der Beurteilung der Wunderbrunnen: So wie die lutherische Theologie die Realpräsens Christi im Abendmahl behauptet, ist auch von der Wirksamkeit Gottes bei den Quellen auszugehen; ja die Wunderbrunnen demonstrieren gewissermaßen die Richtigkeit der lutherischen Abendmahlslehre.[80]

Für Barbarossas Interpretation der gegenwärtigen Heilungswunder als Wunder Christi ist die Frage entscheidend, ob Christus als Herr der Welt anzuerkennen ist. Es geht also um jenen theologischen Topos, der üblicherweise als Lehre von der „Königsherrschaft Christi" bezeichnet wird: „Denn geschehen heutiges Tages bey den Brunnen eben solche Zeichen und Wunder/ als Christus selbst auff Erden gethan vnd verrichtet hat: Solts denn wol so grosse Su(e)nde oder

73 Ebd., Bl. A4v–B1r.
74 Ebd., Bl. B1r.
75 Ebd., Bl. B1v-B2r.
76 Ebd., B2v.
77 Entsprechende Überlegungen des Tübinger Theologen Jakob Herrbrand referiert z. B. Hermann Ehmer, Zeichen und Wunder. Die theologische Deutung von Naturereignissen im nachreformatorischen Württemberg, in: Blätter für Württembergische Kirchengeschichte 88 (1988), S. 178–200, hier S. 187f.
78 Ebd., Bl. B2v.
79 Ebd.
80 Den ‚calvinistischen' Predigern sei es „leyde ... wenn die Leute obgemelte Brunnen so hoch achten solten/ daß sie sich denn dermal eins wenden/ vnd zu ihnen sagen mo(e)chten/ wie sie darzu kommen/ daß sie den Sacramenten keine efficatiam oder Krafft vnd Wirckung zuschreiben/ sondern sie allein fu(e)r blosse Zeichen der Gnaden halten/ so doch bey diesen Brunnen solche grosse Zeichen und Wunder geschehen/ davon man kein sonderlich Wort Gottes hat/ wie bei den heiligen Sacramenten." Ebd., Bl. B2v-B3r.

Unrecht seyn/ daß man sagte: Es sind Christi Zeichen vnd Wunder: Lebet Christus nicht mehr: Oder sitzet er nicht zur Rechten Gottes/ vnd u(e)bet Gewalt im Himmel vnd auff Erden?".[81] Wiederum erscheinen in dieser Frage die „Calvinisten" als Barbarossas theologische Kontrahenten.[82] Hier wird deutlich, dass die theologischen Definitionen der Realpräsens Christi im Abendmahl und die damit im Zusammenhang stehende lutherische Definition der „Omnipräsens Christi" Fragen betrafen, die weit über den Bereich der Sakramentslehre hinausreichten und grundsätzliche Fragen des Weltverständnisses der beiden Konfessionen berührten.[83]

Im Hinblick auf die Behauptung, Wunder habe es nur in der Frühzeit der Kirche gegeben, unterscheidet Barbarossa zwischen der Anerkennung von Wundern und deren Funktion. Zwar gibt er zu, dass Wunder als Bestätigung des Evangeliums nicht mehr notwendig seien, da die Lehre durch die Wunder Christi und der Apostel hinreichend bekräftig wurde.[84] Im Hinblick auf göttliche Wunder an sich „bleibet es darbey/ daß Gott Zeichen vnd Wunder thut [...] seinen Glaubigen zu Trost/ vnd den gottlosen zur Warnung/ wie denn Christus selbst vns darzu vermahnet/ daß wir die Zeichen deß ju(e)ngsten Tages warnemen sollen Luc. 21."[85] Mit der Bibelstelle Lk 21,25–36 verweist Barbarossa auf den klassischen Text der lutherischen Endzeitbetrachtung, der als Perikope des 2. Adventssonntages jährlich Anlass zur predigtmäßigen Analyse apokalyptischer Zeichen gab. Barbarossa geht auf dieses Verständnis der Wunderbrunnen als „rechte Zeichen ... deß ju(e)ngsten Tages" auch in weiteren Passagen seines Textes ein.[86]

Die Unterscheidung zwischen der Funktion von Wundern als Bekräftigung des Evangeliums und dem fortdauernden Wunder-Tun Gottes geht auf Luther zurück. Diese Differenzierung hat ihre nachhaltigste Formulierung in der 1544 von Caspar Cruziger redigierten Sommerpostille gefunden.[87] In der Predigt über Mk 16,14–20 legte Luther die Verheißung Jesu an seine Jünger aus: „Die Zeichen aber, die da folgen werden denen, die da glauben, sind die: in meinem Namen werden sie böse Geister austreiben, in neuen Zungen reden..." Im Gegensatz zu den „Rotten", die über diese Zeichen grübeln und fragen, ob sie aufgehört haben, fordert Luther, man solle sich damit zufrieden geben „zu wissen, das solche Zeichen gegeben sind zum zeugnis und öffentlicher beweisung dieser Predigt des Evangelii, Wie sie denn sonderlich im anfang des desselben starck haben gehen müssen, bis das Evangelium in die Welt ausgebreitet worden, da sie nicht mehr so gemein sein, wie auch nicht not ist, nu diese Predigt schon durch alle Land und Sprachen gangen."[88] Allerdings will Luther damit keineswegs die Möglichkeit gegenwärtiger Wunder bestreiten, denn dieselbe Kraft Christi, die in der Frühzeit der Kirche wirkte, bleibt allezeit „in der Christenheit ..., das, wo es not were, auch noch wol solche wunder geschehen können, Wie denn auch offt geschehen ist und noch geschicht, das in Christi Namen der Teufel ausgetrieben, Item, durch anruffung des selben Namen und Gebet die Krancken gesund werden..."[89]

81 Ebd., Bl. B3r.

82 „Warlich ein Calvinist mag es la(e)gnen/ ich aber vor meine Person la(e)ugne es gar nicht/ sondern schliesse viel mehr auß solchen Wunderwercken bey den Brunnen/ dz JEsus Christus noch lebe/ herrsche vnd regiere/ nun vnd in alle Ewigkeit/ denn ihm schreibe ich solche Wunderwercke zu", Ebd.

83 Vgl. dazu auch Werner Ehlert, Morphologie des Luthertums, Bd. 1, München ^{2}1952, S. 203–208.

84 „Also daß man fu(e)rgibt/ die Zeit der Wunderzeichen sey vorbey vnd nicht mehr vorhanden/ solches muß recht eingenommen vnd verstanden werden. Denn nun solche Zeichen nicht mehr sollen geschehen oder gesuchet werden/ damit man die Lehre deß Evangelii confirmiren vnd bestetigen wolte/ das hat man nicht mehr no(e)tig/ dieweil es in der ersten Kirchen u(e)berflüssig vnd genugsam geschehen ist" Wunder-brun[n]en Gottes, Bl. B3r.

85 Ebd.

86 Ebd., Bl. C2r.

87 Martin Luther, Werke. Kritische Gesamtausgabe (Weimarer Ausgabe), Bd. 21, S. 408–410.

88 Ebd., S. 408.

89 Ebd.

Barbarossas Argumentation knüpft offenbar direkt an diese Formulierung Luthers an. Auch der Zusammenhang zwischen dem Gebet und dem dadurch motivierten Wunder findet sich bei Barbarossa wieder. Im Rückgriff auf die grundsätzliche Unterscheidung zwischen Sakrament und Predigtamt sowie den Wunderbrunnen trennt er das Wunder vom Predigtamt: „heutiges tages [ereignen] im Evangelischen Predigtampt sich solche eusserliche Wunderzeichen nicht .... wie denn auch nicht no(e)tig ist/ zur bestetigung deß glaubens".[90] „Jedoch so geschiehet durch das Gebet ja so groß wunder/ vnd noch wol viel gro(e)sser vnd mehr".[91] Dieses Vertrauen auf die Kraft des Gebetes ist für die Frömmigkeit des frühneuzeitlichen Luthertums ein grundlegender und wohl unterschätzter Faktor.[92]

Der Traktat Christoph Barbarossas war für die theologische Interpretation der Wunderbrunnen ein bahnbrechender Versuch, die religiöse ‚Kurpraxis' mit der lutherischen Theologie in Einklang zu bringen. In welchem Maße die Argumentation Barbarossas zu seinen Lebzeiten wirksam wurde, lässt sich schwer beurteilen. Als sich im Jahr 1646 mit den Quellen von Hornhausen bei Halberstadt so etwas wie ein ‚lutherisches Lourdes' etablierte, dessen Vorbild noch im Sommer desselben Jahres zu zahlreichen Neuentdeckungen führte und für die zweite Hälfte des 17. Jahrhunderts zum Paradigma für die Pastorierung lutherischer Wunderbrunnen wurde, fand der Traktat durch einen 1646 in Nürnberg hergestellten Nachdruck eine neue Leserschaft. Der anonyme Herausgeber begründet diese Neuauflage mit unterschiedlichen Nachfragen zum Heilbrunnen von Hornhausen, was davon „zuhalten/ oder wie man gewissenhaftig und Schrifftma(e)ssig reden und urtheilen ko(e)nne?"[93] Er meint, auf eine „weitla(e) uffige Antwort" verzichten zu können, da „vor etlichen Jahren/ da dergleichen Go(e)ttliches Wunder an Evangelischen Orten sich mercken lassen/ ein gelahrter Theologus hievon seine vernu(e)nfftigen Gedancken ero(e)ffnet."[94] Der Name Christoph Barbarossas wurde allerdings unterdrückt und auf dem Titelblatt nur mit den Initialen „M. C. B." angegeben. Der Herausgeber unterzeichnete die Dedicatio lediglich mit seinen Initialen „M. J. S." und spricht seinen Schwager, dem er den Druck widmete, mit „P. H." an.[95] Unter der Voraussetzung, dass es sich bei dem Herausgeber um einen Nürnberger Geistlichen handelt, kommt im Jahr 1646 nur M(agister) J(ohannes) S(aubert) als Träger dieser Initialen in Frage.[96] Der weit über Nürnberg hinaus bekannte, streng lutherische Theologe Johannes Saubert d. Ä., damals Pfarrer von Sankt Sebald, Antistes der Nürnberger Geistlichkeit und Stadtbibliothekar,[97] verstarb am 2. November 1646, könnte also den auf den 27. Juli datierten Druck noch veranlasst haben.[98]

---

90 Ebd., Bl. B3v.

91 Ebd.

92 Exemplarisch sei hier auf das Beispiel des Magdeburger Predigers Lucas Rosenthal verwiesen, dessen Gebet eine Reihe von wunderbaren Rettungen in der Magdeburger Belagerung 1551/52 zugeschrieben wurde, vgl. Johannes Baumgarten [d. Ä.], Warhafftige Historia Der Leere/ Lebens und Christlichen absterbens/ des Ehrwirdigen Herrn Ern Lucae Rosenthaels seliger gedechtnis/ Pfarherrn zu S. Johannes / in der Alten Stadt Magdeburgk., Magdeburg 1560, Bl. K2r und K3v.

93 Ebd.

94 Ebd.

95 „Dem Erbarn und Fu(e)rnemen P. H. meinem lieben Herrn Schwagern"; „Deß H. Schw. Dienstwiliger M. J. S.", Ebd.

96 Vgl. Matthias Simon, Nürnbergisches Pfarrerbuch (1524–1806), Nürnberg 1965, S. 192. Der Name des Schwagers ließ sich bislang nur teilweise klären: Am 9.5.1631 heiratete Saubert in zweiter Ehe Ursula Wagemann, geborene Heinrich, die zuvor mit dem Nürnberger Buchhändler Johann Wagemann verheiratet gewesen war. Ihr Vater war Michael Heinrich aus Neumarkt (Oberpfalz), und sie kam offenbar als Exulantin nach Nürnberg. Ein Bruder von ihr lässt sich in Nürnberg nicht nachweisen, vgl. Eberhad Krauß, Exulanten im Evang.-Luth. Dekanatsbezirk Nürnberg, Nürnberg 2006, S. 121. Auch in den städtischen Quellen Neumarkts ließ sich leider kein verwertbarer Hinweis finden. Ich bin Frank Präger vom Stadtarchiv Neumarkt für seine Recherchen und Auskünfte zu Dank verpflichtet.

97 Vgl. zum theologischen Profil Sauberts: Richard van Dülmen, Orthodoxie und Kirchenreform. Der Nürnberger Prediger Johannes Saubert, in: Zeitschrift für bayerische Landesgeschichte 33 (1970), S. 636–786.

98 Die Dedicatio datiert vom 27. Juli 1646, Wunderbrun[n]en Gottes, Bl. A1v.

Leider lässt sich die Vorlage, der erste Druck des Brunnentraktats von 1613, weder in der Nürnberger Stadtbibliothek noch in Sauberts eigener Bibliothek nachweisen.[99] Allerdings ist die Bekanntschaft mit dem Text Barbarossas für den jüngeren Kollegen und Nachfolger Sauberts als Prediger an der Sebalduskirche wie als Stadtbibliothekar nachgewiesen: Johann Michael Dilherr widmet in seiner zuerst 1647 gedruckten „Christliche Feld- Welt- und Gartenbetrachtungen" ein Kapitel „den warmen Ba(e)dern und heilsamen Brunnen". Hier nennt er neben anderen Wunderbrunnen auch denjenigen, der „auf der Winckst/ im Stifft Bremen" entsprang und nicht nur Kranke, sondern auch vom Satan Besessene heilte.[100]

Dillherr kennt aber nicht nur den Text Barbarossas, sondern teilt mit diesem die Ansicht, dass bei den Wunderbrunnen „GOTT die gro(e)ste Wirckung verrichten/ und derowegen desto eiveriger angeruffen seyn will."[101] Deshalb sollten auch „alle Wunderheilungen/ so allda fu(e)rgangen/ umbsta(e)ndlich aufgezeichnet werden". Wenn im Neuen Testament die Heilung am Teich Bethesda (Joh 5,1–18) aufgezeichnet wurde, „solte man denn nicht eine solche ungla(e)ubliche Menge der Wunderheilungen/ so bey diesen Brunnen geschehen/ auch Aufzeichnens werth achten?"[102] So wurde 35 Jahre nach dem ersten Druck des Traktats Barbarossas die Wunderbrunnen-Theologie von prominenten Meinungsführern des deutschen Luthertums übernommen.

99 Ich habe Christine Sauer von der Stadtbibliothek Nürnberg für diese Auskunft zu danken.

100 J.[ohann] M.[ichael] Dilherrns Christliche Feld- Welt- und Gartenbetrachtungen: darinnen Bewegliche Andachten/ Andächtige Gebetlein/ Liebliche Historien/ und Neue anmutige Lieder zu befinden [...], 2. Auflage Nürnberg 1648, S. 538.

101 Ebd., S. 346.

102 Ebd., S. 347.

Abb. 1: Mariahilfbild in der Spitalkirche Karlstadt, mit Rahmenwerk. Foto: Kunstreferat der Diözese Würzburg, Thomas Obermeier M.A.

Außerordentliche Guttaten

Anmerkungen zu Mariahilfbildern im Bistum Würzburg

Wolfgang Schneider

Das Passauer Gnadenbild Mariahilf traf in den Zeitläufen des 17. Jahrhunderts den Nerv marianischer Frömmigkeit und wurde durch alle Schichten der katholischen Bevölkerung des deutschsprachigen Raumes und darüber hinaus in einer bis dahin beispiellosen Schnelligkeit und Streuung bekannt und verehrt. Zahlreiche Kopien des von den Kapuzinern betreuten und geförderten Gnadenbilds sind selbst wieder als wundertätig verehrt worden.[1] Die Kultdynamik und die Popularisierung des Mariahilfbildes im Rahmen des Bistums Würzburg sind bisher allerdings nur ansatzweise beleuchtet.[2]

Die folgenden Anmerkungen zu Mariahilfbildern, Splitter zu einer Gesamtschau, erwuchsen vor allem aus der Tätigkeit im Rahmen der Inventarisierung des kirchlichen Kunstbesitzes in der Diözese Würzburg durch deren Kunstreferat. Die „*Aspekte religiöser Kultur*" treten in diesem Zusammenhang natürlicherweise in der Form der überlieferten Objekte in ihren örtlichen Bezügen auf.[3]

Bisher völlig unbeachtet blieb ein ursprünglich in der Stadtpfarrkirche St. Andreas und heute in der Spitalkirche in Karlstadt am Main befindliches Gemälde[4] der Mariahilf, dessen schlummerndes Potential des Mirakulösen 1750 durchbrach und den Pfarrer zu einem Briefwechsel mit der bischöflichen Zentralbehörde in Würzburg veranlasste, der detailliert über den Vorgang informiert (Abb. 1).[5]

Vom 9. Februar 1751 datiert der erste Brief des Pfarrers Johann Veit Kiniger in dieser Angelegenheit an den Würzburger Bischof. Das „*anmüthig gemahlte bild*" hatte demnach der Karlstadter Amtsgegenschreiber und Zolleinnehmer von Karlburg Johann Adam Sartorius fertigen und „*andachts halber in die Pfarrkirch sezen*" lassen. Die Titulaturen „*nobilis et spectatissimus dominus*" oder „*honoratissimus dominus*" für Johann Adam Sartorius bezeugen das hohe Ansehen dieses Beamten in der Stadt.[6] Der Gegenschreiber war allerdings bereits am 9. Mai 1733 im Alter von 35 Jahren gestorben. Seine Grabplatte aus rotem Sandstein mit der ausführlichen Inschrift und dem Wappen ist noch erhalten und heute in der Pfarrkirche unter der Empore aufgestellt.[7]

---

1 Walter Hartinger, Mariahilf ob Passau. Volkskundliche Untersuchung der Passauer Wallfahrt und der Mariahilf-Verehrung im deutschsprachigen Raum, Passau 1985.

2 Dieter J. Weiß, Die Mariahilf-Verehrung in Franken, in: Jb. f. fränkische Landesforschung (FS Alfred Wendehorst), 1992, S. 201–215. – Jürgen Lenssen (Hg.), Maria-Hilf. Ein Cranach-Bild und seine Wirkung, Würzburg 1994. – Wolfgang Brückner, Konfessionsfrömmigkeit zwischen Trienter Konzil und kirchlicher Aufklärung, in: Peter Kolb/Ernst-Günter Krenig (Hgg.), Unterfränkische Geschichte Bd. 4/2, Würzburg 1999, S. 204f.

3 Wolfgang Brückner, Volksfrömmigkeit. Aspekte religiöser Kultur, in: Veröffentlichung zur Volkskunde und Kulturgeschichte Bd. 86), Würzburg 2000, S. 54–66.

4 Leinwandgemälde, Höhe ca. 80 cm, Breite ca. 65 cm (mit Rahmen).

5 Diözesanarchiv Würzburg, Pfarrei-Akten Karlstadt, Karton 1, Faszikel 13 alter Zählung.

6 Taufeintrag des Sohnes Georg Gerhard Sartorius am 4. Juli 1726 bzw. Sterbeeintrag des Johann Adam Sartorius vom 9. Mai 1733 in den Matrikelbüchern der Pfarrei St. Andreas Karlstadt (Diözesanarchiv Würzburg).

7 [IESUS + MA]RIA + IOSEPH./ IM IAHR CHRISTI 1733 DEN/ 9TEN MAY FRVH ZWISCHEN 7/ VND

Als Maler des gestifteten Bildes nennt Kiniger „*den zu Wirzburg abgelebten mahler Mika seelig*". Leben und Werk dieses Malers Georg Franz Mika haben bisher wenig Interesse gefunden.[8] Mika, 1673 wahrscheinlich in Prag geboren, war seit 1701 in Würzburg tätig gewesen, wo er 1749 starb.

Von Georg Franz Mika ist in der Kunstsammlung der Diözese Würzburg noch ein ähnlich proportioniertes Mariahilfbild erhalten, das er signierte und 1724 datierte.[9] Dabei variierte Mika das Motiv in sehr ansprechender Weise dadurch, dass das Kind wie die Mutter zum Betrachter blickt. Die Entstehungszeit des Karlstadter Bildes, das hingegen im Ausdruck dem Urbild entspricht, ist auf den Tätigkeitszeitraum des Stifters Sartorius in der Stadt von spätestens 1724 bis 1733 einzugrenzen.[10] Das Gemälde befand sich damit schon circa zwanzig Jahre in der Pfarrkirche, bevor 1750 die Verehrung einsetzte.

Als der Pfarrer die besondere Verehrung 1751 nach Würzburg meldete, waren am Bild im Verlauf der letzten Monate schon Silbertaler, Goldmünzen, Silberkreuze, Agnus Dei-Anhänger und Rosenkränze angeheftet worden. „*Und weilen die Verehrer offentlich sagen, das sie in ihren angelegenheiten nach geschehener Verlöbnus augenscheinlich hülf erhalten, seynd in kurzer Zeit 7 gemahlte Verlobnustaflen dem bild zu beyden seithen aufgestecket worden.* [...] *Alltäglich zünden andächtige Pfarr kindter gar viele wax kerzen bey dem bild an, und hanget die wand voller wax figuren gros und klein*".

Auslöser für die Meldung des Pfarrers waren jedoch nicht diese im Rahmen zeitgenössischer Frömmigkeit schlichten Formen eines sich etablierenden Votivbrauchs, sondern das Ansinnen und der Wunsch des Schulkantors Johannes Böhmerich von Gemünden,[11] aus Dank für die Heilung von einer Lähmung seine beiden Krücken „*zum ewigen denckmal*" bei dem Bild zusammen mit einem Wachsopfer aufzuhängen. „*Er ist innerhalb 14 täg so hergestellet worden, das er ohne beschwehrnus widerum nacherhaus gehen können, und gesagt hat, das er mit dem contract gewesenen fues leichter als mit dem anderen gehen könne, hat darum beyde krücken nebst dem wax dem bild geopferet.*"

Das Problem waren sichtlich die Krücken, also Alltagsgegenstände, die das Dezente des Sakralraums berühren und erst durch den in der Votation intendierten Akt der Präsentation im öffentlichen Kirchenraum ihre primäre Bedeutung als Prothesen verlieren und Zeugnisse überirdischer Hilfe werden. Dies unterschied sie von den materialwertigen Münzen und den für den frommen Gebrauch hergestellten Anhängern, Rosenkränzen, Wachsvotiven und Votivbildern.

Natürlich griff hier die Verordnung des Trienter Konzils im Dekret über die Anrufung, Verehrung und Reliquien der Heiligen sowie über die Heiligenbilder, dass keine neuen Wun-

8 VHR IST MIT ALLEN NOTH/WENTIGEN HEILIGEN SACRAMEN/ TEN WOHLVERSEHEN IN GOTT/ SEELIG ENTSCHLAFFEN DER/ HOCH EDELVESTE HERR IOHANN/ ADAM SARTORIUS HOCHFÜRSTL:/ AMBTSGEGENSCHREIBER ALHIR/ SEINES ALTERS 35 IAHR 26 DAG/ DESSEN SEEL GOTT DIE/ EWIGE RVH VERLEIHE WOLL/ REQVIESCAT IN PACE/ AMEN

8 Die bisher ausführlichste Biografie für Mika mit einem Verzeichnis der bekannten Werke findet sich bei Johannes Mack, Die katholische Schloßkirche Mariae Himmelfahrt zu Friesenhausen in Franken – ein Werk Joseph Greisings (Magisterarbeit), Saarbrücken 2000, S. 158–163.

9 Kunstsammlung der Diözese Würzburg, Sammlung Scheuring S5/124, Ölfarben auf Leinwand, Höhe 84 cm, Breite 62 cm (mit Rahmen). Maria-Hilf 1994, S. 70f., mit Abb.

10 Am 4. Mai 1724 wurde das erste von vier Kindern in Karlstadt geboren, die Tochter Maria Magdalena Josepha; Matrikelbücher der Pfarrei St. Andreas Karlstadt (Diözesanarchiv Würzburg).

11 Johannes Böhmerich stammte aus Karsbach und war Kantor in Aschfeld, als er 1744 die Stelle des Kantors in Gemünden erhielt. Er starb mit 65 Jahren am 16. April 1783; siehe Friedrich Carl Stelzner, Historische Nachrichten über die Stadt Gemünden und die Nachbarorte Schaippach, Schönau, Seyfriedsburg und Adelsberg. Lohr am Main 1888, S. 121.

der anerkannt werden sollen, wenn diese nicht vom Bischof und seinen Fachleuten untersucht und bestätigt sind.[12]

Für das weitere Vorgehen bat der Pfarrer entsprechend um Anweisung aus Würzburg, die bereits am 15. Februar geschickt wurde. Das Schreiben mit dem Kanzleivermerk „*angebliches miraculoses Bild Mariae hülf*“ enthielt drei klare Anordnungen. Der Pfarrer soll „*1mo dergleichen auserordentliche zufäll nicht sogleich für miraculos heilig halten, sondern vielmehr denenjenigen, welche derley wunderthaten bey ihme angeben, diesfals ihre voreilige meynung benehmen, und daß sie nicht so leichtgläubig hierinnen seyn mögen, bedeuten. 2do die Krücken, dann es füglich und one sonderliche aufsicht des volcks, seyn kann, noch zur zeit und biß weitere Verordnung hinweg lassen, auch 3tio die bey ein und andern sich geäussert haben sollende augenscheinliche hülf gründlich examiniren und besonders wegs dem mit dem Schuhl Cantore zu Gemünden sich letzhin ereigneten Casu mit dortigen Pfarrer conferiren und haubtsächlichen sich erkundigen, ob und was gedachter Cantor vor oder nach seiner Verlobung zu besagter bildnuß und daselbsten verrichteten opfers für natürliche mittel zu seiner genesung gebraucht habe: sodann seinen weitern umständigen bericht anhero erstatten*“.

Am 27. März 1751 examinierte der Pfarrer von Gemünden in seinem Pfarrhaus den Kantor, der „*kranckh gewesen, und vermaintlich hülf durch die bildnus Mariae=hülf zu Carlstatt erhalten haben solle*“ und fertigte darüber ein Protokoll. Demnach war der Kantor Böhmerich „*mit der rothen ruhr behaft gewesen, und weil solche zu frühzeitig gestillt worden, seye ein solche lähmung am rechten fuß erfolget, daß er 9 wochen lang gantz lahm, wie notorium, zu bethe gelegen, ohn ein tritt gehen zu können*“. Die Mittel des örtlichen Baders zeitigten keinen Effekt. Deswegen ließ er sich mit seinen beiden Krücken von zwei Männern zu einem Schiff führen und hinein heben, um zur besseren Behandlung nach Karlstadt gebracht zu werden. Dort mussten ihn ebenfalls zwei Männer führen, die ihn in das „*teutsche Schulhaus*“ zu seinem Bruder brachten. Die vom „*Doctor medicinae*“ in Karlstadt verordneten Bäder und eine Salbe brachten ebenfalls keiner Linderung der Schmerzen, unter denen er Tag und Nacht zu leiden hatte.

In dieser Situation riet ihm seine Schwägerin, „*er solle seine zuflucht nehmen zu Mariam B. V. und derer bildnus allda in der Kirchen, ein Kertzlein verheissen, und opferen, weil schon mehrere Christen dadurch hülf erhalten hetten*“. Dies befolgte Böhmerich und versprach, den ersten ihm möglichen Gang zur Kirche und zu besagtem Bild zu tun. Nach zehn Tagen konnte er ohne Krücken, nur mit einem Stock, sein Gebet zur Danksagung verrichten. Die „*krückhen aber bey seinem bruder zuruckh gelasen habe, welches alsdan herrn pfarrern angezeigt, und die krückhen bey der bildnus Mariae zum zeichen erhaltener hülf auf zu hängen bittlich angesucht worden. Wornach er wiederumb zu wasser hiehero gefahren, und nächst Gott und der Medicin die abhelfung von seiner lang würigen lähmung der hülf Mariae zuschreiben thut*“.

Erst am 14. April 1751 befragten im Pfarrhaus von Karlstadt Pfarrer Johann Veit Kiniger und der Spitalverwalter Johann Wilhelm Craft die Empfängerin einer weiteren Heilung, die Spitalpfründnerin Gertraud Gehrig, die vorbrachte, dass „*sie ganz glaublich durch die fürbitte der seeligsten mutter Gottes, welche sie vor ihren bildnus in der Pfarrkirch zu Carlstadt inständigst angerufen, so weit gekommen seye, das in deme sie wegen unglücklichen fall bey 5/4tel iahr lang ohne gricken keinen schritt gehen können wegen aus gefallener und nit eingerichteter*

12 Wilhelm Schmets, Des hochheiligen, ökumenischen und allgemeinen Concils von Trient Canones und Beschlüsse, Bielefeld [3]1868 (Nachdruck 1989), S. 167.

kugel an den lincken schenckel, nun mehro ohne gricken nur mit einen stecken hingehen könne, wo sie wolle; und weilen sie zur danckbarkeit ihre gehabte kricken bey obgesagten Maria bild auf zu hencken versprochen, haltet sie um dise erlaubnus an".

Diese Heilung geschah bereits im September 1750 und war möglicherweise das nicht eigens erwähnte Initialereignis, das überhaupt erst zur weiteren Verehrung des Bildes geführt hatte. Die Pfründnerin schilderte, wie ihre Kinder sie bedrängten, auf die Krücken zu verzichten und wieder ohne diese zu gehen. Sie sei aber ohne Krücken unfähig gewesen, einen Schritt zu gehen. In ihrer Not habe sie „*ohne unterlaß zu Maria hülf geseüfzet, wann sie doch durch ihre fürbitt so weit kommen könnte, das sie ohne Gricken gehen mögte, habe auch verschiedene gebetter zu disen end Maria hülf zu ehren verrichtet, bis sie endlich an einen abend in die Pfarr kirch gekommen, und vor daselbst befindlichen Maria hülf bild ihr herz recht ausgegossen, wo ihr dann ein innerlicher trieb gekommen, sie solle es probiren, ob sie nit in der Kirch über den gang zu dem Maria hülf bild ohne gricken gehen könne, welches auch geschehen, habe ihre gricken in dem bethstuhl ligen gelassen, und mit ihren stock zu den bild gekommen, auch widerum zuruck zu ihrer gricken habe auch noch gehents probiret, ob sie über die strasen gehen könne mit ihrem stock allein, welches auch gut gethan, und habe bishero keine gricken mehr gebraucht. Dise gutthat müsse sie um so mehr der genad Maria hülf zu schreiben, als der H. operateur zu Wirzburg, der sie in der Cur gehabt, ihr vorgesagt, sie solle ihr keinen gedancken machen, das sie ihr lebtag ohne gricken werde gehen können*".

Eigens wurde sie befragt, „*ob sie verlobt oder nur versprochen ihre grücken bey dem bild aufzuhencken*". Diese feine Unterscheidung lässt die sehr viel ältere Vorstellung von der Rechtsverbindlichkeit eines Verlöbnisses an eine heilige Person durchscheinen. Die Pfründnerin gibt zu Protokoll, sie „*habe es so kraftig, als sie gekönnt, versprochen nach erhaltener erlaubnus ihre Gricken dahin aufzuhencken*". Im weiteren Verlauf spielen diese Feinheiten jedoch keine Rolle. Am 20. April schickte Pfarrer Kiniger die beiden Befragungsprotokolle nach Würzburg und berichtete den Stand der Vorgänge um „*das in hiesiger Pfarr Kirch befindliche Maria hülf bild, und die von daraus von verschiedenen erhaltene außerordentliche gutthaten betreffend*". Die Krücken des Kantors, die dieser wegen „*geschehener Verlobnus zu gedachten Maria hülf bild*" dagelassen hatte, wurden zwischenzeitlich in der Sakristei verwahrt, bis auf weitere Anweisung aus Würzburg. Nichtsdestoweniger verlangte der Kantor, dass seine Gelübde der „*aufhengung deren Grücken bey dem Maria bild möge vollzogen werden, weilen er neüerlich sub hac invocatione groß hülf erhalten, und derentwegen eine gemahlte Verlob=tafel dahin bringen will*". Die Pfründnerin Gertraud Gehring „*bittet ebenfalls inständigst, das ihre abgelegte Grücken zur danckbarkeit bey dem bild möge aufgehenget werden*".

Des Weiteren war zu berichten, dass die Zahl der gemalten „*Verlob=taflen*" inzwischen auf zwölf gestiegen war und ein Unbekannter aus Würzburg ein wächsernes Kind zum Aufhängen geschickt hatte. Am Mariahilfbildnis war „*an silberwerck Creüz, Agnus Dei gepräg, thalern, und anderen kleineren silber sorten über 50 Reichsthaler werth angehenget worden, vieles wax täglich da verbrennet, und gegossene figuren geopferet werden*". Dies obwohl Kiniger zu dieser Zeit bereits mehrfach in der Christenlehre unterrichtet hatte, „*wie dergleichen bildnussen zu verehren, und wem die hülf zuzuschreiben seye, auch das nit alles so gleich vor miraculos zu halten seye*".

Der Pfarrer bat um neue Anweisungen, besonders darüber, was er weiter mit den Krücken tun solle. Bereits am folgenden Tag schickte die geistliche Behörde aus Würzburg ein abschließendes Dekret an den Pfarrer von Karlstadt. Es wurde angeordnet, dass er die bei dem

Mariahilfbild aufgehängten Krücken und Votivtafeln abnehmen und in der Sakristei verwahren soll. Zum andern soll er in seiner nächsten Predigt von der Kanzel verkünden, „*daß zwar nachzurzeit die jenige, welche sich zeithero zu ermeltem bildnus verlobt haben, und Gott dem allerhöchsten darumben, daß sie durch fürbitt dessen allerheiligsten Mutter Mariae und durch die etwaige mit wirckung der gebrauchten medicin einige hülf oder ihre genesung erhalten, danckbar seyn, auch fernerhin ihr vertrauen und zuflucht zu berührten bildnus nehmen können, die zeithero bey ein oder dem anderen sich geäusserte und etwas ausserordentlich anscheinende Vorfallenheit aber nach zur Zeit für kein wahrhaftes wunder werck anzusehen und zu achten, sondern hierüber noch bessere und deutlichere kennzeichen zu erwarth(en) seyen*".

Bereits in seinem ersten Brief hatte Kiniger angedeutet, es „*wollen auch gutthäter dies bildnus mit architectur und bildhauer arbeith auszieren lassen*". Trotz der Vorbehalte in Würzburg kam es tatsächlich noch im Jahr 1751 zur Stiftung einer aufwändigen, repräsentativen Rahmung für das Mariahilfbild. Diese elegante Widerborstigkeit des Kirchenvolks, also der Laien aus der wohlhabenden Karlstadter Bürgerschaft, gegen den aufklärerischen Impetus der Geistlichkeit kam den offiziellen Bestrebungen einer Dämpfung des Wunderglaubens insoweit entgegen, als sie den Verlust der Votive kompensierte. Über weitere Votivgaben, die durch den Rahmen auf Abstand zum Bild gehalten worden wären, liegen auch keine Nachrichten vor.

Die mächtige, etwa 3,5 Meter hohe Rahmenarchitektur des Karlstadter Mariahilfbildes ist sichtlich von der Präsentation des Mariahilfbildes in Passau angeregt, deren Kenntnis wohl durch Andachtsgraphik vermittelt worden war. Ein geraffter Vorhang, auf dessen Baldachin eine Krone auf vier Volutenspangen ruht, bildet den Hintergrund für das Gemälde. Zwei Engel knien auf einer geschweiften Konsole, die das Werk nach unten schließt. Auf den eigentlichen Rahmen des Gemäldes, der von zwei Schriftbanderolen mit dem verkürzten Text des Ave Maria umschlungen wird, ist eine goldene Rocaillenzier gesetzt, über die ein strahlenumstandenes Medaillon ragt.[13] Die Stifter des Rahmens bleiben, wie auch bisher der Bildhauer, anonym. Auf dem Sockel ließen sie die Inschrift anbringen: „*O Maria ohne Sünde empfangen,/ Du unsere Zuflucht bitte für uns/ errichtet von mehreren frommen Bürgern Karlstadts/ im Jahre 1751*".

Das Gemälde selbst ist in einen Distanz schaffenden verglasten Kasten gesetzt und mit Kunstblumen umfangen. Die größte Wertschätzung für Mariahilf drückt sich allerdings darin aus, dass Mutter und Kind mit prachtvollen, direkt auf die Leinwand aufgebrachten Reliefkronen versehen sind. Vielleicht wurden dazu die 24 Gulden verwendet, welche die „*Obristleutnantin*" Maria Margaretha Heinrich 1752 „*zum zierd des Maria hilf bilds in dahiesigs Pfarrkirche*" vermacht hatte.[14] Dass auch noch im folgenden Jahrzehnt das Mariahilfbild seine Verehrer hatte, zeigt das Testament der kinderlosen Eheleute Johann Georg und Anna Barbara Gansmann, die 1766 fünfzig Gulden für Baumöl zum Verbrennen „*bey Mariae Hilff Altar*" aussetzten.[15]

Der ursprüngliche Ort des Gemäldes in der Pfarrkirche lässt sich trotz der scheinbar genauen Angabe des Pfarrers, „*lincker hand des eingangs in navi Ecclesiae*", mangels Definition seines Standorts nicht genau bestimmen. Zusammen mit anderen Ausstattungsstücken wurde bei der Umgestaltung der Pfarrkirche St. Andreas um 1879 auch das Mariahilfbild mitsamt seiner Rahmung in die Karlstadter Spitalkirche verbracht und dort an der rechten, südlichen Wand des Kirchenschiffs aufgehängt.[16] Die noch vorhandenen geopfer-

13 *AVE/ GRATIA PLENA BENEDICTA TU./ ORA PRO NOBIS PECCATORIBUS.*

14 Stadtarchiv Karlstadt, Ratsprotokoll vom 13. September 1752.

15 Stadtarchiv Karlstadt, Auszüge aus den Karlstadter Ratsprotokollen, gefertigt von Werner Zapotetzky.

16 Georg Büttner, Spitalkirche St. Jakobus der Ältere, Karlstadt o. J.

ten Anhänger und Rosenkränze sind laut mündlicher Überlieferung nach dem Ersten Weltkrieg verkauft worden.[17]

Das Würzburger Käppele[18] gehört zu den bekannten fränkischen Wallfahrtsorten mit einer Pietà als Gnadenbild. Diese war um 1640 in den Weinbergen des Nikolausberges in einem Häuslein aufgestellt und kurz darauf Ziel frommen Zulaufs und eines blühenden Votivkults geworden. Eine erste kleine Kapelle konnte 1683/1684 vergrößert und mit einem Turm versehen werden. Das Inventarverzeichnis, das sich in der Kapellenrechnung von 1683 erhalten hat, führt „*1 Mutter Gottes bildt, als Mariae Hilff im altar*" auf.[19] Für 1687/1688 ist dieses Bild als „*1 Altarblatt Mariae Hülff*" verzeichnet.[20]

Dieses Altargemälde, bei dem es sich wohl um ein Werk des Würzburger Malers Oswald Onghers handelt, hat sich im sogenannten Mirakelgang des Käppele erhalten.[21] Interessanterweise war also am einzigen Altar des Käppele nicht das Motiv des Gnadenbildes dargestellt, sondern das Mariahilfbild, das von zwei Putten über dem Nikolausberg mit dem Käppele, zu dem einige Personen hinaufsteigen, getragen wird.[22] Die Integrität des Mariahilfbildes bei der Übernahme als Kopie in das größerformatige Leinwandgemälde wurde gewahrt durch Einbindung des gerahmten Bildes in eine begleitende Szenerie. So konnte auf das Altargemälde vom Käppele ein dreidimensionaler Rahmen gesetzt und auf in den Spannrahmen eingesetzten Latten geschraubt werden. Entsprechend ist der gemalte Rahmen nur andeutungsweise ausgeführt.

Man wird nicht fehlgehen, das Auftauchen des Mariahilfbildes im Käppele als eine direkte Reaktion auf den Sieg über das türkische Belagerungsheer vor Wien am 12. September 1683 zu deuten. Denn durch das Passauer Exil Kaiser Leopolds I. während der Belagerung Wiens war das Mariahilfgnadenbild in besonderer Weise mit diesem Sieg in Verbindung gebracht worden. So wie der Kaiser Beutestücke aus dem türkischen Lager als Weihegeschenke nach Passau schickte, so schickte ein in Wien lebender gebürtiger Würzburger eine vor Wien erbeutete Türkenfahne auf das Käppele .[23]

Die Mariahilfbruderschaft, die am 15. August 1688 der Würzburger Bischof Johann Gottfried von Guttenberg, lange Zeit durchaus kein Freund des Käppele, errichtete, hatte ihren Sitz allerdings in der Würzburger Marienkapelle. Dort befand sich der Bruderschaftsaltar am Choreingang auf der Nordseite mit einer Kopie des Gnadenbildes von Passau.[24] Bereits im Gründungsjahr 1688 traten 1200 Gläubige in die Bruderschaft ein. Motivierend waren dabei das Beispiel der 1684 gegründeten Münchner Bruderschaft, in die im selben Jahr bereits 1500 Würzburger Frauen und Männer geschlossen eingetreten waren, und der Einfluss der Würzburger Kapuziner, aus deren Reihen jeweils das Amt des Kapellenpredigers besetzt wurde.[25]

---

17 Frdl. Mitt. v. Georg Büttner, Karlstadt.

18 Hans Dünninger, Processio peregrinationis. Volkskundliche Untersuchungen zu einer Geschichte des Wallfahrtswesens im Gebiet der heutigen Diözese Würzburg Teil 2, in: Würzburger Diözesangeschichtsblätter 24, S. 62–67.

19 Diözesanarchiv Würzburg, Bestand Käppele Würzburg, Kapellenrechnung 1683.

20 Ebd. Kapellenrechnung 1687/1688.

21 Das Leinwandgemälde misst mit Rahmen in der Höhe 200 cm, in der Breite 142 cm.

22 Maria-Hilf 1994, S. 52. Wolfgang Brückner/Wolfgang Schneider, Wallfahrt im Bistum Würzburg, Würzburg 1996, S. 251–255.

23 Franz Xaver Himmelstein, Die Wallfahrtskirche auf dem St. Nikolausberge bei Würzburg Käppele, ihre Geschichte und Beschreibung. Neunte Auflage herausgegeben und verbessert von P. Franz Josef Grüner OFMCap. Würzburg 1920, S. 11f. Die Fahne konnte aber aus Mangel an Platz nicht im Käppele aufgehängt werden, sondern wurde zusammengerollt in der Marienkapelle am Markt verwahrt, wo sie schließlich verloren ging. Das Jahr der Überschickung ist nicht bekannt. Sie ist aber sicherlich zeitnah geschehen.

24 Alfred Wendehorst (Hg.), Urkundenbuch der Marienkapelle am Markt zu Würzburg 1317–1530 (Quellen und Forschungen zur Geschichte des Bistums und Hochstifts Würzburg Bd. 27), Würzburg 1974, S. 28. Bei der gotisierenden Neuausstattung der Marienkapelle 1864 übernahm man das Gemälde in ein neues Retabel, mit dem es am 16. März 1945 verbrannte.

25 Brückner/Schneider 1996, S. 258

Gerade in den Jahren um 1688, in einer Zeit starker Einschränkungen durch die bischöflichen Behörden, kam es am Käppele zu aufsehenerregenden Vorgängen, die deutlich an die Erscheinungen am Passauer Mariahilfberg um 1620 erinnern. 1685 und 1688 war geheimnisvolles Glockenläuten nachts vom Käppele zu hören und 1689 sah man mehrmals nächtens einen Zug brennender Fackeln. 1690 stimmte der Bischof dann doch der bis dahin von ihm verweigerten Erweiterung der Kapelle zu.

Dass sich die Mariahilfverehrung am Käppele nicht weiter ausprägen konnte, lag sicher an der Beliebtheit der Vesperbilder in Franken wie an der Fähigkeit des Käppele, verschiedene Gnadenbilder zu integrieren. Nur die Benennung auf dem Urkatasterplan als *„Mariahilf oder Käpelle"* und Votivbilder, die Mariahilf gewidmet sind, erinnern noch an die Ansätze einer Passauer Filiation.

Um die Mitte des 18. Jahrhunderts befand sich am Landturm, einem Wachturm im Vorfeld der Stadt Ochsenfurt, nahe der St. Wolfgangskirche, ein Mariahilfbild, das als Maria-Turm-Bild Verehrung genoss und mit geopferten Münzen, Medaillen und Rosenkränzen bedacht war.[26] Wer das Bild dorthin brachte, ist unbekannt. Ein Einfluss des nahen Ochsenfurter Kapuzinerklosters ist nicht nachzuweisen, kann aber nicht ausgeschlossen werden. Die Sage berichtet, ein in Wassernot geratener Ochsenfurter Schiffsmann habe die Anbringung des Bildes gelobt. Als man es später in die Pfarrkirche bringen wollte, sei es immer wieder an den Turm zurückgekehrt.[27] Diese Allerweltssage für Gnadenbilder reflektiert in unserem Zusammenhang die Tatsache, dass um 1770 der Stadtpfarrer die Erlaubnis erwirkt hatte, das Maria-Turm-Bild in die Ochsenfurter Pfarrkirche zu übertragen, unter der Bedingung, dies mit angemessener Feierlichkeit und in Gegenwart des Schultheißen vorzunehmen. Damit war die unkontrollierte Verehrung des Bildes an einem relativ abgelegenen Ort unterbunden und für die Zukunft der Aufsicht des Pfarrers überstellt.

Initiator eines Verehrungsschubs im frühen 19. Jahrhundert war entsprechend ein Geistlicher, der Prediger Johann Kaspar Vogel, der die Mittel für eine neue, würdigere Präsentation des Bildes bei Guttätern besorgte. Damit konnten 1816 eine zinnerne Lichtampel und ein herzförmiger, vergoldeter Opferstock sowie ein Kerzenrechen beim Bild an der ersten Säule beim Johannisaltar angebracht werden. Ob bereits anlässlich der Gotisierung der Pfarrkirche 1892 mit der barocken Ausstattung auch das Maria-Turm-Bild aus der Kirche entfernt wurde oder erst zu einem späteren Zeitpunkt ist nicht eindeutig zu belegen. Jedenfalls geriet das Maria-Turm-Bild in den großen Bestand deponierten Kunstguts in den Nebenräumen der pfarrlichen Gebäude und konnte erst im Zuge der Kunstinventarisation der Diözese 1997 dort wieder aufgefunden werden.

Das Maria-Turm-Bild ist nicht, wie von Hans Dünninger und noch 1996 vom Autor angenommen, identisch mit einem zuletzt hinter dem Hochaltar der Ochsenfurter Kapuzinerkirche aufgehängten und heute in St. Wolfgang befindlichen Leinwandgemälde der Mariahilf.[28] Vielmehr handelt es sich um ein Holztafelgemälde, das sich, wie das Karlstadter Gemälde auch, in einem verglasten Holzkasten befindet.[29] Der vergoldete Stuckdekor weist dabei auf die Zeit um 1820.

---

26 Hans Dünninger, Das Maria-Turm-Bild, in: St. Wolfgang Ochsenfurt, Ochsenfurt 1989, S. 75.

27 Peter Högler (Hg.), Alte Geschichten und Sagen aus dem Ochsenfurter Gau, Oellingen 1984, S. 219.

28 Brückner/Schneider 1996, S. 200.

29 Höhe 79 cm, Breite 71 cm.

Das Maria-Turm-Bild zeigt das Mariahilfmotiv mit figürlicher und landschaftlicher Erweiterung. Über dem Haupt Mariens schwebt die Heiliggeisttaube, ein kindlicher Engel links hält einen Lilienstengel und weist nach oben und vervollständigt damit das implizierte Motiv der Verkündigung. Diese Aussage schwingt auch mit, wenn der rechte Engel mit einem Kranz aus Rosen Maria als Braut des Heiligen Geistes auszeichnet. Unten halten zwei Putten, in gespiegelter Darstellung, je ein geflügeltes Herz und flankieren die topografische Verortung des Gnadenbildes, einen in den Wolken verschwindenden Rundturm mit einem Fenster und der Aufschrift „*Maria Thurm*". Ob der Turm auf dem Gemälde möglicherweise später hinzugefügt wurde ist mit dem bloßen Auge nicht zu entscheiden.

In diesem Reflex auf den Verehrungsort und den Namen des verehrten Bildes möchte man zunächst eine der typischen erweiterten Devotionalkopien erkennen. Abgesehen von der geringen Potenz des Bildes zur Hervorbringung von Ablegern belegen jedoch die überlieferten (im Wortsinne) Rahmenbedingungen, dass es sich tatsächlich um das Maria-Turm-Bild handelt. Denn der Kastenrahmen kann in ein ebenfalls erhaltenes vergoldetes Tableau eingefügt werden, das einen verglasten Lünettenaufsatz besitzt zur Aufnahme der geopferten Rosenkränze etc., die heute allerdings verloren sind. Inzwischen ist das Maria-Turm-Bild wenigstens in die Nähe seines ursprünglichen Platzes zurückgekehrt und wird in der St. Wolfgangskirche verwahrt.

Die Mirakel eines schwäbischen Dorfes

Das Beispiel Gabelbach

Walter Pötzl

Der Quellenwert der Mirakel für verschiedene Fragestellungen und Disziplinen ist hinreichend bekannt; dennoch sollte bei aller Begeisterung über die Reichhaltigkeit dieser Quellengattung immer bewusst bleiben, dass Mirakel in erster Linie Glaubenszeugnisse sind. Das entscheidende Faktum für den Volkskundler und Historiker ist nicht das Wunder als solches, sondern der Glaube der Votanten, dass ihnen auf übernatürliche Weise in einer Notsituation geholfen wurde. Einträge in ein Mirakelbuch und Votivtafeln sind neben den eigens gefertigten Votivgaben und den zurückgelassenen hinweisenden Zeichen Dokumente der Promulgation, da der Votant erfahrene Hilfe am Kultort anzeigen musste.[1]

Die Mirakelbücher vieler Wallfahrtsorte haben Auswertungen erfahren, größere auch in Dissertationen.[2] Grundsätzliche Arbeiten über Mirakel dagegen sind seltener.[3] Höchst selten werden die Personen in Mirakeln oder auf Votivtafeln biografisch erforscht, so dass latent der Eindruck entstehen kann, es handle sich gar nicht um konkrete Personen.[4] Mirakel werden

---

1 Immer noch grundlegend: Lenz Kriss-Rettenbeck, Ex voto. Zeichen, Bild und Abbild im christlichen Votivbrauchtum, Zürich/Freiburg i. B. 1972. – Walter Pötzl, Mirakelbücher, in: Historisches Lexikon Bayerns, in: http://www.historisches-lexikon-bayerns.de [geplant].

2 Vgl. z. B.: Wolfgang Brückner, Die Verehrung des Heiligen Blutes in Walldürn. Volkskundlich-soziologische Untersuchung zum Strukturwandel barocken Wallfahrtens, Aschaffenburg 1958. – Walter Hartinger, Die Wallfahrt Neukirchen bei heilig Blut. Volkskundliche Untersuchung einer Gnadenstätte an der bayerisch-böhmischen Grenze, in: Beiträge zur Geschichte des Bistums Regensburg 5, 1971, S. 23–240. – Alois Döring, St. Salvator in Bettbrunn. Historisch-volkskundliche Untersuchung zur eucharistischen Wallfahrt, in: Beiträge zur Geschichte des Bistums Regensburg 13 (1979), S. 35–234. – Albrecht A. Gribl, Unsere Liebe Frau zu Dorfen. Kultformen und Wallfahrtsleben des 18. Jahrhunderts, Dorfen 1981. – Alexandra Kohlberger, Maria Hilf auf dem Lechfeld. 400 Jahre Wallfahrt (Beiträge zur Heimatkunde des Landkreises Augsburg 18), Augsburg 2003. Sehr zahlreich sind die Mirakelbuch-Auswertungen einzelner Wallfahrtsorte in Ausätzen meist regionaler Zeitschriften.

3 Vgl. z. B.: Hermann Bach, Mirakelbücher bayerischer Wallfahrtsorte, Untersuchungen ihrer literarischen Form und ihrer Stellung innerhalb der Literatur der Zeit, Phil. Diss. München 1963. – Dieter Harmening, Fränkische Mirakelbücher. Quellen und Untersuchungen zur historischen Volkskunde und Geschichte der Volksfrömmigkeit, in: Würzburger Diözesangeschichtsblätter 28 (1966), S. 25–240. – Peter Assion, Die mittelalterliche Mirakel-Literatur als Forschungsgegenstand, in: Archiv für Kulturgeschichte 50 (1968), S. 172–180. – Barbara Schuh, „Von vilerley und mancherlley Wunderzeichen". Die Analyse von Mirakelbüchern und Wallfahrtsquellen (Historische Quellenkunde Bd. 4), St. Katharinen 1989. – Ingo Schneider, Qualitative Mirakelforschung. Methodische Überlegungen zur Erforschung barocker Mirakelbücher, in: Österr. Zs. f. Volkskunde 93 (1990), S. 285–310. – Rebekka Habermas, Wallfahrt und Aufruhr. Zur Geschichte des Wunderglaubens in der frühen Neuzeit, Frankfurt a. M./New York 1991. – Barbara Schuh, „Alltag" und „Besonderheit" spätmittelalterlicher Wunderberichte, in: Wallfahrt und Alltag im Mittelalter und früher Neuzeit, Wien 1992, S. 317–351. – Walter Pötzl, Augsburger Mirakelbücher, in: Augsburger Buchdruck und Verlagswesen. Von den Anfängen bis zur Gegenwart, hg. v. Helmut Gier/Johannes Janota, Wiesbaden 1997, S. 653–682. – Mirakel im Mittelalter. Konzeptionen, Erscheinungsformen, Deutungen, hg. v. Martin Heinzelmann/Klaus Herbers/Dieter R. Bauer, Stuttgart 2002.

4 Walter Pötzl, Die reale Welt der Votanten. Beispiele aus Dinkelscherben, in: BJV 1985, S. 96–109. – Ders., Prosopographie und Volkskulturforschung, in: Volkskultur – Geschichte – Region. Festschrift für Wolfgang Brückner zum 60. Geburtstag, hg. v. Dieter Harmening/Erich Wimmer, Würzburg 1990, S. 111–127. – Ders., Lebensbilder zu Bildern aus dem Leben (Beiträge zur Heimatkunde des Landkreises Augsburg 11), Augsburg 1991, S. 165–212; darin auch: Das harte Schicksal der Katharina Bleig in Gabelbach, S. 176ff.

gemeinhin vom Wallfahrtsort aus betrachtet. Auch in Untersuchungen über Gemeinschaftswallfahrten einzelner Pfarreien werden Mirakel kaum berücksichtigt.

Die Mirakel eines Dorfes in handschriftlichen und gedruckten Mirakelbüchern zusammenzusuchen erfordert viel Aufwand, kann dann aber letztlich nicht ganz befriedigen, weil wohl nie alle Mirakel erfasst werden können. Vor allem gedruckte Mirakelbücher enthalten oft nur eine Auswahl, auf die nicht aufgenommenen Beispiele wird in Sammelhinweisen Bezug genommen.[5] Dennoch lohnt es sich, von den aufgespürten Mirakeln her einen Blick auf den gefährdeten Alltag eines Dorfes und seine Bewältigung im Glauben zu werfen.

Die Sozialstruktur des Dorfes Gabelbach

Das Dorf Gabelbach liegt 23,5 km westlich von Augsburg auf einer Anhöhe im Zusamtal und gehört seit der Gebietsreform zum Markt Zusmarshausen. Die stattliche Rücklemühle wurde von der Zusam getrieben. Westlich des Pfarrdorfes, auf dem Höhenzug zwischen Zusam- und Mindeltal, war die Rodesiedlung Gabelbachergreut mit der Filialkirche St. Leonhard entstanden. Der kleine Godelbach trennt in Gabelbach das Untere vom Oberen Dorf. Das Obere Dorf lässt die Struktur eines Haufendorfes erkennen, das Untere Dorf wurde als Straßendorf angelegt. Seit dem 15. Jahrhundert übte das Hl. Geist-Spital in Augsburg Grundherrschaft aus (in Gabelbachergreut dagegen das Domkapitel). Es errichtete ein Vogtamt, das 1764 zum Pflegamt erhoben wurde. Ein nicht ganz vollständiges Steuerregister von 1663 führt fünf Höfe und ein Höfle (12 Jauchert Acker) auf. Vier Höfe bewirtschafteten 19 bzw. 21 Jauchert Acker, einer überragte sie mit 31 Jauchert. Bei den 17 aufgeführten Sölden fällt auf, dass auch sie einige Jauchert Acker bewirtschafteten, ja selbst die vier Häusler besaßen ein bisschen Ackerland. In den Ställen der Bauern standen vier bis sechs Rösser; auch zehn Söldner konnten Pferde vorspannen. Der Rindviehbestand erscheint selbst bei den Bauern gering (ca. fünf Kühe). Am 3. Mai 1729 legte das Spital eine Liste an, „wann und wie theuer ein jeder seinen Hoff oder Söldt übernommen oder käuflich an sich gebracht“ hat. Die Spanne bei den Höfen erstreckte sich zwischen 1300 und 2300 Gulden. Deutlich höher lag der damit verbundenen „Gerechtigkeiten“ wegen der Preis für das Wirtshaus (2665 fl) und für die Mühle (3000 fl). Bei den 20 Sölden errechnet sich ein Durchschnittspreis von 675 fl. (zwischen 350 fl und 1200 fl, wobei bei den hohen Veranlagungen offensichtlich die Handwerksgerechtigkeit zu Buche schlug). Die drei Häuser schwanken zwischen 300 fl und 320 fl, jedes der beiden Häusle kostete 175 fl und jedes der beiden halben Häusle 50 fl. Die Relation von acht (6 Höfe + Wirt u. Müller) zu 20 (Sölden) zu sieben (Gnadenhäuser) gilt keineswegs als ungünstig. Gabelbach bestand um 1750 aus 36 Feuerstätten (Gabelbachergreut aus 18). Die Bonität der Böden wurde nicht hoch eingeschätzt (um 1750, J. L. v. Kolleffel: „nicht gar guten Feldbau“, aber „desto besren Wießwachs“). Es wurde viel „Flachs gesponnen und Leinwand gewürcket“.[6]

5 Pfarrer Bartholomäus Hartmann bekräftigte 1670 im Violauer Mirakelbuch, „dass er weit mehr und recht erfräunliche miracul theils im beichtstuhl, theils auf gewisser nachricht der wahlfahrter erhoben habe, welche gott durch fürbitt seiner jungfräulichen mutter Mariae in Veilau allen wahrhafft Vertrauenden erwiesen und annoch bis auff heutigen tag erweisen“ (s. u.).

6 Alfred Schröder, Das Bisthum Augsburg, historisch und statistisch beschrieben, Band 5, Augsburg 1895, 616–626; Joachim Jahn: Augsburg Land, (Hist. Atlas von Bayern, Teil Schwaben, Heft 11), München 1984, S. 511–514. – Franz Hauf, Ortssippenbuch Gabelbach, Landkreis Augsburg in Schwaben (Deutsche Ortssippenbücher Reihe B, Bd. 8), Frankfurt a. M. 1975, S. 147–168. – Arthur E. Imhof vergleicht auf der Basis dieses Ortssippenbuches immer wieder Gabelbach mit Hesel in Ostfriesland (Die verlorenen Welten. Alltagsbewältigung durch unsere Vorfahren – und weshalb wir

Die Berufsstruktur lässt sich nur zum Teil (über die Matrikel) aus dem Ortssippenbuch gewinnen. Von zwei Ehaftberufen haben sich aus dem 16. Jahrhundert sogar Ordnungen erhalten (Badbrief von 1548, Schmiedvertrag von 1593; ferner: Hüteordnungen aus den Jahren 1559, 1602 und 1700). In der Steuerliste von 1663 (s. o.) wird zwar bei sieben Söldnern und zwei Häuslern ein Betrag „fürs Handwerk" aufgeführt, doch nur einmal wird das Handwerk benannt (Zimmermeister Jerg Kraus, † 1694).[7] Die stärkste Handwerkergruppe bilden die Weber, von denen sich zwölf in den Matrikeln finden. Dazu kommen noch Michael Winkler und Joseph Bleick aus den Mirakelbüchern (s. u.). Den Webern folgen mit fünf Matrikelbelegen die Schneider.[8]

Bei der Durchsicht des Ortssippenbuches fallen die vielen Fremden auf. Neun fremde Paare heiraten in Gabelbach, bleiben aber nicht lange im Ort. 57 fremde Paare bekommen in Gabelbach ein Kind, darunter 17 herumziehende Heimatlose und sieben Soldaten. Nur ein umherziehender Heimatloser heiratet eine Einheimische. 19 Fremde sterben in Gabelbach, darunter vier Bettler und vier Soldaten. Diese starke Elendsmigration verwundert, lag Gabelbach doch keineswegs direkt an einer großen Verkehrsachse.

Im Jahre 1690 ließ das Hl. Geist-Spital die Flur von Gabelbach aufnehmen. Die große Karte (152, 8 x 191, 4 cm) hängt heute im Stadtarchiv Augsburg. Der Zeichner zeigt die Häuser des Dorfes schräg von oben. Er registriert Fachwerk und gemauerte Wände und unterscheidet die Ziegel- von den Strohdächern. Es handelt sich ausnahmslos um steile Satteldächer. Schwieriger ist die Zweigadigkeit erkennbar. Vier derartige Anwesen, die alle ein Ziegeldach tragen, liegen im Umkreis der Kirche. Bei den Häuser herrscht die (reine) Mauer vor (26 gemauerte zu 10 Fachwerkhäusern), bei den Stadeln das Fachwerk (23 Fachwerk zu 7 gemauerten Stadeln). Bei den Stadeln ist kein reiner Holzbau erkennbar. Vierzehn Häuser, darunter auch zwei Remisen, tragen ein Ziegeldach. Auf den meisten Hofstätten stehen zwei Gebäude. Fast immer bildet der Stadel einen rechten Winkel zum Wohn(stall)haus, im Unterdorf dagegen stehen vier Stadel parallel zum Wohnstallhaus.[9]

Die kirchliche Situation in der Pfarrei Gabelbach

Das Martinspatrozinium lässt zunächst an die fränkische Zeit denken, doch wurde die erste Kirche auf dem Areal der Burg gebaut, und das Patrozinium könnte sich auch von den Rittern

---

uns heute so schwer damit tun, München 1984). – Walter Pötzl, Märkte, Dörfer, Weiler, Einöden in der Markgrafschaft Burgau. Historische Ortsbeschreibungen für den Landkreis Augsburg (Beiträge zur Heimatkunde des Landkreises Augsburg 19), Augsburg 2004, S. 201ff., 342 (Rücklenmühle).

7 Jörg Kraus war ein vielbeschäftigter Maurer- und Zimmermeister. An der Südseite des Kirchturmes befindet sich eine kleine, im Jahre 1670 gestiftete Gedenktafel, die ihn und seine Frau unter einer Kreuzigungsgruppe zeigen. Die Inschrift führt die zehn Kinder auf. Noch berühmter als Zimmermeister war Matthias Kraus, der Sohn des Rücklemüllers (* 1691), der 1721 nach Dinkelscherben heiratete (Hauf, Ortssippenbuch (wie Anm. 5), S. 129f.

8 Hauf, Ortssippenbuch, Zimmerer S. 563, 566, 772, 776, 1058; Maurer: S. 607f.; Weber: S. 42, 45, 46, 175, 349, 397, 430, 984f., 1078, 1080, 1116; Schneider: S. 109, 129, 151, 593, 598. Die Montgelas-Statistik von 1809/10 führt folgende Berufe auf: 1 Bäcker, 1 Metzger, 1 Bierbrauer, 1 Branntweinbrenner, 1 Mehlmüller, 1 Sägmüller, 1 Bader, 1 Töpfer, 1 Maurer, 1 Zimmerer, 1 Wagner, 1 Hufschmied, 6 Weber, 2 Schuhmacher, 2 Schneider, vgl. Walter Pötzl (Hg.): Zusmarshausen. Markt, Pflegamt, Landgericht und Bezirksamt, Zusmarshausen 1992, 270; vgl. ebd. S. 262 die Karte „Weber im Landgericht Zusmarshausen 1810". Gabelbach zählte damals lediglich 204 Einwohner (ebd., S. 252).

9 Walter Pötzl/Anni Hartmann, Häuser, Möbel, Trachten. Zur Sachkultur des Volkes (Der Landkreis Augsburg, Bd. 8), Augsburg 1993, S. 54. Nach der Montgelas-Statistik von 1809/10 gab es in Gabelbach 40 Wohnhäuser und 20 Städel (was bedeutet, dass sich bei den Sölden im 18. Jahrhundert eine Entwicklung hin zur Einfirstanlage vollzogen hatte). 44 Gebäude trugen ein Ziegeldach, 16 ein Strohdach; vgl. Pötzl, Zusmarshausen (wie Anm. 8), S. 239.

von Gabelbach herleiten.[10] In der Ikonografie der 1737/38 erbauten Kirche dominiert aber nicht der Kirchenpatron, sondern die Erzbruderschaft Maria Trost. Viele Bilder zeigen die rettende Wirkung des schwarzledernen Gürtels, den die Mitglieder der Erzbruderschaft als Sacrum trugen. Der starken Erzbruderschaft wegen wurde die neue Kirche wesentlich größer gebaut als man sie für das Dorf benötigt hätte.

Südlich der Kirche wurde im frühen 18. Jahrhundert die Augustinus-Kapelle, 1745 im Oberdorf die Anna-Kapelle gebaut. Beide Kapellen besaßen eigenes Vermögen.

Zur Filialkirche St. Leonhard in Gabelbachergreut hatte sich offensichtlich seit dem späten Mittelalter eine Wallfahrt entwickelt, bei der so viel Eisen geopfert wurde, dass man daraus einen sogenannten Leonhardsnagel (116 kg schwer, 86 cm hoch, mit eingeritzten Ortsnamen und Jahreszahlen) schmieden konnte.

Ein Verzeichnis der jährlichen Pfarrwallfahrten scheint sich nicht erhalten zu haben, doch sind die Wallfahrten zum Hl. Kreuz in der Burgkapelle Zusameck (über Dinkelscherben) und nach Violau anderweitig belegt.[11]

Wallfahrtsorte mit und ohne Gabelbacher Mirakel

Mit Abstand am häufigsten wurde das große Kruzifix im Nachbardorf Fleinhausen aufgesucht, eine typische Nahwallfahrt.[12] Die Wallfahrt begann zaghaft im Jahre 1694, blühte dann aber erst über zwanzig Jahre später und noch einmal um die Mitte des Jahrhunderts auf.[13] Von der Wallfahrt St. Leonhard in Gabelbachergreut hat sich kein Mirakelbuch erhalten.

Bei den beiden großen, konkurrierenden Wallfahrten in St. Ulrich und Afra (neben den Titelheiligen vor allem St. Simpert, ferner ein Gnadenbild mit dem Titel „Maria Trost") und zum Wunderbarlichen Gut in Hl. Kreuz in Augsburg finden sich lediglich in einem Mirakelbuch vom Wunderbarlichen Gut zwei Einträge. Von Maria Loreto auf dem Kobel hat sich kein Mirakelbuch erhalten, in Herrgottsruh bei Friedberg fehlt Gabelbach sowohl im umfangreichen Votivtafelbestand wie im Mirakelbuch, obwohl sich über Mickhausen und über Oberschönenfeld Sekundärwallfahrten in der Region entwickelten und mehrere Devotionalkopien noch heute erhalten sind. Wenn in Inchenhofen keine Gabelbacher auftauchen, erklärt sich das vielleicht aus der Leonhardswallfahrt im Filialdorf Gabelbachergreut.[14]

10 Otto Schneider, Archäologie in Kirchen und Kapellen, in: Walter Pötzl: Kirchengeschichte und Volksfrömmigkeit (Der Landkreis Augsburg Bd. 5), Augsburg 1994. S. 29–51, hier 40ff.

11 Wilhelm Neu/Frank Otten, Landkreis Augsburg, (Bayerische Kunstdenkmale 30), München 1970, S. 110–120. – Anton Kehl, Maria von Trost. Seine Erzbruderschaft und seine Kirche, Gabelbach 1975. – Hauf, Ortssippenbuch (wie Anm. 5), S. 79–86, S. 96–108. – Pötzl, Kirchengeschichte (wie Anm. 10), S. 81–94 (Das Wallfahrtswesen des Mittelalters), S. 124–143; (Der Aufschwung des Wallfahrtswesens. Neue Kulte; S. 129: Abb. des Leonhardsnagels), S. 156–192 (Ein dichtes Netz von Wallfahrtsorten und Gnadenstätten), S. 224–245 (In der religiösen Gemeinschaft der Bruderschaften; 233f.: Abb. des Hauptfreskos und zweier Mirakelbilder, eines schwarzledernen Gürtels und eines Bruderschaftsbriefes).

12 Karl-Sigismund Kramer, Typologie und Entwicklungsbedingungen nachmittelalterlicher Nahwallfahrten, in: Rhein. JbfVk 1960, S. 195–211.

13 Das Mirakelbuch wird im Archiv des Bistums Augsburg verwahrt. Pötzl, Kirchengeschichte (wie Anm. 10), S. 168.

14 Walter Pötzl, Die Miracula sancti Simperti. Ein Beitrag zur Wallfahrtsgeschichte und zum Volksleben, in: Jb. d. Vereins f. Augsburger Bistumsgeschichte 12 (1978), S. 117–150. – Ders., Augsburger Mirakelbücher (wie Anm. 3), S. 678f. – Die Herrgottsruh-Wallfahrt in Friedberg, hg. v. Adelheid Riolini-Unger, Friedberg 2000. – Ulrich Weidner, Die Inchenhofener Mirakelbücher, in: Altbayern in Schwaben 1982/83, S. 5 – 33. – Pötzl, Kirchengeschichte (wie Anm. 10), S. 89f., S. 179.

Auf dem Weg nach Violau (s. o.) liegt Wörleschwang, wohin man sowohl des Albertus-Grabes wie eines marianischen Gnadenbildes wegen wallfahrtete. Violau konnte die Konkurrenz mit Biberbach nur bestehen, nachdem man einen Katakombenheiligen präsentiert hatte.[15] Von der Wallfahrt Allerheiligen (bei Scheppach), wohin die Nachbarpfarrei Zusmarshausen jedes Jahr wallfahrtete, hat sich kein Mirakelbuch erhalten. Die Wallfahrt Maria Königin Bild (bei Limbach) strahlte, von Zusamzell abgesehen, nicht ins Zusamtal aus. Weiter griff die Wallfahrt Oberelchingen aus, die auch Häder und Altenmünster erfasste, aber nicht Gabelbach.[16]

In den Mirakelbüchern von Oberschönenfeld, wo eine Kopie des Prager Jesuleins verehrt wurde, und von Maria Vesperbild bei Ziemetshausen fehlen Gabelbacher, obwohl der Ort im Einzugsgebiet der beiden Wallfahrten lag. Von der Wallfahrt zum großen Kruzifix in Ursberg, zu dem man Tausende totgeborener Kinder in der Hoffnung, sie taufen zu können, brachte, hat sich kein Mirakelbuch erhalten. Die Gabelbacher Pfarrer trugen bei keinem einzigen Kind, wie es andernorts gelegentlich geschieht, die Bemerkung „Urspergensis" ein. Nach Maria Steinbach wallfahrteten Männer und Frauen aus Zusmarshausen und Dinkelscherben, Gabelbacher fehlen.[17]

Die vier Einträge im Mirakelbuch von Maria Hilf auf dem Lechfeld kommen dadurch zustande, dass der Weber Michael Winkler selbst zweimal und seine Frau einmal auftaucht. Obwohl die Wallfahrt zu den größten im heutigen Bayern gehörte (1723/24: 105.000 Kommunionen), war sie für manche in Schwaben auch eine Station auf dem Weg nach Andechs. Das gilt, allerdings für eine andere Route, auch für Grafrath, wo zweimal Gabelbacher auftauchen. Wohl kaum ein anderer Wallfahrtsort hat mehr Druckwerke hervorgebracht als Andechs, doch sind es vor allem Chroniken und Heiltumsbücher, an die gelegentlich Mirakel angehängt wurden. In ihnen finden sich keine Gabelbacher.[18]

Die Votanten und ihre Wallfahrten

Abgesucht wurden die Mirakelbücher von 22 Wallfahrtsorten (wobei die größeren wie die beiden Augsburger Wallfahrten, Biberbach, Inchenhofen und vor allem Andechs mehrere Bücher in Druck gaben).[19] Zahlenmäßig dominiert die Nahwallfahrt im Nachbardorf Flein-

---

15 Georg Kempter, Albertus von Wörleschwang, o. J. o. O. – Pötzl, Kirchengeschichte (wie Anm. 10), S. 164–172. – Stefan Siemons, Frömmigkeit im Wandel (Beiträge zur Heimatkunde des Landkreises Augsburg, Bd. 17), Augsburg 2002, S. 151–204. – Biberbach (Große Kunstführer, Bd. 199), Regensburg 1997.

16 Walter Pötzl, Wallfahrerinnen und Wallfahrer aus Zusmarshausen, in: ders., Zusmarshausen (wie Anm. 8), S. 203–222. – Alexander Schulz, Maria Königin Bild. Eine Wallfahrt in Schwaben (Günzburger Hefte 14), Weissenhorn 1980. – Daniel Drascek, „Homo peregrinus". Der Mensch als Fremder in dieser Welt. Die Wallfahrt nach Oberelchingen (tuduv-Studien: Reihe kulturgeschichtliche Forschungen, Bd. 7), München 1987.

17 Walter Pötzl, Die Wallfahrt zum Prager Jesulein in Oberschönenfeld, in: Kloster Oberschönenfeld, hg. v. Werner Schiedermair, Donauwörth 1995, S. 149–153. – M. Elisabeth Lieb, Der Wallfahrtsort Maria Vesperbild bei Ziemetshausen (Zulassungsarbeit Univ. Augsburg 1978/II). – Alfred Weitnauer, Himmel voller Helfer. Welt voller Wunder (Mirakelbücher von Maria Steinbach), Kempten 1969. Nach dem gesamten Material frdl. Auskunft des Pfarramtes.

18 Kohlberger, Maria Hilf (wie Anm. 2). – Karl-Sigismund Kramer, Die Mirakelbücher der Wallfahrt Grafrath, in: BJbVk 1951, S. 80–102. – Der Schatz vom Heiligen Berg Andechs, Andechs 1967, Nrn. 87–112. Mirakel finden sich in den Nummern 95–97, 103. Dazu kommen noch Mirakel in den hier nicht aufgeführten Chroniken aus den Jahren 1602, 1625, 1657, 1699 (Staats- u. Stadtbibliothek Augsburg, Universitätsbibliothek Augsburg). – Pötzl, Kirchengeschichte (wie Anm. 10), S. 87ff., 126ff., 139–143, 180f. – Durchgesehen wurden auch – leider ohne Ergebnis – die gedruckten Mirakelbücher von Hohenpeissenberg (1616 u. 1718), Polling (1697 u. 1729), Vilgertshofen (1746), Wieskirche (1746), Grafrath (1746 u. 1772); Maria Mödingen (1688) und Maria Eldern (1759).

19 Die gedruckten Mirakelbücher liegen in der Bayerischen Staatsbibliothek München, in der Staats- und Stadtbibliothek Augsburg, in der Universitätsbibliothek Augsburg (Provenienz Oettingen), in der Stadtbibliothek Ulm (Oberelchingen), im Archiv des Bistums Augsburg (Wörleschwang).

hausen (ca. 25 Minuten). Etwas mehr als die Hälfte der Einträge finden sich im dortigen Mirakelbuch, doch wurde dieses entweder nicht konstant geführt, oder die Frequenz unterlag großen Schwankungen. Die Gabelbacher Einträge drängen sich in den Jahren 1717 bis 1722 (10) und 1745 bis 1753 (8) zusammen. Der erste Block wird nur durch eine Wallfahrt nach Grafrath, der zweite durch zwei Wallfahrten nach Wörleschwang unterbrochen. Bevor die Nahwallfahrt Fleinhausen aktuell wurde, wandten sich die Gabelbacher nach Maria Hilf auf dem Lechfeld, zum Wunderbarlichen Gut in Augsburg, nach Grafrath, Violau und Biberbach. Die Wirkung einer im Nachbardorf aufgekommenen Wallfahrt drängte die Wallfahrten zu wesentlich weiteren Zielen zurück und beschränkte auch das Kultangebot. Am Beispiel Gabelbach lässt sich deutlich die Bedeutung von (neu aufgekommenen) Nahwallfahrten aufzeigen.

Die Mirakelbucheinträge verteilen sich keineswegs gleichmäßig über den Zeitraum von 1639 bis 1753 (wobei der erste und der letzte Eintrag hier unberücksichtigt bleiben). Zwischen 1684 und 1717 klafft eine Lücke von einer Generation und zwischen 1722 und 1745 fehlen über zwei Jahrzehnte, obwohl das Zeiten intensiven Wallfahrtsbetriebes waren. Die zweite Lücke könnte sich z. T. durch einen Rückgang der Fleinhauser Wallfahrt erklären. Wenn nach 1753 fast wieder 30 Jahre vergehen, bis ein Gabelbacher in einem Mirakelbuch auftaucht, dann liegt das wohl auch daran, dass in der Aufklärungszeit wesentlich weniger Mirakel aufgezeichnet und veröffentlicht wurden. Bezeichnenderweise begab sich der Amtschreiber ans Grab der Crescentia Höss († 1744) nach Kaufbeuren, deren Kult zwar blühte, damals aber nicht einmal zur Seligsprechung führte.[20]

Von der Sozialstruktur her dominiert keineswegs die Unterschicht. Es finden sich auch zwei Bauern unter den Votanten (Leonhard Steiner, 1752; Franz Scherer, 1753). Auffallend stark vertreten sind Amtsträger: Der Gerichtsvogt Johann Jakob Langenmayr (1684), die Untervögte Michael Ertinger (1717) und Sebastian Schappi (1749), der Amtschreiber Ignaz Zöpf (1781) und der Mesner (und Lehrer) Hans Baur (1661).

Die Anliegen entsprechen dem üblichen Spektrum barocker Mirakelbücher. Kulturgeschichtlich interessant sind die Begleitumstände bei der Vergiftung des vierjährigen Töchterchens der Marianna Hueber (1717), die vom Mäusegift getrunken hatte, das gegen die Mücken in der Stube aufgestellt war.

Die 31 Mirakelbucheinträge, darunter der doppelte Eintrag von Michael Ertinger von 1717, verteilen sich nicht auf 31 Personen. Michael Winkler taucht 1656, 1670 und 1674 auf, dazu kommt noch seine Frau Elisabeth im Jahre 1679. Der Weber gehörte zur dörflichen Unterschicht und bewohnte ein Haus, bewirtschaftete zwei Viertel Acker, konnte zwei Kühe melken und hatte im Stall noch ein heuriges Kalb und ein Schwein stehen. Im Steuerregister von 1663 (s. o.) wurde er mit 23 Kreuzern veranlagt. Er war offensichtlich ein wallfahrtsfreudiger Mann. Im 1753 gedruckten Mirakelbuch von Buggenhofen wird von einem Brief des Gabelbacher Pfarrers berichtet, in dem dieser schrieb, dass ihm Michael Winkler erzählt habe, „wie daß er ein Seiden/ so er bey Unser Lieben Frauen in Buggenhofen ausgelöst/ Anna Kleinen von (Gabelbacher)Kreuth/ als welche den Hertz Fluß sehr gefährlich hatte/ mitgetheilet/ daß sie selbe um sich binden solle/ und darbey Unser Liben Frauen von Buggenhofen 3 Rosenkräntz zu Ehren betten“. Die Frauenseide war das typische Sacrum von Buggenhofen, das sich Winkler besorgt hatte. Er selbst steht aber nicht im Mirakelbuch. Der Mesner und Schulmeister Hans

20 Mirakelbuch im Archiv des Crescentia-Klosters Kaufbeuren. Zur Heiligen vgl. Karl Pörnbacher, Die heilige Crescentia Höß von Kaufbeuren, 2. Aufl. Lindenberg 2002.

Baur (1661) war mit Anna Langenmayr verheiratet. Sie war die ältere Schwester des Gerichtsvogtes und Schreiners Johann Jakob Langenmayr (1684). Dessen Tochter Margarita heiratete Jörg Weber (1720). Langenmayr und Weber saßen auf Sölden. Der Amtschreiber Ignaz Zöpf (1781) war mit Maria Katharina Weber, der Enkelin von Jörg Weber (1720) verheiratet. So zieht sich 120 Jahre lang eine Verwandtschaftslinie über vier Einträge in Mirakelbüchern von vier Wallfahrtsorten. Ursula Scherer (1748) war die Tochter von Anna Michler (1719). Der Unterschicht gehören der Untervogt und Kuhhirt Michael Ertinger und seine Frau Anna an (1717 und 1720). Die Häuslerin Maria Kraus verlobte sich 1720 und 1722 nach Fleinhausen. Beim ersten Eintrag (1745) wird Anton Leutenmayr als Bauer bezeichnet, tatsächlich saß er auf einer größeren Sölde, die sein Vater Georg 1705 um 810 fl übernommen hatte. Er wendet sich noch einmal 1751 und 1753 nach Fleinhausen. Es verwundert, dass er sich zweimal eines Rosses wegen nach Fleinhausen (und nicht nach Gabelbachergreuth) verlobte. Der Bauer Franz Scherer suchte im Jahre 1753 in unterschiedlichen Anliegen Hilfe in Fleinhausen und in Wörleschwang. Nicht eindeutig einander zuordnen lassen sich die drei Mitglieder der Familie(n) Hartmann (1718 zweimal, 1720). Agnes Bleig (1753) gehörte nicht zu den Nachfahren von Joseph Bleick (1679). Von 30 Mirakelbucheinträgen – der erste liegt viel zu weit von der Zeit entfernt, in der das Ortssippenbuch einsetzt – entfallen 19 darauf, dass sich zwei Personen dreimal und zwei Personen zweimal an einen Wallfahrtsort wandten. Zweimal verlobten sich Ehefrauen, einmal Mutter und Tochter. Besonders markant erscheint aber die Linie Votant – Schwager – Schwiegersohn – Enkel (s. o.). Die familiären Beziehungen waren sicher noch um einiges größer, da sie auch in die Nachbardörfer hinein reichten, die hier nicht erfasst werden konnten. Andererseits fehlen in Gabelbach über ein Dutzend Familien in den Mirakelbüchern, die im Ortssippenbuch sehr stark vertreten sind, wie die Bauhof, Baumeister, Betz, Endres, Haubletshofer, Maier, Orthofer, Ritter, Schmied, Schuster, Thalhofer, Vogg, Weber.

Das lässt den Schluss zu: Sich in einer Notlage an einen Wallfahrtsort zu wenden, ist – zumindest in Gabelbach – keine allgemein übliche Verhaltensweise, sondern hängt von der Frömmigkeitsdisposition des Einzelnen ab, wobei familiäre Bindungen eine wichtige Rolle spielen. Ob das nur für Gabelbach galt oder auch für andere Orte, müsste in zeitraubenden Untersuchungen erst geklärt werden.[21]

21 Im nahen Markt Dinkelscherben (25 Minuten) wurden die bereits erhobenen Mirakel (Walter Pötzl, Geschichte und Volkskunde des Marktes Dinkelscherben, Dinkelscherben 1987, S. 366f.) durch die Beispiele aus Fleinhausen ergänzt. Das Fleinhauser Mirakelbuch war damals nicht bekannt. Bei einer Kirchenführung wies mich der Kirchenpfleger darauf hin. Dazu kamen noch weitere Mirakel aus Maria Hilf auf dem Lechfeld (vgl. Kohlberger wie Anm. 2). Dinkelscherben war fast doppelt so groß wie Gabelbach (1750: 66 Feuerstätten, gegenüber 36), aber auch wallfahrtsintensiver (83 Mirakelbucheinträge gegenüber 31). Die Nahwallfahrt Fleinhausen war – bei etwa gleicher Entfernung – noch wesentlich stärker ausgeprägt (48:13). Von Dinkelscherben gibt es leider kein Ortssippenbuch, doch bieten die Grundlagen für das Kapitel „Die Bevölkerung“ (Pötzl, Dinkelscherben 256–267) für die Zeit von ca. 1660–1720 einen gewissen Ersatz. Auch hier fällt auf, dass Personen bzw. Familien wiederholt genannt werden, während viele andere, im Markt gut etablierte fehlen. So taucht der Inhaber des Maierhofes, Simon Hintermayr zwischen 1714/15 und 1721 viermal auf (davon dreimal auf dem Lechfeld); dazu kommen noch seine Frau Elisabeth und sein Sohn Caspar (1750). Die Familie Wiedemann dagegen erscheint nur in Fleinhausen (Sabina und Matthäus und dessen Bruder Jakob), ebenso der Weber Adam Meister und sein Sohn Hans. Der Bader Johann Winkler steht am gleichen Tag (1716 IX 2) zweimal im Mirakelbuch von Lechfeld, einmal für sich eines schadhaften Fußes wegen und einmal zusammen mit seiner Frau einer kranken Tochter wegen. Die 24 Mirakelbucheinträge zwischen 1711 und 1721 erstrecken sich auf 16 Familien. Das nährt die Vermutung, das Ergebnis aus Gabelbach bestätigt sich in etwa auch in Dinkelscherben. – Zwischen Votanten aus Dinkelscherben und Gabelbach lässt sich auch eine verwandtschaftliche Verbindung nachweisen: M. Katharina Schnitzlerin in Dinkelscherben verlobte sich 1721 wegen Kopfweh nach Lechfeld. Ihre Tochter Katharina heiratete im gleichen Jahr in Dinkelscherben den Zimmermeister Matthias Kraus. Dessen Vater, Georg Kraus, war in zweiter Ehe seit 1693 mit Maria Minder verheiratet, die sich 1720 und 1722 nach Fleinhausen wandte.

Kurzregesten zu den Gabelbacher Mirakeln

Jahr	Name, Beruf In Klammern Ergänzungen bzw. Korrekturen	Anliegen	Opfer, Votivtafel, Votivgabe	Wallfahrtsort u. U. Angaben aus dem Mirakelbuch	Ortssippenbuch Nr.
c. 1480	Elspet Wagenmennin	Große Krankheit des Leibes		Grafrath (3737)	
1639	Jakob Reitmayr + Frau Magdalena	Kind, 5/4 jährig, fällt in den Brunnen		Augsburg, HKreuz (Eschenlloher CIV)	819
1656	Michael Winkhler	Vergiftung durch Trank	Messe	Lechfeld	1176
1661	Hans Baur, Mesner	Söhnlein Jakob, 2 Jahre	Messe	Augsburg, HKreuz (Eschenloher CCV)	82
1670	Michael Winkler, Weber	Gefährlicher Blutsturz		Violau	1176
1674	Michael Winkhler	Geschwür am Knie	Vierling Wachs	Lechfeld	1176
1679	Joseph Bleick, Weber	Frau Katharina Verstandesverlust	Messe, Votivtafel (noch vorhanden)	Lechfeld	126
1679	Elisaberh Winkhler (= Frau v. Michael)	Tochter Anna, 7 J., Blattern, Auge	Wallfahrt, Messe	Lechfeld	1176
1684	Johann Jakob Langemayr, Gerichtsvogt	Sohn Johann Carl, 6 J.; Stein	½ Pfund Wachs, Messe	Biberbach (MB von 1751)	633
1717 VIII 20	Marianna Hueber	Vierjähriges Töchterchen trinkt *bey drey Vnzen mausgifft, so für die muggen in Einem schörben in der stuben gestanden*		Fleinhausen	466 ?

Jahr	**Name, Beruf** In Klammern Ergänzungen bzw. Korrekturen	**Anliegen**	**Opfer, Votivtafel, Votivgabe**	**Wallfahrtsort** u. U. Angaben aus dem Mirakelbuch	**Ortssippenbuch** Nr.
1717 XI 12	Michael Irding, Kuhhirt (= Michael Ertinger), Untervogt u. Kuhhirt	Kuh fällt in den Graben Er wird abends ohnmächtig		Fleinhausen	224
1718 I 1	Barbara Hartmann, Ww	Apostem	Messe	Fleinhausen	
1718	Hans Hartmann	Sohn Martin, Bruch	Messe, Opfer in den Stock	Grafrath	352
1719 IX 14	Anna Michler	Tödlich erkrankt	Messe	Fleinhausen	(881), 723
1720 IV 2	Anna Irding (= Ertinger)	Kreuzschmerzen	Opfer, Gebet	Fleinhausen	224a
1720 IV 8	Jörg Weber	Blatter am Arm wegen kranker Kuh	2 Messen	Fleinhausen	1137
1720 IX 12	Nikolaus Someser + Vater, so aus Gabelbach gebürtig	Über 1 ½ Jahre offener Fuß	Messe	Fleinhausen	
1720 XI 22	Maria Kraus	9 Wochen Fieber	Messe + Wallfahrts*gang*	Fleinhausen	574
1721 IV	Anna Hartmann	In sehr tiefen Brunnen gefallen	Messe	Fleinhausen	
1722	Maria Kraus	Böses Auge	Opfer + Wallfahrt	Fleinhausen	574
1745	Anton Leutenmayr	Pferd, Carniffel oder Bizel	Mess + Opfer	Fleinhausen	654
1748 XII	Ursula Scherer	Frühgeburt		Fleinhausen	892
1749 XII 4	Sebastian Schappi, (Untervogt)	Viele Jahre ein Grimmen	3 Rosenkränze + Opfer	Fleinhausen	874
1749	Maria Glogger	böser u. schmerzhafter Arm	3 Rosenkränze, Opfer	Wörleschw., M.	539

Jahr	**Name, Beruf** In Klammern Ergänzungen bzw. Korrekturen	**Anliegen**	**Opfer, Votivtafel, Votivgabe**	**Wallfahrtsort** u. U. Angaben aus dem Mirakelbuch	**Ortssippenbuch** Nr.
1751 VIII	Anton Leutenmayr	Apostem, kann 14 Tage keine Speise zu sich nehmen	2 Messen + Wallfahrtsgang	Fleinhausen	654
1752	Leonhard Steiner (Bauer)	Böser Fuß	Messe + Wallfahrtsgang	Fleinhausen	1010
1752	Franz Scherer (Bauer)	Große Ohrenschmerzen	Wallfahrtsgang + halbe Vierlingskerze + 5 Kreuzer	Wörleschwang Maria + Albert	891
1753	Anton Leutenmayr	Ross aufgeworfen, frisst nimmer	Messe + Gang	Fleinhausen	654
1753	Agnes Bleig	Kann etliche Jahre kein lautes Wort reden	Wallfahrtsgang + Messe	Fleinhausen	125
1753	Franz Scherer	Fieber	Messe, Gang + Opfer	Fleinhausen	891
1781	Ignaz Zöpf, Amtschreiber	Nachts von gefährlicher Krankheit überfallen (gewaltiges Zusammenziehen auf der Brust)	Wallfahrt + Opfer	Crescentia in Kaufbeuren 1781 (Nr. 92)	1201

Das religiöse Bildprogramm des Frankfurter Druckhauses E. G. May Söhne

Heinz-Peter Mielke

Es ist bis jetzt noch nicht der Versuch gemacht worden, die religiösen Drucke der deutschen lithografischen Betriebe in ihrer Gesamtheit vorzustellen, geschweige denn die Programme führender Druckereien offenzulegen.[1] Eine Ausnahme hierzu bilden die kleinformatigen Heiligenbildchen. Die Gründe hierfür sind zahlreich: Fehlende Firmenarchive und eine kaum zu überblickende, teils anonyme Drucktätigkeit[2] sind die vordergründigsten. Dass hier mit den Drucken von E. G. May Söhne ein erneuter Versuch gemacht wird, ist dem Zugang zu einem Verlagskatalog[3] dieses Hauses aus dem Jahre 1913 mit insgesamt 552 verschiedenen Motiven zu verdanken. Wenngleich sich der Verfasser schon seit langem diesem Thema widmet und eine Vielzahl von Drucken gesammelt und erfasst hat, so stellen die „Flohmarkt-Funde" im Vergleich mit dem Katalog nur einen bescheidenen Teil der May-Drucke[4] dar. Das ist auch zu erwarten, denn der „Größte Verlag der Welt in religiösen und weltlichen Bildern in allen Größen", wie sich May auf seinem Briefbogen selbst nannte, hat nicht nur seine Chromolithografien dem Binnenmarkt angeboten, sondern hat in alle Welt geliefert. Dies erkennt man an den Motivbezeichnungen, die meist in fünf verschiedenen Sprachen erscheinen (Französisch, Spanisch, Englisch, Deutsch, Italienisch – wobei das Italienisch manchmal durch Polnisch ersetzt ist). Daneben gibt es auch nur speziell für ein Land produzierte Grafik wie die Madonna Czestochowska und Motive für die verschiedenen lateinamerikanischen Wallfahrtsorte.

---

1 Mit dem Verlagsprogramm von B. Kühlen in der Festschrift für Wolfgang Brückner zum 60. Geburtstag wollte ich damit einen Anfang machen bzw. einen entsprechenden Akzent setzen, vgl.: Heinz-Peter Mielke: Gott zur Ehre. Zum Bildprogramm des Kunstverlages B. Kühlen in Mönchengladbach, in: Volkskultur, Geschichte, Region. FS für Wolfgang Brückner zum 60. Geburtstag, hg. v. Dieter Harmening und Erich Wimmer, Würzburg 1990, S. 475–492.

2 Teilweise sind die an den Rand der Bilder gesetzten Druckangaben beim Rahmen der betreffenden Stücke abgeschnitten worden oder durch den Rahmen nicht erkennbar.

3 Trotz vielseitiger Recherchen seit den 60er Jahren, vor allem durch Wolfgang Brückner und Christa Pieske, ist bislang kein Katalog von May bekannt geworden. Der hier behandelte Katalog liegt in der Akte 213 AA6 des Limburger Diözesanarchivs. Es ist ein neutral gehaltener Katalog unter dem Titel „Kunst-Verlag. Illustrierter Katalog", der den Namen „May" vermeidet, lediglich das Firmenemblem (Majuskel-M in Strahlenkranz) zeigt. Ein freies Feld auf der vorderen Umschlagseite ermöglichte dem Einzelhandel, diesen Katalog mit einem entsprechenden Stempel oder Eindruck zu versehen, ohne dass der Interessent direkt den Bezug zum Verlag erhielt. Die Datierung des Stückes ergibt sich aus den begleitenden Archivalien sowie aus der auf der Vorderseite unten angebrachten Druckerchiffre, die als das Jahr 1913 aufgelöst werden kann. Es ist mit Sicherheit davon auszugehen, dass dieser Spezialkatalog Vorgänger hatte, und dass er lediglich einen Auszug aus einem auch das profane Bildgut umfassenden Katalog darstellt, bzw. dass diesem noch ein weiterer Katalog mit den profanen Bildern von E. G. May Söhne zur Seite gestellt worden ist.

4 Behandelt werden in diesem Aufsatz nur die von der Firma E. G. May Söhne herausgegebenen Drucke, Chromolithografien wie Fototypien, nicht aber die der vorhergehenden Rechtsformen. Das Unternehmen mit der Firmierung E. G. May Söhne bestand von 1878 an bis zum Zusammenschluss zur Aktiengesellschaft „Kunstanstalten May" mit Sitz in Dresden 1914. Gegründet wurde das Unternehmen durch Eduard Gustav May im Jahre 1845. Von 1852 bis 1864 firmierte es unter May und Wirsing, danach bis zum Ausscheiden von Eduard Gustav May unter E. G. May. Zur Firmengeschichte vgl. Wolfgang Brückner (Hg.), Die Bilderfabrik. Dokumentation zur Kunst- und Sozialgeschichte der industriellen Wandschmuckherstellung zwischen 1845 und 1973 am Beispiel eines Großunternehmens, Frankfurt a. M. 1973, S. 19f.

In dieser Studie wird nun ausschließlich das religiöse Bildgut von E. G. May Söhne ab etwa 1896/97 behandelt, nicht aber das religiöse Bildprogramm der früheren Rechtsformen, wenngleich es zu gewissen Überschneidungen kommt.

Wandbilder und ihre zeitliche Einordnung

Soweit uns keine Verlagsprospekte, Anzeigen oder speziell zu einer besonderen Gelegenheit angefertigte oder verschenkte Drucke, so zum Beispiel zur Konfirmation, Kommunion oder zu einem Jubiläum, also mit einem entsprechenden Datum versehenen Drucke vorliegen, so bietet bei den religiösen Wandbildern und Drucken das Jahr 1897 ein markantes Datum. In diesem Jahr setzt auch die Korrespondenz zwischen dem Frankfurter Druckhaus und dem bischöflichen Ordinariat des jungen Bistums Limburg an der Lahn ein (Abb. 1) und endet, von belanglosen Anfragen späterer Zeit abgesehen, im Jahre 1913, also kurz vor der Fusion zu den „Kunstanstalten May“ Aktiengesellschaft in Dresden. Das in diesem Zusammenhang für das Jahr 1897 markante Ereignis war die unter dem 25. Januar 1897 von Papst Leo XIII. erlassene Konstitution „Constitutio apostolica de prohibitione et censura librorum“, mit der in Kapitel VI „De sacris imaginibus et indulgentiis“ kurz die für katholische Christen verbindliche Vorschrift erlassen wurde, dass fortan nur noch approbierte Bilder mit kirchlichen Motiven, ihren Heiligen und ihren Repräsentanten gekauft werden durften.[5] Wenngleich diese Vorschrift für das protestantische Druckhaus E. G. May Söhne im Grunde ohne Bedeutung war, so war doch die Gefahr gegeben, dass der Umsatz der religiösen Bilder mit katholischen Abnehmern drastisch zurückgehen würde. Sinn der päpstlichen Verfügung war sicherlich, den Wildwuchs der Andachtsgrafik durch ikonologische Authentizität zu begrenzen. Da das Kirchengesetz nur den künftigen Vertrieb berücksichtigte, die Langlebigkeit der Motive aber Außenstehenden kaum ein Urteil über das Herstellungsdatum erlaubte, übersandte das Frankfurter Unternehmen dem bischöflichen Ordinariat das gesamte Programm in zwei Postpaketen, da es „*... bei der riesigen Masse und bestehenden und fortwährend neu erscheinenden derartigen Bildern in den meisten Fällen nicht möglich sein dürfte, zu entscheiden, ob ein Bild vor oder nach Erlaß der betr. Vorschrift erschienen ist*“. Diese Musterkollektion wurde trotz einiger vorgetragener Bedenken ausnahmslos approbiert und nur im Falle der Reklamation einer Änderung bei einer Neuauflage nahegelegt. Mit der Approbation erschien fortan ein entsprechender Hinweis, meist auf dem unteren Bildrand gedruckt, wonach das Motiv vom Bistum Limburg gutgeheißen worden ist. Bilder mit einem entsprechenden Vermerk – dies gilt auch für die anderen chromolithografischen Kunstdruckanstalten, die in ihrem Programm religiöse Bilder führten – sind somit nach dem Januar 1897 gedruckt worden und solche ohne vor dem Stichtag. Wann das Motiv jedoch zum ersten Mal die Druckerpresse verlassen hatte, wird durch dieses Datum nicht angegeben.

Ein für May-Drucke wichtiges Datierungskriterium bildet die Schutzmarke, die ein gotisches Majuskel-M in einem Strahlenkranze zeigt. Diese Marke befindet sich bereits auf einem Briefbogen der Firma May Söhne aus dem Jahre 1904.[6] Diese Schutzmarke wird noch nach

5 Abdruck in „La Civiltà cattolica“, Bd. 1897(1), Roma, 1897, S. 385-398, 392. Dem Leiter der Bibliothek des Priesterseminars Fulda, Herrn Dr. Berthold Jäger, danke ich für seine freundliche Hilfe beim Nachweis der Fundstelle.

6 Brückner, Die Bilderfabrik, S. 52, lässt diese Marke erst 1911 aufleben; sie soll aber bereits 1894 als Warenzeichen eingetragen worden sein.

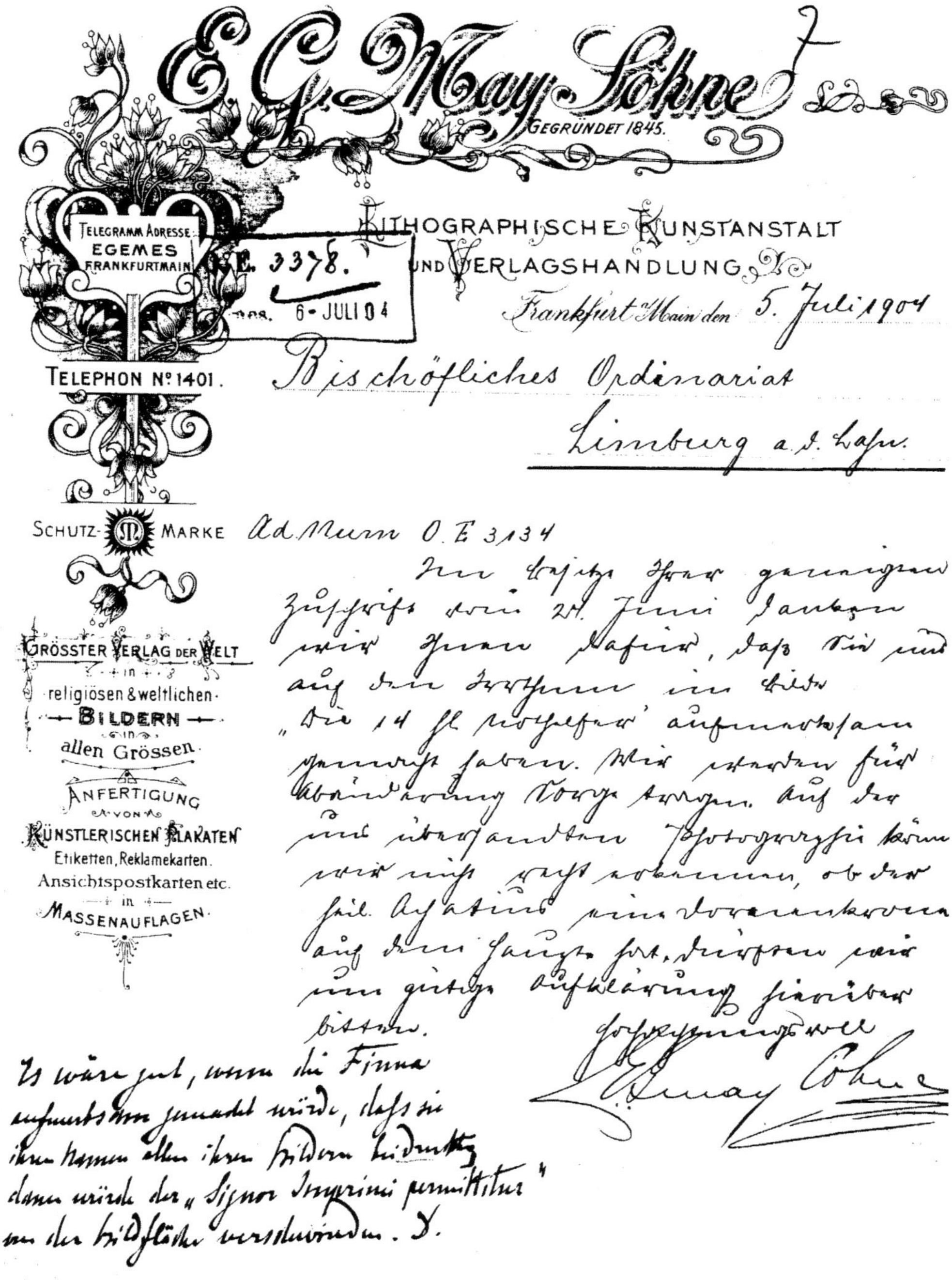
E. G. May Söhne
Gegründet 1845.
Lithographische Kunstanstalt und Verlagshandlung
Telegramm Adresse: EGEMES Frankfurtmain
O. E. 3378.
6 - JULI 04
Telephon No. 1401.
Frankfurt a/Main den 5. Juli 1904
Bischöfliches Ordinariat
Limburg a. d. Lahn.
Schutz-Marke
Grösster Verlag der Welt in religiösen & weltlichen Bildern in allen Grössen
Anfertigung von künstlerischen Plakaten Etiketten, Reklamekarten. Ansichtspostkarten etc. in Massenauflagen.

Ad Num. O. E. 3134

Im Besitze Ihrer geneigten Zuschrift vom 21. Juni danken wir Ihnen dafür, daß Sie uns auf den Irrtum im Bilde „Die 14 hl. Nothelfer" aufmerksam gemacht haben. Wir werden für Abänderung Sorge tragen. Auf der uns übersandten Photographie können wir nicht ersehen, ob der hl. Agatius eine Dornenkrone auf dem Haupte hat, dürfen wir um gütige Aufklärung hierüber bitten.

Hochachtungsvoll
E. G. May Söhne

Es wäre gut, wenn die Firma aufmerksam gemacht würde, daß sie ihren Namen allen ihren Bildern beidruckte, dann würde der „Signor Imprimi permittitur" an der Bildfläche verschwinden. D.

Abb. 1: Ein gotisches Majuskel-M im Strahlenkranz bildete seit 1894 die Schutzmarke der Firma May-Söhne.

der Fusion von 1914 beibehalten und erscheint selbst noch auf den Reprints der 50er Jahre. Für die erste Zeit ist das May-Signet auf den Bilddrucken jedoch die Ausnahme; es dürfte wohl erst bei Neuauflagen im Zuge der Firmenfusion zur Anwendung gekommen sein. Gerade bei den Reprints ist die Marke ein Zeichen dafür, dass die Druckvorlage von E. G. May Söhne in das 1914 neugegründete Mammutunternehmen in Dresden eingebracht worden ist. Da die May-Drucke nummerisch durchgezählt sind, ergibt sich darüber hinaus durch die Zusammenschau mit dem Schriftverkehr zwischen der Firma und dem Ordinariat eine weitere Datierungsmöglichkeit.

In der Antwort an May vom 3. August 1897 wird zunächst die Qualität der Drucke hervorgehoben: „*... dieselben gehören im Allg. zweifelsohne zu den besseren Farbendruckbildern, welche auf dem Markt sind; einzelne sind sogar recht schön u. edel gestaltet. Verschiedene geben allerdings Anlaß zu Beanstandungen ...*". Beanstandet wurde beispielsweise der hl. Joachim, weil er in der Darstellung wegen seiner Kinderlosigkeit im Tempel vom Opfer zurückgewiesen wurde. Hierbei handelt es sich um das Bild mit der laufenden Nr. 127. Auf einem anderen Bild (Nr. 46) wird das braune Gewand des hl. Antonius moniert, auf dem Bilde „Der Tod des Sünders" steht ein Papst mit Chorrock, Stola und Manipel (Bild Nr. 116), was als nicht treffend erachtet wurde. In der Darstellung des Lebens Jesu (Bild Nr. 103) kommt die Samariterin am Jakobsbrunnen vor der Taufe Christi. Bei Motiv 39 übergibt Maria einem Mädchen das Skapulier und nicht einem Heiligen. Auf Bild Nr. 34 reicht Maria ihrem Kind die Brust. Diese Szene wird zwar als „*nicht anständig*" angesehen, kam aber dennoch in Umlauf. Beim Ehesakrament steht ein Gedicht, nach dem der Hochzeitstag als der schönste Tag angesehen wird. Dieser Superlativ wird gerügt, nicht aber das Bildnis selbst. Trotz dieser genannten Mängel wurde keinem der eingereichten Bilder die Approbation versagt. Vielmehr wurde angeregt, bei Neudrucken auf die gewünschte Änderung einzugehen. Die den Bildern zugewiesenen Seriennummern lassen somit eine Produktion vor dem Jahre 1897 zu.

Im Jahre 1899 wurde ein weiteres Paket mit Bildern dem bischöflichen Ordinariat vorgelegt. Dabei handelte es sich in erster Linie um Seriennummern, welche nach der Zahl 300 liegen. Jedoch sind auch einige frühere Nummern dabei, so die Nummer 53 für die Himmelfahrt Mariens, die hl. Agatha mit Nr. 148 und der hl. Josef mit Nr. 160a. Im Einzelnen handelt es sich um folgende Seriennummern: (2)298, (2)313, (2)314. (2)337, (2)352, (2)346, (2)365, 53, 148, 160a, 262, 263, 264, 293, 296, 300, 302, 309–312, 315, 318, 319a, 319–321, 323, 325, 333, 339, 341, 344, 351, 354, 355 sowie um das Motiv „Mater dolorosa in terra sancta" ohne Nummer.[7]

Möglicherweise aus dem Jahre 1904 resp. 1905 stammt das Motiv des hl. Achatius. Für die Herstellung dieser Lithografie gab es nämlich eine Anfrage bei Pater Seitz in Vierzehnheiligen, ob der Heilige der Legende nach eine Dornenkrone trägt oder nicht.

Aus der Korrespondenz vom 3. August 1899 erfahren wir erstmals einige Details über das Schaffen des Malers Leiber: „*Leiber ist der Name des Malers, der uns für den weit aus größten Teil der approbierten Bilder die Originale geliefert hat und in Folge eines Prozesses, den wir gegenwärtig in Italien wegen Nachdruckes eines Teiles dieser Bilder führen, müssen wir künftig den Namen des Autors ebenso auf unsere Reproduktionen setzen, wie er auf den Originalgemälden selbst steht*". Bei dem Vertrags-Künstler handelt es sich um den Schwarzwälder

7 Wie aus der Liste vom 3. April 1899 zu ersehen ist, haben dort die ersten sieben Positionen die Formatkennzeichnung „2", die hier, um Irritationen auszuschließen, in Klammern gesetzt sind. Dies könnte bedeuten, dass das Formatsystem um das Jahr 1899 eingeführt wurde. Gleichzeitig wird aufgezeigt, dass auch Drucke ohne Nummerierung herauskamen.

Maler Fridolin Leiber († 1912). Abgesehen davon, dass wir hierdurch die Autorschaft für eine Reihe von Drucken erfahren, bietet die Angabe des Namenszuges „*Leiber*" ein weiteres Datierungskriterium.

Im Jahre 1910 kam es wieder zu Beanstandungen seitens der Diözesanverwaltung. Wohl nicht aus diesem Grunde, sondern weil der Eigentümer evangelisch war, wurde im selben Jahr eine Anfrage aus Lodš mit dem Hinweis auf den Konkurrenten Kühlen beantwortet: „*Gute Bilder ähnlicher Art liefert B. Kühlen, Kunstverlag in München Gladbach (Rheinland)*". Klagen über einzelne Drucke sind aus Abnehmerkreisen noch vom Jahr 1913 überliefert, insbesondere die Nummern 34, 41 und 225 gaben Anlass zur Beschwerde. Die Engelbilder werden als zu realistisch und bei der Mutter Gottes der stark hervortretende semitische Typus beklagt. Diese Klage kam von der Zentrale der Missionsvereinigung katholischer Frauen und Jungfrauen zu Pfaffendorf bei Koblenz, die sich noch anschickte, auf die evangelische Ausrichtung des Druckhauses hinzuweisen. Bei den Beschwerden ging es auch um die Motive 174 und 504, die trotz gegenteiligen Vermerkes nicht approbiert waren. Fehlende Imprimaturen bei den beiden Stücken wären somit Hinweise auf eine Neuauflage nach 1913.

Die Nummern 30, 41, 422, 45, 49, 52, 56, 60, 116, 129, 155, 156, 158–160a, 163, 169, 178–183, 185–189, 191, 194–196, 198, 199, 202–221, 224, 245, 246, 259, 261, 268, 273, 275, 296–298, 313–316, 318–320, 322, 324, 326–338, 342, 344–438, 351, 355, 374, 400–403, 406, 407, 418, 419, 454 und 460 waren aus inhaltlichen Gründen oder deshalb, weil man sie als Kopien alter Meister als nicht approbationsnotwendig erachtete, von der bischöflichen Genehmigung ausgenommen. Dennoch finden sich auch auf solchen Blättern Imprimatur-Vermerke, so beispielsweise bei den Motiven 418 und 419 (dort als Nr. 10418 und 10419 deklariert).[8] Doch die meisten „Öldrucke" haben keine Genehmigungsvermerke.

Das Nummernsystem

Das May'sche Katalog von 1913 enthält zwei Gruppen. Die weitaus größte Ansammlung, die Chromolithografien, umfassen 507 verschiedene Motive. Unter Berücksichtigung der verschiedenen Größenvarianten liegt das Produktspektrum bei 1.133 Farbendruckbildern. Die zweite, wesentlich kleinere Gruppe stellt Fototypien bzw. Heliogravüren dar. Dieses gegenüber der Farblithografie wesentlich billigere Verfahren, das auch nur einfarbige Bilder abwarf, umfasst 45 Motive mit 88 möglichen Varianten. Zum Teil sind es identische Motive, wie wir sie bereits von der Chromolithografie her kennen.

May kennt insgesamt vier Formate, so gibt es die Serie 59 mit den Maßen 51 x 39 cm, die Serie 29 mit 42 x 32 cm, die Serie 27 mit 34 x 24 cm sowie die Serie 30 mit 26 x 19 cm. Bei den Heliogravüren gibt es lediglich die Serien 49 und 29, hier in Unterschied zu den Chromolithografien mit „P" bezeichnet. Wie es zu dieser doch recht merkwürdigen Serienbezeichnung gekommen ist, bleibt offen.

Die Seriennummer beinhaltet die laufende Zahl, die der Standardgröße 42 x 32 cm, also der Serie 29 entspricht. Das Überformat setzt sich aus der laufenden Nummer der Normalgröße zusammen, die durch die Zahl 2000 erhöht wird. Die Serie 27 hat die Zahl 3000 als Additions-

8 Mit Firmensignet und einer weiteren Druckerchiffre. Diese Kennzeichnung stammt allerdings aus den 20er Jahren. Nach welchem Verfahren man hier vorging, bliebt offen.

faktor und das Format 30 die Zahl 7000. Folglich bestimmt die Tausenderziffer das Format, die Hunderterstelle bis Einerstelle hingegen das Motiv.

Gelegentlich kommen bei May auch Seriennummern mit „a" vor. Hierbei handelt es sich in der Regel um Variationen zu den ohne „a" bezeichneten Motiven; „a"-Produkte sind folglich jünger als die anderen. Zusammengehörende Motive, so z. B. „Mater dolorosa" und „Ecce homo" haben aufeinanderfolgende Nummern.

Eine in der Sammlung des Niederrheinischen Freilichtmuseums Grefrath befindliche Chromolithografie mit dem Motiv der hl. Walpurga hat die Nummer 410a. Nach dem Katalog von 1913 gibt es für dieses Motiv lediglich die Nummer 410, so dass das Stück mit der „a"-Nummer eine Variation oder Neuauflage nach 1913 darstellt.

Möglicherweise ist in späterer Zeit noch ein Format hinzugekommen, denn es findet sich ebenfalls in der Sammlung des genannten Museums das Motiv der „Madonna von Lourdes" mit der Serienangabe 8059. Allerdings ist dieses Blatt beschnitten, so dass sich das genaue Format[9] nicht feststellen lässt. Nicht auszuschließen ist die Verwendung der 8000-Serienbezeichnung aus innerbetrieblichen Gründen, um die Drucke von den anderen mit ähnlicher Nummernfolge in dem fusionierten Dresdner Betrieb abzugrenzen.

Eine weitere Gruppe mit einer „0" vor der 1000er Stelle beinhaltet die bekannten May'schen Motive, jedoch sind sie in ein Oval gestellt und die Zwickel sind mit gotischem Maßwerk gefüllt. Doch auch hier gibt es gegenüber dem Katalog kleinere Variationen, so beim Motiv 0132 „Madonna von Lourdes".[10]

Weiterhin gefragt

Wie weit die May'schen Drucke in alle Welt gingen, zeigen ebenfalls die Diözesanakten auf: Obwohl das Bistum Limburg nach der Verlegung des Firmensitzes nach Dresden nicht mehr für Approbatur zuständig war, gingen gerade wegen der Limburger Imprimatur auf den älteren Stücken immer wieder Anfragen ein, so 1917 von der Garnisonspfarre in Bukarest, 1928 unter anderem aus der Chinamission. Im Jahre 1932 wurde aus Italien nach dem hl. Andreas von Leiber gefragt, und im selben Jahr ging auch noch ein Brief des Deutschen Konsulates in Hanoi ein. Schon im Jahre 1899 hatte es Anfragen aus Südamerika und aus den vereinigten Staaten von Nordamerika gegeben.

Über die großformatigen Andachtsbilder hinaus druckte May noch kleine Heiligenbildchen und zwar ebenfalls als Chromolithografie. Weil der Drucker hier nicht genannt ist, muss es sich hierbei nicht um Verlagsprodukte sondern um Kommissionsware handeln.

Eine Zusammenfassung nach Artikelnummern und ein Reprint des May-Katalogs sind einer separaten Veröffentlichung vorbehalten.

---

9 Es gibt jedoch Anhaltspunkte, dass dieses Stück der Größe 42 x 32 cm entspricht, so dass sich die Variante auch auf die Kartongröße beziehen könnte.

10 Dieses Stück liegt in der Grafrather Sammlung mit einer Zwickelfüllung wie beim Motiv 124 vor. Bedauerlicherweise ist der untere Rand abgeschnitten. Zwar ist noch die Bezeichnung erkennbar, nicht aber die Seriennummer. Bei den Motiven mit gotischem Maßwerk dürfte es sich um eine Produktion vor dem Jahr 1897 handeln. Das Rahmenwerk dieser Gruppe erinnert an die frühen May'schen Chromolithografien, die auch in einen Goldrahmen eingeklebt sind und auch vom Verlag E. G. May Söhne herausgegeben wurden. Als Beispiel für diese frühe Gruppe der Chromolithografien seien die Motive „Herz Mariä" und „Herz Jesu" genannt. Die aufgeklebten Lithografie hat jedoch die Maße 12 x 16,5 cm, eine Größe, dies ich im bekannten May'schen Katalog nicht mehr findet.

Wallfahrten als Ereignisse der kulturellen Selbstbehauptung von Flüchtlingen und Vertriebenen in Baden und Württemberg (1946–1952)

Michael Prosser-Schell

Nach der millionenfachen Vertreibung und Aussiedlung von Deutschen aus dem östlichen Europa nach Deutschland westlich der Oder-Neisse-Linie ab 1945/46 hat sich rasch gezeigt, dass die Ankunft und Integration neben gravierenden wirtschaftlichen und sozialen Fragen der Unterbringung sowie der politischen Frage des völkerrechtlichen Status' auch genuin volkskundlich-ethnologische Problemstellungen aufwarf. Kirchliche Organisationen waren seit dem Einsetzen der Flüchtlingszüge und Vertriebenentransporte unmittelbar mit dieser Herausforderung konfrontiert; dass sie außer der praktischen, direkten Seelsorge ganz grundsätzliche, konzeptionelle und perspektivische Stellungnahmen zum gedeihlichen Weiterleben erforderte, war bald klar. In einem 1949/50 an alle Diözesen adressierten Zirkular der *Kirchlichen Hilfsstelle für Flüchtlinge und Vertriebene München* steht zum Stichwort ‚Eingliederung' das folgende Postulat:

„Dem Argument der Einheimischen", dass die Vertriebenen ihre Eigenart aufgeben und sich „sang- und klanglos einordnen, [soll] nicht nachgegeben werden."[1] Die Assimilation müsse vielmehr ein zweiseitiger Vorgang sein. Aus dem „Wettstreit der einheimischen und der von den Vertriebenen mitgebrachten Kulturwerte wird ein Drittes, ein Neues, ein von beiden Seiten verschiedenes geboren werden." Verfehlt sei es, „von einheimischer Seite die Pflege des Kulturerbes der Heimatvertriebenen als eine Störung der Eingliederung, der Assimilierung" zu empfinden. Die Assimilierung müsse in Respektierung der beiderseitigen Kulturgüter vor sich gehen und dürfe nicht als Aufsaugung auf Kosten des einen oder anderen Teils gehen.[2] Ein, wie gesagt, überaus bemerkenswertes Postulat, das sich – rückblickend – in einer besonderen, vielleicht nicht in der erwarteten, vor allem aber deutlichen Weise erfüllt hat.

Ein hervorragendes und eben deutlich-instruktives Beispiel hierfür bieten bestimmte Wallfahrtsereignisse.[3] Vertriebenenwallfahrten, allmählich, seit den 1950er Jahren, zur großen, massenhaften, überregional bedeutungsvollen Manifestationen der Anliegen der als

1 Jahresbericht 1949 der Kirchlichen Hilfsstelle München, hier zit. aus dem Erzbischöflichen Archiv Freiburg i.Br. (EBA) 55.44, „Heimatvertriebene/ Aussiedler", Vol. 4 (1950–1951), Berichtseite 2.

2 Jahresbericht 1949 der Kirchlichen Hilfsstelle München, EBA 55.44, „Heimatvertriebene/ Aussiedler", Vol. 4 (1950–1951), Berichtseite 2. Über Konzeptionen der Vertriebenenseelsorge im Süden Deutschlands s. übergreifend Rainer Bendel, Aufbruch aus dem Glauben? Katholische Heimatvertriebene in den gesellschaftlichen Transformationen der Nachkriegsjahre 1945–1965, Köln/ Weimar/ Wien 2003 (zugleich Habil. Schr. Univ. Tübingen 2001), passim, bes. S. 365–394 (zum Katholizismus der „Donauschwaben" und über Wallfahrtswesen S. 391–392, zu den Zahlenverhältnissen bes. S. 50).

3 Die systematisch erarbeitete Studie Georg Schroubeks bietet immer noch das Standardwerk, s. Georg Schroubek, Wallfahrt und Heimatverlust. Ein Beitrag zur religiösen Volkskunde der Gegenwart, Marburg 1968 (= Schriftenreihe der Kommission für ostdeutsche Volkskunde 5).

Vertriebene Angekommenen geworden, kennen wir etwa von Andechs (Bayern, Bistum Augsburg),[4] von Altötting (Bayern, Bistum Passau),[5] von Werl (Westfalen, Bistum Paderborn),[6] im Südwesten insbesondere von Walldürn (Baden, Erzbistum Freiburg)[7] und von Ellwangen-Schönenberg (Württemberg, Bistum Rottenburg-Stuttgart)[8]. Zum Ellwanger Schönenberg fand und findet eine der insgesamt zahlenmäßig größten Vertriebenen-Wallfahrten überhaupt statt, mit zunächst circa 12.000 Teilnehmern im Sommer 1947, dann in den 1950er und 1960er Jahren mit bis zu 40.000–50.000 Teilnehmern und einem hohen Organisations- und Institutionalisierungsgrad. Nicht nur Repräsentanten der Betroffenen, sondern auch Politiker in höchsten Staatsämtern haben diesen Ereignissen und damit der Teilkultur der in der Bundesrepublik angekommenen Flüchtlinge und Vertriebenen Reverenz erwiesen – von Gebhard Müller (als Ministerpräsident, 1958) über Konrad Adenauer und Georg Kiesinger (als Bundeskanzler bzw. als Ministerpräsident, 1960) bis Helmut Kohl (als Bundeskanzler, 1983).[9] Diese zentrale Wallfahrt war (und ist) landsmannschaftlich übergreifend und wurde im Zusammenhang des Jubiläums zum 60sten Ereignis 2008 noch einmal eingehend im übergreifenden Kontext des Gesamtproblems untersucht. Sicher nicht ohne Absicht hat Rainer Bendel das Bild der Pilger-Massen vor der Basilika unter den Titel seiner einschlägigen Monografie plaziert („Aufbruch aus dem Glauben? Katholische Heimatvertriebene in den gesellschaftlichen Transformationen der Nachkriegsjahre 1945–1965").[10]

Auch Walldürn wurde mehrmals zu einem Schauplatz für politisch symbolhaltige und repräsentative Auftritte – mit mehreren Bundestagsabgeordneten und selbst mit dem Bundespräsidenten Heinrich Lübke als Gastrednern[11] –, wurde somit auch ein Schauplatz der Anerkennung der eigenen Teil-Identität(en) der Vertriebenen in der seit 1949 staatlich konstituierten Bundesrepublik Deutschland.

---

4 Schroubek, Wallfahrt, S. 33–34 über Andechs. Andechs mit ausgeprägter Bedeutungsgebung besonders für die Schlesier; erste große organisierte Wallfahrt 13. Oktober 1946 mit ca. 3.000 Pilgern, später vorverlegt auf Ende August (Festtag der Hedwigsverehrung am 25. 8.) mit regelmäßig 2.000–3000 Teilnehmern, Andechs, wo noch heute Kreuze von Betroffenen exponiert sind, die die Internierungs-, Durchgangs- und Kriegsgefangenenlager überlebt hatten, s. Bild-Archiv Prosser-Schell im Johannes-Künzig-Institut Freiburg.

5 Altötting war der Ort der „ersten großen Massenwallfahrt der Heimatvertriebenen" am 6. Juni 1946. Schroubek, Wallfahrt, S. 25 spricht von ca. 8.000 Pilgern verschiedener Gruppierungen, besonders aber Sudetendeutschen. Schroubek hat weitere Beiträge zum Thema publiziert, s. etwa: Die Wallfahrten der „Heimatlosen", in: Populus Revisus. Beiträge zur Erforschung der Gegenwart, Tübingen 1966 (= Volksleben 14), S.145–156. – Weitere Hinweise enthält die jüngste erschienene, große Würdigung für Schroubek von Helge Gerndt, Epitaph für Georg R. Schroubek, in: Bayerisches Jahrbuch für Volkskunde 2009, S. 15–21, insbes. S. 18.

6 Schroubek, Wallfahrt, S. 204–210. Im nachhinein wurde von der Vertriebenenseelsorge gerade die dann institutionalisierte „Gelöbniswallfahrt nach Altötting [als] wichtiger Orientierungspunkt" gesehen, s. Bendel, Aufbruch, S. 387.

7 Schroubek, Wallfahrt, S. 199–203.

8 Schroubek, Wallfahrt, S. 175–177. – Siehe auch hierzu neuerdings die Dokumentation anlässlich der 60. Vertriebenenwallfahrt auf den Schönenberg bei Ellwangen: *Heimat in der Fremde*. Die Kirche in ihrer Sorge für die Vertriebenen und Flüchtlinge nach 1945, Ausstellungsbegleitband der Arbeitsgemeinschaft der Katholischen Vertriebenenorganisationen, hg. v. Rainer Bendel, Tübingen 2008, hier insbes. S. 21 mit Zahlenangaben zum Schönenberg (seit 1947 2.000 bis 12.000 Teilnehmer an Flüchtlingswallfahrten, mit Spitzen bis zu 50.000 Teilnehmern zwischen 1950 u. 1960 und hochrangigen Gastrednern wie dem damaligen Bundeskanzler Konrad Adenauer).

9 Kirche – Heimat. Über 50 Jahre Wallfahrt der Vertriebenen und Aussiedler zum Schönenberg bei Ellwangen. Eine Dokumentation, hg. v. d. AG der Katholischen Vertriebenen-Organisationen der Diözese Rottenburg-Stuttgart, Stuttgart 1998, S. 31 u. S. 34; s. a. S. 22–26 (Überblick über die Gastredner).

10 Bendel, Aufbruch, Titelfoto.

11 Peter Assion, Walldürn und die Heimatvertriebenen, in: Heimat- und Museumsverein Walldürn e.V. (Hg.), Zweite Heimat Walldürn. Zur Geschichte der Heimatvertriebenen und Flüchtlinge (= Walldürner Museumsschriften, H. 8), Walldürn 1993, S. 79–124, hier S. 97–98 (im Jahr 1965, zum Jubiläum „20 Jahre Wallfahrt der Vertriebenen nach Walldürn", war eine Rede des damaligen Bundespräsidenten Dr. Heinrich Lübke ins Programm integriert, s. S. 98).

Wir haben im Fall der großen Vertriebenenwallfahrten offensichtlich eine Kombinierung von religiöser Spiritualität, kulturellen Ausdrucksformen und politischer Manifestation bzw. Demonstration vor uns.

Nun kann das oben genannte Zirkular der *Kirchlichen Hilfsstelle München* jedoch keineswegs allein als Antizipation verbandsmäßig und politisch demonstrativer Fälle verstanden werden, sondern ist vielmehr als Reaktion auf ganz alltagskulturelle Probleme und Bedürfnisse zu sehen, ist mithin auf den Kontext auch von alltagskulturellen *Eigenheiten* gerichtet.

Im folgenden wollen wir einige wenige, teilweise kaum bekannte, doch markante Wallfahrtsereignisse aus dem Südwesten Deutschlands, aus Baden und Württemberg, zur Betrachtung heranziehen. Dabei soll mit neu erschlossenem Material auf die Selbstbehauptung und die Eigenheiten speziell der Vertriebenengruppe der *Ungarndeutschen* beziehungsweise der sogenannten „*Donauschwaben*" rekurriert werden. Im Blick haben wir einen Zeitrahmen von 1946 bis 1952, die Jahre des Ankommens und des Anfangs also, die Zeit des Noch-Herausbildens von erst später gefestigten institutionellen Strukturen und verbandsmäßigen Organisationen. Wir beschränken uns auf wenige, problem-instruktiv erhellende, zum Teil auch überraschende Befunde und Anmerkungen im Sinne des oben Gesagten. Als Quellenbasis dienen insbesondere einige in unmittelbarem Zeitzusammenhang schriftlich festgehaltene Berichte (mit Einschätzungen und Bewertungen zum Sinngehalt von Vertriebenenwallfahrten), vereinzelt aber auch Informationen aus Zeitzeugenbefragungen. Unsere Beispiele sind Walldürn, Bruchsal, Bickesheim und die Fernwallfahrt ins österreichische Mariazell.

Zunächst nochmals zu Walldürn: Das Beispiel der großen Walldürner Flüchtlings- und Vertriebenenwallfahrt seit 1946, zum 2. Juli, dem Tag *Mariae Heimsuchung*, hat Wolfgang Brückner selbst in seiner klassischen Studie kurz dargestellt. Brückner hob die Menge der Teilnehmenden hervor, so viele, wie am Ort selbst sich „die ältesten Menschen nicht erinnern konnten"[12] – was wohl zeigt, dass ein Wallfahrtsort durch die Vertriebenenwallfahrten von neuem Aufschwung nehmen konnte.

Der einschlägige zeitgenössische Bericht eines mitwirkenden Pfarrers von 1946 gibt an, dass 6.000 Vertriebene daran teilgenommen haben.[13] Er legt jedoch auch erheblichen Wert auf die große emotionale Bewegtheit, die hier als Charakteristikum und geradezu als *Sinnelement* des ganzen Ereignisses spürbar gewesen sei.[14]

Aufgrund von archivalischen und mündlichen Erhebungen in Walldürn direkt hat auch Peter Assion ähnlich orientierte Aussagen referiert. Ein maßgeblicher Auslöser dieser Affekte war, dass die Wallfahrt die verstreut lebenden Verwandten und Landsleute wieder zusammen brachte (die ja planvoll an unterschiedlichen Stationen untergebracht worden waren, um einer Ghettobildung vorzubeugen, s. u.). Man konnte bei der Wallfahrt auch gemeinsam die aus Ungarn mitgebrachte Kleidung unbehelligt und *anerkannt* als Gruppenkleidung tragen (zur geradezu extrem markanten und markierenden Funktion der ungarndeutschen Trachten als

---

12 Wolfgang Brückner, Die Verehrung des Heiligen Blutes in Walldürn: volkskundlich-soziologische Untersuchungen zum Strukturwandel barocken Wallfahrtens (= Veröffentlichungen des Geschichts- und Kunstvereins Aschaffenburg e.V., 3), Aschaffenburg 1958, S. 132.

13 EBA 55.44, Vol. 1: Bericht des Pfarrers Heinrich Magnani aus Hettingen zum 3. Juli 1946, Walldürn, an das Erzbischöfliche Ordinariat in Freiburg. 1947 war die Menschenmenge bereits derart groß geworden, dass in einigen der folgenden Jahre eine Trennung in Gruppen Ungarndeutscher und Sudetendeutscher über zwei Tage vorgenommen werden musste, s. Brückner, Verehrung, S. 132–133.

14 EBA 55.44, Vol. 1: Bericht des Pfarrers Heinrich Magnani aus Hettingen zum 3. Juli 1946, Walldürn, an das Erzbischöfliche Ordinariat in Freiburg. Im Bericht steht wörtlich: „Die große Wallfahrtskirche hat wohl noch nie ein solch herz-zerreissend lautes Weinen erlebt, wie bei dieser sehr gelungenen Wallfahrt".

Unterscheidungs- und geradezu stigmatisierend-abgrenzendes Merkmal hat neuerdings auch Henrike Hampe wieder publiziert[15]) und man konnte neue Nachrichten und alte Erinnerungen austauschen.[16] Der Austausch der Erzählkommunikation erschien so wichtig, weil die verschiedenen Nachbarschafts- und Dorfgemeinschaften der Herkunftsgebiete getrennt worden waren, nicht nur durch die Flucht selbst, sondern auch durch die Besatzungsbehörden: Diese beabsichtigten die in Deutschland Angekommenen an unterschiedlichen Orten unterzubringen, um eine Ghettobildung zu verhindern. In diesem Zusammenhang ist sicher ebenso erwähnenswert, dass die politische Gemeinde Walldürn einen erheblichen Bevölkerungszuwachs aus dem Zustrom der Flüchtlinge und Vertriebenen erhielt und dieser Zuwachs die Bevölkerungsstruktur der Gemeinde ebenso erheblich veränderte.[17]

Ein zweites Ereignis, die große Wallfahrt von Heimatvertriebenen nach Bruchsal am 22. September 1946 zeigt, dass eine Vertriebenenwallfahrt auch neu kreiert werden konnte, ohne auf einen bereits traditionalen und institutionalisierten Weg und Ort zurückzugreifen. Die Prozession aus vorwiegend ungarndeutschen und jugoslawiendeutschen Teilnehmern zog seinerzeit zum St.Paulusheim der Palottiner in der Stadt. Die Wahl des Zielortes mag damit zusammenhängen, dass sich in der näheren Umgebung mehrere große Auffang- und Durchgangslager befanden, darunter eines der größten insgesamt (d. i. Hockenheim). Dazu kamen in der Nähe mehrere Siedlungen mit einer hohen Zuteilung an ungarndeutschen Vertriebenen. In Bruchsal befindet sich das ehemalige Residenzschloss des Bischofs von Speyer; insofern war dies ein Ort mit stark katholischer Prägung inmitten eines protestantisch bestimmten Umfeldes von Nordbaden und der Kurpfalz. Nahezu 8.000 Teilnehmer (nach zunächst nur 5.000 angekündigten Personen) vermeldete der einschlägige Bericht aus dem Erzbischöflichen Archiv in Freiburg.[18] Der Autor, ein ungarndeutscher Lehrer, bezeichnet die Wallfahrt als großen Erfolg, zuerst wegen der massenhaften Beteiligung, aber auch aus anderen Gründen. Zwei dieser Gründe seien aus dem vier Seiten umfassenden, zeitgenössischen Bericht hervorgehoben: Der Erfolg der Wallfahrt „ergibt sich aus dem seelischen Erleben, welches den Flüchtlingen dort zuteil wurde. ... Lachen, freudiges Zurufen, Musik ihrer Heimat erfüllte Hof und Park ... Verwandte, Bekannte und Freunde trafen sich unerwartet in stürmischer Begrüßung inmitten der ständig lebhaft bewegten Menge."[19] Wie in der Einschätzung zu Walldürn war es demnach auch hier die Gelegenheit des Zusammentreffens der Versprengten und die daraus entstehende emotionale Bewegtheit unter einer eigentümlichen Atmosphäre (s. v. „Musik ihrer Heimat"). Weiter heißt es: „Es war ein typisch, echt ungarisches Bild einer Wallfahrt. ... als die Heimatmusik die ungarische Staatshymne spielte: ‚Isten, áldd meg a magyart' [habe dies] „wie ein Gelöbnis" geklungen.[20] (Dass das Bedürfnis, die ungarische Nationalhymne zu singen, kein für die Besatzungs-

15 Henrike Hampe, Heimat im Koffer – Die Ausstellung, in: dies. (Hg.): Heimat im Koffer. Flüchtlinge und Vertriebene aus Südosteuropa im Nachkriegsdeutschland. Begleitheft zur Ausstellung im Donauschwäbischen Zentralmuseum Ulm 30.4.–5.10.2008, Ulm 2008, S. 31–61, bes. S. 51, S. 57. – Assion, Walldürn, S. 96.

16 Assion, Walldürn, S. 96.

17 Assion, Walldürn, S. 80, S. 85–86 (allein im Jahr 1946 stieg die Einwohnerzahl Walldürns von 4.445 auf 5.877. – Unter den Zuwanderern waren 1.302 Personen Heimatvertriebene).

18 EBA 55.44, Vol. 1; Schroubek führt darüber eine kleine Notiz und nennt die Zahl von 7.000 Teilnehmern, s. Schroubek, Wallfahrt, S. 58. Auch der *Nachlass Karasek* (Johannes-Künzig-Institut Freiburg) zeigt das Wallfahrtsereignis (unter „Vertriebenenwallfahrt", 31 b/).

19 EBA 55.44, Vol. 1.

20 Bericht des ungarndeutschen Lehrers Stephan Klein, in Faszikel EBA 55.44, Vol. 1. Obige Textstelle paraphrasiert den barocken Ton der Schilderung; hier die Original-Passage in extenso: „Dieser [Erfolg] ergibt sich vielmehr aus dem seelischen Erleben, welches den Flüchtlingen dort zuteil wurde. ... Lachen, freudiges Zurufen, Musik ihrer Heimat erfüllte Hof und Park ... Verwandte, Bekannte und Freunde trafen sich unerwartet in stürmischer Begrüßung inmitten der ständig lebhaft bewegten Menge. ... Es war ein typisch, echt ungarisches Bild einer Wallfahrt. Nur die Verkaufsstände

macht unproblematischer Einzelfall war, zeigt übrigens auch das Wallfahrtsprogramm der Ungarndeutschen zum Ellwanger Schönenberg 1946.[21]) Zu diesem in der Größenordnung durchaus mit Walldürn, Ellwangen oder Altötting vergleichbaren Wallfahrtsereignis in Bruchsal, im unmittelbaren zeitlichen Kontext zur Aussiedlung aus Ungarn und Ankunft in Deutschland, wäre noch sehr viel mehr zu sagen, als es an dieser Stelle geschehen kann. Wichtig indes im oben eingeführten Zusammenhang erscheint hier, dass der Berichterstatter dezidiert von einer „ungarischen" Wallfahrt spricht und nicht nur den Habitus, sondern auch den (gesanglichen) Gebrauch der Staats-*Sprache* des Herkunftsgebietes positiv hervorhebt.

An unserem nächsten Beispiel, der Wallfahrt nach Bickesheim am 12. September 1948, können wir dem noch ein wenig weiter nachgehen: Maria Bickesheim, zwölf Kilometer südlich von Karlsruhe in der oberrheinischen Tiefebene,[22] gehört zu den eher weniger bekannten, jedoch schon im Spätmittelalter besuchten Wallfahrtszielen. Seit 1920 bestand eine Niederlassung von Patres des Redemptoristenordens, denen auch die lokale Seelsorge übertragen war. Der Ort hatte im frühen 20. Jahrhundert einen besonderen Ruf durch den blinden Geistlichen Engelbert Kleiser (1842–1931) erlangt.[23]

Zum 12. September 1948 organisierte der Caritasverband Karlsruhe-Land (mit Sitz Ettlingen) einen Wallfahrtstag nach Bickesheim. Die Berichterstattung darüber an das Erzbischöfliche Ordinariat in Freiburg[24] schildert expressive Prozessionen: Die Vertriebenengruppen waren „Kreuze und Fahnen tragend" gekommen, die Szenerie sei von „innerer Ergriffenheit", „tiefer Bewegung" geprägt gewesen.[25]

Zunächst ist auf das gewählte Datum aufmerksam zu machen, den 12. September, das Fest ‚Mariae Namen'. In der Predigt der Wallfahrtsmesse wurde nachdrücklich betont, dass dieses Fest zum Gedächtnis des Sieges der christlichen Heere über die Türken 1683 von Papst Inno-

von Honigkuchen, Rosenkränzen, Gebetbüchern und die Zeltküche und Schänke fehlten noch!" ... „Doch dieses Bild änderte sich, als die Glocken zum Gottesdienst riefen, der vor der Marienkapelle gehalten wurde. ... Hier beteten nicht Lippen mit Worten, sondern Herzen voll Leid, Not und Schmerz. ... Die Echtheit der tief empfundenen Bitten wurde von Strömen der Tränen unterstrichen." [...] Rührend war die Kundgebung einer nie geahnten Sehnsucht nach der verlorenen Heimat der Ungarn-Deutschen, als die Heimatmusik die ungarische Staatshymne spielte: ‚Isten, áldd meg a magyart...', die „aus der Tiefe ihres Herzens klang" [wie ein] „Gelöbnis".

21 Diesem Bedürfnis „von unten" stand freilich der Unwille der Militärbehörden entgegen, solche auch politisch interpretierbaren Verlautbarungen grundsätzlich zu dulden. Die zuständige württembergische Flüchtlingsseelsorge gab deshalb eine Versicherung ab, nach der „derartige Veranstaltungen unbedingt ihren ausschließlich religiösen Charakter behalten werden." (Vgl. Bericht des Pfarrers Alfons Maria Härtel, Bischöflicher Beauftragter für das Flüchtlingswesen in der Diözese Rottenburg, an die Amerikanische Militärregierung. Wiedergegeben aus: Kirche – Heimat. Über 50 Jahre Wallfahrt der Vertriebenen und Aussiedler zum Schönenberg bei Ellwangen. Eine Dokumentation, hg. v. d. AG der Katholischen Vertriebenen-Organisationen der Diözese Rottenburg-Stuttgart, Stuttgart 1998, S. 10.

22 Ältester Teil mit Seitenschiff und Katharinen-Chor gehen auf Markgraf Rudolf I. von Baden (1243–1288) gemeinsam mit den Grafen von Eberstein zurück, Hoch-Chor und Hauptschiff 1420–1450. Gegenreformation seit 1622 durch Markgraf Wilhelm, Seelsorge durch Jesuiten (Sedenz Ettlingen) und dann Förderung der Wallfahrt (Mariengnadenbild). Barockzeitlicher Innenausbau der Kirche, 1747 gedrucktes Wallfahrtsheft durch einen anonymen Jesuitenpater. (S. bei Martin Burkart [Hg.], Das Bickesheimer Wallfahrtsbuch von 1747 [Nachdruck der Ausgabe Mainz 1747: „Uhr-alte und Andächtige Verehrung der wunderthätigen Mutter des ewigen Sohn Gottes zu Bickesheim unter dem Titul Allgemeine Zuflucht deren Nothleydenden], Durmersheim 2001.) Nach Aufhebung des Ordens 1773 Verwaltung durch Stadtpfarrei. Vgl. Kurt Senn, 900 Jahres Bickesheim: einer der ältesten Wallfahrtsorte bei Karlsruhe, in: Badische Heimat: Zeitschrift für Landes- und Volkskunde, Natur-, Umwelt- und Denkmalschutz, 45 (1965), S. 195–199.

23 Engelbert Kleiser, Priesterweihe 1869, zwischenzeitlich u. a. in Hagnau am Bodensee, wo er die Stelle des bekannten Pfarrers, Volkskundlers und Politikers Heinrich Hansjakob zu vertreten hatte, 1898, nachdem er durch Augenkrankheit seine Sehkraft verloren hatte, nach Durmersheim. Kleiser war ein weitum berühmter Prediger, bevorzugter Beichtvater und mit heilenden Kräften begabt – durch ihn nahm die Wallfahrt im ersten Teil des 20. Jahrhunderts noch einmal merklich zu. Er starb im Jahr 1931.

24 EBA, 55.44. „Heimatvertriebene/ Aussiedler", Vol. 2. 1947–1948.

25 EBA, 55.44. „Heimatvertriebene/ Aussiedler", Vol. 2. 1947–1948.

zenz XI. eingeführt worden war.[26] Als Geschehnis und Erlebnis der eigenen Identität und kulturellen Selbstbehauptung wurde das Wallfahrtsfest in Bickesheim von den Veranstaltern auch deshalb wahrgenommen, weil den „durch Gewaltpolitik und rücksichtslose Zerreissung aller Sippen- und Dorfgemeinschaften zerstreuten Menschen die Möglichkeit [geboten wurde], sich wieder einmal zu treffen".[27] Hier spiegelt sich, um es zu wiederholen, erneut der Umstand, dass die verschiedenen Herkunftsgemeinden nicht nur durch die Fluchtgeschehnisse und die unterschiedlichen Transporte getrennt worden waren, sondern auch durch die Wohnstättenzuweisungen der Besatzungsbehörden. Bei der Wallfahrt jedoch, so äußert sich der herangezogene Bericht, sei eine Gelegenheit geschaffen worden, die „alten Gewohnheiten ... aus der alten Heimat der Ostvertriebenen unter unseren Flüchtlingen wieder aufleben zu lassen".[28] Auch an diesem Bickesheimer Ereignis ist auffallend, dass mit diesen „alten Gewohnheiten" auch noch die vor dem Krieg enkulturierte Sprache der Teilnehmer thematisiert wurde – und das war in zahlreichen Fällen eben nicht Deutsch: „Viele Flüchtlinge konnten [beim Wallfahrtsfest] zum ersten Male wieder beichten, weil sie endlich einen Beichtvater fanden, mit dem sie auf ungarisch oder kroatisch sprechen konnten."[29] Die Ordensbrüder in Bickesheim hatten dafür sorgen können, dass Geistliche mit Herkunft aus den entsprechenden Ländern anwesend waren und die Beichtgespräche in entsprechend vertraulicher Gesprächssituation, in der dabei benötigten Sprache führen konnten.

Die unvermeidlich hörbaren Unterschiede oder gar gegenseitigen Unverständlichkeiten der Sprechsprache gehörten sicher zu den am stärksten fühlbaren und eben einseitig stark diffamierenden alltagskulturellen Schwierigkeiten. Die jüngsten einschlägigen Veröffentlichungen haben das wieder allgemein vor Augen geführt.[30]

Im konkreten Fall aber wirkt es bezeichnend, dass in dieser Zeit von Teilen der Betroffenen weniger das *Deutsche*, sondern noch teilweise eher das *Ungarische* oder *Serbokroatische* als die eigentlich vertrauten und kolloquialen Sprachen aufgefasst und verstanden wurden. Hier hat das Wallfahrtsereignis temporär Abhilfe geschaffen. Dieses Sprachenverständnis deckt sich im Übrigen mit abgefragten Erinnerungen von Zeitzeugen, die als ethnisch Deutsche, als junge Leute aus Ungarn ausgesiedelt worden waren, deren vormals eher übliche Verständigungssprache aber eben das Ungarische gewesen war. Die Festlegung der Auszusiedelnden geht unter anderem auf ein Problem der Volkszählung in Ungarn 1941 zurück. Nach der *Verordnung über die Vertreibung der Ungarndeutschen* (22. Dez. 1945) sollten alle diejenigen nach Deutschland umgesiedelt werden, die sich bei der letzten Volkszählung – also 1941 – „zur deutschen Nationalität oder Muttersprache bekannt oder ihren magyarisierten Namen in einen deutsch klingenden geändert hatten, sowie jene, die dem Volksbund oder irgendeiner bewaffneten Einheit (SS) angehört haben."[31] Das Problem dabei war nicht nur die abstrakte Kategorialisierung der Volkszählungsraster, sondern auch die Schwammigkeit der konkreten

26 EBA, 55.44. „Heimatvertriebene/ Aussiedler", Vol. 2. 1947–1948.

27 EBA, 55.44. „Heimatvertriebene/ Aussiedler", Vol. 2. 1947–1948.

28 EBA, 55.44. „Heimatvertriebene/ Aussiedler", Vol. 2. 1947–1948.

29 EBA, 55.44. „Heimatvertriebene/ Aussiedler", Vol. 2. 1947–1948.

30 Christian Glass, Flüchtlinge und Vertriebene in Baden-Württemberg, in: Heimat im Koffer. Flüchtlinge und Vertriebene aus Südosteuropa im Nachkriegsdeutschland. Begleitheft zur Ausstellung im Donauschwäbischen Zentralmuseum Ulm, 30.4.–5.10.2008, hg. v. Henrike Hampe, Ulm 2008, S. 7–16, hier S. 7, S. 10. – Andreas Kossert, Kalte Heimat. Die Geschichte der deutschen Vertriebenen nach 1945, München 2008, S. 85, S. 122–124, S. 135.

31 Zit. n. Ágnes Tóth, Migrationen in Ungarn 1945–1948. Vertreibung der Ungarndeutschen, Binnenwanderungen und slowakisch-ungarischer Bevölkerungsaustausch, München 2001 (= Schriften des Bundesinstituts für ostdeutsche Kultur und Geschichte, 12), S. 132.

Durchführungsverordnungen in Ungarn, die viele Aussiedlungsfälle dem willkürlichen Ermessen lokaler und regionaler Behördenvertreter vor Ort anheim stellte.[32]

Schließlich ist noch auf die Fernwallfahrt nach Mariazell einzugehen, innerhalb unseres Betrachtungsgegenstandes ein ganz sicher unverzichtbares Phänomen. Einen besonderen Charakter hat sie deshalb, weil viele Ungarndeutsche schon vor 1939 hierher gepilgert waren und weil der steiermärkische Wallfahrtsort nach dem Krieg einen spirituellen Aufenthalt in der Nähe der Herkunftsgebiete bot. Für viele hatte Mariazell also den Vorteil, dass man es schon von den Herkunftswohnorten vor dem Krieg her kannte und es wegen eines trostreichen Daheim-Gefühls wieder aufsuchte. Georg Schroubek hat 1968 diese Bedeutung so umschrieben: „... es wird kaum ein Haus im ganzen Gebiet der katholischen Donauländer gegeben haben, aus dem nicht mindestens einer der Einwohner einmal in Mariazell war oder in dem nicht mindestens irgendein Wallfahrtsbildchen der ‚Magna Mater Austriae' aufbewahrt wurde."[33] Manche hatten ein solches Wallfahrtsandenken mit auf die Flucht bzw. den Ausweisungstransport genommen und trugen es bei sich. Als „geflüchtetes Kulturgut" (Heidelmann)[34] konnte es wie ein Bindeglied mit Erinnerungswert und Kraftgeber auf dem Weg zwischen Vergangenheit und Neuanfang wirken – so eine Einschätzung aus Wertheim am Main. (Wertheim war eine Jahrhunderte lang protestantisch geprägte Kleinstadt, die im Diözesangebiet des Erzbistums Freiburg liegt und seit 1946, vor allem durch die aus Ungarn und Böhmen im Auffanglager „Reinhardshof" angekommenen Flüchtlinge und Vertriebenen, eine Umwälzung des Konfessionsverhältnisses erlebte.[35])

Wie wir vor allem aus den minutiösen Erhebungen des Volkskundlers Eugen Bonomi wissen, ist Mariazell für vertriebene und nach Süddeutschland gekommene Ungarndeutsche nach dem Zweiten Weltkrieg eine herausragende und identifizierende Veranstaltung gewesen.[36] Bonomi hat 1970, zwei Jahre nach Schroubeks Studie, die entsprechenden Ereignisse und Daten zusammengestellt. Hier zunächst ein Wort zur Quelle und zum Berichterstatter: Der Lehrer und akademische Volkskundler Eugen von Bonomi (1908–1979) war der Sohn eines ungarischen Zollbeamten und einer ‚donauschwäbischen' Mutter. Sein Großvater war Apotheker aus Verona/Italien gewesen, der sich in Temesrékás/ Banat niedergelassen hatte.[37] Bonomi hatte 1933 in Budapest eine Dissertation über die Brauchformen des Kirchenjahres in einer ungarndeutschen Gemeinde vollendet.[38] Unter den Erörterungen zu den Arbeitsmöglichkeiten

32 Tóth, Migrationen, passim, insbes. S. 136–138. – Exemplarisch eindrückliche Studie von ders., Die Gesetze zur Internierung der Deutschen in Ungarn und das Lager Lengyel. Zum historischen Hintergrund einer neuen Gedenktafel in der Gemeinde Lengyel, Komitat Tolna, in: Jahrbuch für deutsche und osteuropäische Volkskunde 48 (2006), S. 121–150.

33 Schroubek, Wallfahrt, S. 135.

34 Exemplarisch: Hilde Heidelmann, Die Ankunft der Heimatvertriebenen in Wertheim, in: Reise – Flucht – Vertreibung nach Wertheim am Main, hg. v. Grafschaftsmuseum Wertheim, Wertheim 1996 (= Wertheimer Museumsschriften, H. 16), S. 71 (Anführungsstriche im Original).

35 Vgl. Heidelmann, Ankunft, S. 71: In Wertheim vor dem Krieg: 35 % Katholiken, 65 % Protestanten; dann 1947: 51 % Katholiken, 49 % Protestanten.

36 Eugen Bonomi, Ungarndeutsche Wallfahrten nach Mariazell (Österreich) im 20. Jahrhundert, in: Jahrbuch für ostdeutsche Volkskunde 13 (1970), S. 136–190, hier v. a. S. 173–181 eine beeindruckende Reihung der sog. „Stuttgarter Wallfahrten", mehrheitlich von Ungarndeutschen aus Württemberg, 1952–1970, in den 1950er Jahren teilweise mit mehr als 1.000 Teilnehmern, die in Sonderzügen der Bundesbahn unterwegs waren, mitorganisiert in der Regel von der Caritas-Flüchtlingshilfe, mehrmals unter Leitung eines Bischofs der Diözese Rottenburg.

37 Anton Tafferner, Dr. Eugen von Bonomi (1908–1979) zum Gedächtnis, in: Jahrbuch für ostdeutsche Volkskunde 23 (1980), S. 280–302, hier S. 281.

38 Jenő/Eugen Bonomi, Az egyházi év Budaörs német község nyelvi és szokásanyagában tekintettel Budaörs környékére [Das Kirchenjahr in Spruch und Brauch der deutschen Gemeinde Budaörs mit Berücksichtigung auch seiner Umgebung], Budapest 1933 (= Arbeiten zur deutschen Philologie, 53).

und zur Arbeitsweise vor dem Krieg finden wir auch den Hinweis, dass Bonomi bei seinen Erhebungen von Fragebögen absehen musste, weil die Ausdrucksfähigkeit der Gewährsleute in der deutschen Sprache dafür nicht ausreichend gewesen sei.[39] Nach dem Krieg hatte Bonomi das Land Ungarn verlassen müssen – und war nachmalig selbst in Schorndorf/ Remstal, im näheren Umkreis von Stuttgart, dem Ausgangspunkt der Wallfahrt, ansässig. Er war also selbst ein Betroffener, der sich im übrigen auch weiterhin mit zahlreichen Arbeiten zur Wallfahrtsforschung hervorgetan hat.[40]

In Mariazell kannte man Vertriebenenwallfahrten schon seit 1948 – am 6. Juni 1948 erschienen hier Wallfahrer aus dem Auffanglager Wagna in der Steiermark. Seit 1951 reisten regelmäßig Pilger aus dem heutigen Baden-Württemberg an, besonders aus dem Raum Stuttgart. Die erste dieser Wallfahrten wurde von einem ungarndeutschen Pfarrer begleitet, der nunmehr in Heidenheim lebte und für Ungarndeutsche aus seinem Bekanntenkreis eine Fahrt für 310 Personen in sechs Autobussen organisierte.[41] 1952 nahmen an der von der *Caritas* mitorganisierten und unterstützten Wallfahrt von Stuttgart aus mit einem Sonderzug und mit Reisebussen schon 937 Pilger teil, 843 Personen davon waren Ungarndeutsche. Diese Wallfahrt wurde allmählich zu einer der organisierten Diözesanwallfahrten des Bistums Rottenburg-Stuttgart. 1953 war Carl Josef Leiprecht der erste Bischof der Diözese Rottenburg-Stuttgart, der seit der Reformation nach Mariazell pilgerte.[42] Bei dieser Fahrt vom 8. bis 13. Juni nahmen 667 Personen teil, davon 539 Ungarndeutsche. Stets war es derjenige Pilgerzug im Hochsommer, der einen so hohen Anteil an Ungarndeutschen aufzuweisen hatte (ein zweiter fand im Frühherbst statt[43]). 1957, als der Diözesanbischof wiederum die Sommer-Wallfahrt leitete, war auch die Höchstzahl an Teilnehmern zu verzeichnen, 1.119 Personen von Stuttgart aus, darunter 894 Vertriebene.[44]

Bonomi schreibt zur Bewertung und zur Einschätzungen des Sinngehalts unter anderem: „Sie [die aus Ungarn Vertriebenen] konnten sich dort auch so geben, wie sie waren, ohne gleich anzuecken".[45] Darüber hinausgehend aber, so Bonomi, konnten die Ungarndeutschen gewissermaßen die Rolle von „Gastgebern" einnehmen.[46] Sie konnten hier also Kompetenzen zur Geltung bringen, die sie gegenüber den anderen Mitpilgern voraus hatten.

---

39 Tafferner, Bonomi, S. 288.
40 Tafferner, Bonomi, S. 297–302 (Schriftenverzeichnis Dr. Eugen Bonomi).
41 Bonomi, Ungarndeutsche Wallfahrten, S. 173.
42 Bonomi, Ungarndeutsche Wallfahrten, S. 174.
43 Die im Herbst stattfindende Wallfahrt hatte jeweils etwas weniger Teilnehmer, dabei zugleich einen kleineren Anteil an Vertriebenen, vgl. Bonomi, Ungarndeutsche Wallfahrten, S. 174–181.
44 Bonomi, Ungarndeutsche Wallfahrten, S. 175. – Schroubek wies zudem auch auf zahlreiche „Einzelwallfahrten" Ungarndeutscher nach Mariazell hin, über die sich jedoch kaum ein archivalisch aufbewahrtes Dokument findet, allenfalls eher aleatorisch zugängliche Einzelzeugnisse – wie etwa vereinzelte Briefe, s. Schroubek, Wallfahrt, S. 136.
45 Bonomi, Ungarndeutsche Wallfahrten, S. 152.
46 Bonomi, Ungarndeutsche Wallfahrten, S. 153, S. 164 u. S. 181, hier Anm. 21.

Der Riesenchristus

Ein Spektakel um Religion und Kommerz[1]

Andrea K. Thurnwald

Ein Gespenst ging um in Franken und Schwaben im Spätwinter und Frühjahr des Jahres 2009: Eine riesenhafte Christus-Statue beschäftigte die Gemüter (Abb. 1). Das Monument – innen begehbar und mit sakraler Ausstattung versehen – sollte die Hügel der vertrauten Landschaft um 55 Meter überragen. Die Segnungen, die man von der göttlichen Gestalt erwartete, waren mehr materieller als geistlicher Natur: Weltbekannt sollte sie machen, Besucher in Scharen anziehen und dadurch die regionale Wirtschaft ankurbeln. Die Medien griffen die Nachricht begierig auf und heizten den Meinungsstreit, den der ungewöhnliche Plan bei den Verantwortlichen, den Mitbetroffenen, aber auch den staunenden Zeitzeugen auslöste, eher noch an. Nach wenigen Wochen jedoch war der Traum der einen, der Albtraum der anderen wieder vorbei und über die Wunden wächst langsam Gras.

Das Interesse der volkskundlichen Forschung verdient die Episode dennoch, kann sie doch zeigen, in welcher Gemengelage sich Religion zu Beginn des 21. Jahrhunderts mit Kommerz und Sensationslust finden kann und wie die verschiedenen Kontribuenten der regionalen Kultur darauf reagieren.

Wir werden in diesem Beitrag zunächst die Chronik der Ereignisse wiedergeben, soweit sie sich auf der Basis von Presseberichten und Internetseiten rekonstruieren lässt, sodann die einzelnen Mitwirkenden in diesem kleinen Drama näher betrachten. Dieser Revue stellen wir kontrastierend die Erlebnisperspektive eines Akteurs gegenüber, für den Religion weder Kommerz noch Kuriosität, sondern Beruf und Berufung ist und der sich wider seinen Willen mitten im Strudel der Ereignisse befand. Abschließend wollen wir versuchen, die geschilderte Episode der Lokal- und Regionalgeschichte auf ihre Zeichenhaftigkeit für die Frömmigkeitsgeschichte und den Bedeutungswandel religiöser Symbole hin zu befragen.

Chronik der Ereignisse – Erster Akt: Bad Reichenhall

Vor einigen Jahren, vermutlich im Jahr 2005, macht der Unternehmer Gernot Glatz seinen aus Hamburg stammenden Kollegen und Nachbarn am Firmensitz in Dresden, Harry Vossberg, mit seinem Problem bekannt. Er ist Miteigentümer von Seilbahn und Hotel auf dem Predigtstuhl in Bad Reichenhall, einem Unternehmen, das sich in finanzieller Schieflage befindet. Glatz sucht ein Werbekonzept. Vossberg hat einen, wie er meint, genialen Einfall: „Ich habe ihn auf

1 Die Autorin greift mit ihrer Dokumentation und Analyse der Standortsuche für den „Riesenchristus" ein aktuelles Thema auf, das noch nicht zum Abschluss gekommen ist. Der Aufsatz stellt die Quellen bis zur Mitte des Jahres 2009 vor. Er vermag die interessierten Leser und Leserinnen jedoch zu sensibilisieren, die einschlägige Diskussion in den Medien mit neuer Aufmerksamkeit selbständig weiter zu verfolgen.

die Idee gebracht, dafür den christlichen Namen des Predigtstuhls zu nutzen".[2] Eine 55 Meter hohe Christus-Statue soll, wie in Rio de Janeiro auf dem Corcovado (710 m), auf dem Predigtstuhl (1.614 m) in Bad Reichenhall aufgestellt werden. In Rio steht seit 1931 die 38 Meter hohe Christus-Statue „Cristo Redentor". Für Bad Reichenhall soll der ausführende Künstler Ludwig Valentin Angerer, genannt Angerer d. Ä., sein, der auch schon ein Modell dafür angefertigt hat. Das Evangelische Sonntagsblatt in Bayern titelt am 4.11. 2007: „Rio in Reichenhall".

Um die Finanzierung des Projekts will sich Vossberg kümmern. Zusammen mit drei Mitstreitern gründet er die „Christliche Initiative Predigtstuhl", die Spenden einwerben soll. Von Anfang an gibt es jedoch eine entschiedene Ablehnung von Seiten der Kirchen. Glatz zieht sich daraufhin aus dem Projekt zurück. Als klar ist, dass der Predigtstuhl als Standort weder vom Landschaftsschutz her toleriert werden kann, noch von der Kapazität der Bahn her wirklich angemessen ist, will man auf Grundstücke in Bad Reichenhall ausweichen oder in das nahe Österreich.[3]

Die Ablehnung der Kirchen sieht Vossberg mit Unverständnis. In diesem Zusammenhang spricht er das erste Mal von einer Reliquie des hl. Franz von Assisi, die ein wohlhabender Gönner für den neuen Wallfahrtsort zu Verfügung stellen würde.[4] Sie sei von unschätzbarem Wert. Die Finanzierung von 2,8 Millionen sei kein Problem: „Wir haben aus einer einflussreichen Stiftung ein Anfangskapital von zwei Millionen Euro und viele bedeutende Sponsoren."[5] Genannt hat er letztere nie. Die Bemühungen Vossbergs und Angerers, das Projekt im Raum Bad Reichenhall zum Erfolg zu führen, ziehen sich über Jahre hin. Sie scheitern endgültig im Herbst 2008.[6]

Zweiter Akt: Wassertrüdingen

In der mittelfränkischen Kleinstadt leidet man unter wirtschaftlicher Stagnation und dem Niedergang der Gastronomie. Bürgermeister Babel sucht nach Auswegen und kommt – wohl mehr zufällig – mit Vossberg in Kontakt, der seine Idee vom Riesenchristus noch nicht aufgegeben hat. Seine „Christliche Initiative Predigtstuhl" hat er inzwischen in „Christliche Initiative Pax" umbenannt.

Dieses Mal will man nicht vorschnell in die Öffentlichkeit gehen. Am 16. Februar 2009 stellen Angerer und Vossberg ihr Projekt in einer nichtöffentlichen Sitzung dem Stadtrat von Wassertrüdingen vor. Fast einstimmig wird die Bauleitplanung genehmigt. Es sollen drei Sondergebiete ausgewiesen werden, auf denen Hotel, Statue und Parkplatz entstehen sollen. Die Verantwortlichen sehen ein enormes Entwicklungspotenzial für die Stadt. Bürgermeister Günther Babel ist voller Zuversicht, dass durch das geplante Hotel auch eine Belebung der Altstadt zu erwarten ist und möglicherweise auch die Bahn ihren Betrieb wieder aufnehmen könnte. Auch würde man die Statue vom geplanten „Center-Parc Bavaria" aus sehen können, was auf Synergieeffekte hoffen lässt.

2 Sonntagsblatt, 44/2007 vom 04.11.2007, http:/www.sonntagsblatt-bayern.de/print.php?sid=2007_44_31_01 (25.02.2009).

3 Sonntagsblatt, 44/2007 vom 04.11.2007.

4 http:/www.jesus.ch/index.php/D/article/153/42497/, aufgerufen am 25.02.2009.

5 Jukis, das Jugend Portal der deutschen Jugendkirchen 02.07.2008, http:/www.Jukis.org/index.php?option=com_content&task=view&id=887&Itemid=1 (25.02.2009).

6 http:/www.br-online.de/studio-franken/aktuelles-aus-franken/wassertrüdingen-jesus-.. (24.02.2009).

Abb. 1: Die Fotomontage gibt einen Eindruck, wie die 55 Meter hohe Christus-Statue am Standort bei Wassertrüdingen hätte aussehen können. Foto: Gerhard Lenz, epd Würzburg

Auf der offiziellen Webseite der Stadt Wassertrüdingen kann sich der Onlinenutzer mittels einer Fotomontage, die die Statue vor einem bewaldeten Hügel in einer Winterlandschaft zeigt, und einem Modell der Christusfigur einen Eindruck verschaffen. Hotel und Statue werden mit zwanzig Millionen Euro veranschlagt, die von einer Stiftung getragen würden, die sich neben den Investitionskosten auch um die anfallenden Betriebskosten kümmern werde.[7]

Am 19. Februar 2009 titeln die Nürnberger Nachrichten auf Seite 1: „Größte Christus-Statue der Welt in Franken?" Im ausführlichen Bericht derselben Ausgabe kommen Vertreter der evangelischen und katholischen Kirche zu Wort. Der Initiator Vossberg fühlt sich veranlasst, die von ihm ins Leben gerufene Stiftung „Christliche Initiative Pax" weltanschaulich zu positionieren. Keinesfalls stehe hinter ihr eine religiöse Splittergruppe. Überhaupt lege man Wert darauf, dass es ein ökumenisches Projekt ist. So sei auch der Bildhauer Ludwig Valentin Angerer für den protestantischen Vossberg „ein ‚Bruder im Geist'".[8]

Der erste heftige Widerstand gegen das Projekt kommt von Seiten der Bezirksheimatpflegerin Andrea Kluxen.[9] Bald melden sich auch die kirchlichen Kunstbeauftragten der Kirchenkreise Nürnberg und Ansbach-Würzburg mit entschiedener Kritik zu Wort.[10] Die im

7 Stadt Wassertrüdingen, http:/www.wassertruedingen.de/index.php?id=1916,175 (24.02.2009).

8 Nürnberger Nachrichten vom 19.02.2009, S. 15.

9 Fränkische Landeszeitung vom 21./22.02.2009.

10 Ulrich Rach, Kitsch und Kommerz, in: Nürnberger Nachrichten vom 21.02.2009, S. 15, und Fränkische Landeszeitung vom 23.02.2009, „Lachnummer der Nation".

Eilverfahren hinter verschlossenen Türen ausgehandelte Bauleitplanung stößt auch in der Bevölkerung auf Widerstand.

Wenige Tage später ist aus der Fränkischen Landeszeitung zu erfahren: „Wassertrüdingens Bürgermeister reagiert auf Kritik: Stadt will Jesus-Projekt nicht übers Knie brechen." Die Bürger sollen sich äußern dürfen, die Behörden und auch die Kirchen müssten angehört werden. Der Bürgermeister scheint zurückzurudern: „Der Grundsatzbeschluss von vergangener Woche hat die Willensbildung lediglich in Gang gesetzt."[11]

In einem offenen Brief meldet sich Philipp Gutmann, ein Mitglied der Wassertrüdinger CSU-Stadtratsfraktion, zu Wort. Darin fordert er Bürgermeister und Stadtrat auf, den Grundsatzbeschluss zur Bauleitplanung außer Kraft zu setzen. Die „all zu schnell getroffene Entscheidung" sei „noch mal besonnen zu überdenken".

Inzwischen nimmt auch das Landratsamt Stellung und verweist auf seine baurechtliche Zuständigkeit, wobei betont wird, dass die Behörde für Kunstbeurteilung keine Zuständigkeit habe. Erstmals wird auch die Naturschutzbehörde ins Spiel gebracht. Das Dilemma mit dieser Mega-Statue wird erkennbar: „Eine Windkraftanlage lässt sich rechtlich leichter genehmigen als dieses Vorhaben", erklärt der Sprecher des Landratsamtes.[12]

Auch bei der Kirche gibt es Anzeichen für einen geordneten Rückzug: Der stellvertretende Regionalbischof Günter Breitenbach lädt gemeinsam mit dem Wassertrüdinger Dekan Hermann Rummel Vertreter örtlicher Kirchengremien, Pfarrer und Kunstbeauftragte zu einer nichtöffentlichen Konsultation für den 7. März in das Evangelische Gemeindehaus ein. Erarbeiten will man eine gemeinsame Stellungnahme.[13] Auch von katholischer Seite äußert sich in einer persönlichen Stellungnahme der Eichstätter Generalvikar Johann Limbacher ablehnend zu dem Vorhaben. Vom Presseamt des Bistums Eichstätt gibt es zwar keine offizielle Verlautbarung, aber eine monumentale Christus-Statue sei „nicht unser Stil".[14]

Maßgebliche Mitglieder des Stadtrats halten aber noch am 3. März unbeirrt am Bau der Christus-Statue fest. Letztlich sei der Stadtrat durch „das Votum der Dekane vor Ort", die keine „grundsätzliche[n] Bedenken" angemeldet hätten, ermutigt worden.[15]

Das Bayerische Fernsehen befragt für seine Sendung „Abendschau" im Dritten Programm die Bürgerinnen und Bürger vor Ort. Einen Tag später ist in br-online das Ergebnis einer Abstimmung über die Frage nachzulesen: „Soll die kolossale Jesus-Statue in Wassertrüdingen errichtet werden?" Demnach soll sie „auf jeden Fall" nach dem Willen von 45,1% entstehen, für „bloß nicht" stimmten 51,3 % und 3,6 % machten bei „mir egal" ihr Kreuz.[16]

Das Ergebnis der kircheninternen Konsultation vom 7. März ist eine klare Ablehnung des Projekts.[17] Der Stadtrat will nunmehr in öffentlicher Sitzung am 9. März erneut beraten. Die Bürgerversammlung, die für den 10. März anberaumt war, wird abgesagt. Am 10. März titelt dann die Fränkische Landeszeitung: „Riesen-Christus ‚zu Grabe getragen'". Mit 17 gegen vier Stimmen wurde der anfängliche Grundsatzbeschluss aufgehoben.[18]

Vossberg und Angerer bedauern, dass sie ihr Projekt nicht mehr in einer Bürgerversammlung hatten verteidigen können, akzeptieren aber die Niederlage.

11 Fränkische Landeszeitung vom 25.02.2009 – Westmittelfranken.

12 Fränkische Landeszeitung vom 25.02.2009 – Westmittelfranken.

13 epd-Wochendienst, Nr. 09/03.03.2009, S. 6f.

14 Fränkische Landeszeitung vom 28.02./1.03.2009, „Kirche sucht Meinungsbild".

15 Fränkische Landeszeitung vom 03.03.2009, „Christus-Statue soll ‚attraktives Ziel' werden".

16 http:/www.br-online.de/studio-franken/aktuelles-aus-franken/riesen-jesus-wassertrüdingen-a.. (04.03.2009).

17 Fränkische Landeszeitung vom 09.03.2009, Westmittelfranken.

18 Fränkische Landeszeitung vom 10.03.2009, „Riesen-Christus ‚zu Grabe getragen'".

Dritter Akt: Neue Anläufe in Franken, Niederbayern und Schwaben

Einen Tag nach dem endgültigen Aus für die Statue in Wassertrüdingen meldet die Stadt Rödental, unweit von Coburg gelegen, ihr Interesse an der Christus-Statue an. Als Standort hat der dortige Bürgermeister, Gerhard Preß (CSU), die „Pilgerhöhe" in der Nähe des Stadtteils Unterwohlsbach ausgemacht. Ein sechzig Meter hoher Hügel, der aus dem Abraummaterial der Tunnel für die ICE-Neubaustrecke Nürnberg–Erfurt aufgeschüttet wurde, eigne sich sehr gut, denn von dort wäre der Christus weithin sichtbar. Das Pilgerhotel mit seinen 185 Zimmern hat es dem Stadtoberhaupt besonders angetan. Bevor er aber in die konkrete Planung einsteigen wolle, versichert Preß, wolle er wissen, wer und was hinter dem Projekt stecke und betont, dass er keine Sekte wolle.[19]

Auch Deggendorf befasst sich mit der Christus-Statue. Im Stadtrat war vereinzelt die Idee aufgekommen, auf dem Hausberg Deggendorfs, dem Natternberg, die Statue zu errichten. Die Oberbürgermeisterin Anna Eder (CSU) bestätigt dies zwar, nimmt aber klar gegen das Projekt Stellung und findet, dass die Christus-Statue „dort einfach nicht hinpasst".[20]

Vossberg berichtet stolz über die Vielzahl der Interessenten und möglichen Standorte für die Statue: „Wir bekamen danach [nach der Ablehnung in Bad Reichenhall, Anm. d. Verf.] Bewerbungen von Städten aus dem Allgäu, Oberfranken, dem Nürnberger Land, dem Bayerischen Wald und dem Fichtelgebirge."[21] Die Idee eines Bamberger Bauunternehmers,[22] die Statue in seinen geplanten Freizeitpark zu setzen, hält Vossberg für nicht seriös. Die Statue sei ein symbolträchtiger Ort der Begegnung für alle christlichen Konfessionen und nicht irgendein Projekt.[23] Vossberg zeigt sich aus diesem Grund auch flexibel. So kann er sich die Christus-Statue auch an der Elbmündung vorstellen: „Damit könnte man dann die Schiffe aus aller Welt begrüßen. Ganz im Sinn unserer christlichen Seefahrt."[24]

Am 17. April 2009 äußert sich Vossberg in einem Interview dahingehend, dass er in Verhandlungen mit einem christlichen Frauenorden sei. Er gibt sich siegesgewiss: „Ein Scheitern kommt für mich nicht infrage. Der Eiffelturm war vorher auch lange umstritten. Wir werden das Ding bauen."[25] Vermutlich hat er dabei schon die Stadt Kaufbeuren im Auge, die im April auch der Öffentlichkeit als möglicher Standort für die Christus-Statue präsentiert wird. Der dortige Oberbürgermeister Stefan Bosse (CSU) zeigt sich interessiert.[26] Die traditionelle Wallfahrt zur hl. Crescentia könne durch die Christus-Statue um ein weiteres Ziel bereichert werden. Positiv dazu äußert sich auch die Generaloberin des Crescentiaklosters in Kaufbeuren gegenüber der Allgäuer Zeitung: Ein „Weg der Hoffnung" von ihrem Kloster zur Christus-Statue sei vorstellbar.[27]

Doch schon nach wenigen Wochen, am 4. Mai, stellt der Oberbürgermeister in einer Bürgerversammlung einen Forderungskatalog auf, der die Verwirklichung klar ins Reich der Illusionen verweist. Eine Glaubensgemeinschaft müsse sich aktiv um das Innere der Statue

19 Nürnberger Nachrichten vom 12.03.2009, S. 17.

20 Nürnberger Nachrichten vom 14.03.2009, S. 15.

21 Financial Times Deutschland, online-Ausgabe vom 17.04.2009, http: /www.ftd.de/lifestyle/outofoffice/: Out-of-Office-Jesus-ist-gro%DF/501400.html?p=2 (14.05.2009).

22 Georg Pfister plant ein 127 Hektar großes Freizeitland im Maintal zwischen Trunstadt und Roßtal im Landkreis Bamberg. (Sonntagsblatt vom 22.03.2009, Ausgabe Kirchenkreis Ansbach-Würzburg, S. 12).

23 Financial Times Deutschland, vgl. Anm. 20.

24 Kosmischer Heiland, spiegel-online vom 22.04.2009, http:/www.spiegel.de/panorama/gesellschaft/0,1518,620256,00.html (14.05.2009).

25 Financial Times Deutschland, vgl. Anm. 21.

26 Nürnberger Nachrichten vom 21.04.2008, „Allgäu will Christus-Statue".

27 Sonntagsblatt vom 26.04.2008, Ausgabe Augsburg und Schwaben, S. 15.

kümmern. Dies haben die Protestanten bereits klar abgelehnt. Das katholische Bistum Augsburg zieht am Tag nach der Bürgerversammlung nach, indem es jede Beteiligung an dem Projekt (eine „Luftnummer") weit von sich weist. Außerdem dürften mit dem Christus keinerlei wirtschaftliche Interessen verbunden sein. Dies kann nicht im Sinne Vossbergs sein, der dem Vernehmen nach über einen Immobilienfonds Investoren sucht.[28]

Somit sind der ehrgeizige Künstler und der rührige Investor ein drittes Mal mit einem konkreten Plan gescheitert. Ob sie damit von ihrem Projekt endgültig Abschied genommen haben, ist schwer zu sagen. Was hat sie zu der Hartnäckigkeit, mit der sie es trotz aller Widerstände verfolgt haben, veranlasst? Und was bewegt immer wieder neu Kommunalpolitiker, so ungewöhnliche Ansinnen ernst zu nehmen? Woraus speist sich der Widerstand gegen die Umsetzung? Und wie lässt sich die „Stimme aus dem Volk" dazu vernehmen?

Profile der Beteiligten und ihre Argumente

Der Unternehmer Vossberg

Harry Vossberg stammt aus Hamburg, wo er zeitweilig Fraktionsgeschäftsführer der FDP war, und betreibt in Dresden die Firma ICF Enterprises. Er scheint mit Immobiliengeschäften reich geworden zu sein, und gibt jedenfalls vor, dass die zwei Millionen Anschubfinanzierung beim Projekt Christus-Statue für ihn ‚kein Problem' seien.[29] Selbstsicheres Auftreten, zur Schau getragene Zuversicht, aber große Zurückhaltung beim Nennen von Ressourcen und Investoren beschreiben alle Beobachter als charakteristische Züge des Geschäftsmanns. Hinter seiner „Christlichen Initiative Predigtstuhl", später in „Christliche Initiative Pax" umbenannt, soll eine gewisse Tara Foundation stehen, die in Kinderprojekte investiert[30] und anderweitig als deutscher Ableger der internationalen ICF International Children Federation vorgestellt wird.[31] Ein holländischer Film-Drehbuchschreiber nennt Vossberg einen „Spinner", der sich ihm als Filmproduzent vorgestellt habe, dessen Versprechungen sich aber in Luft aufgelöst hätten. Auch Journalisten weisen darauf hin, dass das Büro-Ambiente des angeblich international tätigen Unternehmers so gar nicht zu seinen geschäftlichen Ambitionen passe.[32]

Auf Rückschläge reagiert Vossberg unverzagt bis trotzig: „Wir haben viele Angebote." „Wenn sich die Reichenhaller die Chance nehmen lassen, wird die Statue in einem anderen deutschen Bundesland aufgestellt. Kommen wird sie auf jeden Fall." Die Kirchen könnten ihn nicht daran hindern.[33] Die Verwirklichung des Projekts stellt er auch einmal gönnerhaft als Großzügigkeit eines reichen Mannes dar: Es gehe ihm darum, etwas zurückzugeben. „Das ist bei uns in Hamburg so üblich, wenn man Glück gehabt hat im Leben".[34]

Vossberg zeigt auch Zuversicht hinsichtlich der Zugkraft religiöser Großprojekte: In Rio sammeln sich angeblich Millionen unter der Figur. „Warum nicht auch in Bad Reichenhall?"

---

28 Augsburger Allgemeine vom 06.05.2009, S. 3.

29 Süddeutsche Zeitung, online-Ausgabe vom 09.07.2008, http:/sueddeutsche.de/bayern/201/447935/text/, aufgerufen am 25.02.2009.

30 Katholische Kirche in Deutschland, online-Ausgabe vom 28.05.08, http:/www.katholisch.de/22049.html, aufgerufen am 25.02.2009.

31 Pressemitteilung News Angerer der Ältere, www.angerer-der-aeltere.d/upload/angerer_presse/v_christus_statue.pdf.

32 Augsburger Allgemeine vom 06.05.2009, S. 3.

33 Jukis, das Jugend Portal der deutschen Jugendkirchen 02.07.2008, http:/www.Jukis.org/index.php?option=com_content&task=view&id=887&Itemid=1, aufgerufen am 25.02.2009.

34 Süddeutsche Zeitung, vgl. Anm. 29.

Das „Achte Weltwunder“ nennt er sein Projekt, einen „symbolträchtigen Ort der Begegnung für alle christlichen Konfessionen“. Vossberg, sieht sich selbst als Christen, das Projekt als „Ausdruck meines christlichen Glaubens“.[35] Er spricht von „Mystik“ und einem „weltökumenischen Ansatz“.[36] Gegen den Vorwurf, das Projekt nur aus wirtschaftlichen Gründen zu verfolgen, wehrt sich Vossberg ganz entschieden. Schließlich kämen erwirtschaftete Gewinne ohnehin einer wohltätigen Stiftung zugute. Auch bei der Auswahl des Ortes – eine Arbeitsgruppe tagte nach der Ablehnung in Wassertrüdingen angeblich, um aus den Dutzenden von Bewerbungen die würdigste herauszufinden – gelte die Bedingung: „Der Ort, der den Zuschlag erhält, muss schon einen religiösen Hintergrund haben.“ Man wolle katholische, evangelische und orthodoxe Gottesdienste in der Kapelle im Inneren der Christus-Statue feiern lassen. Schließlich plane man einen echten Wallfahrtsort.[37]

Der Künstler Angerer

Noch stärker als von Vossberg wird die religiöse Motivation allerdings von dem Künstler Angerer betont. Ludwig Valentin Angerer, genannt Angerer d. Ä., geboren 1938 in Bad Reichenhall, ist Träger des bayerischen Filmpreises, den er für die künstlerische Ausstattung des Filmes „Die unendliche Geschichte II“ erhalten hat, und Gründungsmitglied des Zentrums für Phantastische Künstler. Das Schaffen des Künstlers wird dem Genre Fantasy zugeordnet.

Im Jahr 2000 schuf er auf seinem Grundstück in Biburg bei Kelheim eine Erlöserkapelle, die Kardinal Ratzinger, der jetzige Papst, in einem Schreiben als „endlich wieder einmal wirkliche sakrale Kunst“ bezeichnete.[38] Von Vossbergs Idee mit der Christus-Statue war er, wie man seiner Homepage entnehmen kann, spontan überzeugt, da sie „unserem christlichen Abendland neue Überzeugungskraft zu geben imstande sein könnte“.[39] Man möchte mit der Statue ein sichtbares Zeichen für junge Menschen setzen, „in einer Zeit völliger Auflösung aller Werte“.[40] „Andere Religionen tun das ja auch, warum können und sollen wir Christen das nicht tun?“[41]

Die Statue soll 55 Meter hoch werden und innen hohl sein, dort soll eine 44 Meter hohe Kapelle mit großer Orgel stehen. „Da können die Kirchen einzeln oder in ökumenischer Eintracht ihre Gottesdienste feiern“, so Vossberg.[42] Äußerlich hat die Statue große Ähnlichkeit mit dem Art-Deco-Jesus von Brasilien: langes Haar, wallendes Gewand, ausgebreitete Arme. Die Ambitionen des Künstlers: „Wie eine Rakete“ soll das Innere der Statue in den kosmischen Raum vordringen.[43] Glaskuppeln und Spiegelflächen durchfluten den Raum mit Licht.[44] Angerer versteht dies mystisch: „Der Leib Christi ist in seinem Inneren der Dom, in dem die Christen zu ihrem Herrn beten. Im letzten Abendmahl heißt es: Nehmt, esset das ist

35 Süddeutsche Zeitung, vgl. Anm. 29.

36 Katholische Kirche in Deutschland, online-Ausgabe vom 28.05.2008, http:/www.katholisch.de/22049.html (25.02.2009).

37 Wallfahrt: Kosmischer Heiland, spiegel-online vom 22.04.2009, http:/www.spiegel.de/panorama/gesellschaft/0,1518,620256,00.html (14.05.2009).

38 Pressemitteilung News Angerer der Ältere, www.angerer-der-aeltere.d/upload/angerer_presse/v_christus_statue.pdf und Katholische Kirche in Deutschland, online-Ausgabe vom 28.5.08, http:/www.katholisch.de/22049.html.

39 Pressemitteilung News Angerer der Ältere, vgl. Anm. 38.

40 Katholische Kirche in Deutschland, online-Ausgabe vom 28.05.08, http:/www.katholisch.de/22049.html (25.02.2009).

41 Jukis, vgl. Anm. 33.

42 Jukis, vgl. Anm. 33.

43 Katholische Kirche in Deutschland, vgl. Anm. 40.

44 Süddeutsche Zeitung, vgl. Anm. 29.

mein Leib." „Ja, das ist es, was ich meine: die Klarheit der Idee – hier die Gottesdarstellung – als Resultat der göttlichen Übereinstimmung wie Harmonie, Wahrheit und Gewissheit, und nicht die Flucht in die abstrakte Unverbindlichkeit, die aus dem Zweifel heraus ja nach Belieben empfindet und nur Ersatzgötter feiert. Deshalb mein Beitrag zur Christus-Statue, die in ihrem Innern, sozusagen im Leib Christi den Dom der Christen in sich selbst aufnimmt. Die Lichtsehnsucht der Menschen wird im Innern dieses Domes, gleich dem Inneren einer Weltraumrakete in deren Spitze, die das Licht des Kosmos einfängt, als göttliche Ordnung erfahren. ... Der Orgelklang, der mittig einer Orgelmonstranz oder einem Kelch entspringt, ist ebenso ohne Vorbild."[45]

Die Ablehnung des Projekts in Wassertrüdingen, wo er es selbst vorgestellt und in verschiedenen Sitzungen verteidigt hatte, lässt ihn nicht kalt. Zwar reagiert er mit „Verständnis für den Stadtrat" und „ohne Vorwürfe gegenüber der regionalen Geistlichkeit", doch kritisiert er heftig die „sogenannten kirchlichen Kunstsachverständigen". Er sieht hier Unredlichkeit am Werk und vermutet einen „kulturpolitischen Hintergrund".

Angerer hätte sich eine Bürgerversammlung gewünscht. Den Meinungswandel der Kirchen hält er für „nicht seriös".[46] Doch überwiegt immer noch die Zuversicht: „Wir sind auf Herbergssuche und wir werden eine würdige Stätte finden."[47]

Die Kommunalpolitiker

In Bad Reichenhall, einer Kommune, die um ihr wirtschaftliches Gedeihen, ihre Prosperität und touristische Attraktivität nicht bangen muss, steht man Vossbergs und Angerers Plänen von Anfang an kühl gegenüber. Die Stadtregierung lässt ihren Pressesprecher im allgemeinen Trubel erst einmal Zeit gewinnen: „Wir sind erst jetzt offiziell mit dem Bauansuchen konfrontiert. Nun muss zuerst geklärt werden, ob der geplante Baugrund überhaupt in unsere Kompetenz fällt. Dann wird sich der Bauausschuss damit befassen."[48] Im weiteren Fortgang stellte sich dann heraus, dass das Gebiet des Predigtstuhls in die Zuständigkeit des Amtes für Landwirtschaft und Forsten fällt und der Stadt Bad Reichenhall das Grundstück gar nicht gehört.[49] Harry Vossberg hofft in dieser Lage auf Intervention von oben: „Vielleicht findet sich ja ein Minister in der Staatsregierung, der sich für das Projekt einsetzt."[50] Die Ablehnung des Projekts durch die Stadt wird schließlich mit dem Natur- und Landschaftsschutz begründet. Man weiß in Bad Reichenhall, wo das wirkliche Kapital der Stadt liegt.

Ganz anders sieht die Situation in einer Stadt wie Wassertrüdingen aus, wo man gegen Stagnation oder sogar Rezession der örtlichen Wirtschaft kämpft. Wassertrüdingen hat sechstausend Einwohner und leidet seit Jahren an Abwanderung. Man kann es dem Bürgermeister der Stadt nicht verdenken, dass er nach Investitionen, die die heimische Wirtschaft beleben könnten, sucht. Besonders im Gaststättengewerbe bedürfe es neuer Impulse. Durch den erhofften Wallfahrts-Tourismus könnten mehr Arbeitsplätze geschaffen werden.[51]

---

45 Pressemitteilung News Angerer der Ältere, www.angerer-der-aeltere.d/upload/angerer_presse/v_christus_statue.pdf

46 Nürnberger Nachrichten vom 11.03.2009, „Tiefe Spaltung vermieden".

47 Fränkische Landeszeitung vom 11.03.2009, „Grabenkämpfe um die Jesus-Statue vermieden".

48 Jukis, vgl. Anm. 33.

49 Süddeutsche Zeitung, vgl. Anm. 29.

50 Süddeutsche Zeitung, vgl. Anm. 29.

51 Nürnberger Nachrichten vom 19.02.2009, S. 15.

Als sich dann aber Widerstand in der Bürgerschaft regt, sieht Bürgermeister Babel nach eigener Aussage die Gefahr, „dass die Leute der unterschiedlichen Lager aufeinander losgehen".[52] Nicht bewährt hatte sich offensichtlich die Strategie, in nichtöffentlicher Sitzung des Stadtrats vollendete Tatsachen zu schaffen. Sicher spielte auch die Sorge eine Rolle, dass – wie es schon überall in der Presse zu lesen war – Wassertrüdingen zur „Lachnummer der Nation" werden könnte. Und letztlich wurden wohl auch die ungeklärten Fragen, wo denn das Geld herkommen werde, übermächtig.

In Kaufbeuren taktiert der Oberbürgermeister vorsichtiger. Er zeigt grundsätzliches Interesse an dem Projekt, weist aber auch darauf hin, wie unklar noch die Finanzierung sei.[53] Er lässt schließlich eine Bürgerversammlung zu, in der er das Projekt indirekt zu Fall bringt, indem er Bedingungen aufstellt, über deren Unerfüllbarkeit er sich im Klaren sein musste.[54]

Die Oberbürgermeisterin von Deggendorf schlägt sich gleich auf die richtige Seite, indem sie feststellt, dass die Christus-Statue auf den Natternberg „einfach nicht hinpasst".[55]

Regionale Instanzen

Überörtliche Vertreter der Politik und Verwaltung halten sich in der Debatte um den Riesenchristus eher zurück. Auf ein Ministervotum aus der Landesregierung hoffte Vossberg in Bad Reichenhall vergeblich. Das Landratsamt Ansbach, zuständig für Wassertrüdingen, verweist auf den Genehmigungsweg und warnt vor Hoffnungen auf schnelle Umsetzung, will aber inhaltlich nicht Stellung nehmen.

Ganz entschieden bringt sich aber die Bezirksheimatpflegerin für Mittelfranken, Andrea Kluxen, ein. Nach ihrem Votum wendet sich die veröffentlichte Meinung eindeutig gegen das Wassertrüdinger Projekt. Zum einen argumentiert sie, dass aus historischen und frömmigkeitsgeschichtlichen Gründen Wallfahrtsstätten nicht willkürlich errichtet werden könnten. Sie „entstanden aus der Bevölkerung heraus und sind meist verbunden mit Heiligen, Gründungslegenden und Berichten von Wundern".[56] Zum anderen sieht sie die Gefahr, durch die Statue „die gewachsene Kulturlandschaft mit ihren fränkischen Ortsbildern in unmittelbarer Nähe der Romantischen Straße, des Hesselbergs, des Seenlands und des Limes als Unesco-Welterbe zu zerstören". Auch vertrage sich die Jesus-Statue nicht mit den örtlichen Bestrebungen um sanften Tourismus.[57]

Parteipolitische Stellungnahmen gibt es nur von Seiten der Landtagsabgeordneten Renate Ackermann (Grüne). Die Statue passe „in die Landschaft wie die Faust aufs Auge". Ackermann bringt auch in satirischer Absicht das Bild vom „Turmbau von Babel" ins Gespräch und unterstellt dem Bürgermeister, er verkaufe die Heimat bedenkenlos.[58]

52 Fränkische Landeszeitung vom 11.03.2009.
53 Sonntagsblatt vom 26.04.2008, Ausgabe Augsburg und Schwaben, S. 15.
54 Augsburger Allgemeine vom 06.05.2009, S. 3.
55 Nürnberger Nachrichten vom 14.03.2009, S. 15.
56 Nürnberger Nachrichten vom 21.02.2009, S. 15.
57 Nürnberger Nachrichten vom 21.02.2009, S. 15.
58 Nürnberger Nachrichten vom 20.02.2009, S. 15.

Die Kirchenvertreter

Euphorische Zustimmung, wie sie sich die Initiatoren vielleicht erhofft haben, ist aus der örtlichen Pfarrerschaft nirgends zu hören. In Bad Reichenhall hatte sich schon 2005 der damalige Kirchenrat für Spiritualität und Urlauberseelsorger, Mathis Steinbauer, gegen eine Christus-Statue ausgesprochen. „Eine solche Christusfigur ist viel zu bombastisch und passt überhaupt nicht in die oberbayerische Landschaft".[59] Auch sein katholischer Kollege, der Tourismusbeauftragte des Erzbistums München und Freising, Josef Obermaier, kann dem Projekt nichts Gutes abgewinnen. Er sähe es lieber, wenn stattdessen die heimische Tradition von Bergkreuzen und Kapellen gefördert würde. Das erzbischöfliche Ordinariat zeigt offen Vorbehalte gegen den kommerziellen Charakter des Projekts.[60]

Dem evangelischen Pfarrer Hans-Georg Bredull erscheint vor allem der Wallfahrtsgedanke absurd: „Jeder Wallfahrtsort hat ein Herkommen, Bad Reichenhall nicht – mir ist das zu künstlich."[61] Auf Befragen der Fränkischen Landeszeitung äußert sich der gebürtige Ansbacher auch zu dem Wassertrüdinger Plan. Er kritisiert die Zurückhaltung der dortigen Amtskollegen: „Nein, das kann ich nicht verstehen. Weil ich den Missbrauch von religiösen Symbolen zugunsten wirtschaftlicher Interessen befürchte."[62] Die Wassertrüdinger Pfarrerschaft sieht hinter dem Beschluss des Stadtrats die gute Absicht. Dekan Hermann Rummel äußert: „Wir wollen die Sache kritisch begleiten, stellen uns aber nicht in den Weg." Das Projekt solle „in guter Weise mit Leben erfüllt" werden.[63] Klar ablehnend äußert sich der Leiter des Evangelischen Bildungszentrums Hesselberg: „Ich bin gegen jede Gigantomanie. Und in unsere Gegend passt so eine Figur schon gar nicht."[64] Doch auch er möchte den Plan „differenziert" sehen, könnte sich schon „für Wassertrüdingen freuen" und wünscht sich im Falle der Verwirklichung „eine konstruktive Zusammenarbeit".[65] Der katholische Dekan Christian Löhr enthält sich ganz einer Stellungnahme: „Das zu kommentieren, steht mir nicht zu."[66]

Schließlich schlagen die regionalen Kunstbeauftragten der Evangelischen Kirche einen erheblich schärferen Ton an. Im Kirchenkreis Nürnberg qualifiziert Pfarrer Daniel Szemerédy das Projekt als „indiskutabel, kolossal und klischeehaft". Den Leuten vor Ort, das heißt Bürgermeister Babel, dem Stadtrat und auch den örtlichen offiziellen Kirchenvertretern bescheinigt er Naivität und befürchtet, sie würden auf einen Werbegag von Vossberg hereinfallen. Er glaubt nicht, dass das Projekt von der Kirchenbasis kritiklos hingenommen würde. Auch als Theologe bezieht er klar Stellung: „Theologisch kann nichts eine solche gigantomanische Vereinnahmung und Verballhornung rechtfertigen. Den Investoren hätte ebenso gut einfallen können, an den Ortsrand von Wassertrüdingen eine 55 Meter hohe Vogelscheuche zu installieren."[67]

Die Gefahr, dass Wassertrüdingen sich mit der Christus-Statue zur „Lachnummer der Nation" macht, sieht der regionale Kunstbeauftragte des Kirchenkreises Ansbach-Würzburg, Pfarrer Günther Reese aus Mönchsroth. Er schätzt die Statue als „absolut[en] künstlerisch[en] Kitsch" ein, der ein „völlig absurdes Christusbild, das mit protestantischer Identität über-

59 Sonntagsblatt, 44/2007 vgl. Anm. 2.
60 Katholische Kirche in Deutschland, online-Ausgabe vom 28.5.2008, http:/www.katholisch.de/22049.html (25.02.2009).
61 Sonntagsblatt, 44/2007 vgl. Anm. 2.
62 Fränkische Landeszeitung vom 25.02.2009 – Westmittelfranken.
63 Nürnberger Nachrichten vom 19.02.2009, S. 15.
64 Nürnberger Nachrichten vom 19.02.2009, S. 15.
65 Fränkische Landeszeitung vom 19.02.2009 – Westmittelfranken.
66 Nürnberger Nachrichten vom 19.02.2009, S. 15.
67 Nürnberger Nachrichten vom 19.02.2009, S. 15.

haupt nichts zu tun hat", vermittle. Im Arbeitskreis der Kunstbeauftragten in der Evang.-Luth. Kirche in Bayern hätten alle Fachleute mit Entsetzen reagiert.[68] Reese erarbeitet auch eine Stellungnahme zu Angerer d. Ä. und der geplanten Wassertrüdinger Christus-Statue. Darin heißt es, Angerer agiere vor einem „multireligiösen nebulösen Esoterik-Hintergrund", seine Kunst speise sich aus „Mythologie, Götter- und Sagenwelt und okkulter Symbolik". Die geplante Figur habe mit dem Christus des apostolischen Glaubensbekenntnisses nichts zu tun. „Sie ist nichts anderes als eine kosmisch und kommerziell aufgeladene schillernde New-Age-Rakete."[69]

Den vorläufigen Abschluss der Diskussion in der evangelischen Kirche bildet ein internes Schreiben des Landeskirchenrats mit dem Betreff: Projekt Christus-Statue des Unternehmers Harry Vossberg, das am 18. März per E-Mail alle Dekanate erreicht. Hierin stellt der Landeskirchenrat fest, „dass die Realisierung dieses Projekts im Bereich der Evang.-Luth. Kirche in Bayern aus theologischen, künstlerischen und rechtlichen Gründen nicht befürwortet werden kann". Dieser Beschluss wird ausführlich begründet. Die Öffentlichkeit erfährt über den Evang. Pressedienst, die Christus-Statue habe „gigantomanische" und „stark esoterische Elemente". „Protestantische Identität definiert sich nicht durch Selbstdarstellung babylonischen Ausmaßes, sondern durch den Ernst der Nachfolge."[70] Weniger offiziell, aber doch deutlich, fällt die Ablehnung von katholischer Seite aus (Generalvikar Johann Limbacher: „nicht unser Stil"[71]). Vom Bistum Augsburg wird das Kaufbeurer Projekt als „Luftnummer" qualifiziert, mit der man nichts zu tun haben wolle.[72]

Journalisten und Karikaturisten

Die Presseartikel über das Projekt Christus-Statue sind meist als objektive Berichte oder Reportagen abgefasst. Oft sind leicht ironische Untertöne allerdings nicht zu überhören. Kritik an den Projekten wird gelegentlich auch genüsslich ausgebreitet.[73] Dem vernichtenden Urteil von Pfarrer Bredull räumt die Fränkische Landeszeitung in der Rubrik „Nachgefragt" einen eigenen Artikel ein.[74] Nach dem Scheitern des Projekts in Kaufbeuren verfasst Till Hofmann für die „Augsburger Allgemeine" einen Hintergrundartikel, der sich spottlustig mit der „Jesus-Tour" des „schillernden Unternehmers" Vossberg auseinandersetzt.[75] Conny Neumanns Beitrag „Kosmischer Heiland" in „Spiegel Online"[76] trieft vor Ironie: „Es geht um den Glauben – und ums große Geld." Regionale Kommentatoren wie Eckard Dürr in der Fränkischen Landeszeitung[77] und Horst M. Auer in den Nürnberger Nachrichten[78] fordern hingegen zur

68 Fränkische Landeszeitung vom 23.02.2009, „Lachnummer der Nation".

69 Schreiben vom 03.03.2009 an Pfarrerinnen und Pfarrer des Kirchenkreises Ansbach-Würzburg/Süd, ich danke Herrn Kirchenrat Helmut Braun M.A., Kunstreferent, Landeskirchliches Baureferat, Evang.-Luth. Landeskirchenamt München, für den freundlichen Hinweis.

70 Nürnberger Nachrichten vom 21.03.2009, „Zu kolossal und esoterisch".

71 Fränkische Landeszeitung vom 28.02./01.03.2009, „Kirche sucht Meinungsbild".

72 Augsburger Allgemeine vom 06.05.2009, S. 3.

73 Beispiele: „Sarkasmus prägt Diskussion um die Statue" in: Nürnberger Nachrichten vom 24.02.2009, S. 14; „Kitsch und Kommerz" (Ulrich Rach), in: Nürnberger Nachrichten vom 21.02.2009, S. 15.

74 „Christus-Statue in der ‚Nähe von Götzendienerei'", Fränkische Landeszeitung vom 25.02.2009.

75 „Heiland auf Herbergssuche", in: Augsburger Allgemeine vom 06.05.2009, S. 3.

76 „Kosmischer Heiland", spiegel-online vom 22.04.2009, http:/www.spiegel.de/panorama/gesellschaft/0,1518,620256,00.html (14.05.2009).

77 „Monumentale Herausforderung", in: Fränkische Landeszeitung vom 19.02.2009 – Westmittelfranken.

78 „Größen-Wahn", in: Nürnberger Nachrichten vom 09.03.2009, S. 11.

sachlichen Prüfung und offenen Diskussion auf, finden verständnisvolle Worte für die Mandatsträger in kommunalpolitischer Verantwortung und die Kirchenleute.

Die Karikaturisten konnten natürlich an dem Thema nicht vorbeigehen: Wirken schon die Foto-Montagen mit Angerers Christus in der Landschaft fast wie Karikaturen, so brauchte der Zeichner in „Scheidl's Ecke“[79] dem Riesenchristus nur noch einen Hamburger in die eine und die Coca-Cola-Flasche in die andere Hand zu geben, um die totale Kommerzialisierung zu verspotten. Drei Wochen später[80] lässt der gleiche Zeichner vor nächtlicher Waldkulisse sich Fuchs und Hase Gute Nacht sagen und bemerkt dazu: „In Wassertrüdingen kehrt wieder Normalität ein“. Der leise Spott über die Provinzler durchzieht auch sonst manche Artikel der regionalen Presse in Mittelfranken. Zum 1. April 2009 überrascht der Rothenburger Anzeiger seine Leser mit dem angeblichen Plan des Festspiel-Vorsitzenden, in Zusammenarbeit mit Harry Vossberg an der Franken-Höhe eine 33 m hohe Tilly-Statue aufzustellen – eine Foto-Montage wird gleich mitgeliefert – und lädt die Bürger zur offiziellen Vorstellung des Projekts im Stadtrat ein.[81] Wie viele Rothenburger den Scherz für Ernst genommen haben, ist nicht bekannt. Zu dem angeblichen Vorstellungstermin kam niemand.[82]

Die Leserbriefschreiber

Allein in der Fränkischen Landeszeitung werden zwischen dem 21. und dem 25. Februar sechzehn Leserzuschriften abgedruckt. Sie kommen offensichtlich aus allen Schichten der Bevölkerung, einfache Christen und Pfarrer, auch Unternehmer und ein Kunsterzieher melden sich zu Wort. Die meisten gießen Kritik und Häme über das Projekt aus. Qualifizierungen wie „Beitrag zum hohlen Zeitgeist“[83], „überdimensioniertes goldenes Kalb“[84] und „kulturelle Katastrophe“[85] beherrschen das Feld, daneben wird auch ernsthaft theologisch argumentiert. Insgesamt konnten wir nicht mehr als zwei positive Stellungnahmen erkennen, die eine sichtlich politisch motiviert (gegen die Grünen-Politikerin Ackermann)[86], die andere aus religiöser Überzeugung: Wenn man davon ausgehe, „dass die Herrschaft des Christus einmal alles andere überragen wird“, wäre es sogar noch besser, die Statue oben auf dem Hesselberg aufzustellen.[87] Unter der Überschrift „Ihr Franken: Leistet Widerstand“ geben schließlich auch noch die Nürnberger Nachrichten den Lesern das Wort. Auch hier ist der Gesamttenor negativ, würdigt bestenfalls die guten Absichten der Stadtväter und Kirchenleute.[88]

Statt zur Feder zu Axt und Säge griffen einige Bürger in Kaufbeuren in der Nacht zum 1. Mai 2009. Sie stellten auf einer Wiese eine zehn Meter hohe „Christus-Statue“ aus Holz und Stoffbahnen auf, „als Entscheidungshilfe für die Stadtväter“. Die Schwabmünchener Allgemeine ziert ihren Bericht darüber mit einem Foto, auf dem sie noch ein Kind vor der überdimensionalen Vogelscheuche knien lässt.[89]

79 Nürnberger Nachrichten vom 24.02.2009, S. 14.
80 Nürnberger Nachrichten vom 14.03.2009, S. 15.
81 Rothenburger Anzeiger vom 01.04.2009, „Große Tilly-Statue im Gespräch“.
82 Rothenburger Anzeiger vom 02.04.2009 – Rothenburg Stadt.
83 Fränkische Landeszeitung vom 21./22.02.2009, „Christus-Statue widerstrebt fränkischer Frömmigkeit“.
84 Fränkische Landeszeitung vom 24.02.2009 – Leserbriefe.
85 Fränkische Landeszeitung vom 25.02.2009 – Westmittelfranken.
86 Fränkische Landeszeitung vom 24.02.2009 – Leserbriefe.
87 Fränkische Landeszeitung vom 23.02.2009, „Lachnummer der Nation“.
88 Nürnberger Nachrichten vom 03.03.2009 – Leserbriefe.
89 Schwabmünchener Allgemeine vom 02.05.2009, S. 4.

Mit den Augen eines Betroffenen: Im Kreuzfeuer der Interessen und Argumente (Dekan Rummel)

Nachdem der Wassertrüdinger Stadtrat mit seinem Beschluss zur Bauleitplanung vorgeprescht war, blickte die gesamte Öffentlichkeit mit gespannter Aufmerksamkeit auf die Vertreter der Kirchen. Zwar kamen aus der Region schon bald fast nur negative Stimmen, für die Bevölkerung vor Ort aber und, wie sich herausstellen sollte, auch für den Stadtrat, sollte das Votum der Kirche zum Zünglein an der Waage werden. Da Wassertrüdingen ein traditionell protestantisch geprägter Ort ist, sah sich der evangelische Dekan, Pfarrer Hermann Rummel, plötzlich im Kreuzungspunkt der Erwartungen.

Die Verfasserin befragte ihn, wie er diese aufgeregten Wochen erlebt hat und was die Vorgänge in der Stadt und die offenen Fragen für ihn als Menschen, als Theologen, als Seelsorger, als Amtsträger der Kirche und als Vorgesetzten der Pfarrerschaft bedeuteten.[90]

Schon im Herbst 2007 wurde das Gespräch von Seiten der Stadtverwaltung eröffnet: „Was würden Sie sagen, wenn das Achte Weltwunder bei uns aufgebaut würde?“ Eine erste Skizze zeigt die Christus-Statue auf dem Hesselberg. Rummels entsetzte Reaktion darauf führt anscheinend zu einer Denkpause. Anfang 2009 taucht die Idee wieder auf und sehr konkret: Hotel mit 180 Zimmern usw. Rummel bleibt skeptisch, so eine große Christusfigur widerspricht seinem Empfinden, er glaubt noch an ein bloßes Phantasiegebilde, doch bald reisen Vossberg und Angerer an und man spricht von Grundstücken und Erschließungen. Die Stadtratssitzung steht bevor, die großen Chancen für die Stadt werden ihm vor Augen gestellt, verbunden mit der Frage: „Ja, was sagst du jetzt dazu, du als Dekan?“ Rummel lässt sich die Äußerung abringen: „Meine Begeisterung hält sich nach wie vor in Grenzen, aber ich werde mich dieser Sache nicht in den Weg stellen, weil das ein Riesenangebot für die Stadt ist und darüber muss man reden.“ Man gibt dem Dekan Gelegenheit zu Gesprächen mit Angerer und Vossberg. Nachdem er sich bei dem einen versichert hat, dass da nicht „irgendwas Esoterisches“ dahinter steht, der andere sich als „hanseatischer Protestant“ vorgestellt hat, kann Rummel so etwas wie „kritische Sympathie“ entwickeln. Er ist bereit, die Sache näher zu betrachten. Daraus wird dann in der entscheidenden Stadtratssitzung: „Der Dekan hat nichts dagegen, die Kirche hat nichts dagegen.“ Diese Gleichsetzung behagt Dekan Rummel ganz und gar nicht und noch mehr irritiert ihn, dass in den folgenden Tagen die Dinge sich so darstellen, dass es an seiner persönlichen Entscheidung liegen soll, „ob das Ding jetzt weiter geht oder nicht“. Er prüft sein Gewissen eine schlaflose Nacht lang und schreibt am Morgen einen Brief an den Stadtrat des Inhalts, dass er dieses Projekt nicht mittragen kann. Der Bürgermeister bekommt den Brief schon einmal zu lesen. Seine Reaktion: „Wenn du das jetzt raus gibst, ist das Projekt gestorben.“ Unter diesem Druck, dass durch ihn „im Grunde Stadtentwicklung verhindert wird“, überbordend von anderer Arbeit und bald auch überrollt von der „Pressewalze“, lässt Rummel den Brief in der Schublade.

Die theologischen Bedenken Rummels nehmen eine neue Dimension an, als er liest, dass Angerer vom „kosmischen Christus“ spricht, einem dem biblischen Glauben ganz fernen Begriff: „Wir verkündigen einen Gott, der zu uns herunter gekommen ist, das Kind in der Krippe, den Jesus auf den Straßen Galiläas, den Gott am Kreuz. Und da bringt so eine Statue für uns und für den Glauben der Menschen überhaupt nichts.“ Dem Bibelleser geht auch auf, dass Riesenstatuen und monströse Bauten in der Bibel ganz schlecht wegkommen.

90 Am 04.06.2009 im Dekanat Wassertrüdingen.

Schließlich schickt Rummel seinen ablehnenden Brief doch noch an den Stadtrat, nicht ohne um Verständnis zu bitten: „Ich weiß, dass ich mitverantwortlich bin für Eure Entscheidung und ich habe kritische Begleitung zugesagt. Und das heißt im Notfall auch, dass ich sage: ‚Leute, ihr müsst umkehren'." Die kurze Zeit später folgende Konsultation unter Leitung des Stellvertretenden Regionalbischofs bestätigt nach heißen Auseinandersetzungen Rummels Linie. Er kann nicht verhindern, dass er dennoch persönlich von manchen als der große Verhinderer gesehen wird. Nicht weniger hart erkämpft als seine Linie gegenüber dem Stadtrat und der Stadtverwaltung ist Rummels theologische und seelsorgerliche Position im Kollegenkreis, wo er überrascht feststellt, dass das Projekt von Kollegen fast mit Euphorie aufgenommen wird. „Der eine hat die missionarische Chance gesehen, endlich ein Zeichen des Glaubens, und da kam dann auch immer wieder das, was ich unter allen Umständen vermeiden wollte, die Kulturkampfgeschichten. Die bauen in Köln Moscheen mit riesigen Minaretten, warum können wir nicht endlich auch mal wieder was Gescheites hinbauen?" Umgekehrt sieht er sich mit der Schelte amtskirchlicher Kreise von außerhalb konfrontiert, von Leuten, „die nicht hier wohnen und die sich dann berufen und unberufen zu Wort gemeldet haben". Als außerordentlich hilfreich erfährt er hingegen die von seinem Vorgesetzten Breitenbach angeregte Konsultation, bei der man noch einmal Angerer anhört und zu einer gemeinsamen Stellungnahme kommt. Es gelingt Rummel auch, die Widerstrebenden in den Beschluss einzubinden. Auch der Bevölkerung, darunter vielen seiner Gemeindeglieder, kann es der Dekan nicht recht machen: „Es waren Leute dabei, die das hundertprozentig befürwortet haben, wo ich ... gedacht habe: Du bist doch ein denkender Mensch, wie kannst du das befürworten? ... Wir haben Anrufe bekommen von alten Müttern, die gesagt haben: ‚Der muss gebaut werden, der Jesus!'" Unerwarteter Protest kommt dann auch noch nach der Ablehnung: „Dass gerade Leute, die sonst mit Kirche gar nichts zu tun haben, ... die vehementesten Befürworter waren und uns abgrundtief bös waren."

Große Leidensfähigkeit muss der Dekan aber vor allem im Ansturm der Presse bewähren. Schon zu sehen, wie die Konflikte in seiner Gemeinde geschürt werden, macht ihm Pein: „Da habe ich dann gespürt, welcher Geist damit auch ins Städtle kam. Da war eine Live-Sendung vom Bayerischen Rundfunk vom Markplatz aus, wo die Gegner da waren, wo der Künstler da war, wo ich auch mit gebeten wurde. So etwas werde ich nie mehr machen, da hast du keine Chance. Und es war wirklich so, dass nur draufgeschlagen wurde." Als Kirchenvertreter vor Ort wird Rummel regelrecht belagert: „Die Sekretärinnen waren an dem Morgen bloß damit beschäftigt das abzuwehren." Seinen Kollegen macht er klar, dass er in dieser Situation ihre Solidarität braucht: „Ich muss morgen dem Bayerischen Rundfunk etwas sagen und nachmittags Antenne Bayern und Radio 8, und übermorgen kommt dann die Funkagentur und Sat 1 und was weiß ich, was alles sich angekündigt hatte." Er sei im Umgang mit den Medien klüger geworden, sagt er, und meint damit auch realistischer. „Dass in den Medien oft keine Argumente mehr gehört werden, differenzierte Meinungen nicht vermittelbar sind. Das war eigentlich das, worunter ich am meisten gelitten habe in der Zeit."

Als bibelkundiger Christ und Exeget kann Rummel auch in der Bibel Deutungen finden für das, was er und seine Gemeinde in diesen Wochen erleben. Wunderbarerweise passen auch die Predigttexte in den betreffenden Wochen zu den Vorgängen in der Stadt: „Das war ein Riesen-Geschenk. Es war nach dem Stadtratsbeschluss ... Da war der Text dran: ‚Was hilft es den Menschen, wenn er die ganze Welt gewinnt und nimmt Schaden an seiner Seele?' Wobei ich mir gedacht habe: Was hilft es, wenn wir ein großes Hotel haben und wir nehmen Schaden an unserer Seele?"

Noch deutlicher wird ihm der Wink aus dem Wort Gottes am folgende Sonntag: „Da hat ein Kollege gepredigt und zwar über die Versuchungsgeschichte, Matthäus 4. Er hat nur einen Satz in Bezug auf das Projekt gesagt, nämlich dass es sehr aufregende Wochen sind. Und hat aber anscheinend da Leute auf einer Ebene angesprochen, die faszinierend war. Die saßen mit solchen Ohren drin, bis dahin, dass ein Kollege am nächsten Tag zu ihm sagt: ‚Na, du hältst aber mutige Predigten!'"

Auch Rummel selbst wird in den folgenden Tagen immer klarer, dass die Versuchungsgeschichte das „Beispiel par excellence" ist: „Der kommt wunderbar daher, dieser Teufel in dieser Versuchungsgeschichte, und vor allem kommt er furchtbar fromm daher. Der sagt ja nicht: Jetzt will ich dich einmal ein bisschen versuchen oder mal schauen, was du so aushältst." Schließlich weiß Dekan Rummel auch als Prediger, dass er seiner Gemeinde ein Wort zu den ganzen Vorgängen schuldig ist: „Das war dann auch die Stimmung so: Wenn ich an dem Sonntag nichts gesagt hätte, hätten sie mich wahrscheinlich irgendwann gesteinigt. Man hat schon immer darauf gewartet, dass der Pfarrer, die Kirche etwas sagt. ... Nach dieser Predigt hatte ich den Eindruck, es ist eine Befreiung gewesen. ... Dass dieser Druck weg ist. Weil viele unserer Kirchenchristen gesagt haben: ‚Das passt nicht.' Gerade so lutherisch geprägte Leute haben gesagt: ‚Habe ich denn alles falsch gelernt, was ich einmal gelernt habe?'"

So kann der Seelsorger auch eine positive Bilanz aus den zeitweise heftigen und manchmal verletzenden Diskussionen ziehen: Es wurde sehr viel über Christus gesprochen, die Leute haben den biblischen Jesus vielleicht ein wenig besser verstanden durch den Kontrast mit Angerers „kosmischem Christus". So schreibt ein Stadtratsmitglied an den Dekan als Antwort auf dessen briefliche Bitte, ihm wegen seiner letztlich ablehnenden Entscheidung nicht gram zu sein: „Da brauchen Sie sich keinen Kopf zu machen, aber Ihr kleiner Jesus war öfter bei uns zu Gast als sonst vielleicht, weil wir oft darüber gesprochen haben in den letzten Tagen." Und der Bürgermeister, der bei einer Evangelisationsveranstaltung wenig später zum Interview gebeten wird, zeigt sich nicht nur versöhnt, sondern als Bekenner: „Dann hat er als evangelischer Christ auch noch mal ganz deutlich gesagt: ‚Also wichtiger ist ja, dass Er wirklich bei uns ist, und die Statue hätte es allein auch nicht gebracht.'"

Zur frömmigkeitsgeschichtlichen Bewertung des Christus-Projekts

Man könnte die Episode mit der geplanten Christus-Statue als einen bloßen Missbrauch religiöser Symbolik betrachten, als ein durchsichtiges Manöver renditegieriger Investoren und leicht verführbarer Lokalpolitiker, als einen Etiketten-Schwindel, der mit gelebter Religion nichts zu tun hat. Insoweit wäre dem Geschehen auch keine Aussage zur Frömmigkeitsgeschichte abzugewinnen. Wolfgang Brückner mahnt jedoch: „Frömmigkeitsforschung muß ... immer vor Ort ansetzen, die Leute befragen und einbeziehen, die überschaubaren Horizonte des Lokalen und Regionalen abschreiten, um die ... Gebrauchs- und Bedeutungszusammenhänge aufzuspüren".[91] Uns hat die Befragung vor Ort gezeigt, dass die religiöse Dimension des Projektes, sei es als Chance, sei es als Bedrohung, von den Beteiligten durchaus gesehen wurde.

91 Wolfgang Brückner, Kulturprägung durch Konfession. Evangelisches Volksleben in Franken und seine Erforschung, S. 476, in: Wolfgang Brückner, Frömmigkeit und Konfession. Verstehensprobleme, Denkformen, Lebenspraxis (= Veröffentlichungen zur Volkskunde und Kulturgeschichte Bd. 86), Würzburg 2000, S. 469–496.

Auffallend ist freilich der Unterschied im Umgang mit Glaubensinhalten und religiösen Symbolen, wenn man die externen Initiatoren und die überwiegend von ihrem ländlich-protestantischen Milieu geprägten Akteure vor Ort vergleicht. Bei dem Unternehmer Vossberg sind die völlige Indifferenz gegenüber konfessionellen Ausprägungen lokaler Religiosität und die Austauschbarkeit der entsprechenden Merkmale des Projekts bemerkenswert. Wallfahrten oder Reliquien erhalten Gewicht oder treten zurück, je nachdem, ob er seinen Plan im katholischen Südbayern und Schwaben oder im evangelischen Mittel- oder Oberfranken anbietet. Auch der Künstler Angerer, der seine Nähe zur katholischen Kirche anderwärts gern unterstreicht, gibt sich ökumenisch in Wassertrüdingen, wo nichts ohne die Evangelischen geht. Im Übrigen vertritt er ein „kosmisches" Christusbild, das weder katholisch noch evangelisch ist, und will einen Kultraum bauen, der kaum noch Bezüge zu christlichen Gottesdiensten hat.

Die Anfangserfolge, die beide Initiatoren mindestens in Wassertrüdingen, aber in gewissem Maße auch im katholischen Kaufbeuren hatten, zeigen, dass die Relativierung des Konfessionellen und die Akzeptanz von synkretistischen Show-Elementen auch relativ intakte kirchliche Milieus erreicht haben. Zu Recht haben wohl die Verantwortlichen der Kirchen letztlich erkannt, dass hier religiöse Symbole und Handlungen entweder entwertet und ihrer Bedeutung entkleidet oder doch jedenfalls der kirchlichen Deutungshoheit entzogen werden, wenn Kommunalpolitiker und externe Investoren ein solches Projekt in eigener Regie auf die Beine stellen.

Das Scheitern des Projekts ist deshalb nicht nur als ein Erfolg der Landschaftsschützer und ein Sieg der ökonomischen Vernunft – angesichts der Windigkeit des Investitionskonzepts – zu sehen, es kann auch als Zeichen verstanden werden, dass die Einebnung konfessioneller Unterschiede, die Beliebigkeit im Umgang mit religiösen Symbolen, der Verlust an Milieu- und Kirchenbindung noch nicht in dem Maße fortgeschritten ist. Man hat – so sieht es Dekan Rummel – der Versuchung widerstanden. Eine Welt traditioneller, ernsthafter Religiosität hätte sich demnach noch einmal gegen wirtschaftliche Interessen verbunden mit Originalitäts- und Rekordsucht durchgesetzt.

Ein langer Weg: Von Walldürn nach Franken

Rainer Alsheimer

Zur Thematik

Als einer der Frankfurter Schüler Wolfgang Brückners habe ich darüber nachgedacht, welche Thematik für eine Laudatio passend sein könnte. Mir ist recht schnell klar geworden, dass für mich als einem der älteren Beiträger ein „früheres“ Thema angemessen sein könnte. Der Begriff *früheres Thema* bedeutet nicht, dass es sich um abgelegte oder vergessene Gedanken handeln würde – wobei mir solche verlorenen Gedankenprozesse Wolfgang Brückners auch nicht einfallen wollen. Dagegen stellten sich bei mir Assoziationen zu wissenschaftlichen Prozessen ein, die Brückner über sein gesamtes Forscherleben beschäftigten. Als Exemplifizierungsmöglichkeit für die von Brückner häufig verwendete Metapher von der „Volkskunde als historische Kulturwissenschaft“[1] oder als „Sozialgeschichte regionaler Kultur“[2] bot es sich an, die geistige Auseinandersetzung mit einem kulturellen Komplex zu versuchen, bei dessen Behandlung Brückner sowohl Volkskultur als auch Region und Frömmigkeit in Geschichte und Gegenwart in immer neue Zusammenhänge brachte: Walldürn.

Die Dissertation

Im Jahre 1956 legte Wolfgang Brückner der Philosophischen Fakultät in Frankfurt am Main seine Dissertation über Walldürn-Wallfahrten vor, die er unter Betreuung von Mathilde Hain im Fach Deutsche Volkskunde erarbeitet hatte. Die Druckfassung erschien zwei Jahre später unter dem Titel: „Die Verehrung des Heiligen Blutes in Walldürn. Volkskundlich-soziologische Untersuchungen zum Strukturwandel barocken Wallfahrtens“.[3] Einer seiner Gutachter war der berühmte Remigrant Max Horckheimer. Doch nicht Horckheimers Begutachtung hat bewirkt, dass im Untertitel der Doktorschrift die Formel „volkskundlich-soziologische Untersuchungen“ auftaucht, wie es kürzlich einer der jüngeren Emeriti der Empirischen Kulturwissenschaft aus Tübingen in einem Gespräch mit mir vermutete. Und ebenso wenig haben Theodor W. Adornos besondere Beziehungen zu Walldürn bzw. Amorbach[4] den Untertitel verursacht.

1 So der Obertitel seiner „Gesammelten Schriften“, die als Bde. 77–88,3 in der Reihe „Veröffentlichungen zur Volkskunde und Kulturgeschichte“ in den Jahren 2000–2009 erschienen sind.

2 Wolfgang Brückner, Volkskunde als Sozialgeschichte regionaler Kultur, in: Wolfgang Lipp (Hg.), Industriegesellschaft und Regionalkultur. Untersuchungen für Europa, München 1984, S. 71–88. – Vgl. die von Ulrike Klotz und Brigitte Fidler bearbeitete Skizze einer Autobiografie und einer Biografie Brückners, die kurz vor dessen 60. Geburtstag erschien: Wolfgang Brückner, Sozialgeschichte regionaler Kultur. Lebenslaufnotizen – Positionsbestimmungen – Biographie (Veröffentlichungen zur Volkskunde und Kulturgeschichte, 42), Würzburg 1990.

3 Wolfgang Brückner, Die Verehrung des Heiligen Blutes in Walldürn. Volkskundlich-soziologische Untersuchungen zum Strukturwandel barocken Wallfahrtens (Veröffentlichungen des Geschichts- und Kunstvereins Aschaffenburg, 3), Aschaffenburg 1958.

4 Heute umwirbt Amorbach Erholung suchende Touristen mit seiner staatlichen Anerkennung als Luftkurort und seinen zahlreichen barocken Bauwerken. Auch Theodor W. Adorno, der regelmäßig als Stammgast in

Der Untertitel „volkskundlich-soziologische Untersuchungen“ dokumentiert ein Stück Fachgeschichte der Volkskunde in Deutschland vor und nach 1945. Als Schüler von Mathilde Hain gehörte Brückner zum Umkreis der „Schwietering-Schule“, benannt nach dem Germanisten Julius Schwietering, der seit den späten 1920er Jahren eine eigene „Methode“ für das entstehende Universitätsfach „Deutsche“ Volkskunde vorschlug.[5] Die beiden bedeutendsten Vertreterinnen der auch mit der Bezeichnung „Funktionalismus“ bedachten volkskundlichen Vorgehensweise waren die aus dem Münsterland stammende Martha Bringemeier und die Südhessin Mathilde Hain, über deren akademische Karrieren Heidrun Alzheimer vor einiger Zeit berichtet hat.[6]

Bringemeier und Hain veröffentlichten jeweils einen Methodenaufsatz in einem volkskundlichen Handbuch. Bringemeier schrieb ihn im Jahre 1934 für Peßlers „Handbuch der Deutschen Volkskunde“[7]. Zu dieser Zeit gab es offenbar nur zwei volkskundliche Methoden, zum einen die „geographische“, die vom niedersächsischen Sachsenhaus-Theoretiker Wilhelm Peßler mit Hilfe von „Tafeln“ über Hausformen, Sprachinseln, Totenbretter und Gesindetermine interpretiert wurde. Daneben wurde von Peßler in seinem „Handbuch“ die von Bringemeier vertretene „soziologische“ Methode zugelassen, die auf einigen seit 1927 veröffentlichten programmatischen Aufsätzen Schwieterings fußte.[8] Im Geiste der Zeit wird von Bringemeier „[bäuerliches] Volksgut mit solchen Gemeinschaftsformen [„wo also die Menschen vom Erdreich wie vom Überweltlichen her zusammengeschlossen sind“] wesenhaft verbunden“.[9] Soziologische Feldforschung „setzt eine lang andauernde, die innersten Schwingungen erfassende Beobachtung voraus, zu der nur völliges Vertrautsein mit der Gruppe befähigt.“[10] – Mathilde Hain veröffentlichte 1962 in der zweiten Auflage der „Deutschen Philologie im Aufriss“ unter dem Titel „Die Volkskunde und ihre Methoden“ einen weitaus umfangreicheren Methoden-Text.[11] Er wurde in Frankfurt am Main in der volkskundlichen Lehre als Teil der „Einführung in die Deutsche Volkskunde“ im Grundstudium eingesetzt. Hain plädierte, nachdem sie die „historische und philologische Methode“, die „geographische Methode“, die „psychologische Methode“ und schließlich die von ihr vertretene „soziologisch-funktionalistische Methode“[12] vorgestellt hatte, fast postmodern argumentierend, für Methodenvielfalt: „In den wissenschaftlichen Arbeiten der heutigen Volkskunde wirken alle

Amorbach weilte, trägt zum Bekanntheitsgrad bei. Nach seinem Tode wurde in einem Hotel ein Adornozimmer eingerichtet. – Wolfgang Brückner assoziierte im Bezug auf sein Verhältnis zu Adorno: „Ich war ... ihm [Adorno] nicht nur aus Studientagen bekannt, sondern durch meine Dissertation über Walldürn; denn er verband damit seine Erinnerungen an Amorbach; man ist versucht zu sagen, an entsprechende Andachtsbildchen.“ Aus: Andachtsbildchen 1969, Berlin 1989.

5 Hierzu konnte ich per Internet eine „Studienarbeit“ des Seminars für Europäische Ethnologie/Volkskunde der Universität Kiel erwerben: Matthias Bunzel, Julius Schwietering. Eine Analyse der Schwieteringschen Auffassungen, Sommersemester 2003, 18 S.

6 Heidrun Alzheimer, Frauen in der Volkskunde, in: Volkskultur – Geschichte – Region. Wie Anm. 4, S. 257–285. Zu Bringemeier und Hain: S. 262–269.

7 Martha Bringemeier, Die soziologische Methode in der deutschen Volkskunde, in: Handbuch der Deutschen Volkskunde, hg. v. Wilhelm Peßler, Potsdam 1934, S. 20–24.

8 Julius Schwietering, Wesen und Aufgabe der deutschen Volkskunde (1927); Das Volkslied als Gemeinschaftslied (1929); Vom zeichenhaften Sinn der Volkskunst (1933); Die sozialpolitische Aufgabe der deutschen Volkskunde (1933).

9 Bringemeier 1934, S. 20.

10 Bringemeier 1934, S. 23.

11 Mathilde Hain, Die Volkskunde und ihre Methoden, in: Deutsche Philologie im Aufriss. 2. Aufl., hg. v. Wolfgang Stammler. Bd. 3. Berlin 1962. Sp. 2547–2570.

12 Als Theoretiker der Definitionen zu „Gemeinschaft“ treten bei Mathilde Hain neben Schwietering der Urvater der Deutschen Volkskunde und Kameralist Wilhelm Heinrich Riehl und der selbst zu seiner Zeit als konservativ geltende und wie Bringemeier und Hain aus einer Bauernfamilie stammende Soziologe Ferdinand Tönnies auf (Gesellschaft und Gemeinschaft. 1887 [1912]). Als Vorbild für die Feldforschung als „Miterleben, ‚participant observation‘ in einem überschaubaren Lebenskreis“ (Hain wie Anm. 11, Sp. 2566) und als „Funktionalist“ diente der polnisch-amerikanische Ethnologe Bronislaw Malinowski.

Methoden zusammen ... Besser als in den theoretischen Erörterungen stellen sich während der Forschungsarbeit Leistungsfähigkeit und Rangordnung der einzelnen Methoden heraus."[13]

Wolfgang Brückner trat in seiner Dissertation durch den Untertitel „volkskundlich-soziologische Untersuchungen" zwar als Vertreter der Schwietering-Schule auf, differenzierte sich aber zugleich von einer eindeutigen Zuweisung seiner Arbeit in diese Richtung, indem er eigentlich nur im Vorwort darauf Bezug nimmt und in der Zusammenfassung keinesfalls die durch „soziologisch-funktionalistisches" Vorgehen gewonnenen Ergebnisse fokussiert.[14] Die Arbeit ist in zwei inhaltlich gleichgewichtige Hauptkapitel gegliedert, nämlich in die historisch-geographische Abhandlung „Der Kult des Heiligen Blutes" (S. 21–134) und in die geographisch-soziologische Feldbeschreibung „Die Prozessionen zum Heiligen Blut" (S. 135–259). Hauptkapitel 1 umfasst: „Ursprung des Kultes und Wallfahrtsbeginn", „Kultausbreitung und Wallfahrtsort", „Analyse des Kultes". Das zweite Hauptkapitel beginnt mit einer eigenen Einleitung und untergliedert danach in „Geographische Ausbreitung und historische Formen", „Bildung und Struktur der Prozessionen", Ablauf der Prozessionen, Andacht und Brauchtum der Prozessionen". Die „Ergebnisse", die aus beiden Hauptkapiteln sind auf wenigen Seiten zusammengefasst (S. 263–266). Mathilde Hain hat Brückners Dissertation der „Kultgeographie" und damit der „geographischen" und nicht der „soziologisch-funktionalistischen" Methode zugeordnet: „Auch die aufblühende Wallfahrtsforschung ist kultgeographisch orientiert und gelangt auf diese Weise zu gesicherten Ergebnissen über Einzugsbereich und Pilgerwege eines Wallfahrtsortes (man vergl. W. Brückner, Die Verehrung des Heiligen Blutes in Walldürn. 1958)".[15]

Als ich Brückner anfangs der 1960er Jahre in Frankfurt kennenlernte, sprach er häufig in kleinem Kreise über Erlebnisse und Beobachtungen seiner Teilnahme an den Walldürn-Wallfahrten. In Erinnerung geblieben ist mir bis heute die Schilderung der Köln-Prozession und daraus die Beschreibung des blinden Wallfahrers Karl Wiegand. Brückner hat Wiegands Foto als Wanderer mit Pilgerstab in sein Buch aufgenommen und über ihn eine Passage geschrieben, die ohne Zweifel auch in heutigen ethnologischen Texten als biographische Skizze einen hervorragenden Platz einnehmen könnte:

> „Den stillen Pilger, der einem letzten Ziel zustrebt und sein Leben unter dem Bilde des Weges nicht nur zu betrachten, sondern zu betrachten sucht, haben die Kölner seit vielen Jahren unter sich. Karl Wiegand, der blinde Mann, wie er überall heißt, ist schon zu Lebzeiten eine legendäre Gestalt geworden. Die Wallfahrer nennen ihn bei seinem Vornamen und rücken ihn damit für Außenstehende einwenig in den Nimbus des blinden Mannes. Er verlor sein Augenlicht als junger Mann im ersten Weltkrieg und wohnt heute in Neumühlen bei Ansbach. Von da aus hat er alle großen Wallfahrtsorte in Deutschland zu Fuß besucht. Wenn er einen Begleiter findet, der ihn führt, braucht er nur noch seinen kleinen Rucksack und den mit einer geschnitzten Mutter Gottes gezierten Wanderstab. Nicht selten sind Backpflaumen und trockenes Brot sein einziger Proviant; freitags fastet er ohnehin. 1956 ist er zum 25. Male in Walldürn gewesen. Auf der Wall-

13 Ebd., Sp. 2568–2569.

14 Brückner (wie Anm. 3), S. 11f.: „Sieht man im Gemeinschaftscharakter einer Gruppe den Maßstab für ihre volkskundliche Bedeutsamkeit, so ergeben sich daraus methodische Forderungen, wie sie bereits für andere Gebiete volkskundlicher Forschung durch die grundlegenden Arbeiten von Julius Schwietering fruchtbar gemacht worden sind." [Dazu eine etwas lustlose Fußnote von Brückner: Literatur zu Schwietering bei Mathilde Hain]. ... „Hierbei bleibt die historische Betrachtung unerlässlich." [Emphatische Fußnote von Brückner]: „Dazu methodisch das Beste nach dem Kriege bei Hans Moser ... Er bringt keine neuen Theorien, sondern eine nüchterne Besinnung und fordert ‚eine exakte Geschichtsschreibung der Volkskultur' mit Unterstützung archivalischer Quellen."

15 Hain (wie Anm. 11), Sp. 2557.

dürn-Prozession hat er seine Frau kennen gelernt; mit ihr zusammen und einem weiteren Pilger haben sie zu dritt 1945 die Kontinuität der Kölner Prozession durch ihren schwierigen Marsch nach Walldürn gesichert.
Karl ist groß und hager, trägt kurz geschorenes grau-schwarzes Haar und einen ebenso kurz geschnittenen Bart. Er geht am Ende der Prozession, in sich gekehrt, wortkarg, vor allem mit Bewunderung und heimlicher Scheu angesehen und mit Achtung respektiert. Er mischt sich selten unter die fröhlichen Plauderer in den Gebetspausen; er nimmt nie das Auto in Anspruch und marschiert selbst durch Frankfurt, während die anderen schon in Bieber essen und sich ausruhen; er bedarf außer einem Führer keiner Unterstützung noch sonstiger Hilfe. Überall unterwegs und in Walldürn ist er zu einem Begriff für die Kölner Prozession geworden. Schon in den 1930er Jahren verzeichnen die Jahresberichte in der Chronik: Der Blinde ist wieder dabei. Er ist alt und jung bekannt. Eine der ersten Fragen von Leuten, die Durch- oder Einzug der Kölner Prozession nicht miterleben konnten, lautet: War der blinde Mann wieder dabei? Die Kinder in den vordersten Reihen der Straßen entdecken ihn zuerst am Ende des Zuges. Wie ein Lauffeuer geht es von Mund zu Mund: Da kommt er, da kommt er!, um in ehrfurchtsvollen Staunen zu verstummen. Die Wallfahrer erzählen sich viele Geschichten von Karl, die seine Frömmigkeit und Bußgesinnung zeigen, wegen der Schlechtigkeit der Welt, wie er sich selbst ausdrückt. Er betet oft stundenlang in der Kirche und soll deshalb vom Teufel durch polternde Geister verfolgt werden. Am eindringlichsten charakterisiert seine Gestalt folgende Geschichte: Karl wohnt nicht weit vom Wald entfernt, in dem sich eine kleine Kapelle befindet, wohin er öfters beten geht. Als sein Sohn geboren wurde, der Priester werden soll, machte er sich mitten in der Nacht auf zur Waldkapelle und läutete Gott zum Dank die kleine Glocke."[16]

Diese subjektive und auch emotionale Beschreibung eines Wallfahrers wurde von Wolfgang Brückner in keinen größeren kontextuellen Zusammenhang des Walldürn-Themas gesetzt.[17] Vermutlich ist die Schilderung des Karl Wiegand als Fazit eines positiven Erlebnisses des Forschers „im Feld" zu deuten, dessen Einordnung in die Auswertungen angesichts der eigenen Vollkommenheit der Narration nicht erforderlich zu sein schien.

Brückner als wissenschaftlicher Dokumentar

Einen Gegensatz zu dieser runden und simplen Biographie-Geschichte über Karl Wiegand stellt der „Anhang" des Walldürnbuches dar. Nach drei archivarischen Texten[18] finden sich auf mehreren Seiten die „Ortslisten zu den Karten". Die Karten, auf die Bezug genommen wird, findet der Leser erst mehrere Seiten weiter hinten, wenn er das Quellen- und Literaturverzeichnis, den Bildernachweis, die Abkürzungen und Siglen sowie die verschiedenen Registerformen überblättert hat. Die von Brückner entworfenen Karten (von Abb.1: „Kirchensprengel im hinteren Odenwald" bis Abb. 12: „Prozessionsorte seit dem 18. Jahrhundert") sind gut benutzbare Instrumente im Sinne der von Mathilde Hain so bezeichneten „Kultgeographie". An sie schließen sich die Fotos der Abb. 13 bis Abb. 92/93 an, die im Zusammenhang mit dem laufenden Text zu lesen sind. Gemeinsam mit den drei Registerformen – Personalnamen, Ortsnamen und geographische Namen und Sachregister – bildet der Anhang der Dissertation eine

16 Brückner 1958, S. 262.
17 Die Überschrift des Abschnitts über Karl Wiegand lautet: „Das Heilige Blut im Leben der Walldürn-Wallfahrer".
18 Zwei Prozessions- bzw. Wallfahrtsordnungen (1775 und 1912/13) und der Empfangsverordnung eines fränkischen Pfarrverwesers von 1864.

Grundform des Brückner'schen wissenschaftlichen Arbeitens und Dokumentierens ab. Das einstufige Verzeichnis der Personennamen fasst zusammen, was man unter Personen verstehen kann.[19] Das Hauptregister heißt „Ortsnamen und geographische Namen" und ist bis zu fünffach gestuft.[20] Das Sachregister ist mit gut vier Seiten recht klein wenn wir es mit denen in späteren Buchveröffentlichungen Brückners vergleichen.[21]

Der in den Formalien der Dissertation erkennbare Dokumentationsstil Wolfgang Brückners hat mich seit meiner Studienzeit beeindruckt. Ich erlebte mit, wie es ihm gelang wissenschaftliche Dokumentationsvorhaben zu entwickeln, dafür Mittel einzuwerben und sie zu guten Abschlüssen zu bringen: „Populärer Wandschmuck und Kunstpopularisierung";[22] die Edition des „Frankfurter Wörterbuchs",[23] für dessen systematisches Register ich mir als erster Bearbeiter ein Sachgruppenverzeichnis ausgedacht hatte, das nie Realität wurde; den mit den Wallfahrt-Forschungen korrespondierenden „Pilgerzeichenkatalog"[24] – um nur die „Frankfurter Vorhaben" zu nennen. Brückners Vorbild als dokumentierender Kulturwissenschaftler regte mich an, im Jahre 1971 das von ihm geleitete Volkskunde-Institut zu verlassen, um am Max-Planck-Institut „Zentralstelle für Maschinelle Dokumentation" in Frankfurt am Main für zweieinhalb Jahre eine nachuniversitäre Ausbildung zum Informationswissenschaftler zu absolvieren und dabei dokumentarisch-bibliothekarische Grundkenntnisse zu erwerben.

Kollegen und Freunde

Die Beschreibung der Dissertation Brückners soll mit der Durchsicht des Vorwortes abgeschlossen werden. Auch in diesem üblicherweise in großem Maße formalisierten Teil einer deutschen akademischen Qualifikationsarbeit lassen sich Eigentümlichkeiten der wissenschaftlichen Kommunikation Wolfgang Brückners erkennen. Gemeint ist damit der Umgang mit Kollegen und Freunden. Die in Dissertationen und Habilitationen üblichen kurzen Erwähnungen über inhaltliche Diskussionen oder von erhaltener Hilfe und Unterstützung bei der Entstehung des Werkes werden von Brückner nicht als einfache Dankesformeln verwendet. Bei ihm enthalten sie anerkennende Verarbeitungen der thematischen Positionen und persönliche Wertschätzungen. Die im Vorwort genannten Personen haben Wolfgang Brückner über Jahre hin, oft ihr Leben lang, bei seinen Forschungen begleitet. Mit Hilfe des Registers zu

19 Z.B. Konrad Adenauer, Barbara, hl., Caesarius von Heisterbach; Bernward Deneke, Samson, Urban, hl., Urban IV, usw. bis Zwiegel und Krüzer [eine Frankfurter Kaufmannfirma des 19. Jahrhunderts]. Dort haben wir auch Karl Wiegand gefunden.

20 Beispiel 1: Köln – Wallfahrten – Walldürnwallfahrt – Blutsbrüderschaft bzw. Prozession. Beispiel 2: Walldürn – Personen – Pfarrer – s. Riwinus (1248) bis Dorbath, Franz (1912–38) [ingesamt 27 nach Lebensdaten geordnete Namen, die im alphabetischen Verzeichnis der Personennamen neu geordnet aufgefunden werden müssen, um im Text einen Fund zu erzielen].

21 Brückners Habilitationsschrift: Bildnis und Brauch. Studien zur Bildfunktion der Effigies, Berlin 1966 besaß insgesamt 20 Seiten Register der Personennamen, der Orte und der Sachen. Das Gesamtregister zu den „Gesammelten Schriften" findet sich im Band XII,2 auf den Seiten 183 bis 412 und enthält Ortsregister, Namens- und Personenregister, Sachregister.

22 Frankfurt am Main. Laufzeit: 1968–1973. Die durch die Fritz-Thyssen-Stiftung im Rahmen ihres Forschungsprogramms zum 19. Jahrhundert erstellte Bilddokumentation setzte sich aus folgenden Vorhaben zusammen: Illustrationen der Gartenlaube, Lagerbestände der Firma KAMAG/Fürth, Sammelaktionen im Rahmen einer Ausstellung, Motivpostkarten-Sammlung H. Thiede.

23 Frankfurt am Main 1968/1971–1988. Vorbereitungsphase und Edition des „Frankfurter Wörterbuchs". Gefördert von verschiedenen Frankfurter Kultur- und Fördervereinen und abschließend durch den Frankfurter Oberbürgermeister.

24 Frankfurt am Main/Würzburg 1980–1984. Projekt der Deutschen Forschungsgemeinschaft zur Erfassung aller mittelalterlichen Funde und Belege überall aus Europa aufgrund der Vorarbeiten von Kurt Köster, Frankfurt.

Brückners „Gesammelten Schriften“ ließ sich eine Zählung der Erwähnungen in seinem Gesamtwerk herstellen, die ich den Namen in runden Klammern beifüge: Neben Mathilde Hain (34) und Julius Schwietering (41) treten im Vorwort der Dissertation u. a. auf: Werner Braun (5), Hans Dünninger (47), Josef Dünninger (65), Karl-Sigismund Kramer (40), Rudolf Kriss und Slg. Kriss (79), Lenz Kriss-Rettenbeck (64), Hans Moser (46), Josef Maria Ritz (25), Leopold Schmid (80), Georg Schreiber (38) und Matthias Zender (25).

Weitere Walldürnforschungen

Nicht im Vorwort der Dissertation erwähnt wurde der früh verstorbene Kollege Peter Assion, der zur Zeit der Walldürn-Recherchen Wolfgang Brückners als frisch geprüfter Abiturient und freier Journalist mit besonderem Interesse an ortsgeschichtlichen Themen im Untersuchungsort lebte und arbeitete. Brückner hat ihn später als einen Popularisator seiner Walldürn-Forschungen bezeichnet und sich an dessen Interesse an den Archivarbeiten vor Ort erinnert:

> „Peter Assion trug damals [1961] das dicke Buch meiner Dissertation stets bei sich, um bei mir genauer zu erkunden, wo welche Akten in den umliegenden Archiven wirklich zu finden waren und ob man den Stadtpfarrer nicht zu systematischer Aufstellung und Zugangsmöglichkeit bewegen könne. So ist damals ganz natürlich die Popularisierung meiner Studien in seine Hände übergegangen, und später sind aus diesem Hineinwachsen in die Materie eigene und weiterführende Arbeiten seinerseits entstanden.“[25]

Gerne gestehen wir Brückner zu, mit diesem Hinweis unbewusst darauf hinzuwirken, seine eigenen „populären“ Auswertungen der Walldürn-Forschungen in den Hintergrund zu stellen. Hatte er doch seit 1963 bei dem kunsthistorisch ambitionierten Verlag Schnell und Steiner zwei Titel veröffentlicht, die teilweise heute noch in dessen Reihe der Kunstführer erscheinen: „Walldürn“ (Kunstführer Nr. 774)[26] und „Wallfahrt und Kirche Walldürn. Augustiner-Kloster Walldürn“[27]. Davor (1961–62) waren schon drei „Neue Beiträge zur Walldürner Wallfahrt“ in der Zeitschrift des Breuberg-Bundes, „Der Odenwald“ [28] gedruckt worden. Mit dem 1964 erschienen Artikel über den Erbauer des Hauses „Güldener Engel“ in Walldürn betrieb Brückner moderne Hausforschung im Sinne des Heimatmuseums Walldürn.[29] Ausgehend von Recherchen in einer Kunstblumenfabrik in Walldürn hatte Brückner für die Festschrift für den Münsteraner Volkskundler Bruno Schier, die 1967 erschien, einen Artikel über die europäische Konkurrenz zwischen Kunstblumenfirmen geliefert.[30] Eine erweiterte Fassung des ersten Textes der „Neuen Beiträge“ über den Blutaltar in Walldürn erschien 1971 in einer von Peter Assion herausgegebenen regionalen Festschrift. In dieser Abhandlung wurde die damalige Anordnung der gemalten Bilder des Blutaltars in Frage gestellt. Nach dem Abdruck des Artikels in den

25 Wolfgang Brückner, Peter Assion 1941–1994, in: Bayer. Bll. f. Volkskunde 21 (1994), S. 95ff.

26 Bibliographisch nachgewiesen 1. Aufl. 1963 bis 8. neubearbeitete Aufl. 2002.

27 Bibliographisch nachgewiesen: 1. Aufl. 1963 bis 5. Aufl. 1981. Weitere Aufl. o. J.

28 1. Ein Bildzeugnis zum Blutaltar. 2. Zeugnisse zum Totenpatronat des heiligen Blutes. 3. Literarische Zeugnisse, in: Der Odenwald 8 (1961) S. 67–73 mit 1 Abb.; S. 115–119 mit 4 Abb.; 9 (1962) S. 27–32 mit 7 Abb.

29 Wolfgang Brückner, Der Erbauer des Güldenen Engels in Walldürn, in: Das Haus zum Güldenen Engel (Walldürner Museumsschriften, Walldürn 1964/65), S. 27–48, mit 8 Abb.

30 Gerhard Heilfurth/Hinrich Siuts (Hgg.), Europäische Kulturverflechtungen im Bereich der volkstümlichen Überlieferung. FS Bruno Schier zum 65. Geburtstag. Göttingen 1967, S. 229–239.

„Gesammelten Schriften" findet sich der Hinweis: „nach dem Erscheinen dieser Untersuchungen hat der Augustiner-Prior und Pfarrer von Walldürn die Flügel in die richtige Reihenfolge ummontieren lassen."[31] 1992 kam Brückner in einem grundsätzlichen Vortrag über den „Blumenstrauß als Realie" auf „Pyramidensträuße" zurück, die er anhand einer Odenwälder Kirchenrechnung aus dem Jahre 1862/63 identifizieren konnte.[32] Eine weitere „Walldürnensie" findet in Brückners Auseinandersetzungen mit dem deutschen Denkmalwesen und speziell mit Kriegerdenkmälern ihren Platz: das von dem Mainzer Episkopat um 1800 zur Aufstellung in Walldürn geplante „ Monument für die im Krieg gebliebenen Mainzer Untertanen".[33]

Das Thema Walldürn und Wallfahren hat Brückner bis heute weiter beschäftigt, wobei die Vermutung wahrscheinlich ist, dass die während der Arbeit an der Dissertation erstellte persönliche Dokumentation über Walldürn zum einen als Ausgangspunkt neuer Pointierungen diente, zum anderen aber auch während der Konzeption der Folgeveröffentlichungen mit neuen archivarischen Quellen und sonstigen Hinweisen ergänzt und arrondiert wurden. Allein die Sammlung Hofmann, deren Auswertung betreffend Baden-Württemberg 1982 vorgelegt wurde, enthält 101 Belege für Wallfahrtsbildchen aus Walldürn.[34] Immer wieder beschäftigte sich Brückner mit den frühen Tradierungen des „Herrenwunders": Eine grundsätzliche Überarbeitung erfuhr der Mirakelvergleich Walldürn – Messe von Bolsena – Corporale von Orvieto, der in der Dissertation von 1958 überwiegend anhand von Vermutungen dargestellt wurde. Nach Besuchen von Bolsena bei Orvieto in den Jahren 1983 und 1994 und anhand neuer vor allem italienischer Publikationen konnte Brückner die engen Zusammenhänge zwischen den Blutwunder-Orten Walldürn, dem durch die Reformation geschlossenen märkischen Wallfahrtsort Wilsnack[35] und dem italienischen Bolsena[36] neu definieren.[37] Auch die Beschreibung der Beziehungen des „Volkspredigers" Martin von Cochem als nachreformatorischem Geistlicher im Umkreis der Mainzer Bischöfe in der „Allgemeinen deutschen Biographie" und als Autor des Buches „Leben Christi", von Legendensammlungen und Gebets- und Gesangsliteratur und mit Bezügen zum Blutmirakel Walldürn, wurde von Brückner oft neu und weiterführend behandelt.[38]

---

31 Wolfgang Brückner, Zum Walldürner Blutaltar und seinen Meistern, 1616–1684, in: Assion, Peter (Hg.), Ländliche Kulturformen im deutschen Südwesten. FS für Heiner Heimberger, Stuttgart 1971, S. 261–283 mit 15 Abb. Zitat in: Gesammelte Werke IX, S. 458.

32 Wolfgang Brückner, Der Blumenstrauß als Realie, in: Zwanzig Jahre Institut für Realienkunde des Mittelalters und der freuen Neuzeit der Österreichischen Akademie der Wissenschaften, Krems 1992, S. 19–16 mit 20 Abb.

33 Wolfgang Brückner, Bild und Gebet. Vom Soldatenvotiv zum Kriegerdenkmal, in: Volkskunst 7 (1984), S. 15–23, mit 13 Abb. – Ders., Zugänge zum Denkmalswesen des 19. Jahrhunderts. Kollektive Trägerschaften und populäre Formen des Gedenkens, in: Ekkehard Mai/Gisela Schmirber (Hgg.), Denkmal – Zeichen – Monument. Skulptur und öffentlicher Raum heute, München 1989, S. 13–18.

34 Beate Plück, Die baden-württembergischen Wallfahrtsbilder der Sammlung Hofmann. Abbildungen und Katalog, in: Wolfgang Brückner (Hg.), Wallfahrt – Pilgerzeichen – Andachtsbild, Würzburg 1982, S. 47–148.

35 Hartmann Boockmann, Der Streit um das Wilsnacker Blut. Zu Situation des deutschen Klerus in der Mitte des 15. Jahrhunderts, in: Zs. f. hist. Forschung 9 (1982), S. 385–308.

36 Marcello Moscini, Il miracolo di Bolsena. Eventi i tradizioni, Bolsena 1987. – Roberto Donati, Orvieto e il Duomo, Narni/Terni 1981.

37 Wolfgang Brückner, Liturgie und Legende. Zur theologischen Theorienbildung und zum historischen Verständnis von Eucharistie-Mirakeln, in: JbfVk NF 19 (1996), S. 139–168. Vorstufe des Artikels unter dem Titel „Die Messe von Bolsena und Walldürn", in: Peter Assion (Hg.), 1200 Jahre Walldürn, Walldürn 1995, S. 275–288.

38 Zu Martin von Cochem: Wolfgang Brückner, Die Verehrung des Heiligen Blutes in Walldürn. 1958, S. 110–111, passim. – Ders., Erzählende Kurzprosa des geistlichen Barock. Aufriss eines Forschungsprojektes am Beispiel der Marienliteratur des 16. bis 18. Jahrhundert, in: Österr. Zs. f. Volkskunde (1983), S. 101–148. Zu Martin von Cochem: passim. – Ders. Martins von Cochem „Außerlesenes History-Buch" und seine Vorbilder, in: Fabula. Zs. f. Erzählforschung 33 (1992), S. 193–205. – Ders., Konfessionsfrömmigkeit zwischen Trienter Konzil und kirchlicher Aufklärung [in Unterfranken], in: Peter Kolb/Ernst Günther Krenig (Hgg.), Unterfränkische Geschichte. Bd. 4/2, Würzburg 1999, S. 161–225. Zu Martin von Cochem: S. 168–271. – Ders., Die Legendensammlungen des Martin von Cochem.

Fachwissenschaftlich formuliert: das Walldürn-Korpus, auf das Wolfgang Brückner zurückgreifen kann, wurde seit den 1950er Jahren bis heute ergänzt und erweitert. Die Verwendung des Korpus lässt sich etwa auch an dem Artikel „Ethnographische Parallelen" aus dem Jahre 2001 nachvollziehen, der vorab in den „Gesammelten Schriften" abgedruckt wurde und erst danach in der dafür vorgesehenen Zeitschrift „Jahrbuch für Volkskunde". [39] Auf den Text war ich gestoßen, weil er gemäß Register der „Gesammelten Schriften" Hinweise über die Devotionalienindustrie in Walldürn enthielt. Diese Hinweise waren jedoch für den Artikel nur periphere Argumentationsstützen, denn es ging beispielsweise um grundsätzliche Aussagen zum Votivwesen, auf die Brückner schon 1963 mit einem Artikel und mit einer Literaturdokumentation reagiert hatte.[40] Weiterhin ging es aber, worauf der Titel hinweist, um religionswissenschaftliche Forschungsansätze innerhalb der volkskundlichen Realienforschung und ethnologische Interpretationen der Begriffe Volk und Frömmigkeit. Einfacher lassen sich in einen grundsätzlichen Artikel Wolfgang Brückners über Wandschmuck im 19. Jahrhundert, in dem in das geplante Forschungsprojekt zur „Bilderfabrik" Eduard Gustav May eingeführt wird, die Verzahnung von trivialem Wandschmuck und „Blättern für Telgte und Walldürn" erklären[41], sowie bei der Reflektion über die Ausstellung „Die Bilderfabrik" die Erwähnung von May-Stücken im Fundus des Heimatmuseums Walldürn.[42] Sie sind Brückners Verständnis für Vollständigkeit beim wissenschaftlichen Arbeiten geschuldet.

Exkurs: Frankfurt als gemischte Region

Wolfgang Brückner hatte bis zu Beginn der 1970er Jahre als Volkskundler an der Johann Wolfgang Goethe-Universität zu Frankfurt am Main eine überregionale Reputation erworben. Dazu trugen Promotion (1956)[43] und Habilitation (1964)[44] bei, aber auch das in zwei Auflagen erschienene und ins Italienische und Französische übersetzte „freiwillige" Buch zur populären Druckgraphik Deutschlands[45] und – zwischen 1960 und 1970 – insgesamt sieben „größere Abhandlungen".[46] Die Leitung des Frankfurter Volkskunde-Instituts (1968 bis 1973) nutzte Brückner nicht nur zur Einwerbung von Drittmittelprojekten, sondern auch zu Organisation von stark diskutierten Ausstellungen[47] und Aufsehen erregenden Fachtagungen.[48] In Frank-

Narrative Popularisierung der katholischen Reform im Zeitalter des Barock, in: Simpliciana. Schriften der Grimmelshausen-Gesellschaft 21 (1999), S. 233–258.

39 „Ethnographische Parallelen". Beginn und Ausbreitung religionswissenschaftlicher Realienforschung, in: JbfVk NF 24 (2001), S. 27–44. Erstabdruck: Ges. Schr. V., S. 349–368.

40 Beginn der Fußnote 1 des Artikels „Ethnologische Parallelen": „Die Literatur zusammengetragen bei Wolfgang Brückner, Volkstümliche Denkstrukturen und hochgeschichtliches Weltbild im Votivwesen. Zur Forschungssituation und Theorie des bildlichen Opferkultes, in: Schweiz. Archiv f. Volkskunde 59 (1963), S. 186–203.

41 Trivialer Wandschmuck der zweiten Hälfte des 19. Jahrhunderts, aufgezeigt am Beispiel einer Bilderfabrik. Forschungsstand und Forschungsaufgabe, in: Anzeiger des Germanischen Nationalmuseums 1967, S. 117–132.

42 „Die Bilderfabrik" in der Diskussion. Hinweise zur Tagungsausstellung, in: Volkskunde im Museum. Wiss. Arbeitstagung der DGV in Frankfurt am Main 1973, S. 7–17.

43 Vgl. Anm. 3.

44 Vgl. Anm. 20.

45 Wolfgang Brückner, Populäre Druckgraphik Europas. Deutschland vom 15. bis zum 20. Jahrhundert, München 1969 (2. Aufl., verbessert und ergänzt 1975; Italienische Ausgabe: Mailand 1968; Französische Ausgabe: Genf 1969).

46 Die Titel sind aufgelistet in: Biographie und Gesamtregister zu den „Gesammelten Schriften", Würzburg 2004, S. 33.

47 Z. B. „Die Bilderfabrik", gemeinsam mit dem Frankfurter Historischen Museum. 16. März – 29. April 1973. Danach Wanderausstellung bis Ende April 1974: München, Münchner Stadtmuseum; Hamburg, Altonaer Museum; Bielefeld, Kunsthalle.

48 „Falkensteiner Tagung": „Volkskunde in Deutschland. Begriffe – Probleme – Tendenzen. Diskussion zur Standortbestimmung", Falkenstein im Taunus, 21.–26.

furt hatte Brückner sich wenig um Regionales wie Frankfurter Stadtgeschichte oder die Sozialgeschichte des umliegenden süd- bzw. oberhessische Gebiet gekümmert. Die bürgerliche und unterbürgerliche Frankfurter Mundart, die durch die Vermischung von historischen hessischen Dialektformen, durch Aufnahme von jüdischen idiomatischen Einsprengseln und entsprechend der großstädtischen Sprachverwendung des 19. und des 20. Jahrhunderts, den französischen, englischen und polnisch-russischen Wortschatz sprachlich weiter verarbeitete, wurde von Brückner als Erbstück des „germanistischen" Volkskunde-Instituts durch die Herausgabe des „Frankfurter Wörterbuches" als Projekt gefördert. Aber sein inhaltliches Engagement für den regionalen und gleichzeitig sprachlich transkulturellen „Dritten Raum", der sich in der Dokumentation des Wörterbuchs verbarg, blieb vorsichtig zurückhaltend.[49] Die wenigen empirischen Untersuchungen in Frankfurt und Südhessen, etwa die über „Vereinsleben und Folklorismus"[50], könnte heute dem Brücknerschen Verdikt betreffend „Europäischer Ethnologie" anheimfallen, das er kürzlich ausgesprochen hat:

> „Nachdem die einst für entsprechende Beobachtungen zuständig gewesene akademische Disziplin einer vergleichenden Volkskunde heute an den Universitäten meist „Europäische Ethnologie" genannt wird, die sich dann aber nur noch als gegenwartsempirische Anthropologie großstädtischer Globalphänomene versteht, scheint es mir doppelt wichtig, die historische Perspektive mit ständigem Blick auf unsere Gegenwart zu betonen."[51]

Der für mich eindrucksvollste Theorie-Aufsatz Brückners aus seiner Frankfurter Zeit, nämlich „Kontinuitätsproblem und Kulturbegriff in der Volkskunde",[52] fokussiert mit dem „Wallfahrtsplatz Amorsbrunn" zwar exemplarisch einen lokalen Kultort und seine Traditionen. Aber der Begriff „regional" findet dort noch keine Anwendung.

Fränkische Frömmigkeit und Walldürn

Der Ruf Brückners auf den Lehrstuhl für Deutsche Philologie und Volkskunde an der Universität Würzburg im Jahre 1973 bewirkte eine kontinuierliche Veränderung seiner wissenschaftlichen Interessen. Dies hing sicher auch damit zusammen, dass er seine nahe der Hauptwache im Zentrum der kulturell aufregenden Großstadt Frankfurts gelegene Wohnung „Im Trutz 46" aufgeben musste, um von nun an mit seiner Familie in der Mittel- und Universitätsstadt Würzburg zu leben. Seit den 1980er Jahren propagierte er für seine aktuellen Forschungen die

---

September 1970. – „Perspektiven musealer Sammel- und Darstellungspraxis. Geschichte und Problematik des „Volkskundlichen" in kulturhistorischen Museen", Frankfurt am Main, 4.–6. Mai 1973.

49 Im Nachhinein wirkt seine Platzierung des Frankfurter-Wörterbuch-Bearbeiters im „Herausgebergeleit" zur ersten Lieferung fast distanzierend. Denn das Korpus wird „einem Philologen" übereignet: „ Entscheidend war, dass wir in Rainer Alsheimer einen für die nächsten Jahre zur intensiven und verantwortungsvollen Mitarbeit fähigen und bereiten *Philologen* gefunden hatten. Gebürtiger Frankfurter, speziell *philologisch* ausgebildet und in der Volkskunde seit Semestern engagiert, war er für diese Aufgabe mit dem Abschluss seiner Magisterarbeit [Die psychologisch- erzieherische Absicht der Kindermärchen E. T. H. Hoffmanns (!)] schon vorbereitet." Frankfurter Wörterbuch. 1. Lieferung, Frankfurt am Main 1971, S. 2.

50 Wolfgang Brückner, Vereinsleben und Folklorismus. Eine Bestandsaufnahme, in: Hermann Bausinger (Hg.), Populus Revisus. Tübingen 1966, S. 77–99 mit 7 Karten.

51 Wolfgang Brückner, Frommes Franken, Würzburg 2008, S. 9.

52 In: Hermann Bausinger/Wolfgang Brückner (Hgg.), Kontinuität? Geschichtlichkeit und Dauer als volkskundliches Problem (Festschrift für Hans Moser), Berlin 1969, S. 31–46.

Formel „Volkskunde ist Sozialgeschichte regionaler Kultur“.[53] Auch in einer grundsätzlichen Auseinandersetzung mit dem aus der europäischen historischen Anthropologie stammenden Begriff „Popular Culture“ und deren Vertreter, dem französischen Robert Muchembled und dem britischen Peter Burke endete Brückner mit der Aussage, dass mittelalterliche und frühneuzeitliche „Volkskultur als wirkliche Sonderkultur“ nur im Zusammenhang mit besonderen lokalen und regionalen „Denkweisen“ und Wirtschaftsformen entstehen konnte.[54]

Was bedeutet diese wissenschaftliche Formalisierung Wolfgang Brückners für das Wallfahrtsthema? Zunächst: Es entstehen regionale volkskundliche Monographien um Kultorte in Franken: Dimbach,[55] Maria Buchen,[56] Kreuzberg in der Rhön[57] und um die Zisterzienser,[58] auch ein Sammelband über Wallfahrten und Kultstätten im Bistum Würzburg, dem sich ein gut bebilderter Ortkatalog anschließt (von „Alsleben, Ursulakapelle“ bis „Zellingen, Maria-Hilf vom Berge Karmel“).[59] Walldürn ging zu dieser Zeit bei den Publikationen leer aus, denn der Ort gehört zum baden-württembergischen Necker-Odenwald Kreis, und das Würzburger Wallfahrtsbuch berichtet nur über die Region Unterfranken.

Für den Schluss unserer Recherchen über Wolfgang Brückner und Walldürn soll sein neuestes Buch „Frommes Franken“[60] verwendet werden. Der ästhetisch gelungene und mit eindrucksvollen Abbildungen versehene Band umfasst ein breites historisches Spektrum: Beginnend mit der Schilderung mittelalterlicher Frömmigkeitsformen und der Entwicklung und Etablierung „ konfessioneller Frömmigkeitsstile“: Katholizismus seit dem gegenreformatorischen 16. Jahrhundert; Eingriff der kirchlichen Aufklärung vom 18. bis ins 19. Jahrhundert; Organisation von Massenreligiosität in der zweiten Hälfte des 19. und in der ersten Hälfte des 20. Jahrhunderts; vor- und nachkonziliare Veränderungen bis heute; Protestantismus als Vergleichsgröße. Zwei anschließende Kapitel gewichten in der Moderne: sie schildern „kirchlich geprägte Lebensstile“ und „frommes Frankenbewusstsein“ im 19. und 20. Jahrhundert.

Walldürn ist wieder dabei. Zum einen im Kapitel über Konfessionsfrömmigkeit unter der Überschrift „Altarsakrament und Prozessionen“, wobei nicht nur die Wallfahrten eine Rolle spielen, sondern auch die Gründung von Bruderschaften und Sodalitäten (S. 77–85), aber auch in weiteren kurzen Belegen (passim). Für die beiden letztgenannten Bücher hätte man sich einige das Thema unterstützende regionale Karten gewünscht und vor allen Dingen: gescheite Register.

53 Wolfgang Brückner, Volkskunde als Sozialgeschichte regionaler Kultur, in: Wolfgang Lipp (Hg.), Industriegesellschaft und Regionalkultur. Untersuchungen für Europa, München 1984, S. 71–88. – Ebenfalls programmatisch, aber auch persönlich in der anlässlich seines 60. Geburtstags herausgegebenen Broschüre: Wolfgang Brückner (Autor), Ulrike Klotz/Brigitte Fidler (Bearb.), Sozialgeschichte regionaler Kultur. Lebenslaufnotizen – Positionsbestimmungen – Bibliographie (Veröffentlichungen zur Volkskunde und Kulturgeschichte, 42), Würzburg 1990.

54 Wolfgang Brückner, Popular Culture. Konstrukt, Interpretament, Realität, in: Ethnologia Europaea 14 (1984), S. 14–24.

55 Wolfgang Brückner, Gnadenbild und Legende. Kultwandel in Dimbach, Würzburg 1978.

56 Wolfgang Brückner (Hg.) unter Mitarb. von Christoph Daxelmüller u. a., Maria Buchen. Eine fränkische Wallfahrt, Würzburg 1979.

57 Wolfgang Brückner, Die Wallfahrt zum Kreuzberg in der Rhön, Würzburg 1997.

58 Wolfgang Brückner/Jürgen Lenssen (Hgg.), Das alte Bistum Würzburg und seine Zisterzen, Würzburg 1991.

59 Wolfgang Brückner/Wolfgang Schneider (Hgg.), Wallfahrt im Bistum Würzburg. Gnadenorte, Kult und Andachtsstätten in Unterfranken, Würzburg 1996.

60 Wolfgang Brückner, Frommes Franken. Kult und Kirchenvolk in der Diözese Würzburg seit dem Mittelalter. Würzburg. Bei einer Online-Recherche im Katalog der UB Würzburg fand ich mit gleichem Erscheinungsjahr noch einen weiteren Titel: Rhöner Schnitzfiguren aus dem 19. Jahrhundert, Petersberg 2008 (mit einer etwas niedrigeren Signatur).

Erzählforschung

Das „Lindenlied" Walthers von der Vogelweide

Bemerkungen zur Interpretation

Horst Brunner

Das Lied (Lachmann 39,11/Cormeau Nr. 16) findet sich weitgehend textgleich in den Handschriften B und C, beiden liegt die gemeinsame Quelle *BC zugrunde. Ich gebe den Wortlaut in der Graphie von C. Abkürzungen sind aufgelöst, ebenso übergeschriebene Zeichen, i j und u v werden nach dem jeweiligen Lautwert ausgeglichen. Interpunktion und Längenzeichen habe ich hinzugefügt, die Strophenteile voneinander abgesetzt.[1]

1 *Under der linden*
an der heide,
dâ unser zweier bette was,

dâ mugent ir vinden
schône beide
gebrochen bluomen unde gras.

Vor dem walde in einem tal,
tandaradai,
schône sanc diu nahtegal.

2 *Ich kan gegangen*
zuo der ouwe,
dô was mîn vriedel komen ê.

dâ wart ich enpfangen,
hêre frowe,
daz ich bin sêlig iemer mê.

Kuster mich? wol tûsentstunt,
tandaradei,
seht, wie rôt mir ist der munt.

3 *Dô hât er gemachet*
alsô rîche
von bluomen eine bettestat.

des wirt noch gelachet
inneklîche
kumt iemen an daz selbe pfat.

Bî den rôsen er wol mac,
tandaradei,
merken wâ mirs houbet lac.

4 *Das er bî mir lêge,*
wessez iemen,
nû enwelle got, sô schamt ich mich.

wes er mit mir pflêge,
niemer niemen
bevinde daz wan er und ich

Und ein kleines vogellîn,
tandaradei,
daz mac wol getriuwe sin.

1 Die wichtigsten wissenschaftlichen Ausgaben sind: Walther von der Vogelweide, Leich, Lieder, Sangsprüche, 14., völlig neu bearbeitete Auflage der Ausgabe Karl Lachmanns mit Beiträgen von Thomas Bein und Horst Brunner, hg. v. Christoph Cormeau, Berlin/New York 1996. – Walther von der Vogelweide, hg. und erklärt von Wilhelm Wilmanns, 4., vollständig umgearbeitete Auflage besorgt von Victor Michels, Halle a. d. S. 1924, S. 176–179. – Deutsche Lyrik des frühen und hohen Mittelalters. Edition der Texte und Kommentar von Ingrid Kasten, Übersetzungen von Margherita Kuhn (Bibliothek des Mittelalters 3), Frankfurt a. M. 1995, Nr. 160. – Walther von der Vogelweide: Werke. Bd. 2: Liedlyrik, hg., übersetzt und kommentiert von Günther Schweikle, Stuttgart 1998 (Reclam), S. 228–231 (Text), S. 647–651 (Kommentar).

Lesarten:
1.4 noch vinden B. 1.6 schoene B. 2.1 *zur überlieferten alemannisch-schwäbischen Form* kan (*statt* kam) *vgl. Richard von Kienle, Historische Laut- und Formenlehre des Deutschen. Tübingen 1960, § 140.* 2.3 e *fehlt* B. 2.5 herre B. 2.7 er kuste mich wol tustentstunt C. 3.1 het B. 3.3 ein C. 3.5 minnecliche B. 3.6 kumet B, pfat] stat B. 4.1 Das er bi mir da gelege B. 4.2 wisse es B. 4.3 nun welle C. 4.6 daz] es ane spot B.

Zur Interpretation[2]

Der Sänger tritt vor das Publikum in der Rolle einer – vermutlich jungen – Frau, die mit Eindeutigkeit, das Wesentliche aber doch kunstvoll-spielerisch verschleiernd, verrät, was sich unter der Linde auf der Heide ereignet hat. Während des Vortrags vor dem gegenwärtigen Publikum blickt die Erzählerin zurück auf das, was – offenbar kürzlich – geschehen ist und voraus auf das, was einer, der künftig an den Ort unter der Linde kommen wird, dort noch erkennen kann. Die beiden Eingangszeilen markieren den Schauplatz. Er wird jedoch nicht einfach nur benannt, sondern es wird gesagt, woran die Zuhörer (und die Leser) ihn identifizieren können, wenn sie hinausgehen und ihn besichtigen wollten – etwas, was sie ja sogleich auch tun, wenn auch nur in ihrer Phantasie. Die Heide, das unbebaute Brachland, liegt, wie gewöhnlich, vor dem Waldrand und dort gibt es ein Tal, in dem eine Linde steht – wer nun freilich erwartet, die Erzählerin würde berichten, was sich dort zugetragen hat, der wird enttäuscht. Am Schluss der 1. Strophe wird die amöne Szene lediglich vervollständigt, zu Linde, Heide, Wald und Tal tritt noch die Nachtigall. Und an der Stelle, an der man nähere Auskunft über das Geschehen erwartet, hört man nur den Nachtigallenschlag: *tandaradei*, der sich ab der 2. Strophe als Refrain herausstellt. Er bremst die Erzählung und lässt die Spannung steigen.

In der 2. Strophe kommt Bewegung in das zunächst noch menschenleere Bild. Die Erzählerin berichtet, dass sie zur Aue ging – da war der *friedel*, der Geliebte, bereits da. Er empfing sie in einer Weise, die sie auf ewig glückselig sein lässt. Auf die rhetorische Frage:[3] Ob er mich küsste? folgt die Antwort: Unzählige Male! Und – was weiter? Da unterbricht der Schlag der Nachtigall, der hier gleichsam für das Behagen der Erzählerin in der Rückerinnerung steht. Der Blick auf ihren roten Mund bezeugt dem Publikum die Wahrheit des Berichts.

Das Zentrum des Liedes bildet die 3. Strophe. Die Eingangszeilen machen deutlich, worum es geht: der *friedel* hatte bereits alles vorbereitet, er hatte aus Blumen das bereits in der 1. Strophe erwähnte gemeinsame Bett hergerichtet. Die Liebeserfüllung wird freilich nicht eingestanden, vielmehr wird die Deutung der Zeichen demjenigen überlassen, der künftig des Weges kommt – tatsächlich kommt der Zuhörer (oder Leser) in seiner Phantasie daher: er lacht herz-

2 Die umfangreiche Literatur zu diesem Lied ist verzeichnet bei Manfred Günter Scholz, Bibliographie zu Walther von der Vogelweide, Berlin 1969, Nr. 730–739, und Manfred Günter Scholz, Walther-Bibliographie 1968–2004, Frankfurt a. M. u. a., Nr. 888–913. – Einen (zu) knappen forschungsgeschichtlichen Überblick bietet Otfrid Ehrismann, Tandaradei – Zivilisation und Volkstümlichkeit in Walthers ‚Under der linden', in: Sabine Heimann u. a. (Hg.), Soziokulturelle Kontexte der Sprach- und Literaturentwicklung. FS Rudolf Große, Stuttgart 1989, S. 397–414. – Vgl. ferner: Horst Brunner/Gerhard Hahn/Ulrich Müller/Franz Viktor Spechtler, Walther von der Vogelweide. Epoche – Werk – Wirkung, München [2]2009, S. 106f. – Manfred Günter Scholz, Walther von der Vogelweide (SLG. Metzler 316), Stuttgart/Weimar [2]2005, S. 123–125. – Horst Brunner, Walther von der Vogelweide. Höfische Lieddichtung in und aus Franken, Gunzenhausen 2007, S. 25–28.

3 Die Frage findet sich nur in Hs. B, in C stattdessen die einfache Mitteilung „er kuste mich wol tusentstunt". Die B-Fassung ist als *lectio difficilior* zu beurteilen.

lich und stellt fest, dass bei den Rosen – ja was denn? Wieder unterbricht der Nachtigallenschlag, die Spannung steigt –, dass bei den Rosen – und damit löst die Spannung sich harmlos-heiter auf – der Kopf der Erzählerin lag.

Wüsste jemand, dass er mit mir schlief – alle wissen es mittlerweile –, so würde ich mich schämen, fährt die Erzählerin in der 5. Strophe fort. Was wir miteinander trieben, das soll außer uns niemand wissen, ausgenommen ein kleines Vöglein, *tandaradei*, aber das ist absolut verschwiegen.

Die Paraphrase vermag nur anzudeuten, mit welcher Kunst der Autor die glückliche Liebesbegegnung im Freien unter der Linde dargestellt hat, mit welcher Anmut die Ich-Erzählerin vorträgt, mit retardierenden Momenten, voll Scham und Glück zugleich. Das achthundert Jahre alte Lied spricht den Leser auch heute noch an. Mit vordergründig schlichten, in Wahrheit höchst raffinierten künstlerischen Mitteln vergegenwärtigt es einen Glücksmoment, den die meisten Menschen selbst einmal erfahren haben und auch in Zukunft erleben können, selbst in Zeiten der scheinbar schrankenlosen öffentlichen Sexualisierung.

Der anscheinend problemlose Zugang zu diesem Text ist der wichtigste Grund dafür, dass das „Lindenlied“ noch immer der bei weitem populärste Liedtext des deutschen Mittelalters ist, der in keiner Anthologie deutscher Lyrik fehlen darf.[4] Aus der Sicht der mediävistischen Forschung handelt es sich freilich um nichts weniger als einen unproblematischen Text. Die literarhistorischen Probleme beginnen mit der typologischen Einordnung. Die Mehrzahl der Forscher ist seit langem überzeugt, dass Walther von der Vogelweide hier auf sehr eigenständige Weise einen zeitgenössischen Liedtyp aufgreift, der in der altfranzösischen und mittellateinischen Dichtung seiner Epoche häufig, in der deutschen selten belegt ist, der Pastourelle.[5] Es handelt sich dabei um Lieder, in denen die Begegnung zwischen einem höher gestellten Mann, einem Ritter oder Kleriker, und einer Hirtin in freier Natur thematisiert ist. Sie beginnen ein Gespräch, in dem es natürlich – in sicherer räumlicher Entfernung von jeder Gesellschaft und den herrschenden Moralvorschriften – um „das eine“ geht. Die Sache endet damit, dass das Mädchen dem männlichen Verlangen nachgibt oder dass sie dem zudringlichen Freier mehr oder weniger spöttisch den Laufpass gibt. Die berühmte Sammlung der „Carmina burana“ (um 1230) enthält mehrere derartige Pastourellen, teilweise gemischtsprachig Latein und Deutsch und durchaus in unterschiedlicher Darstellungsweise.[6] Die meisten Ingredienzien von Walthers Lied – die Linde, die gebrochenen Blumen, die Nachtigall, die Küsse usw. – finden sich auch hier.[7] Auch den Refrain hat Walther vermutlich der Pastourellendichtung abgelauscht. Er könnte darauf hinweisen, dass wir es beim „Lindenlied“ mit seiner überaus leichtfüßigen Rhythmik mit einem Tanzlied zu tun haben, mit einem Vorsänger und den Mittänzern, die den Refrain singen.[8] In den „Carmina

4 Vgl. zur modernen Rezeption Jörg Arentzen, Walthers von der Vogelweide „Under der linden“ (L. 39,11) in der Gegenwart. Beobachtungen und Überlegungen zur Aktualisierbarkeit eines mittelalterlichen Liedes, in: Jürgen Kühnel u. a. (Hg.), Mittelalter-Rezeption III. Gesammelte Vorträge des 3. Salzburger Symposions (Göppinger Arbeiten zur Germanistik 479), Göppingen 1988, S. 437–460.

5 Vgl. Sabine Christiane Brinkmann, Die deutschsprachige Pastourelle. 13. bis 16. Jahrhundert (Göppinger Arbeiten zur Germanistik 307), Göppingen 1985, zum „Lindenlied“ vgl. S. 193–200.

6 Vgl. Carmina Burana. Texte und Übersetzungen, hg. v. Benedikt Konrad Vollmann (Bibliothek des Mittelalters 13), Frankfurt a. M. 1987.

7 Vgl. Karl Bertau, Deutsche Literatur im europäischen Mittelalter. Bd. 2, München 1973, S. 895.

8 Vgl. grundlegend zum Refrain Renate Hausner, Spiel mit dem Identischen. Studien zum Refrain deutschsprachiger lyrischer Dichtung des 12. und 13. Jh.s., in: Peter K. Stein (Hg.), Sprache – Text – Geschichte (Göppinger Arbeiten zur Germanistik 304), Göppingen 1980, S. 281–384. – Eine schöne Interpretation bei Alois Wolf, Variation und Integration: Beobachtungen zu hochmittelalterlichen Tageliedern (Impulse der Forschung 29), Darmstadt 1979, S. 116.

burana“ findet sich der Rest einer deutschen Pastourelle, die 1. Strophe eines ursprünglich längeren Refrainliedes, das die Forschung seit jeher mit dem „Lindenlied“ in Verbindung gebracht hat. Auch hier werden die Ereignisse aus der Sicht des Mädchens erzählt:

Eine wunechliche stat
het er mir bescheiden,
da die blůmen unde gras
stů[n]den grůne baide;
dar chom ich, als er mih pat.
da geschach mir leide.
lodircundeie! lodircundeie! (CB 163,11)

Ob das durch diese Strophe bezeugte Lied Walther zum Vorbild gedient haben kann oder ob es seinerseits eine Nachahmung des „Lindenliedes“ ist, läßt sich nicht klären.

Das „Lindenlied“ wurde von einigen anderen mittelalterlichen Dichtern vereinzelt zwar zitiert und „benutzt“,[9] innerhalb des Korpus der Lieder Walthers ist es in seiner Art jedoch singulär. Von der Waltherforschung wird es meist der – heute nicht mehr unbezweifelten – Gruppe der sogenannten Mädchenlieder zugerechnet.[10] Es handelt sich um Texte, deren Minnekonzept von dem der Hohen Minne des traditionellen Minnesangs – der Sänger liebt vergebens eine unerreichbar hoch über ihm stehende Dame – grundlegend abweicht: das Sänger-Ich träumt von der Liebeserfüllung bei einem einfachen Mädchen, an die Stelle der Trauer über Nicht-Erhörung treten vielfach scherzhafte Elemente. Im Zentrum der Liedgruppe werden das „Lied von der Traumliebe“ *Nement, frowe, disen cranz* (Lachmann 74,20/Cormeau Nr. 51) und das „Lindenlied“ gesehen, die Zuordnung weiterer Lieder ist umstritten.

Umstritten ist neuerdings freilich auch, ob es sich bei der Erzählerin des „Lindenliedes“ überhaupt um ein ‚einfaches‘ Mädchen handelt, womit zugleich der Anschluss an die Pastourellendichtung in Frage gestellt wird.[11] Die Diskussion geht dabei aus von der Formulierung *hêre frowe* in der 2. Strophe. Handelt es sich, so wird gefragt, um einen freudigen Ausruf: „dort wurde ich empfangen, heilige Jungfrau!, dass ich ewig glücklich bin“ oder wird die Frau vom Geliebten mit den Worten „edle Dame“ bzw. als eine edle Dame empfangen, was man dann wörtlich nehmen darf: sie ist tatsächlich eine adlige Dame; oder auch nicht: sie wird empfangen als ob sie eine adlige Dame wäre, in Wirklichkeit ist sie jedoch ein ‚einfaches‘ Mädchen. Denkbar wäre freilich auch, dass mit *hêre frowe* die Dienstherrin der Zofe oder Magd als alleinige Zuhörerin oder im Publikum angeredet wird, eine noble Dame, der die Ereignisse unter der Linde gestanden werden, womit wir dann wieder beim ‚einfachen‘ Mädchen wären. Was die Liedtypologie angeht, ergeben sich aus diesen Überlegungen Probleme, die bisher alles andere als überzeugend gelöst werden konnten. Bis auf weiteres möchte ich doch daran festhalten, dass Walther sich beim „Lindenlied“ und beim „Lied von der Traumliebe“ am Typus der Pastourelle orientiert hat.

9 Vgl. Volker Mertens, Reinmars „Gegensang“ zu Walthers „Lindenlied“. Zeitschrift für deutsches Altertum und deutsche Literatur 112 (1983), S. 161–177; dazu auch Helmut Tervooren, Reinmar-Studien. Ein Kommentar zu den „unechten“ Liedern Reinmars des Alten, Stuttgart 1991, S. 49–62. – Vgl. ferner Johannes Hadlaub, Lieder und Leichs, hg. v. Rena Leppin, Stuttgart/Leipzig 1995, Nr. XXXIII und XXXIX.

10 Vgl. Scholz, Walther von der Vogelweide, S. 119–128.

11 Vgl. Joachim Heinzle, Mädchendämmerung. Zu Walther 39,11 und 74,20, in: Burkhardt Krause (Hg.), Verstehen durch Vernunft. Festschrift Werner Hoffmann, Wien 1997, S. 145–158.

Anlass zum Nachdenken lieferte der Forschung auch die Nachtigall, das *kleine vogellîn*. Nicht zuletzt weil Walther von der Vogelweide von seinem Zeitgenossen Gottfried von Straßburg im „Tristan“[12] (um 1210) als *meisterinne* (v. 4799) und *leitaerinne* (v. 4812) der *nahtegalen* (v. 4744), d. h. der Minnesänger, gepriesen wird, sehen manche Forscher in der Nachtigall des „Lindenliedes“ den Dichter selbst – gewissermaßen in der Rolle eines Voyeurs.[13] Mir scheint freilich eine andere Deutungsmöglichkeit wahrscheinlicher. Das „Lindenlied“ liest sich weniger harmlos und erheblich erotischer, wenn man unterstellt, dass die Nachtigall hier womöglich nicht gefiedert ist.[14] In der vierten Novelle des fünften Tages des „Decamerone“ (1349/53) erzählt Giovanni Boccaccio von Catarina da Valbona und ihrem Geliebten Ricciardo Manardi. Catarina erbittet von ihren Eltern die Erlaubnis, der Hitze wegen und um der Nachtigall lauschen zu können, in einem Erker schlafen zu dürfen. Alsbald stellt der Geliebte sich ein: „Nach tausend ausgetauschten Küssen legten sich beide nieder und genossen fast die ganze Nacht hindurch alle Lust, die Liebende einander gewähren können, wobei sie denn begreiflicherweise die Nachtigall vielmals schlagen ließen.“[15] Des Morgens werden die Liebenden entdeckt, das Mädchen hat an der Nachtigall „so viel Wohlgefallen gefunden, dass sie diese gefangen hat und noch in den Händen hält.“[16]

Im Zusammenhang mit diesen Überlegungen ist auch der Lai „Laüstic“ (um 1160/70) der Marie de France zu erwähnen, in dem die Nachtigall (bretonisch *laüstic*) als Symbol für die Liebesvereinigung steht, die den beiden Protagonisten versagt bleibt, einem jungen Ritter und einer Dame, die mit einem alten (angesichts der im Mittelalter als Motiv gängigen Konstellation junge Frau – alter Mann gewiss als impotent gedachten) Ritter verheiratet ist.[17] Die Liebenden wohnen in benachbarten Wohntürmen, reden von Fenster zu Fenster miteinander, sehen sich an, können aber, da die Dame streng bewacht wird, nicht „nach Belieben“ (*del tut*

12 Gottfried von Straßburg: Tristan, hg. u. übersetzt von Rüdiger Krohn. 2 Bde, Stuttgart 1980 (Reclam).

13 Vgl. etwa Otto Brückl, Walthers von der Vogelweide Lindenlied 39,11. Ein neuer Zugang. Acta Germanica 16 (1983), S. 43–58, hier S. 54. – Hubert Heinen, Walther's ‚Under der linden‘. Its Function, Its Subtexts, and Its Maltreated Maiden, in: Albrecht Classen (Hg.), Medieval German Literature (Göppinger Arbeiten zur Germanistik 507), Göppingen 1989, S. 51–73, hier S. 60f.

14 Hinzuweisen ist in diesem Zusammenhang darauf, dass – sit venia verbo – das Verbum „vögeln“ im Sinne von „coire“ bereits früh im Deutschen geläufig war, vgl. Georg Friedrich Benecke/Wilhelm Müller/Friedrich Zarncke, Mhd. Wörterbuch. Bd. 3, Leipzig 1861, S. 359. – Matthias Lexer, Mhd. Handwörterbuch, Bd. 3, Leipzig 1878, Sp. 425. – Jacob Grimm/Wilhelm Grimm, Deutsches Wörterbuch. Bd. 12/2, Leipzig 1951, Sp. 432f.; Gaby Herchert, Acker mir mein bestes Feld. Untersuchungen zu erotischen Liederbuchliedern des späten Mittelalters, Münster/New York 1996, S. 223f. – Lutz Röhrich, Das große Lexikon der sprichwörtlichen Redensarten. Bd. 3, Freiburg i. Br. 1992, S. 1681.

15 Deutsche Übersetzung von Karl Witte: Giovanni Boccaccio, Das Dekameron, München 1952, S. 423; im Original: „e dopo molti basci si coricarono insieme e quasi per tutta la notte diletto e piacer presono l'un dell'altro, molte volte faccendo cantar l'usignuolo“, zit. nach Vittore Branca (Hg.), Giovanni Boccaccio: Decameron (Scrittori italiani e texte antichi), Firenze 1976 S. 359; in der ältesten deutschen Übersetzung lautet die Stelle: „nach etlichem freuntlichen halsen vnd küssen mit ein ander ze pette gingen. Die selben ganczen nacht vngeslaffen ir freüde vnd luste von einander namen ze manchmalen frawe nachtigal singen machten“, zit. nach Adelbert von Keller (Hg.), Das Decameron von Heinrich Steinhöwel, Stuttgart 1860, S. 336. Der Stoff von Boccaccios Novelle wurde zweimal in deutschen Reimversen bearbeitet: „Nachtigall A“ (14. Jh.), „Nachtigall B“ (15. Jh.), vgl. die Artikel in: Die deutsche Literatur des Mittelalters. Verfasserlexikon. Bd. 6, Berlin/New York ^{2}1987, Sp. 842–845 (Hans-Joachim Ziegeler); Inhaltsangaben bei Hanns Fischer, Studien zur deutschen Märendichtung. 2. Auflage, besorgt von Johannes Janota, Tübingen 1983, S. 497f. Der Stoff ist sonst nur aus der italienischen Novellistik bekannt, vgl. ebd., Sp. 843.

16 Witte, Boccaccio; im Original: „(vieni a vedere che tua figliola) è stata sì vaga dell'usignuolo, che ella l'ha preso e tienlosi in mano“ (Branca, Decameron). In der ältesten deutschen Übersetzung: „(kome zu sechen wie dein tochter) also begirig gewesen ist das sy die nachtigal hefangen vnd in irer hant hatte“ (v. Keller, Decameron, S. 337).

17 Marie de France, Die Lais. Übersetzt und eingeleitet von Dietmar Rieger (Klassische Texte des Romanischen Mittelalters in zweisprachigen Ausgaben 19), München 1980, S. 304–315. – Die Fassung der Geschichte in den „Gesta Romanorum“ (1. Hälfte 14. Jh.) ist erheblich grobschlächtiger als die der Marie de France, vgl. Gesta Romanorum. Die Taten der Römer. Nach der Übersetzung von Johann Georg Theodor Grässe hg. u. bearbeitet von Hans Eckart Rübsamen, München 1962, Nr. 121.

ensemble a lur pleisir, v. 48) zusammenkommen. Auch nachts stellt die Dame sich ans Fenster, gegenüber dem misstrauischen Ehemann begründet sie das damit, dass sie die Nachtigall hören möchte: „Wer die Nachtigall nicht singen hört, der hat auf dieser Welt keine Freude" (*Il nen ad joië en cest mund/ Ki n'ot le laüstic chanter*, v. 84f.). Daraufhin lässt der Ehemann die Nachtigall fangen, dreht ihr vor den Augen seiner Frau den Hals um und wirft den kleinen Leichnam an ihre Brust, so dass ihr Kleid blutig wird. Die Dame weint, dann hüllt sie die Nachtigall in einen Samtstoff, auf den sie den Bericht von den Ereignissen gestickt hat, und sendet sie dem Geliebten. Dieser lässt ein goldenes, mit Edelsteinen verziertes Kästchen herstellen, in das er die Nachtigall legt und das versiegelt wird. Dieses wird immer mit ihm herumgetragen – als Zeichen sexueller Enthaltsamkeit?[18]

In aller Kürze sei wenigstens noch darauf hingewiesen, dass Vögel als Umschreibung für des Mannes bestes Teil schon in der Antike ganz geläufig waren.[19] Berühmtestes Beispiel ist der *passer*, der Sperling, von Catulls *puella* Lesbia: *Passer, deliciae meae puellae* (c. 2), dessen „Tod" – die Katastrophe der Impotenz – heftig beklagt wird: *passer mortuus est meae puellae* (c. 3).[20]

Vertretern des traditionellen, im 19. Jahrhundert entstandenen und vielfach bis heute nur unzureichend weiterentwickelten Waltherbildes mag meine Deutung der Nachtigall im „Lindenlied" möglicherweise ungehörig und unpassend vorkommen. Mir scheint jedoch, dass der erotischen Sprache, den gelegentlich vielleicht auch einigermaßen handfesten erotischen Aussagen in Walthers Dichtung bisher nur unzureichend nachgegangen wurde – es könnte sich dies im Zusammenhang mit der Interpretation der Minnelieder um eine durchaus lohnende Aufgabe handeln.[21]

18 Vgl. hierzu auch Robert B. Green, Marie de France's ‚Laüstic': Love's Victory through Symbolic Expression. Romance Notes 16 (1975), S. 695–699.

19 Vgl. Niklas Holzberg, Catull. Der Dichter und sein erotisches Werk, München 2002, S. 61–67; hier S. 61: „Vögel wurden im Altertum oft als Phallussymbol verwendet, und das griechische Wort für den Sperling, der als besonders lasziv galt, konnte dem Zeugnis des Grammatikers Festus (2. Jh. n. Chr.) zufolge auch ‚Penis' bedeuten ... Das gilt noch heute für das italienische „passero", und das Duden-Universalwörterbuch verzeichnet als dritte Bedeutung von ‚Spatz' kommentarlos ‚(fam.) Penis'."

20 Zit. nach: C. Valerius Catullus: Carmina – Gedichte. Lateinisch – Deutsch. Übersetzt und hg. v. Niklas Holzberg, Düsseldorf 2009 (Sammlung Tusculum).

21 Für einige wichtige Hinweise danke ich Dorothea Klein und Robert Fajen.

Zur Rezeption der Memorabilia des Valerius Maximus vom Mittelalter bis in die Neuzeit

Hans-Jörg Uther

Vom Spätmittelalter (etwa 350 Handschriften) bis in der Neuzeit erfuhr die Memorabiliensammlung *Factorum dictorumque memorabilium libri IX* (erste Hälfte des 1. Jahrhunderts) des Valerius Maximus[1] innerhalb Europas eine breite Rezeption. Die Beispielsammlung denkwürdiger Taten und Aussprüche wurde Teil von Exempel- und Sprichwortsammlungen, begegnet in der Kompilations- und Historienliteratur, der katechetischen Literatur ebenso wie im Schul- und Lesebuch.

Wie die Vermittlung der Memorabilien verlief und welche Exempla besonders nachgewirkt haben, stand bisher nicht im Fokus des Forschungsinteresses, untersuchen doch Altphilologen das Werk des Valerius Maximus vornehmlich im Hinblick auf die Vorlagen, die Glaubwürdigkeit als Historiker in der augusteischen Zeit, die Struktur des Werks in Verbindung mit den Epitomisierungen des Julius Paris und Ianuarius Nepotianus aus der Spätantike (4. Jh.)[2] und die Memorabilien selbst als Beispiele für vorbildhaftes Handeln mit moralischem Anspruch.[3] Bei Mediävisten findet eine Beschäftigung mit der Rezeption des Valerius Maximus nur marginal im Rahmen anderer Untersuchungen statt.[4] Diese Haltung erstaunt um so mehr, als sich Spuren der Benutzung des Valerius Maximus sowohl in den bedeutenden Exempelkompilationen als auch in der Historiographie und Novellistik des hohen und späten Mittelalters – z. B. Jacques de Vitry, Saxo Grammaticus, Novellino, Konrad von Halberstadt (d. J.), *Gesta Romanorum*, Robert Holkot, Johannes Gobi Junior, *Dialogus creaturarum*, Antoine de La Sale, *Mensa philosophica*, Clemente Sánchez de Verical, Pelbárt von Temesvár, *Speculum exemplorum*[5] –

1 Valerius Maximus, Sammlung merkwürdiger Reden und Thaten. Bd. 1–5, übers. v. Friedrich Hoffmann. Stuttgart 1828. – Valerius Maximus, Memorable Doings and Sayings 1–2, ed. and transl. by David R. Shackleton Bailey (The Loeb Classical Library, S. 492–493), Cambridge, Mass./London 2000. – Valeri Maximi facta et dicta memorabilia, ed. John Briscoe, 2 Bde. (Bibliotheca scriptorum Graecorum et Romanorum Teubneriana), Stuttgart u. a. 1998. – Vgl. auch Andrea Themann-Steinke, Valerius Maximus. Ein Kommentar zum Zweiten Buch der „Facta et dicta memorabilia", Trier 2008.

2 Beide Auszüge sind enthalten in der Ausg. Valerius Maximus/Briscoe (wie Anm. 1), Bd. 2.

3 Z. B. Clemens Bosch, Die Quellen des Valerius Maximus, Stuttgart 1929. – Michaela Fleck, Untersuchungen zu den Exempla des Valerius Maximus, Diss. Marburg 1974. – Robert Honstetter, Exemplum zwischen Rhetorik und Literatur. Zur gattungsgeschichtlichen Sonderstellung von Valerius Maximus und Augustinus, Diss. Konstanz 1977. – Roberto Guerrini, Studi su Valerio Massimo (Biblioteca di studi antichi 28), Pisa 1981. – Andreas Weileder, Valerius Maximus: Spiegel kaiserlicher Selbstdarstellung (Münchner Arbeiten zur alten Geschichte 12), Diss. München 1998. – Ute Lucarelli, Exemplarische Vergangenheit. Valerius Maximus und die Konstruktion des sozialen Raumes in der frühen Kaiserzeit (Hypomnemata, 172), Göttingen 2007. – Viet Henry T. Nguyen, Christian Identity in Corinth. A Comparative Study of 2 Corinthians, Epictetus and Valerius Maximus (Wissenschaftliche Untersuchungen zum Neuen Testament, R.2, 243), Tübingen 2008.

4 Z. B. Rudolf Helm, Valerius Maximus, Seneca und die ‚Exemplasammlung', in: Hermes 74 (1939), S. 130–154. – August Buck, Studien zu den Volgarizzamenti römischer Autoren in der italienischen Literatur des 13. und 14. Jahrhunderts, München 1978. – Burghart Wachinger, Pietas vel misericordia. Exempelsammlungen des späten Mittelalters und ihr Umgang mit der antiken Erzählung, in: Klaus Grubmüller/Leslie Johnson/Hans Hugo Steinhoff (Hgg.), Kleinere Erzählformen im Mittelalter (Fortuna Vitrea, 2), Paderborn 1988, S. 225–242. – Vgl. allg. Franz Brunhölzl, Valerius Maximus im Mittelalter, in: Lexikon des Mittelalters Bd. 8. Stuttgart/Weimar 1999, Sp. 1390f.

5 Hinweise vgl. EM 7 (1993), Sp. 391. – EM 11 (2004), Sp. 1168. – vgl. EM 10 (2002), Sp. 130. – EM 5 (1987),

sowie bei Autoren der Renaissance und des Humanismus finden lassen. Die Vermittlung beeinflußten auch freie volkssprachliche Übertragungen (Heinrich von Mügeln, 1369).[6] Übersetzungen der *Facta et dicta* ins Französische, Italienische, Katalanische und Deutsche sind seit dem späten 15. Jahrhundert bekannt. Daß die Meistersinger (15./16. Jahrhundert)[7] als stoffliche Grundlage ihrer Meisterlieder auch Exempla des Valerius Maximus nutzten, Johannes Pauli[8] als der bedeutendste Exempelkompilator des frühen 16. Jahrhunderts auf die *Facta et dicta* zurückgriff, erstaunt daher nicht, ebensowenig, daß einzelne Stücke in die für das 16. Jahrhundert wichtige Gattung des Schwankbuchs[9] gelangten.

Für das deutschsprachige Gebiet wurde der Druck von 1533[10] maßgeblich, von dem sich die zahllosen Ausgaben[11] bis ins 19. Jahrhundert mehr oder minder ableiten lassen. Der folgende Beitrag arbeitet Tendenzen innerhalb der Vermittlung heraus und bietet einen Überblick über die Valerius-Exempla und ihre Nachwirkung vom Mittelalter bis in die Neuzeit.

War das nach sachlichen Kategorien strukturierte Werk mit denkwürdigen Anekdoten und Aussprüchen vornehmlich für den Unterricht in Rhetorikschulen gedacht und in manieriertem, mitunter pathetischem Stil abgefaßt, konnten die geschilderten Taten und Äußerungen von Kristallisationsgestalten der römischen Geschichte und berühmten Persönlichkeiten anderer Völker problemlos innerhalb von Exempelsammlungen und in der vor allem im 16./17. Jahrhundert verbreiteten Kompilationsliteratur verwendet werden.[12] Es waren die Personen, über die Kenntnisse der Antike vermittelt wurden, als Exempla jedoch interessierten primär ihre Handlungsweisen und die ihnen zugeschriebenen Aussprüche.[13] Die Attraktivität der *Facta et dicta* resultierte aus dem im Mittelalter und in der frühen Neuzeit spürbaren Bedürfnis nach Exempla menschlicher Verhaltensweisen, um ethische Lehren in einem sinnvollen, thematisch nach Schlagworten orientierten Konzept[14] anschaulich zu machen, gewissermaßen Geschichte als Topik aufzufassen, getreu der von Cicero und anderen vertretenen Maxime „historia magistra vitae" (Cicero, *De oratore* 2,9,36).[15] Exemplarisch heißt es etwa in der einflußreichen Exempelkompilation *Nucleus historiarum Oder Ausserlesene liebliche denckwürdige und warhaffte Historien in gewisse Classes und Locos communes zusammengezogen* (3 Teile. Hamburg 1598–99) des lutherischen Geistlichen Samuel Meiger (1532–1610) unter Berufung auf Cicero: „Die Historia sey ein licht der warheit [...] ein lob der Tugendt und eine verechterinne der Laster" (1598, Bl. aIIr).

Sp. 1203. – EM 4 (1984), Sp. 596. – EM 7 (1993), Sp. 597. – EM 3 (1981), Sp. 602. – EM 8 (1996), Sp. 783. – EM 9 (1999), Sp. 568. – EM 8 (1996), Sp. 1022. – EM 10 (2002), Sp. 696. – Rehermann, S. 15.

6 Heribert A. Hilgers, Die Überlieferung der Valerius-Maximus-Auslegung Heinrichs von Mügeln, Köln 1973.

7 EM 9 (1999), Sp. 524.

8 Pauli/Bolte, S. *34 (Nr. 8, 120, 241, 250, 440, 537, 635, 660).

9 Hermann Arthur Lier, Ottmar Nachtigalls „Ioci ac sales mire festivi", in: Archiv für Litteraturgeschichte 11 (1882), S. 1–50. – Arthur Ludwig Stiefel, Die Quellen der englischen Schwankbücher des 16. Jahrhunderts, in: Anglia 31, N. F. 19 (1908), S. 453–520, hier S. 514 (5mal Qu. für Mery Tales [...]). – Stiefel, Arthur Ludwig: Ein unbekanntes Schwankbuch des 16. Jahrhunderts, in: ZfdPh 35 (1903), S. 81–86, hier 85 (36 Exempla).

10 Valerius Maximus von Geschichten der Römer und ausser Volcks [...]. Durch Petrum Selbet new verteutscht. Straßburg 1533.

11 Für das 17. Jahrhundert lassen sich z. B. mehr als 50 Ausgaben nachweisen, vgl. http://www.vd17.de (12.6.2009).

12 S. die Artikel „Kompilationsliteratur" (Rudolf Schenda), „Chronikliteratur" (Wolfgang Brückner) und „Historie, Historienliteratur" (Wolfgang Brückner) in der EM.

13 Zum Gebrauch des Exemplums vgl. Daxelmüller, Christoph: Exemplum, in: EM 4 (1984), Sp. 627–649.

14 Buck (wie Anm. 3), S. 32.

15 Reinhardt Koselleck, Historia magistra vitae. Über die Auflösung des Topos im Horizont neuzeitlich bewegter Geschichte, in: Natur und Geschichte. FS Karl Löwith, Stuttgart/Berlin/Mainz 1967, S. 196–219. – Peter von Moos, Geschichte als Topik. Das rhetorische Exemplum von der Antike zur Neuzeit und die historiae im „Policratius" Johanns von Salisbury, Hildesheim/Zürich/New York 1988.

Nicht selten endeten die Geschichten sentenzartig oder wurden moralisierend ausgelegt. Vor allem in der Historienliteratur und in der protestantischen Kompilationsliteratur des 16./17. Jahrhunderts bilden die Exempla des Valerius Maximus einen unerschöpflichen Quell für anschauliche Beschreibungen von Tugenden und Lastern, wie Wolfgang Brückner[16] deutlich gemacht und die Praxis des Exzerpierens im Hinblick auf die Denkform der Loci communes beschrieben hat. Dabei waren es in besonderem Maße protestantische Autoren, während katholische Autoren auf den reichen Schatz hagiographischer Schriften mit ihren Acta Martyrum et Sanctorum zurückgriffen und Schriftsteller der Antike als Autoritäten weniger bemühten. Es geschah jedoch auch, daß Materien von Religion, Politik, Geschichte und Moral, welche die Humanisten aus der zumeist antiken Überlieferung entlehnt hatten, von katholischen Autoren adaptiert wurden. Ein Beispiel hierfür sind die Kompilationen des Jesuiten und Polyhistors Laurentius Beyerlinck (1578–1627), der bei Übernahme „alle protestant. Spuren getilgt und somit ausgiebig den gesamten betont klassischen Fundus auch für das kathol. Europa akzeptabel gemacht hat“[17].

Allerdings interessierten die Exempla des Valerius Maximus nicht gleichermaßen. Es bildete sich vielmehr eine überschaubare Gruppe von Beispielgeschichten heraus, die prototypische Verwendung erlangten, also zu einer Art Leitfassung wurden. Valerius Maximus selbst hatte bereits viele Exempla aus älteren oder zeitgenössischen Quellen (Pindar, Aristoteles, Kallimachos, Cicero, Ovid, Sallust) geschöpft und für die Glaubwürdigkeit der von ihm geschilderten Exempla ältere oder zeitgenössische Autoritäten herangezogen. Bei fehlenden Angaben Valerius Maximus für das jeweilige Exemplum daher als alleinige Quelle in Anspruch zu nehmen, ist aufgrund der stofflichen Ähnlichkeit der Materien mitunter schwierig. Manchmal ist durch Exzerpieren eine indirekte Benutzung anzunehmen, zeigen die Autoren doch dadurch ihre Belesenheit, daß sie mehrere antike Vorlagen als Quellen angeben.

Für bestimmte Exempla bietet Valerius Maximus immerhin den ältesten schriftlichen Beleg. Am weitesten zunächst verbreitet – später auch in mündlichen Überlieferungen – ist wohl das Exempel von der säugenden Tochter[18] als Beispiel töchterlicher Fürsorge (Caritas Romana). Valerius Maximus hat gleich zwei Ausprägungen für die – wahrscheinlich in griechischer Zeit entstandene – Geschichte aufgenommen, die davon handelt, daß eine Tochter die zum Hungertod verurteilte Mutter (5,4,7) oder den Vater (5,4, ext. 1) durch ihre eigene Milch im Gefängnis am Leben erhält. Für klugen Rat in Rechtsstreitigkeiten dient das Exempel von den beiden Gläubigern, von denen der eine die Aufbewahrerin eines Geldbetrags beschuldigt, das Depositum veruntreut zu haben, was diese aber mit Hilfe ihres Anwalts(Demosthenes) widerlegen kann (7,3,5).[19]

Bei der Tradierung der Valerius-Exempla seit dem Mittelalter sind mehrere Tendenzen erkennbar, die zeitlich bedingt und/oder von unterschiedlichen Nutzanwendungen bestimmt sind. Eine Durchsicht einschlägiger Literatur ergab – ohne Anspruch auf Vollständigkeit – folgendes Bild[20]:

(1) Die Memorabiliensammlung des Valerius Maximus mit ihren rhetorischen Kategorien dient als Vorbild für humanistische Kompilationen, die wiederum „Standardwerke zum

16 Wolfgang Brückner, Volkserzählung und Reformation, Berlin 1974, S. 13–123, speziell S. 87–91.

17 Wolfgang Brückner, Beyerlinck, Laurentius, in: EM 2 (1979), Sp. 279–281, hier Sp. 280.

18 Christine Shojaei Kawan, Säugen, in: EM 11 (2004), Sp. 1156–1163.

19 Reimund Kvideland, Gläubiger: Die drei G. (AaTh 1591), in: EM 5 (1987), Sp. 1274–1276.

20 Vgl. vor allem Rehermann, Brückner, Dömötör, Tubach, Dvořák, ATU.

Exzerpieren"[21] werden, z. B. *Exemplorum libri decem* von Marcantonio Coccio (genannt Sabellicus),[22] *Lectiones antiquae* des Ludovico Maria Ricchieri (Coelius Rhodiginus),[23] *De dictis factisque mamorabilibus collectanea* des Battista Fulgosus (auch Baptista Campofulgosus)[24] bis zu dem großen Sammelband *Exempla virtutem et vitiorum* des Johann Herold[25] von 1555. Nachfolgende Kompilatoren bedienen sich des Buchtypus und der Beispielgeschichten als weitgehend an das Original angepaßter Schilderungen von Tugenden und Lastern, die in vergleichbare Beispiele eingebettet sind und vielfach christliche Auslegungen enthalten (z. B. Jacob Zanach, *Historische Erquickstunden*, 1618; Balthasar Exner, *Valerius Maximus Christianus*, 1620; Johannes Mollerus, *Allegoriae Profano Sacrae*, 1646; ders., *Continuatio Allegoriarum Profano-Sacrorum*, 1649). Die applicatio moralis wird den jeweiligen Zielen der Verfasser untergeordnet und wechselt innerhalb der literarischen Gattungen.

(2) Der Bezug der Moralisation zum Text erscheint mitunter arg konstruiert, wenn z. B. der Gesetzgeber Zaleucus (6,5, ext. 3) in den *Gesta Romanorum* (Kap. 50: dort heißt er Zelongus) zwar das Beispiel des gerechten und barmherzigen Königs abgibt, dann aber als Christus gedeutet wird, der für eine milde Bestrafung des sündigen Ehebrechers gesorgt habe. Die Augen des Ehebrechers stehen für die göttliche Gnade und ewige Glückseligkeit, die der Ehebrecher bei Vollstreckung der Blendung sonst verloren hätte.

(3) Vor allem seit dem 15. Jahrhundert begegnen Abweichungen in der Zuschreibung historischer Persönlichkeiten, mitunter ist Valerius Maximus als indirekte oder direkte Quelle namentlich nicht aufgeführt, z. B. in Verbindung mit dem Stoff vom ungerechten Richter Kambyses (6,3, ext. 3)[26] oder von Zaleucus/Zeleucus/Zelongus[27] und seinem Sohn (6,5, ext. 3).

(4) Die mehrfache Nutzung von Exempla aus den *Facta et dicta* – je nach Buch zwischen 84 (Buch 7) bis zu 132 Exempla (Buch 8, 9) – differiert und betrifft nur etwa 15% der 964 Exempla (deren Gesamtzahl ließe sich, je nach Zählung, auch etwas erhöhen) und schwankt zwischen einigen aus Buch 2 bis zu gut zwei Dutzend Exempla aus Buch 4, 5 und 6. Für die unterschiedliche Nachwirkung dürften zwei Anhaltspunkte maßgeblich sein. Zum einen hängt die Rezeption mit thematischen Aspekten zusammen: Götterverehrung und -verachtung, Vorahnungen und Träume (Buch 1), Kriegszucht oder fremde Bräuche (Buch 2) standen weniger im Fokus der christlichen Autoren, ebensowenig Schilderungen von Grausamkeit oder ungewöhnlichen Todesarten (Buch 9). Zum andern waren aus Buch 4, 5 und 6 mehr nachgefragt auf den Alltag bezogene Beispiele positiver Charaktereigenschaften wie Enthaltsamkeit, Selbstbeherrschung, Bescheidenheit, Freigebigkeit, Gerechtigkeit ebenso wie Geschichten über familiären Zusammenhalt in schwierigen Situationen und über Fragen der Ehe.

(5) Im Laufe des 17./18. Jahrhunderts dienen Valerius-Exempla zwar weiterhin als Gleichnisse für christliches Gedankengut innerhalb der historisch unterhaltsamen, moralisierenden Exempel- und Gleichnismaterien. Mollerus z. B. führt Valerius Maximus gut dreißigmal als Autorität an, stellt christliche Bezüge allegorisierend her und zeigt seine Belesenheit dadurch,

21 Vgl. Brückner (wie Anm. 16), S. 87–91, hier S. 88.

22 Rudolf Schenda, Coccio, Marcantonio (Sabellico), in: EM 3 (1981), Sp. 83–85.

23 Michaela Marangoni, Ricchieri, Ludovico Maria, in: EM 11 (2004), Sp. 648–651.

24 Hans-Jörg Uther, Behinderte in populären Erzählungen (Fabula, Supplement-Serie B 5), Berlin/New York 1981, S. 48f. (im Zusammenhang mit Antonio Beccadellis „Alfonsi regis dictorum et factorum memoratu dignorum libri 4").

25 Rudolf Schenda, Herold, Johann, in: EM 6 (1990), Sp. 857f.

26 Gesta Romanorum, Nr. 29. – Pauli/Bolte, Nr. 118. – EM-Archiv (Göttingen): Hilarius Salustius (1717), 248.

27 Matthaeus Hammer, Rosetum historiarum. Das ist: Historischer Rosengarten [...]. Zwickau 1654, 165 (= Uther, Hans-Jörg: Merkwürdige Literatur [Digitale Bibliothek, 111]. CD-ROM Berlin 2004).

daß er weitere Autoritäten der Antike vergleichend beizieht.[28] Häufig unterbleibt jedoch die moralische Auslegung wegen einer anderen Autorintention. So hat etwa der im 17./18. Jahrhundert vielgelesene Peter Lauremberg[29] in seinem philologischen, mehrfach erweiterten und auch nachgeahmten Lehrbuch *Acerra philologica* 200 Historien zusammengestellt (Erstdruck 1633; zuletzt [1754] 700 Historien), verzichtet aber in stärkerem Maße auf biblische bzw. christliche Bezüge und ermahnt in abschließenden Tendenzen vor allem zu ethisch vorbildhaftem Verhalten und Handeln. Sein Ziel laut Vorrede ist es statt dessen, die Jugend kurzweilig über die Welt der Antike zu informieren, die in deutscher Sprache dargebotenen Geschichten als Vorlagen für Übersetzungen in andere Sprachen zu nutzen. Eine andere Intention verfolgt das Spätwerk *Neu Ausgelegter Curioser Tändl-Marckt der jetzigen Welt* des Wiener Weltpriesters Valentin Neiner.[30] Er empfiehlt die Sammlung u. a. mit zahlreichen Valerius-Exempeln im Untertitel als „Haus-Buch" und für den Kanzelgebrauch „wegen vielfältiger untermischten Biblischen Concepten und Sitten-Lehren", angefüllt „mit verschiedenen Realien und Moralien, Geschichten und Gedichten, vielen Merckwürdigkeiten wie auch Poetischen Einfällen und gelehrten Gedancken". In der Tat ist dieser 1732 erstmals erschienene *Tändl-Marckt* dann zwei Jahre später (1734, ²1748, ³1749; Übers. ins Niederländische 1735) unter der Autorschaft von Neiner ein sprachliches und inhaltliches Kunterbunt heiterer und ernster Geschichten, Sagen, Fabeln, Lügengeschichten und Schwänke.[31] Neiner breitet dies alles nach Art der Warenhändler aus (Kapitelüberschriften wie *Ein Mausfallen*, *Ein Violin-Geigen und ein Hack-Brettel*) und beschreibt den Lauf der Welt und die Teilhabe des Menschen in 46 (1748: 56) Diskursen mit abschließender Moral, wobei er die Leser an seiner Sicht der Dinge teilhaben läßt. Sein Weltbild ist nicht pessimistisch, aber er benutzt immer wieder in seinen Augen zunächst negativ verlaufene Beispielgeschichten, um dann seine – zum Teil obrigkeitsorientierte – Auffassung darzubieten, z. B. wie wahre Freundschaft beschaffen sein soll oder daß Bettlersimulanten eine Soziallast darstellen und Verstöße des Hofpersonals zu ahnden seien. Die thematisch breit angelegte Kompilation läßt – wie auch andere vom Autor hinterlassene Schriften – Neiners humanistische Bildung und große Belesenheit erkennen. Eine solche Umwandlung von Valerius-Exempla zu merkwürdigen Geschichten hält bis ins 19. Jahrhundert an und betrifft anekdotenhafte Schilderungen in der Chronik-, Schwank- und Unterhaltungsliteratur bis hin zu Märchen und Sagen des 19. Jahrhunderts.

Mit dem vermehrten Aufkommen ‚sagenhafter' Geschichten und dem Re-Zitieren von Texten, die prototypisch für eine bestimmte Stadt, Region oder einen lokalen Amtsträger stehen, schwindet der Einfluß des Valerius Maximus als Autorität. Einige bekannte Stoffe aus der Memorabiliensammlung leben in erheblich reduziertem Maße weiter, wobei mitunter der Autor der Vorlage nicht mehr genannt wird. Ein Beispiel hierfür ist die Anekdote von der alten Frau, die nach der Schilderung des Valerius Maximus täglich für die Gesundheit des Tyrannen

28 Hans-Jörg Uther, Mollerus, Johannes, in: EM 9 (1999), Sp. 769–772. – Rehermann, S. 55–58, 233–236, 280–315–332.

29 [Lauremberg, Peter:] Neue und vermehrte Acerra Philologica. Das ist: Sieben Hundert Außerlesene, Nützliche/lustige und denckwürdige Historien und Discursen [...]. Frankfurt am Main/Leipzig 1717 (zuerst Rostock 1633), S. 20f., 84–86, 86f., 411f., 732, 790, 915f., 985 (= Uther, Hans-Jörg: Merkwürdige Literatur [Digitale Bibliothek, 111]. CD-ROM Berlin 2004). – Zu Lauremberg vgl. Theodor Brüggemann (in Zusammenarbeit mit Otto Brunken) (Hgg.), Handbuch zur Kinder- und Jugendliteratur. Von 1570 bis 1750. Stuttgart 1991, Sp. 1511–1513.

30 Hans-Jörg Uther, Neiner, (Johann) Valentin, in: EM 9 (1999), Sp. 1335–1338.

31 Elfriede Moser-Rath, „Schertz und Ernst beysammen". Volkstümliches Erzählgut in geistlichen Schriften des 18. Jh.s [1965], in: Dies.: Kleine Schriften zur populären Literatur des Barock, hg. v. Ulrich Marzolph/Ingrid Tomkowiak, Göttingen 1994, S. 282–317, bes. 293–297.

Dionysius betet und auf dessen Frage erklärt, schon zweimal sei nach dem Tod eines Tyrannen ein noch schlimmerer gefolgt (6,2, ext. 2). Das Exemplum steht für den Mut einzelner, sich freimütig Mächtigen gegenüber zu äußern und diese Ansicht auch gegen die Mehrheitsmeinung (das Volk wünscht den Tod des Tyrannen) zu vertreten. Mit dieser Personenkonstellation und einer z. T. christlich orientierten applicatio moralis findet sich das Exemplum – abgesehen von der Verbreitung in Mittelalter und früher Neuzeit (u. a. Vincent de Beauvais, John Bromyard, *Gesta Romanorum*, Lucius Domitius Brusonius, Adrian Barlandus, Johannes Gastius, Lodovico Domenichi) – wiederholt in späterer Zeit, nun aber ist an die Stelle des tyrannischen Herrschers eine andere (mißliebige) lokale und einflußreiche, öfter auch namenlose Personen getreten[32]: In Überlieferungen des 17./18. Jahrhunderts ist der Fragesteller ein Bürgermeister oder ein Richter, in Schweizer Texten des 19. Jahrhunderts ein Landvogt oder ein Geistlicher oder in einem Text aus Katalonien ein Herrscher wie Peter IV. von Aragon, genannt ‚Pere del Punyalet'[33]. Als Kristallisationsfigur erscheint der mißliebige Amtsträger, die Sentenz zielt wie bei Odilo Schreger[34] auf die Gültigkeit des Sprichworts: Es kommt nicht Besseres nach. Die Anonymisierung, Lokalisierung und Einbettung in ein anderes soziales Milieu macht das Exemplum zu einer beliebig einsetzbaren Erzählung in unterschiedlichen Erzählgenres, trägt aber dadurch auch zu einer Stabilisierung der Überlieferung bei, auch wenn die ursprüngliche Funktion der Beispielgeschichte dadurch weitestgehend verlorengeht.

Die folgende naturgemäß unvollständige Aufstellung (s. Siglen) soll das Nachleben bestimmter Valerius-Exempla andeuten. Bei Nennung des Erzähltyps ATU wird auf weitere Angaben von Typen- und Motivkatalogen verzichtet, da solche sowie weiterführende Literatur unter der entsprechenden ATU-Typennummer zu finden sind; die deutschen Typenbezeichnungen verweisen auf entsprechende Artikel in der *Enzyklopädie des Märchens* (EM).

1,1,14 = Gefangener Römer rät seinen Landsleuten von einem für sie ungünstigen Gefangenenaustausch ab, obwohl ihm das die Freiheit kostet (Dvořák, Nr. 5242*). – 1,1, ext. 3 = Der Tyrann Dionysius stiehlt ein goldenes Gewand einer Jupiterstatue und erklärt, es sei für den Sommer zu warm und den Winter zu kalt (Dvořák, Nr. 1677*). – 1,1, ext. 5 = Soldaten Alexanders d. Gr. wollen den Tempel der Ceres in Milet berauben und werden von Ceres geblendet (Mollerus, Continuatio, S. 219). – 1,5,6 = Vorahnung: Pompeius d. Gr. erblickt auf seiner Flucht ein Gebäude, das als ‚schlimmes Schloß' bezeichnet wird, und verfällt in Trübsal (Mollerus, Continuatio Allegoriarum, S. 445). – 1,6, ext. 3 = Ameisen tragen Weizenkörner in den Mund des schlafenden Midas. Ihm wird prophezeit, der reichste Mann auf Erden zu werden (Tubach, Nr. 293; Stengel/Schneider, Nr. 710). – 1,7, ext. 3 = Simonides bestattet Leiche, wird vor Unwetter im Traum gewarnt und bleibt vom Untergang seines Schiffes verschont (ATU 505: *Dankbarer Toter*). – 1,8, ext. 4 = Stummer kann plötzlich reden, als ihm Ehre und Belohnung nach einem Sieg vorenthalten werden. – 2,6,7 = Pantomimen wird das Auftreten verwehrt (Tubach, Nr. 33). – 2,7,1 = Scipio Africanus läßt Prostituierte und Spielleute erschlagen, sie seien im Krieg hinderlich (Pauli/Bolte, Nr. 537). – 2,7,12 = Scipio Africanus ließ alle Karthager, die sich von den Römern abgewandt hatten, aufhängen (Mollerus, Allegoriae, S. 291f.). – 3,2,19 = Julius Caesar reißt einem zaghaften Soldaten den Schild aus der Hand (Mollerus, Continuatio, S. 369f.). – 3,2,25 = Tapfere Helden erreichen im Krieg den Sieg (Mollerus,

32 Vgl. Angaben bei ATU 910M: Gebet für den Tyrannen.

33 Vgl. Beispiele bei Hans Trümpy, Gebet für den Tyrannen, in: EM 5 (1987), Sp. 803–805.

34 Odilo Schregers lustiger und nützlicher Zeitvertreiber […]. Augsburg [11]1802, S. 463f. (= Uther, Hans-Jörg: Merkwürdige Literatur [Digitale Bibliothek, 111]. CD-ROM Berlin 2004).

Continuatio, S. 388). – 3,3, ext. 1 = Schmerzverachtung: Kohle verbrennt einem Mann den Arm (Tubach und Dvořák, Nr.1122; Mollerus, Allegoriae, S. 343). – 3,3, ext. 3 = Ohr des Tyrannen abgebissen (Tubach, Nr. 1842). – 3,3, ext. 4 = Ein Tyrann will dem Philosophen Anaxarch die Zunge herausschneiden lassen. Dieser beißt sich die Zunge ab, damit sie dem Tyrannen nicht gehorcht (Dvořák, Nr. 4897*). – 3,4,4 = Terentius Varro verliert die Schlacht bei Cannae, während der Sieger Paulus stirbt, und kehrt unverletzt nach Rom zurück (Mollerus, Allegoriae, S. 212). – 3,8,8 = Belohnung für Tapferkeit und Beständigkeit (Tubach, Nr. 753). – 3,8, ext. 6 = Alexander d. Gr. trinkt den von seinem Freund gereichten Becher, obwohl er gewarnt wurde, daß dieser vergiftet sei (Tubach, Nr. 1401; Mollerus, Allegoriae, S. 306f.). – 4,1,5 = Fabius Maximus vereitelt die Wahl seines Sohnes zum Konsul (Tubach, Nr. 4479). – 4,1, ext. 2 = Platon weigert sich zu erkennen, daß ein Freund schlecht von ihm spricht (Tubach, Nr. 2211, Tubach und Dvořák, Nr. 3820). – 4,3,1 = Scipio gibt eine schöne Gefangene unberührt ihren Eltern zurück (Tubach und Dvořák, Nr. 138). – 4,3,5 = Unbestechlichkeit: Armer Herrscher (Marcus Curius) gibt sein Reich nicht für Geld her (Tubach, Nr. 3165). – 4,3,7 = Römischer Konsul lehnt Geschenke ausländischer Boten ab, die Vorteile der Heimat gelten ihm mehr als eigener Gewinn (Dvořák, Nr. 5242*). – 4,3, ext. 3 = Verlorene Wette: Prostituierte scheitert beim Versuch, Xenokrates zu verführen (Tubach, Nr. 5192). – *4,3, ext. 4 = ATU 1871 C: *The Cynic Wants Sunlight* + ATU 1871 Z (2): *Other Anecdotes about Diogenes* (Ein Weiser sagt dem Philosophen, er hätte es nicht nötig, Gemüse zu kochen, wenn er dem König schmeicheln würde. Dieser antwortet: Derjenige, der auch mit Gemüse zufrieden ist, muß dem König nicht schmeicheln). – 4,4, Einl. = Kinder sind das höchste Glück, nicht große Schmuckstücke (Dömötör, Nr. 184). – 4,5, ext. 1 = Selbstverstümmelung aus Keuschheitsgründen: Spurina zerstört sein Gesicht (Tubach, Nr. 4744b). – 4,6,1 = Treuer Ehemann: Als Schlangen (männlich/weiblich) den Tod des Herrschers voraussagen, tötet er die männliche Schlange, was zwar seinen Tod zur Folge haben wird, seine Frau aber am Leben erhält (Tubach, Nr. 4282; Mollerus, Continuatio, S. 66). – 4,6,2 + 4,6,5 = Selbstmord aus Trauer über den Verlust des Ehepartners (Dvořák, Nr. 4668*). – 4,6,4 = Julia, die Tochter des Kaisers Gaius, verstößt weder unter Drohungen noch unter Angeboten von Geschenken gegen die eheliche Treue (Dvořák, Nr. 2878*). – 4,6, ext. 1 = Reliquien als Trinkgefäße: Artemisia trinkt die Asche ihres toten Ehemanns Mausolus (Dvořák, Nr. 4057*; Mollerus, Allegoriae, S. 226f.). – 4,6, ext. 2 = Königin Hypsikratea folgt ihrem Herrn überall hin (Mollerus, Allegoriae, S. 89). – 4,6, ext. 3 = Kleidertausch als Gefangenenlist: Frauen tauschen ihre Kleidung und bewahren so ihre 30 Ehemänner vor dem Tod (Rehermann, 163f., Nr. 71; 292f., Nr. 27; 374, Nr. 6; 410, Nr. 4; 416, Nr. 15). – 4,7, ext. 1 = Bürgschaft: Freund bleibt als Pfand für zum Tode Verurteilten; die Treue wird durch Begnadigung belohnt (Tubach und Dvořák, Nr. 2208; Dömötör, Nr. 188; Mollerus, Allegoriae, S. 66)[35]. – 4,7, ext. 2 = König vergibt einem Mann, der einen Gefolgsmann für ihn gehalten hat (Tubach, Nr. 2910). – 4,8,1 = Fabius Maximus verwendet sein eigenes Vermögen, um das versprochene Lösegeld für die Gefangenen zu zahlen, das die Familien nicht aufbringen können, und rettet damit die Ehre seines Landes (Tubach und Dvořák, Nr. 4034). – 5,1, ext. 1 = Alexander d. Gr. überläßt einem alten, von der Schlacht erschöpften Ritter wegen seiner früheren Verdienste seinen Platz am Feuer (Dvořák, Nr. 106*). – 5,1, ext. 2 = Eine Fürstin fordert den

35 Elisheva Schönfeld, Bürgschaft, in: EM 2 (1979), Sp. 1041–1044. – Ludwig Denecke, Freundschaftssagen, in: EM 5 (1987), Sp. 315–318.

Tod für einen jungen Mann, der ihre Tochter umarmt und geküßt hat. Das Gesuch wird abgelehnt: Wenn wir diejenigen töten, die uns lieben, wie sollen wir dann die behandeln, die uns hassen? (Tubach und Dvořák, Nr. 1291; Marzolph, Arabia ridens, Nr. 247). – 5,1, ext. 4 = Pyrrhus stellt diejenigen zur Rede, die auf einem Fest in seiner Abwesenheit schlecht über ihn gesprochen haben. Er verzeiht ihnen aufgrund der Antwort: Wenn wir genug Wein gehabt hätten, was hätten wir dann noch gesagt! (Tubach und Dvořák, Nr. 5382). – 5,4,1 = Als Kaiser Coriolan Rom belagert, finden Gesuche um Gnade kein Gehör, bis ihn schließlich seine Mutter bittet (Pauli/Bolte, Nr. 440 [Anspielung]; Tubach und Dvořák, Nr. 1246; Dömötör, Nr. 183; Mollerus, Continuatio, S. 224f.; Lauremberg, S. 190f., Nr. 12). – 5,4,7 = ATU 985*: *The Suckled Prisoner* (Mutter und Tochter). – 5,4, ext. 1 =ATU 985*: *The Suckled Prisoner* (Vater und Tochter). – 5,4, ext. 4 = Zwei Brüder retten ihre Eltern vor dem Ausbruch des Ätna (Mollerus, Allegoriae, S. 243f.). – 5,5,4 = Ein Bruder ersticht den andern unwissend, bereut und begeht Selbstmord (Mollerus, Allegoriae, S. 156f.). – 5,6, 5 = Publius Decius gibt sein Leben für seine Soldaten (Mollerus, Allegoriae, S. 69). – 5,6, 6 = Das delphische Orakel besagt, daß ein Freitod Rom von der Pest befreien würde: Marcus Curtius springt, auf seinem Pferd sitzend, in die tiefe Schlucht in der Nähe des Forums (Dömötör, Nr. 186; Stengel/Schneider, Nr. 987; Mollerus, Allegoriae, S. 74; Lauremberg, S. 33, Nr. 20 [ohne Quellenangabe]; Rehermann, 292, Nr. 26). – 5,6, ext. 1 = Codrus opfert sich, um seine Armee zu retten (Tubach und Dvořák, Nr. 1136; Dömötör, Nr. 182; Mollerus, Allegoriae, S. 68). – 5,6, ext. 4 = Grenzlauf: Zwei Brüder aus Karthago lassen sich als Strafe für ihr vertragswidriges Handeln beim Grenzlauf lebendig begraben und erreichen so die Ausdehnung der Landesgrenze gegenüber Cyrene[36]. – 5,8,3 = Ein Vater enterbt seinen Sohn, als er von dessen Verurteilung wegen Diebstahls hört; der Sohn erhängt sich (Dvořák, Nr. 4477*). – 5,9,4 = Ein Vater bietet dem Sohn, der ihn ermorden will, sein Schwert an; der Sohn bereut (Tubach, Nr. 4485). – 5,10, ext. 2 = Xenophon nimmt als Zeichen der Trauer seine Krone vom Haupt, als er vom Tod seines Sohnes erfährt. Er setzt sie wieder auf, als er hört, daß der Sohn ehrenhaft im Kampf gestorben ist (Tubach und Dvořák, Nr. 5397). – 6,1,2 = Ein Vater tötet seine Tochter, weil er lieber Mörder einer Jungfrau als Vater einer Entehrten sein will (Tubach, Nr. 3436). – 6,2, ext. 1 = Eine zu Unrecht verurteilte Frau will bei König Philipp Berufung einlegen, wenn er wieder nüchtern ist (Tubach und Dvořák, Nr. 3737). – 6,2, ext. 2 = ATU 910M: Gebet für den Tyrannen. – 6,2, ext. 3 = König sitzt hinter einem Vorhang und vernimmt, wie ein Mann ihn verunglimpft. Ohne sich zu zeigen, warnt er den Mann aufzuhören, der König könnte ihn hören (Tubach und Dvořák, Nr. 2908). – 6,3, ext. 2 = Des Legaten Timagoras Verbeugung vor dem persischen König wird falsch ausgelegt, der Legat enthauptet (Mollerus, Allegoriae, S. 259). – 6,3, ext. 3 = Dem ungerechten Richter Kambyses wird die Haut abgezogen und über den Richterstuhl gespannt, den sein Sohn einnehmen muß (Tubach und Dvořák, Nr. 2859; Dömötör, Nr. 210). – 6,4,1 = Manlius Torquatus lehnt es wegen seiner Augenkrankheit ab, Konsul zu werden (Tubach und Dvořák, Nr. 1225). – 6,4,2 = Scipio weist zwei Kandidaten für eine Gesandtschaft zurück: Der eine ist zu bedürftig, der andere zu gierig (Tubach, Nr. 841). – 6,4,4 = Mann tadelt Freund, weil er eine ungebührliche Bitte an ihn richtet (Tubach, Nr. 2206b; Mollerus, Allegoriae, S. 323f.). – 6,5,1 = Ein Lehrer entführt Kinder aus einer von Römern belagerten Stadt. Der römische Feldherr weigert sich, die Kinder als Geiseln zu benutzen, und läßt den verräterischen Lehrer durch die Kinder selbst

---

36 Zur Nachwirkung vgl. Lutz Röhrich, Eine antike Grenzsage und ihre neuzeitlichen Parallelen [1949/50], in: ders.: Sage und Märchen, Freiburg/Basel/Wien 1976, S. 210–234.

bestrafen (Dvořák, Nr. 4709**) + Timochares bietet dem Konsul Fabricius an, Pyrrhus durch seinen Sohn, der des Pyrrhus Mundschenk ist, vergiften zu lassen. Fabricius lehnt ab und läßt Pyrrhus durch Boten vor solchen Anschlägen eine Warnung zukommen (Tubach und Dvořák, Nr. 3761). – 6,5, ext. 2 = Die Athener verschmähen den Rat eines Kriegsherrn, der ihnen zum Sieg über den Feinde verhelfen könnte, weil er unehrenhaftes Verhalten voraussetzt (Dvořák, Nr. 5084*). – 6,5, ext. 3 = Ein Sohn verstößt gegen die Gesetze seines Vaters Zaleucus; dieser vollzieht die Strafe und sticht statt einer Totalblendung sowohl sich als auch seinem Sohn ein Auge aus, um Gerechtigkeit walten zu lassen (Tubach und Dvořák, Nr. 1944; Stengel/Schneider, Nr. 12). – 6,5, ext. 4 = Konsul verbietet bei Todesstrafe, die Volksversammlung mit Waffen zu betreten. Als er einmal vergißt, seine Waffen abzulegen und auf seinen Fehler hingewiesen wird, stürzt er sich in sein Schwert (Dvořák, Nr. 4663*). – 6,8,6 = Sklave stirbt für seinen Herrn (Tubach, Nr. 4286). – 6,9,1 = Ein Sohn widersetzt sich des Befehls des Vaters, wird daraufhin enthauptet (Dvořák, Nr. 4479*; Mollerus, Continuatio, S. 214–217). – 6,9, ext. 5 = ATU 736A: Polykrates: Ring des P. (Mollerus, Allegoriae, S. 135). – 6,9, ext. 6 = Dionysius, der mächtige und kluge König, wird vom Unglück heimgesucht und verarmt im Alter so sehr, daß er in Rom Kinder betreuen und belehren muß (Dvořák, Nr. 1678**, Dömötör, Nr. 195; Stengel/Schneider, Nr. 865). – 7,2,3 = Bürgermeister Quintus Metellus bezweifelt, ob der Sieg über Karthago Rom Nutzen bringen werde (Mollerus, Allegoriae, S. 304f.). – 7,2, ext. 1 = Sokrates diskutiert Probleme des Heiratens (Tubach, Nr. 4457; Dömötör, Nr. 254). – 7,2, ext. 5 = König denkt über die Krone nach – ihre Schönheit und die schweren Aufgaben, die mit ihr verbunden sind (Dvořák, Nr. 1365*). – 7,2, ext. 6 = Lieber schweigen als schlecht reden (Tubach, Nr. 4374). – 7,2, ext. 9 = Ein Vater soll seine Tochter lieber mit einem armen Mann verheiraten (Tubach, Nr. 1444). – 7,3,2 = Iunius Brutus küßt die Erde, weil Abgötter prophezeien, wer zuerst der Mutter einen Kuß gäbe, würde regieren. Brutus wird Bürgermeister von Rom (Mollerus, Continuatio, S. 144). – 7,3, ext. 1 = ATU 1191: Brückenopfer. – 7,3, ext. 3 = Der weise Bias nimmt bei seiner Flucht nichts mit sich außer dem, was er am Leibe trägt (Mollerus, Allegoriae, S. 244). – 7,3, ext. 4 = Alexander d. Gr. schwört, nicht zu tun, um was ihn sein Lehrer Anaximenes bittet. Anaximenes will die kleinasiatische Stadt Lampsacus retten und hat den schlauen Einfall, Alexander zu bitten, die Stadt zu zerstören, was dieser getreu seines vorher gefaßten Entschlusses verweigert (Tubach und Dvořák, Nr. 105, Tubach, Nr. 139; Mollerus, Allegoriae, S 322f.). – 7,3, ext. 5 = AaTh/ATU 1591: *Gläubiger: Die drei G.* (hier zwei). – 8,6,3 = Mann mißachtet das Gesetz, das er selbst erlassen hat (Tubach, Nr. 2983). – 8,7, ext. 1 = Demosthenes geht an den Strand, um sich durch das Geräusch der Wellen an den Lärm bei Volksversammlungen zu gewöhnen und ein geduldiges Ohr für Verhandlungen zu bekommen (Tubach, Nr. 1515). – 8,7, ext. 6 = Mann rühmt sich seines geistigen Reichtums beim Anblick der heruntergewirtschafteten Güter (Tubach, Nr. 3292). – 8,7, ext. 14 = Solon lernt selbst noch auf dem Totenbett (Tubach, Nr. 2968). – 8,8, ext. 1 = Sokrates beim Spiel mit seinen Kindern (Tubach, Nr. 4455). – 8,10, ext. 1 = Demosthenes' Beredsamkeit (Tubach, Nr. 1516). – 8,13, ext. 2 = Hohes Alter erreichte Gorgias von Leontinus, weil er nie über Altersbeschwerden klagte (Mollerus, Allegoriae, S. 354). – 8,14, ext. 4 = Auf die Frage des Pausanias an Hermokles, wie man Ruhm erwürbe, antwortete dieser: bei Tötung eines berühmten Mannes ginge dessen Ruhm auf einen über (Tubach, Nr. 1973). – 9,2, ext. 9 = Schmied Perillus fertigt für König Phalaris eisernen Bullen als Folterinstrument und wird als erster darin geröstet (Tubach und Dvořák, Nr. 811; Dömötör, Nr. 246; Mollerus, Allegoriae, S. 345). – 9,3, ext. 4 = Königin Semiramis eilt mit unfertiger Frisur zum Kampf (Tubach, Nr. 5359). – 9,12, ext. 5 = Mann stirbt vor Freude über seinen Sieg im Wettkampf (Tubach, Nr. 5083). – 9,12, ext. 9 = Milo bleibt mit den Händen in einer Spalte des Baums stecken, den er im Vertrauen auf seine Kraft auseinanderreißen wollte (Pauli/Bolte, Nr. 250; Mollerus, Allegoriae, S. 101f.; Lauremberg, S. 61, Nr. 31). – 9,14, ext. 3 = Gegenseitige Beschuldigung außerehelicher Abstammung: War deine Mutter jemals in der Heimatstadt deiner Eltern? – Nein, aber mein Vater war oft dort! (Tubach, Nr. 833; Marzolph, Arabia ridens, Nr. 315).

Siglen

ATU	Uther, Hans-Jörg: The Types of International Folktales. A Classification and Bibliography, Based on the System of Antti Aarne and Stith Thompson. Bd. 1–3 (FF Communications, 284, 285, 286), Helsinki 2004.
Dömötör	Dömötör, Ákos: A magyar protestáns exemplumok katalógusa (Katalog der ungarischen protestantischen Exempel) (Folklór Archívum, 19), Budapest 1992.
Dvořák	Dvořák, Karel: Soupis staroeských exempel. Index exemplorum paleobohemicorum (Acta Universitatis Carolinae, Philosophica et Historica Monographia, 72), Praha 1978.
EM	Enzyklopädie des Märchens. Handwörterbuch zur historischen und vergleichenden Erzählforschung. Bd. 1ff., Berlin/New York 1977ff.
Marzolph, Arabia ridens	Marzolph, Ulrich: Arabia ridens. Die humoristische Kurzprosa der frühen adab-Literatur im internationalen Traditionsgeflecht. 1: Darstellung; 2: Material (Frankfurter wissenschaftliche Beiträge, 21,1–2), Frankfurt am Main 1992.
Mollerus Allegoriae	Mollerus, Johannes: Allegoriæ Profano-Sacræ. Das ist: Geistliche Deutungen Allerhand Weltlicher auserlesener Historien [...], Leipzig ^{5}1671.
Mollerus, Continuatio	Mollerus, Johannes: Continuatio Allegoriarum Profano-Sacrarum. Das ist: Andere/ den vorigen noch mehr zugesetzte Geistliche Deutungen Allerhand Weltlicher auserlesener Historien [...], Leipzig ^{5}1671.
Pauli/Bolte	Pauli, Johannes: Schimpf und Ernst. Bd. 1–2. ed. Johannes Bolte (Alte Erzähler, 1–2), Berlin 1924.
Rehermann	Rehermann, Ernst Heinrich: Das Predigtexempel bei protestantischen Theologen des 16. und 17. Jahrhunderts (Schriften zur Niederdeutschen Volkskunde, 8), Göttingen 1977.
Stengel/Schneider	Schneider, Alois: Narrative Anleitungen zur praxis pietatis im Barock. dargelegt am Exempelgebrauch in den „Iudicia Divina“ des Jesuiten Georg Stengel (1584–1651) (Veröffentlichungen zur Volkskunde und Kulturgeschichte, Bd. 11, 12), Würzburg 1982 (Ausg. 1651, hier zitiert nach der 2. Ausg. 1686; Stengel übernimmt 32 Exempel nach Valerius Maximus, stützt sich vielfach auf die Sammlungen seines Ordensbruders Laurentius Beyerlinck).
Tubach	Tubach, Frederic C.: Index Exemplorum. A Handbook of Medieval Religious Tales (FF Communications, 204), Helsinki 1969.

Mythisierung und Märchenrequisiten in der ungarischen Versbearbeitung des *Fortunatus*

Gábor Tüskés

Der erste deutsche Originalroman in Prosa gelangte in zwei völlig unterschiedlichen Fassungen zum Leserpublikum, dies in zwei aufeinanderfolgenden Perioden der ungarischen Literatur. Die erste Version ist eine Versbearbeitung, die fast siebzig Jahre nach der Erstausgabe des deutschen *Fortunatus*, zwischen 1578 und 1583 erschien.[1] Die davon vollkommen unabhängige Prosaübersetzung wurde nach abermals siebzig Jahren, 1651, veröffentlicht.[2] Während aber die Versbearbeitung bis zu ihrer historisch-kritischen Ausgabe von 1930 nicht mehr publiziert wurde, erlebte die Prosaübersetzung zahlreiche Neuauflagen, Kolportageausgaben, Überarbeitungen und Modernisierungen. Paradoxerweise ist die Versbearbeitung, die dem Prosaroman zeitlich näher steht, hinsichtlich der Gattung, des Inhalts, der ästhetischen Qualität und der auktorialen Sichtweise vom deutschen *Fortunatus* viel weiter entfernt als die spätere Prosaübersetzung.

Beide Adaptationen zeigen, dass sich der literarische Anspruch der Leserschaft in Ungarn verhältnismäßig spät von der Historie in Versen, häufig sogar noch in gesungener Form, ab- und der Prosalektüre zuwandte.[3] Die Versbearbeitung nimmt innerhalb der ungarischen Versepik des 16. Jahrhunderts eine besondere Stelle ein, sie ist die früheste Bearbeitung dieses Stoffes in einer anderen Sprache und in einem anderen Genre überhaupt. Die Prosaübersetzung wiederum ist die früheste Erzählung des 17. Jahrhunderts im Ungarischen und spielt in der Entfaltung der fiktionalen Prosa eine nicht unwesentliche Rolle.[4]

Die ungarischen *Fortunatus*-Adaptationen wurden gemeinsam und im internationalen Kontext – bis auf eine frühe Ausnahme[5] – bisher noch nicht untersucht, doch kann ein syste-

---

1 Az Fortunatusrol valo szép historia, énec szerént szerezve... [Kolozsvár 1577–1583, Gáspárné Heltai] (RMK I 343 = RMNy 461); als Textgrundlage wurde folgende Edition zugrunde gelegt: Régi Magyar Költők Tára XVI. század. Bd. VIII, hg. v. Lajos Dézsi, Budapest 1930, S. 337–499 (im Folgenden: Dézsi, 1930). Zum Titelholzschnitt des Druckes vgl. Zoltánné Soltész: A XVI. századi kolozsvári könyvdíszek, in: Művészettörténeti Értesítő 6 (1957), S. 141–160, hier S. 148. Abb. 40; Tibor Szántó, A szép magyar könyv. Budapest 1974, Abb. 71. Der Titelholzschnitt und die zwei Textillustrationen sind unabhängig von den Holzschnitten in den Ausgaben des deutschen Prosaromans aus dem 16. Jahrhundert. Zum Weiterleben der Illustrationen der Erstausgabe von 1509 siehe Manuel Braun, Illustration, Dekoration und das allmähliche Verschwinden der Bilder aus dem Roman (1471–1700), in: Cognition and the Book: Typologies of Formal Organisation of Knowledge in the Printed Book of the Early Modern Period. Ed. by Karl A.E. Enenkel/Wolfgang Neuber, Leiden/Boston 2005, S. 369–408. – Zum Begriff des Prosaromans vgl. Jan-Dirk Müller, Augsburger Drucke von Prosaromanen im 15. und l6. Jahrhundert, in: Augsburger Buckdruck und Verlagswesen. Von den Anfängen bis zur Gegenwart, hg. v. Helmut Gier/Johannes Janota, Wiesbaden 1997, S. 337–352. – Für seine Bemerkungen zum ungarischen Manuskript des Beitrages danke ich Dr. József Jankovics, Budapest, für die sprachlich-stilistische Glättung der deutschen Fassung bin ich Prof. Dr. Dieter Breuer, Aachen, dankbar.

2 Az Fortunatusrol iratott igen szep nyajas beszédü könyvetske... [Lőcse] 1651 [Brewer] (RMK I 848 = RMNy 2375); als Textgrundlage wurde folgende Edition zugrunde gelegt: Béla Lázár, A Fortunatus-mese az irodalomban, in: Egyetemes Philologiai Közlöny 1890, Suppl.-Bd. II. S. 335–504, hier S. 399–504 (im Folgenden: Lázár, 1890).

3 Vgl. A magyar irodalom története 1600-tól 1772-ig, hg. v. Tibor Klaniczay, Budapest 1964, S. 301 (Imre Bán).

4 Ebd., S. 304.

5 Lázár, 1890, S. 362–372; Béla Lázár: Über das Fortunatusmärchen, in: Ungarische Revue 13 (1893), S. 334–348, 15 (1895), S. 461–477, 692–716, hier S. 469–477; vgl. Béla Lázár, Über das Fortunatus-Märchen, Leipzig 1897.

matischer Vergleich mit dem deutschen Prosaroman zu einer besseren Kenntnis der deutsch-ungarischen Literaturverbindungen in der Frühen Neuzeit beitragen und das Verständnis stoff- und rezeptionsgeschichtlicher Zusammenhänge fördern. Während von den englischen, tschechischen, polnischen und jiddischen *Fortunatus*-Adaptationen bereits vergleichende Untersuchungen vorliegen,[6] gibt es über die ungarischen Texte keine derartige Übersicht. In diesem Beitrag konzentriere ich mich auf den Vergleich von Original mit der Versfassung.

Die Arbeit wird vor allem dadurch erschwert, dass die neueren Ausgaben beider Texte – die eine erschien 1890, die andere 1930 – den heutigen Ansprüchen der Textkritik nicht entsprechen. Ein Teil der Irrtümer Béla Lázárs, der die Prosaübersetzung erstmals herausgab und die Ergebnisse seiner Dissertation auch auf Deutsch publizierte, wurde zwar von der späteren Forschung korrigiert, was aber nicht mehr auf Deutsch erschien.[7] In der Bibliographie der *Fortunatus*-Ausgabe von Hans-Gert Roloff sind zwar die bibliographischen Angaben der ungarischen Versbearbeitung angegeben, aber nicht bei den Bearbeitungen, sondern bei den Übersetzungen; auch die weiteren Ausgaben der Prosaübersetzung sind dort nur lückenhaft angeführt.[8] Im „Fortunatus"-Artikel der *Enzyklopädie des Märchens* ist die Versbearbeitung nicht einmal erwähnt, diese aber sollte gerade in der Geschichte der populären Erzählstoffe und Motive nicht vernachlässigt werden.[9] Modernisierte Ausgaben der Prosaübersetzung sind in den 80er Jahren des vorigen Jahrhunderts gleich zweimal erschienen.[10]

Entstehung und gattungsgeschichtlicher Kontext der Versbearbeitung

Der Dichter der Versbearbeitung ist ebenso unbekannt wie der Autor des deutschen Prosaromans.[11] Er ist aller Wahrscheinlichkeit nach im Kreise der protestantischen Geistlichen zu suchen;[12] möglicherweise war er lutherischen Glaubens. Er verfügte über keine umfassende

6 A. F. Lange, On the relation of Old Fortunatus to the Volksbuch, in: Modern Language Notes 18 (1903), S. 141–144. – Josef Hrabák, Zum stilistischen Aufbau des tschechischen „Fortunatus", in: Wissenschaftliche Zs. der Humboldt-Universität zu Berlin, Gesellschafts- und sprachwissenschaftliche Reihe 16 (1967), S. 759–762. – Fortunatus, k vydání připravil a úvod napsal Josef Hrabák, Praha 1970. – Josef Matl, Deutsche Volksbücher bei den Slawen, in: Germanisch-Romanische Monatsschrift, N. F. 5 (1955), H. 3, S. 193–212. – Jurij Striedter, Der polnische „Fortunatus" und seine deutsche Vorlage, in: Zs. f. slavische Philologie 29 (1961), S. 32–91. – Fortunatus: Die Bearbeitung und Umschrift eines spätmittelalterlichen deutschen Prosaromans für jüdisches Publikum, hg. v. John A. Howard, Würzburg 1991.

7 Jakab Bleyer, Fortunatus-népkönyvünk és német eredetije, in: Egyetemes Philologiai Közlöny 31 (1907), S. 729–746. – Vgl. Gusztáv Heinrich, A Fortunatus-mese eredete, in: Irodalomtörténeti Közlemények 26 (1916), S. 153–157.

8 Fortunatus. Studienausgabe. Nach der editio princeps von 1509. Mit Materialien zum Verständnis des Textes, hg. v. Hans-Gert Roloff, Stuttgart 1981, S. 340–342.

9 Hans-Jörg Uther, Fortunatus, in: EM Bd. 5 (1987), S. 7–14.

10 Fortunatus és Magelóna históriája, hg. v. István Nemeskürty. Budapest 1984, S. 23–189. – Magyar elbeszélők 16–18. század. Ausw. von Vilmos Gyenis und Margit S. Sárdi, hg. v. Margit S. Sárdi, Budapest 1986. S. 204–324, 1072–1077.

11 Lázár, 1890, S. 366–369; Dézsi 1930, S. 496; Mártonné Velcsov: Heltai Gáspár német anyanyelvének nyomai magyar nyelvű műveiben (Az elbeszélő múlt vallomása), in: Nyelvészeti Dolgozatok (Szeged) 171 (1979), S. 47–70. Nach einer Bemerkung von József Molnár „aufgrund der Orthographie und der Phonetik kann der Übersetzer Heltai sein. József Molnár, A könyvnyomtatás hatása a magyar irodalmi nyelv kialakulására 1527–1576 között, Budapest 1963, S. 112. Molnár hat jedoch nur die wichtigeren sprachlichen Tendenzen untersucht. Professor István Szathmári hat die sprachlichen Charakteristika des Textes nochmals überprüft und diese mit der Sprache in den Werken Heltais verglichen. Er kam zu dem Schluß, dass wichtige Züge der Sprache Heltais im Text des „Fortunatus" fehlen bzw. anders vorkommen. István Szathmári, Heltai Gáspár-e a fordítója, átdolgozója a Fortunatusról szóló XVI. századi verses széphistóriának?, in: Magyar Nyelv 105 (2009), S. 30–37. Vgl. Piroska B. Gergely, Szóhasználati párhuzamok Heltai Gáspár fabuláinak és a korabeli Kolozsvárnak beszélt nyelvéből, in: Magyar Nyelvjárások 38 (2000), S. 41–50.

12 Für das Folgende vgl. Lázár, 1890, S. 340; Dézsi, 1930, S. 495–496.

humanistische Bildung, hatte aber seine eigene Konzeption von seiner Arbeit, eine klare Autorenabsicht und feste moralische Vorstellungen. Er behauptet von sich selbst, in Hermannstadt (ung.: Szeben, heute: Sibiu, Rumänien), einem der Zentren der Sachsen in Siebenbürgen, gewesen zu sein und dort die Geschichte des Fortunatus gehört zu haben (V. 3399–3400).[13]

Mit plausiblen Gründen hat die frühere Forschung das Erscheinen der Bearbeitung in die Jahre zwischen 1578 und 1583 datiert.[14] Was die Entstehungszeit des Textes anbelangt, so kann er im Prinzip auch vor 1578 entstanden sein, da Vershistorien oft mehrere Jahre, ja Jahrzehnte vor dem Druck geschrieben wurden. In diesem Fall müsste man aber eine heute verschollene frühere Ausgabe der im Text zitierten Historie König Telamons bzw. ihre Kenntnis in Manuskriptform voraussetzen.

Der Autor verweist im Text mehrmals auf seine deutschsprachige Vorlage (z. B. V. 267, 727).[15] Die Annahme Lajos Dézsis, nach der sich die Quelle der Bearbeitung wesentlich von dem deutschen „Volksbuch" unterscheiden könnte, „vielleicht nur ein Auszug desselben war",[16] ist unrichtig, da von dem Prosaroman keine Kurzfassung vor 1583 angefertigt wurde. Die Ausgaben der sog. Frankfurter Gruppe beinhalten zwar kleinere Kürzungen, die aber den Handlungsgang nicht beeinflussen.[17] Die Versbearbeitung entfernt sich sowohl strukturell als auch inhaltlich weitgehend vom Roman. Es wurde nur ein Teil der Handlungselemente übernommen, darum hat es keinen Sinn, die Frage nach der als Vorlage benutzten konkreten Ausgabe zu stellen. Man kann nur annehmen, dass diese Ausgabe nicht aus der sog. Augsburger Gruppe hervorging, die verhältnismäßig genau der Erstausgabe folgt, sondern unter den Editionen der mit 1551 beginnenden sog. Frankfurter Gruppe zu suchen ist. Die dem Erscheinen der Versbearbeitung vorausgehende letzte datierte Frankfurter Ausgabe stammt aus dem Jahre 1570. Der erwähnte Autorenhinweis legt nahe, die Rolle der sächsischen Bevölkerung Siebenbürgens bei der Vermittlung der Vorlage zu berücksichtigen.

Die Versfassung des *Fortunatus* umfasst insgesamt 3408 Alexandriner in 852 vierzeiligen Strophen. Er stellt eine souveräne Bearbeitung mit didaktisch-moralisierender Zielsetzung dar. Gattungsmäßig bildet sie einen eigenartigen Übergang zwischen Verserzählung, Vershistorie (sog. „Historienlied") und Versroman; in mehrerer Hinsicht steht sie Letzterem am nahesten.

Dass die Wahl des Bearbeiters auf die Versform fiel, ist damit zu erklären, dass sie einerseits den Bedingungen des mündlichen Vortrags gut entspricht. Andererseits war dies in dieser Periode wegen der verhältnismäßig späten Herausbildung der Schriftlichkeit im Ungarischen

13 Im Folgenden verweisen die Zahlen im Text auf die Verszählung in der Edition von Dézsi. – Das zur Zeit bekannte in Siebenbürgen erhaltene einzige Exemplar der deutschsprachigen Fortunatus-Ausgaben befindet sich in der Akademischen Bibliothek Kolozsvár/Cluj/Klausenburg: Fortunatus mit seinem Seckel und Wuensch-Huetlein, Wie er dasselbe bekommen, und ihm damit ergangen, in einer überaus lustigen Lebens-Beschreibung vorgestellet, Mit schönen Figuren gezieret. o. O. o. J. [Signatur: U 73. 271]. Aufgrund der Titelaufnahme kann man das Exemplar mit einer der ohne Erscheinungsjahr publizierten und auf das 17. Jahrhundert datierten Ausgaben in der Bibliographie bei Roloff identifizieren, von der in der Staatsbibliothek Preußischer Kulturbesitz Berlin ein weiteres Exemplar verzeichnet wird. Fortunatus (wie Anm. 8), S. 328. Auf dem Titelblatt des Exemplars von Kolozsvár steht der Possessorvermerk „Sz. K. Szász István"; zwischen den Seiten 146–147. hat man einige Blätter nachträglich eingefügt und beschrieben, die jedoch später herausgeschnitten wurden. (Für die Autopsie danke ich Dr. Gabriella Nóra Tar, Kolozsvár.) – In den zur Zeit bekannten historischen Bibliothekskatalogen und Bücherverzeichnissen der Sachsen von Siebenbürgen finden sich keine deutschsprachige Fortunatus-Ausgaben (frdl. Mitt. v. Dr. Attila Verók, Eger, aufgrund eines umfangreichen handschriftlichen Quellenmaterials.). – Vgl. Attila Verók, Az erdélyi szász polgárság 16–18. századi könyvjegyzékeinek olvasmánytörténeti tanulságai, in: Könyves műveltség Erdélyben, hg. v. Réka Bányai. Marosvásárhely 2006, S. 22–42.

14 Vgl. die Bemerkungen zum Druckwerk in RMNy Nr. 461.

15 Lázár, 1890, S. 371.

16 Dézsi, 1930, S. 497.

17 Striedter (wie Anm. 6), S. 47–50.

und des langsamen Übergangs zur Prosa die traditionelle Form der Texte in der Muttersprache.[18] Während in Westeuropa die erzählende Versform zu dieser Zeit größtenteils bereits als überholt galt und in höfischen Kreisen in erster Linie Prosaerzählungen zur unterhaltenden Lektüre dienten, behielt die Epik in Ungarn die Versform bei.[19] Auch in der deutschen Literatur des 15./16. Jahrhunderts gibt es Beispiele dafür, dass epische Texte nachträglich versifiziert wurden. Bei den slawischen Völkern kennen wir Versbearbeitungen von Prosaromanen sogar noch aus dem 17. und 18. Jahrhundert.[20]

Die versifizierten Historien trugen zur Verbreitung der literarischen Bildung wesentlich bei und förderten die Herausbildung der humanistischen Dichtung in ungarischer Sprache.[21] Sie boten populären Lesestoff in großer Zahl, bewirkten formale Neuerungen und vermittelten zwischen mündlicher Tradition und Schriftlichkeit. In ihnen wurden zahlreiche, aus der europäischen Literatur wohlbekannte Stoffe bearbeitet. Als Quelle dienten meistens antike und spätantike Geschichten, Liebesromane, mittelalterliche Exempelsammlungen und Renaissance-Novellen, darunter z. B. die *Gesta Romanorum*, die Werke Boccaccios, Paolo Giovios, Aeneas Sylvio Piccolominis und Guido da Columnas. Antike Epen und lateinische Dramen des Humanismus wurden ebenfalls in Vershistorien bearbeitet. Die Bearbeitung des *Aethiopica* des Heliodoros in der Form eines Versromans erfolgte durch Vermittlung der deutschen Übersetzung an der Wende vom 16. zum 17. Jahrhundert oder zu Beginn des 17. Jahrhunderts. Die verschiedenen Themen und Gattungsmodelle mischen sich häufig sogar innerhalb eines Werkes.

Was die *Fortunatus*-Bearbeitung angeht, so muss man in Betracht ziehen, dass es unter den Historiendichtern solche mit humanistischer Bildung gibt, die auch lateinische Werke verfassten. Ihre Anonymität ist meistens durch Vorsicht motiviert; es kommt vor, dass die vorgetragene Geschichte oder eine Episode davon das Schicksal des Autors exemplifiziert.[22] Es galt als allgemein üblich, die Erzählung durch didaktische, moralisierende und erotische Details, durch Exempel aus der Bibel, der Mythologie und der Geschichte zu erweitern. Die Bearbeitung von säkularen Themen und zeitgenössischen Begebenheiten in Versen nahm seit den 60er Jahren des 16. Jahrhunderts zu. Die Tradition der gesungenen Verse sowie die Praxis des gesungenen Vorlesens trat in den Hintergrund, durch die Erhöhung des Textumfangs entstanden Werke, die den Rahmen der Gattung sprengten, in immer größerer Zahl. Im letzten Drittel des Jahrhunderts wurden dann die ersten Versuche unternommen, zum Vorlesen geeignete epische Verstexte zu schaffen. Die *Fortunatus*-Bearbeitung ist als ein solcher Versuch zu betrachten.

Strukturelle und handlungsmäßige Unterschiede

Die Versbearbeitung erinnert nur noch in ihrem Grundthema an die abenteuerliche Geschichte des Fortunatus.[23] Der Dichter hat den Prosaroman der zeitgenössischen Praxis und den Traditionen der Gattung entsprechend nur als Stoffquelle benutzt und ihn gründlich umge-

18 Für das Folgende siehe Géza Orlovszky, A históriás ének, in: A magyar irodalom történetei. A kezdetektől 1800-ig, hg. v. László Jankovits und Géza Orlovszky, Budapest 2007, S. 310–322.

19 A magyar irodalom története 1600-ig, hg. v. Tibor Klaniczay, Budapest 1964, S. 442–443.

20 Reallexikon der deutschen Literaturwissenschaft. Bd. 3, hg. v. Jan-Dirk Müller, Berlin/New York 2003, S. 770–771. – Matl (wie Anm. 6), S. 197.

21 A magyar irodalom története 1600-ig (wie Anm. 19), S. 404–405, 523–536.

22 Vgl. Anm. 18.

23 Fortunatus és Magelóna (wie Anm. 10), S. 7. – Dézsi 1930, S. 494f. hat nur einen Teil der wichtigeren Unterschiede registriert.

staltet.[24] Das biographische Grundmuster hat er beibehalten, aber die Reiseroute von Fortunatus durch Europa hat er vereinfacht, Orts- und Personennamen meist gemieden bzw. verändert.[25] Die Erzählstruktur wurde bedeutend vereinfacht, umgeformt und in eine andere Richtung gelenkt, der Charakter der Hauptfigur wesentlich modifiziert. Mehrere Nebengestalten und wichtige Episoden hat der Dichter einfach weggelassen; die Geschichte der Söhne hat er nur kurz zusammengefasst. Gleichzeitig wurden zahlreiche antike, biblische, historische und andere gelehrte Hinweise, aktuelle Bemerkungen, Ungarnbezüge, epische Motive, selbständige Kurzerzählungen und moralische Erörterungen, die im Original nicht vorkommen, eingefügt.[26] Bei der Verwendung von epischen Themen und Motiven ist er meist ähnlich vorgegangen wie der deutsche Autor, d. h. er hat die vorgefundenen Motive beliebig variiert, kontaminiert und verändert sowie neue hinzugefügt. Die fiktiven Züge nehmen auf Kosten der Realität und Historizität behauptenden Elemente überhand, die Figur des Fortunatus ist ins Märchenhafte, ja sogar ins Mystische gesteigert. Damit modifiziert der Dichter die Grundtendenz des Werkes und stellt statt des Dilemmas von Reichtum und Weisheit den Erfolg unabhängig von der Herkunft und das Modell eines rechtschaffenen Lebens sowie die Liebe der Kinder zu den Eltern in den Mittelpunkt.

Vergleicht man die Struktur beider Werke, so steht dem in achtundvierzig, später fünfzig Kapitel eingeteilten Prosaroman eine in insgesamt sieben Teile gegliederte Versbearbeitung gegenüber. Die einzelnen Teile sind von unterschiedlicher Länge, ihr Umfang bewegt sich zwischen 64 und 223 Strophen.[27] Teil I ist eine selbständige Hinzufügung: Der Dichter macht kurz auf das Thema aufmerksam, berichtet über die Herkunft der Menschheit und der Sprachen, lässt Erörterungen über die Abstammung, Sprache und Religion der Ungarn folgen. Teil II beinhaltet den Stoff der ersten sechzehn Kapitel des Romans bis zur Ankunft in Konstantinopel (in der ungarischen Fassung: an einem Königshof). Aber ein Teil des Stoffes der Romankapitel fehlt, wie die Londoner Reise mit der Roberti-Episode, der Streit mit dem Waldgrafen, die Reisen zu St. Patricius Fegefeuer und nach Venedig; auch die Handlung verläuft teilweise anders.

Teil III umfasst die darauffolgenden drei Kapitel bis zur Bestrafung des Gastwirtes, die Mitgift aus dem Glückssäckel bleibt jedoch unerwähnt, und die ungarische Fassung weicht in mehreren Punkten vom Roman ab. Teil IV entspricht dem Inhalt des folgenden [20.] Kapitels über die Niederlassung von Fortunatus in Famagusta. Hier finden sich nur kleinere Kürzungen; der Held tritt in den Dienst eines Kaisers, der ihm zum Dank seine einzige Tochter zur Frau geben will.

In wesentlich modifizierter Form gibt Teil V die nächsten zwei Kapitel, die Beschreibung der Hochzeit des Fortunatus, wieder. Die Vorstellung der drei Töchter von Graf Nimian ist wegen der früheren Modifizierungen im Handlungsablauf unterblieben, und aus dem gleichen Grund fehlt die Beratung des Fortunatus und seines Dieners darüber, welche Tochter er denn wählen sollte. In der Versbearbeitung baut sich Fortunatus einen prächtigen Palast, aber keine Kirche und auch keine Abtei; das Motiv der Burg und der Stadt, die als Hochzeitsgeschenk für Cassandra gekauft wurden, fällt ebenfalls weg. Teil VI kann mit den darauffolgenden sechs

24 Széphistóriák. Mit einem Nachwort von Tibor Komlovszki, Budapest 1975, S. 201–202.

25 Vgl. Renate Wiemann: Die Erzählstruktur im Volksbuch Fortunatus, Hildesheim/New York 1970, S. 22–35.

26 Vgl. Lázár, 1890, S. 370–371; Dézsi, 1930, S. 494–495.

27 Für das Folgende vgl. Lázár, 1890, S. 371–372. – Dézsi, 1930, S. 496–497. Die Beschreibung des Druckes in RMNy Nr. 461. behauptet irrtümlich, dass das Werk aus sechs Teilen besteht.

Kapiteln parallelisiert werden, angefangen bei der Unterhaltung nach der Trauung bis zum ergebnislosen Versuch des Sultans, sein geraubtes Wunschhütlein zurückzubekommen. Ein Teil der Romankapitel hat jedoch keine Entsprechung in der Versbearbeitung, auch entwickelt sich der Handlungsablauf teilweise anders.

Der letzte Teil umfasst den Inhalt der zwei nächsten Kapitel, hier sind aber nur einige Motive identisch mit denen im Roman, und es erscheint ein neuer Handlungsfaden: Fortunatus kehrt zu seinen Eltern zurück, bittet seinem Vater um Verzeihung und versorgt die Eltern bis zu ihrem Tode. Am Ende ist der Inhalt des gesamten zweiten Romanteiles, die Geschichte der Söhne in achtzehn Kapiteln, in nur acht Strophen zusammengefasst. Die Erzählung schließt wie im Original mit einem Aufruf, die Lehren aus der Geschichte zu beherzigen. Die Gliederung in sieben Teile zeugt von der Absicht des Autors, die Erzählung bewusst zu strukturieren. Renate Wiemann, die die epische Struktur des Prosaromans untersuchte, unterteilte die Handlung – ohne die Geschichte der Söhne – unter Beachtung sämtlicher Strukturelemente im Werk ebenfalls in sieben große Abschnitte.[28]

Aus dem inhaltlichen Vergleich geht hervor, dass der Dichter einen bedeutenden Teil der Hauptepisoden und Motive in der Romanhandlung einfach weggelassen hat. Er hat aber auch den Verlauf der Erzählung an zahlreichen Stellen modifiziert, neue Episoden und Motive eingefügt. Dies geschieht gleich in Teil I bei der Schilderung der Urgeschichte der Menschheit nach der Sintflut. Der Dichter fügt die fiktive Herkunft einiger europäischer Sprachen in die Erzählung mit ein. Als er von den asiatischen Völkern spricht, erwähnt er die Schattenfüßler (Sciapodes) und deutet auf die die Ungarn gegenwärtig unterdrückenden asiatischen Völker, d. h. auf die türkische Besetzung, hin. Er berichtet über den angeblichen babylonischen Ursprung des Ungarischen und über ihre Verwandtschaft mit der Sprache der Awaren und Hunnen. Die über die Herkunft der Ungarn verbreiteten Ansichten, dass sie nämlich aus dem Geschlecht Hams und Nimrods bzw. Japhets stammen, werden ebenfalls genannt. Er erwähnt die Ungläubigkeit der Vorfahren der Ungarn, ihren heidnischen Glauben und dass sie in ihrer neuen Heimat durch Gott zur Vernunft der Söhne Japhets gebracht wurden. Am Ende zieht er den Schluss: Der Fluch Noahs hat die Ungarn nur äußerlich erreicht, d. h. Gott richtete sie nicht zu Grunde, sondern bestrafte sie nur ihrer Sünden wegen. Dieser „ab ovo"-Beginn, die biblische Mythisierung und genealogische Bestätigung der Geschichte ist ein Merkmal der Heldenepik, das zur Erhöhung der Fortunatus-Figur beiträgt und sie dem ungarischen Leser näher bringt.

Zu Beginn von Teil II transponiert der Dichter die gesamte Erzählung in die vorgeschichtliche Zeit, indem er sagt, dass ein Kaiser einen seiner tapferen Diener, d. h. den Vater von Fortunatus, „vor Christi Geburt" zum Haupt seines Volkes machte, ihm „in der Stadt" einen Wohnsitz gab und ihn von den Damen am kaiserlichen Hof eine Gemahlin wählen ließ. Dem Dialog zwischen Fortunatus und seinem Vater über die geplante Reise geht eine Frage des Sohnes an seine Mutter über den Grund des Traurigseins des Vaters voraus. Daraus ergibt sich das Ziel der Reise von Fortunatus: einmal als reicher Mann zurückzukehren und seine Eltern versorgen zu können. Er tritt nicht in den Dienst des Grafen von Flandern, sondern in den des obersten Kammerdieners bei einem König, der ihn nach dessen Tode zu seinem Kammerdiener und obersten Ratgeber macht. Er verlässt den Königshof aus dem gleichen Grund und auf ähnliche Weise wie im Roman.

28 Wiemann (wie Anm. 25), S. 72–84. – Vgl. Lázár, 1890, S. 350–360.

Der Tötung des Bären folgt als neues Märchenmotiv die Tötung eines Löwen und eines Drachen; allen drei Tieren schneidet Fortunatus die Zunge ab. Er trifft Fortuna an einem Brunnen; den Säckel wirft er wegen des hässlichen Aussehens zuerst weg, um ihn dann aber doch wieder an sich zu nehmen. Ein bedeutender Unterschied ist, dass Fortuna ihre Gaben nicht aufzählt und auch nicht eine Möglichkeit zur Wahl bietet. Es entsteht keine Konfliktsituation, und das zentrale Motiv des Romans, die Wahl zwischen Weisheit, Reichtum und den anderen Gaben, fällt weg. Das Weglassen der drei Befehle sakral-religiös-karitativen Charakters zeugt von der Nichtbeachtung der Rolle Fortunas als christliche Patronin und stellt ihre märchenhaft-mythischen Züge in den Vordergrund.[29]

Die gesamte Handlung von Teil III gestaltet sich zum größten Teil abweichend vom Roman. Fortunatus bewirtet die Diener des Königs reich, dann lädt ihn der König zum Mittagsmahl ein, woraufhin auch er den König samt Hofstaat zu sich einlädt. Miteinander wetteifernd bewirten sie sich mehrmals gegenseitig, bis endlich der König den Wirt beauftragt, Fortunatus auszurauben und ihm sein Vermögen zu überbringen. So geschieht es auch, aber dank seines nie versiegenden Säckels lässt Fortunatus dem König ein erneutes und noch reicheres Mittagsmahl herrichten. Das wiederholt sich dreimal, bis Fortunatus endlich die Absicht des Wirtes durchschaut und abermals ein großes Gastmahl veranstaltet. Nachdem er sich von seinen Freunden verabschiedet hat, lässt er den Wirt gefangen nehmen, vierteilen und seine sterblichen Überreste in alle Winde verstreuen. Die Abweichungen vom Roman sind offensichtlich: In der Versbearbeitung kommt die Kaiserkrönung in Konstantinopel nicht vor; der Wirt wird nicht vom Diener des Fortunatus schon beim zweiten Diebstahlsversuch umgebracht; auch wird sein Leichnam nicht im Brunnen versteckt.

In Teil IV setzt sich die Geschichte ebenfalls unterschiedlich fort. Fortunatus will sich niederlassen und tritt darum in den Dienst eines Kaisers. Er besiegt die Feinde des Kaisers der Reihe nach und bringt mehrere Länder unter seine Herrschaft. Wegen seiner Treue will der Kaiser alle seine Wünsche erfüllen und beabsichtigt, ihm die Tochter zur Frau zu geben.

Zu Beginn von Teil V lässt ihn der Kaiser zu sich rufen und fordert ihn auf, sich etwas zu wünschen. Anfangs bittet Fortunatus nur um ein Grundstück für ein Haus, woraufhin ihm der Kaiser die gesamte Stadt gibt, in der seine Eltern wohnen. Seine zweite Bitte ist ein kleines Gut, und endlich bittet er um die Hand der Kaiserstochter, die er dann auch bekommt. Die Vermählung wird vollzogen und gefeiert. In diesem Teil können nur die Motive der Eheschließung und der Einladung des Herrschers zum Fest mit den entsprechenden Handlungsmomenten des Prosaromans parallelisiert werden. Der grundlegende Unterschied liegt darin, dass Fortunatus sich nicht eine der drei Töchter des verarmten Grafen aus der Nähe von Famagusta zur Frau wählt, sondern die Tochter des Kaisers als Belohnung für seine Dienste erhält.

Zu Beginn von Teil VI, nach der Geburt des ersten Sohnes, Andalosas (!), und dem Tod des Kaisers sowie seiner Gemahlin, wird Fortunatus zum Kaiser erhoben. Er vergrößert das Reich durch Eroberungen, dann wird ihm sein zweiter Sohn, János, geboren. Fortunatus hört vom Reichtum zweier Könige in der Nachbarschaft; einer von ihnen hat Güter in Asien und Afrika. Fortunatus besucht ihn und erweist sich als reicher. Der andere ist der König von Indien, der Fortunatus zu sich einlädt. Der König bewirtet seinen Gast und zeigt ihm seine Schätze. Im neunten „Gewölbe" holt er aus einer Truhe das Wunschhütlein hervor und erzählt ihm von

29 Hannes Kästner, Fortunatus – Peregrinator mundi. Welterfahrung und Selbsterkenntnis im ersten deutschen Prosaroman der Neuzeit, Freiburg 1990, S. 46–48.

dessen „Nutzen". Fortunatus sieht ein, dass er nachgeben muss, geht zu seinem Heer, kehrt aber noch einmal zum König zurück. Er sagt, dass er Farbe und Form des Wunschhütleins vergessen habe und bittet ihn, es ihm noch einmal zu zeigen. Der König gibt ihm das Hütlein in die Hand, er setzt es sich auf, erscheint bei seinem Volk und verlässt schnell das Land. Nach seinem Heimkehr schreibt Fortunatus dem König einen Brief und fordert ihn auf, sich ihm zu fügen, da er jetzt der Reichere sei. In diesem Teil fällt das Variieren der Motive des Prosaromans und ihre Kontaminierung mit neuen epischen Motiven auf. Abweichend vom Original wird Fortunatus Kaiser. Ein völlig neues Moment ist die auf dem Weg nach Indien angewandte Kriegslist, die Hinwegführung des Wunschhütleins durch mehrfache List und der Brief des Fortunatus an den König. Als Haupmotive der Reise nach Indien werden im Roman „Otiositas" und „Curiositas" des Helden angeführt[30], was hier vollkommen fehlt; alleiniger Beweggrund beider Reisen ist der Beweis des größeren Reichtums.

Fast ganz neu ist die Handlung im letzten Teil. Fortunatus lässt seine Eltern in der Stadt suchen und geht zusammen mit seinem Gefolge inkognito zu ihnen zum Mittagsmahl. Er lässt sie waschen und obenan setzen. Aufgrund eines Males an der Stirn vermeint die Mutter, ihren Sohn wiederzuerkennen. Daraufhin gibt sich Fortunatus zu erkennen, bittet den Vater um Verzeihung, berichtet von seinem Leben und verspricht den Eltern, ihnen bis zu ihrem Tode zu dienen.

Die außerordentlich knappe Zusammenfassung der Geschichte der Söhne am Schluss erinnert kaum noch an das Original. Demzufolge freundet sich Andalosa bei seiner Reise mit einem Mädchen an, dem er den Nutzen des Glückssäckels und des Wunschhütleins verrät. Das Mädchen entlockt ihm beide, Andalosa kehrt zu seinem Bruder zurück und erzählt ihm, was geschah. Dieser beschimpft ihn und gibt ihm endlich einen Rat, wie er die Zauberobjekte als Kaufmann verkleidet zurückbekommen könne. Andalosa befolgt den Rat und erlangt beide Objekte glücklich zurück. Die Erzählung endet mit der für Märchen typische Wendung „und wenn sie nicht gestorben sind, werden sie ja wohl noch bis auf den heutigen Tag leben". Im Vergleich zum Roman besteht ein wesentlicher Unterschied darin, dass das Mädchen, dessen Name verschwiegen wird, in der Versbearbeitung Andalosa beide Zauberobjekte entlockt und kein Wort über ihre Bestrafung, Andalosas Gefangennahme, die Verbrennung des Wunschhütleins, die gewaltsame Entwendung des Glückssäckels, die Ermordung Andalosas und die Räderung der beiden Grafen, gesagt wird.

All das weist darauf hin, dass der Dichter bestrebt war, die Einheit von Erzählstruktur und Handlungsablauf zu sichern, indem er manche konzeptionelle und handlungsmäßige Inkonsequenzen des Romans korrigierte, die Nebenmotive ohne erkennbaren Zusammenhang wegließ und anstelle einer lockeren Aneinanderreihung von Episoden eine strenge, lineare Struktur anstrebte. Die Übersicht zeigt auch, dass der ungarische Autor den Schwerpunkt der moralischen Lehre anderswohin verlegte. Die Idee der Weisheit ist nur insofern präsent, als der junge Fortunatus den Rat seines Dieners immer akzeptiert; der Reichtum wiederum dient ihm nur als Mittel zum Aufstieg und um den Eltern beistehen zu können. Die Tatsche, dass der Grund der Verarmung von Fortunatus' Vater verschwiegen wird, zeigt an sich schon, dass die Handhabung des Reichtums nicht zu den zentralen Problemen des Werkes gehört. Dementsprechend fehlt die Klage des Fortunatus am Ende seines Lebens über die Nutzlosigkeit des Reichtums.

30 Ebd., S. 106.

Unterschiede im gesellschaftlichen Hintergrund und in der Funktion der Figuren

Die Versbearbeitung entstand unter ganz anderen historischen, gesellschaftlichen und wirtschaftlichen Bedingungen als der Prosaroman. Neben dem Zurücktreten der Historizität behauptenden Elemente und der stärkeren Fiktionalisierung weist die Bearbeitung ein weitaus engeres gesellschaftliches Spektrum auf als der Roman. In Letzterem sind eine wesentlich differenziertere Gesellschaft und Wirtschaft dargestellt, es kommen Vertreter fast jeder sozialen Schicht vor.[31] Eine lange Reihe genau benannter Städte bildet hier den Schauplatz der Ereignisse, während in der Bearbeitung „die Stadt", die städtische Umgebung nur als Hintergrund dient. Der Reichtum ist ein wichtiges Motiv, doch ist das Geld nicht allein die treibende Kraft.[32] Weitaus wichtiger ist das Besitzen einer Herrschaft, die Darstellung des Verhältnisses zwischen Herrscher und Untertanen. Fortunatus' Vater ist kein Bürger, sondern ein tapferer Diener eines Kaisers, und am Ende avanciert auch Fortunatus zum Kaiser. Die höfisch-ritterliche und adlige Welt ist viel stärker präsent, als die im Roman mehrmals betonten bürgerlichen Normen und bürgerliches Selbstverständnis. Die Emanzipationsbestrebungen des Bürgertums kommen nur indirekt, in den moralischen Ausführungen über die Entstehung des Adelstandes und über die standesgemäße Ehe zum Ausdruck. Auf den beginnenden Zerfall der vom Adel dominierten Ständegesellschaft deutet die offene Kritik am Adel, dem Lateinerstand und der katholischen Kirche hin, und dass der Dichter gegenüber dem Geburtsadel den Verdienstadel hervorhebt.

Der Dichter hat die Figurenkonstellation wesentlich vereinfacht und die Rolle der beibehaltenen Figuren teilweise verändert. Zwei Figuren, dem Diener von Fortunatus und einem der Söhne, gab er ungarische Namen (Péter, János), wodurch er sie dem Leser näher brachte. Andolosia wurde zu Andalosa umbenannt. Während im Prosaroman je ein Mitglied aus drei Generationen die zentralen Figuren bilden und Fortunatus zwei Drittel der Handlung trägt, steht in der Bearbeitung er allein im Mittelpunkt. In beiden Werken ist er die einzige exemplarische, positive Figur; im Roman ist er aber eine außerordentlich komplexe Gestalt, die einen langen Lernprozess durchläuft. In der Bearbeitung vertritt er einen einzigen Typ, der Lernprozess wird bedeutend verkürzt.[33] Im Roman bewegt er sich im wesentlichen bis zum Schluss in der bürgerlich-kaufmännischen Sphäre, während er in der Bearbeitung nicht als Kaufmann sein Glück macht, sondern als im Dienste des Königs, dann des Kaisers stehender Diener, der immer höher steigt, bis er endlich Kaiser wird. Der deutsche Fortunatus gelangt ausschließlich durch Geld zu Macht und Ehren, in der Bearbeitung ergänzen aber persönliche Fähigkeiten, als treuer Diener erworbene Verdienste und positive moralische Eigenschaften sowie konsequentes Befolgen der Ratschläge des eigenen Dieners den Reichtum. Der anfangs leichtfertige Held niedriger Herkunft, der später zu einem vorbildlichen Krieger wird, eine Kaisertochter ehelicht und endlich zum Herrscher wird, vertritt den charakteristischen Typ des mittelalterlichen Helden.[34]

Das Weglassen, die Typisierung, Anonymisierung und Modifizierung eines Teiles der konsequent funktionalisierten Nebenfiguren, die eine gut definierbare Gruppe bilden, sowie

31 Manuale Braun, Ehe, Liebe, Freundschaft. Semantik der Vergesellschaftung im frühneuzeitlichen Prosaroman, Tübingen 2001, S. 102f.

32 Vgl. Fortunatus (wie Anm. 8), S. 272f.

33 Ebd., S. 284.

34 Romane des 15. und 16. Jahrhunderts. Nach den Erstdrucken mit sämtlichen Holzschnitten, hg. v. Jan-Dirk Müller, Frankfurt a. M. 1990, S. 1101.

ihr Ersetzen durch Neue dient in der Bearbeitung vor allem die Erhöhung des Protagonisten. Die Rolle seines Dieners und seiner Eltern wird eindeutig wichtiger. Durch die starke Verkürzung der zweiten Romanhälfte werden die Söhne nicht zu realen Figuren der Erzählung; es kommt nicht zur Darstellung der durch sie vertretenen Verhaltensweisen sowie zur Gegenüberstellung der abweichenden Auffassungen des Vaters und seiner Söhne. Während die Geschichte der Söhne im Roman einen eindeutig negativen Ausgang nimmt, erlangt Andalosa in der Bearbeitung Wunschhütlein und Glückssäckel zurück, und somit bekommt die ganze Erzählung einen glücklichen Ausgang.[35]

Neue Erzählstoffe und Motive

Der Handlungsablauf wird durch die vom Dichter eingefügten epischen Motive, Motivkombinationen und selbständigen Kurzerzählungen bedeutend umgestaltet. Von den Motiven, die die Handlung vorantreiben und die fast alle zu den beliebten Erzählmotiven der mittelalterlichen Literatur gehören, hat er zum Beispiel das Motiv der Kastration, des Zusammentreffens mit dem Glück, der Gaben Fortunas bzw. des Erwerbens und Verlierens der magischen Objekte sowie der Brautwerbung und der List beibehalten, aber so, dass er sie alle mehr oder wenig reduziert und modifiziert.[36] Das Glücksmotiv war zur Zeit der Herausgabe der Versbearbeitung in der ungarischen Literatur bereits seit Jahrzehnten bekannt; mehrere versifizierte Historien veranschaulichen die Unbeständigkeit des Glücks, bzw. Fortuna dient in diesen als treibende Kraft der Handlung. Die Gattung der Vershistorie hat bei der Vermittlung der humanistischen Glückskonzeption in der ungarischsprachigen Literatur eine konstitutive Rolle gespielt.[37]

Die erste neu hinzugefügte Erzählung, die die Geburt des Fortunatus einleitet, ist die bereits erwähnte fiktive genealogische Konstruktion über die mythische Vergangenheit der Menschheit und über die Herkunft der Ungarn. Das erste Buch Mose, Kapitel 9 bis 11, die mittelalterlichen und humanistischen Vorstellungen über die Urgeschichte der Ungarn und ihrer Sprache sowie über ihre Verwandtschaft mit anderen Völkern dienten als Hauptquelle für diese Einleitung.[38] Die Bemerkung des Dichters, wonach die Ungarn nach ihrem Auszug aus Skythien dem Lateinischen und Griechischen „viele schöne Wörter entlehnten und schließlich zu Interpreten sämtlicher Sprachen wurden" (V. 199–200), betont die Genese und Bedeutung der Muttersprache. Zur Gründung Roms bemerkt er, dass das Heil über Jerusalem von Rom aus zu den Heiden kam, „Rom blieb jedoch in seiner Blindheit stecken" (V. 336).

Die unmittelbare Quelle für die Erörterungen mit einem Ungarnbezug war höchstwahrscheinlich die Chronik János Thuróczis von 1488, die auch unter den Quellen anderer Autoren von versifizierten Historien, so zum Beispiel bei András Valkai und Ambrus Görcsöni, zu

35 Vgl. Fortunatus (wie Anm. 8), S. 284.

36 Wiemann (wie Anm. 25), S. 36. – Vgl. Sabine Sachse, Motive und Gestaltung des Volksbuches von Fortunatus, Diss. phil. Würzburg 1955. – Jozef Valcky, Das Volksbuch von Fortunatus, in: Fabula 16 (1975), S. 91–112. – Zu den motivischen Parallelen in der Árgirus-Historie und bei Boccaccio (Decamerone, V, 1) vgl. Dézsi, 1930, 498. – Tibor Kardos, Az Árgirus-széphistória, Budapest 1967, S. 45, 216–218. – Vgl. Fortunatus (wie Anm. 8), S. 214–223; Romane (wie Anm. 34), S. 1163–1167.

37 Tibor Klaniczay, A fátum és szerencse Zrínyi műveiben, Budapest 1947, S. 9ff.

38 Vgl. József Turóczi-Trostler: Magyar irodalom – világirodalom. Tanulmányok. Bd. I. Budapest 1961, S. 61. – József Hegedűs, Hiedelem és valóság. Külföldi és hazai nézetek a magyar nyelv rokonságáról, Budapest 2003, S. 67–75.

finden ist.[39] Thuróczi fügt bei der Schilderung der ungarischen Urgeschichte die hunnisch-skythische Mythologie vor die ungarische Geschichte in engerem Sinne ein und bringt für die Abstammung der hunnischen und ungarischen Herrscher, angefangen bei Japhet bzw. Nimrod, zwei verschiedene Theorien.[40] Die fiktive biblische Genealogie der Ungarn findet man zum Beispiel am Anfang von András Valkais Vershistorie *Az magyar királyoknak eredetekről* (Über die Abstammung der ungarischen Könige).[41] Das antike Motiv der Schattenfüßler, der bei den wilden Völkern Asiens erwähnten exotischen Wesen, verbreitete sich aufgrund des verschollenen Werkes *Indika* von Ktesias und dann über Photios; es kommt zum Beispiel auch bei Plinius (*Nat.*, 7, 23), Tertullianus (*Apol.*, 8) und Augustinus (*De civ. Dei* 16, 8) vor.[42]

Die zweite selbständige Kurzerzählung, die tragische Liebesgeschichte von Diomedes und Catarista, die als mahnendes Beispiel in den Brief des Kaisers an die Nachbarn eingefügt wurde, dient zur Bestätigung der Ansichten über die Duldung der Ehe zwischen Personen unterschiedlichen Standes. Eine selbständige Versbearbeitung dieser Geschichte eines unbekannten Autors in neunzig Strophen erschien 1578 in Klausenburg, und zwar in der gleichen Druckerei, in der auch der *Fortunatus* herausgegeben wurde.[43] Diese moralisierende Historie unbekannter Herkunft beruft sich auf die Gleichheit der Menschen vor Gott. In der Geschichte geht es darum, dass der Sohn des Königs Telamon, Diomedes, nach der Ermordung seiner Geliebten niedrigen Standes, Catarista, durch seinen Vater, sich selbst tötet. Beide Geliebten werden schließlich zusammen in ein Grab gelegt. In der Druckfassung der Historie und in einer Strophe des *Effectus amoris* (1578) ist Catarista Tochter eines Schusters, in dem ebenfalls auf 1578 datierten Gedicht „Warum nun, mein Freund..." von Bálint Balassi und in einer auf die 30er Jahre des 17. Jahrhunderets datierten handschriftlichen Fassung der Telamon-Historie ist sie jedoch eine Baderstochter. Die Forscher, die diese Geschichte untersucht haben, urteilen unterschiedlich darüber, welche Version die frühere sei.[44] In der *Fortunatus*-Bearbeitung wurde die Handlung der *Telamon*-Historie gleichmäßig gekürzt zusammengefasst; die Namen der Nebenfiguren und das Motiv der zweimaligen Beratung mit dem König wurden weggelassen. Der *Fortunatus*-Dichter hat mehrmals die gleichen oder fast die gleichen Wendungen gebraucht, und er hat seine Stoffkenntnis zweifellos aus der *Telamon*-Historie geschöpft.

Diese Geschichte stellt eine auf fiktive antike Figuren umgemünzte Bearbeitung des Motivs des herkunftsbedingten Liebeskonflikts dar; die unmittelbare Quelle für die Erzählung ist jedoch unbekannt. Die Antike war an dieser Variante des Motivs uninteressiert, in der mittelalterlichen und der humanistischen Literatur sind aber zahlreiche Bearbeitungen des Stoffes

39 Johannes de Thurocz, Chronica Hungarorum. Bd. I. Textus. Ed. Elisabeth Galántai/Julius Kristó, Budapest 1985, S. 17–34. Im Gegensatz zu Thuróczi widerlegt Bonfini die Theorie der biblischen Abstammung: Antonio Bonfini, A magyar történelem tizedei. Übers. v. Péter Kulcsár, Budapest 1995, 1.2.11–12.

40 Gyula Kristó, Magyar historiográfia I. Történetírás a középkori Magyarországon, Budapest 2002, S. 109–114. – György Szabados, A magyar történelem kezdeteiről. Az előidő-szemlélet hangsúlyváltásai a XV–XVIII. században, Budapest 2006, S. 20f., 34f.

41 Régi Magyar Költők Tára XVI. század, hg. v. Iván Horváth, Edit Lévay, Géza Orlovszky/Béla Stoll/Géza Szabó/Béla Varjas, Bd. IX, Budapest 1990, S. 22–29.

42 Vgl. EM (wie Anm. 9), Bd. 4, Sp. 161–164, 765.

43 Piroska Reichard, Telamon históriája. I–II, in: Egyetemes Philológiai Közlöny 34 (1910), S. 29–41, 199–210. – Régi Magyar Költők Tára XVI. század. Bd. IX. (Anm. 41), Nr. 13., S. 525–536, 600–603. Die Telamon-Historie und der entsprechende Abschnitt des „Fortunatus" werden nacheinander abgedruckt in: Régi magyar irodalmi szöveggyűjtemény, II: A 16. század magyar nyelvű világi irodalma, hg. v. József Jankovics/Péter Kőszeghy/Géza Szentmártoni Szabó. Budapest 2000, S. 431–442. – Professor István Szathmári hat die sprachlichen Charakteristika der beiden Historien untersucht und kam zu der Folgerung, dass beide Historien höchstwahrscheinlich vom selben Autor verfasst wurden. István Szathmári, Ki lehet a Telamon királyról szóló 16. századi verses széphistória szerzője?, in: Magyar Nyelvőr 132 (2008), S. 478–483.

44 Vgl. Anm. 41. S. 600; Régi Magyar Költők Tára XVI. század. Bd. XII, hg. v. Géza Orlovszky, Budapest 2004, S. 611.

zustande gekommen.[45] Wie György Király festgestellt hat, sind in den Novellen Boccaccios (*Decamerone* IV, 8), Bandellos (*Novelle* 1, 20, 33) und Straparolas (*La notti piacevoli* IX, 2) ein zum Teil identischer Handlungsablauf und mehrere motivische Übereinstimmungen zu finden; die *Telamon*-Historie steht jedoch auch den mit dem 16. Jahrhundert ansetzenden Bearbeitungen des Agnes Bernauer-Stoffes auffallend nahe.[46] Wegen der Unterschiede in den Details können aber diese Texte nicht als unmittelbare Quelle für die ungarische Vershistorie aufgefasst werden. Dass das deutsche Historienlied, das den Agnes Bernauer-Stoff bearbeitete, bereits Mitte des 16. Jahrhunderts nach Ungarn gelangte bzw. dass Andreas Hondorffs Beispielsammlung den Stoff vermittelte, ist zur Zeit ebenso nur eine Hypothese, wie die angebliche südslawische Vermittlung zwischen den italienischen und ungarischen Erzählungen sowie der Volksballade *Kata Kádár* und den verwandten Balladenvarianten.

Die Liebe und die Ehe zwischen Personen unterschiedlichen Standes war in moralisierender Auffassung ein beliebtes Thema in der Gattung der Vershistorie, wie zum Beispiel in Pál Istvánfis *Volter und Griseldis*, György Enyedis *Gisquardus und Gismunda* sowie im bereits erwähnten *Effectus amoris*. Über die Kenntnis der Historie Telamons in Ungarn zeugen die Verweise und Erwähnungen vom Ende des 16. Jahrhunderts, die sich auf diese Geschichte beziehen.[47] Dass aber der gesamte Inhalt einer Vershistorie in eine andere Verserzählung in diesem Umfang übernommen wird, ist unüblich. Auffallend ist es auch, dass der *Fortunatus*-Dichter die *Telamon*-Historie nicht als einen bereits im Druck erschienenen, bekannten Text erwähnt. Eine Überschreitung der Standesgrenzen durch den Dienst und die Liebe kommt auch im deutschen Prosaroman vor: In Jörg Wickrams *Goldfaden* (1557) ist dies zum Beispiel ein Hauptmotiv.[48]

Den dritten, neu eingefügten Erzählstoff stellt die Geschichte vom verlorenen und inkognito nach Hause zurückkehrenden Sohn dar, die hier nicht nur als Rahmenerzählung dient, sondern als konstitutiver Faktor der Handlung hervortritt. Während seiner gesamten Wanderschaft wird Fortunatus von der Absicht geführt, als reicher Mann zu seinen Eltern zurückkehren, um für sie sorgen zu können. Die Vorlage liefert die im *Lukas-Evangelium* erzählte Parabel vom verlorenen Sohn (Luk 15,11–32), die zur Zeit der Reformation zu den beliebtesten Themen gehörte. Dieses Gleichnis bekam eine neue Deutung und wurde in den Dienst der Moralkatechese und der Ständesatire gestellt.[49] Neben der Predigt und dem Schuldrama wurde der Stoff auch in den weltlichen Gattungen, darunter in der humanistischen Verskomödie und der pädagogischen Literatur bearbeitet. Es entstand eine Reihe von polemisch-didaktischen Adaptationen; die Handlung wurde mit weltlichen Szenen, komischen Figuren und Lustspielmotiven angereichert, wobei die Auseinandersetzung mit dem älteren Sohn häufig entfiel. Jörg Wickram hat z. B. die Geschichte zuerst in einem Theaterstück bearbeitet (1540) und sie dann, in eine Parabel von der guten und der schlechten Erziehung umgestaltet, für seinen *Knabenspiegel* (1554) als Grundlage genommen.[50]

Das Thema fand später auch in der mündlichen Überlieferung breite Verbreitung; die historische Erzählforschung hat aus den verschiedenen oralen Textvarianten einen selbständigen

45 Elisabeth Frenzel, Motive der Weltliteratur. Ein Lexikon dichtungsgeschichtlicher Längsschnitte, Stuttgart 1992, S. 474.

46 György Király, Kádár Kata balladája, in: Nyugat 17 (1924), S. 1, 48–60; Telamon király szép históriája, hg. v. Lajos Dézsi, Budapest 1922 (facsimile). – Péter Pogány behauptet ohne weitere Beweisführung, dass die Telamon-Historie die Geschichte von Agnes Bernauer antikisiert. Péter Pogány, A magyar ponyva tüköre, Budapest 1978, S. 32.

47 Siehe Anm. 43.

48 Romane (wie Anm. 34), S. 1273.

49 Frenzel (wie Anm. 45), S. 333. Zur ungarischen Verbreitung des Themas im 16. Jahrhundert vgl. A magyar irodalom története 1600-ig (wie Anm. 19), S. 353.

50 Romane (wie Anm. 34), S. 1270, 1274–1275.

Märchentyp konstruiert.[51] In der Oralität tritt die büßende Figur des in heilgeschichtlichem Zusammenhang gestellten, zu seinem Vater zurückgekehrten Sohnes zugunsten einer Suche der Fortuna aus weltlichen Überlegungen meist in den Hintergrund. Die Ereignisse sind durch die Suche nach dem Glück motiviert; der heimkehrende Sohn ist nicht arm, sondern reich. Zu den typischen Motiven, die sich an diesen Erzählkern anschließen, gehört zum Beispiel, dass der Sohn (= der Held) im Laufe seiner Wanderung einen Schatz findet, verschiedene Kraftproben besteht, eine Königstochter heiratet, seine Identität bei der Heimkehr vor den Eltern nicht sofort preisgibt, für seine früheren Taten um Entschuldigung bittet, die Eltern an seinem errungenen Wohlstand mit teilhaben lässt und zu sich nimmt. Bemerkenswert ist es, dass sich all diese Motive in der ungarischen Versbearbeitung vorfinden und durch weitere ergänzt sind.

Von den neu eingefügten Märchenmotiven verdient zuerst erwähnt zu werden, dass Fortunatus vor der Tötung der drei Tiere, d. h. vor der dreifachen Prüfung vor einem Wendepunkt der Handlung, zu einem großen Berg gelangt. Das Abschneiden der Zunge von den getöteten Tieren ist ein Motiv mythisch-legendären Ursprungs: Der sog. Sichelheld beweist mit der abgeschnittenen Zunge seinen Sieg über den furchtbaren Gegner.[52] In Ungarn kommt das Motiv in den Legenden des hl. Gerhard in Verbindung mit Csanád erstmals vor (11./12. Jahrhundert). Neu hinzugekommen ist auch das Motiv des Wegwerfens des Säckels, das sich im Laufe der Handlung zweimal wiederholt.

Auffallend ist das häufige Vorkommen der magischen Zahl Drei bzw. ein Mehrfaches davon im Zusammenhang mit handlungstragenden oder sie vorantreibenden Ereignissen. So zum Beispiel besiegt Fortunatus – abweichend vom Roman – drei wilde Tiere; am Hofe des Königs raubt ihn der Wirt dreimal aus; das verhüllte Angebot des Kaisers, ihm die Hand seiner Tochter zu geben, versteht Fortunatus erst beim dritten Mal (im Original hat er die Wahl zwischen den drei Töchtern des Grafen); die Schätze des indischen Königs sind in neun „Gewölben" versteckt (im Original in drei Gewölben und in der königlichen Schlafkammer). Als er zum indischen König zieht, teilt er sein Heer in drei Gruppen, d. h. zwecks Irreführung will er den Eindruck des Wenigen anstelle des Vielen erwecken. Für den Aufmarsch und für die Aufstellung einer Armee in drei Kampfeinheiten sind seit der Antike zahlreiche Beispiele bekannt.[53] Das Motiv erinnert an das zur Irreführung des Feindes vorgenommene Manöver Alexanders des Großen bei der Überquerung des Hydaspes während seines Feldzuges gegen König Poros.[54] Es ist anzunehmen, dass dieses Motiv dem Autor aus irgendeiner Fassung des Alexanderromans bekannt war; dessen erste ungarische Übersetzung um 1572 in der gleichen Druckerei erschien, in der auch der *Fortunatus* publiziert wurde.[55]

Die mehrmalige Erwähnung der Säule(n) eines Palastes als Maßstab des Reichtums ist ein wohlbekanntes Motiv, das ebenfalls im Alexanderroman, und zwar bei der Beschreibung der Paläste von Darius und Poros, vorkommt.[56] Ein weiteres beliebtes Erzählmotiv ist es, dass der König den sich auf der Wanderschaft befindenden Helden als Sohn adoptiert, zu seinem Nachfolger macht und ihm seine Tochter zur Frau gibt. Von den ungarischen Vershistorien des

---

51 EM (wie Anm. 9), Bd. 6. 1990, Sp. 707–713.

52 István Borzsák, A Nagy Sándor-hagyomány Magyarországon, Budapest 1984, S. 46–47.

53 Gustav Köhler, Die Entwicklung des Kriegswesens und der Kriegsführung in der Ritterzeit von Mitte des 11. Jahrhunderts bis zu den Hussitenkriegen. Bd. 3/2, Breslau 1889, S. 282–283. – Marie-Luise Heckmann, Römische Kriegsdeutungen und römische Kriegsführung im früheren Mittelalter, in: Militärgeschichtliche Zeitschrift 65 (2006), S. 51f. Für die Angaben bin ich Dr. László Veszprémy, Budapest, dankbar.

54 Frontin (Julius Frontinus), Kriegslisten. Lateinisch und deutsch, hg. v. Gerhard Bendz, Berlin 1963, S. 33, Buch I, Kap. 4, 9–9a.

55 RMNy 324.

56 Magyar elbeszélők (wie Anm. 10), S. 95, 114.

16. Jahrhunderts kommt dieses Motiv zum Beispiel im *Vitéz Francisco* (Ritter Francisco, 1552) vor.[57] Das Motiv des Briefes nimmt schließlich eine doppelte Rolle ein[58]: Einerseits bildet der an die Nachbarn des Kaisers gerichtete Brief einen Rahmen zur Ausführung der Ansichten des Autors über die Ehe, andererseits wird durch den Brief des Fortunatus die Geschichte vom Erwerb des Wunschhütleins abgeschlossen.

Der ungarische Dichter arbeitete durch das Einfügen sowie durch die Kontaminierung und Variierung der neuen Erzählmotive im Wesentlichen mit der gleichen Methode wie der deutsche Autor, d. h. beide verwendeten weit verbreitete Märchenrequisiten der europäischen Literatur. Die unmittelbare Quelle für die Mehrzahl der Stoffe und Motive kann nicht näher bestimmt werden, man kann nur den weiteren Quellenbereich angeben. Die Hauptfunktion der Mehrheit der neu hinzugekommenen fabulösen bzw. phantastischen Kurzerzählungen und Motive liegt darin, die Fortunatus-Figur zu erhöhen und seine Geschichte auf eine märchenhaft-mythische Ebene zu transponieren. Die gleiche Arbeitsweise kann man auch bei anderen Vershistorien beobachten, so zum Beispiel in der *Rustán császár historiája* (Historie des Kaisers Rustán) (1590), die aufgrund einer unbekannten Redaktion von Kapitel 110 der *Gesta Romanorum* angefertigt wurde.[59] Hier hat der Autor die Unbeständigkeit des Glücks sowie die Frage des Reichtums in der Jugend und im Alter in den Mittelpunkt gestellt, weiterhin mit Motiven aus der *Legenda aurea* und der Gründungsgeschichte Roms die Geschichte erweitert.

Literarische Leistung

Eine Stellungnahme wird vor allem dadurch erschwert, dass die Deutungsversuche des Prosaromans besonders vielfältig sind und sich oft widersprechen.[60] Aus der Untersuchung geht hervor, dass beide Werke komplexe Textformationen in hybrider Form darstellen, die jeweils eine eigenartige strukturelle und künstlerische Einheit bilden. Für die Versbearbeitung ist eine große Freiheit in der Behandlung ihrer Hauptquelle charakteristisch, und sie kann im Kontext des Prosaromans, unter Berücksichtigung der neu integrierten Erzählstoffe und Motive sowie der Gattungstraditionen erst richtig gedeutet und als ein selbständiges Werk betrachtet werden.

Ein Grundzug des Prosaromans liegt in der Negierung von umfassenden bedeutungstragenden Modellen und Faktoren, die das Geschehen im Sinne eines einheitlichen, geschlossenen Weltbildes eindeutig bestimmen.[61] Die nur scheinbar einfache Erzählweise, die Fiktionalität, die mit rhetorischen Mitteln getarnte gesellschaftlich-wirtschaftliche Metaphorik und die Stellungnahme für eine sinnvolle Lebensführung stehen einer Auffassung gegenüber, die

57 Régi Magyar Költők Tára XVI. század. Bd. VI, hg. v. Áron Szilády. Budapest 1896, S. 51–72, 299–314.

58 EM (wie Anm. 9), Bd. 2, 1979, Sp. 784–789.

59 Rustán császár históriája, hg. v. László Mikó, Budapest 1910. – Zu den Märchenrequisiten und zur Mythisierungstendenz im Prosaroman „Fortunatus" vgl. Jan-Dirk Müller, Rationalisierung und Mythisierung in Erzähltexten der Frühen Neuzeit, in: Reflexion und Inszenierung von Rationalität in der mittelalterlichen Literatur. Blaubeurer Kolloquium 2006. In Verbindung mit Wolfgang Haubrichs/Eckart Conrad Lutz hg. v. Klaus Ridder, Berlin 2008 (Wolfram-Studien Bd. 20), S. 435–456, hier: 443–447.

60 Vgl. z. B. Fortunatus (wie Anm. 8). – Walter Raitz, Fortunatus, München 1984. – Anna Mühlherr, „Melusine" und „Fortunatus". Verrätselter und verweigerter Sinn, Tübingen 1993. – Nina Knischewski, Die Erotik des Geldes. Konstruktion männlicher Geschlechtsidentität im „Fortunatus", in: Genderdiskurse und Körperbilder im Mittelalter, hg. v. Ingrid Bennewitz, Hamburg 2002, S. 179–198. – Ki-Hyang Lee, Armut als neue Qualität der Helden im „Fortunatus" und im „Goldfaden", Würzburg 2002.

61 Mühlherr (wie Anm. 60), S. 118, 125. – Jan-Dirk Müller, Die Fortuna des Fortunatus, in: Fortuna, hg. v. Walter Haug, Burghart Wachinger, Tübingen 1995, S. 216–238. – Braun (wie Anm. 31), S. 100f.

die Allmacht des Geldes verkündet. In der ungarischen Adaption fehlen diese Züge fast völlig oder kommen nur spurenweise zur Geltung. Hinsichtlich der Form stellt der deutsche *Fortunatus* ein Sammelbecken der wichtigeren Gattungen der Zeit dar; in ihm sind Erzählmuster, wie der höfisch-heroische Roman, die Novelle, das Märchen, die Schwanktradition, die Reiseliteratur und die Chronik, zusammenmontiert, deren Elemente ein eigenartiges Gleichgewicht halten.[62] Demgegenüber wird die Versbearbeitung durch Motive und Tendenzen der Versepik, des Märchens, des Mythos und des Ritterromans sowie durch moralische Erörterungen grundlegend bestimmt.

Ein gemeinsamer Zug der beiden Werke ist die kreative Anwendung einer differenzierten Kompilationstechnik in der Bearbeitung der Vorlagen und Quellen sowie bei der Entwicklung der neuen Erzählmuster des Prosaromans bzw. des Versromans. Während im Roman die Handlung selbst den Grundgedanken des Werkes trägt, dient der Stoff in der Bearbeitung zur Bestätigung verschiedener moralischer Argumente. Dieses Erstarken der Moralisierung auf Kosten der Unterhaltung ist ein Hauptzug des ungarischen Textes, der durch die Gesetze der Gattung bedingt ist. Die Bearbeitung kennzeichnet einen Prozess, in dessen Verlauf sie durch die Verdichtung des epischen Stoffes und der Moralisierung das Gattungsmodell der Vershistorie zu sprengen beginnt und dadurch die romanhafte Prosaerzählung weltlichen Themas indirekt vorbereitet.

Im Prosaroman illustriert die Geschichte von Fortunatus und seiner Söhne in erster Linie die Ansicht, dass die Weisheit vor dem Reichtum steht.[63] Da in der Bearbeitung die Wahl zwischen den Gaben Fortunas weggelassen und die Geschichte Andolosias stark reduziert wurde, kommt diese Idee hier nicht auf, und so bleibt auch die Reflexion über die richtige Wahl und über die Gefahren Fortunas im Hintergrund. Damit wird auch die Rolle des Glückes als herrschende Macht in der Welt neu bewertet.

Den zeitlichen und geografischen Rahmen der Handlung kann man im Prosaroman genau bestimmen; das Werk ist mit der zeitgenössischen Realität eng verbunden. Die Märchenmotive sind in die zusammenhängende, in sich stimmige Handlung eingebettet; der Protagonist ist eine vielschichtige Figur. Demgegenüber transponiert der ungarische Autor die wunderbaren Ereignisse in vorgeschichtliche Zeit und lässt die geografische Umgebung zumeist im Dunkeln. Er drängt die realitätsnahen Momente und die sorgfältig auserzählten Kausalketten des Prosaromans in den Hintergrund, verstärkt die märchenhaft-mythischen Züge und stellt den Typencharakter des Helden als besonders wichtig heraus. Die auf die Verbindung von zahlreichen losen Episoden aufgebaute, zweiteilige Handlung des Prosaromans zeigt am Beispiel von drei Generationen die Möglichkeiten des Verhältnisses zum Reichtum, die Relativität des nur auf Reichtum aufgebauten Glücks sowie den Zusammenhang von Reichtum, Weisheit und Erfahrung auf.[64] Demgegenüber konzentriert sich die relativ einheitlich strukturierte Versbearbeitung auf einen einzigen Helden, dem der Reichtum nur als Mittel zur Verwirklichung seiner Pflicht den Eltern gegenüber dient und dessen Schicksal als

62 Wiemann (wie Anm. 25). – Fortunatus (wie Anm. 8), S. 207f. – Kästner (wie Anm. 29), S. 220–223.

63 Romane (wie Anm. 34), S. 1170–1178. – Dieter Kartschoke, Weisheit oder Reichtum? Zum Volksbuch von Fortunatus und seinen Söhnen, in: Literatur im Feudalismus, hg. v. Dieter Richter, Stuttgart 1975, S. 213–259. – Detlef Kremer/Nikolaus Wegmann, Geld und Ehre. Zur Problematik frühneuzeitlicher Verhaltenssemantik im „Fortunatus", in: Germanistik – Forschungsstand und Perspektiven. Bd. 2, hg. v. Georg Stötzel, Berlin/New York 1985, S. 160–178.

64 Wolfgang Haubrichs, Glück und Ratio im „Fortunatus". Der Begriff des Glücks zwischen Magie und städtischer Ökonomie an der Schwelle der Neuzeit, in: Zs. f. Literaturwissenschaft und Linguistik 13 (1983), S. 28–47.

positives Beispiel der Kinderliebe sowie eines möglichen Aufstiegs im Zusammenwirken von Glück und eigener Geschicklichkeit erscheint.

Innerhalb der einzelnen Abschnitte strebt der Dichter nach einer einheitlichen Struktur und stellt die Modifizierungen, die den Handlungsverlauf, den Charakter und die Funktion der Figuren betreffen, konsequent in den Dienst seiner Zielsetzung. Von einer eigenen Invention zeugt die spannungsvolle, manchmal sogar dramatische Ausarbeitung der im Roman nicht vorhandenen oder nicht auf die gleiche Weise vorgetragenen Szenen. Seine Erzählkompetenz wird auch dadurch bewiesen, dass er konsequent die Handlung motiviert, die retardierenden Elemente eliminiert und die psychologische Authentizität der Geschichte durch innere Monologe und Dialoge steigert. Eine bedeutende Leistung stellt auch die Kumulation neuer Erzählstoffe und Motive sowie ihre Einfügung in eine einheitliche Komposition dar. Die Faszination durch Sage, Mythos, Märchen und Zauber ist hier rational kaum ausbalanciert.

Südschwedische Wandbehangmalerei des 17. und 18. Jahrhunderts aus narrativer Sicht

Nils-Arvid Bringéus

Narratologie

Neue Begriffe können der Forschung neue Impulse geben. Narratologie oder Erzähltheorie ist ein solcher Begriff. In der schwedischen Nationalenzyklopädie wird er als „neuerer Terminus für ein wissenschaftliches Studium der Erzählkunst (die Narration)" bezeichnet.[1] Ziel der international und interdisziplinär arbeitenden Erzähltheorie ist eine systematische Darstellung der wesentlichsten Elemente des Erzählens und seiner strukturellen Zusammenhänge. Obwohl die Erzähltheorie an Grundproblemen der Aristotelischen Poetik anknüpft, hat die moderne Narratologie ihre Wurzeln im Strukturalismus. Anfänge finden sich bei dem russischen Philologen und Folkloristen Vladimir Propp, der im Jahre 1928 hundert russische Volksmärchen analysierte. Die Veröffentlichung seines Werkes ins Englische 1958 weckte große Aufmerksamkeit und hatte große Bedeutung für die Entwicklung der strukturalistischen Literaturkritik.[2] Zwischen 1970 und 1980 erhielt die Narratologie einen enormen Aufschwung, und 2005 erschien sogar eine eigene *Encyklopedia of narratology*. In der Folkloristik wird der Begriff sowohl von der ungarischen Folkloristin Linda Degh in dem Buch *Märchen, Erzähler und Erzählgemeinschaft* (1962) als auch von Anna Birgitta Rooth in *The Importance of Storytelling. A Studie based on Field Work in northern Alaska* (1976) berücksichtigt.[3] In Roland Grambos *Folkloristisk handbok* (1985) wird narrativ als „erzählend" erklärt und Narratologie als „die Lehre, wie Erzählungen, mündliche und literarische strukturiert sind".[4] Der Struktur wird also eine entscheidende Bedeutung beigemessen. 1990 hat eine Anzahl führender europäischen Erzählforscher das Werk *Storytelling in Contemporary Societies* mit unterschiedlichen Diskursen zum Narrationsbegriff herausgegeben.[5]

Die Narratologie blieb nicht auf literarische Erzähltexte begrenzt, weil sich das Narrative nicht auf Textgenres beschränken lässt, sondern kultur- und epochenübergreifend auftritt und Erscheinungsformen des Narrativen in den visuellen Medien ebenfalls zum Objektbereich der Erzählforschung gehören.

Interdisziplinäre Studien seitens der Kunstgeschichte und Folkloristik sind dafür gute Beispiele, wie das Werk von David Kunzle *The Comic Strips. Narrative Strips and Picture Stories in the European Broadsheet from c. 1450 to 1825* zeigt.[6] 2007 erschien die erste Ausgabe der

1 Nationalencyklopedin 9 (Höganäs1994) S. 322.

2 Bengt Holbek, Interpretation of Fairy Tales. FFC 239, Helsinki 1987, S. 331ff.

3 Linda Degh, Märchen, Erzähler und Erzählgemeinschaft, Berlin 1962. – Anna Birgitta Rooth, The Importance of Storytelling. A study based on field work in Northern Alaska (Studia Ethnologica Upsaliensia 1), Uppsala 1976.

4 Ronald Grambo, Folkloristisk håndbok. Begreper – termer. Oslo [2]1985.

5 Lutz Röhrich/Sabine Wienker-Piepho (Hg.), Storytelling in Contemporary Societies, Tübingen 1990.

6 David Kunzle, The Early Comic Strip. Narrative Strips and Picture Stories in the European Broadsheet from c. 1450 to 1825, Berkeley 1973.

Zeitschrift *Signs. Studies in Graphical Narratives* mit einer Würdigung Kunzles in der Einleitung.[7] Bildserien, Bilderbogen, sind wohl besonders gut für das Studium einer narrativen Struktur geeignet.

Den Begriff „narrativ möchte" ich hier nochmals präzisieren. Die Nationalenzyklopädie definiert *Narrativ von narro ‚erzählen', ‚umnennen', ‚mitteilen', ‚narratio' Erzählung, besonders von Texten, die Ereignisse in einen wirklichen oder fiktiven Verlauf in eine Zeitordnung stellen.*[8] Texte können hier mit Bildern wechseln, die das Geschehen in einen wirklichen oder fiktiven Verlauf in einer Zeitordnung herstellen.

Ein gutes Beispiel einer Bilderzählung, wie ich sie auf dem von Leander Petzold in Südtirol 1986 ausgerichteten Symposium „Volkserzählung" vorstellte, lieferte der Buchdrucker Albrecht Pfister in Bamberg 1461 in der ersten illustrierten Darstellung der Aesop-Fabel von Vater, Sohn und Esel.[9] Bei der Betrachtung der fünf Bilder entsteht der Eindruck, eine mündliche Erzählung zu hören. Auf jedem Bildfeld ist der Erzähler mit erhobener Hand und Zeigefinger abgebildet, und auf den ersten vier Bildern gibt es zudem Zuhörer. Deutlicher kann der Übergang von mündlicher Erzählung zur Bilderzählung kaum gemacht werden. In der Bänkelsängertradition des Nordens, die Reimund Kvideland untersucht hat, setzte sich diese Technik fort.[10] Hier erleichterte der Zeigestock des Erzählers den Zuhörern, der Bilderzählung zu folgen. Das Ende dieser Erzählsituation ist eine Hand oder der Zeigefinger, die noch bis zum Anfang des 20. Jahrhunderts zuweilen am Ende von Annoncen in Tageszeitungen erschienen.

Wenn Bilder nicht von einem lebendigen Erzähler erklärt werden konnten, bildeten Texte einen Ersatz. Wir finden eine solche Kombination von Bild und Text bereits auf dem berühmten Bayeux-Teppich von etwa 1070, der auf 72 unterschiedlich friesartig aneinandergereihten Szenen den Zug von Wilhelm dem Eroberer gegen England und die Schlacht bei Hastings von 1066 schildert. Der Teppich ist das bekannteste Beispiel einer narrativen Bildschöpfung des Mittelalters. Wenn der Buchdrucker Berling in Lund die oben erwähnte Eselerzählung in das Programm seiner Kistenbilder übernahm, wurde sie durch den anschließenden Text erklärt.[11]

Biblische Erzählungen

Der bekannte Pädagoge des 17. Jahrhunderts Johann Amos Comenius hob den narrativen Charakter der Bibelerzählungen hervor.[12] Eine ältere Generation lernte seine Bibelerzählungen, die 1888 auf Schwedisch herauskamen, in der unteren Stufe der Volksschule kennen. Eine Eingabe in die Suchmaschine Google ergibt heute 40.000 Treffer für die Wortkombination „biblische Erzählungen". Die südschwedischen Wandbehangmaler versuchten, die Erzählung in das Medium des Bildes zu transferieren, um so zu einer Bilderzählung zu gelangen. Es ist sicher nicht übertrieben zu behaupten, dass 90 % aller Bilderzählungen auf den Wandbehängen biblische Erzählungen sind. Der Erzähler, hier der Maler, transportierte durch den Text-

7 Signs. Studies in Graphical Narrativs 2007.

8 Nationalencyklopedin 9 (Höganäs1994) S. 322.

9 Nils-Arvid Bringéus, Asinus vulgi oder die Erzählung von Vater, Sohn und Esel in der europäischen Bildtradition, in: Leander Petzold/Siegfried de Rachewitz (Hg.), Der Dämon und sein Bild. Berichte und Referate des 3. u. 4. Symposions zur Volkserzählung, Brunnenburg/Südtirol 1986/87, Frankfurt a. M. 1989, S. 153–186.

10 Reimund Kvideland, „Bänkel" – songarar i Norge.I: Balladar og blue Hwaii. Folkloristiske og musikkvitskapelige studiar tileigna Velle Espeland i høve 60-årsdagen 6. juli 2005. Oslo 2005, S. 151–160.

11 Nils-Arvid Bringéus, Asinus vulgi eller berättelsen om fadern, sonen och åsnan i europeisk bidltradition. Vetenskapssocieteten i Lund Årsbok 1986, S. 5–32.

12 Johann Amos Comenius, Bibliska berättelser för småskolan, Stockholm 1888.

Bildtransfer die Erzählung vom Ohr zum Auge. Die Erzählung prägte sich so besser ein. Der sicherste Weg ist jedoch, gleichzeitig zu hören und zu sehen. In Lund hat Elisabeth Berglin den narrativen Aspekt in der Wandbehangmalerei in ihrer Dissertation über Johannes Nilsson in Breared untersucht.[13] Sie erklärt hier, was sie darunter versteht: „Erzählung im Bild".

Die Wandbehangmaler haben biblische Erzählungen sowohl aus dem Alten als auch aus dem Neuen Testament gewählt. Ich habe auch eine Bilderzählung von den Apokryphen in Lund gefunden, wo die Tobiasgeschichte in sieben Bildfeldern wiedergegeben ist. Im Folgenden beschränke ich mich jedoch auf zwei biblische Bilder: die Gleichnisse Jesu und das Leben Jesu.

Die Gleichnisse Jesu

Eine wichtige Gruppe von Erzählungen im Neuen Testament sind die Gleichnisse. Jesus benutzte sie, um Botschaften zu überbringen, die einfach zu merken waren. Ein solches Gleichnis wurde auf Hebräisch Maschal genannt. Der Exeget Birger Gerhardsson in Lund unterscheidet zwischen aphoristischen und erzählenden (oder narrativen) Meschalim. Zu den Letzteren rechnet er fünf Texte in Markus, 21 in Matthäus und 29 in Lukas. Sie haben eine gemeinsame Absicht: etwas zu erhellen, zu illuminieren – um den Zuhörern zu verdeutlichen, worauf es ankommt. Die kürzesten umfassen nur einen Vers, die längsten 22 Verse. Für eine gesonderte Analyse eignen sich nach Gerhardsson die Meschalim von den klugen und den törichten Jungfrauen – ein klassisches Wandbehangmalereimotiv –, die er Kontrastmaschal nennt: schwarz und weiß werden gegeneinander gestellt.[14]

Die Evangelisten haben Jesus mündliche Erzählung fixiert, also zu einem Text gefasst. Zwar gab es Bibelausgaben und Katechismen, aber sie waren bis ins 19. Jahrhundert hinein meist nur Priestern zugänglich. Um die Erzählung dem Volk zu vermitteln, musste der Pfarrer den Evangelientext laut vorsprechen, das heißt, ihn wieder in eine mündliche Erzählung verwandeln. Mit der verbesserten Volksschulbildung seit dem ausgehenden 18. Jahrhundert konnten die Texte ohne Vermittler gelesen werden. Die Wandbehangmaler konnten die Erzählungen selbst lesen und sie mit der Feder oder dem Pinsel als Malereien auf Leinen oder Papier übertragen.

Der längste Maschal ist das Gleichnis vom verlorenen Sohn (Lukas 15,11–31). Auf den Glasmalereien in der Kathedrale von Chartres aus dem 14. Jahrhundert ist die Erzählung in nicht weniger als 27 Episoden aufgeteilt. Später wurde sie in vier Szenen zusammengefasst: der Abschied vom Vater, die Mahlzeit bei den Huren, das Hüten der Schweine und die fröhliche Wiederkehr nach Hause.[15]

Die früheste bekannte Schilderung des Motivs in Schweden liefert ein 1663 datierter Wandbehang im Stadtmuseum Göteborg. Er wurde im Sommer 1876 bei einem Bauern im Dorf Rönäs in Västergötland gefunden. Die Darstellung ist detailreich und auf fünf begrenzte Motive verteilt.[16] Sie wird der Tradition gemäß von zwei adeligen Jungfrauen gestickt worden sein,[17] offenbar nach einer grafischen Vorlage.[18]

---

13 Elisabeth Berglin, En bonadsmålare och hans värld. Johannes Nilsson i Breared, Lund 2000.

14 Birger Gerhardsson, Jesu liknelser, Lund 1999.

15 Kunzle, Early Comic Strip, S. 258f.

16 Gustaf Näsström, Forna dagars Sverige II., Stockholm 1948, S. 358ff. – Erling Matz, Lejonets tid. Skeppet Vasa och svenskt 1600-tal, Stockholm 1999.

17 Gustaf Brusewitz, Minnesblad, Göteborg 1875.

18 Eddy De Jongh und Ger Luijten, Mirror of Everyday Life. Genreprints in the Netherlands 1550–1770, Amsterdam 1997.

In der Wandbehangmalerei findet sich das Motiv in sehr ähnlicher Form auch bei Johannes Nilsson, wo es durch 20 Wandbehänge belegt ist. Er verteilt die Erzählung auf sieben oder acht Motive: den Abschied, die Mahlzeit, den Tanz, den Nachttrunk, die Schuld, bei den Schweinen, die Wiederkehr und in einigen Fällen auf die Schlachtung eines gemästeten Ochsen. Dieselbe Struktur begegnet uns auch auf einem Wandbehang von seinem 23 Jahre jüngeren Mitarbeiter Anders Pålsson in Trönninge.[19]

Das Narrative wird unter anderem durch eine räumliche Verschiebung der Bildmotive erreicht. Der verlorene Sohn reitet auf seinem Pferd von seinem Heim fort, er hat sich an den Tisch zu den Huren im Wirtshaus gesetzt, er tanzt mit ihnen im Saal, wonach er zu Bett gegangen ist. Wir sehen ihn wieder außerhalb des Gasthofs, wo von ihm Geld für seine Ausschweifungen gefordert wird, später bei den Schweinen und bei der Rückkehr zum Haus seines Vaters. Der Wandbehanghersteller Sven Erlandsson übernimmt eine weitverbreitete homiletische Deutung für seinen Wandbehang, indem er das Gleichnis vom verlorenen Sohn als Beispiel der Gnadenlehre zeigt, indem der Mensch durch seine Umkehr in die göttliche Heilsordnung zurückfinden kann.[20] Das setzt eine streng durchgeführte Struktur voraus, die daher keine Motivänderungen zulässt.

Ein anderer Maschal ist das Gleichnis von der Einladung zum Fest (Lukas 14). Sven Erlandsson verteilt seine Darstellung auf fünf verschiedene Felder: Der Diener hat auf Befehl seines Herrn Gäste eingeladen, doch alle entschuldigten sich: Der eine Mann hatte einen Acker gekauft, der andere einen Ochsen und der dritte hatte eine Frau geheiratet. Sie gaben also alle vor, anders beschäftigt zu sein. Daraufhin befahl der zornige Gastgeber, allerlei Behinderte und Arme einzuladen. Auf der Darstellung sieht man diese Gäste hineinstolpern und schließlich am Tisch sitzen. Erlandssons Gestaltung geht auf einen sogenannten Kistenbrief zurück,[21] doch er hat die Erzählung mehr nach der reihenden Darstellungsweise der Wandbehangmalerei strukturiert. Auch hier wird das Narrative durch eine räumliche Veränderung des Bildmotivs erzielt.[22]

Das Leben Jesu

Die Wandbehangmaler behandeln auch das Leben Jesu als eine Erzählung. Ein Beispiel ist Nils Lundbergs Darstellung, wo wir auf einen einzigen Wandbehang Marie Verkündigung oder die Erzählung von Jesus Empfängnis durch den heiligen Geist, die Geburt Jesu, Gethsemane (in einem Beispiel Jesus vor Pilatus), die Kreuzigung, die Auferstehung und die Himmelfahrt sehen.[23] Die Evangelisten erzählen viel mehr von Jesus, aber es stellt sich die Frage, warum die Wandbehangmaler gerade diese Ereignisse auswählten. Die Antwort ergibt sich durch den

19 Nils-Arvid Bringéus, Sydsvenska bonadsmålningar, Lund 1982, S. 60.

20 Nils-Arvid Bringéus, Sven Erlandssons bonadsmålningar i Håcksviks klockaregård, Lund 2002, S. 81ff.

21 „Kistenbriefe" nannten die evangelischen Skandinavier die für überwiegend ländliche Haushalte hergestellten Heiligendrucke, nach ihrem Aufbewahrungsort in der Innenseite von Truhendeckeln. Vgl. Wolfgang Brückner: Kunst für alle – Bilder im Volk I. Studienbegleitbrief, in: Werner Busch/Peter Schmoock (Hgg.): Kunst. Eine Geschichte ihrer Funktionen (Buchausgabe der Studienbegleitbriefe). Weinheim/Berlin 1985, S. 282–303, hier S. 298. – Vgl. auch Nils-Arvid Bringéus: Ein Kistenbrief mit Bildnissen eines schwedischen Königspaares. [Holzschnitte des Königspaares Adolf Fredrik und Lovisa Ulrica], in: Kultuuri mõista püüdes = Trying to Understand Culture (Scripta ethnologica, 3). Tallinn: Teaduste Akadeemia Kirjastus, Ajaloo Instituut, 1998, S. 252–257, Abb.

22 Bringéus, Sven Erlandssons bonadsmålningar i Håcksviks klockaregård, S. 36ff.

23 Nils-Arvid Bringéus, Bonadsmålningar av Nils Lundbergh, Lund 1994, S. 32ff.

Abb. 1–6: Das Gleichnis vom verlorenen Sohn, Szenen aus einem Wandbehang von Johannes Nilsson (1757–1827). Fotos: Birgitta Castor

zweiten Artikel des apostolischen Glaubensbekenntnisses, wo sie zu einer zusammenhängenden Erzählung strukturiert worden sind. Die Wandbehangmaler haben es jeden Sonntag in der Kirche hören können, aber auch im Evangelium lesen können. Nils Lundbergs Erzählung vom Leben Jesu ist also ein gemaltes Glaubensbekenntnis. Es gibt in unseren Tagen etwas Entsprechendes in einem gesungenen Glaubensbekenntnis in Britt G. Hallqvists oft gebrauchter Hymne Nr. 21 „Mond und Sonne, Wasser und Wind".

Nils Lundberg ist nicht der einzige, der das Leben Jesu gemalt hat. Wie stark es bei Johannes Nilssson vertreten ist, hat Elisabeth Berglin in ihrer Dissertation gezeigt, in der sie nicht weniger als 23 ganz oder teilweise bewahrte Wandbehänge mit diesem Motiv aus seiner Hand nachweist. Die vollständig erhaltenen Wandbehänge haben immer dieselben Motive: die Verkündigung, die Geburt, Gethsemane, den Judaskuss, vor Pilatus, Jesus am Kreuz, die Auferstehung und die Himmelfahrt, also insgesamt acht Motive. Hier war kein Raum für Veränderung.

Die Darstellung des Leben Jesu basiert bei den Wandbehangmalern also auf einer festgelegten Struktur. Es gibt mehrere ähnliche Beispiele. Eine große Wandbehangmalerei in Vänersborg ist, wie ich gezeigt habe, auf Illustrationen vom Typus des 16. Jahrhunderts in einem Katechismus des Buchdruckers Horn in Västerås zurückzuführen. Eine der Katechismuseditionen diente dem Wandbehangmaler sowohl als Vorlage für sein Bild von den zehn Geboten als auch für das von den Glaubensartikeln. Gleichzeitig zeigte ich, dass der Wandbehangmaler die Blitze, die die schlechten Menschen markieren, ausgelassen hat, „wodurch die Bilder ihren zeigenden und anklagenden Charakter verloren haben und mehr narrativ geworden sind".[24] In diesem Fall ist es doch ein einzelnes Beispiel.

Während des Kirchenjahres werden unterschiedliche Erzählungen vom Leben Jesu fokussiert. Zur Weichnachtszeit ist es die Kindheit Jesu von der Geburt bis zur Rückkehr aus Ägypten. Wir begegnen der Heiligen Familie in der ersten Szene schlafend, in der nächsten auf dem Weg nach Ägypten und in der letzten bei der Wiederkehr aus Ägypten.[25] Während der Passionszeit wird das Leiden Jesu vom Einzug in Jerusalem bis zu seiner Bestattung geschildert.

Vergleich mit den Malereien aus Dalarna

Ein Vergleich mit den Malereien aus Dalarna (historische Provinz Dalekarlien im Herzen Schwedens) beleuchtet den narrativen Charakter der südschwedischen Wandbehänge. Während das Gleichnis vom verlorenen Sohn, das in Südschweden mit einer Reihe unterschiedlicher Motive dargestellt wird, begrenzt es der Maler aus Dalarna auf ein Motiv, nämlich den Abschied von zu Hause. Svante Svärdström hebt hervor, dass dieses Motiv unter mehr als 30 verzeichneten Malereien aus Dalarna einmalig ist. Vergleichbares haben die Maler aus Dalarna nur festgehalten mit der Szene aus der Josefs-Geschichte, wenn Josef im Wagen des Pharao durch die Stadt fährt.[26]

24 Nils-Arvid Bringéus, Katekesbonaden från Knäred. Förlaga och bildtransformation, in: Rig 2001, S. 92–104, hier S. 103.

25 Nils-Arvid Bringéus, Änglavakt. Red. Birgitta Olofsson, Flicka i blått. Vänbok till Birgit Rausing, Stockholm 2004, S. 111–124.

26 Nils-Arvid Bringéus, Dalmålningar och sydsvenska bonadsmålningar i jämförande perspektiv, in: Nils-Arvid Bringéus/Margareta Tellenbach, Dalmålningar i jämförande perspektiv, Stockholm 1995, S. 113–148, hier S. 126.

Der Vergleich zeigt, dass die Volkskunst nicht immer narrativ ist. Auf den Gemälden in Dalarna ist nur ein „kurzer Augenblick" abgebildet, bei den südschwedischen Wandbehangmalereien hingegen trifft dies erst am Ende ihrer Entwicklung zu, als sie als „Kistenbilder" genutzt wurden. Zum Beispiel sehen wir anstatt drei weiser Männer nur noch einen einzigen. Dieser Unterschied beruht darauf, dass die Maler in Dalarna Tafeln an verschiedene Wände der Herrenstube malten, während die südschwedischen Wandbehangmaler Bildfolgen für die schrägen Dachwände in den Stuben oder auf die langen Seitenbalken gemalt haben.

Die Malereien aus Dalarna bestehen höchstens aus zwei Episoden. Man sieht beispielsweise wie die Weingartenarbeiter angenommen werden und wie sie arbeiten. Es ist daher wichtig, den Begriff narrativ nicht immer zu benutzen, sondern nur für eine Schilderung mit Anfang, Verlauf und Schluss; das bedeutet, dass der Zeitfaktor eingeschlossen sein muss. Berglin zeigt die Reise und die Anbetung der Könige als anderes Beispiel einer Bilderzählung, die der Bibelerzählung folgt. Auch hier gibt es eine räumliche Veränderung: von dem Schloss des Herodes bis zu dem Stall in Bethlehem. Dass die weisen Männer reitend abgebildet sind, signalisiert die räumliche Veränderung, wie sie auch bei anderen Motiven vorkommt.

Die Funktion der Erzählungen

Dem Theologen Eugene L. Lowly folgend, betrachten die Geistlichen die Predigten als eine narrative Kunstform. Das erinnert mich an ein Gespräch mit dem ehemaligen Bischof Olle Nivenius in Lund. Er meinte, eine gute Predigt müsse drei Kennzeichnen haben: Sie muss informativ sein, erbauen und glänzen, was er mit „blänket" umschrieb. Eigentlich gilt das auch für die gemalten Wandbehänge. Sie vermitteln Kenntnisse vom Geschehen im Alten und Neuen Testament, von Ereignissen und Personen. Wir lernen also etwas durch sie, etwas Neues, oder sie frischen unsere Kenntnisse von etwas Altem auf. Sie haben also eine intellektuelle Funktion.

Die Wandbehänge dienen auch unserer Erbauung. Sie berühren eine emotionale Ebene, die von Glaube und Moral geprägt ist. Anders ausgedrückt, sie halten eine Botschaft für uns bereit. Sie sind Vorbilder, geben aber auch negative Alternativen wieder. Sie zeigen das Gute, aber warnen auch vor dem Bösen.

Aber was ist „blänket"? Vielleicht kann es eine kurze Geschichte oder eine Episode sein, die als eine „Lichtkraft" nur unsere Sinne berührt, aber nicht informativ ist. Etwas, was zu unserem Herzen spricht, das wärmt. unsere emotionale Ebene anrührt und Freude vermittelt. Das kann mit Humor zu tun haben und mit Schönheit. „Blänket" ist mit dem Ästhetischen verwandt, mit schönen Formen oder Farben. „Blänket" kann ein fast vergessenes Detail betonen und dazu beitragen, eine Erinnerung zu fixieren.

Die Wandbehangmaler besaßen die Fähigkeit „blänket" mit Pinsel oder Farbe hervorzuheben. In der Buchkunst reden wir von Illuminationen, und Birger Gerhardsson meint, dass die Meschalim „eine gemeinsame Aufgabe haben, zu erleuchten oder zu illuminieren". Die Wandbehänge illuminieren schon durch ihre äußere Gestalt die dunkle Stube, wenn sie am Weihnachtsmorgen aufgehängt wurden. Wir haben heutzutage viel mehr Dekorationen, aber am Ende des 18. und am Anfang des 19. Jahrhunderts waren sie der einzige Schmuck in der Stube. Sie beleuchteten und erklärten vor allem den Inhalt der Bibelerzählungen.

Weihnachten war eine heilige Zeit, und die Wandbehänge trugen stark zur Heiligkeit bei. Sie gaben ein „Blänk", einen Glanz, von der gleichen Art wie es der Stern von Bethlehem für die weisen Männer tat. Wir dürfen nicht den Kontext der Wandbehangmalereien vergessen, der ihre narrative Rolle verstärkte. Sie waren nur für kurze Dauer in der Stube zu sehen, in der heiligen Zeit. Man sehnte sich nach dieser Zeit, die sich maßgeblich vom Alltag unterschied. Und doch erzählten die Wandbehangmalereien nichts wesentlich Neues, sondern die Botschaft, die man sehnlich hören wollte, ganz wie die Kinder die Gutenachtmärchen hören wollten, stets in derselben, unveränderten Form.

Abb. 7: Heimkehr des verlorenen Sohnes, Wandbehang von Johannes Nilsson (1757–1827). Foto: Birgitta Castor

Wellerismen als Reduktionsstufe von Erzähltypen

Erzählungen und Anekdoten in der niederländischen, friesischen und flämischen Überlieferung[1]

Heinrich L. Cox und Jurjen van der Kooi

In seinem Aufsatz „Sagwörter im Schwank – Schwankstoffe im Sagwort" weist Siegfried Neumann darauf hin, dass einem Prozess der Reduktion von Erzähltypen zu apologischen Sprichwörtern ein Vorgang der Entstehung von Erzählungen aus Sprichwörtern mit apologischem Charakter gegenüberstehe,[2] und betont, dass erst eine sichere Materialbasis vertiefte Einblicke in die Motiv- und Gattungszusammenhänge ermögliche.[3] Im folgenden Beitrag wird auf der Grundlage der niederländischen, friesischen und flämischen Überlieferung vom Ende des 15. bis zum Anfang des 21. Jahrhunderts exemplarisch dem Prozess der Reduktion von Erzähltypen, Erzählungen und Anekdoten zu Wellerismen nachgegangen.[4]

Wellerismen in ihrem Verhältnis zur oralen und literarischen Überlieferung

Wellerismen spielten und spielen noch in den Niederlanden, Friesland und Flandern eine Rolle in der oralen Überlieferung sowie auch in der Literatur und schriftlichen Überlieferung, namentlich in der älteren, in Romanen, zum Beispiel in Jacob van Lenneps „Ferdinand Huyck" (1840), in der Mundartliteratur,[5] in Possen des 17. Jahrhunderts,[6] in Schwankbüchern, Kalendern und Sprichwörtersammlungen. Was bisher dokumentiert werden konnte, beruht in Anbetracht der lückenhaften Überlieferung und oft dürftigen Quellenlage mehr oder weniger auf Zufall, aber deutlich ist, dass viele Wellerismen ursprünglich auf Erzählungen bzw. Anekdoten beruhten, ohne deren Kenntnis sie unverständlich wurden und deshalb ausgestorben sind.[7]

1 Dem heutigen internationalen Sprachgebrauch folgend bezeichnen wir Sagwörter als Wellerismen. Zur Terminologie vgl. Archer Taylor, The Proverb, Cambridge (Mass.) 1931, S. 200 ff. – H. L. Cox /Jurjen van der Kooi, Alle beetjes helpen. Nederlandse, Friese en Vlaamse wellerismen. Een compendium, Groningen/ Oldeberkoop 2007, S. IX ff.

2 Siegfried Neumann, Sagwörter im Schwank, Schwankstoffe im Sagwort, in: Volksüberlieferung. Festschrift für Kurt Ranke zur Vollendung des 60. Lebensjahres, hg. v. Fritz Harkort u. a., Göttingen 1968, S. 249–266, hier S. 265. – Vgl. auch Lutz Röhrich, Sprichwörtliche Redensarten und Volkserzählungen, in: Volk, Sprache, Dichtung. Festgabe für Kurt Wagner, hg. v. Karl Bischoff/Lutz Röhrich, Gießen 1960, S. 247–275, hier S. 248f.

3 Neumann, Sagwörter, S. 266.

4 Heinrich L. Cox/Jurjen van der Kooi, Alle beetjes helpen. Nederlandse, Friese en Vlaamse wellerismen. Een compendium, Groningen/Oldeberkoop 2007; das Kompendium wird im Text als CvK zitiert. Dort finden sich unter der zitierten Nummer die einschlägigen Quellenangaben zu den einzelnen Wellerismen. – Dem heutigen internationalen Sprachgebrauch folgend bezeichnen wir Sagwörter als Wellerismen. Zur Terminologie vgl. Archer Taylor, The Proverb, Cambridge (Mass.) 1931, S. 200ff. und Cox/van der Kooi, Alle beetjes helpen, S. IXff.

5 Vgl. Jurjen van der Kooi, Geschichten aus meinem Dorf. Kalendergeschichten in Groninger Mundart, 1850–1900, in: Niederdt. Jb. 2009 (im Druck). – Vgl. für die Rolle des Wellerismus in der niederdeutschen Literatur: Wolfgang Lindow, Volkstümliches Sprachgut in der neuniederdeutschen Dialektdichtung, Kiel 1960.

6 Cornelis Kruyskamp, Allemaal mensen. Apologische spreekwoorden, 's-Gravenhage 31965.

7 Vgl. auch Winfried Hofmann, Das rheinische Sagwort, Siegburg 1959, S. 102–104.

Eindeutig ist dies auch der Fall, wenn Wellerismen aus der Fremde übernommen werden und dem Leser die zu Grunde liegende Erzählung nicht geläufig ist. Ein Beispiel: CvK 3576 *Weel mochte dat niet? sprack de Abt van Bosen/*[8] „Wer möchte das nicht? sagte der Abt von Posen." Der unbekannte Autor der „Kamper spreekwoorden" hat diesen Wellerismus ohne Kommentar 1550 aus Johannes Agricolas Sammlung „Sybenhundertundfünfftzig Teutscher Sprichwörter" (Hagenau 1534, Nr. 160) übernommen. Agricola erläutert „*Wer mocht das nicht/ sagt der Apt von Posen*" mit einer pikanten Anekdote: *Posen ist ein Monchskloster/ Benedicter ordens / bey Zeytz ym Osterlande gelegen/ welches ein stuck ist an Meissen/ Der Apt des selbigen klosters hat etliche Nonnen kloster zu visitiren/ Und ynn einem kloster war ein armes Nonnelin beruchtiget/ als solt sie mit dem kloster schreiber unrecht gehandelt haben/ und yhn yhre cellen odder kemmmerlin verschlossen behalten haben/ Das Nonnelin ward mit guten gelerten wortten vom Apt so vil beredet/ daß sichs zu der that bekante/ Der Apt fragte alle gelegenheyt der that/ wie es zugangen were/ unnd sonderlich mit disen wortten/ War der schreiber in der Zellen bey dir? Das Nonnelein sagte/ Ja/ Der Apt fragte/ Lag er bey dir im bette? Das Nonnelein sagte/ Ja/ Der Apt fragte/ War er Nacket. Das Nonnelein sagte/ Ja. Der Apt fragte/ Warest du auch nacket. Das Nonnelein sagte/ Ja. Do sprach der Apt/ Ey wer mochte das nicht? Auß disem geschicht ist das sprichwort erwachsen. Wer mochte das nicht/ sagt der Apt von Posen. Wir brauchen dises worts auch auff ehrliche ding. Denn so eynem etwas zu handen stosset/ das nicht zu verachten ist/ als eyn gluck/ eyn erbfall/ odder sonst etws an leib odder gut/ so spricht er/ Wer mocht das nicht/ ich neme es auch an/ wenn mir es so gut kund werden.*" Der Weg, den dieser Wellerismus in die Niederlande genommen hat, lässt sich rekonstruieren, aber ohne die pikante anekdotenhafte Erzählung ist es ein kurzlebiger Einzelbeleg geblieben und taucht nach 1550 in der niederländischen Überlieferung erwartungsgemäß nicht mehr auf. Lutz Röhrich geht wohl mit Recht von der Annahme aus, dass Agricola die Erzählung nicht selber ad hoc erfunden, sondern aus der Volkstradition des 16. Jahrhunderts geschöpft hat.[9]

Anders ist die Situation, wenn ein aus der Fremde übernommener Wellerismus als Kurzform einer auch sonst erzählten ausführlicheren Geschichte in nuce den Kern der Erzählung enthält und die Erzählung als solche nicht zum Verständnis der Aussage notwendig ist. Vgl. zum Beispiel CvK 769: *Daar ligt het, zei de meid, en haar ontviel een kind terwijl ze danste /*

„Da liegt es, sagte die Magd, und ihr entfiel ein Kind beim Tanze." Ältere Belege – alle ohne weiteren Kommentar – zeigen, dass die Erzählung als solche offensichtlich nicht tradiert wurde, aber der Kern der Aussage zum Verständnis völlig ausreichte. Vgl. Kamper spreekwoorden 1550:[10] *Daer lichtet, seyde die guede maecht: Doe ontviel haer dat kint anden dantz.* Die Quelle ist ebenfalls Johannes Agricolas Sammlung aus 1534. Dort heißt es unter der Nummer 106: *Da ligt es/ sagt ihene gute magdt/ da empfiel yhr das kind am tantze.* Agricola gibt dazu folgenden Kommentar: *Die that verkleret diß sprichwort auch/ Man hette lang gesagt von einer magdt/ sie gieng schwanger und trüge ein kinde/ aber sie hat es verholen wie sie vermocht hat/ biß daß es yhr junckfraw weyse am tantze empfellet/ und ynn dem sie die that nicht lenger hat mögen verbergen/ spricht sie/ da ligts/ da von man lang gesagt hat.* Vgl. auch Tuinman (Middelburg 1726–1727):[11] *Daar leit het, zeide de meid, en haar ontviel een kind terwyl zy danste* und

8 Gesinus Gerhardus Kloeke, Kamper spreekwoorden naar de uitgave van Warnersen anno 1550, Assen 1959, S. 12.

9 Röhrich, Sprichwörtliche Redensarten, S. 248.

10 Kloeke, Kamper spreekwoorden, S. 8.

11 Carolus Tuinman, De oorsprong en uitlegging van dagelyks gebruikte Nederduitsche spreekwoorden, 2 Bde., Middelburg 1726–1727, Bd. I, S. 263.

Lyste van Rariteyten ca. 1706:[12] *Daar leyd het, (sey de Meyd) en haar ontviel een Kind, terwijl se danste.* Ein jüngeres Beispiel eines Wellerismus mit „begrenzter Reichweite", dessen Erklärung auf einer überlieferten Erzählung beruht, ist CvK 983: (Fries.) *It is mar in kattehipke, sei D. en hy siet oan 'e hals ta yn 'e sleat* / „Es ist nur ein Katzensprung, sagte D., und er steckte bis zum Hals im Wassergraben." Der Herausgeber zeichnet dazu an: „Ich weiß noch, wie wir als Jungen mit einem Stab über Wassergräben sprangen. Einer der Übermütigen sagte: Glaubt ihr, dass ich nicht über den Wassergraben zu springen wage? Es ist nur ein Katzensprung, sagte er, aber soweit kam er nicht, denn sein Stab brach und unser Hans Dampf in allen Gassen zappelte schon im Wasser. Jahrelang war dies bei uns ein Sprichwort." Wer D. war, erwähnt er nicht, und es ist deshalb auch nicht erstaunlich, dass dieser Wellerismus sonst nirgendwo mehr begegnet. Die zugrunde liegende Erzählung war einfach nicht interessant genug.

Solche auf Erzählungen beruhenden Wellerismen können sich u. a. auch nur dann über eine längere Zeit behaupten und über größere Räume verbreiten, wenn die mit „sagte" eingeführte Person eine historisch interessante Figur und/oder die dazugehörende Geschichte so fesselnd war, dass sie sich zeitlich und räumlich ausbreiten konnte und deshalb nicht nur als Anekdote oder sonstige Volkserzählung in Erinnerung blieb, sondern, weil jeder die Begebenheit kannte, und somit auch als Wellerismus in der Kurzfassung verständlich war. Dies ist zum Beispiel in folgenden Wellerismen der Fall: CvK 1837*: Dat niet, zei Van Speyk, dan liever de lucht in!* / „Das nicht, sagte van Speyk, dann lieber in die Luft." Man sagt dies, wenn man partout etwas nicht tun möchte. Ob van Speyk diesen Ausspruch jemals getan hat, ist in unserem Kontext irrelevant. Jan C. J. van Speyk (1802–1831) war ein niederländischer Marineoffizier. Während der belgischen Revolution trieb sein Kanonenboot manövrierunfähig am 5. Februar 1831 bei Antwerpen ans Ufer. Von den aufständischen Belgiern überwältigt, ging er unter dem Vorwand, seine Papiere zu holen, unter Deck und sprengte sich und das Schiff in die Luft. Van Speyk wurde wegen dieser Heldentat als nationaler Held gefeiert und am 14. Mai 1832 in der „Nieuwe Kerk" in Amsterdam beigesetzt. Sein Ruhm verbreitete sich sogar ins benachbarte, damals preussische Ausland. In Kleve galt *Noot, säät van Speyk, völl liewer in de Locht* als abschlägige Antwort.[13] Ein weiteres Beispiel: CvK 1385: *Houd de lantaarn, zei Joris/ keizer Karel: ik moet eens hoesten* / „Halte (mal) die Laterne, sagte Joris/ Kaiser Karl: ich muss mal husten." Tuinman (Middelburg 1726–1727)[14] erläutert den Wellerimus mit folgender Anekdote: „*Keizer Karel V. verdwaalde op de jacht van zyn volk, en wierd van de avond overvallen. t'Allen geluk trof hy een boer aan, zonder zich bekent te maken, wie hy was, en huurden den kinkel, om hem met een lantaarn te brengen daar hy wezen wilde. Onder 't gaan, wierd Grovianus van achterlast geprangt, en vraagde zijnen reisgezel; hoe heet gy? Karel, was de antwoord van den Keizer. Hier op zeide de boer, Karel, houd de lantaarn; ik moet eens sch… . Dit hooffsche kompliment van den boer tot den keizer, wierd een lachend spreekwoord.*" In der Nachfolge von Tuinman, der das derbere „ik moet eens sch…" (scheißen) durch das unverfänglichere „husten" ersetzte, begegnet der Wellerismus in allen jüngeren Belegen lediglich in der entschärften Form. Dass die grobianische Fassung als älter zu betrachten ist, zeigt folgende Belegstelle in den „Teutsche Apothegmata" von Zinkgreff und Weidner (Amsterdam 1653–1655):[15] „*Karl V. Bat einmal bei Nacht einen höchst unwilligen Untertanen, ihm den Weg über*

12 Lyste van Rariteyten, 2 Bände, [o. O o.J. 1706?], Bd. I, S. 210.

13 Hofmann, Das rheinische Sagwort, S. 105.

14 Tuinman, De oorsprong en uitlegging, Bd. I, S. 55.

15 Julius Wilhelm Zinkgreff/Johann Leonhard Weidner, Teutsche Apothegmata, Amsterdam 1653–1655, Bd. IV, S. 38.

die Deiche nach Gent zu zeigen. Unterdessen kombt den Bawer was an, daß er selbst thun must, und keinen anderen solches zu thun bestellen kont: Sagt derentwegen zum Keyser, daß er jhm Latern und Licht so lange halten wolt, bis er dasselbe Werck verricht, welches Carolus V. willig gethan. Und als das verricht, hat er dem Bawern die Latern wider gegeben und sein Reis vollzogen." Diese Anekdote war offensichtlich sehr beliebt und bereits in der zweiten Hälfte des 17. Jahrhunderts in anderen Varianten bekannt.[16]

Mancher als wahre Begebenheit überlieferte Wellerismus ist allerdings wahrscheinlich, oder sogar bestimmt nicht wahr. Trotzdem konnten sich einige dieser Geschichten zu beliebten Volkserzählungen entwickeln und so die dazugehörigen Wellerismen konservieren. Vgl. zum Beispiel CvK 2220: (Fries.) *Dat heaste won, dievel! sey malle Fokke* / „Das hast du gewonnen, Teufel!, sagte der verrückte Fokke" (er hatte vergebens versucht, schneller als sein Schatten Schlittschuh zu laufen). Dieser Wellerismus konnte sich in Westfriesland festsetzen, weil die dazugehörige Volkserzählung, ein friesischer Ökotyp des international verbreiteten Typus ATU/VdK 1321B: Fools Afraid of Their Own Shadow, die ursprünglich keineswegs den berühmten friesischen Eisschnellläufer Fokke Tietes als Protagonisten kannte, beliebt blieb.

Die bisher aufgeführten Beispiele sind nicht die einzigen Wellerismen, in denen sich eindeutige Bezüge zu Volkserzählungen nachweisen lassen. Über 60 der im Kompendium belegten Wellerismen verweisen nach bekannten Erzähltypen, und zweifelsohne auch viele der zahlreichen von dem friesischen Sammler Paulus Scheltema in den ersten Jahrzehnten des 19. Jahrhunderts aufgezeichneten Wellerismen, z. B. jene mit damals bekannten Predigern als Sagte-Person (CvK 3460ff.), setzen eine damals bekannte, heute vergessene Erzählung voraus. Das ist möglicherweis auch der Fall mit CvK 4316: *Er zijn zo veel heren om te nijgen, zei de kikker en lag onder de eg (en de eg sleept hem over het lijf)*/ (Fries.) *Dir binne soo volle Heeren voor te nygen, sey de frosck en laey onder de eyde*/„Es gibt so viele Herren, vor denen man sich verneigen muss, sagte de Frosch und er lag unter der Egge" (und die Egge ging über ihn hinweg). Dieser Wellerismus fand offensichtlich über das Mittellateinische eine weite Verbreitung und begegnet bereits in der Fecunda Ratis des Egbert von Lüttich: *Herpica ut horridulam trivisset forte rubetam, tot colaphos, quod ait, dominos contingit habere.*[17] Auch findet er sich im *Liber Parabolarum* (ca. 1227) des Odo von Cheriton (ca. 1180 – ca. 1246), in dem angeprangert wird, wie die weltliche und geistliche Obrigkeit arme Priester und Bürger aussaugen: *Traha semel transiuit super bufonem, et unus dens percussit eum in capite, alius in corde, alius in renibus. Et ait bufo: deus confundat tot dominos.*[18] Im Mittelfriesischen ist der Wellerismus ebenfalls belegt, vgl.: *Dir binne soo volle Heeren to nygen (sey de frosck en laey onder de eyde/ Hier binne soo volle heeren to nygen/ sey de frosck/ ende de eyde sl[]epe hem oert lijff.*[19] Für weitere volkssprachliche Belege aus dem Mittelhochdeutschen, Neuhochdeutschen, Mittelenglischen und Französischen sei an dieser Stelle auf Cvk 4316 verwiesen.

Es folgen jetzt Beispiele von Beziehungen zwischen bekannten in Aarne-Thompson-Uther (ATU), Van der Kooi (VdK), de Meyer (dM) und Sinninghe (SIN) und Einzelpublikationen verzeichneten Erzählungen.[20]

16 Vgl. Harlinda Lox, Van stropdragers en de pot van Olen. Verhalen over Keizer Karel, Leuven 1999, Nr. 25.

17 Hans Walther, Proverbia sententiaeque Latinitatis medii aevi, 6 Bde., Göttingen 1963–1969, Bd. II/2, S. 292, Nr. 10700.

18 Friedrich Seiler, Deutsche Sprichwörterkunde, München 1922, S. 29.

19 Frederik Johan van der Kuip, De Burmania-sprekwurden. Santjinde-ieuske sprekwurden ferklearre en yn har tiid besjoen, Ljouwert/Leeuwarden 2003, Nr. 218 und Nr. 361.

20 Hans-Jörg Uther, The Types of International Folktales. A Classification and Bibliography. Based on the System of Antti Aarne and Stith Thomson (FFC 284–286), Helsinki 2004 – Van der Kooi, Volksverhalen in Friesland;

A) Zur Kategorie der Tiervolkserzählungen und Fabeln

- ATU/SIN/VdK/dM Nr. 2: The Tail-Fisher.[21] – CvK 4421: *Het is te laat, zei de vos, en zijn staart zat vastgevroren in het ijs* / „Es ist zu spät, sagte der Fuchs/ Wolf, und sein Schwanz war im Eis festgefroren." Vgl. Kamper Spreekwoorden 1550:[22] *Tis te laete. Seyde die Vos. Doe was hy met den stert int ijs veruroeren.*
- ATU/VdK 59: The Fox and the Sour Grapes.[23] – CvK 4414: *De druiven zijn zuur/ nog niet rijp, zei de vos, maar hij kon er niet bij/* „Die Trauben sind sauer/ noch nicht reif, sagte der Fuchs, aber er kam nicht heran." Vgl. Tuinman (Middelburg 1726/1727):[24] *De druiven zyn te zuur, ik zou ze niet mogen (gezegd van de vos)* / „Die Trauben sind zu sauer, ich möchte sie deshalb auch nicht (gesagt vom Fuchs)." Vgl. auch: De Laet (Antwerpen 1549):[25] *Also seyt de vos vande kersen;* De Laet (Antwerpen 1549):[26] *Also seyt de vos vande moerbesien* (Maulbeeren) *als hij er gheen en mach hebben.* Vgl. auch CvK 4422 (Fries.): *Hy is my to krûm, sei de foks, do siet de kat mei in woarst yn è beam* / „Sie ist mir zu krumm, sagte der Fuchs, da saß die Katze mit der Wurst in einem Baum"; CvK 4424: *Ik wil de witte hen niet, zei de vos, omdat hij ze niet krijgen kon* / „Ich will das weiße Huhn nicht haben, sagte der Fuchs, weil er es nicht bekommen konnte."
- ATU/SIN/VdK/dM 221/A: Test: Who Can Fly Highest?[27] – CvK 4445: *Groot bij groot, zei het winterkoninkje, en toen ging hij op de staart van een ooievaar zitten* / Groß zu groß, sagte der Zaunkönig und da setzte er sich auf den Sterz eines Storchs.
- ATU 225A: The Tortoise Lets Itself be Carried by Birds.[28] – CvK 4381: *Speel met mij zonder breken, zei de schildpad tegen de arend als ze door hem in de lucht opgenomen werd* / „Spiele mit mir ohne mich zu brechen, sagte die Schildkröte zum Adler, als er sie mit in die Luft nahm." Vgl. van Nyenborgh (Groningen 1657):[29] *Speelt met my sonder breecken/ seyd' de Schilt-pad tegen den Arent/ alse daer van in de locht opgenoemen werde.*
- ATU / VdK 250A, SIN (Ursprungssagen) 117: The Flounder's Crooked Mouth.[30] – CvK 4271: *Daar zijn wij grote vissen weer, zei de garnaal tegen de schelvis* / „Da sind wir große Fische wieder, sagte die Garnele zum Schellfisch."
- ATU 276 / The Crab Walks Backward: Learned from his Parents.[31] – CvK 4335: *Moeder ga voort, zei de kreeft, en ik zal u volgen* / „Mutter, gehe vor, sagte die Krabbe, und ich werde dir folgen."

B) Zur Kategorie der Märchen vom dummen Teufel

- ATU/VdK 1037: The Ogre Shears a Pig.[32] – CvK 4243: *Veel geschreeuw/ ruigs maar weinig wol, zei de duivel/ drommel/ nikker/ man/ boer/ paap/ aap/ Naes, en hij schoor een varken*

Maurits de Meyer, Le conte populaire flamand. Catalogue analytique et éléments des contes „Motif-Index" (FFC 203), Helsinki 1968. – J. R. W. Sinninghe, Katalog der niederländischen Märchen-, Ursprungssagen-, Sagen- und Legendenvarianten (FFC 132), Helsinki 1943.

21 Vgl. EM IV, Sp. 1227–1230.

22 Kloeke, Kamper spreekwoorden, S. 65.

23 Vgl. EM V, Sp. 527–534.

24 Tuinman, De oorsprong en uitlegging, Bd. I, S. 107.

25 Gesinus Gerhardus Kloeke, Uitgave van „Seer Schoone Spreeckwoorden / oft Prouerbia" in Franse en Vlaamse taal in 1549 te Antwerpen verschenen, Assen 1962, Nr. 18.

26 Kloeke, Seer Schoone Spreeckwoorden, Nr. 34.

27 Vgl. EM VIII, Sp. 181–186.

28 Vgl. EM IV, Sp. 1290–1295.

29 Johan van Nyenborgh, Eenighe Leersaeme ende vermakelijke Spreek-woorden, Groningen 1657, S. 134.

30 Vgl. EM IV, Sp. 1373f.

31 Vgl. EM VIII, Sp. 373f.

32 Vgl. EM XIII, Sp. 430–432.

/ „Viel Geschrei/ borstiges Haar, aber wenig Wolle, sagte der Teufel/ Drommel (Teufel)/ Nicker (Teufel), Mann/ Bauer/ Pfaffe/ Affe/ Naas („Person mit großer Nase“), und er schor ein Schwein“; (Fries.): *Folle geraes, mar in bîtke wolle, sei de dîvel, en hy skearde de bargen* / „Viel Geschrei, aber wenig Wolle, sagte der Teufel, und er schor die Schweine.“ Ältere Belege: vgl. ’t Mergh der Nederlandsche Spreekwoorden (Amsterdam 1644, II, 41): *Veel ghekrijts en weynigh wolle, sey de Nicker en schoor het vercken*; Lyste van Rariteyten[33] (ca. 1706): *Veel ruygs en weynig wol, (sey de Paap) en hy schoor het Varken.* Vgl. auch CvK 1239: *De een scheert de schapen, de ander de varkens,zei Jan: ik heb er het haar en hij er de wol van* / „Der eine schert die Schafe, der andere die Schweine, sagte Jan: ich habe das Haar und er die Wolle.“

- ATU/VdK/SIN 1157: The Ogre and the Gun. CvK 4187: (Fries.) *Det is sterke tabak, sei de divel, dót men him mei in pistol yn é noas skeat* / „Das ist starker Tabak, sagte der Teufel, als man ihm mit einer Pistole in die Nase schoss.“
- ATU/VdK/dM/SIN 1176: Catching a Man’s Broken Wind. – CvK 2894: *Raap hem op, zei de boer, en hij liet een wind* / „Hebe ihn auf, sagte der Bauer, und er ließ einen fahren.“
- ATU/VdK/dM/SIN 1186: The Devil and the Lawyer. – CvK 4213: *Het is gemeend, zei de duivel, en hij nam de deurwaarder mee* / „Es ist gemeint, sagte der Teufel, und er nahm den Gerichtsvollzieher mit.“[34]

C) Zur Kategorie der Schwänke und Anekdoten

- ATU/VdK 1288A: Numskull Cannot Find the Donkey He is sitting on. – CvK 2664: *Dwalen is menselijk, zei de boer, en hij zocht naar zijn paard, terwijl hij erop zat* / „Irren ist menschlich, sagte der Bauer, und er suchte sein Pferd während er draufsaß.“ Vgl. Andriessoon (Antwerpen 1550):[35] *Het paert soecken daer hi op ist. Dat is een dinghen soecken datmen selfs omtrent hem heeft*; Kamper Spreekwoorden (1550):[36] *Hy slachtet den man/ die opt Peert sat ende sochte tPeert*; Goedthals (Antwerpen 1568)[37]: *De man sochte zijn peert/ en hij satter op* ; Tuinman (Middelburg 1726/1727)[38]: *De man zocht het paard, en zatér op. Dit zegt men boertende wanneer ymandt zoekt ’tgeen voor zyn neus is.*
- ATU/VdK 1296B: Doves in the Letter.[39] – CvK 2238 (Fries.) *Dat iz goed, sey Hanne Korfke, dat se ynne brief binne; je wierne my ontfleyn* / „Das ist gut, sagte Hanne Korfke, dass sie im Brief sind, denn sie waren mir entflogen.“
- ATU/VdK 1310: Drowning the Crayfish as Punishment.[40] – CvK 3779: (Fries.) *Hwet hat dat bist it binaud, seine de Dokkumers, dót hja in iel yn ’e smiten hienen om to forsûpen* / „Wie ängstlich das Tier ist, sagten die Dokkumer, als sie einen Aal in die Ee (= Fluss) geworfen hatten, um ihn zu ertränken.“ Die friesischen humoristischen Erzählungen über die Dummheit bzw. Einfältigkeit von Verwaltung und Bürgern bestimmter Orte sind fast ohne Ausnahme in Dokkum lokalisiert.[41] Vgl. auch CvK 2837: *Jij lelijk monster, riep de*

33 Lyste van Rariteyten, Bd. I, S. 183, Nr. 140.
34 Vgl. EM I, Sp. 118–123.
35 Symon Andriessoon, Duytsche Adagia ofte Spreecwoorden, Antwerpen 1550, S. 67.
36 Kloeke, Kamper spreekwoorden, S. 62.
37 François Goedthals, Les proverbes anciens flamengs en françois correspondants de sentence les vns avx avtres, Antwerpen 1568, S. 99.
38 Tuinman, De oorsprong en uitlegging, Bd. II, S. 213.
39 Vgl. EM XIII, Sp. 246–248.
40 Vgl. EM VIII, Sp. 368–373.
41 Van der Kooi, Volksverhalen in Friesland, S. 160–162. –Ton Dekker/Jurjen van der Kooi/Theo Meder, Van Aladdin tot Zwaan kleef aan. Lexicon van sprookjes: Ontstaan, ontwikkeling, Variaties, Nijmegen 1997, S.172–178.

boer, en hij smeet een krab in het water om ze te verdrinken / „Du scheußliches Ungeheuer, rief der Bauer, und er warf eine Krabbe ins Wasser, um sie zu ertränken."

- ATU 1313A*/dM 1313A/SIN 1313/AaTh 1313C: Dead Man Speaks up.[42] – CvK 3902: *Heal wey Tryen, rôp di deade* / „Halb drei, rief der Tote." Als die Nachbarn einen Scheintoten waschen und sich fragen, wie spät es ist, antwortet der Tote: „Halb drei."
- ATU 1316/3/dM 1316****/SIN 1316*: Mistaking One Animal for Another.[43] – CvK 3147: *Dat is aller hazen moêr, riepen de jagers van Lochem toen ze een ezel in de kool zagen lopen, en ze schoten hem dood* / „Das ist aller Hasen Mutter, riefen die Jäger von Lochem, als sie einen Esel im Kohlfeld laufen sahen, und sie erschossen ihn."
- ATU/VdK 1319A*: The Watch Mistaken for the Devil's Eye.[44] – CvK 2876: *Of je hiepste en of je piepste, zei de boer/ mof, je zult er toch aan, jou lelijk beest, en hij trapte een gouden horloge dat op de weg lag aan duizend stukken* / „Ob du nun klagst oder wimmerst, sagte der Bauer/ Moff du wirst dran glauben müssen, du hässliches Tier, und er trat eine goldene Uhr, die auf der Straße lag, in tausend Stücke." Dieser Wellerismus ist eine Kombination zweier beliebter Volkserzählungen: (1.) Ein dummer Mann (in den Niederlanden meistens ein „*Mof*"[45] oder ein „*Poep*"[46] kauft einen Bückling. Er lässt ihn ins Gras fallen. Suchend ergreift er an Stelle des geräucherten Fisches einen Frosch. Er isst ihn auf mit den Worten: „Ob du nun klagst oder wimmerst, du wirst dran glauben müssen" (vgl. ATU 1339 F/ VdK/dM1339 F*: Frog Eaten as Herring) und (2.) ATU 1319A*:[47] The Watch Mistaken for the Devil's Eye. Ein Mann findet eine tickende Uhr, glaubt, dass es der Teufel ist und tritt die Uhr kaputt.
- ATU/VdK 1319H*: Boat Believed to Have Had a Child. – CvK 3803: *Dat lijkt wel het jong van zijn moer, zei de mof, en hij zag een hoeker achter een oorlogsschip liggen* / „Das sieht fast so aus wie das Junge seiner Mutter, sagte der Moff, und er sah ein Fischerboot hinter einem Kriegsschiff liegen." Lyste van Rariteyten (ca. 1706):[48] *Dat lykent wel 't jong van sijn moer, (sey de Mof) en hy sag een Hoeker achter een Oorlogsschip leggen.*
- ATU/VdK 1321B: Fools Afraid of Their Own Shadow. – CvK 2220 *Dat heaste won, dievel! sey malle Fokke*. Siehe oben.
- ATU/VdK/dM 1325A/SIN 1325*: The Fireplace Gives Too Much Heat. – CvK 3778: *Wij moeten achteruit, zeiden de Dokkumers* / „Wir müssen rückwärts, sagten die Dokkumer." Vgl. den Kommentar zu ATU 1310.
- ATU/VdK 1334: The Local Moon.[49] – CvK 3808: *Dezelfde maan die ik in Parijs gezien heb, zie ik hier in ons land ook, zei de Duitser* / „Denselben Mond, den ich in Paris gesehen habe, sehe ich auch hier, sagte der Deutsche." Dieser Wellerismus geht zurück auf einen bereits im 1. Jahrhundert bei Plutarch (De exilio = Moralia 601c) belegte Erzählung: Mann in der Fremde ist erstaunt darüber, dass man dort den gleichen Mond hat wie zuhause. Der älteste niederländische Beleg in Form eines Wellerismus findet sich bei Van Nyenborgh

42 Vgl. EM IX, Sp. 210–215.
43 Vgl. EM VII, Sp. 21f.
44 Vgl. EM VII, Sp. 22.
45 *Mof*, heute im modernen Niederländisch ausschließlich als abfällige Bezeichnung für einen Deutschen gebräuchlich, wurde bis ins 20. Jahrhundert von den eigentlichen „Holländern" im Westen des Landes auch als Bezeichnung für die Bewohner der östlichen Niederlande und sogar anderer Provinzen angewandt.
46 *Poep* war vor allem in Friesland und dem Nordwesten der Niederlande üblich als Bezeichnung für die deutschen und ostniederländischen Wanderarbeiter, die ab der frühen Neuzeit meistens als Saisonarbeiter in der Landwirtschafft tätig waren. Auch die herumreisenden deutschen Hausierer und Musiker nannte man *Poepen*.
47 Vgl. EM VII, Sp. 22.
48 Lyste van Rariteyten, Bd. II, S. 202.
49 Vgl. EM IX, Sp. 802–805.

(Groningen 1657):[50] *Deselve Maene die ick tot Parijs gesien hebbe, seyde de Duytscher/ die sie ick hier in ons Lant oock.* Auch C. Tuinman (Middelburg 1726/1727)[51] kannte offensichtlich den Erzähltyp: [...] *Niet ongelyck aan deze gauwaards* [Dummköpfen] *was hy, die van zyne reize door Vrankryk wedergekeert, zyne vrienden, die hem quamen verwelkomen verzekerde, dat hy die zelve maan, die zich doe aan hen daar vertoonde, ook te Parys gezien had.* Auffällig ist, dass in den älteren niederländischen Belegen aus dem 17. und 18. Jahrhundert anders als in den 18 aus dem 19. und 20. Jahrhundert überlieferten regionalen friesischen Fassungen Paris expressis verbis als Ort genannt wird.

- ATU/VdK 1336 / SIN 1250: Diving for Cheese.[52] – CvK 3817: *Hier heb ik een Noord-Hollands kaasje, zei de mof, en hij zag de maan in het water schijnen* / „Hier habe ich einen Käse aus Nord-Holland, sagte der Moff, und er sah den Mond ins Wasser scheinen." Das Motiv des sich im Wasser widerspiegelnden Mondes, der für einen Käse gehalten wird, findet sich seit dem klassischen Altertum in unterschiedlichen Erzähltypen; meistens bilden Fuchs oder Wolf die Handlungsträger.[53]
- ATU/VdK 1339D / SIN Sinninghe 1316: Farmers are Unaquainted with Mustard.[54] – CvK 3838: *O Heer! Bewaar mijn ogen, riep de mof, want mijn neus is al weg, en hij snoepte uit de mosterdpot* / „O Herr! Bewahre meine Augen, rief der Moff, denn meine Nase ist schon weg, und er naschte aus dem Senftopf." Es handelt sich um eine Kurzform einer weit verbreiteten, in den Niederlanden, namentlich in Friesland belegten, meistens von *„Poepen"* erzählte Volkserzählung. Ein Ladenbesitzer gibt einem *„Poep"*, der ihn um einen Löffel Honig bittet, einen Löffel Senf, worauf dieser ausruft: „O Herr! Bewahre meine Augen [...]" etc.
- ATU/VdK 1341C: Robbers Commiserated.[55] – CvK 175: (Fries.) *Houw, sey di man, ick ken it by dey neat fijnne, dast by nacht sieckeste* / „Halt !, sagte der Mann, ich kann tagsüber nicht finden, was du nachts suchst."
- ATU 1350/VdK/dM 1350*: The Soon-Consoled Widow. – CvK 3449: (Fries.) *Jouw mâtte Patientje habbe, Sey di Pastoor fen Achlum* / „Sie müssen Geduld haben, sagte der Pfarrer von Achlum." Der Pfarrer versucht, eine Bäuerin, die auf der Beerdigung ihres Mannes bitter weint, zu trösten mit den Worten: „Sie müssen ‚patientje' [Geduld] haben" und denkt nicht daran, dass im Ort ein Witwer namens Jan Patientie wohnt. Die Bäuerin erwidert: „Ob er mich wohl haben mag", und heiratet ihn bald darauf. Jan stirbt kurze Zeit später, aber dem Nächsten, der noch vor der Beerdigung um ihre Hand anhält, ist schon jemand zuvorgekommen.
- ATU/1351G*: Bearing His Cross. – CvK 4472: *Je zult je kruis geduldig dragen, zei de pastoor tot de boer, en deze nam zijn vrouw op de rug en vertrok* / „Du wirst dein Kreuz geduldig tragen, sagte der Pfarrer zum Bauern, und dieser nahm seine Frau auf den Rücken und ging fort." Dieser im Internet vorgefundene Wellerismus ist die Kurzform einer in den Niederlanden seit dem frühen 19. Jahrhundert überlieferten Volkserzählung.
- ATU/SIN/VdK 1553: The Old Woman as Trouble Maker. – CvK 4245: *Waar ik zelf niet komen kan, zei de duivel, daar stuur ik een oude vrouw heen* / „Wo ich selber nicht hinkommen kann, sagte der Teufel, dort schicke ich eine alte Frau hin." Obgleich der seit dem Mittelalter weit verbreitete Typus in der Form eines Wellerismus erst im 20. Jahrhundert

50 Van Nyenborgh, Eenighe Leersaeme ende vermakelijke Spreek-woorden, S. 130.
51 Tuinman, De oorsprong en uitlegging, Bd. I, S. 67.
52 Vgl. EM XII, Sp. 1023–1031.
53 Vgl. Ben Edwin Perry, Aesopica, Urbana 1952, S. 675.
54 Vgl. EM XII, Sp. 1003f.
55 Vgl. EM III, Sp. 635.

belegt ist, zeigen ältere Belege den hohen Bekanntheitsgrad als Sprichwort. Vgl.: Proverbia Communia (Delft 1495):[56] *Daer die duuel niet comen en can daer sent hi sijn bode*; Goedthals (Antwerpen 1568):[57] *Daer de duuel niet commen en can/ sendt hy zijnen bode*; Tuinman (Middelburg 1726–1727):[58] *Daar de duivel zelf niet durft komen, zend hy een oud wyf, of een Monik.*

- ATU/VdK 1354D*: Fertile weather. – CvK 3453: *Op zulk een warme dag komt alles uit de grond, zei de dominee tegen de boer. Ach antwoordde hij in eenvoudigheid des harten, dat hoop ik toch niet, want dan komt mijn kwaad wijf ook weerom* / „An so einem warmen Tag kommt alles aus der Erde, sagte der Pfarrer zum Bauern. Ach, antwortete er in der Einfalt seines Herzens, das hoffe ich allerdings nicht, denn kommt mein böses Weib auch wieder."
- ATU 1366*: The Cowering Husband.[59] – CvK 188: *Ik ben heer/ baas, zei de man, toen kroop/ zat hij onder de tafel/ het bed;* (Fries.) *Ik bin baes, sei de man, do kroep er ûnder 'e tafel* / „Ich bin der Herr im Hause, sagte der Mann, und dann kroch er unter den Tisch/ saß er unter dem Tisch."
- ATU/Vdk 1373A: Wife eats so Little.[60] – CvK 767: *Buikje goed gevuld, handjes aan het werk, zei de logge meid* / „Bäuchlein gut gefüllt, Hände an die Arbeit, sagte die faule Magd." Wahrscheinlich handelt es sich bei diesem von Harrebomée[61] überlieferten Wellerismus um eine bereits nicht mehr verstandene Reduktionsform folgender Volkserzählung (VdK 1373A): Während der – wie sie glauben – Abwesenheit des Bauers essen und trinken zwei Mägde tüchtig. „Lecker gegessen und getrunken" sagt die erste, „und nun wieder fleißig an die Arbeit." „Keine Lust mehr", sagt die zweite. Sie wird entlassen und die erste darf bleiben. Sinnvoll wäre der Wellerismus nur, wenn der Ausspruch „und nun wieder fleißig an die Arbeit" von Harrebomée nicht gerade der faulen Magd in den Mund gelegt worden wäre.
- ATU 1422/VdK 237B*: Parrot Reports Wife's Adultery. – CvK 4366: *Als de hemel van koper is, gaat de pan knirs, knars, knirs, zei de papegaai* / „Wenn der Himmel aus Kupfer ist, macht die Pfanne „knirs, knars, knirs", sagte der Papagei." Der Wellerismus beruht auf einer in den Niederlanden und Friesland im 19. und 20. Jahrhunderte beliebten Volkserzählung (VdK 237B*). Bei Abwesenheit des Bauern und der Bäuerin schlagen Kecht und Magd sich mal richtig den Bauch voll. Damit der sprechende Papagei des Bauern sie nicht verrät, stellen sie den Käfig des Papageis unter einen Kupfereimer. Als der Bauer nach Hause kommt und den Papagei fragt, wie es denn so gegangen sei, sagt dieser: „*Toen de hemel van koper was, zei de pan van sasserdesas*" / „Als der Himmel aus Kupfer war, machte die Pfanne ‚sasserdesass'". Es handelt sich um eine regionale Variante einer alten aus dem Orient stammende Erzählung, in der erzählt wird, wie ein Mann, der seine Frau des Ehebruchs verdächtigt, seinen Papagei beauftragt, seiner Frau nachzuspionieren. Sie vermag allerdings den Vogel hinters Licht zu führen.
- ATU/VdK 1453**: The Slovenly Fiancée. – CvK 4156: *Naar het valt, zei Uilenspiegel, en besjes neus droop over het beslag* /„ Je nachdem wo es hinfällt, sagte Eulenspiegel, und die

56 Richard Jente, Proverbia Communia: A Fifteenth Century Collection of Dutch Proverbs together with the Low German Version, Bloomington 1947, Nr. 161.

57 Goedthals, Les proverbes anciens, S. 78.

58 Tuinman, De oorsprong en uitlegging, Bd. II, S. 192.

59 Als Volkserzählung belegt in: Jurjen van der Kooi, Van Janmaanje en Keudeldoemke. Groninger sprookjesboek, Groningen 2003, Nr. 80.

60 Vgl. EM IV, Sp. 476–478.

61 Pieter Jacob Harrebomée: Spreekwoordenboek der Nederlandsche taal [...], 3 Bände, Utrecht 1856–1870, Bd. I, S. 101.

Nase des alten Weibleins troff über dem Teig." Vgl. auch die Varianten CvK 508, 595, 2822, 3947. Tuinman (Middelburg 1726/1727)[62] kommentiert die Wendung *„naar het valt"* folgendermaßen: *Een waardin hakte kruiden tot warmoes, terwyl een droppel aan haaren neus hing. Zy vraagde een gast, die bij den haart zat, of hy wilde meê eten? Deze gaf tot antwoord: „Na dat het valt." Hy meende, viel de druppel in 't hakzel, dan had hy er geen lust toe. Indien neen, dan immers.'t Zoude zyn na dat het viel.* Der Wellerismus beruht auf einer Episode in dem ursprünglich niederdeutschen, bereits früh (ca. 1520) ins Niederländische übersetzten Volksbuch Till Ulenspegel. Die LXXXV histori sagt wy vlenspiegel ein fraw zuo gast luod, der der rotz zuo der Nasen vßhieng.

- ATU/VdK 1468*: Marrying a Stranger. – CvK 489: (Fries.) *It falt net ta, sei de jonge, ús heit is mei ús mem troud, mar ik moat mei in frjemd* / „Es ist nicht einfach, sagte der Junge, mein Vater ist mit meiner Mutter verheiratet, aber ich soll eine fremde Frau heiraten."
- ATU/VdK 1512*: Consolation. – CvK 651: *Daar hangt hij, zei de weduwvrouw, maar de trooster is er uit* / „Dort hängt er, sagte die Witwe, aber der Tröster ist raus." Siehe unten.
- ATU/VdK 1572L*: No Pay for Lying in the Sun. – CvK 1243: (Fries.) *Dou bis net wirdich, dat de sinne dy beskynt, sei de boer tsjin Jan en do sei Jan: den gean ik yn 't skaed lizzen* / „Du bist nicht wert, dass die Sonne dich bescheint, sagte der Bauer zu Jan, und da sagte Jan: dann lege ich mich in den Schatten."
- ATU/VdK/dM 1678: The Boy Who Had Never Seen a Woman.[63] – CvK 517: (Fries.) *Sa en goes woe ick eack wol habbe, sey de jonge* / „So eine Gans hätte ich auch gerne, sagte der Junge." Der Wellerismus ist unverständlich ohne Kenntnis des in den Niederlanden auch in der populären Literatur und als Volks- und Bänkellied (‚Het onnozele Hansje' sehr verbreiteten Erzähltyps.[64]
- ATU 1781: Sexton's Own Wife Brings Her Offering. – CvK 3550: *Al evenwel oremus, zei de paap/ pater* / Gleichwohl Oremus, sagte der Pfaffe/ Pater. Tuinman (Middelburg 1726/1727)[65] notiert dazu: *Hier van heeft men deze kluchtvertelling: Een Paap was een groot liefhebber van vrouwen. Zyn Koster, die gemeenzaam met hem was, begeerde te weten, wie zyn vriendinnen al waren. De Paap gaf hem tot een teken, dat hy Oremus zoude zeggen, zoo dikwijls 'er zulke eene op zekere Hoogtyd ten offer quam. De koster had vermaak in al dat Oremus. Maar ten laatste trad ook zyn wyf toe. Oremus, zei de Paap. De Koster antwoordde met verbaastheid: Heer, 't is myn wyf. De Paap weder: Al evenwel Oremus.* Es handelt sich um eine Variante einer vor allem in der Schwanküberlieferung ab der frühen Neuzeit beliebten, aber später auch als Volkserzählung weit verbreiteten Anekdote.
- ATU/VdK 1821: Naming the Child. – CvK 1159: *Geef mijn zoon mijn naam maar, zei Hans, ik zal mij zonder mijn naam wel behelpen* / „Gib meinem Sohn nur meinen Namen, sagte Hans, ich werde mich ohne meinen Namen behelfen."
- ATU/VdK/SIN/dM 1825 C: The Sawed Pulpit.[66] – CvK 3430: *Als ik kom, zei de dominee, dan kom ik haastiglijk, en toen viel hij met de preekstoel naar beneden* / „Wenn ich komme, sagte der Pfarrer, dann komme ich in aller Eile, und da fiel er mit der Kanzel herunter." 1825C, eine in den Niederlanden weit verbreitete und beliebte Volkserzählung, wird meistens so erzählt: Lausbuben sägen den Fuß der Kanzel eines immer äußerst lebhaft gestiku-

62 Tuinman, De oorsprong en uitlegging, Bd. I, S. 63.
63 Vgl. EM VII, S. 769–773.
64 Tjaard de De Haan, Huilen op de kermis, Den Haag 1968, Nr. 7.
65 Tuinman, De oorsprong en uitlegging, Bd. I: S. 161.
66 Vgl. EM VII, S. 945–947.

lierenden Pfarrers zur Hälfte durch. Gerade in dem Augenblick, in dem er über die Wiederkunft Christi ausruft: „Wenn ich komme […]“, fällt er mit der Kanzel herunter.

- ATU 1832D*/VdK/dM 1832 D: How many Sacraments are There. – CvK 448: (Fries.) *Elk yn syn fak, sei de jonge/ man tsjin dûmny, jo bidde en ik mollefallmeitsje/* „Jedem sein Fach, sagte der junge/ Mann zum Pfarrer, Sie beten und ich mache Maulwurfsfallen.“ Der Wellerismus beruht auf einer seit dem frühen 18. Jahrhundert bekannten, in den Niederlanden, Friesland und Flandern weit verbreiteten Volkserzählung mit als Kern: Ein Junge, der eine Frage aus dem Katechismus nicht beantworten kann, stellt dem Pfarrer eine Gegenfrage über etwas Praktisches, worin er sich gerade gut auskennt. Als der Pfarrer darauf eine Antwort schuldig bleibt, sagt der Junge: „Jedem sein Fach […].“
- ATU 1833 K/VdK 1833 G*: The Thief Betrays Himself. – CvK 3541: *Onder mijn schapen zijn kooldieven, zei de pastoor van Mook* / Unter meinen Schafen gibt es Kohldiebe, sagte der Pfarrer von Mook. ATU 1833K wird in Friesland meistens so erzählt: Diebe stehlen einen großen Kohlkopf aus dem Garten des Pfarrers. Dieser nimmt den Strunk mit in die Kirche und droht damit, den Strunk in die Kirche zu werfen. Der wird dann den Dieb treffen. Eine Frau ruft ihrem Mann zu: „Bück’ dich“.
- ATU 1839 A/SIN 1839*/VdK 1839 A*: The Clergyman Calls Out Cards. – CvK 909: *Schenkt eens rond, zei Bakker/ Karel Bakkers/ de bakker, en hij zat alleen* / „Schenke noch mal ein, sagte Bakker/ Karel Bakkers/ der Bäcker, und er saß allein.“ Vgl. Tuinman (Middelburg 1726/1727):[67] *Schenkt rond, zei Karel Bakkers, en hij zat allene.* Vgl. folgende u. a. im niederländischen (bereits seit dem 17. Jahrhundert), im friesischen und deutschen Sprachgebiet aufgezeichnete, mannigfach abgewandelte Volkserzählung: Ein Pfarrer nickt während er aus der Bibel vorliest auf der Kanzel ein. Als der Küster ihm ins Ohr flüstert: „Es ist aus“, fährt er hoch und sagt, weil er glaubt, er sitze noch im Wirtshaus: „Schenke noch mal ein.“
- ATU 1868/VdK 1868*: Anecdotes about Hanging (Gallows Humor).[68] – CvK 3823 *Ik vrees ik kan dat kietelen/ knellen aan de hals niet verdragen, zei de poep/ Veling/ dief/ (galgachtige) Leen/ Leendert, toen zou hij opgehangen worden/ deed de beul hem de strop om de hals/* (Fries.) *Ik kin gjin knipen om ’e hals forneare, sei de poep, do scoed’ er ophinge wirde* / „Ich fürchte, ich kann das Kitzeln/ Kneifen am Hals nicht vertragen, sagte der *‚Poep‘*/ Westfale/ der Dieb/ der (Galgenvogel) Leen/ Leendert, da sollte er gehängt werden/ da tat der Henker ihm den Strick um den Hals“; „Ich kann das Kneifen am Halse nicht vertragen, sagte der *‚Poep‘*, da sollte er gehängt werden.“ Vgl. Lyste van Rariteyten[69] (ca. 1706): *Ik vrees dat me dat soo drommels knypen sal, (sey galgachtige) Leen en de Beul deed hem een hennipe Nachtdasje om den hals.*

Etliche Wellerismen sind undenkbar ohne andere weniger bekannte und darum nicht in ATU aufgenommene Volkserzählungen, die allerdings regional einen hohen Bekanntheitsgrad besitzen können. So finden sich folgende im friesischen Typenverzeichnis (VdK) aufgeführten Erzählungen auch als Reduktionsformen in Wellerismen: VdK 1524* / CvK 785: (Fries.) *De oanhâlder wint, sei de faem, en hja scoe de beam met it spantou throchseagje* / „Mit Ausdauer erreicht man sein Ziel, sagte das Mädchen, und sie wollte den Baum mit dem Spannseil [Seil,

67 Tuinman, De oorsprong en uitlegging, Bd. I, S. 64.
68 Vgl. EM V, S. 654–660.
69 Lyste van Rariteyten, Bd. II, S. 190.

mit dem man beim Melken die hinteren Beine einer Kuh festbindet] durchsägen"; VdK 1525Z*:25 / CvK 1261: (Fries. *) Ick ben sa geck neat az dij Heeren – mienne dat ick ben, sey Jan Kok /* „Ich bin nicht so verrückt wie die Herren – glauben, dass ich bin, sagte Jan Kok"*;* VdK 1559D* / CvK 4154: *Ik wed om een naald, zei Uilenspiegel dat ik die pot vol pap opeet /* „Ich wette um eine Nadel, sagte Eulenspiegel, dass ich den Topf mit Brei verdrücken kann"; VdK 1560A* siehe unten; VdK 1635*:18 / CvK 4145*: De mensen mogen mij niet lijden, zei Uilenspiegel, maar ik maak het er ook naar/* (Fries.*) De ljue meije my net lijje, mar ik meitse 't er nei, sei Ulespegel /* „Die Menschen mögen mich nicht leiden, sagte Eulenspiegel, aber ich mache es auch danach." Als Wellerismus begegnet die niederländische Variante bereits 1726/1727 bei Tuinman (Middelburg 1726–1727):[70] *De menschen mogen my niet lyden; maar ik maak 't er na, zei Uilenspiegel;* VdK 1635*:15 / CvK 4163: *Waar rook is, is het warm, zei Uilenspiegel/ de jongen, en hij warmde zijn handen aan paardenstront/ Mussenstront /* „Wo Rauch ist, ist auch Feuer, sagte Eulenspiegel/ der Junge, und er wärmte sich seine Hände an Rossäpfeln/ Spatzendreck"*;* VdK1635*:21 / CvK 4157: *Stinnen is 't heale wirk, sei Ulespegel /* „Stöhnen ist die halbe Arbeit, sagte Eulenspiegel"; VdK 1832X* / CvK 3524: *Dat is hwat grouw, sey de pastoor. – Derum macke uwz mem dear eack wytlingen fen, antwirdde de jonge /* „Das ist was grob (der Pfarrer meint es im übertragenen Sinne), sagte der Pfarrer. Darum macht unsere Mutter [aus dem gestohlenen groben Leinen] auch Unterlaken"[71] (vgl. ATU 1832*); VdK1868*:9 / CvK 3996: *Met dat gebrui, zei de boef tegen de beul die hem gegeseld had, zou mijn pijp bijna uitgegaan zijn, en hij had die aan de voet van de paal neergezet /* „Bei dem Gedöns, sagte der Spitzbube zum Henker, der ihn ausgepeitscht hatte, wäre meine Pfeife fast ausgegangen, und er hatte sie am Fuß des Pfahls hingelegt"; VdK 1888A* / CvK 3844: *Wat een harde stommel, zei de Poep, en hij maaide de kop van het haarspit af /* „Was ein harter Stängel, sagte der ‚*Poep*', und er mähte den Kopf eines Dengelambosses ab." Im Einzelnen sei hier für diese Beispiele verwiesen auf die Kommentare zu den jeweiligen Wellerismen im Kompendium (CvK) bzw. die Hinweise im friesischen Typenkatalog (VdK).

Die weitaus größte Gruppe (Kategorie C) betrifft, was weiter nicht erstaunlich ist, meistens Wellerismen, die als Reduktionsstufen humoristischer Erzählungen und Anekdoten einzuordnen sind (ATU 1250–2000), aber es gibt, wie wir weiter oben bereits nachgewiesen haben, ebenfalls eindeutige Bezüge (Kategorie A) zu Fabeln und Tiermärchen (ATU 1–300) und (Kategorie B) den Märchen vom dummen Teufel (ATU 1000–1200). Einige der genannten Erzähltypen sind vor allem in schriftlichen Quellen belegt und begegnen nur ausnahmsweise in der oralen Überlieferung. Dies gilt namentlich für die Fabeln ATU 59 (The Fox and the Sour Grapes) und ATU 276 (The Crab Walks Backward), die sich u. a. über lange Zeit in niederländischen Schulbüchern als Lesestoff großer Beliebtheit erfreuten. Andere weisen neben einer langen und breiten literarischen Überlieferung, eine ebenso breite orale Tradition auf, wie zum Beispiel ATU 2 (The Tail-Fisher), ATU 1186 (The Devil and the Lawyer), ATU 1288A (Numskull Cannot Find the Donkey He is Sitting on), ATU 1350 (The Soon-Consoled Widow), ATU 1678 (The Boy Who Had Never Seen a Woman) und ATU 1821 (Naming the Child). Allerdings lassen sich Wellerismen auffällig oft auch Volkserzählungen zuweisen, die sich vorwiegend in der mündlichen Überlieferung nachweisen lassen.

In weitaus den meisten Fällen ist davon auszugehen, dass die Volkserzählungen älter sind als die Wellerismen: Cvk 4414: *De druiven zijn zuur, zei de vos, maar hij kon er niet bij* und

70 Tuinman, De oorsprong en uitlegging, Bd. I, S. 86, 349.

71 Vgl. auch: Neumann, Sagwörter, S. 263.

CvK 4335: *Moeder, ga voor, zei de kreeft, en ik zal u volgen* sind unbegreiflich, wenn wir die zugrunde liegenden Aesopischen Fabeln vom Fuchs und die Trauben (ATU 59) und von der schief gehenden Krabbe (ATU 276) nicht kennen. Oft fassen die betreffenden Wellerismen den Kern einer Volkserzählung zusammen und haben ohne Kenntnis der entsprechenden Geschichte keine erschließbare Bedeutung. So ist CvK 504 *Sa en goez woe ick eack wol habbe, sey de jonge* nur gegen den Hintergrund der Volkserzählung „Hänschen und sein Gänschen" (ATU 1678), die eine lange literarische Tradition kannte und auch als Volkslied bekannt war, kaum verständlich. Für den umgekehrten Prozess, die Entstehung von Erzählungen aus Wellerismen, bot unsere Materialbasis nur ein Beispiel: Im 20. Jahrhundert wird in Westfriesland CvK 4015: *Haast je niet, ik moet er ook wezen, zei de rover, en hij werd naar de galg gevoerd* / „Beeilt euch nicht, ich muss auch dahin, sagte der Räuber, und er wurde zum Galgen geführt" zu einer Galgenhumor-Anekdote erweitert.[72]

In einer Reihe von Fällen – und dann betrifft es vor allem solche, die in Beziehung stehen zu jüngeren, kleinräumig verbreiteten, wenig komplexen Erzähltypen – ist es allerdings nicht so eindeutig, ob der Wellerismus oder die Volkserzählung älter ist. Dies gilt vor allem dann, wenn der Wellerismus den Kern der Erzählung in einem Satz zusammenfasst. Zum Beispiel CvK 3034: *De wyn sjit út en der falt fochte, sei de faem, do siet se to pisjen, en hja blaesde ris ôf* / „Der Wind frischt auf und es fällt Niederschlag, sagte die Magd, da saß sie [auf dem Klo] und pinkelte und ließ einen fahren" erzählt in Kurzfassung eine bis dahin nur sechsmal im 20. Jahrhundert in den Provinzen Friesland und Drenthe aufgezeichnete Volkserzählung[73] (VdK 1560A*): Eine Bauernmagd/ Bäuerin muss am frühen Morgen mal raus auf die Toilette. Als sie zurückkommt fragt der Bauer: „Wie ist das Wetter?" Sie: „Der Wind frischte auf und es fiel Niederschlag." Der Bauer: „Dann wieder ab ins Bett." Das Gleiche gilt für CvK 651 (ATU/ VdK 1512*): *Daar hangt hij, zei de weduwvrouw, maar de trooster is er uit* / „Dort hängt seine Hose, sagte die Witwe, aber der Tröster ist raus." Dieser u. a. auch im niederdeutschen Raum[74] aufgezeichnete Wellerismus gehört zur folgenden, meisten in einigen Sätzen erzählten Volkserzählung: Ein Pfarrer versucht eine Witwe mit freundlichem Zuspruch wieder aufzurichten, aber sie ist untröstlich und sagt: „Dort hängt seine Hose, Herr Pfarrer, aber der Tröster ist raus." Der Wellerismus begegnet in den Niederlanden seit 1870, der Erzähltyp scheint etwas jünger zu sein, könnte jedoch weiter verbreitet und vielleicht auch älter sein, als die wenigen Belegstellen dokumentieren. Wie dies immer auch sei, es ist deutlich, dass die Gattungen Wellerismus und Volkserzählung sich regelmäßig gegenseitig überschneiden und eine Interdependenz vorhanden ist.

72 Vgl. auch CvK 4025, 4051; VdK 1868*:1 und Neumann, Sagwörter, S. 254.

73 Jurjen van der Kooi, Wellerismen in Friesland, in: Northern Voices. Essays on Old Germanic and related Topics, Offered to professor Tette Hofstra, ed. by Kees Dekker/Alasdair MacDonald/Hermann Niebaum (Germania Latina VI), Leuven/ Parijs/ Dudley 2008, S. 203–227, hier S. 213f.

74 Carl Julius Hibben, Ostfriesland wie es denkt und spricht. Nachtrag Aurich, 1922, Nr. 3525.

Vor Baedeker, Grieben und Meyer

Zur Geschichte der Reiseliteratur am Beispiel Harz

Ines Köhler-Zülch

„Zu einer Zeit, wo es mit unter die Mode-Bedürfnisse gehört, seine Bibliotheck oder Toillette mit Reisebeschreibungen zu beschweren“, so leitet der Verfasser einer 1787 erschienenen Reisebeschreibung sein Vorwort ein.[1] Er bezeugt damit den auch von anderen Zeitgenossen beklagten Boom der Reiseliteratur zu Ende des 18. Jahrhunderts. Eine analoge Aussage galt speziell der Harzreiseliteratur: Man solle endlich aufhören, Harzreisen zu schreiben, ist die seit Jost Hermand[2] häufig zitierte Mahnung eines Rezensenten aus dem Jahr 1788. Desgleichen konstatieren die Verfasser von Reisetaschenbüchern und -führern aus der ersten Hälfte des 19. Jahrhunderts oft die Menge bereits vorhandener Harzreiseliteratur und rechtfertigen ihre Publikation eines weiteren Exemplars. Der Zeitraum vom Ende des 18. bis zur Mitte des 19. Jahrhunderts bietet in der Tat eine wachsende Literatur von Reisenden und für Reisende und stellt zugleich eine Zwischenzeit dar: Die Apodemiken verlieren ihre Bedeutung, und die Textsorte Reiseführer im heutigen Sinn ist dabei, sich zu etablieren. Sie wird meist erst Mitte des 19. Jahrhunderts angesetzt und auch untersucht, wobei das Interesse insbesondere den Baedeker-Ausgaben gilt.[3] Es ist eine Übergangszeit, in welcher die Gattung der literarischen Reisebeschreibung eine Umbruchphase erlebte[4] und der „papierne Wegweiser“[5] allmählich den Menschen, den Einheimischen als Führer verdrängte, sie fällt in die Entstehungs- und Einführungsphase des Tourismus.[6] Ich möchte dieser Zwischenzeit anhand der Harzreiseliteratur nachgehen.

Der bereits im 17. und 18. Jahrhundert vor allem naturwissenschaftlich vielbeschriebene Harz erhielt durch die Frühromantiker den Ruf einer ‚typisch romantischen Gebirgslandschaft‘.[7] Ende des 18. Jahrhunderts führten eine neue Auffassung der Natur, eine veränderte Wahrnehmung von Landschaft und die Aufwertung des Gebirges zu vermehrten Reisen in die Provinz, in die Region, in die Peripherie. Der Harz wurde als literarische Landschaft neu gestaltet, wobei die Reiseliteratur eine wichtige Rolle spielte.[8]

Einen Überblick über diese Reiseliteratur geben zu wollen, ist ein etwas waghalsiger Versuch sowohl in Anbetracht eines Kurzbeitrages zu einer Festschrift als auch in Hinsicht auf die Quantität und Heterogenität der vorliegenden Literatur. Ich konzentriere mich fast ausschließlich anhand von Paratexten auf die in Buchform erschienene Reiseliteratur, schließe also die zahlreichen in Zeitschriften, Jahrbüchern oder Almanachen erschienenen Reiseberichte

1 Gleim 1787, S. III.
2 Hermand in: Heine 1973, 584 (in einer Rezension über den Reisebericht Bräß 1786).
3 Z. B. Pretzel 1995. – Mittl 2007.
4 Brenner 1990, S. 320f.
5 Heyse 1874, S. 38, zum Thema Tourist, Reisehandbuch und einheimischer Führer. – Vgl. die Schilderungen Raabes und Fontanes in: Rohse 2008, S. 177–182.
6 Spode 1993, S. 4f.
7 Vietta 1986, S. 3.
8 Zu literarischen Harzreiseberichten vgl. Schulte 1981. – Ecker 1997. – Denkler 2004. – Berghahn u. a. 2008.

aus. Im Zeitraum 1785 bis 1865 erschien, weitere Auflagen eingerechnet, durchschnittlich mindestens jedes Jahr ein Reisen in den Harz betreffendes Buch.[9]

I.

Anhand der Titel lässt sich ein erster Überblick über die vorliegende Harzreiseliteratur gewinnen. Das Wort Reise im Titel, z. B. *Reise nach dem Brocken*[10] oder *Reise durch den Harz …*[11] signalisiert, dass es sich um eine Reisebeschreibung handelt, Possessivpronomen im Titel, wie in *Meine Reise …*,[12] lassen auf einen Ich-Erzähler des Reiseberichts schließen. Öfters werden anstelle des Wortes Reise in Titeln spezifische Formen des Reisens bezeichnende Ausdrücke gebraucht: *Durchflüge durch…*,[13] *Fußreise nach …*,[14] *Streifereyen in …*,[15] *Wanderung durch …*,[16] *Spaziergang von …*[17] und *Ausflüge nach …*,[18] die z. T. zugleich die praktizierte Reiseform, das zu Fußgehen, das Wandern ankündigen.

Unter den Reisebeschreibungen fallen zunächst solche auf, in denen der Harz als eine Region unter anderen beschrieben wird, z. B. *Reisen durch Ober- und Niedersachsen*,[19] dann erscheint mit einer Konzentration um 1800 eine Reisebeschreibung nach der anderen, die ausschließlich dem Harz gelten. Eine Übergangsform in der Fokussierung der Region zeigt noch die Beschreibung *Reise durch den Harz und die Hessischen Lande*.[20] Darüber hinaus zeichnet sich eine Tendenzwende ab: Es geht nicht mehr allein um die berühmten Brockenreisen,[21] sondern um den Harz insgesamt als Reisegebiet. Eindeutig erweisen sich innerhalb der Harzreiseliteratur Reisebeschreibungen zunächst als die dominierende Form: In der Zeitspanne von 1785–1823 finden sich unter insgesamt 24 Büchern 19 Reisebeschreibungen, von denen drei in diesem Zeitraum eine zweite Auflage und eine weitere vier Folgen[22] erlebten. Danach erschienen nur noch vereinzelt Reisebeschreibungen. Im Jahr 1824 wanderte Heinrich Heine durch den Harz und machte sich sofort nach der Rückkehr in Göttingen an die Niederschrift, seine Reisebeschreibung *Die Harzreise* (1826)[23] setzte offensichtlich Maßstäbe.

Vereinzelt ist im Titel bzw. Untertitel die Gattung genannt: *Tageblätter unsrer Reise …*[24] und *Erinnerungsblätter*.[25] Beliebter ist die Briefform, worauf Titel hinweisen,[26] aber auch die Strukturierung der Texte, so die jeweils den Briefen vorangestellten fettgedruckten Anreden (Liebster Freund! Geliebter Freund! Theurester Freund! etc.[27]) oder die herausgehobene Nummerierung der Briefe („Erster Brief" etc.[28]). Etwas ungewöhnlich im letzteren Fall, der

9 Hierbei ist Reiseliteratur, die dem gesamten Harz oder aber einem Teilgebiet gewidmet ist, erfasst, nicht jedoch Ortsmonografien, die seit Anfang des 19. Jahrhunderts mit Hinweisen auf Ausflugsziele, Sehenswürdigkeiten etc. zunehmend touristisch ausgerichtet sind. Für den Zeitraum 1785–1823 sind auch überregionale Reiseberichte einbezogen, jedoch keine überregionalen Reisehandbücher oder Reiseführer. Herangezogen wurden nur Bücher deutschsprachiger Autoren, also auch nicht die 1831 erschienene und früh ins Deutsche übersetzte Reisebeschreibung Hans Christian Andersens (*Skyggebilleder af en Reise til Harzen, det sachsiske Schweitz etc. etc., i Sommeren 1831*). – Vgl. hierzu Unglaub 2008 und Köhler-Zülch 2009.

10 Bräß 1786.

11 Wagener 1797.

12 Spieker 1803.

13 Hess 1793.

14 Fußreise 1804.

15 Müller/Gottschalck 1800/1801.

16 Wanderungen 1802. – Blumenhagen 1838.

17 Dehne 1819.

18 Wilhelmi 1823.

19 Gleim 1787. – Vgl. Plato 1791. – Heun 1793. – Hess 1793.

20 Wagener 1797.

21 Heyse 1875; Köhler-Zülch 1993.

22 Goeze 1785.

23 Heine 1973.

24 Horstig 1803.

25 Spieker 1857.

26 Heun 1793. – von Bülow 1836.

27 Gleim 1787.

28 Wagener 1797. – Wanderung 1802.

anonym erschienenen *Wanderung durch einen großen Theil des Harzes ...*,[29] ist, dass der Verfasser das Buch seinen beiden „herzlichgeliebten Freunden und Reisegefährten" widmet, die Briefe jedoch an eine „theuerste Freundin" richtet. Insbesondere das Vorwort der ebenfalls anonym erschienenen Beschreibung *Carls Vaterländische Reisen...*,[30] das eine fingierte Auffindungsgeschichte der abgedruckten Briefe enthält, macht auf den besonderen Charakter von Reisebeschreibungen aufmerksam: auf das sehr unterschiedlich gehandhabte Verhältnis von Fiktionalität und Real-Referenz.

Am Anfang des 19. Jahrhunderts ändert sich die Titelgebung. Es erscheinen mit steigender Tendenz solche, deren Titel und Untertitel deutlich machen, dass sie nicht von Reisenden, sondern für Reisende verfasst wurden. Sie fokussieren von vornherein den Adressaten: den ‚Reisenden in den Harz', den ‚Harzreisenden', ‚diejenigen, welche den Harz bereisen' und positionieren gleichzeitig den Anspruch einer Beraterfunktion für den Reisenden im Titel durch die Angabe der Buchgattung. Dabei konkurrieren verschiedene Termini: Führer für,[31] Taschenbuch für,[32] Handbuch für,[33] Wegweiser für,[34] Begleiter für.[35] Singulär finden sich, abgesehen von einer frühen *Anleitung ... den Harz ... zu bereisen*[36] auch noch die Begriffe Leitfaden[37] und Geleitsmann[38] auf Titelblättern. Dabei scheinen diese Begriffe synonym aufgefasst worden zu sein, wie es z. B. die Begründung Friedrich Gottschalcks zur Herausgabe seines in fünf Auflagen erschienenen *Taschenbuchs für Reisende in den Harz* (1806),[39] das als ‚erster Harzführer im engeren Sinn'[40] gilt, demonstriert: „An Topographien des Harzes fehlt es nicht, noch weniger an Beschreibungen von Reisen in den Harz. Ihre Zahl ist groß und wächst fast mit jeder Messe. An einem Wegweiser, an einem Begleiter auf Reisen in den Harz fehlt es aber noch. Ich glaube daher, dass die Herausgabe dieses Taschenbuchs sich selbst entschuldigt, so wie ich überzeugt bin, dass ... das Bedürfnis eines solchen Führers, von Manchem schon gefühlt worden ist".[41]

Seit den 1830er Jahren zeigt sich die Tendenz, auf den Adressaten, den Reisenden im Titel zu verzichten. Es wird nun häufiger nur die Buchgattung und die Region genannt, wie *Der Führer durch den Harz*,[42] *Der Führer im Harz*,[43] *Begleiter durch den Harz*,[44] *Wegweiser durch den Harz*[45] etc. Darüber hinaus finden sich einige Beispiele, in denen der Hauptitel allein im Namen der Region besteht, dabei wird zunächst der für den Harz auf Tacitus zurückgeleitete und historische Assoziationen evozierende Ausdruck Hercynia benutzt: *Hercynia. Ein Führer durch den Harz*,[46] aber auch *Der Harz* mit dem Untertitel: *Belehrung und Unterhaltung für Harzreisende*.[47] Dies ist eine Annäherung an die Praxis von Reiseführern seit der zweiten Hälfte des 19. Jahrhunderts, das Reisegebiet im Haupttitel anzugeben und die Gattung im Unter- oder Reihentitel zu nennen, wie es seit den 1860er und 1870er Jahren bei Baedeker, Grieben und Meyer gehandhabt wird. Eine besondere Qualität der Reise signalisieren einige

29 Wanderung 1802.
30 Heun 1793.
31 Corvinus 1809. – Harzalbum 1845.
32 Gottschalck 1806. – Hoffmann 1829. – Neues Taschenbuch 1833. – Gröning 1850. – Nauenburg 1857.
33 Niemann 1824. – Zimmermann 1834. – Werner 1854.
34 Fußreise 1804 (Untertitel). – Wegweiser 1845. – Wegweiser 1852.
35 Wigand 1839. – Schulze 1844.
36 Gatterer 1785–1790.
37 Lange 1839.
38 Ey 1854, 1855.
39 Noch erfolgreicher war Gottschalck mit einem weiteren Reiseführer: *Dresden, seine Umgebungen und die sächsische Schweiz. Ein Taschenbuch für Reisende* erlebte im Zeitraum 1842–1873 elf Auflagen.
40 Bendach/Kutter 1980, S. 102.
41 Gottschalck 1806, S. III.
42 Schumann 1838.
43 Berghaus 1847.
44 Schulze 1844.
45 Pröhle 1864.
46 Hercynia 1839.
47 Brederlow 1846.

wenige Reihen-, Haupt- oder Untertitel durch die Verwendung des Wortes ,Lust', wie *Führer zu einer Lustreise*[48] oder *Der Lustwanderer im Harz*,[49] ohne – von einer Ausnahme abgesehen[50] – auf einen gleichzeitigen Nutzen zu verweisen.

II.

Während Reisebeschreibungen im Prinzip einer einmaligen Lektüre dienen, beanspruchen Reiseführer und Mischformen mehrere Nutzungsfunktionen. Vor der Reise möchten die Verfasser zur Reise in den Harz anregen und bei der Planung der Reise helfen. Während der Reise sollen ihre Werke Begleiter sein, die unterwegs Sachinformationen, aber auch, so sieht es ein Verfasser, nicht nur den richtigen Blick, sondern auch eine dem Ort gerechte Stimmung vermitteln: Jeder Besitzer seines Buches werde sich lesend „in den Ruinen der alten Burgen selbst in die Vorzeit versetzt träumen, und darauf aufmerksam gemacht, die sonderbarsten Gestalten in den zackigen Spitzen der ehrwürdigen Felsen erblicken."[51] Dies verweist auch auf den Usus, mit der jeweiligen Landschaft in Verbindung stehende Literatur auf der Reise oder Wanderung bei sich zu haben, in den Alpen Rousseaus *Nouvelle Héloïse*, auf dem Brocken Goethes *Faust*, inmitten der Harznatur Gedichte von Matthisson. Nach der Reise soll die Lektüre die Erinnerung an die Reise wiedererwecken und stärken.[52] Und schließlich wird auch Nichtreisenden die Lektüre empfohlen. Nicht nur dem „Pilger" und dem „zum heimischen Heerde Zurückgekehrten" preist ein Verfasser sein Werk an, sondern auch dem, den „ein herbes Geschick an seinen Wohnsitz fesselt"[53] oder wie ein weiterer Verfasser ebenfalls die verschiedenen Funktionen zusammenfassend formuliert: „Dem Theile der Leser, der bereits eine ähnliche Harzreise machte, soll es … angenehme Rückerinnerungen gewähren; dem Theile, der eine ähnliche Wanderung erst noch anzutreten gedenkt, soll es auf mancherlei Gegenden und Gegenstände aufmerksam machen …; – und dem Theile der Leser endlich, der … eine solche Reise gar nicht antreten kann, dem soll es eine kleine Entschädigung für das Entbehren der Harzschönheiten seyn."[54]

Die drei mit einem Zitat vertretenen Werke[55] sind signifikativ für einen seit dem Anfang des 19. Jahrhunderts eintretenden Wandel. Obwohl es sich bei der *Wanderung durch einen großen Theil des Harzes*[56] um eine dem Freundschaftskult verpflichtete Reisebeschreibung in Briefen handelt und Widmung und Widmungsepistel das Buch als „Überraschung und der Erweckung lieblicher Erinnerungen" für die Freunde des Verfassers, die mit ihm zusammen reisten, ausgeben, und obwohl es bei der *Hercynia*[57] gar um eine Gedichtanthologie geht, zeigen beide Werke Versuche, den von ihnen apostrophierten Funktionen gerecht zu werden, indem sie für Reiseführer charakteristische Elemente aufnehmen. Denn sehr ungewöhnlich für eine Reisebeschreibung fügt der Verfasser seiner Brieferzählung eine „Reiseroute nebst der Entfernung von Ort zu Ort", wie üblich in Stunden angegeben, und ein Ortsnamensregister hinzu,[58] er liefert also einen tabellarischen Überblick über eine individuelle Route mit Zeitplan und ermöglicht durch das Register einen schnellen Zugriff auf die von ihm beschriebenen Örtlichkeiten. Die Gedichtanthologie

48 Müller 1849. – Auch Wolff 1836. – Wegweiser 1852.
49 Nauenburg 1857.
50 Wigand 1839.
51 Corvinus 1809, Vorrede.
52 Spieker 1803, Vorrede. – Corvinus 1809, Vorrede. – Harz-Album 1845, S. IV (vgl. auch Untertitel: Ein Führer und Erinnerungsbuch …). – Spieker 1857, S. III, VI.
53 Hercynia 1823, S. VIIf.
54 Wanderung 1802, S. X.
55 Corvinus 1809. – Hercynia 1823. – Wanderung 1802.
56 Wanderung 1802.
57 Hercynia 1823.
58 Wanderung 1802, S. 276f., S. 279–283.

Hercynia bietet eine „Reisetour, wonach diese Gedichtsammlung geordnet ist",[59] d. h. eine Ortsauflistung sowie dieser in der Reihenfolge entsprechend ein Inhaltsverzeichnis, und leitet die Ortsabschnitte mit einer Kurzinformation über den jeweiligen Ort in einer Anmerkung ein.

Weisen diese beiden Harzbücher, ohne die bezeichnenden Termini Führer, Begleiter etc. im Titel, Reiseführerelemente auf, so verhält es sich gerade umgekehrt im Fall des *Unentbehrlichen Führers für Harzreisende*:[60] Ohne Inhaltsverzeichnis, Register und tabellarische Routenangaben mit einem durchgehenden Text, der lediglich nach einer Leerzeile durch die fettgedruckten Namen der einer geografischen Linie folgenden Orte gegliedert ist, entspricht dieses Werk eher einer Reisebeschreibung.

Diese Mischung zeigt sich in vielfältigen Variationen. Die Reisebeschreibung *Meine Reise von Halle nach dem Brocken ...* wiederum, mit einem ausführlichen Orte, Sehenswürdigkeiten, Persönlichkeiten, Reisebefindlichkeiten, historische Hinweise etc. auflistenden Inhaltsverzeichnis, das den Leser bereits in Kurzform auf das Spezifische des jeweiligen Orts hinweist, mit einem „Wegweiser", der bereits Routenvarianten („Haupt- und Nebenwege") anbietet, „Literar-Notizen", die eine kleine annotierte Harz-Bibliografie darstellen, und reichlichen Anmerkungen im Textteil,[61] ist schon fast ein Reisehandbuch zu nennen. Für die später unter dem Titel Führer firmierenden Mischformen ist kennzeichnend, dass sie das Prinzip der Reisebeschreibung, den linear-sukzessiven geschilderten Verlauf der Reise, beibehalten, und mit zunehmender Tendenz ein alphabetisches Register oder ein Inhaltsverzeichnis, z. T. auch eine Routenplanung hinzufügen.[62] Moderner ausgerichtete Harzreiseführer handelten seit Gottschalck (1806) zunächst den topografischen Haupttext alphabetisch nach den Örtlichkeiten ab und fügten „Reisepläne", tabellarische Routenvorschläge, hinzu, bis sich in den 1840er Jahren einbürgerte, den Reiseführer nach einem Routensystem aufzubauen – auch unter ausdrücklicher Berufung auf die „berühmten *Handbooks for Travellers* von Murray"[63] – und mit einem zusätzlichen alphabetischen Ortsregister zu versehen. Als Hilfe für eine größere Selbständigkeit des Reisenden sind vor allem den beiden letzten Modellen Karten beigegeben, die auch separat zu erwerben waren. Kurz hingewiesen werden soll auf die besonders seit den 1820er Jahren zunehmende Illustrierung der Reiseliteratur,[64] welche die im Text gegebenen Informationen auf visueller Ebene ergänzten und intensivierten.

Insgesamt zeigt sich der Trend, dass die Publikationen nach 1800 offensichtlich real vorhandenen praktischen Reisebedürfnissen entgegenkamen und dies für ihren Verkauf als förderlich erachtet wurde, auch wenn es sich um eine Gedichtanthologie oder eine Beschreibung von Burgen und Ruinen[65] handelte.

III.

Anhand von Paratexten sind verschiedensten Fragestellungen nachzugehen, z. B. solchen mit der geografischen und sozial-beruflichen Herkunft der soweit bekannt und sicher insgesamt ausschließlich männlichen Verfasser verbundenen, oder aber solchen, die über den Umgang

59 Hercynia 1823, S. IXf.
60 Corvinus 1809.
61 Spieker 1803, S. V–XII, S. 192–198, S. 199–208.
62 Z. B. Führer 1834. – Hercynia 1839.
63 Schweitzer 1844, S. IV.
64 Wiswe 1993, besonders S. 49–53 (Harzliteratur, darunter Reiseliteratur, mit Ansichtsgrafik vor 1870 unter Auflistung der dargestellten Motive).
65 Hoffmann 1836.

mit dem Genre Sage und den ihr zugemessenen Stellenwert informieren. Hier sei nur kurz die Rolle der Reiseliteratur im Prozess der nationalen Bewusstseinsbildung angesprochen, um dann auf Fragen nach den empfohlenen Gründen für Harzreisen einzugehen.

In der Aufklärung hatten Inlandreisen und Berichte darüber an Bedeutung gewonnen,[66] mittels derer die über zahlreiche Territorialstaaten[67] verstreuten bürgerlichen Gebildeten mangels eines gemeinsamen kulturellen Zentrums einen nationalen Kommunikationszusammenhang schufen. Ihre Reiserouten waren nach den Wohnorten der Gebildeten ausgerichtet: es handelte sich um Städtereisen.[68] In den letzten Jahrzehnten des 18. Jahrhunderts schlossen sich Reisen in die Region an, und es wurden innerhalb eines patriotischen Rahmens statistisch topografische Landesbeschreibungen erstellt sowie Beschreibungen von Reisen in die Provinz verfasst. Zu der zunehmend auf einem germanisierenden Vorzeit- und Altertumskult beruhenden Nationalisierung des Harzes[69] kommt für den von Französischer Revolution, Napoleonischer Herrschaft, Befreiungskriegen und Restauration geprägten Zeitraum die Betonung des Harzes als nationaler Raum, als Teil einer als Einheit gesehenen deutschen Nation, in der Reiseliteratur hinzu. Einige Verfasser wollen z. B. „zur innern Kenntniß von Teutschland" beitragen[70] oder fordern für alle „Theile unseres Vaterlandes, welche wegen ihrer seltenen Natur häufiger besucht werden, solche unterrichtende, für den Reisenden bestimmte, Beschreibungen", so für die Ufer des Rheins, die Täler des Thüringer Waldes, das Riesengebirge und die „romantischen Gegenden bei Dresden"[71] – eine Empfehlung weiterer attraktiver inländischer Reiseziele. Ein Verfasser hebt die Bedeutung des verkehrstechnischen Fortschritts für einen Vereinigungsprozess folgendermaßen hervor: „Auch im deutschen Vaterlande hat sich die Zahl der Reisenden durch den fördernden Einfluß der Eisenbahnen bereits fast verhundertfacht, die Ersparniß an Zeit und Geld verkleinerte die Entfernungen … in einem außerordentlichen Grade, die weite Ferne ward uns zur heimathlichen Nachbarschaft, und trotz aller noch bestehenden politischen Schranken verschmelzen die Bewohner der verschiedenen Staaten zu einem befreundeten, immer homogeneren Ganzen, je höher die Zahl der durch das Eisenbahnnetz berührten Vereinigungspunkte steigt. Im nördlichen Deutschland steht solch ein Vereinigungspunkt …, der Harz, fast über jede Concurrenz erhaben da" und sei auch für Süddeutsche von Interesse.[72] Reisen wird hier als eine der erstrebten politischen Vereinigung förderliche Praxis gesehen. Auch der paratextliche Faktor, die Existenz deutschen Reisegebieten gewidmeter Reihen und die Aufnahme einiger Harzreisebeschreibungen in ihnen,[73] dokumentiert das Denken im nationalen Rahmen, auch für den Harz. Mit Wolfgang Behschnitt ist die Konzeption der Reihe *Das malerische und romantische Deutschland* als ‚national vorgestellte Geografie' zu bezeichnen und dem Harzband der Reihe[74] eine ‚nationalpädagogische Funktion' zuzuschreiben.[75] Bezeichnenderweise in einem Reisebericht vom Ende des 18. Jahrhunderts

66 Kutter 1996, S. 11–15.

67 Der Harz gehörte vier verschiedenen Territorialstaaten an: Er teilte sich in den Hannoverschen, Braunschweigischen, Preußischen und Anhaltinischen Harz; manche Reiseführer (z. B. Schweitzer 1844, Brederlow 1846) weisen Abschnitte zur politischen Einteilung oder zu Pässen und Legitimationen auf.

68 Bödeker 1986, S. 98–110; Anklänge dieser Reiseform finden sich noch in der Harzreiseliteratur durch die Auflistung wichtiger Persönlichkeiten einiger Orte, z. B. Spieker 1803, S. XI.

69 Hermand (1983, S. 179–187) geht dabei vor allem auf Dichtungen seit Klopstock (Cherusker-Pathos) und für die ersten Jahrzehnte des 19. Jahrhunderts auf die berüchtigten Eintragungen von Brockenreisenden im Fremdenbuch, den sog. Brockenbüchern, ein; zum Umgang in der Reiseliteratur mit angeblich heidnischen sächsischen Kultstätten vgl. Köhler-Zülch 1993, S. 58f., S. 76–78.

70 Gleim 1787, S. V, VI.

71 Gottschalck 1823, S. IIIf.

72 Harz-Album 1845, S. III.

73 Plato 1791; Bemerkungen und Gefühle 1798. – Wolff 1836. – Blumenhagen 1838.

74 Blumenhagen 1838.

75 Behschnitt 2008, S. 74–83.

jedoch, in *Carls vaterländischen Reisen in Briefen an Eduard*, ironisiert der Verfasser nationale Aspirationen, indem er sich gleich im Vorwort vorstellt als „ein alter Narre“ für alles, „was deutsch und vaterländisch heißt“.[76] Er zeigt übrigens auch in seiner Erleichterung, das verabscheute Göttingen für eine Reise zum Harz verlassen zu können, und u. a. mit der Betonung des Philisterhaften des Brockens Züge, die man später aus Heines *Harzreise* kennt.

In den Reisebeschreibungen finden sich Aussagen der Verfasser, warum sie ihre Reise unternommen haben, während Reiseführer und Mischformen ausführen, warum der Leser in den Harz reisen sollte.

Zwei Reisebeschreibungen von 1785 und 1786 stellen Beispiele eines philanthropischen Erziehungskonzepts der Aufklärung dar: Gereist wird, wie Titel, Inhaltsverzeichnis und Einleitung der fingierten Reisebeschreibung *Die Harzgegend, oder eine kleine Reise von drey Tagen, zum Unterricht und Vergnügen der Jugend* zeigen, um bei Kindern Kenntnisse vor allem naturwissenschaftlicher Art durch eigene Anschauung der Dinge zu vertiefen. Der Verfasser definiert: „Nützlich und angenehm nennt man das, was zugleich unterrichtet und belustigt. Beydes erreicht man durch Reisen, wenn sie in dieser Absicht angestellt werden.“[77] Gleichzeitig veranschaulicht diese Reisebeschreibung eines Erwachsenen eine Veränderung des pädagogischen Reisekonzepts, einen Wechsel von der Theorie der Reise zur Theorie der Reisebeschreibung.[78] Hingegen präsentiert die *Reise nach dem Brocken im Jahre 1786. Zum Vergnügen und Nutzen junger Reiseliebhaber* eines angeblich elfjährigen Verfassers das ursprüngliche Konzept: Kinder reisen selbst und berichten darüber. Die Identifikation mit den Idealen dieser Rousseauschen Reisetheorie demonstriert die ‚Vorrede‘, die bis auf wenige Worte ausschließlich in einem Zitat aus Rousseaus *Emile ou de l'éducation* (1762) besteht. Das Zitat sieht die Reise selbst als ein Vergnügen, betont die Bedeutung des Weges an sich und plädiert für eine Reise zu Fuß: „Wenn man nur ankommen will, so kann man auf der Post, in einem Wagen fahren; wenn man aber reisen will, so muß man zu Fuße gehen“.[79]

In der nicht für Kinder intendierten Reiseliteratur, vor allem in Reiseführern, heben Vorworte die Besonderheit des Reisegebiets, die Attraktivität des Harzes als einer geologisch, botanisch und mineralogisch und insbesondere naturräumlich wie historisch bedeutenden Landschaft hervor, preisen ihn als Mikrokosmos an, der jedem Interesse und Geschmack etwas biete. Doch schon früh, in einer Reisebeschreibung aus dem Jahr 1803, werden die Harzreisenden in zwei Kategorien eingeteilt: in solche, die die Erweiterung ihrer Kenntnisse in der Naturkunde, Geografie und im Bergbau- und Hüttenwesen zum Hauptzweck ihrer Reise machten, und in solche, die aus der Reise „Nahrung und Gewinn für Geist und Herz“ zu ziehen suchten. Dem Verfasser zufolge stellten Letztere die bei weitem größere Gruppe dar.[80] Fast ausschließlich wollen die Verfasser diese zweite Kategorie Reisender ansprechen, doch der Umgang mit der tradierten Sachliteratur ist unterschiedlich. So bestimmt z. B. 40 Jahre später der Verfasser eines Handbuchs einerseits eine von drei Abteilungen mit allem für Geognosten, Mineralogen und Technikern im Berg- und Hüttenfache Wichtigen für solche, die den Harz besuchen, um sich zu belehren, und stellt andererseits denen, die „nur zum Vergnügen und zum Genuss der Naturschönheiten und der Merkwürdigkeiten von allgemeinerem Interesse“ reisten, anheim, diesen Teil zu übergehen.[81] Zur gleichen Zeit wird dezidiert in einem Führer das den „speciellen Wissenschaften“ Angehörende ausgeschlossen und auf

76 Heun 1793, unpaginiertes und unbetiteltes Vorwort.
77 Goeze 1785.
78 Vgl. Panzer 1983, S. 105.
79 Bräß 1786, S. 3–6, 6 (Zitat).
80 Spieker 1803, Vorrede.
81 Schweitzer 1844, S. III.

Fachliteratur verwiesen,[82] ein Indiz für die schon längst erfolgte Trennung von wissenschaftlichem und touristischem Reisen. Einfach als „eine Anleitung zu einer genussreichen Harzreise“ soll einige Jahre später ein Führer dienen.[83] Ich gehe im Folgenden annähernd chronologisch Aussagen über allgemeinere Reisegründe nach.

Dem Verfasser der *Unterhaltenden topographischen und statistischen Beschreibung einer Sommerreise durch die Provinzen …*, „kein Reisender aus Profession“,[84] war ‚anhaltende Zerstreuung‘ zur Besserung seines Gesundheitszustandes vom Arzt empfohlen worden. Der Autor, große und weite Reisen als eher schädlich für Geldbeutel und Gesundheit ansehend, wählt als Mittel der Zerstreuung ‚kleine Sommerreisen‘: Sie schärften den Beobachtungsgeist, bildeten den Verstand, schärften die Sinne und „heitern das Herz zum Genuß, zur Freude und Wonne auf, verscheuchen aus ihm Trübsinn und quälende Melancholie und geben dem Körper Stärke und Festigkeit“.[85] Seine topografischen Arbeiten wären also als eine Art therapeutischer Freizeitbeschäftigung zu werten. Der die Reise legitimierende Zustand der Melancholie und des Trübsinns scheint jedoch aus der Mode gekommen zu sein, er findet sich explizit nur noch ein weiteres Mal (eine vom Arzt verordnete, den ‚Spleen‘ vertreibende Reise),[86] und Zustände wie „hipochondrisch und histerisch“ werden einer faden bürgerlichen Vergnügungswelt zugeschrieben, der es durch Reisen in die Natur mit dem Zweck der Selbstfindung zu entgehen gilt.[87] Wie im letzten Beispiel dient das Motiv des ‚Weggehens von‘, des ‚Sichbefreiens von‘ oft als Einleitung in Reisebeschreibungen. Heuns wie Heines Erzähler entflohen Göttinger universitären Zwängen,[88] ‚frei sein von‘ ist auch der angestrebte Distanzgewinn des Erzählers eines Reiseberichts von 1798, der mit dem Bild eines nach Freiheit dürstenden, aus dem Käfig fliegenden Vogels seinen Aufbruch beschreibt, um frei zu sein „von der Bürde der Geschäfte, von den Fesseln der Etikette, von dem Druck lästiger Gesetze, welche die Thorheit erfand, und das Herkommen sanktionierte …, um als Mensch, als Weltbürger einige glückliche Tage zu verleben“.[89] Der Erzähler bescheidet sich auf ein individuelles temporäres Glück.

Im Folgenden rückt die ‚Ausgangswelt‘ des Reisenden in modifizierter Form in den Blick auch der Reiseführer. Seit den 1820er Jahren geben den Verfassern zufolge nicht mehr Teilbereiche, sondern der gesamte Alltag des Menschen Anlass zur Reise: Reisen werden nun, wie auch heute noch,[90] als Möglichkeit einer Flucht aus dem Alltagsleben angeboten. Der von Hasso Spode[91] konstatierte Zusammenhang der seit Mitte des 18. Jahrhunderts entstehenden Disziplinargesellschaft mit immer komplexer werdenden Regelsystemen und der Entfaltung der touristischen Reise als Ausbruch aus der ‚Verregelung des Lebens‘ in die Freiheit, in die Natur scheint das Statement Gottschalcks nahe zu stehen, „dass der Mensch, als solcher, durch seine bürgerlichen Verhältnisse, sich mehr oder weniger fremd ward, wodurch auf die Länge, eine Art von Disharmonie in ihm entstand“, die durch eine Gebirgsreise zu beheben sei.[92] Die Verfasser der Reiseführer deklarieren den Distanzgewinn zunächst einfach damit, dass schon „das Gefühl, auf Tage oder Wochen vom Alltagsleben entfernt, sich im Freien zu ergehen“, ein köstlicher Genuss sei und die Welt zu eigen werde,[93] empfehlen die Reise als Selbstfindungsprozess: „sich in der Natur wiederfinden“,[94] und zunehmend als Regenerationsprozess: um

82 Harz-Album 1845, S. V.
83 Vocke 1850, Vorrede.
84 Plato 1791, Theil 1, S. VI.
85 Ibid., S. 2f.
86 Corvinus 1809, S. 1:
87 Müller/Gottschalck 1 (1800) S. 8.
88 Heun 1793; Heine 1973.
89 Bemerkungen und Gefühle 1798, S. 5.
90 Kulinat 2004.
91 Spode 1995, besonders S. 113, S. 116f.
92 Gottschalck 1823, S. 3f.
93 Niemann 1824, S. VI.
94 Gottschalck 1823, S. 4. – Vgl. auch Hoffmann 1829, S. 4.

„die drückende Last des Alltagslebens abzuwerfen“ und von körperlichen und geistigen Übeln zu gesunden[95] oder „dem practischen Reisenden, der das Leben an der Leine der Pflicht durchzukämpfen hat“, sich von den Lasten und Sorgen des Lebens zu erholen.[96] Erst spät wird im Kontext des Alltags explizit der Kontrast zwischen Stadt und Land angesprochen und auf die Industrialisierung hingewiesen: „Willst du dem Aktenstaube oder dem Schulstaube, dem Qualm der Fabriken oder dem Lärm der Großstädte eine Weile entfliehen, willst du deine häuslichen oder geschäftlichen Sorgen, willst du die unerquickliche Politik und die unerquicklichen Zahlen von dir abwerfen, willst du Körper und Geist stärken in der reinen erfrischenden Luft der Berge, – dann komm in unsern herrlichen Harz!“[97] Mit dem Hinweis auf die „reine erfrischende Luft der Berge“, ein Reflex auf die zeitgenössische medizinische Klimatologie mit der aufkommenden Luftheillehre,[98] werden auch medizinisch-therapeutische Begründungen von Reisen abgedeckt.[99]

Die Gegenwelt, das empfohlene Ziel der Flucht aus der Alltagswelt, wird durch Heraushebung der Berge und ihrer Naturschönheiten inszeniert, in Vorworten manchmal unter Betonung der Sehnsucht des Menschen nach Höhen und Bergen,[100] und in weiteren Paratexten, in Motti und eingeschobenen Gedichten, oft mit der Idee der Freiheit verbunden. Diese des häufigeren genutzte Verwendung literarischer Formen zur Vermittlung von Landschaftswahrnehmung fungiert mit Schillers *Auf den Bergen ist Freiheit!*[101] und Versen wie *Auf deinen Gipfel eil' ich*[102] oder *Auf den Bergen wohnt die Freiheit*[103] auch als Mittel einer Intensivierung der versprochenen Freiheit von der Alltagswelt, von konventioneller Enge und den Nöten irdischen Lebens. Heines *Auf die Berge will ich steigen* aus dem einleitenden Gedicht der *Harzreise*[104] ist zu einem geflügelten Vers geworden.

Als „allgemeinere Veranlassung“ einer Reise sieht singulär ein Verfasser aus dem Oberharz das Fernweh, die Sehnsucht nach den „fernen blauen Bergen“ bzw. das Erleben eines solchen Gefühls an, das er mit kosmopolitischen Gedanken verknüpft: Der Blick auf begrenzende Berge riefe das Bewusstsein für die potentielle Mobilität des Menschen hervor, „nicht allein der Scholle anzugehören, die uns nährt“, und mache die Freiheit des Menschen bewusst, „wodurch die ganze Erde dem Menschen zum Wohnplatz angewiesen ist“. Der Verfasser verbindet die „Aussicht in die Ferne, in die ungemessene Ausdehnung des Raums“ mit der Zuversicht, „dass auch auf und hinter jenen Bergen noch Menschenglück besteht“.[105] Dieses schien einem aus dem Unterharz gebürtigen Auswanderer nach Brasilien so nahe gegangen zu sein, dass er den Text komplett, allerdings ohne Quellenangabe, als Vorwort für seinen Harzreiseführer übernahm.[106]

Hatte sich die Gattung Reiseführer zur Mitte des 19. Jahrhunderts etabliert und sich die Menge der Reisenden vermehrt, so wurde bald Kritik an beidem laut. Eigentliches Reisemotiv, erläuterte Johann Eduard Erdmann, Philosophieprofessor, 1873 in einem Vortrag für ein bürgerliches Auditorium, sei die Freiheit, das Ungebundensein, die durch das ‚Bädeker‘-Abarbeiten,

95 Ey 1855, S. 118.
96 Werner 1854, S. 1f.
97 Leibrock 1870, S. III; diese Aussage ist noch nicht im Vorwort der ersten Auflage (Leibrock 1860) enthalten.
98 Vgl. Mai 2003, S. 94–155.
99 Vgl. auch Zimmermann 1834, Teil 2, S. 4. – Wigand 1839, S. 11f. – Werner 1854, S. 1. – Ey 1855, S. 118.
100 Blumenhagen 1838, S. 7–9.
101 Gottschalck 1823, S. 1. – Spieker 1857, S. 89 (Motto, Kapitel 13) .
102 Hoffmann 1836, S. 134.
103 Blumenhagen 1838, Motto nach Titelblatt. – Vgl. weitere Beispiele Spieker 1803, S. 46. – Ey 1855, S. 287, S. 288.
104 Heine 1973.
105 Zimmermann 1834, Teil 2, S. 1.
106 Wigand 1839, S. 7f.

das ‚Abgebädekert'-Werden von allem nun eine Reduzierung erführen, Reisen wäre dadurch neuen Zwängen unterworfen.[107] Reisen, um Differenz zum eigenen Alltag zu erfahren, so zeigen die herangezogenen Reiseführer, war schon in der ersten Hälfte des 19. Jahrhunderts nicht nur ein als legitim akzeptiertes Reisemotiv, sondern ein regelrecht empfohlenes. Die Textsorten Reisebeschreibung und Reiseführer fungierten in vielfacher Hinsicht als Multiplikatoren für immer breitere bürgerliche Schichten, denen im Fall Harz von Reiseführern ein finanziell erschwinglicheres Nahziel offeriert wurde, auch unter Hinweis auf das preiswerte Fußwandern und seit den 1840er Jahren auf den Zubringer Eisenbahn sowie mit Berücksichtigung des Faktors Freizeit durch Angebote kürzerer Routen.[108] Die faktisch vorhandene Quantität der Harzreiseliteratur weist zum einen den Harz als frühes touristisches Reiseziel aus und lässt zum anderen die touristischen Gebrauchsanweisungen zwar noch nicht als populäre Lesestoffe erscheinen, aber doch in ihr Umfeld rücken.

Primärliteratur[109]

Bemerkungen und Gefühle auf einer Reise über den Harz. Mit einem Titelkupfer (Neue Reisen in Deutschland. Zweiter Theil), Leipzig 1798 (2. Aufl. 1800).

Heinrich Berghaus, Der Führer im Harz. Nebst einer neuen General-Karte, zum Gebrauch für Reisende entworfen, Potsdam 1847.

Wilhelm Blumenhagen, Wanderung durch den Harz. Mit 30 Stahlstichen (Das Malerische und romantische Deutschland 4), Leipzig [1838] (1847, 1850).

Carl B[räß], Reise nach dem Brocken im Jahre 1786. Zum Vergnügen und Nutzen junger Reiseliebhaber. Nachgesehen und vermehrt von einem Mitreisenden, Braunschweig 1786.

C. G. Friedrich Brederlow, Der Harz. Zur Belehrung und Unterhaltung für Harzreisende, Braunschweig 1846 (2. Aufl. 1851).

Eduard von Bülow, Eine Frühlingswanderung durch das Harzgebürge. Briefe und Novelle, Leipzig 1836.

[Corvinus, Albert,] Unentbehrlicher Führer für Harzreisende. Enthaltend Die Geschichten u. Sagen der alten Schlösser. Klöster und Ruinen, und die Beschreibung aller Merkwürdigkeiten des Harzes, Quedlinburg [1809].

M.[J]ohann F[riedrich] A[nton]Dehne, Spaziergang von Leipzig nach dem Harze und den umliegenden Gegenden vorzüglich in botanischer und mineralogischer Hinsicht, Quedlinburg/Leipzig 1819.

Aug[ust] Ey, Harzbuch oder Der Geleitsmann durch den Harz, Goslar 1854 (2. Aufl. 1855).

Der Führer durch den Harz, Quedlinburg [1834].

Fußreise nach dem Brocken, und über den Harz. Ein Wegweiser für diejenigen, welche den Harz bereisen, Leipzig 1804.

Christoph Wilhelm Jacob Gatterer, Anleitung den Harz und andere Bergwerke mit Nuzen zu bereisen, I.–III. Theil Göttingen 1785–1790, IV. V. Theil Nürnberg 1792–1793.

J[ohann] B[ernhard]Gleim, Reisen durch Ober- und Niedersachsen, Halle 1787, S. 82–153.

107 Erdmann 1873, S. 23, S. 24.

108 Z. B. Werner 1854, der Verfasser setzte außerdem direkt auf das Titelblatt: „Motto: Zeit ist Geld" mit der Erklärung: „Vor dem Verluste von Zeit soll das Publikum bei einer Harzreise durch die in diesem Werkchen gegebene sichere Anleitung dazu, geschützt werden."

109 Angeführt ist nur in diesem Beitrag zitierte Harzreiseliteratur.

J[ohann] A[ugust] E[phraim]Goeze, Die Harzgegend, oder eine kleine Reise von drey Tagen, zum Unterricht und Vergnügen der Jugend, Leipzig 1785 (Zwote kleine Harzreise, 1786; Dritte kleine Harzreise, 1786; Vierte Harzreise, 1786; Sechste Harzreise, 1786).

Friedrich Gottschalck, Taschenbuch für Reisende in den Harz. Mit einer Charte, Magdeburg 1806 (1817, 1823, 1833, 1843).

Wilhelm Gröning, Taschenbuch für Harz-Reisende, Bernburg 1850.

Harz-Album. Ein Führer und Erinnerungsbuch für Harz-Reisende. Mit 30 Stahlstichen und einer Karte, Braunschweig [1845] (2. Aufl. 1850).

Heinrich Heine, Reisebilder. Erster Theil. Die Harzreise, in: Jost Hermand (Hg.), Heinrich Heine. Historisch-kritische Gesamtausgabe der Werke 6, Hamburg 1973, S. 81–138.

Hercynia. Ein Erinnerungsbuch für Harzreisende, Quedlinburg/Leipzig 1823.

Hercynia. Ein Führer durch den Harz. Mit lithographirten Abbildungen, 4. neu umgearbeitete Aufl. Quedlinburg/Leipzig [1839].

[Jonas Ludwig von Hess], Durchflüge durch Deutschland, die Niederlande und Frankreich 1, Hamburg 1793.

[Karl Gottlob Samuel Heun], Carls vaterländische Reisen in Briefen an Eduard, Leipzig 1793, S. 1–92.

Fr[iedrich] Hoffmann, Die Burgen und Bergfesten des Harzes und der nächsten Umgebung. Mit 12 Abbildungen. Für Harzwanderer, Quedlinburg/Leipzig 1836.

Lud[wig] Hoffmann, Hercynia. Taschenbuch für Reisende in den Harz. Mit zwölf Kupfer und eine Karte, Berlin 1829 (2. Aufl. 1841).

C[arl] G[ottlieb] Horstig, Tageblätter unsrer Reise in und um den Harz. Mit 16 in Kupfer gestochenen Zeichnungen großer Naturscenen, Dresden 1803 (2. Aufl. 1805).

Eduard Lange, Harz-Album. Ein abrisslicher Leitfaden für Fußreisende durch den Harz, Berlin 1839 (1841, 3. Aufl. o. J.).

Gust[av] Ad[olf] Leibrock, Wanderbuch für Harzreisende. Mit 4 Stahlstichen und 1 Reisekarte vom Harz, Goslar 1860 (2. Aufl. 1870).

Edwin Müller, Der Harz in der Brusttasche. Der sichere und kundige Führer zu einer Lustreise in das Harzgebirge, Leipzig 1849 (2. Aufl. 1850, 6. 1864).

Wilhelm Ferdinand [Gottschalck] Müller, Meine Streifereyen in den Harz und in einige seiner umliegenden Gegenden 1–2, Weimar 1800–1801.

Gustav Nauenburg, Der Lustwanderer im Harze. Ein Taschenbuch für Reisende, Eisleben 1857.

Neues Taschenbuch für Reisende in den Harz. Enthaltend eine Beschreibung aller Merkwürdigkeiten des Harzes sowohl in topographischer Hinsicht, als in Bezug auf Natur und Kunst; geschichtliche Nachrichten über die Städte, Bergschlösser und Bergruinen; Belehrungen über die geognostische Beschaffenheit der verschiedenen Gebirgszüge; eine Uebersicht der Höhenmessungen, etc. In alphabetischer Ordnung, 4. verbesserte Aufl. Quedlinburg/Leipzig 1833.

[Ludwig] F[erdinand] Niemann, Handbuch für Harzreisende. Mit 1 Charte vom Harz, Halberstadt 1824.

[Christian Karl Plato], Unterhaltende topographische und statistische Beschreibung einer Sommerreise durch die Provinzen Magdeburg, Braunschweig, Halberstadt, Quedlinburg und Barby 1–3 (Neue Reisebemerkungen in und über Deutschland von verschiedenen Verfassern 6), Halle 1791 (Harz in Teil 3, S. 480–507).

Heinrich Pröhle, Wegweiser durch den Harz. Mit 1 Uebersichts- und 1 Routenkarte (Meyer's Reisebücher No VI), Hildburghausen 1864.

W. Schulze, Der treue Begleiter durch den Harz. Eine alphabetisch geordnete Beschreibung sämmtlicher Sehenswürdigkeiten dieses Gebirges, Magdeburg [1844].

G. A. Schumann, Der Führer durch den Harz. Mit 16 lithographirten Abbildungen, 2. verb. Aufl. Quedlinburg/Leipzig 1838.

C[hristian] W[ilhelm] Spieker, Meine Reise von Halle nach dem Brocken in dem Jahre 1802. Zunächst für die Akademisten in Halle, Halle 1803.

Ders., Der Harz, seine Ruinen und Sagen. Zwei Reisen in den Jahren 1800 und 1850. Erinnerungsblätter, Berlin 1852 (2. Aufl. 1857).

[Carl Sigismund Schweitzer], Reisehandbuch für den Harz. Zur wissenschaftlichen Vorbereitung für die Harzreise und als Begleiter auf derselben. Mit einer Reisekarte und vier Gebirgsansichten, Berlin 1844 (2. Aufl. 1852).

Carl Vocke, Neuester Führer durch den Harz. Ein praktisches Taschenbuch für Harzreisende. Mit einer Karte vom Harz, einer Abbildung des Brockenhauses und vollständige Reiserouten, Nordhausen 1850.

[Samuel Christoph Wagener], Reise durch den Harz und die Hessischen Lande. Besonders in Hinsicht auf Naturschönheiten, Anbau und Alterthümer. Von dem Verfasser der Briefe: Ueber die Pfalz am Rhein und deren Nachbarschaft, Braunschweig 1797, S. 1–150.

Wanderung durch einen großen Theil des Harzes und einen Theil der Grafschaften Hohenstein und Mansfeld, Magdeburg 1802.

Wegweiser für Reisende in den Harz. Mit einer Karte vom Harzgebirge, Berlin 1845 (seit der 4. Auflage auch unter dem Tzitel: Der ganze Harz für 12 Silbergroschen [Grieben's Reise-Bibliothek No 2], Berlin 1853; 8. Aufl. unter dem Titel: Der Harz. Illustrirtes Handbuch für Reisende von Theobald Grieben, revidiert und vermehrt von W. Gröning [Grieben's Reise-Bibliothek No 2], Berlin 1864).

Wegweiser bei einer Lustreise von Quedlinburg nach dem Brocken und zurück. Auf 2, 3 und mehrere Tage berechnet. Nebst Angabe des Halberst.-Magdeb. Eisenbahn-Fahrplans, Quedlinburg 1852.

Wilhelm Werner, Practisches Handbuch zur Reise durch das Harz-Gebirge, Ballenstedt 1854.

August Wigand, Begleiter auf dem Harze, sowohl für Lustreisende als auch in geognostischer, mineralogischer, botanischer, zoologischer und technischer Hinsicht. Zugleich als Abschiedswort an meine deutschen Landsleute bei meinem Abgange nach Brasilien, im Sommer 1838, Berlin 1839.

P. Wilhelmi (Philipp W. Diede), Ausflüge nach dem Niederrhein, der Weser, Holland und dem Harz, mit Rücksicht auf die Berathung angehender Fußreisenden, Kassel 1823, S. 140–153.

F. W. Wolff, Die Reise von Berlin über Halberstadt und Quedlinburg durch die interessantesten Gegenden des Ober-und Unterharzes, über Göttingen, Münden, Cassel, Marburg und Gießen nach Frankfurt a. M. (Taschen-Bibliothek der Lustreisen in Deutschland 1), Berlin 1836, S. 1–67.

Christian Zimmermann, Das Harzgebirge in besonderer Beziehung auf Natur- und Gewerbskunde geschildert. Ein Handbuch für Reisende und Alle, die das Gebirge näher kennen zu lernen wünschen, mit Nachweisungen über Naturschönheiten 1–2, Darmstadt 1834.

Sekundärliteratur

Wolfgang Behschnitt, Die Harzwanderung als Familienroman. Wilhelm Blumenhagens *Wanderung durch den Harz* (1838), in: Berghahn u. a. 2008, S. 73–90.

Bärbel Bendach/Uli Kutter, Niedersachsen in der Reiseliteratur vergangener Jahrhunderte. Ausstellung im Foyer der Niedersächsischen Staats- und Universitätsbibliothek Göttingen 1.–31. Juli 1980, 2. Aufl. Göttingen [1982].

Cord-Friedrich Berghahn/Herbert Blume/Gabriele Henkel/Eberhard Rohse (Hgg.), Literarische Harzreisen. Bilder und Realität einer Region zwischen Romantik und Moderne (Braunschweiger Beiträge zur deutschen Sprache und Literatur 10), Bielefeld 2008.

Hans Erich Bödeker, Reisen: Bedeutung und Funktion für die deutsche Aufklärungsgesellschaft, in: Wolfgang Griep/Hans-Wolf Jäger (Hgg.), Reisen im 18. Jahrhundert (Neue Bremer Beiträge 3), Heidelberg 1986, S. 91–110.

Peter J. Brenner, Der Reisebericht in der deutschen Literatur. Ein Forschungsüberblick als Vorstudie zu einer Gattungsgeschichte (2. Sonderheft. Internationales Archiv für Sozialgeschichte der deutschen Literatur), Tübingen 1990.

Horst Denkler, Ansichten vom Harz. Imagination und Wirklichkeit in literarischen ‚Harzreisen' seit Goethe, in: Jahrbuch der Raabe-Gesellschaft, Tübingen 2004, S. 3–15.

Hans-Peter Ecker, Vergewisserung subjektiver Identität, Spurensuche im kollektiven Gedächtnis, Horrortrip in die Wildnis: Über kulturelle Programme literarischer Harzreisen, in: Zeitschrift für Germanistik NF 7 (1997), S. 262–277.

[Johann Eduard] Erdmann, Lustreisen und Reiselust. Vortrag gehalten im wissenschaftlichen Verein zu Berlin, Berlin 1873.

Jost Hermand, Die touristische Erschließung und Nationalisierung des Harzes im 18. Jahrhundert, in: Wolfgang Griep/Hans-Wolf Jäger (Hgg.), Reise und soziale Realität am Ende des 18. Jahrhunderts, Heidelberg 1983, S. 169–187.

Gustav Heyse, Zur Geschichte der Brockenreisen. 4. vermehrte Ausgabe. Nebst einem Anhange: Uebersicht der Brocken-Literatur, Aschersleben/Leipzig 1875.

Ders., Streifzüge durch die Literatur des Harzes, in: Beiträge zur Kenntniß des Harzes, seiner Geschichte, Literatur und seines Münzwesens. Zweite, sehr vermehrte Ausgabe, Aschersleben/Leipzig 1874, S. 1–51.

Ines Köhler-Zülch, Die Hexenkarriere eines Berges: Brocken alias Blocksberg. Ein Beitrag zur Sagen-, Hexen- und Reiseliteratur, in: Narodna umjetnost 30 (1993), S. 47–81.

Ead., Hans Christian Andersen und die Harzer Sagentopographie, in: Rolf Wilhelm Brednich (Hg.), Erzählkultur. Beiträge zur kulturwissenschaftlichen Erzählforschung. Festschrift Hans-Jörg Uther, Berlin/New York 2009, S. 173–190.

Klaus Kulinat, Tourismusnachfrage: Motive und Theorien, in: Christoph Becker/Hans Hopfinger/Albrecht Steinecke (Hgg., unter Mitarbeit von Claudia Anton-Quack und Mitgliedern des Arbeitskreises „Freizeit- und Tourismusgeographie"), Geographie der Freizeit und des Tourismus: Bilanz und Ausblick, München/Wien ²2004, S. 97–111.

Uli Kutter, Reisen – Reisehandbücher – Wissenschaft. Materialien zur Reisekultur im 18. Jahrhundert. Mit einer unveröffentlichten Vorlesungsmitschrift des Reisekollegs von A. L. Schlözer vom WS 1792/93 im Anhang (Deutsche Hochschuledition 54), Neuried 1996.

Andreas Mai, Die Erfindung und Einrichtung der Sommerfrische. Zur Konstituierung touristischer Räume in Deutschland im 19. Jahrhundert, Diss. Leipzig 2003 (CD-ROM).

Katja Mittl, Baedekers Reisehandbücher. Funktionen und Bewertungen eines Reisebegleiters des 19. Jahrhunderts (Alles Buch. Studien der Erlanger Buchwissenschaft 22), Buchwissenschaft/Universität Erlangen-Nürnberg 2007.

Bärbel Panzer, Die Reisebeschreibung als Gattung der philanthropischen Jugendliteratur in der zweiten Hälfte des 18. Jahrhunderts, Frankfurt a. M./Bern/New York 1983.

Ulrike Pretzel, Die Literaturform Reiseführer im 19. und 20. Jahrhundert. Untersuchungen am Beispiel des Rheins (Europäische Hochschulschriften Reihe I, 1531), Frankfurt a. M. 1995.

Rohse, Eberhard, Harztouristen als literarische Figuren in Werken Theodor Fontanes und Wilhelm Raabes: *Cécile – Frau Salome – Unruhige Gäste*, in: Berghahn u. a. 2008, S. 175–231.

Frauke Schulte, Studien zur Landschaftsbeschreibung in Harzreise-Berichten des 18. und 19. Jahrhunderts, in: Harz-Zeitschrift 34 (1981), S. 61–116.

Hasso Spode, Geschichte des Tourismus, in: Heinz Hahn/H. Jürgen Kagelmann (Hgg.), Tourismuspsychologie und Tourismussoziologie. Ein Handbuch zur Tourismuswissenschaft. München 1993, S. 3–9.

Ders., „Reif für die Insel“. Prolegomena zu einer historischen Anthropologie des Tourismus, in: Christiane Cantauw (Hg.), Arbeit, Freizeit, Reisen. Die feinen Unterschiede im Alltag (Beiträge zur Volkskultur in Nordwestdeutschland 88), Münster/New York 1995, S. 105–123.

Erich Unglaub, Hans Christian Andersen als Harzreisender, in: Berghahn u. a. 2008, S. 129–174.

Silvio Vietta (Hg.), Romantik in Niedersachsen. Der Beitrag des protestantischen Nordens zur Entstehung der literarischen Romantik in Deutschland, Hildesheim/Zürich/New York 1986.

Mechthild Wiswe, Erinnerung an den Harz. Historische Harzansichten aus Privatbesitz. Zu einer Sonderausstellung des Braunschweigischen Landesmuseums, Braunschweig 1993.

Aufklärung als kulturelle Konstante

Über das Nachtwandeln

Ein Streifzug durch das enzyklopädische Wissen der Neuzeit

Sabine Doering-Manteuffel

An der Internet-Enzyklopädie „Wikipedia" scheiden sich bekanntlich die Geister. Die einen halten sie für das wichtigste Geschäftsmodell des 21. Jahrhunderts auf der Grundlage eines revolutionären Wissensbegriffs, anderen schlägt angesichts des Versuchs, Wissen zu demokratisieren, lediglich „die Stunde der Stümper".[1] Die Qualität jenes Wissens, das auf egalitärem Wege erzeugt werde, könne mit der Qualität von Expertenwissen nicht mithalten. Die Kritik reicht von der politischen Unterwanderung des Mediums durch anonyme Beiträger mit dunklen Motiven, bis hin zu Fehlinformation und Täuschung der Öffentlichkeit.

Die Enzyklopädie als Wissensspeicher par excellence ist mit der Aufklärung als „Ausgang des Menschen aus der selbstverschuldeten Unmündigkeit" entstanden. Sie war in dem Anliegen, geprüftes Wissen jedermann zugänglich zu machen, ein Garant für die Verbreitung von Erkenntnissen aus den Naturwissenschaften, der Medizin und vielen anderen Feldern des privaten und gesellschaftlichen Lebens.

In diesem Beitrag soll anhand eines Eintrags, des Nacht- oder Schlafwandelns, auch Mondsucht genannt, der Frage nachgegangen werden, ob die klassische Enzyklopädie sich inhaltlich gegenüber der wikibasierten Internet-Enzyklopädie verhält wie die Umkehrung des Kantschen Diktums. Kehrt der Mensch zurück in die selbstverschuldete Unmündigkeit, aus der ihn die Aufklärung über die gesamte Epoche der Neuzeit hinausgeführt hat? Da in Wikipedia Autoren Artikel verfassen, deren Identität nicht zugänglich ist, weist das Medium eine Okkultstruktur auf. Man weiß nicht, ob der Verfasser eines Beitrags Sachkenntnisse hat oder lediglich vorgibt, sie zu haben. Die Quellen bleiben häufig unklar, zudem werden ungeprüfte Texte in vorläufigen Versionen freigeschaltet. Doch selbst geprüfte Beiträge müssen nicht zwingend Expertenwissen verbreiten. Der Entwicklungsstand der Online-Enzyklopädien mit weltweiten Zugriffen stellt die Frage nach der Mündigkeit des Nutzers neu.

Ein Stichwort wie die Mondsucht eignet sich aus mehreren Gründen für eine solche Untersuchung. Sein schillernder Gehalt, der sich aus Sagenstoffen, Theorien über Leib und Seele, über Geist und Geister, und über die Tiefenschichten des Bewusstseins zusammensetzt, ist für die Beiträger eine Herausforderung. Auf welche Erkenntnisse kann und soll man zurückgreifen? Ist der Mediziner, der Philosoph oder gar der Theologe gefragt? Welche gesicherten Nachweise für das Nachtwandeln können angeführt werden, und wer hat sie analysiert? Auf der Suche nach Sinn im Numinosen der menschlichen Existenz offenbart sich ein erkenntnistheoretisches Problem. Enzyklopädien spiegeln die zeitspezifischen Denkhorizonte wieder, in der sie entstanden sind. Das mag für Krankheiten oder außergewöhnliche Bewusstseinszustände besonders stark gelten. Der Fortschritt in der Medizin müsste sich von Auflage auf

1 Andrew Keen, Die Stunde der Stümper. Wie wir im Internet unsere Kultur zerstören, München 2008.

Auflage, von Lexikon auf Lexikon, niederschlagen. Linear gedacht, müsste die Internet-Enzyklopädie das am besten recherchierte und auf der Höhe unserer Zeit befindliche Wissen über die Mondsucht präsentieren.

Der folgende Beitrag zeigt anhand von chronologisch aufsteigenden Enzyklopädien den Stand der Erkenntnisse auf. Untersucht werden Konversationslexika und Nachschlagewerke des 18. bis 21. Jahrhunderts, darunter unter anderen „Johann Heinrich Zedlers großes Universal-Lexicon aller Wissenschaften und Künste" (1731–1754), „Brockhaus' Conversations-Lexikon oder kurzgefasstes Handwörterbuch" (1809–1811), das „Damen Conversations Lexikon" (1834–1838), das „Meyers Conversations Lexikon" (1840–1854), Rudolf Eislers „Wörterbuch der Philosophischen Begriffe" von 1904, „Brockhaus' Kleines Konversationslexikon" in der Ausgabe von 1911, sowie die aktuelle Online-Datenbank „Wikipedia".

Das Nachtwandeln hat viele Namen und ebenso viele Facetten. Mondsüchtige sind Verwandlungsgestalten. Landläufig versteht man darunter einen Menschen, der nachts ohne Bewusstsein aus dem Bett steigt und herumläuft, bis er schließlich wieder auf sein Nachtlager zurückkehrt. Spreche man ihn auf seiner Wanderung an, so glaubt man jedenfalls zu wissen, erwache er, was durchaus Gefahren in sich berge. Nachtwandler neigen angeblich dazu, auf Hausdächer oder Kirchtürme zu steigen.

Nachtwandler werden in der Literatur der Romantik vielfach beschrieben und hinterlassen immer ein gewisses Unbehagen, da man sich ihren Zustand nicht recht erklären kann. Sie weisen eine Nähe zu den ruhelosen Seelen auf, wie etwa in Annette von Droste-Hülshoffs Ballade vom Nachtwandler, der den von ihm verschuldeten Tod dreier Menschen sühnen muß. Dort heißt es:

Siehst du das Ziegeldach am Hage dort? / Die Dämmerung sinkt, laßt uns vorüber eilen. / Bald steigt der Vollmond an des Moores Bord, / Dann ist's nicht gut in dieser Nähe weilen.[2]

Das Phänomen ist zwar auch heute noch weithin bekannt, aber kaum jemand kann einen Mondsüchtigen oder Nachtwandler persönlich benennen. Allenfalls hört man von Kindern, die sich am Morgen nach ihrem ruhelosen Umherwandern an nichts mehr erinnern können, oder an klinische Fälle in Verbindung mit andere Schlaf- und Bewusstseinsstörungen.

Es soll im Folgenden nicht um eine Phänomenologie des Nachtwandelns gehen, sondern um das, was Enzyklopädien als Wissensspeicher aus dieser sonderbaren Erscheinung machen. Nachtwandler und Mondsüchtige umgeben ein Geheimnis. Mit der Entschlüsselung haben sich nicht nur Enzyklopädisten, sondern auch andere Zeitgenossen befasst. Die Theorien über das Nachtwandeln und die therapeutischen Angebote – selbst wenn sie nur in der obligatorischen Ohrfeige bestehen –, sind ein Spiegel der ideengeschichtlichen Kontexte, in denen sie geäußert werden. Zentral ist die tiefenpsychologische Wende der Freudschen Traumdeutung, die sich in den Vorstellungen von der Mondsucht allerdings schon zu Beginn des 19. Jahrhunderts anzudeuten beginnt. Bereits um 1800 finden sich Anzeichen für ein neues und neuzeitliches Verständnis des Nachtwandelns, das auf einer säkularisierten Vorstellung vom Leib-Seele-Verhältnis, aber auch auf neuen medizinischen Erkenntnissen beruht. Aber schauen wir erst einmal in die Quellen!

2 Annette von Droste-Hülshoff, Der Nachtwandler, Erstdruck Letzte Gaben, 1860, entstanden 1844, in: Annette von Droste-Hülshoff. Sämtliche Werke, hg. v. Bodo Plachta und Winfried Woesler, Bd.1, Darmstadt 1998, S. 545.

Der Mond ist aufgegangen – Zedler und die Nachtwandler (1739)

In Zedlers großem Universal-Lexicon aller Wissenschaften und Künste, der bedeutendsten deutschsprachigen Enzyklopädie des 18. Jahrhunderts, mit dem wir unseren Streifzug beginnen, sind drei Bezeichnungen eingetragen. Der Mondsüchtige heißt auch Nacht-Gänger oder Nacht-Wanderer, und ist um 1740 noch bekannt als „Lunaticus, Nostambulo, Nostambulus, oder besser Somnambulus".[3] Der Leser erfährt, dass es sich um „Raserey", die „fallende Sucht" oder um eine Form der „sogenannten schweren Noth und des bösen Wesens" handelt. Wellenartig verringere oder verstärke sich der Zustand mit zunehmendem oder abnehmendem Mond. Tagsüber seien die betroffenen Personen völlig gesund, nachts hingegen strichen sie wie „unsinnige und rasende Leute" herum, und betrieben allerhand „unziemliche, oder doch ungewöhnliche Dinge". Dem Enzyklopädisten war bekannt, dass man Schlafwandler nicht wecken dürfe, und dass sie sich am nächsten Tag nicht an ihr Abenteuer erinnern können.

Die Ursachen für dieses merkwürdige Verhalten lägen einerseits in „den dicken und scharffen Lebens-Säfften", andererseits in der Unfähigkeit, den eigenen Geist zu zügeln, starke Einbildungen und stete Unruhe zu vermeiden, und sich nicht von der „wahren Vernunfft bezähmen" zu lassen. Zwei Krankheitsursachen treten zutage. Die erste geht auf Galenus Viersäftelehre zurück, und bezeichnet jene pathologischen Reaktionen, die durch eine Störung im Gleichgewicht von Blut, Schleim, gelber und schwarzer Galle und den vier Qualitäten heiß, kalt, feucht und trocken ausgelöst werden können. Konsequenterweise müsste die Therapie auf die Wiederherstellung dieses Gleichgewichts abzielen. Die tieferen Ursachen für das Nachtwandeln lägen in zu fetten Speisen oder in einem disharmonischen Zustand von Leib und Seele.

Die zweite Ursache ist eher philosophischer Natur. Jene Menschen, die sich nicht von der Vernunft leiten, sondern der Phantasie zu starken Lauf ließen, zahlten für diese Disziplinlosigkeit den Preis des nächtlichen Umherirrens. Der Autor berief sich dabei auf die Ausführungen des Augsburger Jesuiten Caspar Schott (1608–1666) in dessen Kuriositäten-Kompendium „Physica Curiosa" (Nürnberg 1662).[4]

In den medizinischen Referenzwerken des 18. Jahrhunderts blieben diese Vorstellungen erhalten, wie Heinz Schott treffend ausführt: „Ich erinnere an die therapeutische Flagellation, die angeblich heilsame Wirkung des Auspeitschens oder Verprügelns, das z. B. – mit Ruten und Brennesseln – noch in einem Buch von 1767 gegen das „Nachtwandeln" empfohlen wird. [...] Physische (somatische) Behandlung und moralische (psychische) Einwirkung sind hier kaum voneinander zu unterscheiden."[5]

Er bezieht sich auf das Schlüsselwerk des Bündner Arztes Johann Ulrich Bilguer, den „Nachrichten an das Publicum in Absicht der Hypochondrie", erschienen 1767 in Kopenhagen. Bilguer war Militärarzt und Chirurg in der preußischen Armee. Die Erscheinungsformen der Hypochondrie hielt er für so gefährlich, dass sie sogar zur Entvölkerung führen könnten. Auch bei Bilguer findet sich die Kombination somatischer Ursachen aus unausgeglichenen Körpersäften mit drängender Geschlechtslust und einer mehr oder weniger angeborenen Neigung zur Melancholie. Die Therapie reicht von einem Fass kalten Wassers neben dem Bett, in das die

3 Johann Heinrich Zedlers Grosses vollständiges Universal-Lexicon aller Wissenschaften und Künste, Halle/Leipzig, Bd. 21, S. 0580, Sp. 1110f.

4 Der sympathetische Arzt. Texte zur Medizin im 18. Jahrhundert, herausgegeben von Heinz Schott, München 1996, S. 36dff.

5 Der sympathetische Arzt, München 1996, S. 350.

Kranken hineinfallen sollen, bis zum Auspeitschen mit Brennesselruten oder der Gabe von Salpeter. Aber auch das Lesen eines „anmuthigen Buches“, so Bilguer, würde gute Wirkung tun.[6]

Zedlers Ratgeber ist von diesen Kuranwendungen nicht weit entfernt. Schelt-Worte und Schläge, vor allem bei Jugendlichen, wirkten oft Wunder, und für alle anderen Patienten hielt man diverse Tinkturen und Säfte bereit, gefertigt unter anderem aus Nießwurz, Kardamon, Kamel-Stroh und Rhein-Wein. Helfen sollten aber auch „Mayen-Blümlein-Spiritu“, wilder Mohn oder ein Skrupel Opium. Man wird nicht bezweifeln, dass mit diesen Mitteln eine Wirkung erzielt wurde, welche die Patienten zumindest für eine gewisse Zeit vom Nachtwandeln abhielten.

Im Zedlerschen Eintrag werden zwei rechtliche Fragen aufgeworfen. Zum einen wird diskutiert, und durch Halsgerichtsordnungen belegt, dass Nachtwandler unter die „Haupt-Kranken“ gezählt werden und deshalb bei Vergehen und Verstößen gegen geltendes Recht „gemeiniglich mit der sonst darauf gesetzten ordentlichen Straffe verschonet werden“. Zum anderen wird erklärt, dass derjenige, welcher einen mondsüchtigen Knecht verkauft hat, diesen wieder zurücknehmen muss, wenn die Krankheit ausbricht.

Zusammenfassend wird deutlich, dass das Nachwandeln ein von alters her bekanntes Phänomen ist. Es wird gleichgesetzt mit Wahn, Raserei und fallender Sucht und deshalb unter die Krankheiten des Gehirns gerechnet. Die medizinische Therapie fußt schulmäßig auf der üblichen Humoralpathologie. Alchemistische Tinkturen sowie Kräutersalben und Trinkkuren, aber auch ganz handfeste Maßnahmen wie kaltes Wasser oder Schläge werden zur Heilung empfohlen. Wahnkranke unterliegen besonderen Rechtsnormen, die auch auf die Mondsüchtigen angewandt werden. Die moralische Therapie lautet auf das Lesen von leichter Erbauungsliteratur, Zügelung des Geschlechtstriebs und Einhegung der Phantasie zugunsten der Vernunft.

Der verantwortliche Redakteur für diesen Band war ein hochgebildeter Mann: Carl Günther Ludovici (1707–1778), Theologe, Professor der Philosophie und Rektor der Universität Leipzig. Ludovici verfasste neben seinen philosophischen Schriften Arbeiten zur Ökonomie oder zu den Grundlagen der Versicherungswirtschaft, die als Standardwerke Wissenschaftsgeschichte schrieben.[7]

Säufermond und Hypochondrie – zwischen Aufklärung und Tiefenpsychologie

Das Brockhaus Conversations-Lexikon aus dem Jahr 1809 weiß es kurz und bündig. Mondsüchtige seien Menschen, die alles das, was andere tags bewusst verrichten, nachts unbewusst verrichteten: „Ein *Mondsüchtiger* steht zur Nacht auf, geht, immer mit verschlossnen Augen, in eine Schenke, lässt sich zu trinken geben, bezahlt ordentlich, ohne ein Wort zu reden, und legt sich wieder zu Bette.“ Nachtwandler seien überdies in der Lage, auf gefährliche Touren zu gehen, die kein wacher Mensch je wagen würde, und kämen dabei nicht zu Schaden. Die Therapie ist ebenso kurz gehalten wie der restliche Eintrag. Man lege ein nasses Tuch vor das Bett, die Nachtwandler stiegen mit bloßen Füßen darauf, und würden sich sofort wieder ins Bett zurückziehen. Brockhaus gibt zu: „Es fehlt bis jetzt noch an einer gründlichen Erklärung dieses Phänomens.“[8]

6 Johann Ulrich Bilguer, Nachrichten an das Publicum in Absicht der Hypochondrie, Kopenhagen 1767, S.775f.

7 Carl Günther Ludovici, Allgemeine Schatz-Kammer der Kaufmannschafft oder vollständiges Lexicon aller Handlungen und Gewerbe, Leipzig 1741–1743.

8 Brockhaus Conversations-Lexikon oder kurzgefaßtes Handwörterbuch für die in der gesellschaftlichen Unterhaltung aus den Wissenschaften und Künsten vorkommenden Gegenstände mit beständiger Rücksicht auf die Ereignisse der älteren und neueren Zeit. In sechs

Deutlich wird bereits eine veränderte Vorstellung von den Ursachen der Krankheit. Bewusstsein und Bewusstlosigkeit werden mit Tag und Nacht gleichgesetzt. Die medizinische Therapie besteht nur noch aus einem kalten Guss, um den Kranken aufzuwecken. Die moraltherapeutische Note fällt ganz weg. Dem Autor genügt der nüchterne Hinweis auf fehlende Forschungen. Es bleibt also noch etwas offen. Die populären und wissenschaftlichen Erklärungen der Zeit scheinen dem Verfasser des Artikels nicht ausreichend zu sein.

Ausführlicher nimmt das Damen Conversations Lexikon von 1836 zur Mondsucht Stellung.[9] Es hat sich bereits durchgesetzt, dass nicht scharfe Körpersäfte, sondern lebhafte Träume für das Nachtwandeln verantwortlich gemacht werden können. Die Patienten seien aufgeregt, die innere Stimme sei wach, während Augen und Ohren schliefen. Die Unterleibsnerven seien tätig. Es handele sich um einen magnetischen Schlaf, der vor allem bei Vollmond auftrete.

Die Reize, die der Mond auslöse, würden vor allem das Nervensystem junger zarter und verzärtelter Personen angreifen. Die Therapieanweisung besteht aus kalten Wassergüssen, Bewegung, Trinkwasser mit Weinsteinrahm oder Schwefelsäure versetzt, sowie aus Bädern in Eisen-, Salz- oder Meerwasser und aus Senfpflastern.

Nun kommen die unruhigen Träume direkt ins Spiel. Sie seien unter anderem eine Folge gereizter Nerven junger Damen mit hypochondrischen Neigungen. Mahnend heißt es, die Unterleibsnerven seien tätig, obwohl die Person schliefe. Kaltes Wasser, scharfe Trinkkuren, Bäder und Pflaster werden empfohlen. Die Deutung der Krankheit hat sich merklich gegenüber Zedlers Aufklärungslexikon verändert. Die Körpersäfte spielen keine Rolle mehr, die Nerven sind es, auf die es ankommt und die vom Mondlicht gereizt würden.

Ebenso kurz und bündig wie das Brockhaus' Conversations-Lexikon äußert sich das Herdersche Conversations-Lexicon von 1857: „Mondsüchtige, Nachtwandler, nennt man Personen, die schlafend das Bett verlassen und im schlafenden Zustande verschiedene Dinge verrichten, entweder Arbeiten, die sie am Tage zu thun gewohnt sind, oder zwecklose u. gewagte Unternehmungen, wie Klettern auf Häuser etc., was sie indeß, wenn sie ungestört sind, mit Sicherheit aus führen. Die äußern Sinne sind dabei gänzlich unthätig. Diese Erscheinung beruht auf einem krankhaften Zustande des Nervensystems, wobei der Einfluß des Mondes nicht zu verkennen ist."[10]

Bekannt sind dem Enzyklopädisten unter dem lateinischen Stichwort „Luna" noch die Bezeichnungen „Lunambulismus" und „Lunambulist" sowie das griechische „Seleniosis".

Man ist sich einig, dass es sich bei den Mondsüchtigen nicht um eine Störung des Gehirns wie bei Zedler, sondern um Nervenkranke handelt. Die Lunambulisten verrichten bestimmte Tätigkeiten im Schlaf, dürfen dabei aber nicht geweckt werden, weil sie sich häufig in gefährlichen Lagen befänden. Therapien werden nicht genannt. Auslöser für die Krankheit sei unter anderem das Mondlicht.

Alle drei Einträge machen deutlich, dass die Forschungen über das Nervensystem einen breiten Raum in der öffentlichen Diskussion einnehmen. In seinem „Versuch einer Darstellung des Nervensystems und insbesondre des Gehirns" hat Carl Gustav Carus, der berühmte

Bänden, mit zwei Nachtragsbänden, Amsterdam/Leipzig 1809/1811, Bd. 3, S. 207f.

9 Damen Conversations Lexikon, hg. v. Carl Herloßsohn, Bd. 7, o. O. 1836, S. 266f.

10 Herders Conversations-Lexikon. Kurze aber deutliche Erklärung von allem Wissenswerthen aus dem Gebiete der Religion, Philosophie, Geschichte, Geographie, Sprache, Literatur, Kunst, Natur- und Gewerbekunde, Handel, der Fremdwörter und ihrer Aussprache etc., 1. Aufl., Bd. 5, Freiburg i. Br. 1857, S. 179.

Frauenheilkundler und einer der Vorläufer der Tiefenpsychologie, 1814 die Erkenntnisse der Aufgaben der Nerven zusammengefasst.[11]

Er konstatiert in seiner Begründung einer wissenschaftlichen Physiologie, die über die Naturgeschichte hinausweisen soll, dass das Nervensystem das steuernde Zentralsystem des Organismus darstelle, in dem die Idee der „Centricität“ in der „edelsten Manifestation“ des Nervenlebens, der Seele, ihre Einheit fände.[12] Zugleich wird die Frage behandelt, in welcher Weise sich im Nervensystem des Menschen der tierische Organismus widerspiegele. Nerven und Nervenreize werden in einen unmittelbaren Zusammenhang mit dem Seelenleben gebracht. Mit dem Aufkommen dieser Forschungsrichtung wandelt sich auch die Einschätzung der Mondsucht. Sie wird als eine Erschütterung des Nervenkostüms aufgefasst, die direkt auf die Seele einwirkt.

Nun beginnt sich das Bedeutungsfeld merklich aufzufächern in neue Klassifikationen und Zusammenhänge. Die Nerven und das Nervensystem und ihr Verhältnis zum Animalischen im Menschen bilden den einen Strang, der Traum und das mit ihm verbundene Auftreten von Symbolen und Bildern, den anderen Strang. Nerven werden gereizt, möglicherweise durch das Mondlicht. Der Traum aber schöpft aus einer anderen Quelle, nämlich aus dem Seelenleben des Träumers, das des Nachts zum Vorschein kommt.

Seele und Traumgesicht – der Nachtwandler und das Unbewusste

In den Lexika-Einträgen der Jahrhundertwende haben die Tiefenpsychologie und die Seelenkunde Einzug gehalten. Nachtwandler und Mondsüchtige werden nun „Somnambule“ genannt, deren Zustand „Somnambulismus“. Bereits seit Mitte des 19. Jahrhunderts war der Begriff „Somnambulismus“ immer häufiger enzyklopädisch ausgeführt und in Verbindung mit Traum, magnetischem Schlaf, tierischem Magnetismus, Hypnose und anderen schlafähnlichen Zuständen gebracht worden. Nun beginnt sich unter dieser Bezeichnung ein neues Verständnis des Nachtwandelns zu entwickeln. Nicht mehr der Mond, sondern psychische Dispositionen und Unruhezustände werden als Ursache für den Somnambulismus angesehen. In „Pierer's Universal-Lexikon der Vergangenheit und Gegenwart“ (Altenburg 1821–1835, Ausgabe 1863) wird das gesamte Begriffsfeld aufgefächert.

Grundlegend wird der tierische Magnetismus als eine Kraft, die von einer Person oder Sache auf eine andere übergeht, indem das Nervensystem der angesprochenen Person gereizt wird. Am besten gelänge die tierisch-magnetische Übertragung durch Einwirken der Hände. Magnetiseure und Somnambule träten in eine enge psychische Beziehung zueinander, sie bildeten eine regelrechte Lebens- und Seelengemeinschaft. Der Somnambule gerate während der Behandlung in einen Wachschlaf, in dem er verschiedene unbewusste Handlungen ausführen könne. Die neuen Erkenntnisse verbinden nun eine Theorie des Nervensystems mit einer allgemeinen Theorie über den Schlaf und andere Geisteszustände, in denen der Mensch durch andere als durch bewusste Sinneswahrnehmungen gesteuert wird. Das Nachtwandeln ist eine Unterart somnambuler Zustände.

11 Carl Gustav Carus, Versuch einer Darstellung des Nervensystems und insbesondre des Gehirns nach ihrer Bedeutung, Entwicklung und Vollendung im thierischen Organismus, Leipzig 1814.

12 Carl Gustav Carus, Versuch einer Darstellung des Nervensystems, S. IV.

Nach Rudolf Eislers „Wörterbuch der Philosophischen Begriffe" von 1904 handelt es sich um einen Wachtraum, einen psychischen Dämmerzustand, in dem assoziativ gehandelt wird bei voller Bewegungsfähigkeit der Gliedmaßen. Einen ähnlichen Zustand kenne man aus der Hypnose. Eine mögliche Nähe wird auch zum Hellsehen erkannt, dem eine prophetische Gabe zugrunde läge. Die Mondsucht verschiebt sich in das Bedeutungsfeld Somnambulismus. Der Begriff war zwar schon bei Zedler im Gebrauch, hatte aber keinen eigenen Eintrag, sondern verwies auf eine abgelegte, antike Bezeichnung. Nun ändert sich das. Brockhaus' Kleines Konversationslexikon aus dem Jahr 1911 schafft den Übergang in einen neuen Wissensstand mit folgenden Worten: „Nachtwandeln, *Somnambulismus* oder *Schlafwandeln*, traumartiger Zustand im Verlaufe gewöhnlichen Schlafs, in dem verwickelte Handlungen trotz Aufhebung des Selbstbewusstseins ausgeführt werden."[13]

Das Bedeutungsspektrum des Nachwandelns hat sich in eine ganze Reihe von Einzelsachverhalten aufgelöst. Der Wachtraum ist ein traumtheoretischer Begriff, das Hellsehen oder die Clairvoyance zählt unter die übernatürlichen Fähigkeiten, die jemand von Geburt an oder durch besondere Umstände erworben hat, und das Selbstbewusstsein als Ich-Identität wird dem Schlafenden abgesprochen. Wer schläft, weiß von nichts und erkennt sich nicht selbst. Aber das Unterbewusstsein arbeitet, und kann sogar zu autonomen Handlungen führen, die der Schlafenden nicht wahrnimmt.

Dieser Beitrag beschäftigt sich mit Suche nach dem Fortschritt des Wissens. Um die Wende vom 19. zum 20. Jahrhundert, so kann man festhalten, dreht sich ein Begriff um den anderen. Wahn, Traum und Schlaf, die Nerven und das Unbewusste werden als Begründungen für einen Zustand genannt, der sich nicht mehr auf die Mondsucht der klassischen Enzyklopädien des 18. Jahrhunderts bezieht, sondern auf eine ganze Reihe von Verhaltensauffälligkeiten im Zusammenhang mit tiefenpsychologischen und seelenkundlichen Erkenntnissen. Die Traumwandler haben sich verändert. Niemand scheint mehr nachts auf die Kirchtürme zu steigen, niemand wandert mit der Zipfelmütze auf dem Kopf über die Hausdächer, und niemand verkauft mehr einen mondsüchtigen Knecht. Stattdessen kommt der Therapeut ins Spiel, der über seine Hände, seine Worte oder seine Fragen eine enge Verbindung mit dem Suchenden eingeht. Es schlägt die Stunde etwa der esoterischen Ratgeber, der Laienheiler mit der Fachrichtung tierischer Magnetismus oder der Psychopathologen mit ihrem theoretischen Rüstzeug aus den Hellseher- und Medien-Experimenten der Schule um Carl du Prel oder Albert von Schrenck-Notzing.[14] Die Verwissenschaftlichung des Traumes und des Schlafes, verbunden mit Forschungen nach paranormalen und parapsychologischen Fähigkeiten einzelner Individuen, beherrschen auch die Sprache der Wissensspeicher. So setzen sich Weltbilder durch.

Alter Wein in neuen Schläuchen? Rückfragen an das Hellsehen

Machen wir ein Experiment und schauen einmal zurück in ältere Lexika. Das Hellsehen oder die Clairvoyance war in den Lexika des 19. Jahrhunderts mehrfach mit dem Somnambulismus, und über diesen Weg mit dem Nachtwandeln in Verbindung gebracht worden. Es könnte also

13 Brockhaus' Kleines Konversations-Lexikon, 5. neu bearbeitete Auflage, Bd. 2, Leipzig 1911, S. 237.

14 Carl du Prel (1839–1899) war Philosoph, Theosoph und Okkultist und verfasste eine Reihe von Grundlagenwerken über okkultistische Phänomene. Gemeinsam mit Albert von Schrenck-Notzing (1862–1929), einem Mediziner, begründete er 1886 in München die „Psychologische Gesellschaft". Du Prel und Schrenck-Notzing führten mediumistische und parapsychologische Laborversuche durch.

sein, dass Begriffe unter ein gemeinsames Dach zusammengeführt wurden, die in älteren Werken lediglich getrennt waren.

1834 konstatiert das Damen Conversations Lexikon zwar noch ohne Zögern, dass die Clairvoyance als Fähigkeit, „tiefe Blicke in die ferne Zukunft zu thun", Glaube von Gestern sei, denn „die Zeit dieser Meinungen ... ist vorüber".[15] Das klingt nach klassischer Aberglaubenskritik, wie sie im Zeitalter der Aufklärung alltäglich war. Es findet sich aber ein Widerspruch, denn unter dem Stichwort „Liebe" wird 1836 im selben Lexikon in epischer Breite ausgeführt, dass die Liebenden in einem somnambulischen Zustand seien: „Zwei Menschen begegnen sich, ihre Blicke treffen sich, ihre Seelen verschmelzen sich, ihr Leben wird eins; fragen sie nach, wie sie sich gefunden, wie sie sich vereint, sie ergründen es nie; sie sind die Thautropfen, die, wenn sie sich berühren, eins werden müssen, und die Rose, in deren Kelch sie sich vereinigen, ist das Herz. Die Zeit der Liebe zerfällt in die nämlichen drei Hauptperioden, in welche man den Prozeß des Magnetismus theilt: in die magnetische Berührung, in den Somnambulismus und in die Clairvoyance."[16]

Im Brockhaus' Conversations-Lexikon aus dem Jahr 1809 kommen weder der Begriff Hellsehen, noch der Begriff Clairvoyance vor. Und auch bei Johann Heinrich Zedler sucht man vergebens nach diesen beiden Schlüsselbegriffen. Natürlich wäre es ein Leichtes, in die gängigen medizin- und psychologiegeschichtlichen Grundlagenwerke zu blicken, um eine genaue Vorstellung der Ideengeschichte des Hellsehens zu erwerben. Kocku von Stuckrad etwa hat in seiner „Geschichte der Astrologie" als Lehre von der Entsprechung der planetaren mit der irdischen Welt, auf die Umwendung antiker Sternenkunde in den Denkschemata des 19. Jahrhunderts aufmerksam gemacht. Er schreibt: „Der Unterschied bestand im wesentlichen darin, dass im 19. Jahrhundert die Sterne ästhetisiert und psychologisiert wurden, also als symbolische Repräsentanten von universellen Kräften angesehen wurden, die im Innern des Menschen wie auch im holistisch konzipierten Universum wirksam sind."[17] Diese Tendenz findet sich auch im gesamten Begriffsspektrum des Hellsehens und des Nachtwandelns.

Aber in diesem Beitrag soll es nicht um eine Geschichte der Astrologie, des Hellsehens oder des Nachtwandelns gehen, sondern um ein medientheoretisches Thema. Untersucht werden die Standards, die Speichermedien wie Enzyklopädien und Nachschlagewerke in einer jeweiligen Zeitschicht dem interessierten Leser bieten und damit zugleich „Wissen" festlegen. Als Zwischenfazit ergibt sich ein etwas verwirrendes Bild. Der „Fortschritt" in der Rezeption der nervenphysiologischen und tiefenpsychologischen Forschung des 19. Jahrhunderts fließt zwar direkt in die Enzyklopädien ein, es geht aber auch „Wissen" verloren und zerstreut sich. Man weiß weniger als zu Johann Zedlers Zeiten, was Mondsucht ist. Vielleicht, so schleicht sich ein Verdacht ein, sind wir einem Phantom auf der Spur, denn auffallend ist, dass kein einziger Eintrag auf wirkliche Fälle verweist. Gibt es überhaupt Mondsüchtige? Wo sind sie, die berühmten Kirchturmsgänger oder Dachspazierer, die man noch im 18. Jahrhundert zu kennen glaubte? Wohlgemerkt, das sagen die Enzyklopädisten, die Kliniker, Nervenärzte, Hypnotiker und Mediumisten mögen das anders sehen.

15 Damen Conversations Lexikon, Bd. 2, Leipzig 1834, S. 421.

16 Damen Conversations Lexikon, Bd. 6, o.O. 1836, S. 355–356.

17 Kocku von Stuckrad, Geschichte der Astrologie. Von den Anfängen bis zur Gegenwart, München 2007, S. 281.

Nachtwandeln Online – was wir aus dem Internet erfahren

Nun wandert der Blick hinüber in das 21. Jahrhundert. Die Erfindung des *world wide web* mit Online-Datenbanken und der Möglichkeit, im Internet zu recherchieren, wird als die zweite oder digitale Medienrevolution nach der Erfindung des Buchdrucks im 15. Jahrhundert aufgefasst. Zugleich sprechen wir von der Wissensgesellschaft und dem Anbruch des Informationszeitalters. Welches Wissen und welche Information sind gemeint? Es geht nicht nur um die Fülle, sondern auch um die Form und die Herkunft der Daten. Das Internet ist ein Medium, durch das anonyme Nutzer kommunizieren können. Datenbanken können von jedermann eingerichtet werden. Das hat wiederum Folgen für die sogenannte Wissensgesellschaft.

Auf der Suche nach dem Stichwort Nachtwandeln wird man bei Wikipedia automatisch weitergeleitet zum Stichwort Somnambulismus. Dort heißt es:

„Der Somnambulismus (von lateinisch *somnus – der Schlaf* und *ambulare – wandern*) oder auch die Somnambulie, auch als die Mondsucht (Lunatismus), das Schlafwandeln oder Nachtwandeln bezeichnet, ist ein Phänomen, bei dem der Schlafende ohne aufzuwachen das Bett verlässt, umhergeht und teilweise auch Tätigkeiten verrichtet. Somnambulismus ist eine Schlafstörung und gehört zu der Untergruppe der Parasomnien.“[18]

Es werden drei verschiedene Quellen für diesen Eintrag genannt. Erstens die sogenannte ICD 10-Klassifikation (Krankheit F51.3), eine Abkürzung für „Internationale statistische Klassifikation der Krankheiten und verwandter Gesundheitsprobleme“, zweitens die Website von Prof. Dr. med. Volker Faust mit dem Titel „Psychosoziale Gesundheit von Angst bis Zwang. Seelische Störungen erkennen, verstehen, verhindern behandeln“, und drittens eine Dokumentation des BBC vom 18. März 2005 mit dem Titel „How sleepwalking can lead to killing“. Es handelt sich um einen Bericht über einen Vatermörder, der vor einem Londoner Gericht wegen der während des Schlafwandelns verübten Tat für unzurechnungsfähig und damit für unschuldig erklärt wurde. Im verlinkten Text heißt es: „A man in Manchester have made legal history in the UK after being acquitted of murdering his father because he was sleepwalking at the time. He was found not guilty due to insanity and sent to a psychiatric hospital for an indefinite period of time.“ Der behandelnde Arzt, Dr. Irshaad Ebrahim vom Londoner Schlafzentrum, kommentiert den Fall so: „We think this is the first sleepwalking murder in the UK.“[19] Ob das stimmt? Hatte nicht Johann Heinrich Zedler darauf aufmerksam gemacht, dass Straftaten im Zustand des Schlafwandels in den älteren Halsgerichtsordnungen als nicht verfolgbar galten? Handelt es sich um verlorenes Wissen oder neue Erkenntnisse? Das ist hier die Frage!

Das Schlafwandeln ist nach Wikipedia eine klassifizierte Krankheit. Sie zählt unter die pathologischen Schlafstörungen. Die Forschungen stammen aus den Schlaflaboren, in denen die Schlafrhythmen und Phasen, REM-Schlaf-Verhaltensstörungen und ähnliche Krankheitsbilder behandelt werden. Verhaltensweisen von Schlafwandlern werden ohne Angabe von Quellen folgendermaßen beschrieben:

„In anderen Fällen verlassen die Schlafwandler das Bett, gehen umher, öffnen Schränke oder Türen, verlassen das Zimmer und mitunter auch das Haus; es können sogar komplexe Tätigkeiten wie Autofahren verrichtet werden. Manche Schlafwandler essen während einer Episode.

18 http://de.wikipedia.org/wiki/Somnambulismus, (8.6.2009).

19 http://news.bbc.co.uk/2/hi/uk_news/4362081.stm. Last update: Friday, 18 March 2005, 18:35 GMT (8.6.2009).

Beim Schlafwandeln sind die Augen grundsätzlich starr geöffnet, das Gesicht ist ausdruckslos, die Koordination der Bewegungen mangelhaft, die Orientierung ist eingeschränkt. Hindernisse werden oft nicht wahrgenommen, es kann zu Treppenstürzen kommen, aber auch zum Sturz vom Balkon oder aus dem Fenster. Daher sind Schlafwandler prinzipiell unfallgefährdet. Sie sind ansprechbar und beantworten auch Fragen, jedoch mit undeutlicher Artikulation."

Wikipedia unterhält neben diesen Stichwortseiten eine Diskussionsseite zum selben Thema. Dort finden sich folgende Bemerkungen: „Warum darf man Schlafwandler nicht aufwecken? Das man sie nicht Aufwecken darf stand sogar schon in der Bild, warum wird aber anscheinend nirgendwo erwähnt ..." Und ein anderer User antwortet: „Nur mal generell, ohne jemandem zu nahe treten zu wollen... die BILD halte ich für i.A. eine denkbar schlechte Quelle." Als weitere Quellen werden die Schrift des Propheten und Mystikers Jacob Lorbers (1800–1864), „Das große Evangelium Johannes" (zehn Bände, 1851–1864), und ein schwer zu lesender „wissenschaftlicher Beitrag von Medizinern" genannt. Eigene Erfahrungen werden mitgeteilt, Ratsuchende melden sich zu Wort. User *Himmelsgarten* weiß, dass Handauflegen und kalte Bäder helfen. Ein Schlafmittel namens Zolpidem wird diskutiert. Man fragt sich, ob Schlafwandler gute oder schlechte Autofahrer sind.[20]

Vom Fortschritt des Wissens und den Zirkeln der Erkenntnis

Der Streifzug durch das enzyklopädische Wissen der Neuzeit endet hier. Sind wir klüger als zuvor? Was hat es mit dem Nachtwandeln auf sich? Zwischen Wahn und Traum, zwischen Wachen und Schlafen, zwischen Trance und Hypnose, zwischen Bewusstsein und Unterbewusstem fehlt es vor allem an einem: an empirischen Befunden und präzisen Fällen. Kein einziges Lexikon lieferte eine systematische, begriffsgeschichtlich fundierte Phänomenologie auf der Grundlage sozialer, rechtlicher, medizinischer und psychologischer Fallstudien. Johann Heinrich Zedlers Universal-Lexikon war noch ganz dem Denken des 18. Jahrhunderts verpflichtet, sprach von einer Haupt-Krankheit und sah in der Mondsucht eine Form von Wahn. Es dominierten Jahrzehnte später die Nervenpathologien und der tierische Magnetismus, dann kamen die neurotischen Störungen der Tiefenpsyche hinzu. Körpertechniken wie die Hypnose und der mediumistische Schlaf begleiten die Erkenntnistheorien. Mystisches mischt sich mit Magischem, Wissenschaft mit Weisheitslehren.

Bei Wikipedia ist die Quellenlage vollends diffus. Persönliche Erfahrungen vermischen sich mit der abstrakten Sprache der Schlafforschung. Zeitungsartikel seriöser und unseriöser Provenienz werden über Diskussionsseiten mit esoterischem Schrifttum lose verbunden. Das enzyklopädische Begriffsgebäude, das sich seit dem 18. Jahrhundert aufgetürmt hat, kommt in pulverisierter Fassung wieder heraus. Irgendwie, so scheint es, hängen die Dinge zusammen. Nerven und Hypnose, REM-Phase und Handauflegen, persönliches Empfinden und exakte Klassifikation gehen eine verunsichernde Verbindung ein. Der Nachtwandler bleibt uns Lesern des Informationszeitalters jedenfalls fremd. Er lebt eher in den Balladen und Novellen der Romantik als in den Wissensspeichern der Neuzeit, und mag sich auf seinen stillen Wanderungen durch die Zeit an das alte Paradoxon erinnern: Es gibt nichts, was es nicht gibt.

---

20 http://de.wikipedia.org/wiki/Diskussion:Somnambulismus (8.6.2009).

The Early Modern Popular Press and Economic History

Broadsheets as a Primary Source

Martha White Paas

Economists are interested in economic history because history allows them to see economic forces as these have an impact on complex societies over a longer period than primarily short-term models allow. The early modern period, though critical in the debate about how modern growth originated, has attracted only limited economic analysis, for the general paucity of reliable statistical data greatly impedes our ability to test hypotheses. Economic historians are, however, beginning to recognize the value of broadsheets in providing not only information about events, beliefs, and attitudes in this period, which are otherwise not recorded, but also sometimes in providing usable data. One such sheet from Augsburg, which lists births, deaths, and marriages over several centuries, provides exactly the type of statistical data needed for modern economic historical research.

The Council of Trent made the registration of births, deaths, and marriages obligatory for Catholic churches in 1545, and these registers of vital statistics have been a major source for those historians of the early modern period who are interested in a variety of demographic questions. For example, from these registers it is possible to glean an estimate of the severity of an epidemic or of the effects of a siege on the civilian population. Increasingly, economic historians are also discovering how useful they can be for learning more about the extent of markets. Yet these registers are rarely continuous, nor do they begin early enough to shed light on questions such as the effect of economic change on nuptiality or fertility in a period of incipient markets.

A major exception is the Vital Statistics Register from the free imperial city of Augsburg, which was already keeping records several decades before the Council of Trent convened. Those records provide a complete register of vital statistics from 1501 through 1837, and as such they form the earliest continuous register of births, deaths, and marriages known to have survived in German-speaking lands. The information from this register was first published in Augsburg by Johann Georg Scheppich as a broadsheet in 1743 and subsequently reprinted several times with spaces left for future entries by hand.[1] The church records themselves have not survived except from the late seventeenth century, but we have no reason to doubt that the broadsheet contains a faithful assimilation of the figures. Without it, the valuable early statistics noted would have been lost to us.

1 Johann Georg Scheppich was the superintendant of the municipal hospital, and in this capacity he was allowed to publish statistical data as part of his remuneration, though he was neither a printer nor a publisher. In addition to the statistics recorded by Scheppich there exist published annual statistics from 1687 to 1817 as well as annual lists compiled by the sacristans of the six Protestant parishes from 1600 to 1830.

The City Archive and the City Library in Augsburg hold four additional printings of this sheet with handwritten entries up to 1838 (Abb. 1).[2] No doubt the general rise in population, which contemporaries recognized in the eighteenth century, led to an interest in the history of the city's population and to the motivation for later reprinting and extension of this sheet.[3] In the cartouches in the upper right-hand and left-hand corners are scenes of two buildings, presumably the hospitals of St. Sebastian and St. Servatius – both located outside of the city walls. Beneath and flanking the registers on the left is a putto holding a laurel wreath and carrying a torch, symbols of life, whereas on the right stands Death with a scythe and an arm raised as a warning to people of their ultimate fate. For twenty-two of the years from 1501 to 1635 a cross in the margin of the statistics indicates a year of high mortality because of disease, famine, or war.

With these data from Augsburg it is possible to identify the earliest demographic response to economic crises known in Western Europe. In 1923 Aloys Schreiber used these vital statistics to look for a relationship between the number of births and marriages and the known years of economic downturn.[4] He compared the raw data and concluded that population did not respond to economic change in early modern Augsburg because – in his opinion – there was no apparent discernable correlation.

A closer inspection of these data, however, reveals that this is not the case (Abb. 2). Indeed, there is an identifiable response in births and marriages to economic conditions earlier than historians have previously thought, and this suggests the importance of markets, which were developing at this time throughout Europe. In order to make the data more accessible, we can plot the number of births by five-year averages. However, the data on recorded births in plague years present an apparent problem since the relationship of a plague to the birth rate is puzzling. The plague years of 1504–1505, 1511, and 1521 show large increases in births as well as deaths, whereas the later plague and epidemic years do not. The increase in marriages, which we also observe in the early plague years, may be due to the inheritance of property and, thus, the ability to marry, or to an eat-drink-and-be-merry attitude in the face of such terrible epidemics as described by contemporaries, or to both. Whatever the cause of the rise in marriages, the parallel rise in births in the same year cannot be attributed to that because of the timing. Nor can the rise in births include a rise in miscarriage, since plague does not cause miscarriage, and miscarriages would in any case not have been recorded as births, since the record actually means baptism rather than actual births. Rather than to seek a specific cause, such as random variations in birth cycles, it is more reasonable to assume that these earlier records may simply overstate the births in those years. It is conceivable, indeed likely, that people from the surrounding area in Swabia came to the town in search of security in the face of the plague in the countryside and that the births to these people swelled the figures for those years.

2 The statistics on these sheets are as follows: printed through 1750 (City Library: Einblattdrucke nach 1500, 143a); printed through 1764 with handwritten additions through 1771 (City Library: Einblattdrucke nach 1500, 144); printed through 1764 with handwritten additions through 1776 (City Archive: HV-HP Augustana Collection ad 10 Flugblatt); and printed through 1764 with handwritten additions through 1837 (City Archive: HV-HP Augustana Collection ad 10 Flugblatt).

3 It was this same surge in population after decades of good harvests and relative peace which prompted the English economist Thomas Robert Malthus to publish the first edition of his famous *Essay on the Principles of Population* in 1798. In it he argued that unless people took preventive measures, population (which increases geometrically) would outrun the food supply (which increases arithmetically), resulting in famine and war.

4 Aloys Schreiber, Die Entwicklung der Augsburger Bevölkerung vom Ende des 14. Jahrhunderts bis zum Beginn des 19. Jahrhunderts. Diss. Erlangen 1922, in: Archiv für Hygiene und Bakteriologie 123 (1940), S. 90–177.

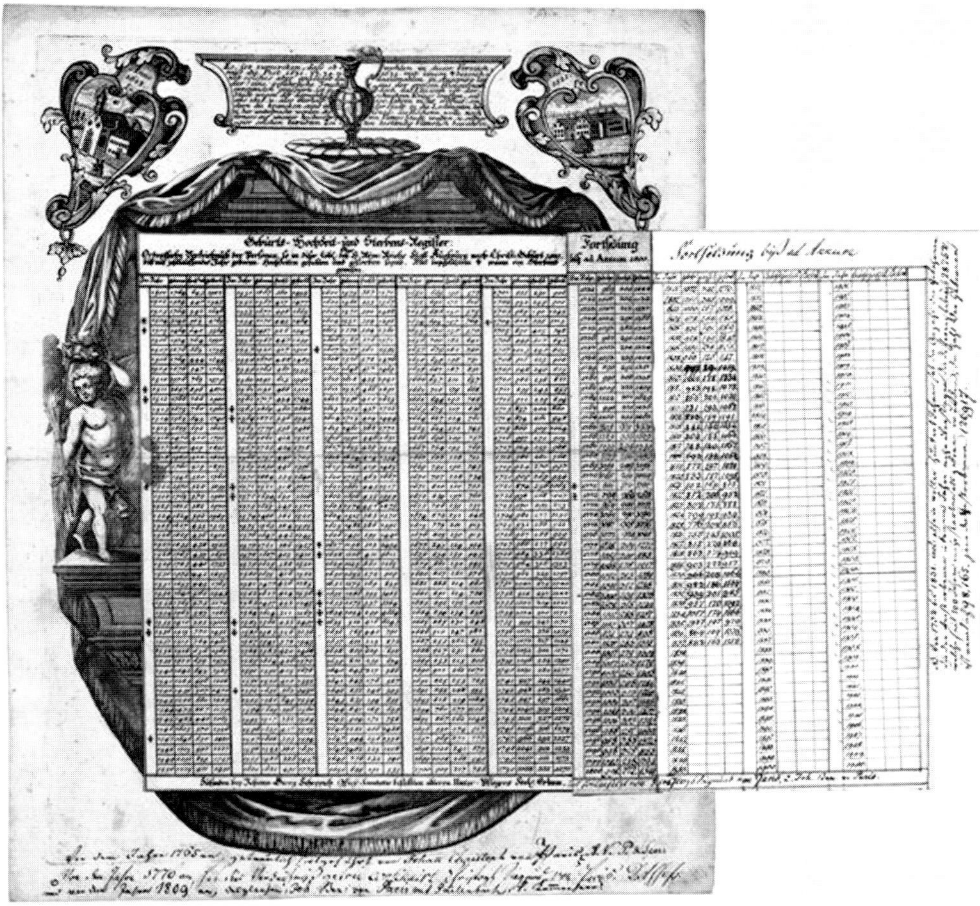

Abb. 1: Birth, Marriage, and Death Register with entries through 1837. Augsburg, Stadtarchiv: HV-HP Augustana Collection ad 10 Flugblatt

It should not have taken the newcomers long, however, to recognize that plague conditions were just as bad, if not far worse, in the towns, whatever medical or religious help they might otherwise have expected to find there. In later epidemics these people may have chosen to remain in the countryside to escape the plague. This may help to explain the rise in the birth rate in earlier plague years but not necessarily in later ones. In the absence of additional information, we can only speculate, but in light of the fact that the data for births in epidemic years are sufficiently suspect, it seems prudent to exclude them entirely from the five-year averages. When this is done, the data then reveal very interesting facts about Augsburg's demographic history.

5 Pierre Goubert, Recent Theories and Research in French Population Between 1500 and 1700, in: D.V. Glass/D. E. C. Eversley (Ed.), Population in History. Essays in historical demography, London 1965, S. 457–473.

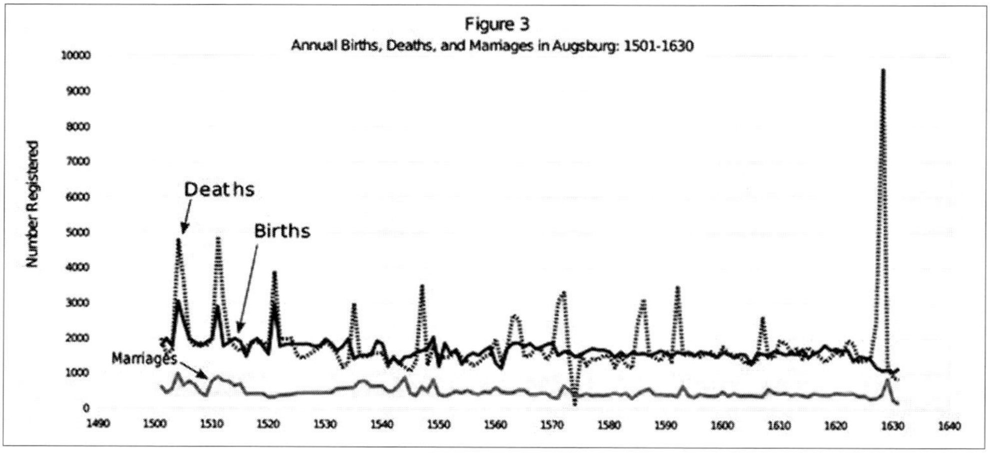

Abb. 2: Annual Births, Deaths and Marriages in Augsburg: 1501–1630.

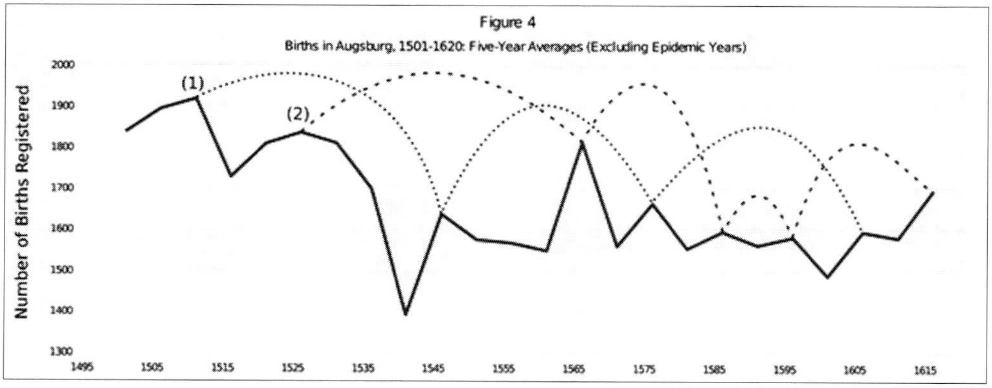

Abb. 3: Births in Augsburg, 1501–1620: Five-Year Averages (Excluding Epidemic Years).

The data included in this graph allow us to draw three important conclusions (Abb. 3). First, a rough thirty-year cycle, which represents a characteristic demographic pattern of generation renewal established in other early modern populations, is evident in the Augsburg data.[5] The five-year average representation (solid line, Figure 4) smoothes out the two-to-three year random cycles that give the yearly birth data in Figure 3 a jagged appearance and thereby makes the thirty-year cycles more evident. There are two generations distinguishable in the data. The „generation wave" (dashed line, Fig. 4) has peaks in the years 1511 to 1515, 1546 to 1550, 1576 to 1580, and 1606 to 1610. Thus, the increased number of babies born in the years 1511 to 1515 are the parents of an increased number of babies born between 1546 and 1550 period, and so on. The second „generation wave" (dotted line, Fig. 4) is seen in the averages for 1526 to 1530, 1566 to 1570, 1586 to 1600, and 1616 to 1620, where the same pattern is evident.

Using a five-year average avoids to some extent the problems which a shorter time-span average entails. Often an apparent spurt in population is followed by an unusually small number of births in the following year. For example, an apparently significant increase in

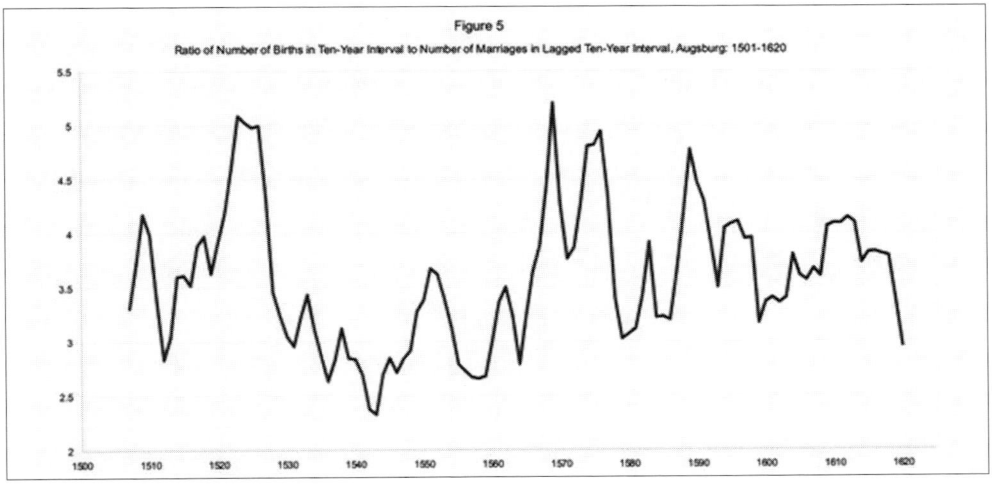

Abb. 4: Ratio of the Number of Births in a Ten-Year Interval to the Number of Marriages in a Lagged Ten-Year Interval, Augsburg 1501–1620.

births in 1549 becomes less significant when it is recognized that the 1550 birth record shows a significantly smaller number of births for that year compared with other years.

Secondly, the data show a clear decline in the amplitude of the cycles after mid-century. The economic downturns which we know happened in the 1530s and again after the 1570s produced situations which encouraged the emigration of young men, worsening the already unfavorable ratio of men to women. The remarriage of widows of craftsmen to younger men, who thus might obtain guild membership otherwise denied to them, was common. Many workers remained single later in the century, and immigration of young families from the country was sharply reduced. These forces produced a decline in the number of births and dampened the generation renewal pattern.

Perhaps the most important insight provided by the data from the Augsburg broadsheets is what they show us about marital fertility. Marital fertility rates show the ratio of the number of births in a given year to the number of married women in the population. While we do not have census data which would give us the number of married women in the population, we can use Philip Greven's method for the Andover data to give us an estimate of the number of married females in the population of child-bearing age.[6] By estimating the number of married females in the population of child-bearing age and estimating the number of children born to these females over the century, we can see whether there was any fertility response to economic conditions in Augsburg, even in the absence of a true marital fertility estimate. A fertility response to economic conditions would suggest that markets were becoming more critical in the society than a previous subsistence economy would have experienced.

Greven uses a lagged marriage count to the number of births. His method uses births during a ten-year period beginning in year (t) and compares these to marriages during a ten-year

6 Four Generations: Population, Land and Family in Colonial Andover Massachusetts, Ithaca 1970.

period beginning in year (t-5). Thus, for example, to estimate the number of births in the period 1506 to 1515 per marriage, the sum of births in that period would be divided by the number of marriages in the period 1501 to 1510. In this way, Greven attempts to estimate the number of children born during the major part of the female partner's fertility.

By using this method to analyze the Augsburg data, we can see an interesting demographic trend, which Schreiber's simple observations obscured, and the trend is even more evident when the method is employed on a yearly basis. It shows that there was a steady rise in the number of births per marriage that occurred in the lagged time period throughout the period of significant economic expansion in the early sixteenth century and then a significant decline in the 1530s and 1540s with the onset of economic recession and political crisis. The average rises again after mid-century with the economic recovery and levels off to approach an approximately 3.5 average until the Thirty Years' War.

It is not surprising that fertility might respond negatively in time of war or political unrest. The loss of men at war with the concomitant increase in the number of widows along with the disruption of food supplies would lead to such a result (Abb. 4). But what is important here is that we also see in an early modern population a clear *positive* fertility response to economic prosperity – that is, the rise from 1509 to 1525 and from 1552 to 1580 – and then a *negative* response to economic recession – the1530s – in an early modern population. This method reveals the sub-period shifts and the demographic-economic interactions which the fitting of a least-squares trend function – the most common method employed by economists to see trends in data – would have obscured.[7]

What could have been the causes for this birth and marriage pattern? Possibly prosperity brought better living conditions and a decline in infant mortality for a time. Perhaps it was economic opportunity that made it possible for people to marry younger, or at least for men to marry younger women instead of widows with property. In the absence of information about the age of marriage, one can only speculate about this possibility. Nevertheless, that there was a positive fertility response during periods of economic expansion and a negative fertility response in times of political and economic crisis seems certain.

These Augsburg broadsheets with their vital statistics, therefore, preserve for economists and demographers interested in the early modern period important information about Augsburg, one of the leading economic centers in the early modern period. The period from roughly 1450 to 1620 was an era of population growth for Europe in general, and it marked in several ways a new demographic era in history, for it was the first sustained escape from the perennial Malthusian trap. By providing us with data from which we can identify marital and fertility responses to changing economic fortunes in Augsburg, these broadsheets allow us to begin to unravel the complex and important interactions between population and economic growth at the beginning of the establishment of a market society in Europe.

---

7 Fitting a least-squares trend function is an econometric technique used by economists to estimate a regression line. It involves minimizing the sum of the squares of the vertical distances between the observed data points and the regression line, which makes visible a trend, which the individual data points cannot. Moreover, the fact that chronologically ordered observations in these data are not independent of each other makes a least-squares approach less useful. Deviations from the function to be fitted in this case are not random but related to the historical forces at work.

The Use of the Popular Press To Influence Domestic and Foreign Opinion

Dutch Broadsheets From the Year of Disaster, 1672

John Roger Paas

In the late summer of 1672 internal political tensions in the Dutch Republic culminated in the brutal murders of Jan and Cornelis de Witt by an angry mob in The Hague.[1] Cornelis, burgomaster of Dordrecht and governor of the land of Putten, had been falsely accused of plotting to have William III murdered and had been imprisoned for enhanced interrogation in The Hague. His elder brother, Jan, who came to visit him in prison on 20 August, was grand pensionary of Holland, and having long worked to limit the political power of William III, he was thus despised by the supporters of the House of Orange. News of the brothers' murders was quickly disseminated in the form of broadsheets in both the Dutch Republic and Germany, and in such a charged political situation one would have expected the publication of a large number of libelous caricatures and scurrilous lampoons, yet that did not happen initially. There appears to have been a concerted effort among journalists supportive of the Orangist cause to describe and to interpret the murders of the De Witt brothers in such a way that William III and his supporters could in no way be implicated. This strategy was prompted by a desire not to alienate the opposition, and, thus, this case marks an important turning point in the way in which the popular press could be used to manipulate public opinion.

By the time that Johann Gutenberg had perfected printing with movable type illustrated broadsheets had been in general circulation for several decades. Based on those that have survived, the content of these early sheets appears to have been almost exclusively devotional. It was not until the political and social upheaval during the Reformation that the potential for the widespread use of broadsheets for propaganda purposes was realized. This potential was further developed during the sectarian and political strife of the Thirty Years' War, and what characterized all of this material was that its target groups were invariably communities of like-minded believers. A large number of the anti-Catholic as well as of the anti-Lutheran broadsheets from the sixteenth and seventeenth centuries were caricatures and lampoons, whose purpose it was to ridicule the enemy and thereby to build solidarity among the members of the community.[2] Within this context of sectarian strife the partisan journalists and artists who produced broadsheets harbored no illusions that their work would somehow change anyone's mind.

1 For the most recent study of the events surrounding the murders, see: Wout Troost, William III, the Stadholder-King. A Political Biography. Trans. J. C. Grayson, Aldershot 2005.

2 For editions with reproductions of numerous political broadsheets, see: John Roger Paas, The German Political Broadsheet 1600–1700, vols. 1–10, Wiesbaden 1985–2009. – Wolfgang Harms et al., Deutsche illustrierte Flugblätter des 16. und 17. Jahrhunderts, vols. 2 and 4, München/Tübingen 1980 und 1987. For specifically Dutch material, see: James Tanis/Daniel Horst, Images of Discord. A graphic interpretation of the opening decades of the Eighty Years' War, Bryn Mawr 1993. – Wolfgang Cilleßen, Krieg der Bilder. Druckgraphik als Medium politischer Auseinandersetzung im Europa des Absolutismus, Berlin 1997.

The gradual transition from a purely partisan political press to one where journalists believed they might also be able to influence public opinion outside of their own community was underway by the end of the seventeenth century, and it was in the Dutch Republic at the time of the De Witt murders that we see for the first time this new potential for the use of the political broadsheet. As is commonly the case with the popular press, the change in the manner of reporting adopted by some Dutch journalists was driven by current political issues and social concerns. For the Dutch Republic the year 1672 – commonly called the Year of Disaster (*Het Rampjaar*) – was a particularly precarious year, for at the same time that the country was divided internally by competing political factions it was also under attack by France and its allies.

The military conflict between the Dutch and French was followed with interest by the German public, and German publishers in newspaper centers such as Frankfurt am Main and Nuremberg were quick to draw on the latest news of military activities on both land and sea for the broadsheet reports they issued.[3] In addition, some enterprising Dutch publishers sought to take advantage of this market by issuing sheets in German. Thus, by the early summer of 1672 two such lampoons were being offered for sale: „Ausländische Europäische Potentaten / wie auch Französisch= und Holländischer Kriegs-præparatorien Staats=Discurs" published in Enkhuisen and „Ausländisch=Europäische / wie auch Französische=Holländische Staats=Eröffnung" in Delft.[4] At the time of the unsuccessful siege of Groningen in the midsummer of 1672 Marcus Doornik in Amsterdam displayed some entrepreneurial efficiency when he hired the well-known printmaker Romeyn de Hooghe to engrave a plate, which was then used to illustrate separate Dutch and German broadsheets with the same content.[5]

The threat posed by foreign invasion helped to unify the Dutch, yet this unity was seriously compromised by the internal struggle for leadership between the opposing factions supporting Jan de Witt and William of Orange. The issue was the role the House of Orange should play in Dutch politics: did ultimate power in the Dutch Republic rest with the provinces or with a sovereign from the House of Orange? In other words, was the Dutch state to be a republic or a monarchy? Ever since Jan de Witt had become grand pensionary of Holland in 1653, the wealthiest and most powerful of the provinces, he had worked zealously to block any involvement of the House of Orange in Dutch politics. De Witt's vision of a Dutch state was a federation of the seven provinces, in which the States in each province enjoyed full sovereignty. In his view, the House of Orange would have at best a very limited role to play in Dutch politics. This became evident when De Witt – after the premature death of William II – was able to use his influence as the head of Holland to convince the members of the Great Assembly to leave the stadholdership vacant. The political landscape changed dramatically, however, in 1672, when the country was suddenly threatened by French invasion, and as a consequence of the federal system fostered by De Witt, there was neither a central military leadership nor an adequate system for financing a standing army. De Witt was accused by many of having caused the Dutch vulnerability, and the supporters of the House of Orange saw the only chance for survival in the Dutch reinstating the stadholdership and placing it in the hands of the twenty-one-year-old William III.

In the popular Dutch press De Witt became the target of vicious personal attacks by Orangist polemicists, and when it became clear that his policies were no longer viable,

3 Paas, vol. 10, P-2977 through P-2990.

4 Paas, vol. 10, P-2975 and P-2976.

5 Paas, vol. 10, PA-574 and P-2985.

he resigned from the States of Holland on 4 August 1672. Although he had removed himself from active politics, his continued presence contributed to a lack of Dutch unity at a time when the country faced a dire military situation. A rapprochement between the two sides would have helped to ease tensions in the country, yet any such hope was unrealistic, for the differences between De Witt and William – not only political, but also personal and religious – were irreconcilable. The struggle between these two men and what they represented was only resolved when supporters of William murdered the De Witt brothers in The Hague on 20 August. Although William had not been actively involved in planning the assassinations, he and his Orangist supporters took advantage of the changed political situation and moved quickly to silence any political opposition among republican regents. The country now listened to only one voice as it faced the military threat posed by the French and their allies.

Had De Witt's sudden downfall and demise occurred 40 to 50 years earlier, it would have provided an excellent opportunity for virulent broadsheet attacks against the grand pensionary and his followers,[6] but with a clear eye on the domestic as well as the foreign market for news Dutch journalists loyal to William were careful in the measured approach they took. Rather than pillorying their vanquished enemy, their *modus operandi* – in an attempt to remove any suspicion of William's possible involvement in the political assassinations – was to proceed in a seemingly impartial manner. Their goal was two-fold: first, to restore unity in the country by placing all guilt solely on Jan de Witt; and second, to alleviate any concerns that foreigners might have about the political situation in the Dutch Republic.

Details about De Witt's murder were eagerly sought by the public, and several Dutch broadsheets soon appeared on the market, the earliest ones most likely issued in Amsterdam with illustrations by Romeyn de Hooghe.[7] There are actually two different illustrations that De Hooghe created to accompany a bilingual text in Dutch and French: one is a large scene of the murder of the De Witt brothers with medallion portraits of them above,[8] whereas the other is a series of four scenes that depict the entire sequence of the tragic events that transpired on 20 August 1672 (Abb. 1). Cornelis de Witt was accused of attempting to hire a man to kill William III, and the text gives a straightforward account of events from the imprisonment of Cornelis in The Hague on 25 July to the murder of him and his brother there in late August. Without accusing anyone of plotting the deaths of the brothers, the anonymous writer paints a clear picture of how the authorities were proceeding legally but how within the charged atmosphere the situation got completely out of control when the citizens in The Hague took matters into their own hands. Jan de Witt is not mentioned until almost halfway through the account, and it is made to appear as though he just happened into a dangerous situation, in which he subsequently simply fell victim to mob violence.

Considering the restraint of the report with no explicit expression of partisan sentiments, it was certainly the case that people close to William III were influential in determining the content, for it was in the interest of the Orangists to remain beyond reproach in the deaths of their mortal enemies. De Hooghe's broadsheets were copied a number of times by other Dutch

6 See, for example, the many vicious broadsheets against the Winter King of Bohemia after his defeat in 1621 (Paas, vol. 3) and against Count Tilly after his defeat at Breitenfeld in 1631 (Paas, vols. 5 and 6).

7 Romeyn de Hooghe's political prints are reproduced, in: John Landwehr, Romeyn de Hoogh the etcher. Contemporary portrayal of Europe 1662–1707, Leiden 1973.

8 Paas, vol. 10, PA-586.

Abb. 1: Murder of the De Witt brothers, etched by Romeyn de Hooghe. Rotterdam, Historisch Museum: Atlas Van Stolk, 2453

Abb. 2: Murder of the De Witt brothers, published by Abraham Aubry. Gotha, Schlossmuseum: F-7.13

Abb. 3: Jan and Cornelis de Witt, anonymus artist. Rotterdam, Historisch Museum: Atlas Van Stolk, 2467

Abb. 4: Jan and Cornelis de Witt, published by Jacob Sandrart. Rotterdam, Historisch Museum: Atlas Van Stolk, 2468

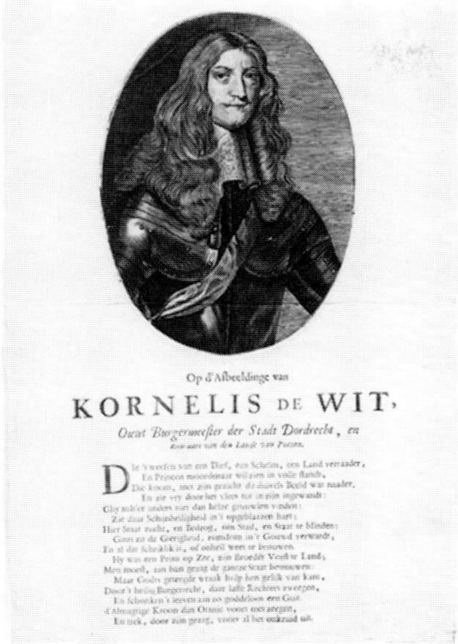

Abb. 5: Portrait of Cornelis de Witt, anonymous artist. The Hague, Koninklijke Bibliotheek: Pamflet 10371

Abb. 6: Desacration of the De Witt brothers' sorpses and Portrait of Cornelis de Witt, anonymus artist. rotterdam. Historisch Museum: AtlasVan Stolk, 2463

artists as well as by a German artist.[9] This one German sheet was issued by the established Frankfurt printmaker-publisher Abraham Aubry and is also bilingual, with the German portion being a relatively close translation of the original Dutch version (Abb. 2). It was common for broadsheets with important news to cross borders and be copied, but it appears that the Orangists were not satisfied simply to let the process run its course. The dissemination of political news needed to be managed in a timely fashion to be effective, as evidenced by another sheet about the murder of the brothers. An anonymous Dutch artist copied the four scenes on the De Hooghe sheet, and the same copperplate was then used for both a Dutch edition and a German one.[10] The manner of reporting the murder of Jan de Witt is much more subtle here than on the De Hooghe sheets, for the anonymous author begins by praising De Witt as a perfect man; among other things, he was more skilled as a orator than Cicero and a better mathematician than Euclid. He was, in sum, „das achte Wunder der Welt." The author wonders then what it was that made a man of such talents turn out so badly. The answer for him was the influence of the goddess Fortuna: as William of Orange rose in power, De Witt fell – *Sic transit gloria mundi.* De Witt's demise is, thus, interpreted as part of the natural order of the world, and to remove once again any suspicion of Orangist complicity in De Witt's murder, responsibility is placed on the „unruhige Bürgerey und den zornigen Pöbel", who lost control of their emotions and took matters into their own hands.

9 Paas, vol. 10, PA-584, PA-585, PA-587, PA-588, PA-589, and P-3001.

10 Paas, vol. 10, PA-584 (Dutch) and P-3002 (German).

11 Paas, vol. 10, P-3006 through P-3009.

Another Dutch broadsheet (Abb. 3) served as a model for a German sheet, which was published in Nuremberg by the printmaker-publisher Jacob Sandrart (Abb. 4) and subsequently reissued several times by the Nuremberg print-and-book publisher Johann Hoffmann.[11] The Dutch illustration with medallion portraits of the De Witt brothers flanking a scene of the desecration of their bodies was closely copied by Sandrart, and the text in German is also closely based on the Dutch version. Interestingly, although the ultimate blame for the murders is again placed on the unruly common citizens of The Hague, the rhetoric used on these sheets is more polemical than that on the De Hooghe sheets, for now the brothers are referred to several times unequivocally as traitors („Land-Verräther").

This escalation of rhetoric pales in comparison to two other Dutch broadsheets, which also address the murder of the De Witt brothers: „Op d'Afbeeldinge van KORNELIS DE WIT, Ouwt Burgermeester der Stadt Dordrecht, en Ruwaart vnn den Lande van Putten" (Abb. 5). „SPIEGEL van STAET. Vertoont in Mr. Kornelis en Ian de Wit"[12] and Both of the Dutch verse texts were translated into German prose and appear together on one sheet (Abb. 6), which emphasizes that the specific content is Dutch in origin: „Auß dem Holländischen ins Teutsche übersetzet." Considering the strongly biased language in the texts, it may well be that by the time these sheets were produced the Orangist party was feeling confident enough to shed all pretence of objectivity in favor of clear attacks against its vanquished enemy and, by implication, their ideology. Although mention is still made of the role that the goddess Fortuna plays in life, the charge against the brothers is treason and a lack of respect toward the prince of Orange. The brothers are accused of having used deceit and treachery for personal gain, and their death is described as divine punishment („Gottes gerechte Rache"). Because of their treason, the brutal mutilation of their corpses is seen as justified, and this interpretation – though somewhat muted – appears on other German broadsheets without specific Dutch models.[13]

On all of the broadsheets about the murder of the De Witt brothers the prince of Orange is never depicted, and when he is mentioned it is primarily as the object of a plot against his life organized by Cornelis de Witt. The Dutch polemicists were part of the Orangist faction, and with a goal of solidifying public opinion in support of William III they had to walk the very fine line in their reporting between justifying the murders to all and not purposely alienating Jan de Witt's supporters. They spoke with one voice as they portrayed the murders as unplanned yet warranted. Such an interpretation was crucial both domestically and internationally, for if the Dutch were to have any chance of survival against the invasion by France and its allies, they had to confront the threat as a strongly unified nation. At the same time, William III had to be free from any insinuation of guilt as he sought support from the Holy Roman Empire. The use of broadsheets as a tool to manipulate public opinion with the clear goal of diffusing criticism and winning over enemies or neutral parties – what in modern parlance is called „spin" – was something new and foreshadowed journalistic practices that are common today.

12 Paas, vol. 10, PA-595.

13 Paas, vol. 10, P-3010 and P-3013 through P-3015.

‚Moralische Gedichte'

Hermann Bausinger

Unter den vielen, fast nicht überschaubaren Gegenständen, denen sich Wolfgang Brückner in seinen Forschungen zugewandt hat, gehören ‚moralische Geschichten' in eine prominente Position. Er hat nachdrücklich auf diese vorher selten beachteten und nicht zum geläufigen folkloristischen Gattungsarsenal gehörenden Texte hingewiesen, eine Reihe konkreter Belege beigebracht[1] und so die Tür geöffnet zu einem ausgedehnten imaginären Archiv, das Heidrun Alzheimer-Haller dann weiter gesichtet und in einem umfangreichen Handbuch dokumentiert hat.[2] Er hat die Bezeichnung ‚moralische Geschichten' zum Gattungsbegriff erhoben und dadurch maßgeblich dazu beigetragen, dass diese Erzählungen in folkloristischer Perspektive nicht mehr nur einem peripheren Residualbereich angehören, sondern als wichtige Bestandteile der Volksliteratur betrachtet werden.

Als Gattungsbegriff bleibt der Name allerdings diskutabel. Der Begriff des Moralischen ist so vielfältig und verbreitet, dass man über die ausschließliche Zuordnung zu diesem Typus der Erzählung streiten kann. Legenden sind grundsätzlich ‚moralische Geschichten'; die Fabeln nennt Brückner selbst „die seit Gellert und Lessing bekanntlich beliebteste Form moralischer Geschichten",[3] und er erwähnt eine Darstellung der Weltgeschichte von 1792, die als „Moralische Geschichte" bezeichnet ist.[4] Hinzuzufügen wäre vor allem der Hinweis auf die Märchen, die zwar keineswegs durchgängig moralisch kodiert sind, für die sich aber bereits in der Romantik eine bis heute gültige Beliebtheitsskala herausgebildet hat, in der Märchengeschichten mit einer klar vermittelbaren Moral ganz oben rangieren. Die Kritik am Begriff „Moralische Erzählungen" für einen bestimmten Teil älterer Kalendergeschichten[5] lässt sich ebenfalls relativieren: Gewiss sind es „keine ‚moralischen Geschichten' im Sinne des späten 18. Jahrhunderts" – aber doch vielleicht ‚moralische Geschichten' im Sinne des späten 17. Jahrhunderts.

Man könnte also fragen, ob die Bezeichnung *Beispiel* oder *Beispielgeschichte*, von der die einschlägige Diskussion ihren Ausgang nahm,[6] nicht die substanziellere Charakteristik enthält; und wiederum lässt sich dafür der programmatische Aufsatz über die ‚moralischen Geschichten' heranziehen, in dem eine ganze Reihe von Belegen zu diesem Terminus auftauchen: von Gellerts Äußerung über die Kraft des „Exempels"[7] über Johann Gottfried Grubers „Beispielsammlung" von 1800–1801,[8] Johann Baptist Strobls „Unglücksgeschichten" von 1778 „in rührenden Beispielen",[9] die „Beyspiele" in den Titeln der Geschichtensammlungen von Sylvester

---

1 Wolfgang Brückner, Moralische Geschichten als Gattung volkstümlicher Aufklärung. Zugleich ein Plädoyer für begriffliche Klarheiten, in: JbfVk N.F. 10 (1987), S. 109–134.

2 Heidrun Alzheimer-Haller, Handbuch zur narrativen Volksaufklärung. Moralische Geschichten 1780–1848, Berlin 2003.

3 Brückner, Moralische Geschichten, S. 131.

4 Ebd., S. 130.

5 Ebd., S. 119.

6 Heidrun Alzheimer-Haller: Moralische Geschichten, in: EM 9 (1999), Sp. 852–856, hier 852.

7 Brückner, Moralische Geschichten, S. 116.

8 Ebd., S. 122f.

9 Ebd., S. 123. – Vgl. zu dieser Sammlung auch Jaana Kaiste, Das eigensinnige Kind. Schrecken in pädagogischen Warnmärchen der Aufklärung und der Romantik, Uppsala 2005, S. 126–181.

Jakob Ramann, Michael Kunitsch und Jacob Friedrich Feddersen,[10] Joseph Reebmanns „rechtschaffenes Exempelbuch“,[11] das „mit Beispielerzählungen“ ausgestattete Lesebuch von Friedrich Ludwig Textor,[12] das „Neueste Sitten- und Beyspielbuch für den Bürger und Landmann“ von Franz Xaver Geiger[13] bis hin zu Carl Pischons Titel „Moral in Beispielen für Familien“[14] – ein Titel, der die Relation zurechtrückt: Die Moral, die auch auf andere Weise, auch mit anderen Gattungen zur Geltung gebracht werden kann, wird hier durch Beispiele vermittelt.

Ich nehme diese kritischen Einwände aber gleich zur Hälfte wieder zurück. Die Enzyklopädie des Märchens, deren abschließende Bände nun bearbeitet werden, trägt den Zusatz „Handwörterbuch zur historischen und vergleichenden Erzählforschung“ nicht nur im Titel, sondern fungiert tatsächlich für die deutschsprachige Wissenschaft und zum Teil darüber hinaus als verbindlicher Überblick über den ganzen Kosmos volkstümlicher Erzählungen und ihre Erforschung; es wäre ein bedenklicher Mangel, wenn die verbreiteten und offensichtlich beliebten moralischen Beispielerzählungen darin fehlten. Das Lemma *Beispiel* ist lediglich mit dem Verweis auf *Exemplum* versehen. In diesem Artikel wird zwar festgestellt, dass sich „der E.(xempel)gebrauch im 19. Jh. bis in die Gegenwart unter dem Terminus des Beispiels“ fortsetzt,[15] er bleibt aber weithin im theologisch vorgegebenen Horizont und führt für die modernen Beispiele nur religionspädagogische Belege an.[16] Der Blick auf die ganze Breite und Fülle der in Frage stehenden Erzählungen war also nur zu retten durch die nachträgliche Einfügung eines weiteren Artikels, und für diesen lieferte Wolfgang Brückner mit seinem Vorschlag die Voraussetzung: ‚moralische Geschichten‘. Außerdem sollte wohl von Namensbezeichnungen weder eine präzise Charakteristik des Bezeichneten noch die exklusive Reservierung für einen begrenzten Kreis von Objekten erwartet werden – dies ließe sich auch an Bezeichnungen wie *Märchen, Sage, Schwank* verdeutlichen. Die mit solchen Bezeichnungen anvisierten Erzählungsgruppen sind das Wesentliche, und unter dem Terminus ‚moralische Geschichten‘ wurde ein Einblick und Überblick gewonnen für einen wichtigen Teil der narrativen Überlieferung, der vorher nur wenig beachtet wurde.

Ganz auf dieser Linie möchte ich im Folgenden in einer knappen Skizze auf ein vergleichbares Feld aufmerksam machen. Der Gestus des Pioniers ist dabei sicher nicht angebracht: Das Feld ist vielleicht nicht vollständig vermessen, aber es ist oft genug betreten worden – allerdings gewissermaßen von der ‚anderen Seite‘. Zu den wesentlichen Tendenzen der jüngeren Folkloristik gehört es, dass die lange Zeit abgeschirmte Grenze zwischen Literatur und Volksüberlieferung, zwischen schriftlicher und mündlicher Tradition, in gewisser Weise auch zwischen Bildungskreisen und wenig Gebildeten durchlässiger gemacht wurde. Der oft präsentierten und nicht immer ausreichend bewiesenen Vorstellung einer populären ‚Unterströmung‘ in Zeugnissen der gehobenen Literatur wurde – in der Gegenrichtung – das Theorem des gesunkenen Kulturguts an die Seite gestellt und vor allem über stoffliche Abhängigkeiten und Motivzusammenhänge dokumentiert. Dass die große Literatur in bestimmten Bereichen aber auch ganz unmittelbar auf das Volk eingewirkt hat und einwirkt, wird zwar nicht bestritten, aber kaum einmal untersucht. Literaturhistoriker beziehen diese Frage öfter in ihre wirkungs-

10 Brückner, Moralische Geschichten, S. 125.
11 Ebd., S. 125, Anm. 52.
12 Ebd., S. 128.
13 Ebd., S. 128.
14 Ebd., S. 132.
15 Christoph Daxelmüller, Exemplum, in: EM 4 (1984), Sp. 627–649; hier 642.
16 Zu dieser Art Geschichten vgl. auch Hermann Bausinger, Das Gebet in populärer Erbauungsliteratur, in: Triviale Zonen in der religiösen Kunst des 19. Jahrhunderts, Frankfurt a. M. 1971, S. 158–178.

geschichtlichen Studien ein; dagegen scheint mir in der Volkskunde das Problem unterbelichtet, was große Dichtung (und natürlich könnte man die entsprechende Frage stellen für große Musik) für den Umgang des ‚einfachen Volks' mit der Literatur bedeutet hat und bedeutet.

Die hier relevante Beobachtung ist, dass dabei das Moralische eine, vielleicht *die* wichtige Einbruchstelle ist. Ende des 18. und Anfang des 19. Jahrhunderts – also mit dem nachhaltigsten Alphabetisierungsschub – entwickelt sich in der deutschen literarischen Produktion eine auffallende Tendenz zur Akzentuierung von Moral. Zum Teil, im protestantischen mehr als im katholischen Umfeld, kann man darin eine Folge und einen Ausdruck der Säkularisation sehen. Dies gilt, obwohl viele christliche Werte hochgehalten werden; das ist schließlich nicht verwunderlich nach deren Jahrhunderte andauernder Dominanz, aber auch deshalb, weil sie weithin elementare moralische Prinzipien repräsentieren. Sie werden nun aber nicht mehr grundsätzlich religiös begründet. In den ‚moralischen Geschichten' wird die Autonomisierung der Moral in vielen Fällen deutlich – aber nicht nur hier. Die Tendenz wird auch deutlich in Teilen der dramatischen Literatur und nicht zuletzt in Gedichten.

Von Friedrich Schiller sind rund 200 Gedichte überliefert.[17] Fragt man, welche Gedichte allgemein bekannt sind, so lässt sich ungefähr ein Dutzend auflisten; dabei bedeutet ‚allgemein bekannt' nicht, dass ein beträchtlicher Teil der erwachsenen Bevölkerung die Gedichte auswendig kennt, sondern nur, dass viele Menschen (jedenfalls nicht nur die Germanisten) eine gewisse Vorstellung davon haben, was sich in dem Gedicht abspielt. Ein weiteres Dutzend (vielleicht auch geringfügig mehr) lässt sich anführen, von dem man sagen kann, dass es vage Bekanntheitsassoziationen auslöst, die sich aber in vielen Fällen an einzelne Verse klammern: *Auch ich war in Arkadien geboren* (Anfang des Gedichts *Resignation*), *Der Menschheit Würde ist in Eure Hand gegeben* (resümierende Zeile des langen Gedichts *Die Künstler*), *An der Quelle saß der Knabe* (die erste Verszeile des Gedichts *Der Jüngling am Bache*), *Windet zum Kranze die goldenen Ähren* (*Das Eleusische Fest*), *Nur der Irrtum ist das Leben* (*Kassandra*) – und so fort. Versucht man festzustellen, was die ‚allgemein bekannten' Gedichte auszeichnet, so drängt sich das Stichwort Moral auf. Es sind Gedichte, die moralische Maßstäbe nicht nur enthalten, sondern die diese hervorheben – anders gesagt, es sind pädagogisch gut verwertbare Gedichte.

Vor allem einige Balladen rücken dabei in den Vordergrund. In der *Bürgschaft* begleitet man zwar den Freund des Attentäters auf einem höchst abenteuerlichen und gefährlichen Weg; aber dadurch wird die eigentliche Botschaft nur umso deutlicher: *Und die Treue, sie ist doch kein leerer Wahn* – eine Erfahrung, die den Tyrannen zur Umkehr bringt. *Der Taucher* lässt sich von den Versprechen des Königs verführen; die Bitte der Königstochter: *Lass, Vater, genug sein das grausame Spiel!* bewirkt nur eine Steigerung des in Aussicht gestellten Lohns – der Taucher will die Hand der Königstochter und scheitert an seiner Maßlosigkeit. *Der Handschuh* ist gewissermaßen die positive Konsequenz aus einer vergleichbaren Konstellation: *Den Dank, Dame, begehr ich nicht* – das unmenschliche Ansinnen wird zurückgewiesen, und auch diejenige, die es sich ausgedacht hat. Im *Gang nach dem Eisenhammer* wird der verlogene Denunziant vernichtet und der zu Unrecht Denunzierte aufgrund seiner Frömmigkeit gerettet. *Der Ring des Polykrates* verweist auf die Endlichkeit und Brüchigkeit des Glücks; *Die Kraniche des Ibikus* bringen einen Mörder dazu, sich selbst zu verraten – fast immer zielen Schillers Balladen auf eine klare moralische Botschaft. Und natürlich lassen sich auch im langen *Lied von der Glocke* nicht

17 Eine genauere Zahlenangabe ist nicht sinnvoll, da man darüber streiten kann, ob die knappen Zwei- und Vierzeiler (wie die über 50 „Votivtafeln") als je eigene Gedichte gefasst werden sollen oder nicht.

nur lebendige Szenen der damaligen Alltagswirklichkeit ablesen, sondern auch moralische Maximen, die diese Alltagswirklichkeit bestimmten oder bestimmen sollten.

Zu den ‚allgemein bekannten' Gedichten Schillers gehört auch noch das Lied *An die Freude*, dessen berühmte Melodie neuerdings die Funktion einer europäischen Hymne gewonnen hat; der deutsche Text kommt bei feierlichen europäischen Anlässen nicht zur Geltung, wird im deutschen Sprachbereich aber mitgedacht und ist dank der offiziellen Funktion der Hymne noch etwas populärer geworden. Auch Gedichte wie *Würde der Frauen* oder *Die Teilung der Erde* lassen sich wohl der Kategorie mit hohem Bekanntheitsgrad zuordnen; aber man kommt nicht hinaus über ein Dutzend Gedichte, dem sich, wie schon angemerkt, ein weiteres Dutzend mit vage bekannten Gedichten anfügen lässt. Diese Relation erinnert nicht nur an Hinweise zur Popularität einzelner Märchen, sondern bildet eine ziemlich genaue Entsprechung dazu. Natürlich kennen die Märchenforscher, die mit ATU-Nummern jonglieren, und die engagierten Märchenliebhaber, die sich aus dem Schatz weltweiter Märchenüberlieferung bedienen, weit mehr als zwei Dutzend Märchen; aber im Blick auf die große Mehrheit der Menschen lässt sich – auch aufgrund kleiner empirischer Untersuchungen[18] – behaupten, dass sich wirkliche Märchenkenntnis auf rund ein Dutzend Geschichten beschränkt, zu denen ein weiteres Dutzend kommt, das einem nicht vollständig fremd ist. Dabei steigt der Bekanntheitsgrad mit dem – möglichst ‚kindgerechten' – moralischen Gehalt.

Für das Märchen lassen sich die Agenturen benennen, die für diese Konzentration im Rezeptionsbereich verantwortlich sind. Es sind zunächst die Verleger in enger Verbindung mit den Autoren bzw. Sammlern; bekanntlich sind die Grimmschen Kinder- und Hausmärchen erst über die auf 50 Märchen reduzierte *Kleine Ausgabe*, die zuerst 1825 erschien, zum Verkaufserfolg geworden, und in fast allen späteren Auswahlausgaben lässt sich die Konzentration auf einen recht engen Kreis von Zaubermärchen ablesen. Das gilt für seriöse Auswahlbände[19] wie für billige Kaufhausangebote, und es gilt entsprechend auch für das Angebot an Filmen und Kassetten. Aber auch die pädagogischen Instanzen haben sich auf relativ wenige Märchen gestützt und gestürzt, und lange Zeit zielten die didaktischen Hilfen so gut wie ausschließlich darauf, den moralischen Gehalt der Märchen hervorzuheben. Ähnlich verhält es sich aber mit den Instanzen der Vermittlung von Gedichten: In den zahlreichen Sammelbänden ist der Zuschnitt vielfach gleich, mit der Konzentration auf das Bekannte, das dadurch noch bekannter wird. Und auch die pädagogisch-didaktische Weiterung ist vergleichbar; die erwähnten Schillergedichte fanden ihren Platz in Schullesebüchern, und in den Hilfsmitteln zu deren Vermittlung wurde lange Zeit deren moralischer Erziehungswert ganz in den Vordergrund gerückt.[20] In beiden Fällen – bei den Märchen wie bei den Gedichten – wäre es jedoch eine Verkürzung, wenn man die Popularität des Moralischen nur auf eine Manipulation durch Erziehungsinstanzen zurückführen wollte; diese fanden im schon vorher angelegten Interesse der Bevölkerung ihr positives Echo. Der erhobene Zeigefinger ist für die meisten Menschen in den meisten Situationen kein Schrecksymbol, sondern eine Aufmerksamkeits- und Handlungshilfe.

---

18 Vgl. Hermann Bausinger, Kinder – Märchen – Glück, in: Thomas Bücksteeg/Heinrich Dickerhoff (Hgg.), Märchenkinder – Kindermärchen. Forschungsberichte aus der Welt der Märchen, Kreuzlingen/München 1999, S. 222–238; hier 225f.

19 Der Ausgabe der Büchergilde Gutenberg (Das Buch der Märchen, Frankfurt a. M./Wien 1995) gingen Recherchen über die Beliebtheit der einzelnen Märchen voraus.

20 Dass in den 70er Jahren gegen diese Behandlungsart Stellung genommen wurde, bedarf keiner besonderen Begründung. Vgl. Winfried Freund, Die deutsche Ballade. Theorie, Analysen, Didaktik, Paderborn 1978. – Walter Henze/Ingrid Röbbelen, Ballade, in: Praxis Deutsch 35 (1979), S. 14–20.

Dass diese Zusammenhänge ausschließlich an Schillers Gedichten exemplifiziert wurden, ist keine Nachlässigkeit. Gewiss kann man den angeführten Beispielen einige andere an die Seite stellen. Ludwig Uhland orientierte sich zwar mit der Mehrzahl seiner Romanzen an mythologischen Stoffen oder stürzte sich in irgendwelche blutigen Schlachtgetümmel; aber einige seiner Gedichte enthalten doch eine konturierte moralische Botschaft. Gustav Schwabs Gedicht *Der Reiter und der Bodensee*, das ähnlich wie Schillers Balladen unheimliche Szenen ausmalt und vor diesem Hintergrund vor menschlicher Hybris warnt, hat sicher einen hohen Popularitätsgrad. Auch Gedichte von Adelbert von Chamisso können herangezogen werden, *Das Riesenspielzeug* etwa, in dem der zitierwürdige Ausspruch enthalten ist: *Der Bauer ist kein Spielzeug, was kommt Dir in den Sinn!* – oder auch seine Gestaltung der Sage von den Weibern von Weinsberg, in der er auf die Verlässlichkeit von Versprechen pocht: *Gesprochen ist gesprochen, das Königswort besteht*. Weitere Belege ließen sich anfügen – auch die Popularität Wilhelm Buschs hat einen wesentlichen Grund in dessen handfesten, mit drastischen Sanktionsdrohungen abgesicherten moralischen Botschaften. Aber es bleibt dabei, dass Schiller der wichtigste Repräsentant dieser Art Gedichte ist.

Es liegt nahe, in diesem Zusammenhang auf Friedrich Nietzsches boshafte Charakterisierung hinzuweisen: „Schiller: oder der Moral-Trompeter von Säckingen".[21] Sie steht, ohne weitere Begründung, in einem Passus mit der Überschrift *Meine Unmöglichen*, und Schiller befindet sich hier in guter Gesellschaft – mit Seneca, Rousseau, Dante, Kant, Victor Hugo, Liszt, George Sand usw. Nietzsches Urteil ist seiner ursprünglichen Einschätzung Schillers direkt entgegengesetzt; in frühen Zeugnissen wird seine eingehende und aufgeschlossene Beschäftigung mit Schiller deutlich, und noch in einem der Vorträge *Über die Zukunft unserer Bildungsanstalten*, die er als 28-jähriger hielt, rügt er die Überheblichkeit der Schüler gegenüber Schiller.[22] Danach aber hat er sich mehr und mehr von ihm entfernt.

Dazu trug sicher der übertriebene Schillerkult in Deutschland bei, der den Dichter ohne wirkliche gedankliche Auseinandersetzung zum Nationalhelden stempelte. Das in Nietzsches kritischer Formulierung anvisierte Versepos Viktor von Scheffels, *Der Trompeter von Säckingen*, ist zwar nicht Teil des Schillerkults, verkörpert aber in seinem burschenschaftlichen Stimmungsrausch die nationalistische Trunkenheit, in die bürgerliche Kreise vor dem Deutsch-Französischen Krieg und vor allem nach der Reichsgründung verfielen. Der weltbürgerlich orientierte Nietzsche nahm Anstoß an der nationalen Verengung, die bei Schiller zwar angelegt war, in die er aber vor allem von außen hineinmanövriert wurde; doch vor allem war Nietzsches Entfernung von Schiller sehr viel genereller in dessen idealistischer Moral begründet, im „Klingklang sittlicher Worte",[23] wie er in seinen Dramen und eben auch in seinen Gedichten zum Ausdruck kommt.

Nietzsches Kritik am „Moralismus Schillers",[24] den er auf den Einfluss Rousseaus zurückführt, brachte ihn auch zu einer entschiedenen Abwertung Schillers im Vergleich mit Goethe. Der hatte „im moralinsaueren, altjungfernhaften Deutschland" weniger Rückhalt als „Schiller, der ‚edle' Schiller", der die Deutschen „mit großen Worten um die Ohren schlug".[25] Goethe blieb nach Nietzsches Meinung „in der Geschichte der Deutschen ein Zwischenfall ohne

21 Streifzüge eines Unzeitgemäßen, in: Werke in drei Bänden, hg. v. Karl Schlechta, München 1954–1956, 2. Bd., S. 991.

22 Werke, Bd. 3, S. 201.

23 Menschliches, Allzumenschliches; Vermischte Sprüche, in: Werke, Bd. 1, S. 800.

24 Menschliches, Allzumenschliches; Der Wanderer und sein Schatten, in: Werke, Bd. 1, S. 965.

25 Der Fall Wagner, in: Werke, Bd. 2, S. 909.

Folgen".[26] Nietzsche wandte sich gegen die Koordinierungsformel „Goethe und Schiller"; er fürchtete, daraus werde „Schiller und Goethe"[27] – womit er für eine lange Strecke der Wirkungsgeschichte und zumal für die Rangfolge in der Popularität Recht behielt.

Bei Schiller schließen sich, was die Popularität anlangt, den Gedichten die Theaterstücke an, die schon früh und bis in die jüngste Zeit auch auf Laienbühnen ihren Platz fanden.[28] Natürlich blieb von den Dramen in der Regel nicht der ganze Text wirksam, sondern die Bilderfolge der Handlung oder deren Höhepunkte, aber auch einzelne Sentenzen. Diese wurden auch losgelöst von ihrem ursprünglichen Ort wie Sprichwörter gebraucht, und zwar sowohl affirmativ wie parodistisch.[29] Da sie meist in einprägsamer Versform gefasst sind, könnte man sie anhangweise geradezu den ‚moralischen Gedichten' zuordnen.

Goethe kann für diese nur sehr viel schwerer in Anspruch genommen werden als Schiller. Das ist auf den ersten Blick verwunderlich, da ja vor allem eine Verbindung zur Form der Ballade hergestellt wurde und da Goethe und Schiller diese Form gemeinsam für sich entdeckten und im ‚Balladenjahr' 1797 in einen regelrechten Wettstreit der Produktion eintraten. Aber Goethe blieb dabei näher beim Modus der älteren Balladenüberlieferung; er erzählt weniger dramatisches Geschehen, bringt vielmehr, oft in elegischem Ton, mythische Traditionen und unheimliche Stimmungen ins Spiel. Es ist die Ausnahme, wenn die Handlung in eine präzise Moral mündet – *Der Zauberlehrling* oder auch *Der Schatzgräber* stehen für diese Ausnahme. In einer ganzen Reihe von Schiller-Gedichten ist die Fabel dagegen in erster Linie Vehikel für eine moralische Botschaft. Norbert Mecklenburg hat in diesem Sinn festgestellt: „Schillers Balladen sind dramatisch gebaute moralische Erzählungen in Strophen".[30] Diese Formulierung schlägt noch einmal die Brücke zwischen den ‚moralischen Geschichten' und den hier in einer nur andeutenden Skizze vorgestellten ‚moralischen Gedichten'.

26 Menschliches, Allzumenschliches; Der Wanderer und sein Schatten, in: Werke, Bd. 1, S. 928.

27 Streifzüge eines Unzeitgemäßen, in: Werke, Bd. 2, S. 1000.

28 Vgl. Brigitte Schöpel, „Naturtheater". Studien zum Theater unter freiem Himmel in Südwestdeutschland, Tübingen 1965. – Gerlinde Hole, Historische Stoffe auf dem volkstümlichen Theater Württembergs seit 1800, Tübingen 1964.

29 Vgl. Karl Riha, Durch diese hohle Gasse muss er kommen, es führt kein andrer Weg nach Küssnacht, in: Germanisch-Romanische Monatsschrift N.F. Bd. 23 (1973), S. 320–342. Riha verweist ausdrücklich auf den ironischen Gebrauch von Zitaten, der aber zur Stabilisierung der Sentenzen beitragen kann. Selbst die geläufigen Gedichtparodien (*Der Taucher: Gluck-gluck, und weg war er*) sind Erinnerungsstützen und transportieren gewissermaßen wider Willen moralische Botschaften.

30 Balladen der Klassik, in: K.O. Conrady (Hg.), Deutsche Literatur zur Zeit der Klassik, Stuttgart 1977, S. 154–171, hier S. 162; zit. bei Claudia Albert, Schiller, Johann Christoph Friedrich von, in: EM 11 (2004), Sp. 1442–1446, hier 1445.

Die „Volcks Maehrgen“ des Obersten Medicus

Zu Erzählforschung und Erzählproduktion zwischen Aufklärung und Romantik

Wolfgang Seidenspinner

Im dritten Jahrgang des von Hans von Aufseß begründeten *Anzeigers für Kunde des deutschen Mittelalters* veröffentlichte 1834 Franz Josef Mone 30 badische Volkssagen. Der Gelehrte,[1] 1819 in jungen Jahren Geschichtsprofessor in Heidelberg, 1827 als Professor für Geschichte und Statistik nach Löwen gegangen und infolge der belgischen Revolution von 1830 nach Heidelberg zurückgekehrt, 1835 zum Direktor des Generallandesarchivs in Karlsruhe ernannt, als Historiker und Literaturhistoriker anerkannt, schrieb einführend: „Diese Mittheilungen rühren aus einer sehr schätzbaren Sammlung her, welche Se. k. Hoheit, der Großherzog Leopold von Baden, veranstaltet und allergnädigst erlaubt hat, davon Gebrauch zu machen. Es sind im Ganzen 30 Erzählungen, verfaßt von dem verstorbenen Obersten Medicus, der sie selbst aus dem Munde des Volkes aufgenommen und treu wieder gegeben hat. Beides gibt dieser Sammlung einen Quellenwerth, der noch dadurch erhöhet wird, daß der Verfasser mit gewissenhafter Genauigkeit alle Nebenumstände und anderweitigen Nachrichten berührt, die ihm mündlich überliefert wurden. Dabei hat er auch die noch örtlichen Spuren der Sagen bemerkt und beurtheilt, und dieß Alles in ein leichtes und einfaches poetisches Gewand gekleidet“.[2] Mone war stets an Sagen interessiert und setzte sich mit ihnen begrifflich und thematisch auseinander.[3] An seinen Positionen hielt er eisern fest, wurde daher von Jacob Grimm in der *Deutschen Mythologie* gerügt, dass er „seine Ergebnisse, seien sie haltbar oder unhaltbar, reif oder unreif, gleich von vornen herein fertig abzuthun“[4] pflege. Die Distanzierung dieses „Vaters“ der Volkskunde war aber nicht auf Mones Sagenverständnis bezogen, darin sah man sich weitgehend einig. Auch Mone vertrat die von den Grimms fixierten Positionen: Die Sagen stammten „aus dem Munde des Volkes“, seien „treu wieder gegeben“ und diesen „ursprünglichen Zeugen“ müsse ein bedeutender „Quellenwerth“ beigemessen werden. Bei diesen Behauptungen handelte es sich jedoch um Topoi, die von ihren Verkündern nie empirisch überprüft worden waren. Dass sich die Interpretamente mit der historischen Realität nicht decken und der Anteil der Erfindung am hochgeschätzten Sagenfund beträchtlich war, zeigt auch diese Sammlung.

Der von Mone bekannt gemachte, danach wieder vergessene Oberst Heinrich Medicus entstammte einer Beamten- und Pfarrersfamilie.[5] 1743 als Sohn des Nassau-Weilburgischen

---

1 Vgl. Friedrich von Weech (Hg.), Badische Biographien, 2. Teil, Karlsruhe 1881, S. 88f.

2 Franz Joseph Mone, Badische Volkssagen, in: Anzeiger für Kunde des deutschen Mittelalters 3 (1834), Sp. 87–93, 145–149, 255–260 und 363–367, hier Sp. 87f.

3 Belege bei Wolfgang Seidenspinner, Sagenhafte Burgenwelten. Zur Quellenproblematik von Sagen/Volkssagen, in: Hermann Ehmer (Hg.), Burgen im Spiegel der historischen Überlieferung (Oberrheinische Studien 13), Sigmaringen 1998, S. 163–181, bes. S. 175ff. – Helge Gerndt, Volkserzählforschung, in: Edgar Harvolk (Hg.), Wege der Volkskunde in Bayern. Ein Handbuch (Beiträge zur Volkstumsforschung 23; Veröff. zur Volkskunde und Kulturgeschichte 25), München/Würzburg 1987, S. 403–420, hier S. 405.

4 Zit. nach Weech, Biographien, S. 88.

5 Zu Leben und Werk vor allem August Feßler, Heinrich Medicus. Ein badischer Sagensammler, in: Die Ortenau 27 (1940), S. 128–139. – Adolf Hirth/Heinrich Medicus. Der vielseitige Husarenoberst, in: Landkreis Rastatt Heimatbuch (1982), S. 103–127.

Regierungsrats Friedrich Reinhard Medicus geboren, schlug er die Offizierslaufbahn ein, zunächst in Diensten des Landgrafen von Hessen-Kassel, dann in der Armee Friedrichs des Großen. 1780 begab er sich in die Dienste des Markgrafen Karl Friedrich von Baden. Nach verschiedenen Verwendungen z.B. als Kommandant der Festung Kehl ging er 1805 als Husarenoberst in den Ruhestand. Seinen Lebensabend verbrachte er in Lichtenau bei Bühl und starb, seit mindestens 15 Jahren völlig blind, 1828.

Beachtung fand der Offizier nicht als Kriegsheld oder strategischer Kopf, sondern als rühriger Militärschriftsteller. Er verfasste Abhandlungen zu Aspekten des militärischen Alltags, der Ausrüstung und Versorgung. Seine Ratgeber für die Praxis boten nützliche Hinweise zum Leben in Feld, Lager und Kaserne. In diesen Büchlein stellte der Offizier sein Talent als am Detail interessierter Zeichner und Illustrator unter Beweis, mit dem er dann auch – in Tusche und Farbe – seine handschriftliche Sagensammlung ausschmückte. Deren Bedeutung für das historische Ereignis Sage[6] besteht darin, dass die Mehrzahl der Texte in den Jahren 1800 und 1801 niedergeschrieben wurden. Es ist die älteste auf Baden konzentrierte Sammlung von Sagen, schon lange zu Papier gebracht, als 1816 und 1818 die *Deutschen Sagen* der Brüder Grimm erschienen. Diesen Aspekt hebt Peter Assion in seinem Abriss der *Volkskunde in Baden*[7] hervor. Trotz dieser Kenntnisnahme hat sich die Volkskunde nicht intensiver, über einige heimatkundliche[8] und Zeitungsbeiträge[9] hinausgehend, mit Medicus und seinen Sagen beschäftigt, obwohl schon lange gerade die Anfänge der Sagenforschung als Schlüssel zum vielschichtigen Problemfeld Sage erkannt sind.[10]

Die Texte des Obersten sind der Forschung kaum bekannt. Ihre Vernachlässigung mag eine Ursache auch in ihrer Balladenform haben, dass sie – so Mone – „in ein leichtes und einfaches poetisches Gewand gekleidet“[11] sind. Solche Texte waren „nicht nach dem Geschmack der volkskundlichen Gralshüter der ‚echten Volkssage‘“[12]. Dichterischen Umgestaltungen, die auch in den badischen Sagenpublikationen des 19. Jahrhunderts lange dominierten[13] und selbst von anerkannten Gelehrten wie Karl Simrock vorgenommen wurden, stand man weithin skeptisch gegenüber. So formulierte 1810 Friedrich Ludwig Ferdinand von Dobeneck: „Unsre Volksdichter, welche Volkssagen oder Volksmährchen für die jetzige Zeit bearbeiten, opfern der schönen oder romantischen Darstellung den Stoff selbst, und es ist ihnen nicht zu trauen“[14]. Inwieweit die Kritik mit dem von Dobeneck artikulierten Fälschungsverdacht auf Medicus zutrifft, ist zu prüfen.

Der Verbleib der handschriftlichen Sammlung, auf die Mone für seine Publikation der manchmal regestenartig, meist aber ausführlicher mitgeteilten Sagenstoffe zurückgriff, war lange Zeit nicht geklärt. August Feßler, der sich 1940 bisher am intensivsten mit Medicus als Sagensammler beschäftigt hat, bezeichnet die Sammlung als verschollen.[15] Vermutungen

6 Rudolf Schenda, Volkserzählung und Sozialgeschichte, in: Il confronto letterario 1 (1984), S. 265–279, hier S. 270.

7 Peter Assion, Volkskunde in Baden. Versuch einer Standortbestimmung, in: Badische Heimat 64 (1984), S. 463–490, hier S. 465f.

8 Adolf Hirth, Was Heinrich Medicus über die „Windecks“ erforscht, in: Bühler Heimatgeschichte 5 (1991), S. 22–32. – Max Rieple, Der Sagensammler Heinrich Medicus, in: Baden-Württemberg 21 (1974), S. 276.

9 Badische Landesbibliothek Karlsruhe (künftig BLB) K 2632, 6.

10 Helge Gerndt, Zur Frühgeschichte der Sagenforschung, in: ders., Klaus Roth/Georg R. Schroubek (Hgg.), Dona Ethnologica Monacensia. FS Leopold Kretzenbacher (Münchner Beiträge zur Volkskunde 1), München 1983, S. 251–266.

11 Mone, Volkssagen, S. 87.

12 Klaus Graf, Sagen rund um Stuttgart, Karlsruhe 1995, S. 15.

13 Vgl. Assion, Volkskunde, S. 466.

14 Friedrich Ludwig Ferdinand von Dobeneck, Des deutschen Mittelalters Volksglauben und Heroensagen, hg. v. Jean Paul, Berlin 1815, S. IV.

15 Feßler, Medicus, S. 138.

gingen noch vor wenigen Jahren dahin, dass sie sich in einer der markgräflichen Privatbibliotheken auf Ebersteinburg, in Baden-Baden oder Salem befindet, wo sie von privilegierten Personen schon eingesehen und benutzt worden sei.[16] Feßler lag aber eine andere, dreibändige Sammlung mit 30 Sagentexten vor, die sich allerdings nicht auf den badischen Raum beschränkten. Diese Handschrift gehörte seinerzeit zu einer privaten Sammlung Schoch in Heidelberg und wird seit der Bearbeitung durch Feßler in der Badischen Landesbibliothek Karlsruhe aufbewahrt.[17] Die 30 Texte der Sammlung bilden jeweils ein einzelnes, durchnummeriertes Bändchen, mit genauer Datumsangabe.

Beide Textzusammenstellungen, die Sammlung Schoch und die Mitteilungen Mones, bestehen aus je 30 Stücken. Schon Feßler hob hervor, dass sie nicht miteinander übereinstimmen. Er zählte 14 Sagen, die beiden Sammlungen gemeinsam sind, konstatierte also bei Mone 16 zusätzliche Texte und damit angeblich insgesamt 46 von Medicus stammende Volkssagen.[18] Aber auch diese Rechnung stimmt so nicht, der Sachverhalt stellt sich komplexer dar. Beispielhaft können dies die von Feßler bei Mone zusätzlich festgestellten Nummern 9–12 (bzw. bei Mone als Nr. 13–16 aufgeführt) zeigen. Diese finden sich nämlich doch in der Sammlung Schoch, mit anderen Stoffen in der dortigen Nr. 15, *Die Fraeuleins von Windeck*, zusammengefasst. Die festzustellenden Differenzen legen nahe, dass Mone aus den ihm vorliegenden Texten des Obersten die auf Baden bezogenen Erzählstoffe herauslöste, aus ihnen 30 ihm besonders interessant erscheinende zur Publikation auswählte, sie in Prosa umarbeitete und kürzte. Denn die Sammlung Schoch beinhaltet auch Stoffe aus anderen Regionen, aus Hessen, Thüringen und Schlesien, auf die Medicus wohl während seiner Militärlaufbahn gestoßen war. Aber es war wohl kaum diese privat tradierte[19] Sammlung Schoch, sondern eine in großherzoglichem Besitz befindliche, die Mone für seine Auszüge vorgelegen hatte.

Deren Verbleib ist mittlerweile geklärt. Sie fand sich beim Erwerb der Schlossbibliothek Baden-Baden durch die Badische Landesbibliothek 1995.[20] In der fünfbändigen Handschrift[21] enthalten die ersten drei Bände die Sagentexte Medicus‘, allerdings nicht in der Reihenfolge der Nummerierung der Bändchen zusammengebunden. Im Vergleich mit der Sammlung Schoch fehlen die Nr. 18: *Die weiße Frau zu Guttenberg, ein Volksmärchen aus dem Neckartal, eine Kindsmörderin*; Nr. 19: *Das neue Jerusalem, ein Volksmärchen aus dem Remchinger Tal*; Nr. 20: *Der Hungerbrunnen bei Wössingen, ein Volksmärchen aus dem Pfinzgau*; Nr. 21: *Das Wundergretchen in Pforzheim, ein Volksmärchen aus dem Enzgau* und die Nr. 22: *Die Schatzgräber in Langensteinbach, aus dem Albgau*. Die Bände vier und fünf der Handschrift enthalten weitere Texte aus der Feder des Tages- und Gelegenheitsschriftstellers, Gedichte, Romanzen, Gesänge, Poetisierungen bzw. Umdichtungen biblischer Texte oder auch Briefe.

Die Sagenpoesie des Obersten evoziert grundsätzliche Fragen: zur Textsorte und ihrer Charakteristik, zur Forschungsgeschichte und unserem Sagenverständnis. Deutlich zeigt sich ein terminologisches bzw. semantisches Problem. Medicus bezeichnete seine Texte als „Volcks Maehrgen“, während Mone von Volkssagen sprach und auch heute ‚Sage‘ der übliche Terminus für die meisten dieser Stoffe ist. Medicus befleißigte sich damit des Sprachgebrauchs, der auch

16 Schriftliche Mitteilung von Hans-Martin Schwarzmeier, Generallandesarchiv Karlsruhe (künftig GLA).

17 BLB K 2632, 1–3.

18 Feßler, Medicus, S. 138f.

19 Vgl. Feßler, Medicus, S. 138.

20 Vgl. Peter Michael Ehrle/Armin Schlechter, Ankauf der markgräflichen Bibliothek aus dem Neuen Schloss in Baden-Baden, in: Badische Heimat 75 (1995), S. 571–578.

21 BLB ohne Sign.; alte Sign. Schlossbibliothek Baden-Baden Bib R 8 (alte Nr. 1430).

bei Johann Karl August Musäus festzustellen ist. Dieser bot in seinen novellistisch ausgeschmückten *Volksmärchen der Deutschen*[22], 1782–86 erschienen, vor allem Sagenstoffe. Volksmärchen[23] waren für den Husarenoberst zunächst die von ihm gedichteten Texte selbst. In ihnen band er verschiedene Erzählstoffe bzw. angeblich mündliche Erzählungen in Versen zusammen. Zu einem nicht geringen Teil griff er auf die schriftliche Überlieferung zurück. Als bekanntes Beispiel sei die auch von Grimmelshausen verarbeitete, auf Schloss Staufenberg fixierte badische Form[24] der nicht zuletzt von französischen Sozialhistorikern gerne verfolgten Melusinen-Sage[25] angeführt, das erste gedruckte Buch Frankreichs, dessen Beliebtheit bis heute ungebrochen erscheint.[26] Aber auch diese einzelnen Traditionen galten ihm als Märchen, parallel und nicht differenziert auch als Sagen. Damit gebrauchte er die Begriffe synonym. Will man diesen Sachverhalt nicht als terminologische Unbestimmtheit und Unschärfe betrachten, kann er als Offenheit der Begriffe gedeutet werden. Sie waren nicht nur leicht verfügbar, sondern ermöglichten verschiedene Besetzungen. Ihre historische Semantik scheint mir gerade dadurch ihre wesentliche Dimension zu erhalten, dass Sage und Märchen noch keine unterschiedenen Gattungen des Erzählens waren – ihre Verwendung durch Medicus, ähnlich bei Musäus,[27] scheint in erster Linie Zweifel am Erzählten auszudrücken. Dass die Ansicht von der Unzuverlässigkeit der Sagen schon im 17. Jahrhundert geradezu sprichwörtlich war, sei mit einem Bonmot des Pfalzgrafen Karl Ludwig illustriert. Dieser reagierte auf die „Injurienklage zweier Frauen, die sie ihm in weitschweifiger, plaudernder Weise vortrugen", mit der Bemerkung: „Ich sage, du sagest, er saget, wir sagen, ihr saget, sie sagen; **Summa** lauter sagen"[28].

Wie Medicus gebrauchte auch Johann Gottfried Herder die Begriffe synonym. Verwendungszusammenhänge von ‚Sage' bzw. ‚Volkssage' in seinem Werk können Dimensionen der Begriffe in der zweiten Hälfte des 18. Jahrhunderts exemplarisch anreißen. Seine Untersuchung über die *Aelteste Urkunde des Menschengeschlechts*[29] spürt der Schöpfungsgeschichte nach, will „die heilige Muttersage der Urwelt"[30] rekonstruieren, denn ins 18. Jahrhundert habe sich ja nur ein „Gewirre von Stimmen, Mähre, heiligen Sagen"[31] gerettet. So glaubt er dann zu erkennen, was das „Mährlein" vom Sündenfall eigentlich ist: „Ists Allegorie? Geschichte?

---

22 Johann Karl August Musäus, Volksmärchen der Deutschen, Stuttgart 1975.

23 Die Problematik des Märchenbegriffs zeigt sich bei Felix Karlinger, Geschichte des Märchens im deutschen Sprachraum (Grundzüge 53), Darmstadt ²1988, S. 1ff.

24 Lutz Röhrich, Erzählungen des späten Mittelalters und ihr Weiterleben in Literatur und Volksdichtung bis zur Gegenwart. Sagen, Märchen, Exempel und Schwänke, Bd. 1, Bern/München 1962, S. 27ff. und 243ff. – Vgl. auch Leander Petzoldt, Die Haare der Saligen. Wanderungen und Wandlungen eines dämonologischen Motivs in Literatur und Volksdichtung, in: ders., Märchen, Mythos, Sage. Beiträge zur Literatur und Volksdichtung, Marburg 1989, S. 145–156. – Bea Lundt, Melusine und Merlin im Mittelalter. Entwürfe und Modelle weiblicher Existenz im Beziehungs-Diskurs der Geschlechter. Ein Beitrag zur Historischen Erzählforschung, München 1991, S. 125ff.

25 Jacques Le Goff, Für ein anderes Mittelalter. Zeit, Arbeit und Kultur im Europa des 5.–15. Jahrhunderts, Frankfurt am Main/Berlin/Wien 1984, S. 147ff.

26 Vgl. Walburga Hülk, Melusine – Lusignan: Fiktive Genealogie im Namen der Mutter, in: Irmgard Roebling (Hg.), Sehnsucht und Sirene. Vierzehn Abhandlungen zu Wasserphantasien (Thetis 1), Pfaffenweiler 1992, S. 35–48 und die anderen Beiträge des Bandes, sowie Anna Mühlherr, ‚Melusine' und ‚Fortunatus'. Verrätselter und verweigerter Sinn (Fortuna vitrea 10), Tübingen 1993.

27 Vgl. Harlinda Lox, Johann Karl August Musäus und die „Volksmärchen der Deutschen", in: dies./Inge Schelstraete, Stimmen aus dem Volk? Volks- und Kunstdichtung bei Johann Karl August Musäus und Gottfried August Bürger (Studia Germanica Gandensia 25), Gent 1990, S. 47–70, bes. S. 49.

28 Ludwig Häusser, Geschichte der Rheinischen Pfalz nach ihren politischen, kirchlichen und literarischen Verhältnissen, Bd. 2, Heidelberg 1924, S. 675f.

29 Vgl. Donald Lüttgens, Der „Ursprung" bei Johann Gottfried Herder. Zur Bedeutung und Kontinuität eines Begriffs (Europäische Hochschulschriften Reihe I: Deutsche Sprache und Literatur 1260), Frankfurt a. M./Bern/New York/Paris 1991. – Brigitte Poschmann (Hg.), Bückeburger Gespräche über Johann Gottfried Herder 1988. Älteste Urkunde des Menschengeschlechts (Schaumburger Studien 49), Rinteln 1989.

30 Johann Gottfried Herder, Sämtliche Werke, hg. v. Bernhard Suphan, ND Hildesheim 1967, Bd. 7, S. 171.

31 Ebd., S. 154.

Fabel?“[32]. Die Sage ist kein „mit Poesie zerflicktes Gedicht“, vielmehr stammt sie „aus den einfältigen Zeiten der Natur (und dies waren die stärksten einfältigsten Zeiten)“[33]. Daher gilt: „Die Sage erzählt uns in ihrer Einfalt mehr, als dichtende Philosophen über den seyn sollend nothwendigen Fortgang des Menschengeschlechts aus Abgründen von Vordersätzen gerathen haben“[34]. Aus ihrer Verankerung in der Vorzeit, aus ihrer Herkunft aus einer Sphäre des Heiligen erwächst der Sage ihre überragende Bedeutung. „Jedes Fragment von Sage ist Wegweiser und Erklärung“[35], „heilige Sagen, Naturbild, Glaube des Volks“[36] sind Residuen der Vorzeit, Relikte der heiligen Ursage.

Herders Sagenverständnis lässt sich mit unserem ebenso wenig zur Deckung bringen, wie mit dem des Obersten. Es entsprach nicht dem seinerzeit üblichen[37] und weitgehend auch für Medicus zutreffenden, das sich aus Lexikonartikeln der Mitte des 18. Jahrhunderts erschließen lässt und wie bei der Fabel das Unglaubwürdige solcher Geschichten betont.[38] Mit ‚Fabel‘ scheint Herder dagegen gerade die den Erzählungen immanente Fiktivität ausdrücken zu wollen, wie Medicus mit ‚Märchen‘ bzw. ‚Sage‘. Mit dem Begriff ‚Sage‘ belegt Herder in diesem Kontext vor allem schriftlich überlieferte Texte, die Mythen der Völker, in denen sie sich ihre Herkunft und die Welt erklären. Wenn er schreibt: „Nicht von dem unbestimmten Dinge von Oraltradition ist die Rede, für welche es nur Unwissende genommen“[39], dagegen auf die Kabbala verweist und umgehend wieder mit dem Märchenbegriff operiert, hat er das Sagenfeld weit abgesteckt. Es beinhaltete auch andere, inzwischen abgetrennte Bereiche. Herder betrachtete die gesamte Überlieferung als einen umfassenden, reliktartigen Zusammenhang. Seine Verwendung der Begriffe ‚Sage‘, ‚Märchen‘ und ‚Fabel‘ erscheint unsystematisch, er dürfte mit den Termini allerdings Abstufungen der Glaubwürdigkeit ausgedrückt haben. Die Beleuchtung seines Sagenverständnisses belegt in Zusammenschau mit dem des Obersten Medicus die Zeitbezogenheit des Sagenbegriffs, seine semantische Wandlungsfähigkeit. Das Desiderat einer begriffsgeschichtlichen Aufarbeitung der ‚Sage‘ wird so einmal mehr offensichtlich.[40]

Medicus hatte in den ersten Jahren des 19. Jahrhunderts noch nicht Märchen und Sagen differenziert. Das taten wegweisend erst die Brüder Grimm. Sie fixierten die Begriffe und wiesen ihnen die entsprechenden Texte bzw. Textarten und -typen zu. Ihre Texte, die sie entgegen der später oft behaupteten Mündlichkeit zum großen Teil aus dem Schrifttum schöpften und nach ihren spezifischen Kriterien aufbereiteten, musterten sie nach Merkmalen, nach Gemeinsamkeiten und Unterschieden durch – vielleicht auch nur, um die Stoffmassen besser bändigen und gliedern zu können. 1812 und 1814 erschienen die zwei Bände ihrer Kinder- und Hausmärchen, 1816 und 1818 die Bände ihrer Sagensammlung. Es waren nicht die ersten Publikationen solcher Texte, wohl aber folgenreiche. Denn nun war für die Sammelpraxis festgelegt, was als Sage und was als Märchen zu gelten hatte, und es gab hinfort neben dem Märchen- auch einen

32 Ebd., S. 4.
33 Ebd., S. 150.
34 Ebd., S. 145f.
35 Ebd., Bd. 6, S. 480.
36 Ebd., S. 441.
37 Vgl. Helge Gerndt, Sagen und Sagenforschung im Spannungsfeld von Mündlichkeit und Schriftlichkeit. Ein erkenntnistheoretischer Diskurs, in: Wolfgang Raible (Hg.), Erscheinungsformen kultureller Prozesse. Jahrbuch 1988 des SFB „Übergänge und Spannungsfelder zwischen Mündlichkeit und Schriftlichkeit“ (Script-Oralia 13), Tübingen 1990, S. 239–261, hier S. 242f.
38 Schon Phaedrus wandte den Fabelbegriff auf „einen Bericht vollständiger Fiktionalität an, der nicht der Realität entstammen kann“. – Michael Wissemann, Fabel. Zur Entwicklung der Bezeichnung für eine Literaturgattung, in: Fabula 33 (1992), S. 1–13, hier S. 4.
39 Herder, Werke, Bd. 6, S. 489.
40 Vgl. Wolfgang Seidenspinner, Sage und Geschichte. Zur Problematik Grimmscher Konzeptionen und was wir daraus lernen können, in: Fabula 33 (1992), S. 14–38, bes. S. 16ff.

Sagenstil.[41] Durch Eingriff einer ordnenden Wissenschaft wurden die bis dahin offenen Begriffe semantisch neu gefüllt und zu „Fächern“ gemacht, in die man die zuvor als großes Ganzes verstandenen Texte auseinandersortierte. Das inzwischen geflügelte Wort: „Sage ist, was bei den Grimms steht“, trifft den Sachverhalt sehr gut; ihre Sagenbände wurden zu Mustersammlungen. Erst jetzt entstand das, was wir heute unter Sagen bzw. Volkssagen verstehen; dies meint Barbara Kindermann-Bieri, wenn sie von der Begründung des Gen-Charakters der Sage durch die Brüder spricht.[42] Hinfort wurden daher auch die von Medicus verfassten „Volcks Maehrgen“, d. h. zunächst die von Mone mitgeteilten Inhaltsangaben, als Sagen bezeichnet.

Dabei war es nicht die Absicht der Brüder gewesen, eine Theorie oder Sagendefinition aufzustellen, eine Gattung Sage zu etablieren. Dies legt auch die vielzitierte Sentenz aus ihrer Vorrede von 1816 nahe: „Das Märchen ist poetischer, die Sage historischer; jenes stehet beinahe nur in sich selber fest, in seiner angeborenen Blüte und Vollendung; die Sage, von einer geringern Mannigfaltigkeit der Farbe, hat noch das besondere, daß sie an etwas Bekanntem und Bewußtem hafte, an einem Ort oder einem durch die Geschichte gesicherten Namen“[43]. Für eine Einteilung in Gattungen gibt diese Charakterisierung, die im Konnex früherer Annäherungen Jacob Grimms an die Sagenproblematik zu interpretieren ist,[44] wie auch ihr Kontext nicht viel her, auch nicht die lokale Verankerung der Sage oder ihre nun endgültig festgelegte Historizität. Erst rezeptiv wurden vor allem diese beiden Merkmale zu abgrenzenden Gattungskriterien erhoben. Die Grimms selbst hatten dagegen die Gemeinsamkeiten betont: „Über den Vorzug beider zu streiten wäre ungeschickt; auch soll durch diese Darlegung ihrer Verschiedenheit weder ihr Gemeinschaftliches übersehen, noch geleugnet werden, daß sie in unendlichen Mischungen und Wendungen ineinandergreifen und sich mehr oder weniger ähnlich werden“.[45]

Dass den Grimms eine Gattungsdiskussion oder -definition fern lag, zeigt sich auch darin, dass ihnen die Texte selbst, Sagen und Märchen, kein Erkenntnisziel waren, sondern nur Mittel. Die Sagen „sollten ihnen vielmehr – zusammen mit den Märchen – als ein Erkenntnismittel dienen zur Einsicht in die deutsche Mythologie, um auf dieser Basis die Geschichte der Sage und damit die Naturpoesie, zu verstehen, die wiederum den Maßstab für die Beurteilung der altdeutschen Poesie abgeben sollte“[46]. Dazu war auch eine Neuinterpretation der Sagen in Bezug auf ihre Glaubwürdigkeit notwendig, die dann z. B. in den eingangs zitierten Sätzen Mones deutlich entgegentritt: Die Grimms waren bei der Wiedergabe ihrer Sagen darum bemüht, „die von Chronisten, Dichtern, Kompilatoren und Sammlern ‚denkwürdiger‘ Materien geäußerten Zweifel am Wahrheitsgehalt des Berichteten zu übergehen und ihre Sagen faktisch auszurichten“,[47] wie Hans-Jörg Uther betont.

Medicus hatte mit seinen „Volcks Maehrgen“ anderes im Sinn. Beginnend im Januar 1800 verfasste er in diesem und im nächsten Jahr im Monatsabstand je einen seiner relativ umfangreichen Texte. In tiefster Untertänigkeit widmete und überreichte er die Produkte einer intel-

41 Barbara Kindermann-Bieri, Heterogene Quellen – homogene Sagen. Philologische Studien zu den Grimmschen Prinzipien der Quellenbearbeitung untersucht anhand des Schweizer Anteils an den Deutschen Sagen (Beiträge zur Volkskunde 10), Basel 1989. – Zu einem anderen Ergebnis kommen Lothar Blum/Achim Hölter, Die „Quedlinburger Sammlung“. Eine quellenkritische Untersuchung zu Grimms Deutschen Sagen, in: Fabula 30 (1989), S. 257–270, hier S. 270.

42 Kindermann-Bieri, Quellen, S. 401.

43 Brüder Grimm, Deutsche Sagen, Bd. 1, hg. v. Hans-Jörg Uther, München 1993, S. 15.

44 Vgl. Seidenspinner, Sage, bes. S. 14f.

45 Grimm, Sagen, Bd. 1, S. 16.

46 Gerndt, Sagen, S. 254.

47 Hans-Jörg Uther, Nachwort, in: Grimm, Sagen, Bd. 2, S. 545–583, hier S. 548, ähnlich S. 568.

lektuellen Schreibkultur, wohl beeinflusst von der aus Frankreich durch Übersetzungen der *Bibliothèque Bleue* herüberschwappenden Märchenmode,[48] der Reichsgräfin von Hochberg, der zweiten Frau (zur linken Hand) des Markgrafen und späteren Großherzogs Karl Friedrich. In ihr wurde daher auch die Anregerin der Sammeltätigkeit des Obersten vermutet.[49] Medicus dachte aber wohl auch – die Buchmarktbedingungen waren ja günstig[50] – an die Publikation seiner Handschriften, an einen weiteren „kleinen Buch-Gedenkstein“[51] für sich, den zu setzen ihm aber nicht gelang.

Medicus' Sagenballaden sind in Trivialverse gefasste Kompilationen von Texten und Nachrichten unterschiedlichster Provenienz, die ein für die entstehende Sagenforschung essentielles Ineinanderfließen von Dichtung und Geschichte hervortreten lassen. Produktion und Rezeption vollzogen sich im Rahmen bürgerlich-höfischer Kultur: Geschrieben wurden sie von einem Offizier, der sich damit vielleicht das Wohlwollen des fürstlichen Hauses sichern wollte (sein Offiziersgehalt war wie seine späteren Ruhestandsbezüge schließlich nicht sehr hoch)[52]; gelesen bzw. vorgelesen wurden sie bei Hofe, und zwar nicht nur von der Reichsgräfin, sondern auch vom Landesherrn selbst, wie es sich für einen Fall in einem Brief der Reichsgräfin belegen lässt.[53] Karl Friedrich, selbst begeisterter Leser, der sich aber auch gerne vorlesen ließ,[54] hatte sich schließlich seine zweite Frau auch danach ausgesucht, „daß sie mir gut vorlesen könnte in deutscher und französischer Sprache und selbst Vergnügen an der Lectüre hätte“[55]. Dies ist der relevante Kontext, der Kommunikationszusammenhang der Texte. Als wie auch immer geartete, womöglich mündliche Volksdichtung können die Schreibtischkompilate, die die Poetisierung als ihre hervorstechende Bearbeitungstendenz offenbaren,[56] nicht bezeichnet werden: sie waren hochschichtliche Literatur bzw. Kultur.

Augenfällig wird dies bei der Nr. 29, *Die erste Spinnerin*. Von dem auf der Bibel basierenden Gedicht gibt es eine Urschrift,[57] die Medicus mit der Bitte um Korrektur an den alemannischen Mundartdichter Johann Peter Hebel schickte und dessen Änderungsvorschläge er in der endgültigen Fassung peinlich genau berücksichtigte. Dass *Die erste Spinnerin* eine eingehende Beschreibung des Hanfanbaus und seiner Verarbeitung im mittelbadischen Raum bietet, sei hier schon betont, um damit auf das markante, nicht selten fast erdrückende statistisch-landesbeschreibende Element dieser Texte hinzuweisen, das ja auch bei Musäus eine Rolle gespielt hatte.

Mit ihrer Identifizierung als Literatur, als Teil der höfisch-bürgerlichen Vorlesekultur, ist eine wichtige Dimension des historischen Ereignisses Sage im Sinne Rudolf Schendas festgestellt, das „durch die drei Achsen der Zeit, des Raums und des sozialen Milieus definierbar ist“[58]. Die Texte waren für höfische Kreise geschrieben. Sie wollten keine authentische Volksüberlieferung sein.

48 Vgl. Lutz Röhrich, Märchensammlung und Märchenforschung in Deutschland, in: Dieter Röth/Walter Kahn (Hgg.), Märchen und Märchenforschung in Europa. Ein Handbuch, Frankfurt a. M. 1993, S. 35–55, hier S. 38. – Hans-Jörg Uther, Nachwort, in: ders. (Hg.), Märchen vor Grimm, München 1990, S. 277–284, hier S. 278.

49 Rieple, Sagensammler, S. 276.

50 Vgl. z. B. Jens Tismar, Kunstmärchen, Stuttgart 1977, S. 23.

51 Rudolf Schenda, Mären von Deutschen Sagen. Bemerkungen zur Produktion von „Volkserzählungen“ zwischen 1850 und 1870, in: Geschichte und Gesellschaft 9 (1983), S. 26–48. – Auch Hirth, Was Heinrich Medicus über die „Windecks“ erforscht, S. 22, nennt seine Sammlung ein „ganz besonderes Denkmal“ für den Autor.

52 Vgl. GLA 76/5204; Hirth, Medicus, S. 105f.

53 GLA 65/11650; der Brief ist abgedruckt bei Feßler, Medicus, S. 137f.

54 Vgl. Jan Lauts, Karoline Luise von Baden. Ein Lebensbild aus der Zeit der Aufklärung, Karlsruhe 1980, S. 290.

55 Zit. nach Arthur Kleinschmidt, Karl Friedrich von Baden. Zum 150. Geburtstage, Heidelberg 1878, S. 96.

56 Vgl. Klaus Graf, Sagensammler vor dem 18. Jahrhundert? Anmerkungen zum Sagenbegriff, in: Beiträge zur Volkskunde in Baden-Württemberg 4 (1991), S. 295–304, hier S. 297.

57 BLB K 2632, 4.

58 Schenda, Volkserzählung, S. 270.

Im Gegenteil: als aufklärerische Kritik in poetischem Gewand kritisieren sie diese und bestätigen die Feststellung, dass es folkloristische Forschung nie ohne Wertung gegeben hat.[59]

Beispielhaft kann dies an dem Gedicht *Die Fraeuleins von Windeck*[60] gezeigt werden, das sich auf die bei Bühl gelegene Burg Altwindeck bezieht.

„Durch BÜHL, hienächst durch Ottersweyer,
zieht sich die Berg Straß nach der Schweitz
von RASTADT her. – Ein alt Gemaeuer
liegt links am Berg, dies ist bereits
bekandt bey allen jenen Leuthen,
die dieße Straße auf und ab
befahren, gehen oder reuthen,
mann sieht's hienauf und sieht's herab.
Bekandt wird dem, der aufwärts reißet
und etwann einen Landmann fragt,
daß dies Gemaeuer WINDECK heißet,
so am Gebürg zur linken ragt,
daß es ein Ritter Sitz geweßen,
von dem besondre Sagen gehn.
Was mann erfragt, gesehn, geleßen,
wird hier gedraengt zusammen stehn."

Das reichlich mit Anmerkungen versehene Werk sprengt den Sagenrahmen und greift weit in den Bereich der historischen Fachliteratur hinüber. Auf der Basis von Begehungen, Befragungen, Literatur- und Quellenrecherchen, wie Medicus ausdrücklich erklärt, entwirft es ein Panorama von Region und Landschaft, nennt Siedlungen, Wälder, Täler und herausragende landschaftliche Charakteristika. Eine Beschreibung der Burg Altwindeck entwickelt ein anschauliches Bild der Anlage. Dabei erwähnt Medicus einen geheimnisvollen Gang (bei Mone die Sage Nr. 16) – ein typisches Burgensagenmotiv – bevor er sich ausführlich der historischen Einordnung der Burg widmet. Er breitet die schriftliche Überlieferung aus, bietet eine regelrechte historische Darstellung, einen Gang durch die Geschichte der Region, teilt Einzelheiten zu Besitzverhältnissen und zur territorialen Entwicklung mit, zu rechtlichen und Verfassungsfragen. Dabei stellt er überlieferte Anekdoten richtig, so die Geschichte vom Tod Marschall Turennes in der Schlacht bei Sasbach 1675, der von einem auf Befehl des Markgrafen Hermann über weite Distanz abgefeuerten Schuss von seinem Schimmel geholt wurde. Auch über den dortigen Gedenkstein und den 1782 durch den Straßburger Bischof Kardinal de Rohan als Denkmal errichteten Obelisken berichtet er ausführlich. Aktueller Anlass könnte die Erneuerung des inzwischen baufälligen Denkmals durch General Moreau 1801 gewesen sein.

Bei der detaillierten Beschreibung des in der Nähe gelegenen Bades Hub weist Medicus auf im Gelände erkennbare Bergwerksspuren und auf die Heilwirkung des Wassers hin, das unter anderem gegen Unfruchtbarkeit helfen sollte. In einer benachbarten Kapelle würden die Krücken geheilter Kranker aufbewahrt. Die Gründungsgeschichte der Kapelle – ein Herr von Windeck

59 Lutz Röhrich, Was soll und kann Sagenforschung leisten?, in: ders. (Hg.), Probleme der Sagenforschung, Freiburg i. Br. 1973, S. 13–33, hier S. 30.

60 Abdruck bei Hirth, Was Heinrich Medicus über die „Windecks" erforscht, S. 24ff.

soll sie, nachdem er auf einer Brücke von seinem Pferd abgeworfen worden war, als Dank für seine Rettung vor dem Ertrinken gestiftet haben – leitet dann zu den von Medicus als „Maehrgens“ bezeichneten Sagen über. Vorab gibt er – wenn auch nur vage – Hinweise auf die angeblich mündliche Herkunft bzw. Erhebung der Erzählstoffe und seine Behandlung der Texte.

„Da wir nunmehr für schicklich halten,
die Maehrgens, so im Schwange gehn,
hier nacheinander einzuschalten,
so haben wir uns vor zu sehn,
nichts mehr, alß was die Leute sagen,
dem Leßer und der Leßerin
gantz frey von Zusatz vorzutragen,
wie mann sie weiß von Anbeginn.“

Aber der Oberst gibt nicht nur die Erzählstoffe wieder, er unterzieht sie auch einer inhaltlichen Kritik. Der Text spiegelt damit die schon im 17. Jahrhundert fassbare,[61] sich jetzt verstärkende und nicht mehr abreißende Diskussion um den Quellenwert von Sagen.[62] Er zeigt Medicus in der Tradition der aufklärerisch-rationalistischen Mythendeutung, die die Erzählungen vor dem Richterstuhl der Vernunft auf ihre Wahrheit hin befragt.

Einer Sage zur Herkunft des Namens ‚Hennegraben‘ (sie erscheint bei Mone als Nr. 13) folgt die dem Gedicht den Titel gebende Erzählung (bei Mone Nr. 14, dort allerdings unter dem Titel *Der treulose Schreiber*). Nach dieser hatte man in der Vergangenheit mehrfach zwei von zwei Rittern gefolgte Fräulein beobachtet, die hinter einem Mann mit Schreibzeug von der Kapelle auf die Burg Altwindeck geschritten und dort verschwunden waren. Medicus führt als Gewährsmann Martin Schauffler an, der dies wie viele andere mit eigenen Augen gesehen habe, als er einmal im Tagesgrauen seine Matte mähte. Ausführlich konfrontiert der Oberst die Erzählungen mit der historisch-archivalischen Überlieferung, um vielleicht doch ihren historischen Kern herauszuschälen – ein Verfahren, das heute als „entweder trivial oder gefährlich“[63] bewertet wird, und betont seine Skepsis. Nur kurz vermerkt er weitere sagenhafte Begebenheiten, die ihm nicht glaubwürdig erscheinen. Dies gilt auch für die breit wiedergegebene Erzählung von der Gründung der Lindenkirche bei Ottersweier (Mone Nr. 15): Hans von Windeck soll durch eine Erscheinung dazu veranlasst worden sein, den Grundstein zu dieser Kapelle zu legen, die sich dann auch wegen der Heilerfolge des dortigen Wassers zu einem beliebten Wallfahrtsort entwickelt hat. Auch hier wieder der Rückgriff auf die Urkunden: Nachweisbar sei lediglich, dass die Herren von Windeck in Ottersweier Kirchenherren waren. Der Diskussion dieser Sage lässt der Autor noch einige historische Nachrichten vor allem zur Neuwindeck, dem daneben gelegenen Kammerhof und einem Schlösschen zu Neusatz folgen, dessen kirchliche Verhältnisse er auch noch beleuchtet. Seinen Abschluss findet das Gedicht in einer Hymne auf die Milde des Landesherrn Karl Friedrich, des „BESTEN FÜRSTEN“.

Die komplexe Textkomposition der *Fraeuleins von Windeck* lässt die „Volcks Maehrgen“ des Obersten besonders deutlich als eine spezifische Art von Erzählliteratur erkennen, die

61 Christoph Daxelmüller, Quod non Hamelensi modo an fabula an historia – Barocke Traktatliteratur zur Rattenfänger-Sage, in: Norbert Humburg (Hg.), Geschichten und Geschichte. Erzählforschertagung in Hameln Oktober 1984, Hildesheim 1985, S. 103–111.

62 Vgl. Bernward Deneke, Sage und Geschichte im 19. Jahrhundert, in: JbfVk N.F. 11 (1988), S. 67–82.

63 Klaus Graf, Thesen zur Verabschiedung des Begriffs der ‚historischen Sage‘, in: Fabula 29 (1988), S. 21–47, hier S. 27.

durchaus an jene Erzählliteratur erinnert, die Wolfgang Brückner nicht nur für die Reformationszeit wegweisend ins Auge gefasst hat.[64] Deren Intention bzw. Funktion war aber eine andere. Die angeblich im Volk umlaufenden Erzählungen überprüfte der Oberst an der schriftlichen Überlieferung und sprach ihnen weitgehend Glaubwürdigkeit ab, auch wenn er dies so deutlich und zusammenfassend nicht formulierte. Verwunschene Fräulein, Ritter und Knappen, weiße Frauen, Hexen und das ganze Personal, das in den Volkssagen in geheimen Gängen verschwindet, in Nächten umgeht, Schätze bewacht und die Gestalt wechselt, waren für Medicus keine historische Wirklichkeit. Den ätiologischen Sagen, die beispielsweise die Errichtung einer Burg oder Kapelle erklärten, stand er skeptisch gegenüber. Seinen aufklärerischen Impetus formuliert er selbst in der Anfangsstrophe seines letzten Sagengedichts vom Februar 1807:

„Daß trotz den aufgeklärten Zeiten
es doch noch Polter Geister giebt
und daß der Poebel Albernheiten
noch immer in Gespennstern liebt
davon soll dießes Maehrgen zeugen;
die Thorheit wird vor der Vernunft
sich endlich überwunden beugen
samt der Erzehlerinnen Zunft.“[65]

Medicus steht in der Tradition des kritisch-zweifelnden, um Aufklärung bemühten Sageninteresses, das Helge Gerndt am Beispiel der sogenannten Auerberg-Sagen beschrieben hat.[66] In der zweiten Hälfte des 18. Jahrhunderts, als der Offizier seine Erzählungen sammelte, achtete man auf Superstitionen und Wundergläubigkeit, die durch aufgeklärtes Denken überwunden werden sollten. Daneben fanden auch ätiologische Motive die Aufmerksamkeit einer oberschichtlichen, altertumskundlich interessierten Bevölkerung. Es scheint jedoch, dass Medicus mit seiner kritischen Haltung schon etwas verspätet war. So wird bereits für die 1780er Jahre konstatiert, dass das Verdikt der Aufklärung gegen die Ammenmärchen[67] durch die Vermarktung der französischen Feenmärchen und ihre deutschen Nachahmer untergraben war.[68] Entsprechend deutet sich funktional, vor allem in der Rezeption der „Volcks Maehrgen“ in bürgerlich-höfischen Kreisen, bereits eine neue Wertschätzung dieser Erzählstoffe an.

Auch die Erzählmotive könnten den Autor neben dem aufklärerischen schon dem romantisch geprägten Sageninteresse des 19. Jahrhunderts verhaftet erscheinen lassen; die Scheidung in zwei sich in der Motivauswahl abzeichnende Sagenschichten des 18. Jahrhunderts einerseits und des 19. andererseits lässt sich bei Medicus jedenfalls nicht nachvollziehen. Vielleicht wäre diese Differenzierung Gerndts aber auch erst auf einer breiteren Quellenbasis zu überprüfen, um über den Einzelfall hinaus Geltung beanspruchen zu können. Romantischer Geist muss zwar noch nicht aus der Gestaltung der Texte als Sagenballaden, aus der poetischen Ästhetisierung sprechen, eine Nähe ist aber zu konstatieren. Form und Inhalt schaffen damit zumindest eine eigentümliche Mischung von Poetisierung und Verifizierung. So ist es vor allem ihre

64 Wolfgang Brückner (Hg.), Volkserzählung und Reformation. Ein Handbuch zur Tradierung und Funktion von Erzählstoffen und Erzählliteratur im Protestantismus, Berlin 1974.

65 Hirth, Medicus, S. 121.

66 Helge Gerndt, Die sogenannten Auerberg-Sagen, in: Günter Ulbert, Der Auerberg I: Topographie, Forschungsgeschichte und Wallgrabungen (Münchner Beiträge zur Vor- und Frühgeschichte 45), München 1994, S. 231–245.

67 Vgl. z. B. Hans-Jörg Uther, Nachwort, Märchen vor Grimm, S. 277f.

68 Lox, Musäus, S. 47.

69 Zit. nach Feßler, Medicus, S. 135.

Funktion, die sie im Rahmen einer bürgerlich-höfischen Kultur und Freizeitgestaltung erfüllten, die schon stärker auf die Romantik hindeutet. Der Rezeptionskonnex lässt eine romantische Haltung erkennen, wenn z. B. die Reichsgräfin den Obersten bei einem Besuch 1805 auffordert, „während des jetzigen Winters etwas zu dichten, um solches den gnädigst aufgenommenen Volksmärchen beizugesellen“[69]. Ein später wichtiges Element romantischer Sagenbeschäftignug jedoch fehlt ihnen noch: die nationale Dimension. Dies meint die Instrumentalisierung der Volkskultur, der Lieder, Märchen und Sagen durch Sinngebungsinstanzen, die mit dieser von ihnen wesentlich erst kreierten, angeblich weit in die Vorzeit zurückreichenden National- oder Volkspoesie zur Konstruktion einer ethnisch grundierten Nation beitragen wollten. Vor diesem Hintergrund ist die begeisterte Aufnahme der Forschungen und Textpublikationen z. B. Arnims oder der Grimms zu sehen. Medicus dagegen stand noch auf dem Boden des älteren Patriotismus des 18. Jahrhunderts, der sich stärker an der Region, am Territorium, am Landesherrn ausrichtete, und zwar nicht einmal sehr fest, verarbeitete er doch auch Erzählstoffe aus anderen Territorien wie z. B. Thüringen und eröffnete mit einem solchen sogar programmatisch seine Sammlung. Diese regional-einzelstaatliche Orientierung sollte dann aber noch im Vormärz vorherrschend werden,[70] wie auch Mones Bearbeitung belegen mag.

Medicus muss mit seinen Sagen als Vertreter einer Übergangsphase angesprochen werden, die mit dem Etikett „Zwischen Aufklärung und Romantik“ – zwei „Schubladen“, die Martin Scharfe nicht ganz zu Recht als verquollen, unsauber schließend und unbrauchbar bezeichnet hat[71] – sicher nur unzureichend erfasst ist. Er erweist sich als wichtiger Vertreter der Inkubationszeit der modernen Erzähl- und Sagenforschung, dessen Zugang durch den übermächtigen Schatten der Grimms immer noch behindert ist, trotz erhellender Vorarbeiten. Die „Volcks Maehrgen“ belegen „die kulturelle Bedingtheit und Instabilität der historischen Gattungsbegriffe und ihre Wandlungen“[72]. Insgesamt sind sie daher – so Schenda – „ein fragwürdiges Geschenk unserer Vorväter an uns“[73], wobei ‚fragwürdig‘ hier meint, dass bisher kaum beachtetes, aber vielversprechendes Material aus dem oral-skripturalen Vorfeld der verfestigten Erzählgattungen seiner wissenschaftlichen Aufarbeitung harrt, durch die eine weitere Schneise in das Dickicht von Sagensammlung, Sagenproduktion und Sagenforschung vor der romantischen Fundamentierung geschlagen werden kann.

70 Rudolf Schenda, Volkserzählung und nationale Identität: Deutsche Sagen im Vormärz (1830–48), in: Fabula 25 (1984), S. 296–303, bes. S. 298f. – Vgl. auch Siegfried Becker, Hessische Sagen. Staatsgedanke und Landesbewußtsein im Spiegel der Rezeption von Volkskultur, in: Hessische Heimat 38 (1988), S. 122–128.

71 Martin Scharfe, Bagatellen. Zu einer Pathognomik der Kultur, in: ZVK 91 (1995), S. 1–26, hier S. 11.

72 Helge Gerndt, Vermischtes. Die Zeitungsnachricht als Sage, in: Carola Lipp (Hg.), Medien popularer Kultur. Erzählung, Bild und Objekt in der volkskundlichen Forschung. FS Rolf W. Brednich, Frankfurt a. Main/New York 1995, S. 48–59, hier S. 57.

73 Schenda, Volkserzählung, S. 302.

„Fränkische“ Streuobstwiesen in der Oberpfalz?

Walter Hartinger

Sie zählen zu den landschaftsgestaltenden Elementen der fränkischen Bezirke, die Streuobstwiesen, von der ersten Blüte Ende April bis zur bunten Laubfärbung im späten Herbst, auch heute noch, trotz der verheerenden Wirkung von EG-Prämien für die Rodung von Altbäumen, und mögen das Herz des „bekennenden“ Franken Wolfgang Brückner schon oft erfreut haben, der seine Verankerung in der Region soeben noch einmal nachdrücklich demonstriert hat mit dem Prachtband über das „fromme Franken“[1]. Dem Verständnis des Jubilars von unserem gemeinsamen Fach Volkskunde als einer „Sozialgeschichte regionaler Kultur“[2] fühlt sich denn auch die folgende Studie verpflichtet, welche der Erscheinung „Streuobstwiese“ in der benachbarten Oberpfalz nachgeht. Sie tut dies im Wesentlichen an Hand archivalischer Quellen, vornehmlich der Dorfordnungen und der Pflegamtsrechnungen.

Dabei lehrt bereits der flüchtige Augenschein, dass in der Oberpfalz (und in Niederbayern, das beiläufig mitberücksichtigt wird), die Streuobstwiese heute weit weniger stark vertreten ist als in den westlich anschließenden Landschaften. Sie fehlt freilich auch hier keineswegs, so dass sich die Frage stellen lässt nach den Faktoren, Motiven und Kräften, welche unserer Kulturlandschaft ihr Gesicht gegeben haben, und worin die Gründe liegen für die offensichtlichen Wandlungen im Laufe der Generationen. Die für den Kulturhistoriker greifbaren Quellen erlauben es freilich kaum einmal, über die Schwelle der frühen Neuzeit hinauszugreifen. Dass aber bereits seit dem Spätmittelalter damit gerechnet werden kann, dass Obstbäume für den bäuerlichen Wirtschaftsbetrieb selbstverständlich waren, das können wir mit Gewissheit sagen.

In der einschlägigen Literatur werden gerne das Capitulare de villis von Karl d. Gr. (792), der Klosterplan von St. Gallen (um 820), der Hortulus des Walafrid Strabo von der Reichenau (um 840), die sog. Gartenbaulehre des Albertus Magnus (um 1200–1280) und die Erwähnung von Obstgärten in der Lex Baiuvariorum (1. Hälfte 8. Jh.) und der früher zu datierenden Lex Salica als Beispiele für mittelalterliche Obstbaumzucht genannt.[3] Doch lässt sich kaum entscheiden, was hieran reine Kompilation mit Ausgriffen in die Antike, was gestalterische Willensbekundung ohne Realitätsbezug, was Regionalspezifik der Bodenseegegend oder was echte Wirklichkeits-Beschreibung von Süddeutschland oder gar dem Deutschen Reich gewesen ist. Im Spätmittelalter gewinnen wir da schon mehr Sicherheit mit Würzburger Marktsätzen für Obst sowie Erlassen gegen dessen „Fürkauf“[4] seit der Mitte des 14. Jahrhunderts oder

1 Wolfgang Brückner, Frommes Franken. Kult und Kirchenvolk in der Diözese Würzburg seit dem Mittelalter, Würzburg 2008.

2 Wolfgang Brückner, Volkskunde als Sozialgeschichte regionaler Kultur, in: Wolfgang Lipp (Hg.), Industriegesellschaft und Regionalkultur, München 1984, S. 71–88, jetzt auch in der umfassenden Sammlung kleiner Schriften des Autors: Volkskunde als historische Kulturwissenschaft, Bd. I, Kultur und Volk. Begriffe, Probleme, Ideengeschichte, Würzburg 2000, S. 72–92.

3 Günther Franz (Hg.), Geschichte des deutschen Gartenbaus, Stuttgart 1984 (Abschnitte von Ulrich Willerding und Wilhelm Busch).

4 Verkauf einer Ware vom Feld oder Haus weg, jedenfalls vor dessen Anbieten auf dem öffentlichen Markt oder gegenüber dem Grundherren. Die Jahrhunderte hindurch war es ein Anliegen der Obrigkeiten, derlei zu verbieten.

wenig späteren Vorschriften in München.[5] Der Regelungsbedarf scheint bereits früher in den fränkischen Territorien bestanden zu haben als in Altbayern.

Für die Oberpfalz liefert einen frühen Beleg die „Ordnung der Gemeine" von Hirschbach aus dem Landkreis Amberg-Sulzbach von 1501, welche bestimmt: „Man soll auch keinen fruchtbaren Baum in der Gemeind abhauen bey ... Straf der 60 dn."[6] Zweierlei lässt sich daraus ablesen: Zum einen waren zu diesem Zeitpunkt in Hirschbach die Existenz von Obstbäumen und das Bewusstsein für Bestandswahrung bereits vorhanden und zum anderen ist der Standort „die Gemeind", vermutlich also die Allmende, der unverteilte Gemeindebesitz; so lässt es sich von hier an für die gesamte Region weiterverfolgen. Der Besitz von Obstbäumen auf eigenem Grund und Boden, etwa in den intensiv genutzten und eingezäunten Gärten rund um die Wohnhäuser und Wirtschaftsgebäude, ist damit nicht ausgeschlossen, vielmehr aufgrund wenig jüngerer Belege gesichert. Gerade ihnen misst Karl Siegfried Bader einen erheblichen „ethischen Gehalt" bei der Ausbildung des modernen Bewusstseins von „Eigentum" zu, weil hier der Zugriff der anderen Dorfgenossen ausgeschlossen und mit erheblichen Sanktionen bewehrt war. „Von da an ist ein weiter Weg bis zur Ausschließlichkeit der Nutzung an der Feldflur, an der andere, wenigstens zu Zeiten, teilhaben wollen."[7]

Der Obstanbau auf Gemeindegrund ist also die gesamte frühe Neuzeit hindurch eine Selbstverständlichkeit in der untersuchten Region; natürlich ergibt sich daraus ein Regelungsbedarf für die sinnvolle kollektive Nutzung bzw. für die Zurückdrängung des zu allen Zeiten virulenten Eigennutzes Einzelner. Die „Gemains- und Dorffsordnung" von Steinling (um 1610), ebenfalls Landkreis Amberg-Sulzbach, bringt dieses Prinzip in eine nahezu klassische und vorbildliche Fassung: „Es sollen auch die Gemeinsgenossene hinführo vor St. Bartholomei Tag keine Gemein-Öpfel und Birn nicht abschlagen oder abschütteln, doch das Uffglauben ihnen unverwehrt seyn. Da aber vor oder nach Bartholomei Tag zum Obst-Abnehmen Zeit, sollen die Führer, so offt es vonnöthen, einen Tag benennen, darzu jeder Gemeinsgenossene kommen, mit guten vorsichtigten Fleiß und Verschonung der Bäum durch gerechte Persohnen das Obst fein friedlich unter einander vertheilen sollen, und soll ein Hauß wie das ander, der arm als der reich, gleichen Theil, damit solche Gottes Gab seiner Göttlichen Allmacht zu Ehr und Danckh, der ganzen Gemein zu Nuzen, ohne Müssbrauch möge angewendet werden. Doch soll das Abschlagen bey Straff aines Orth[8] ganz abgeschafft, sondern der Bäumen darmit verschonet ... werden."[9] Ähnlich kennt die etwa zeitgleiche Ordnung von Alfeld (1617, jetzt LK Nürnberger Land) den Bartholomäi-Termin als Beginn der Ernte und verbietet – wie auch die Steinlinger Ordnung – die unbedachtsame Rodung von Fruchtbäumen: „Item alle fruchtbarn wildte und zähme Äpffel, Birn, Kersten, Weixel und dergleichen Bäume, so uff der Gemein stehen, dieselben sollen abzuhauen verbothen seyn, bey Straff eines halben Guldens und Verlust des Holzes."[10]

Dass trotz klarer Regelungen im Einzelfall Konflikte nicht ausgeblieben sind, lässt nicht nur der gesunde Menschenverstand vermuten, sondern belegen auch die Amtsrechnungen, wie

5 Wilhelm Abel, Geschichte der deutschen Landwirtschaft vom frühen Mittelalter bis zum 19. Jahrhundert, Stuttgart [3]1978, S. 129.

6 Es wird im Folgenden wiederholt zu verweisen sein auf die dreibändige Sammlung: Walter Hartinger, „... wie von alters herkommen ...". Dorf-, Hofmarks-, Ehehaft- und andere Ordnungen in Ostbayern, Bd. I und II Passau 1998, Bd. III Passau 2002, abgekürzt zit. mit Hartinger I etc. und Seitenangabe; hier Hartinger II, S. 580.

7 Karl Siegfried Bader, Rechtsformen und Schichten der Liegenschaftsnutzung im mittelalterliche Dorf, Wien etc. 1973, S. 53.

8 Ortgulden = der vierte Teil eines Gulden.

9 Hartinger II, S. 905.

10 Hartinger II, S. 450.

die von Wetterfeld: „Gleichwie Jakob Gierl uf Attrapiren die Barbara Friesin in Zusambglaubung der von gemain Piernbaumb herab gefallenen Birnen mit hartten Schlägen hergenommen, sye entgegen ihne hierauff einen Gemains Dieb gehaissen, also auch wird beiden neben ex officio aufgehobener Injuri Straff dictirt 1 fl.“[11]

Neben den auf Gemeindegrund stehenden und von der Gemeinde gepflegten Obstbäumen gilt unsere Interesse den privaten. Hier gab es als von Beginn an bestehendes, immanentes Problem den sog. Überhang. In dieser Hinsicht versucht das „Ehehafft-Recht“ des damals bayerischen Braunau 1583 eine generelle Lösung: „Der Paumb Frucht halb soll es gehalten werden, wie ain Stamb auf einem Grund allain stehet, aber ain Yberhang auf aines anderen Grund hat, so soll derselbig den dritten Theill vom Yberhang zum Stamb geben und die zway Thaill ime selbst behalten. So aber der Stamb gleich auf dem March steet, so gehört also iedem halbs zue, also soll es mit dem wilten Opst und den Schmerpäumen[12] auch gehalten werden.“[13] Ein vernünftige Regelung, die gleichwohl in der Praxis nicht immer eingehalten wurde. „3 fl Hanns Schrettinger zu obern Triebenpach, ist mit Hannsen Simerl alda wegen abgenommener Piern, die dem Simerl uf seine Gründt überhangen, strittig worden, maßen er ihn dann auf dem Veldt starckh angesehen und ain Finger aufgeschlagen, desswillen … abgepiest.“[14] In einem anderen Fall verweigert ein Dorfgenosse seinem Nachbarn den Überhang von seinem Birnbaum, weil dieser ihm den von seinen Apfelbäumen nicht zugesteht; sie werden vom Richter ermahnt: „Beede Thaill haben dennen Ehehaffts Puncten gemess die Yberhäng einander zuezelassen, und da sye disfalls eines Vorenthalts irrig, sollen sye inner 14 Tagen derenthalb miteinander vergleichen.“[15]

Natürlich besteht bei den privaten Obstbäumen das Hauptproblem im Anreiz zum Diebstahl. Die Dorfordnungen drohen deswegen teilweise drastische Strafen an und unterrichten uns nebenbei über die in der Realität vorhandenen Obstarten sowie über die Verwendung des Obstes, etwa zum Verkauf auf dem Markt. In Lutzmannstein (LK Neumarkt) sieht man 1662 die gewaltige Strafe von zwei Reichstalern vor, weil besonders beim Vieh- und Gänsehüten, „wann etwa ein wenig Obs an Kirschen, Birn, Öpfeln und andern gewachsen und khaum erzeitiget, sowohl in den gemainen unverschlossenen, als herrschaftlichen verschlossenen Gärtten selbst, mit Ybersteig- und wohl gar Einraissung der Zeun und Heckhen – des Obs und der Peümb zugeschweigen – nicht nur von Kindern allein, sondern auch von alten und jungen großer Schaden beschehen.“[16] In der „Ehehafft“ von Deggendorf, am Rand des natürlichen Gunstraumes der Donau gelegen, präsentiert man 1556 ein erheblich größeres Sortiment an Obstarten: „Item Weinper, Pfirschach, Pyrn, Öpfl, Weichsel, Rueben, verzeunt verfridt Frucht, soll niemandt dem andern abprechen, entragen, aufklauben, noch zu Marckht verkhauffen, auch die Zeun, Planckhen und Fridt in irem Wesen bleiben lassen“ bei Strafe nach „Ungenade“ oder in die Geige.[17]

Nach Ausweis der Gerichtswändel sind es vor allem die Buben und ist es vor allem die Nacht, welche Anlass für Klagen gaben;[18] dies lässt Erinnerungen an die eigene Kindheit wach

11 Amtsrechnung Wetterfeld von 1750, zit. bei Karl Gschwendner/Eduard Trinkerl, Sitte und Recht im ehemaligen Pflegamt Wetterfeld, Roding 2005, S. 493.

12 Fruchttragende Wildbäume wie Buchen und Eichen.

13 Hartinger I, S. 130.

14 Amtsrechnung Wetterfeld 1632, zit. bei Gschwendner/Trinkerl (wie Anm. 11), S. 24.

15 Verhörprotokoll des Pfleggerichts Deggendorf 1699, Staatsarchiv Landshut, PG Deggendorf P 124 (für den Ort Helfkam).

16 Hartinger II, S. 721.

17 Hartinger I, S. 154.

18 Gerichtswandel = Strafe, die ein Gericht verhängt, im Unterschied zum Viztumswandel der Hochgerichtsbarkeit und im Unterschied zu den bürgerlichen Strafen. Vgl. Reinhard Heydenreuter/Wolfgang Pledl/Konrad Ackermann, Vom Abbrändler zum Zentgraf. Wörterbuch zur Landesgeschichte und Heimatforschung in Bayern, München 2009, S. 86.

werden, in welcher trotz ausreichender Versorgung mit Obst im elterlichen Garten die Äpfel, Birnen, Kirschen und Beeren in den Garten der Nachbarn schlecht bezähmte Gelüste hervorgerufen haben. „Georg Igl von Stockhern hat des Wolfen Thraidtls daselbsten beede Söhn auf einem ihme angehörigen Kerschpaumb erwischt, denen er in Güette undersagt, sye nit zuvil Kerschen nemben sollen."[19] „Michael Widtman zu Wundthaimb ist zu Andren Schneberger khommen und ime undersagt, dass er Abstellung thuen solle, darmit ime durch seine Khinder nechtlicher Weil die Öpfl nit abgeschit werden."[20] „Seint uf beschehenes Clagen Hannsen Stängls, Khürchenprobsten zu Fuhrn, Hanns und Wolff Ströbl zu Hofenstötten, dass selbige ihme Stängl nächtlicher Weill, selbst bekhennter Weis, die welschen Nuss von Paumb entwendet, neben ernstlichen Verweis und Zahlung 30 Kr. für die Nuss unnd des Gerichts Cossten in Ambthaus abgepiesst worden 1 Tag."[21] „Adam Knott, ledig Standts zu Wetterfeld, hat sich understandten, in dem Pfrundtner Gartten die unzeittigen Amerellen[22] abzuprockhen, auch noch yber das die Paumb schedlich zuverderben, als ist ihme solches ... verpothen und zu verdienter Straff 3 Stundt lang im Stockh abgepiesst worden."[23]

Nicht selten kommt es allerdings auch vor, dass die geschädigten Eigentümer selber mit amtlicher Strafe überzogen wurden, weil sie die ertappten Diebe „mit truckhen Schlägen zu hart tractiert" haben.[24] Dies vor allem dann, wenn die „Attrapierten" Frauen waren und sich vielleicht sogar noch auf Schwangerschafts-Gelüste herausreden konnten wie jene Margaretha Neus aus Leups, welcher 1684 „Christina Eckhsteinin ... daselbst mit einer Stangen etliche Stöss, umb willen sye uf einen Kriegpaumb[25] gestiegen und etliche als ein schwangers Weib herunder gethon, gegeben und dardurch verlezt" hat.

Auf eine mutwillige Aktion zur Bloßstellung eines Dorfgenossen scheint folgender Vorfall des Jahres 1652 aus der Gegend von Roding zu verweisen, der gleichwohl für die Akteure misslich ausgegangen ist: „Hannsen, auch Geörg Wanckherl, Gebrüeder zu Prunst, noch lödtig, Geörg Reisinger zum Grabenhof, verheurath, und dessen Brueder, lödtigen Standts, auch dessen Dienst Magdt Magdalena N., haben zwo Nächt Andre Schärtl zum Wenzelhof ab zway Päumen bey 10 Car[26] Öpfl abgeschitt und hinweckh in des Reisingers Stadl getragen und Geörg Wanckherl noch darzue dem Schärtl die Haus Thür mit großen Hölzern verpauen, dass er nit herauss khommen khönnen. Derentwegen sie sambentlich vier Stundt lanng an die offentliche Schanndt Saul, und der verheurathe Reisinger, dass er die Öpfl in sein Stadl eintragen lassen, und Geörg Wanckherl, so die Thier verbauet, noch darzue Tag und Nach mit dem Stockh, die Diern, so nur einmal mitgangen, so lang mit der Geigen abgestrafft und zur Bezallung der Öpfl condemniert worden."[27]

Durchgängig sind die örtlichen Obrigkeiten offensichtlich nicht gewillt, Obstdiebstahl als eine Bagatelle nach dem Muster der heutigen Vorstellung von „Mundraub" durchgehen zu lassen. Sie mochten sich dabei dem Wortlaut des Oberpfälzer Landrechtes von 1606 verpflichtet fühlen, das im Sinne der zeitgenössischen Generalprävention gewaltige abschreckende Strafen vorsah: „Wann an Frucht, Wein, Trauben, Oepffel, Biern, Kraut, Rüben etc. von jemand viel unnd ein mercklichs gefärlicher weiß gestolen, wider verkhaufft oder sonst in sein

19 Amtsrechnung Neunburg v. W. 1690, Staatsarchiv Amberg (passim StAAm).

20 Ebd. für 1659.

21 Ebd. für 1673.

22 Amelbeere, Amarelle = süße Frühweichsel.

23 StAAm, Amtsrechnung Wetterfeld 1698, Amt Wetterfeld R 73.

24 So nach Amtsrechnung Wetterfeld 1630, zit. bei Geschwendner/Trinkerl, S. 22.

25 Kriechen = eine Art Pflaume, ma. heute in der Oberpfalz noch „Kréicherl" genannt.

26 Kar = tiefe Schüssel zum Abmessen des Getreides.

27 Amtsrechnung Wetterfeld 1652, zit. bei Geschwendner/Trinkerl, S. 77.

Nutz verwendet würde, so soll nach Gestalt der Erfahrung gegen einen solchen Verbrecher mit Verweisung des Landts, Thurn- oder Geltstraff procedirt werden. Wann aber der Diebstal gering und doch mutwilliger böser Fürsatz darbey gespürt, so mögen solche Frücht- und Obs-Dieb zum Schrecken und Abschew in die Körb und Schneller offentlich gesezt und ins Wasser gesprengt werden, doch also, dass denselben am Leben kein Schade widerfahre.“[28]

Wie fast generell scheint die Strafrechtspraxis der Barockzeit auch in diesen Fällen wesentlich moderater gewesen zu sein; jedenfalls habe ich nirgends einen Beleg für die Verhängung der genannten Strafen gefunden. Wohl aber ließ sich an den angeführten Beispielen beobachten, dass neben Geldstrafen auch die gefürchteten Ehrenstrafen an der Schandsäule, in der Geige oder im Stock zum Einsatz gekommen sind. Damit das Delikt der schaulustigen Öffentlichkeit ja recht drastisch vor Augen geführt wurde, haben es die Richter wiederholt nicht verabsäumt, den Delinquenten ein Säcklein mit den gestohlenen Früchten umhängen zu lassen, so 1737 in Wetterfeld einem Nuss-Dieb, der „anderen zu einem Abscheuchen zwey Stundt mit Anhängung des Obsts offentlich vorgestellt“, oder ebendort etlichen Birn-Dieben, die jeweils „drey Stundt offentlich in den Stockh abgestrafft und ihnen das entwendte Obst angehengt“ worden ist.[29]

Aus den bisherigen Ausführung sollte als gesicherte Erkenntnis hervorgehen, dass auch in der Oberpfalz (und in Niederbayern) während der frühen Neuzeit in einem gewissen Umfang mit dem Vorhandensein von Streuobstbeständen gerechnet werden kann. Es gab Obstbäume in den Privatgärten, es gab dergleichen auf Gemeindegründen. Ohne dass dies irgendwo belegt würde, können wir davon ausgehen, dass es sich um Hochstämme gehandelt hat, auf welche man als Dieb gestiegen ist und wo man u. U. mit einer vom überraschend auftauchenden Eigentümer geschwungenen langen Stange traktiert werden konnte. Die in der zeitgenössischen Gartenkunst[30] abgehandelten Niederstämme werden in unseren Quellen nicht greifbar. Das Obst war für den privaten Verzehr bestimmt, scheint aber auch auf dem Markt angeboten worden zu sein.[31] Es war insofern von Gewicht für den dörflichen Alltag, als man deswegen die Gerichte bemühte bzw. die öffentliche Regelungskompetenz in Anspruch nahm (so beim Überhang) oder als man auch erwartbare Strafen riskierte, um in den (widerrechtlichen) Besitz von Obst zu kommen. Wenig lässt sich bisher sagen über den Umfang der Bestände und über den Stellenwert innerhalb der bäuerlichen Wirtschaftsführung bzw. innerhalb der obrigkeitlichen Wirtschaftspolitik. Nun gehört es zum Standardwissen der gartenbaulichen Literatur, dass es sich die deutschen Obrigkeiten seit den Zeiten der Aufklärung, cum granu salis seit dem 18. Jahrhundert also, überall angelegen sein ließen, neben diversen anderen Zweigen der Landwirtschaft auch den Obstbau nachdrücklich zu fördern.[32]

Für die Oberpfalz nun lässt sich zeigen, dass administrative Vorstöße zu Etablierung und Verbreiterung des Obstanbau schon wesentlich früher erfolgt sind. Einzugehen ist auf Kurfürst Friedrich III. (den „Frommen“) von der Pfalz (1515–1576, als Kurfürst 1559–1576) bzw.

28 Churfürstlicher Pfaltz Fürstenthumbs in Obern Bayern Landrecht, 1. Teil Amberg 1599, 2. Teil 1606; hier 2. Teil S. 56. So wurde es auch noch wörtlich aufgenommen von Michael Münchmeyer, Compendium des Ober-Pfälzischen Landrechts cum notis iuris communis et differentiis iuris Bavarici etc., Sulzbach 1689, S. 307.

29 StAAm, Amtsrechnung Wetterfeld 1737, R 108.

30 Wilfried Hartleb (Hg.), Ein Hauch von Gold. Pomeranzen und Gartenkunst im Passauer Land, Regensburg 2005. – Hans-Jürgen Lechtrenk, Die Äpfel der Hesperiden werden Wirtschaftsobst. Botanische Illustrationen und Pomologie im 18. und frühen 19. Jahrhundert, Berlin 2000.

31 Vgl. Ehehaft von Deggendorf 1556 (wie Anm. 17).

32 G. Franz, Gartenbau (wie Anm. 3, Abschnitt von Günther Liebster).

auf seinen Sohn Ludwig (1539–1583, als Kurfürst 1576–1583), der an dessen Stelle als Statthalter in der Oberpfalz von 1563–1576 gewirkt hat. Sie erließen Edikte, welche den Werdegang des Obstanbaus in der Oberpfalz wesentlich geprägt haben. Pfalzgraf Ludwig, der während seiner Ausbildung zum Regenten Frankreich und besonders Burgund intensiv kennengelernt hatte und 1561 vorübergehend auch schon Statthalter in Heidelberg gewesen war,[33] trat 1563 sein Amt in Amberg an, in der Hauptstadt jenes Nebenlandes der Pfalz, das seit dem 13. Jahrhundert dazu bestimmt war, die Verbindung der dortigen Kurfürsten mit ihrem einstigen Stammland aufrecht zu erhalten. Für die Historiker ist Pfalzgraf Ludwig vor allem von Interesse wegen seines Eintretens für die lutherische Konfession und wegen seiner Opposition zu dem kalvinistischen Vater, doch muss er auch großes Interesse für Fragen der Ernährung und Gesundheitsvorsorge gehabt haben, wie das gleich zu besprechende Edikt und ein bedeutendes heilkundiges Kräuterbuch belegen, das mit seinem Namen verbunden ist und zu den Schätzen der Heidelberger Bibliothek gehört.

Pfalzgraf Ludwig dürfte also mit den naturräumlichen Verhältnissen am Rhein, im Elsass und angrenzenden Frankreich bestens vertraut gewesen sein, als er am 23. Januar 1565 ein Edikt zur Förderung des Obstbaus in der Oberpfalz verfassen ließ; sein Vater, Kurfürst Friedrich III., hat es im nächsten Jahr „Extracts weiß" in seine Amtsordnung für die Oberpfalz aufgenommen. In dieser Fassung ist es uns überliefert. Wegen seiner Bedeutung sei es ausführlich zitiert:

„Lieber Besonder etc.[34], zum andern so befindet sich, dass an vielen Orten dieß Fürstenthumbs mit Wartung und Anerziehung der geschlachten[35] Obs Paum gantz nachlessig und ubel gehauset wird. Dieweilen aber wißlich, daß der gemein Man von den geschlachten Obs-Paumen, wo die, wie sich gebuert, gepflanzt und in gutem Wesen erhalten werden, einen treulichen guten Genieß haben mag, und das Obs nit allein in die Kuechen, dardurch andere Köchet und Speise, zum Teil auch das liebe Brot bei dem jungen Volk erspart werden kan, sondern an etlichen vielen Orten in furfallenden Teuerungen uß Mangel des Brots und andrer Speis zu Stillung des Hungers dienstlich; zudem es auch den armen Leuten in Verkaufung desselben bisweilen bare Pfenning, damit sie ettlichermassen ir Zins deß bas bezalen mögen, ertregt; so bevehlen wir, du wollest gleichfalls alsbald, und ohn alles Verziehen den Underthanen deines Ambts mit allem Ernst schaffen und gebieten, daß sie inen selbst, iren Erben und gemeinen Nutzen zu gutem, auch Besserung irer Höf und Gueter järlichen, allen und eines jeden Jars besonder bis uff Wiederabschaffen, in iren Zugehörungen, Baum- oder anderen Guetern, und welche deren nit hetten, in ire Wismater oder Eckher an gelegen Orten, nemlich einer, so einen ganzen Hof hat, funf, und einer, so einen halben Hof oder Selden-Gut hat, drey gut wälte[36] oder gesäte Stockh, wie sie die am gelegensten bekomen, setzen und abbelzen, oder soviel junger albereit abgebelzter Baum, so man hin und wieder in leidlichem Wert zu Handen bringen kann, einsetzen und pflanzen; wellicher oder welche aber solches nit thun, sonder dieß unser Gebot verachten wurden, dem oder denselben von jedem abgehenden Stuck ein halben Gulden Straff … einziehen und verrechnen sollest … oder aber, wo einer oder mehr, so arm, daß er's am Gut nicht vermöchte, den oder dieselben nach Gelegenheit etzlich Tag im Thurm strafen."[37]

33 S. Allgemeine Deutsche Biographie 19 (1884) S. 577.
34 Gemeint sind die Amtleute, an welche sich das Edikt wendet.
35 Geschlacht = gut (das Gegenteil von „ungeschlacht").
36 Taugliche.
37 Max Josef Neudegger, Amts-Ordnungen des Kurfürsten Friedrich III. von der Pfalz aus den Jahren 1561 und 1566. Aus dem Manual des Kanzlers in Amberg, München 1888, S. 43–49.

Es folgen Durchführungsbestimmungen: Die Amtleute sollen in jeder Hauptmannschaft einen speziellen Beauftragten, einen Peltzmeister „entweders selbst furnemen oder die Underthanen under inen einen welen und dir furstellen lassen“. Dieser soll jährlich um den Tag von Johann dem Täufer „neben sonst noch einem oder zweien aus den Gemainden, so er seines Gefallens oder uff dein Verordnen zu sich zu nemen hat, einen Umbgang“ halten, die jungen Bäume oder Peltzer besichtigen, ein entsprechendes Register an den Amtmann liefern, der dann die fälligen Strafen aussprechen und in einer Rubrik seiner Rechnung aufführen soll. Auf mutwillige Zerstörung solcher Bäume wird eine Strafe von 10 Gulden gelegt.

„Damit auch könftig deines Ambts zu diesem notwendigen Werk an wilden Stöcken nit unfursehenlich Mangel erscheinen, so hast du den Pauersleuten und anderen itzten das uffzulegen, daß sie järlich etliche Obs-Kern in einem hiezu gelegenen verzeunet oder sonst verwarten Ort oder Winkel irer Garten, Wiesen oder Ackher säen; dardurch können sie alsdan ungeverlich in 4 oder 5 Jar ohne alle Muehe, Ungelegenheit oder ainichen Kosten Stöckh haben, welche zu versetzen und abzupelzen tauglich.

So nun dieß alles angeordnet und ins Werk gerichtet, auch durch dich und andere Ambtleute darob gehalten wirdet, so sind wir guter Zuversicht, daß inner 10 oder zum lengsten 15 Jaren nit allein diesem Fürstenthumb zu einer sonderbaren Zierd und Wolstandt, auch merklicher Besserung und Aufnemung irer Höf und Gueter reichen und gedeyen werde.“

Soweit der Wortlaut des Ediktes von Pfalzgraf Ludwig aus dem Vorjahr. Kurfürst Friedrich reagiert im Folgenden auf die Probleme, welche sich aus der Durchführung bereits ergeben hatten. „Als sich aber seit der Zeit, ehe solch Edict publicirt worden, zwischen Gemainden, Privat-Personen Irrungen und Mißverstandt erhoben, nemlich da ein Underthan hievor albereit bey seinem Hof oder Gut wesentliche gute Baum und Obsgarten, welche mit Baum zur Notturft versehen, oder doch er, der Underthan, solche Garten in dem ersten, andern oder mehr Jarn uff ein zweit's oder mehrmal mit soviel Peltzer besezt, daß einige ferrer darein mit Nutz nit gesetzt werden möchten, ob in diesen beden Fällen der Underthan noch mehr Peltzer und wohin zu setzen schuldig sein solle?

Item daß sich etliche, die nit Baum, Obsgarten, ire Wiesen und Ackher, so in dem gemainen Blumenbesuch[38] und Triften[39] gelegen, ires Gefallens heufig zu Garten einzufangen, zuverzainen und dadurch der Gemainden ire unentberliche weite Genge und Triften zu engern understandten?“

Bezüglich der ausreichenden Bestockung der Höfe mit Obstbäumen will der Kurfürst die Entscheidung in die Hände der Amtleute und der Peltzmeister legen; bei ausreichendem Besatz sollen nur mehr abgehende oder alte Bäume ersetzt werden. Hat jemand keinen ausreichenden Platz in der Nähe seines Hauses, so darf er nicht nach eigenem Gutdünken ein Stück der Weide oder des Viehtriebes einzäunen, sondern nur einzelne Bäume in die Flur setzen und diese „mit einem Kranz-Zaun, dessen Ainfang uber zwerg nit uber 4 oder 5 Werkh-Schuh[40] hettet, vor Beschedigung des Viechs umbfangen; oder wolte aber ainem oder dem andern solche abgesonderte Umbfahung ungelegen sein, so solle im die Gemaind desselben Orts oder im Fall ires Verwiderns die Ambtleut uff sein gebuerlichs Ansuchen aus seinen Wiesen und Veldern, an Orten, do es dem Viechgang und der Trift am wenigsten irret, nach Gelegenheit und Größe desselben Underthanen Hofs oder Guts, und deren dazu gehörigen Wiesen und Velder,

38 Allgemeine Weidefläche.
39 Triebwege für das Vieh.
40 Werkschuh = üblicherweise 12 Zoll oder ca. 30 cm.

zu einem Baum- und Obsgarten soviel Platz oder Grundt ausweisen, als ungeverlich andere benachbarte Underthanen desselben Orts haben; welchen ausgewiesenen Platz und Grund derselb Underthan seiner Gelegenheit und Notturft nach also zu einem Garten einzufangen und die ufferlegte Anzal junger Baum oder Peltzer darein zu setzen … verbunden sein soll."

Es ist unschwer zu sehen, dass diese Verordnung ein Bild der Landschaftsgestaltung entwirft, wie sie für Franken heute noch selbstverständlich, aber auch für die Oberpfalz nicht ungewohnt ist: hochstämmige Solitärbäume in der Flur, gezogen auf Sämlingen, dann mehr oder weniger geschlossene Streuobstbestände fernab oder in der Nähe der Ortschaften mit der Möglichkeit der Unternutzung als Weide oder Ackerland und schließlich die Obstgärten bei den Höfen, die nicht selten den Übergang zur eigentlichen Landwirtschaftsfläche darstellen. Die Verordnung erfloss nach eigenem Bekunden aus der landesherrlichen Fürsorge für die Menschen, besonders zu Notzeiten,[41] unterschlägt aber auch den dezenten Hinweis auf die bessere Bezahlung von Steuern und Abgaben nicht.

Es liegt die Vermutung nahe, dass die Kurfürsten/Pfalzgrafen Ludwig und Friedrich mit ihren Edikten versuchten, „die in den Gegenden des Rheins blühende Obstkultur auch in der Pfalz zu Bayern systematisch zur Geltung zu bringen", wie es Max Josef Neudegger bereits 1888 formulierte.[42] Etwas eingeschränkt wird die Bedeutung dieser Verordnung als Initialzündung für den Obstbau in der Oberpfalz, wenn man bedenkt, dass nach den ersten Erfahrungen der Amtleute bereits einzelne Höfe mit ausreichendem Obstbaumbestand vorhanden waren (s. o.) und dass etwa das „Ehhaft-Recht der Vogthey Hahnbach" (Landkreis Amberg-Sulzbach) schon 1559 verlangte, „dass ein jeder jarlich uff einen [ganzen] Hoff funff und uff ainem Gutt drey geschlachter Baum setzen und abpeltzen soll oder aber von ainem zu Straff einen halben Gulden bezallen soll."[43] Gleichwohl wird für das Regierungshandeln der beiden Kurfürsten die Erfahrung mit ihren Stammlanden von Bedeutung gewesen sein, gehörte das Rheinland doch zu den wenigen deutschen Landschaften, in denen bereits im Mittelalter der Schritt von der Eigenversorgung zum Erwerbsanbau mit Obst gemacht worden war.[44]

In der Oberpfalz jedenfalls hat man ganz offensichtlich in den folgenden zwei Jahrhunderten immer wieder auf die Edikte Ludwigs und Friedrichs wörtlich oder sinngemäß zurückgegriffen, so in der Landesordnung von 1598[45], in derjenigen von 1658[46], im Compendium Münchmeyers von 1689[47] oder in einem Mandat von 1750[48]. In letzterem hat man dann auch einen Schwachpunkt der älteren Edikte beseitigt, nämlich die Fixierung einer Obergrenze, bis zu der hin man den Obstanbau ausdehnen sollte; neu ist, dass man nun auch eine Alternative vorgesehen hat. Ich zitiere das „Notandum" der Hollenberger Amtsrechnung von 1759: „Vermög ergangen … Churfrtl. hochlöbl. gnädigsten Regierungsbefelch de dato 6. April anno 1750 solle ein ganzer Hof jährlichen 5, ein halber Hof oder Sölden aber 3 guette, wildte oder gesähte Stöck sezen und abbelzen und damit solange continuiren, bis der ganze Hof 16, die übrigen

41 Es darf bezweifelt werden, ob dies das alleinige Motiv war, wie Klaus Köhle mit Verweis auf die stereotype Behauptung der Armut der Bevölkerung auf den zeitgenössischen Landtagen meint; Klaus Köhle, Landesherr und Landstände in der Oberpfalz von 1400–1583. Sozialstruktur und politische Repräsentanz eines frühneuzeitlichen Territoriums, München 1969, S. 157.

42 Neudegger, Amtsordnung (wie Anm. 36), S. 43, Anm. 1.

43 Hartinger II, S. 563.

44 Abel, Landwirtschaft (wie Anm. 5), S. 239. – Hansjörg Küster, Geschichte der Landschaft in Mitteleuropa. Von der Eiszeit bis zur Gegenwart, München 1995, S. 283f.

45 Der Fürstlichen Bayerischen Landßordnung weitere Erclerung sambt etlichen von newem daran gehengten und zu Anstellung guter löblicher Policey dienstlichen Satzungen auffgerichtet im Jar 1598, S. 235f.

46 Landts- und Policey Ordnung der Churfrtl. Durchl. in Bayrn etc. Fürstenthumbs der Obern Pfaltz, München 1658, S. 481f.

47 Münchmeyer, Compendium (wie Anm. 27) S. 243.

48 Zit. in den Akten des Amtes Neuburg v. W. , StAAm, Amt Neuburg v. W., KR 1751 oder in einer Amtsrechnung von Hollenberg, StAAm, Amt Thurndorf, R. 179.

nach proportion der Güetter[49] gesezt haben, ansonsten aber statt der vorigen 30 Kr., für dermallen ab jeden abgängigen Stockh 15 Kr. zur Straff bezalt werden. Da aber bey ainigen Underthannen die Bäumberziehung absolute vergebens, solle nach proportion seines Anwesens ein ganzer Hof 8 Stöckh und infolge dessen ein halber und Virtlhof die Helffte oder den virtten Theill jährlichen Hopfenfexer anlegen und damit solange continuiren, bis der ganze Hof 32 Stöckh und die übrigen Gietter nach proportion werden erzüglet haben, außerdeme aber ebenfahls von ieden abgehenten Fexer 15 Kr. zur Straff erlegt werden solle."

Auch eine ganze Reihe von Dorfordnungen greift die Verpflichtung zur Erziehung von Obstbäumen bei den bäuerlichen Anwesen oder in der zugehörigen Flur auf und stellt vor allem das eigenmächtige Roden unter Strafe.[50] Dass es sich hierbei nicht um papierene Normen handelte, an die man sich halten konnte oder nicht, das zeigt sich nicht nur an deren immer wieder erneutem Einschärfen, sondern an Straflisten für die einschlägigen „Verbrecher" in den Amtsrechnungen. Freilich konnte es schon einmal vorkommen, dass die Amtleute Gnade vor Recht ergehen ließen bzw. vernünftiges Augenmaß bewiesen, wenn die klimatischen Umstände dies erforderten, so 1684 in Neunburg vorm Wald: „Weillen im nechst verwichenen hartten Wüntter und sodann in dem darauff gefolgten haissen unnd dirren Sohmmer vasst die maiste iunge Paumb, so diser Zeit yber mit großer Mühe unnd Arbeith gesezt unnd abgepelzt worden, wider und gleichsamb uf ainmahl zuschandten gangen, als ist bei so gestelten Sachen diss Jahrs kheine Pelzerbschau, weniger gegen dennen Underthanen dissfahls eine Bestraffung vorgenommen worden, doch ist ihnen bedeüthet worden, dass sye eingehentes Jahr mit dem Pelzen gleich eh unnd zuvor wider verfahren unnd sich also vor Straff hietten sollen."[51] Ähnlich verzichtete man im Amt Wetterfeld 1745 auf Beschau und Strafe, weil die in den beiden Vorjahren einfallenden Soldaten einen Großteil der jungen Obstpelzer vernichtet hatten.[52]

Damit wollen wir unsere Tour d'Horizon beenden, just zu dem Zeitpunkt (2. Hälfte des 18. Jahrhunderts), da in nahezu allen deutschen Territorien durch den konzentrierten Einsatz von obrigkeitlichen Verwaltungen, durch gelehrte Gesellschaften,[53] initiative Einzelpersonen[54] und eine sich allmählich formierende Wissenschaft vom Obstanbau – die Pomologie[55] – tatkräftige Förderung des Obstanbaus erfolgt ist. Auf diese Phase und die um 1900 beginnende Epoche des Obst-Erwerbsanbaus mit Plantagen, Niederstämmen und einer drastischen Sortenreduzierung konzentriert sich das Gros der einschlägigen Literatur.[56] Als neues land-

49 Bezug genommen wird auf die übliche Klassifizierung der landwirtschaftlichen Anwesen als ganze, halbe, viertel, achtel oder sechzehntel Höfe.

50 Steinling 1610 (Hartinger II, S. 905), Ehenfeld 1678 (Hartinger II, S. 513), Hohenburg vor 1703 (Hartinger II, S. 613), Illschwang um 1700 (Hartinger II, 631), Ettmannsdorf 1769 (Hartinger II, S. 530), Beratzhausen 1780 (Hartinger II, S. 468), Bayerbach/Langenhettenbach 1799 (Hartinger I, S. 97), Irlbach 18. Jahrhundert (Hartinger I, S. 221).

51 StAAm, Amtsrechnung Neunburg v. W. 1684.

52 StAAm, Amtsrechnung Wetterfeld 1745, R 115.

53 Rudolf Vierhaus (Hg.), Deutsche patriotische und gemeinnützige Gesellschaften, München 1980. – Richard van Dülmen, Die Gesellschaft der Aufklärer. Zur bürgerlichen Emanzipation und aufklärerischen Kultur in Deutschland, Frankfurt a. M. 1986. – Beate Heidrich, Fest und Aufklärung. Der Diskurs über die Volksvergnügungen in bayerischen Zeitschriften 1765–1815, München 1984. – Gerda Möhler, Zentrallandwirtschaftsfest und Landwirtschaftlicher Verein. Ein Beitrag zur „Landeskultur" unter Maximilian I. Josef, in: Hubert Glaser (Hg.), Wittelsbach und Bayern, Bd. 3,1, München 1980, S. 317–325.

54 Marie-Luise Segl, Bayern als Garten. Programm und Strategie des Volksaufklärers Johann Evangelist Fürst (1784–1846), in: Ostbairische Grenzmarken 35 (1993) S. 146–160.

55 Lechtrenk, Äpfel (wie Anm. 29).

56 Z. B. Lechtrenk, Äpfel (wie Anm. 29). – Franz, Gartenbau (wie Anm. 3). – Kirsten Lott, Der historische Obstbau in Deutschland zwischen 1850 und 1910. Geschichte, Dokumentation, Aussagen für den aktuellen Streuobstbau, 3 Bde., Berlin 1993. – Martin Born, Die Entwicklung der deutschen Agrarlandschaft, Darmstadt 1992. – Dagmar Stonus, Landesverschönerung in Bayern. Ein Kulturprogramm aus dem ersten Viertel des 19. Jahrhunderts, in: JbfVk N. F. 22 (1999), S. 7–29. – Heidrun Alzheimer-Haller, Handbuch zur narrativen Volksaufklärung. Verhaltensnormierung durch „Moralische Geschichten" 1780–1848, Berlin 2004, bes. S. 270–275.

schaftsgestaltendes Element beschert diese Zeit der deutschen Kulturlandschaft den Straßenobst-Anbau.[57] Selbstverständlich hat auch ein kunstliebhabender Monarch wie König Ludwig I. auf dieses Gestaltungsmittel nicht verzichtet, als er „seine" symbolträchtige Walhalla in die Donaulandschaft setzen ließ; eine Obstbaum-bestückte, kerzengerade 10 km lange Landstraße sollte von Köfering aus auf den Ruhmestempel hinführen.[58] Wolfgang Wüst hat darauf hingewiesen, dass sich 1771 die Augsburger Bischöfe bei ihrem Versuch, „die Säume der hochstiftischen Chausseen und Wege mit Bäumen [besonders Obstbäumen]" bepflanzen zu lassen, nach dem „pfälzischen exempel" gerichtet haben.[59]

Nun ließen die staatlichen Verwaltungen allenthalben Schulgärten anlegen, damit der Geist der Obstbauzucht schon frühzeitig in die Seelen der Kinder gelegt werden konnte; ein von dem Reformer August Hermann Francke schon 1695 in Halle an der Saale realisiertes Exempel wurde von seinen Nachfolgern im Geiste wie Campe, Basedow, Salzmann, Pestalozzi und Rousseau aufgegriffen und mit staatlicher Förderung dann um 1800 in die Realität umgesetzt.[60]

Am Beispiel der Oberpfalz hatten wir beobachten können, dass schon lange vor Aufklärungs-Zeiten die staatlichen Eliten Einfluss genommen haben auf die sog. Volkskultur. Sie waren als zentraldirigistische Instanz (wie die Kirche auf anderen Feldern) befähigt, mit ihrer Regelkompetenz und mit ihrer Sanktionsmacht die sog. unteren Volksschichten auf Dauer in ein bestimmtes kulturelles System zu drängen. Dabei standen ihnen alle Möglichkeiten einer grenzüberschreitenden Orientierung offen. Regionale Regenten wie die Kurfürsten/Pfalzgrafen Friedrich III. und Ludwig VI. kannten aus eigener Anschauung die Verhältnisse am Rhein, im Elsass, in Burgund und konnten diese problemlos übertragen auf eine vielleicht in unserem Bewusstsein als abgelegen und fernab vom Puls der Zeit befindliche Region wie die Oberpfalz. Doch generell wird man davon ausgehen müssen, dass auch in Zeiten der Vormoderne die staatlichen Verwaltungen aufmerksam beobachtet haben, was in der näheren und ferner liegenden Welt geschah und sich u. U. bewährte, wie Wolfgang Wüst für das Hochstift Augsburg in unserem Zusammenhang feststellen konnte.[61] All dies macht uns skeptisch gegenüber der älteren wissenschaftlich-volkskundlichen Erwartung von unverwechselbaren und lange Zeit bestehenden lokalen oder regionalen Kulturen.

Gleichzeitig erweist sich am vorliegenden Thema der enge Zusammenhang zwischen staatlichen und geistigen Führungskräften. Denn sollte es wirklich ein Zufall sein, dass nahezu zum nämlichen Zeitpunkt, da Friedrich III. und Ludwig VI. die Obstbaumzucht in der Oberpfalz als bürokratisches Anliegen in die Hand nehmen, ein „theoretischer" Vordenker der Gartenbaulehre, der Ahnherr der sog. Hausväter-Literatur, Johannes Colerus, nahezu kongruente Überlegungen formuliert? Von 1593–1601 ließ dieser schlesische Pfarrer, dem kaum unmittelbare Wirkungsmöglichkeiten in seinem Umfeld offen standen, seine „Oeconomia ruralis et domestica" erscheinen, ein Werk, das bis zum Anfang des 18. Jahrhunderts nicht weniger als 14-mal nachgedruckt wurde und spätere Autoren wie den Freiherr von Hohberg und Rudolph Zacharias Becker nachhaltig beeinflusst hat[62]; darin beklagt er die geringe Sorge der Bauern für

57 Als Ausnahme war er vereinzelt schon zu Beginn des 18. Jahrhunderts vorhanden, so in Perlesreut (LK Freyung-Grafenau), wo 1739 „der Uberfall von denen Obstbäumen auf der Landstraß wegen besserer Obsicht und Fleiß aus einem guten Willen dem Marktdiener gelassen und vergünstiget werden soll" (Hartinger III, S. 101).

58 Jörg Traeger, Der Weg nach Walhalla. Denkmallandschaft und Bildungsreise im 19. Jahrhundert, Regensburg ^{2}1991, S. 166.

59 Wolfgang Wüst, Normen als Grenzgänger. Policey und Wissenstransfer in Süddeutschland vor 1800, in: Konrad Ackermann/Alois Schmid (Hgg.), Staat und Verwaltung in Bayern. FS für Wilhelm Volkert zum 75. Geburtstag, München 2003, S. 187–305, hier S. 289.

60 Franz, Gartenbau (wie Anm. 3, Abschnitt von Richard Maatsch).

61 Wüst, Grenzgänger (wie Anm. 58).

62 Abel, Landwirtschaft (wie Anm. 5), S. 208–210.

ihre Obstgärten sowie ihre Ignoranz gegenüber Veredelung, Schnitt und Bekämpfung von Schädlingen und überlegt bei sich: „Wenn ich Oberkait wäre, so wollte ich ihnen mit Ernst auflegen, dass ein jeder Bauer das Jahr zum wenigsten 6 oder 8 Stämme setzen und pfropfen und allerlei Obst in den Gärten zeugen müsste.“[63] Es will mich nicht überzeugen, dass Leute wie Hans-Jürgen Lechtrenk derlei Überlegungen als brotlose Kunst einstufen und lediglich als folgenloses Räsonnieren über den „locus amoenus“, über das Stereotyp des Paradies-Gartens abtun wollen.[64] Friedrich III./Ludwig VI. bzw. ihre Berater scheinen vielmehr durchaus gewusst zu haben, was zeitgenössische Koryphäen der Gartenbaulehre wie Johannes Colerus an Überlegungen parat hatten. Im konkreten Fall könnte es auch umgekehrt gewesen sein, dass der Gelehrte seine Anregungen durch Personen erhielt, welche das Geschäft der aktiven Wirtschaftspolitik zu erledigen hatten. Jedenfalls gilt es an diese Zusammenhänge zu denken, wenn man über die Strukturen der sog. Volkskultur Klarheit gewinnen will.

Einen anderen Zusammenhang gilt es nochmals herauszustellen, den zwischen den verschiedenen Ebenen staatlicher und kommunaler Reglementierung. Friedrich III./Ludwig VI. repräsentieren soz. (unter dem Kaiser) die höchste Instanz. Ein Echo ihrer Edikte findet sich jedoch auch in einer Reihe von Dorfordnungen (s. o. Anm. 49), welche ja zu einem erheblichen Teil autonome Erzeugnisse gemeindlicher Selbstregulierung darstellen und partiell jedenfalls aus einem Grundkonsens der handelnden lokalen Gemeinschaften erflossen sind. Auch in dieser Hinsicht werden die Ränder unserer gängigen Klassifizierungen „Elite“ versus „Volk“ unscharf. Es ist immer damit zu rechnen, dass es Wirk-Mechanismen in beiden Richtungen gegeben hat.

Sieht man auf die Motive, so finden wir auf Seiten der Regenten und ihrer Bürokratie das verständliche Interesse am Steueraufkommen wirksam; man scheut sich auch nicht, dies auszusprechen. Sollten wir unter diesen Umständen nicht auch der in der Präambel formulierten patriarchalen Sorge für das Wohl der Untertanen, der Sorge für schlechte Zeiten, Glauben schenken dürfen und dies nicht abtun müssen als gängige ideologische Verschleierung von Selbstsucht und Ausbeutung, wie es mit dem Blick auf fürstlichen Absolutismus in unserem Fach gelegentlich geschieht? Desgleichen stehe ich nicht an, einer ähnlichen Motivation in einer Dorfordnung Wahrheitsgehalt abzugewinnen, welche etwa zur nämlichen Zeit entstanden ist wie die behandelten Edikte und bei der es heißt: „Verner soll sich auch menigelich befleißen, guete fruchtbare Paumb pelzen und einpflanzen zlassen, damit der Zigl[65] nit abgehe, sondern unsere Nachkhömbling auch noch etwas finden und für uns zu bitten Ursach haben; und da ainer nit von neuem einschlagen und pelzen lassen wurde, der sonnsten Raumb und Plaz hat, derselb soll deswegen ernstlich gestrafft werden.“[66] Dies mag man begreifen als einen Ausdruck – modern gesprochen – von Kommunitarismus und dem Gespür für Nachhaltigkeit bei der Nutzung natürlicher Ressourcen, die manchen Wirtschaftsbossen unserer Tage offensichtlich fremd sind.

Bezüglich der konkreten Sachinformationen sei nochmals rekapituliert, dass wir während der frühen Neuzeit die meisten der auch heute noch in der Region geläufigen Obstarten antreffen, meist erwähnt im Zusammenhang mit Diebstahlsbezichtigungen: Äpfel, Birnen, Kirschen, Welschnüsse (Walnüsse), Weichsel, Frühweichsel (Amelbeeren, Amarellen), Pflaumen (Kriechen); einmal (1688) ist die Rede von „Muskatella Biern“,[67] was darauf deuten könnte,

63 Zit. nach Franz, Gartenbau (wie Anm. 3, Abschnitt von Gertrud Schröder-Lembke), S. 119.

64 Lechtrenk, Äpfel (wie Anm. 29), S. 126.

65 Die Aufzucht.

66 Niederaichbach (Hartinger I, S. 270).

67 Im Altlandkreis Parsberg für das Jahr 1688 (StAAm, Amt Hohenfels, F 48).

dass bereits Sortenzucht eine Rolle spielte. 1752 wird eine Frau konfrontiert mit dem Vorwurf, sie hätte „ein Bach-Körbel voll Zwespen entwedet“[68]. Wiederholt werden fruchttragende Wildbäume wie Eichen und Buchen in einem Atemzug mit den Obstbäumen genannt, weil deren Erträge für die Schweinemast von Bedeutung waren. Dass der Weinbau in Gunstregionen des Territoriums während dieser Zeit eine Rolle spielte und der Hopfenbau als Äquivalent galt, sei zumindest angemerkt.[69] Für Beerenobst freilich finden wir keine Hinweise.

Nicht unerwähnt möchte ich einen Quellenbeleg lassen, der gleichzeitig ein Schlaglicht wirft auf den möglichen Transport von geerntetem Obst, aber auch demonstriert, wie die archivalischen Notizen Aussagen zum Alltagsleben der Zeit enthalten können. In den Sulzbacher Religionsakten, konkret im Visitationsprotokoll 1581[70] wird eine Frau erwähnt, welche ein Kind mit eingedrückter Hirnschale tot zur Welt brachte; vom Visitator zu einer Erklärung genötigt, benennt sie als Ursache einen Unfall: „Seie so sehr gefallen, dann da sie uff der Wiesen gangen und ein Schaff voller Öpffel uffm Haupt getragen, hab sie über die Stigl[71] steigen wöllen, seye ir der Fues entwichen, dass sie hab fallen müssen und hab sie einen großen Fall gethan, dass auch die Öpffel alle uff der Wisen umbgeloffen.“

Die Nachzucht der Obstbäume erfolgte offensichtlich in der Regel durch Sämlinge, welche man aus Kernen oder Wildformen selbst heranzog und dann veredelte. In Ansätzen aber wird bereits so etwas wie ein gewerblicher Obstbau mit einer Art von Baumschulen greifbar; jedenfalls bezieht man im Kloster Walderbach im Regen-Tal, im fraglichen Jahr 1629 noch säkularisiert und in der Obhut eines staatlichen Administrators, „30 Pelzer“ von „Galli Schierer, Gärtler zue Regenspurg, ... auch von solchem einzusezen, zumahlen die alten Päumb sehr abgangen“ und bezahlt hierfür die beachtliche Summe von 4 Gulden.[72] Ansonsten werden die Obst-Erträge häufig bezüglich der Qualität zu wünschen gelassen haben; jedenfalls erklärt 1658 „Maria Jacobe Schmäderin, alters bei 45 Jahren, schlechten Vermögens, Wittib mit 2 Khindern“ aus Neunburg v. W., bei welcher der Amtsdiener an einem „Quatember Sambstag [d. h. einem offiziellen Abstinenztag] Fleisch under den Pürn“ gefunden hat: „Sie hab es der Ursachen gethon, dass die Piren geschmächer [wohlschmeckender] werden sollen“.[73] Wir vermuten, dass dies eine verzweifelte Ausrede gewesen ist, weil sie vor dem eintretenden Amtsdiener kein besseres Versteck gefunden hat, doch wollen wir ihr gerne glauben, dass ihre (Holz-)Birnen eine geschmackliche Aufbesserung hätten vertragen können.

Streuobstbau in der Oberpfalz während der frühen Neuzeit – es ist eine Art Momentaufnahme, welche wir anhand der historischen Quellen leisten können. Sichtbar wird, dass dieser Ausschnitt aus dem Alltag während des untersuchten Zeitraums in einem Spannungsverhältnis gestanden hat zwischen traditionellen Erfahrungen, gelehrten Erkenntnissen bzw. Spekulationen und handlungsleitenden Einwirkungen der staatlichen Bürokratie. All dies bewirkte eine beständige Weiterbildung des Phänomens Obstbau und Gestaltung der Kulturlandschaft durch denselben. Es spricht nichts dagegen anzunehmen, dass es auf anderen Feldern der sogenannten Volkskultur nicht anders zugegangen ist.

---

68 Amtsrechnung Wetterfeld 1752, StAAm, Amt Wetterfeld, R 122.

69 Hierzu umfassend Theodor Häußler, Der Baierwein. Weinbau und Weinkultur in Altbayern, Amberg 2001.

70 StAAm, Sulzbacher Religionsakten, Nr. 340.

71 Leiterartige Vorrichtungen zum Übersteigen von Zäunen, wie man sie heute noch auf vielen Wanderwegen finden kann.

72 StAAm, Klosterrichteramts-Rechnung Walderbach 1629, Amt Wetterfeld, R 455.

73 StAAm, Oberpfälzer Administrationsarchiv, Nr. 83.

Wegbereiter des Fortschritts in bäuerlichen Haushalten

Ruth Kilian

Bestrebungen zur Rationalisierung der Hausarbeit gab es seit Mitte der 1920er Jahre. Als immer weniger Dienstboten zur Verfügung standen, weil sie in die Fabriken abwanderten und der Mittelstand sie sich angesichts der Inflation nicht mehr leisten konnte, mussten die Damen des Bürgertums die Hausarbeit weitgehend selbst erledigen.[1] Sie konnten dazu auf elektrische Innovationen wie etwa den Staubsauger zurückgreifen, die aber wegen ihres hohen Preises nur für vermögende Bevölkerungskreise in Frage kamen. Als erstes elektrisches Haushaltsgerät fand das Bügeleisen schon seit den 1920er Jahren weite Verbreitung. Bis nach dem Zweiten Weltkrieg blieb es das am häufigsten verwendete Elektrogerät im Haushalt.[2]

Auf dem Land erleichterten seit kurz vor 1900 Maschinen die Arbeit auf dem Feld und im Hof. Als das Stromnetz genügend ausgebaut war, dienten Elektromotoren als Antrieb für Dreschmaschinen oder Futterschneider. Frauen mussten bis in die 1950er Jahre warten, bis der technische Fortschritt die körperlichen Mühen und den Zeitaufwand ihrer Arbeit reduzierte. Im Dritten Reich förderte der „Reichsnährstand" die technische Modernisierung in der Landwirtschaft. 1939 wurden Zuschüsse für Geräte, Maschinen und Anlagen als „Maßnahmen zur Milderung der Dienstbotennot und zur Arbeitserleichterung in der bayerischen Landwirtschaft" gewährt. Hauswirtschaftliche Geräte genossen Vorrang, „weil die Bauersfrauen am stärksten unter der Leutenot zu leiden haben und weil hier am wirkungsvollsten eine große Anzahl von Betrieben in den Genuß der Beihilfen gelangen kann."[3] Finanzmittel – dreißig bis fünfzig Prozent des Anschaffungspreises – standen z. B. für die Beschaffung von Dosenverschlussmaschinen oder Waschmaschinen und Wäscheschleudern zur Verfügung, wenn die Errichtung von Gemeinschaftswaschanlagen nicht in Frage kam. Die Geräte mussten von mindesten vier bis sechs Familien benützt werden.[4] Diese Angebote wurden vor dem Krieg allerdings wenig in Anspruch genommen: „Obwohl arbeitserleichternde Maschinen und elektrische Gemeinschaftsanlagen durch ‚Reichszuschüsse' gefördert wurden, geschah ihre Umsetzung für die Frauen nur in äußerst bescheidenem Rahmen."[5]

---

1 Dazu Ricarda Haase, „Das bisschen Haushalt ..."? Zur Geschichte der Technisierung und Rationalisierung der Hausarbeit, Stuttgart 1992, S. 28. – Zur Technisierung außerdem Barbara Orland (Bearb.), Haushalts(t)räume. Ein Jahrhundert Technisierung und Rationalisierung im Haushalt. Begleitband zur gleichnamigen Ausstellung, hg. v. Arbeitsgemeinschaft Hauswirtschaft e. V. u. Stiftung Verbraucherinstitut, Königstein im Taunus 1990.

2 „Landfrau, so geht's leichter!" Elektrifizierung durch Gemeinschaftsanlagen. Sonderausstellung im Bauernhaus-Museum Wolfegg, Wolfegg 1994, S. 32.

3 Rieser National-Zeitung, 29.3.1939.

4 Staatsarchiv Augsburg (StAA), Landwirtschaftsamt Nördlingen, 98.

5 „Landfrau, so geht's leichter!", S. 11.

Gemeinschaftswaschküchen im Ries[6]

Seit 1937 subventionierte der Reichsnährstand „zur Förderung der ländlichen Hauswirtschaft" eine gemeinschaftliche Maschinenverwendung etwa in Gemeinschaftswaschküchen.[7] Im Ries wurden solche Anlagen in Fessenheim (Abb. 1), Forheim, Herblingen, Marktoffingen, Schopflohe und Wallerstein eingerichtet.[8] Betreiber waren zumeist die Spar- und Darlehenskassenvereine, eine war in privater Hand. Die Gemeinde Forheim mit 310 Einwohnern[9] errichtete bereits im Mai 1938 eine Gemeinschaftswaschanlage – die erste in ganz Schwaben. Wie der Bürgermeister später berichtete, musste man 150 Kilometer weit fahren, um vorher eine bestehende Einrichtung besichtigen zu können.[10] Die Hälfte der Gesamtkosten inklusive Installation von 1738 Reichsmark übernahm das Reich, der Rest verblieb dem Darlehenskassenverein.

In der Regel trug der Staat dreißig Prozent des finanziellen Aufwands. Voraussetzung für einen Zuschuss war die überwiegende Nutzung der Anlage durch Bäuerinnen, weil vorrangig sie unterstützt werden sollten. Die Förderung richtete sich auch nach dem technischen Fortschritt: Schon 1938 erhielten nur noch Unterfeuerungsanlagen einen Zuschuss.[11] Die Ausstattung bestand meist aus ein oder zwei Waschmaschinen, einem Waschkessel und einer Schleuder, dazu kamen Tische, Wannen, Holzroste und Kleingerät. Manche Betreiber stellten statt einer großen zwei Waschmaschinen zur Verfügung, damit gleichzeitig weiße und farbige Wäsche gewaschen werden konnte. Die Bäuerinnen besaßen gar nicht genügend weiße Wäsche, um eine große Maschine auslasten zu können. Auch das Nebeneinander von alten und neuen Waschmethoden in Gemeinschaftswaschküchen war nicht ungewöhnlich.[12] Oft nahm man die alten Geräte, die die Wäsche stärker beanspruchten, für die grobe Arbeitskleidung. In Marktoffingen war die Waschanlage im Untergeschoss der Molkerei eingerichtet und konnte den Dampf von dort verwenden. Zeitzeugen berichten, man sah der Wäsche an der Leine an, ob sie in der Genossenschaftsanlage gewaschen worden war. Durch den reichlich vorhandenen Dampf und das warme Wasser wurde die Wäsche sauberer als beim Waschen zu Hause.

Überall hatte eine geschulte Waschfrau die Verantwortung für die Anlage. Nach vorheriger Anmeldung brachten die Hausfrauen in Handkarren die zu Hause eingeweichte Wäsche und Holz zum Schüren des Kessels. Eine Stunde Nutzung kostete zwischen sechzig Pfennig und einer Mark. Die geschleuderte Wäsche wurde daheim zum Trocknen aufgehängt. In erster Linie machten Großfamilien Gebrauch von der Gemeinschaftseinrichtung. Der Sohn des privaten Betreibers in Herblingen schätzt, dass maximal die Hälfte der Haushalte im Dorf und den umliegenden Gemeinden die Einrichtung nutzte, und dies nicht jede Woche.[13]

Die Gemeinschaftswaschküchen erleichterten den Hausfrauen die körperlich anstrengende Arbeit. Hier konnten sie sich außerdem von den Vorzügen der Waschmaschinen überzeugen und den Umgang mit ihnen erproben. Der Zweite Weltkrieg und die Konzentration aller Kräfte auf die Rüstungsindustrie bedeuteten ein vorläufiges Ende der Bemühungen um den Einsatz

6 Das Ries ist eine ländlich strukturierte Region im Norden Bayerisch-Schwabens, an der Grenze zu Franken und Baden-Württemberg, mit Nördlingen als Hauptort.

7 StAA, Landwirtschaftsamt Nördlingen, 98.

8 Zu den Gemeinschaftswaschanlagen im Ries: StAA, Landwirtschaftsamt Nördlingen, 185 u. 143.

9 Einwohnerzahl von 1939, aus: Historisches Gemeindeverzeichnis. Die Einwohnerzahlen der Gemeinden Bayerns in der Zeit von 1840 bis 1952 (Beiträge zur Statistik Bayern 192), München 1953, S. 239.

10 Rieser Nachrichten, 22.2.1957.

11 Landfrau, so geht's leichter. Erfahrungsberichte über Gemeinschaftsanlagen zur Erleichterung der ländlichen Hausarbeit (Flugschriften der Deutschen Landwirtschafts-Gesellschaft 7), Hannover 1949, S. 51.

12 Ebd., S. 52.

13 Befragung K. W.

Abb. 1: Gemeinschaftswaschanlage Fessenheim, 1938/39: links der Waschtisch, hinten Bottichwaschmaschine, Schleuder und Waschkessel. Staatsarchiv Augsburg, Landwirtschaftsamt Nördlingen, 185

neuer Haushaltstechnik. Die Forheimer Waschküche war bis in die 1960er Jahre hinein in Betrieb. Andere Anlagen waren nach dem Krieg nicht mehr einsatzbereit, weil Ausstattungsstücke defekt oder im Krieg abhanden gekommen waren. In Marktoffingen musste die Molkerei ab 1947 Käse herstellen und benötigte den Raum.[14] Mit der vermehrten Anschaffung von Maschinen in den privaten Haushalten verschwanden die Gemeinschaftseinrichtungen.

Nachkriegszeit und Wirtschaftswunderjahre

Als der Krieg zu Ende war, vergingen noch etliche Jahre, bis sich die Lebensumstände verbesserten und sich die Bevölkerung nach Jahren der Not endlich wieder etwas leisten konnte. Nach der sogenannten „Fresswelle" und der „Bekleidungswelle" schafften die bundesdeutschen Haushalte zwischen 1952 und 1957 in einer neuen Konsumwelle Möbel und elektrische Haushaltshilfen an.[15] Bei einer Allensbach-Umfrage im Sommer 1955 über die Wünsche für einen angemessenen Lebensstandard belegten elektrische Maschinen, welche die Arbeit im Haushalt erleichterten, die ersten drei Plätze der Wunschliste der Bundes-

14 Befragungen J. G., J. D. u. H. St. Außerdem StAA, Landwirtschaftsamt Nördlingen, 185. In der anderen Hälfte des Kellers wurde ein öffentliches Wannenbad mit verschiedenen Kabinen eingebaut.

15 Arne Andersen, Der Traum vom guten Leben. Alltags- und Konsumgeschichte vom Wirtschaftswunder bis heute, Sonderausgabe, Frankfurt a. M./New York 1999, S. 107f.

bürger – Männer wie Frauen: Kühlschrank, Waschmaschine und Staubsauger.[16] Aber die Großgeräte waren noch sehr teuer; Küchenmaschinen dagegen lagen oft als Geschenk des Mannes unter dem Weihnachtsbaum.

Als erstes Haushaltsgroßgerät konnte sich in den 1950er Jahren der am ehesten erschwingliche Staubsauger durchsetzen.[17] Auf Bauernhöfen machte er freilich lange Zeit keinen Sinn. Solange noch keine Schmutzschleuse zwischen Arbeits- und Wohnbereich eingerichtet war, mussten Böden kehr- und wischbar sein. Teppiche und Auslegware kamen erst spät in die Bauernhäuser.

1955 startete Bundeswirtschaftsminister Ludwig Erhard die Aktion „Volkswaschmaschine". Politiker warben für Haushaltsgeräte, um der Konsumgüterindustrie zu einem Aufschwung zu verhelfen.[18] Gerade Bayern hinkte in der Ausstattung mit Waschmaschinen hinterher: Hier dominierten noch 1957 unbeheizbare Bottichmaschinen.[19] Während 1953 in Baden-Württemberg vier Prozent der landwirtschaftlichen Betriebe eine Motorwaschmaschine besaßen, waren es in Bayern nur knapp ein Prozent. In Schleswig-Holstein lag der Prozentsatz bei zwölf Prozent, in Nordrhein-Westfalen gar bei fast 28 Prozent.[20] Als die Geräte- und Strompreise kräftig sanken, die hohe Arbeitslosigkeit einer Vollbeschäftigung wich und die Löhne stiegen, wurden Waschmaschinen wie andere Hausgeräte erschwinglich. Ende der 1960er, Anfang der 1970er Jahre schaffte der Waschautomat den Durchbruch.[21]

Ein Ziel der Politik in den 1950er Jahren war die Angleichung des ländlichen Lebens- und Arbeitsniveaus an das der Stadt, um der Landflucht entgegenzusteuern. Im Rahmen des „Grünen Plans" stellte die Bundesregierung ein umfangreiches Maßnahmenpaket auf den verschiedensten Gebieten zur Verfügung, etwa für die Verbesserung der elektrischen Ausstattung, die ländliche Wasserversorgung und Kanalisation.[22] Der Staat förderte u. a. die Anschaffung von Elektro-Heißwassergeräten in dörflichen Haushalten finanziell mit dem Ziel, die Hygienestandards auf dem Land zu heben.[23] 1957 notierten die Lehrerinnen der Nördlinger Landwirtschaftsschule in ihren Berichten, in der Beratung seien die Themen Heißwasserboiler und Unterbringung einer Dusche stark gefragt.[24] Die Zuschüsse für drei Warmwasserentnahmestellen, von denen eine in der Küche sein musste, wurden meist beim Neubau eines Hauses in Anspruch genommen, wo ohnehin auch ein Bad vorgesehen wurde.[25] Voraussetzung für den Einbau eines Badezimmers war allerdings eine Wasserver- und -entsorgung. Noch 1956 lautete die Feststellung: „Nur 60 v. H. der ländlichen Gemeinden haben eine ausreichende Wasserversorgung. Kanalisation, Abwasserbeseitigung und -verwertung fehlen in den meisten Dörfern."[26] Im Ries wie in anderen ländlichen Regionen wurden Baderäume und Spülklosetts in die ersten Bauernhäuser in den 1950er Jahren eingebaut, vermehrt zu Beginn der 1960er Jahre, teils erst in den 1970er Jahren beim Neubau des Hauses.[27]

16 Ebd., S. 92.
17 Ebd., S. 108.
18 Barbara Orland, Wäsche waschen. Technik- und Sozialgeschichte der häuslichen Wäschepflege, Reinbek bei Hamburg 1991, S. 237f.
19 Ebd., S. 270f.
20 Information für die Beraterin, hg. v. Bundesministerium für Ernährung, Landwirtschaft und Forsten, Referat Ländliche Hauswirtschaft, Frankfurt a. M. 1954.
21 Andersen, Traum vom guten Leben, S. 208.
22 AID-Heft 134, Titelseite.
23 Thomas Fuchs, „Einst ein mühsam Walten, jetzt ein schnelles Schalten", in: Oikos – Von der Feuerstelle zur Mikrowelle. Haushalt und Wohnen im Wandel. Katalog, Gießen 1992, S. 124–132, hier S. 130.
24 StAA, Landwirtschaftsamt Nördlingen, 514.
25 Befragung L. H.
26 AID-Heft 134, Der grüne Plan, Sept. 1956 [S. 14].
27 Befragung von Spenglermeistern.

Die Rolle der Landwirtschaftsschulen am Beispiel Nördlingen

Unterricht

In Nördlingen war 1920 eine Landwirtschaftsschule gegründet worden. Beim Neubau der Schule 1926 wurden auch „die für die Errichtung einer Hauswirtschaftlichen Abteilung erforderlichen Räumlichkeiten erstellt, u. zw. 1 geräumige Schulküche, 1 Lehrsaal sowie Speisekammer, Waschküche und Bügelzimmer".[28] Nachdem die nötigen Einrichtungsgegenstände beschafft worden waren, begann im Winterhalbjahr 1927/28 der erste Hauswirtschaftskurs mit 19 Schülerinnen. Von 1928/29 bis 1934/35 wurden im Winterhalbjahr immer zwei Kurse mit jeweils acht Wochen Dauer abgehalten. Das erwies sich als unzureichend: „Das gesteckte Lehrziel – eine weitreichende und allen Neuerungen Rechnung tragende fachliche Ausbildung – konnte jedoch bei der ständig fortschreitenden Weiterentwicklung auf allen Gebieten der Landwirtschaft und damit auch der ländlichen Hauswirtschaft in 8-wöchigen Kursen nicht mehr erreicht werden."[29] Ab dem Schuljahr 1935/36 gab es deswegen nur noch einen Kurs mit erheblich erweitertem Lehrplan, der 18 bis 20 Wochen dauerte. Er fand in der arbeitsarmen Zeit von November bis März statt. Wegen der großen Nachfrage mussten jahrelang viele Bewerberinnen abgewiesen oder auf den nächsten Kurs vertröstet werden.

Nach dem Krieg nahm die Nördlinger Landwirtschaftsschule im Schuljahr 1947/48 den Unterricht wieder voll auf.[30] Die Währungsreform 1948 und der Wirtschaftsaufschwung ermöglichten dann die Beschaffung von Lehrmitteln und regulären Unterricht.

Die Schule verwies auf die wichtige Rolle der Frau für einen funktionierenden landwirtschaftlichen Betrieb, als Aufgaben und Ziele der Hauswirtschaftsabteilung definiert wurden: „Ein erfolgreicher Betrieb der Landwirtschaft erfordert neben einem fachwirtschaftlich gut ausgebildeten Betriebsführer für die Arbeiten in Hof, Stall und Feld auch eine zielsichere Wirtschafterin für eine saubere und geordnete Haushaltsführung. ... Der Bäuerin obliegt neben der Pflege des Haushaltes und der Familie auch allgemein die Milchwirtschaft, die Geflügelhaltung und die Aufzucht und Pflege der Jungtiere. Zweck und Ziel der Landwirtschaftsschule, Abtlg. Hauswirtschaft ist daher, den Töchtern der Bauern und Landwirte eine umfassende und gediegene Fachausbildung in allen Zweigen der landwirtschaftlichen Haushaltführung zu vermitteln, die sie befähigt, künftig einen bäuerlichen Haushalt so zu führen, daß ein höchstmöglicher Betriebserfolg gewährleistet wird. Darüber hinaus wird durch Förderung der Allgemeinbildung, durch Anleitung zur Freizeitgestaltung und Verbesserung der bäuerlichen Lebenshaltung die Liebe zum landwirtschaftlichen Beruf wach gehalten mit dem Bemühen, die Erzeugungsleistung der Betriebe zu steigern, der Landflucht vorzubeugen und das Ansehen des gesamten Standes zu heben."[31]

Die Schülerinnen mussten zu Kursbeginn mindestens 18 Jahre alt sein, meist lag das Alter etwas über 20 Jahren. In Frage kamen nur „Töchter von Bauern und Landwirten" die einen landwirtschaftlichen Beruf ergreifen wollten. Zu den Aufnahmebedingungen gehörten ein Volks- und Berufsschulabschluss oder die Absolvierung einer höheren Schule. 1948 betrug das Schulgeld für einen Kurs 20 DM. Bei Bedürftigkeit konnte eine teilweise oder ganze Befreiung

28 Chronik der Landwirtschaftsschule Nördlingen. Abschnitt B: Abteilung Hauswirtschaft (MS., Amt für Landwirtschaft und Forsten, Nördlingen, Registratur).

29 Ebd.

30 20.–40. Jahresbericht der Landwirtschaftsschule Nördlingen 1939/40–1959/1960 [Nördlingen 1960], S. 9.

31 Chronik der Landwirtschaftsschule Nördlingen.

vom Schulgeld erfolgen. Für die Verpflegung bezahlten die Schülerinnen fünf DM in der Woche und brachten einige Naturalien mit.[32] Unterrichtszeit war montags bis freitags von 8 bis 17 Uhr, samstags bis 13 Uhr. Meist wurden die Kurse von mehr als den avisierten 24 Schülerinnen besucht. 1955/56 fanden wegen des starken Andrangs zwei verkürzte Kurse mit je 28 Teilnehmerinnen statt. Angesichts der Zahl der Nähmaschinen und des begrenzten Platzes in der Küche war dies die Obergrenze.

Die technische Ausstattung der hauswirtschaftlichen Abteilung wurde ab den 1950er Jahren immer wieder durch Eigenanschaffungen, Unterstützungen des Landwirtschaftsministeriums und vor allem der Herstellerfirmen ergänzt bzw. modernisiert. Die Gerätehersteller schickten ungezählte Werbematerialien und Broschüren. Den Schülerinnen standen etwa Waschmaschinen verschiedener Hersteller zum Kennenlernen zur Verfügung.[33] Seit 1965 besaß die Schule auch eine erste Spülmaschine. Das grundsätzliche Unterrichtsziel der hauswirtschaftlichen Abteilung lautete, den Haushalt zu rationalisieren, was die Beschaffung und den Einsatz technischer Hilfen, eine überlegte Arbeitsplanung und Arbeitsteilung bedeutete.[34] Auf Lehrfahrten am Ende der Kurse besichtigten die Schülerinnen vorbildhafte land- und hauswirtschaftliche Einrichtungen wie die ersten gemeinschaftlichen Tiefgefrieranlagen, neu eingerichtete Küchen, Waschküchen, Wohn- und Schlafstuben, Gärten oder Aussiedlerhöfe.

Auf den Abschlussfeiern ab den 1950er Jahren präsentierten die Hauswirtschaftsschülerinnen ihr neu erworbenes Können und Wissen mit Gebäck- und Handarbeitsausstellungen sowie festlich gedeckten Tischen. Schulleiter Landwirtschaftsdirektor Hermann von Valta bedachte die Absolventinnen in seiner Rede denn auch grundsätzlich mit dem Prädikat „heiratsfähig". Er gab ihnen zu bedenken, „daß es nach einem arbeitsreichen Tag auch zu einem Ausruhen und Besinnen in einem gemütlichen Heim kommen müsse, dessen Seele sie sein sollten."[35] Vom ersten hauswirtschaftlichen Kurs bis zum April 1960 nahmen 914 Mädchen am Unterricht teil.[36] Die jungen Frauen besuchten die Schule sehr gerne; sie erwarben umfangreiches Wissen, und für viele, gerade aus abgelegenen Gegenden, bedeutete es, zum ersten Mal aus ihrem Dorf herauszukommen, neue Kontakte zu knüpfen und neue Erfahrungen zu machen.[37]

Zu Beginn der 1960er Jahre beinhaltete der Lehrstoff der männlichen Landwirtschaftsschüler erstmals auch „Ländliche Hauswirtschaft: Aufgaben der Bäuerin in der Innen- und Außenwirtschaft, mögliche Arbeitserleichterungen (Raumgestaltung, Wasser- und Stromversorgung, Beheizung, Technisierung, genossenschaftliche Anlagen), Familie und Lebensgemeinschaft. Sie soll bei den Schülern Verständnis für die schwere Arbeit der Bäuerin wecken und umfaßt daher besonders alle arbeitserleichternden Maßnahmen und Einrichtungen."[38]

---

32 Das Schulgeld stieg in den 1950er Jahren auf 35 DM, für Verpflegung, Beheizung und Reinigung waren monatlich 50 DM zu bezahlen, die Kosten für Bücher, Lernmittel und Handarbeitsmaterial betrugen ca. 150 DM (20.–40. Jahresbericht der Landwirtschaftsschule Nördlingen, S. 42).

33 In Bayern gab es nicht wie in Baden-Württemberg einen Genossenschaftsverband, der u. a. die Zweckmäßigkeit von Maschinen prüfte. Die Schule musste Geräte verschiedener Hersteller aufstellen und durfte nicht bestimmte Fabrikate empfehlen (Befragung L. H.).

34 Jahresbericht der Landwirtschaftsschule Nördlingen 1960/61–1964/65, S. 26 u. 32.

35 Rieser Nachrichten, 22.3.1956.

36 20.–40. Jahresbericht der Landwirtschaftsschule Nördlingen, S. 128.

37 Befragung E. W.

38 Jahresbericht der Landwirtschaftsschule Nördlingen 1960/61–1964/65 [Nördlingen 1965], S. 16.

Materialien und Realien

Beratung

Während der Sommermonate hielten die Lehrerinnen jedes Jahr eine Reihe von Kursen zum Einmachen und Gartenbau sowie zur Geflügelhaltung, die immer gut besucht waren. Bereits vor dem Krieg hieß es: „Weiter wurden durch Lehrschauen und Beispielseinrichtungen neue Erkenntnisse und Anregungen auf dem Gebiete der ländlichen Hauswirtschaft an weiteste Kreise der Bäuerinnen und Landwirtstöchter vermittelt.“[39]

Nach 1945 lautete der Beratungsauftrag für die ländlichen Hauswirtschaftsschulen ausdrücklich „Verbesserung der Lebens- und Arbeitsverhältnisse auf dem Land“ und rationelle Haushaltsführung.[40] Ein Rückblick fasst zusammen: „Nach dem Krieg mussten die Lebens- und Wohnverhältnisse dringend verbessert werden. Die Arbeitsbelastung der Frauen in den landwirtschaftlichen Betrieben war durch das Fehlen männlicher Arbeitskräfte sehr hoch. Die Beratung war daher gekennzeichnet durch Hilfen bei der Umstellung auf eine Hauswirtschaft mit rationellen Arbeitsverfahren. Hinzu kamen Beratungsempfehlungen zur Modernisierung von Wohnhäusern und die Einführung arbeitserleichternder Maschinen und Geräte. ... Die bäuerlichen Familien sollten sich gesünder ernähren, besser wohnen, eine Verbesserung der hygienischen Verhältnisse haben, eine Reduzierung der Arbeitsbelastung erwirken.“[41] Dabei stießen die Beraterinnen vielfach auf anfängliche Skepsis. Alte Bauern hielten Tiefkühlen für unnötig, mit Strom gekochtes Essen schmeckte vermeintlich anders.

Die Beratung der Hauswirtschaftslehrerinnen erstreckte sich über verschiedenste Bereiche des ländlichen Haushaltes, wobei sich die Schwerpunkte änderten. Ging es 1948 vor allem um Kücheneinrichtungen, kamen bis 1957 die Einrichtung von Waschküchen und Bädern, die Anschaffung von Küchenmaschinen, Wäscheschleudern und Waschmaschinen und die Obst- und Gemüseverwertung dazu. Der Schwerpunkt lag auf dem Thema Tiefgefrieren.[42] Die Beraterinnen hielten auch eigens Schulungen für Lehrfrauen und Ortsbäuerinnen ab, die sich mit Arbeitserleichterungen für die Bäuerin und dem Maschineneinsatz im ländlichen Haushalt befassten. Die Lehrerinnen selbst wurden auf Dienstbesprechungen, durch Lehrgänge und Besichtigungen auf dem Laufenden gehalten über Innovationen und neue Beratungsthemen.

Die Technisierung der ländlichen Frauenarbeit war das Hauptthema beim Rieser Landfrauentag 1954 in Nördlingen. Direktor von Valta betonte, die Investitionen im Innenbetrieb hielten nicht Schritt mit der allgemeinen Entwicklung und Modernisierung der Landwirtschaft. „Fräulein Oberregierungsrat“ Deppisch vom Bayerischen Staatsministerium für Ernährung, Landwirtschaft und Forsten forderte die Frauen zu Überlegungen auf, wie sich eine Neuordnung in Haus und Hof und die Technisierung in ihrem Reich bewerkstelligen ließe, und lieferte gleich zahlreiche Anregungen.[43] Die Referentin drängte darauf, außer Schleppern auch Melkmaschinen anzuschaffen und genügend Wasserzapfstellen im Haus und im Stall einzurichten. Dazu stünden auch Kredite zur Verfügung. Einen großen Fortschritt brächten die Tiefkühlanlagen, die den Landfrauen in fünf Jahren – so die Prognose von Frl. Deppisch – das Eindosen, Räuchern usw. abnehmen würden. Sie plädierte für Gemeinschaftseinrichtungen aller Art. Diese seien sehr zweckmäßig und hätten nichts mit „Kolchosentum“ zu tun. Begleitet war die Veranstaltung von einer Ausstellung elektrischer Geräte.[44]

39 Chronik der Landwirtschaftsschule Nördlingen.

40 Frdl. Mitteilung der Leiterin der Abt. Hauswirtschaft am Amt für Landwirtschaft und Forsten, Nördlingen.

41 Alfred Gilch (Red.), Hundert Jahre Verband der Landwirtschaftsberater im höheren Dienst in Bayern e. V. im Bayerischen Beamtenbund 1897–1997, München [1997], S. 190.

42 StAA, Landwirtschaftsamt Nördlingen, 143 und 514.

43 Chronik der Landwirtschaftsschule Nördlingen.

44 Rieser Nachrichten, 15.11.1954.

Gemeinschaftsgefrieranlagen

Treibende Kraft für die Gemeinschaftsgefrieranlagen im Ries war die langjährige Leiterin der Abteilung Hauswirtschaft am Landwirtschaftsamt Nördlingen, die in Vorträgen und bei den Milchgeldauszahlungen die Vorzüge der neuen Technik herausstellte.[45] Zur Überzeugung trugen auch Probeverkostungen in Gasthäusern bei, wo die Teilnehmer keine Unterschiede zwischen frischem und tiefgekühltem Fleisch ausmachen konnten.[46] Den Anfang machte Dornstadt (422 Einwohner).[47] Im August 1955 wurde beschlossen, im neuen Lagerhaus eine Gemeinschaftsgefrieranlage einzurichten. Dazu wurden 42 Truhen mit je zweihundert Litern angeschafft. Schon im Dezember konnte die Anlage eröffnet werden. Fast alle Dörfer folgten in den nächsten Jahren in rascher Folge.[48]

Zur Errichtung einer Gefrieranlage bildete sich eine Genossenschaft, an der die Haushalte Anteile erwerben konnten. Durch den Zusammenschluss zu Gefriergemeinschaften ließ sich der Bau einer Anlage finanzieren, die gemeinschaftliche Nutzung hielt die Betriebs-, Wartungs- und Reparaturkosten für den Einzelnen gering. Eine Anlage bestand meist aus dreißig bis fünfzig abschließbaren Truhen oder Schränken mit je zweihundert Liter Inhalt. Ein Anteil kostete zwischen 530 und 710 DM. Man konnte auch halbe Truhen erwerben, die durch einen abschließbaren Gitterkäfig getrennt waren. Der Raum, in dem Fleisch vor dem Einfrieren auskühlen konnte, stand auch Nichtmitgliedern bei (Not-)Schlachtungen von Großvieh oder in der warmen Jahreszeit zur Verfügung.

Der hohe Strompreis hielt viele vom Erwerb einer privaten Gefriertruhe ab und sprach für Gemeinschaftsanlagen. Sie entwickelten sich zu beliebten Orten für den Austausch dörflicher Neuigkeiten. Andererseits schätzten es manche gar nicht, wenn andere Benutzer sahen, was sie gerade einfroren oder aus der Truhe entnahmen. Ein Problem war die Verbindung der Truhen. Machte ein Eigentümer einen Fehler, konnte das allen schaden.[49]

1962/63 besaßen erst sieben Prozent der bundesdeutschen Haushalte eine eigene Gefriertruhe.[50] Als ab den 1970er Jahren für die Haushalte private Tiefkühltruhen erschwinglich wurden, verloren die Gemeinschaftsanlagen an Bedeutung. 1984 verfügte die Hälfte der bundesdeutschen Haushalte über ein Gefriergerät.[51]

Die wohl letzte Gemeinschaftsgefrieranlage im Ries, errichtet 1961, war bis zum Sommer 2008 in Ederheim in Betrieb (Abb. 2). Noch 2001 wurde ein neues Aggregat eingebaut; als das nach sieben Jahres ausfiel, lohnte sich eine Reparatur nicht mehr. Alle 42 Truhen waren noch belegt. Da sie an einem Stromkreislauf hingen, konnten nicht einzelne zum Stromsparen abgeschaltet werden. Die Besitzer hielten die Truhen vielfach zusätzlich zu ihren häuslichen Gefriergeräten, um das Fleisch von Schlachtungen oder die Gartenernte unterzubringen. Teils übernahmen junge Familien einen Anteil, weil sie sich ein eigenes Gerät noch nicht leisten konnten.[52]

In der Anfangszeit des Tiefkühlens bestand noch Unklarheit darüber, was sich überhaupt zum Einfrieren eignet und womit man es verpackt. Woher sollten die Hausfrauen wissen, dass sich grüner Salat nicht einfrieren lässt? Oder wie lange Eingefrorenes haltbar ist? Mangels

45 Laut Befragungen.
46 So 1958 bei der Besichtigungstour der Enkinger Interessenten (Rieser Nachrichten, 16.4.1958).
47 Chronik der Landwirtschaftsschule Nördlingen. Einwohnerzahl von 1952, aus: Historisches Gemeindeverzeichnis, S. 239.
48 Informationen zu den Gemeinschaftsgefrieranlagen aus der Chronik der Landwirtschaftsschule Nördlingen.
49 Laut Befragungen.
50 Haase, Das bisschen Haushalt...?, S. 82.
51 Ebd.
52 Befragung der 1. Vorsitzenden H. St.

Abb. 2: Die Truhen der Gemeinschaftsgefrieranlage Ederheim, 2008. Rieser Bauernmuseum Maihingen, Foto: Katrin Reimer

Alternativen nahm man anfangs Weckgläser und Papier zum Verpacken.[53] Hauswirtschaftslehrerinnen des Landwirtschaftsamtes hielten Vorträge über das „richtige Eingefrieren" und führten Beratungen in den Dörfern durch, unterstützt durch Lehrfilme, Broschüren und Diaserien. Diese empfahlen etwa, Geflügel unter Ziegelsteinen in eine Platz sparende eckige Form zu pressen oder fertige Gerichte und Kuchen für Zeiten hoher Arbeitsbelastung einzufrieren. Vorrangig nutzten die Bäuerinnen die neue Methode für Fleisch; angesichts des beschränkten Platzes fror man erst später auch Gemüse ein, das sich ebenso mit anderen Methoden konservieren ließ.

Informations- und Anschauungsmöglichkeiten

Auf dem Buchmarkt waren in den 1950er Jahren zahlreiche Titel erhältlich, die sich mit der Technisierung des Haushaltes, Arbeitserleichterungen für die Bäuerinnen und ergonomisch richtigem Arbeiten beschäftigten, darunter etwa die beiden Werke von Dr. Aenne Gausebeck „Landfrau – baue mit. Arbeitserleichterung durch bauliche Maßnahmen" (1949) oder „Landfrau und Kamerad Maschine" (1950), die guten Absatz fanden.

53 „Landfrau, so geht's leichter!", S. 69f.

Daneben boten auch Ausstellungen Informationen. Zu den Messehallen auf der Schwabenschau, die im September 1955 im Rahmen des Scharlachrennens, einem Pferderennen, auf dem Nördlinger Festplatz Kaiserwiese stattfand, zählte auch eine Halle der Landwirtschaft. Neben landwirtschaftlichen Themen wie Flurbereinigung war die „Bäuerliche Wohnraumgestaltung"[54] ein Anziehungspunkt: musterhaft von der hauswirtschaftlichen Abteilung der Landwirtschaftsschule eingerichtete Räume, „eine ländliche Wohnstube" mit Essecke, eine Schlafstube mit einer Auflistung der „Wäsche-Aussteuer für die Jungbäuerin" und eine moderne Küche. Die Ausstattung mit Gardinen, Tischdecken, Sofakissen, Keramikkrügen, Bildern und Blumen sollte zeigen, wie man ein gemütliches Heim schaffen konnte.

Die ausstellenden Firmen boten an ihren Ständen Schaukochen und Waschvorführungen. Auf dem Programm stand ein „Tag der Bäuerin" in Zusammenarbeit mit dem Bayerischen Bauernverband. Im vollbesetzten Zelt wies die Landesbäuerin angesichts der Landflucht die Zuhörerinnen darauf hin, „daß es vor allem eine Aufgabe der Bäuerin sei, die Liebe zum Land in den Kindern zu erhalten bzw. zu wecken."[55] Eine ländliche Modenschau der Schüler und Schülerinnen im Festzelt zeigte außer selbst geschneiderten Trachten vor allem Werktags- und Feiertagskleider, darunter „praktische, zum Teil neuartige Arbeitskleidung": u. a. Windjacken für die Feldarbeit oder Latzhosen für Männer und Frauen.

Auf der Nördlinger Messe, einem Volksfest mit Verkaufsbuden, präsentierte die „Schule auf Rädern" 1955 außer Wagen über Flurbereinigung oder den neuzeitlichen Kuhstall auch einen mit einer Küche. Die Wagen wurden von ca. fünftausend Besuchern besichtigt.[56] Im gleichen Jahr fuhren täglich Busse mit Bauern und Bäuerinnen von Nördlingen zur DLG-Ausstellung nach München.[57] Daneben waren Industrie und Handel bestrebt, durch Gewerbeschauen, wie etwa 1952 in Oettingen[58], ihren Umsatz zu erhöhen.

In der Beratung engagierten sich auch die Energieversorger stark, denen es um eine Steigerung des Stromabsatzes ging. Die Überlandwerk Jagstkreis AG (UJAG) beschäftigte für ihren Geschäftsbereich vier Beraterinnen für hauswirtschaftliche Belange. Diese hielten Vorträge in den Räumen der Bezirksstellen, also etwa in Nördlingen, und auf den Dörfern. Dort boten sie in Gasthäusern Kochvorführungen auf Elektroherden, in Rathäusern mussten sie sich auf Kleingeräte beschränken. Themen waren u. a. elektrisches Kochen und Heizen, Wasch- und Trockentechnik, Kleingeräte und Bügeln, Warmwasserversorgung oder Energiesparen. Diese Angebote waren recht beliebt, bestanden doch sonst gerade für Frauen wenig Anlässe zum Ausgehen. Von einem individuellen Beratungsbedarf erfuhr die UJAG häufig beim Ablesen der Zähler. Die Ableserinnen hörten als erste, wenn ein Haushalt eine größere Anschaffung ins Auge fasste, und verwiesen auf die Beratungsmöglichkeit. Am Firmensitz in Ellwangen stand allen Kunden ein Ausstellungs- und Beratungsraum offen.[59]

1956 richtete die UJAG im Benehmen mit dem Landwirtschaftsamt Nördlingen vier Elektrobeispielshöfe ein: Später kamen weitere dazu. Grundvoraussetzung für diese Vorzeigehöfe war die vollelektrische Ausstattung, etwa mit einer Melkmaschine. Die Beraterinnen des Landwirtschaftsamtes übernahmen die Küchenplanung und kümmerten sich um die Elektrifizierung des Haushaltes. Durch den Direktbezug über die UJAG erhielten die Höfe die Geräte

54 Chronik der Landwirtschaftsschule Nördlingen.
55 Rieser Nachrichten, 7.9.1955.
56 Chronik der Landwirtschaftsschule Nördlingen.
57 Ebd. DLG = Deutsche Landwirtschafts-Gesellschaft
58 Fotos der Gewerbeschau im Heimatmuseum Oettingen.
59 Nach Befragungen der ehem. Beraterinnen M. M. und U. H.

Abb. 3: Musterküche mit Wecktopf, Küchenmaschine, ausziehbarer Platte und Drehstuhl für die Arbeit im Sitzen, von der hauswirtschaftlichen Abteilung der Landwirtschaftsschule auf der Nördlinger Schwabenschau 1955 eingerichtet. Rieser Bauernmuseum Maihingen, Slg. Amt für Landwirtschaft und Forsten, Nördlingen, Abt. Hauswirtschaft

billiger. Einmal im Jahr trafen sich die Betriebsleiter in Ellwangen, wo sie in geselliger Runde mit Verköstigung und Informationen versorgt wurden. In den 1960er Jahren verlief das Projekt im Sande.[60]

Informationen über arbeitssparende Ausstattungen bekamen die Absolventen der Landwirtschaftsschule auch vom Verein ehemaliger Landwirtschaftsschüler Nördlingen, der „große[n] Gemeinschaft fortschrittlicher Bauern im Ries", die z.B. 1958 „neuzeitliche landwirtschaftliche Betriebe im benachbarten Württemberg" besichtigte.[61] 1960 zählte der seit 1922 bestehende und 1948 neu gegründete Verein 867 Mitglieder, darunter 285 Mitglieder der 1950 angegliederten Frauengruppe.[62]

Lehrmittel für Unterricht und Beratung

Im Unterricht und beim Einsatz vor Ort kamen außer dem in mehreren Auflagen erschienenen Lehrbuch „Das Reich der Bäuerin" von Anna Renner[63] auch Dias zum Einsatz. Die

60 Chronik der Landwirtschaftsschule Nördlingen und Befragungen.

61 Rieser Nachrichten, 19.7.1958.

62 20.–40. Jahresbericht der Landwirtschaftsschule Nördlingen, S. 128.

63 Buch für Bauernmädchen, besonders für die Schülerinnen der landwirtschaftlichen Haushaltungsschulen, 1. Aufl. 1949, 16. Aufl. 1970.

Nördlinger Landwirtschaftsschule, Abteilung Hauswirtschaft, konnte zurückgreifen auf Diaserien über Kükenaufzucht, Lehrlingsausbildung, Warmwasserbereitung und Heizung, Unfallschutz, mustergültige Wohnräume und Küchen, je nach Betriebsgröße unterschiedliche Küchengrundrisse, verschiedene Waschmaschinen und deren Bedarf an Waschmitteln. Dazwischen waren immer wieder selbst aufgenommene Dias von Ausflügen, Ausstellungen bei den Abschlussfeiern und mustergültigen Wohn- und Wirtschaftsräumen im Ries eingestreut.

Über den Unterricht hinaus erreichten die Materialien des AID, des Auswertungs- und Informationsdienstes für Ernährung, Landwirtschaft und Forsten e. V., weite Verbreitung. In verständlicher Sprache und reich bebildert gaben sie praktische, lebensnahe Informationen und Anregungen für alle Bereiche des Landlebens. „Am 5. Mai 1950 wird der aid im Zuge des Marshallplanes gegründet, um die notleidende Nachkriegsbevölkerung über richtiges Ernährungsverhalten zu informieren und die landwirtschaftliche Produktion durch Information und Beratung zu steigern. Mit einem mobilen Filmdienst und Broschüren informiert der aid bundesweit Landwirte und Bevölkerung."[64] Hintergrund waren Überlegungen, dass es „ohne eine grundlegende Verbesserung der landwirtschaftlichen Produktion … auf Dauer weder ein Überleben großer Teile der Bevölkerung noch einen wirklichen demokratischen Neuanfang geben [würde]."[65]

Den Verantwortlichen, vor allem den Amerikanern, war bewusst, dass dies eine entsprechende Ausbildung und Beratung der Beteiligten und deswegen den Aufbau eines Beratungswesens voraussetzte. Sie stellten die nötigen Finanzmittel zur Verfügung. Der AID sollte seine Ziele und Aufgaben „in möglichst enger Fühlung mit der landwirtschaftlichen Praxis, den konkreten und ganz alltäglichen Problemen und Schwierigkeiten der ländlichen Bevölkerung, aber auch mit den zuständigen Forschungs- und Beratungseinrichtungen, den technischen und wirtschaftspolitischen Organisationen sowie den Genossenschaften und der Industrie"[66] verfolgen. Schon im ersten Jahr erschienen 18 Informations-Hefte in einer Gesamtauflage von 7,4 Millionen Stück.[67] Auch der Filmvorführdienst war stark gefragt.

Die Schwerpunkte änderten sich parallel zur Entwicklung der Landwirtschaft und den allgemein gesellschaftlichen Tendenzen: „So konzentrierte man sich, bedingt durch die Lebensmittelknappheit, am Anfang natürlich auf die Steigerung der Erzeugung und den Zuchtfortschritt. Hauswirtschaftliche Aspekte kamen hinzu. Seit den ‚Wirtschaftswunderjahren' bildete auch für die A[grarberatung] die Abwanderung von Arbeitskräften aus der Landwirtschaft ein zentrales Problem, dem sie u. a. mit arbeitswirtschaftlichen, landtechnischen und betriebsplanerischen Konzepten zu begegnen suchte."[68]

Die Hefte regten beispielsweise an, Dorfgemeinschaftshäuser zur Arbeitserleichterung einzurichten, durch eine funktionale Anordnung von Wohn- und Arbeitsräumen die Hausarbeit zu erleichtern, oder informierten über die Eigenschaften der diversen Chemiefasern und ihre Eignung für verschiedene Zwecke. Heft 15 widmete sich unter dem Titel „Man kann ruhig mal darüber sprechen!" 1951 der Gesundheitspflege auf dem Lande. Darin erhalten die Leser genaue Anweisungen zur Körperpflege: „Früh nach dem Aufstehen wäscht man sich, um frisch und munter zu werden. Am Abend nach getaner Arbeit wäscht man sich, um sich

64 http://www.aid.de/allg/aid_im_profil_geschichte.php [11.01.2009].

65 Vom Marshallplan zum Medienprofi. 50 Jahre Landwirtschaft und Ernährung auf dem Weg ins moderne Zeitalter, hg. v. Auswertungs- und Informationsdienst für Ernährung, Landwirtschaft und Forsten (aid) e. V., Bonn 2000, S. 11.

66 Ebd., S. 19.

67 Ebd.

68 Ebd., S. 8.

zu reinigen! Warmes Wasser nehmen! Die Seife wirkt besser, der Schmutz löst sich gut. Am besten ist es, täglich den ganzen Körper von oben bis unten zu waschen. Besonders gut ist das Waschen mit der Bürste, weil dann die Haut stark durchblutet wird. Nach dem Waschen ist die Haut mit einem groben Handtuch gründlich zu frottieren. Spröde Körperstellen sind einzufetten. Wichtig ist die Pflege der Füße. Jeden Abend ein Fußbad! Das reinigt sie von Schmutz und Schweiß, und erhält sie gesund und geschmeidig. ... Einmal in der Woche ein warmes Bad, öfters schadet nichts! Man braucht dazu nicht unbedingt ein Badezimmer mit weißer Wanne und Nickelhähnen. Man kann sich auch in der Waschküche ein Bad richten oder in einem Zuber in der Küche.“

Unter dem Titel „Mechanisierung draußen – aber was geschieht drinnen?“ empfiehlt Heft 122 im April 1955: „Wer Arbeit und Zeit sparen will, sorgt deshalb für: Arbeitswirtschaftlich günstige Lage der Wirtschaftsräume zueinander, Fließwasser mit genügend Zapfstellen, Stromanschluß an allen erforderlichen Stellen, Zentrale Beheizung.“ 1951 berichteten im Heft 13 „Mit der Arbeit fertig! Die Küche auf dem Lande“ drei Bäuerinnen darüber, wie in ihren Haushalten unter ganz verschiedenen Bedingungen Erleichterungen geschaffen wurden. Zeichnungen geben Empfehlungen für richtige Kücheneinrichtungen.

Nachdem sich bereits 1951 Heft 14 „Praktisch und doch schön“ der weiblichen „Arbeitskleidung auf dem Lande“ gewidmet und auch Schnittbögen für das Nachschneidern einiger Modelle geliefert hatte, griffen Heft 98 im März 1954 und eine Diareihe das Thema erneut auf.[69] Darin wird den Bäuerinnen geraten, bei der Arbeit nicht ihre vorhandene Kleidung aufzutragen, sondern dafür geeignete Stücke anzuschaffen, die genügend Bewegungsfreiheit gewährleisteten und z. B. das Herausrutschen der Bluse verhinderten. Die Schnitte waren eigens entwickelt und alles mit passenden Stoffen in der Praxis erprobt worden. Für verschiedene Altersstufen und Figuren wurden unterschiedliche Modelle von Arbeitskleidern, Trägerröcken und -schürzen vorgestellt. Arbeitsjacken mit Kapuze oder Regenumhänge empfahl man für Arbeit bei schlechtem Wetter. Abgebildet ist auch eine kurze Hose für junge Mädchen bei der Heuernte, über die ein Wickelrock getragen werden konnte. Lange Hosen für Frauen setzten sich als erstes beim Melken durch, weil ein Rock dabei immer in den Schmutz hing. Sonst erfuhren Hosenträgerinnen damals noch Spott.[70]

In der Selbstdarstellung betont der AID seine Verdienste um den Verantwortungsbereich der Frau: „Besonderes Augenmerk richtet der AID jedoch von seiner Gründung an auf einen Sektor, ohne den alle Verbesserungen bei der Agrarproduktion Stückwerk bleiben müssen, den der Hauswirtschaftlichen Beratung. ‚Was würde die beste Mechanisierung und Rationalisierung im Außenbetrieb nützen, wenn der eigentliche Arbeitsbereich der Bäuerin darüber vergessen würde?‘ Die mit dieser 1959 gestellten rhetorischen Frage verbundene Aufgabe bedeutet dabei zweierlei: Einmal die umfassende Information über alle den häuslichen Bereich betreffende Fragen – Haushaltstechnik und Haushaltsführung, Kleidung und Textilien, Familien- und Sozialkunde, Bauen, Wohnen und Ausbildung. Mit einer derartig breit angelegten Aufklärung verknüpft ist jedoch auch ein Wandel im Selbst- und Rollenverständnis der Frau im bäuerlichen Haushalt, deren Emanzipation vorzuarbeiten dem AID von Beginn an ein besonderes Anliegen gewesen ist.“[71]

69 Rieser Bauernmuseum Maihingen (Bestand AfLuF, Nördlingen)

70 Befragung E. W.

71 Vom Marshallplan zum Medienprofi, S. 37.

Fazit

In der Nachkriegszeit nahm die Politik auf mehreren Wegen starken Einfluss auf die Modernisierung der Lebensverhältnisse auf dem Land, um so der Landflucht zu begegnen. Dazu gehörten finanzielle Förderungen, vor allem im Rahmen des „Grünen Plans“, der u. a. auch Mittel für die Ausstattung der Höfe mit fließendem Wasser und einer Abwasserentsorgung bereitstellte, um die hygienischen Bedingungen zu verbessern.

Ein Weg führte über die hauswirtschaftlichen Abteilungen der Landwirtschaftsschulen, die in Unterricht und Beratung auf die Rationalisierung der Hausarbeit drängten und den Stand der Technik demonstrierten. Von den Lehrerinnen erfuhren die Landfrauen und künftigen Bäuerinnen, welche Möglichkeiten zur Arbeitserleichterung zu Verfügung standen und welche sinnvoll einsetzbar waren. Die Hauswirtschaftsschulen bekamen auch Diaserien und Referentinnen an die Hand, um der Bevölkerung die staatlichen Vorstellungen einer dem Landleben angemessenen Wohnraumgestaltung zu vermitteln. Besichtigungen von Vorzeigehöfen zeigten beispielgebend, wie die Empfehlungen in der Praxis umgesetzt werden konnten. Einen wichtigen Beitrag zu den politischen Zielen leistete der AID, der, gefördert mit öffentlichen Mitteln und in enger Kooperation mit verschiedensten Einrichtungen und Organisationen, Aufklärungsarbeit leistete. Seine anschaulichen und lebensnahen Hefte, Filme und Diareihen erreichten weite Verbreitung.

Um ihren Absatz zu erhöhen, nahmen außerdem Industrie, Energieversorgungsunternehmen und Handel mit Anzeigen, Beraterinnen, Ausstellungen und Vorführungen Einfluss auf die Konsumenten. Solange Anschaffung und Betrieb von Waschmaschinen und Gefriertruhen für den Einzelhaushalt zu kostspielig waren, ermöglichten Gemeinschaftseinrichtungen deren Gebrauch und überzeugten die Nutzer von den Vorzügen.

Die Bäuerinnen waren wegen ihrer Arbeitsüberlastung und des geringen Stellenwertes der Hausarbeit nicht gewohnt, ihre Bedürfnisse zu erkennen und zu formulieren. Staatlich gesteuert wurden sie in den 1950er Jahren ermuntert, selbstbewusst Ansprüche zu stellen und Rationalisierung auch für ihren Aufgabenbereich einzufordern. Der AID etwa – so die derzeitige Leiterin der Hauswirtschaft am Nördlinger Amt für Landwirtschaft und Forsten – schuf den Bäuerinnen mit seinen Empfehlungen für Arbeitserleichterung Freiraum, damit sie überhaupt zum Nachdenken über ihre Situation kamen. Die jüngere Generation legte sich Elektroherde, Waschmaschinen und ähnliche Großgeräte vielfach zur Hochzeit für den neuen Hausstand zu. An eine Mithilfe der Männer im Haushalt war noch nicht zu denken. Der AID regte in den 1950er Jahren gerade einmal an, die Männer und Söhne sollten selbst Schuhe putzen.

Das Gänsespiel

Neues zu einem Klassiker der europäischen Spielkultur

Rolf Wilhelm Brednich

Über das Gänsespiel, (Jeu de l'oie, Giuoco dell'Oca, Juego de la Oca, Game of the Goose, Ganzenspel, Gaasespil), ein Würfellaufspiel mit 63 Feldern, ist bereits viel geforscht und geschrieben worden.[1] Die Forschung durch einen kleinen Mosaikstein zu bereichern und dem Jubilar dadurch eine Freude zu bereiten, ist das Ziel meines vorliegenden Beitrages. Wie zu zeigen sein wird, hat die Druckgraphik – ein bevorzugtes Forschungsgebiet des Jubilars – bei der Ausbreitung des Spiels von seinen Anfängen an eine große Rolle gespielt.

Diese in Italien oder Frankreich zu suchenden Anfänge des Gänsespiels werden in der Forschung allgemein auf die Wende vom 15. zum 16. Jahrhundert gelegt, und es herrscht Übereinstimmung darüber, dass das Spiel zunächst in Adelskreisen beheimatet war und um Geld gespielt wurde, bevor es mit Hilfe gedruckter populärer Spielbogen allmählich in andere Bevölkerungsschichten vorgedrungen ist und letztendlich in der Kinderwelt landete.[2]

Hier vorzustellen ist zunächst eine bisher von der Forschung nicht beachtete älteste deutsche Beschreibung des Spiels, ein aus der Herzog August-Bibliothek in Wolfenbüttel stammender Fund. Unter den 83 sogenannte Extravagentes-Handschriften der Bibliothek beinhaltet eine die Reiserelationen des bekannten Augsburger Kaufmannes Philipp Hainhofer (1578–1647) nebst angebundenen Varia aus dem Besitz des Herzogs August d.J. von Braunschweig-Wolfenbüttel von mehreren Schreiberhänden des 16. Jahrhunderts.[3] Als einziger Beitrag des Herzogs zu diesem Sammelband ist auf zwei Papierbogen, die ursprünglich zum Billet gefaltet waren, auf Bll. 401r° bis 403v° ein Text eingebunden, der die erste deutschsprachige Beschreibung unseres Spieles beinhaltet.[4] Wir geben im Folgenden einen diplomatischen Abdruck dieses bisher unveröffentlichten Textes wieder:

[Bl. 401 r°]
„Beschreibung, des Gänße=Spiels:"
[Bl. 402 r°]
„Dieses Spiel ist von Zahlen nemlich von 1. biß auf 63 zusamen gesetzet, und wird mit zween würffeln, gespielet. Es hat aber jeder Spieler, sein sonderbahres Zeichen; umb dasselbe, fur der andern zeichen, zu erkennen. Wan nuhn der außgedingte aufsatz gesetzet, und der die meiste Augen geworffen, den ersten anwurf gethan, so setzet derselbe, sein zeichen, auf dieselbe Zahl oder Ziffren, welche die geworffene würffel andeuten. Komt dan der wurf wider an ihn, so

1 Vgl. die im Anhang beigegebene kleine Spezialbibliographie.

2 Vgl. die umfangreiche historische Dokumentation von René Porier, Histoire des jeux de l'oie, in: d'Allemagne, Le noble jeu, S. 23–60 (die Volltitel der abgekürzt zitierten Literatur finden sich in der Spezialbibliographie).

3 Wolf-Dieter Otte, Die neueren Handschriften der Gruppe Extravagantes Teil 1, A Extrav. – 90 Extrav., Frankfurt a. M. 1986, S. 203f.

4 Dem früheren Wolfenbütteler Bibliothekar Dr. Manuel Lichtwitz danke ich für den Hinweis auf dieses Dokument.

hebt er nechst darbey, hinwider eins an zu zehlen; und setzet sein Zeichen, hinwider so weit, alß er geworffen: und das thut er so oft, biß er die Zahl 63 erreichet, und über oder unter derselben richtes würffet.*

[Einschub als Marginalie] *Dan auf den fahl, einer alles gewinnet, was durchs gantze Spiel aufgesetzet worden, und fanget das folgende Spiel hinand an.

Es seynd aber, bey diesem Spiele, nachfolgende Reglen, woll inacht zu haben.

1.

[NB: Die im Text auftauchenden Zahlen werden als Marginalien am linken Seitenrand wiederholt]

So oft einer, mit 2 würffeln, eine gans trifft, so mag Er, sein Zeichen, noch eins so weit, als er geworffen, setzen: Erreichet er noch eine andere Gans, so mag er, noch eins so weit springen, dan er muß auf keiner Gans stehen bleiben, es sey ein vorth oder zu rucke spielen.

2.

So oft einer, im ersten wurf, 9 wirft; so setzet er sein Zeichen, in der felder eines, darinnen die würffel gezeichnet: wirft Er (6.3) so setzet er, sein Zeichen, auf 26. wirft Er aber (5.4) auf 53.

3.

Wer 6. zum anfange wirft, und also sein Zeichen, auf die bruken setzet; der muß so hohen Zollen geben, so mag er sein Zeichen, auf 12. rucken: wan aber der wurf hinwider an ihn kommet, so mag er weyter spielen.

4.

Wer sein Zeichen, auf 19.daselbsten ein wirtshauß ist, setzet, der muß so viel geben, alß der aufsatz ist; und daselbsten, so lange verharren, biß die anderen, zweimahl geworffen haben.

5.

Wer auf 31. sein Zeichen setzet, und daselbsten in den brunnen fället, der muß so viel einlegen, alß der aufsatz ist, [Bl. 402v°] und darf nicht ehe werffen, biß einer auß den mit Spielern, dieselbe Schantze wirft, mit welcher er, in den brunnen gefallen ist. Er muß aber auch einen Satz einlegen; alßdan setzet er, sein Zeichen, an den Ort, da der ander gestanden, welcher seine schantze geworffen hat. Wan aber einer, im Zehlen, zu ihm hinein kommet, und schlähet ihn, so wird er auch darauß erlöset. Er muß aber demselben, der solches gethan hat, einen Satz in den Beutel geben, und muß derselbe [Randnotiz: zu den andern aufgesetzten Gelde legen, und] widerumb so lange darinnen bleiben, biß er obgesahter massen erlöset wird.

6.

Wer auf 42. und also in den Irregarten, das Zeichen setzet, der gibt auch einen Aufsatz: und muß drey felder, nemlich ins 39. hinwider zu rück weichen.

7.

Wer auf 42. oder in den Turn der gefenknus sein Zeichen ruhet, der wird auch, umb den aufsatz gestraffet: darf auch nicht werffen, biß ein anderer, zu ihm hinein kommet: auf welchen fahl er sein Zeichen hinwider zu rücke, auf dessen feld, der ihn erlöset hat, setzet: doch stehet es ihm frey, wan die anderen, viermal herumb geworffen, und er noch einen aufsatz gegeben, mit den andern, der ordnung nach, vorthzuspielen.

8. [Nachtrag auf Bl. 403r°]

Wer einen schläget, der auf der brucken stehet, oder im wirtzhause sitzet, oder im irregarten vorhanden, oder im gefenknus lieget, und also an die gefährliche örter kommet, so gibt ihm zwar der erlösete, so viel alß der aufsatz vermag; er muß es aber gleich zu dem anderen aufgesetzten gelde legen, und sich ferner verhalten, wie der Jehnige, den er auß denselben orten erlediget.

9. [durchgestrichen ~~8~~]

Er auf 58 in des Todes feld, sein Zeichen setzet; der muß einen aufsatz legen, und von newen, zum anderen wurffe, hinwider anfangen.

10. [durchgestrichen ~~9~~]

Wer über die 63. wirffet, so am letzten felde gezeichnet, der muß die übrigen augen, welch er zu viele geworffen, wider zu rücke zehlen: Komt er, auf eine Gans, so muß er, noch eins so weit, hinwider zu rücke springen: Wan aber der wurf wider an ihn komt, so spielet er ferner für sich, nach dem letzten felde.

11. [durchgestrichen ~~10~~]

Wan einer von den Anderen, einen trift, so muß der getroffene, wider zu rücke, auf das feld, darauf der [Bl. 403r°] ander gestanden, und diesem, der ihn getroffen, einen satz in den beutel geben.

12. [durchgestrichen ~~11~~]

Wer ins letzte, oder 63 feld kommet, der gewinnet alles miteinander, so durchs gantze Spiel, aufgesetzes worden; and fanget das folgende Spiel hinwider an [dieser letzte Abschnitt (von anderer Hand?) durchgestrichen]

FINIS den 26 7bris [=septembris] 1616

Wan mehr dan Zween dieses Spiel spielen; ... [mehr nicht vorhanden]."

Der Verfasser dieser Spielbeschreibung, August d. J. (1579–1666), war zur Zeit der Abfassung noch nicht regierender Fürst von Braunschweig-Wolfenbüttel, sondern lebte in Warteposition mit einem eigenen kleinen Hofstaat in seiner Residenz in Hitzacker, wo er ungestört seinen gelehrten Neigungen nachgehen konnte und sich bereits als Sammler von Büchern und Handschriften hervortat, als der er später berühmt und zum Gründer der nach ihm benannten Bibliothek in Wolfenbüttel werden sollte. Zur Zeit der Niederschrift war August 35 Jahre alt und musste bis zu seinem Regierungsantritt 1635 noch weitere 19 Jahre in Hitzacker zubringen. So ist es kein Wunder, dass in diesen langen Jahren seines Aufenthaltes an seinem kleinen Hof auch Gesellschaftsspiele eine Rolle spielten. So hielt kurz vor Ausbruch des Dreißigjährigen Krieges auch das Gänsespiel, vermutlich von Frankreich kommend, seinen Einzug in Hitzacker. Da aber offenbar nicht alle am Spiel beteiligten Höflinge des Französischen mächtig waren, fertigte August selbst eine Übersetzung und schrieb sie auf einem Doppelbogen Papier nieder. Es war sicher eine sogenannte Gebrauchshandschrift, die beim Spiel selbst als Memorierhilfe verwendet werden konnte und aufgrund mancher Verbesserungen und Zusätze deutlich zeigt, dass sie genau diesem Zweck diente.

Der Zufall will es, dass aus der gleichen Zeit der Abfassung dieser genauen Spielbeschreibung in der Herzog August-Bibliothek Wolfenbüttel auch ein gedruckter Spielbogen vorhanden ist. Es handelt sich um einen Holzschnitt aus der Offizin der Erben des seit 1568 in Lyon nachgewiesenen Druckers Benoist Rigaud, der vor allem durch die erste französische Ausgabe des *Prognosticons* von Nostradamus in die Buchhandelsgeschichte eingegangen ist. Im Rahmen des von Wolfgang Harms und seinen Mitarbeitern durchgeführten Editionsprojektes der Wolfenbütteler Flugblattbestände ist ein Blatt aufgefunden worden,[5] das nicht nur im deutschen, sondern im europäischen Zusammenhang als eine der ältesten erhaltenen Spieltafeln zum Gänsespiel gilt.[6] (Abb. 1) Die im Innern der Spirale abgedruckte Spielbeschreibung stimmt in Grundzügen mit der Übersetzung von August überein, aber seine Spielbeschreibung ist in manchen Punkten etwas ausführlicher. Es ist also schwer zu entscheiden, ob der Druck tatsächlich als Vorlage für die Übersetzung gedient hat. Die Hofgesellschaft in Hitzacker wird sich beim Glücksspiel kaum dieses bescheidenen Blattes bedient haben. Aber es ist immerhin darauf hinzuweisen, dass in den verschiedenen über die Jahrhunderte hinweg überlieferten Spielbögen und Spielbeschreibungen „eine wunderbare Zähigkeit in der Tradition bis in die Einzelheiten der Spielregeln“[7] vorherrscht. Folglich haben die einzelnen Zahlenfelder des Spiels lange unverändert ihre Bedeutung behalten. So sind denn auch in der Wolfenbütteler Handschrift die genauen Parallelen zu dem Lyoner Druck unverkennbar:

Zu vergleichen ist etwa der deutschsprachige Kommentar zum Feld 19 mit dem französischen bei Rigaud:

Qui ira au nombre 19. où y a vne hostellerie, paye le prix conuenu, & se repose tandis chacun de ses compagnons aura tiré deux fois.

Oder Feld 58:

„Celui qui viendra au nombre 58. où y a vne mort, paye le pris conuenu, & tourne au commencement.“

Im übersetzten Text aus Hitzacker ist deutlich häufiger vom *aufsatz* (= Einsatz) oder *aufgesetztem geld* die Rede als im französischen Vorbild (*prix conuenu*). Daraus wird deutlich, dass das Gänsespiel am augustäischen Hof an der Elbe nicht nur zum Zeitvertreib, sondern auch dazu gespielt wurde, sich gegenseitig das Geld aus der Tasche zu ziehen („Dieses Spiel ist von Zahlen…“!). Nicht zuletzt erinnert es in seiner Spielanlage mit den zahlreichen Fallstricken an das heute international verbreitete Monopoly. Das Gänsespiel war in seinen deutschen Anfängen ähnlich wie in Italien und Frankreich ein Spiel der Adligen, die sich hohe Geldverluste beim Spiel leisten konnten. Der Titel des französischen Spielbogens macht aus dieser Tatsache kein Hehl und verkündet stolz: „Le Ieu De L’oye, Renouvveleé Des Grecs, Ieu de grand plaisir, comme auiourd’huy Princes & grands Seigneur le practiquent“. Die Herleitung aus der griechischen Antike ist eine Pseudo-Attribution; es sollte dem Spiel höhere Weihen verleihen, ist aber aus der Geschichte des Spiels nicht zu rechtfertigen: Das Jeu de l’Oie ist aller Wahrscheinlichkeit ein europäisches Produkt und war anfangs Teil der höfischen Kultur.[8]

5 Wolfgang Harms und Michael Schilling (Hg.), Die Sammlung der Herzog August Bibliothek in Wolfenbüttel. Kommentierte Ausgabe Bd. 3. Theologica. Quodlibetica. Bibliographie, Personen- und Sachregister (Deutsche illustrierte Flugblätter des 16. und 17. Jahrhunderts, Bd. 3. Wolfenbüttel, Teil 3), Tübingen 1989, Nr. III, 237, S. 462 (Kommentar), S. 463 Faksimile.

6 Spielerische Spiele. Spiele und Spielbilder in der Herzog August Bibliothek (Herzog August Bibliothek Wolfenbüttel. Kleine Ausstellungen 4), Wolfenbüttel 1992, S. 10–15.

7 Konrad Burdach, Noten und Abhandlungen zum besseren Verständnis des West-östlichen Divans, in: Goethes Sämtliche Werke. Jubiläums-Ausgabe in vierzig Bänden, Bd. 5: West-östlicher Divan. Stuttgart/Berlin 1905, S. 353–354, hier S. 354.

8 H. J. R. Murray, A. History of Board-Games other than Chess, New York 1978, S. 142.

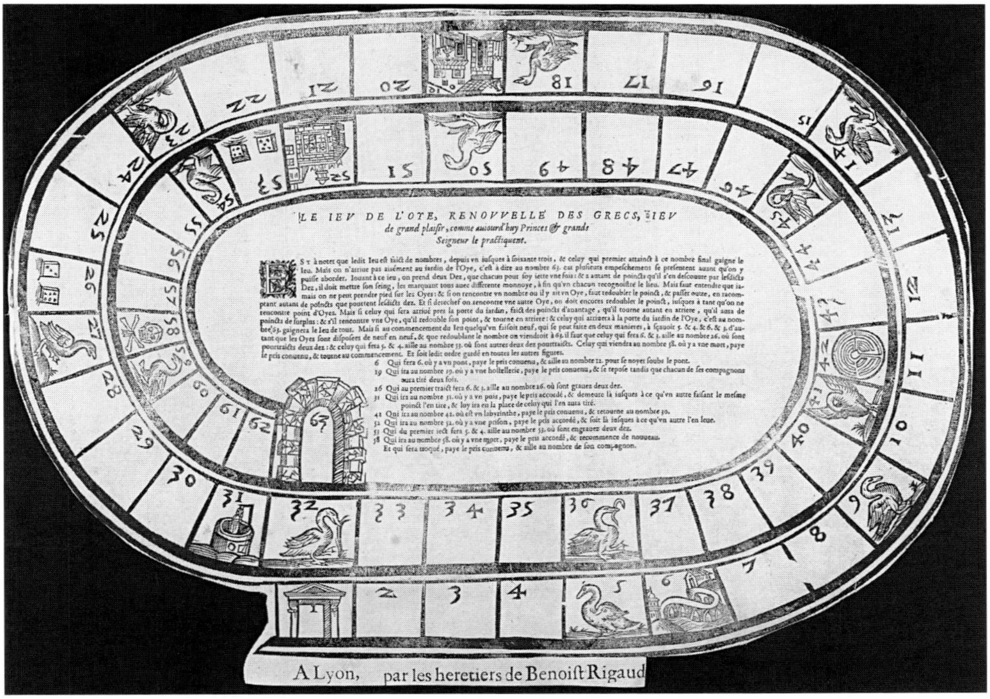

Abb. 1: Flugblatt, Holzschnitt mit Typendruck, Lyon, um 1600, 33 x 47, 6 cm. Herzog-August-Bibliothek Wolfenbüttel, Signatur IH 624

In Deutschland hielt es, wie unsere beiden Zeugnisse erkennen lassen, um oder nach 1600 seinen Einzug. Im berühmten Spieleverzeichnis von Johann Fischarts *Geschichtklitterung* von 1575 wird es noch nicht erwähnt.[9]

Nichts verdeutlicht diesen ‚adligen' Rang des Gänsespiels besser als die frühen Zeugnisse aus dem Umkreis der Möbelkultur im Zeitalter von Renaissance und Barock, die bisher bei der Erforschung der Geschichte des Spiels wenig beachtet worden sind. Ein besonders schönes Beispiel für ein Gänsespiel, das in ein bedeutendes Möbelkunstwerk integriert war, ist der Arbeitstisch der Kurfürstin Magdalena Sibylla von Sachsen (1587–1659). Er gehört zur Gattung der sog. Kunstkammerschränke, die in höchster Vollendung im 17. Jahrhundert vor allem in Augsburg hergestellt wurden. Sie entstanden in Zusammenarbeit mit verschiedenen Kunsthandwerkern unter der künstlerischen Leitung von Philipp Hainhofer. In der Forschung wird angenommen, dass das durch eine Kalendertafel auf das Jahr 1628 datierte Dresdner Mehrzweckmöbel auf Vermittlung Hainhofers in den Besitz der Kurfürstin gelangt ist.[10] In dem Kunstwerk befinden sich in sieben Behältnissen unter einer Ebenholzplatte Nähzeug, Schreibzeug, mathematische Instrumente und Toilettenartikel etc. und in einem unter der Plattenmitte

9 Vgl. Heinrich A. Rausch, Das Spielverzeichnis im 25. Kapitel von Fischarts *Geschichtklitterung* (Gargantua), Diss. Straßburg 1908.

10 Staatliche Kunstsammlungen Dresden, Museum für Kunsthandwerk Dresden, Schloß Pillnitz, Kunsthandwerk der Gotik und Renaissance 13. bis 17. Jahrhundert. Red. Klaus-Peter Arnold, Dresden 1981, S. 40–46, Kat.-Nr. 28.

Abb. 2: Gänsespiel im Arbeitstisch der Kurfürstin Magdalena Sibylla von Sachsen (1587–1659). Kolorierte Radierung, vor 1628. 24,2 x 28,6 cm. Kunstgewerbemuseum Dresden, Inv.-Nr. 47714

Abb. 3: Gänsespieltischplatte, 18. Jahrhundert. Ölfarben auf Holz. Künstler unbekannt. Staatliche Schlösser, Burgen und Gärten Sachsen. Burg Stolpen

verborgenen Kasten verschiedene Brettspiele. Dieser Kasten ist mit einem in die Ebenholzplatte eingelassenen Marmordeckel versehen. Auf der Rückseite des Marmordeckels ist eine kolorierte Radierung mit dem Titel „Tavolina da occha" eingeklebt. Die Marmorabdeckung konnte herausgehoben und in ein Spielbrett verwandelt werden. Wie der hervorragende Erhaltungszustand dieses Druckes – dem wohl ältesten auf deutschem Boden – vermuten lässt, gehörte das Gänsespiel nicht zu den Lieblingsspielen der Kurfürstin (Abb. 2). Doch das Vorhandensein des Druckes belegt die Bekanntheit des Gänsespiels um 1628 am Dresdner Hof, und möglicherweise wurde es auch gespielt. Bemerkenswert ist außerdem, dass das oben und unten mit kolorierter Bogenborte versehene Blatt italienischer Herkunft nicht mehr als Holzschnitt, sondern als Radierung Verbreitung gefunden hatte.[11]

Der aus dem gleichen Augsburger Umkreis stammende und nicht minder berühmte Pommersche Kunstschrank, der 1617 für den gelehrten Herzog Philipp II. von Pommern hergestellt wurde, enthielt ebenfalls ein Gänsespiel. Das Gehäuse ist am Ende des Zweiten Weltkrieges im Berliner Schloss in Flammen aufgegangen, und nur der Inhalt der Behältnisse ist erhalten geblieben.[12]

Wir unternehmen von diesen Anfängen des Gänsespiels als integrierter Teil von Renaissance-Prunkmöbelstücken des frühen 17. Jahrhunderts einen Sprung ins 18. Jahrhundert zu einem Möbelstück, das ganz und allein für das Gänsespiel ausgelegt war. Es handelt sich um eine bemalte Gänsespieltischplatte, die sich heute im Besitz von Burg Stolpen in Sachsen befindet (Abb. 3).[13] Die mächtige, aus mehreren breiten Brettern gefertigte Tischplatte zeigt im inne-

11 Für freundliche Auskünfte und die Übermittlung einer Aufnahme danke ich Torsten-Pieter Rösler, Dipl.-Museologe am Kunstgewerbemuseum Dresden. Dr. Ira Spieker, Dresden, sei für freundliche Vermittlung Dank gesagt.

12 Hausmann, Kunstschrank. – Mundt, Kunstschrank.

13 Eine kurze Erwähnung dieses Spieltisches findet sich in einem Kommentar zu einem Märchen aus Capri in der Märchensammlung des Dresdner Autors Heinrich Zschalig-Capri, Die Märcheninsel. Märchen, Legenden und andere Volksdichtungen aus Capri, Dresden 1925, S. 232 zu dem Märchen Nr. 24, in welchem das Gänsespiel eine nebensächliche Rolle spielt. Der Tisch befand sich damals im Dresdner Altertumsmuseum.

ren Oval auf blauem Grund die rechts drehenden 63 Felder des Spiels, in deren Mitte eine Genreszene mit drei tanzenden Menschenpaaren in ländlicher Umgebung eingefügt ist. Die Vertiefungen für die Spielfiguren auf den einzelnen Feldern sind deutlich zu erkennen; die außerhalb des bemalten Ovals angebrachten Löcher dienten offenbar dazu, die Spielfiguren vor Beginn des Spiels bzw. nach dem Ausscheiden eines Spielers zu platzieren. Die Spielgesellschaft konnte bis zu zwölf Mitglieder umfassen. Bei der Restaurierung der Platte ist eine vorher großflächig unleserlich gewordene Spielanleitung hervorgetreten, die wahrscheinlich erst in späterer Zeit hinzugefügt worden war. Sie ist nur bruchstückhaft lesbar und weicht im erhaltenen Text stark von den klassischen Regeln des Gänsespiels ab, da es zu Beispiel am Anfang heißt: „Wer im ersten Wurff 6 und 6. würfft, der setzt sein Sieben nach vorn, dieser, wer aber zehn zu Anfang wirfft der sez es zu 33. Wer 6. zu anfang würfft, der muß 1. Satz außsetzen. Wenn der 1. der das WirthsHauß 19. trifft, muß auch ein faß ausgeben werden ...“ Aus den weiteren Bruchstücken wird deutlich, dass der Einsatz jeweils mit „Faß“ bezeichnet wird, wobei unklar bleibt, ob es sich dabei um Wein oder Bier gehandelt haben mag.[14] Dass das Gänsespiel im 18. Jahrhundert verbreitet auf Spieltischen ausgetragen wurde, geht auch aus einer Reihe einschlägiger Belege aus dem Deutschen Wörterbuch hervor,[15] darunter das Zeugnis im Deutsch-lateinischen Wörterbuch von Frisch, wo *ludus anserinus* so übersetzt und erklärt wird: „ein gänsespiel mit spieltischen mit rechenpfennigen gespielt, die gänse waren auf der spieltafel gemalt.“[16]

In einem ganz anderen Kontext konnte man das Gänsespiel früher in der Französischen Kirche zu Berlin antreffen und erwerben. Dort gab es einen Spielbogen mit dem Titel „Die häusliche Glückseligkeit im Lebenslauf. Kinderspiel nach Daniel Chodowiecki. Zu beziehen von der Agentur des Rauhen Hauses in Hamburg“. Die nach Motiven aus den Kupferstichen von Chodowiecki ausgestalteten Felder des Würfelspiels sollten Kinder hugenottischer Herkunft mit dem Werk des Künstlers vertraut machen; das Spiel war von einem weiblichen Nachkommen des Künstlers erdacht worden. Johann Hinrich Wichern (1808–1881), der Begründer des Rauhen Hauses für schwer erziehbare Jugendliche, in dessen Verlag das Spiel erschienen ist, war selbst ein Sammler der Kupferstiche von Chodowiecki.[17]

Was angesichts all dieser Zeugnisse verwundert, ist die anhaltende Popularität des Spiels über Jahrhunderte hinweg, denn es ist im Grunde kein „optimistisches“ Spiel, sondern eines, bei dem die Spieler auf dem Weg zum Ziel eine ganze Reihe höchst gefährlicher Felder (Brücke, Wirtshaus, Turm, Irrgarten, Tod) passieren müssen. Gelingt es ihnen nicht, müssen sie ihren Einsatz verdoppeln, so dass sich das Risiko kontinuierlich vergrößert. Glücksbringende Felder unterwegs gibt es nicht, und nur wer mit einem genauen Wurf das Ziel auf Feld 63 erreicht, gewinnt alles („the winner takes it all“). Bei dem bereits erwähnten, ähnlich angelegten modernen Monopoly ist das Verhältnis von „guten“ und „schlechten“ Feldern etwas ausgewogener, aber auch hier spielt das Geld die Hauptrolle.

Ein ergiebiges Forschungsfeld für die Popularität des Gänsespiels sind schließlich auch die zahlreichen literarischen Zeugnisse. Neben die bekannten und in der Literatur längst nachgewiesenen Belege aus Werken der Weltliteratur wie den *Geizigen* von Molière[18] oder Byron's

14 Für Auskünfte und die Vermittlung einer Reproduktionsvorlage bin ich dem Kustos der Burg Stolpe, Jens Gaitzsch, zu Dank verpflichtet.

15 Deutsches Wörterbuch, Bd. 4, 1878, Sp. 1278.

16 Johann Leonhard Frisch, Teutsch-lateinisches Wörterbuch, Bd. 1, Berlin 1741, Sp. 318a.

17 Ursula Fuhrich-Grubert/Jochen Desel (Hg.), Daniel Chodwiecki (1726–1801). Ein hugenottischer Künstler und Menschenfreund in Berlin, Bad Karlshafen 2001, S. 391, Nr. E.21.

18 Jean-Baptiste Molière, Œuvres complètes, vol. 2, Paris 1971, S. 535.

Don Juan[19] treten jetzt – u. a. ermöglicht durch die Volltextsuche in literarischen Datenbanken – weitere Zeugnisse bei deutschen Dichtern, die vom Bekanntheitsgrad des Spiels und vor allem von seiner Bedeutung in der hiastorischen Kinderwelt zeugen. In einer von Christoph Martin Wielands *Comischen Erzählungen* wird sogar Zeus beim Gänsespiel überrascht und dafür getadelt: „Daß man mit Ganymed und Amor dich / (Den Donnerer!) beim Gänsespiel erschlich? / …So alt, so einen großen Bart / Und noch mit kleinen Buben spielen!"[20] Bei Johann Wilhelm Ludwig Gleim (1719–1803) lautet in einem nostalgischen Gedicht *Die Kinderjahre* von 1767, in dem er sich an seine Freundschaft mit Belinde erinnert, die dritte Strophe folgendermaßen: „Ich weiß es noch, wie wir mit Nüssen / Und Äpfeln, uns einander schmissen! / Ich weiß es noch, wie, bei dem Gänsespiel, / Ich bei ihr saß, und in den Brunnen fiel, / Und wie sie sich betrübt, wenn der Tod / Mir seine scharfe Sense bot!"[21] Und in Wilhelm Raabes *Die Chronik der Sperlingsgasse* von 1857 besucht der Ich-Erzähler nach langen Jahren der Abwesenheit seine Heimatstadt München, lugt in das von fremden Menschen bewohnte Haus seiner Eltern „und sah zwei Kinder, die allein am Tische bei der Lampe saßen; sie waren eifrig in ein Gänsespiel vertieft, und ich dachte an unsere Jugend, Nannerl, und das Herz ward mir immer schwerer".[22]

Das bekannteste literarische Zeugnis ist zweifellos Goethes Gedicht *Das Leben ist ein Gänsespiel* vom 15. Dezember 1814, welches klar erkennen lässt, dass Goethe dieses Spiel gut gekannt und sicher auch selbst gespielt hat.[23] Das für unseren Zusammenhang Interessante daran ist, dass verschiedene Literaturwissenschaftler im späteren 19. Jahrhundert bei der Interpretation des Gedichtes in Schwierigkeiten gerieten, weil sie im Gegensatz zu dem Autor mit dem Spiel selbst nicht mehr vertraut waren und die drei Zeilen „Je mehr man vorwärts gehet, / Je früher kommt man an das Ziel / Wo niemand stehet" oft falsch ausgelegt haben. So kann man z. B. bei einem Goethe-Kommentator als Erklärung lesen: „Das Leben ist aber ein eigener Gänsemarsch, da man nach einem Ziele schreitet, das man nicht gern erreicht"[24] oder bei einem anderen: „Gänsemarsch, das Hintereinandergehen nach Art der dummen Gänse".[25] Selbst das *Deutsche Wörterbuch* liegt falsch mit der Deutung: „In andern spielen stellen die spielenden selber die gänse und ein solches musz bei Göthe gemeint sein".[26] Hier musste erst ein Deutschlehrer eingreifen und diese und andere Fehlinterpretationen richtig stellen mit der lapidaren Bemerkung: „Das Gänsespiel wird noch heute von Kindern viel gespielt und ist – wenigstens hier – bei jedem Buchbinder käuflich."[27] Stuart Atkins hat in einem Festschriftbeitrag von 1967 alle diese Missverständnisse zusammengestellt und berichtigt.[28]

Tatsächlich war das Spiel im 19. Jahrhundert in jenen höheren Kreisen, die es lange gepflegt hatten, mehr und mehr in Vergessenheit geraten, dafür hat es über die an Volumen und Ein-

19 Guy Steffen Truman/Willis W. Pratt (Ed.), Byron's Don Juan vol. III. Austin/Edinburgh 1957, S. 342.

20 Christoph Martin Wieland, Comische Erzählungen (Erstdruck anonym Zürich 1765), in: Fritz Martini/ Hans Werner Seiffert, Werke, Bd. 4, München 1964, S. 130.

21 Johann Wilhelm Ludwig Gleim, Neue Lieder, in: Ausgewählte Werke, hg. v. Leonhard Lier. Leipzig 1885, S. 180.

22 Wilhelm Raabe, Die Chronik der Sperlingsgasse, in: Ausgewählte Werke in sechs Bänden, hg. v. Peter Goldammer/Helmut Richter. Bd. 1, Berlin/Weimar 1964, S. 258.

23 Johann Wolfgang von Goethe, West-östlicher Divan. In: Goethes Werke I. Abth. Bd. 6. Weimar 1888, S. 82.

24 Heinrich Düntzer, Goethes Westöstlicher Divan, Leipzig 1878 (Erläuterungen zu den deutschen Klassikern, 1. Abth. 31–33), S. 271.

25 O. Strohmeyer, Zu Goethes Divan. In: Zeitschrift für den deutschen Unterricht 18 (1904), S. 210–211.

26 Deutsches Wörterbuch, Bd. 4, 1878, Sp. 1278.

27 Strohmeyer, Zu Goethes Divan, S. 211: „Wer je das Gänsespiel gesehen hat, kann gar nicht zweifeln, daß Goethe es gekannt hat und diesem Gedicht zugrunde legt".

28 Stuart Atkins, „Das Leben ist ein Gänsespiel". Some Aspects of Goethe's West-östlicher Divan, in: Festschrift für Bernhard Blume. Aufsätze zur deutschen und europäischen Literatur. Göttingen 1967, S. 90–102, hier S. 96–101.

Abb. 4: Kinder beim Gänsespiel in Alberobello, Apulien, Italien, August 1983. Foto: Rolf W. Brednich

fluss gewinnende populäre Druckgraphik die unteren Volksschichten erreicht und den Sprung von der Welt des Kupferstichs in die „Niederungen" der Bilderbögen und Chromolithographien geschafft. Von dort war es nicht mehr weit zu den Kinderstuben, in denen das Gänsespiel seine letzte Pflegestätte fand. An Bildbelegen zu dem Spiel besteht für den Zeitraum der letzten beiden Jahrhunderte kein Mangel.[29] Walter von zur Westen konnte in einem Aufsatz in der Zeitschrift für Bücherfreunde 1935 konstatieren: „Das Gänsespiel in seiner ursprünglichen Form ist heute in Deutschland fast ganz vergessen, mag es auch in einigen Gegenden oder Bevölkerungskreisen noch gelegentlich gespielt werden. Bei einer ziemlich ausgedehnten Umfrage im Bekanntenkreise fand ich nur einen, der sich erinnerte, das Gänsespiel in seiner Jugend gespielt zu haben."[30] Wir hingegen konnten das Spiel in Süditalien noch in lebendiger Übung unter freiem Himmel beobachten (Abb. 4).

Goethe hat in einem Brief an Marianne von Willemer am 3. Januar 1828 das Abscheiden seines Jugendfreundes und Mitstudenten Johann Jakob Riese (1746–1827) bedauert, als er schrieb „Er war bis jetzt als mein ältester Freund stehen geblieben, bis er nun auch aus diesem Gänsespiel scheidet."[31] Mögen Sie uns, lieber Herr Brückner, in diesem Gänsespiel, welches das Leben ist, noch lange und in der gewohnten Frische und Produktivität erhalten bleiben: Ad multos annos!

29 von zur Westen 1935. – Himmelheber 1972, S. 163–174. – Kimminich 1989. – Vanja 1995.

30 von zur Westen 1935, S. 122.

31 Goethes Werke IV. Abth. Goethes Briefe 43. Bd. Weimar 1908, S.226.

Kleine Bibliographie zum Gänsespiel

Henry René d'Allemagne, Le noble jeu de l'oie en France, de 1640 à 1950. La vie quotidienne à Paris de 1820 à 1940, Paris 1950.

Joan Amades, El juego de la oca (Sonderdruck aus ‚Bibliofilía' 3), Valencia 1950.

Stuart Atkins, „Das Leben ist ein Gänsespiel". Some Aspects of Goethe's West-östlicher Divan, in: Festschrift für Bernhard Blume. Aufsätze zur deutschen und europäischen Literatur, Göttingen 1967, S. 90–102.

Frans van Bost, Het ganzenbord in Vlaanderen, Gent u. a. 1990.

Willy L. Braekman, Het oudste bewaarde Vlaamse ganzenbord, in: Volkskunde 76 (1975), S. 89–93, 1 Abb.

F. und A. Regnard Drouin, Jeu de l'Oie. Une activité ludique au collège. Institut de Recherche sur l'Enseignement des Mathematiques. Université de Nancy I – Faculté des Sciences, Nancy 1994.

Alain R. Girard/Claude Quétel, L'histoire de France racontée par le jeu de l'oie, Paris 1982.

Tjark Hausmann, Der Pommersche Kunstschrank. Das Problem seines inneren Aufbaus, in: Zeitschrift für Kunstgeschichte 22 (1959), H. 4, S. 337–352.

Georg Himmelheber, Spiele. Gesellschaftsspiele aus einem Jahrtausend (Kataloge des Bayerischen Nationalmuseums München 14), München/Berlin 1972.

Eva Kimminich, Information, Edukation und Manipulation im Spiel. Graphische Spieltafeln der Vergangenheit und Gegenwart, in: BJV 1989, S. 52–62, Abb. 21–26 im Anhang.

Barbara Mundt, Der Pommersche Kunstschrank, München 2009.

Ward Ruyslinck, Het ganzenbord (Grote Marnixpocket 92), 's-Gravenhage 1974.

Alfons K. L.Thijs, Een ganzenbord van de Antwerpse drukker Verhulst (1690), in: Volkskunde 92 (1991), S. 51–52, Abb.

Konrad Vanja, Themen des europäischen Bilderbogens in der Sammlung Hecht. Das Gänsespiel, in: Was ist der Ruhm der TIMES gegen die zivilisatorische Aufgabe des Ruppiner Bilderbogens? Die Bilderbogensammlung Dietrich Hecht, Potsdam 1995, S. 17–58, hier S. 38–43, Abb.

A. Viaene, Datering van het Duinkerkse ganzenspel, 1750–1780, in: Biekorf 75 (1974), S. 177–178.

Vinck, Baron de, Iconographie du jeu de l'oie, Bruxelles 1886.

W[alter] von zur Westen, Graphische Spieltafeln, in: Zeitschrift für Bücherfreunde 39 (1935), H. 3, S. 121–132.

Kostümkundliches zur Nothelfer-Erscheinung von 1446

Günter Dippold

Am 28. Juni 1446 sah Hermann, der Sohn des Schäfers in Frankenthal, einem Gutshof der Zisterze Langheim, auf einem Acker vierzehn Kinder rund um ein weiteres, etwas größeres Kind stehen; an derselben Stelle war ihm bereits am 17. September 1445 ein Kind erschienen. Als Hermann 1446 die Erscheinung ansprach, erhielt er die Antwort: „Wir sein die viertzehn nothelffer / vnd wöllen ein Cappeln haben / auch gnediglich hie rasten / vnnd biß du vnser diener / so wöllen wir dein diener wieder sein." Hermann, der sein Erlebnis im Kloster berichtete, stieß dort auf Zweifel. Erst die wundersame Heilung einer Magd soll Abt und Konvent überzeugt haben; sie ließen am Erscheinungsort ein Kreuz aufrichten und in der Folge eine Kapelle bauen. Diese wurde zum Zentrum der Nothelferverehrung und zu einer der meistbesuchten Wallfahrtsstätten im spätmittelalterlichen Reich: Vierzehnheiligen.[1]

Der Bericht über Hermanns Erscheinungen ist erstmals durch einen Druck aus dem Jahr 1596 überliefert, geht aber wohl auf das Jahr 1448 zurück, und Bildquellen des späten 15. Jahrhunderts stellen das Kernstück der Legende, die Erscheinung vom Juli 1446, dar, so ein Fenster für St. Lorenz in Nürnberg, das der 1452 verstorbene Pfarrer Konrad Konhofer stiftete, das aber erst ein Vierteljahrhundert später entstand.[2]

Der Bericht über die Entstehung der Nothelferwallfahrt ist mehrmals in der volkskundlichen und kirchengeschichtlichen Literatur diskutiert worden.[3] Ein Detail freilich ist noch nicht befriedigend erklärt: die Kleidung der Nothelfer. Im ältesten Druck der Legende heißt es dazu, Hermann habe ein Kind gesehen, „vnnd es war alß klar / alß die Sunn / vnnd er sahe vmb eß stehen viertzehen Kindtlein / die hetten an halb rot / vnd halb weiß". Diese Beschreibung der Tracht lässt zwei Deutungen zu: dass sich „halb" auf die Zahl der Kinder oder auf das einzelne Gewand bezog. In einem Fall hätten sieben Kinder rot, die übrigen weiß

1 Grundlegend zum Wallfahrtsort Vierzehnheiligen ist Peter Ruderich, Die Wallfahrtskirche Mariä Himmelfahrt zu Vierzehnheiligen. Eine Baumonographie (Bamberger Schriften zur Kunst- und Kulturgeschichte 1), Bamberg 2000.

2 Gottfried Frenzel, Die Farbverglasung aus St. Lorenz, Nürnberg, Augsburg 1968. – Veit Funk, Glasfensterkunst in St. Lorenz, Nürnberg, Nürnberg 1995.

3 Josef Dünninger, Die Wallfahrtslegende von Vierzehnheiligen, in: Festschrift für Wolfgang Stammler, Berlin 1953, S. 192–205; Ndr. in: Josef Dünninger, Volkskultur zwischen Beharrung und Wandel in Franken (Quellen und Forschungen zur europäischen Ethnologie 16), hg. v. Dieter Harmening/Erich Wimmer, Dettelbach 1994, S. 202–215 (zur Überlieferungsgeschichte der Entstehungslegende). – Georg Schreiber, Die Vierzehn Nothelfer in Volksfrömmigkeit und Sakralkultur (Schlern-Schriften 168), Innsbruck 1959, S. 35–38 et passim. – Sigmund Frhr. von Pölnitz, Vierzehnheiligen. Eine Wallfahrt in Franken, Weißenhorn 1971, S. 17–22. – Klaus Guth, Das Entstehen fränkischer Wallfahrten. Zur Phänomenologie, Typologie und Aitiologie der Wallfahrtsgenese, in: Mainfränkisches Jahrbuch 29 (1977), S. 39–53. – Ders., Vierzehnheiligen und die Anfänge der Nothelferverehrung. Anatomie einer Wallfahrtsgenese, in: Staffelstein. Die Geschichte einer fränkischen Stadt. Landschaft, Kultur und Menschen in achteinhalb Jahrhunderten, Staffelstein 1980, S. 233–252, hier S. 240–242. – Thomas Korth, Das Jesuskind von Franckenthal. Bemerkungen zur „Verortung" des Nothelferkultes in Vierzehnheiligen, in: Lebendige Volkskultur. Festgabe für Elisabeth Roth zum 60. Geburtstag, 2. Aufl., Bamberg 1985, S. 173–188. – Heinrich Fürst, Die Vierzehn Nothelfer. Unsere Freunde. Ihre Verehrung von den Anfängen bis zum Dreißigjährigen Krieg, Petersberg 2008, S. 49–58.

getragen – so die Darstellung im Konhofer-Fenster –, im anderen wären die (einheitlichen) Gewänder der vierzehn je zur Hälfte rot und weiß. Ein dem Wallfahrtsbuch von 1596 beigegebener Holzschnitt deutet die zweifarbige Kleidung zum ersten Mal an.[4] Diese Ikonografie herrscht seit dem 17. Jahrhundert vor: Die Heiligen bilden, jedes zweifarbig gekleidet, einen „Kinderkranz".

Was die zuletzt beschriebene Kleidung zu bedeuten hatte, ist bislang kaum erwogen worden; Heinrich Fürst tut sie gar als Fehlinterpretation des Entstehungsberichts ab.[5] In den Farben grundsätzlich einen Hinweis auf die Zugehörigkeit von Märtyrern und Bekennern zur Nothelfergruppe sehen zu wollen, erscheint problematisch, denn zu ihr gehörten 13 Märtyrer, mit denen die Farbe Rot zu verbinden wäre, aber nur ein Bekenner.[6]

Vielmehr wird man wohl das zweifarbige Gewand im kostümkundlichen Kontext des Spätmittelalters zu betrachten haben. Was die Kinder der Erscheinung trugen, war Mi-parti, eine bis weit in die Neuzeit hinein übliche Tracht, bei der die linke und die rechte Seite des Kleides in der Farbe, zuweilen auch in der Form, differieren.

Mi-parti konnte verschiedene Bedeutungen haben.[7] Der Narr trug es, der Spielmann, der Henker, der städtische Bedienstete. Im 15. Jahrhundert konnte das Mi-parti nicht zuletzt die Kleidung eines Vasallen sein; die Farben seiner Kleidung entsprachen dabei in der Regel den Hauptfarben des Wappens, das sein fürstlicher Herr führte. Rot und weiß sind nun Farben, die Christus zugewiesen werden. So beschreibt ein Passionale aus der Zeit um 1300 das Kleid Christi als weiß-rot: Weiß rühre von der Keuschheit, in der Maria ihn geboren habe; die Farbe Rot komme von seinem harten Tod.[8] Wenn Christus ein Wappen zugeschrieben wurde – die spätmittelalterliche Heraldik „verlieh" den göttlichen Personen ein Wappen ebenso wie Heiligen oder dem Teufel[9] –, dann dominierten darin die Farben Rot und Weiß. Oft wird ein rotes Kreuz in Silber als Christus-Wappen genannt[10] – ein solches Kreuz hatte das (Jesus-)Kind im Zentrum der Erscheinung auf der Brust[11].

Wenn also die Nothelfer, die Hermann 1446 als Kinder erschienen, rot-weiße Kleider trugen, dann traten sie als Vasallen Christi in seinen Farben auf. Sie standen mithin für die Heiligen schlechthin, für diese einflussreichen Mittler am göttlichen Hof.

---

4 Abb. bei Werner Taegert, Lorbeerkranz und Mitra. Der späthumanistische Dichter Johannes Cyaneus und sein „Maecenas" Abt Johann Bückling von Langheim, in: Günter Dippold (Hg.), Weismain. Eine fränkische Stadt am nördlichen Jura, Bd. 2, Weismain 1996, S. 390–392, hier S. 391.

5 Fürst, Nothelfer, S. 52f.

6 Ruderich, Wallfahrtskirche, S. 25 mit Anm. 152.

7 Veronika Mertens, Mi-parti als Zeichen. Zur Bedeutung von geteiltem Kleid und geteilter Gestalt in der Ständetracht, in literarischen und bildnerischen Quellen sowie im Fastnachtsbrauch vom Mittelalter bis zur Gegenwart (Kulturgeschichtliche Forschungen 1), Remscheid 1983. – Dies., Wappenrock und Narrenkleid. Das Mi-parti als offizielles Abzeichen und zeichenhaftes Standeskleid, in: Anzeiger des Germanischen Nationalmuseums und Berichte aus dem Forschungsinstitut für Realienkunde 1993, S. 189–204 (mit Lit.).

8 Mertens, Mi-parti, S. 65.

9 Gustav A. Seyler, J. Siebmacher's grosses und allgemeines Wappenbuch in einer neuen, vollständig geordneten und reich vermehrten Auflage mit heraldischen und historisch-genealogischen Erläuterungen. Band A: Geschichte der Heraldik. Nürnberg 1890, S. 531f.

10 Ein Beispiel bei Henrike Lähnemann, Hystoria Judith. Deutsche Judithdichtungen vom 12. bis zum 16. Jahrhundert (Scrinium Friburgense. Veröffentlichungen des Mediävistischen Instituts der Universität Freiburg 20), Berlin 2006, S. 280. – Eine Darstellung des mittleren 16. Jahrhunderts in: Bayerische Staatsbibliothek, Cod. icon.390, pag. 47 (http://mdzx.bib-bvb.de/codicon/Blatt_bsb00020447,47.html; 18.09.2009).

11 Im 1596 veröffentlichten Entstehungsbericht heißt es: „da sahe er das Kindtlein aber nackent an der ersten Statt sitzen, unnd es war alß klar alß die Sunn, unnd er sahe umb es stehen viertzehen Kindtlein, die hetten an halb rot und halb weiß und das Kindtlein ein rot Creutz an seinem Hertzen".

Bemalte siebenbürgische Möbel aus dem 16. und 17. Jahrhundert

Die Henndorfer Truhen – Erfassen – Erschließen – Erhalten[1]

Gerdi Maierbacher-Legl

Die Situation

Henndorf/Brădeni ist ein landschaftlich reizvoll gelegener Ort im Harbachtal, zwischen Hermannstadt/Sibiu und Schäßburg/Sighişoara in Siebenbürgen im heutigen Rumänien. Das Dorf war bis vor wenigen Jahren überwiegend von Siebenbürger Sachsen bewohnt, einer deutschsprachigen Volksgruppe, die seit 850 Jahren Geschichte und Kultur des Landes mitgeprägt hat.[2]

Die Sachsen pflegten eine eigene Architektur, die heute noch in den langen Straßendörfern anschaulich wird. Besonders charakteristisch sind die wehrhaft angelegten Kirchenburgen dieses Landstrichs.[3]

Auch Henndorf hat eine spätmittelalterliche, turmlose Wehrkirche inmitten einer Ringmauer am Dorfrand. Die Breitseite mit Schießscharten im Dachgeschoss und holzverbrettertem Wehrgang blickt gen Süden in Richtung der Karpaten (Abb. 1).

Unter dem mächtigen Satteldach birgt diese Kirche einen einzigartigen historischen Schatz: Über einhundertzwanzig Stollentruhen in archaischer Bauweise und mit deutlichen Resten farbiger Bemalung sind hier in langen Reihen seit unbestimmter Zeit versammelt (Abb. 2).

Die Summe der ungünstigen äußeren Einflüsse, denen der Truhenbestand ausgesetzt war, ergab ein Zustandsbild der akuten Gefährdung. Die ungarische Ethnografin und Möbelforscherin Klára Csilléry (1923–2002), die den in Fachkreisen bekannten Truhenbestand beobachtete, alarmierte 1998 die deutsche Fachöffentlichkeit und signalisierte dringenden Handlungsbedarf. Wolfgang Brückner und Helmut Ottenjann ermunterten die Möbelrestauratoren der Fakultät Erhaltung von Kulturgut an der Hochschule für Angewandte Wissenschaft und Kunst (HAWK) in Hildesheim, einen Konservierungsplan zur Erhaltung der Truhen zu entwickeln und vor Ort umzusetzen. Sie initiierten damit ein Langzeitprojekt der Erfassung, Erschließung und Erhaltung dieses singulären Großzahlensembles, an welchem bis 2009 über einhundert Studierende der Restaurierung mit den Untersuchungs- und Arbeitsmethoden dieses Fachs Anteil hatten. Der folgende Zwischenbericht gibt einen Einblick in die Entwicklung und Erkenntnisse.

---

1 Deutsche Fassung des Vortrags „Transylvanian German painted furniture from the 16th/17th century: The Henndorf chests. Examination, registration and preservation", gehalten am 14. November 2008 anlässlich des 9th. International Symposium on Wood and Furniture Conservation – Vernacular Furniture, veranstaltet am 14./15. November 2008 von Stichting Ebenist in Amsterdam.

2 Konrad Gündisch, Siebenbürgen und die Siebenbürger Sachsen. Unter Mitarbeit von Mathias Beer (Studienbuchreihe der Stiftung Ostdeutscher Kulturrat 8), München 1998.

3 Ioan Augustin und Hanna Derer, Kirchenburgen der Sachsen in Siebenbürgen, Bukarest 2004.

Abb. 1: Kirchenburg von Henndorf, Ansicht von Süden. Foto: HAWK Fakultät Erhaltung von Kulturgut, Hildesheim

Abb. 2: Stollentruhen auf dem Wehrgeschoss der Kirchenburg. Foto: HAWK Fakultät Erhaltung von Kulturgut, Hildesheim

Charakterisierung der Typen

Die wissenschaftliche Dokumentation des Großzahlensembles der Henndorfer Truhen für die europäische Truhenforschung war von Beginn an ein wichtiges Anliegen. Ein umfangreiches Fotoarchiv, das jede Truhe systematisch in allen Ansichten dokumentiert, und eine detaillierte Maßanalyse der Konstruktionstypen lassen weiterführende Bewertungen und Interpretationen des entlegenen Bestands zu.[4]

Der Henndorfer Bestand kann hauptsächlich in zwei Stollentruhentypen unterteilt werden,[5] die beide Satteldachdeckel mit ausgeprägten Giebeln tragen. Der mit 30 Truhen vertretene Typ 1 mit zierlicheren Proportionen zeichnet sich durch einen symmetrischen Giebel und Deckelquerschnitt aus, der andere mit 70 Truhen vertretene Typ 2 mit monumentalem Format hingegen durch einen asymmetrischen Giebel und Deckelquerschnitt. (Abb. 3)

Der Satteldachdeckel mit akroterienartigen Ausformungen der hohen Giebelecken weckt die Erinnerung an antike Sarkophage und unterstützt den archaischen Gesamteindruck.

Auch in der Art der Bemalung sind diese zwei Typen klar zu unterscheiden. Eine Ausführung zeichnet sich durch einfach stilisierte, freie Rankenmalerei aus, während das andere komplizierte Bildprogramm durch Kreisformen mit einbeschriebenen Wesen, figürlichen Darstellungen und kleinteiligem grafischen Dekor charakterisiert ist.

Europäische Stollentruhen tragen gewöhnlicherweise eingekerbten, geritzten oder geschnitzten Dekor, meist auf der Basis der Zirkelschlagtechnik, wie sie den Zimmerleuten zugewiesen wird. Die siebenbürgischen Satteldachtruhen bilden mit ihrer differenzierten mehrfarbigen Frontmalerei ein Ausnahmephänomen.[6]

Die nun folgenden Ausführungen beziehen sich hauptsächlich auf den zahlenmäßig vorherrschenden Typ 2 im Henndorfer Bestand.

Konstruktion

Die kompromisslose Zimmermannskonstruktion der Truhen aus gespaltenen, gebeilten Buchenholzbohlen ist bemerkenswert. Ohne die schreinergemäße Verwendung von Hobel und Leim folgt die Bauweise dieser Möbel einem konsequent wiederholten, stark typisierten Standard. Die wichtigsten Werkzeuge, die zum Einsatz kamen, waren Axt und Nutzieher.

Der Truhenkorpus wird von vier kräftigen Brettstollen getragen, in die die Front-, Rück- und Seitenwände tief eingenutet und durch wenige Holznägel gesichert werden. Die einzelnen Bretter der Korpuswände sind ineinander gesteckt in einfacher Nut- und Federverbindung, der sogenannten Spundung. Der trapezförmige Querschnitt, bedingt durch die Art der Brettgewinnung durch Spalten, begünstigt diese Breitenverbindung. Der mehrteilige Boden ist ebenfalls in eine umlaufende Nut eingespannt.

---

4 Das Dokumentationsmaterial, geordnet und aufbereitet von Mirja Harms, befindet sich im Archiv der HAWK Fachhochschule Hildesheim/Holzminden/Göttingen, Fakultät Erhaltung von Kulturgut, Studienrichtung Möbel und Holzobjekte in Hildesheim und ist dort einsehbar (Kontakt: maierbacher-legl@hawk-hhg.de).

5 Roswith Capesius, Über die Herkunft und Entwicklung der Truhen mit Satteldach, in: Forschungen 15 (1972), Nr. 1, S. 99–107, hier S. 101f. – Gerdi Maierbacher-Legl, Bericht zur Exkursion nach Henndorf/Siebenbürgen vom 11.–18.08.2000, S. 4, unveröffentlichtes Manuskript.

6 Klára Csilléry, Le coffre de charpenterie, in: Acta Etnografica Academiae Scientiarum Hungaricae 1 (1950), S. 235–314, hier S. 254f. – Capesius, Satteldach, S. 105.

Abb. 3: Satteldachtruhe Typ 2 mit asymmetrischem Giebel aus dem Henndorfer Bestand. Foto: HAWK Fakultät Erhaltung von Kulturgut, Hildesheim

Der Satteldachdeckel wird aus einem stehenden und zwei steil schräg angebrachten Frontbrettern, zwei Rückbrettern mit flacherem Neigungswinkel, dem liegenden, schmalen Firstbrett dazwischen sowie den seitlichen wuchtigen Wangen („Giebeln") gebildet.

Auch hier gilt das Prinzip der gesteckten, in Nuten eingespannten Verbindungen, die das sperrige Buchenholz und damit die gesamte Konstruktion stabilisieren und in Form halten. Nicht Leim, sondern einzelne kräftige Holznägel sichern den Zusammenhalt. Von hoher Eigenart sind die vorderen Eckverbindungen von Fries, Schrägen und Wangen: Die Brettenden sind durchgesteckt, verkeilt, zum Teil hakenartig ausgeformt.

Die Schließfuge des Deckels ist sorgfältig ausgestaltet. Die Wangen und das schmale, stehende Abschlussbrett des Deckels weisen eine tief genutete Unterkante auf, in welche die abgeflachten Enden der Front- und Seitenwände der Truhe greifen. So sitzt der Deckel fest und unverrückbar auf dem Korpus. Rundzapfen, die durch die hochgezogenen rückseitigen Stollen und die Wangen geschlagen sind, halten den Deckel beim Öffnen und Schließen.

Ein eiserner Überwurfbügel ist das einzige Metallelement an der gesamten Truhe. Er umfängt eine Öse, die ursprünglich durch ein Vorhängeschloss gesichert werden konnte. So waren Deckel und Inhalt der Truhe versperrt.

Im Innenraum befindet sich quer über die linke Seite immer eine Beilade. Sie hat einen flachen Deckel, der um einen Rundzapfen schwenkbar ist. Der Boden ist herauszuziehen und gibt ein weiteres Fach frei, das von einem schräg eingestellten Brett gebildet wird.

Im Inneren wurden die unteren Wandungsbohlen im bodennahen Bereich stärker naturbelassen und der Rest der Fläche wurde mit dem Beil flacher abgearbeitet. Diese Abarbeitung stabilisiert den Bereich der tiefen Nut für die Aufnahme der Bodenbretter.

Um Spielraum und Variationen der Proportionen zu ermitteln, wurde der gesamte Bestand einer systematischen, vergleichenden Maßanalyse unterzogen.[7] Die variierenden Korpusmaße, Stollen- und Wangenbreiten erlauben eine Gruppierung.

Tendenz ist, dass bis zu 30 cm breite Stollen aus maximal 6 cm starken Bohlen mit breiten Truhenkörpern bis zu 168 cm und über 30 cm hohen Wangen einhergehen, während die Gruppen mit schmaleren Stollen auch zierlicher, dafür tendenziell höher in den Korpusmaßen werden. Nahe liegend ist die Frage, ob die unterschiedlichen Proportionen etwas mit dem Alter der Truhen zu tun haben oder ob sie dem Spielraum der handwerklichen Produktion zuzuschreiben sind. Eine Gegenüberstellung mit Variationen des Dekors soll hier weitere Einsichten bringen.

Motive der Bemalung

Rätselhaft wirkt die Bemalung der Stollentruhen des Henndorfer Bestands. Die Forschung bietet bisher keine Erklärung für die Bedeutung des Bildprogramms aus Kreisen mit Fantasiegeschöpfen, verspanntem und verknotetem Tauwerk und seltsam gestikulierenden Figuren auf den seitlichen Brettstollen. So betrachten wir sie als rein dekorative Ausgestaltung und lassen die vielen Spekulationen, die in diesem Zusammenhang schon geäußert wurden, beiseite.[8]

Ausschließlich die Schauseiten der Truhen, also die Front von Korpus und Deckel sind mit einem festen Motivprogramm in Variationen gestaltet. Die Komposition aus Tiermedaillons, Kreisen und grafischen Mustern ist konsequent in waagerechten Registern angeordnet, die den Brettern der Front entsprechen. Die aufrecht stehenden figürlichen Darstellungen sind ausschließlich auf den beiden Frontstollen positioniert. Das Konzept der Bemalung berücksichtigt somit die Vorgaben der Konstruktion.

Die stark reduzierte und gedunkelte Bemalung einer Henndorfer Truhenfront konnte mit viel Geduld und den Möglichkeiten der digitalen Bildbearbeitung exemplarisch rekonstruiert werden, so dass die Wirkung der vollständigen Darstellung in ihrer kontrastreichen Farbpalette von Rot, Ocker, Schwarz und Weiß ablesbar wird.[9]

Auch in rumänischen und ungarischen Museen haben sich siebenbürgische Truhen des Henndorfer Typs erhalten, auf denen erweiterte Motivgruppen von Fabeltieren, Mischwesen, Königs- und Wächterfiguren zu sehen sind. Der Vergleich mit diesen wesentlich

7 Franziska Franke, Das Henndorfer Truhenensemble – Möglichkeiten und Grenzen der Datierung. Kunst- und kulturhistorische Einordnung und dendrochronologische Untersuchung, unveröffentlichte Facharbeit zum Diplom an der Fakultät Erhaltung von Kulturgut der HAWK Fachhochschule Hildesheim/Holzminden/Göttingen, WS 2005/06, S. 36ff. – Mirja Harms, Erfassen, Erschließen, Erhalten. Der Bestand an Stollentruhen in der Wehrkirche zu Henndorf/Brădeni in Rumänien, unveröffentlichte Master-Thesis an der Fakultät Erhaltung von Kulturgut der HAWK Fachhochschule Hildesheim/Holzminden/Göttingen, WS 2008/09.

8 Zusammengefasst bei Julia Anne Kramer/Nathalie Könnig, Zwei siebenbürgisch-sächsische Stollentruhen aus der Wehrkirche in Henndorf. Kulturhistorische Einordnung, Befundsicherung sowie Erstellung und Durchführung eines Konservierungskonzepts zur Sicherung des Holzes, unveröffentlichte Facharbeit zum Diplom an der Fakultät Erhaltung von Kulturgut der HAWK Fachhochschule Hildesheim/Holzminden/Göttingen, WS 2001/02, S. 33ff., sowie bei Franke, Truhenensemble, S. 40ff.

9 Janka Schröder, Dokumentation zur vergleichenden Untersuchung des Fassungsaufbaus und Erstellung eines Konservierungskonzepts der Front einer mittelalterlichen Stollentruhe aus dem Bestand der Henndorfer Wehrkirche, unveröffentlichte Facharbeit zum Diplom an der Fakultät Erhaltung von Kulturgut der HAWK Fachhochschule Hildesheim/Holzminden/Göttingen, WS 2003/04, S. 35ff.

Abb. 4: Rekonstruktion der Truhe von Abbildung 3 en miniature (Ausführung Anja Bachmann und Mirja Harms, vgl. Mirja Harms 2004). Foto: HAWK Fakultät Erhaltung von Kulturgut, Hildesheim

besser erhaltenen Truhen desselben Typs ermöglicht eine Gruppenbildung innerhalb des Überlieferungsbestands.[10]

Die Gruppe A zeichnet sich durch sehr differenzierte und naturalistisch genaue Wiedergabe der Motive aus. Die Variationen der Figuren und Tiermedaillons sind vielfältig. Gruppe B hat in der Realitätsnähe und Individualität viele Ähnlichkeiten mit A. Die fünf Exemplare verbindet zusätzlich vegetabiles Rankenwerk auf den Stollen und dem mittleren Frontbrett gegenüber Tauwerk, das sich um die Tiermedaillons windet (Abb. 4). Zum Gestaltungstyp C zählt der Großteil der Truhen in der Henndorfer Kirchenburg. Eine starke Stilisierung und Schematisierung des Dekors ist hier zu beobachten. Die Tiere in den Medaillons sind typisiert, ohne erkennbaren Naturalismus. Erkennungszeichen sind wieder die schwarz-weißen Figuren vor schwarzem Hintergrund auf den Stollen.

Maltechnik – Fassungsaufbau und Malmaterialien

Die Fassungsuntersuchung an vier Truhen erbrachte folgenden, fast identischen Befund:[11] Zunächst wurden die Fronten und Seiten des Korpus sowie der Deckel mit einer Leimlösche

10 Franke, Truhenensemble, S. 68ff.

11 Jens Klocke, Maltechnische Untersuchung und Erstellung eines konservatorischen Behandlungskonzepts der Fassung an einer siebenbürgischen Truhe, unveröffentlichtes Typoskript, Hildesheim 2002, S. 5ff. – Schröder, Dokumentation, S. 13ff.

und darauf mit einer Grundierung aus totgebranntem Gips (Anhydrit) versehen. Die Gipsgrundierung enthält eine ölgebundene und eine leimgebundene Schicht zur besseren Deckfähigkeit. Darauf folgte frontseitig die Bemalung mit roten, gelben und schwarzen Pigmenten und Farbstoffen, die in tierischem Leim gebunden sind. Das Gips-Anhydrit wurde in den oberen Bildschichten zusätzlich als weißes Pigment verwendet. Den Abschluss bildet ein transparenter Öl-Harz-Überzug. Dieser Aufbau, Farbigkeit und Materialien wiederholen sich.

Exemplarische Farbuntersuchungen mit Hilfe von optischen und chemischen Nachweismethoden führten zu weiteren Materialbestimmungen: Die gelbe Farbe ist ein Farblack oder auch eine Ausmischung aus Ocker und Auripigment (Arsensulfid). Während Ocker einen bräunlich-gelblichen Farbton besitzt und sehr lichtbeständig ist, präsentiert sich Auripigment zunächst in einem satten und leuchtenden Gelbton, der im Laufe der Zeit allerdings rasch verblasst. Auch die pflanzlichen Farbstoffe, möglicherweise Krappwurzel, die den roten Partien ihre Farbigkeit verliehen, sind wenig beständig gegen Licht und Sauerstoff. Einzig das Weiß der Gipsgrundierung und das Schwarz, hergestellt aus Pflanzenkohle, haben ihre ursprüngliche Farbwirkung weitgehend behalten.

Die Kreisformen der Medaillons wurden zum Teil mit einem Fadenzirkel vorgezeichnet, wie die Einstichlöcher nahelegen.[12] Die Dekoration wurde offensichtlich freihändig rasch und routiniert aufgetragen und zwar nachdem die Truhe vollständig zusammengebaut war.

Fest steht, dass geschulte Meister, die mit der Maltechnik und der Überlieferung europäischer Kunststile vertraut waren, den Truhen ihre unverwechselbare farbige Dekoration gaben. Ihr persönlicher und sozialer Hintergrund bleibt ebenso anonym wie derjenige der Hersteller der Holzkonstruktion.

Funktion

Spuren der Zeit und der Menschen prägen das heutige Erscheinungsbild der Truhen. Von intensivem Gebrauch als Vorratsbehältnisse für Nahrungsmittel aller Art sprechen die im Inneren aufgefundenen Nüsse, Honigwaben und Zuckertüten sowie zahlreiche Kerne von getrocknetem Obst. Datierte Zeitungsblätter und ein Münzfund künden von der aktiven Nutzung noch in der ersten Hälfte des 20. Jahrhunderts. Flüchtig eingeritzte Buchstaben und Ziffern auf Deckeln und Schmalseiten verweisen auf die Besitzer und die Nummern ihrer Häuser im langgezogenen Straßendorf. Die Überlieferung berichtet, dass nur sonntags nach dem Gottesdienst die benötigten Lebensmittel aus den Truhen entnommen wurden.[13] Ebenso wurde der Speckvorrat in luftigen Kammern über dem Kirchenschiff gelagert und hier für die Woche portioniert. So waren die haltbaren Nahrungsmittel in unsicheren Zeiten in der Burg wohl verwahrt. Die Truhen konnten nur von außen über Seilzüge in das Dachgeschoss befördert werden; die enge Wendeltreppe innen bietet keinen Durchlass: ein weiterer Sicherheitsfaktor.

Dennoch drängt sich der Gedanke auf, ob die reich bemalten Truhen wohl immer als Vorratstruhen für die Speicherräume der Wehrkirchen bestimmt waren oder nicht doch primär als repräsentative Kleidertruhen der Ausstattung der privaten Wohnräume dienten. Die kleine Beilade mit doppeltem Boden im Inneren der stets verschließbaren Behältnisse spricht dafür, dass

12 Klocke, Maltechnische Untersuchung, S. 7 und Abb. 4, 5.

13 Roswith Capesius, Die Stollentruhe in Rumänien. Beitrag zu ihrer Entwicklungsgeschichte im Donau-Karpatenraum, in: Revue Roumaine d'Histoire de l'Art. Série Beaux Arts 7 (1970), S. 65–74, hier Anm. 24.

hier kleinteiliges Zubehör zur Festtagstracht, Bargeld und Dokumente sicher untergebracht wurden. In dieser Funktion möchte man die Truhen in ihrer dekorativen Aufmachung als Teil der Mitgift ansprechen, wie sie bei der bäuerlich-handwerklichen Bevölkerung üblich war. Doch die gewohnten Attribute einer Brauttruhe fehlen: keine Datierung als Erinnerung an den besonderen Anlass, keine Namen, keine Monogramme des Brautpaars, wenig Typisches im Bildprogramm.

Dies gilt für Typ 2, den wir hier maßgeblich betrachten. Typ 1 mit dem symmetrischen Giebel ist wohl von vorneherein als Vorratstruhe konzipiert, wie der ungegliederte Innenraum nahelegt. Allgemein wird angenommen, dass der Typus der Stollentruhe ab dem 18. Jahrhundert nur noch als Getreide- und Lebensmittelspeicher in Verwendung ist – ob als Neuanfertigung oder in Sekundärnutzung.

Der Herstellungszeitraum

Eine der drängendsten Fragen, die sich angesichts des Henndorfer Großzahlensembles stellt, ist die nach der zeitlichen Einordnung, der Datierung. Sie ist unmittelbar mit der historischen Bedeutung und Aussage der Truhen verbunden. Ethnografen und Kunsthistoriker datieren die siebenbürgischen Stollentruhen in der einschlägigen Fachliteratur unterschiedlich in das 14. bis 17. Jahrhundert.[14]

Das 16. Jahrhundert gilt als die Blütezeit der sächsischen Kultur in Siebenbürgen. Es scheint nicht unwahrscheinlich, dass die aufwändig gestalteten Truhen in dieser Zeit hergestellt wurden. Eine Datierung von 1565 wird in der Literatur als Schlüsselbeleg erwähnt.[15] Diese Truhe bzw. ihre Datierung ist derzeit nicht auffindbar.

Zeitliche Einordnung hinsichtlich der Konstruktionsmerkmale

Stollentruhen sind sehr schwer zeitlich zu bestimmen, da ihre Herstellung nicht von Modeströmungen beeinflusst, sondern über Jahrhunderte beibehaltenen handwerklichen Traditionen verhaftet ist. Ihr Vorkommen ist über große Teile Europas verbreitet.

Der konservative Typus der Dachdeckeltruhen findet sich neben Siebenbürgen und dem Karpatenraum im gesamten südost- und osteuropäischen Raum, in den Alpenländern, in Norddeutschland, England, Spanien und in Skandinavien mit mehr oder weniger gesicherten Datierungen vom 14. bis zum 18., sogar bis zum 19. Jahrhundert.[16]

Die rein zimmermannsmäßige Herstellungsweise aus gespaltenen Brettern repräsentiert mittelalterliche Bauweise. Das Prinzip ist schon an griechisch-hellenistischen Holzsärgen aus dem 4. Jahrhundert v. Chr. überliefert, die jedoch hier nicht in direkte Verbindung zu bringen sind.

Die Theorienbildung und Diskussion um Entstehung und Verbreitung der Stollentruhe ist bis heute nicht abgeschlossen. Die parallele, unabhängige Entwicklung in verschiedenen, weit auseinanderliegenden europäischen Regionen erscheint jedoch plausibel.[17]

Klára Csilléry hat 1955 in einem Filmdokument festgehalten, dass den bäuerlichen Handwerkern Ungarns diese ursprünglichen Techniken der Holzbearbeitung noch im 20. Jahrhun-

14 Zusammengestellt bei Franke, Truhenensemble, S. 19ff.
15 Capesius, Satteldach, S. 101.
16 Ebd., S.104. – Bernward Deneke, Bauernmöbel. Ein Handbuch für Sammler und Liebhaber, München 1979, S. 95.
17 Deneke, Bauernmöbel, S. 98.

dert mühelos und sozusagen „freihand“ geläufig waren.[18] Der Vergleich einer Reihe von Konstruktionsmerkmalen mit dem reichhaltigen, gut dokumentierten Stollentruhenbestand der niedersächsischen Heideklöster erbringt viele punktuelle Ähnlichkeiten und Übereinstimmungen von Details, aber insgesamt keine Sicherheit für die zeitliche Einordnung.[19]

Stilkritische Einordnung und Vergleich

Wie schon erwähnt, haben sich in ungarischen Museen weitere Beispiele siebenbürgischer Stollentruhen des Henndorfer Typs erhalten, auf denen Motivgruppen von Mischwesen, Königs- und Wächterfiguren zu sehen sind. Ihre genaue zeitliche Entstehung liegt genauso im Dunkeln wie die der Truhen *in situ*. Ein besonders reich und künstlerisch bemaltes Beispiel steht im Ungarischen Nationalmuseum in Budapest. Diese vornehm wirkende Truhe stammt aus Hermannstadt und könnte als Prototyp mit Vorbildcharakter für die stark schematisierten und vereinfachten Bildprogramme des weiteren siebenbürgischen Überlieferungsbestands gewertet werden.

Auch an geschnitzten niedersächsischen Truhen des 14. bis 16. Jahrhunderts finden sich Fabeltiere in Medaillons als beherrschende Motive. Dieses weitverbreitete Ornament gilt als romanisches Formengut und stammt ursprünglich aus dem Orient.[20]

Mit diesem Vergleichsbeispiel soll aufgezeigt werden, dass möglicherweise auch im siebenbürgischen Kulturkreis ein langes Nachwirken romanischer Stilelemente anzutreffen ist, ohne dass eine direkte Verbindung zu den ehemaligen deutschen Auswanderungsgebieten der Sachsen nachzuweisen wäre. Für das Verständnis der Henndorfer Truhen sind diese Erkenntnisse aufschlussreich, ist es doch ein Grundzug des volkstümlichen Möbels, an Stilelementen der Hochkunst mit großer Zähigkeit lange über die Epochen hinaus festzuhalten.

Somit bleibt festzustellen, dass die gesicherte zeitliche Einordnung der Henndorfer Truhen derzeit weder über die werktechnische noch über die stilkritische Analyse erfolgen kann.

Dendrochronologie

Nachdem die historischen Methoden der Datierung des Bestandes wenig zufriedenstellend waren, entschlossen wir uns, einen naturwissenschaftlichen Ansatz zu verfolgen. Der Henndorfer Bestand bietet durch die große Zahl von Truhen derselben Holzart die Möglichkeit, durch systematisches Vermessen der Jahrringbreiten einer großen Zahl von Truhenbrettern, eine dendrochronologische Kurve der transylvanischen Buche zu erstellen. Diese wird möglicherweise bald zu einer jahrgenauen zeitlichen Einordnung des Bestandes führen.

Als Zwischenergebnis kann zum derzeitigen Zeitpunkt eine zusammenhängende, sogenannte „schwimmende Mittelkurve“ vorgewiesen werden.[21] Die Fälldaten der Bäume für die

18 Dokumentarfilm „Ácsolat Láda“ [Die gezimmerte Lade] von L. Leszi-Kovács et. al., Budapest 1955.

19 Kramer/Könnig, Stollentruhen, S. 47ff. – Karl Heinrich von Stülpnagel, Die gotischen Truhen der Lüneburger Heideklöster. Entstehung – Konstruktion – Gestaltung. Mit einem Beitrag von Barbara und Hanns-Hubert Leuschner (Quellen und Studien zur Regionalgeschichte Niedersachsens 6), Cloppenburg 2000.

20 Otto von Falke, Mittelalterliche Truhen, in: Amtliche Berichte aus den Königlichen Kunstsammlungen (Berlin) 37 (1916), Sp. 231–243, hier Sp. 242.

21 Franziska Franke, Dendrochronologische Untersuchungen an Buchenholz, dargestellt am Beispiel eines Großzahlensembles siebenbürgischer Stollentruhen in der Kirchenburg zu Henndorf/Brădeni (Rumänien), unveröffentlichte Diplomarbeit an der Fakultät Erhaltung von Kulturgut der HAWK Fachhochschule Hildesheim/Holzminden/Göttingen, SS 2006, S. 131ff.

bis jetzt ausgewerteten und in Abfolge gebrachten Truhen des asymmetrischen Typs umspannen 116 Jahre. Dies bedeutet, dass der gemessene Truhenbestand (13 Truhen bis 2006) in diesem Zeitrahmen entstanden ist, dass also mindestens vier bis fünf Handwerkergenerationen diese Truhen in der hoch standardisierten Form gefertigt haben! Die Kurve ist jetzt noch ohne Jahreszahlen. Dazu muss sie erst bis in die Gegenwart verlängert werden. Dies könnte mithilfe von bereits existierenden Vergleichschronologien gleicher oder anderer Holzarten sowie mit rezenten Baumscheiben gelingen. Besondere Anerkennung und Dank ist hier Prof. Dr. Peter Klein von der Universität Hamburg und Dipl.-Rest. Franziska Franke M.A. auszusprechen, die dieses Forschungsprojekt seit 2003 methodisch und praktisch unermüdlich vorantreiben.

Eine weitere Überraschung ist in der Feststellung zu sehen, dass sich die Gruppierung des Bestands nach Bemalungs- und Proportionstypen innerhalb der 116 Jahre der bisher eingegrenzten Herstellungszeit nacheinander wiederfindet:[22] Der Bemalungstyp C, der schwerpunktmäßig die Proportionsgruppe 3–5 repräsentiert, dominiert 60 Jahre der Jahrringkurve. Die Typen A und B mit den kräftigeren Proportionen der Kategorien 1 und 2 positionieren sich links davon auf der Kurve, sind also zeitlich früher entstanden. Das bedeutet, dass sich während eines Herstellungszeitraums von 116 Jahren das Dekor und die Proportionen entwickeln, an der Konstruktion aber festgehalten wird.

Somit ergänzen und bestätigen sich die Untersuchungsmethoden gegenseitig und der Bestand wird im Nacheinander seiner Entstehung begreifbar.

Das Bild klärt sich zunehmend; doch der Stellenwert der Henndorfer Truhen innerhalb der europäischen Truhenüberlieferung wird erst wirklich festzuschreiben sein, wenn es gelingt, über die vollständige Jahrringchronologie des Rotbuchenholzes die genaue geschichtliche Fixierung der einzelnen Truhe wie auch der ausgemachten Gruppen innerhalb des Herstellungszeitraums vorzunehmen.

Der Zustand

Nach der Emigration der deutschsprachigen Bevölkerung von Henndorf, insbesondere nach 1989, geriet der umfangreiche Truhenbestand über dem Kirchenschiff weitgehend in Vergessenheit. Das schadhafte Dach gewährte Regen und Schnee Zutritt, die Taubenplage bedeckte alles mit unvorstellbaren Schmutz- und Kotbelägen, Schadinsekten perforierten die Holzsubstanz, Pilze bauten das Bindemittel der Malereien nahezu vollständig ab, so dass nur ein geringer Teil der Truhen heute überhaupt noch nennenswerte Fassungsreste vorweisen kann. Die handwerklich durchdachte Holzkonstruktion hat den extremen Klimaschwankungen erstaunlich gut widerstanden.

Von der akuten Gefährdung, aber auch von dem ursprünglichen, unberührten Zustand konnten sich Studierende und Lehrende der Fakultät Erhaltung von Kulturgut der HAWK Hildesheim bei einer Ortsbesichtigung in Henndorf im August 2000 selbst überzeugen.[23] In der Folge kam ein Langzeitprojekt in Gang mit dem Ziel, durch ein zurückhaltendes aber umfassendes Gesamtkonzept den Bestand *in situ* zu erhalten und für die Forschung zu erschließen. Dazu gehören Dokumentation, Untersuchung, Konservierung, ein konsequentes Monitoring und Verbessern der Umfeldfaktoren sowie die Aufklärung der Öffentlichkeit. Die

22 Ebd.

23 Maierbacher-Legl, Bericht.

heutige Besitzerin der Kirche und ihres Inventars, die Evangelische Landeskirche A. B. in Rumänien, unterstützt dieses Vorhaben nach Kräften.

Zwei Truhen kamen 2002 nach Hildesheim, um in den Werkstätten und Labors exemplarisch untersucht zu werden nach Herstellungstechniken, Materialien, Schadensphänomenen. Auf diesen Erkenntnissen basiert das Konservierungskonzept.[24] Es ist von großer Zurückhaltung und Respekt vor dem Alter und der Einzigartigkeit des Truhenensembles geprägt. Keine Einzelstücke sollten hervorgehoben werden, sondern der Gesamtbestand schonend gesichert werden. Das moderate Reinigungsziel berücksichtigt die Geschichte und Funktion der Truhen. Ergänzungen an der stark fragmentarischen Malerei wurden von vorneherein ausgeschlossen.

Die Konservierung

Im August 2003 tat sich ein neues Kapitel in der Geschichte der Henndorfer Truhen auf, das in den darauf folgenden Jahren in sommerlichen Konservierungskampagnen von jeweils zwei Wochen Dauer seine Fortsetzung erfährt. Da das Arbeiten vor Ort in Henndorf bis 2005 aufgrund der gefährlichen Bausituation nicht möglich war, wurden ausgewählte Truhen in das nahegelegene Schäßburg transportiert.

Budapester und Hildesheimer Studierende der Restaurierung verwandelten Gelände und Archivgebäude des ehrwürdigen Pfarrhofs in Schäßburg in ein improvisiertes Konservierungszentrum auf Zeit. Bis September 2008 konnten so 24 Truhen vollständig konserviert und der Gesamtbestand grundlegend untersucht und dokumentiert werden. Die Jahrringmessungen zur Klärung der strittigen Datierung wurden bis 2008 an 70 Truhen durchgeführt und befinden sich in Auswertung.

Die Maßnahmen

Die robusten Holzkonstruktionen bedurften nur vereinzelt der Stabilisierung, Verleimung von Einzelbrettern und Unterstützung der Tragfähigkeit.

Die Behandlung der erheblichen Fraßschäden durch Insekten beschränkte sich auf die Festigung der Standkanten der Stollen durch Tränkung mit einem gelösten Acrylharz. Ansonsten ist relative Stabilität gegeben, sofern die Truhen nicht unnötig belastet werden.

Die extreme Verschmutzung der Truhen wurde mechanisch reduziert. Mit Rücksicht auf den Schimmelbefall und die Fraßschäden sollte möglichst keine zusätzliche Feuchtigkeit in das blanke Holz eingebracht werden. Die Trockenreinigung wurde mit Pinseln, Staubsauger und geeigneten Radiermitteln durchgeführt. Gesundheitsschutz bei der Arbeit spielte angesichts des Vogelkots und der Schimmelbelastung eine wichtige Rolle.

Die Festigung der Fassungsreste erfolgte mit 3–10%igem Hausenblasenleim, dem ein Fungizid beigegeben ist. Der warme Leim wurde flächig über Japanpapier aufgetragen. Das Papier zog die Farbschichten beim Trocknen an den Träger heran und konnte durch erneutes Anfeuchten leicht wieder entfernt werden.

24 Kramer/Könnig, Stollentruhen, S. 157ff. – Klocke, Maltechnische Untersuchung, S. 15ff. – Schröder, Dokumentation, S. 42ff.

Die losen Korrosionsprodukte an den Metall-Schließen wurden mechanisch abgenommen und das Metall anschließend mit einem mikrokristallinen Wachs behandelt.

Es bestand von Anfang an Übereinstimmung, dass der Truhenbestand als eindrucksvolles Gesamtensemble in den Wehrgeschossen der Henndorfer Kirchenburg als Dokument *in situ* bleibende Aufstellung finden sollte.

Dazu war es notwendig, die Rahmenbedingungen grundlegend zu verbessern: Am undichten Dach und den schadhaften Fußböden mussten umfangreiche Reparaturen bzw. Erneuerungen durchgeführt werden. Die Lichtöffnungen mussten mit Maschendraht versehen werden, um Vögel fernzuhalten. Diese Maßnahmen wurden größtenteils von Seiten der Denkmalpflege veranlasst und von Handwerkern ausgeführt.[25]

Die größte Sorge war und ist das Klima in den Dachgeschossen der Kirche. Die unverglasten Öffnungen vermitteln den Innenräumen die Temperatur- und Feuchtigkeitsschwankungen des Außenklimas in direkter Weise. Daher ist ein kontinuierliches Monitoring der Truhen und ihres Zustands erforderlich. Jährlich werden weitere Klimamessungen durchgeführt und die bereits konservierten Truhen untersucht. Besonders der Neubefall durch Mirkoorganismen wird aufmerksam kontrolliert. Es stellte sich heraus, dass die Truhen, die zwischenzeitlich in der restaurierten Bergkirche in Schäßburg ausgestellt wurden, unter dem dort herrschenden, sehr feuchten Raumklima weiteren Befall durch Mikroorganismen und Schadinsekten erlitten. Der hohe Luftwechsel und die jahreszeitlich bedingten Trockenphasen unter dem Dach in Henndorf hingegen wirken sich hinsichtlich des erneuten Schimmelwachstums hemmend aus. Die Kontrolle und Protokollierung des Konservierungserfolges geht mit jährlichen Reinigungsmaßnahmen einher. Diese intensive Nachsorge geht zeitlich zu Lasten der Bearbeitung des noch nicht konservierten Bestands.

Die Problematik des aktiven Insektenbefalls, der ebenfalls wichtiger Teil des Monitoringprogramms ist, muss separat angegangen werden. Hierzu kann angesichts der besonderen Verhältnisse vor Ort und der zeitlichen Begrenzung der Kampagnen noch kein Konzept vorgelegt werden. Reinigung sowie Beobachtung und Dokumentation des Ausmaßes und der Entwicklung sind jedoch wichtige Voraussetzungen dafür.

Die Präsentation in situ

Die Wirkung des eindrucksvollen Ensembles von 120 historischen Truhen soll an ihrem geschichtlichen Ort wieder erlebbar werden. Ein sanfter Tourismus im Harbachtal bringt Besucher auch in die Henndorfer Kirchenburg. Nach der baulichen Sanierung der Böden und der Wendeltreppe ist die Besichtigung wieder möglich.

Didaktische Erklärungen zu den Truhen und ihrem kulturellen Kontext in Wort und Bild sollen dem Verständnis dienen und zur Erhaltung beitragen. Eine Reihe mehrsprachiger Ausstellungstafeln wurde von den Studierenden erarbeitet und im Sommer 2008 in die Präsentation der Truhen integriert.[26]

25 An dieser Stelle sei den fünf Gesellen der Freien Vogtländer gedankt, die sich im Sommer 2005 der Hildesheimer Konservierungskampagne anschlossen und unentgeltlich die stark schadhafte Fußbodenverbretterung im unteren Wehrgeschoss der Henndorfer Kirche erneuerten.

26 Nach Redaktionsschluss wurden noch positive Ergebnisse der Buchen-Dendrochronologie erzielt. Danach stammen die frühesten Truhen aus dem späten 15. Jahrhundert. Die jahrgenauen Datierungen der gemessenen Truhe werden in einer eigenen Publikation veröffentlicht.

Schweinfurter Goldschmiede zur Reichsstadtzeit

Erich Schneider

Materielle Zeugnisse der bürgerlichen Kultur bis zum Ende des Alten Reiches haben sich nur relativ wenige in der Reichsstadt Schweinfurt erhalten. Die rasante industrielle Entwicklung des 19. Jahrhunderts und insbesondere die Bomben des Zweiten Weltkrieges haben kaum ein privates Gebäude der Renaissance oder des Barock unversehrt gelassen. Abgesehen von den Bildtapeten aus dem Hause des Reichsvogtes von Mayern kennen wir kein einziges Interieur aus dieser Zeit.[1] Auch die Repräsentationsräume im Rathaus bis hin zur dort verwahrten reichsstädtischen Bibliothek wurden im Laufe der Zeit den Verhältnissen angepasst und verändert.[2]

Eine Möglichkeit, sich über einen Aspekt bürgerlicher Kultur in Schweinfurt zu informieren, bietet jedoch das Wirken der „Gold- und Silberarbeiter". Ihren Marken nach zu schließen, haben viele wenigstens zeitweise in der Reichsstadt gearbeitet.[3] Wolfgang Scheffler führte 1977 für Schweinfurt insgesamt 81 Meisternamen an;[4] eine Zahl die durch weitere Forschungen in Zukunft sicher noch vergrößert werden kann.[5] Für das Ende des Alten Reiches lassen sich im Jahr 1800 in Schweinfurt für dieses Handwerk immerhin fünf Werkstätten belegen, in denen drei Gesellen arbeiteten und ein Lehrjunge ausgebildet wurde.[6]

In zünftiger Zeit, also vom hohen Mittelalter bis zu Beginn des 19. Jahrhunderts, erhielt ein Goldschmiedemeister als eigenes Zeichen eine Punze, mit der er die von ihm gefertigten Arbeiten meist an versteckter Stelle signierte. Ursprünglich dienten solche Marken dazu, den Feingehalt des Silbers oder Goldes zu gewährleisten. Aus Sicht des Sammlers kann man jedoch in Verbindung mit einem zweiten, die jeweilige Stadt, in der der Meister seine Arbeit vorlegte, repräsentierenden Beschauzeichen, Herstellungsort und Meisternamen bestimmen. Unter Berücksichtigung der andernorts vielfach erhaltenen Zunftbücher ist es häufig möglich, über den Wirkungszeitraum der jeweiligen Meister eine Chronologie aufzustellen, die es erlaubt, dessen erhaltene und gemarkte Silberarbeiten relativ genau zu datieren (Abb. 1).

Die Reichsstadt Schweinfurt führte als Wappen einen silbernen Adler in blauem Schild. Deshalb war ein im heraldischen Sinne nach rechts blickender Adler auf dem Schweinfurter Beschauzeichen angebracht. Später diente ein in einem runden beziehungsweise ovalen Feld stehendes „S" als Beschau. Vielfach findet sich, durch einen Strich getrennt, im gleichen Feld

1 Erich Schneider, Kostbare Bildtapeten des Rokoko in Schweinfurt wiederentdeckt, in: Frankenland 1983, H. 12, S. 342–344.

2 Hubert Schöffel, Das Rathaus zu Schweinfurt, erbaut 1569 bis 1572 von Nikolaus Hofmann aus Halle an der Saale, Schweinfurt/Würzburg 1985; Zur Schweinfurter Bibliotheksgeschichte in reichsstädtischer Zeit siehe Uwe Müller, Der Schweinfurter Ratsadvokat Dr. Paulus Prückner (1558–1621) und seine Bücher in der Bausch-Bibliothek, in: ders./Ernst Petersen (Hgg.), Schweinfurter historische Forschungen, hg. im Auftrag des Historischen Vereins Schweinfurt, Schweinfurt 2004, S. 447–504 mit weiterführenden Hinweisen.

3 Marc Rosenberg, Der Goldschmiede Merkzeichen, Bd. III, Frankfurt [3]1925, S. 306f. – Wolfgang Scheffler, Goldschmiede an Main und Neckar. Daten, Werke, Zeichen. Vorläufige Ermittlungen, Hannover 1977, S. 44–59.

4 Scheffler, Goldschmiede, S. 44–59.

5 Werner Schmidt arbeitet an einem Deutschen Goldschmiedeverzeichnis (DgoV), das 2005 bereits 142 Namen aus Schweinfurt oder mit Bezug zu Schweinfurt aufgeführt hat.

6 J. K. Bundschuh, Beschreibung der Reichsstadt Schweinfurt, ein historisch-topographisch-statistischer Versuch, Ulm 1802, S. 43.

noch die Zahl „12“ oder „13“ als Lötigkeitszeichen, mit der der Silbergehalt beziehungsweise die Legierung gekennzeichnet wurde.[7]

Daneben kann man auf der Unterseite vieler Silberarbeiten häufig eine eingravierte, zickzackförmige Linie, den sogenannten Tremolierstrich entdecken: Dort wurde mit einem Werkzeug ein dünner Silberspan abgehoben und auf seinen Feingehalt überprüft. Als das städtische Museum noch im Rathaus untergebracht war, befanden sich unter den Gegenständen „aus dem Besitz der früheren Zünfte“ einige solcher „Streichnadeln für die Schaumeister des Goldschmiedehandwerks“, die jedoch heute nicht mehr nachweisbar sind.[8]

Obwohl die Gold- und Silberarbeiter, wie sie in Schweinfurt genannt wurden, edle Metalle und zuweilen kostbare Steine verarbeiteten, hatte ihr Handwerk nicht immer den sprichwörtlichen „goldenen Boden“.[9] Vor allem seit Einführung der Reformation im Jahr 1542 fielen die katholischen Kirchen in der Umgebung von Schweinfurt als Auftraggeber aus. Das konnte sicher nur teilweise durch den protestantischen ritterschaftlichen Adel ausgeglichen werden. Nach den Zerstörungen im Markgräfler Krieg 1553/54 verließen einige Goldschmiede wegen Verschuldung oder weil sie keine Aufträge mehr fanden, die Stadt. Johann Dolleus aus Bamberg, der in Schweinfurt bei dem aus Chur zugewanderten Jacob Hausmann gelernt hatte, musste sich 1593 in Ungarn sogar als Kriegsknecht anwerben lassen. Der Goldschmied Christoph Amling hatte sich 1578 gezwungen gesehen „wegen schlechten Geschäftsgangs“ die Schenkstatt in Euerbach zu übernehmen, war also Gastwirt geworden. Von dem 1562 aus Nürnberg zugezogenen Silberarbeiter Hans Mülholtzer fehlt bislang jede Spur seiner Tätigkeit.[10] Der aus Schweinfurt stammende Nicolaus Neumeister erlernte das Handwerk des Silberarbeiters von 1595 bis 1601 bei dem Nürnberger Heinrich Jonas und arbeitet später in Augsburg als Meister.[11]

Selbstverständlich lassen sich auch Beispiele für geschäftlich sehr erfolgreiche Vertreter anführen: Für den in Schweinfurt im Jahr 1677 als Sohn eines Lebküchners geborenen Medailleur Georg Wilhelm Vestner waren Gold und Silber neben Kupfer ebenfalls bevorzugte Materialien seines Kunsthandwerks. Nach seinen Lehr- und Wanderjahren ließ er sich im Jahr 1700 in Nürnberg nieder. Dort bekam er vom Kaiser das Recht verliehen, Münzen und Medaillen in seinem Privathaus zu prägen. Er gehört sowohl vom Umfang seines Werkes als auch vom künstlerischen Rang her zu den wichtigsten Medailleuren der Barockzeit. Vestner starb 1740 in Nürnberg als fürstbischöflich-würzburgischer und als kurbayerischer Hof- und Kammermedailleur und wurde dort auf dem Johannisfriedhof begraben.[12] Die Schweinfurter Museen und Galerien konnten in den 1980er-Jahren eine größere Zahl von ihm entworfener und geprägter Medaillen erwerben und verfügen somit über einen respektablen Querschnitt aus seinem Œuvre.[13]

Tatsache ist jedoch, dass sich nur wenige Goldschmiede von ihrem erlernten Handwerk alleine ernähren konnten: In besonderen Fällen, wie bei dem 1736 aus Nürnberg eingewander-

---

7 Scheffler, Goldschmiede, S. 44.

8 N.N., Führer durch die Städtischen Sammlungen in Schweinfurt, Schweinfurt o. J., S. 17, Nr. 135.

9 Soweit nicht anders nachgewiesen vgl. hierzu Anton Oeller, Schweinfurts Goldschmiede zur Reichsstadtzeit, in: Unterfränkisches Heimatblatt. Heimatkundliche Beilage des „Volkswille“ 3 (1951), Nr. 21, 27.10.1951, S. 1f. u. S. 4.

10 Vgl. Karin Tebbe/Ursula Timann/Thomas Eser (Bearb.), Nürnberger Goldschmiedekunst 1541–1868, Nürnberg 2007, Bd.1, Teil 1, S. 283.

11 Vgl. Tebbe, Nürnberger Goldschmiedekunst, Bd.1, Teil 1, S. 206.

12 Francisca Bernheimer, Georg Wilhelm Vestner und Andreas Vestner, München 1984.

13 Städtische Sammlungen Schweinfurt, Neuerwerbungen 1981, Schweinfurt 1982, Nr. 53–61; Städtische Sammlungen Schweinfurt, Neuerwerbungen 1982, Schweinfurt 1983, Nr. 38–63; Städtische Sammlungen Schweinfurt, Neuerwerbungen 1983, Schweinfurt 1984, Nr. 37–38.

Abb. 1: Schweinfurter Beschau- und Meistermarke auf dem Boden einer Abendmahlskanne von 1610. Alle Fotos: Museen und Galerien der Stadt Schweinfurt

ten und um 1741/42 verstorbenen Nicolaus Wilhelm Baumann, bedurfte es gar einer größeren Erbschaft, um sich im erlernten Beruf halten zu können.[14] Und der am 15. März 1797 in Schweinfurt im Alter von 77 Jahren verstorbene Johann Georg Meyer übte nachweislich drei Berufe aus: Er war Leutnant der hiesigen „Stadt Compagnie“, Gold- und Silberarbeiter sowie Gastgeber zum goldenen Schwan.[15] Von ihm gibt es im Museum im Alten Gymnasium sogar ein am „1. Jänner 1788“ gemaltes Porträt, das ihn in der Uniform eines Stadtleutnants zeigt.[16] Das besondere an diesem Bild ist, dass nur der Porträtkopf gemalt ist, alle anderen Teile der Figur sind in der Art einer Collage aus Stoff, Leder oder Papier zusammengefügt.

Ausgelöst durch die wissenschaftlichen Aktivitäten anlässlich des 450-jährigen Jubiläums zur Einführung der Reformation im Jahr 1992 wurde damals der Blick insbesondere auf die zumeist aus Silber gefertigten Kelche und sonstigen Altargeräte, wie Taufkannen oder Leuchter, aus Schweinfurt gelenkt.[17] Das älteste Stück im Kirchenschatz von St. Johannis, ein Kelch aus dem späten 15. Jahrhundert, weist an seinem Fuß fünf getriebene Rundmedaillons auf, die vor die Mitte des 14. Jahrhunderts datiert werden und nach Auffassung von Susanne Heidemann Beziehungen zum berühmten Halleschen Heiltum aufweisen.[18] Leider hat dieser kostbare Kelch weder Meistermarke noch Beschauzeichen.

14 Vgl. Tebbe, Nürnberger Goldschmiedekunst, Bd.1, Teil 1, S. 39f.
15 Scheffler, Goldschmiede, S. 55, Nr. 37.
16 Inv.-Nr. M-222 (alt).
17 Erich Schneider, Vasa Sacra im Besitz der evangelischen Kirchen Schweinfurts. Prologemena zu einer Geschichte des Goldschmiedehandwerks in der Reichsstadt Schweinfurt bis zum Ende des Alten Reiches. In: Johannes Strauß/Kathi Petersen (Hgg.), Streiflichter auf die Kirchengeschichte in Schweinfurt, Schweinfurt 1992, S. 239–276.
18 Schneider, Vasa Sacra, Nr. 1.

Neben der wissenschaftlichen Erfassung solcher Vasa Sacra in Kirchenbesitz versuchen die Museen und Galerien seit vielen Jahren, Belegstücke für das Schweinfurter Goldschmiedehandwerk aus dem weltlichen Bereich zu erwerben. Das ist nicht immer ganz einfach, denn derartige Luxusgegenstände werden selten und meist teuer im Handel angeboten.

Deshalb freuen wir uns über die Unterstützung wohlmeinender Spender, wie im Falle eines Branntweinschälchens von Martin Blaicher (Bleicher) aus dem späten 17. Jahrhundert.[19] Das ovale, achtfach gebuckelte Schälchen zeigt im Boden ein getriebenes Medaillon mit einem Bukett aus unterschiedlichen Früchten, das von Blattwerk gerahmt wird. In der Mitte der Schmalseite sind eigenständig zwei gegossene, geschwungene Henkel angelötet. In solchen Schälchen servierte man unter anderem die vor allem in Niedersachsen verbreitete Branntwein-Kaltschale, bestehend aus in (Brannt-)Wein oder Bier eingeweichtem und zerkleinertem Lebkuchen.

Martin Blaicher wurde um 1653 in Nürnberg als Sohn des Gold- und Silberarbeiters Veit Sigmund Blaicher geboren. Von 1666 bis 1668 war er Lehrling bei dem Nürnberger Goldschmied Hans Conrad Deinhart und zog nach dessen Tod 1668 mit seinem Bruder Leonhard Blaicher nach Schweinfurt.[20] Dort heiratete er 1677 Anna Barbara, die Witwe des zwei Jahre zuvor verstorbenen Gold- und Silberarbeiters Heinrich Müller, dessen Werkstatt er bis zu seinem eigenen Tod im Jahr 1706 weiterführte. Wolfgang Scheffler weist eine Reihe Arbeiten aus seiner Hand in Kircheninventaren im nördlichen Unterfranken sowie einen Deckelbecher auf Kugelfüßen im Historischen Museum Frankfurt nach.

Das in der Literatur bisher unbekannte Branntweinprobierschälchen erweitert somit nicht nur die Kenntnis vom Werk des Schweinfurter Silberschmieds Martin Blaicher, sondern ergänzt auch die kleine Silbersammlung im Museum im Alten Gymnasium um ein attraktives Werk des bisher dort nicht vertretenen Meisters. Ein vom Würzburger Kunsthandel angebotenes Weinprobierschälchen von der Hand des Johann Georg Meyer I aus der Mitte des 18. Jahrhunderts musste dagegen einem anderen, finanziell potenteren Käufer überlassen werden.

Im Jahr 2007 konnte das Museum aus mittelfränkischem Privatbesitz ein aus jeweils vier Messern und vier Gabeln bestehendes Reisebesteck im Originallederfutteral von 1776 erwerben, das von dem Schweinfurter Johann Georg Vogt (1700–1782) geschaffen wurde.[21] Seine Meisterhand ist besonders an den mit Rocaille-Ornamenten verzierten, silbervergoldeten Griffen zu spüren. Auf den Messerklingen findet sich eine in Gold eingelegte Marke „H“ mit dreizackiger Krone darüber, die vermutlich das Zeichen eines uns noch unbekannten Messerschmiedes darstellt. Das Ensemble wird auf reizvolle Weise durch ein zweiteiliges Lederfutteral zur Aufnahme des Bestecks mit punziertem Ranken- und Vogeldekor komplettiert. Der Silberarbeiter Johann Georg Vogt war einer der Spitzenkräfte seines Handwerks in der Reichsstadt Schweinfurt. Das Besteck gehört zu den wenigen bekannten Arbeiten für weltliche Auftraggeber und stellt hinsichtlich Verarbeitung, Erhaltungszustand und der Tatsache, dass das Originalfutteral erhalten ist, ein kulturgeschichtliches Rarissimum dar.

---

19 Martin Blaicher, Branntweinschälchen, spätes 17. Jahrhundert, Silber, getrieben, gegossen, gepunzt und graviert; innen und am äußeren Rand vergoldet; L = 13,4 cm, 67,5 g. Schweinfurter Beschauzeichen: Adler im Hochoval (Rosenberg 3, Nr. 4522 und Scheffler, Goldschmiede, Nr. 84). Meisterzeichen: „M·B“ im Queroval (Scheffler, Goldschmiede, Nr. 91). Inv.-Nr. M-2541. Lit.: Dr. Jürgen Fischer, Auktion 146 „Keramik und Kunst“, Heilbronn, 8. Mai 2004, Nr. 415 – Erich Schneider, Ein wertvolles Branntweinprobierschälchen des Schweinfurter Silberschmieds Martin Bleicher aus dem 17. Jahrhundert, in: Schweinfurter Mainleite (2004), H. 3, S. 22–24.

20 Vgl. Tebbe, Nürnberger Goldschmiedekunst, Bd.1, Teil 1, S. 64, 76, 90 u. 310 (frdl. Hinweis Frau Dr. Claudia Selheim, Germanisches Nationalmuseum).

21 Inv.-Nr. M-2620. Rosenberg 3, Nr. 4526 und 4533; Scheffler, Goldschmiede, S. 53f.

Das Reisebesteck und die Branntweinprobierschale sind geeignet, ein völlig neues Licht auf die Kulturgeschichte der Reichsstadt und ihrer Bürger zu werfen. Abgesehen von einigen Beispielen im Zusammenhang mit dem Zeremoniell des Rates und kirchlichen Riten, über die noch zu handeln sein wird, fehlen uns weitgehend Belege für solche Luxusartikel zum privaten Gebrauch.

Im Museum im Alten Gymnasium können wir aus diesem Bereich sonst nur eine um 1760/70 zu datierende silberne Saliere, ein Salzgefäß, vorzeigen. Johann Georg Vogt hat dieses Stück geschaffen, das auf der Wandung ein graviertes lothringisches Kreuz aufweist, was möglicherweise eine Beziehung zur Hospitalstiftung in Schweinfurt herstellen könnte.[22]

Aus der gleichen Zeit stammt ferner ein elegantes, birnenförmiges Mokka-Kännchen mit silbernem, von einem beinernen Knauf bekröntem Deckel und einem volutenförmigem Griff aus Bein. Das die Schweinfurter Sammlung wunderbar ergänzende, 2006 aus mittelfränkischem Privatbesitz erworbene Stück ist eine Arbeit von Johann Heinrich Müller II (1709–1784).[23]

Auch wenn sich das kleine Schweinfurt niemals mit Zentren der Gold- und Silberschmiede, wie etwa Augsburg oder Nürnberg, messen kann, lohnt doch ein Streifzug durch die Erzeugnisse der hiesigen Silberschmiede vom Mittelalter bis zum Ende des 18. Jahrhunderts. Gold und Silber spielten im Alltag der meisten Schweinfurter Bürger gewiss keine große Rolle. Zwar besaß man wie der reiche, drei Geldsäcke in seinem Wappen führende Kaufmann Balthasar Rüffer sicher den einen oder anderen Golddukaten, aber Prunk und Luxus, wie er an den großen Fürstenhöfen gelegentlich herrschte, gab es in der Reichsstadt in aller Regel nicht.

Ein wichtiger Auftraggeber für Gold- und Silberschmiede war der Rat der Reichsstadt Schweinfurt. 1415 wird in Sprengers Annalen ein „Jacob Goldschmied" erwähnt, von dem es heißt, dass er das Typar des großen, im Original leider verschollenen Siegels der Reichsstadt Schweinfurt geschnitten habe.[24] Unbekannt ist dagegen, wer um 1600 das aus einem in Silber gefassten Bergkristall bestehende Geleitsreiterabzeichen der Reichsstadt gefertigt hat.[25]

Außer im Falle von solchen Rechtsinstrumenten bedienten die Goldschmiede mit ihren Erzeugnissen insbesondere das Repräsentationsbedürfnis des Rates der Reichsstadt. Dieses äußerte sich zum Beispiel in kostbaren Silbergefäßen, die hohen Gästen der Stadt bei verschiedenen Anlässen „verehrt" wurden. So erhielt Herzog Wilhelm von Sachsen, der bei seiner Rückkehr aus dem Heiligen Land 1461 Schweinfurt passierte, einen silbernen Pokal.[26] Wenige Jahre später, 1470, überreichte der Rat dem auf Schloss Mainberg residierenden Graf Wilhelm III. von Henneberg und seiner eben angetrauten Gattin Margarete von Braunschweig anlässlich ihres Besuches eine silberne Platte als Gastgeschenk.[27]

Nicht immer wurden diese Ehrengeschenke jedoch in Schweinfurt selbst angefertigt. So wissen wir, dass der Pokal, „so Herrn Magistro Henrico Frey pro dedicatione seines biblischen Tierbüchleins 1594 verehrt" wurde, „gen Norinberg", nach Nürnberg also, bezahlt worden war.[28]

Aber auch für den Eigenbedarf benötigte der Schweinfurter Rat kostbare Gefäße und Trinkgeschirre zur würdigen Ausstattung von Empfängen und „Gastereyen" im Rathaus.

22 Inv.-Nr. M-2075. Lit.: Städtische Sammlungen Schweinfurt, Neuerwerbungen 1994, Schweinfurt 1995, Nr. 135.

23 Inv.-Nr. M-2588. Lit.: Scheffler, Goldschmiede, S. 55, Nr. 38.

24 Oeller, Goldschmiede, S. 1.

25 Inv.-Nr. M-405.

26 Anton Oeller, Goldschmied Jamnitzer in Schweinfurt, in: Schweinfurter Heimatblätter Nr. 22, 16.12.1950.

27 A. Memminger, Schloß Mainberg, Würzburg ^{3}1934, S. 35.

28 Oeller, Jamnitzer.

Nach den Zerstörungen während des sogenannten Zweiten Stadtverderbens 1553/54 im Markgräfler Krieg wurde bekanntlich zwischen 1569 und 1572 das Rathaus nach Plänen von Nikolaus Hofmann wiedererrichtet. Trotz beträchtlicher, erst 1614 bezahlter Schulden,[29] wurde an der Ausstattung damals gleichwohl nicht gespart. Den glanzvollen Abschluss des Bauwerkes lieferte schließlich ein 1575 von keinem geringeren als dem führenden Nürnberger Goldschmied Wenzel Jamnitzer geschaffenes, großes vergoldetes kristallenes Trinkgeschirr. Wahrscheinlich handelte es sich dabei um Prunkgefäße aus geschnittenen und mit Silber gefassten Bergkristallen. Die Kosten dafür lagen bei 67 ½ Gulden, dazu kamen noch einmal 11 Gulden und 18 Schillinge für das Futteral und zwei aufgemalte Wappen sowie 1 Taler Trinkgeld für Jamnitzers Gesellen. Einige Jahre später bot der berühmte Goldschmied der Reichsstadt noch einen vergoldeten Becher um 14 ½ Gulden und manches andere Stück an, von denen wir jedoch nicht wissen, ob sie tatsächlich erworben wurden. Aber auch das 1575 erworbene Trinkgeschirr ist nicht mehr erhalten und zu unbekannter Zeit verschollen.[30]

Am 19. Mai 1572 dachte daran freilich noch niemand. Die Chronik berichtet vielmehr, dass damals „das neue Rathhaus ... mit aller Solennität eingenommen und eingeweihet ...“ wurde und fährt fort: „... jedes Kind, das herzukam, durfte Wein aus einem goldenen Becher trinken und erhielt auch 1 Weck“.[31]

Gelegentlich ließ sich die Reichsstadt selbst das eine oder andere kostbare Kleinod schenken. So war es üblich, dass der Rat im Falle von aufgelösten Verlobungen den sogenannten Wahlschatz, also jene Geschenke an Schmuck oder Goldmünzen des Bräutigams an die Braut, erhielt. Auf diese Weise kam bis zum Ende des Alten Reiches eine stattliche Sammlung von Pretiosen zusammen.

Interessant ist ferner ein anderer Vorgang, dem das Museum im Alten Gymnasium den silbernen Regimentsstab von 1737 verdankt.[32] Johann Christoph Kornacher war damals als Consulent, also als Rechtsberater, des ritterschaftlichen Kantons Odenwald vielfach in der Reichsstadt Schweinfurt tätig und zahlte dort seine Steuern. Deshalb glaubte er, automatisch auch das Schweinfurter Bürgerrecht zu besitzen, musste sich aber eines Besseren belehren lassen. Angesichts seiner vornehmen Eltern und wegen großer Verdienste gewährte ihm jedoch der reichsstädtische Rat als „casus specialissimus“ – also als besonderen Ausnahmefall – am 22. März 1737 die Aufnahme als Bürger. Neben den üblichen Gebühren musste Kornacher eine „Diskretion“ nach eigenem Belieben an den Rat übergeben. Am 11. Dezember 1737 entnehmen wir einem weiteren Protokoll, dass der Rat inzwischen von Kornacher einen silbernen Regimentsstab erhalten hatte und er damit als Bürger aufgenommen war.[33] Bei dem Geschenk, einem Stab mit der Nachbildung einer Schwurhand an seiner Spitze, handelte es sich um ein reines Repräsentationsobjekt, das der reichsstädtische Oberbürgermeister als Zeichen seiner richterlichen Gewalt führte.

Ein Ehrengeschenk ist auch folgendes Stück, das zum Altbestand des Museums im Alten Gymnasium gehört. Den von einem Augsburger Silberschmied im Jahr 1740 geschaffenen

29 Schöffel, Rathaus, S. 26f.

30 Oeller, Jamnitzer.

31 Georg Hahn, Chronik der Stadt Schweinfurt aus verschiedenen Handschriften zusammengetragen, Teil II, Schweinfurt 1818, S. 285.

32 Inv.-Nr. M-260 (alt). Weder das undeutliche Beschauzeichen (Engel?) noch die Meistermarke (RL?) konnten bisher zugewiesen werden.

33 N.N., Aus Schweinfurter Ratsprotokollen. II. Das silberne Szepter im Städtischen Museum, in: Schweinfurter Heimatblätter. N. F. des „Archiv“ 11, Nr. 12, Dezember 1934, S. 48.

Abb. 2: Johann Georg Vogt, Pokal der Büttnerzunft, 1740.

silbernen Deckelpokal erhielt der aus Schweinfurt stammende, berühmte Jurist Professor Wolfgang Adam Schöpf (1679–1770) vom akademischen Senat der Universität Tübingen überreicht.[34]

Ähnlich wie der Rat der Reichsstadt haben auch die in Schweinfurt ansässigen Zünfte im Laufe der Jahrhunderte ein gewisses festliches Zeremoniell entwickelt. Von vielen Zünften haben sich sogenannte Zunftkannen aus Zinn erhalten, aus denen bei bestimmten Gelegenheiten reihum ein kräftiger Schluck Wein getrunken wurde.

Ein besonders schönes Beispiel ist jener Pokal aus teilweise vergoldetem Silber, den die Büttnerzunft im Jahr 1740 vom Rat der Reichsstadt überreicht bekommen hat.[35] Die Büttner hatten am 12. März dieses Jahres auf dem Eis des zugefrorenen Main drei Fässer verfertigt und eines davon dem Rat verehrt. Der barocke, reich gearbeitete, kelchförmige Pokal ist das Werk des bereits mehrfach genannten Johann Georg Vogt.[36] Auf seinem Deckel steht ein Gewappneter, der mit der linken Hand ein Fass hält. In seiner rechten soll sich früher eine Fahne befunden haben, die jedoch verloren ist (Abb. 2).

Aus unbekanntem Anlass stiftete E. W. Besserer der „achtbaren Fischer-Innung“ im Jahr 1807 einen kostbaren silbervergoldeten Pokal in Kelchform mit Deckel, der 1992 aus einer Auktion bei Christie's in Genf vom Kunstverein Schweinfurt als Dauerleihgabe für die Museen und Galerien erworben werden konnte. Der Pokal ist eine wunderbare Arbeit in den Schmuckformen des

34 Inv.-Nr. M-302 (alt).

35 Inv.-Nr. M-297 (alt). Lit.: Joseph Maria Ritz, Das Stadtmuseum in Schweinfurt, München 1935, S. 9f., Abb. 21. – Andreas Sauer, Schweinfurter Zunftzeichen. Zulassungsarbeit für das Lehramt an Volksschulen 1975/II, unpubliziertes Manuskript, Universität Würzburg.

36 Scheffler, Goldschmiede, S. 53, Nr. 30e.

reifen Klassizismus: Blattfriese und Flechtwerkbänder wechseln sich mit Blüten-Festons ab. Wegen der ausgesprochenen Kelchform könnte es sich ursprünglich um ein kirchliches Gerät gehandelt haben, das infolge der Säkularisation von 1803 nicht mehr seinem eigentlichen Zweck zugeführt werden konnte. Als Schöpfer dieses späten „Zunft"-Pokals gibt sich der Schweinfurter Silberschmied Johann Daniel Abe (1769–1837) zu erkennen, der 1796 die Witwe des Silberschmieds Johann Caspar Vogt geheiratet hatte.[37] Bis heute lebt die Tradition der Familien Vogt und Abe in dem Betrieb der Goldschmiede und Juweliere Edelmann & Belschner fort (Abb. 3).[38]

Neben dem reichsstädtischen Rat und den Zünften war es insbesondere die Kirche, die immer wieder Bedarf an kostbaren Altargeräten hatte, die sie zumeist gestiftet bekam. So lesen wir in der Leichenpredigt für den 1589 aus Münnerstadt im Zuge der Gegenreformation vertriebenen und am 24. August 1616 verstorbenen „Arithmeticus" oder Schreiber Markus Albrecht, dass er „unsere[r] Pfarrkirchen ... mit einer ansehnlichen Silbern Kandel / deren alle Christliche Communicanten an allen Sontagen bey der ausspendung des H. Abendmahls sich gebrauchen / verehret" hat.[39] Die im Jahr 1610 von einem Schweinfurter Meister mit den Initialen „K" geschaffene Kanne ist bis heute im Kirchenschatz von St. Johannis erhalten.[40] Weiter heißt es in Albrechts Testament: „Die Kirchen zu Oberndorff hat er mit einer Silbern Capsul versehen". Dieses Stück ist jedoch verschollen. Möglicherweise wurde es 1796 das Opfer vandalierender französischer Soldaten, bei dem die Oberndorfer Pfarrkirche nahezu ihr gesamtes kirchliches Gerät verlor.[41]

Wer es sich leisten konnte, der verrichtete auch seine persönlichen Andachtsübungen mit einem gewissen Hauch von Luxus. Die Museen und Galerien besitzen zwei mit Silberbeschlägen versehene Gesangbücher aus den Jahren 1821 und 1826.[42] Die Samteinbände weisen gegossene und gravierte Applikationen mit Rocaillen, Blüten und Rankenwerk auf. Auf den Innenseiten der ebenfalls aufwändig dekorierten Schließen finden sich die Namen der damaligen Besitzer „E. D. Fehlerin" und „M. M. Heyne" sowie die Jahreszahlen eingraviert. Im letzteren Fall werden außerdem die Initialen „A. M. H." genannt. Das lässt darauf schließen, dass der silberne Einband ebenfalls ein Geschenk (eventuell zur Konfirmation?) war. Als Schöpfer beider silbernen Einbände gibt sich ausweislich seiner Marke der in Schweinfurt sehr produktive Friedrich Adam Meyer zu erkennen.[43] Offensichtlich wurden die Einbände der Gesangbücher von 1821 beziehungsweise 1826 über Generationen als kostbarer Familienbesitz gehütet, denn beide wurden für 1837 und 1886 erschienene Ausgaben des Gesangbuches der evangelisch-lutherischen Kirche erneut verwendet.

Derartig kostbar beschlagene Gebetbücher hatten in Schweinfurt scheinbar Tradition. Im Bestand des stadtgeschichtlichen Museums findet sich ein Porträt der Anna Juliana Schöner, geborene Höfel, von der Hand des Franz von Materano aus dem Jahr 1688.[44] Die Dargestellte

37 Inv.-Nr. Le-62. Vgl. Erich Schneider, Neuerwerbungen zur Geschichte der Schweinfurter Fischerzunft für die Städtischen Sammlungen, n: Schweinfurter Mainleite (1993), H. 1, S. 31–32.

38 Festschrift „Edelmann & Belschner. 250 Jahre Goldschmiede und Juweliere in Schweinfurt. 1730–1980", Schweinfurt 1980 (Privatdruck).

39 Johann Heusinger, Christliche Leichpredigt: / Bey dem Volckreichen / Begräbnuß Weilandt des Ehrve= / sten / Vorachtbarn vnnd Wolweisen Herrn Marci Al= / brechti Rathsverwanden allhier / welcher den 24. Augu= / sti dieses 1616. Jahrs / vmb 5. vhr gegen den Abendt / sannfft vnd seelig in dem Herrn entschlaffen ...", Nürnberg, Balthasar Scherff, 1617.

40 Schneider, Vasa Sacra, Nr. 7.

41 Christian Schümann, Geschichte von Schweinfurt-Oberndorf, Schweinfurt 1989, S. 103ff.

42 Inv.-Nr. M-3141(alt) und Altbestand ohne Inv.-Nr.

43 Scheffler, Goldschmiede, S. 57, Nr. 46.

44 Inv.-Nr. M-2122. Vgl. hierzu Erich Schneider, Zwei wertvolle Barockporträts als Schenkung aus Münchner Privatbesitz für die Städtischen Sammlungen Schweinfurt, in: Schweinfurter Mainleite (1995), H. 4, S. 28–33.

Abb. 3: Johann Daniel Abe, Pokal der Fischerzunft, 1807.

trägt nicht nur den für eine Bürgerin ihrer Herkunft an Festtagen üblichen reichen Putz und Schmuck, sondern verweist mit ihrer rechten Hand auf ein ähnlich aufwändig mit Silber verziertes Gesangbuch, wie die beiden im Original vorgestellten aus späterer Zeit.

Aber nicht nur die Kirche durfte sich über die Schenkung mancher kostbarer Altargeräte freuen, sondern auch die 1433 erstmals nachweisbare Bürgerliche Schützengesellschaft. Besonders augenfällig wird dies an den durch Zustiftung von Plaketten, Münzen und Medaillen reich ausstaffierten, diversen Schützenketten. So findet sich an der Vogelkönigskette in ihrer Form vom Herbst 1982 ein Wappenschild mit Adler und Büchse aus Silber, die beide aus dem ausklingenden 16. Jahrhundert stammen. Die Büchse ist 1592 datiert und der in Silber getriebene Adler stammt ausweislich der Meistermarke von dem Silberschmied Nikolaus Neumeister, der im Jahr 1590 aus Kitzingen nach Schweinfurt zuwanderte.[45]

Wenn man so will, handelt es sich bei einer solchen Schützenkette im weitesten Sinn um Schmuck. Obwohl wir aus Porträts, wie dem eben angeführten wissen, dass die Schweinfurterinnen auch früher Schmuck besessen und getragen haben, hat sich leider bis auf wenige Ausnahmen keiner im Museumsbesitz erhalten. Auf dem Porträt der Catharina Luisa Schmidtin, das Conrad Geiger im Jahr 1806 gemalt hat, findet sich im Haar der in der Mode des Empire gekleideten und frisierten Schweinfurter Bürgerin, ein silberner Pfeil als Schmuck.[46] Genau dieser Pfeil aber wurde uns im Jahr 1984 als Schenkung aus Schweinfurter Familienbesitz übergeben.[47]

45 Reinhold Jordan, Die Schützenketten, in: Festschrift „1433–1983. 550 Jahre Bürgerliche Schützengesellschaft von 1433 – Freischütz von 1875 Schweinfurt e. V.“, Schweinfurt 1983, S. 104–114.

46 Inv.-Nr. K-247. Vgl. hierzu Erich Schneider, Conrad Geiger (1751–1808). Ein fränkischer Maler am Ende des Alten Reiches, Nürnberg 1990, Nr. 190.

47 Inv.-Nr. M-366.

Wenn wir von weiblichem Schmuckbedürfnis sprechen, sollten wir die Herren der Schöpfung nicht völlig vergessen. Die Museen und Galerien konnten im Jahr 2008 eine aus Silber gearbeitete Schuhschnalle erwerben. Das Dekor der gegossenen und anschließend durch Punzen und Gravur überarbeiteten Schließe weist Blüten und Rankenwerk auf. An seiner Unterseite findet sich neben der Schweinfurter Beschau und einem Tremolierstrich die Marke „IGM“, die für Johann Gottfried Meyer steht, der im zweiten Drittel des 18. Jahrhunderts als Silberschmied wirkte. Er war übrigens der Dritte aus der über vier Generationen tätigen Familie Meyer in Schweinfurt, die uns bereits mehrfach begegnet ist.[48]

Selbstverständlich gab es auch im privaten Umfeld der Schweinfurter Bürger immer wieder besondere Gelegenheiten, zu denen man das eine oder andere edle Gefäß oder Gerät aus Silber benötigte. Von dem kostbaren Reisebesteck von 1776 war bereits die Rede. Beliebt waren auch kleine silberne Döschen oder Löffel, die der Täufling als Patengeschenk erhielt. Meist war ein solches Döschen ursprünglich noch mit einem Geldstück gefüllt. Dahinter stand der Wunsch, dass es dem Kind in seinem künftigen Leben stets wohl ergehen und er immer über genügend Geld beziehungsweise zu Essen verfügen möge.

Die Museen und Galerien der Stadt Schweinfurt konnten einige solcher Tauftalerdöschen erwerben. Vermutlich noch in das Ende des 18. Jahrhunderts lässt sich ein vergleichsweise schlichtes, zylindrisches Döschen auf drei Kugelfüßchen datieren.[49] In die gleiche Zeit gehört die flache zylindrische Dose mit Blütendekor im Deckel, die ausweislich der Meistermarke ein Werk von Johann Georg Meyer ist.[50] Ein weiteres stammt von Friedrich Adam Meyer (1779–1849) und zeichnet sich durch seinen durchbrochen gearbeiteten Deckel aus, der mit gravierten Blüten und einem, einen Bach darstellendes Band mit Fischen verziert ist (Abb. 4).[51]

Im Museumsbestand finden sich auch einige Löffel, die ihrer Gravur nach ebenfalls als Patengeschenke gedient haben. Das älteste Stück ist ein Löffel mit verziertem Stiel, den im Jahr 1764 ein Täufling aus der in Schweinfurt weit verzweigten Familie Stößel erhalten hat. Die Meistermarke „HM“ lässt ihn als Werk von Johann Heinrich Müller II (ca. 1709–1784) identifizieren. Ein weiterer, von diesem Silberschmied geschaffener Esslöffel von 1756 befand sich einmal auf Schloss Mainberg.[52] Zwei schlanke Löffel von 1825 und 1828 sind offenbar Gegenstücke aus der gleichen Familie gewesen und tragen die Namen „J. M. Engelhard“ und „J. M. Baumann“. Die Meistermarke „FAM“ dieser Schenkungen des Kunstvereins Schweinfurt erweist sie als Arbeiten des Friedrich Adam Meyer.[53]

Mit dem im Jahr 1849 als „Bürger, Gold- und Silberarbeiter“ gestorbenen Meyer sind wir bereits im 19. Jahrhundert angelangt. Längst war eine neue Zeit heraufgezogen: Schweinfurt hatte im November 1802 de facto seinen Status als Reichsstadt verloren und war Teil des damaligen Kurfürstentums Bayern geworden. Vorangegangen waren lange Jahre der Unsicherheit mit kriegerischen Ereignissen, Durchmärschen von Soldaten oder Einquartierungen seit 1796. Wer konnte, der brachte seine Wertsachen in Sicherheit. In ihren Lebenserinnerungen berichtet Katharina Sattler (1789–1861), wie sie als siebenjähriges Mädchen 1796 mitge-

48 Scheffler, Goldschmiede, S. 58, Nr. 49 u. 52.
49 Inv.-Nr. M-545.
Inv.-Nr. M-423. Lit.: Städtische Sammlungen Schweinfurt, Neuerwerbungen 1986, Schweinfurt 1987, Nr. 87.
50 Inv.-Nr. M-676. Lit.: Städtische Sammlungen Schweinfurt, Neuerwerbungen 1987, Schweinfurt 1988, Nr. 75.
51 Inv.-Nr. M-423. Lit.: Städtische Sammlungen Schweinfurt, Neuerwerbungen 1984, Schweinfurt 1985, Nr. 91.
52 Inv.-Nr. M-2335. Lit.: Scheffler, Goldschmiede, S. 55, Nr. 38; Städtische Sammlungen Schweinfurt, Neuerwerbungen 1998, Schweinfurt 1999, Nr. 61.
53 Inv.-Nr. M-2207/1+2. Lit.: Scheffler, Goldschmiede, 1977, S. 57, Nr. 46; Städtische Sammlungen Schweinfurt, Neuerwerbungen 1996, Schweinfurt 1997, Nr. 61.

Abb. 4: Friedrich Adam Meyer, Tauftalerdöschen, frühes 19. Jahrhundert.

holfen hat, den „Familienschatz" im Keller des elterlichen Hauses in der Wolfsgasse zu vergraben: „Meine Mutter und Schwester waren eifrig mit Einpacken von allerlei Werthgegenständen beschäftigt; ich half so gut ich konnte und brachte mein silbernes Pathengeschenk, ein Tischbesteck, herbei. Das Kistchen, welches alles zu Bergende aufnahm, wurde in den Keller geschafft und beim Schein einer Oellampe in einen Winkel verscharrt."[54]

Während auf diese Weise mancher Bürger sein wertvolles Hab und Gut retten konnte, machten die von den wechselnden Besatzern der Reichsstadt immer wieder abgepressten Kontributionszahlungen Schweinfurt bald zahlungsunfähig. Zur Deckung der hohen Kriegslasten und Schulden mussten deshalb zwischen 1797 und 1799 nicht nur der Wein im Ratskeller und die Waffen im Zeughaus verkauft werden, sondern auch alles „Tafelgerät, das bei den häufigen Ratsmahlzeiten verwendet wurde". 1799 war man sogar gezwungen den „Gold und Silberschatz des Rates" zu verkaufen, der in diesen schlechten Zeiten jedoch gerade einmal 425 Gulden einbrachte: Darunter waren die Ringe und Wahlschätze aus aufgelösten Verlobungen, aber auch „seltene Gold und Silbermünzen, silberne Löffel, vergoldete Silberpokale für Ehrentrunke, Silberkannen aus älterer Zeit, ein reich mit Silber verzierter Kommandostab eines türkischen Paschas."[55]

Vieles davon ist seit jenen Jahren vergangen und verschollen. Dennoch gibt es immer wieder Stücke, die sich trotz eines bewegten Schicksal erhalten haben. Eines davon ist eine Abendmahlskanne von 1595 im Kirchenschatz von St. Johannis.[56] Die Kanne ist das Werk des Kitzinger Goldschmiedes Martin Keller. Ursprünglich war sie ein Geschenk des dortigen Rates an das Ratsmitglied Georg Gadamer als Dank für dessen Mühewaltung bei der Erhöhung des Kirchturmes von St. Johannes in Kitzingen. Gadamers Sohn Hans Georg musste 1629 als Protestant bei der Wiedereinlösung der Ansbacher Pfandschaft durch Würzburg aus Kitzingen fliehen und brachte die Kanne in seine neue Heimat Schweinfurt mit. Der Handelsmann

54 Ludwig Bechstein, Kunstfleiß und Gewerbefleiß. In einigen einfachen, wahrheitstreuen Lebensbildern, Leipzig 1860, S. 39.

55 Fritz Lunkenbein, Geschichte der Stadt Schweinfurt von der Entstehung bis in die Gegenwart, Leipzig 1914, S. 175–177; Schöffel, Rathaus, Anm. 191.

56 Schneider, Vasa Sacra, 1992, Nr. 4.

reüssierte in der Reichsstadt binnen kürzester Zeit als Mitglied des hiesigen Ratszusatzes, starb jedoch bereits 1632. Möglicherweise als Dank für die Aufnahme in Schweinfurt kam die Kanne nach seinem Tod in das Ratskleinod und war damit Teil des reichsstädtischen Tafelgeschirrs. Dem Zwang der Kriegsnot folgend, musste sie 1799 versteigert werden und gelangte zum Preis von 61 Gulden in den Kirchenschatz von St. Johannis, wo sie sich bis heute erhalten hat.[57]

Für handwerklich gefertigte Gegenstände aus Silber gab es im armen Schweinfurt der Biedermeierzeit keinen großen Markt mehr. Wer sich wie die Witwe Anna Margaretha Abe, verwitwete Vogt,[58] im Geschäft halten wollte, der musste deshalb auch preiswerte Manufakturware anbieten. In größerer Serie vorfabrizierte Schmuckelemente wurden dabei je nach Geldbeutel und Bedarf von einem örtlichen Goldschmied mit schlichten Grundformen kombiniert. Für solche Artikel war damals wie heute das Weihnachtsgeschäft die ertragreichste Zeit im Jahr. Deshalb inserierte die Witwe von Daniel Abe am 14. Dezember 1828 im Schweinfurter Wochenblatt folgende Anzeige: „Durch neu empfangene Sendung habe ich meine Bijouterie- und Silberwaaren wieder schön assortirt, womit ich mich einem hochverehrten Publikum auf bevorstehende Weihnachtsfeiertäge unter Versprechung der billigsten Preise zu geneigter Abnahme bestens empfehle.“[59]

Als Belege für solche Halbfertigfabrikate sollen zwei Silberleuchter dienen, die zwar eine Schweinfurter Beschau aufweisen, aber nach Auflösung der Zünfte keine Meistermarke mehr. Die Dekoration der eleganten, stelenartigen Leuchter weist als Bekrönung jeweils eine ägyptisierende, männliche Pharaonenbüste auf.[60] Leider gelingen solche Trovaillen nicht immer: Im Jahr 2001 erwarb ein Museum in einer Nachbarstadt zwei um 1830 zu datierende, prachtvolle Kerzenleuchter aus Schweinfurter Privatbesitz, die ausweislich der Marken Arbeiten eines Schweinfurter Meisters waren, deren Kauf die Museen und Galerien zuvor aus finanziellen Gründen ablehnen mussten.[61]

57 N.N., Drei Schweinfurter Kunstwerke in der Münchner Ausstellung kirchlicher Kunstschätze aus Bayern, in: Schweinfurter Tagblatt, 1. April 1931 (Jubiläumsausgabe „75 Jahre Schweinfurter Tagblatt“), S. 8.

58 Scheffler, Goldschmiede, S. 57, Nr. 44.

59 Schweinfurter Wochenblatt, 50, 14.12.1828, S. 443.

60 Inv.-Nr. M-2212/1+2. Lit.: Scheffler, Goldschmiede, Nr. 44; Städtische Sammlungen, Neuerwerbungen, 1996, Schweinfurt 1997, Nr. 62.

61 Hans-Peter Trenschel, Die Neuerwerbungen des Mainfränkischen Museums seit 1994, Teil I, in: Mainfränkisches Jahrbuch für Geschichte und Kunst 54 (2002), S. 150, Abb. 57.

Das Zimmerkenotaph für Johannes Bepler

Ein Beitrag zur Erinnerungskultur in Nürnberg um 1800

Frank Matthias Kammel

Im Jahr 1875 übergaben die Nachkommen Paul Wolfgang Merkels (1756–1820) Bibliothek und Kunstsammlung des Nürnberger Kaufmanns und Politikers, die bereits 1858 zu einer Stiftung zusammengefasst worden waren, dem Germanischen Nationalmuseum. Unter den zahlreichen Kunstwerken, Büchern und Archivalien befand sich jedoch auch ein Objekt, das ursprünglich nicht zur Sammlung gehörte. Vielmehr stellt es ein Zeugnis der Familiengeschichte dar (Abb. 1).[1] Das Verzeichnis der schon 1874 beschlossenen Übergabe des Bestandes führt es unter Nummer 178 als „ein kleines Grabdenkmal für Johannes Bepler" auf.[2] Im Museum inventarisierte man es als Modell für ein Grabmal und datierte es ans Ende des 18. Jahrhunderts.

Es handelt sich um ein kleinformatiges architektonisches Gehäuse, das auf einer Grundfläche von 35 x 31 cm genau 62 cm in der Höhe misst. Auf einer Marmorplatte erhebt sich ein Ziborium aus vier weißen Marmorsäulen, Architrav und massiver, leicht eingezogener Kuppel. Auf dem zweifarbigen Gebälk steht eine aus parabelförmigen Segmenten angeordnete Umzäunung, deren Eckpfeiler mit vergoldeten Flammenvasen besetzt sind. Der von der Kuppel überwölbte und von Glasscheiben verschlossene Raum selbst birgt ein vielgestaltiges Arrangement, das mittels farbig gefasstem Holz, Teigmasse und getrockneten Pflanzen hergestellt worden ist. Auf einem profilierten Sockel ruht ein voluminöser Sarkophag mit barocken Eckvoluten, an dessen Breitseite ein ovaler Inschriftenschild lehnt. Auf der Deckplatte des Grabmals steht eine vasenförmige Urne, und eine weibliche Figur in antiker Gewandung hinter der Tumba legt ihren linken Arm um das Gefäß. Ein Tüchlein in der rechten Hand haltend trocknet sie ihre Tränen. Mit der gleichen Tätigkeit ist auch ein nackter Putto befasst, der die Kuppel krönt und mit der Rechten den Stiel einer gesenkten Fackel umfasst. Die mit getrockneten Kräutern bestreute Plattform des Sarkophags und die aus Heidekraut kunstvoll gebildeten Zypressen im Hintergrund vermitteln den Eindruck eines natürlichen Ambientes und deuten einen antiken Totenhain an. Schließlich trägt der ovale, blütenumkränzte Schild eine nicht ohne Pathos verfasste Widmungsinschrift: „Beplern!/ Dem ehrwürdigen Greiß,/ Dem thätigen Menschenfreund/ Dem Aeltesten unsers traulichen Bundes/ Zum Andenken gesetzt/ An der Stelle,/ Wo wir uns Seiner freuten."

Wer war der auf diese Weise gerühmte Mann, den man mit diesen Worten auf dreifache Weise pries, als verehrungswürdigen Greis, als wohltätigen Philantrop und als Vorstand eines eingeschworenen Zirkels Gleichgesinnter? Johannes Bepler war der Schwiegervater Paul

1 Wilhelm Volkert, Bürgerliches Engagement in der Merkel-Familie, in: Gedenkschrift 150 Jahre Paul Wolfgang Merkel'sche Familienstiftung 1858–2008, München 2008, S. 10.

2 Germanisches Nationalmuseum, Archiv, Akte Archiv Merkel-Röthenbach BA 144, Nachtrag.

Abb. 1: Zimmerkenotaph für Johannes Bepler, Nürnberg, 1805. Germanisches Nationalmuseum, Nürnberg

Wolfgang Merkels, also Vater von Merkels 1784 geehelichter Gattin Margarete Elisabeth. Als Sohn eines Bäckers 1719 in Wetzlar geboren, hatte er sich 1744 in Nürnberg niedergelassen. Hier betätigte er sich als Handlungsbediensteter im Spezereihandel von Johann Sigmund Lödel und stieg 1758 zum Geschäftsführer dieser Firma auf. Nach dessen und dessen einzigen Sohnes Tod wurde Bepler zum Erben des Unternehmens eingesetzt. In Folge des Ablebens der Witwe Felicitas Lödel 1777 ging es auf ihn über. Merkel trat 1784 in eben dieses Geschäft ein. Drei Jahre später übernahm er die von seinem Vater geerbte Handelsfirma und vereinigte sie 1788 mit dem ehemals Johann Sigmund Lödel und jetzt Bepler eigenen Unternehmen zum Handelshaus Lödel & Merkel. Bis 1804 standen Bepler und Merkel, Schwiegervater und Schwiegersohn, dem Geschäft gemeinsam vor, das auf Genussmittel, Gewürze, Farben und andere Chemikalien spezialisiert war und seinen wesentlichen Umsatz in Süddeutschland und den habsburgischen Erblanden erzielte.[3]

Ein oval gerahmtes Bildnis Johannes Beplers, das der Nürnberger Maler Christian Ludwig um 1780 schuf, überliefert die Züge eines etwa 60jährigen Mannes mit weißhaariger Perücke, der dem Betrachter aus einem von fleischigen Wangen und Doppelkinn geprägten Antlitz selbstbewusst und streng entgegen blickt (Abb. 2).[4] Am 13. Dezember 1804, also 85jährig, starb der Porträtierte. Sechs Tage später wurde sein Leichnam auf dem Nürnberger Johannisfriedhof unter großer Anteilnahme zu Grabe getragen.

Johannes Bepler war eine gesellschaftlich engagierte und hoch angesehene Persönlichkeit. Trauerreden und zum „Tage der betrübten Einsenkung“ verfasste Verse rühmen seine Milde, Güte und seine „wahre Gottesverehrung“, die sich in „der Mäßigkeit, der Bescheidenheit, der stillen Wohltätigkeit“ geäußert habe.[5] Auf seine Frömmigkeit weist schon das Familienwappen, dessen Schild die Arche Noah mit der Taube trägt, ein Motiv, das als Zeichen erfahrener göttlicher Huld gelesen werden kann.[6] Rastlosigkeit, Schonungslosigkeit seiner selbst und Erfolg zeichneten ihn als Geschäftsmann aus. Wie sein Schwiegersohn war er unter anderem Mitglied in der Gesellschaft zur Beförderung vaterländischer Industrie und im Nürnberger Gesellschaftsverein „Klub“, der später als „Kolleg“ firmierte.[7] Der Lobpreis auf den Ältesten im traulichen Bunde, den die oben zitierte Widmungsinschrift des Miniaturgrabmals nennt, nimmt jedoch auf keine dieser Korporationen Bezug, sondern auf Amt und Würden in der „Montägigen Mercantil-Gesellschaft in der Rathausvogtei“. Diesem sich stets montags zu geschäftlichem wie geselligem Austausch versammelnden Herrenklub der Nürnberger Kaufmannschaft hatte Bepler tatsächlich viele Jahre als Ältester vorgestanden. Auf der ersten Sitzung der Vereinigung im Jahr 1805 wurde eine Gedenkrede auf ihn gehalten, die unter dem Titel „Todtenopfer ihrem unvergesslichen Aeltesten Herrn Johannes Bepler mit Liebe und Sehnsucht geweihet von den saemtlichen Mitgliedern der montägigen Mercantil-Gesellschaft in der Rathausvogtei“ noch im Januar im Druck erschien und den Verstorbenen als tatkräftigen Zeitgenossen, tugendhaften Menschen und „Stütze der Nothleidenden“ pries.

3 Zu Merkel und seinem Handelshaus siehe Rebekka Habermas, Frauen und Männer des Bürgertums. Eine Familiengeschichte (1750–1850), Göttingen 2000, S. 99–108, 145–163.

4 Paul Wolfgang Merkel 1756–1820. Kaufmann. Reformer. Patriot. Ausstellungskatalog Stadtarchiv Nürnberg, Nr. 16, hg. v. Michael Diefenbacher/Ruth Bach-Damaskinos/Georg Seiderer, Nürnberg 2006, S. 68, Nr. 99.

5 Todtenopfer ihrem unvergesslichen Aeltesten Herrn Johannes Bepler mit Liebe und Sehnsucht geweihet von den saemtlichen Mitgliedern der montägigen Mercantil-Gesellschaft in der Rathausvogtei, Nürnberg 1805, o. S. [7]. Exemplar in Stadtarchiv Nürnberg, Akte E 18, F. A. Merkel, Nr. 550.

6 Stadtarchiv Nürnberg, Akte E 18, F. A. Merkel, Nr. 1210.

7 Volkert (Anm. 1), S. 12.

Abb. 2: Porträt Johannes Bepler, Christian Ludwig, um 1780. Germanisches Nationalmuseum, Nürnberg

Die Aufschrift des Schildes, die an Formulierungen jenes Nekrologs orientiert ist, belegt eindeutig, dass die Merkantilgesellschaft Initiator und Auftraggeber des kleinen Baldachins war, außerdem die Datierung ins Jahr 1805. Schließlich bezeugt das Bekenntnis „Zum Andenken gesetzt/ An der Stelle,/ Wo wir uns Seiner freuten", dass das Objekt zunächst fürs Vereinslokal bestimmt war, gleichsam als postumer Repräsentant der zu gedenkenden Persönlichkeit fungieren sollte. Aufgrund dessen ist die bisherige Vermutung obsolet, es handele sich um das „Modell für das Grabmonument des Johannes Bepler", die von der Inventarisierung im Museum bis zum Eintrag in dem Paul Wolfgang Merkel und der Merkelschen Familienstiftung gewidmeten Ausstellungskatalog des Germanischen Nationalmuseums und des Nürnberger Stadtarchivs 1979 uneingeschränkt galt.[8]

Schon die Tradition der Nürnberger Sepulkralkultur spricht gegen diese Deutung der Zweckbestimmung. Ein Grabmal dieser Form und anzunehmenden Größe wäre auf einem der reichsstädtischen Friedhöfe unmöglich gewesen. Gestalt und Aufwand der Monumente waren hier verbindlichen Normen und strengen Vorschriften unterworfen, über die das dem Rat unterstellte Grabstättenamt bis zum Ende der Reichsstadt ebenso peinlich wachte wie über Ausmaß des Blumenschmucks sowie Dimension und Zierrat der den Sandsteinsarkophagen applizierten Schilde aus Bronze.[9] Wiewohl hinsichtlich der beiden prominenten Ausnahmen, die den Johannisfriedhof zieren, keine Archivalien überkommen sind, ist zu vermuten, dass die Grabmäler für den 1560 verstorbenen Patrizier Wolfgang Münzer von Babenberg und den 1646 ermordeten Lübecker Kaufmannssohn Johannes Schlütter die übliche Form nur sprengen durften, weil der erste der Stadt eine erhebliche Almosenstiftung hinterließ, in die das gesamte

8 Paul Wolfgang Merkel und die Merkelsche Familienstiftung. Ausstellungskatalog Germanisches Nationalmuseum und Stadtarchiv Nürnberg, Nürnberg 1979, S. 165, Nr. K 35 (Günther Bräutigam).

9 Johann Wolfgang Hilpert, Geschichte der Entstehung und Fortbildung des protestantischen Kirchen-Vermögens der Stadt Nürnberg, Nürnberg 1848, S. 48f.

Familienvermögen einfloss,[10] dem Sepulkralmonument des hier zu Tode gekommenen Norddeutschen dagegen dezidierte Wünsche dessen Lübecker Familie zugrunde lagen.[11]

Haben wir also kein Modell, die Vorstufe für eine monumentale Ausführung eines Grabmals vor uns, kann es sich nur um ein Saalmonument bzw. ein Zimmerdenkmal handeln. Der Verfasser hatte diese These bereits im Zuge der Vorbereitung der Ausstellung über Paul Wolfgang Merkel, die 2006 im Nürnberger Stadtmuseum Fembohaus stattfand, geäußert. Unentschieden bediente man sich im Katalog der Schau jedoch einer vermeintlich salomonischen Interpretation des Objekts und sprach vom „Modell für ein Grabmal", das „von vornherein nicht zur Ausführung im Großen bestimmt" gewesen wäre, sondern wohl als Zimmerkenotaph diente.[12] Der Widersprüchlichkeit der Formulierung war sich Georg Seiderer hier offenbar ebenso wenig bewusst wie Babette Stadie-Lindner, die das Stück zwar bereits 1991 als Zimmerkenotaph bezeichnet, es aber gleichzeitig für ein Modell gehalten hatte.[13] Als Saalmonument, Repräsentant einer im letzten Drittel des 18. Jahrhunderts entstandenen Gattung dreidimensionaler, für den Innenraum bestimmter Werke der Memorialkunst, bestand die Funktion des Mals ohne Zweifel darin, die Erinnerung an die verstorbene Person, das ehrende Gedächtnis an Johannes Bepler wach zu halten.[14]

Kunstwerke, die als Gegenstand des Toten-Gedenkens jenseits des öffentlichen Raumes fungierten, waren in unterschiedlichster Ausprägung natürlich schon in den Jahrhunderten vorher geläufig. Dazu gehören neben gemalten Bildnissen seit der Renaissance vor allem Medaillen, die anlässlich des Todes politisch bedeutsamer oder zumindest wirtschaftlich potenter Persönlichkeiten, ab Ende des 18. Jahrhunderts auch zum Gedenken an Künstler und Gelehrte, in Auftrag gegeben worden sind. In Nürnberg etwa geben solche Sterbemedaillen im 16., 17. und 18. Jahrhundert meist neben dem Familienwappen und dem Bildnis des Verstorbenen Namen, erreichtes Alter sowie Todesdatum wieder und stellen somit eine im Sinne der reformatorischen Tradition stehende Bilanz des ganzen Lebens des auf diese Weise Geehrten dar.[15]

Seltener sind in diesem Zusammenhang großplastische Arbeiten, wie die Wachsbüste des Nürnberger Kaufmanns Johann Wilhelm Loeffelholz, die anlässlich dessen Ablebens im November des Jahres 1600 nach einer kurz zuvor, noch zu Lebzeiten angefertigten Bildnismedaille entstand (Abb. 3).[16] Barhäuptig und mit kurzem Spitzbart erscheint der reiche

10 Georg Wolfgang Karl Lochner, Wolfgang Eisen und Wolfgang Münzer, in: Anzeiger für Kunde der deutschen Vorzeit, N.F. 21 (1874), Sp. 265–270, hier Sp. 269. – Helmut Rascher, Die Kleiderstiftung des Wolfgang Münzer von 1577, in: Mitteilungen des Vereins für Geschichte der Stadt Nürnberg 57 (1970), S. 1–123. – Frank Matthias Kammel, Das Dreifaltigkeitsbild des Wolfgang Münzer von Babenberg. Ein Holzmodell für den Bronzeguss, in: Museumsjournal 13 (1999), S. 36–39.

11 Das Grabmal des jungen Lübecker Schlütter auf dem Johannisfriedhof zu Nürnberg, in: Bayerischer Heimatschutz 11 (1913), S. 144–145. – Claudia Maué, Das Grabmal des Johann Schlütter von Johann Carl und Georg Schweiggers erste Bildnisbüste, in: Skulptur in Süddeutschland 1450–1770. Festschrift für Alfred Schädler, hg. v. Rainer Kahsnitz und Peter Volk, München/Berlin 1998, S. 241–272. – Claudia Maué, Archivalien und Quellen zu Leben und Tod des Johann Schlütter aus Lübeck und zu seinem Grabmal auf dem Nürnberger Johannisfriedhof, in: Mitteilungen des Vereins für Geschichte der Stadt Nürnberg 85 (1998), S. 1–50.

12 Paul Wolfgang Merkel 1756–1820 (Anm. 4), S. 70, Nr. 102 (Georg Seiderer).

13 Babette Stadie-Lindner, Zimmerkenotaphe. Ein Beitrag zur Sepulkralskulptur des 18., 19. und 20. Jahrhunderts, Diss. Berlin 1991, S. 235–237.

14 Hermann Beenken, Das neunzehnte Jahrhundert in der deutschen Kunst. Aufgaben und Gehalte. Versuch einer Rechenschaft, München 1944, S. 441–442. – B. Stadie-Lindner (Anm. 13), S. 7–14.

15 Paul Grotemeyer, „Da ich het die gestalt". Deutsche Bildnismedaillen des 16. Jahrhunderts, München 1957, S. 14–15. – Hermann Maué, Philipp Scherl, auf seinen Tod, in: Anzeiger des Germanischen Nationalmuseums (1991), S. 374.

16 Walter Josephi, Die Werke plastischer Kunst. Kataloge des Germanischen Nationalmuseums, Nürnberg 1910, Nr. 67. – Frank Matthias Kammel/Anke Lorenz, Faszination der Präsenz. Die Wachsbüste des Johann Wilhelm Loeffelholz, in: Enthüllungen. Restaurierte Kunstwerke von Riemenschneider bis Kremser Schmidt, Ausstellungskatalog Germanisches Nationalmuseum, Nürnberg 2008, S. 82–93.

Abb. 3: Porträtbüste des Johann Wilhelm Loeffelholz, Nürnberg, 1600. Germanisches Nationalmuseum, Nürnberg

Handelsherr im Damastrock mit kostbarer, spitzenverzierter Halskrause, dem sogenannten Mühlsteinkragen. Lebensgröße, Haut imitierende Oberflächenqualität des Werkstoffes Wachs und naturnahe farbige Fassung von Antlitz und Tracht sowie der gläsernen Augen sind wesentliche Träger einer bestechenden Präsenzfaszination dieser Figur. Überdies verstärkt die originale Einhausung der Plastik in einen verglasten Schrein die lebensnahe Erscheinung. Zwar ist unklar, in welcher Weise das Objekt ursprünglich aufgestellt war, doch darf vermutet werden, dass es seinen Bestimmungsort in der Hauskapelle des Patrizieranwesens hatte.

Ein anderes, zwei Generationen jüngeres Nürnberger Bildwerk, das dem privaten Totengedenken diente, ist der etwa 20 cm lange Miniatursarg des Tobias Peller von Schoppershof (Abb. 4).[17] In einem hölzernen Kasten liegt der aus Wachs gebildete Leichnam im tiefschwarzen Hausmantel und mit Samtkappe auf ein Kissen gebettet. In der Hand hält der Entschlafene ein Taschentuch und eine Zitrusfrucht, die sogenannte Beerdigungszitrone, die seinerzeit zum Bestattungsbrauchtum gehörte und als eine in sinnbildhafter Weise dem Paradies zugeordnete Frucht die unbeirrte Frömmigkeit des Porträtierten zu dokumentieren hatte. Sie flankiert damit die Aussage der Bibelsprüche, die fast sämtliche Außenseiten des Sarges bedecken und christlicher Hoffnung auf Erlösung und Auferstehung Ausdruck geben.[18] Nicht zuletzt sind solche Miniatursärge also rare Spiegelbilder damaliger Bestattungssitten, weil Parallelen zu den mit Bibelworten beschrifteten protestantischen Prunksärgen der Barockzeit.[19]

Peller war 1650 gestorben und auf dem Nürnberger Johannisfriedhof beigesetzt worden. Das sicher in unmittelbarem Zusammenhang entstandene kleinformatige Werk, das sich noch heute in Familienbesitz befindet, steht in der Tradition der Betrachtungssärglein mit Gerippen

17 Frank Matthias Kammel und Daniel Hess, Frischer Glanz und neues Wissen. Ein Restaurierungsprojekt, seine Ziele und seine Folgen, in: Enthüllungen (Anm. 16), S. 6–11, hier S. 8.

18 Hier u. a. Ps 42,2–3; Hiob 19,25; Mt 25,21; Phil 3,1.

19 Vom Totenbaum zum Designersarg. Zur Kulturgeschichte des Sarges von der Antike bis zur Gegenwart, Ausstellungskatalog Museum für Sepulkralkultur, Kassel, bearb. v. Andrea Linnebach, Kassel 1993, Kat.-Nr. 28–30, 48–54. – Totenruhe, Totentruhe. Särge aus vier Jahrhunderten, Ausstellungskatalog Museum für Sepulkralkultur, Kassel, bearb. v. Jutta Schuchard, Kassel 2004, Kat.-Nr. 15–17. – Walter Stolle, Geschichte des Sarges, in: Der Tod. Zur Geschichte des Umgangs mit Sterben und Trauer, Ausstellungskatalog Hessisches Landesmuseum Darmstadt, hg. v. Walter Stolle, Darmstadt 2001, S. 87–98, hier S. 92.

Abb. 4: Miniatursarg des Tobias Peller von Schoppershof, Nürnberg, 1650. Nürnberg, Privatbesitz

und verwesten Leichnamen, die seit dem Spätmittelalter bekannt sind und dem Memento mori dienten.[20] Aufgrund der Abbildung einer authentischen Person besteht seine Funktion jedoch nicht mehr nur im Hinweis auf die Endlichkeit des irdischen Seins und der Demonstration der Hoffnung auf ewiges Heil bzw. der Bestärkung der Angehörigen in der eigenen Auferstehungsgewissheit. Mit der Vorstellung der leiblichen Gestalt des Toten ist die individuelle Memorialfunktion wichtiger Teil der Zwecksetzung geworden.[21]

Indem das Objekt einem bestimmten Moment des Bestattungszeremoniells, der Aufbahrung, Dauer verleiht, stellt es ausdrücklich ein Mittel der Trauerarbeit und des Gedenkens jenseits des öffentlich zugänglichen Grabes dar. Es reflektiert den im Laufe der frühen Neuzeit wachsenden Wunsch, das letzte Bild eines geliebten Menschen aufzubewahren und gleicht daher funktional den zahlreich erhaltenen gemalten Totenporträts bzw. Sterbebettbildnissen.[22] So wie der florentinische Maler Luca Signorelli Anfang des 16. Jahrhunderts den nackten Leichnam seines Sohn mit dem Pinsel festhielt, „damit er, sooft er wolle, durch seiner eigenen Hände Arbeit das schauen könne, was die Natur ihm gegeben, ein feindliches Schicksal aber geraubt hatte",[23] gaben Porträtmaler ab der zweiten Hälfte des Säkulums vielfach Adlige und Geistliche, ab dem darauffolgenden Jahrhundert auch Bürger, auf der Bahre wieder, um der Nachwelt den letzten Anblick ihrer Gestalt zu überliefern. Eindrucksvolle, dem Miniatursarg gleichzeitige Beispiele der Spezies sind die sieben lebensgroßen zwischen 1624 und Ende des

20 Vgl. Vergänglichkeit für die Westentasche. Miniatursärge und Betrachtungssärglein, Ausstellungskatalog Museum für Sepulkralkultur, Kassel, hg. v. Reiner Sörries, Kassel 2005.

21 Ulrike Neurath-Sippel, Miniatursärge als Totengedenken, in: Vergänglichkeit für die Westentasche (Anm. 20), S. 91–96.

22 Vgl. Andor Pigler, Portraying the Dead. Painting – Graphic Art, in: Acta historiae artium Academiae Scientiarum Hungaricae 4 (1957), S. 1–75.

23 Giorgio Vasari, Leben der ausgezeichnetsten Maler, Bildhauer und Baumeister von Cimabue bis zum Jahre 1567, bearb. v. Ludwig Schorn, Bd. 2, Teil 2, Stuttgart/Tübingen 1839, S. 435.

17. Jahrhunderts entstanden Gemälde von männlichen Gliedern der Familie Viatis-Peller im Germanischen Nationalmuseum.[24]

Die Vertreter jener bedeutenden Sippe Nürnberger Fernhändler liegen auf deren mit weißen Laken bezogenen Sterbebetten, die Hände vor den Leib genommen und mit Utensilien bestückt, die Auferstehungshoffnung symbolisieren. Umfangreiche Inschriften verquicken familiäre Ereignisse, berufliche und geschäftliche Erfolge, auf die christliche Deutung des Todes bezogene Bibelzitate sowie die Nennung der Nachkommenschaft. Wiewohl die ursprüngliche Platzierung der Gemälde unbekannt ist, macht der Grad ihres familiären Charakters wie der Nachweis von vier der Tafeln noch 1851 in Familienbesitz die konkrete Funktion in der privaten Betrachtung wahrscheinlich. Dass sie dort als Dokumente eines seligen und sanften Todes wie des tugendhaften, gottgefälligen Lebens des jeweiligen Ahnen, als Erinnerung an den vorbildhaften Verblichenen dienten und dass sie zumindest in der unmittelbaren Zeit nach dem Tod konkretes Mittel ritueller Trauer und individuellen Gedenkens darstellten, kann allerdings wiederum nur vermutet werden.

Auch zu Beginn des 19. Jahrhunderts, der Entstehungszeit des Zimmerdenkmals für Johannes Bepler, spielte das plastische Porträt in der Memorialkultur eine unübersehbare Rolle. Beispielhaft sei auf Teilkopien der Grabfigur der 1810 verstorbenen preußischen Königin Luise von Christian Daniel Rauch hingewiesen. Zumindest von einigen jener Porträts der Entschlafenen im Büstenformat ist gewiss, dass sie für Freunde des Künstlers entstanden, die zugleich besondere Verehrer der beliebten Fürstin waren, und dass ihnen die Funktion des Gedenkens im privaten Raum zukam.[25]

Eine gleichartige Funktion war sicher der um 1800 entstandenen Gesichtsmaske eines dreijährigen Kindes aus der Nürnberger Patrizierfamilie Behaim von Schwartzbach zugedacht, die heute im Germanischen Nationalmuseum aufbewahrt wird (Abb. 5).[26] Die veristische, mittels einer Gesichtsabformung angefertigte Plastik aus mehrschichtig aufgetragenem Wachs ist koloriert und mit echtem, wahrscheinlich von dem Kind selbst stammenden Haar staffiert; Wimpern und Brauen sind neben der Konturierung der Lippen in minutiöser Feinmalerei angelegt. Sie verewigt die körperliche Präsenz der Persönlichkeit in einer auf das Wesentliche reduzierten Weise und zeigt sie, wie von Lessing 1796 in seiner Schrift „Wie die Alten den Tod gebildet“ für die zeitgenössische Grabmalskunst empfohlen, als ruhenden Schläfer.[27] Schließlich konserviert sie den letzten gemeinsamen Moment von Kind und Eltern vor der Einsargung bzw. dem Begräbnis. Indem sie also ein Medium zur Repetition von Ereignissen und Gefühlen darstellt, entspricht sie der der Totenmaske seit Ende des 18. Jahrhunderts zugesprochenen Funktion, ein Erinnerungsobjekt erster Güte zu bilden, vollkommen.

Der Entschluss von Freunden des 1781 verstorbenen Dichters Gotthold Ephraim Lessing, dessen Totenmaske abnehmen zu lassen, basierte auf dem ausdrücklichen Wunsch, ein Objekt

24 Andreas Tacke, Die Gemälde des 17. Jahrhunderts im Germanischen Nationalmuseum. Bestandskatalog, Mainz 1995, S. 297–304. – Jutta Zander-Seidel, Textiler Hausrat. Kleidung und Textilien in Nürnberg von 1500–1650, München 1990, S. 266–273.

25 Peter Bloch/Waldemar Grzimek, Das klassische Berlin. Die Berliner Bildhauerschule im 19. Jahrhundert, Berlin 1978, S. 68–70. – Susanne Thesing, Büste der Königin Luise von Preußen, in: Anzeiger des Germanischen Nationalmuseums (1986), S. 106.

26 Frank Matthias Kammel: Totenmaske eines dreijährigen Kindes, in: Faszination Meisterwerk. Dürer, Rembrandt, Riemenschneider. Ausstellungskatalog Germanisches Nationalmuseum, Nürnberg 2004, S. 138–139.

27 Wilfried Barner, Der Tod als Bruder des Schlafs. Literarisches zu einem Bewältigungsmodell, in: Tod und Sterben, hg. v. Rolf Winau und Hans Peter Rosemeier, Berlin/New York 1984, S. 144–166.

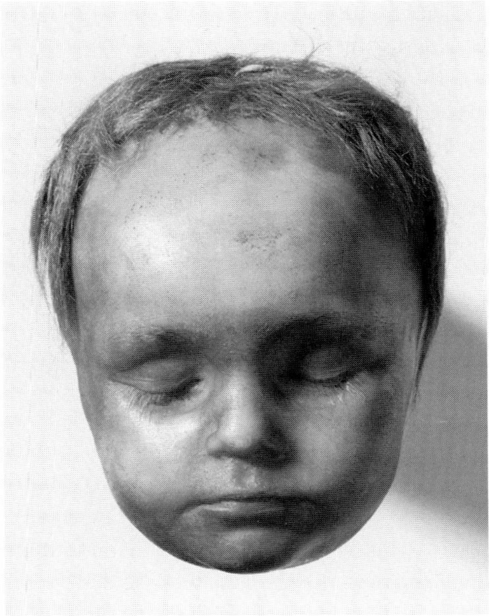

Abb. 5: Gesichtsmaske eines dreijährigen Kindes aus der Nürnberger Patrizierfamilie Behaim von Schwartzbach, Nürnberg, um 1800. Germanisches Nationalmuseum, Nürnberg

der Erinnerung an den Verehrten zu besitzen, das seine Züge in möglichster Authentizität zu memorieren erlaubte.[28]

Das lebensechte Zeugnis haptischer Präsenz avancierte also zum Ausdruck besonderer emotionaler Nähe. Da der Geniekult des Sturm und Drang außerdem den Glauben beförderte, das Antlitz des Verblichenen bewahre seine geistige Hinterlassenschaft, und man könne ihrer durch die Betrachtung teilhaftig werden, erhielt die Totenmaske von Dichtern, Musikern, aber auch geschätzten Fürsten Anfang des 19. Jahrhunderts den Status des Zimmerdenkmals, das dem Besitzer dazu dienen konnte, sowohl Vergegenwärtigung herzustellen als auch geistige Verbundenheit zu demonstrieren.[29] In diesem Sinne rief Caroline von Wolzogen, die Schwägerin Friedrich Schillers, am Tage nach dem Tod des Weimarer Dichters im Mai 1805 nach Johann Christian Ludwig Klauer, der mit der Gesichtsabformung das „geistige Wesen" des Verstorbenen festhalten sollte.[30]

Während man dem Memorialmedium der Totenmaske somit den Status der Reliquie verlieh, sprachen ihr andere Zeitgenossen die Potenz angemessener Erinnerungsstimulanz gänzlich ab und deklarierten sie zur „gipsgewordenen Mißachtung des Lebens".[31] Im Zusammenhang mit dem Tod Christoph Martin Wielands Anfang 1813 fragte nämlich Goethe Johann Daniel Falk suggestiv, warum er denn die „lieblichen Eindrücke von den Gesichtszügen"

28 Ernst Benkard, Das Ewige Antlitz. Eine Sammlung von Totenmasken, Berlin ³1929. – Reiner Sörries, Zur Geschichte der Totenmaske, in: Archiv der Gesichter. Toten- und Lebendmasken aus dem Schiller-Nationalmuseum. Ausstellungskatalog Deutsches Literaturarchiv Marbach, hg. v. Michael Davidis und Ingeborg Dessoff-Hahn, Marbach 1999, S. 21–26. – Jörg Giray, Totenmasken. Letzte Gesichter, letzte Porträts, in: Der Tod (Anm. 19), S. 149–159, hier S. 153–154. – Jeanne E. Rehnig, Todesmutig. Das siebte Werk der Barmherzigkeit, Düsseldorf 2006, S. 111.

29 Jutta Schuchard, Teueres Andenken – Beethoven und die Erinnerungskultur seiner Zeit, in: Drei Begräbnisse und ein Todesfall. Beethovens Ende und die Erinnerungskultur seiner Zeit. Ausstellungskatalog Beethoven-Haus Bonn, Bonn 2002, S. 191–200, hier S. 194.

30 Norbert Oellers, Schillers Totenmaske, in: Archiv der Gesichter (Anm. 28), S. 2–36.

31 N. Oellers (Anm. 30), S. 28.

seiner Freunde „durch die Entstellung einer Maske zerstören lassen“ solle. Totenmasken würden seiner Einbildungskraft „Fremdartiges“ und „völlig Unwahres“ aufdrängen, sei doch der Tod nur ein mittelmäßiger Porträtist. Er bewahre sich, gab er dezidiert zu wissen, „ein seelenvolleres Bild“ von seinen Vertrauten, als es Totenmasken je zu überliefern vermögen würden.[32]

Das Postulat zielte nicht zuletzt auf eine ästhetische Sublimierung bildnerischer Medien der privaten Erinnerungskultur jenseits der authentischen Leibsgestalt des zu memorierenden Toten. Es bezeugt damit eine neben der Gesichtsabformung zweite Tendenz der materiellen Gedenkkultur im Zeitalter der Empfindsamkeit. Gegen ein plastisches Porträt als Medium trauernden Gedenkens hatte sich beispielsweise auch Wilhelmine Enke, die als preußische Pompadour bekannte Favoritin König Friedrich Wilhelms II., entschieden. Während der Sarkophag Alexanders von der Mark, ihres, unehelich mit dem König gezeugten, 1787 achtjährig verstorbenen Sohnes, einst in der Dorotheenstädtischen Kirche zu Berlin und heute in der dortigen Alten Nationalgalerie aufgestellt, die lebensgroße, mit authentischen Zügen ausgestattete Marmorfigur des schlafenden Knaben trägt,[33] ließ sich die spätere Gräfin Lichtenau ein eigens „der Andacht gewidmetes Zimmer“ in ihrem Charlottenburger Landhaus von Johann Gottfried Schadow allein mit allegorischen Darstellungen ausstatten.[34] Für diesen dem trauernden Gedenken an das verstorbene Kind vorbehaltenen Raum schuf der Bildhauer 1790 sieben Gipsreliefs. Sie geben die Personifikationen von Glaube, Hoffnung und Religion in Gestalt am Erdboden sitzender oder lagernder Frauengestalten mit Grabkreuz, Anker bzw. Bibel wieder. Die Ewigkeit erscheint als stehende Dame mit kreisförmig geringelter Schlange, Unschuld und mitleidende Menschenliebe sind Knaben mit einem Lamm bzw. dem Pelikan, der sein Blut für das Leben seiner Nachkommen vergießt. Der Todesengel schließlich ist als ein schwebendes Himmelswesen mit Palmzweig geschildert, das einen an seinen Körper geschmiegten Knaben empor trägt, ein Motiv, das an einem 1787 entstandenen Gemälde des englischen Malers und Geistlichen William Peters orientiert ist. Es war mittels Reproduktionsstichen Francesco Bartolozzis verbreitet worden, und deren Verwendung geht mit hoher Wahrscheinlichkeit auf den ausdrücklichen Wunsch der Auftraggeberin zurück, die als Liebhaberin kolorierter Grafik bekannt ist.

Ein anderes überpersönliches jener um 1800 im Zusammenhang der Erinnerungskultur verbreiteten Motive war die Trauernde Ceres, die Darstellung der römischen Göttin des Ackerbaus, die ihre Tochter beweint. Der Stuttgarter Bildhauer Johann Heinrich Dannecker beispielweise hatte es ab 1796 mehrfach sowohl zur Gestaltung von Grab- als auch Zimmerdenkmalen eingesetzt.[35] Eine entsprechende Plastik des Altenburger Hofbildhauers Carl Friedrich Döll etwa zierte das Portal eines Bauernhofes in Kaimnitz im Osterland. Sein damaliger Eigentümer, der Großbauer Andreas Gerth, ließ es setzen, um das Andenken seiner 1818 verstorbenen Tochter zu wahren.[36]

32 Goethes Gespräche. Eine Sammlung zeitgenössischer Berichte aus seinem Umgang auf Grund der Ausgabe und des Nachlasses von Flodoard Freiherrn von Biedermann, hg. v. Wolfgang Herwig, Zürich/Stuttgart 1969, Bd. 2, S. 768.

33 Hans Mackowsky, Die Bildwerke Johann Gottfried Schadows, Berlin 1951, Kat.-Nr. 63.

34 Hans Mackowsky, Johann Gottfried Schadow. Jugend und Aufstieg 1764 bis 1797, Berlin 1927, S. 205–207. – Theodor Demmler, Die Bildwerke in Holz, Stein und Ton. Großplastik (Die Bildwerke des Deutschen Museums 3), Berlin/Leipzig 1930, S. 456–460. – H. Mackowsky (Anm. 33), Kat.-Nr. 18. – Götz Eckardt, Johann Gottfried Schadow 1764–1850. Der Bildhauer, Leipzig 1990, S. 40–42.

35 Christian von Holst, Johann Heinrich Dannecker. Der Bildhauer, Ausstellungskatalog Staatsgalerie Stuttgart. Stuttgart 1987, S. 257–258, 392–394. – B. Stadie-Lindner (Anm. 13), S. 248–251.

36 Frank Matthias Kammel, Der Altenburger Bildhauer Carl Friedrich Döll. Ein Beitrag zum Klassizismus in Thüringen, in: Kolloquium zur Skulptur des Klassizismus Bad Arolsen, hg. v. Brigitte Kümmel und Bernhard Maaz, Bad Arolsen 2004, S. 193–204. – Frank Matthias Kammel, Trauernde Ceres, in: Anzeiger des Germanischen Nationalmuseums (2005), S. 197–198.

Neben dem Einsatz des Porträts war der bewusste Verzicht auf das Bildnis also eine der beiden wesentlichen Tendenzen in der Gestaltung von privaten Denkmalen, folglich auch des Zimmerkenotaphs, das eine der bedeutendsten Ausdrucksformen der privaten Gedächtniskultur im Zeitalter der Empfindsamkeit darstellt. Beispielhaft wird sie vom Saalmonument für Johannes Bepler repräsentiert. Um „in den Gemüthern empfindungsvolle Vorstellungen von den Personen oder Sachen, zu deren Andenken es gesetzt ist",[37] zu erwecken – so die Forderung des Philosophen Johann Georg Sulzer hinsichtlich der Funktion eines jeden Denkmals – wird anstelle des Porträts mit wirkungsvollen Symbolen gearbeitet. In unserem Fall sind das Sarkophag, bekränzter Ovalschild, Trauerfrau und Urne, Fackel tragender Putto, Flammenvase, Baumhain und Baldachin, ein aus ikonografisch ausdrucksstarken Versatzstücken gebildetes Ensemble.

Der Sarkophag reflektiert das Beplersche Sandsteingrabmal auf dem Nürnberger Johannisfriedhof. Um Stufen und einen profilierten Aufsatz ergänzt steigert es dessen Form ins Heroisch-Monumentale. Da sich das Motiv des Steinsargs in der zweiten Hälfte des 18. Jahrhunderts zum sprechenden Ausdruck von Trauer schlechthin entwickelt hatte, konnte es als Abbreviatur eingesetzt werden und als Zentrum von Zimmerdenkmalen den dominierenden Stimmungsträger bilden.[38] Das um 1778 von Michel Victor Acier für die Meissner Manufaktur entworfene sogenannte dritte Gellert-Monument beispielsweise, positioniert die Personifikationen von Religion und Tugend auf einer Reduktion des von Friedrich Samuel Schlegel für die Leipziger Johanniskirche geschaffenen Kenotaphs des berühmten Dichters.[39] Dort begegnet im übrigen ebenfalls eine bekränzte Inschrifttafel, die den Namen des Verblichenen, Anlass und Grund der Errichtung mitteilt.

Ähnlich dem Sarkophag avancierte die Urne im Zuge der zunehmenden Antikenrezeption in der zweiten Hälfte des 18. Jahrhunderts zu einem beliebten Trauermotiv, die Darstellung ihrer Beweinung zum Zeichen der Freundschaft über den Tod hinaus. Die Verbreitung dieses neben Steinsarg, Obelisk und Säulenmal stark emotional aufgeladenen Bildbausteins der Memorialkultur reichte vom Grabmal über den Trauerschmuck bis zu Öfen und Zimmerkenotaphen.[40] Ein 1767 vom Pariser Bildhauer Jean Jacques Cafféri geschaffenes, heute im Louvre aufbewahrtes Saalmonument beispielsweise macht die Urne zum kompositorischen Mittelpunkt der Szene, um das eine tief trauernde junge Dame mit Hündchen, Weihrauchschale und hängender Baumkrone gruppiert sind (Abb. 6). Auch das Erinnerungsmal für Bepler kombiniert die Aschenurne, die die Gestalt eines antiken Henkelkraters besitzt und eine an der bekannten liturgischen Formel aus der Bestattungszeremonie orientierte Aufschrift „Staub bey Staube" trägt, mit einer weinenden Trauerfrau. Zahlreiche Exemplare Ende des 18. Jahrhunderts entstandenen Trauer- oder Memorialschmucks – Broschen und Medaillonanhänger – kennen diese Personifizierung der Totenklage ebenfalls. Gebeugte Haltung bzw. mit Tränentüchern verhülltes Gesicht sinnbilden Trennungsschmerz, tätige Liebe und Treue der Hinterbliebenen. Nicht zuletzt stellt dieser Figurentyp die Inspirationsquelle sprachlicher Bilder dar, wie es etwa eine der gedruckten Grabreden für Bepler bezeugt. An seinem „bethränten Sarge", riefen ihm Verwandte nach, stehe seine gebeugte Gattin.

37 Johann Gorge Sulzer, Allgemeine Theorie der Schönen Künste, Teil 1, Leipzig 1771, S. 238.

38 B. Stadie-Lindner (Anm. 13), Kat.-Nr. 13, 14, S. 244–246.

39 Meissner Porzellan. 1710–1810, Ausstellungskatalog Bayerisches Nationalmuseum, bearb. von Rainer Rückert, München 1966, S. 188, Nr. 1040. – B. Stadie-Lindner (Anm. 13), Kat.-Nr. 43, S. 309–312.

40 Fritz Blümel, Deutsche Öfen. Der Kunstofen von 1480 bis 1910, München 1965, S. 313. – Jutta Zander-Seidel, „Nous vivons pour vous aimer". Freundschafts- und Erinnerungsschmuck des 18. und 19. Jahrhunderts, in: Yasmin Doosry, Käufliche Gefühle. Freundschafts- und Glückwunschbilletts des Biedermeier (Kulturgeschichtliche Spaziergänge im Germanischen Nationalmuseum 7), Nürnberg 2004, S. 93–114, bes. S. 111–112.

Sie „überläßt sich stillem Gram um den Verlust Deines treuen Herzens, mit Thränen die reine Liebe und Achtung erwägend, die Deine fromme Seele ihr ungeschwächt erhielt“.[41]

Auch der Putto auf der Kuppel, dessen gesenkte Fackel für verloschenes Leben steht, ist bildhafter Ausdruck schmerzlicher Trauer. Lessing hatte das in der Antike in seiner Doppeldeutigkeit von Thanatos und Eros geläufige Sinnbild des Jünglings mit der verglimmenden Flamme in seiner oben genannten Schrift auf die Bedeutung des Todes reduziert, und von den klassizistischen Bildkünsten war es mit dieser Intention vielfältig aufgegriffen worden.[42] Dass für die Bekrönung des Ziboriums keine Jünglingsgestalt, sondern ein Kinderengel gewählt wurde, bezeugt, dass der im Barock seine Blüte erlebte Bildtyp selbst um 1800 vielerorts noch geläufig und akzeptiert war. Auch die Schlussvignette einer der Trauerreden über Bepler, das „Opfer der Achtung und Dankbarkeit“, das ihm einige Freunde „bei dem Sarge“ dargebracht hatten, gibt ein pausbäckiges, sich schnäuzendes Knäblein wieder, das allerdings von Kreuz und Totenschädel, also traditioneller Vergänglichkeitssymbolik, gerahmt ist.[43]

Ein wichtiger Bildbaustein des Ensembles sind schließlich die Zypressen. Wiewohl der Baum im Alten Testament zu den Gewächsen des paradiesischen Gottesgartens gehört und bei den Propheten Hosea, Jesus Sirach und im Psalter als Sinnbild des weisen, tugendhaften Menschen vorkommt, ist seine Aufgabe hier wohl weniger im Tugendlob zu suchen, denn als weiterer Stimmungsträger der Trauer. Schon im Mittelalter wohnte dem Gewächs gelegentlich die Bedeutung der Pietas inne, in der barocken Emblematik und vor allem im 19. Jahrhundert sollte es zum Sinnbild für Tod und Trauer, zum „trauernden Baum“ schlechthin avancieren.[44] Dementsprechen deklariert eine dem Sarkophag aufgeklebte Inschrift: „Nim(m) die palme in bessern Vatterlande/ Und hier von FreundesHand Zypressen/ an Deine Hülle“. Das Lob auf den Verstorbenen übernimmt vielmehr der ovale Schild mit seiner Aufschrift. Ihm ist damit eine Aufgabe übertragen, die im Bestattungszeremoniell teilweise von den mit Inschriften versehenen Totenschilden der Geschlechter übernommen wurden.[45]

Der Ehrung des Toten und als Zeichen des immerwährenden Gedenkens gelten darüber hinaus die goldenen als Flammenvasen ausgebildete Akrotere, die der antiken Altar-Ikonografie entstammen, sowie das Ziborium. Dieses Architekturelement ist ein Hoheitszeichen, das seit dem Altertum bekannt und gebräuchlich ist, um Throne, Altäre, Katafalke und auch Grabmäler zu überspannen. Es dient der Hervorhebung und Verehrung des darunter residierenden Repräsentanten der Macht bzw. der Heiligung oder kosmischen Überhöhung der Stätte. Gemeinsam mit den Zypressen markiert der Baldachin also in einer bis in die Spätantike zurückzuverfolgenden Tradition einen heiligen Bezirk.[46] Im Zimmerkenotaph ist die auf Säulen ruhende Kuppel demnach Zeichen der Verherrlichung Beplers. Sie deutet seine Grabstätte zum Heroengrab um, zum Tempel der Erinnerung an den im Geiste unsterblichen Freund.

41 Denkmal der innigsten Verehrung und Dankbarkeit am Grabe des Pl. Tit. Herrn Johannes Bepler errichtet durch Seine gerührten Verwandten von Schükher und Kreßling. Nürnberg 1804. Exemplar: Stadtarchiv Nürnberg, Akte E 20, F.A. Merkel, Nr. A 1092.

42 Karl S. Guthke, Ist der Tod eine Frau? Geschlecht und Tod in der Kunst und Literatur, München 1997, S. 148–155.

43 Opfer der Achtung und Dankbarkeit bei dem Sarge des Herrn Johannes Bepler dargebracht. Nürnberg 1804, o. S. Exemplar: Stadtarchiv Nürnberg, Akte E 20, F.A. Merkel, Nr. A 1092.

44 Manfred Lurker, Der Baum in Glauben und Kunst, Baden-Baden 1960, S. 6. – Johanna Flemming, Zypresse, in: Lexikon für Christliche Ikonographie, hg. v. Engelbert Kirschbaum SJ, Rom/Freiburg/Basel/Wien 4 (1972), Sp. 591–594.

45 Kurt Pilz, Der Totenschild in Nürnberg und seine deutschen Vorstufen. Das 14.–15. Jahrhundert, in: Anzeiger des Germanischen Nationalmuseums (1936–1939), S. 57–112, hier S. 57.

46 Percy Ernst Schramm, Herrschaftszeichen und Staatssymbolik. Beiträge zu ihrer Geschichte vom dritten bis zum sechzehnten Jahrhundert, Bd. 3, Stuttgart 1956, S. 722–725. – Günther Meißner, Bedeutung und Genesis des architektonischen Baldachins, in: Forschungen und Fortschritte 3 (1959), S. 178–183, hier S. 178.

Abb. 6: Anonymes Zimmerkenotaph, Jean Jacques Caffiéri, Paris, 1767. Paris, Musée du Louvre

Mit der auf diese Weise symbolisch überhöhten Darstellung des en miniatur nachgebildeten und elegisch inszenierten Begräbnisplatzes entstand ein Spiegelbild der Trauer, ein Objekt der Verehrung sowie ein Medium der Erinnerung. Schließlich war das kleine Kunstwerk, wie die Widmung nahelegt, Repräsentant des verblichenen Gesellschaftsmitglieds, hatte dessen Persönlichkeit bei den regelmäßigen Treffen der stiftenden Korporation zu vergegenwärtigen und den Eifer anzuspornen, der Tugendhaftigkeit des Memorierten gleichzukommen. Es half, die in Grabreden, Nachrufen und extra für die Beerdigung gedichteten Trauerliedern formulierten Postulate geistiger und emotionaler Verbundenheit über den Tod hinaus zu verwirklichen, sich nämlich „noch lange voll Rührung und Dankbarkeit zu erinnern, daß Bepler einst unser Genosse war".[47] Es hielt im Gedächtnis, dass dieser „Sarg in unsern Herzen dankbare Gefühle wekt".[48] Und es unterstützte „der stillen Sehnsucht Triebe", die das Bild des Verstorbenen angeblich oft zurückrufen würden.[49]

Sicher ist, dass die Konzeption des ungewöhnlichen Objektes im Kreise der Auftraggeber, der „Montägigen Merkantil-Gesellschaft in der Rathausvogtei" entstand. Nur umreißen kann man dagegen, in wessen Händen die Ausführung lag. Da wesentliche Elemente des Gehäuses, vor allem die Marmorsäulen, Gesimsbalustraden und Vasenakrotere, Bestandteilen der in der zweiten Hälfte des 18. Jahrhunderts zunächst in Paris, später auch im deutschen Sprachraum gebauten Portaluhren entsprechen, könnte es eine Kraft gewesen sein, die mit einem Uhrmacher kooperierte.[50] Für diese wie die figürlichen Elemente kommt ein Spielzeugmacher allerdings ebenso in Frage wie die seinerzeit in Nürnberg tätigen Schöpfer kleinformatiger Bildwerke. Dazu zählen namentlich überlieferte, sonst jedoch wenig greifbare Künstler, wie der Bildschnitzer und Drechsler Johann Noah Fichtel, der um 1800 Genregruppen und Porträtreliefs schuf[51]. Dazu gehören aber auch gänzlich anonyme Meister, wie der Autor einer plastischen Nachbildung zweier

47 Todtenopfer (Anm. 5), S. 8.
48 Opfer der Achtung und Dankbarkeit (Anm. 43).
49 Zwei Trauerlieder gesungen bey der Beerdigung des Herrn Johannes Bepler. Exemplar: Stadtarchiv Nürnberg, Akte E 20, F.A. Merkel, Nr. A 1092.
50 Elke Niehüser, Die französische Bronzeuhr. Eine Typologie der figürlichen Darstellungen, München 1997, S. 253–255. – Vgl. Gisela Zick, Parva sed apta. Eine Terrakottagruppe von Louis-Simon Boizot in süddeutschem Privatbesitz, in: Keramos 123 (1989), S. 45–66, hier S. 60–61, Abb. 15. – Heinrich Lunardi, 900 Jahre Nürnberg. 900 Jahre Nürnberger Uhren, Wien/ Stuttgart 1974, S. 174–178.
51 Neuerwerbungen des Germanischen Museums 1925–1929, Nürnberg 1929, Taf. 173. – Nürnberger Künstlerlexikon, hg. v. Manfred H. Grieb, München 2007, Bd. 1, S. 387.

mumifizierter, 1811 auf dem Nürnberger Johannisfriedhof entdeckter Leichname, polychromierte Holzbildwerke in einer aus bemaltem Karton konstruierten Gruft.[52]

Die kulturgeschichtliche Bedeutung des Nürnberger Zimmerkenotaphs für Johannes Bepler wird von der Tatsache, dass dessen Inventor und Hersteller gegenwärtig nicht namhaft zu machen sind, allerdings keineswegs geschmälert. Sie besteht in der anschaulichen, materiellen Zeugenschaft für Erinnerungskultur und Freundschaftskult um 1800, darüber hinaus in der höchst seltenen Verknüpfung des unikalen Charakters mit der korporativen Beauftragung und Funktion. Waren individuell gewidmete, gänzlich privat verwendete Zimmerkenotaphe nämlich stets Einzelstücke, stellte man kollektiv initiierte, wie die von Freundes- und Verehrerkreisen beauftragten Porzellanmonumente für Christian Fürchtegott Gellert zum Beispiel, vornehmlich in Kleinserien her. Schließlich ist das Beplersche Miniaturgrabmal, nimmt man Trauerschmuck einmal aus, der älteste erhaltene Repräsentant empfindsamer Memorialkultur, der unter Verwendung von Naturmaterial entstand. Die meisten eng verwandten Vergleichsbeispiele, in Glaskästen arrangierte Ensembles mit Trauervegetation, sind nicht früher als ins zweite Viertel des 19. Jahrhunderts zu datieren.[53] Auch hinsichtlich des Motivs geht dem Objekt vor allem der Memorialschmuck voraus. Selbst die Gattung grafischer Gedenkblätter, die mit der Darstellung von Grabmälern in stimmungsvoller Landschaft und handschriftlich eingetragenen Namen an Verstorbene erinnert, besitzt ihre ältesten Beispiele in Kupferstichen, die um 1800 verlegt wurden.[54]

Neben dem „gedruckten Ehrengedächtnis", das – so eine 1796 unter dem Titel „Denkmal der wärmsten Freundschaft" in Nürnberg edierte Schrift – jedem vorbildlichen, tugendhaften Menschen zu schenken sei, schufen sich die Gesellschaftsfreunde Johannes Beplers ein gegenständliches Memorial.[55] Wie lange der würdevolle Gegenstand jenen empfindsamen Gemütern am Ort ihrer Zusammenkünfte den einstigen Mitstreiter ins Gedächtnis rief und als Herzensappell wirkte, dem Vielgepriesenen nachzueifern, ist nicht bekannt. Dass die Wirkung der Zimmerkenotaphe zeitlich beschränkt ist, belegt das Beispiel auf jeden Fall. Aus dem Eigentum der Montäglichen Merkantil-Gesellschaft in das der Familie Merkel übergegangen, war dem kleinen Freundschaftstempel dort wohl von der Enkel-, spätestens aber der Urenkelgeneration Beplers der Status einer Antiquität zugesprochen worden, und man hatte ihn in die Kunst- und Altertümersammlung Paul Wolfgang Merkels eingereiht.

52 Frank Matthias Kammel, Spektakuläre Leichenschau. Die bildhafte Dokumentation eines Mumienfundes auf dem Nürnberger Johannisfriedhof, in: Kulturgut. Aus der Forschung des Germanischen Nationalmuseums 25 (2010), im Druck.

53 Eva Stille, Bilder und Schmuck aus menschlichem Haar, in: Volkskunst. Zeitschrift für volkstümliche Sachkultur 1 (1978), S. 225–233. – Reinhard Peesch/Wolfgang Rudolph, Mecklenburgische Volkskunst, Leipzig 1988, S. 120, Abb. 105. – Andrea Linnebach, Ein „Liebespfand" zur Trauer und Erinnerung: menschliches Haar in Gedenkbildern des 19. Jahrhunderts, in: Glauben daheim. Zeugnisse evangelischer Frömmigkeit. Zur Erinnerung. Zimmerdenkmale im Lebenslauf. Ausstellungskatalog Fränkisches Schweiz-Museum Tüchersfelden und Museum für Sepulkralkultur Kassel, hg. v. Ulrike Lange. Kassel 1994, S. 79–84. – Drei Begräbnisse (Anm. 29), S. 223, Kat.-Nr. 128.

54 Reiner Sörries, Erinnerung an Verstorbene, in: Glauben daheim (Anm. 53), S. 70–79, vgl. S. 194, Kat.-Nr. V1, V2. – Drei Begräbnisse (Anm. 29), Kat.-Nr. 137, S. 237.

55 Denkmal der wärmsten Freundschaft dem Gedächtnisse des zu Nürnberg den 21ten November 1796 seelig verstorbenen berühmten Landschaftsmalers Herrn Karl Sebastian von Bammel errichtet von einigen Seiner vertrautesten Freunde. Nürnberg o. J. [1796]. – Vgl. Doris Schumacher, Freundschaft über den Tod hinaus. Die bürgerliche Kultur des Gedenkens im 18. Jahrhundert am Beispiel von Johann Wilhelm Ludwig Gleim, in: Das Jahrhundert der Freundschaft. Johann Wilhelm Ludwig Gleim und seine Zeitgenossen, hg. v. Ute Pott (Schriften des Gleimhauses Halberstadt 3), Göttingen 2004, S. 33–52, hier S. 50.

„Gewerkskunst“ und ländliches Schnitzergewerbe

Ein „zeitgemäßer Stil“ als ästhetisches Programm für die Berchtesgadener und Oberammergauer Güterproduktion in den 1850er Jahren

Gertraud Zull

Gewerbefördernde Maßnahmen standen das ganze 19. Jahrhundert hindurch, bedingt durch die enormen produktionstechnischen, ökonomischen und sozialen Veränderungen, im Mittelpunkt von immer wieder unter anderen Aspekten aufgegriffenen, mit immer wieder neuen Lösungsansätzen aufwartenden Diskussionen. Darin inbegriffen waren auch die ländlichen Hausindustrien, sei es, dass in wirtschaftlich unterentwickelten Regionen, wie etwa der Rhön, Impulse zur Einführung von neuen Gewerben – in diesem Fall der Holzschnitzerei – gegeben wurden,[1] sei es, dass man Gebiete mit jahrhundertelanger Spezialgewerbetradition, so die Schnitzerorte Oberammergau und Berchtesgaden, in den allgemeinen Prozess einer „Ästhetisierung der Sachkultur“ einbezog.[2] Forderungen nach ‚künstlerischer Veredelung‘ bzw. nach ‚Formvollendung‘ und damit nach Qualitätssteigerung und letztlich nach Konkurrenzfähigkeit ihrer Erzeugnisse auf einem internationalen Markt wurden auch an sie herangetragen. „[F]ormale Aspekte der Dinggestaltung“ bildeten demnach „ein zentrales Motiv vieler Erörterungen um die Situation der Hausindustrie. Das gesteigerte Interesse“ hieran „entsprach zeitlich recht genau der Einbeziehung ästhetischer Gesichtspunkte in die Konzepte des gewerblichen Bildungswesens in den Städten“.[3]

Es gab also Bestrebungen, die „Produkte der Hausindustrien“ – um es mit Bernward Deneke zu formulieren – „auf das Kunstgewerbe hin auszurichten“,[4] Letzteres allerdings ein Begriff, der erst in den 1870er Jahren Eingang in die Alltagssprache gefunden hat.[5] Doch als ‚Gewerkskunst‘ oder ‚Gebrauchskunst‘ war dieses als Sachverhalt auch schon um die Mitte des 19. Jahrhunderts gegeben. Im Folgenden soll versucht werden, Denekes Aussage anhand eines Fallbeispiels aus den 1850er Jahren zu untermauern.

Die Vorschläge zur Hebung des Niveaus in der Güterproduktion zielten meist auf die Handwerker. In Schulen und in Mustersammlungen, durch Musterbücher und durch andere Vorlagen hätten sich diese künstlerisch zu bilden. Der sich am 15. November 1850 in München konstituierende Verein zur Ausbildung der Gewerke, der am 1. Januar 1851 seine Tätigkeit offiziell aufnahm und als Bayerischer Kunstgewerbe-Verein bis heute besteht, setzte auf anderes: auf eine „Vereinigung von künstlerischen und Handwerks-Kräften“,[6] d. h. auf die direkte

1 Wolfgang Brückner, Holzschnitzerei als Gewerbeförderung in der Rhön im 19. Jahrhundert, in: Volkskunde in Rheinland-Pfalz 19 (2004), H. 1, S. 137–152.

2 Bernward Deneke, Das ländliche Hausgewerbe im Zeitalter der frühen Weltausstellungen. Anpassungsprozesse zwischen ökonomischen Zwängen und der Ästhetisierung des Industrieprodukts, in: JbfVk NF 18 (1995), S. 43–65, hier S. 45.

3 Ebd. S. 62.

4 Ebd.

5 Barbara Mundt, Die deutschen Kunstgewerbemuseen im 19. Jahrhundert (Studien zur Kunst des neunzehnten Jahrhunderts 22), München 1974, S. 15.

6 Ernst Förster, Kunst und Gewerke, in: Zeitschrift des Vereins zur Ausbildung der Gewerke (im Folgenden als ZSVAG abgekürzt) 1 (1851), S. 1–5, hier S. 5. – Zur Geschichte des Vereins s. zuletzt die Festschriften zu dessen 150-jährigem Bestehen: Christoph Hölz (Red.),

Zusammenarbeit von Künstlern, Handwerkern und ‚Freunden der Kunst und Gewerke'.[7] Dieses angestrebte Zusammenwirken drückt sich allein schon in der Zusammensetzung des mit der Geschäftsführung betrauten 16-köpfigen Verwaltungsausschusses aus, der laut der am 6. Dezember 1850 verabschiedeten Satzung aus sieben Künstlern, sieben ‚Gewerksleuten' und zwei ‚Kunst- und Gewerksfreunden' zu bestehen hatte.[8] Den Künstlern war dabei die Rolle als Kreativkräfte zugedacht, die ihr gestalterisches Potential nicht nur in den ‚freien Künsten' ausleben, sondern im Rahmen des Vereins auch den Gebrauchsgegenständen zugute kommen lassen sollten. Diese hatten sich also direkt am Produktentwicklungs- und -herstellungsprozess zu beteiligen, indem sie Entwürfe lieferten und deren Ausführung seitens der Handwerker unter den Vereinsmitgliedern überwachten.

Von diesem Zusammenschluss von Künstlern und Handwerkern versprach man sich die Realisierung des in der Satzung festgeschriebenen Vereinszwecks: die „Vervollkommnung aller derjenigen deutschen Gewerke, deren Erzeugnisse durch Anwendung wahrer Gewerkskunst und geschmackvoller, künstlerisch dargestellter Formen einer höheren Ausbildung in Bezug auf Zweckmäßigkeit und Schönheit fähig sind".[9] Der Vereinsname ist somit programmatisch zu verstehen. Es ging um die künstlerische Durchbildung der Produkte einzelner Handwerkszweige, der Gewerke,[10] wobei sich das Bestreben des Vereins in seinen Anfangsjahren auf eine ästhetische Veredelung aller Gebrauchsgüter erstreckte, seien sie per Hand geformt, seien sie per Maschine fabriziert. Mit diesen wollte man, „von der Capelle bis zum Dom, von dem Palast bis in die Hütte",[11] alle Lebensbereiche aller Schichten durchdringen und hierdurch sowohl Glanz und „vornehmen Comfort" in die Häuser der Reichen als auch „Schönheitssinn und Freude in die Wohnungen selbst der Dürftigen" bringen.[12]

Aber all die Dinge des (fest-)täglichen Bedarfs sollten nicht einfach irgendwie nach Gutdünken verschönert werden, sondern der Verein verpflichtete seine Mitglieder darauf, dies in einem ganz bestimmten Stil zu tun. Die als Vereinsziel formulierte ‚Ausbildung der Gewerke' könne nur „eine nationale und zeitgemäße Ausbildung" sein, „eine Entwicklung selbstständiger im Volksbewußtsein und in dem Geiste der Gegenwart wurzelnder Kräfte". Hierzu müsse man jedoch „den Baum zurückschneiden bis auf das gesunde Holz der nationalen Kunst, um frische

Form – vollendet. Der Bayerische Kunstgewerbeverein 1851 bis 2001, München 2000. – Christoph Hölz (Bearb.), „schön und gut". Positionen des Gestaltens seit 1850 (Schriftenreihe des Bayerischen Kunstgewerbe-Vereins 32), München/Berlin 2002.

7 Zu den Zielen und Aktivitäten des Vereins in den Anfangsjahren s. ausführlicher bei Gertraud Zull, „... insbesondere die Kunst im Gewerk zu zeigen". Der Verein zur Ausbildung der Gewerke auf der allgemeinen deutschen Industrieausstellung 1854 in München, in: BJV 2009, S. 95–123, hier S. 97–106.

8 Dazu kamen noch neun Ersatzmänner im Verhältnis 4:4:1. BayHStA, MH 14779: dort ein Exemplar der Satzung, ein achtseitiges, bei Georg Franz in München gedrucktes Heft, beiliegend. – In den ersten beiden Mitgliederverzeichnissen der Jahre 1851 und 1852 wurden die Künstler durch ein Sternchen und die Handwerker durch einen kleinen Kreis kenntlich gemacht. Die ‚Kunst- und Gewerksfreunde' blieben ohne einen Zusatz vor ihrem Namen. Die Mitgliederverzeichnisse sind – zumindest bei dem von mir benutzten Exemplar in der Bayerischen Staatsbibliothek – den einzelnen Jahrgängen der ZSVAG beigebunden.

9 Satzung (wie Anm. 8).

10 S. das Lemma ‚Gewerk' in: Herders Conversations-Lexikon, Bd. 3, Freiburg i. Br. 1855, S. 76; Pierer's Universal-Lexikon, Bd. 7, Altenburg 1859, S. 326. Beide Lexika über die Internet-Seite zeno.org zugänglich. – Mit dem Vereinsnamen wird also nicht Bezug genommen auf eine Ausbildung der Handwerker, wie es im Nachhinein mitunter interpretiert wurde, so etwa von Michael Koch, „Unserer Väter Werke". Der Bayerische Kunstgewerbeverein im Zeitalter des Historismus, in: Hölz 2000 (wie Anm. 6), S. 18–37, hier S. 28. Die Errichtung einer vereinseigenen Zeichen- und Modellierschule kam denn auch erst 1852 ins Gespräch (s. ZSVAG 2 [1852], H. 1, S. 2). Sie wurde 1855 eröffnet. Mit deren Verstaatlichung 1868 sei laut Koch der Verein seiner „ursprünglichen Aufgabe der ‚Ausbildung der Gewerke' weitgehend enthoben" gewesen und habe sich deshalb im selben Jahr in Kunstgewerbeverein umbenannt.

11 Förster (wie Anm. 6), S. 5.

12 ZSVAG 5 (1855), H. 1, S. 8.

Triebe zu gewinnen", müsse „zurückgehen auf die aus dem deutschen Geist und seiner Auffassung des Christenthumes und des classischen Alterthums hervorgegangene Kunst, auf die reichen, schönen, lebendigen, entwicklungsfähigen Formen des romanischen und germanischen [= gotischen] Styles in Deutschland". Nur in der Romanik und vor allem in der Gotik glaubte man demnach die „Eigentümlichkeit", das „nationelle Gefühl" des ‚deutschen Wesens' zu seinem wahren Ausdruck gebracht. Bei diesem Rückgriff auf mittelalterliche Formen dürfe aber nicht stehengeblieben werden. Denn in „der bloßen Wiederholung des Dagewesenen erstirbt die Lebenswärme; nur das Neue genügt dem immer neuen Leben; aber im alten Stamme und nur in ihm liegt die Triebkraft und die Nahrungsquelle für das Neue. Auch dürfen wir uns nicht mit blossen Kunstformen, und wären sie noch so schön und durch und durch national, begnügen; denn nicht ihnen allein verdankt das mittelalterliche Kunst- und Gewerkeleben seinen unerschöpflichen Reiz: seinen höchsten Werth erhält das Kunstschöne durch den hinzutretenden Gedanken, durch die Gaben der Phantasie, durch die Aeußerungen des Gemüths."[13]

Die Vorgaben, die der Verein zur Ausbildung der Gewerke seinen Mitgliedern machte, um durch eine Kombination von mittelalterlichen Kunstelementen mit Erscheinungen der eigenen aktuellen Lebenswelt einen ‚neuen zeitgemäßen nationalen Stil' zu kreieren, entsprachen damit genau dem, was als unrühmliches Kapitel in die Münchner Architekturgeschichte eingegangen ist: dem ‚Maximilianstil', dem Ergebnis der vom bayerischen König Maximilian II. angeordneten ‚Erfindung eines neuen nationalen Baustils'.[14] Dem Verein ging es also um das Entwerfen und Anfertigen von „Gewerkserzeugnissen" in eben diesem Stil sowie um deren Verbreitung mittels wechselnder (Verkaufs-)Ausstellungen im Vereinslokal, das sich in den Hofgartenarkaden befand, und mittels jährlicher Verlosung unter den Vereinsmitgliedern. Alle Entwürfe und alle Gegenstände mussten dabei einem Schiedsgericht vorgelegt werden, das prüfte, ob sie denn auch den strengen Kriterien des Vereins entsprachen.

Manche der wohl als besonders mustergültig angesehenen Entwürfe fanden ihren Abdruck in der in vier Heften pro Jahr erscheinenden Zeitschrift des Vereins zur Ausbildung der Gewerke.[15] Mit „Schnitzarbeiten" untertitelt ist das zweite Blatt der Kunstbeilagen im ersten Heft des 3. Jahrgangs 1853 (Abb. 1). Es zeigt fünf verschiedene Gegenstände. Von den beiden Salatbestecken mit dreipass- bzw. blattförmig endenden Griffen ist links nur der Löffel, rechts nur die Gabel – beide jeweils in Frontal- und in Profilansicht – dargestellt. Bei den drei anderen Dingen handelt es sich um Nadeletuis, das erste als zusammengeklappter, mit Efeulaub gezierter Fächer gestaltet, das zweite bestehend aus einem von Efeulaub umrankten Schaft und einem abschraubbaren Deckel in Form eines Federbüschels, aus dem ein Kinderköpfchen hervorlugt, das dritte als Spinnrocken gebildet. Sie waren für Nähnadeln vorgesehen, konnten aber auch – in größerer Ausführung – als Behältnisse für Häkelnadeln dienen, wie dem Kommentar zu diesem Blatt zu entnehmen ist. „Die Abfassungen" all dieser Gebrauchsgegenstände sollten „bestimmt und rein sein, die runden kleinen Vertiefungen" des linken Salatbestecks überdies „scharf und nicht zu seicht geschnitzt werden, damit die Formen deutlich hervortreten".

---

13 Förster (wie Anm. 6), S. 4.

14 Zum ‚Maximilianstil' s. Winfried Nerdinger (Hg.), Zwischen Glaspalast und Maximilianeum. Architektur in Bayern zur Zeit Maximilians II. 1848–1864 (Ausstellungskataloge des Architekturmuseums der Technischen Universität München und des Münchner Stadtmuseums 10), München 1997. – Ende der 1850er Jahre lockerte der Verein allmählich seine Stilvorgaben und bezog vermehrt die Frührenaissance in sein Programm ein. Mit ein Grund hierfür war sicherlich das Fiasko, das der ‚maximilianische Baustil' erlebte, als er sich an den ab Herbst 1854 errichteten Häusern an der Maximilianstraße mehr und mehr abzuzeichnen begann. Fast nur Häme hatten schon die Zeitgenossen hierfür übrig.

15 Vier oder fünf solcher Kunstbeilagen enthält jedes Heft.

Entworfen wurden die „Zeichnungen zu diesen Geräthen“ in der Absicht, „unsern heimischen industriösen Holzschnitzlern zu Oberammergau und Berchtesgaden als Muster zu dienen, nach denen sie diese vielgebrauchten Geräthe mit Leichtigkeit in großer Zahl möglichst billig herstellen können“.[16] Der Entwerfer war der Maler, Zeichner und Radierer Hermann Dyck (1812–1874), ein gebürtiger Würzburger, der seit 1835 in München lebte und dessen Œuvre in seiner Motivik stark an den mit ihm eng befreundeten Karl Spitzweg erinnert.[17] Dyck, ein Gründungsmitglied des Vereins zur Ausbildung der Gewerke, entwickelte sich zu einem der rührigsten Vorlagenlieferanten, dem Ende 1853 zur Vorbereitung auf die im nächsten Jahr in München stattfindende allgemeine deutsche Industrieausstellung, bei der der Verein eine eigene Abteilung plante, das Zeichenbüro unterstellt wurde ebenso wie die schließlich 1855 eröffnete vereinseigene Zeichen- und Modellierschule, die er auch nach deren Verstaatlichung 1868 bis zu seinem Tod leitete.

Man schaue nur „auf die Schöpfungen unseres Dyck“ – und man könne die jüngst in der Augsburger Allgemeinen Zeitung aufgestellte Behauptung, der Verein arbeite ausschließlich gotisch, ad absurdum führen, meinte der Architekt Rudolf Wilhelm Gottgetreu (1821–1890), Professor an der polytechnischen Schule in München, nach dessen Plänen u. a. zwischen 1854 und 1857 das Gebäude des Hotels Vier Jahreszeiten an der Maximilianstraße errichtet wurde,[18] in seiner Rede bei der Vereinsversammlung am 26. August 1857.[19] Und in der Tat: Bei der Dyckschen Vorlage für die Schnitzarbeiten findet sich höchstens im Dreipassende des Löffelstiels ein Anklang an gotische Formen. Dennoch stufte sie Ernst Förster (1800–1885), Maler, Kunstschriftsteller und Redakteur der Vereinszeitschrift, bei einem Rückblick auf die bisher veröffentlichten und damit den ‚Gewerksleuten‘ „zur Nachbildung und Nacheiferung in die Hand“ gegebenen Entwürfe als gänzlich aus dem neuen, vom Verein protegierten „Formgefühl hervorgegangen“ ein.[20] Es war also nicht der Anspruch des Vereins, allen Gebrauchsgegenständen mittelalterliche Architekturelemente zugrunde zu legen,[21] der ‚zeitgemäße Stil‘ manifestierte sich vielmehr auch allein schon durch Verwendung heimischer Pflanzenformen (wie des Efeus) in der Ornamentik bzw. durch phantasie- und ‚gemütvolle‘ Einfälle (bei Nähnadeln ließ sich ja durchaus der Faden zu dem ihn erzeugenden Spinnrocken weiterspinnen).

Der Dycksche Entwurf für die Holzschnitzarbeiten war das Resultat einer vom Verein am 5. Juni 1852 gestellten Preisaufgabe. Zur Anfertigung von Zeichnungen zu „Berchtesgadener Schnitzwaaren“ hatte man aufgefordert, außerdem zu noch mindestens neun anderen Motiven – zu einfachen, silbernen Gefäßen, zu irdenen Blumentöpfen, zu Rouleaus, zu gepolsterten und ungepolsterten Lehnstühlen, zu Feuerhaken und -schaufeln, zu Ringen verschiedener Art –, wie der Bekanntgabe der von einem außerordentlichen Schiedsgericht als preiswürdig erachteten Arbeiten zu entnehmen ist.[22] Solche Preisaufgaben auszuschreiben sah der Verwal-

16 ZSVAG 3 (1853), H. 1, S. 8.

17 Ulrich Thieme/Felix Becker, Allgemeines Lexikon der bildenden Künstler von der Antike bis zur Gegenwart, Leipzig 1907–1947, Reprint Leipzig 1992, Bd. 10, S. 271.

18 Nerdinger (wie Anm. 14), S. 290f.

19 ZSVAG 7 (1857), H. 3, S. 26. Auf derselben Versammlung „bekämpfte“ auch der 2. Vereinsvorstand, der Stadtbau-Ingenieur Arnold Zenetti (1824–1891) in seiner Ansprache „die sehr irrige Meinung, als wolle der Verein nur gothische Formen ausschließlich zur Anwendung gebracht wissen“. Ebd. S. 25. – Dyck wird im Nachhinein als Vertreter einer künstlerischen Richtung gewertet, „die, dem sog. ‚Maximilianstil‘ verwandt, aus antikisierenden Formen und gotischen Ornamenten […] einen neuen Stil zu entwickeln strebte“. Thieme/Becker (wie Anm. 17), Bd. 10, S. 271.

20 Ernst Förster, Ein Rückblick auf die bisherige Thätigkeit des Vereins, in: ZSVAG 5 (1855), H. 3, S. 18f., hier S. 19. – Zu Ernst Förster s. Thieme/Becker (wie Anm. 17), Bd. 12, S. 135f.

21 Diese kamen vorwiegend bei Möbeln und sonstigen Einrichtungsgegenständen zur Anwendung.

22 ZSVAG 2 (1852), H. 4, S. 25.

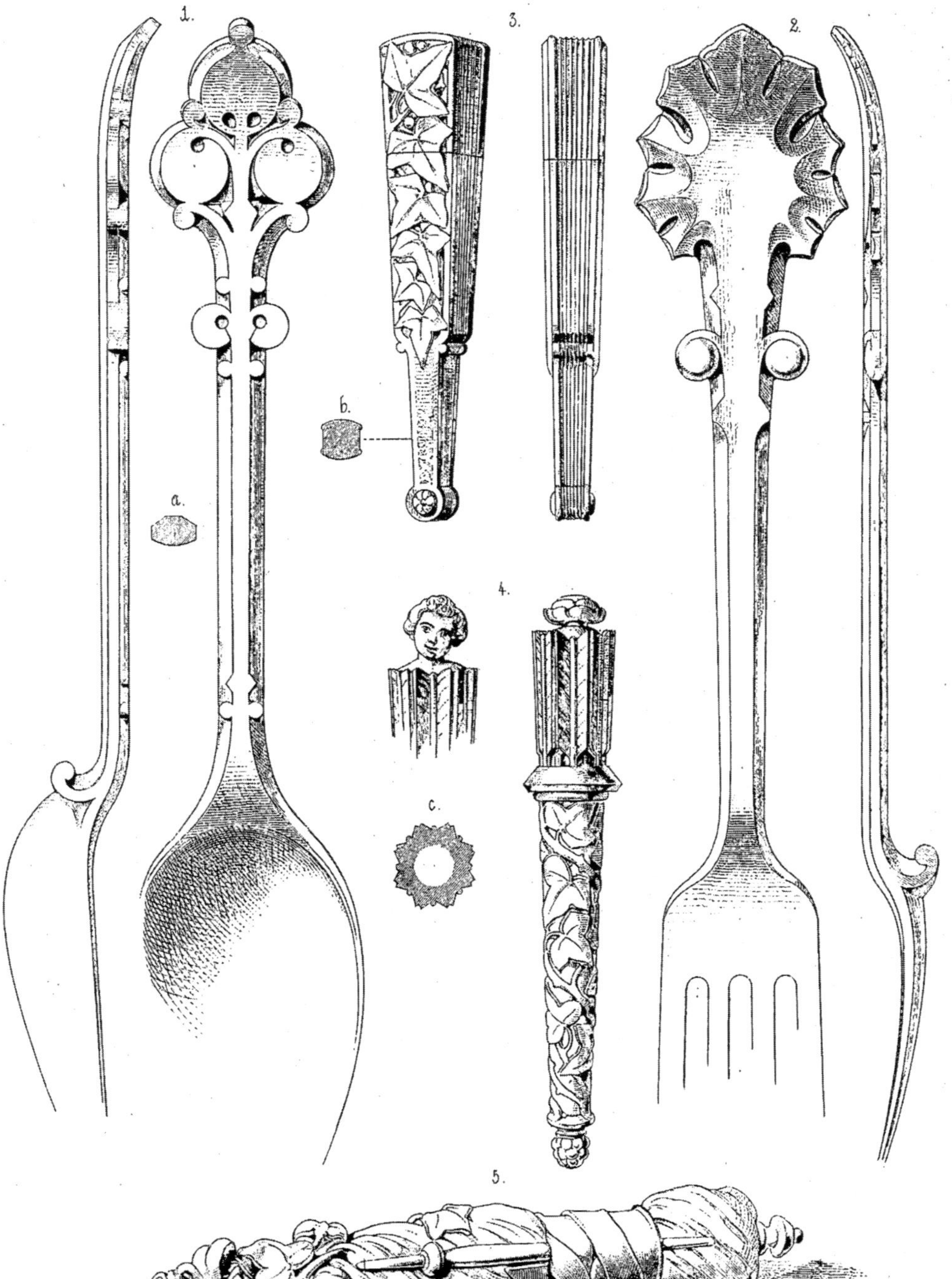

Abb. 1: Vorlage zu Schnitzarbeiten, 1852 entworfen von Hermann Dyck (ZSVAG 3 [1853], H. 1, Kunstbeilage Bl. 2).

tungsausschuss als eine von neun Kernaufgaben seines Wirkens an. Die Auslobung von Preisen diente dabei auch als Anreiz für die Vereinsmitglieder, sich rege zu beteiligen – und so den Bestand an Vorlagenmaterial anwachsen zu lassen.[23] Was Hermann Dyck für seine Zeichnung von Holzschnitzarbeiten erhielt, muss dahingestellt bleiben, da man die Ausschreibung nicht in der Vereinszeitschrift abdruckte, sondern dem 1. Heft des Jahrgangs lose als Autographie beilegte.[24] Vielleicht waren es 20 Gulden, wie sie der Verein etwa für jede einzelne der im 4. Heft desselben Jahres veröffentlichten 14 Preisaufgaben aussetzte.[25]

Die von Hermann Dyck auf Papier entworfenen Salatbestecke und Nadelbehältnisse wurden tatsächlich nachgeschnitzt. „Vom k. Landgericht Berchtesgaden gehen verschiedene Gegenstände zur Ausstellung ein, die nach Vereinszeichnungen gemacht sind", meldete die Vereinschronik unter dem Datum des 7. Januar 1853.[26] Doch im Verzeichnis der vom 1. Januar bis zum 31. März 1853 dauernden Verkaufsschau taucht das Landgericht Berchtesgaden nicht auf, auch nicht der Landrichter und Bezirksamtmann Felix Freiherr von Ow († 1869), ein Vereinsmitglied von Beginn an, der bereits zu einer früheren Ausstellung drei Henkel- und sechs „flache Körbchen von durchbrochenem Ahornholz" beigesteuert hatte.[27] Stattdessen wird der 1852 dem Verein beigetretene Berchtesgadener Warenverleger Andreas Kaserer mit zwei Salatbestecken „nach der Zeichnung des Herrn Maler Dyk" genannt.[28] In der folgenden Ausstellung vom 1. April bis 30. Juni 1853 ist Kaserer nochmals vertreten. Neben einigen „Körbchen von durchbrochenem Ahornholz" zeigte er wiederum „2 Paar Salatbestecke nach der Zeichnung des Malers Herrn Dyk".[29] Handelte es sich um dieselben Salatbestecke? Oder hatte Dyck mehrere Entwürfe hierzu gemacht? Das lässt sich im Nachhinein nicht entscheiden.

Jedenfalls steht fest: In Berchtesgaden wurden die Salatbestecke ausgeführt. Und die Nadeletuis? Die Liste der vom 1. April bis 30. Juni 1853 im Vereinslokal zu besichtigenden Ausstellungsstücke erwähnt neben den beiden Salatbestecken auch „3 Nadelnbehälter aus Buchsholz, nach Zeichnungen des Malers Herrn Dyk, vom Bildhauer Herrn Lang gefertigt". Da beim „Bildhauer Lang" keine Ortsangabe beigefügt ist, müsste dieser eigentlich in München beheimatet gewesen sein.[30] Denken ließe sich etwa an den in Oberammergau gebürtigen, seit 1812 in München wohnhaften Josef Ignaz Lang (1776–1858), ältester Sohn des Fass- und Glasmalers, Schnitzers und Verlegers Georg Lang (1747–1821). Aber ein „Bildhauer Lang" findet sich nicht in den Mitgliederverzeichnissen, weder einer aus München noch einer aus einem anderen Ort. Wie Kaserer seit 1852 dem Verein angehörig war dagegen der Oberammergauer Holzschnitzwarenverlag Georg Lang sel. Erben, seit 1825 im Besitz eines Halbbruders von Josef Ignaz Lang, Johann Evangelist Lang (1798–1874).[31] Ist dieser mit „Bildhauer Lang" gemeint? Wiederum eine Frage, die sich nicht beantworten lässt. Konkret wird es aber am 7. Ok-

23 Mit der Aushändigung des Preises an den Gewinner wurde der Entwurf Eigentum des Vereins.

24 Allerdings musste im nächsten Heft die Aufforderung zur Beteiligung wiederholt und die Frist bis zum 31. Oktober verlängert werden, da bis Mitte August, dem zunächst gesetzten Termin, nicht genügend Zeichnungen eingegangen waren. ZSVAG 2 (1852), H. 2, S. 15. Da hierin die einzelnen Aufgaben nicht mehr aufgeführt wurden, sind auch hieraus die ausgelobten Preise nicht ersichtlich. – Einzig die Vereinszeitschrift steht als Quelle zur Verfügung, da das Vereinsarchiv zusammen mit dem 1878 erbauten Vereinshaus in der Pfandhausstraße 7, der heutigen Pacellistraße 6–8, im Zweiten Weltkrieg vernichtet wurde.

25 ZSVAG 2 (1852), H. 4, S. 26f.

26 ZSVAG 3 (1853), H. 1, S. 7.

27 ZSVAG 2 (1852), H. 3, S. 24: Diese Ausstellung fand vom 3. August bis 10. November 1852 statt.

28 ZSVAG 3 (1853), H. 1, S. 7.

29 ZSVAG 3 (1853), H. 2, S. 16.

30 Diesen Schluss lässt die Gepflogenheit des Vereins, nur bei auswärtigen Mitgliedern den Wohnort beizufügen, zu.

31 Zu dem bis heute bestehenden Verlag s. Gertraud Zull, Georg Lang sel. Erben. 250 Jahre Produktion und Vertrieb von Oberammergauer Holzschnitzwaren. Eine Familien-, Häuser- und Firmengeschichte (Bayerische Schriften zur Volkskunde 9), München 2005.

tober 1853. Denn da heißt es in der Vereinschronik: „Langs sel. Erben in Oberammergau senden Schnitzarbeiten nach Modellen des Vereins ein“.[32] Dass es sich hierbei um „2 Salatbestecke und 3 Nadelbehälter, letztere nach der Zeichnung des Malers Hrn. Dyk“, handelte, verrät das Verzeichnis der vom 6. Oktober bis Ende Dezember 1853 ausgestellten Gegenstände.[33]

Die drei Nadeletuis von Georg Lang sel. Erben kaufte der Verein zur Ausbildung der Gewerke für die Verlosung von mustergültigen ‚Gewerkserzeugnissen‘ des Jahres 1853 an. Jedem Vereinsmitglied stand, hatte es seinen Jahresbeitrag von 6 Gulden entrichtet, ein Los zu. Das „Nadelbüchschen mit Kinderkopf“ gewann der Tischler und Maler H. Boos in Baisweil bei Kaufbeuren, der erst in diesem Jahr in den Verein eingetreten war, das „Nadelbüchschen (Spinnrocken)“ der Bildhauer und Leiter der Kgl. Erzgießerei in München Ferdinand von Miller (1813–1887), das „Nadelbüchschen (Fächer)“ der Architekt August Voit (1801–1870), Initiator und 1. Vorsitzender des Vereins zur Ausbildung der Gewerke.[34] Die Dyckschen Vorlagen zu diesen Nadeletuis erachtete der Verwaltungsausschuss sogar als derart vorzüglich und praktisch ausführbar, dass er hiervon Gipsmodelle in „wirklicher Größe“ anfertigen ließ und sie „zu dem niedern Ankaufspreis“ von 12 Kreuzer an Interessierte abgab.[35]

Am 21. April 1854 beschloss der Ausschuss, der Berchtesgadener Zeichenschule „die Vereinszeitschrift als Geschenk zu übermachen“ und ihr geeignete Vorlagenblätter aus dem Bestand des Vereins zu überlassen.[36] Als es um die Gründung einer Industrie- und Zeichenschule in Berchtesgaden ging, die schließlich 1858 erfolgte, wurde der Verein gar behördlicherseits involviert: Im März 1856 forderte ihn die Regierung von Oberbayern auf, einen Zeichenlehrer für diese vorzuschlagen, und im November 1857 beauftragte ihn der Münchner Magistrat mit einem Gutachten über die Errichtung dieser neuen Berufsbildungsstätte.[37]

Dass allerdings – wie vom Verein zur Ausbildung der Gewerke beabsichtigt – die von Hermann Dyck entworfenen Salatbestecke in Berchtesgaden in die Serienproduktion gingen, lässt sich nicht nachweisen. Und auch die Aufnahme der aus dem ‚neuen Formgefühl hervorgegangenen‘ Nähnadeletuis in das Warensortiment der Oberammergauer Verleger scheint mehr als fraglich. Denn Georg Lang sel. Erben, die weitaus bedeutendste der dortigen Handelsfirmen mit mehr als 100 für sie arbeitenden Schnitzern, Fassmalern, Drechslern und Schreinern, führt derartige Nadelbehältnisse nicht in einer Warenliste auf, die – da mit der auf der ersten Weltausstellung 1851 in London gewonnenen Silbermedaille geziert – in die 1850er Jahre zu datieren ist.[38] Erhältlich waren demnach lediglich Nadeletuis mit jeweils einer „halben Figur“ zum Preis von 12 bis 21 Kreuzer, Nadeletuis mit einer ganzen Figur, die zwischen 45 Kreuzer und 1 Gulden 36 Kreuzer kosteten, und Nadeletuis mit Tieren, für die zwischen 30 und 45 Kreuzer verlangt wurden. Man darf sicherlich davon ausgehen, dass diese Figuren auf gedrechselten, überschnitzten, punzierten und aufschraubbaren Schäften – den eigentlichen Nadelbehältnissen – angebracht gewesen sind, so wie bei den im Ort noch vorhandenen Exemplaren (Abb. 2). Wenn in der Warenliste außerdem von „Nadeletuis rund graviert“ die Rede ist, die für 5 Kreuzer zu haben waren, dürften damit nur aus den Schäften bestehende Stücke gemeint sein.

32 ZSVAG 3 (1853), H. 4, S. 26.
33 ZSVAG 3 (1853), H. 4, S. 29.
34 ZSVAG 3 (1853), H. 4, S. 30.
35 ZSVAG 3 (1853), H. 3, S. 22.
36 ZSVAG 4 (1854), H. 2, S. 13.
37 ZSVAG 6 (1856), H. 2, S. 19; 7 (1857), H. 4, S. 34. – Zur Berchtesgadener Schule s. Manfred Bachmann, Berchtesgadener Volkskunst. Geschichte, Tradition, Gegenwart, Leipzig 1985, S. 63–73.
38 Firmenarchiv Georg Lang sel. Erben, V>Werbemittel – Werbematerial: Preislisten und Kataloge.

Abb. 2: In Oberammergau seit den 1830er Jahren gefertigte Nadeletuis, H. 10–12 cm. Zull, Oberammergauer Schnitzereien, München 1995, Abb. 17

Drucken ließen Georg Lang sel. Erben die Warenliste vermutlich aus Anlass der allgemeinen deutschen Industrieausstellung, die vom 15. Juli bis 18. Oktober 1854 im eigens dafür gebauten Glaspalast in München stattfand.[39] An dieser Gewerbeschau beteiligte sich der Oberammergauer Verlag – durch die Zuerkennung einer Ehrenmünze wiederum erfolgreich – mit einem großen Sortiment, über das neben den zur Ausstellung erschienenen Publikationen eine im Firmenbesitz befindliche Handschrift, die die einzelnen Gegenstände und ihren Versicherungswert auflistet, Auskunft gibt.[40] Auch hierin kommen Nadeletuis vor. Es sind 16 an der Zahl, davon die meisten mit Ganzfiguren, diese entweder einzeln, so ein Senner, ein Früchtehändler, ein Bauer mit Fuchs, eine Münchnerin, Napoleon zu Pferd, ein Genius und eine Mariahilf, oder als Paar, wie Amor und Psyche, oder als Gruppe, etwa vier Jäger und vier

39 Zumindest muss sie dort aufgelegen haben, denn der Vorsitzende der für die Holzwaren zuständigen Beurteilungskommission, der Stuttgarter Oberregierungsrat Ferdinand von Steinbeis (1807–1893), benutzte erstens in seinem Bericht eine Formulierung aus dieser Warenliste (die Kruzifixe gäbe es in „nicht weniger als 250 Sorten") und erwähnt zweitens Kaufläden und Küchen als bei Georg Lang sel. Erben gefertigte Spielzeugartikel, die zwar in der Warenliste genannt sind, wovon jedoch in der Ausstellung kein Exemplar zu sehen war. S. (Ferdinand) von Steinbeis, Referat des X. Ausschusses über Holzwaaren und kurze Waaren verschiedener Art, in: Friedrich Benedikt Wilhelm von Hermann (Hg.), Bericht der Beurtheilungs-Commission bei der allgemeinen deutschen Industrie-Ausstellung zu München im Jahre 1854, München 1855, H. 10, S. 44, 108.

40 Firmenarchiv Georg Lang sel. Erben, V>Werbemittel – Ausstellungen: Allgemeine deutsche Industrie-Austellung in München 1854: „Factura über die bei der allgemeinen deutschen Industrie-Ausstellung in München ausgestellten Gegenstände von Georg Lang s. Erben in Oberammergau". – Zur Ausstellung vgl. Friedrich Benedikt Wilhelm von Hermann (Hg.), Katalog der allgemeinen deutschen Industrie-Ausstellung zu München im Jahre 1854, 3. Aufl. München o.J. (1854), S. 27. – Zur Beteiligung von Georg Lang sel. Erben s. Gertraud Zull, Handwerkskunst und Industrie. Oberammergauer Schnitzwaren auf der Allgemeinen deutschen Industrieausstellung 1854 in München, in: BJV 2007, S. 145–160.

Gemsen, auf den röhrenförmigen Döschen stehend. Einige wiesen Halbfiguren auf, andere bestanden nur aus dem gravierten, z. T. mit einem Nadelkissen ausgestatteten Schaft. Nichts deutet also darauf hin, dass diesen Gebrauchsgütern einer der Nadeletui-Entwürfe von Hermann Dyck zugrunde gelegen hat.

Bei der Münchner Industrieausstellung 1854 war dem Verein zur Ausbildung der Gewerke im Glaspalast ein Bereich zur eigenen Gestaltung überlassen worden. In fünf Räumen, den sogenannten „Münchner Kabinetten",[41] hatte er hier die Möglichkeit, sich und den von ihm propagierten ,Maximilianstil' als ,moderndeutschen Münchner Möbelstil'[42] erstmals einer breiten Öffentlichkeit zu präsentieren. Eine Novität war es dabei auch, wie er dies tat. Zur Demonstration seiner Zuständigkeit für alle Lebensbereiche schuf er Themenräume – die ursprünglich geplanten neun reduzierten sich schließlich auf ein Betzimmer, einen Salon, ein Wohnzimmer und ein Schlafzimmer –, die er mit all dem ausstattete, was sie brauchten, um ihrer jeweiligen Funktion nachzukommen, ein frühes Beispiel für die Umsetzung des ,Stubenprinzips', der „inszenatorische[n] Verbindung von Exponaten mit einer korrespondierenden Raumsituation".[43]

Auch Oberammergauer Schnitzereien von Georg Lang sel. Erben waren hier einbezogen.[44] Wo man diese allerdings platziert hatte, ob in einem der vier Zimmerarrangements oder im ersten Raum der Vereinsabteilung, der ein Sammelsurium an Exponaten enthielt, ist nicht mehr feststellbar. Vermutlich wurden die 25 Einzelstücke im Versicherungswert von 285 Gulden 30 Kreuzer aber gemeinsam in der vom Verlag mitgelieferten Etagère zur Schau gestellt. Wiederum befanden sich Nadeletuis darunter und wiederum können diese, da von einem Tiroler bzw. einer Tirolerin bekrönt, nicht nach Dycks Vorlagen gearbeitet worden sein. An weiteren nützlichen und durch Schnitzerei ,veredelten' Dingen gab es zu sehen: einen Briefbeschwerer aus Elfenbein, ein „Tintenzeug", ein „Salz- und Pfeffergefäß Karrenschieber", eine mit einem Basrelief verzierte Tabaksdose, einen „Aschenabstreicher Winzer", einen „Pfeifenkopf Schloß", ein braunes „Tischbesteck", eine Zigarrenspitze aus Meerschaum, einen Handleuchter mit Cupido sowie vier Dessertmesser mit durchbrochenen Griffen. Ergänzend kamen ein 3 Zoll großer Amor auf einem quadratischen Postament, eine „Statuette S.M. des Königs nach Halbig", zwei allegorische Figuren sowie ein „Grabchristus" aus Alabaster, ein hl. Hubertus, ein hl. Georgius und zwei betende Engel hinzu. Mit einem Versicherungswert von 2 Gulden für ein einzelnes Dessertmesser bis zu 48 Gulden für den elfenbeinernen Briefbeschwerer fielen diese Objekte, sicherlich alle in diffiziler Feinschnitzerei ausgeführt, ins höhere Preissegment der Firma, bildeten mithin Luxusartikel.

In einem „Verzeichniß der von Vereinsmitgliedern großentheils nach Zeichnungen des Vereins angefertigten, zur allgemeinen deutschen Industrie-Ausstellung gebrachten und in den dem Verein zur Ausbildung der Gewerke überlassenen Räumen des Glaspalastes aufgestellten Gegenstände" sind Georg Lang sel. Erben pauschal mit „Holzschnitzwaaren" eingetragen.[45]

41 Amtlicher Bericht über die allgemeine Ausstellung deutscher Industrie- und Gewerbs-Erzeugnisse zu München im Jahre 1854. Von der zur Einleitung und Durchführung bestellten Commission veröffentlicht, München 1855, S. 19. – Zu dieser Vereinsabteilung s. Zull (wie Anm. 7), S. 107–123.

42 Steinbeis (wie Anm. 39), S. 70, 79.

43 Martin Wörner, Vergnügung und Belehrung. Volkskultur auf den Weltausstellungen 1851–1900, Münster u. a. 1999, S. 246.

44 Firmenarchiv Georg Lang sel. Erben, V>Werbemittel – Ausstellungen: Allgemeine deutsche Industrie-Ausstellung in München 1854: „Factura über die im Verein für Ausbildung der Gewerbe bei der Allgemeinen deutschen Industrie Ausstellung zu München v. Georg Lang in Oberammergau ausgestellten Gegenstände".

45 ZSVAG 4 (1854), H. 3, S. 22–24, hier S. 23.

Basierten die in die Vereinsabteilung aufgenommenen Schnitzereien von Georg Lang sel. Erben aber tatsächlich auf Entwürfen des Vereins? Zweifel sind angebracht. Denn erstens sprengte keiner der genannten Artikel das ‚normale' Sortiment der Firma. Mit Schlossansichten im Flachrelief verzierte Pfeifenköpfe etwa wurden – wie die Nadeletuis mit Tirolern oder Tirolerinnen – schon seit den 1830er Jahren in Oberammergau hergestellt. Selbst Maximilian II., damals noch Kronprinz, erstand während eines Aufenthalts im Passionsdorf am 15. September 1839 bei Georg Lang sel. Erben einen Pfeifenkopf mit einer Ansicht von Hohenschwangau zum Preis von 18 Gulden 54 Kreuzer.[46] Zweitens geht der überwiegende Teil der Dinge nicht konform mit einem „Verzeichniß derjenigen Entwürfe, welche der Verein behufs ihrer Ausführung für die Zollvereins-Industrie-Ausstellung 1854 an seine Mitglieder abgegeben hat".[47] Höchstens bei den vier Dessertmessern wäre es vorstellbar, dass sie nach der als Nummer 104 genannten Zeichnung von Messergriffen, diese teils „in Silber zu treiben", teils „in Holz zu schnitzen" und mit Ornamenten zu verzieren, gearbeitet wurden. Drittens muss es sich bei der mit 27 Gulden versicherten „Statuette S. M. des Königs nach Halbig" um eine Miniaturkopie der Kolossalstatue von Maximilian II. im Ornat des Hubertusordens handeln, mit deren Gipsausführung sich die Besucher der allgemeinen deutschen Industrieausstellung zu begnügen hatten, da der Bronzeguss nicht rechtzeitig fertig geworden war.[48] Auch diese bildete – allein schon wegen ihrer Höhe von 15 Schuh (5,40 m)[49] – den Blickfang im südlichen Querschiff des Glaspalasts. Das bronzene Standbild, gegossen schließlich in der Kgl. Erzgießerei in München, war für die Bodenseestadt Lindau bestimmt, wo es 1856 anlässlich der Fertigstellung des Hafens enthüllt wurde. Auch die beiden von Georg Lang sel. Erben in den „Münchner Kabinetten" gezeigten allegorischen Figuren dürften verkleinerte Nachformungen von zweien der auf dem Sockel dieses Monuments sitzenden, die Landwirtschaft, den Handel, die Kunst und die Wissenschaft symbolisierenden Gestalten gewesen sein.[50] Aber zum einen war der Bildhauer Johann Halbig (1814–1882) kein Mitglied des Vereins zur Ausbildung der Gewerke und zum anderen gehörten Miniaturausfertigungen von Denkmälern seit den 1830er Jahren zum Standardprogramm der Oberammergauer Schnitzer.[51]

Wenn es auch fraglich scheint, dass die in die Präsentation des Vereins auf der allgemeinen deutschen Industrieausstellung 1854 einbezogenen Oberammergauer Schnitzwaren auf Entwürfen von Künstlern unter den Vereinsmitgliedern beruhten, so müssen diese Artikel dennoch dessen Anforderungen entsprochen haben. Die aus Harthölzern, wie Ahorn, Pfaffenhütchen, Buchs- und Obstbaum, bzw. aus Elfenbein oder Meerschaum diffizilst geschnitzten Gebrauchs- und Ziergegenstände zählten jedenfalls zur ‚Gewerkskunst', deren Formvollendung in einem ‚neuen zeitgemäßen nationalen Stil' sich der Verein zur Ausbildung der Gewerke in seinen Anfangsjahren zum Ziel gesetzt hatte. Auch in der Folgezeit blieb das Ober-

46 Gemeindearchiv Oberammergau, 2.14.

47 ZSVAG 4 (1854), H. 1, S. 7f.

48 S. Schreiben vom 20. Januar 1854 des Regierungspräsidenten von Schwaben und Neuburg, Georg Karl Friedrich Adolph von Welden (1801–1857), Augsburg, an König Maximilian II. (BayHStA, MH 9222).

49 Amtlicher Bericht (wie Anm. 41), S. 75.

50 Longin Mößlein, Vom armen Bauernbuben zum geadelten Bildhauer. Der märchenhafte Aufstieg des Bildhauers Johann von Halbig aus Donnersdorf, in: Schönere Heimat 96 (2007), H. 2, S. 101–106, hier S. 104; Heiner Stauder, 150 Jahre Lindauer Seehafen – eine bewegte Geschichte, in: Lindauer Bürgerzeitung mit Amtsblatt der Stadt Lindau Nr. 37/06 vom 15. September 2006, S. 30–32, hier S. 31. – 1942 wurde die Figur eingeschmolzen. Eine Abbildung des Denkmals, das auf dem Bahnhofsplatz stand, findet sich in: Das Bayerland 4 (1893), S. 580. Die Gipsausführung ist zu sehen auf zwei Fotos von Franz Hanfstaengl (1804–1877): Zur Erinnerung an die allgemeine deutsche Industrie-Ausstellung in München 1854, München 1854, Taf. 1, 3.

51 S. Gertraud Zull, Oberammergauer Schnitzereien. Gewerbe und Handel in der ersten Hälfte des 19. Jahrhunderts (Bayerische Schriften zur Volkskunde 4), München 1995, S. 114–119.

ammergauer Schnitzergewerbe eng an die Münchner Kunstindustrie angebunden. Immer mehr Dorfbewohner studierten an der dortigen Kunstakademie oder ließen sich in der Mayer'schen Kunstanstalt bzw. im Atelier von Anselm Sickinger (1807–1873) aus- oder weiterbilden. Wie sich diese Beziehungen jedoch im Einzelnen gestalteten, ob hierbei der Verein zur Ausbildung der Gewerke weiterhin eine Rolle spielte, ob und wie sich die historistischen Stiländerungen der zweiten Hälfte des 19. Jahrhundert auf die Oberammergauer Produktion auswirkten, gälte es noch genauer zu untersuchen. Als man um 1900 die Oberammergauer Schnitzkunst als ‚Volkskunst' entdeckte – sowohl als Fundus an Farben und Formen für den Kunstschaffenden als auch als Forschungsfeld – blieb das höherwertige, sich an künstlerischen Kriterien orientierende Segment des Sortiments als Teil dessen, was mit der neuen Forderung nach „Schlichtheit und Einfachheit in der Gestaltung"[52] überwunden werden sollte, ausgespart.

52 Bernward Deneke, Volkskunst – Heimatkunst, in: Ingolf Bauer (Red.), Möbel aus Franken. Oberflächen und Hintergründe. Ausst.-Kat., München 1991, S. 98–106, hier S. 98.

Abb. 1–2: Sogenannte proletarische oder sozialistische Haussegen mit politisch motivierten Parolen, auf Papierkanevas: „Wir wollen den Frieden, Freiheit und Recht, dass Niemand sei des Andern Knecht, dass Arbeit aller Menschen Pflicht, und Niemand es an Brod gebricht." Oder „Nicht betteln, nicht bitten nur mutig gestritten. Nie kämpft es sich schlecht für Freiheit und Recht."

Abb. 3: Sticken der Haussegen. Holzstichillustration, Friedeberg, „Die Gute Stunde", 1894.

Gestickte Sprüche fürs Heim

Populärer Wandschmuck auf Papierkanevas und die Haussegenindustrie

Roland Halbritter

Der Papierkanevas – weithin geläufig in der Form als gestickter Haussegen auf gelochtem Papier – ist ein seit zwei Jahrhunderten bekanntes Handelsprodukt. Es handelt sich hierbei um ein regelmäßig perforiertes, festes Papier, das im 19. Jahrhundert eine unvergleichliche Popularität genoss – vom biedermeierlichen Bastelmaterial angefangen bis hin zu den gefälligen Massenbildern, die in Deutschland bis in die 1950er Jahre gefertigt wurden. In den USA sind sowohl das perforierte Material als auch Bastelsätze mit Stickanleitungen bis auf den heutigen Tag zu beziehen.

Seit vielen Jahren beschäftigt sich Wolfgang Brückner mit dem populären Massenbilderschmuck. Vor einigen Jahren veröffentlichte er einen Projektbericht zu Papierkanevas, in dem er für eine umfassende Dokumentation dieser Wandschmuckgattung plädierte, die im Idealfall in eine kulturwissenschaftliche Ausstellung münden möge.[1] Schon zuvor und danach haben einige seiner Schüler, mich eingeschlossen, über dieses Phänomen geforscht und Artikel publiziert – immer ausgehend von dem Standardartikel von Christa Pieske, die sich dieser Wandschmuckgattung erstmals umfassend gewidmet hatte.[2]

Papierkanevas hat sich in der populären Wandschmuckforschung bereits als Objektbegriff fest etabliert und war auch der Branchenterminus der Fabriken. Die einstige Bandbreite seiner Anwendung war vielfältig, sie reicht von Heiligendarstellung, zu religiösen oder profanen Spruchbildern bis hin zu Segen für Landwirtschaft, Beruf oder Sport. Patriotische und politische Parolen (Abb. 1 u. 2) sowie Reservistenbilder sind ebenso im Repertoire zu finden wie Bilder zur Kommunion, Firmung, Konfirmation, Hochzeit, Ehe oder Tod.[3]

„Mit Gott fang an, mit Gott hör auf, das ist der ganze Lebenslauf" – derartige Sprüche, ob gedruckt, kalligraphisch niedergeschrieben, in Brandmalerei oder als Stickerei sind uns recht vertraut, da sie in fast allen Haushalten einst Verwendung fanden und noch heute geschätzt werden, sei es als Wandschmuck, als Handtuchhalter oder Dekorstücke im Heim. Sie dienten als Segen für das Haus und waren beliebte Hochzeitsgeschenke oder beim Einzug erwartete Gaben, auch konfessionsübergreifend.

Bereits 1894 wird in der Zeitschrift *Zur Guten Stunde* über die Haussegenindustrie in einem aufschlussreichen kleinen Artikel vom M. Friedeberg berichtet, der uns einen Einblick gibt in diesen längst vergessenen Industriezweig: „In dem mit der Pferdebahn von Berlin aus leicht zu erreichenden Vorort Niederschönhausen ist eine Haussegenindustrie entstanden, in der sowohl Bibelsprüche auf Kanevas gestickt werden, als auch eingerahmte Sprüche für jeden

---

1 Wolfgang Brückner, Projektbericht „Papierkanevas". In: Christa Pieske/Konrad Vanja/Sigrid Nagy (Hgg.), Arbeitskreis Bild Druck Papier. Tagungsband Esslingen 2002, Münster/New York/München/Berlin 2004, S. 145–150.

2 Christa Pieske, Gestickte Haussegen und ihre Hersteller, in: Rheinisch-westfälische Zeitschrift für Volkskunde 29 (1984), H. 1–4, S. 107–128.

3 Vgl. die ausführlicheren Erläuterungen zur Charakterisierung von Papierkanevas bei: Brückner (wie Anm. 1).

Beruf, für die verschiedensten religiösen Bedürfnisse, von den einfachen Sorten bis zu den 40 bis 60 Centimeter hohen Neuheiten und den künstlerisch ausgeführten, mit Malereien und Photographien oft politischen Charakters, vollständig fabrikmäßig hergestellt und durch Agenten auf dem Weltmarkt vertrieben [...] Diese gestickten Segenssprüche auf Kanevas, welche einen so ansprechenden Schmuck manches bürgerlichen Hauses bilden, werden jetzt in Deutschland in allen Sprachen angefertigt und nach Österreich, England und Italien, neuerdings auch nach Amerika exportirt [sic!]. Nach Russland dürfen nur Bilder ohne Spruch eingeführt werden, schon mehrfach sind die nach russischen Städten bestimmten Haussegen an der Grenze auf Anordnung des Heiligen Synods konfiszirt [sic!] worden. Am größten ist der Bedarf an Haussegen in Deutschland selbst." [4]

Über Segen und Sprüche auf Textilien sind wir bereits gut unterrichtet.[5] In gewisser Weise sind sie die Vorläufer der hier besprochenen Stickbilder auf Papierkanevas. Immer wieder sind wechselseitige Abhängigkeiten der unterschiedlichen Gattungen spürbar. Die typischen Segen und Sprüche auf Textilien sind auch häufig auf Papierkanevas zu finden. Die formale Gestaltung des gewerblichen Haussegens wirkte ihrerseits wieder stilbildend auf Textilstickereien sowie Eglomisé- und Öldruckbilder. Mit der hier besprochenen Sonderform auf Papierkanevas hebt sich jedoch eine Haussegensart durch ihre Vielfältigkeit besonders hervor – es ist eine industrielle Erfolgsgeschichte, die sich vom universellen Bastelmaterial bis zum populären Wandschmuck verfolgen lässt.[6] Die Popularität dieses Materials hat einen ganzen Zweig der Luxuspapierindustrie hervorgebracht, der sich ausschließlich diesen Stickbildern annahm – vornehmlich in den deutschen Großstädten – allen voran in Berlin, wo es einst etwa zwanzig dieser spezialisierten Betriebe gab. Jene industriell gefertigten Haussegen sind keine Klosterarbeiten, wie noch heute vereinzelt angenommen wird, sondern sie wurden in hohen Stückzahlen vornehmlich von Lohnarbeiterinnen in Akkordarbeit im Hausgewerbe gefertigt, orientierten sich aber sehr wohl an früheren Fleißarbeiten aus den Klöstern des 18. Jahrhunderts. Als Halbfertigprodukte mit vorgedruckten Motiven konnten sie von Industriebetrieben[7] bezogen werden, dann mit unterschiedlichen Arrangements versehen, mit Chenille und bunten Garnen bestickt, mit Oblaten und Zelluloidapplikationen dekoriert werden (Abb. 3). In der Blütezeit der Haussegenfertigung zwischen 1880 und 1920 finden sich zusätzlich Trockengräser, Farne, Moose und vor allem Edelweißblüten in den Dessins. Größere Betriebe banden ihre Arbeiter an die Firma und stellten die notwendigen Materialien hierfür zur Verfügung.

„Da die Ablieferung der fertigen Haussegen zu jeder Tageszeit erfolgt, geht es in dem vorderen Theile [sic!] der Fabrik von früh Morgens bis zum Abend wie in einem Taubenschlage zu. Mehrere Damen mit braunen Mappen – andere benutzen ihre Musikmappe zur Umhüllung – packen die mitgebrachten fertigen Stickereien aus. Drei Frauen sind hinter einer Barre mit der strengen kritischen Musterung der eingelieferten Arbeiten beschäftigt. Wir begeben uns zuerst in einen besonderen Raum am unteren Ende des Saales (Abb. 4). Hier entwirft ein Maler mit Bleistift die Skizzen der Entwürfe, wobei namentlich auf die Ausführung der Initialen

4 M. Friedeberg, Haussegen Industrie, in: Zur Guten Stunde. Illustrierte deutsche Zeitschrift, 14 (1894), S.1f. mit 5 Abb. in Folge.

5 Eva Stille, Gestickte Sprüche für Haus und Küche, Frankfurt a. M. 1979; vgl. auch spätere Auflagen. – Eva Stille, Trautes Heim Glück allein. Gestickte Sprüche für Haus und Küche, München 1994.

6 Dieser Artikel versteht sich als Ergänzung zu dem bereits im Jahre 2003 verfassten Artikel, der sich v. a. mit dem Bastelmaterial Papierkanevas beschäftigte. – Vgl. hierzu Roland Halbritter, Papiercanevas – vom universellen Bastelmaterial zum populären Wandschmuck, in: Der Schlern 77 (2003), H. 11/12, (gleichzeitig FS für Hans Grießmair zum 65. Geburtstag), S. 80–101.

7 Vgl. Auflistung bei Pieske (wie Anm. 2), S. 124ff.

Abb. 4: Entwerfen der Haussegen. Holzstichillustration, Friedeberg, „Die Gute Stunde“ 1894.

der Schrift, auf die etwaigen Bilder, auf die spätere Garnirung [sic!] sowie die künstlerische Gruppierung und den Stil des Ganzen Rücksicht genommen wird. Ist der Entwurf endgültig genehmigt, so wird er auf den Stein übertragen, und dann findet der Druck auf Kanevas statt. Es sind hier bereits etwa 500 Muster hergestellt, über die ein Katalog Auskunft giebt [sic!], von einzelnen Mustern sind bis zu 10000 Stück angefertigt worden. Der Geschmack der Abnehmer ist naturgemäß sehr verschieden, der Städter liebt einfache schwarze Schrift, den Spruch mit oder ohne Bild, – für katholische Gegenden sind Carlo Dolci und Correggio, sowie die Sixtinische Madonna[8] bevorzugt, – jedoch ohne bunte Blumen, nur mit Pampas, Farrenkraut oder Edelweiß garnirt [sic!]. Auf dem Lande bevorzugt man grelle Farben im Text, die Buchstaben der Schrift in verschiedenem Kolorit mit bunter Seidenchenille, von beiden Seiten mit Metallfäden umgeben. Die Herausgabe der Materialien, deren Werth [sic!] bei einem einfachen Haussegen etwa 8–9 Pfennige beträgt, erfolgt in einer besonderen Abtheilung [sic!]. Zu Hause ist es dann die Aufgabe der ca. 400 für diese Kunstanstalt arbeitenden Personen, die auf dem Kanevas vorgedruckte Schrift möglichst gleichmäßig mit Patentgarn, einem seidenähnlichen, von der Fabrik aus englischen Spinnereien in Mengen von 4–5000 Kilo jährlich bezogenen Zwirn, auszufüllen und dann mit allerhand Metallgespinnst, Kantille, die Buchstaben zu

8 Vgl. Abb. 3 bei Halbritter (wie Anm. 6), S. 81, mit einer Reproduktion der Sixtinischen Madonna auf Papierkanevas von 1876.

besetzen. Aus Nürnberg werden hierzu jährlich etwa 1000 Kilo Kantille geliefert, eine gleiche Menge Goldgespinnst, eine Berliner Fabrik stellt die Seidenchenille her [...]. Die Arbeitslöhne sind in Folge steigender Konkurrenz, da die Preise der Haussegen gefallen sind, gering, der durchschnittliche Wochenverdienst beläuft sich auf 8–10 Mark, Garnirerinnen [sic!] verdienen bis 20 Mark die Woche."[9]

Wegen des enormen Bedarfs an getrockneten Edelweißblüten etablierten sich einerseits schnell Fabriken, die Nachahmungen aus Stoff anboten, andererseits deckten auch Zuchtbetriebe die enorme Nachfrage.[10] Mühlseliges Auffinden der einst seltenen Edelweißblumen in den Alpen konnte da kaum Abhilfe leisten, wenn man bedenkt, dass ein einziger Industriebetrieb in einem Jahr Millionen dieser Blüten verarbeitete.

„Herr Bramé, der Besitzer der Kunstanstalt, besuchte die Heimath [sic!] des Edelweißes, die Schweiz, ohne hier die edle Blüte für seinen Massenbedarf zu angemessenen Preisen erwerben zu können. In der Nähe des Kriegshafens Pola in Dalmatien liegt ein kleiner Ort Breth, von dort erhält die Fabrik jährlich 2 ½–3 Millionen Edelweißblumen, 800–1000 Blüthen [sic!] werden für etwa 60–80 Kreuzer geliefert ... Das Trocknen, Einlegen und Pressen des zum Garniren [sic!] verwandten Farrenkrauts wird in der Fabrik selbst von zwei Arbeitern ständig besorgt. Diese Farrenkräuter werden in der Umgebung Berlins von Mai bis Mitte Dezember gesammelt, drei Farrenkrautsammler liefern in jeder Woche einen Zentner. Der eine dieser Sammler hatte lange Zeit immerwährende Guerillakämpfe mit den Gendarmen, welche ihm das Betreten des Forstes untersagt hatten, jetzt geht er, geschützt durch eine Karte der Oberförsterei Tegel, in der Jungfernheide ungestört seinem Berufe nach." [11]

Der Artikel berichtet hier von der 1880 gegründeten Kunstanstalt Julius R. Bramé aus Niederschönhausen bei Berlin, von der man annehmen darf, dass sie eine der größten Papierkanevasfabriken gewesen ist. Von ihr ist häufiger in Papieradressbüchern, bzw. in Patentblättern und einschlägigen Zeitschriften die Rede, deshalb wissen wir von dieser Firma mehr als von anderen, wenngleich die Informationen über diesen Industriezweig recht spärlich sind, da sich Firmenarchive oder Kataloge kaum erhalten haben.[12]

Die Kunstanstalt Bramé machte im Jahre 1893 anlässlich der Weltausstellung in Chicago international auf sich aufmerksam, sie warb für „Gestickte und ungestickte Haussegen auf Papierkanevas". Sie beschäftigte zu dieser Zeit bereits 400 Personen und unterhielt Vertretungen in ganz Europa. Immer wieder versuchte sie durch neuartige Papierkanevas-Patente neue Luxuspapierartikel zu kreieren – in Reservistenbildern, Postkarten, imitierten Perlenstickereien, Hochzeitskränzen oder militärischen Gedenkblättern findet Papierkanevas Verwendung. Womöglich wurde wegen des Erfolges auf der Weltausstellung der Artikel in der Familienzeitschrift *Zur Guten Stunde* geschaltet, der einen Einblick in die industrielle Produktion von Haussegen erlaubt.

Über die eigentliche Erfindung des regelmäßig perforierten Materials lassen sich bislang keine verlässlichen Angaben machen, zwar erwähnt bereits Friedeberg einen englischen Erfinder mit Namen „Dobbs Kitt" (richtig: Dobbs, Kidd & Co., London), der einen sogenannten Bristol Kanevas erfunden haben soll, doch ist diese Angabe bislang nicht zweifelsfrei verifizierbar. „Früher kostete der Bristol Kanevas, den der Engländer Dobbs Kitt [sic!] erfunden, in

9 Friedeberg (wie Anm. 4).

10 Ernst Moritz Kronfeld, Das Edelweiß, Wien 1910. Teilabdruck in: Wolfgang Till (Hg.), Dein Edelweiß, das macht mich heiss. Souvenir und Modeblume der Alpen, Wien/München 1997, S. 76.

11 Friedeberg (wie Anm. 4).

12 Vgl. hier die Auflistung bei Roland Halbritter, Perforierte Öldruckbilder. Kombination von Chromolithographie und Papierkanevas, in: Bayerische Blätter für Volkskunde 25 (1998), H. 2, S. 65–69.

einem Bogen, aus dem zwei Haussegen angefertigt werden konnten, zwei Schillinge. Erst als anfangs der achtziger Jahre in Preußen, Württemberg und Sachsen so ziemlich zu gleicher Zeit Maschinen konstruirt [sic!] wurden, die den Kanevas billiger herstellten, war das Aufblühen dieser Industrie möglich, welche jetzt so vielen Menschen Beschäftigung gewährt."[13]

Möglicherweise bezieht sich seine Erfindung nur auf eine spezielle Variante des sogenannten Bristol Kanevas. Andere Papierkanevasneuheiten wurden immer wieder in einschlägigen Familienzeitschriften des 19. Jahrhunderts annonciert. Sie tragen Namen tragen wie „Canevas à la Jardinière", „Strohcanevas" oder „Ledercanevas" und wiesen verschiedene Oberflächenstrukturen auf. Die Luxuspapierfabrik Dobbs, Kidd & Co. Ltd. London, ist hervorgegangen aus H. Dobbs & Co. (wohl gegründet um 1793), sie trug später den Namen Dobbs, Baily & Co. (in den 1840er Jahren) um schließlich seit den 1850er bis in die 1890er Jahre unter dem Namen Dobbs, Kidd & Co. Ltd, zu firmieren. Ohne bislang genau verifizieren zu können, wer nun der Erfinder des gelochten Materials war, muss es jedenfalls lange vor der deutschen eine englische Papierkanevasindustrie in London gegeben haben. Diese Vermutung kann untermauert werden mit der besseren Forschungslage der Lesezeichen auf oder aus Papierkanevas. Hier kennt man weitere Hersteller aus London, wie etwa: Joseph Mansell (1850er–1880er Jahre); Mullord Bros. (1840er–1870er Jahre); John Windsor & Sons oder J. T. Wood & Co. (1840er–1870er Jahre).[14]

Im Bericht der Weltausstellung 1851 wird bspw. ein Schweizer Uhrmacher namens M.≈Marc la Rivière erwähnt, der mehr als zwanzig Jahre zuvor ein Patent einreichte, um damit Zink und Metallplatten zu perforieren. Thomas de la Rue, selbst Inhaber einer Druckerei und Jurymitglied der Weltausstellung, besuchte diese Manufaktur in Hackney in der Nähe von London und testete dort die Perforation von Papier und Karton, worauf Vereinbarungen getroffen wurden um Papierkanevas herzustellen.[15]

Spätestens seit den 1820er Jahren ist der regelmäßig gelochte Papierkanevas bekannt und seit der Biedermeierzeit als beliebtes Bastelmaterial in Verwendung gewesen, darüber kann auch ein US Patent aus dem Jahr 1874 nicht hinwegtäuschen.[16] Möglicherweise ist hier gar mit einem auswandernden Europäer zu rechnen, der das Produkt 1874 mit einem US-Patent in Amerika abzusichern versuchte – ob das gelang, bedarf noch der Erforschung.

Konnten zuvor Haussegen europaweit in verschiedenen Sprachen abgesetzt werden, so versuchten deutsche Firmen auch Amerika als Exportland zu erobern. Zu wenig ist hier jedoch erforscht, zumal es auch amerikanische Produkte gab.[17]

---

13 Friedeberg (wie Anm. 4).

14 Frdl. Mitteilung von Joe Stephenson, einem Lesezeichen-Sammler aus Horwich Bolton, der eine größere Sammlung an Lesezeichen aus Papierkanevas besitzt. Vgl. Joe Stephonson, Victorian Perforated Card Bookmarks, in: Bookmark Collectors Newsletter 13 (1992), H. 3, S. 8–12. – Quelle zu den Firmen: George Buday, The History of the Christmas Card. London 1992. – Vgl. auch Maurice Rickards, Collecting Printed Ephemera, Oxford 1988.

15 Vgl. hierzu Peter Standley (richtig Jones), Bristol Board or London Board? In: Bookmark Collectors Newsletter 28 (1996), H. 1, S. 10.
Ich besitze z. B. mehrere Stücke, deren Papierkanevasmaterial mit einer Prägung versehen ist „... manufactured London"– aufgrund der immer recht knappen Randbeschneidung fehlt bislang der eigentliche Name des Herstellers. Die erwähnten Stücke stammen aus der Zeit von 1850 bis in die 1870er Jahre. Es ist zu vermuten, dass das gelochte Material zu dieser Zeit v. a. aus London bezogen wurde, da es damals offenbar noch keine deutschen Hersteller gab. Dies trifft für Stücke zu, die in der einstigen k. & k. ungarisch-österreichischen Monarchie hergestellt, sprich bestickt, wurden – es handelt sich meist um Darstellungen von Heiligen, die oft aufwendig flächendeckend mit Perlen und Wollgarn ausgeführt wurden. Gesichter und Hände indessen sind in frühen Jahren häufig mit collagierten, aquarellierten Zeichnungen ergänzt, in späterer Zeit sind sie dann mit Ausschnitten aus Lithographien oder Öldrucken kombiniert worden.

16 Dieses Patent findet Erwähnung bei Brückner (wie Anm. 1), S. 145.

17 Vgl. die E-books von Diana H. Matthews, Perforated Paper Needlework. A History & Collectors Guide, o.O. 2005 (31 Seiten). – Dies., Perforated Paper Crafts

Die Firma Bramé konnte jedenfalls noch 1904 weiter expandieren und übernahm die alteingesessene Luxuspapierfabrik Carl Baresel Nachfolger, die ihrerseits seit 1875 bestand. Bis in die späten 1920er Jahre lässt sich die Kunstanstalt Julius R. Bramé noch nachweisen. Seit dieser Zeit existierten kaum noch einschlägige Papierkanevasfabriken. Bislang lässt sich lediglich die Kanevasfabrik und Kaschieranstalt Erdt & Schmidt in Berlin nachweisen, die Papierkanevas bis 1936 im Angebot hatte und als Firma weiter nach dem Zweiten Weltkrieg existierte.[18] Da kaum ein gestickter Haussegen Fabriksignets noch eindeutige Herstellerbezeichnungen aufweist, lassen sich die Haussegen selten einer dieser Firmen zuschreiben. Für die Firma Julius R. Bramé konnte bislang ein einziges Stück wegen eines neuen Patents von 1897 anhand des rückseitig aufgedruckten D. R. G. M. (Deutsches Reichsgebrauchsmuster) zweifelsfrei ermittelt werden.[19] Es handelt sich dabei um eine Kombination aus Öldruck und Papierkanevas. Mit dem Artikel von Friedeberg, der in seinem Text auf individuelle Sprüche hinweist, lassen sich einige Stücke dieser Firma mit großer Wahrscheinlichkeit zuschreiben.

Dies gilt vor allem für die Gruppe der sozialistischen oder proletarischen Haussegen,[20] die bei Friedeberg bereits Erwähnung finden – da Bramé immer darauf bedacht war, selbst Kleinigkeiten mit einem deutschen Reichsgebrauchsmuster abzusichern, ist wohl zu vermuten, dass er auch für diese speziellen, politisch orientierten Spruchbilder ein Patent eingereicht haben dürfte.

„Besonders zur Zeit der Wahlen werden von sozialistischen Komitees eigenartige Haussegen bestellt mit den Bildern von Lasalle, Marx, Bebel, Liebknecht, darunter befinden sich Sprüche wie: ‚Wissen ist Macht, Macht ist Wissen'. Ein Haussegen mit dem Bilde Bebels ist mit rothen [sic!] Blumen und einem Paar rother [sic!] Fahnen garnirt [sic!] und enthält den Spruch: ‚Nicht betteln, nicht bitten, / Nur muthig [sic!] gestritten / Nie kämpft es sich schlecht / Für Freiheit und Recht'"[21] (Abb. 1 u. 2).

Demnach konnte die Firma Bramé individuell auf Auftraggeberwünsche eingehen – wie hier für ein sozialistisches Komitee, fertigte aber auch anlässlich von Wallfahrtsjubiläen eigens gestaltete Segen für die katholische Käuferschicht. Das Fabrikangebot beinhaltete auch Ablassbilder, die durch den Papst besondere Weihen erfahren haben und damit zu den Verkaufsschlagern an Wallfahrtsorten zählten.

„Anläßlich der Ausstellung des heiligen Rocks in Trier wurden von dort besondere Haussegen mit dem heiligen Rock verlangt und hergestellt. Bei seinem 50jährigen Priesterjubiläum hat der jetzige Papst ein Bild der heiligen Familie besonders geweiht. Der hierfür gefertigte Haussegen, welcher nach katholischen Gegenden viel verlangt wird, zeigt die Unterschrift: ‚Jesus, Maria, Joseph, Euch schenke ich mein Herz und meine Seele. 300 Tage Ablaß jedes Mal'"[22] (Abb. 5).

Wegen der enormen Stückzahlen, die die Fabriken herstellten und den daraus resultierenden billigen Angeboten, konnten andere Hersteller kaum mit ihnen konkurrieren. Folgerichtig bemerkt Friedeberg 1894, dass selbst die arme Frau eines Bergmannes weder Zeit noch Geschick aufbrächte, derartige Segen selbst zu fertigen.

---

of the Victorian Era, Vol 1 (29 Seiten) und Vol 2 (37 Seiten), beide 2006 erschienen. Die letztgenannten E-books zeigen Abbildungen für Bastelarbeiten, wie ich sie bereits in der Familienzeitschrift „Der Bazar" aufgefunden habe (vgl. Anm. 6). Bei Matthews indessen fehlen leider die genauen bibliographischen Angaben, somit die Datierungen zu den einzelnen Objekten. Sie bezieht ihre Informationen aus der Zeitschrift *Godeys Ladies Magazine* aus den Jahren 1845–1885.

18 Vgl. Pieske (wie Anm. 2), S. 121.

19 Vgl. Abb. 28 bei Halbritter (wie Anm. 6), S. 92, näher besprochen bei Halbritter (wie Anm. 12).

20 Vgl. hierzu Bettina Kess, Proletarische Haussegen. Zu einer kaum bekannten Gattung von Papierkanevas, in: JbfVk N.F. 20 (1997), S. 179–194.

21 Friedeberg (wie Anm. 4).

22 Ebd.

Abb. 5: Ablassbild auf Papierkanevas: „Jesus, Maria und Joseph, euch schenke ich mein Herz und meine Seele. 300 Tage Ablass jedesmal."

„Die Frau des armen Bergmanns in den Grubendistrikten mag nicht die Zeit, noch weniger wohl auch das Geschick haben, einen so schönen ‚Bergmannssegen' anzufertigen, wie sie ihn für wenige Groschen jetzt beim Händler erhält. Da lesen wir in schwarzem Rahmen, umgeben von Farrenkraut und Edelweiß, den schönen Spruch: ‚Glück auf, so tönt des Bergmanns Ruf / Fährt er zum tiefen, dunklen Schacht / Er weiß, Gott, der die Berge schuf, / Hoch über ihm im Himmel wacht.' Der Händler in dem kleinen Bergstädtchen erhält jetzt zumeist Haussegen, welche in einem Berliner Vorort fabrikmäßig gefertigt werden"[23] (Abb. 6).

Ähnlich dürfte es sich mit Erinnerungen an Eheschließungen und Hochzeitsjubiläen verhalten haben. Auch wenn provinzielle Händler häufiger ihre eigenen Herstelleretiketten auf die Rückseiten der Bilder klebten, ist wohl eher zu vermuten, dass die Bilder en gros bei solchen Haussegenfabriken bestellt wurden (Abb. 7).

Oft lieferten Geschäfte in der Provinz die entsprechenden Rahmen hierfür, die Leisten bestellten sie bei der Rahmenindustrie und rahmten die Erzeugnisse aus Papierkanevas ein.[24]

Sie fertigen mitunter nur die individuell auszuführenden Stickereien, wie etwa Namen oder sie gingen auf entsprechende Sonderwünsche ein. Selbstverständlich gab es auch reichere, individuell ausgeführte Stücke, da die einzelnen Materialien in den Galanteriewarenhandlungen vorrätig waren und die Familienzeitschriften dieser Zeit immer wieder neue Dessins zum Nachsticken anboten. Dies lässt sich vor allem für Stücke aus dem Alpenraum nachweisen, die in Form von Material- und Kastenbilder arrangiert sind und Unikatcharakter besitzen, da sie ganz augenscheinlich von geschickten Händen in Hausfleiß angefertigt wurden und sich von den industriellen Wandschmuckbildern deutlich unterscheiden[25] (Abb. 8).

Vor allem bei Totengedenken, Hochzeitserinnerungen, Patendank- Kommunion-, Konfirmations- oder Reservistenbildern ist mit einer größeren Individualität zu rechnen, da hier häufig Namen oder persönliche Fotos eingebracht wurden, wenngleich meist in industriell gefertigte Pappe- oder Zelluloidrähmchen. Eigens für die vielfältige Produktion an Zelluloidapplikationen entstanden Fabriken, die sich darauf spezialisierten. Das cremefarbene Zelluloid suggeriert hier Luxus und soll kostbares Elfenbein oder Wachs imitieren – beides kommt verständlicherweise als Material in den industriell gefertigten Haussegen niemals vor.

Wie der erwähnte Bergmannsegen, könnten ebenso die Handwerkersegen von der Kunstanstalt Julius R. Bramé aus Berlin stammen. Ob Bahnbeamter, Bäcker, Landwirt, Schmied, Schuster oder Schreiner, für viele Berufsbilder gab es entsprechende Sprüche bzw. Bilder. Durch das Austauschen verschiedener Accessoires, wie etwa Handwerksembleme,[26] konnten die Segen auch für andere Berufssparten dienlich sein, dies erklärt die reiche Motivvielfalt im Angebot der Kunstanstalt (Abb. 9).

„Für alle Berufe und Stände führt die Fabrik Muster aus, die Anregungen gehen oft von Vereinen und Interessenten selbst aus. Das Bedürfnis nach einem die seelische Kraft stärkenden Hausspruch taucht naturgemäß am lebhaftesten bei denjenigen Berufsarten auf, denen das Haus nur eine kurze Rast nach und vor gefahrvoller Tages- oder Nachtarbeit bietet, so bei Bergarbeitern, Bahnbeamten u.s.w."[27]

---

23 Friedeberg (wie Anm. 4).

24 Beispielsweise Haussegenangebote der Rahmenfabrik Max Daehne aus Leipzig; vgl. Abb. 26 und 27 bei Halbritter (wie Anm. 6), S. 90f.

25 Vgl. Halbritter (wie Anm. 6), dort Abb. 36 und 37 mit individuellen Arrangements auf Papierkanevas, ebd., S. 96.

26 Vgl. ebd., dort Abb. 30, ebd., S. 92.

27 Friedeberg (wie Anm. 4).

Abb. 6: Segen für einen Bergmann, auf Papierkanevas: „Glück auf! so tönt des Bergmanns Ruf, fährt er zum tiefen dunklen Schacht. Er weiss, Gott, der die Berge schuf, hoch über ihm im Himmel wacht."

Abb. 7: Segen für die Hochzeit, auf Papierkanevas: „Gott schütze unseren Bund auch unser trautes Heim und lasse uns in Treue auf Erden glücklich sein!"

Abb. 8: Segen anlässlich eines Goldenen Ehejubiläums, auf Papierkanevas: „Erinnerung an die Goldene Hochzeits-Feier am 17. Juni 1912. So war es, so kam es, so ist es. Joseph & Babette Hänle."

Abb. 9: Segen für einen Schuster, auf Papierkanevas: „Gott segne das Handwerk, und redlich Bemühn, und lasse es allzeit gedeihen und blühn."

Abb. 10: Segen für das einstige Kaiserhaus mit des Zelluloid Portraits von Kaiser Wilhelm II. und seiner Gemahlin, auf Papierkanevas: „Gott segne unser Herrscherhaus."

Sind diese Segen eher auf dem Land und in den ärmsten Arbeiterkreisen zu finden, so gibt es auch Stücke, wie etwa die proletarischen Haussegen, die eher an das patriotisch gesinnte, städtische Publikum gerichtet waren. Auch für Anhänger des deutschen Kaiserhauses bot die Firma entsprechende Segen an (Abb. 10).

„Die steigende Verbreitung der Haussegen, so auch der patriotischen, mit dem Bilder der Herrscherfamilie geschmückten, entspricht jedenfalls einem gemüthvollen [sic!] Zug des deutschen Volkes."[28]

Neben der Kunstanstalt Bramé gab es viele Firmen, die sich auf die Herstellung von Papierkanevas spezialisierten[29] und ein weites Vertriebsnetz besaßen. Regionale Galanteriewarenhandlungen, Rahmen- oder Schreibwarengeschäfte, die auf dem Land Haussegen anboten, führten auch Papierkanevas in zahlreichen Varianten im Sortiment und lieferten damit die Materialien für individuell auszuführende Dessins, wie sie in Handarbeits- und Frauenzeitschriften der Zeit erschienen. Die geschickten Hausfrauen, sogar Kinder wurden angesprochen. Sie brauchten nur die vorgedruckten Buchstaben dekorativ zu umsticken und auszuschmücken. In einem Fall erläutert uns das die Zeitschrift „Häuslicher Ratgeber – Praktisches Wochenblatt für alle deutschen Hausfrauen" aus dem Jahre 1901 (Abb. 11). Zwei industriell orientierte Dessins veranschaulichen hier die Herstellung von Wandschmuck in Form von Haussegen: „Mit vorliegender Abbildung bieten wir unsern werten Leserinnen einen hübschen, sehr dekorativ wirkenden Wandschmuck in Form eines Haussegens. Derselbe dürfte den vielen Verehrerinnen des Häuslichen Ratgebers besonders willkommen sein und auch als ansprechendes Gelegenheitsgeschenk in Bekannten- und Freundeskreisen gern gegeben und

28 Ebd.

29 Eine Auflistung bei Pieske (wie Anm. 2); S. 120–126; Für die Firma Julius R. Bramé mit einigen Ergänzungen bei Halbritter (wie Anm. 12). Hier bedarf es weiterer Recherchen.

Abb. 11: Holzstichillustrationen zweier Haussegen von 1901. Die Dessins stammen vermutlich aus der Haussegenindustrie.

empfangen werden. Die ganze Inschrift ist in harmonischen Farben in Wolle, Chenille, Seide, Goldfäden und Cantille fertig gestickt.

Die Zeichnung ist in zarten Farben fertig ausgemalt, und hat man nur nötig, die einzelnen Arabesken, sowie die Zeichnung hier und da mit einigen Gold- oder Seidenfäden zu umgrenzen, wobei man die Fäden einfach aufnäht oder mit geraden Überfangstichen befestigt. Falls man sich dieser letzteren Arbeit nicht unterziehen will, ist das Bild auch ohne dieselbe sehr schön. 43 cm hoch und 33 cm breit, umgiebt [sic!] dasselbe ein glatter Passepartout Rahmen mit schmalem Goldschnitt. Die hierbei zur Ausführung kommende Handarbeit ist eine so leichte, dass dieselbe auch Kinderhände gut anfertigen können. Der hübsche Wandschmuck ist zum Preis von Mk. 3 (Verpackung und Porto frei) jederzeit von uns zu beziehen.“[30]

Es ist ein mühseliges Unterfangen diese kleinen Informationen systematisch aufzuspüren, vieles liegt noch unbeachtet in ähnlichen Zeitschriften verborgen. Archivrecherchen um Näheres über die Haussegenindustrie zu erfahren sind bislang nur sporadisch vorgenommen worden. Das von Wolfgang Brückner angesprochene Projekt zu Papierkanevas ist noch lange nicht abgeschlossen und wartet noch immer auf eine umfassende Aufarbeitung des Themas.

30 Häuslicher Ratgeber. Praktisches Wochenblatt für alle deutschen Hausfrauen. 15 (1901), Nr. 42, S. 708f.

Missionssammeldosen

Eine sachvolkskundliche Betrachtung der sogenannten Nickneger

Klaus Reder

Ausgangspunkt

Die Beschäftigung mit den ‚Dingen' ist ein relativ junges Forschungsfeld der universitären Volkskunde, und somit ist auch nicht verwunderlich, dass Massenware kaum wissenschaftlich untersucht wurde und wird. Wolfgang Brückner versteht jedoch den Volkskundler „als Kulturhistoriker der Alltagsdinge"[1] und kritisiert in seinem Werk „Rhöner Schnitzfiguren aus dem 19. Jahrhundert" die gängige Meinung, dass „nur wissenschaftsferne Privatsammler [...] sich ohne Ansehensverlust mit solchen Dingen beschäftigen" durften.[2] Er führt weiter aus: „An den Akademien und im Feuilleton adeln bekanntlich die Gegenstände ihre Betrachter und nicht umgekehrt läßt scharfer Geist aus dem angeblich Unscheinbaren diagnostische Qualitäten erwachsen, geschweige denn Erkenntnisfunken sprühen".[3]

In Gefolgschaft mit Brückner wird in diesem Artikel der scheinbare ‚Missions-Nippes' „Nickneger" behandelt, wobei es hier vor allem um das Aufzeigen des Forschungsdesiderates „Herstellung und Vertrieb von Missionssammeldosen" geht. Für die nächsten Jahre ist im Referat Kulturarbeit und Heimatpflege des Bezirk Unterfranken ein Forschungsprojekt zum Thema „Franken und die Mission" angelegt, zu dem dieser Aufsatz, der in Zusammenarbeit mit Anne Kraft M.A. entstand, einen Baustein bildet. Gemeinsam mit dem Museum Kirche in Franken in Bad Windsheim und den Studierenden des Hauptseminars „Katholische und evangelische Missionsspardosen" (Sommersemester 2008 und Wintersemester 2008/09) wurden bereits Grundlagen erarbeitet. Außerdem fand am 9. und 10. Oktober 2009 die Tagung „Franken und die Weltmission im 19. und 20. Jahrhundert" in Kooperation mit dem Diözesangeschichtsverein und dem Diözesanarchiv Würzburg statt, zu der Wolfgang Brückner den Festvortrag hielt. Für das Forschungsprojekt sollen die Region Franken und die „Nickneger" den Leitfaden bilden, denn wenn wir unserem volkskundlichen Auftrag folgen und aus der Mikroperspektive heraus forschen, werden wir auch Aussagen über kulturelle Prozesse treffen können.

„Nickneger" gehören zu der Gruppe der Sammeldosen und verweisen in ihrer Ausarbeitung bereits auf den Zweck, Sammeln für die Mission, hin. Auch ist die Funktionsweise in der Bezeichnung enthalten: Wird eine Münze eingeworfen, bewegt sie über einen Hebel den Kopf der Figur, was als dankbares Nicken gedeutet werden sollte. „Nickneger" war und ist eine landläufige Bezeichnung für diese Art von Sammeldosen, vernachlässigt jedoch die Vielzahl von Figuren, die nach demselben Prinzip funktioniert und für den gleichen Sammelzweck steht: So existieren Figuren mit unterschiedlicher Hautfarbe (weiß, gelb, schwarz). Dieselbe Machart haben weitere Objekte wie Mönche, Nonnen oder Engel, deren Gestaltung jedoch

1 Wolfgang Brückner, Rhöner Schnitzfiguren aus dem 19. Jahrhundert, Petersberg 2008, S. 68.

2 Brückner, Rhöner Schnitzfiguren, S. 67.

3 Brückner, Rhöner Schnitzfiguren, S. 68.

nicht unmittelbar auf einen Sammelzweck hinweisen. Der Missionsgedanke wird bei den „Nicknegern“ häufig durch ein Schild, das am Geldkasten angebracht war, verdeutlicht: „Willst du den Heiden Hilfe schicken, so lass mich Aermsten freundlich nicken!“ oder „Ich war ein armer Heidensohn, nun kenn’ ich meinen Heiland schon und bitte darum jedermann: Nehmt Euch der armen Heiden an“ sind zwei der bekanntesten Aufforderungen.

Missionssammeldosen wurden in verschiedenen Formen und Materialien (z. B. Blech- oder Kunststoffdosen) ab dem letzten Viertel des 19. Jahrhundert hauptsächlich in der Weihnachtszeit an Krippen verwendet.[4] Missionsgesellschaften und -orden waren die ausgebenden Institutionen. Mit Zunahme der Möglichkeiten, die Spende per Banküberweisung und – in neuere Zeit – per Internet abgegeben zu können, fanden die Missionssammeldosen ihr natürliches Ende. Die Diskussion um die „Nickneger“ und die intendierte Diskriminierung sorgte dafür, dass diese speziellen Sammeldosen ab den 1960er Jahren verschwanden.

Der Autor verwendet die Bezeichnung „Nickneger“ bewusst wie einen Fachbegriff, will seine Ablehnung von Verniedlichung und Diskriminierung jedoch damit ausdrücken, dass er den Begriff in Anführungszeichen setzt. Bei der Internetsuche mit diesem Stichwort finden sich viele Artikel oder Diskussionsforen, die verdeutlichen, dass die Begrifflichkeit auch heute noch umstritten ist. In Artikeln wie „Rassismus als Handwerkskunst?“[5] vom 11. Dezember 2008 zeigt sich, dass ein sehr sensibles Thema behandelt wird. Allerdings sollte uns diese Sensibilität nicht davon abhalten, ein Thema wissenschaftlich anzugehen. Es fällt aktuell auf, dass vor allem die von Brückner erwähnten „wissenschaftsferne Privatsammler“[6] sich dieses Themas annehmen und in bekannten Versteigerungsportalen im Internet die Preise für solche Objekte nach oben treiben. Dabei werden jedoch die Fragen nach der Herkunft und Geschichte vernachlässigt. Einzig der Sammlerwert steht im Vordergrund. Vielleicht sorgten diese Sammelwut und die Scheu vor gebrandmarkten Objekten dafür, dass keine ausführlichen Untersuchungen, sondern nur kurze Abhandlungen[7] vorhanden sind, wobei auch hier die Themen Herstellung und Vertrieb nur gestreift werden. Im Folgenden wird nun auf die Forschungsgrundlagen verwiesen, erarbeitete Produktionszentren vorgestellt, das Problem der Zuordnung erörtert und Beispiele für Hersteller und Verteiler der „Nickneger“ angeführt. Wie eingangs angekündigt, eröffnen wir ein Forschungsdesiderat, so dass zum Ende keine Lösung, sondern nur eine Aufgabenstellung stehen kann.

Forschungsgrundlagen

Literatur zu den Missionssammeldosen, „Nicknegern“[8] oder auch Allgemeines zu den Produzenten[9] solcher Objekte ist durchaus – wenn auch in kleiner Zahl – vorhanden. So zeigten zum

4 Julia Scheder, Missionsspardosen, Unveröffentlichtes Manuskript, Würzburg o.J., S. 2.

5 http://www.publik-forum.de/blog/?p=524 [2. September 2009].

6 Brückner, Rhöner Schnitzfiguren, S. 67.

7 Siehe auch Kapitel „Forschungsgrundlagen“.

8 Zum Beispiel: Auke de Vries, Gehet hinaus in alle Welt… Die Missionssparbüchse im Wandel. Geldgeschichtliche Sammlung Kreissparkasse Köln (Das Fenster in der Kreissparkasse Köln, Thema 137), Köln 1989. – Walter Heim, Nickneger und Fastnachtschinesen in der deutschsprachigen Schweiz, in: Jakob Baumgartner (Hg.), Vermittlung zwischenkirchlicher Gemeinschaft. 50 Jahre Missionsgesellschaft Bethlehem Immensee, Schöneck-Beckenried 1971, S. 451–472. – Zentralinstitut und Museum für Sepulkralmuseum (Hg.), Wenn das Geld im Kasten klingt… Vom Opferstock zur Online-Spende, Kassel 2005.

9 Zum Beispiel: Peter Lingens, Gipsgiesser und Polychromeure in Kevelaer. Zur Geschichte von Devotionalien, Gipsfiguren und Polychromie am Niederrhein und darüber hinaus. Kevelaer 2004. – Erk Baumann, Krippenfiguren aus Industrieproduktion im Thüringer Raum, in: Spiel- und Krippenfiguren aus dem thüringisch-fränkischen Raum. Beiträge zur Geschichte der Massefiguren. Sonneberg 1995, S. 67–102.

Beispiel die Sparkasse Köln oder das Museum für Sepulkralkultur in Kassel Ausstellungen zum Thema „Sammeln“, die sich auch mit den Missionssammelbüchsen beschäftigen. Ebenso präsentiert beinahe jede Ausstellung über Mission „Nickneger“ oder andere Arten von Missionssammeldosen.[10]

Im Gegensatz dazu gibt es so viel aufklärerische Schriften, die sich mit dem Phänomen der Diskriminierung und in diesem Zusammenhang auch mit den „Nicknegern“ beschäftigen, dass das Buch „Du schwarz – ich weiß“ von Regina und Gerd Riepe als Verweis auf diese Literatur genügen muss. Regelmäßig um die Weihnachtszeit werden außerdem redaktionelle Beiträge in diversen Zeitungen und Zeitschriften veröffentlicht, die sich mit der ‚guten alten Zeit‘ und der Kindheitserinnerung an den „Nickneger“ beschäftigen. Wissenschaftliche Auseinandersetzung fehlt jedoch dabei meistens.

Eine konkrete Analyse der Objekte, eine Übersicht über die bisher bekannten Missionssammeldosen oder Informationen über Herstellung und Vertrieb von „Nicknegern“ wurden bisher nicht erarbeitet. An diesem Punkt will das bereits erwähnte unterfränkische Forschungsprojekt einsetzen: vor einigen Jahren wurde eine erste Dokumentation in Auftrag gegeben, die die Bestände dreier Sammlungen erfasst.[11] Da es sich jedoch herausstellte, dass anhand der Objekte nur selten eine Zuordnung zu Hersteller oder Distributor (z. B. über Aufkleber auf dem Objekt) möglich ist, wird diese Arbeit nun erweitert.

Es wurde bisher versucht, Unterlagen über Distributionswege (z. B. Handelskataloge) oder Werbemaßnahmen (z. B. Zeitschriften) zu recherchieren. Doch wie bei vielen Projekten, die sich mit Massenware beschäftigen, sind diese Dinge nur schwer zu finden. Bei der Firma Marolin in Steinach (Thüringen) beispielsweise gibt es auf Grund der Firmengeschichte (Enteignung und Brand) nur noch wenige Unterlagen. Eine intensive Recherche in Archiven der verteilenden Institutionen (z. B. Päpstliche Missionswerk der Kinder oder Missionsorden wie die Benediktiner in Münsterschwarzach) muss die nächste Aufgabe sein, um diese Lücken zu schließen.

Produktionszentren

Die bisherigen Forschungen ergaben, dass wohl in zwei Gebieten „Nickneger“ hergestellt wurden: zum einen Thüringen/Franken und zum anderen die Gegend am Niederrhein und um Kevelaer. In Thüringen und Franken konzentrierte man sich auf die Produktion von Krippen (-figuren) und Spielzeug und verwendete dabei vor allem Papp-, bzw. Papiermaché, während am Niederrhein Devotionalien gefertigt wurden. Figuren aus dieser Gegend sind vorrangig aus Gips, später aus einer Kunstmasse wie Phonol-Gießharz.[12] Erk Baumann verweist darauf, dass aus der thüringisch-fränkischen Gegend nur die Firma Apel bekannt sei, die ebenfalls bis in die 1930er Jahre Gips verwendete.[13] Als Heimat von Devotionalien-, Krippen- und Spielzeugproduzenten wurden diese Regionen bereits ausführlich untersucht, Hinweise auf „Nickneger“ finden sich jedoch nur selten.

10 Zum Beispiel: Der ferne Nächste. Bilder Mission – Mission der Bilder 1860–1920. Katalog zur Ausstellung im Landeskirchlichen Museum Ludwigsburg, vom 25.5. bis 10.11.1996, Ludwigsburg 1996.

11 Unveröffentlichte Dokumentation „Missionsspardosen“ von Julia Scheder.

12 Hinweis von Herrn Gunther Pferdmenges, Kevelaer. Zu dieser Art von Masse gehört auch Bakelit, aus dem ebenfalls Figuren gefertigt sind.

13 Baumann, Krippenfiguren, S. 84.

Über die Hinweise auf Krippenproduzenten wurde versucht, sich den Produzenten von Missionssammeldosen zu nähern. Was für die oben genannten Regionen erfolgreich war, erwies sich als Sackgasse für das Erzgebirge: Beate Spiegel berichtet, dass neben dem Raum Neustadt/Coburg und Sonneberg „sich das Erzgebirge parallel als zweites Produktionszentrum für Krippenfiguren aus Papiermaché"[14] entwickelte. Während im Sonneberger Raum namenhafte Firmen wie Apel oder Marolin[15] neben Krippenfiguren auch „Nickneger" herstellten, muss dies nach heutigem Kenntnisstand für das Erzgebirge verneint werden. Das mag darin begründet sein, dass im Erzgebirge überwiegend kleinere Figuren (durchschnittlich 5 bis 12 cm) gefertigt und zumeist vollplastisch aus Masse in Formen gedrückt wurden.[16]

Doch warum wurden die Objekte ausgerechnet in diesen Gegenden produziert? Sicherlich war die bereits vorhandene Infrastruktur ein Grund: es gab Handwerker (größtenteils in Familienbetrieben), die die Techniken beherrschten und Vertriebswege über Kataloge und Großhändler waren bereits erschlossen. Von Franken und Thüringen aus war der wichtige Messestandort Leipzig außerdem gut zu erreichen.[17] Einen anderen Standortvorteil hatten die Produzenten am Niederrhein und um Kevelaer: Die Missionswerke „Päpstliche Missionswerk für Kinder" (PMK) und Missio Aachen, wichtige Distributoren der Sammeldosen, hatten in unmittelbarer Nähe ihren Sitz. Die „Katholische[n] Volkskunst-Anstalten" der Familie Wehling und ihr Nachfolger Gunther Pferdmenges zum Beispiel produzierten „Nickneger" für diese Institutionen.[18] Davon abgesehen lieferten die Produzenten nicht nur an Missionsgesellschaften in ganz Deutschland,[19] sondern auch an Groß- und Zwischenhändler.[20] Dies beweisen die Kataloge aus den 1930 Jahren des Salesianer-Verlags, München, und der Devotionalienhandlung Adam Insam, Regensburg, die Krippenfiguren von Marolin verkaufen. Darin finden sich auch Abbildungen von „Missions-Neger[n]",[21] deren Ausgestaltung ebenfalls auf Marolin verweist.

Zuordnungen

Im Museum Kirche in Franken in Bad Windsheim steht in der Vitrine zum Thema Mission ein „Nickneger". „Das Museum [...] ist das erste Kirchenmuseum im Bereich der Evangelisch-Lutherischen Kirche in Bayern und gibt Einblick in Geschichte, Traditionen und Formen des fränkischen Protestantismus."[22] Man sollte sich jedoch nicht dazu verleiten lassen, das Objekt deswegen mit dem Attribut „protestantisch" zu versehen. Dass eine bestimmte Missionssammeldose ausschließlich für eine sammelnde Institution gefertigt, bzw. benutzt wurde, ist nicht bewiesen und außerdem unwahrscheinlich. Die Hersteller hätten es sich schlichtweg nicht leisten können, nach Konfessionen auszuwählen. Es mag sein, dass eine Missionsgesellschaft bevorzugt Dosen von bestimmten Herstellern ausgab und diese dann dementsprechend in

14 Beate Spiegel, Liebenswerte Massenware – doch nur wenig bekannt, in: Bayerischer Krippenfreund 344 (Juni 2008), S. 29.

15 Siehe auch das Kapitel „Die Firma Marolin als Hersteller für Missionssammelbüchsen".

16 Hinweis von Herrn Dr. Konrad Auerbach, Erzgebirgisches Spielzeugmuseum Seiffen.

17 Hinweis von Frau Evelyn Forkel, Geschäftsführerin Marolin.

18 Hinweis von Herrn Gunther Pferdmenges.

19 Baumann, Krippenfiguren, S. 74.

20 Hinweis von Frau Evelyn Forkel.

21 Vergleiche folgende Kataloge: Salesianer-Verlag, München (circa 1930er Jahre) und Katalog von Adam Insam, Regensburg, Devotionalienhandlung, Inhaber Witwe Therese Insam, Ausgabe 1937.

22 www.freilandmuseum.de/v02/pub/index.html?navID=de36&poolID=39&IDS=AbH9HTim [02. September 2009].

Abb. 1: Derzeit lässt sich von den figürlichen Missionssammeldosen keine konfessionell gebundene Bildsprache ableiten.
Foto: Bezirk Unterfranken

katholischen oder protestantischen Gemeinden standen. Das bedeutet aber keine konfessionell gebundene Zuordnung. Dementsprechend ist es (bisher) auch nicht möglich, von einer konfessionell unterschiedlichen Bildsprache auszugehen. Für das Bad Windsheimer Beispiel gibt es zwar weitere protestantische Belege von Mission EineWelt in Neuendettelsau (vgl. Abb. 1) oder eine sehr ähnliche Dose von der Evangelisch-Lutherischen Mission Leipzig, aber es wurde im Internethandel die gleiche Sammeldose mit einem Aufkleber von den katholischen Missionsbenediktinern St. Ottilien angeboten. Im Archiv des PMK ist ein solches Exemplar ebenfalls vorhanden, wobei hier nicht gesichert ist, ob es auch vom Werk verwendet wurde.

Ähnliches lässt sich für die „Groschentreppe“ des PMK nachweisen, die im März und Mai des Jahres 1965 mit einem den Sternsinger-Heften beigelegten Faltblatt (Auflage von 13.500) beworben wurde.[23] Diese Büchsen verteilte nicht nur das PMK, sondern auch protestantischerseits Neuendettelsau.

Die gleichen Überlegungen gelten für die Verbindung Hersteller und Vertreiber: die Recherchen weisen darauf hin, dass die Werke auf das bestehende Angebot im freien Markt zurückgriffen. So wurden für den „Nickneger“ aus Kunststoff (vgl. Abb. 5) mittlerweile vier Missionswerke ausfindig gemacht, die diese Figur nutzten: Neben dem PMK, Misereor, die Salvator-Missionen in Passau und scheinbar auch die Benediktiner-Missionare in Müsterschwarzach.[24]

Ein anderes Beispiel, das diese These bestätigt, ist die Sammeldose mit sich drehendem Globus, die nach Walter Heim von den deutschen Steyler Missionaren entwickelt wurde. Heim berichtet, dass diese schon 1963 von der Schweizer Immenseer Missionsgesellschaft übernom-

23 Hinweis von Frau Regine Kaesberg, PMK.

24 Hinweis von Herrn Dr. Norbert Kandler, Würzburg.

Abb. 2: „Nickneger" des Päpstlichen Missionswerks der Kinder. Foto: Bezirk Unterfranken

men wurde.[25] Im Bestand des Bamberger Erzbistums ist außerdem die Dose derselben Machart von Missio vorhanden und auch das PMK besitzt eine solche Ausfertigung in seinem Archiv.

Beispiele

Es wurden bereits die Firma Marolin als Hersteller von Missionssammeldosen und das „Päpstliche Missionswerk für Kinder" als Distributor derselben genannt. Sie werden im Folgenden stellvertretend vorgestellt, um die Thematik und das Forschungsdesiderat zu verdeutlichen.

Das Päpstliche Missionswerk der Kinder als vertreibende Institution

Das PMK wurde bereits 1846 in Aachen als „Werk der heiligen Kindheit" gegründet und 1922 von Papst Pius XI. zum „Päpstlichen Werk" erhoben. Seine wichtigsten und bekanntesten Aktionen sind der „Weltmissionstag der Kinder", der seit 1950 zwischen Weihnachten und dem Dreikönigstag gefeiert wird, und die Aktion Dreikönigssingen, während der seit 1959 Kinder und Jugendliche am Dreikönigstag als Sternsinger den Segen in die Häuser bringen und um Spenden für bedürftige Kinder bitten. Generell hat sich das PMK dem Motto „Kinder helfen Kindern" verschrieben.[26]

Es ist bekannt, dass das PMK nickende, figürliche Missionssammeldosen verteilte (siehe auch Abb. 2), jedoch ist der Beginn dieser Art zu sammeln nicht datiert. In der vorliegenden und mittlerweile erweiterten Dokumentation von Julia Scheder werden alle diese Figuren auf die erste Hälfte des 20. Jahrhunderts geschätzt.

Dass diese Modelle immer wieder erneuert und modernisiert wurden, belegt ein Rundschreiben des PMK, das im September 1952 verteilt wurde. Darin heißt es: „Das **neue** Modell des **Nicknegers** entspricht jetzt wohl allen uns mitgeteilten Wünschen sowohl in der Form wie in der Art des Verschlusses. Die ersten DM 14,-, die in die Opferbüchse gegeben werden, dürfen für die Bezahlung verwendet werden (Realkosten + Verpackung + Versand). Alle weiteren Eingänge der Opferbüchse gelten ausschließlich als Missionsgabe. **Diese** Art der Opferbüchse läßt eine andere Verwendung der Gaben nicht zu." [27]

Die aufkommende Ablehnung der „Nickneger" sorgte dafür, dass diese Art der Missionssammeldosen beim PMK 1964 offiziell abgeschafft wurde.[28] Laut Sterzl heißt es im Protokoll des Verwaltungsrates: „Die alten Opferbüchsen der ‚Nickneger' sind überholt."[29] Doch dieser Akt bedeutete nicht, dass die Büchsen auch in den Kirchen und Gemeinden verschwanden. Sogar in der hauseigenen Publikation „Die Sternsinger" findet sich in der regelmäßigen Spendenliste bis in das Jahr 1970 die Erwähnung von „Nicknegern", die für bedürftige Kinder sammeln.[30] Heute stehen in Pfarrgemeinden immer noch die „Nickneger", auch wenn es bald von Seiten des PMK andersartige Sammelbüchsen gab. Das Werk vertrieb neben den bereits erwähnten Groschentreppen vor allem Büchsen mit Kinderfiguren (siehe auch Abb. 3), wie

25 Heim, Nickneger, S. 459.
26 www.sternsinger.org/geschichte.html [02. September 2009].
27 Rundschreiben des PMK vom September 1952. Hervorhebungen im Original.
28 http://www.kindermissionswerk.de/70000/71000/71000.html.[02. September 2009]
29 Anton Sterzl, Menschenkinder – Gotteskinder. Arnold Poll, ein Leben für Gott und die Welt, Norderstedt 2004, S. 57.
30 Manfred Paeffgen, Das Bild Schwarz-Afrikas in der öffentlichen Meinung der Bundesrepublik Deutschland (1949–1972), Dissertation, München 1976, S. 307.

zum Beispiel den Kinderkranz, den Taufbrunnen oder den von Kindern getragenen Globus. Diese Art der Darstellung verweist auf das auch im PMK veränderte Missionsverständnis: Gemeinsamkeit und Gleichberechtigung sind die Schlagworte. Das Element des Fremden trägt das Nachfolgemodell der Missionsbenediktiner in sich: die Brüder in Münsterschwarzach und Schweikelberg, vermutlich auch in St. Ottilien, vertrieben später eine Porzellansammeldose in Elefantenform.

Mit dem Amtsantritt von Prälat Arnold Poll im Jahr 1980 werden diese ‚politisch korrekten' Spardosen offenbar verstärkt entwickelt und vertrieben. Außerdem intensiviert das PMK die Sternsinger-Aktionen – so besucht erstmals 1982 eine Gruppe von Sternsingern den Bundespräsidenten, 1984 den Bundeskanzler – führt die Aktion „St. Martin" ein und bringt den Weltmissionstag der Kinder mit den Sparkästchen (Fastenkrippen) voran. Eine weitere medienwirksame Kooperation ist die zwischen dem PMK und dem Deutschen Fußball-Bund. Im Jahr 2000 wird Prälat Pilz Präsident des PMK und die Zeit der figürlichen Sammeldosen scheint zu enden. Mittlerweile gibt es jedoch Überlegungen, „ob und wie ein neues Sammelgefäß gegebenenfalls aussehen könnte".[31]

Für die weitere Forschung wird es notwendig sein, eine möglichst vollständige Serie von Publikationen des PMK zu erhalten, um Hinweisen auf die organisationseigenen Missionssammelbüchsen nachgehen zu können und davon ausgehend Hersteller und Vertrieb derselben zu eruieren. Auch andere archivarische und serielle Belege wie Rechnungen oder Bestellungen können die offenen Fragen hinsichtlich Vertrieb und Verwendung (z. B. privat oder öffentlich) beantworten. Sonst bleiben Hinweise wie der von Heidrun Alzheimer, dass im Jahrbuch des PMK aus dem Jahr 1908 die „Nickneger" in zwei Ausführungen angeboten wurden, singulär und zufällig.[32] Eine Durchsicht der Zeitschrift „Sternsinger" ab dem Wiedererscheinen nach dem Zweiten Weltkrieg beweist zumindest, dass Kinder zwar durch die „Nickneger" zum Spenden aufgerufen, jedoch nicht um den Kauf der Dosen gebeten wurden. Es finden sich hier keine Angebote. Allerdings wird ab der Ausrufung des „Weltmissionstags" in der Zeitschrift sehr stark um Teilnahme und Nutzung der Sammelkrippen gebeten; diese Bastelsätze aus Pappe gibt es heute noch. Sie sollten jedoch nicht als Ersatz der „Nickneger" in Betracht gezogen werden, da sie im häuslichen Gebrauch sind und nur für eine Aktion, nicht aber für ein längerfristiges Sammeln gedacht sind.

Vertiefte Nachforschungen sind auch die Verwendung von Sammeldosen für andere Zwecke (z. B. Blechdose für Leprahilfe aus dem Jahr 1958 oder für die Taufgaben) wert. Ebenso sollten die Belohungen in Form von Medaillen (siehe auch Abb. 4) oder Mitgliedsurkunden untersucht werden.

Die Firma Marolin als Hersteller

Während sich auf den Missionssammeldosen immer wieder Aufkleber oder Plaketten finden, die auf die sammelnde Institution hinweisen, ist das im Bezug auf Hersteller nicht der Fall. So können wir nur mit Hilfe von sekundären Quellen (z. B. Kataloge) auf die Hersteller und deren Vertriebswege schließen. Bisher wurden als Hersteller von „Nicknegern" die Firmen

31 Hinweis von Frau Regine Kaesberg.

32 Heidrun Alzheimer-Haller, Edler Wilder – armer Heide – fauler Neger. Zum Bild des „Negers" in Moralischen Geschichten des 18. und 19. Jahrhunderts, in: Bayerische Blätter für Volkskunde Neue Folge, Jg. 2, H. 2(2008), S. 48.

Abb. 3: Den Gedanken des Teilens zwischen Reich und Arm, zwischen Europa und Afrika nimmt diese Missionssammeldose des Päpstlichen Missionswerks der Kinder auf. Foto: Bezirk Unterfranken

Abb. 4: Eine Medaille als Belohnung für Spendenfreude, hier ein Exemplar des Päpstlichen Missionswerks der Kinder. Foto: Bezirk Unterfranken

Wibbelt aus Aachen, die „Katholische[n] Volkskunst-Anstalten" der Familie Wehling (Nachfolger: Gunther Pferdmenges in Kevelaer), Rudolf Apel aus Oberlind bei Sonneberg, Christoph Berger aus Steinach und Anton Friedel aus Neustadt bei Coburg eruiert.[33] Pferdmenges stellt, genauso wie die im Folgenden portraitierte Firma Marolin, heute wieder nickende Sammeldosen nach alten Vorbildern her. Diese heißen bei Marolin nicht mehr „Nickneger" sondern „Missionssammelbüchse". Und in Kevelaer werden nun „dankende" Kinder und Engel angeboten. Durch diese Verkaufsaktionen in der heutigen Zeit wurden wir auf diese Firmen als Hersteller aufmerksam und konnten von ihnen ausgehend weiterrecherchieren. Diese, teilweise mühselige, Suche im Schneeballsystem verdeutlicht die mangelhafte Literatur- und Quellenlage. Wegen des guten Kontakts nach Steinach im Rahmen des Forschungsprojektes soll nun die Firma Marolin als ein Hersteller vorgestellt werden.

Richard Mahr gründete Anfang des 20. Jahrhunderts in Steinach (Thüringen) die heutige Firma Marolin und stellte Figuren aus Papiermaché her. Der Firmengründer entwickelte die Figuren circa 20 Jahre lang selbst, bis der Modelleur Julius Weigelt diese Aufgabe übernahm. Die Arbeiten der beiden unterscheiden sich darin, dass die Mahr'schen Exemplare insgesamt steifer und im sogenannten Nazarener Stil, die von Weigelt hingegen ein lebendigeres Ansehen haben.[34] Durch diese Änderung der Darstellung trug Weigelt sicherlich zur erfolgreichen Firmengeschichte bei, die aber durch die Zwangsverstaatlichung in der DDR gestoppt wurde. Im Jahr 1972 wurde die Firma endgültig enteignet, 1990 jedoch die Herstellung der Papiermachéfiguren von Mahrs Nachkommen wieder aufgenommen.

Es gibt auf Grund der Firmengeschichte nur noch wenige Unterlagen, die Hinweise auf die Produktpalette bieten. Es haben sich jedoch ein paar wenige Modelle, Kataloge, Druckvorlagen und Fotografien erhalten, die auch auf die Herstellung von „Nicknegern" verweisen. Die

33 Hinweise von Herrn Lothar Graff, Schönecken und Herrn Erk Bauman, Bamberg.

34 Hinweis von Frau Evelyn Forkel.

Geschäftsführerin Evelyn Forkel konnte durch ihre Kenntnisse wichtige Hinweise auf die Datierungen und Herstellung geben.

Fest steht, dass bereits vor dem Eintritt Julius Weigelts in die Firma „Nickneger“ produziert wurden. Auf einer Katalogseite sind auch diese Sammelbüchsen abgebildet, die eindeutig die Handschrift des Firmenbesitzers Richard Mahr tragen. Eine Werbepostkarte der Firma, die auf den Messestand der Firma in Leipzig hinweist, zeigt ebenfalls einen „Nickneger“ von Mahr. Auf der Rückseite wird auf die „Spezialitäten“ verwiesen: Neben „Krippenfiguren/Ställen“ sind dies „Missions-Opferbüchsen“. Diese Karte muss jedoch in den 1920er Jahren ausgegeben worden sein, da zuvor kein Messeauftritt in Leipzig vorhanden war.[35]

Natürlich muss bedacht werden, dass nach 1920 nicht sofort ausschließlich Weigelt-Figuren hergestellt wurden. Die Formen, selbst im Haus hergestellt, waren noch vorhanden und wurden nicht sofort ausgewechselt. Jedoch zeigt sich bereits bei den Katalogausschnitten aus den 1930er Jahren Veränderungen: die Figuren stammten eindeutig von einem anderen Gestalter.

Dass die Produkte auch in das Ausland vertrieben wurden, zeigt ein spanisches Exemplar des Katalogs aus den 1930er Jahren, das im Spielzeugmuseum Sonneberg aufbewahrt wird. Laut Evelyn Forkel wurden die Produkte über Großhändler vertrieben. Dies belegen auch die bereits erwähnten Kataloge von Insam und Salesianer-Verlag.

Es fällt auf, dass die „Nickneger“-Modelle verschiedener Hersteller ähnlich sind. Evelyn Forkel begründet dies mit der logischen Nachahmung von erfolgreichen Artikeln der Konkurrenten. So lassen sich zum Beispiel zwei „Nickneger“ der Firmen Apel und Marolin, die in unmittelbarer Nähe zueinander produzierten (Richard Mahr verbrachte außerdem seine Lehrzeit bei Apel), kaum unterscheiden.

Bei Marolin sind noch zwei „Nickneger“-Modelle erhalten. Evelyn Forkel kann das Modell, das an der Vorderseite des Kastens eine Aussparung für ein Schild hat, als das ältere datieren, denn in der Zeit der DDR waren Sammlungen für die Mission verboten, so dass auch keine Schilder mit dem Sammelzweck mehr benötigt wurden. Sie selbst weiß außerdem, dass mit dem familieneigenen Modell eine zeitlang in der Kirche gesammelt wurde, was jedoch bald verboten war.

Forschungsdesiderat

Man kann festhalten, dass die Beschäftigung mit dem Sachkulturthema „Missionssammeldosen“ noch am Anfang steht. Viele Fragen eröffnen sich erst bei der Bearbeitung. Offensichtlich sorgte das ideologisch begründete Ende des „Nicknegers“ lange Jahre für wissenschaftliche Nichtbeachtung, so dass es im Nachhinein schwierig ist, die Lücken zu schließen. Als Grundlage wird deshalb beim unterfränkischen Forschungsprojekt ein Katalog erstellt, der die bisher bekannten Objekte zusammenführt, beschreibt und eine erste Bestandsaufnahme darstellt. Mit Hilfe von Befragungen und einer systematischen Auswertung der Quellenlage (z. B. Dokumente des PMK, Herstellerkatalogen, etc.) werden sicherlich weite Teile gedeckt werden.

Auch sind noch Fragen des praktischen Umgangs mit den Sammeldosen offen: Wie wurden sie geleert? Verteilten auch Frauenorden Sammeldosen? Wie war die Rezeption in der Bevölkerung? Weitere Überlegungen in diesem Zusammenhang sind: Stimmt der erste Eindruck,

35 Hinweis von Frau Evelyn Forkel.

dass in Franken, bzw. Bayern hauptsächlich „Nickneger“ und keine „Nickchinesen“ oder Figuren mit anderer Hautfarbe verbreitet waren? Einige Gemeinden akzeptieren keine Sammeldosen von Missionswerken, sondern stellten in Eigenbau Sammelgefäße her. Wurden diese Gelder wirklich für die Mission verwendet oder zu Stärkung des eigenen Klingelbeutels genutzt, bzw. wurden heimische Missionare direkt unterstützt?

Die Firma Saum aus Saalmünster stellte mechanische, dreidimensionale Waldkappellen, Palästinatempel u. ä. her. Gegen Münzeinwurf fährt das „segnende Jesulein“ aus dem Sakralbau und erteilt dem Spender seinen Segen. Auch diese Objektgruppe harrt einer wissenschaftlichen Bearbeitung. Wolfgang Brückner wies im Umfeld seiner Wallfahrtsforschungen auf die Saum'sche Waldkapelle hin, die sich im Diaroma von Ludwig Sonnleitner in der Votivkapelle des Würzburger Käppeles befindet.

Wie passt es mit der Ablehnung der „Nickneger“ und der Verbreitung von „partnerschaftlicher Hilfe“ zusammen, dass ein großes Werk wie Misereor eine drastische Bildsprache für die modernen Materialien benutzte? Auch hier lässt sich, wie bei der Gestaltung der Missionssammeldosen, eine Veränderung feststellen.

Dass das Thema aber aktuell ist, beweist nicht zuletzt der Wettbewerb des Bereichs Missionarische Dienste im Seelsorgeamt Osnabrück: Es sollten kurz vor Weihnachten 2008 die Nachfolger der „Nickneger“ gefunden werden.

Abb. 5: Oft nutzten verschiedene Institutionen die gleiche Sammeldose. Hier ein Exemplar aus den 1950er Jahren, unter anderem verwendet von PMK, Misereor und den Benediktiner-Missionaren. Foto: Bezirk Unterfranken

Visuelle Kultur

Überlegungen zu einer Theorie visueller Kultur

Helge Gerndt

In den bisher 13 Bänden der Gesammelten Schriften (2000–2004) Wolfgang Brückners sind die Bände 5 bis 7 insgesamt, Band 9 zur Hälfte sowie etliche weitere Beiträge in den übrigen Bänden bildlichen Phänomenen oder visuellen Kulturaspekten gewidmet. Zentrale Themenfelder betreffen die Massenbilderforschung, Repräsentationen von Bildern, Bild-Codes, Bilder und Öffentlichkeit. Wenn man dazu Brückners einschlägige Bücher *Bildnis und Brauch* (1966), *Populäre Druckgraphik Europas: Deutschland* (1969), *Die Bilderfabrik* (1973), *Elfenreigen und Hochzeitstraum* (1974), *Gnadenbild und Legende* (1978), *Hinterglasbilder* (1983 und 1990), *Lutherische Bekenntnisbilder des 16. bis 18. Jahrhunderts* (2007) einbezieht, kann man wohl rund die Hälfte seines wissenschaftlichen Werks als einen Beitrag zur Bildforschung werten. Es handelt sich durchweg um weit ausgreifende, empirische Studien in einer kulturhistorischen Perspektive, die mehr als fünf Jahrhunderte umspannt. Es geht – auf den Begriff gebracht – um die *visuelle Kultur*, der sich Wolfgang Brückner so vielseitig und so intensiv wie wenige andere Volkskundler angenommen hat, die aber als solche in der Volkskunde bisher kaum zusammenfassend thematisiert worden ist. Die folgende Skizze versucht, einen sondierenden Betrachtungsrahmen für „visuelle Kultur" abzustecken und sei Wolfgang Brückner als wegweisendem Pionier kulturhistorischer Bildforschung respektvoll zugeeignet.

Visuelle Wahrnehmung

Unser Ausgangspunkt zum Verständnis visueller Kultur ist das Sehen als grundlegende Sinneserfahrung. Die visuelle Wahrnehmung, an der neben dem Sehsinn auch das Bewusstsein wesentlich beteiligt ist, trennt die menschliche Lebenswelt in Sichtbares und Unsichtbares – freilich für jeden in etwas anderer Weise. Das Ratespiel „Ich sehe was, was du nicht siehst" gründet auf der Tatsache, dass viele Dinge zwar als sichtbar erfahren, doch in ihrer Alltäglichkeit oft nicht bemerkt werden. Die einzelnen Individuen besitzen nicht für jeden Gegenstand die gleiche Aufmerksamkeit; auch mag mancher einen grünen Farbfleck als türkis oder bläulich empfinden. Andere lieben Rätselhaftes: Such-, Vexier- oder Kippbilder, die Verborgenes und Überraschendes zeigen, oder „magische" Bilder, die man länger fixieren muss, um sie plötzlich dreidimensional zu erleben.

Bilder, die man entschlüsselt und „versteht", zeigen nicht nur etwas, sondern sie verweisen auch. Wenn etwa Christo auf einer Zeichnung des „Verhüllten Reichtags" die Konturen des Berliner Reichstagsgebäudes unter einer Tuchhülle erkennen lässt, so ist hier die interessantere Frage nicht, *was* wir sehen, sondern was wir *nicht* sehen, jene Inhalte, die wir nur ahnen, vermuten, zu wissen glauben.[1] Verbirgt hier das Dargestellte tatsächlich den Deutschen

---

1 Jacob Baal-Teshuva, Christo und Jeanne-Claude, Köln 1995, S. 6.

Reichstag? Da die Zeichnung aus dem Jahr 1994 stammt, bietet sie kein Abbild, sondern eine *Vision*, nämlich Christos *Vorstellung*, wie der Reichtag in verhüllter Form aussehen könnte (erst 1995 gab der Bundestag dem Künstler die Erlaubnis, seinen Plan zu realisieren).

Was also bleibt, wie hier, im Sichtbaren verborgen? Was ist oft nur scheinbar zu sehen? Was wird mit Hilfe der Augen aufgenommen, und was vermittelt das Gehirn? Und wo muss das, was wir wahrnehmen, schattenhaft oder unscharf bleiben? Das Sichtbare hat offenkundig seine Intensitäten, Übergänge und Grenzen. Und das, was objektiv sichtbar ist, deckt sich durchaus nicht mit dem, was wir tatsächlich sehen. Diese Inkongruenz ist zuerst unserer physischen Konstitution geschuldet. Ferner enthält der Seh-Vorgang stets bewusste und unbewusste Momente. Schließlich können wir unsere physischen Seh-Fähigkeiten und unsere Seh-Horizonte mittels technischer Hilfen erweitern, indem wir Szenerien *beleuchten*, durch Brillen oder Lupen schauen, ein Fernrohr oder ein Mikroskop benutzen.

Das Sehen ist – auch über solche Kulturtechniken hinaus – kulturell konditioniert. Unser Blick, die Einstellung zu allem Gesehenen wird gesellschaftlich vermittelt. Wir folgen formal und inhaltlich tradierten Konventionen. Unser Wissen und Erinnerungsvermögen, unsere erlernten Vor- und Einstellungen (zu Schönheit, Wahrheit, Ausdrucksgestaltung etc.) beeinflussen das, was wir sehen; die Sozialisationsbedingungen prägen auch die Art und Weise, *wie* wir sehen. Sehen bedeutet auswählen, und nie sehen wir nur eine Sache für sich, sondern nehmen die Beziehung zwischen uns und den Dingen wahr.

Andererseits ist in jedem Bild eine bestimmte Sehweise verkörpert. Die Motivwahl und Blickperspektive oder der Bildausschnitt spiegeln die Einstellung des Zeichners oder des Fotografen. Und darin wiederum ist eine kulturspezifische Sichtweise aufgehoben. Die Zentralperspektive, etwa, beruht auf einer Übereinkunft, die es (nur) in der europäischen Kunst seit der frühen Renaissance gibt: die Zentrierung der Erscheinungen auf das Auge des Betrachters. Doch das kulturspezifische Sehen bleibt veränderlich. So kann man ein mittelalterliches Bildverständnis (Bilder als Repräsentanten der gegebenen Welt) von einer neuzeitlichen Bildauffassung (Bilder als Projektionen eines interpretierenden Betrachters oder als *vermischte* Spiegelungs- und Illusionsvorgänge) unterscheiden. Genau besehen herrschen aber meist verschiedene Sehweisen nebeneinander.

Das natürliche Sehen ist bei allen Menschen prinzipiell gleich, wenn es auch im Einzelfall (etwa bei Blinden) mehr oder weniger stark eingeschränkt sein mag. Es ist an die physikalische Erscheinung „Licht", an optische Sichtbarkeit gebunden. Das kulturelle Sehen ist dagegen höchst komplex vermittelt, ist epochenspezifischen Selektionsprinzipien und Sinngebungen unterworfen. Die abendländische Kultur erscheint als eine differenzierte Kultur des Sehens. Hier besitzt die visuelle Beglaubigung einen Vorrang, und die sich entwickelnden Reproduktionstechniken haben z. B. den Rang originärer Bildwerke verändert, indem diese nun gleichzeitig und an verschiedenen Orten betrachtet werden können.

Also: Visuelle Kultur ist wesentlich ein Produkt der visuellen Wahrnehmung. Diese ist von der jeweiligen Physis und der Reichweite des Augensinnes abhängig und durch gegebene sozialkulturelle Wahrnehmungsmodalitäten konditioniert. Hier liegen Voraussetzung und Grenzen visueller Kultur. Jenseits des natürlichen und kulturellen Sehens gibt es sie nicht.

Visual studies

Die Begriffsbildung ist noch im Fluss. In den 1980er Jahren hat ein global wachsendes Interesse an visuellen Phänomenen die sogenannten *visual studies* hervorgebracht, die bisher wenig einheitlich erscheinen. Impulse kamen aus dem Bereich der (an der Popularkultur orientierten) *cultural studies*, aus einem modernen kunsttheoretischen Blickwinkel sowie auch aus kommunikationswissenschaftlichen und kultursemiotischen Forschungsinteressen. Die Begriffe *visual culture* und *visual studies* changieren; sie werden oft synonym verwendet: als Bezeichnung für eine neue hybride Wissenschaftsdisziplin. Dahinter verbergen sich aber sehr divergierende Auffassungen. Angestrebt wird hier ein innovativer kunsttheoretischer Blick, dort ein spezifischer Betrachtungsansatz: eine Fokussierung auf die visuellen *Medien* oder eine Akzentuierung des *Wahrnehmungs*prozesses.

Maßgebliche Vertreter der *visual studies* wirken in den USA. Der amerikanische Literatur- und Kunstwissenschaftler W. J. T. Mitchell hat 1992 den Begriff des *pictorial turn* geprägt. Obwohl Mitchell gelegentlich die *visual studies* als eine Forschungstätigkeit und entstehende Disziplin von der *visual culture* als dem dazugehörigen Studienfeld unterscheidet, verwendet er bevorzugt für beides den letzteren Begriff. *Visual culture* ist für ihn nicht auf das Studium der Bilder oder der Medien begrenzt, sondern betrifft auch die Alltagspraktiken des Sehens und Zeigens. „Visuelle Kultur ist die visuelle Konstruktion des Sozialen, nicht die soziale Konstruktion des Sehens.“[2] Mitchells New Yorker Kollege Nicholas Mirzoeff betont dagegen die determinierende Rolle der *visual culture* in der weiteren Kultur, zu der sie gehört. Sie ist keine eigene akademische Disziplin, sondern „eine fließende interpretative Struktur, zentriert auf das Verständnis dessen, wie Individuen und Gruppen auf visuelle Medien antworten.“[3] James Elkins (Chicago) schließlich betrachtet *visual studies* als eine Abkürzung für *visual culture studies* und erwartet, dass sich diese einmal zum „Studium visueller Praktiken über alle Grenzen“ entwickeln werden.[4]

In der Regel werden *visual culture* und *visual studies* nicht genauer definiert. Manchmal bezieht sich *visual culture* bloß auf die Geschichte der Bilder oder *visual studies* werden nur von existierenden Forschungsfeldern wie der klassischen Kunstgeschichte abgehoben. Der vorliegende Beitrag möchte die visuelle Kultur als eine transdisziplinäre Forschungsaufgabe ins Auge fassen und dabei insbesondere die Rolle der Bilder beachten.

Visualität und Bild

Die Rede von der „Wende zum Bild“, die inzwischen in mindestens zwei Dutzend wissenschaftlichen Fächern fassbar ist,[5] besitzt zwei unterschiedliche Bedeutungen, die man auseinander halten sollte. Gemeint ist entweder – analog zum *linguistic turn* (der für den Philosophen Richard Rorty das letzte Stadium eine Reihe von philosophiegeschichtlichen *turns* darstellt) – ein erkenntnistheoretischer *Blickwechsel* oder aber schlicht die auf den Lebens-

---

2 W. J. T. Mitchell, Bildtheorie, Frankfurt a. M. 2008, hier S. 323. – Vgl. ders.: Das Leben der Bilder. Eine Theorie der visuellen Kultur, München 2008.

3 Nicholas Mirzoeff, An introduction to visual culture, London/New York 1999, S. 4.

4 James Elkins, Visual studies. A skeptical introduction, New York/London 2003, S. 7.

5 Vgl. Klaus Sachs-Hombach (Hg.), Bildwissenschaft. Disziplinen, Thesen, Methoden, Frankfurt a. M. 2005.

alltag bezogene *Beobachtung*, dass Bilder und Verbildlichungen in der (Post)Moderne massenhaft zugenommen haben.[6] Für Mitchell sind sowohl *pictorial turn* als auch *visual culture* ausdrücklich unscharfe Begriffe, die das moderne Zeitalter nicht etwa als in einzigartiger Weise visuell charakterisieren sollen.[7]

Häufig werden *visuelle Kultur* und *Bilderkultur* implizit gleichgesetzt. Das erscheint zu unbedacht. Es ist nämlich eine aufschlussreiche Frage, welche Bedeutung speziell Bilder im Rahmen des visuell Wahrnehmbaren besitzen. Offenkundig gibt es in der Gegenwart besonders viele und verschiedenartige Bilder und einen deutlich verstärkten und differenzierten Bildgebrauch in der Bevölkerung. Die enorme Zunahme an Bildermengen, -arten und -aktivitäten deutet auf eine neue Qualität bildlicher Repräsentation. Das gilt im privaten wie im öffentlichen Raum. Als z. B. im Frühjahr 2009 der neu berufene deutsche Wirtschaftsminister von Guttenberg vor den Reklametafeln und Leuchtbildern des Times Square in New York gezielt für Pressefotografen posierte, da schuf sich der bis dahin kaum bekannte Politiker durch die ausdrucksstarke Gestik vor einem weltläufig konnotierten Hintergrund eine in den Medien sofort als durchschlagend empfundene „Ikonizität". Bildliche Präsenz verleiht öffentliche Bedeutung; und bildliche Stereotypisierung hilft, sich in einer unübersichtlichen Bilderflut des Alltags zu orientieren.

Bilder sind Phänomene von besonderer Art. Sie besitzen erstens Objektcharakter: sind (als *pictures*) künstlich hergestellt, materiell fassbar und tendenziell flächig. Sie bieten zweitens (als *image*) eine „gerahmte" Darstellung von etwas, was sie selbst nicht sind. Sie erscheinen drittens als innere Bildwahrnehmung in unserem Bewusstsein. Außer diesem Komplex von Bilderscheinung und -vorstellung gibt es ferner Sprachbilder (Metaphern), Traumbilder und „Einbildungen" (Imaginationen) sowie auch virtuelle Bilder, die apparativ (z. B. durch Sonographie) oder interaktiv (im Computer) erzeugt und wahrgenommen werden. Im Einzelnen ist die Bildphänomenologie systematisch noch nicht geklärt.

Bei aller Fülle repräsentiert die Bildervielfalt jedoch nur einen Teil dessen, was wir täglich visuell wahrnehmen. Nicht alles mit den Augen Erfasste ist ein Bild: Wasserspiegel und Föhnhimmel sind Naturgegebenheiten mit verfließenden Grenzen. Das Visuelle übergreift das Bildliche; Bildlichkeit ist eine spezifische Form von Visualität. Beim äußeren Bild ist die Visualität eingegrenzt („gerahmt"), beim geistigen Bild ist sie imaginativ erweitert („visional")[8]. Es fragt sich, auf welcher Ebene das Visuelle bestimmbar ist und was seinen Gegensatz bildet: das Unsichtbare, das Akustische, das Linguistische, das Diskursive? Visualität erscheint als der Inbegriff sinnlicher und geistiger Anschauung, als Gegenbegriff zur „Unschaubarkeit", zu allem, was nicht mit den Augen zu sehen oder im Geiste vorstellbar ist. Zur Visualität gehört das „Naturbildliche" und u. a. auch Abstraktes wie Diagramme und Modellbilder, z. B. die steile Kurve der Weltbevölkerungsentwicklung oder die Doppelspirale der DNS, einer Wissenschaftsikone unserer Zeit, die der Freiburger Sprachwissenschaftler Uwe Pörksen Visiotype nennt.[9] Dieser Begriff bezeichnet ein global wirksames *Zeichen* und zugleich einen *Denkstil*, der eine bestimmte Art des visuellen Zugriffs auf die Realität ausdrückt.

---

6 Vgl. Christa Maar/Hubert Burda (Hgg.), Iconic turn. Die neue Macht der Bilder, Köln 2004.

7 Mitchell, Bildtheorie (wie Anm. 2), S. 329f.

8 Vgl. Helge Gerndt, Gedanken zur Visualisierung der Dinge, in: Herbert May/Kilian Kreilinger (Hgg.), Alles unter einem Dach. FS für Konrad Bedal, Petersberg 2004, S. 415–421.

9 Uwe Pörksen, Weltmarkt der Bilder. Eine Philosophie der Visiotype, Stuttgart 1997.

Die neuere volkskundliche Bildforschung, die man mit Wolfgang Brückners *Bilderfabrik* 1973 oder spätestens 1981 mit der *Volkstümlichen Bilderkunde* (Bildlore) von Nils-Arvid Bringéus beginnen lassen kann, fragt (sich von Stil- und Bedeutungsgeschichte abhebend) nach Sozialgeschichte und Bildfunktionen, nach den religiösen, moralischen und sozialen Bildbotschaften,[10] ergänzt durch die Frage nach der Bildpraxis, der Art des Umgangs mit Bildern im Alltagsleben.[11] Bilder stellen aber noch weitere Fragen. Sie „bedeuten" und „funktionieren" nicht nur. Was „wollen" sie?[12] Was ist das Geheimnis ihrer Vitalität? Worin liegt ihre Macht, worin die Macht der sogenannten „Imagologie", die Ideologien, Werbung und Propaganda in eine weltumspannende Bildersprache verwandelt?[13] Prägt dies, zusammen mit Bildmedien wie Fernsehen und Internet, unsere Gegenwart zu etwas Besonderem um, zu einem dezidiert visuellen Zeitalter, das sich deutlich abhebt von älteren Epochen, in denen mündliche Sprache und Schrift die Kommunikation beherrscht hatten?

Man kann das anders sehen: Barbara Maria Stafford, Kunsthistorikerin in Chicago, ist überzeugt, wir befänden uns heute in einer radikalen Revolution des Sehens und der Sehgewohnheiten; ihre These ist jedoch retrospektiv: dass wir in Begriff stehen, zur optisch (und mündlich) orientierten Kultur der frühen Neuzeit zurückzukehren, obschon unsere Bilderwelt heute heterogener, fragmentierter, unbegrenzter und schneller sei.[14] Die oral-visuelle Kultur des Spätbarock (Taschenspielereien, Täuschungssysteme) habe durch die Aufklärung eine Metamorphose ihrer Bilder in Texte erfahren, während sich heute die Texte wieder in Bilder verwandelten. Auf jeden Fall gab es, wie Mitchell hervorhebt, *pictorial turns* und visuell geprägte Epochen auch schon in der Vergangenheit.[15]

Was „visuelle Kultur" genau bedeutet, ist bisher noch nicht überzeugend beschrieben. Zumindest für die Analyse der Moderne erscheint es sinnvoll, den Kern der visuellen Kultur in ihrer Bildhaftigkeit (im engen Sinne) zu suchen: in allen Formen der durch menschliches Tätigsein erzeugten oder gedanklich evozierten Bilder. Die moderne Bilderfülle sowie der vielfältige und intensive Umgang mit Bildobjekten und Bildvorstellungen speziell auch im Alltagsleben bildet die empirische Basis für das Studium der visuellen Kultur.

Visualisierungen

Visualisieren bedeutet sowohl sichtbar machen als auch veranschaulichen. Die Ergebnisse dieses Prozesses bezeichnen wir als „Bilder". Die Mittel sind vielfältig. Eine klassische Form ist das Illustrieren, die bildliche Ergänzung von Texten, wobei sich in funktionaler Hinsicht zwei Arten von Illustrationen unterscheiden lassen: Illustration erstens als Schmuck und Zierde belletristischer Texte, zweitens als notwendiger, verdeutlichender Bestandteil eines

10 Wolfgang Brückner, Die Bilderfabrik. Dokumentation zur Kunst- und Sozialgeschichte der industriellen Wandschmuckherstellung zwischen 1845 und 1973 am Beispiel eines Großunternehmens. Frankfurt a. M. 1973. – Nils-Arvid Bringéus, Volkstümliche Bilderkunde. Formale Kennzeichen von Bildinhalten, München 1982 (zuerst: Bildlore. Studiet av folkliga bildbudskap, Stockholm 1981).

11 Vgl. Helge Gerndt/Michaela Haibl (Hgg.), Der Bilderalltag. Perspektiven einer volkskundlichen Bildwissenschaft, Münster u. a. 2005.

12 W. J. T. Mitchell, What do pictures want? The lives and loves of images (Leben der Bilder, wie Anm. 2), Chicago 2005.

13 Milan Kundera, Die Unsterblichkeit, München 1990, S. 143–146. – Vgl. Pörksen, Weltmarkt (wie Anm. 9), S. 29–32.

14 Barbara Maria Stafford, Kunstvolle Wissenschaft. Aufklärung, Unterhaltung und der Untergang der visuellen Bildung, Amsterdam/Dresden 1998.

15 Wie Anm. 7.

Sachtextes.[16] Beachtenswert ist beim kreativen Prozess das Verhältnis von Bild zu Text, zu Textgegenstand, Bildtradition, Typographie, Medium oder Empfänger, sowie beim Rezeptionsvorgang die Frage, was eine Illustration zum Textverständnis beiträgt oder auch was sie verhindert. Abstrakter ausgedrückt bedeutet eine Visualisierung die Aufbereitung von Information mit bildlichen Mitteln. Der speziellere englische Begriff „visualization" ist ganz auf die bildliche Umsetzung von etwas Abstraktem (Zahlen, Gedanken) festgelegt.

Wir leben in einer Gesellschaft, die fast alle Informationen zu verbildlichen strebt und Gesellschaftliches visuell kommentiert. Karikaturen z. B. geben politische Meinungen wieder, die nicht selten auch abstrakte Themen, z. B. Wirtschaftskrise und Meinungsbefragung, behandeln. Freilich braucht eine klare Aussage wenigstens Rudimente von Schrift: Buchstaben (z. B. Namen-Kürzel) innerhalb des Bildes, eine Bildunterschrift oder aber eine mehr oder weniger offensichtliche visuelle Anspielung auf Sprichwörter und Redewendungen („schwarz malen"). Ein kommentierendes, beschreibendes oder erzählendes Bild kommt nie ganz ohne Sprache aus, wenn man es „richtig" verstehen soll. Sprache „benennt", vermittelt logische Schlüsse und Rationalität, legt einen eher analytischen Zugang nahe, während ein Bild dem Betrachter Zusammenschau anbietet und dessen Emotionalität *unmittelbar* stimuliert. Die Äußerungsformen Schrift/Sprache und Bild *interagieren* – wobei das Visuelle in Form von Bildern eine Leitfunktion übernimmt, indem es die Aufmerksamkeit meist stärker erregt und den Blick lenkt.

Dort, wo bildliche Aktivitäten das begriffliche Denken hochschaukeln, wie es z. B. bei den von Plakaten unterstützten Protestaktionen von Greenpeace oder Robin Wood geschieht, kann man von *visuellen Strategien* sprechen. Solcher bedienen sich unter anderem auch marginalisierte Gruppen, z. B. die Schwulen, um Tabuisierungen zu überwinden und Stigmatisierungen aufzubrechen: mit regenbogenfarbenen Fahnen und der Love-Parade. Eine *Politik der Sichtbarkeit* will hier „falsche" Bilder (Stereotypen) korrigieren und „richtige" Bilder dagegensetzen. Der Einsatz von Bildtechniken (Überwachungskameras) – auf der „Gegenseite" – steigert die Möglichkeiten gesellschaftlicher Kontrolle.

Hinter dem Sichtbarmachen verbirgt sich ein Macht- oder Machbarkeitsanspruch, sowohl im gesellschaftlichen Leben als auch gegenüber der Natur. Er kann sehr dezent sein. Einen Fötus im Mutterleib zu fotografieren, war bis vor einigen Jahren nicht möglich. Heute gehört es zu einem gängigen Ritual, den Ausdruck einer Sonografie dem Neugeborenen zuvorderst in sein Baby-Album zu kleben. Dieses Bildbeispiel verweist auf das sogenannte Imagineering, ein technisches, mechanisiertes Bildermachen, das für die jüngste Gegenwart charakteristisch erscheint. Allerdings handelt es sich bei „visuellen Medien" selten um Bildmedien in reiner Form; meist sind es gemischte Medien, die auch Akustisches, in der Regel sprachliche Elemente, in irgendeiner Weise verwenden.

Es scheint heute so, als sollte im gesellschaftlichen Leben kaum etwas der Sichtbarkeit entzogen bleiben. Selbst höchst private Bildzeugnisse werden ins Internet gestellt. Auch Traumata begegnen in bildlicher Form, wenn wir uns über den Holocaust, über Krieg und Körpererleben mittels Bildern verständigen. Die Behauptung aber, es gäbe inzwischen – angesichts z. B. von gläserner Architektur oder den Blicken ins Körperinnere – keine Grenze der Sichtbarkeit mehr, ist trügerisch. Der Wunsch und der Anspruch nämlich, alles sichtbar zu machen, spiegelt auch eine untergründige Angst vor dem Unsichtbaren. Nur ein Unterfangen, das tech-

16 Vgl. Axel von Criegern, Vom Text zum Bild. Wege ästhetischer Bildung, Weinheim 1996, S. 21–35.

nologische, psychologische und ideologische Aspekte miteinander verknüpft, kann der Dialektik von Sichtbarkeit und Unsichtbarkeit gerecht werden.[17]

Konkrete Gegenstände, die fotografiert oder auf andere Weise in Bilder transponiert werden, verlieren als Abbild ihre haptische Qualität. Aber sie gewinnen auf einer anderen Ebene auch neue „Lebens"-Möglichkeiten. Die Fotografie eines Hauses z. B. kondensiert dessen Dreidimensionalität auf eine Fläche, begrenzt die natürliche Raumeinbindung durch einen Bildrand und verengt Geschichtlichkeit auf einen einzigen Zeithorizont.[18] Die Verbildlichung der Dinge bedeutet für diese eine erhebliche Reduktion ihres Seins, erbringt ihnen aber zugleich einen funktionalen Zugewinn bezüglich ihrer visuellen Verfügbarkeit. Bilder ermöglichen z. B. vergleichende Analysen, eine problemlosere Archivierung und bieten damit eine größere Überlebenschance im kollektiven Gedächtnis. In der modernen Gesellschaft hat sich das Gewicht der Bilder nachhaltig erhöht, nicht nur gegenüber Sprache und Schrift, sondern auch gegenüber den Dingen. Bilder besitzen – wie Gernot Böhme differenzierend dargelegt hat – außer ihrer Realität als Bildobjekte eine andere, zusätzliche Wirklichkeit durch das Dargestellte.[19]

Viele Gegenstandsbereiche und alltägliche Handlungsfelder unterliegen heute verbreiteter Visualisierungslust, ja einem Visualisierungszwang. Jene Massenmedien, die speziell auf unseren Sehsinn zielen, verstärken den gesellschaftlichen Visualisierungsdruck, der danach strebt, möglichst viele auch der nicht sichtbaren Bereiche von Leben und Welt in ein Bild zu überführen.

Innere Bilder

Für den Bildbegriff ist es von erheblicher Bedeutung, dass wir auch innere Vorstellungen als „Bilder" auffassen. Der Doppelsinn von „Bild" als Vorstellung und manifestes Produkt erscheint aus bild-anthropologischer Sicht unverzichtbar, wenngleich er sich dem geschichtlichen Ordnungssinn widersetzt.[20] Allerdings darf man den Begriff des „inneren Bildes", soll er analytisch nützlich bleiben, nicht beliebig ausdehnen. Der Neurobiologe Gerald Hüther definiert innere Bilder ungemein weit: als „handlungsleitende, Orientierung bietende innere Muster", die alle lebendigen Organismen, von der Zelle über den Schleimpilz bis zur menschlichen Gesellschaft, in ihren Reaktionen lenken und steuern.[21] Doch aus kulturwissenschaftlicher Perspektive ist jedes Bild artifiziell, d. h. als hergestelltes wie als imaginiertes Gebilde durch menschliches Bewusstsein geprägt.

Das ist z. B. der Fall, wenn der volkskundliche Bewusstseinsforscher Albrecht Lehmann innere Bilder als „Vorbilder" für eine kulturspezifische Landschaftswahrnehmung untersucht.[22] Doch auch der Münchner Hirnforscher und Philosoph Ernst Pöppel sieht das ähnlich. Er unterscheidet erinnerte und künstlich hergestellte Bilder: In jedem dieser Bilder halten wir einen Augenblick „für immer" fest und treten mit ihm aus dem nur gegenwärtigen Erleben heraus. „Dies bedeutet", folgert Pöppel, „dass wir mit dem Bezug zu einem Bild in uns und um uns, also dem erinnerten und dem hergestellten Bild, uns überhaupt erst als Menschen bestimmen."[23]

17 Tom Holert (Hg.), Imagineering. Visuelle Kultur und Politik der Sichtbarkeit, Köln 2000.

18 Wie Anm. 8.

19 Gernot Böhme, Theorie des Bildes, München 1999, S. 9.

20 Hans Belting, Bild-Anthropologie. Entwürfe für eine Bildwissenschaft, München 2001, S. 7.

21 Gerald Hüther, Die Macht der inneren Bilder. Wie Visionen das Gehirn, den Menschen und die Welt verändern, Göttingen 2008, S. 16.

22 Albrecht Lehmann, Reden über Erfahrung. Kulturwissenschaftliche Bewusstseinsanalyse des Erzählens, Berlin 2007, S. 167–180.

23 Ernst Pöppel, Der Rahmen. Ein Blick des Gehirns auf unser Ich, München 2006, S. 145f.

Die innere Bilderwelt enthält Bilder verschiedener Art. Unter jenen, die für unser faktisches Wissen von Bedeutung sind, kann man Wahrnehmungsbilder (Anschauungsbilder), die durch aktuelles Hinschauen entstehen, von gespeicherten Erinnerungsbildern der Vergangenheit sowie intendierten Vorstellungsbildern, die wir durch Gedanken und Imaginationen erst schaffen, differenzieren.[24] Bildliche Vorstellungen sind weder bloß Wahrnehmungen noch bloß Gedanken; denn Vorstellungen müssen, anders als reine Wahrnehmungen, „gewollt" werden und zudem ist es zwar möglich, über ein wahrgenommenes Objekt zugleich auch nachzudenken, nicht jedoch, sich zugleich mit dem Sehen eine *Vorstellung* von dem gesehenen Objekt zu machen.[25]

In der Vorstellungskraft wirken Sehen und Denken zusammen. Das Denken, nun, ist wesentlich durch Sprache geleitet. Metaphern etwa sind zugleich Wörter und Bilder. Wie sich etwas Sprachliches in der menschlichen Vorstellung auf unterschiedliche Weise bildlich manifestieren kann, demonstriert ein Cartoon von Friedrich Karl Waechter: Ein „Bärtiger", gewöhnlich als eine Person mit Bart zu verstehen, evoziert in einer lebhaften Fantasie (z. B. bei Kindern) die Vorstellung eines Tigers mit Bärenkopf.

Der visionale Aspekt eines Bildes, also seine Repräsentation im Bewusstsein, wirkt dort gemeinsam mit den semantischen Facetten von Wörtern als ein eng verschlungenes Energiepotential. Das Bedeutungsfeld und die Bildvorstellung des gleichen Worts können unterschiedlichste Verbindungen eingehen. Wo Wörter und Bilder kaum unterscheidbar miteinander verschmelzen, „leben" unsere Einbildungskraft und unser Denkvermögen in einem dynamischen Zustand unablässiger Veränderung.[26]

Der Kunsthistoriker Martin Kemp spricht ausdrücklich von einer Art des Denkens, die weder visuell noch verbal, weder abstrakt noch symbolisch ist.[27] Diese Erscheinungsform schließe gleichzeitig Aspekte des Visuellen und des Nichtvisuellen ein. Weiterführend hat René Magritte, der surrealistische Malerphilosoph, den Bewusstseinsvorgang folgendermaßen gekennzeichnet: Der Gesichtssinn registriere z. B. ein Gemälde den Gesetzen der Optik gemäß verkehrt herum. „Im Denken wird dieses Bild ein inneres Bild, d. h. ein Bild, das einen geistigen Wert hat. Das Denken gibt diesen Wert."[28]

Damit kommt ein neuer, wesentlicher Gesichtspunkt in die Diskussion. Alles Kulturelle ist etwas von Menschen Bewertetes. Es gibt keine kulturellen Erscheinungen ohne einen oder mehrere mit ihnen produktiv oder rezeptiv verbundene Werte. Werte (im „wertfreien" Sinne verstanden) bilden die geistige Grundlage jeder Kultur. Werte aber (schön, hässlich, nützlich, überflüssig) sind unsichtbar. Sie stellen ein Bewusstseinsphänomen dar, das eng mit inneren Bildern verbunden scheint. Da liegt die Vermutung nahe, dass sich in den inneren Bildern kulturelle Werte ausdrücken, nicht zuletzt die Wertigkeit des *visuell* Wahrgenommenen. Auch visuelle Kultur ist sinnerfüllt, ist – wie Kultur generell – mit Bedeutung aufgeladen, und wenn diese wesentlich durch innere Bilder repräsentiert ist, wäre auch visuelle Kultur *in ihrem Kern* als eine optisch unsichtbare Kultur zu charakterisieren.

---

24 Vgl. Helge Gerndt, Gedanken über „innere Bilder" anhand von Cartoons, in: BJV 2007, S. 225–234.

25 Colin McGinn, Das geistige Auge. Von der Macht der Vorstellungskraft, Darmstadt 2007, hier bes. S. 20.

26 Vgl. Helge Gerndt, Können Bilder erzählen? Bemerkungen zur „Visualisierung des Narrativen", in: Thomas Hengartner/Brigitta Schmidt-Lauber (Hgg.), Leben – Erzählen. Beiträge zur Erzähl- und Biographieforschung. FS für Albrecht Lehmann, Berlin 2004, S. 99–117, bes. S. 114–116.

27 Martin Kemp, Bilderwissen. Die Anschaulichkeit naturwissenschaftlicher Phänomene, Köln 2003, bes. S. 268.

28 René Magritte, Sämtliche Schriften, hg. v. André Blavier, München 1981, bes. S. 200–204.

Blinde Flecken

Wir kehren kurz zum Sehvorgang zurück: zum Wahrnehmungsprozess des Subjekts. Dieser ist vorbestimmt durch die Blickrichtung des Sehens, die Seh-Grenzen und blinden Flecken. Wir möchten die Welt, die uns umgibt, „wahr" erfahren; wir streben speziell auch in unserer visuellen „Wahr"nehmung nach Eindeutigkeit. In einem neueren Heft der Wochenzeitschrift „The New Yorker" ist ein Cartoon abgedruckt,[29] auf dem ein Mann in einem Zimmer ein bildähnliches Rechteck betrachtet, das eine Stadtsilhouette zeigt, und ein zweiter Mann kommentiert: „Das ist kein High-Definition-Irgendwas. Das ist ein Fenster." Dieser Cartoon persifliert das Faktum, dass die Erwartung der heutigen Menschen oft so stark von technischen Bildern gefesselt ist, dass man blind für die natürliche Realität wird und diese oft überhaupt nicht mehr bemerkt. Die Grenze zwischen dem, was natürlich, und dem, was künstlich ist, wird unsicher.

Die visuelle Wahrnehmungsfähigkeit bestimmt, was für ein Individuum sichtbar ist, und damit auch, was es aus der Fülle der visuellen Phänomene registriert. Die Sicht auf alle außerhalb von uns existierenden Dinge wird determiniert durch die Parameter des physischen Sinnesapparats, der z. B. optischen Täuschungen unterliegen kann; dazu treten gespeicherte Wahrnehmungserfahrungen, vorgefasste Interpretationskriterien, alte und neue Akte des Benennens und Klassifizierens und (allem zugrunde liegend) Tiefenstrukturen, die auf einer prä- oder subsprachlichen Ebene wirksam werden. All dies sind Bedingungen, denen die visuelle Welterfassung generell unterworfen ist.

Hinzukommt, dass jeder Wahrnehmungsvorgang (selbst das einfache Betrachten einer Würfelzeichnung) auch einen Urteilsakt des Gehirns erfordert. Menschliches Sehen ist ein geistiger Konstruktionsprozess. Es vermag z. B. auch Lücken in der visuellen Oberfläche zu überbrücken. Diese Fähigkeit gilt bereits für den natürlichen blinden Fleck (die Eintrittsstelle des Sehnervs in das Auge), und sie gilt speziell für blinde Flecken im metaphorischen Sinne: wenn ein Bild Darstellungslücken enthält oder dessen Betrachter Wahrnehmungsblockaden besitzt. Der Unterschied zwischen dem objektiv zu sehenden Phänomen und dem Abbild, wie man es sich tatsächlich vorstellt, variiert von Person zu Person, von deren Aufmerksamkeit und Gemütszustand, sowie von den äußeren Beleuchtungsverhältnissen, atmosphärischen Eintrübungen und so fort.

Bilder appellieren an unsere visuelle Vorstellungskraft. Vor Kunstwerken bedeutet die fehlende Eindeutigkeit einen wesentlichen Anreiz für eine tiefer gehende Auseinandersetzung mit diesem Werk, und dies markiert den Übergang von der Wahrnehmung zur Betrachtung. Kunstbetrachtung bedeutet immer einen Umgang mit Vieldeutigkeit, die in dieser Weise nur einem Bild eigen ist. Aus der Wahrnehmung des Bildes und dem Vergleich mit seiner Umgebung werden die Konstituenten der Bildwahrnehmung gewonnen. Der englische Karikaturist William Hogarth hat 1754 für das Titelbild eines Perspektive-Lehrbuchs einen später oft zitierten Kupferstich geschaffen, der offenkundig vor Fehlern strotzt. „Da wir an richtige Perspektive in Bildern gewöhnt sind", erläutert Ernst H. Gombrich, „deuten wir Hogarths satirische Darstellung, wie sie gemeint ist, und sehen in dem Stich ein grundverkehrtes Bild. Es kommt uns kaum in den Sinn, dass es auch eine verkehrte Welt darstellen könnte – eine Welt, in der die Gesetze der Schwerkraft nicht gelten, in der Bäume beliebig hoch wachsen und Arme beliebig weit reichen."[30]

---

29 The New Yorker 2001; Abb. in Mitchell, Leben der Bilder (wie Anm. 2), S. 179.

30 Ernst H. Gombrich, Kunst und Illusion. Zur Psychologie der bildlichen Darstellung, Berlin 2002, S. 206.

Durch die grafischen Zeichnungen M. C. Eschers, auch die Gemälde Magrittes und anderer Surrealisten sind wir heute darauf vorbereitet und darin geübt, „unmögliche Welten“ als solche zu erkennen.[31] In der Kunstwissenschaft hat insbesondere Gombrich beispielhaft gezeigt, inwieweit psychologische Momente die Wirkung von Bildwerken determinieren, welche Bedeutung etwa dem Licht und der Farbe innerhalb unseres Bewertungsspielsraums zukommt. Stärker naturwissenschaftlich gegründet sind die einlässlichen Beobachtungen Günther Kebecks zu Bild und Betrachter.[32]

An dieser Stelle sei vor allem drauf hingewiesen, dass insbesondere die Menschen einer durch Bilder und Zeichen global vernetzten Welt, in der sie sich zurechtzufinden müssen, visueller Kompetenzen bedürfen. Wir brauchen heute spezielle Fähigkeiten, um das unüberschaubare Bilderangebot im öffentlichen und privaten Leben angemessen zu sichten, zu entschlüsseln und zu bewerten.[33] Die visuelle Kultur erscheint unter diesem Aspekt nicht in erster Linie als ein Sachkomplex visuell erfahrbarer *Gegenstände* (sichtbarer Objektivationen) und auch nicht als ein System sichtbarer und unsichtbarer Bildpraxen. Visuelle Kultur erscheint vielmehr zuallererst als das Produkt eines facettenreichen Zusammenspiels: nämlich der visuellen Wahrnehmungsvorgänge mit den visionalen Verarbeitungsprozessen im Gehirn.

Für die visuelle Kultur ist somit nicht das Sichtbare, das Visuelle schlechthin konstituierend, sondern das Sehen als Aktivität. Visuelle Kultur umfasst Sichtbares und Unsichtbares. Sie bezeichnet eine Blickrichtung hin auf die visuelle Konstruktion einer Kultur. Visuelle Kultur ist also weniger durch Gegenständlichkeit als durch eine Perspektive charakterisiert. Sachlich basiert sie auf der Dominanz visueller Aktivitäten in der menschlichen Lebenswelt; methodologisch entspringt sie einer bewusst gesetzten Betrachtungsweise.

Visuelle Kultur als Forschungsperspektive

Weder existiert das Visuelle losgelöst von einem betrachtenden Bewusstsein noch vollzieht sich die Betrachtung mit den Augen ganz isoliert von anderen Sinneswahrnehmungen wie Hören, Riechen, Tasten usw. Das bedeutet, dass das im Kopf gespeicherte bildliche Wissen nicht allein visuellen Reizen zu verdanken ist. Gottfried Boehm beschreibt ikonisches Wissen als ein modellhaftes Denken.[34] Bildliches Wissen und Denken ist ein wesentlicher Bestandteil der das Alltagsleben heute immer stärker beherrschenden visuellen Kommunikation. Darum bedarf zumindest die Kulturanalyse des *modernen* Alltags eines empirischen Konzeptes von visueller Kultur, d. h. – anders ausgedrückt – einer theoretischen Vororientierung, die die Rahmenbedingungen für eine systematische Erforschung visueller Kultur formuliert. Die folgenden Modellskizzen verstehen sich nicht als Abbild einer konsistenten Theorie. Sie wollen lediglich begriffliche Bezüge zwischen Elementen aufzeigen, die in einer Theorie der visuellen Kultur zu berücksichtigen sind.

Grundlegend ist die Perspektive des wissenschaftlichen Zugriffs. Wenn ein *Phänomenologe* visuelle Kultur als Erscheinungskomplex ins Auge fasst, nimmt er Dinge, Bilder, Schriften,

---

31 Bruno Ernst, Unmögliche Welten. 2 in 1, Abenteuer mit unmöglichen Figuren / Das verzauberte Auge, Köln 2006.

32 Günther Kebeck, Bild und Betrachter. Auf der Suche nach Eindeutigkeit, Regensburg 2006.

33 Vgl. Helge Gerndt, Über visuelle Kompetenz. Eine Thesenskizze am Beispiel der politischen Karikatur, in: ZVK 101 (2005), S. 189–203.

34 Gottfried Boehm, Wie Bilder Sinn erzeugen. Die Macht des Zeigens, Berlin 2007, S. 114–140.

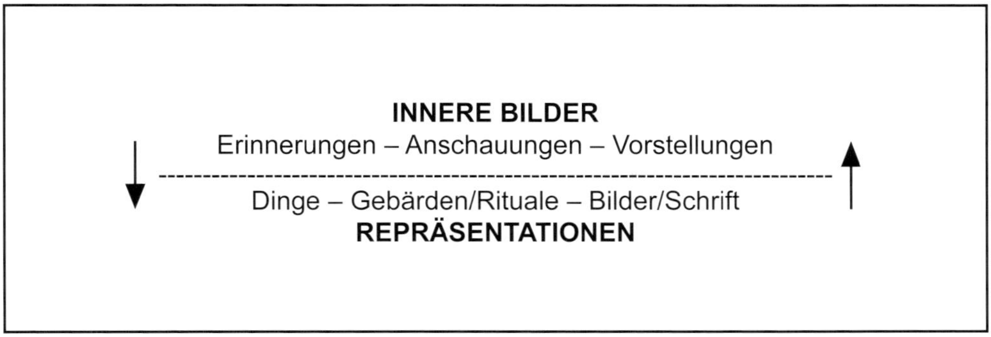

Abb. 1a: Visuelle Kultur, phänomenologisch. Zeichnung: Helge Gerndt

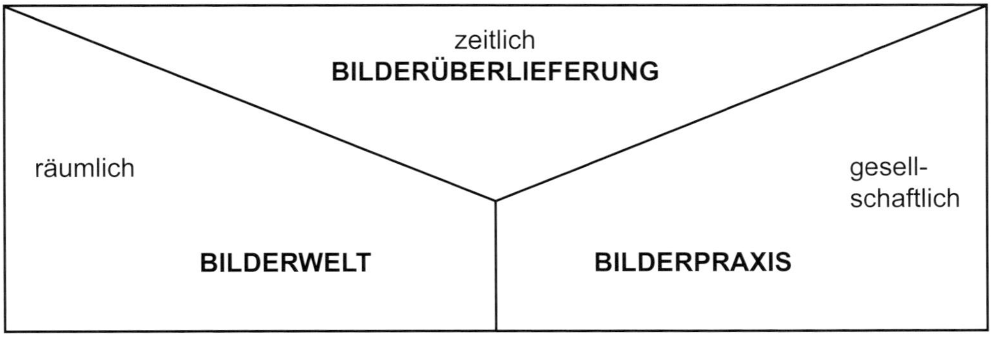

Abb. 1b: Visuelle Kultur, empirisch. Zeichnung: Helge Gerndt

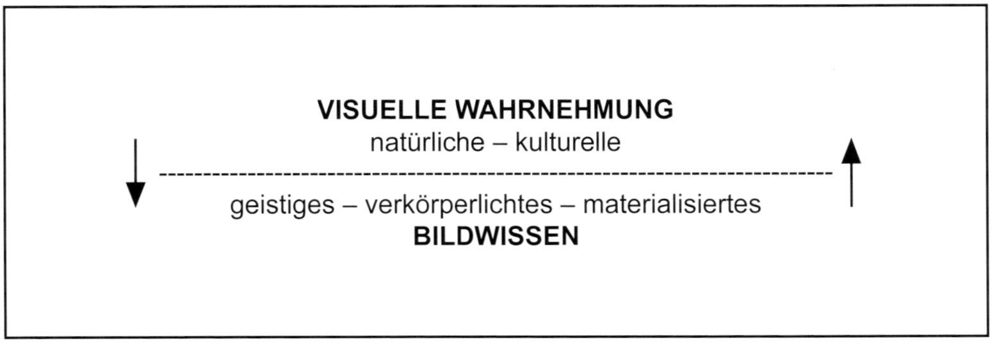

Abb. 1c: Visuelle Kultur, theoretisch. Zeichnung: Helge Gerndt

Körpergebärden und Rituale wahr, die alle als visuelle *Repräsentationen* aufgefasst werden können; introspektiv erfährt er aber auch *innere Bilder*, die sich der Erinnerung, Anschauung oder Vorstellung verdanken. Innere Bilder und Repräsentationen stehen in Wechselwirkung miteinander, prägen sich gegenseitig (Abb. 1 a).

Wenn sich ein *Empiriker* auf die Wahrnehmung von Bilder-Kontexten konzentriert, sieht er die Phänomene im Beobachtungsprisma der ethnologischen Dimensionen dreifach gespiegelt:

eine sich räumlich entfaltende *Bilderwelt*, eine historisch vermittelte *Bilderüberlieferung* und eine sozial differenzierte *Bilderpraxis*. Es bedarf wohl kaum der Klarstellung, dass es sich hier um analytisch getrennte *Aspekte* handelt; denn selbstverständlich besitzt *jedes* Bild einen Raum-, Zeit- und Sozialbezug. Entscheidend für die Zuordnung ist das kategoriale Gewicht im jeweiligen Einzelfall oder der Fokus des Betrachters (Abb. 1 b).

Wenn schließlich ein *Theoretiker* nach generellerer Zusammenschau und übergreifender Begrifflichkeit sucht, erscheint das *visuelle Wahrnehmen* mit natürlichen und kulturellen Komponenten als Basis der visuellen Kultur. Dem korrespondiert das *Bildwissen*, das man beim Menschen in geistiger und verkörperlichter Form sowie in seinem materialisierten „Menschenwerk" aufspüren kann.[35] Auch dieses Zusammenspiel wird von Wechselseitigkeit beherrscht, die im Einzelnen noch nach intensiver Analyse verlangt (Abb. 1 c).

Visuelle Kultur ist bisher kein klar bestimmtes oder bestimmbares Forschungsfeld, sondern bezeichnet vorerst eine umfassende Forschungsaufgabe. Im vorliegenden Text wurde sie wesentlich als eine Forschungsperspektive aufgefasst. Diese bringt ein Doppelphänomen aus inneren und äußeren Bildern zur Erscheinung; beleuchtet innere und äußere Bilderwelten, historische und gegenwärtige Bilderüberlieferungen sowie individuelle und gesellschaftliche Bilderpraxen; erfasst ein Produkt der (natürlichen und kulturellen) visuellen Wahrnehmung, das seinerseits ein (geistiges und gegebenenfalls materialisiertes) Konstrukt „Bildwissen" erschafft, welches wiederum als Selektionsmuster auf die Wahrnehmung zurückwirkt.[36]

„Ich sehe was, was du nicht siehst" – dieses erhellende Spiel ist auch im Wettbewerb der bildwissenschaftlichen Disziplinen virulent. Unseren Gedankengang zusammenfassend könnte man grob akzentuieren: Philosophische Reflexion ergibt: Visuelle Kultur (VK) wird *durch die Reichweite des Gesichtssinnes und des kulturellen Sehens begrenzt*. Volkskundlich-ethnologische Analysen zeigen: Die gegenwärtige VK *gründet in massenhafter Bildproduktion und einer alltäglichen Bildpraxis breiter Bevölkerungsschichten*. Aus kommunikations- und medienwissenschaftlichem Blickwinkel erkennt man: Die VK der Gegenwart tendiert zur *Visualisierung auch der nichtsichtbaren Bereiche von Leben und Welt*. Neurobiologisch wie auch kulturtheoretisch erscheint plausibel: VK ist *wesentlich durch innere Bilder geprägt*. Kulturanalytische Überlegungen legen nahe: VK sollte nicht allein vom Objekt, sondern mehr *als Forschungsperspektive bestimmt* werden; VK ist durch visuelle Wahrnehmung empirisch gegeben und wird durch die wissenschaftliche Fokussierung auf Visualität (oder etwas enger: Bildlichkeit) theoretisch konstituiert. Insgesamt führt die Verknüpfung von natur-, kultur- und sozialwissenschaftlichen Ansätzen zu einer aufschlussreichen *multiperspektivischen Sicht*.

Visuelle Kultur bedeutet für die Kulturwissenschaften eine zentrale Forschungsaufgabe, die in empirischer wie theoretischer Hinsicht voll offener Fragen ist. Vor dem Hintergrund des wissenschaftlichen Werks von Wolfgang Brückner zeichnet sich ab, dass die Orientierung der Volkskunde letztlich wohl nicht zur Visuellen Anthropologie, sondern eher in Richtung einer Bildwissenschaft weist. Bildwissenschaft verlangt konkretere Akzente: Sie ist näher an den Sachen; sie fragt weniger nach Sein und Wahrheit als nach dem Verhältnis von Wirklichkeit, Täuschung und Möglichkeit; sie fragt statt nach dem Wesen des Menschen zuvor nach seinem kulturellen Kapital.

---

35 Martin Scharfe, Menschenwerk. Erkundungen über Kultur, Köln u. a. 2002.

36 Vgl. Helge Gerndt, Bildüberlieferung und Bildpraxis. Vorüberlegungen zu einer volkskundlichen Bildwissenschaft, in: Gerndt/Haibl (Hgg.), Bilderalltag (wie Anm. 11), S. 13–34, bes. 29f.

Mit schönen Figuren, hübsch gemalt, Gaukelweise und alter Weiber Fabel

Zeitgenössische Beurteilungen der Buchillustration in der Inkunabel- und Frühdruckzeit

Josef H. Schopf

Zu Beginn des Buchdrucks strebte der Drucker, der oft auch Verleger und Buchhändler war, ein vorbildliches, ja gottgefälliges Druckwerk an. Dazu musste er Mitarbeiter haben, die ihr Fach verstanden und dem Qualitätsanspruch genügen konnten. Anton Koberger in Nürnberg, der führende Drucker und Buchhändler des 15. Jahrhunderts, war in seiner Offizin für alle Schritte der Buchherstellung gerüstet. Zu seinem Erfolg trugen auch der exakt geplante Versand und sein europaweit gespanntes Netz von Niederlassungen bei. Der Schrift- und Rechenmeister Johann Neudörfer berichtete: „Dieser Koberger hat täglich mit 24 Pressen gearbeitet, dazu hielt er hundert und etliche Gesellen, die waren eines Teils Setzer, Korrektoren, Drucker, Possilierer, Illuministen, Komponisten, Buchbinder.“[1]

Seinem Mitarbeiterstab gehörten auch die angesehenen Maler Michael Wolgemut und Wilhelm Pleydenwurff an, die Schöpfer der Holzschnitte der Schedelschen Weltchronik. Koberger versicherte 1492 vertraglich, er werde, „einantworten ain besunder gemach in meinem haus, darinnen die gemelten Wolgemut und Pleydenwurff die furm der figuren zusammenrichten, ordnen und behalten mögen“.[2]

Im Kolophon der lateinischen Ausgabe der Weltchronik wies Koberger darauf hin, wie wichtig es ihm war, dass zwei hochkarätige Fachleute die Holzschnitte einpassten, also das Layout machten. „Adhibitis tamen viris mathematicis pingendiq[ue] arte peritissimis. Michaele wolgemut et wilhelmo Pleydenwurff. quarum solerti acuratissimaq[ue] animaduersione cum ciuitatum tum illustrium virorum figure inserte sunt.“[3]

Das Ideal war das farbig illustrierte und mit bunten Initialen, Rubrizierungen und Randverzierungen reich gestaltete Werk. Die Bücher in der Bibliothek des Humanisten und Nürnberger Stadtarztes Hartmann Schedel, heute vorwiegend in der Staatsbibliothek München aufbewahrt, wurden durchwegs sorgfältig ausgeschmückt. Die Inkunabeln ahmten in der Ausstattung die Handschriften nach, eine Tradition, die sich noch lange behauptete, obwohl schon um die Mitte des 15. Jahrhunderts versucht wurde, die Bemalung durch neue Druckverfahren zu ersetzen. Bis gegen 1550 wurden kolorierte Bilder höher bewertet als unkolorierte. Mit der steigenden Anzahl der Auflagen erwies sich die farbige Ausmalung als immer umständlicher.

---

1 Georg Lochner, Des Johan Neudörfer Schreib- und Rechenmeisters zu Nürnberg Nachrichten von Künstlern und Werksleuten daselbst aus dem Jahre 1547 nebst der Fortsetzung des Andreas Gulden (Quellenschriften für Kunstgeschichte und Kunsttechnik des Mittelalters und der Renaissance 10), Wien 1875, S. 173. Wolgemut war der Lehrer Albrecht Dürers.

2 Albert Gümbel, Die Verträge über die Illustrierung der Schedelschen Weltchronik, in: Repertorium für Kunstwissenschaft 25 (1902), S. 430–437.

3 In der deutschen Ausgabe fehlt dieser Passus.

Trotz der Vorliebe für kolorierte Ausgaben lassen sich noch heute unkolorierte Inkunabeln reichlich finden. Es sind Bücher, die ein Käufer in ihrem rohen Zustand erworben hatte und sie auch so beließ, außerdem unfertige Exemplare aus Lagerbeständen. 1486 bis 1490 kaufte Hans Tucher 173 neue Bände für die Nürnberger Ratsbibliothek, 83 davon waren in rohem Zustand. Für das „incorporirn, florirn, ausstreichen" entrichtete er über 59 Gulden. Das „Seelengärtlein" kostete bei Koberger „84 Pfennige", der Illuminator erhielt „für das Ausstreichen der Figuren und Gewächs herum an allen Blättern 4 Gulden."[4] In der Abrechnung über die Weltchronik Schedels sind von 521 Exemplaren nur 12 als „gemalt" bezeichnet.[5] Viele Käufer hatten gar nicht das Geld sich kolorierte Bücher leisten zu können.

Der Verleger musste immer darauf achten, bei der kostspieligen Ausstattung Geld einzusparen. Die zahlreichen Wiederholungen von Illustrationen lassen sich aber auch auf die Schaulust der Käufer zurückführen, denen eine Bildwiederholung lieber war als gar kein Bild. Das Streben nach Vollkommenheit und der Sparzwang standen sich hier gegenüber. Der Drucker griff deshalb gern auf ältere Vorbilder zurück und kopierte sie. Druckstöcke wanderten von einer Druckerei zur anderen, sie wurden verliehen, verkauft und für Bücher ganz verschiedenen Inhalts benutzt.

Für die Schedelsche Weltchronik mussten die Holzstöcke für zahlreiche Porträts verschiedenster Personen herhalten. Die Abbilder des Arztes Matheolus, der Schedel in Padua sein Doktordiplom überreichte, wurden in der lateinischen und deutschen (f. 252 v) Ausgabe von verschiedenen Holzstöcken gedruckt, ein Mann mit zwei Gesichtern. Zudem hatte der eine Holzstock schon als Paris, Epimenides, Nehemias und Epikur gedient, der andere als Tobias, Sophokles, Mäander, Cato, Scotus, Berengar, Dante und Petrarca.

Auch die berühmten Stadtansichten dieser Chronik, oft die ältesten Abbildungen des jeweiligen Orts, heute vom Handel aus zerlegten Originalen angeboten, erweisen sich meistens als Produkte der Einbildungskraft. Für Babylon, Ninive und Memphis wird eine mittelalterliche Stadt gezeigt, immer wieder vom gleichen Holzstock gedruckt, hier eine Kuppel, dort ein Halbmond oder Götzenbild mussten zur Charakterisierung reichen. Sind das wenigstens noch unbekannte Orte aus ferner Vergangenheit, so ging es auch bekannten Städten nicht besser: Ferrara, Genf, Magdeburg, Mailand, Mainz, Paris, Pisa und Trier entsprangen ganz der Phantasie. Von den etwa 70 Städtebildern haben nur 23 „Züge topografischer Richtigkeit".[6] Zudem wurden in der deutschen und lateinischen Ausgabe die Bilder in verschiedener Reihenfolge angeordnet, was weitere Varianten produzierte.

Ratdolt druckte in seiner Ausgabe der „Chronica Hungarorum" des Johannes de Thwroz von 33 Druckstöcken die doppelte Anzahl Bilder, verteilte die Wiederholungen geschickt und veränderte die Hintergründe, um den Eindruck neuer Bilder zu erzielen. Dem Text ging eine Widmung des Verlegers Theobald Feger an König Mathias voraus, in dem als Grund der Bildbeigaben die Erleichterung des Lesens genannt wurde. „Addidi [...] venustas picturas: quo lege[n]di labor picture varietate leuatus [...] omnibus occureret." [7]

---

4 Karl Schottenloher, Die Entwicklung der Buchdruckerkunst in Franken bis 1530 (Neujahrsblätter der Gesellschaft für fränkische Geschichte 5), Würzburg 1910, S. 1–97, S. 80.

5 M[oritz] Thausing, Michael Wolgemut als Meister W und der Ausgleich über den Verlag der Hartmann Schedelschen Weltchronik, in: Mitteilungen des Instituts für österreichische Geschichtsforschung 5 (1884), S. 121–127. Abdruck der Urkunde S. 124–127. – Abrechnung vom 22.6.1509: Stadtarchiv Nürnberg Litterae 11, fol. 306ff.

6 Ingeborg Ramseger, Die Städtebilder der Schedelschen Weltchronik. Ihre geistige und künstlerische Voraussetzung im Mittelalter, masch. Diss., Berlin 1943, S. 13.

7 Geschichte Ungarns von 1386/87, gedruckt von Erhard Ratdolt, Augsburg, 3.6.1488. Bibliothek des Germanischen Nationalmuseums Nürnberg, 4° Hist. 236.

Von den mir bekannten 40 erhaltenen Exemplaren der von Anton Koberger 1488 gedruckten Ausgabe des Legendars „Der Heiligen Leben“ sind nur acht völlig unbemalt, ein Zeichen dafür, dass dieses Werk von einer betuchten Schicht erworben wurde. Diese Bücher sind heute über Europa und Amerika verstreut, kein einziges gleicht in der Ausstattung einem zweiten. Nur wenige der fertigen Drucke erhielten sofort ihre Ausstattung, der größte Teil der Auflage wurde unbemalt und ungebunden bereit gehalten und auf Abruf nach Wunsch des Kunden fertig gestellt. Es waren auch unfertige Bücher in Lagen zu haben, für die der Käufer selbst die ganze weitere Ausstattung besorgen konnte. Aufwand und Sorgfalt bei der Ausstattung fielen sehr unterschiedlich aus, es ergaben sich bei Ausmalung, Rubrizierung und Einband jeweils verschiedene Qualitätsklassen, die sich auch im Preis niederschlugen.

Diese Vorgehensweise ist durch die Endabrechnung der Schedelschen Weltchronik bezeugt. Die Bücher beider Ausgaben, der lateinischen und der deutschen, wurden zum größten Teil ungebunden verkauft, von 571 noch nicht verrechneten Exemplaren waren nur 37 gebunden. Der Bestand wurde zur Abrechnung in vier Gruppen unterteilt: Latein, roh, ungebunden / Deutsch, roh, ungebunden / Latein, gemalt, eingebunden / Latein, ungemalt, eingebunden. Von den 70 Büchern einer Sendung nach Florenz war nur eines gebunden, ein weiteres gebunden und koloriert.

„Hannesen Firleger gen Florentz geschickt latein roch ungebunden achtundsechzig, latein roch eingebunden ein und latein gemalt eingebunden ein chronicka“.[8]

Auf einigen Innendeckeln von Büchern aus der Koberger-Offizin fand sich Makulatur aus seinem Hause. Daraus lässt sich schließen, dass die Exemplare in seinem Betrieb gebunden wurden. Die Druckzeiten der Makulatur und der Werke, in die sie eingeklebt war, liegen zum Teil viele Jahre auseinander, was beweist, dass die Bindungen erst bei Bedarf besorgt wurden.[9]

Die sorgfältige Herstellung und reichhaltige Ausstattung des Buches sollten einen Kaufanreiz setzen. In den Anfangs- und Schlussformeln ergriffen die Verleger daher gerne die Gelegenheit, für die nach ihrer Meinung gelungene Ausstattung Reklame zu machen. Im Kolophon einer 1479 in Basel gedruckten Bibel lobte der Drucker sein Werk mit starken Worten. Etwas Vergleichbares sei auf dem ganzen Weltkreis nicht gedruckt worden. „Fontibus ex grecis hebreor[isque] libris Emendata satis decorata simul Biblia sum pns supos ego testor astra. Est impressa nec in orbe mihi similis. Sing[u]la queq[e] loca cu[m] co[n]corda[n]tjis extat Orthog[ra]phia simul q[ue] b[e]n[e] pr[es]sa manet“.[10]

Die Anfangsformeln hoben gerne die Ausstattung hervor, so in der Schedelschen Weltchronik, in der Koberger ausdrücklich die Illustrationen erwähnte: „Register Des buchs der Croniken vnd geschichten mit figure vnd pildnissen von anbegin der welt bis auf diese vnsere Zeit“.[11]

Im Kolophon seiner 1483 gedruckten Bibel wies Koberger zum ersten Mal überhaupt in einem seiner Werke ausdrücklich auf die Bilder hin. „Disz durchleuchtigist werck der gantzen heyligen geschrifft. genant dy bibel für all ander vorgetrucket teutsch biblen. Lauterer. Clarer vnd warer nach rehter gemeyner teutsch. Mit hohez vund großem vleyß. Gegen dem lateynischen text gerechtuertigt. underschidlich punctirt. Mit vberschrifften bey dem meysten teyl der capitel vnd psalm. iren inhalt vnd vrsach. anzeygende. Vnd mit schönen figuren dy historie

8 Thausing, Wolgemut, S. 126.

9 Adolf Schmidt, Verlegereinbände Anton Kobergers zu Nürnberg in der Landesbibliothek zu Darmstadt, in: Archiv für Schreib- und Buchwesen 2 (1928) Heft 3/4, S. 114.

10 Drucker war wahrscheinlich Johan Amerbach. Preußische Kommission (Hg.), Gesamtkatalog der Wiegendrucke. Probedruck, Bd. 11: Drucker-Index, Nr. 4236.

11 Gedruckt von Anton Koberger, Nürnberg 1492, lateinische und deutsche Ausgabe.

bedeutende. Hat hie ein ende".[12] Ein Werk von solch hoher Qualität, mit Holzschnitten in dieser Anzahl und Größe, hatte es bis dahin noch nicht gegeben.

Die Käufer legten besonderen Wert auf Übersichtlichkeit, die sich durch Register, Überschriften, Initialen, Rubrikationen und nicht zuletzt durch Bilder erreichen ließ. Koberger teilte Johann Amerbach brieflich mit, dass sich die Postille des Hugo von Saint-Cher[13] mit einem Register wohl besser verkaufen ließe. „Item lieber meister Hans Der Hugo gatt all gemach und nach dem und die frag so groß nach dem werck gewest ist So kann mich nicht verwundern Das man das werck nicht anders kaufft vnd jch halt genczlich wo das werck ein taffeln hett So were es fast vill kuopfflicher und bitt euch ob jr mocht mit zimlicher kostung ein tabula uber den Hugonem machen lassen."[14]

In der Edition des Legendars „Der Heiligen Leben",[15] die Koberger 1488 in Nürnberg herausgab, läuft der Text wie nach dem Vorbild der Handschriften ohne deutliche Absätze eng geschlossen fort. Erst die Holzschnitte unterbrechen ihn und lockern die Gleichförmigkeit auf, Auge und Geist können einen Ruhepunkt finden. Die Grundfläche der Bilder blieb, ausgenommen bei den größeren Holzschnitten zu Beginn des Winter- und Sommerteils, immer gleich, die sich wiederholende konstante Fläche verstärkte den Eindruck der Ordnung. Die Bilder wurden immer zwischen das Ende der einen und den Anfang der nächsten Legende platziert, erstreckten sich über beide Kolumnen, gliederten den Text als bildliche Überschriften und machten ihn so übersichtlicher. Gleichzeitig kündigte das Bild schon den Inhalt der folgenden Legende in optischer Konzentration an und diente als visuelle Gedächtnisstütze.

Bilder als Lernhilfen, um Texte im Gedächtnis zu verankern, wurden auch für schwierige Stoffe angewendet. Die Holzschnitte der „Ars memorativa quatuor evangelia"[16] verdichteten den Inhalt der Evangelien zu bildlichen Zeichen, mit deren Hilfe sich der Betrachter den Textinhalt einprägen sollte. Wie Wörter in Bildzeichen umzusetzen waren, lehrte eine „Ars memorativa", die wahrscheinlich Johan Bämler um 1480 in Augsburg druckte. „Also soltu einem yedlichen namen sein ebenbild geben. Wie du sein macht gedencken Das jm aller gleychest zu gleijch oder was urkund du gebest. Das du sein allen leychtest gedenckest das secz an die stat da der selb nam hin gepird zeseczn."[17]

Der Verfasser schlug 65 Bildzeichen als Gedächtnisstützen vor: für „träge" zum Beispiel eine Schnecke und einen liegenden Mann, dessen Füße im Feuer stecken, weil er zu faul war, sie weg zu ziehen.

In den Vorreden seines „Schatzbehalters"[18] zeigte sich der Nürnberger Franziskaner Stephan Fridolin besorgt um das rechte Verständnis der Leser und erklärte genau, warum und in welcher Weise er seinem Werk, einem Andachtsbuch zur Verehrung der Leiden Christi,

12 Derartige Schlussformeln finden sich in weiteren Bibeln. Siehe Ludwig Hain, Repertorium bibliographicum, in quo libri omnes ab arte typographica inventa usque ad annum MD typis expressis ordine alphabetico vel simpliciter enumerantur vel adcuratius recensuntur, 4 Bde., Stuttgart/Tübingen 1826–38, Nachdruck Milano 1966, Nr. 3138, 3140, 3199.

13 Johan Amerbach, Basel 1498–1502. Gesamtkatalog der Wiegendrucke, Nr. 4285.

14 Die Universitätsbibliothek Basel besitzt die Geschäftsbriefe Kobergers an Amerbach. Leider fehlen dessen Antworten. Karl Schottenloher, Johann Amerbach und sein Briefwechsel, in: Zs. f. Bibliothekswesen 60 (1944), S. 289–299. – Oscar Hase, Briefbuch der Koberger zu Nurmberghk. Weihegeschenk zum 25-jährigen Jubiläum des Albrecht Kirchhoff, Leipzig 1881, Nr. 75.

15 Universitätsbibliothek Würzburg, I.t.f. 954 (Winterteil & Sommerteil).

16 Staatsbibliothek München, Xyl. 8.

17 Staatsbibliothek München, 4° Inc.s.a. 213. – Hain, Repertorium, Nr. 1827.

18 W[alter] A[rthur] Copinger, Supplement to Hains Repertorium bibliographicum or collections towards a new edition of that work, 3 Bde., London 1895–1902, Milano 1950, Nr. 14507. UB Würzburg, I.t.f. 416a. – Das Werk hat drei Teile. Der Hauptteil ist in 100 „gegenwürf" (Gegenstände) aufgeteilt.

Holzschnitte beigeben ließ. „Es ist auch zewisen das ettlich gegenwürf von pildwerck figuren haben. vmb der layen willen. für die diss büchlein alermaist entworffen ist, auf das. das die. die sunst nit geschrift oder pücher haben sich desterbas behelffen mügen in der verstentnus. vnd behaltung dieser gegenwürff. durch die auslegung vnd einpildung sollicher figuren. vntterweilen hat ein gantzer gegenwurff. allein eine figur. vntterweilen hat ein yeglicher artikel. ein sunder figur. vil gegenwürff haben keyne. wan sie sein zu geistlich. vnt in figuren nit wol erfintlich. vntterweil dient ein figur zu vil gegenwürffen. oder zu mer dann einem. als denn die ding diser materi in dem buch erscheinen. vnd sich selbs zeerkennen geben."

Der Hauptteil erhielt „vmb der layen willen" 87 Holzschnitte (bei fünf Wiederholungen), die eng mit dem Text verbunden sind. Zum Verständnis brauchten die Laien die Bilder. Sie sollten es auch dem ungeübten Leser ermöglichen, den Text zu begreifen und sich einzuprägen, denn die Bildersprache war ihm eingänglicher als der Text, da er auf einen Blick sehen konnte, was der Verfasser sagen wollte. Freilich war es unmöglich, alles durch Bilder verständlich zu machen. Der dritte Teil des Buchs, der von abstrakten Dingen handelt, etwa von den letzten Worten Christi, ist bilderlos. Er war „zu geistlich vnd in figuren nit wol erfintlich."

Diebolt Lauber in Hagenau bezeichnete die meisten Handschriften, die sein Verlag liefern konnte, als „hübsch gemalt". In der Handschrift der „Legende von den Drei Königen in Westfalen", die um 1477 bei Lauber abgeschrieben wurde, zeigte er auf der ersten Seite an: „Item welicher hande bücher man gerne hab groß oder klein geistlich oder weltlich hübsch gemolt die findet man alle by diebolt louber schriber."[19]

Solche Anpreisungen sollten auch dazu beitragen, die Auflage möglichst umgehend an den Mann zu bringen. Es gab keinen wirksamen Urheberschutz, jeder Nachdruck konnte billiger angeboten werden als das Vorbild, während die Originalauflage liegen blieb, daher war schneller Absatz sehr wichtig. Die Vertragspartner der Schedelschen Weltchronik mussten sich verpflichten, während der Entstehungszeit streng darauf zu achten, jeden geistigen Diebstahl zu unterbinden. Die Partner „sollen auch darzu vnd dabei schuldig vnd pflichtig sein das exemplar solichs vorgemelten buchs getreulich und vleissiglich bewaren, alldieweil es in irem gewalt ist, damit es nit abgedruckt oder abwendig gemacht werde".[20]

Über den Druck schlossen die Verleger Schreyer und Kammermeister mit Koberger einen Vertrag mit weitgehenden Vorsichtsmaßnahmen. Dieser sah vor, das Werk „in ainem besunderen vnd versperrten gemach" zu drucken. Bei der Satzgestaltung sollten Wolgemut und Pleydenwurff, die Zeichner der Bilder, „selber darob sein, damit von solichen pucherrn vnd figuren haimlich vnd on der obgenennten wissen vnd willen nichtz abgetruckt, abgezogen noch sunst abhendig gemacht" würde. Die Verleger verlangten sogar „das solche getruckte bucher vnd alles anders, so an trucken verdorben oder missraten vnd auch das getruckt papir, so am zusammengatten der pucher ubrigs were", an sie zu übergeben sei.[21]

Koberger bat Amerbach in einem Brief, doch dafür zu sorgen, „das euch kein buch auß ewer gewalt kom, da mitt das mir kein hindernus gesechen mög. Wan wer sich solchs wercks vntter stan will, der muß exemplaria von euch haben".[22]

19 Original im Britischen Museum London, Cod. addit. 28752. Veröffentlicht von Konrad Burger, The printers and publishers of 15th century with lists of their works, London 1902, S. 3.

20 Gümbel, Verträge 1902.

21 Gümbel, Verträge 1902, 430f., Vertrag vom 16.3.1492.

22 Alfred Hartmann (Hg.), Die Amerbachkorrespondenz, Bd. 1: Die Briefe aus der Zeit Johann Amerbachs 1481–1513, Basel 1942, S. 160. Briefdatum: 10.10.1492.

Martin Luther beklagte sich darüber, dass der schnelle Nachdruck die Authentizität seiner Texte beinträchtige. „Nu aber drucken sie die selbigen vnd eylen so, das, wenn sie zu mir widder komen, ich meine eygene bucher nicht kenne".[23] In seiner letzten Ausgabe der Bibel fällte Luther ein hartes Urteil über die Nachdrucker. „Sie machen hin, rips, raps: es gibt bald Geld, so sie doch (wo die andern rechte Drucker wären) wohl wissen und erfahren haben sollten, dass kein Fleiß genugsam sein kann solcher Arbeit als die Druckerei ist".[24]

Luther appellierte auch an die Drucker selbst und fragte sie: „Was soll doch seyn meyne lieben Druckerherrn, das eyner dem andern so offentlich raubt und stillt das seyne, vnd vndernandern euch verderbt?"[25] Schließlich bat Luther resigniert nur noch darum, den Nachdruck nicht unmittelbar nach dem Erscheinen des Originals folgen zu lassen: „wollten sie nicht länger harren, dass sie doch sieben oder acht Wochen harreten, dass unsere auch das Brot neben ihnen hätten".[26]

Die Raubdrucker mit ihren oft nur bescheiden ausgestatteten Werkstätten mussten schnell handeln, um ihren Nachdruck in kurzer Zeit auf den Markt bringen zu können. Sie mussten sich erst das Vorbild besorgen, den Text setzen und den langwierigen Druck vollenden. Da konnte es nicht ausbleiben, dass kriminelle Energie weiterhalf. Gedruckte Bögen wurden schon während des Erstdrucks gestohlen und zur Nachdruckerei gebracht, was auch die zahlreichen Nachdruckverbote des Nürnberger Magistrats nicht unterbinden konnten. Wenn sich Luther mit einer Schonzeit von acht Wochen begnügen wollte, bedeutet das auch, dass innerhalb dieser Zeit die Auflage einer Neuerscheinung zum größten Teil verkauft sein musste.

Die Drucker wussten aus Erfahrung, dass der allerstärkste Kaufanreiz von den Illustrationen ausging. Auch die Flugschriften der beginnenden Reformation, die eine weite Verbreitung anstrebten, waren fast immer mit Bildern versehen. Als der Drucker Amerbach wegen der Ausstattung eines Drucks mit Bildern bei Koberger nachfragte, antwortete dieser, er sollte dabei ja nichts sparen. „Item als jr mir schreybent der figure halber ob jch die in das werck auch drucken wol lassen Solchs secz ich euch heim waß euch nücz und nott geduncku sein dem werck Ich weger nichtz dar an zu ersparen."[27]

Über die Hälfte der bekannten Inkunabeln waren religiöse Veröffentlichungen in Latein, das nur Geistliche, Juristen, Ärzte, Studenten und gebildete Laien lesen konnten. Deren Bibliotheken enthielten theologische, juristische und poetische Schriften, dazu philosophische, astronomische, naturhistorische, mathematische, grammatikalische, medizinische und literarische Neuerscheinungen. Vom einstigen umfangreichen Bücherbestand des Humanisten und Arztes Hartmann Schedel hat sich etwas mehr als die Hälfte erhalten. Davon sind unter der Überschrift „Libri vulgares: in lingua theotonica" nur 16 deutsche Werke verzeichnet.[28]

In seinem „Salbuch" stellte Hans Tetzel 1464 den Bestand seiner bürgerlichen Bibliothek zusammen. Am Vorabend seiner Einkleidung für den Predigerorden inventarisierte er seinen Besitz und legte auch ein Bücherverzeichnis an, das hauptsächlich geistliche Werke nannte, dazu historische und naturwissenschaftliche. Die lateinische Sprache herrschte vor.[29]

23 Hase, Briefbuch der Koberger, 1881, Nr. 124.
24 Werner Kienitz, Formen literarischer Ankündigung im 15. und 16. Jahrhundert. Diss. Köln 1930, S. 43.
25 Hase, Briefbuch der Koberger, 1881, Nr. 124,
26 Hase, Briefbuch der Koberger, 1881, Nr. 125.
27 Brief an Amerbach vom 29.5.1497. UB Basel IX, 7.
28 Richard Stauber, Die Schedelsche Bibliothek, in: Studien und Darstellungen aus dem Gebiet der Geschichte, IV (1908) Heft 2/3, S. 1–277, libri vulgari S. 136ff. – Stauber weist auf ein Rezeptbuch Schedels hin (clm 263), das ein Verzeichnis der Familienbibliothek enthält.
29 Bayerisches Staatarchiv Nürnberg, Rep. 52a, Nr. 305, f. 62.

Der Augsburger Drucker Günther Zainer bot 1471 mit einer Anzeige Bücher für Gelehrte und Laien an, aufgeteilt in zwei Schriftblöcke. Im oberen Block listete er wissenschaftliche Bücher in Latein auf, im unteren nur volkstümliche in Deutsch.[30] Ein seit 1909 als Einblattdruck aufbewahrter Bücherkatalog des Augsburger Druckers Anton Sorg wurde auf einem Buchinnendeckel gefunden, auf den das Blatt mit der bedruckten Seite geklebt war. Unter der Überschrift „Ware yemants hie der da gute deutsche bücher kaufen wölte der mag sich fügen in die herberg als vnden an dieser zetel verzeichnet ist"[31] bot Sorg 28 deutsche Titel an.

Warum er das Werk bebildern ließ, begründete Sebastian Brant in seinem Narrenschiff von 1494. Wer nicht lesen wollte oder konnte, der sollte sich an die Bilder halten, die allerdings ohne Kenntnis des Texts kaum zu verstehen waren. Die Illustrationen wurden teilweise durch ein einziges Wort im Text angeregt und führten ein eigenständiges Leben neben ihm. Trotzdem glaubte Brant, die Bilder könnten den Text ersetzen und den Betrachter an den Sinngehalt erinnern.

„Vil narren / doren kumen dryn
Der bildniß ich hab har gemacht
Wer yeman der die gschrifft veracht
Oder die villicht nit kund lesen
Der sicht im molen wol syn wesen
Vnnd fyndet dar jnn / wer er ist
Wem er glych sy / was jm gebrist"[32]

Bildtypen der Tafelmalerei lassen sich in der Buchillustration wiederfinden. In der Vorrede einer niederdeutschen Bibel wird diese Tradition angesprochen, wenn der Herausgeber auf die Vorbilder in Kirchen und Klöstern hinweist. „Vnde ouck vmme dat meere gheenoechde vnde leeffde kreghe dee mynsche dese werdige hyllige schrifft tho lesen vnde sin tijd dar mede nuytlik thoe ghebruken: sint in etliken enden vnde Capittulen figuren ghesat. Soe see van oldes ouck noch in veelen kercken vn cloesteren ghemaelt staen: welcke ock dat suluen de oghen er toenen vnde meer erclaren: dat de text des Capittles [sic] dar man de figuren vindet ynne helft".[33]

Vor den Buchillustrationen dienten Altargemälde, Fresken, Plastiken und Glasfenster als didaktische Hilfsmittel. Die eindringlich wirkenden Fresken in der St. Georgskirche zu Oberzell auf der Reichenau entstanden um das Jahr 1000, zeigten auf der Südwand dem Laien mit Szenen aus dem Neuen Testament die Macht Christi: die Erweckung des Lazarus und der Tochter des Jairus, die Heilung der Blutflüssigen, die Erweckung des Jünglings zu Nain und die Heilung des Aussätzigen. Ein Fresko auf der Mittelschiffwand machte den didaktischen Hintergrund noch deutlicher. Unter zwei schwatzenden Frauen ziehen vier Teufel eine Kuhhaut auseinander, auf die ein weiterer Teufel geschrieben hat:

„ICH WILL HIE SHRIBVN
VON DISEN TVMBEN WIBVN
WAS HIE WIRT PLAPLA GVSPROCHVN

30 Konrad Burger, Buchhändler-Anzeigen des 15. Jahrhunderts, Leipzig 1907, Nr. 12.

31 Innendeckel von 2° Cod. 96 der Stadt- und Kreisbibliothek Augsburg.

32 Hain, Repertorium, Nr. 3736. – Staatsbibliothek München, Rar 121, aii [= f. 2v].

33 Die Bibel wurde wahrscheinlich bei Heinrich Quentell in Köln um 1478 gedruckt. Wolfenbüttel, Bibelsammlung 2° 103a, fol. 2. – Hain, Repertorium, Nr. 4341.

VPPIGS IN DER WOCHVN
DAS WIRT ALLVS WOL GVRAHT
SO ES WIRT FVR DEN RIHTVR BRAHT"[34]

In Incipit und Explicit von Turrecrematas „Contemplationes" wies der Autor darauf hin, dass auf die Wände der römischen Kirche Sankta Maria Minerva Schrift und Bilder zusammen geschrieben und gemalt waren. „Contemplaciones deuotissime per reuerendissimu[m] d[omi] n[u]m d[omi]n[u]m Joh[ann]em de turre cremata cardinale[m] quond[am] sancti Sixti edite at[que] in parietibus circuitus Marie minerue ne dum litterar[um] caracterib[us] ver[um] ecia[m] ymaginum figuris ornatissime descripte atq[ue] depicte i[n]cipiu[n]t feliciter".[35]

Die Bücher in deutscher Sprache, die sich vornehmlich an lesekundige, wissensdurstige Laien wandten, waren fast immer illustriert. Die überwiegende Anzahl der Drucke erschien jedoch lateinisch und ohne Bilder. Bei Übersetzungen fällt auf, dass die lateinischen Originale selten, die deutschen Exemplare fast immer illustriert wurden. Die Bilder eroberten zuerst religiöse Bücher populärer Art wie Bibeln, Legendare und Einzellegenden, aber auch symbolisch-religiöse Werke wie Heilsspiegel und die Ausgaben des „Ars Moriendi". Dazu gesellten sich bald Volksbücher, Ritterromane, Fabelsammlungen und Novellen. In den 80er Jahren des 15. Jahrhunderts folgten Chroniken, Reisebeschreibungen, Kalender und medizinische Werke. Auch Übersetzungen klassischer Schriften und Dichtungen der Zeit (nur wenige in Latein) wurden nun mit Holzschnitten ausgestattet. Spezielle Andachtsbücher, außer den Plenarien, wurden selten illustriert. Bis zum Ende des Jahrhunderts hatte sich die Illustration für die verschiedensten Werke fest eingebürgert.

Besonderer Beliebtheit erfreute sich das Legendar „Der Heiligen Leben", das zwischen 1471 und 1521 in 40 Auflagen auf den Markt kam. Friedrich Wilhelm, der als Erster versuchte, Entstehungszeit und Herkunft dieses Legendars zu entschlüsseln, bezeichnete das Werk als „Wenzelpassional".[36] Gerhard Eis lehnte diesen Titel ab, vor allem, weil eine Beziehung zu König Wenzel falsch sei.[37] Nach weiterem wissenschaftlichen Geplänkel kombinierte Josef Dünninger die in Handschriften und Drucken häufig verwendete Bezeichnung „Passional" mit dem Zusatz „Prosa", um so eine Abgrenzung zu den Verslegendaren zu erreichen und schlug den Titel „Prosapassional" vor.[38] Die Bezeichnung „Passional" ist schon in der Handschrift Cent IV 43 der Stadtbibliothek Nürnberg[39] verbürgt, die über dem Inhaltsverzeichnis den Eintrag „das ist das Passional der lieben Heiligen" trägt. Die Benennung Dünningers konnte sich einige Zeit behaupten, bis sich letztendlich die Bezeichnung „Der Heiligen Leben" durchsetzte. Die Drucker selber gingen da salomonischer vor und vereinten beide Bezeichnungen. Im Kolophon der Ausgabe Anton Kobergers etwa steht: „Passional das ist der heyligen leben".[40]

34 Johannes Bolte, Der Teufel in der Kirche, in: Zs. f. vergleichende Literaturgeschichte NF 11 (1897), S. 249–266.

35 Kardinal Johan de Turrecremata, Contemplationes (seu meditationes), Ulrich Han (Udalricus Gallus), Rom 1472 und 1477. UB Würzburg, 2 an I.t.f. 57 (Ausgabe 1477), 1v, 30v. – Hain, Repertorium bibliographicum 1966, Nr. 15735.

36 Friedrich Wilhelm, Deutsche Legenden und Legendare, Leipzig 1907, S. 174–212.

37 Gerhard Eis, Kritik der Bezeichnung ‚Wenzelpassional', in: Zs. f. deutsche Philologie 75 (1956), S. 274–279.

38 Karl Firsching, Die deutschen Bearbeitungen der Kiliansiegende unter besonderer Berücksichtigung deutscher Legendarhandschriften des Mittelalters (Quellen und Forschungen zur Geschichte des Bistums und Hochstifts Würzburg 26), Würzburg 1973, S. 64ff.

39 Karin Schneider, Die Handschriften der Stadtbibliothek Nürnberg, Bd I: Die deutschen mittelalterlichen Handschriften, Wiesbaden 1965, S. 58.

40 Anton Koberger, Nürnberg 1488, f. CCCCXXXV verso.

Wir haben hier die seltene Möglichkeit, die Entwicklung der Buchillustration, ihre vielfältigen Querverbindungen und Abhängigkeiten bei ein und demselben Text über eine Zeitspanne von 50 Jahren zu untersuchen. Ein Bücherkatalog des Augsburger Druckers Anton Sorg verzeichnete an erster Stelle: „Item der heyligen leben sumerteil vnd wintterteyl mit allen seinen figuren das gantz jar".[41] Da Sorg vier Ausgaben dieses Verkaufsschlagers druckte, und sein Verzeichnis nicht exakt zu datieren ist, lässt sich nicht sagen, welche Ausgabe gemeint ist.

Der Vergleich der Kolorierung sämtlicher überkommener Exemplare des von Koberger besorgten Legendars „Der Heiligen Leben" und mikroskopische Untersuchungen der Farbschichten gaben Hinweise über den Gebrauch der Farben. Insgesamt wurde mit folgenden Wasserfarben koloriert: Gelb (verschiedene Nuancen), Rot (Zinnober-, Ziegel-, Karmin-, Purpur-, Weinrot), Rosa, Ocker, Braun, Blau (selten, Hell- und Dunkelblau), Violett (blass und deckend), Grün (von gering bis stark deckend, Gelb-, Braun-, Olivgrün), Grau (Braun-, Olivgrau), Schwarz (sehr selten), Weiß (nur einmal gemalt in einer Initiale, sonst nur durch den Papiergrund gegeben).

Durch Farbe besonders hervorgehoben wurden die Titelholzschnitte zu den Sommer- und Winterteilen und die Titelinitialen, in einem der Exemplare wurde an diesen Stellen sogar Blattgold verwendet. Die Textinitialen blieben meistens völlig schmucklos, ornamentiert wurde selten. Lombarden malte der Kolorist rot, auch rot und blau im Wechsel, Rubriken vorwiegend rot. Die Farbpalette in einem Exemplar beschränkt sich auf wenige Farben, die über das ganze Buch hin in der gleichen Konsistenz gebraucht wurden. Der Kolorist hat sich offensichtlich eine für das gesamte Vorhaben ausreichende Menge der geplanten Farben vorbereitet, so dass er während der Arbeit keinen Nachschub brauchte.

Die Qualität der Bemalung reicht von sparsam und flüchtig bis üppig und sorgfältig. Bei den Exemplaren minderer Güte wurden die mit viel Wasser angesetzten Farben mit breitem Pinsel schnell aufgetragen und überschritten dabei oft die Konturen des Vordrucks. Das geschah auch, weil der Kolorist bei Feinheiten nicht zu einem dünneren Pinsel wechselte. Feine Drucklinien wurden oft durch die Farbe völlig zum Verschwinden gebracht. Als weitere Spuren der geringen Sorgfalt entstanden Tropfen und Spritzflecken, Durchfärbungen auf der Blattrückseite, Abfärbungen auf die nachfolgende Seite, wenn diese in der Hast auf die eben aufgetragene, noch nasse Farbe zu liegen kam. Farbflecke mit verlaufenen Rändern könnten an manchen Stellen auch durch Quetschen entstanden sein, wenn der Kolorist die Farbe löschte, um schneller weiterarbeiten zu können.

Als Folge der flüchtigen Bemalung ergaben sich Farbmischungen an den Stoßgrenzen zweier Farbtöne, ganz zufällig und keinesfalls gewollt. Gelb und Grün, die in Landschaften häufig aneinander stoßen, verbanden sich dabei zu Brauntönen. Weniger häufig kam es auch zu anderen Farbmischungen. Um malerische Ergebnisse hat sich der Kolorist nicht wirklich bemüht.

Bei Exemplaren von besserer Qualität ließen sich Ansätze feststellen, die über das bloße Ausmalen der Umrisse hinausgingen und aus den Farben malerische Wirkungen gewannen. Der Kolorist verließ aber selten genug seine Rolle als braver Anstreicher vorgegebener Flächen, noch seltener wagte er es, in einen freien Raum eigene Erfindungen einzufügen. Es fanden sich jedoch Beispiele, wo die Feinheiten des Vordrucks nicht zugekleistert, sondern sorgfältig behandelt wurden. Verschiedene Koloristen führten die Ausmalungen aus, die dabei mit

41 Stadt- und Kreisbibliothek Augsburg, 2° Cod. 96.

mehr oder weniger Begabung und Sorgfalt ans Werk gingen. Da mag auch die unterschiedliche Qualifikation der Koloristen eine Rolle gespielt haben.

Rot, auf kaum einem Bild vergessen, konnte Bildteile drastisch hervorheben und Vorgänge verdeutlichen. Dabei lag aber nicht die Absicht zu Grunde, die Aussage der Abbildung zu steigern.

Wie ging der Kolorist bei der Ausmalung vor? Er begann mit einer hellen Farbe, die er an verschiedenen Stellen in die Bildfläche setzte, wobei er keine naturalistische Anwendung anstrebte. War der Kolorist mit einer Farbe fertig, dann griff er zur nächsten und fuhr in gleicher Weise fort. Es ließ sich erschließen, dass er für die neue Farbe auch einen anderen Pinsel verwendete und ein anderes Farbgefäß. Farben waren nicht mit anderen Farbpartikeln verunreinigt, die Farbkonsistenz blieb über das ganze Buch hin unverändert.

Von Farbsymbolik oder Farbperspektive konnte keine Rede sein. Die Farben wurden, bis auf Ausnahmen, nicht auf bestimmte Gegenstände festgelegt. Rot wurde zum Beispiel für Dächer, Gewänder, Blut, Erde, Teufel und Engelsflügel genommen, Grün für Erde, Engelsflügel, Tiere, Gewänder, Fenster, Bettdecken, das am variabelsten verwendete Gelb für Heiligenscheine, Wände, Löwen, Haare, Throne, Särge, Hütten, Taufsteine, Kreuze, Rüstungen, Säbel, Bretter, Baumstämme, Möbel, Gewänder, Boote, Teufel.

Für die Objekte waren keine bestimmten Farben festgelegt, mit wenigen Ausnahmen. Heiligenscheine waren immer gelbe, undurchsichtige Scheiben, die den Hintergrund verdeckten und als Anhäufung halbkreisförmiger Segmente Gruppen stehender Heiliger bedeuten sollten. Gelb wurde auch für Bauten und Einrichtungsgegenstände vorgezogen. Blut war immer rot, Feuer rot oder gelb, Wasser dunkelbraun, Körper waren rosa-ocker (hautfarben), Kutten graubraun.

An Farbüberlagerungen ließ sich ablesen, dass der Kolorist die Farben in einer bestimmten Reihenfolge auftrug: zuerst kamen die Einzelheiten, darauf die größeren Flächen, erst die helleren, dann die dunkleren Farben, das Grün immer zuletzt, denn es war wegen seiner großen Deckungskraft nicht mehr zu übermalen. Die Farbe füllte Flächen, ohne sich exakt an die gedruckten Linien zu halten, bewusst angestrebte malerische Wirkungen ergaben sich nur in Einzelfällen. Der Gebrauch von Schablonen ließ sich an Hand der Farbspuren nicht nachweisen.

Im „Spitzenexemplar"[42] der über 40 überkommenen Einzelstücke des Legendars wurden die leuchtenden Farben, reich an feinen Schattierungen und Details, exakt in die Holzschnittkonturen eingemalt, ohne diese je zu verletzen. Farbübergänge schufen eine malerische Wirkung, durch stärkeren und dünneren Farbauftrag wurden Schattierungen erreicht, zum Teil wurde sogar die Lichtquelle festgelegt. Landschaften, auch Gewänder, wurden zweifarbig-malerisch koloriert. So gelang es, durch Farben die Aussagekraft der Bilder zu verstärken. Ein Goldgelb mit reflektierender Körnung ließ Metall (Rüstungen, Bischofsstäbe) erstrahlen. Im Bild des Lukas (f. CXCIIII) malte der Kolorist einen gelben Tisch, auf dem ein Knabe Farbe anreibt, mit einem roten Fleck machte er deutlich: angerieben wird rote Farbe. Die Holzschnitte Petronellas (f. XXXV v.) und Christi Geburt (CLXVIII) erhielten Kissen, die mit blauen Streifen geziert wurden. Drachen (Martha LXXIIII) und Teufel (Niklaus CLIII) kennzeichnete der Kolorist durch ihre gelb-grün-rot-blau gescheckte Haut als das Böse. Den Himmel (Peter Prediger XV) legte er am oberen Bildrand blau an und ließ ihn nach unten über rosa in weiß übergehen. Am Horizont malte er, ohne Vordruck, zusätzliche blaue Berge ein.

42 BSM, 2° Inc.c.a. 2069°.

Das üppige gezierte Buch galt als das Ideal, das war die einhellige Meinung, fast jeder mochte die reichhaltige Ausstattung. Umso mehr musste Kritik an der Auszier unwillkommen sein, wie sie Willibald Pirckheimer in einem Brief an den Drucker Johan Grüninger äußerte: „wenn ir nun vil gauckelweys und alter weyber fabel auch karten maler gemel in das puch bringt so habt ir es wol geschaft sol dest ee von stat geen dann eyner hat zu dem lust der ander zu eynem andern mag wol seyn unter kindern und unverstendigen leuten aber unter den gelerten wirde ich mit sambt euch zu spot und schanden“.[43]

Die Kritik war nicht unberechtigt, denn es fällt heute noch negativ auf, dass für die Verzierung Holzstöcke von verschiedener Herkunft abgedruckt wurden, die stilistisch nicht recht zusammen passten und außerdem sehr oberflächlich angeordnet wurden. Zudem konnte Grüninger die Meinung des berühmten Schriftstellers, Herausgebers und Übersetzers antiker Schriften nicht einfach abtun. Ein schlechtes Urteil dieses mit Reuchlin und Dürer befreundeten langjährigen Nürnberger Stadtrats, der in Humanistenkreisen sehr einflussreich war, hatte schließlich großes Gewicht und konnte dem guten Namen und damit dem Verkauf abträglich sein.

Die Vorwürfe konnte Grüninger also keinesfalls auf sich sitzen lassen und stellte postwendend klar, dass niemand außer Pirckheimer die Auszier als Gaukelweise beschimpfte. Das wäre nicht nur seine eigene feste Meinung, sondern auch viele andere hätten die Ausstattung gelobt, so sogar Buchhändler in Paris und Lyon und Gelehrte in Worms „und hon mir selber nit allein gefolgt sunder vor eim halben jar und seider her lassen sehen ein brob etlich buchfürer von pariß lion und sunst hon zu der kartenmalerey geraten, und noch hie vieles gezejgt, will ietlicher lieber der selben bücher eins hon, dan on leisten, es danocht, da ich zu würms uff den tag waß by spangolern auch gelert mener die es lopten“.[44]

Die Vorwürfe Pirckheimers mussten Grüninger sehr getroffen haben. In einem Brief an Koberger betonte er nochmals, wie sehr das „gezierd“ selbst bei den „gelerten“ beliebt sei: „ich weiß wol was die buchführer und auch die gelerten hie sagen als deren mit dem gezierd will ietlicher nehmen und den andern ligen lon, jm sy wie jm wel, soll man eim grosen heren ein buch schenken es sy was es wel, man ziert es wie man kann“.[45]

43 Hase, Briefbuch der Koberger, 1881, Nr. 118.
44 Hase, Briefbuch der Koberger, 1881, Nr. 119.
45 Hase, Briefbuch der Koberger, 1881, Nr. 120.

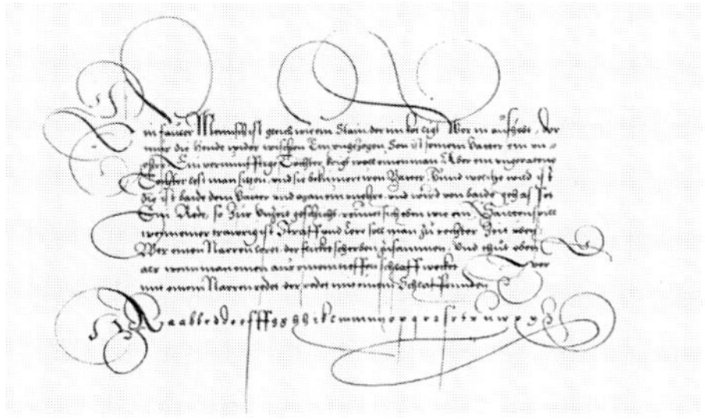

Abb. 1a

Abb. 1b

Abb. 1c

Abb. 1d

Abb. 1e

Abb. 1f

Gedruckte Schreibmusterbücher (Vorschriftenblätter): ***Abb. 1a****: Johann Neudörffer, Eine gute Ordnung und kurzer Unterricht, Nürnberg1538, Germanisches Nationalmuseum Nürnberg, aus: W. Doede, 1966 (wie Anm. 6), Abb. 19;* ***Abb. 1b****: Caspar Neff, Eine köstliche Schatzkammer, Köln 1549, aus: W. Doede, a.a.O., Abb. 26;* ***Abb. 1c****: Henrich Cöntgen, Frankfurt a. M.1786, Heimatmuseum Weener;* ***Abb. 1d****: Arnold Möller, Schreibstübelein, Lübeck 1642–1649, aus: F. Funke, 1970 (wie Anm. 6), Abb. 11;* ***Abb. 1e****: J.G. Krügner, Leipzig 1764, aus: F. Funke, a.a.O., Abb. 20;* ***Abb. 1f****: handgefertigtes Vorschriftenblatt aus dem van Heuvel-Balsters-Konvolut, C:R: 1777.*

Gedruckte und handgefertigte „Vorschriften“ seit der Frühneuzeit

Dokumente alemannischer, ostfriesischer und deutsch-amerikanischer Schulbildung in der Stadt und auf dem Lande

Helmut Ottenjann

Einleitung

Seit dem Mittelalter bis in unsere Zeiten war es – zunächst bei den Oberschichten der Kirche und der jeweiligen Herrschaft – Brauch, zur „Zwölftenzeit“ (24. Dezember bis zum 6. Januar) einander Glück zum Neuen Jahr in mündlicher oder schriftlicher Form zu wünschen.[1] Da das Austauschen guter Wünsche den gesellschaftlichen Zusammenhalt offensichtlich förderte, übernahmen im Laufe der Jahrhunderte auch die führenden Mittelschichten in der Stadt und nachweislich seit dem 17. Jahrhundert gleichfalls die bestimmenden Bevölkerungsgruppen im ländlichen Raum diesen Brauch.[2] Das Übermitteln der Glück- und Segenswünsche zum Jahreswechsel als Ergebenheitserweis der Hochrangigen an die Höchstrangigen der kirchlichen und weltlichen Herrschaft dokumentierte sich seit dem Spätmittelalter in handgeschriebenen sowie in Holzschnitt- wie auch in Kupferstich-Technik gedruckten Bild- und Schriftzetteln.[3]

Fast gleichzeitig entfaltete sich – zunächst vor allem in den Städten – der Kinder-Heischebrauch, durch Wunschsingen in Form der sogenannten „Anklopf-Umgänge“ an bestimmten kirchlichen Festen diverse Gaben zu erbitten – ein begehrtes Zubrot vor allem für ärmere Kinder.[4]

---

1 Heinz-Wilhelm Haase, Alte Bremer Neujahrswünsche, Bremen 1968. – Wolfgang Brückner/Elisabeth Reynst/Heinz Schilling, Alte Bilderbogen. Populäre Druckgraphik des 18. und 19. Jahrhunderts, Frankfurt a. M. 1968. – Wilma Sauter, Ein New Jar. Neujahrswunschblätter aus sechs Jahrhunderten, München 1969. – Wolfgang Brückner/Christa Pieske, Die Bilderfabrik, Frankfurt a. M. 1973. – Wolfgang Brückner, Populäre Druckgraphik Europas. Deutschland, München ²1975. – Karl Heinz Schreyl, Der graphische Neujahrsgruß aus Nürnberg, Nürnberg 1979. – Theodor Kohlmann, Neuruppiner Bilderbogen, Berlin 1981. – Jan Drees, Die soziale Funktion der Gelegenheitsdichtung. Studien zur deutschsprachigen Gelegenheitsdichtung in Stockholm zwischen 1613 und 1719, Stockholm 1986. – Mechthild Wiswe, Fröhliche Weihnachten – Prosit Neujahr! Glück- und Segenswünsche im Braunschweigischen, Braunschweig 1987. – Roland Wohlfart, Der braven Kinder Weihnachtswünsche. Weihnachtsglückwunschbriefe des 19. und 20. Jahrhunderts, Berlin 1991. – Henry Gawlick, Die Bildergalerie der kleinen Leute. Truhenbilder in Mecklenburg und Vorpommern, Rostock 2001. – Yasmin Doorsy, Käufliche Gefühle. Freundschafts- und Glückwunschbillets des Biedermeier (Kulturgeschichtliche Spaziergänge im Germanischen Nationalmuseum 7), Nürnberg 2004. – Helmut Ottenjann, Malende Bauernfamilien in Nordwestdeutschland im Spiegel der Glückwunsch- und Schönschreibblätter, 1700 bis 1850, in: Jb. f. Europäische Ethnologie Dritte Folge 2 (2007), S. 133–186.

2 Hans Moser, Zur Geschichte der Klöpfelnachtbräuche, ihrer Formen und ihrer Deutungen, in: BJV 1951, S. 121–140. – Sauter, Ein New Jar. – Wolfgang Brückner, Geschenkanlässe und Geschenktypen, in: ders., Volkskunde als historische Kulturwissenschaft. Nachträge (Veröff. z. Volkskunde und Kulturgeschichte XII,1), Würzburg 2002, S. 92–104. – Dietz-Rüdiger Moser, Bräuche und Feste durch das ganze Jahr. Gepflogenheiten der Gegenwart in kulturgeschichtlichen Zusammenhängen, Freiburg 2002. – Ottenjann, Malende Bauernfamilien.

3 Sauter, Ein New Jar. – Brückner, Volkskunde.

4 Helmut Ottenjann, Schönschreibende und buntmalende Landschulkinder Ostfrieslands. „Wunschbriefe“ und „Vorschriftenblätter“ des 18. und 19. Jahrhunderts, in: Emder Jahrbuch für historische Landeskunde 87 (2007),

Der seit dem Mittelalter gepflegte Ergebenheitsbrauch unter Erwachsenen und der Heischebrauch der Kinder konnten sich als Ausdrucksformen gesellschaftlichen und sozialen Zusammenhalts durch alle Schichten hindurch mit staatlicher und kirchlicher Duldung oder auch Förderung bis in die Gegenwart erhalten; dies bekunden nach Anzahl und Qualität immense Realien-Papierbestände in öffentlichen und privaten Sammlungen, ein eindrucksvolles Spiegelbild sozialen und gemeindlichen Miteinanders, aber auch kirchlicher und staatlicher Kontrolle.

Die Kulturgeschichte der Glückwunsch-Bekundungen und der Glückwunsch-Realien zum Jahreswechsel in all ihrer Vielfalt ist sowohl interdisziplinär als auch interregional umfänglich erforscht worden und bleibt daher hier mehr oder minder ausgeblendet. Betrachtet werden hingegen Quellen, die – in schöner Schrift mit reicher Auszier zu Papier gebracht – im Verlaufe eines Jahres überreicht wurden und deren „Produzenten" gleichfalls Anerkennung und Belohnung für ihre Leistungen zu erheischen hofften. Gemeint sind handgeschriebene und handgemalte Schönschriftblätter, die einst in Stadt und Land von Kindern, Jugendlichen und gelegentlich auch von Erwachsenen nach dem Vorbild der sogenannten Vorschriften- oder Manierschriften-Bücher angefertigt worden sind.[5] (Abb. 1–5)

Während die Neujahrswunsch-Kultur – wie angedeutet – bereits auf mittelalterliche Ursprünge zurückzuführen ist, reichen die historischen Wurzeln der gedruckten Vorschriften-Bücher sowie in deren Folge der handgefertigten Vorschriften-Blätter nur bis in die Renaissance zurück. Entstehung, Art und Ausbreitung der „Vorschriften"-Kultur sind – im Gegensatz zum spezifischen Neujahrs-Wunschritual – bislang nur in Teilen dokumentiert und erforscht worden. In hohem Maße vernachlässigt wurde allerdings im Gegensatz zu den gedruckten Schönschriftbüchern die Quellengattung der handgeschriebenen und handgemalten Vorschriften-Einzelblätter, einst in Stadt und Land von Kindern, Jugendlichen und Erwachsenen zigtausendfach produziert im Bemühen um eine gehobene Schrift- und Schreibkultur.

Deutsche Schreibmeister als Verfasser der Schreibmusterbücher

Im Zusammenhang mit der dynamischen Ausweitung der Schreib- und Lesekultur in den Kanzleien und Handelskontoren, in der Verwaltung insgesamt sowie in den immer häufiger gegründeten Schreibschulen vollzog sich im Verlauf des 15. Jahrhunderts – ausgehend von den Stadtstaaten Oberitaliens – der Übergang von lateinischer Schrift- und Schreibkultur zur National- beziehungsweise Regional-Schrift, in Deutschland von da an über Jahrhunderte in Form der „Frakturschrift".[6]

S. 95–160. – Herbert Clauß, Das Bökern, ein Neujahrsbrauch im Osnabrücker Nordland, in: Heimatblätter des Kreisheimatbundes Bersenbrück, Quakenbrück 1962, S. 2–11. – Daniel Drascek, Kulturelles Bildgedächtnis und moderne Traditionsbildung, in: Helge Gerndt/Michaela Haibl (Hgg.), Der Bilderalltag. Perspektiven einer volkskundlichen Bildwissenschaft, Münster 2005, S. 121–133.

5 Ottenjann, Malende Bauernfamilien.

6 Albert Kapr, Johann Neudörffer der Ältere, ein großer Schreibmeister der Deutschen Renaissance, Leipzig 1956. – Werner Doede, Schön schreiben, eine Kunst. Johann Neudörffer und seine Schule im 16. und 17. Jahrhundert, München ²1966. – Fritz Funke, Schreibmeisterblätter, Leipzig 1970. – Karl-Heinz Ziessow/Utz Maas u. a., Hand-Schrift – Schreib-Werke. Schrift und Schreibkultur im Wandel in regionalen Beispielen des 18. bis 20. Jahrhunderts (Materialien zur Volkskultur – nordwestliches Niedersachsen 16), Cloppenburg 1991. – Rudolf Endres, Neudörf(f)er, Johann d. Ä., in: Neue Deutsche Biographie, Bd. 19, Berlin 1999, S. 106ff. – Karl-Heinz Ziessow, „So schreibe ich, was gut ist daraus ab" – Schreibkulturelle Wechselbeziehungen zwischen Stadt und Land im Nordwesten um 1800, in: Niedersächsisches Jahrbuch für Landesgeschichte 78 (2006), S. 101–132. – Oliver Linke/Christine Sauer, Zierlich schreiben. Der Schreibmeister Johann Neudörffer d. Ä. und seine Nachfolger in Nürnberg, Nürnberg 2007.

Die erste überlieferte deutsche Schreibanweisung verdanken wir Johann Neudörffer d. Ä., geboren 1497 in Nürnberg als Sohn eines weltweit gereisten Kürschners.[7] Er errichtete in Nürnberg eine eigene Schreibschule und gilt als „Stammvater" der Schreibmeister. Als 22-jähriger verfasste und verlegte er dort 1519 das erste Schreibmusterbuch nördlich der Alpen. Von ihm stammen auch die ersten gedruckten „Vorschriften-Seiten", die in ähnlicher Schriftweise und grafischer Auszier über Jahrhunderte im deutschsprachigen Raum Leitbild-Funktion einnehmen sollten (Abb. 1).[8]

Wesentlich umfangreicher an Seiten und Schriftvarianten ist das zweite, 1538 in Nürnberg erschienene Neudörffer-Schreibmusterbuch, das eigentliche Standardwerk für die deutsche Schreibkultur des 16. und 17. Jahrhunderts mit dem Titel „Ein gute Ordnung vnnd Kurtze vntericht Zierlich schreibens".[9]

Die Nürnberger Schreibmeister-Familie Neudörffer entwickelte im deutschen Sprach- und Schriftraum im 16. und 17. Jahrhundert die sogenannte „deutsche Fraktur". Von den italienischen Buchformaten angeregt, setzten die Neudörffer-Musterbücher ein konsequent eingehaltenes Querformat durch. Beide Charakteristika, deutsche Fraktur und Querformat der Schreibmusterseiten, überdauerten die Geschichte der deutschen Schriftkultur bis zur Mitte des 19. Jahrhunderts. Die Neudörffer-Musterbücher bewirkten zudem, dass bis zum 18. Jahrhundert und auch noch darüber hinaus dem Schönschreiben stets ein Vorrang vor dem Rechtschreiben zugebilligt wurde.

Hervorhebenswert hinsichtlich unserer speziellen Untersuchung zum Thema „Vorschriften" ist, dass seit dem Erscheinen der Schreibmusterbücher der Familie Neudörffer zwar noch keine einheitlichen Termini für „mustergültige Schriftnormen" wie Vor- oder Manierschriften üblich waren, aber die Textausrichtung und die Textgliederung auf den einzelnen Blättern seit dem 16. Jahrhundert (1538) wie genormt unverändert blieben, eine Neudörffer-Vorgabe für nachfolgende Jahrhunderte (Abb. 1a): Wie die Buchformate sind auch die gedruckten Textseiten querformatig ausgelegt und zählen in der Regel pro Seite 5–15 Textzeilen. Am Textanfang und oftmals auch um den Text herum werden vereinzelt größere Buchstaben mit kunstvollen Schwüngen als Rahmungen hervorgehoben. Der Textblock in der Blattmitte ist mit vorbildhaften Sinnsprüchen oder kurzen Geschichten religiösen, historischen oder allgemein weltlichen Inhalts kalligrafisch gestaltet. In der Mehrzahl der Fälle werden diesem Schriftblock, ein wenig abgesetzt davon, eine oder zwei Alphabet- und nicht selten zusätzlich auch Zahlenreihen hinzugefügt. Dies hier schon erkennbare Grundschema der jeweiligen Seitengestaltung wurde in den nachfolgenden Zeitepochen einerseits konsequent beibehalten und andererseits kunsthandwerklich variantenreich durch Farbe und Tinte mittels Pinsel und Federkiel überhöht (Abb. 1a–e).

Die „ars scribendi" Neudörfferscher Prägung fand nach 1538 – gut ein Jahrzehnt später – einem allgemeinen Trend nach mustergültigen Schreibprogrammen folgend, im Rheinland, am Oberrhein, in der Schweiz, aber auch in anderen Metropolen allergrößten Zuspruch.[10] Kurze

7 Linke/Sauer, Zierlich schreiben.

8 Doede, Schön schreiben, S. 26. – Karl-Heinz Ziessow, Schrift als Handwerk: Schreibmeisterbücher des 16. bis 19. Jahrhunderts aus der Sammlung Friedrich Soennecken, in: Ziessow/Maas, Hand-Schrift, S. 127–151, hier S. 140ff.

9 Ziessow, Schrift als Handwerk, S. 137ff. – Linke/Sauer, Zierlich schreiben, S. 69ff.

10 Nur einige Schreibprofessionisten überregionaler Ausstrahlung sollen hier Erwähnung finden: 1549 verfasste der Kölner Schreibmeister Caspar Neff das Schriftenbuch „Eine köstliche Schatzkammer der schreibkunst" (Abb. 1b, s. auch Doede, Schön schreiben). Von hier aus wurde die Schönschreibkunst innovativ bis in das nördliche Rheinland einschließlich Westfalens verbreitet. Neben Nürnberg und Köln entfaltete sich Zürich zu einem viel beachteten Druck- und Verlagsort der gedruckten Kalligrafie (s. auch Doede, Schön schreiben, Ziessow, Schrift als Handwerk sowie Fritz Funke, Die Schreibmeisterbücher des deutschen Buch- und Schrift-

Erwähnung verdient in diesem Zusammenhang auch die Entfaltung der kalligrafischen Schrift in Westeuropa, zumal von dort bedeutende Impulse über die Niederlande bis nach Westfalen, Ostfriesland und Schleswig-Holstein weitervermittelt wurden. Die Niederlande konnten sich im „Goldenen Zeitalter" des 17. Jahrhunderts zu einem europäischen Zentrum des Buchdrucks, insbesondere auch der Schreibmeisterbücher, entwickeln und wurden somit vorbildgebend für die umliegenden Territorialstaaten.

Trotz der Fülle an Spezialuntersuchungen zum Thema der gedruckten Schreibmusterbücher im deutschsprachigen Raum sowie in den angrenzenden Ländern fehlt bis heute ein Gesamtkatalog dieser Literatur, was der bekannte Leipziger Erforscher der Schreibmusterbücher Friedrich Funke schon im Jahre 1955 als beklagenswertes Wissenschaftsdesiderat anprangerte.[11] Es muss deshalb darauf verwiesen werden, dass nicht nur in den bislang hier erwähnten Druck- und Verlagszentren Schreibmusterbücher, vor allem nach 1700, ediert wurden, sondern zum Beispiel in großer Zahl auch in Mitteldeutschland mit der ausstrahlungsstarken Leipziger Region.

Ein kurzer Blick auf die Schönschreibseiten der Schreibmeister Möller/Lübeck[12] oder Cöntgen/Mainz (Abb. 1d und 1c), aber auch auf die der zahlreichen anderen Meister der gedruckten Schreibvorlagen gibt zu erkennen, dass die seit Neudörffer im deutschsprachigen Raum geschaffene charakteristische, fast typenmäßige Gliederung der einzelnen Schriftseiten mehr oder minder allerorten gebührende Nachahmung erfahren hat. Dieser Trend währte bis zur Mitte des 19. Jahrhunderts.[13] All diesen gedruckten Kupferstichvorlagen der Schreibmusterbücher fehlen jedoch bis zum Ende des 17. Jahrhunderts buntfarbige Rahmen-Gestaltungen, die danach – vor allem ausgehend von den Niederlanden und dann ausstrahlend in die angrenzenden Gebiete – in Form handkolorierter Kupferstichdrucke (z.B. Abb. 4c) weite Verbreitung und hohe Serienauflagen erreichten.

museums der Deutschen Bücherei, in: Zentralblatt für Bibliothekswesen 69 [1955], S. 257–283). – In der Drucktechnik des Kupferstichs verlegte Clément Perret in Antwerpen 1569 erfolgreich und mit Nachfolgewirkung das Standardwerk „Exercitio Alphabetica" (Paul Bergmans, Clément Perret, calligraphe bruxellois du XVIe siècle, in: Annales de l'Académie royale d'archéologie de Belgique 1902, S. 53–69).

11 Funke, Schreibmeisterbücher.

12 Jürgen Kühl, Arnold Möller (1581–1655). Leben und Wirken eines Lübecker Schreib- und Rechenmeisters der Barockzeit, in: Der Wagen 2000, S. 110–137.

13 Für den Raum Schleswig-Holstein sollte der Verweis auf den Kupferstecher, Schreibmeister und Verleger Arnold Möller aus Lübeck genügen, der zwischen 1642 und 1649 das „Schreibestübelein"-Buch auf den Markt brachte (Abb. 1d, s. auch Funke, Schreibmeisterblätter). Man darf folgern, dass auch dieses Schreibmusterbuch einen größeren Absatzradius in und um Lübeck erzielen konnte. – Ähnliche Schreibmeister-Buchverlage konnten von Kunsthistorikern und Bildungsforschern schon vor Jahrzehnten ebenfalls im Rheinland und in Westfalen nachgewiesen werden: a) Johann Mercken verlegte in den Jahren 1782/85 in Elberfeld ein zweibändiges Werk: „... ein neu inventarisiertes Kunst-, Schreib- und Zeichenbuch" (Funke, Schreibmeisterbücher, S. 269). Diese Elberfelder Bücher verdienen deshalb ein besonderes Interesse, weil aus den Signaturen an den Blatträndern ersichtlich ist, dass bei diesem zweibändigen Werk auch der bekannte Mainzer Kupferstecher Henrich Cöntgen mitgewirkt hat (Abb. 1c). Auch bei anderen Schreibmusterbüchern überregionaler Ausstrahlung, wie beim Buch von Johann Friedrich Bernhard Menzzer: „Anleitung zur Schönschreibkunst", Darmstadt 1775, hat er gestaltend mitgewirkt (Funke, Schreibmeisterblätter, S. 25). Dieser Mainzer Kupferstecher Cöntgen ist für unsere Analyse deswegen von besonderem Interesse, weil er seine Konvolute gedruckter Vorschriftenblätter von Frankfurt aus bis ins ferne ostfriesische Rheiderland verkaufen konnte (Ottenjann, Schönschreibende und buntmalende Landschulkinder, Abb. 9). b) „Als belebendes Element in der literarischen und Verlagsszene der Stadt Münster und zu den vorzüglichen Buchhandlungen Westfalens" zählte gegen Ende des 18. Jahrhunderts die Verlagsbuchhandlung von Philipp Heinrich Perrenon (Hans Galen [Hg.], 500 Jahre Buchdruck in Münster, Ausstellungskatalog des Stadtmuseums Münster, Münster 1991, S. 38ff.). Auch der schon genannte Kupferstecher Cöntgen belieferte diesen Verlag mit zahlreichen Schönschreibmustern. Es ist zu vermuten, dass die Perrenonschen Schreibvorlagebücher, auch mit Unterstützung seiner zahlreichen Filialen in Osnabrück und Hamm, im ländlichen Raum Westfalens den größten Absatz und entsprechende Vorbildfunktion für die handgefertigten Vorschriftenblätter der Schulen in Stadt und Land erreichen konnten (Ottenjann, Schönschreibende und buntmalende Landschulkinder, S. 112, Anm. 57).

Terminologie-Festlegung des Begriffes „Vorschriftenbücher“ durch Michael Baurenfeind

Meilensteine für die Verbreitung der Schreibkunst bis in alle Sozialschichten hinein sind die von Michael Baurenfeind – natürlich aus Nürnberg – edierten Schreibmeisterbücher aus der Zeit von 1716 bis 1737.[14] Sein Regelwerk für die Schriftgestaltung in deutschsprachigen Gebieten „entwirft ein System von Grundformen, die der handwerklichen Standardisierung des Schreibens dienen sollen. Mit der Darstellung lateinischer, italienischer, französischer und holländischer Kursive ist Baurenfeinds Anleitung ein Beispiel für die erneute ‚Internationalisierung‘ der Schriftlichkeit, die im 18. Jahrhundert auch den deutschsprachigen Bereich wieder einbezieht.“[15]

Für die hier genannten Forschungsansätze zur Geschichte und zur überregionalen Ausbreitung der „Vorschriften-Bücher“ ist es von grundlegender und zukunftsweisender Bedeutung, dass Baurenfeind sich ganz gezielt an eine bisher mehr oder minder vernachlässigte Bildungsschicht wandte, nämlich an Kinder und Jugendliche. Schon in seiner ersten Schrift des Jahres 1716 heißt es dazu: „Der Jugend ein sicherer und angenehmer Wege, wie sie / mit sonderbarem Vortheil ohne einige Information von / selbsten hierinnen sich gar leicht belehren ... kan.“[16] In gleicher Intention verfasste er 1739 ein weiteres „Lehrbuch“ für die Jugendgenerationen; dies überaus erfolgreiche Werk hat wegen seiner Begrifflichkeit allüberall Akzeptanz und Nachahmung gefunden.[17]

Nicht minder bedeutsam ist, dass er für die gedruckten Schönschreibbücher und die danach erstellten handgefertigten Schönschreibblätter einen neuen allgemein akzeptierten Terminus kreierte, nämlich den der „Vorschriften“ (hin und wieder auch von anderen Autoren „Manierschriften“ genannt)[18], die nach „Mustervorlagen“, also nach anerkannt mustergültigen Vorschriften erstellt wurden. Der Begriff „Vorschriften“ hatte seit dieser Zeit bis zur Mitte des 19. Jahrhunderts im allgemeinen Sprachgebrauch – auch in den Niederlanden (dort: „Voorschrift“ genannt)[19] – eine standardisierte Bedeutung.

Handgefertigte Vorschriftenblätter ostfriesischer Schulkinder des 18. und 19. Jahrhunderts

Ein Verlag für Schönschreibbücher, die in Kupferstichtechnik als Schreibvorbilder produziert wurden, ist für Ostfriesland zwar nicht nachgewiesen, wohl aber sind Buchhandlungen, die derartige Publikationen der zeittypischen Schriftkultur im Verkaufsangebot führten, in großer Zahl bekannt.

Zwei umfängliche gedruckte Blatt-Konvolute (jeweils über 30 Seiten) aus dem ostfriesischen Rheiderland, benutzt von Lehrern der Weener Landschule, konnten inzwischen entdeckt werden.[20] Sie wurden als gedruckte Schreibübungsblätter (sicherlich auch in Buchform)

14 Doede, Schön schreiben. – Funke, Schreibmeisterbücher. – Ziessow, Schrift als Handwerk, S. 140ff. – Linke/Sauer, Zierlich schreiben, S. 132ff.

15 Ziessow, Schrift als Handwerk, S. 140.

16 Ziessow, Schrift als Handwerk, S. 140.

17 Ebd., S. 142.

18 Johann Hering, Allerley Manierschriften, Teilwiedergabe der Handschrift Kulmbach 1626, mit einem Nachwort hg. v. Erwin Herrmann, Hürtgenwald 1982 (Reprint).

19 Jaap Bruintjes/Margriet Oostra, „Een swijgende welsprekentheid“. Schoonschriften en wensbrieven, 1750–1850, uit de collectie van Museum Smallingerland, Drachten 2002.

20 Ottenjann, Schönschreibende und buntmalende Landschulkinder.

Abb. 2a

Abb. 2b

Abb. 2c

Abb. 2d

Abb. 2e

Abb. 2f

Abb. 2a: Handgefertigtes Vorschriftenblatt der Bunder Schule aus dem van Heuvel-Balsters-Konvolut, bunt gemalt und schön geschrieben von dem Landschulkind Jan H. Duizelaar; ***Abb. 2b****: Handgefertigtes buntes Vorschriftenblatt eines ostfriesischen Landschulkindes, Ostfriesisches Landesmuseum Emden. Handgefertigte Vorschriftenblätter der Bunder Schule aus dem van Heuvel-Balsters-Konvolut;* ***Abb. 2c****: Lehrer Jürgen Eppens, 1774;* ***Abb. 2d****: Schüler Harm van Heuvel, Lehrer Jürgen Eppens, 1774;* ***Abb. 2e****: Schüler van Heuvel, Lehrer J. Danhuis, 1783;* ***Abb. 2f****: Schüler Hinderykus van Heuvel, Lehrer Jan Bödeker, 1782 .*

Abb. 3a

Abb. 3b

Abb. 3c

Abb. 3d

Abb. 3e

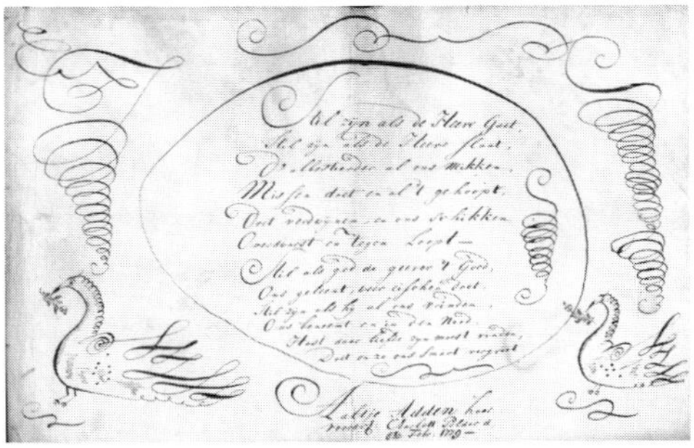

Abb. 3f

Handgefertigte Vorschriftenblätter der Bunder Schule aus dem van Heuvel-Balsters-Konvolut: ***Abb. 3a****: des Schülers Jan van Heuvel, Lehrer Jürgen Eppens, 1772;* ***Abb. 3b****: des Schülers Harm van Heuvel, Lehrer Jürgen Eppens, 1775;* ***Abb. 3c****: des Schülers Daniel F. Wegenharts, 1782;* ***Abb. 3d****: des Schülers Hinderikus van Heuvel, Lehrer J. Danhuis, 1783;* ***Abb. 3e****: der Schülerin Aaltje Adden, Lehrer G. Garrelts, 1778;* ***Abb. 3f****: der Schülerin Aaltje Adden, 1779.*

von den Kupferstechern und Schreibmeistern J. G. Krügner aus Leipzig (1764) und Henrich Cöntgen aus Mainz (1786) hergestellt (Abb. 1e und 1c). Beide waren zu ihrer Zeit namhafte Schriftkünstler mit überregionalem Wirkungsradius, die in vielen Büchern dieser Kategorie als Mitgestalter genannt werden.[21]

Eine jüngst angesetzte Suchaktion nach gedruckten oder handgeschriebenen Schreibübungs-Büchern oder -Blättern in Ostfriesland zeitigte erfreuliche Ergebnisse,[22] weil aus Privatbesitz[23] und Museumssammlungen[24] auf Anhieb fast 100 weitere mit „Pinsel und Feder" erstellte Vorschriftenblätter dokumentiert werden konnten. Dieser Quellenfundus reicht aus, um die Typik, die Akzeptanz und die regionale Vielfalt dieser Zeugen der Schulbildung und der Lese- und Schreibkultur in Stadt und Land seit dem 18. Jahrhundert für den Raum Ostfriesland genauer zu erforschen und darzulegen.

Aufgrund des bislang in Ostfriesland entdeckten „Schatzes" an Vorschriftenblättern kann gesagt werden, dass diese Blätter kein typisches kulturelles Phänomen dieser Region repräsentieren, sondern sich harmonisch in den Kontext der Kalligrafie sowohl des deutschsprachigen als auch des alteuropäischen Kulturraumes einfügen. Eindeutig ablesbar ist an diesen Schriftblättern der intensive Kulturtransfer sowie die enge Kulturvernetzung mit den benachbarten Ländern – für Ostfriesland in hohem Maße, wie zu erwarten, natürlich mit den Niederlanden.[25]

Die allein für Ostfriesland in relativ ansehnlichen Mengen entdeckten handgefertigten Vorschriftenblätter erlauben die Feststellung, dass nach den Vorgaben der gedruckten Schreibmusterbücher seit dem 18. Jahrhundert in allen Kirchspielschulen und später auch in den Nebenschulen die Schönschreibweise als mustergültiges (vorschriftsmäßiges) Standard-Lehrprogramm über mehr als ein Jahrhundert eingeübt wurde. Nur wenige dieser Dokumente der Schönschreibfähigkeit ostfriesischer Schüler fanden Aufnahme in Museumssammlungen, erstaunlicherweise verwahrten jedoch viele Familien auf dem Lande diese „Zeugnisse des Lerneifers" der eigenen Kinder als Blatt-Konvolute in ihren Privatarchiven. Das von uns entdeckte Vorschriftenblatt-Konvolut der miteinander eng verwandten Höfe van Heuvel (auf dem ostfriesischen „Charlottenpolder" im Rheiderland) und Balsters (auf dem ostfriesischen „Landschaftspolder" im Rheiderland) ist dafür ein beredter Quellennachweis, stellvertretend für einstmals zigtausende dieser „Schrift-Zeugnisse" allein in Ostfriesland.

Aus diesem sogenannten „van Heuvel/Balsters-Konvolut" sowie aus weiteren Sammlungen Ostfrieslands werden hier nur zwei Gruppen vorgestellt, die eine erkennbare Typik wider-

---

21 Heinrich Hugo Cöntgen in Mainz war Kupferstecher wie viele seiner Familienmitglieder vor und nach ihm (Künstler-Lexikon Thieme-Becker, Bd. 7, S. 169); freundliche Mitteilung von Herrn Horst Arians, Remels. Cöntgen gestaltete zusammen mit Johannes Merken (Entwurf und Zeichnungen) die Bebilderungen zu den Büchern „Liber artificiosus Alphabeti majores" (1782/85) und „Kunst Schreib und Zeichen Buch", 1783 – Johann Gottfried Krügner d. Jüngere (geb. 29.09.1714, gest. 04.05.1782) war wie sein Vater, Johann Gottfried Krügner d. Ältere (geb. 1684 in Dresden, gest. 25.02.1769 in Leipzig), Kupferstecher in Leipzig.

22 Ottenjann, Schönschreibende und buntmalende Landschulkinder. – Helmut Ottenjann, Neu entdeckte Konvolute „buntgemalter und schöngeschriebener Wunschbriefe sowie Vorschriftenblätter" Ostfrieslands des 18. und 19. Jahrhunderts. Ein Fortsetzungsbeitrag zur ostfriesischen Schul- und Bildungsgeschichte auf dem Lande, in: Emder Jahrbuch für historische Landeskunde, Bd. 88/89 (2008/2009), S. 115–141.

23 Nicht nur die Tageszeitungen Ostfrieslands berichteten 2008/2009 über die wissenschaftlichen Ergebnisse der „Wunschbiefe" und „Vorschriftenblätter" Ostfrieslands, sondern auch die Kirchenzeitungen der evangelisch-lutherischen sowie der evangelisch-reformierten Kirchen, so dass Privatleute als Eigentümer dieser Dokumente erreicht werden konnten.

24 Auf die respektable Sammlung ostfriesischer Schönschreibblätter im Ostfriesischen Landesmuseum Emden machte mich dankenswerterweise der Wissenschaftliche Mitarbeiter am Museum, Herr Aiko Schmidt M.A., aufmerksam.

25 Bruintjes / Oostra, „Een swijgende welsprekentheid". – Leontine Buijnsters-Smets, Dekoratieve prenten met geschreven wensen, 1670–1870, Nijmegen 2007. – Ottenjann, Neu entdeckte Konvolute.

spiegeln (Abb. 1f, 2 u. 3): Einer *ersten Gruppe* lassen sich Vorschriftenblätter zuordnen, die auch als „Klassiker“ deklariert werden können: Querrechteckige Blätter präsentieren einen bisweilen vielfarbig gestalteten Textblock, umrandet von floraler und figurativer Auszier. (Abb. 1f u. 2a) Wie schon des Öfteren hervorgehoben, beginnen die nach den kalligrafischen Regeln mit Vogelfedern und Eisengallustinte ornamentierten Blätter zunächst mit Großinitialen, gefolgt von großen und normalen Schriftzeilen, häufig unten mit Alphabet- und Zahlenreihen endend. Nur in den allerseltensten Fällen fehlen die exakten Herstellungsdaten, die Namen und Orte der Aufsicht führenden Schreib- und Schulmeister einerseits und die der Schüler als den Vorschriftenblatt-Produzenten andererseits. Diese genannten Charakteristika der ostfriesischen Vorschriftenblätter finden sich in deutscher Schrift und Sprache fast standardmäßig – wie nachfolgend noch dargelegt – auch in der gesamten Rheinregion einschließlich der Niederlande und – wohl zehntausendfach dokumentiert – auf den Vorschriftenblättern, die die deutschen Auswanderer aus den Ober- und Mittelrheingebieten in Amerika (Pennsylvania) und Kanada (Ontario) als überkommenes deutsches Kulturgut in der neuen Heimat – verfasst stets in deutscher Sprache und Schriftweise – mehr als ein Jahrhundert vorbildgetreu tradierten (Abb. 5e–5f).

Alle für diese erste Gruppe aufgelisteten charakteristischen Merkmale treffen in gleicher Weise auch für einige weitere handgefertigte Vorschriftenblätter zu. Nur ein einziger markanter Unterschied trennt beide Gruppen: Statt einer bunt gemalten, schön geschriebenen Großinitiale wird nun der Anfangsbuchstabe mit Hilfe von gestanzten Kupferblechinitialen in rot getupfter Manier erstellt (Abb. 2b). Diese Variante des Kalligrafie-Schreibmusters wird zur gleichen Zeit allerorten von den Lehrern und Schülern genutzt, und das nicht nur in Ostfriesland, sondern grenzüberschreitend auch in anderen europäischen Ländern.[26] Regionale und zeitbedingte Unterschiede sind vorerst nicht festzustellen, was auch wohl damit erklärt werden kann, dass diese Kupferblechbuchstaben damals in besonderen Fabrikationszentren serienmäßig gestanzt wurden und – wegen der regen Nachfrage alle Territorialgrenzen überwindend – weithin verlegt werden konnten.

Aus dem van Heuvel/Balsters-Konvolut der Vorschriftenblätter (56 Exemplare), sollen hier nur 12 dieser von ostfriesischen Schulkindern auf dem Lande gefertigten Schönschreibblätter des 18. Jahrhunderts vorgestellt werden (Abb. 1f, 2 u. 3). An ihnen können – trotz überregional ähnlicher Vorgaben – individuelle Charakteristika beobachtet werden, und zwar in erster Linie aufgrund des unterscheidbaren Leistungsspektrums der Lehrer sowie des Lernvermögens der Schulkinder: Vier Schulkinder der Rheiderländer Bauernfamilie van Heuvel (Charlottenpolder) besuchten in den Jahren 1774 bis1783 die Bunder Kirchspielschule und kreierten Vorschriften-Zertifikate merklich ähnlicher Auszier, nämlich mit winklig durch Strichmuster-Füllungen gezierte Textblockrahmungen sowie mit einem seitlich angesetzten Großinitialen-Feld (Abb. 2c-f). Die unter Anleitung des Bunder Lehrers Jürgen Eppens entstandenen Blätter des Jahres 1774 (Abb. 2c u. 2d) sind fraglos aufgrund derselben Ziervorlage entstanden; abweichend davon erlaubte der Bunder Lehrer J. Danhuis 1783, dass das Initialenfeld nicht mehr exakt recht-, sondern schrägwinklig gestaltet wurde (Abb. 2e). Das im Jahre 1782 unter der Aufsicht des Lehrers Jan Bödeker entstandene Bunder Vorschriftenblatt eines van Heuvel-Kindes zeigt zwar einige Ähnlichkeiten mit den vorgenannten Blättern (recht-

26 Ottenjann, Schönschreibende und buntmalende Landschulkinder. – Ottenjann, Neu entdeckte Konvolute.

winklige Rahmung des Textblockes), aber nunmehr auch ein kreisrundes Initialenfeld statt eines geradlinigen sowie eine filigrane Buntfarbigkeit (Abb. 2f). Ein zusätzliches Spezifikum der ostfriesischen Rheiderland-Region ist die souveräne Verwendung sowohl der deutschen als auch der niederländischen Sprache und Schreibweise.

Sechs hier präsentierte Vorschriftenblätter der van Heuvel-Schulkinder aus der Zeit von 1772 bis 1783 sind ebenfalls – wie viele andere im Balsters-Konvolut – auffallend ähnlich strukturiert (Abb. 3): Das mit schwarzer Tinte (mit breiten und spitzen Vogelfedern) kreativ gezeichnete Rahmendekor dieser Blätter besteht aus Schnörkelornamenten sowie nicht selten auch aus Schnörkelfiguren, eine Tradition, die höchst wahrscheinlich auf niederländische Vorbildzeichnungen zurückzuführen ist.[27]

Die Texte all dieser Vorschriftenblätter aus dem Balsters-Konvolut bestehen aus kurzen Geschichten oder Sinnsprüchen nach gedruckten Vorschriftenblättern, in ihrem Inhalt gebilligt oder kontrolliert durch behördliche (Amtsvogt) oder kirchliche Vorgesetzte (Kirchspielspfarrer). Wie diese Blätter im Verlauf der Jahrhunderte auch immer gestaltet wurden, niemals fehlen die „Beurkundungen" zum einen durch die jeweiligen Schul-Lehrmeister (einschließlich der Zeit- und Ortsangabe) sowie zum anderen durch die Schulkinder als Fertiger dieser „Zertifikate" (eine Art „Zeugnis"). Im Unterschied zu den vielen Wunschbriefen fehlen jedoch regelmäßig die Namen der Adressaten, ganz offensichtlich deshalb, weil die Vorschriftenblätter nur für das Elternhaus bestimmt waren.

Gedruckte Vorbilder und handgefertigte Abbilder hochformatiger „Schaublätter" mit Vorschriftentexten

Entsprechend den Vorbildern in den gedruckten Schreibmeisterbüchern wurde seit Neudörffer d. Ä. (1519/1538) in den nachfolgenden Jahrhunderten die überwiegende Mehrzahl aller gedruckten oder handgeschriebenen Schönschreib-/Vorschriftenblätter auf querformatigem Büttenpapier geschrieben. Ab 1533 bis zur Mitte des 19. Jahrhunderts jedoch wurden zum selben Zweck auch Blattformate genutzt, die die doppelte Höhe eines querformatigen Blattes vorweisen (1. Neudörffer-Schaublatt, Abb. 4a) und mit neuer Textausrichtung und Rahmenzier gestaltet sind, sogenannte Schaublätter[28], u. a. auch für den Schulunterricht gedacht (Abb. 4 u. 5a–b). Hier zusammengefasst als *zweite Gruppe* handgefertigter Schönschreibblätter. Sie verfügen über mehrere gestaffelte Text-Blöcke, jeweils mit einer Vielzahl an Großbuchstaben beginnend. Der Schreibaufwand sowie die Kunst der Kalligrafie und der Ausgestaltung mit rahmenden Figuren und Ornamenten forderten bei diesen großformatigen Büttenpapieren von Lehrern und Schülern einen wesentlich höheren Zeitaufwand und ein ausgeprägteres Gestaltungsgeschick als bei den nur halb so großen gedruckten oder handgefertigten Vorschriftenblättern (Abb. 4a–d, 5a–b).

Dank der umfassenden Publikation von Leontine Buijnsters-Smets über die kolorierten Kupferstichdrucke mit rahmenden Bildszenen im Hochformat ist bekannt, dass derartige niederländische Blätter seit 1670 in der großen freien Blattmitte mit Glück- und Segenswünschen handschriftlich ausgefüllt wurden und dann als „Heischeblätter" an die Verwandtschaft oder

27 Doede, Schön schreiben. – Funke, Schreibmeisterblätter.

28 Der Terminus „Schaublätter" wird erklärt von Linke/Sauer, Zierlich schreiben, S. 62ff.

in der Nachbarschaft – vor allem in der Weihnachtszeit, aber auch zu anderen kirchlichen Festtagen, selbst zu Kirmesfesten – verteilt wurden.[29] Weniger bekannt hingegen ist, dass die hochformatigen Blätter mit Kranzbilddrucken – auch in den Niederlanden – für handgefertigte Vorschriftentexte genutzt wurden.[30] Während die „Kranzbilddrucke“ niederländischer Verlage mit handgefertigten Glück- und Segenswünschen in großer Zahl auch in Ostfriesland (das Balsters-Konvolut enthält neun Belege)[31] Verwendung fanden,[32] konnte in Ostfriesland erst in jüngster Zeit ein hochformatiges, in Kupferstichtechnik gestaltetes Kranzbild entdeckt werden (Abb. 4c),[33] dessen Mittelfeld als handgeschriebenes Vorschriftenblatt („Schaublatt“) in allerbester Qualität gestaltet wurde. Obwohl die mit Rokoko-Kartuschen umrandeten Szenen dieses Blattes ein historisches Ereignis des Jahres 1748 in den Niederlanden darstellen, nutzte es Herre Dircks aus Westermarsch (nordwestlich von Norden) erst am 30. April 1777 – also fast 30 Jahre später – im Alter von 14 Jahren. Der handgeschriebene Text nimmt keinen Bezug zu den Bildern und ist viermal durch große sowie normale Schriftzeilen gegliedert, wobei die Großbuchstaben mit feinster Vogelfeder kalligrafisch abgesetzt sind. Dass derartig herausragend gestaltete Blätter mit Glasrahmen geschützt und dann im Haus der Blattempfänger öffentlich zur Schau gestellt wurden, ist für Ostfriesland belegt.[34]

Dieser zweiten Gruppe hochformatiger Vorschriftenblätter („Schaublätter“) lassen sich auch drei bunt kolorierte Exemplare zuordnen, die von demselben Kind in der Landschule in Westermarsch angefertigt wurden (Abb. 4d, 5a u. 5b) wie der zuvor schon vorgestellte Kranzbilddruck des Herre Dircks (Abb. 4c). Diese drei Bilddokumente verfertigte Jacob Folckerts Schmidt, wohl ein Bauernsohn aus Westermarsch, 1753/54. Da alle drei Blätter mit ähnlicher Auszier gestaltet wurden (farbig gemalt mit rahmenden Figurengruppen und mehrfach gegliederten Textblöcken mit Großinitialen), ist zu vermuten, dass sie unter der Anleitung desselben Schönschreibmeisters entstanden sind, der im Vergleich zu den Vorschriftenblättern der Bunder Schule einen eigengeprägten Duktus erkennen lässt. Die einzelnen Motive am Blattrand sind alle rückführbar auf die „dekoratieven prenten“, die auch in der Monografie von Leontine Buijnsters-Smets vorgestellt werden.[35] Wiederum wird der starke niederländische Kulturtransfer nach Ostfriesland augenfällig. Es ist anzumerken, dass in der Westermarsch-Landschule alle vier aufgeführten hochformatigen Kranzbildblätter aus der zweiten Hälfte des 18. Jahrhunderts mit sogenannten Vorschriftentexten gefüllt wurden. Dies lässt auf ähnliche Lernmittel und pädagogische Traditionen der Westermarsch-Schule und ihrer Schönschreibmeister schließen.

Die „ars scribendi“ vermochte – wie dargelegt – schon seit der Renaissance kirchliche oder territoriale Grenzen zu überwinden und fand im Laufe der Jahrhunderte nicht nur bei den Oberschichten, sondern nach und nach auch bei den führenden Schichten in der Stadt und selbst auf dem Lande regen Zuspruch. Schließt man in ihren Abnehmerkreis die Schulkinder mit ein, die solche Schönschreibbücher im Unterricht mehr oder minder täglich als Vorbilder für ihre Abschriften zu nutzen hatten, wird deutlich, dass Schreibmeisterbücher zur Wissensvermittlung grenzüberschreitenden Absatz fanden. Die einzige Barriere war wohl die Höhe

29 Buijnsters-Smets, Dekoratieve prenten.
30 Bruintjes / Oostra, „Een swijgende welsprekentheid“.
31 Ottenjann, Neu entdeckte Konvolute.
32 Ottenjann, Schönschreibende und buntmalende Landschulkinder, S. 137.
33 Ottenjann, Neu entdeckte Konvolute.
34 Karl Justus Gruner, Meine Wallfahrt zur Ruhe und Hoffnung oder Schilderung des sittlichen und bürgerlichen Zustandes Westphalens am Ende des achtzehnten Jahrhunderts, veröffentlicht 1803; eine Neuauflage mit Kommentaren (Gerd Dethlefs und Jürgen Kloosterhuis) erscheint 2009 in zwei Bänden in der Reihe des Geheimen Staatsarchivs PK Berlin-Dahlem.
35 Buijnsters-Smets, Dekoratieve prenten.

Abb. 4a

Abb. 4b

Abb. 4c

Abb. 4d

***Abb. 4a**: Schaublatt des Johann Neudörffer d. Ä., 1533, Stadtbibliothek Nürnberg, aus: O. Linke und Chr. Sauer, 2007 (wie Anm. 6), S. 63; gedruckte Vorschriftenblätter: **Abb. 4b**: des Schülers Jacob Folckerts, 1751, Ostfriesisches Landesmuseum Emden; **Abb. 4c**: des Schülers Herre Dircks, „14 Jahre alt“, Westermarsch 1777, Privatbesitz; **Abb. 4d**: des Schülers Jacob Folckerts Schmidt, Westermarsch 1753, Ostfriesisches Landesmuseum Emden.*

Abb. 5a

Abb. 5b

Abb. 5c

Abb. 5d

Abb. 5e

Abb. 5f

Handgemalte Vorschriftenblätter: ***Abb. 5a****: des Jacob Folckerts Schmidt, Westermarsch 1753, Ostfriesisches Landesmuseum Emden;* ***Abb. 5b****: des Jacob Folkerts, Westermarsch 1754, Ostfriesisches Landesmuseum Emden;* ***Abb. 5c****: der Anna Barbara Reuteggerin, 1793, Museum der Kulturen Basel;* ***Abb. 5d****: des Johannes Ardeuller 1812, Museum der Kulturen Basel;* ***Abb. 5e****: des Johannes Clemens, 1816, aus: M. J. Lederach Hershey, 2003 (wie Anm. 39), S. 133;* ***Abb. 5f****: des Martin Oberholtzer, ca. 1782/84, aus: M. J. Lederach Hershey, a.a.O., S. 99.*

des Buchpreises. Andere Buchtypen dieser Zeit, wie zum Beispiel abgeschriebene Rechenbücher, die ebenfalls von Schulkindern in Stadt und Land eifrig genutzt wurden, hatten ihre „natürlichen" Absatzgrenzen, da sie in der Frühen Neuzeit ausschließlich innerhalb der regionalen, stark unterschiedlich geprägten Währungskreise realitätsbezogen Anwendung finden konnten.[36] Dies ist wohl auch der tiefere Grund dafür, warum „abgekupferte" Vorschriften-Bücher und -Blätter nur Sprachgrenzen zu respektieren hatten, nicht aber unterschiedliche Kalligrafie-Strömungen. Dementsprechend fanden ein und dieselben Schreibmeisterbücher, entworfen von einer Vielzahl an Schönschreibmeistern in fast allen größeren Städten, „grenzenlosen" Absatz im gesamten deutschsprachigen Kulturraum.

Handgefertigte Vorschriftenblätter des alemannischen Kulturraumes

Mehr als verblüffend – besonders für den über die Thematik der handgeschriebenen Vorschriftenblätter nicht umfassend informierten Autor – ist die Erkenntnis, dass zwischen den mit Pinsel und Federkiel grafisch gestalteten Zierblättern der Kulturregion Ostfriesland einerseits und denen des alemannischen Kulturraumes andererseits (von Bern – Emmental – Luzern – Zürich bis zum Elsass sowie im gesamten deutschsprachigen Oberrheingebiet) kein grundsätzlicher Unterschied besteht (Abb. 5c u. 5d).[37] Begründet ist dies alle Territorialgrenzen überschreitende Kulturphänomen darin, dass alle Lehrer und Schüler – wie bereits herausgestellt – seit Neudörffer d. Ä. ungehinderten Zugriff auf dasselbe Quellenmaterial hatten, also auf die gedruckten Schreibmusterbücher, seit Baurenfeind auch als Vorschriftenbücher deklariert. Nach unserer Kenntnis befindet sich die umfangreichste Sammlung derartiger handgefertigter Schönschreibblätter des alemannischen Kulturraumes im Museum der Kulturen in Basel (Abb. 5c–d).[38]

Handgefertigte Vorschriftenblätter in den USA und Kanada

Es ist in hohem Maße erstaunlich, dass die größten Mengen an handgeschriebenen Schönschreibblättern des 18. und frühen 19. Jahrhunderts bislang weder in der Schweiz noch in den Niederlanden, England oder Ostfriesland, sondern in Pennsylvania/USA und Ontario/Kanada entdeckt und erfreulicherweise in zahlreichen Büchern veröffentlicht wurden.[39]

36 Wolfgang Hase und Gerd Dethlefs, Damit mußten sie rechnen ... auch auf dem Lande. Zur Alltagsgeschichte des Rechnens mit Münze, Maß und Gewicht, Cloppenburg 1994. – Gerhard Becker, Das Rechnen mit Münze, Maß und Gewicht seit Adam Ries. Schuleinschreibebücher aus Niedersachsen (Materialien & Studien zur Alltagsgeschichte und Volkskultur in Niedersachsen 21), Cloppenburg 1994. – Gerhard Becker, Das Rechnen mit Münze, Maß und Gewicht seit Adam Ries, Schuleinschreibebücher aus Niedersachsen, Bd. 2 (Materialien & Studien zur Alltagsgeschichte und Volkskultur in Niedersachsen 22), Cloppenburg 2007.

37 Ottenjann, Schönschreibende und buntmalende Landschulkinder. – Ottenjann, Neu entdeckte Konvolute. – Helmut Ottenjann, Wunschbriefe und Vorschriftenblätter. Dokumente schönschreibender und buntmalender Landschulkinder des 18. und 19. Jahrhunderts im Weser-Ems-Gebiet, in: Arbeitskreis Bild Druck Papier, Tagungsband Hagenow 2008, Münster 2009, S. 86–100.

38 Ausführliche Unterlagen zu den Vorschriftenblättern aus dem alemannischen/Schweizer Kulturraum verdanke ich Herrn Museumsleiter Dominik Wunderlin, Museum der Kulturen in Basel; dort schlummert noch ein „Schatz", der wohl bald gehoben werden dürfte.

39 Henry S. Borneman, Pennsylvania German Illuminated Manuscripts. A Classification of Fraktur-Schriften and An Inquiry into their History and Art, New York 1973. – Frederick S. Weiser/Howell J. Heaney, The Pennsylvania German Fraktur of The Free Library of Philadelphia, Bd. X u. XI, Breinigsville PA-USA 1976. – Michael S. Bird, Ontario Fraktur. A Pennsylvania-German Folk Tradition in Early Canada, Toronto 1977. – Klaus

Diese handgefertigten Schrift- und Maldokumente der Schul- und Schreibmeister sowie ihrer Schüler in den jeweiligen Parochial- (Pfarrkirch-)Schulen von Pennsylvania und Ontario wurzeln in den Schul- und Schrifttraditionen, die in den deutschsprachigen Heimatregionen der Ausgewanderten seit eh und je gepflegt wurden. Es sind aus bestimmten Regionen Europas tradierte und in die USA und nach Kanada transferierte Kulturgüter. Diese dort in Pennsylvania und Ontario in deutscher Schrift und Sprache („Pennsylvania Dutch“)[40] verfassten Vorschriftenblätter („german fractur“) geben zudem wertvolle Hinweise darauf, in welchen deutschsprachigen Regionen Europas derartige Schrift- und Sprachgepflogenheiten, eigenhändig verfasste Wunschbriefe zum Neuen Jahr sowie Vorschriftenblätter zum Schulquartalsende zu verteilen, über Generationen üblich gewesen sind.[41]

Vergleicht man nun die große Zahl der Pennsylvania- und Ontario-Vorschriftenblätter mit den bislang entdeckten aus Nordwesteuropa (Schweiz, Niederlande, Belgien, England, Ostfriesland), werden zahlreiche Gemeinsamkeiten sichtbar:[42] Alle Blätter wurden mit floralen und figurativen Motiven kunstvoll gerahmt und die Anfänge der Textzeilen durch verschnörkelte Großinitialen betont (Abb. 5e–f). Oftmals sind die ersten Zeilen doppelt oder dreimal so groß wie die nachfolgenden; nicht selten sind sie kalligrafisch vom Text abgehoben. Der laufende Text der Vorschriftenblätter ist in der Regel der Bibel oder anderen religiösen Schriften entnommen. Da die Vorschriften auch didaktische Schreibmusterblätter darstellen, fehlen nur selten eine oder mehrere unterschiedlich ausgeführte Alphabetreihen, in der Regel in Frakturschrift.

Schluss

Die regionale, interregionale und letztlich globale Verbreitung der gedruckten Schreibmeisterbücher und der danach ausgerichteten handverfassten Schönschreib-/Vorschriftenblätter zeigt ein facettenreiches Spiegelbild der Geschichte der Bildung aller Sozialschichten in der Stadt und auf dem Lande. Dieses umfassende Basismaterial der Bildungsgeschichte von der Renaissance bis zur Mitte des 19. Jahrhunderts hat es verdient, schon in naher Zukunft in einer optimalen Kooperation zwischen den Disziplinen der Kunstgeschichte und Geschichte als Interpreten der gedruckten Schönschreibbücher einerseits und der Volkskunde/Europäische Ethnologie als vermeintlich „Alleinkompetente“ der handgefertigten Schönschreibblätter andererseits wissenschaftlich aufgearbeitet zu werden. Eine derart interdisziplinäre Zusammenschau der genannten wie auch anderer Wissenschaftsdisziplinen ist derzeit im besonderen Maße Erfolg versprechend, weil das Internet mit seinen zahlreichen Suchsystemen schneller und effektvoller denn je aufdecken kann, wer einst die Texte der unendlich variationsreichen Sinnsprüche und Liedstrophen, der kurzen Geschichten etc. verfasst und welcher Schreib-

Stopp, The Printed Birth and Baptismal Certificates of the German Americans, Bd. 1, East Berlin PA-USA 1997. – Corinne and Russell Earnest, Fraktur: Folk Art & Family, Atglen PA-USA 1999. – Corinne and Russell Earnest, To the Latest Posterity. Pennsylvania-German Family Registers in the Fraktur Tradition, University Park PA-USA 2003. – Mary Jane Lederach Hershey, This teaching I present. Fraktur from the Skippack and Salford Mennonite Meetinghouse Schools, 1747–1836, Intercourse PA-USA 2003. – Don Yoder, The Pennsylvania German Broadside. A History and Guide, University Park PA-USA 2005.

40 Siehe auch: http://de.wikipedia.org./wiki/Pennsylvania_Dutch_(Sprache) und http://de.wikipedia.org/wiki/Amische.

41 Wie Anm. 39.

42 Ottenjann, Schönschreibende und buntmalende Landschulkinder. – Ottenjann, Wunschbriefe und Vorschriftenblätter.

meister zuerst bestimmte kalligrafische Ziersysteme zu Papier brachte. Ansatzweise konnte diese Internetsuche auch hier mit ersten Ergebnissen aufwarten.[43]

Eine konsequent fortgesetzte Fährtensuche und entsprechende Dokumentation der Vorschriftenbücher und der quer- und hochformatigen Vorschriftenblätter und das jetzt angedachte Forschungsprogramm zwischen dem Fach Volkskunde/Europäische Ethnologie der Universität Münster und dem Niedersächsischen Fleilichtmuseum Cloppenburg sowie dem für Ostfriesland zuständigen Niedersächsischen Staatsarchiv Aurich werden zukünftig grundlegend neue Erkenntnisse zu dieser Thematik gewinnen und veröffentlichen können. Auf diese Weise wird das Forschungsdesiderat „Vorschriftenbücher/Vorschriftenblätter“ als gewichtiger Teil der Bildungsgeschichte, als Trias der Bildungsthemen „Lesen, Schreiben, Rechnen“ auch auf dem Lande erneut aufgegriffen und Erfolg versprechend aufgehellt werden.

43 Ottenjann, Schönschreibende und buntmalende Landschulkinder, S. 124. – Z. B. zu Abb. 4b: „Also hat Gott die Welt geliebt, das merke wer es höret ...“ Text von Paul Gerhardt, vertont von Bach und Buxtehude; zu Abb. 5a: „Sollt es gleich bisweilen scheinen ...“ Trostlied mit acht Strophen von Christoph Tietze (1641–1703), zu dem es wohl mehrere Melodien – von Cf. Zahn, Scheffler, Störl – gegeben hat und das hier verkürzt wiedergegeben ist.

Die Galerie lebender Bilder im Album eines Amateurfotografen aus Michelbach im Kahlgrund

Dagmar Stonus

Die Ausgangssituation

Ein Schlösschen im Weinort Michelbach nahe der bayerischen Grenzstadt Alzenau, die sich dank ihrer Nähe zu Hessens prosperierendem Rhein-Main-Gebiet schon ab der zweiten Hälfte des 19. Jahrhunderts an den Chancen der Industrialisierung beteiligte, bildet den Ausgangspunkt der vorliegenden Betrachtung. Das Schlösschen bildete mit einigen Unterbrechungen von 1862 bis 1893 das Zentrum des „Freizeitlebens" – und zeitweise sogar Heimstatt – einer großbürgerlichen Frankfurter Familie, die ihr Privatleben seit den späten 1850er Jahren selbst als Amateure fotografisch begleitete, dokumentierte und in großen Fotoalben der Nachwelt überlieferte.[1] In der geschützten Atmosphäre des privaten „Knipsers" werden so einmalige Einblicke in das saisonale Landleben des Frankfurter Bürgertums möglich.

Michelbach – interessant insofern, als der Jubilar noch als Kind den einen oder anderen Sonntagsausflug in die nur einen kurzen Spaziergang vom Schlösschen entfernte Restauration „Herrenmühle" erlebte und dabei um etwa ein halbes Jahrhundert die sich dort ebenfalls vergnügenden Schlossbesitzer verpasst hatte. Interessant auch insofern, als im etwa fünf Kilometer vom bayerischen Michelbach entfernt gelegenen hessischen Somborn selbst familiäre Wurzeln liegen. Und interessant schließlich auch deshalb, weil die Universitätsstadt Frankfurt am Main, in der Wolfgang Brückner seine akademische Karriere begann, Heimatstadt der fotografierenden Schlossbesitzer gewesen war.

Mich selbst hat ein Museumsprojekt nach Michelbach geführt: Fünf Jahre lang bis zur Eröffnung 2006 war ich mit der Konzeption und Realisation des Museums der Stadt Alzenau im heute städtischen Schlösschen Michelbach tätig gewesen.

Fotografien als Quelle

Die Beschäftigung mit historischer Fotografie bildet einen Fixstern im wissenschaftlichen Werk Wolfgang Brückners und mündete – neben eigenen Aufsätzen und begleiteten Magisterarbeiten während seiner Laufbahn als Lehrstuhlinhaber im volkskundlichen Institut der Universität Würzburg zum Thema[2] – in zwei Ausstellungsprojekte samt zugehörigen wissen-

1 1862 wurde das Schlösschen in Michelbach durch den Frankfurter Kaufmann David Domer (1815–1899) gekauft, der es gemeinsam mit seiner Familie bis zum gemeinsamen Umzug mit der Tochter Emilie 1893 nach Darmstadt teils saisonal, teils dauerhaft bewohnte. Erst 1930 verkauften die Erben das Schlösschen an die Gemeinde Michelbach.

2 Wolfgang Brückner, Zur Fotografieforschung, in: Bayer. Bll. f. Volkskunde 3 (1976), H. 3, S. 189–190. – Ders., Ein Dorffotograf im Jahrzehnt vor dem Ersten Welt-

schaftlichen Publikationen: 1975 realisierte Wolfgang Brückner zusammen mit Ellen Maas die Ausstellung „Das Photoalbum 1858–1918“ im Münchner Stadtmuseum und 1989 im Ergebnis eines Hauptseminars am Institut für Volkskunde der Universität Würzburg die Wanderausstellung „Historische Fotografie in Unterfranken“.[3] Zahlreiche Einzelarbeiten haben Fotografien als Quelle unterdessen weiter erschlossen, sich kritisch mit deren Quellenwert auseinandergesetzt sowie über Fotografen – Berufsfotografen wie Amateure – und die Bildbetrachter reflektiert.[4] Herausgegriffen aus dem Quellenschatz der historischen Fotografie wird im Folgenden ein einzelnes Fotoalbum – das der Familie Hendschel-Domer, die von 1862 bis 1930 Besitzer und zeitweise Bewohner des Schlösschens in Michelbach gewesen war. Ergänzt wird die vorliegende Darstellung durch verschriftlichte biografische Erinnerungen einzelner Familienmitglieder.[5]

Private Lebenswelt zwischen 1858 und 1893

Das besondere Charakteristikum des im vorliegenden als Quelle verwendeten Fotoalbums liegt zweifellos in seiner amateurhaften Anfertigung noch in der Frühzeit der Fotografie, als die private Amateurfotografie aus technischen und finanziellen Gründen das Privileg einer sehr kleinen Schar von Enthusiasten darstellte und im regionalen Umfeld Michelbachs noch nicht einmal Berufsfotografen praktizieren.[6] Emil Hendschel, 1835 als Sohn von Ulrich Hendschel – dem Verleger und Herausgeber des später vom Sohn Emil zeitweise weiter geführten Kursbuches ‚Hendschels Telegraph‘ – in Frankfurt am Main geboren, war ein solcher Enthusiast, der sich, nach den schriftlich niedergelegten Erinnerungen seiner Tochter Hedwig, Objektive aus Paris hatte kommen lassen und unter dem Dach eine Dunkel-

---

krieg, in: Fotogeschichte 2 (1982), H. 2, S. 41–48. – Ders., Fotografie im fränkischen Trachtendorf 1905/15, in: Umgang mit Sachen. Zur Kulturgeschichte des Dinggebrauchs, hg. v. Konrad Köstlin/ Hermann Bausinger, Regensburg 1983, S. 258–265. – Eva Heller, Fotografien als Quelle, in: Fränkisches Volksleben. Wunschbilder und Wirklichkeit. Möbel – Keramik – Textil in Unterfranken 1814 bis 1914. Begleitband zur gleichnamigen Ausstellung des Mainfränkischen Museums Würzburg, hg. v. Wolfgang Brückner (Land und Leute. Veröff. zur Volkskunde, hg. v. Wolfgang Brückner), Würzburg 1985, S. 39–42. – Dies., Menschen am Untermain in alten Fotografien, Fechenbach am Main 1916–1933 (Land und Leute. Veröff. zur Volkskunde, hg. v. Wolfgang Brückner), Würzburg 1987 [Magisterarbeit. Univ. Würzburg 1985]. – Renate Gold, Die Fotoalben der Familie Luxburg auf Schloss Aschach. Magisterarbeit. Univ. Würzburg 1985.

3 Ellen Maas/Wolfgang Brückner, Das Fotoalbum 1858–1918. Eine Dokumentation zur Kultur- und Sozialgeschichte. Begleitband zur Ausstellung im Münchner Stadtmuseum, München 1975; hier: Wolfgang Brückner, Fotodokumentation als kultur- und sozialgeschichtliche Quelle, S. 11–31. – Wolfgang Brückner (Hg.), „Äußerst getroffen und schön“. Historische Fotografie in Unterfranken. Begleitband zur gleichnamigen Ausstellung des Instituts für Deutsche Philologie der Universität, des Bezirks Unterfranken und der Stadt Würzburg (Land und Leute. Veröff. zur Volkskunde, hg. v. Wolfgang Brückner), Würzburg 1989. – Franken und die Fotografie. Aufsätze, in: Frankenland. Zeitschrift für fränkische Landeskunde und Kulturpflege 41 (1989), S. 275–298.

4 Z. B. Timm Starl, Knipser. Die Bildgeschichte der privaten Fotografie in Deutschland und Österreich von 1880 bis 1980. Begleitband zur gleichnamigen Ausstellung im Fotomuseum im Münchner Stadtmuseum. München-Berlin 1995; Michel Frizot (Hg.), Neue Geschichte der Fotografie, Köln 1998. – Vgl. jüngst in der volkskundlichen Forschung: Christine Dippold/Monika Kania-Schütz (Hgg.), Im Fokus. Die Bildberichterstatterin Erika Groth-Schmachtenberger und ihr Werk. Begleitbuch zur gleichnamigen Ausstellung im Freilichtmuseum Glentleiten, Großweil vom 15. Juni bis 11. November 2008, Würzburg 2008.

5 Mein besonderer Dank an dieser Stelle gilt den Nachkommen der Schlossbesitzer sowie dem Heimat- und Geschichtsverein (HGV) Alzenau und der Stadt Alzenau für Hinweise und Informationen.

6 In Alzenau gab es erst um 1890/95 ein professionelles Fotoatelier, das als Filiale des Joseph Durian aus dem hessischen Seligenstadt am Main betrieben wurde und 1905 an Johann Brückner verkauft wurde, dessen Familie das Geschäft noch heute betreibt; vgl.: Karin Walter, Kahlgrund und Alzenau, in: Wolfgang Brückner (Hg.), „Äußerst getroffen und schön“, Würzburg 1989, S. 65–71, hier S. 67.

kammer zum Abzug der Fotografien auf Papier einrichtete.[7] Durch Zeitungsberichte war das Frankfurter Publikum bereits seit 1839 über die Erfindung der „Daguerreotypie" durch Louis Jacques Mendé Daguerre in Paris informiert gewesen. Im selben Jahr waren auch schon die ersten Daguerreotypien und entsprechenden Apparate im Frankfurter Handel zu erwerben und drei ortsansässige Fotografen sowie ein Wanderfotograf boten – wenig erfolgreich – ihre Dienste an.[8] Die Anwendung der Daguerreotypie befand sich zu dieser Zeit in Frankfurt noch in einer experimentellen Phase. Erst ab 1842, als die verkürzten Belichtungszeiten auch die Anfertigung von Porträts erlaubten, etablierten sich in Frankfurt die ersten professionellen Porträtateliers. Ab 1844 erlebte die professionelle Fotografie in Frankfurt durch die Einführung der Kalotypie einen großen Aufschwung, auch die entsprechenden Daguerreotypie-Apparate, „verbessert mit der Einrichtung, Lichtbilder sowohl auf versilberten Platten wie auf Papier zu erzeugen", waren ab 1845 im Handel. Die Kurzlebigkeit einer Mehrzahl der Ateliers zeugt von den kommerziellen Schwierigkeiten in dieser Frühphase der Fotografie, als die Zielgruppe aus wenigen Vertretern des gehobenen und an technischen Neuerungen interessierten Bürgertums bestand. So ließen sich etwa Arthur Schopenhauer (1842) und der Frankfurt besuchende Ludwig Uhland (1846) begeistert porträtieren.[9] Die Nationalversammlung in der Frankfurter Paulskirche 1848 war ein Glücksfall für die örtliche Fotografie, veranlasste sie doch gleich mehrere Fotografen zu Porträtserien der Parlamentsabgeordneten.[10] Das ab 1852 auch in Frankfurt angewandte sogenannte nasse Kollodiumverfahren etablierte sich bald als gängige Technik zur Herstellung von Papierbildern, gleichwohl die Kalotypie insbesondere für Stadtansichten noch bis Ende der 1850er Jahre angewandt wurde.[11]

Unterricht in der neuen Technik erteilten die Fotografen selbst, 1854 war auch die erste deutsche Anleitungsschrift in München erschienen.[12] Mit der Erfindung der Trockenplatte 1871 und ihrer industriellen Fertigung in den Folgejahren wurden die technischen Prozesse der Fotografie weiter vereinfacht und schließlich einem breiteren Interessentenkreis für die eigene Anwendung zugänglich gemacht. Fast gewagt erscheint es angesichts dieser Entwicklung, bereits gegen Ende der 1850er Jahre einen Pionier der Amateurfotografie in Frankfurt ausmachen zu können. Es sollen im Folgenden aus dem dieser Darstellung zu Grunde gelegten reich bebilderten, historischen Fotografiealbum zum Einkleben der nicht auf Karton aufgezogenen Fotografien – dem sogenannten „Amateur-Album"[13] – vor allem jene Fotografien Emil Hendschels herausgegriffen werden, die als „Lebende Bilder" Genreszenen nachstellen und so von einem besonderen Aspekt privat-familiärer Vergnügungen berichten können – oder, um es mit den Worten Wolfgang Brückners zu sagen: „Es [das Fotoalbum] entpuppt sich in der Tat als ein kulturelles Leitfossil der Epoche für die Selbstdarstellung des Bürgers und die Repräsentation seiner Lebenswelt in allen ihren sozialen Abstufungen."[14]

---

7 Hedwig Hendschel: Meine Kindheitserinnerungen, S. 37. Exemplar HGV-Alzenau.

8 Eberhard Mayer-Wegelin, Frühe Photographie in Frankfurt a. M. 1839–1870, München 1982, S. 14ff. Eine Anzeige des Frankfurter Handelsgeschäftes Johann Valentin Albert Sohn im Frankfurter Journal v. 24.9.1839 bewirbt „Daguerreotypen! nebst den Apparaten, um solche mit Leichtigkeit selbst zu machen", zit. n. Mayer-Wegelin, S. 16, Kameras wurden 1839 in Frankfurt zum Preis von 50 bis 70 Gulden angeboten.

9 Mayer-Wegelin, S. 20ff.

10 Mayer-Wegelin, S. 27 ff. Eigens aus Hamburg angereist war der Fotograf Hermann Biow, es fotografierten ferner u. a. die Frankfurter Fotografen Jacob Seib und Fritz Vogel.

11 Mayer-Wegelin, S. 32f.

12 Alois Löcher, Neueste, einfache und zuverlässige Vorschriften, um höchst gelungene negative Collodium-Bilder auf Glas, und positive Copien auf Papier, im schönsten Tone zu erzeugen, München 1854.

13 Vgl. Maas/Brückner (1975), S. 55.

14 Brückner (1975), S. 30.

Das Amateur-Album der Familie Hendschel-Domer folgt im Aufbau einer Familienchronik und beginnt auf der ersten Seite mit im Atelier gefertigten Porträtaufnahmen der Stammeltern der seit 1867 durch Heirat verwandten Familien Domer und Hendschel. Den Herkunftsbezug der beiden Familien zur Stadt Frankfurt am Main stellt ein eingeklebtes Panorama des in der Frühzeit der Fotografie besonders beliebten Motivs des Frankfurter Mainufers, hier vom Eisernen Steg aus (vor 1867)[15] aufgenommen, her. Das Stamm- und Handelshaus der Familie Domer, in dessen zweitem Stock seit 1840 bis um 1860 auch die Familie Hendschel zur Miete wohnte, befand sich an der Ecke Dom-/Garküchenplatz. Die ersten Aufnahmen im Album datieren ab dem Jahr 1858, ohnehin ist die Mehrzahl der eingeklebten Fotografien datiert und die dargestellten Familienmitglieder und Freunde wie Bekannte werden benannt. Die ersten Seiten füllen Einzelporträtaufnahmen in stehender oder sitzender Haltung, arrangiert in zeitgemäßen Interieurs mit Kleinmöbeln wie Tischchen, Stühlen und Polstermöbeln sowie Accessoires von der Säule bis zur Vase, wie sie allesamt aus der zeitgenössischen Atelierfotografie geläufig sind. Nur wenige dieser frühen Aufnahmen zwischen 1858 und 1860 lassen eine persönliche Handschrift des Amateurfotografen Emil Hendschel erahnen. Unter den zum Teil vignettierten Brustbildern im Visitformat zeugen die Posen der Porträtierten kaum von einem künstlerisch-ästhetischen Experimentierwillen, vielmehr überraschen sie durch Details wie den Singvogel auf der Schulter der späteren Ehefrau Emilie Domer (Aufnahme 1858), welche deren zeitlebens besonders ausgeprägte Vogelliebhaberei symbolisiert, oder durch das strenge Scherenschnittprofil seines um ein Jahr älteren Bruders Albert (Aufnahme 1860), der als Kunstmaler seine Skizzen und Zeichnungen mit technischer Unterstützung des Frankfurter Fotografen Huth im Lichtdruckverfahren ab 1871 im eigenen Verlag publizierte.[16] Als Charakterstudie zu interpretieren ist auch eine Ganzkörperaufnahme des sitzend am Fenster lesenden Vaters Ulrich (1858) sowie die dandyhafte Pose des damals 14jährigen Bruders Ottmar mit hinter dem Rücken verschränkten Armen und im Kontrapost stehend (1859).

Auf der fünften Albumseite schließlich beginnt mit der Verehelichung von Emilie Domer und Emil Hendschel im Jahr 1867 die durch die Bildanordnung dokumentierte familiäre Verbindung, die ihren zeitweisen Lebensmittelpunkt im Schlösschen Michelbach fand, das auch zur Heimstatt der jungen Familie Hendschel wurde und auf dieser Albumseite mit seiner ältesten Aufnahme zentral angeordnet ist.

Das Schlösschen hatte Emils Schwiegervater, der Frankfurter Leinwarenhändler und Ratsherr David Domer auf Vermittlung des jüdischen Geschäftsmannes Hamburger aus Alzenau im Jahr 1862 für 5.500 fl. gekauft und renovieren lassen. Davor war es zuletzt bewohnt gewesen von Edmund Ritter von Horstig, genannt d'Aubigny von Engelbrunner, dessen Eltern Susanne (1768–1845), geborene d'Aubigny von Engelbrunner, und Carl Gottlieb Horstig (1763–1835), der nach Tätigkeiten in Bückeburg und Heidelberg, die ihn unter anderem mit Johann Wolfgang von Goethe sowie dem Heidelberger Romantikerkreis um Clemens Brentano und Achim von Arnim bekannt gemacht hatte, seit 1807 auf der von den Fürsten zu

15 Vgl. Dieter Bartetzko u.a., Wie Frankfurt photographiert wurde: 1850–1914, München 1977, Abb. S. 71. – Eberhard Mayer-Wegelin, Frühe Photographie in Frankfurt am Main 1839–1870, München 1982, Abb. 59. Auch eine der frühesten und nur in Beschreibung überlieferten Stadtansichten Frankfurts in Daguerreotypie von 1839 – eine Aufnahme des Lithografen und Fotografen Friedrich Carl Vogel (1806–1865) – stellt das Mainufer von Sachsenhausen aus gesehen dar. – Vgl. Mayer-Wegelin, S. 17.

16 Allerlei aus A. Hendschel's Skizzenmappen, Frankfurt a.M. o.J. [1871]. – Vgl. Peter Beitlich/Jens Giessen (Hgg.), Hendschels's Kinder; aus Albert Hendschels's Skizzenbüchern, Frankfurt a.M. 1977, S. 8.

Leiningen erworbenen Mildenburg lebten.[17] Unter den im Schlösschen Michelbach geborenen Kindern des Edmund Ritter von Horstig machte der jüngere, 1858 geborene Sohn Rudolf von Horstig späterhin Karriere als Architekt, unter anderem als Erbauer der Neuen Universität in Würzburg. Hierzu berichtet auch Emilie Hendschel in ihren ‚Erinnerungen': „Durch einen merkwürdigen Zufall lernte mein Sohn Richard viele Jahre später in Würzburg den Neffen dieser Nina gut kennen. Am gemeinsamen Stammtisch entdeckten sie einen Tages, dass sie im gleichen Zimmer des Schlösschens von Michelbach geboren wurden. Dieser Rudolf von Horstig d'Aubigny, der ein angesehener Architekt ist und u. a. das Kollegienhaus und Kliniken in Würzburg gebaut hat, erzählte, dass seine Tanten, wie alle Schwestern von der ‚Mildenburg' höchst interessant, geistreich und gebildet gewesen seien. Mein Sohn übersandte Herrn von Horstig ein Päckchen Briefe, an Baroness Nina d'Aubigny adressiert, das wir in einem tiefen Wandschrank gefunden hatten."[18]

Ab Juni 1862 verbrachte die Familie Domer mit der Mutter Mathilde und den drei Töchtern Pauline, Emilie und Elise erstmals mehrere Monate im zur damaligen Zeit 26 Räume umfassenden Schlösschen, zu dessen Besitz auch mehrere Gärten und Weinberge zählten. Nicht unerheblich bei der Kaufentscheidung gerade für dieses Landhaus dürfte die durch den Bahnanschluss in Dettingen sicher gestellte günstige Verkehrsverbindung nach Frankfurt gewesen sein, da David Domer nur jeweils die Wochenenden in Michelbach verbringen konnte, bevor er montags nach Frankfurt zu seinen Handelsgeschäften zurückkehren musste. Dies änderte sich erst, als er im Jahr 1867 sein Geschäft verkaufte.[19]

In Michelbach fand im selben Jahr die Hochzeit von Emilie und Emil Hendschel statt, im Jahr darauf wurde der Sohn Richard geboren und in der Schlosskapelle getauft. Die zahlreichen Fotografien des Sommers 1869 zeugen von einer intensiv gepflegten Privatheit der Familie im Schlösschen, worunter die liebevollen Aufnahmen der jungen Mutter Emilie mit ihrem Säugling dominieren (1868/69). Es fällt auf, dass mit der Familiengründung und dem Einzug in Michelbach die Freiluftaufnahmen deutlich zunehmen und vor allem in die Sommermonate datieren, was mit einem Hinweis auf die dann günstigen Lichtverhältnisse erklärt werden kann. Während der lichtarmen Herbst- und Wintermonate wurde dagegen das Gewächshaus des Anwesens von Emil Hendschel gerne für Gruppenaufnahmen verwendet. Bei den Freiluftaufnahmen wurden Familienmitglieder und Besucher zumeist in Gruppen auf Gartenmöbeln, am Kaffeetisch oder im Gras sitzend arrangiert. Die Wahl des Hintergrundes fiel dabei auch häufig auf die Eingangsfront des Schlosses unter Einbeziehung der Eingangstreppe, die ein gestaffeltes Arrangement der Gruppe erleichterte. Neben den formellen Gruppenaufnahmen setzte die Darstellung der familiären Freizeitaktivitäten einen weiteren Akzent im amateurfotografischen Werk. So findet sich unter den frühen Aufnahmen ein Beleg für gemeinsames

17 Richard Graewe, Carl Gottlieb Horstig 1763–1835. Das Lebensbild eines vielseitigen Genies aus Goethes Freundeskreis. Ein Beitrag zur Goethe-Forschung mit zahlreichen Bild- und Dokumentationsbeilagen, Hildesheim 1974. – Die Witwe Susanne Horstig wurde mit ihren beiden in Bayern lebenden Söhnen Edmund und Emil 1840 in die Ritterklasse eingetragen. Sie führten fortan den Namen „von Horstig, genannt d'Aubigny von Engelbrunner". Vgl. Gustav Seyler, Adelsbuch des Königreichs Bayern (1820–1875). Nach amtlichen Quellen im Anschluss an das gleich betitelte Werk des Ritters Carl Heinrich von Lang. Neudr. d. Ausg. Nürnberg 1877, Wiesbaden 1981, S. 37. Drei Schwestern der Mutter, Susanne, Sarah Sophia Amalia, genannt Emilie (1772–1849), Julie (1773–1853) und Wyandina, genannt Nina, (1770–1847), hatten das Schlösschen zeitweise gemeinsam bewohnt.

18 Was Emilie Hendschel, geb. Domer aus ihrer Kindheit erzählte. Gesammelt und ausgearbeitet von ihrer Schwiegertochter Toni Hendschel, geb. Bracht, S. 24. Exemplar im HGV-Alzenau.

19 Was Emilie Hendschel, geb. Domer aus ihrer Kindheit erzählte, S. 21.

Singen und Musizieren, eine Bootspartie (um 1869) und die Ausfahrt mit dem Pferdeschlitten (1870). Auch sportliche Aktivitäten fehlten nicht, wie etwa das Schlittschuhlaufen (1870/1871), Seilhüpfen mit dem großen Schwungseil (1872) oder – sehr viel später – ein Tennisspiel (1880) und das Fahrradfahren (1889). Einen besonderen Schwerpunkt bildete in der Freizeitgestaltung offensichtlich das spielerische Nachstellen von Genreszenen, die Praxis der sogenannten „Lebenden Bilder", von denen das erste im Album des Emil Hendschel eine Liebesszene nachstellt, in der ein zu Besuch weilender Freund der Familie in Frauenkleidern den Part der Dame gibt (Abb. 1). Zwei Varianten einer Spielszene mit teils getauschten Geschlechterrollen dokumentieren Fotografien vom September 1872: Emils Schwester Mina, Elise, eine Schwester seiner Ehefrau, und Marie Adelmann, eine Freundin, schlüpften teils in männliche Arbeitskleidung – Mina Hendschel im Kutschermantel mit Schirmmütze – teils in männliche Bürgerkleidung; besonders eindrucksvoll wirkt Marie Adelmann mit offenem langem Haar unter dem glänzenden Zylinder, die sich auf einen schlichten Spazierstock stützt. Emils Bruder Ottmar mimte mit falschem Bart einen Geistlichen, während der dreijährige Sohn Richard im Faltenrock mit weißer Schürze neben seiner Mutter Emilie im biedermeierlichen, knapp knöchellangen Kleid mit Schultertuch steht. Bereichert wurde die Szene noch durch den mit Pauline Domer, der jüngsten Schwester seiner Ehefrau Emilie, verheirateten und aus Darmstadt stammenden Maler August Becker,[20] der in viel zu großen Pantoffeln steckt und eine Arbeitsschürze umgebunden hat (Abb. 2). Mit dem Umzug der jungen Familie Hendschel in ein eigenes Haus nach Frankfurt, der mit Emil Hendschels redaktioneller Mitarbeit am Kursbuch ‚Hendschels Telegraph' in Zusammenhang stand, bricht im Winter 1873/74 die Serie der Amateuraufnahmen im Album plötzlich ab. Einige wenige und sehr förmliche Atelier-Fotografien dokumentieren auf zwei Albumseiten die Entwicklung der kleinen Familie während des nächsten Jahrzehnts. Erst mit dem erneuten Umzug von Frankfurt nach Michelbach im Jahr 1884 – Hendschel hatte die Redaktion des ‚Kursbuches' abgegeben – zum unterdessen verwitweten Eigentümer David Domer und im Anschluss an die Geburt der Tochter Hedwig im Folgejahr 1885 setzte die fotografische Tätigkeit Emil Hendschels wieder ein. Unter den zwischen 1885 und 1889 entstandenen Porträts finden sich auffallend viele Kopfstudien in oval zugeschnittenen Formaten, die eine gewisse Experimentierfreude des Amateurfotografen belegen, insofern kleine Serien von zwei bis drei Aufnahmen Kopfhaltung und Gesichtsaudruck des Porträtierten variierten. Beliebtestes Motiv dieser Zeit jedoch blieb die gerne mit Spielzeug posierende Tochter Hedwig, wie überhaupt auch die Spielsachen selbst in kleinen Stillleben niedlich arrangiert fotografiert wurden.

Zwischen Juli und September 1889 datiert schließlich eine 24 Aufnahmen umfassende Serie von „Lebenden Bildern" in wechselnden Kostümen, an denen überwiegend die Jugendlichen

20 Der Schlossbesitzer David Domer hatte für seinen Schwiegersohn August Becker auf dem Grundstück am Schlösschen ein Atelier errichten lassen, das von dem Maler bei seinen Aufenthalten dort genutzt wurde. Vgl. Raimond Selke, August Becker (1821–1887). Der Darmstädter Landschaftsmaler aus der Düsseldorfer Schule. Biographie und Werkkatalog, Diss. Koblenz 2005, Werkverzeichnis Nr. 318, S. 197; Nr. 329, S. 204. In einem Brief an Leopold Erbprinz von Hohenzollern-Sigmaringen vom 13. Juli 1872 erwähnt Becker die Arbeit an einem Auftragsgemälde im Michelbacher Atelier nach seinen Bildstudien von Schloss Monrepos bei Neuwied: „Ich hatte meinen Zweck vollständig erreicht und benutzte auf meiner Rückreise meinen 4-tägigen Aufenthalt in Michelbach dazu, das Bild zu arrangieren und zu untertünchen, so lange noch der Eindruck frisch vor meiner Seele stand." Zitiert nach Selke, S. 290. Auch ein Gemälde vom Schlösschen Michelbach aus den Jahren 1874/78 findet sich im Werkverzeichnis des Malers: „Aufgrund des Motivs [im Vordergrund ein Garten mit Blumenbeeten, im Mittelgrund ein Gebäude] und der dickpinseligen, fast laienhaften Malweise war das Gemälde für den Familiengebrauch, in dem es sich heute noch befindet, bestimmt." Werkverzeichnis Nr. 329, S. 204.

Abb. 1: Albert Hendschel und Georg Adelmann in einer romantischen Posse, Oktober 1869. Alle Abb. dieses Beitrages: Museen der Stadt Alzenau/Privatsammlung

und jungen Erwachsenen aus dem Verwandten- und Bekanntenkreis beteiligt waren. Richard Hendschel erinnerte sich: „In diesem Sommer kam bei uns in Michelbach auch das Kostümieren stark in Mode. Besonders Olga Becker hatte dafür und für Theaterspielen große Begabung. Mein Vater fotografierte sie und so entstanden wirklich reizende Kostümbilder, die zugleich eine Chronik über das lustige Leben und den bunten Kreis der Michelbacher Gäste aus diesen Jahren liefert“.[21] Die dargestellten Bilder zeigen Fabelwesen wie Nymphen oder Feen, Zigeunerszenen, bei denen aus der Hand gelesen, getanzt oder gebettelt wird, Epochenszenen der Antike, des Mittelalters sowie der Urzeit, Genreszenen des bäuerlichen Landlebens sowie ethnografische Genres in türkisch-orientalischer und ägyptischer Szenografie (Abb. 3–5).

Im Winter pausierte das Kostümieren bis auf einige wenige Ausnahmen, die anlässlich des Besuchs von Richard Hendschel und dessen Cousine Olga Becker im Januar 1890 entstanden, um dann im Juli desselben Jahres mit der Ankunft der Sommergäste wieder verstärkt einzusetzen. Es wurden in insgesamt 34 Aufnahmen zum einen bereits bekannte Genres wieder aufgegriffen, zum anderen auch neue ‚Bilder‘ entwickelt. Zu den bekannten Szenen zählten die Epochenszenen der Antike und des Mittelalters, nunmehr ergänzt durch biedermeierliche Spielszenen. Das ethnografische Repertoire wurde ergänzt um asiatische, spanische und

21 Erinnerungen Richard Hendschels zum Jahr 1889. Privatbesitz.

Abb. 2: Mina Hendschel, Elise Domer, August Becker, Ottmar Hendschel, Richard Hendschel, Emilie Hendschel und Marie Adelmann in einer Spielszene, September 1872.

Abb. 3: Toni Becker, Hedwig Hendschel, Olga Becker mit Hedwigs Püppchen „Ella", Emilie Hendschel, Nina Hendschel, Richard Hendschel, Pauline Becker und Paula Knappke in einer Zigeunerszene, 5. August 1889.

Abb. 4.: Emma Hendschel, Viktoria Becker, Olga Becker, Hedwig und Richard Hendschel bei der Darstellung eines orientalischen Themas, 10. September 1889.

Abb. 5: Richard Hendschel, Olga Becker, Hedwig Hendschel, Viktoria Becker und Nina Hendschel in der „Urzeit", 11. September 1889.

südländisch anmutende Szenen, die im bäuerlichen Milieu angesiedelt waren. Auf den Kontrast zwischen städtischem Bürgertum und Bauernvolk spielte die Szene eines Blumenmädchens und seiner Kundschaft an. Das „Zigeunerleben“ wurde erweitert um eine Gruppe von Bänkelsängern und Gauklern. Nicht alle Aufnahmen können eindeutigen Themen zugeordnet werden, sie zeugen jedoch von der mit der Kostümierung einhergehenden Spielfreude der Akteure (Abb. 6–9).

Die Spielfreude hielt auch in der folgenden Saison ungebrochen an, wobei sich der Fokus der betreffenden zwanzig Aufnahmen nunmehr auf das bäuerlich-ländliche Leben richtete: „Im Sommer und Herbst [1891] sind in Michelbach wieder viele hübsche Kostümbilder entstanden. Besonders Frieda sieht in der Tracht als Ordensschwester und in echtem Hessengretchen Kostüm ganz reizend aus. Einmal fuhren Olga und ich auch nach Alzenau und wurden dort in den Ruinen der Burg mit den Oberamtsrichterstöchtern zusammen als Ritter und Ritterfrauen verkleidet von meinem Vater photografiert.“[22] Die erwähnten Darstellungen der „Ordensschwester“ und des „Hessengretchens“ datieren in den September 1891 (Abb. 10). Arrangements in bäuerlichen Kostümierungen finden sich aus dieser Saison in verschiedenen Variationen, als Einzelaufnahmen wie jener der frommen Bäuerin am steinernen Wegkreuz oder als Gruppenbilder am Kartoffelfeuer oder in der als Kulisse dienenden Schlossküche. Aufwändige Szenen stellten die erwähnten mittelalterlichen Genrebilder dar, die nicht nur in der Burg Alzenau, sondern auch in der Flur mit Pferd und Hund spielten. Wieder aufgegriffen wurden schließlich die aus früheren Jahren bekannten Genredarstellungen des „Zigeunerlebens“ und der Biedermeierzeit.

Nach der obligatorischen Winterpause setzten sich die erneut zwanzig Fotografien umfassenden Darstellungen ab Juni 1892 fort. Es begegnen neben den vertrauten Themenbereichen – Antike, Bänkelsänger, Bauern, mittelalterliche Spiel- und Trinkszenen – auch neue Bildideen, worunter besonders die Variationen des in aufwändiger barocker Kostümierung höfische Szenen darstellenden „Adels“ am Eingangsportal zum Schlösschen Michelbach und ein orientalisches Zeltlager auffallen. Recht amüsant wirkt die spielerische Umsetzung des sprichwörtlichen „Hahn im Korb“, von der auch Richard Hendschel in seinen Erinnerungen berichtet: „Anfang August [1892] ließ ich mich für zehn Tage nach Michelbach beurlauben, wo zur selben Zeit Toni Becker, Frieda Klimsch und Johanna Jucho zu Besuch waren. Es waren ganz reizende Tage. Damals sind die sehr gelungenen Aufnahmen entstanden. Toni und ich zusammengebunden auf dem schwankenden Steg über der Kahl als die Lebensmüden; dann eine Verlobungsszene mit Frieda und ich als Hahn im Wäschekorb zwischen den drei jungen Damen“[23] (Abb. 11–13).

Im Jahr 1893 setzte die Serie der wiederum zwanzig „Lebenden Bilder“ bereits im April mit biedermeierlichen und mittelalterlichen Szenen ein, im Juli und August folgten barocke und bäuerliche Bilder, auf denen Begegnungen zwischen Städtern und Bauern inszeniert wurden. Eine aufwändige Dekoration begleitete die Aufnahme eines orientalischen Basars mit Kundschaft in Renaissancekostümierung sowie eines Harems. Das Renaissance-Paar unternahm im selben Monat auch eine Bootspartie, während im September 1893 eine ritterliche Familie mit zwei Kindern durch den Wald spazierte. Trachten-„Bilder“ und ein ethnografisches Bild mit Indianern vor dem Tipi schließen den Zyklus nicht nur für das Jahr 1893 ab,

22 Erinnerungen Richard Hendschels zum Jahr 1891. Privatbesitz.

23 Dto. zum Jahr 1892.

Abb. 6: Richard Hendschel, Olga Becker, Hedwig Hendschel und Thekla Becker als Bänkelsänger, 9. August 1890.

Abb. 7: Hedwig Hendschel, Thekla und Olga Becker, Richard und Emil Hendschel sowie Toni Becker als „Miss Worna – Die Blume Schottlands" in einer Gauklerszene, 15. August 1890.

Abb. 8: Richard und Toni Becker im „Mittelalter", 20. August 1890.

Abb. 9: Hirtenszene mit Richard und Hedwig Hendschel sowie Olga und Toni Becker, 16. September 1890.

Abb. 10: Frieda Klimsch als „Hessengretchen“ zusammen mit Hewdig Hendschel, 11. September 1891.

Abb. 11: Johanna Jucho, Toni Becker und Richard Hendschel in einer barocken Spielszene, 7. August 1892.

sondern beendeten die Szenografien insgesamt. Nach dem gemeinsamen Umzug der Familie Hendschel und des Witwers David Domer im Herbst 1893 nach Darmstadt beschränkten sich die Verkleidungen der etwa gleichaltrigen Kinder um Hedwig Hendschel im wesentlichen auf Fasching, nur ganz vereinzelt zeugen einzelne Fotografien von der ehemaligen Freude der (jungen) Erwachsenen am Kostümieren. Ein letztes szenisches Thema, das schon längst nicht mehr die variantenreiche Spielfreude der Michelbacher Zeit atmet, kreiste in Darmstadt um einen „Marktgang“ und datiert in das Jahr 1897. Der sich verschlechternde Gesundheitszustand von Emil Hendschel und der Tod des Schlossbesitzers David Domer 1899 beendeten die unbeschwerten Aufenthalte der Familie im Schlösschen und Emil Hendschel kehrte nur kurz vor seinem Tod 1909 noch einmal für wenige Wochen ins Schlösschen zurück.

Schlussworte

Im gesellschaftlichen Leben der bürgerlichen Familie Hendschel spielten Kostümierungen und szenische Darstellungen, mithin die „Lebenden Bilder“, eine zentrale Rolle. Die weit über hundert historischen Fotografien im langen Zeitraum zwischen 1869 und 1893 belegen im Fotoalbum des Amateurfotografen Emil Hendschel eine herausragende Begeisterung der Protagonisten für diese szenischen Spiele. Dies bestätigen auch die schriftlich niedergelegten Erinnerungen

Abb. 12: Toni Becker und Richard Hendschel in einer tragischen Liebesszene, 6. August 1892.

einzelner Familienmitglieder, insbesondere jene des Richard Hendschel, der immer wieder über die fotografisch belegten Kostümierungen im Schlösschen berichtete, so etwa anlässlich eines gemeinsamen Ausflugs seines städtischen Tanzstundenkreises im Februar 1887: „Nach Tisch kam eine große Überraschung; die Mädels hatten Herren- und Bauernkostüme mitgebracht und kleideten sich heimlich um und erschienen nun im Garten in ausgelassener Stimmung. ... Dann folgte am 20. Februar der große Schlossball mit Kostümen und lebenden Bildern, Huldigung von Tante Mina, Courtrillion, Abendessen und viel Bowle in den unteren Räumen."[24] Die um Historien- oder Genrethemen kreisende szenische Fotografie hatte bereits ab 1850 in Künstlerkreisen große Erfolge gefeiert. So stießen etwa die von dem Münchner Fotografen Alois Löcherer im dortigen Kunstverein 1850 und 1852 ausgestellten Fotografien aus dem Motivkreis des Kloster- und Rittersujets in der Folge auf große Nachfrage und zahlreiche Nachahmer. Die Protagonisten der Kostümbilder Löcherers kamen aus dem Künstlerkreis um Franz Xaver Schwanthaler, der auch selbst im Klerikerhabit posierte.[25] Populäre fotografische Kostümserien, die von Fotoverlagen produziert wurden, griffen dagegen häufig auf folkloristische Themen zurück oder variierten amouröse Kompositionen.[26] Bis Ende des 19. Jahrhunderts lieferten die – teils fotografisch dokumentierten – szenischen Darstellungen auch einen aktiven Beitrag zur Feier- und Festkultur der bürgerlichen Vereine und Familien.[27]

24 Richard Hendschel, Jugenderinnerungen, S. 31.

25 Dirk Halfbrodt, „Lebende Bilder" aus altdeutscher Vergangenheit, in: Ulrich Pohlmann (Hg.), Alois Löcherer. Photographien 1845–1855. Ausstellungskatalog zur gleichnam. Ausst. im Fotomuseum im Münchner Stadtmuseum vom 7. Juli bis 27. September 1998, München 1998, S. 91ff. – Vgl. auch: Barbara Eschenburg, Darstellung von Sitte und Sittlichkeit – das Genrebild im Mittelalter, in: Hans Ottomeyer/Ulrike Laufer (Hgg.), Biedermeiers Glück und Ende. Die gestörte Idylle 1815–1848. Kat. z. gleichnam. Ausst. im Münchner Stadtmuseum vom 10. Mai bis 30. September 1987, München 1987, S. 169–179. – Birgit Jooss, Lebende Bilder. Körperliche Nachahmung von Kunstwerken in der Goethezeit, zugl. Diss. 1998, Berlin 1999.

26 Viktoria Schmidt-Linsenhoff, Genrefotografie und Kunstreproduktion, in: Fotogeschichte. Beiträge zur Geschichte und Ästhetik der Fotografie 3 (1983), H. 9, S. 41–55.

27 Vgl. hierzu grundlegend auch: Jooss, Lebende Bilder, Berlin 1999, S. 263ff. Jooss benennt hier auch Anleitungsliteratur zur Darstellung „lebender Bilder" im „häuslichen Kreise" (1887) und zur „Aufführung bei Vereinsfesten" (1892).

Abb. 13: Richard Hendschel als „Hahn im Korb" mit Frieda Klimsch, Toni Becker und Johanna Jucho, 13. August 1892.

Das vorgestellte Fotoalbum umfasst im übrigen neben den Genrefotografien eine noch größere Anzahl von Fotografien, die das Familienleben im Schlösschen Michelbach mit den zahlreichen dort empfangenen Gästen sowie die Zeit nach den Umzügen nach Frankfurt a. M. 1873 und nach Darmstadt 1893 über Jahrzehnte hinweg dokumentieren. In der Quantität fallen die fotografischen Aufnahmen während der städtischen Aufenthalte allerdings deutlich hinter jene in der entspannten Atmosphäre des dörflichen Landlebens entstandenen zurück. Die Ausdruckskraft der Fotografien entwickelte sich über Jahrzehnte, insbesondere die an szenischen Kostümierungen reichen Jahre zwischen 1889 und 1891 zeugen von einer großen Experimentierfreude des Fotografen Emil Hendschel und führten zu originellen Bildgestaltungen. Landschaftsaufnahmen sind im Album vergleichsweise selten, die ländliche Umgebung diente zumeist als Kulisse für die darin stattfindenden Arrangements der Familienmitglieder. Auch ländliche Arbeitssituationen sucht man fast vergeblich. Dies gilt auch für die Feste der Dorfgemeinschaft; nur einmal ist eine undeutliche Fotografie vom Fenster in den Schlosshof hinunter mit „Kirchweih-Musik October 1871" bezeichnet. Es dürfte sich um den 18. Oktober 1871 – den Geburtstag Emil Handschels – gehandelt haben, der, wenn er mit der Kirchweih zusammenfiel, mit einem Besuch der Burschen zu Pferd und mit Musik im Hof des Schlösschens gefeiert wurde, wo sie einen „Kuchen überreichten und dafür dann mit Wein regaliert wurden."[28] Die Kontakte mit den Einheimischen waren ohnehin selten und be-

28 Zwei weitere Aufnahmen von 1891 legen denselben Zusammenhang nahe.

schränkten sich auf einige Spielkameradinnen der Tochter Hedwig.[29] Etwa ein Dutzend (undatierter und unbeschrifteter) Aufnahmen von Kommunionkindern um das Jahr 1892 verraten das Interesse der Dorfbewohner an der fotografischen Praxis des Schlossbesitzers – vermutlich handelt es sich um Dubletten der für die Eltern der Kinder angefertigten Fotografien. Vereinzelt posierte auch das Dienstpersonal, wie etwa der Gärtner und der Kutscher, beide aus der Frühzeit des Albums 1869. Erst im Vorfeld des geplanten Umzugs nach Darmstadt häuften sich im Sommer 1893 die Aufnahmen im Dorf und der ländlichen Umgebung: Ein einzeln stehendes Bauernhaus mit Scheune, Bauern bei der Arbeit am Dorfrand oder eine Szene am Dorfbrunnen nahmen ein letztes Mal Bezug zum als familiäre Idylle stilisierten Landleben. Die „Lebenden Bilder" um Motivkreise verschiedenster Sujets von der Antike über das Rittertum bis hin zu humoristischen Burlesken unterstrichen nicht nur den bildungsbürgerlichen Impetus der Protagonisten, sondern boten offensichtlich auch hohen Unterhaltungswert, so dass sie über Jahrzehnte einen festen Bestandteil der familiären wie gesellschaftlichen Selbstinszenierung im Schlösschen des Dorfes Michelbach bildeten.

29 Hedwig Hendschel zählte die Töchter des Mühlenbesitzers Köhl und des Lehrers Schneider zu ihren Freundinnen. Ihr 17 Jahre älterer Bruder Richard hatte dagegen mit den Kindern im Dorf noch so gut wie keinen Kontakt: „Die Bauernkinder kamen mir als Gefährten kaum in Betracht. In jener Zeit empfand man den Abstand zwischen der Schlossherrschaft und den Bauern doch noch recht groß. Ich war auch verzärtelt und verwöhnt. … Da konnte ich natürlich mit den dreckigen Bauernkindern nichts anfangen. Es ist mir dunkel erinnerlich, wie ein Nachbarsbub, der einmal mit dem ‚Schlossrichardche' spielen durfte, einen faulen braunen Apfel aus der Hosentasche gezogen hat. Ich war entsetzt darüber!", zit. nach: Richard Hendschel, Jugenderinnerungen (Auszüge), S. 28.

Ein Kirchtag in Tirol

Das Innsbrucker Trachtenfest von 1894 und seine Fotografien

Claudia Selheim

August von Essenwein, dem zwischen 1866 und 1892 amtierenden Ersten Direktor des Germanischen Nationalmuseums in Nürnberg, war es gelungen, den Zoologen Dr. Oskar Kling (1851–1926) für ein ganz besonders Vorhaben zu gewinnen: Er motivierte den schon seit 1884 dem Museum durch Schenkungen oder günstige Verkäufe gewogenen Frankfurter Privatier dazu, eine Sammlung von Volkstrachten anzulegen. Eine enge Verbundenheit zu dieser Sachgruppe lässt sich am Ende der 1880er Jahre bei Oskar Kling noch nicht konstatieren, wenngleich er 1889 dem Museum zwei „Bauernringe" und verschiedene Miederhaken aus Norddeutschland sowie aus Island überließ. Über die Beweggründe des Naturwissenschaftlers, der bei Ernst Haeckel in Jena promoviert worden war, sich den Regionalkleidungen und auch anderem, immer mehr im Schwinden begriffenem ländlichen Sachgut zu widmen, schweigen die Quellen. Das Museum hatte in ihm einen „freien" Mitarbeiter gefunden, der sich seit Beginn der 1890er Jahre mit ganzer Energie dem Aufbau einer Trachtensammlung, die den gesamten deutschsprachigen Raum abdecken sollte, verschrieben hatte. Als seltener Glücksfall für das Germanische Nationalmuseum muss es betrachtet werden, dass der leidenschaftliche Sammler die Kollektion aus 370 bekleideten Figurinen, Büsten und Köpfen als Schenkung übergab. Im Gegenzug war das Museum durch einen Vertrag aus dem Jahr 1898 „zur dauernden, einheitlichen, vollständigen, unveränderlichen Aufstellung dieser ganzen Sammlung und zu deren Erhaltung" verpflichtet.[1]

Oskar Kling brauchte Anhaltspunkte und Grundlagen, um die sich über einen großen geografischen Raum erstreckende Sammlung ländlicher Kleidung aufbauen zu können. Dazu dienten ihm einerseits seine 65 Titel umfassende, heute in der Bibliothek des Nürnberger Museums magazinierte Handbibliothek zum Thema Tracht und andererseits eine Sammlung von Trachtengrafiken und -fotografien. Der zuletzt genannte Bestand wird in der volkskundlichen Sammlung des Museums verwahrt. Dieser wurde Mitte der 1990er Jahre wieder in die von Oskar Kling vorgegebene Ordnung zurückgeführt, die sich aus einem von ihm handschriftlich angelegten Inventar erschließt.[2] Der Sammler gliederte das Bildmaterial nach Regionen und in ihm spiegelt sich quasi der Bestand der Figurinen der ersten Aufstellung im 1905 eröffneten Trachtensaal wider. Die Grafiken, Fotografien und Postkarten klebte er nach Gattungen getrennt auf blau-graue Kartons. Diese Bildtafeln sind von 0,1 bis 0,21 und von 1 bis 779

1 Claudia Selheim, Die Entdeckung der Tracht um 1900. Die Sammlung Oskar Kling zur ländlichen Kleidung im Germanischen Nationalmuseum, Bestandskatalog Nürnberg 2005, S. 24.

2 Das Inventar umfasst sowohl die Trachtenbücher als auch die Einzelblätter, wie sie Kling bezeichnete. Dazu: Heidi Müller, Die Trachtengraphik-Sammlung des Germanischen Nationalmuseums, in: Anzeiger des Germanischen Nationalmuseums 1998. Nürnberg 1998, S. 190–194. – Selheim, Entdeckung, S. 28.

durchnummeriert und unterschiedlich dicht bestückt. Verwahrt werden sie seit Klings Zeiten in 15 von ihm als Kastenmappen bezeichneten Kapseln.[3]

In der Kastenmappe 6 ist auf den Tafeln 314 bis 333 eine umfangreiche Serie von Fotografien mit Tiroler Trachten deponiert (Abb. 1). Auf den Tafeln aus graublauem Karton kleben jeweils drei bis vier Aufnahmen im Cabinettformat, zuweilen finden sich weitere Bilder anderer Provenienz darauf. Da also die Rückseiten der kolorierten Fotografien nicht zugänglich sind, können sie nicht als Quelle für die Forschung herangezogen werden. Oskar Kling notierte mit schwarzer Tusche in der Regel die Herkunft der Trachten auf den insgesamt 74 Fotografien der Serie und brachte so eine Ordnung in das zunächst ausschließlich von ihm genutzte Material. Zu den genannten Orten oder Regionen zählen: Meran, das Lüsental bei Brixen, Olang bei Bruneck, Buchenstein, das Eggen Tal bei Bozen, Gröden, Kastelruth, das Sarntal, St. Leonhard im Passeier, St. Lorenzen im Pustertal, Sand in Taufers, Bruneck, das Pustertal, Defereggen, Sterzing, Wipptal, Zillertal, Ötztal, Pfitsch, Alpach, Wildschönau, das Brixental, das Unterinntal, Waidring St. Johann, Unterangerberg, Leutasch, Bichlbach auf der Fern, Innsbruck, das Lechtal, Imst, der Bregenzerwald, Ampezzo und das Val Tesino.

Der Fotograf hielt meist Einzelpersonen im Bild fest, aber auch einige Paare, zwei Männer oder zwei Frauen finden sich zuweilen auf den Fotografien. Auf den ersten Blick scheint es sich um Atelieraufnahmen zu handeln. Die zum Einsatz gekommenen Requisiten sind meist identisch: ein hölzerner Lattenzaun, ein Felsbrocken – möglicherweise aus Pappmaché – sowie etwas Laub. Einige Bilder zeigen einen Brettstuhl statt des Zaunes. Die serielle Fertigung ist offensichtlich. Ein genauer Blick, zum Beispiel auf die Fotografie mit einer Frau aus dem in Nordtirol gelegenen Alpach zeigt (Abb. 2), dass der textile, einfarbige Hintergrund unten mit einer Latte beschwert worden war, um eine möglichst glatte Fläche herzustellen. Derartige Hilfsmittel sind auch für Außenaufnahmen bekannt, wenn bestimmte reale Kulissen ausgeblendet werden sollten.[4] Der gewählte Hintergrund symbolisiert zwar eine natürliche Umgebung, aber seine Verwendung für die hohe Zahl an Trachten aus unterschiedlichen Gegenden lässt ihn quasi zu einer neutralen Kulisse werden.

Das von Oskar Kling geführte Inventar vermittelt keine weiteren Aufschlüsse über die kolorierten Fotografien, allerdings sind sie alle auf dem Fotokarton, der sogenannten „Photographie-Karte“, unterhalb des Abzuges in roter Schrift mit „Tiroler Trachtenbild“ bedruckt und tragen mittig darunter das Tiroler Wappen. Links davon findet sich der Hinweis auf den Verlag C. A. Czichna in Innsbruck. Carl Alexander Czichna (1807–1867) und Carl August Czichna hatten 1841 in Innsbruck eine lithografische Anstalt gegründet, die sie in den 1860er Jahren um ein fotografisches Atelier und eine Kunsthandlung erweiterten. Nach dem Tod von Carl Alexander Czichna führte sein Sohn Carl Alfred (1842–1899) den Betrieb weiter.[5] Rechts heißt es auf dem Fotokarton „Approbirt vom Trachten – Comite des Tiroler Landesverbandes“. Auf einigen Abzügen ist dieser letzte Hinweis noch einmal mit einem Prägestempel in der unteren rechten Ecke aufgebracht. Der Entstehungskontext der Bilder lässt sich jedoch anhand der Aufdrucke nicht klären.

3 Vgl. Irene Ziehe, Bildtafeln – ein wissenschaftliches Dokumentationsmedium, in: dies./Ulrich Hägele (Hgg.), Fotos – „schön und nützlich zugleich“. Das Objekt Fotografie (Visuelle Kultur Studien und Materialien 2), Berlin 2006, S. 159–176.

4 Karoline Knoth, Fotografische Ateliers, in: „Äußerst getroffen und schön“. Historische Fotografie in Unterfranken. Begleitband zur gleichnam. Ausst. d. Inst. f. Deutsche Philologie der Universität Würzburg, des Bezirks Unterfranken und der Stadt Würzburg, Würzburg 1999, S. 21–30, hier S. 25f.

5 Timm Starl, Lexikon zur Fotografie in Österreich 1839 bis 1945, Wien 2005, S. 81.

Abb. 1: Tafel mit Fotografien einer Braut und einer Brautjungfer aus Gröden sowie eines Mannes aus Kastelruth. Germanisches Nationalmuseum, Nürnberg

Unklar bleibt auch, zu welchem Tiroler Landesverband das genannte Trachtenkomitee gehörte. Doch ein Blick in die Rubrik „Ethnographische Chronik aus Österreich" im ersten Band der „Zeitschrift für Österreichische Volkskunde" von 1895 bietet Aufschluss: Es handelte sich um den Landesverband für Fremdenverkehr, der ein „Comité zur Erhaltung der Volkstrachten in Tirol" ins Leben gerufen hatte.[6] Vorläufer hatte der Landesverband für Fremdenverkehr in verschiedenen lokalen Kurkommissionen und Verschönerungsvereinen. Die erste Kurkommission in Tirol wurde 1836 in Meran gegründet. Ihr Vorsteher war bis 1852 der in der Volkskunde durch seine Studien zur Volkstracht im Gebirge bekannte Friedrich Lentner (1814–1852).[7] In den 1870er Jahren, also zur Zeit des vermehrt aufkommenden Fremdenverkehrs, bildeten sich zahlreiche Verschönerungsvereine. Eines ihrer Hauptanliegen war die Durchführung von Veranstaltungen, die dem Zeitvertreib der Gäste dienten. Bereits in den 1880er Jahren hatte der Fremdenverkehr in Tirol einen erheblichen Umfang angenommen, nicht zuletzt aufgrund der verbesserten verkehrsmäßigen Erschließung durch die Eisenbahn.[8] In Innsbruck setzte sich 1888 für die Hebung des Fremdenverkehrs vor allem der damalige Handelskammersekretär und Jurist Dr. Anton Kofler (1855–1943) ein.[9] Der zunächst gemeinderätlichen Kommission zur Hebung des Fremdenverkehrs gehörte neben diesem der Innsbrucker Kunsthändler und Verleger Carl Czichna an. Gemeinsam wies man wiederholt auf die wirtschaftliche Bedeutung des Fremdenverkehrs hin und verlangte öffentliche Mittel zu seiner Förderung. 1890 konstituierte sich ein entsprechender Landesverband, der seit 1892 den Namen „Landesverband für Fremdenverkehr in Tirol" trug. Zwischen 1888 und 1902 war

6 Comité zur Erhaltung der Volkstrachten in Tirol, in: Zs. f. Österr. Volkskunde 1 (1895), S. 13–14.

7 Friedrich J. Lentner, Über Volkstracht im Gebirge, in: Zs. f. Österr. Volkskunde 11 (1905), S. 1–16, S. 145–158.

8 Adolf Lässer, 100 Jahre Fremdenverkehr in Tirol. Die Geschichte einer Organisation (Tiroler Wirtschaftsstudien 40), Innsbruck 1989, S. 37.

9 Karl Paulin, Nur ein Sekretär?, in: ders., Tiroler Köpfe. Ausgewählte zeitgeschichtliche Lebensbilder, Innsbruck 1953, S. 231–235.

Kofler Vorsitzender der gemeinderätlichen Fremdenverkehrskommission in Innsbruck und von 1898 bis 1911 auch Präsident des Landesverbandes für Fremdenverkehr. Es sollte gezielt geworben werden, um Touristen ins Land zu ziehen. Im Fremdenverkehr sah der Verband eine wachstumsorientierte Einnahmequelle, nicht zuletzt weil sich Tirol im ganzen 19. Jahrhundert in einer wirtschaftlichen Krise befand.[10] Ferner war der Kommission daran gelegen, dass die einheimische Bevölkerung mehr Verständnis für die Gäste aufbrachte und auf deren unterschiedliche Bedürfnisse einging.

In seinen 1892 erschienenen „Bemerkungen über Fremdenverkehrs-Industrie in Tirol" hatte der Innsbrucker Gewerbeschuldirektor Johann Deininger die Tiroler Feriengäste charakterisiert und ihre Wünsche umrissen: „Die Fremden, welche zu uns kommen, sind zumeist solche Personen, welche das Getriebe größerer Städte für einige Tage, Wochen oder Monate verlassen, um in der herrlichen Alpennatur Erholung zu suchen. Sind es auch nicht immer weit gereiste Persönlichkeiten, welche unser Land besuchen, so kommen sie doch zumeist aus solchen Gegenden und Städten, wo eine hochentwickelte Industrie herrscht. ... Die meisten Reisenden ... bringen den charakteristischen Eigenthümlichkeiten der von ihnen besuchten Orte ein gewisses Interesse entgegen, das sie ... in den meisten Fällen bestimmt, daselbst einen oder mehrere Gegenstände anzukaufen, um sie als Andenken in ihre Heimath mitzunehmen."[11] Deininger erwähnt zwar keine Fotografien als Reiseandenken für Touristen, aber er wies darauf hin, dass entsprechende Erinnerungsobjekte von „kleinerem Volumen" sein sollten, damit sie gut im Reisekoffer verstaut werden könnten. Zudem empfahl er das Anbringen eines Gemeindewappens oder eines anderen Wahrzeichens zur Verzierung der Souvenirs, wie es auch die Fotografien des Landesverbandes mit dem Landeswappen aufweisen. Die Herstellung kleiner geschnitzter Figuren in tirolischen Landestrachten betrachtete Deininger als würdiges Betätigungsfeld für die einheimischen Schnitzer und als passende Andenken für Touristen. Ferner sollten die Objekte zu Reklamezwecken in kleinere Schaukästen passen. Tirolische Landestrachten und ein Format für den Schaukasten kennzeichneten auch die in Innsbruck produzierten Trachtenfotografien.

Eine Erwartungshaltung der Touristen galt den durch zahlreiche Grafiken und Fotografien überlieferten und so weit über die Grenzen Tirols hinaus bekannten Trachten, die einen Inbegriff der fremden Kultur bildeten. Die Trachten waren aber auch Ausdruck bürgerlicher Sehnsüchte nach einer intakten bäuerlich-ländlichen Welt, die den meist aus urbanen Gebieten angereisten Fremden während der Phase der Industrialisierung mit ihren zahlreichen Umbrüchen eine scheinbare Konstante konservativer Werte versprach. Und so verwundert es nicht, dass Anton Kofler im Rahmen der Aktivitäten des Landesverbandes auch die Erhaltung und Präsentation der Landestrachten in das Programm aufgenommen hatte. So richtete der Verband schon im Sommer 1889 in Innsbruck ein Tiroler Volkstrachtenfest aus. Unterstützung fand Kofler in dem Wildbrethändler Riegl und in dem Arzt Dr. Kölner.[12] Auf der Mitte Juni 1893 in Innsbruck eröffneten Tiroler Landesausstellung war eine Abteilung dem Fremdenverkehr gewidmet. Allerdings ist der Zeitschrift des Kunstgewerbevereins, die ausführlich über

10 Wolfgang Meixner, „... dass es etwas gar zu viel Cultur in die Berge bringt." – Aspekte der Bewertung des frühen Fremdenverkehrs in Tirol durch Gäste und Einheimische, in: Burkhard Pöttler unter Mitarb. von Ulrike Kammerhofer-Aggermann (Hg.), Tourismus und Regionalkultur. Referate der Österr. Volkskundetagung 1992 in Salzburg (Buchreihe der Österr. Zs. f. Volkskunde 12), Wien 1994, S. 129–147, hier S. 132.

11 Johann Deininger, Bemerkungen über Fremdenverkehrs-Industrie in Tirol, in: Mittheilungen des Tiroler Gewerbevereins 1892, Nr. 7/8, S. 43–46, hier S. 43.

12 Lässer, 100 Jahre, S. 59.

einzelne Ausstellungsabteilungen berichtete, weder etwas über die Aktivitäten des Landesverbandes für Fremdenverkehr noch etwas über ausgestellte Trachten zu entnehmen. Doch muss gerade deren Präsentation über die Landesgrenzen Österreichs hinaus bekannt geworden sein, denn schon am 29. Juni des Jahres richtete der in Frankfurt am Main lebende Sammler Oskar Kling ein Schreiben an Hans Bösch, den Zweiten Direktor des Germanischen Nationalmuseums, in dem es hieß: „Ich würde Ihnen nämlich sehr dankbar sein falls Sie bei Ihrem Innsbrucker Besuch im July in der Ausstellung dort die Costüme & Theile solcher etwas näher in Augenschein nehmen wollten, namentlich diejenigen die käuflich sind. Wenn es die Mühe lohnt & ich fort kann würde [ich; C.S.] später event. selbst dort hinfahren."[13]

Am 13. August 1893 wurde eine „Wettschaustellung der schönsten Trachten aus Tirol" durchgeführt, wie in der Tageszeitung „Tiroler Volksbote" zu lesen war.[14] Ausrichter war ein nicht näher definiertes „Vergnügungs-Comité", das offenbar Schwierigkeiten hatte, „eine hinreichende Menge alter Nationaltrachten aufzubringen".[15] Zu den Preisrichtern, deren Namen die Presse verschwieg, zählten aus Gründen der Objektivität „Fachmänner von auswärts".[16] Sie vergaben jeweils zehn Haupt- und zehn Ehrenpreise sowie Erinnerungszeichen für alle Teilnehmer.[17] Die Zeitungsberichte in der Lokalpresse ließen wiederholt das Lob der alten Bauerntracht erklingen und wetterten wie in der Zeit üblich gegen die verderbliche (städtische) Mode.

Ein Jahr später, nämlich zwischen dem 24. und 27. August 1894, tagten die Deutsche und die Österreichische Anthropologische Gesellschaft gemeinsam in Innsbruck. Einen Höhepunkt im Unterhaltungsprogramm der Tagung bildete der 26. des Monats, denn am Nachmittag wurde das Volksfest ein „Kirchtag in Tirol", das mit einer „Bauernhochzeit" und einem Jahrmarkt verbunden war, ausgerichtet.[18] Das künstlerische Arrangement oblag einem Bildhauer namens Pfretzschner.[19] In einem Beitrag der „Gartenlaube" wurde dieses für alle Interessierten zugängliche Fest als „eine lustige festliche Schlacht in diesem Kriege um der Väter Brauch" charakterisiert.[20] Der Verfasser unterrichtete darüber hinaus über die seit einigen Jahren anhaltenden Bemühungen der Stadt Innsbruck, „bei festlichen Gelegenheiten zu zeigen, wie viel eigenartige Schönheit an Gewand und Schmuck der Vorfahren haftet."[21] Die optische Wirkung der Trachten wurde also bewusst für ein zunehmend internationales Publikum als Anziehungsmittel genutzt und vermarktet. Zu den Organisatoren von 1894 gehörten die gemeinderätliche Kommission zur Hebung des Fremdenverkehrs, das Komitee zur Erhaltung der Volkstrachten, die Sektion Innsbruck des deutschen und österreichischen Alpenvereins, die Sektion Innsbruck des österreichischen Touristenklubs, der akademische Alpenklub, die Turner-Sänger-Riege und der Verein Zitherhort.[22]

In der Presse war zu lesen, dass das Fest, „den Männern der Wissenschaft wie den Tausenden anderen Zuschauer noch lange in Erinnerung bleiben und der Liebe zu den alten Volks-

---

13 Schreiben von Dr. Oskar Kling an das Germanische Nationalmuseum vom 29. Juni 1893.

14 Alte Trachten – alte Sitten, in: Tiroler Volksbote Nr. 18, 1893, S. 3f.

15 Tiroler Landesausstellung 1893, in: Bote für Tirol und Vorarlberg, Nr. 186, 16.8.1893, Nr. 186, S. 1494.

16 Ebd.

17 Alte Trachten, S. 3f.

18 Hans Moser wies bereits 1964 auf die Verbindung von Folklorismus und Fremdenverkehr bei dieser Veranstaltung hin. Hans Moser, Der Folklorismus als Forschungsproblem der Volkskunde, in: Hess. Bll. f. Volkskunde 55 (1964), S. 9–57, hier S. 30.

19 Innsbrucker Nachrichten, Nr. 190, 21.8.1894, S. 3.

20 J. C. Platter, Ein „Kirchtag in Tirol". Bilder vom Innsbrucker Volkstrachtenfest, in: Die Gartenlaube 1894, S. 645ff., hier S. 645.

21 Ebd.

22 Franz R. Wieser, Das Fest der Stadt Innsbruck in der Ausstellungshalle am Abend des 26. August, in: Mittheilungen der Anthropologischen Gesellschaft in Wien 24, N.F. 14 (1894), S. 184f., hier S. 185.

Abb. 2: Trachtenträgerin aus Alpbach als Festzugsteilnehmerin. Germanisches Nationalmuseum, Nürnberg

trachten einen mächtigen Aufschwung geben" würde.[23] Die Besucher konnten rund 300 Trachten aus den verschiedenen Gegenden Tirols sehen. Das vorbereitende Komitee hatte sich etwa 80 charakteristische Trachten zeigen lassen und „dieselben bezüglich ihrer Qualität und Vollständigkeit geprüft", also approbiert, wie unter den Fotografien zu lesen ist.[24] An anderer Stelle ist von einem Preisrichter-Kollegium die Rede, dem unter anderem der Museumskustos Fischnaler, der Vorsitzende der Fremdenverkehrskommission Kofler, der schon erwähnte Bildhauer Pfretzschner, ein Schriftsteller namens J. C. Platter, der eben über das Ereignis in der „Gartenlaube" berichtete, und der Wildbrethändler Riegl, der als Vertreter des österreichischen Touristenklubs ein aktiver Mitstreiter Koflers war, sowie der Mediziner Kölner angehörten.[25] Die Preisvergabe machte den Juroren offenbar Mühe, doch beschränkten sie sich auf die selteneren und älteren Kostüme sowie „auf diejenigen Thäler und Orte ... von denen eine weitere kräftige Beihilfe zur Erhaltung und Wiedereinführung der alten Volkstracht mit Grund zu erhoffen" war.[26] Es wurden erste und zweite Preise, bestehend aus einem Seidentuch und einem Geldbetrag, vergeben sowie ehrenvolle Anerkennungen. Doch für die Fachgeschichte der Volkskunde war eine andere Maßnahme nachhaltiger: Und zwar hatte das Trachtenkomitee beschlossen, rund hundert Trachtenträger beim Gasthaus „Grauer Bär" durch den Fotografen Anton Köprunner (1860–1928) im Bild festzuhalten.[27] Ferner wurden zu den meisten

23 Platter, Kirchtag, S. 645.
24 Wieser, Fest, S. 184.
25 In: Mittheilungen der Anthropologischen Gesellschaft in Wien 24, N.F. 14 (1894), S. 183. – Lässer, 100 Jahre, S. 32.
26 Platter, Kirchtag, S. 646.
27 Starl, Lexikon zur Fotografie, S. 257. – Mittheilungen der Anthropologischen Gesellschaft in Wien 24, N.F. 14 (1894), S. 183. – Innsbrucker Nachrichten, Nr. 195, 27.8.1894, S. 8.

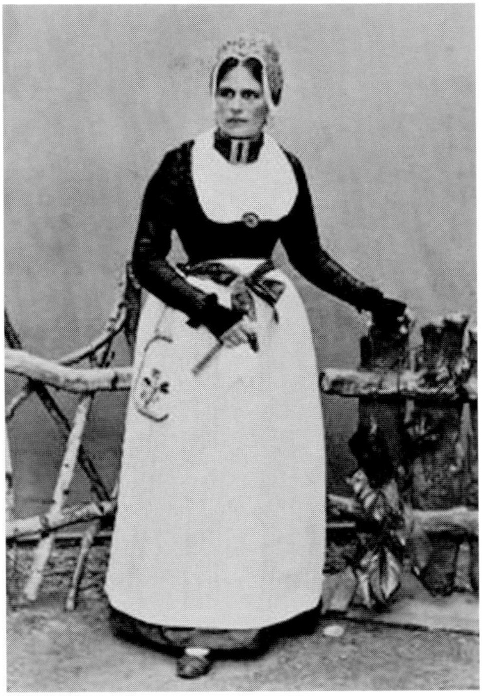

Abb. 3: Festzugsteilnehmerin und Ehefrau des Innsbrucker Bürgermeisters Mörz in „Alt-Innsbrucker Tracht“. Germanisches Nationalmuseum, Nürnberg

Kostümen eine Farbskizze sowie eine kurze Beschreibung zu dokumentarischen Zwecken angelegt. Mithin waren die Organisatoren und Preisrichter offensichtlich um Authentizität und wissenschaftliche Genauigkeit der wiedergegebenen Kleidung bemüht, die für viele andere Trachtenfotografen keine Kriterien waren.[28]

Die Presse betonte ausdrücklich, dass die Träger der Kostüme zum großen Teil „echt“ waren, um so den Ethnologen „auch die verschiedenen somatisch-ethnischen Typen vor Augen zu führen“.[29] Doch wirft man einen Blick in die Liste der Ausgezeichneten, so begegnen uns unter den weiblichen Trachtenträgern durchaus vertraute Namen, die nicht zu den originären Trägern der vorgestellten Kleidung zählten, sondern vielmehr ‚Volkskultur aus zweiter Hand‘ zur Schau stellten: Ein Fräulein Anna Czichna, offenbar verwandt mit dem gleichnamigen Kunsthändler und Verleger, trug eine Defregger Tracht. Hildegund von Hörmann, Tochter des Direktors der Innsbrucker Universitätsbibliothek Ludwig von Hörmann, der unter anderem den Volkstrachten aus Vorarlberg einen eigenen Aufsatz widmen sollte, präsentierte eine solche.[30] Antonia und Marie Kofler aus Innsbruck führten die Regionalkleidung aus Alt-Bruneck sowie die aus Sand in Taufers vor. Die Gattin des Arztes Dr. Kölner kleidete ein Alt-Sterzinger Kostüm und die Frau des Innsbrucker Bürgermeisters Friedrich Caspar Mörz (1840–1903) ein Alt-Innsbrucker mit goldgewirktem Häubchen, welches als

28 Wolfgang Hesse, Ansichten aus Schwaben. Kunst, Land und Leute in Aufnahmen der ersten Tübinger Lichtbildner und des Fotografen Paul Sinner (1838–1925), Tübingen 1989, S. 61.

29 Wieser, Fest, S. 184.

30 Ludwig von Hörmann, Vorarlberger Volkstrachten, in: Zs. d. Deutschen und Österr. Alpenvereins 35 (1904), S. 57–76.

Abb. 4: Figurine in der Tracht des Alpbachtales aus der Sammlung Kling. Germanisches Nationalmuseum, Nürnberg

einzig in seiner Art geschildert wurde (Abb. 3).[31] Eine Leipzigerin wählte eine Tracht aus dem Bregenzerwald. Hier zeigt sich also einmal mehr die für den Historismus so typische Lust des Bürgers, sich zu verkleiden.[32] Und so wundert es auch nicht, dass sich der Maler Franz Defregger, selbst zuweilen Teilnehmer an solchen Festzügen, unter den Gästen befand.[33] Auch den Anthropologen blieb die Kostümierung nicht verborgen, wie eine Notiz von Rudolf Virchow belegt, die allerdings einer Gruppe von Tirolerinnen in Meraner Tracht galt. Ihnen begegneten die Anthropologen bei einer sich der Tagung anschließenden Exkursion, über die Virchow schrieb: „Es waren freilich fast ausschliesslich verkleidete Tiroler und Tirolerinnen, die sich bei genauer Prüfung als eingewanderte Deutsche, meist sogar als Norddeutsche, entpuppten, aber sie machten ihre Sache sehr gut."[34]

Die auf den in Nürnberg verwahrten Fotografien abgebildeten Personen können allerdings nicht alle gesichert den in dem Bericht in den „Mittheilungen der Anthropologischen Gesellschaft in Wien" genannten Trachtenträgern zugeordnet werden.[35] Doch lassen sich nun zum Beispiel die von Oskar Kling auf eine Tafel geklebten Fotografien eines Fahnenschwingers,

---

31 Mörz amtierte zwischen 1894 und 1895. Frdl. Mitteilung von Frau Dr. Gertraud Zeindl, Stadtarchiv/Stadtmuseum Innsbruck vom 3.3.2009. – Innsbrucker Nachrichten, Nr. 195, 27.8.1894, S. 8.

32 Wolfgang Brückner, Trachtenfolklorismus, in: Utz Jeggle/Gottfried Korff/Martin Scharfe/Bernd Jürgen Warneken (Hgg.), Volkskultur in der Moderne. Probleme und Perspektiven empirischer Kulturforschung, Reinbek 1986, S. 363–382, hier S. 374.

33 Hans Moser, Vom Folklorismus in unserer Zeit, in: ZVK 58 (1962), S. 177–209, hier S. 196.

34 Rudolf Virchow, Mittwoch, den 2. August, in: Mittheilungen der Anthropologischen Gesellschaft in Wien 24, N.F. 14 (1894), S. 185.

35 Mittheilungen der Anthropologischen Gesellschaft in Wien 24, N.F. 14 (1894), S. 183.

eines Hochzeitsladers und eines Meraner Saltners in den Kontext des auch für Wissenschaftler organisierten Festes stellen.[36] Zwei Meraner Saltner hielten Wache am morgendlichen, für die Tagungsteilnehmer des Anthropologenkongresses ausgerichteten Buffet; den Brautzug des Volksfestes „Ein ‚Kirchtag in Tirol'" begleiteten unter anderem ein Brautführer sowie ein Meraner Fahnenschwinger.

Ein Ziel des Landesverbandes für Fremdenverkehr war es also, die Erhaltung beziehungsweise die Wiedereinführung der Landestrachten und deren öffentliche Wahrnehmung zu fördern, die durch die Veranstaltung vor bekannten Persönlichkeiten, zu denen unter anderem der eben erwähnte Rudolf Virchow gehörte, gegeben war.[37] Der Verband hatte aber auch in einer Phase der wirtschaftlichen Rückständigkeit des Landes auf die pittoresken Versatzstücke der Regionalkultur zurückgegriffen, nämlich auf die Trachten, und verstärkte so das Image Tirols als Oase der Trachtenherrlichkeit. Kommerzielle Verwertungsinteressen waren dabei Teil der Strategie des Verbandes, wozu auch die seriell angefertigten Fotografien zählen.[38] Sie standen in ihrem Aufbau ganz in der Folge der oft schon für Reisende gemachten Trachtengrafiken. In Museen wurden die Innsbrucker Fotografien mit dem „Gütesiegel der Echtheit" als Studien- und Dokumentationsmaterial genutzt, wie zum Beispiel die Bestände des Österreichischen Museums für Volkskunde in Wien, des Tiroler Volkskunstmuseums in Innsbruck und der Volkskundlichen Sammlung des Germanischen Nationalmuseums in Nürnberg belegen.[39] Irene Ziehe wies sowohl auf die Rolle der Fotografie als Wissensvermittler in der zweiten Hälfte des 19. Jahrhunderts als auch auf die ihr entgegengebrachte Euphorie hin.[40] So wurden die Aufnahmen vielfach als Ersatz für schriftliche Quellen betrachtet. An dem Material konnte in aller Ruhe und Genauigkeit geforscht und beobachtet werden. Die den Fotografien anhaftende folkloristische Komponente war den Nutzern wohl in der Regel bekannt, ihr wurde aber weniger Bedeutung eingeräumt als den wiedergegebenen historischen Kostümteilen.

Oskar Kling erwarb die Fotografien aus Innsbruck zu Dokumentations- und Studienzwecken. Als ausstellungswürdig erachtete er sie nicht, denn auf dem im Trachtensaal 1905 befindlichen Drehständer mit verschiedenen Bildquellen befand sich nur eine Fotografie, nämlich die einer alten Frau aus Ostenfeld bei Husum.[41] Zur Illustration dienten dort vornehmlich Trachtengrafiken aus dem späten 18. und der ersten Hälfte des 19. Jahrhunderts, die mithin älter waren und denen der Sammler offenbar auch einen größeren historischen Wert beimaß. Dem Touristen mögen die Innsbrucker Fotografien als Erinnerung oder auch als Illustration für sein Reisetagebuch gedient haben, das zu führen 1882 in einer „Anleitung zu Beobachtungen über Land und Leute für Touristen, Exkursionisten und Forschungsreisende" empfohlen wurde.[42] Vorrang hatten allerdings eigene Fotografien und Zeichnungen. „Der Beobachter", so der Titel des Buches, forderte auch dazu auf, die Kleidung genau zu studieren,

36 Trachtengraphik Sammlung Kling, Tafel 314.
37 Platter, Kirchtag, S. 647.
38 Wolfgang Meixner, Mythos Tirol. Zur Tiroler Ethnizitätsbildung und Heimatschutzbewegung im 19. Jahrhundert, in: Geschichte und Region 1(1992), S. 88–106, hier S. 91.
39 Maren Gröning, Materialien aus der Photothek des Österreichischen Museums für Volkskunde als Beiträge zu einer Ausstellung zur Geschichte der österreichischen Fotografie 1839–1939, in: Irene Ziehe/Ulrich Hägele (Hgg.), Fotos – „schön und nützlich zugleich". Das Objekt Fotografie (Visuelle Kultur Studien und Materialien 2), Berlin 2006, S. 177–194, hier S.184.
40 Ziehe, Bildtafeln, S. 168.
41 Selheim, Entdeckung, S. 28.
42 D. Kaltbrunner, Der Beobachter. Allgemeine Anleitung zu Beobachtungen über Land und Leute für Touristen, Exkursionisten und Forschungsreisende, Zürich 1882, S. 126.

um herauszufinden, was zur Volkstracht gehört.[43] Dieser Mühe wurde der Käufer der durch den Landesverband approbierten Bilder entbunden.

Die in Innsbruck getroffene Trachtenauswahl bot Museen und Sammlern auch eine Entscheidungshilfe hinsichtlich sammlungswürdiger vestimentärer Realien aus Tirol und förderte so wiederum die Herausbildung von Stereotypen. Wie stark diese Abhängigkeiten gelegentlich waren, belegt eine weibliche Figurine mit der Kleidung aus dem Alpbachtal in der Trachtensammlung Kling sowohl hinsichtlich ihrer Bekleidung als auch bezüglich der Haltung (Abb. 4). Der Initiator des „Kirchtages in Tirol", Anton Kofler, legte ebenfalls eine Sammlung von Trachten sowie von „Volksgut" an, die später den Grundstock des Innsbrucker Volkskunstmuseums bildete.[44]

Fotografiegeschichte, Folklorismus, Fremdenverkehrsförderung sowie volkskundliche Forschungs- und Institutionsgeschichte griffen beim „Kirchtag in Tirol" und seinen Bildquellen besonders eng ineinander.[45] Inwieweit die Innsbrucker Fotografien von 1894 eine Vorreiterrolle einnahmen, ist ungewiss, aber sowohl das 1896 vom Lesezirkel Hottingen (Zürich) ausgerichtete Trachtenfest als auch das im gleichen Jahr veranstaltete Volkstrachtenfest in Dresden wurden fotografisch dokumentiert.[46]

43 Ebd., S. 664.

44 Lässer, 100 Jahre, S. 59–60.

45 Wolfgang Brückner, Historische Fotografie und Volkskunde, in: Irene Ziehe/Ulrich Hägele (Hg.), Fotografien vom Alltag – Fotografieren als Alltag (Visuelle Kultur Studien und Materialien 1), Münster 2004, S. 5–16.

46 Julie Heierli, Die Schweizer Trachten vom XVII – XIX Jahrhundert nach Originalen. Dargestellt unter Leitung von Frau Julie Heierli und auf photomechanischem Wege in Farbe ausgeführt. Die Originalaufnahmen stammen vom Schweizertrachtenfest des Lesezirkels Hottingen in Zürich, 14. März 1896, Zürich 1898. – Conrad Ulrich, Der Lesezirkel Hottingen, Zürich 1981, S. 100. – In Dresden fertigte das Atelier Höffert die Aufnahmen, vgl. Selheim, Entdeckung, S. 279.

Von Heinrich Zille und der S. M. S. Möwe

Fotopostkarten und ihre Entstehungshintergründe

Karin Walter

Während des sogenannten „Goldenen Zeitalters“ der Postkarte, der Zeitraum zwischen ca. 1897 und 1918, wurden unvorstellbare Kartenmengen produziert, verkauft, verschickt und gesammelt. Ausschlaggebend für diesen plötzlich einsetzenden Postkartenboom kann nicht die Begeisterung für das Kommunikationsmittel selbst gewesen sein, denn die postalische Einführung war bereits 1870, also rund ein Vierteljahrhundert zuvor erfolgt. Auch die Tatsache, dass das Postkartenformular Platz für Illustrationen bot, war nicht neu, beliebt waren schon vor dem „Goldenen Zeitalter“ Handzeichnungen oder Abbildungen in allen damals bekannten Drucktechniken. Diese alle Gesellschaftsschichten erfassende schlagartig einsetzende Begeisterung läßt sich allein darauf zurückführen, dass ab ca. 1897 begonnen wurde, Fotografien direkt auf Postkartenformulare zu kopieren und Ansichtskarten dadurch zu einer neuen und in erster Linie sehr viel preiswerteren Form von Fotoabzügen wurden. Die bis dahin gebräuchlichen, auf dickem Pappkarton kaschierten Fotoabzüge waren selbst in ihrer kleinsten Variante, dem sogenannten Visitformat, Ende des 19. Jahrhunderts noch verhältnismäßig teuer. Erst als Abzüge auf dünnem Postkartenkarton wurden Fotografien zu einem Massenprodukt, das sich alle Bevölkerungskreise leisten konnten. In der dadurch ausgelösten Bilderflut gab es kein Motiv, das nicht auf einer Fotopostkarte verbreitet worden wäre. Selbst von der abgelegensten Ortschaft, der kleinsten Straße, dem banalsten Ereignis oder der kleinsten Katastrophe kamen Ansichtskarten auf den Markt. Ganz abgesehen von privaten Motiven, Häuserfotografien oder Porträtpostkarten, die in kleinsten Mengen, manchmal sogar als Einzelkarten produziert wurden.

Die ausführliche wissenschaftliche Beschäftigung mit den Themen Fotografie und Postkarte, insbesondere mit Entstehung und Entwicklung der Fotopostkarten, verdanke ich Wolfgang Brückner. Er regte mich dazu an, bei ihm über dieses Thema zu promovieren.[1] Mit meinem seitdem für dieses Medium sensibilisierten Blick entdecke ich in meinem beruflichen Alltag immer wieder interessante Beispiele. Sie offenbaren oft erst auf den zweiten Blick und nach einiger Recherche ihre Geschichte. Zwei dieser Fälle, die unterschiedlicher kaum sein könnten und nichts miteinander verbindet, sollen die verschiedenen Facetten von Fotopostkarten beleuchten. Es handelt sich zum einen um ein Unikat, ein der Kategorie Künstlerpostkarte zuzurechnendes Exemplar, hergestellt und verschickt vom Berliner Zeichner Heinrich Zille. Zum anderen um die Serie von drei Aufnahmen der Besatzung eines Marineschiffes, die ganz überraschend für einen Wilhelmshavener Berufsfotografen zum Verkaufsschlager wurden.

---

1 Karin Walter, Postkarte und Fotografie. Studien zur Massenbild-Produktion (Veröff. z. Volkskunde und Kulturgeschichte 56), Würzburg 1995.

Eine Fotopostkarte von Heinrich Zille

Das Altonaer Museum besitzt eine Sammlung von rund 2000 Künstlerpostkarten, in der viele bedeutende Künstler der letzten 130 Jahre vertreten sind.[2] Die letzte der alphabetisch geordneten Karten überrascht auf den ersten Blick. Nicht einmal die Hälfte der Vorderseite bedeckt ein Foto, das einen im Gehen begriffenen Mann von schräg hinten zeigt. Die Aufnahme entstand in der freien Natur, Wiese und Buschwerk geben keinen Hinweis zu ihrer genaueren Lokalisierung (Abb. 1). Näheres zur Fotografie erschließt sich erst aus der Adresse und dem kurzen Begleittext, der sich, entsprechend der bis 1906 in Deutschland geltenden postalischen Vorschrift, ebenfalls auf der Vorderseite der Karte befindet. Der Absender der Karte, Heinrich Zille, informiert den in Berlin-Wilmersdorf in der Gasteinerstr. 28 wohnhaften Bildhauer August Gaul, dass er leider nicht am Sonntag kommen könne. Der Poststempel verrät außer dem Datum der Nachricht, 20. Juli 1901, auch ihren schnellen Transport. Zille hatte diese Karte in Westend zwischen 9 und 11 Uhr vormittags eingeworfen, und bereits wenige Stunden später, zwischen 4 und 6 Uhr nachmittags, war sie in Wilmersdorf eingetroffen.

Heinrich Zille (1858–1929), der „Zeichner der Großstadt"[3], schuf bis 1907 – also bis zu seinem Ausscheiden aus dem Arbeitsverhältnis bei der Photographischen Gesellschaft Berlin – ein fotografisches Œuvre, das lange nicht beachtet wurde. Nach ersten Publikationen von Friedrich Luft 1967, Wilfried Ranke 1975 und Matthias Flügge 1987 erschien 1995 ein von Enno Kaufhold erstelltes Werkverzeichnis, verbunden mit einer fotohistorischen Einordnung Zilles als „Photograph der Moderne",[4] die von Flügge 2008 wieder relativiert wurde.[5] Zille hinterließ 418 Glasnegative, einige Glaspositive und etwa 120 Kontaktabzüge.[6] Mehr zufällig hatten sie den Zweiten Weltkrieg und die Nachkriegsjahre in Zilles letztem Wohnsitz in Berlin, Sophie Charlotten-Straße Nr. 88, überdauert. Sein Sohn Walter, der nach dem Tod des Vaters in den Räumen weiterhin lebte, schenkte dem Fundus keine Beachtung. So gerieten die Aufnahmen in Vergessenheit und kamen erst 1966 wieder zum Vorschein. Zille selbst und seine Nachfahren stuften die Fotografien als Experimente und Nebenprodukte ein. Entsprechend dieser Einschätzung fehlen jegliche Aufzeichnungen darüber, meist auch Anhaltspunkte für eine Datierung. Kaufholds Werkverzeichnis erfasst den gesamten Nachlass, der inzwischen in der Berlinischen Galerie in Berlin aufbewahrt wird. Der Bestand ist nicht vollständig, so fehlt beispielsweise die für die vorliegende Fotopostkarte verwendete Aufnahme, die sich aber, wie im Folgenden gezeigt werden soll, unschwer in Zilles fotografisches Œuvre einordnen lässt.

Im Jahr 1893 kamen erstmals Fotopapiere im Postkartenformat in den Handel, deren Rückseiten bereits entsprechend der postalischen Vorschriften bedruckt waren. Ihre massenhafte Verwendung begann ab ca. 1896/97 mit Einführung der Bromsilberpostkarten.[7] Auf vergleichsweise einfachem Wege war es nun möglich, individuelle Fotopostkarten herzustellen. Mit verschiedenen, den Packungen beigelegten Masken konnte die Form des Ausschnittes

2 Ein Teil der Sammlung ist publiziert in: Bärbel Hedinger (Hg.), Die Künstlerpostkarte. Von den Anfängen bis zur Gegenwart, München 1992.

3 So bezeichnet im folgenden Ausstellungskatalog: Matthias Flügge/Hans Joachim Neyer (Hgg.), Heinrich Zille – Zeichner der Großstadt, Hannover 1997.

4 Enno Kaufhold, Heinrich Zille. Photograph der Moderne. Verzeichnis des photographischen Nachlasses. Ausstellungskat. hg. v. der Photographischen Sammlung der Berlinischen Galerie, München 1995.

5 Matthias Flügge, Heinrich Zille. Berliner Leben. Zeichnungen, Photographien und Druckgraphiken 1890–1914, Berlin 2008, S. 26f.

6 Winfried Ranke, Heinrich Zille. Photographien Berlin 1890–1910, München ²1975, S. 43.

7 Zur ausführlichen Erläuterung der Verwendung dieser Fotopostkarten vgl. Karin Walter, Fotografien am laufenden Band – Bromsilberpostkarten, in: Fotografie gedruckt. Rundbrief Fotografie: Sammeln – Bewahren – Erschließen – Vermitteln. Sonderheft 4, 1998, S. 31–36.

Abb. 1: Fotopostkarte von Heinrich Zille, 1901. Stiftung Historische Museen Hamburg/ Altonaer Museum

variiert werden. Zille bediente sich bei vorliegendem Beispiel einer dieser vorgefertigten Karten und verwendete eine rechteckige Maske mit abgerundeten Ecken. Zu den beliebtesten Motiven, die in solch kleinen Mengen hergestellt wurden, gehörten die Porträtpostkarten. Sie lösten bald die bis dahin in der Atelierfotografie üblichen Kabinett- und Visitformate ab. Obgleich Zilles Aufnahme eine Person zeigt, lässt sie sich kaum als Porträtpostkarte bezeichnen. Anstelle des steifen Posierens einer Person vor der Kamera wird hier ein im Gehen begriffener Mann von schräg hinten gezeigt. Eine sichere Identifizierung des Dargestellten ist dadurch nicht möglich. Das Foto zeigt eine Bewegungsstudie, ein Beispiel für die fotografische Blickweise Zilles, die, wie Janos Frecot schreibt, am ehesten noch an die Skizzenblätter von Malern und Bildhauern erinnert oder an die gerade zu der Zeit um die Jahrhundertwende beginnende Kinematografie.[8] Die Beschäftigung mit der Momentfotografie zeigt das Moderne in den Aufnahmen Zilles. Diese um die Jahrhundertwende (1897–1901) populäre Richtung der Fotografie reflektierte die zunehmende Mobilität der Zeit: Hektik, Geschäftigkeit, Unruhe, Lärm, Chaos nahm insbesondere in Großstädten wie Berlin ständig zu. Mit dem Zerlegen laufender Bewegungen in einzelne Sequenzen beschäftigten sich Fotografen wie der Berliner Ottomar Anschütz oder der Amerikaner Eadweard Muybridge. Beide könnte Zille persönlich gekannt haben – Letzteren könnte er nach Kaufhold möglicherweise im März 1891 bei einem Vortrag in Berlin begegnet sein[9] – zumindest aber muss er von ihren in Fachkreisen viel diskutierten Studien gehört haben. Zille war nach seiner Ausbildung als Lithograf, von 1877 bis 1907 in der Photographischen Gesellschaft in Berlin tätig, ein Reproduktionsbetrieb, der auf die Vervielfältigung von Kunstwerken im fotografischen Tiefdruckverfahren, der Heliogravüre, spezialisiert war. Durch seine berufliche Tätigkeit verfügte Zille über ein fototechnisches Grundwissen und war sicherlich mit Neuerungen im Bereich von Kameras und Fotopapieren vertraut. Wie Ranke vermutete, besaß Zille nie selbst eine Kamera, sondern lieh sich von seinem Arbeitgeber einen Apparat für einzelne Aufnahmekampagnen aus.[10] Zunächst war dies ein Kasten mit Stativ, der sich als Schatten auf einigen von Zilles Aufnahmen widerspiegelt. Ab 1897 verwandte Zille dann eine kleinere und daher flexibel einsetzbare Handkamera, eine sogenannte Detektivkamera, mit der ganze Serien von zehn bis zwölf Aufnahmen möglich waren. Mit diesem Kameratyp konnte man unbemerkt und spontan fotografieren. Dies scheint Zille besonders gereizt zu haben, denn auffällig häufig lichte er Personen von hinten ab. Sein Interesse

8 Janos Frecot, Vorwort, in: Kaufhold (wie Anm. 4), S. 7.
9 Kaufhold (wie Anm. 4), S. 16.
10 Ranke (wie Anm. 6), S. 20. Im Nachlass von Zille fand sich keine Kamera. Da sich Glasnegative in vier verschiedenen Formaten erhalten haben, könnte dies ein Hinweis darauf sein, dass Zille vier unterschiedliche Kameras benutzte.

galt dabei nicht so sehr deren Individualität, sondern ihrer spontanen und ungestellten Körperhaltung in der Bewegung. Im Jahre 1901, dem Versandtdatum der Karte, hatte Zille eine erste Ausstellung,[11] mit den Zeichnungen verdiente er aber noch nicht seinen Lebensunterhalt. Zu diesem Zeitpunkt arbeitete Zille noch an der Verfeinerung seines Zeichenstils. Fotografien mit verschiedenen Bewegungsstudien könnten ihm dabei als Anschauungsmaterial gedient haben. Kaufhold regte in seiner Werkmonografie dazu an, die Fotografien nicht nur als Motivsammlung für sein zeichnerisches Œuvre zu sehen, sondern auch als Übung. Seines Erachtens nutzte Zille die Abstraktion der Fotos, um den Formenreichtum der Wirklichkeit stilistisch zu erfassen und daran seinen individuellen zeichnerischen Stil, seinen Personalstil, zu schulen.[12] Eine solche Motivation ist auch hinter der Aufnahme dieser Fotopostkarte zu vermuten. Zille interessierte sich für die Körperhaltung eines im Gehen begriffenen Mannes und für den sich dabei an Jacke und Hose entstehenden Faltenwurf. Möglicherweise gehört die Fotografie zu einer ganzen Serie von Bewegungsstudien, vergleichbare Aufnahmen finden sich mehrfach im Werkverzeichnis Zilles.[13]

Mit dem Adressat der Karte, August Gaul, pflegte Zille etwa seit 1897 eine enge Freundschaft. Die Familien besuchten sich gegenseitig, wie beispielsweise eine 1898/99 entstandene Aufnahmenserie der Familie Zille in Gauls Atelier zeigt. Beide Männer waren begeisterte Schmetterlingssammler,[14] eine Leidenschaft, der sie nur sonntags nachgehen konnten, da Zille – bis 1907 noch Arbeitnehmer – unter der Woche keine Freizeit hatte. Möglicherweise bezieht sich die Mitteilung auf der Postkarte auf die Absage eines solchen gemeinsamen sonntäglichen Ausfluges. Anhaltspunkte dafür geben auch die Utensilien des Porträtierten, Stock und Lederbeutel. Diese Gerätschaften führten die Männer auch bei einer im Sommer 1900 entstandenen Aufnahme mit sich, die sie nachweislich bei einem Ausflug zum Schmetterling sammeln zeigt.[15]

Diese Fotopostkarte reiht sich zu Recht in die Sammlung der Künstlerpostkarten des Altonaer Museums ein. Der besondere Reiz dieser von Künstlern geschaffenen Unikate liegt an der Verbindung des Werkes mit einer genauen Datierung durch den Poststempel sowie in der Kenntnis des Adressaten des Kunstwerkes. Im vorliegenden Fall fehlt leider ein Kommentar des Künstlers zum Motiv. Interessant bleibt die Karte dennoch, da sie einer der wenigen datierten Belege für Zilles intensive Beschäftigung mit der Momentfotografie vor oder im Jahr 1901 ist.

Die „Piraten des Kaisers" und ihre bildliche Vermarktung

Die Berufsfotografen hatte Ende des 19. Jahrhunderts zunächst große Bedenken gegenüber der Produktion und den Vertrieb von Fotopostkarten, da die Gewinnspanne hierbei viel niedriger ausfiel als bei Abzügen im Kabinett- oder Visitformat. Im Lauf der Zeit arrangierten sie sich aber mit dem neuen Medium, zumal sie feststellen konnten, dass sich durch die Ansichtskarten neue gewinnbringende Geschäftsfelder ergaben. So ließen sich einzelne Motive als Fotopostkarten in sehr viel größeren Mengen absetzen als dies bei Fotoabzügen der Fall war. Ein Beispiel für die Verdienstmöglichkeiten, die sich den Berufsfotografen beim Vertrieb von

11 Zille nahm an der IV. Ausstellung der Berliner Secession 1901/02 teil.

12 Kaufhold (wie Anm. 4), S. 27.

13 Vgl. z. B. Flügge (wie Anm. 5), Tafel 83: Drei Mann auf dem Heimweg.

14 Kaufhold (wie Anm. 4), S. 23f. und S. 34.

15 Kaufhold (wie Anm. 4) Werksverzeichnis Nr. 311.

Postkarten boten, zeigt der folgende Fall, der außergewöhnlich gut dokumentiert ist, da sich die Geschäftskorrespondenz in Privatbesitz erhalten hat.

Der Wilhelmshavener Fotograf Friedrich Kloppmann fotografierte die Offiziere und die Schiffsbesatzung der S. M. S. Möwe sowie die von ihnen während eines Einsatzes gefangengenommenen indischen Matrosen unmittelbar nach ihrer Rückkehr in den Heimathafen Wilhelmshaven. Diese für uns heute unspektakulären Fotografien erlangten im März 1916 innerhalb weniger Tage deutschlandweit, wenn nicht sogar weltweit Beachtung. Zeigten sie doch erstmals die – gemäß der zeitgenössischen Terminologie – „Helden“ und ihre „Beute“. Die Bilder illustrierten die aktuellen Schlagzeilen über den erst nach der erfolgreichen Rückkehr des Schiffes öffentlich bekannt gewordenen ungewöhnlichen Kampfeinsatz.

Erstmals war es einem Schiff gelungen, den von der britischen Marine gleich zu Beginn des Ersten Weltkrieges um die deutsche Küste verlegten Belagerungsring zu durchbrechen. Dazu hat der im September 1915 vom deutschen Flottenstab beauftragte Korvettenkapitän Burggraf und Graf zu Dohna-Schlodien einen unkonventionellen Weg gewählt. Er ließ den ehemaligen Frachtdampfer „Pungo“, der während der Kolonialzeit Bananen zwischen Kamerun und Deutschland transportiert hatte, in Wilhelmshaven umrüsten und mit einer getarnten Bewaffnung ausstatten. Unter größter Geheimhaltung wurde anschließend das Schiff nach Kiel verlegt und dort wochenlang in der Ostsee erprobt. Nicht einmal die Besatzung wurde über den geplanten Einsatz informiert. Ende Dezember 1915 ging das Schiff in der Elbmündung bei Krautsand vor Anker und erhielt dort einen neuen Anstrich, der es in den schwedischen Dampfer „Sagaland“ verwandelte. So getarnt gelang es dem Schiff, unerkannt die Blockade zu durchbrechen und an der englischen und französischen Küste Minen zu verlegen. Anschließend kreuzte die S. M. S. Möwe im Atlantik zwischen Island, Afrika und Südamerika und überraschte andere Schiffe, indem sie sich zunächst als Dampfer getarnt näherte und erst kurz vor dem Zusammentreffen durch das Hissen der Kriegsflagge ihre wahre Identität als Hilfskreuzer offenbarte. Diese gemäß der Londoner Seekriegskonferenz von 1908/09 erlaubte Vorgehensweise ließ der zumeist völlig überrumpelten Schiffsbesatzung keine Zeit zum Handeln. Besatzung und Passagiere wechselten als Gefangene auf die S. M. S. Möwe, auch Proviant und Kohlen wurden übernommen und das gegnerische Schiff anschließend versenkt. Diese ungewöhnliche Vorgehensweise veranlasste einen Kommentator in einem zeitgenössischen Artikel der Frankfurter Zeitung, die S. M. S. Möwe als „Gespensterschiff“ zu bezeichnen.

Nach der Rückkehr in den Heimathafen verkündeten öffentliche, vom Chef des Admiralstabes der Marine durch seine Unterschrift legalisierte Aushänge, dass die S. M. S. Möwe bei ihrem Einsatz 15 gegnerische Schiffe aufgebracht und teilweise versenkt hat. Zu den Erfolgen zählte man auch den Untergang des englischen Schlachtschiffs „Edward VII“ vor der schottischen Küste, den eine von der S. M. S. Möve ausgelegte Mine verursacht hatte. Für die Marine war die Anzahl der zerstörten Schiffe von großer Bedeutung, und sie schlachteten das Ereignis entsprechend propagandistisch aus. Erstmals konnten sie Positives vermelden in dem für sie bislang ungünstig verlaufenden Ersten Weltkrieg. Vor diesem Hintergrund ist auch zu verstehen, warum sie dem Wilhelmshavener Fotografen Friedrich Kloppmann trotz größter Geheimhaltung erlaubten, bereits am 5. März 1916, unmittelbar nach der Rückkehr des Schiffes, Aufnahmen von der Besatzung zu machen.

Kloppmann wählte drei verschiedene Motive aus und machte von jedem gleich mehrere Aufnahmen. Ein Bild zeigt die zwölf Offiziere des Schiffes (Abb. 2), ein weiteres die Offiziere gemeinsam mit den an die 100 Besatzungsmitgliedern (Abb. 3) und ein drittes Motiv die über hundert gefangengenommenen Inder bewacht von einigen Marinesoldaten. Kloppmann hatte die Personen an einem leicht ansteigenden Gelände, vermutlich einem Deich, so arrangiert, dass die Gesichter von möglichst allen Beteiligten gut auf den Fotos wiederzuerkennen waren. Erfahrungsgemäß war dies für den späteren Absatz der Bilder förderlich, denn ohne viele Worte konnte so ein Lebenszeichen verschickt werden. Vielleicht stammt eine am 20. März 1916 versandte Postkarte mit dem Motiv der Besatzungsmitglieder von einem der Abgebildeten. Die Botschaft darauf lautet: „Liebe Mutter! Bin gut angekommen. Die herzlichen Grüße sendet Euer Heinz!“

Da die Marine den Einsatz der S. M. S. Möwe zu einer großen Sensation stilisierte, war das Interesse an Aufnahmen von den „Helden“ sofort sehr groß. Eine Flut von Anfragen mit der Bitte, diese Fotografien veröffentlichen zu dürfen, erreichte das Haus Kloppmann. Erstaunlich ist der Umstand, dass die anfragenden Zeitungen und Zeitschriften überhaupt wussten, an wen sie sich zu wenden hatten, denn auf den Fotos selbst stand nur der Name Kloppmann und das Jahr der Aufnahme, nicht aber der Wohnort, wie es eigentlich seit 1907 gesetzlich vorgeschrieben war. Da die Mission der S. M. S. Möwe unter größter Geheimhaltung stand, wollte das Reichsmarineamt verhindern, dass der Ankunftshafen bekannt wird und hatte deshalb dem Wilhelmshavener Fotografen untersagt, seinen Wohnort zu nennen, da daraus leicht Rückschlüsse zu ziehen waren. Dies war aber offensichtlich misslungen, denn bereits einen Tag nach der Aufnahme, am 6. März 1916, ist eine Anfrage der „Illustrirten Zeitung“ an den Fotografen datiert. „Die Woche“, „Die Gartenlaube“, „Die weite Welt“, „Vom Fels und Meer“, „Die Deutsche Kriegszeitung“ und andere folgten in den Tagen danach. Kloppmann bediente sie alle, seine Preisvorstellungen schwankten zwischen 10 und 30 Mark pro Veröffentlichung. Es gab darüber hinaus Anfragen für die Vervielfältigung auf Zigarren- und Zigarettenpackungen sowie für die Nutzung der Bilder zu Kinozwecken. Für das lukrative Geschäft der Vervielfältigung der Motive auf Postkarten schloss er sich mit dem Wilhelmshavener Buchhändler Karl Ladewigs zusammen. Bereits fünf Tage nach der Aufnahme, am 10. März, warben Anzeigen des Buchhändlers in der örtlichen Presse für entsprechende Bromsilberpostkarten. Dabei handelte es sich um eine für solche Ereigniskarten bevorzugte Vervielfältigungstechnik, da sich damit schnell Fotografien direkt auf Postkartenkartons kopieren ließen. Die Wilhelmshavener Geschäftspartner hatten sehr schnell erkannt, dass sich für diese Fotos noch weitere Absatzmöglichkeiten boten. Ein Telegramm vom 19. März 1916, also knapp zwei Wochen nach den Aufnahmen, belegt, dass der Buchhändler Karl Ladewigs nach Braunschweig gereist war und von dort Kloppmann über den Geschäftsverlauf informierte: „Erfolg ist groszartig komme erst morgen“. Der Postkartenverkauf war rentabel, obgleich es auch Klagen über den Preis von 20 Pfennigen pro Karte gab. Dies wäre zu teuer, und nur „besseres Publikum“ und „Offiziere“ könnten sich die Karten leisten. Die Geschäftspartner beendeten bald darauf die eigene Postkartenproduktion und den -vertrieb und verkauften die Lizenz an Dritte. Ob sie dafür tatsächlich die in den Geschäftsbriefen genannte einmalige Entschädigung von 3000 Mark für Kloppmann und 2000 Mark für Ladewigs erhielten oder diese nur gefordert haben, ist der Geschäftskorrespondenz nicht eindeutig zu entnehmen. Aber allein die Nennung dieser hohen Summe zeigt, welche Verdienstmöglichkeiten in der Postkartenbranche mit entsprechenden lukrativen Motiven möglich waren. Der Verlag Otto Gustav Zehrfeld in Leipzig übernahm die Herausgabe der drei verschiedenen Ansichtskartenmotive. Da noch heute diese Karten verhältnismäßig häufig im Ansichtskartenhandel und auf -börsen auftauchen, ist davon auszugehen, dass sie in hoher Auflage gedruckt wurden.

Abb. 2: Offiziere der S. M. S. Möwe, Ansichtskarte 1916. Küstenmuseum Wilhelmshaven

Abb. 3: Besatzung der S. M. S. Möwe, Ansichtskarte 1916. Küstenmuseum Wilhelmshaven

Vom positiven Geschäftsverlauf inspiriert, nutzte Kloppman seine neuen Kontakte mit der Absicht, sich auch zukünftig solch lukrative Motive zu sichern. In einem Brief an den Korvettenkapitän Burggraf und Graf zu Dohna-Schlodien informierte er ihn nicht nur darüber, dass das Reichsmarineamt die Veröffentlichung der Aufnahmen genehmigt habe, sondern bat ihn zugleich, für ein Einzelporträt Modell zu sitzen. Er wolle gerne den Grafen mit seinem gerade von Kaiser Wilhelm II. für den erfolgreichen Einsatz der S. M. S. Möwe verliehenen Verdienstorden „Pour le Mérite" ablichten, um – was Kloppmann auch nicht verhehlt – dieses Motiv ebenfalls erfolgreich zu vermarkten. Entsprechende Anfragen habe er schon von „angesehenen Blättern" bekommen. Ob dieser Fototermin tatsächlich je stattfand, lässt sich nicht mehr rekonstruieren. Es gibt entsprechende Fotos von dem Korvettenkapitän, aber es fand sich bislang kein entsprechendes Motiv im Nachlass von Kloppmann.

Auch auf anderem Weg versuchte Kloppmann, sich lukrative Geschäfte zu sichern. Das Reichsmarineamt war daran wenig interessiert, wie ein Schreiben an ihn vom 26. März 1916 belegt: „Ihrem Wunsch bezüglich der Ausstellung eines allgemeinen Dauerausweises für die Aufnahme besonders interessanter Bilder kann das Nachrichtenbüro aus dienstlichen Gründen leider nicht erfüllen. Dagegen ist nichts ... einzuwenden, dass sie sich in solchen Fällen telegraphisch hierher wenden; einer wohlwollenden Behandlung ihrer Bitten können Sie sicher sein." Vielleicht war Kloppmann dem Reichsmarineamt auch etwas zu geschäftstüchtig. Damit er die Propagandaabsichten der Marine nicht beeinträchtigt, wies man ihn im Nachsatz des Schreibens schon vorsorglich darauf hin: „Das Nachrichtenbüro setzt dabei voraus, dass Sie seinem Interesse, diesen Bildern grösstmöglichste Verbreitung zu sichern, dadurch entgegenkommen, dass Sie ihre Preise in mässigen Grenzen halten."

Die Arbeiten solch ziviler Fotografen interessierte die Marine nur, so lange sie die eigene Propagandaabsichten unterstützte. Im Fall der Aufnahmen der Besatzung der S. M. S. Möwe war diese Rechnung aufgegangen. Nicht zuletzt diese Fotos trugen zur Legendenbildung über die „Piraten des Kaisers" bei, wie sie in der Öffentlichkeit später genannt wurden. Über die S. M. S. Möwe erschienen später noch unzählige Gemälde, Bücher, ein Lied und sogar ein Film. Für den Wilhelmshavener Fotografen Kloppman blieben diese Aufnahmen vermutlich ein einzigartiger Sonderfall, und es ist ein glücklicher Umstand, dass gerade diese Geschäftsunterlagen die Bombardierungen Wilhelmshavens im Zweiten Weltkrieg und die Geschäftsauflösung des Handwerksbetriebs überstanden haben.

Dauthendeys Bilder

Von Domenichino zu Edvard Munch

Günter Hess

„Bilder und immer wieder Bilder. Wozu? Wir hatten mehr als genug davon." Fontane charakterisiert in diesem unwilligen Protest Céciles den Überdruss an der Bilderflut im späten 19. Jahrhundert, zugleich aber auch die Bildungsdefizite der Titelfigur seines Romans von 1887.[1] Mit der fortschreitenden Perfektionierung der Druck- und Reproduktionstechniken wie der Fotografie steigert sich der Bildbedarf des Publikums und die Literatur wird über die Jahrhundertwende hinaus zum Spiegel eines grenzenlosen imaginären „Bildersaals", in dem sich die anspruchsvollen „Bilder nach Bildern" und die billigen Kopien häufen: „Die Kunst der Welt in der Welt der Bürger".[2]

Man könnte eine Literaturgeschichte der Bilder im Zeitalter ihrer Reproduzierbarkeit schreiben, und man würde dabei mit den Trivialisierungsprozessen alle Höhen und Tiefen der künstlerischen Qualität und des Publikumsgeschmacks durchmessen. Peter-Klaus Schuster hat überzeugend analysiert, wie Theodor Fontanes „virtuose Meisterschaft im Umgang mit den Bildungsgütern seiner Zeit" in *Effi Briest* (1895) „Wirklichkeit als ein Leben nach den Bildern der Kunst vorstellt",[3] und es fällt auf, dass in den Romanen, Novellen und Dramen seiner Zeitgenossen immer wieder die Reproduktionen nach Gemälden großer Meister, wertvolle Kopien und billige fotografische Nachdrucke, in allen sozialen Milieus als integrale Bildmotive und semiologisch relevante Zeichen zu deuten sind.

Ein Kommerzienrat Van der Straaten kann seiner Gemahlin eine Kopie nach Tintorettos *L'Adultera* aus Venedig präsentieren, die dem Roman (1882) den Namen gibt und von Anfang bis zum Ende zentrales Leitmotiv der Handlung ist.[4] Dagegen hängt nach der Regieanweisung von Arno Holz und Johannes Schlaf im kleinbürgerlichen Wohnzimmer der *Familie Selicke* (1890) „zwischen zwei kleinen vergilbten Gipsstatuetten *Schiller und Goethe* der bekannte Kaulbachsche Stahlstich *Lotte, Brot schneidend*,[5] der nach Wolfgang Brückners Dokumentation zur Kultur- und Sozialgeschichte des Fotoalbums bereits seit 1861 aus Wilhelm von Kaulbachs Goethe-Galerie in Wandbildgröße als fotografische Reproduktion von der Firma Bruck-

1 Theodor Fontane, Cécile, in: T. F., Sämtliche Werke, hg. v. Walter Keitel, Bd. 2, München 1962, S. 103. – Vgl. Fontane und die bildende Kunst, hg. v. Claude Keisch/ Peter-Klaus Schuster/Moritz Wullen, Berlin 1998, S. 11.

2 Gerhard Langemeier/Reinhart Schleier, Bilder nach Bildern. Druckgrafik und die Vermittlung von Kunst (Ausstellungskatalog), Münster 1976, S. 285 – 306. – Auch der Begriff des „Bildersaals" als Buchtitel für Sammlungen von Illustrationen ist eine Erfindung des Historismus um 1850. Vgl. Günter Hess, Bildersaal des Mittelalters. Zur Typologie illustrierter Literaturgeschichte im 19. Jahrhundert, in: Deutsche Literatur im Mittelalter. Kontakte und Perspektiven, hg. v. Christoph Cormeau, Stuttgart 1979, S. 501–546.

3 Peter-Klaus Schuster, Theodor Fontane : Effi Briest – Ein Leben nach christlichen Bildern, Tübingen 1978, S. VIII.

4 Theodor Fontane, L'Adultera, in: Sämtliche Werke 2, S. 140. Vgl. dazu Immo Wagner-Douglas, Alte Meister. Von der Bildsprache zum Sprachbild, in: Fontane und die bildende Kunst (wie Anm. 1), S. 231–241, hier S. 236–238.

5 Arno Holz/Johannes Schlaf, Die Familie Selicke, in: Dramen des deutschen Naturalismus. Bd.1, hg. v. Roy C. Cowen, München 1981, S. 185.

mann in München auf den Markt gebracht worden war.[6] In der von der Zensur wiederholt gestrichenen Szene II/3 in Frank Wedekinds „Kindertragödie“ *Frühlings Erwachen* (1891) vernichtet Hänschen Rilow auf dem Abtritt das Objekt seiner erotischen Phantasien, eine Reproduktion der Venus von Palma Vecchio, die er „bei Jonathan Schlesinger im Schaufenster liegen sah“ und die nun anderen Akt-Kopien von Correggio bis Makart in die Tiefe folgt.[7] Schließlich ist auch das skandalös entblößte schwüle Madonnenbild im Schaufenster der Kunsthandlung Blüthenzweig am Münchner Odeonsplatz, das der düstere Hieronymus als *Savonarola redivivus* in Thomas Manns *Gladius Dei* (1903) mit fanatischer Zerstörungswut verfolgt, eine Reproduktion, eine „große, rötlichbraune Photographie [...] mit äußerstem Geschmack in Altgold gerahmt“.[8] Kopien und immer wieder Kopien! So wird die Literaturgeschichte der Bilder an der Jahrhundertwende, von Hofmannsthal und Rilke einmal abgesehen, zur Geschichte der reproduzierten Bildergalerien.

II

Zur Literaturgeschichte der Kopien gehört auch ein Gemälde, das noch am Ende des 19. Jahrhunderts in der Würzburger Wohnung der Dauthendeys hängt und in der Erinnerung Maximilian Dauthendeys auftaucht, als er in der Autobiografie das Krisenjahr 1891 beschreibt, in dem er sich auf dem Weg zum Dichter vom Fotoatelier des Vaters endgültig verabschiedet.

> „In jener gequälten Zeit saß ich immer bei Tisch an der Wand unter einem großen Ölbilde, das das einzige kostbare Stück war, das der Vater aus Petersburg von seiner Wohnungseinrichtung mit nach Deutschland gebracht hatte. Das Bild war anderthalb Meter im Quadrat und füllte ein großes Stück der Wandfläche. Immer wenn ich zu Tisch kam, fiel mein Blick über den Kopf meines Vaters fort auf das große Bild. Es war eine herrliche Kopie aus der Petersburger Eremitage und stellte den jungen Apostel Johannes dar, von dem Italiener Domenico gemalt (Abb. 1).[9] Das Gemälde war aus dem Nachlass eines russischen Generals zu uns gekommen; dieser hatte eine Schuld für gelieferte Photographien bei meinem Vater stehen und war gestorben und seine Erben hatten die Schuld mit dem herrlichen Bilde bezahlt.
> Johannes, der Apostel, sitzt dort überlebensgroß in einem Scharlachmantel, im Halbdunkel. Seine Hände schlagen ein schweres Buch auf, in welches er seine Offenbarungen niederschreiben soll. Er hebt den Kopf und sieht aufwärts. Seine Stirn ist hell von einem überirdischen Licht erleuchtet. Sein Gesicht ist jung, edel. Die großen Augen sind willig und durchdringend ins Dunkel

6 Wolfgang Brückner, Das Photoalbum 1858–1918, München 1975, S. 123f. u. Abb. 264. In das Jahr 1975 sind auch meine ersten Gespräche mit Wolfgang Brückner über Illustrationsgeschichte, Salonmalerei und populären Wandschmuck zu datieren, als ich ihn als Redaktionsmitglied des gerade begründeten Internationalen Archivs für Sozialgeschichte der deutschen Literatur (IASL) zu seinem ersten Bericht über „Massenbilderforschung“ überredete: Wolfgang Brückner, Massenbilderforschung 1968–1978. Erster Teil: Die traditionellen Gattungen der populären Druckgrafik des 15. bis 19. Jahrhunderts, in: IASL 4 (1979), S. 130–160. – Vgl. auch ders., Elfenreigen-Hochzeitstraum. Die Öldruckfabrikation 1880–1940, Köln 1974, und seinen Katalog zur Ausstellung „Die Bilderfabrik“, Frankfurt a. M. 1973.

7 Frank Wedekind, Frühlings Erwachen, in: F. W., Werke. Bd.1, hg. v. Erhard Weidl, München 1990, S. 504ff.

8 Thomas Mann, Gladius Dei, in: T. M., Tristan, Berlin 1903, S. 147.

9 Dauthendey meint den berühmten Carracci-Schüler Domenico Zampieri (1581–1641) aus Bologna, der unter dem Namen Domenichino als bedeutender Maler und Freskant des Barock neben Guido Reni in die Kunstgeschichte eingegangen ist. Sein Bildnis des Evangelisten Johannes (ca. 1625/28) kam erst im 19. Jahrhundert in die Eremitage nach St. Petersburg. Eine zweite Fassung, die der Kunsthistoriker Gustav Friedrich Waagen um 1835 in Castle Howard gesehen hat, wohin sie 1798 aus dem Palais Royal gekommen war, befindet sich heute in der Bob Jones University Museum & Gallery. Vgl. Selected Masterworks from the Bob Jones University Museum & Gallery 2001, S. 58.

Abb. 1: Domenico Zampieri, gen. Domenichino, Der Evangelist Johannes, 1625/28. Petersburg, Eremitage

gerichtet. Er scheint über sich das Flügelrauschen des mächtigen Adlers zu hören, der ihm in seinem Schnabel eine Feder zur Niederschrift der wunderbaren Gottesträume bringt. Der Adler schwebt nah hinter des Apostels Haupt heran. Die Umrisse des von Gott gesandten Vogels treten schwach beleuchtet, aber in starken großen Linien aus der Finsternis hervor. Johannes wendet dem Adler den Rücken. Seine bartlosen Lippen, sein weicher, fraulicher Mund und seine frauenhaften unschuldigen Augen drücken keine Askese aus, nicht Lebensverneinung, sondern Lebensbejahung und wollen Verherrlichung des Lebensgefühls aussprechen und von Himmel und Erde berauschende Wunder berichten. Unter diesem Bilde saß ich jeden Mittag und Abend bei den Mahlzeiten schweigend, die letzten Monate des Zwanges erduldend, bis ich mich eines Tages gewaltsam freimachte."[10]

Die Beschreibung des Gemäldes nach Domenichino aus der Petersburger Eremitage markiert einen Wendepunkt in der Autobiografie des jungen Dauthendey, der einen gravierenden Vater-Konflikt zu bewältigen hat. Es ist keine kunsthistorisch-ästhetische, sondern eine höchst emotionale Betrachtung dieses ‚Schlüsselbildes', auf dem die Augen des Apostels „durchdringend ins Dunkel gerichtet sind" und der Adler „aus der Finsternis" heranschwebt. Der Wechsel zwischen Licht und Finsternis, die tägliche schweigende Konfrontation mit dem erleuchteten, androgynen ‚Gottesträumer', auf den der Blick des Sohnes, die „Monate des Zwanges erduldend", über den Kopf des sprachlosen Vaters hinweg gerichtet ist, offenbaren eine Ambivalenz, die im Widerspiel von Weichheit und Härte, Unterdrückung und Befreiung psychoanalytisch zu deuten wäre. Das Gemälde ist zum einen das Vaterbild „aus einem begrabenen Jahrhundert" (so der Untertitel der Autobiografie), aber es bezeichnet gegenüber der Negativität des autoritären väterlichen Zwangs auch die lebensbejahende Freiheit des jungen Dichters, der „von Himmel und Erde bezaubernde Wunder berichten" möchte.

---

10 Max Dauthendey, Der Geist meines Vaters. Aufzeichnungen aus einem begrabenen Jahrhundert, München 1912, S. 348f.

So wird der Johannes des Domenichino als Spiegelung und Projektion eines Selbstbildnisses als Dichter zum Katalysator des endgültigen Abschieds vom Vater und der Flucht aus dem Alltag des Würzburger Fotoateliers in die Welt der Kunst.

III

Der Johannes aus dem Würzburger Vaterhaus des Max Dauthendey ist für mich bis heute unauffindbar geblieben, dafür begegnete mir 1976 in einem Bamberger Antiquitätengeschäft eine andere Domenichino-Kopie, die in den folgenden Jahrzehnten eine Sammlung von zehn weiteren Kopien und Nachstichen und mit ihr eine Reihe reizvoller Bildergeschichten angeregt hat. Da sie den Auf- und Abstieg der Reproduktionsgrafik als neuer Bildgattung im 19. Jahrhundert exemplarisch illustriert, sollen die Kopien in einem kleinen Exkurs Revue passieren, bevor Max Dauthendeys Aufbruch in die Moderne aus der Würzburger Provinz in die Metropolen weiter verfolgt wird.

Der Johannes aus Bamberg, der auf den ersten Blick wie eine Hinterglasmalerei wirkte (Abb. 2), stellte sich als Pastellmalerei (445 x 345 mm) heraus, deren Signatur (G. J. Hecking, Elberfeld 1830) auf eine aufstrebende Stadt der preußischen Rheinprovinz mit vorwiegend reformierter Bevölkerung und einer Bibel- und Missionsgesellschaft verweist. Als mögliche Vorlage fand ich den berühmten Kupferstich von Johann Friedrich Wilhelm Müller (1782–1816),[11] der aus einer angesehenen Stuttgarter Künstlerfamilie stammte und 1814 als Professor an die Kunstakademie Dresden berufen wurde. Das Blatt (333 x 273 mm) war 1808 nach dem Gemälde Domenichinos gestochen worden, das sich „ in der Sammlung des Herrn Regierungsraths v. Fromman zu Stuttgart“ befand (Abb. 3), bevor es nach der Notiz von Gustav Friedrich Waagen bereits vor 1838 in die Sammlung des Fürsten Narischkin nach Petersburg kam.[12]

Friedrich Müllers Nachstich nach dem Stuttgarter Original war neben seiner Kopie von Raffaels Sixtinischer Madonna als Meisterwerk der Reproduktionsgrafik beliebtes Sammelobjekt und gesuchter bürgerlicher Wandschmuck geworden, er hatte Domenichinos Johannes in Deutschland populär gemacht. Nach der frühen Zerstörung der Platte hatte der Kunstmarkt bei gestiegener Nachfrage für Ersatz zu sorgen, und selbst prominente Zeichner und Stecher reproduzierten das gesuchte Vorbild in allen möglichen Formaten und Drucktechniken.

Johann Bittheuser (1774–1859), ein Schüler der Kupferstichklasse an der Stuttgarter Akademie und später Professor an der Universität Würzburg, hat um 1820 ein Blatt in einem Kleinformat (185 x 82 mm) gestochen, das wohl als Andachtsbild oder Konfirmationsgeschenk auf den Markt gekommen ist.[13] Etwa zur gleichen Zeit könnte der kleine Kupferstich in Punktiermanier entstanden sein, das der berühmte Göttinger Hogarth-Stecher Ernst Ludwig Riepen-

11 Ulrich Thieme/Felix Becker, Allgemeines Lexikon der bildenden Künstler von der Antike bis zur Gegenwart, Bd. 25, Leipzig 1931, S. 236 (im Folgenden zit. Thieme/Becker).

12 Vgl. Gustav Friedrich Waagen, Kunstwerke und Künstler in England. Zweiter Theil, Berlin 1838, S. 417. – Bereits der Brockhaus von 1846 betont die Kostbarkeit dieses hervorragenden Blatts, das zu den Hauptwerken Friedrich Müllers zählt: „Wie alle seine Blätter, so stehen besonders die Abdrücke der *Madonna di Sisto* [...] und der Johannes in hohem Werthe.“ Allgemeine deutsche Real-Encyklopädie für die gebildeten Stände. Conversations=Lexikon. 9. Originalauflage, Bd. 10, Leipzig 1846, S. 26f. – Ein Grund für die besondere Kostbarkeit des Kupferstichs war der hohe Preis der Abzüge und die Tatsache, dass die Platte bereits 1812 aufgestochen wurde. Vgl. R. Arnim Winkler, Die Frühzeit der deutschen Lithographie. Katalog der Bilddrucke von 1796–1821, München 1975, S. 330, Nr. 947, 4 und Kommentar zu Abb.73 (Leonhard Zertahelly).

13 Vgl. Thieme/Becker 4, 1910, S. 73.

Abb. 2: Der Evangelist Johannes, Kopie in Pastellmalerei nach Domenichino (445 x 345 mm) von G. J. Hecking, Elberfeld 1830, wohl nach einer Lithografie aus Senefelders Lehrbuch von 1818. Privatbesitz

hausen (1762–1840) als Stammbuchblatt (75 x 75 mm) gestaltete, das nur den Kopf des *St. Johannes nach Dominichino* zeigt (Abb. 4).[14]

Am erfolgreichsten aber waren bei der Nachahmung des ‚Meisterwerks' von Friedrich Müller die Lithografen, die allein in den Jahren 1817/18 drei Blätter des Johannes „in Stein gegraben" haben. Die „Steingravur" von Leonhard Zertahelly nahm Alois Senefelder, der Erfinder der neuen Drucktechnik, sogar als Musterblatt (225 x 186 mm) in sein Lehrbuch von 1818 auf.[15]

Es ist interessant zu sehen, wie der Bilderbedarf des 19. Jahrhunderts Kopien nach Kopien, Reproduktionen nach vorbildlicher Reproduktionsgrafik in verschiedenen Techniken in den Kunsthandel lancierte und über große Verlage sogar für den Export nach Übersee einrichtete. So sind in meiner Sammlung von Nachstichen drei Varianten des großartigen Kupferstichs von Friedrich Müller (1808) zu finden: Friedrich Fleischmann (1791–1834), der für die Campe'sche Kunsthandlung in Nürnberg arbeitete,[16] hat einen kleinformatigen Kupferstich (110 x 90 mm) in Punktiermanier angefertigt. Friedrich Bahmann (geb. um 1800) lieferte 1834 für den Verlag des Bibliographischen Instituts zu Hildburghausen und New York einen Stahlstich nach Müller (333 x 275 mm) mit deutschen und englischen Inschriften für den Export.[17] Von einem Kupferstecher König, der um 1840 in Paris nachgewiesen ist,[18] stammt eine französische Fassung von Müllers *Saint Jean Évangéliste* (335 x 275 mm), die auch das Apokalypse-Zitat (Offb 1,10) in französischer Sprache reproduziert.[19]

---

14 Vgl. Thieme/Becker 28, 1934, S. 337. – Antike zwischen Klassizismus und Romantik. Die Künstlerfamilie Riepenhausen, hg. v. Max Kunze, Mainz 2001, S. 1–26.

15 Alois Senefelder, Vollständiges Lehrbuch der Steindruckerey, München 1818, Tafel 16. – Vgl. Winkler, Frühzeit der Lithographie (wie Anm. 12). Zu den beiden anderen Domenichino-Lithografien nach Friedrich Müller von Gottlieb Börner (Carlsruhe 1817) und Josef Anton Selb (München 1817) ebd. S. 41 (Nr. 092,3) und S. 232 (Nr. 710, 47).

16 Thieme/Becker 12, 1916, S. 87f.

17 Thieme/Becker 2, 1908, S. 362.

18 Thieme/Becker 21, 1928, S. 143f.

19 Schließlich hat es bis zum Ende des 19. Jahrhunderts sogar Gobelin-Bilder nach Domenichino gegeben: in meiner Sammlung befinden sich zwei farbige Sticke-

Die wohl größte Rarität meiner Sammlung von Reproduktionen nach Domenichino führt über Paris nach Petersburg zurück, in die Stadt, aus der die Kopie nach dem Original in der Eremitage nach Würzburg in die Wohnung der Dauthendeys gekommen war.

Im Jahr 1785 kam der junge Künstler Iwan Archipowitsch Bersenieff (1762–1789) als Stipendiat der Petersburger Akademie und Ihrer Majestät der Zarin Katharina nach Paris.[20] Dort muss er noch vor dem Ausbruch der Revolution nach dem zweiten Original von Domenichino, das sich bis 1792 in der Sammlung des Duc d'Orléans im Palais Royal befand, seinen *Saint Jean l'Évangéliste* gestochen haben (Abb. 5).[21]

Die Frage, weshalb der Johannes des Domenichino durch den „beliebten Kupferstich" von Müller[22] und die Flut der ihm nachfolgenden Nachstiche und Lithografien in Deutschland eine so unglaubliche Karriere hatte, ist schwer zu beantworten. Es fällt auf, dass die Reproduktionsgrafik zunächst im evangelischen und reformierten Milieu Verbreitung fand. Das mag mit Friedrich Müllers Akzentuierung der visionären Schau des Johannes auf Patmos verbunden sein, indem er das Apokalypse-Zitat unter seinen Nachstich setzte: „Da gerieth ich am Tage des Herrn in eine Entzükung, und hörte hinter mir eine Stimme gleich dem Posaunen Schalle ... (Apocal: I. 10)." Alle großformatigen Kopien von Müllers Kupferstich nehmen dieses Zitat der Vision und göttlichen Inspiration auf, das den Verkünder der Geheimen Offenbarung, nicht den Evangelisten Johannes, zum zentralen Thema macht. Der junge Dauthendey in Würzburg hat 1891 jedenfalls weniger den apokalyptischen Bildsinn als den Aufruf zur „Lebensbejahung", zur „Verherrlichung des Lebensgefühls" und seine eigene Befreiung vom Joch des Vaters auf dem Weg zur Kunst gesehen.

IV

Im Lesesaal der Würzburger *Harmonie* lernt Dauthendey aus Journalen und Zeitschriften die jüngsten Strömungen der Literatur und bildenden Kunst vor der Jahrhundertwende kennen. Bereits die Tagebuchskizzen aus dem Frühjahr 1890 belegen, wie er Natur, Licht und Farben unter dem Eindruck der Bilder Arnold Böcklins sieht, wahre Orgien von Synästhesien, Wolkenbildern, Brechungen des Lichts, Farbklängen und musikalischen Impressionen.[23] Es ist eine ungewöhnliche Textpartitur, ein neuer Ton, den er bis zur Manie und Manier immer wieder anstimmt. Nur in Würzburg komme „geheimes Licht den Menschen so nah wie selten wieder

reien auf Stramin in den Formaten 435 x 330 mm (Abb. 6) und 235 x 200 mm in Originalrahmen. Bei einem Vergleich aller Reproduktionen lässt sich mit einiger Sicherheit auch das Vorbild für die in Bamberg aufgetauchte Pastellmalerei aus Elberfeld 1830 (Abb. 2) bestimmen: Es ist wohl die Lithografie von Leonhard Zertahelly, die Senefelder 1818 im Ausschnitt als Musterblatt in sein Lehrbuch der Lithografie aufgenommen hatte.

20 Thieme/Becker 3, 1909, S. 483.

21 Das Gemälde kam 1798 in die Sammlung des Earl of Carlisle nach Castle Howard, wo es Gustav Friedrich Waagen um 1835 gesehen und beschrieben hat (vgl. Anm. 9). Waagen (wie Anm. 12), S. 417, Nr. 108: „eins der unbestreitbarsten und vorzüglichsten Originalbilder des Domenichino, welche existiren". – Bersenieffs Kupferstich (195 x 157, seitenverkehrt) deutet in der Signatur die Geschichte des kaiserlichen Stipendiums an.

22 Waagen (wie Anm. 12), S. 417. Für Anregungen und Hinweise habe ich Dr. Hans Ramisch zu danken.

23 Die frühen Aufzeichnungen, Skizzen und Tagebucheinträge des jungen Dauthendey zwischen 1890 und 1893 gehören neben den poetischen Experimenten in *Ultra Violett* (1893) zu den faszinierendsten und innovativsten Texten seines Gesamtwerks. – Vgl. Günter Hess, Dauthendeys Sommer oder Wie man in Würzburg zum Dichter wird, in: Max Dauthendey 1867–1992. Reden zu seinem 125. Geburtstag, Würzburg 1992, S. 9–34. – Zum Phänomen der Synästhesie, die bei Dauthendey in den frühen Experimenten geradezu exzessiv begegnet, vgl. zuletzt Oliver Sacks, Die Tonart Hellgrün: Synästhesie und Musik, in: ders., Der einarmige Pianist. Über Musik und das Gehirn, Reinbek bei Hamburg 2008, S. 188–207, hier S. 201 zu Synästhesie als „poetischem Konzept" bei Rimbaud und den Symbolisten am Ende des 19. Jahrhunderts.

Abb. 3: Der Evangelist Johannes, Kupferstich von Friedrich Müller nach Domenichino (333 x 273 mm), Stuttgart 1808. Privatbesitz

Abb. 4: Brustbild des Evangelisten Johannes, Kupferstich in Punktiermanier von Ernst Ludwig Riepenhausen nach Domenichino (75 x 75 mm), um 1820, Göttinger Stammbuchblatt. Privatbesitz

auf einem Punkt der Erde. Das würzburger Licht, das an den sonnigen Tagen wie eine blaue Elektrizität von den Bergen rund um die Stadt in den Himmel scheint",[24] wird in den „einsamen Poesien" von *Ultra Violett* in seiner magischen Strahlung sichtbar. Dagegen steht die Kritik am Historismus des späten 19. Jahrhunderts, an der „Mode des Altdeutschen", der „Maskerade der Butzenscheiben" und der Tendenz, „die Gegenwart mit der Vergangenheit zu maskieren".[25]

In der Skizze eines Würzburger Sonntagnachmittags im väterlichen Hause (22. Juli 1890) ist die Distanz zur bürgerlichen Welt der „alten Ahnengrüfte" spontaner und pointierter formuliert als in den späteren autobiografischen Texten: „Glatte knarrende Dielen, Bilder, ausgetiftelte Stahlstiche [...] die leeren Rahmen einer längst vergangenen Generation."[26] Der Aufbruch in die Freiheit und der Abschied von der „alten Weltanschauung" bedingt auch eine Entfremdung von „den Gemälden der christlichen Bilder" und den bedrückenden „Kunstwerken des Christentums", die nun hinter den Gemälden der Münchner Sezession verblassen, nach denen einige Gedichte von *Ultra Violett* entstanden sind. Und Dauthendey lässt diese Texte mit ihren exzentrischen Manierismen auch wie kostbare Bilder auf jeweils nur einem Blatt der Erstausgabe von 1893 drucken.[27]

Eine „Vision" während der Karfreitagsliturgie 1892 in einer alten Münchner Kirche, die Dauthendey „erfüllt von Erinnerungen alter Osterzeiten" besucht, führt zur Niederschrift eines surrealen Textes, dessen Erstdruck im Herbst des Jahres 1892 unter dem Titel „Auferstehung" im Modernen Musen-Almanach auf das Jahr 1893 erscheint.[28]

Das violette Tuch über dem Altarbild scheint feurig brennend über die „stumpfe blöde Ohnmacht" der Menge emporzufliegen: „Ein Scharlachstrom überblutet das bleiche Kreuz

24 Dauthendey, Der Geist meines Vaters (wie Anm. 9), S. 259.

25 Max Dauthendey, Gedankengut aus meinen Wanderjahren (1913), 4–6. Tausend, München 1925, S. 134f.

26 Max Dauthendey, Frühe Prosa. Aus dem handschriftlichen Nachlaß, hg. v. Hermann Gerstner unter Mitarbeit von Edmund E. Klaffki, München/Wien 1967, S. 49.

27 Dauthendey, Wanderjahre (wie Anm. 20), S. 153, 270.

28 Ebd. S. 154f. – Moderner Musen-Almanach auf das Jahr 1893, hg. v. Otto Julius Bierbaum. Ein Sammelwerk deutscher Kunst, München o. J., S. 261ff.

Abb. 5: Saint Jean Évangéliste, Kupferstich von Iwan Archipowitsch Bersenieff nach Domenichino (195 x 157 mm), Paris 1785/89. Privatbesitz

[...] Todte schmelzen und erwachen.“ Die visionäre Schau richtet sich in der Perspektive des jungen Dichters gegen ein verknöchertes kaltes Christentum und ein vermodertes Ritual, aus dem es sich zu befreien gilt: „Purpurne Flammenflügel fegen die Halle. Auferstehung !---“

V

Einer ganz anderen „Vision“ begegnet Dauthendey in der Ausstellung der Gemälde von Edvard Munch, die im Berliner Winter 1892/93 als „Exzesse des Naturalismus“ und „Phantasien eines wild gewordenen Farbenkastens“ einen ungeheuren Skandal auslösen.

Die Affäre Munch 1892 entfesselt die wüstesten Beschimpfungen von Munchs „Irrenhaus-Arbeiten“ und zudem wird die erregte Diskussion durch die zwei Bände von Max Nordaus Werk *Entartung*, das 1892/93 schnell zum Bestseller aufstieg, zu jenem Hass gesteigert, der mit dem Schlagwort den verhängnisvollen Feldzug des 20. Jahrhunderts einleitete.[29] Seinen Würzburger Jugendfreunden schildert der neue Berliner Bohemien aus Würzburg seinen ersten Eindruck „im Equitable-Palais, Ecke Friedrichstraße – Leipzigerstraße“:

„Bunte Striche – Kommas von einem Zoll Länge die Pinselstriche, wie bunte Bazillenkolonien [...]. Etwas gelähmt nahm ich das Pincenez ab. – Nun war's geschehen. – Plötzlich sah ich, empfand ich und begriff ich alles. Die Striche schwammen zu Nüancen ineinander, es entstanden sechs-, siebenfache Tonschwingungen, wo sonst die Maler mit breitem Pinselstrich

29 Vgl. Indina Kampf, „Ein enormes Ärgernis“ oder: Die Anarchie in der Malerei. Edvard Munch und die deutsche Kritik 1892–1903, in: Munch und Deutschland [Ausstellungskatalog Hamburger Kunsthalle], Stuttgart 1994, S. 82–90, dokumentiert die wütenden Proteste, aber auch das Engagement der literarischen Freunde Stanislaw Przybyszewski, August Strindberg und Richard Dehmel, in deren Boheme-Kreis Max Dauthendey gerät. Vgl. S. 82 u. 85f. – Dauthendey, Wanderjahre (wie Anm.20), S. 173ff. – Max Nordau, Entartung, 2 Bde., Berlin 1892/93.

nur einen Ton bekommen; die Schatten schillerten in Stufungen, wie in der Natur, die Lichter flimmerten und alles lebte."[30]

Eine Farbvision aber hat den jungen Dauthendey besonders fasziniert (Abb. 7):

> „Ich hatte nach einem Bilde Munchs, das sich „Der Kopf des Ertrunkenen" nannte, einen ganz winzigen Versuch zu einem Gedicht unternommen. Jenes Bild stellte ein blaues Teichwasser dar, aus welchem der Kopf eines Ertrunkenen ragte. Im Wasserspiegel schwammen die Widerscheine weißer, lieblicher Frühlingswolken, und ein silberweißer Schwan glitt hinter dem Menschenkopf friedlich, und sich gleichfalls wie eine Frühlingswolke auf der durchsichtigen Fläche spiegelnd, vorüber.
> Schwan, Wolken, Teichspiegel und Frühlingssonne lebten festlich, ohne daß der Schrecken des Todes, der aus dem Kopf des Ertrunkenen starrte, sie im Frühlingsfrieden störte. Die ungeheure Macht des Malers, den Frühlingsteich im Licht darzustellen und dabei den Menschen und seinen Untergang so nebensächlich zu behandeln, wie es sonst nur der Mensch der Natur gegenüber zu tun gewohnt ist, nebensächlich auf seine Mitwesen herabzusehen, – diese Auffassung erschütterte mich, und ich schilderte das Munchsche Bild und seine Tragik in ein paar kurzen Zeilen in einem Gedicht."[31]

Dieses Gedicht, das die Kongenialität des in Farben denkenden Dichters mit Munchs neuer Technik des Malens in Lichtern, Schatten und Farben sollte Dauthendey auf die literarische Höhenlinie der Jahrhundertwende emportragen. Der junge Hofmannsthal hatte in einem Brief vom 8.Juli 1892 an Carl August Klein Stefan George auf den jungen Würzburger Autor aufmerksam gemacht, und nach dem Zusammentreffen mit George im Frühjahr 1893 wurde *VISION* gemälde von Munch nach der Einrichtung des Druckes durch den Meister in die *Blätter für die Kunst* aufgenommen.[32]

! Stöhnendes Graugelb.
Aber das Stöhnen nur im Blick.
Lautlos sonst und mit unterdrücktem Athem.

! Und ein Blau,
Ein Blau aus dem ganz zarte silberne Glockenspiele singen,
Und ein Duft geht von Sonnenwärme und Mandelblüten.

! Silber darüber.
Duftleeres, schneekühles Silber.
Aber aus allem hebt sich steif,
Und hebt sich fahl, wie Gewitterlicht,
Das stumme Graugelb.
Und hebt sich lautlos stöhnend wie Asche,
Mit welkem, darbenden Blick.

30 Max Dauthendey, Ein Herz im Lärm der Welt. Briefe an Freunde, München 1933, S. 98f.

31 Dauthendey, Wanderjahre (wie Anm.20), S. 185.

32 Blätter für die Kunst, Erste Folge, 3. Band (1893), S. 81f. – Ich zitiere das Gedicht nach der Textgestalt von *Ultra Violett.* Vgl. Max Dauthendey, Ultra Violett. Einsame Poesien, Berlin/Edition Sirene 1990 (Illuminationen 2), S. 23f.

Abb. 6: Der Evangelist Johannes, Gobelinbild nach Domenichino, Stickerei auf Stramin (435 x 330 mm), 19. Jahrhundert (Privatbesitz).

! Ein Gesicht – die starre Maske eines Todten -
Ein Kopf – aus dem Blau – aus dem blauen, glatten Wasser.
Braunviolette Strähne – Haare in die Stirn,
Das eine Auge schief, spitze Wangenknochen
Und trieft von den Schläfen das braunviolette Haar
Über das öde aschige Gelb.

Und darüber: über das blaue Wasser
Silbern ein Schwan.
Silbern die Reflexe von Wolken,
Duftleer, schneekühl.

In das Blau,
In das Silber,
Ragt der gelbaschige Kopf des Ertrunkenen.
Und der Schwan zieht reglos vorbei,
Reglos die Reflexe der Wolken.

Dauthendey hat in seiner Autobiografie die Tragik des Bildes anzudeuten versucht. Seine poetische Verwandlung von Munchs *Vision* löst die Kontraste zwischen dem silbernen Spiel der Frühlingsnatur, Blütendüften und Licht, Wolken und Schwan, die reglos vorbeiziehen an der „starren Maske eines Todten" in der Partitur der Farben auf. Damit nimmt der Text Töne, Farben und Bilder – dazu mit der Leiche im Wasser, ein zentrales Thema des Expressionismus vorweg, wie sein Berliner Freund und Munch-Verehrer Stanislaw Przybyszewski, der 1893 für seinen Lyrikband *Vigilien* einen Text skizziert, den auch Dauthendey geschrieben haben

Abb. 7: Edvard Munch, Vision, 1892, Öl auf Leinwand (720 x 450 mm), Ausschnitt. Oslo, Munch Museum

könnte. Wie Dauthendey und Munch gewinnt er in der manieristischen Synästhesie über das Spiel der Farben und Töne die „sprachliche Ausdrucksform für das Ekstatisch-Visionäre" und „die exzentrische Phantastik der Situationen".[33] Ein Kultbild wie *Der Schrei* (1893) oder *Madonna* (1894), neben *Mona Lisa* und den Engeln der *Sixtina* populäre Ikonen des 20. Jahrhunderts, ist *Vision* allerdings nie geworden.

Przybyszewskis Analyse von Gemälden Edvard Munchs in seiner Studie *Psychischer Naturalismus* lässt sich auf den Symbolismus in Dauthendeys und Munchs *Vision* übertragen:

„Er sucht seelische Erscheinungen unmittelbar mit der Farbe darzustellen. Er malt so, wie nur ein nackter Individualist sehen kann, dessen Augen sich von der Welt der Erscheinungen abgewendet und nach innen gekehrt haben."[34]

Es ist ein unendlich weiter Weg von den Visionen und „Gottesträumen" des Johannes von Domenichino in Würzburg zu den Visionen in den Berliner Galerien der Moderne. Und doch liegt der Abschied vom Vater und seinem „begrabenen Jahrhundert" kaum zwei Jahre zurück. Es ist schade, dass der junge Dauthendey, der in Berlin plötzlich zur Avantgarde zählt und mit den bedeutendsten Schriftstellern vor 1900 verkehrt, diesen Weg nicht konsequent weiter gegangen ist.

33 Przybyszewskis *Vigilien* werden 1895 in Berlin erscheinen. Vgl. Wolfdietrich Rasch, Was ist Expressionismus?, in: ders., Zur deutschen Literatur der Jahrhundertwende. Gesammelte Aufsätze, Stuttgart 1967, hier S. 225f. die Zitate.

34 Stanislaw Przybyszewski, Psychischer Naturalismus, in: Freie Bühne I (1894), H. 2, S. 154f. – Vgl. Kampf, Anarchie in der Malerei (wie Anm. 29), S. 87.

Graffiti als Ur- und Volkskunst

Die Anfänge der Malerei in kunsttheoretischen Konzepten des 20. Jahrhunderts

Jochen Ramming

Unter dem Überbegriff „Graffiti“ versammelt sich ein enormes Spektrum differierender Phänomene, das etwa von antiken Ritzungen in Tonscherben über die inschriftlichen Hinterlassenschaften mittelalterlicher Pilger oder die fast rituellen Beschriftungen universitärer Karzer bis hin zu pornografischen Toilettenschmierereien und natürlich den großflächigen Spraybildern auf U-Bahn-Wagen und Hauswänden moderner Großstädte reicht. Dieses kaum überschaubare Forschungsfeld bearbeiten seit rund 150 Jahren die verschiedensten Wissenschaften, indem sie einzelne Phänomengruppen aus dem Gesamtbegriff herauslösen und sie unter dem jeweils eigenen Blickwinkel untersuchen. So rekonstruieren seither Archäologen mit Hilfe von Graffiti antike Alltagsgeschichte,[1] Psychologen versuchten durch Gefängnisinschriften dem wahren Charakter der Verbrecher auf die Spur zu kommen,[2] Sexualwissenschaftler analysierten und verglichen Graffiti in Herren- und Damentoiletten[3] (worin sie mittlerweile von der sozialwissenschaftlichen Genderforschung beerbt wurden)[4] und Historiker folgten den Routen reisender Adliger im Mittelalter.[5] Versuche, das Gesamtphänomen Graffiti umfassend zu erforschen, zu deuten – oder auch nur genauer zu definieren – unterblieben dabei weitestgehend.[6] Einzig auf Seiten der Kunst und der Kunsttheorie wurde ein Interpretationsansatz entwickelt, der scheinbar Anspruch auf übergeordnete Bedeutung erhebt, indem er das „Beschmieren von Wänden [...] als eine anthropologische Konstante in der Entwicklungsgeschichte des homo sapiens [betrachtet], als ein allgemeines Kommunikationsmittel, als eine Möglichkeit der Selbstdarstellung“:[7] Graffiti wurden hier zur Ur- und Volkskunst erhoben.

1 Als Benennung für geritzte Inschriften und Zeichnungen fand der Begriff „Graffiti“ erstmals bei der Erforschung von Pompeji Verwendung: Raphael Garucci, Graffiti de Pompeji. Inscriptions et gravures tracées au stylet recueillies et interprétées par R.G., Paris 1856. – Verzeichnet sind die Graffiti aus Pompeji und Herculaneum in: Corpus Inscriptionum Latinarum, Bd. 4, hg. v. C. Zangemeister 1871. – Auf dieser Quellensammlung basieren zahlreiche fach- und populärwissenschaftliche Publikationen. S. z.B. Karl-Wilhelm Weeber, Decius war hier... Das Beste aus der römischen Graffiti Szene, Düsseldorf [4]2003.

2 Ellis Havelock, Verbrecher und Verbrechen (Bibliothek für Socialwissenschaft 4), Leipzig 1895, S. 183–188. – Cesare Lombroso, Kerker-Palimpseste. Wandinschriften und Selbstbekenntnisse gefangener Verbrecher, [Hamburg] 1899, Nachdruck Osnabrück 1983.

3 Alfred Kinsey, Das sexuelle Verhalten der Frau, Frankfurt a. M. 1970, S. 529–532.

4 Barbara Schaeffer-Hegel/Ulrike Strate, Zwischen Zorn und Zärtlichkeit: Zur Besonderheit weiblicher Toilettenkommunikation. Ein Vergleich, in: Siegfried Müller (Hg.), Graffiti. Tätowierte Wände, Bielefeld 1985, S. 55–73.– Norbert Siegl, Geschlechtsspezifische Unterschiede hinsichtlich Häufigkeit und thematischer Inhalte bei Toilettengraffiti, Diplomarbeit Wien 1992.

5 Detlev Kraack, Monumentale Zeugnisse der spätmittelalterlichen Adelsreise. Inschriften und Graffiti des 14.–16. Jahrhunderts (Abhandlungen der Akademie der Wissenschaften in Göttingen. Phil.-Hist. Klasse, 3. Folge, 224), Göttingen 1997.

6 Einzig das 1996 gegründete und in Wien ansässige Institut für Graffitiforschung, das auf dem seit 1978 bestehenden internationalen Graffiti- und Street-Art-Archiv beruht, bemüht sich um eine Bündelung der Forschungsansätze. Vgl.: www.graffitieuropa.org (7.1.2009).

7 [Richard W. Gassen], Lascaux und die Folgen, in: ders. (Hg.), New York Graffiti. Ausstellungskatalog, Ludwigshafen 1987, S. 10f.

Wolfgang Brückner zeigte in seinem 2004 erschienenen Aufsatz zur „musealen Kontinuitätskonstruktion von les Arts Premiers“ wie die Vorstellungen von Urkunst, überliefert in archäologischen Artefakten, von Völkerkunst, wie sie der Kolonialismus nach Europa brachte, und von „Volkskunst“ in einem der Kunstwissenschaft und dem Museum entstammenden traditionellen Kunstbegriff wurzeln, der der europäischen Elitekunst eine zweite Kunstform zur Seite (oder in evolutionistischem Sinne „voran“) stellte, die Ausdruck einer imaginierten Kollektivpersönlichkeit – dem „Volk“ – war.[8] Urkunst, Volkskunst und Völkerkunst wurden dabei als dauerhafter, zu allen Zeiten vorhandener Nährboden begriffen, aus dem heraus sich die abendländische, von individuellen Künstlerpersönlichkeiten geprägte Hochkunst entwickelte, ohne dass die Kollektivkünste dabei verschwunden wären. Dem ersten Wahrnehmen gestalteter Realien aus früheren Zeiten und von fernen Völkern folgte eine plötzliche Neubeurteilung ihrer ästhetischen Qualität im Rahmen der Umwälzungen der Kunstauffassung zu Beginn des 20. Jahrhunderts: Die traditionelle akademische Kunst in Europa galt als degeneriert – künstlerische Vitalität und Authentizität wurden dagegen vor allem in primitiven Bildproduktionen erkannt, wie die Begeisterung des „Blauen Reiters“ für Objekte einer alpenländischen „Volkskunst“ exemplarisch belegt.[9] Bis heute schlagen die Auswirkungen dieser künstlerischen Aufwertung unverkennbar auf unseren Blick durch, mit dem wir Objekte und Gebilde der Ur-, Volks- und Völkerkunst betrachten. In dem oben erwähnten Aufsatz skizzierte Wolfgang Brückner solche Auswirkungen im Hinblick auf die museale Präsentation völkerkundlicher Exponate, nicht ohne den Graffiti dabei einen kleinen Exkurs zu widmen.[10] Diesen Exkurs aufgreifend soll im Folgenden die Entstehung, Ausdifferenzierung und Verfestigung von kunstwissenschaftlichen Interpretationsmustern zu prähistorischen, historischen und zeitgenössischen Graffiti näher beschrieben und ihre Folgen für die Erforschung von Graffiti vor allem innerhalb der Europäischen Ethnologie aufgezeigt werden.

Nicht zu Unrecht gelten die französischen Dadaisten und Surrealisten als Entdecker der künstlerischen Ausdruckskraft in scheinbar „urtümlichen“ Ritzzeichnungen und Wandbildern.[11] Bezeichnender Weise jedoch weisen geringfügig ältere Spuren einer solchen Auffassung auch in den deutschen Expressionismus zu Emil Nolde (1867–1956). Bekannt ist Noldes Faszination für die „Kunstäußerungen der Naturvölker“,[12] die seiner Suche nach einem „Urzustand“ der Welt[13] entsprang. Nolde zeichnete 1911/12 intensiv im Berliner Völkerkundemuseum und bereiste im Jahr darauf mit seiner Frau die Südsee.[14] Zugleich faszinierte ihn die Malerei von

8 Wolfgang Brückner, Museale Kontinuitätskonstruktion von les Arts Premiers, in: Gerd Melville/Karl-Siegbert Rehberg (Hg.), Gründungsmythen – Genealogien – Memorialzeichen. Beiträge zur institutionellen Konstruktion von Kontinuität, Köln/Weimar/Wien 2004, S. 241–260, hier S. 253f.

9 Wolfgang Brückner, Der blaue Reiter und die Entdeckung der Volkskunst als Suche nach dem inneren Klang, in: Gottfried Boehm/Helmut Pfotenhauer (Hg.), Beschreibungskunst – Kunstbeschreibung. Ekphrasis von der Antike bis zur Gegenwart, München 1995, S. 520–542.

10 Brückner, Museale Kontinuitätskonstruktion, S. 245f. – Anm. 19 kündigt einen Aufsatz des Verfassers zur Gesamtproblematik an, der bislang nicht erschienen ist. Dies wird mit dem vorliegenden Text nachgeholt.

11 Barbara Wucherer, Auch kannst Du da allerlei Schlachten sehen – künstlerische Inspirationen vor der Wand, in: Johannes Stahl (Hg.), An der Wand. Graffiti zwischen Anarchie und Galerie, Köln 1989, S. 137–158, bes. S. 141f. – Gottfried Korff, Volkskunst im Wandel, in: Paul Hugger (Hg.), Handbuch der schweizerischen Volkskultur. Leben zwischen Tradition und Moderne. Ein Panorama des schweizerischen Alltags, Bd. 3, Zürich 1992, S. 1351–1373, hier S. 1368.

12 Titel eines nicht realisierten Buchprojekts Noldes. Vgl. Emil Nolde, Mein Leben, Köln 2008, S. 225.

13 S. dazu auch Denise Daum, Emil Nolde in der Südsee. Primitivismus, Kolonialismus und Reiseerfahrung, in: Christian Berkemeier/Katrin Callsen/ Ingmar Probst (Hg.), Begegnung und Verhandlung. Möglichkeiten eines Kulturwandels durch Reise (Reiseliteratur und Kulturanthropologie 2), Münster 2004, S. 33–48.

14 Vgl. Emil Nolde und die Südsee. Ausstellungskatalog, München 2001.

Kindern, die „unbehindert mit einer mir unbekannten Leichtigkeit [...]" malten, „in ihrer kindlichen Art, aber mit unglaublichem Geschick und voll sprühendem Leben".[15] Und ganz nebenbei berichtet Nolde auch, dass er seine eigenen kindlichen „Frühwerke" auf Wände und Türen der elterlichen Scheune zeichnete.[16] Über eine Beschäftigung mit historischen Graffiti schweigt seine Autobiografie sich allerdings aus. Dennoch fand sie statt, wie der 1926 publizierten psychologischen Studie zur „Bildnerei der Gefangenen" von Hans Prinzhorn (1886–1933) zu entnehmen ist:[17] In einem Gespräch mit dem Autor erinnerte sich Nolde an Graffiti in einer Gefängniszelle im dänischen Tønder und fertigte daraufhin Fotografien an, die er Prinzhorn zum Abdruck in dessen Arbeit zur Verfügung stellte.[18] Vermutlich ist Noldes Interesse dem Umstand zu verdanken, dass die Zeichnungen in der Gefängniszelle „sehr stark an kindliche und primitive Darstellungen"[19] erinnern. Nolde erkannte in ihnen möglicherweise einmal mehr eine „absolute Ursprünglichkeit" und den „Ausdruck von Kraft und Leben in allereinfachster Form".[20]

Prinzhorns Studie zu Gefangenengraffiti steht in einer medizinisch-psychologischen Forschungstradition, deren erster herausragender Vertreter der italienische Gerichtsmediziner und -psychiater Cesare Lombroso (1835–1909) war. Lombroso hatte am Ende des 19. Jahrhunderts versucht, anhand von Mauerinschriften in Gefängniszellen „Aufschluss über die eigentliche psychologische Natur des Verbrechers" zu erhalten.[21] Dabei ging er grundsätzlich davon aus, dass das Anfertigen von Wandinschriften, insbesondere von bildlichen Äußerungen, ein „ausgesprochenes Element des Atavismus" sei, das ausschließlich bei „Verbrechern, Irren oder Kindern" durchschlagen würde.[22] Graffiti, wie sie bereits bei der „ersten Dämmerung der Kultur" angefertigt worden seien,[23] erlaubten demzufolge authentische Einblicke in Urzustände der menschlichen Entwicklung.

Einer vergleichbaren Motivation entsprang auch die Beschäftigung mit Graffiti im Grenzbereich zwischen früher Volkskunde und Psychoanalyse. Im Jahr 1904 begründeten der Direktor des Leipziger Museums für Völkerkunde Bernhard Hermann Obst und der Slawist und Folklorist Friedrich Salomo Krauss (1859–1938) unter dem Titel „Antropophyteia" die „Jahrbücher für folkloristische Erhebungen und Forschungen zur Entwicklungsgeschichte der geschlechtlichen Moral", die bis 1913 in zehn Bänden erschienen.[24] Der Mitarbeiterstab, dem neben Volkskundlern auch Mediziner, Sexualwissenschaftler und seit 1910 sogar Siegmund Freud (1856–1939) persönlich angehörten, trug Beiträge zur volkstümlichen Überlieferung sexueller und skatologischer Themen zusammen, wobei erstmals in nennenswertem Umfang nichtantike Wand- und Mauerinschriften gesammelt und interpretiert wurden.[25] Als leitender

15 Nolde, Emil, S. 243.

16 Ebd. S. 30 u. 126. Dabei muss die ihr Talent an Wänden erprobende kindliche Künstlerpersönlichkeit durchaus auch als feststehender Topos von Künstlerbiografien verstanden werden. Vgl. Johannes Stahl, Street Art, [Königswinter] 2009, S. 49.

17 Hans Prinzhorn, Bildnerei der Gefangenen. Studie zur bildnerischen Gestaltung Ungeübter, Berlin 1926.

18 Ebd., S. 10 u. Abb. 29–34. Über die genaueren Umstände der Zusammenarbeit von Nolde und Prinzhorn ist leider ebenso wenig bekannt, wie über ein weitergehendes Interesse Noldes an historischen Graffiti. Weder die Stiftung Seebüll Ada und Emil Nolde, noch die Sammlung Prinzhorn der Psychiatrischen Universitätsklinik Heidelberg verfügen über einschlägige Unterlagen. Den Herren Dr. Andreas Fluck (Seebüll) und Dr. Thomas Röske (Heidelberg) sei an dieser Stelle für entsprechende Auskünfte gedankt.

19 Ebd., Unterschrift zu Abb. 31.

20 Nolde, Leben, S. 226.

21 Lombroso, Kerker-Palimpseste, Vorwort, S. IV.

22 Ebd. S. 291 u. S. 273.

23 Ebd. S. 294.

24 Zu Friedrich Salomo Krauss s.: Christoph Daxelmüller, Friedrich Salomo Krauss (Salomo Friedrich Kraus[s]) (1859–1938), in: Wolfgang Jacobeit/Hannjost Lixfeld/Olaf Bockhorn (Hg.), Völkische Wissenschaft. Gestalten und Tendenzen der deutschen und österreichischen Volkskunde in der ersten Hälfte des 20. Jahrhunderts, Wien/Köln/Weimar 1994, S. 463–476.

25 Entsprechende Artikel waren z. B. K. Reiskel, Skatologische Inschriften, in: Antropophyteia. Jahrbücher für folkloristische Erhebungen und Forschungen zur Entwicklungsgeschichte der geschlechtlichen Moral 3 (1906), S. 244–246. – L. Kohn, Abortsprüche aus Slawonien, in: Moral 6 (1909), S. 439. – Friedrich W. Berliner,

Redakteur suchte Friedrich Salomo Krauss durch die Erforschung der Sexualität, dem „ursprünglichsten und allerkräftigsten“ Trieb, „der von der Menschwerdung der Primaten an bis auf die Gegenwart hinein auf die Geschicke der einzelnen und der Völker entscheidend einwirkt“, Entwicklungsformen aufzudecken, „die einmal zuverlässig bei allen Menschheitsgruppen vorkamen oder vorhanden sein mussten“.[26] Seine Bemühungen um Einblicke in die Seelenzustände eines vorkulturellen Menschen basierten dabei nicht, wie in der Romantik, auf einer Kontinuität national-mythologischer Überlieferungen, sondern entsprangen einem aus den Theorien Charles Darwins (1809–1882) entwickelten biologisch-evolutionistischen Verständnis der Menschheitsentwicklung. Ähnlich wie Lombroso suchten Krauss und seine Mitarbeiter nach Atavismen in Überlieferungen, glaubten sie jedoch nicht bei bestimmten Menschen (etwa den Verbrechern), sondern in bestimmten Themenbereichen, die dem Triebhaften der menschlichen Existenz angehören (wie beispielsweise die Sexualität) entdecken zu können. Durch ein Verständnis solcher Atavismen sollte der Blick von überlieferten kulturellen Einschränkungen befreit und auf „die geistigen Quellen unseres Seelenlebens“ gerichtet werden können.[27]

Zurück zu Hans Prinzhorn. Er verwahrte sich dagegen, wie Lombroso, im Verbrechen einen Atavismus und in jedem Verbrecher „gleich einen Buschmann oder einen Menschenaffen“ zu entdecken, wenngleich „manche seelischen Vorgänge heute noch ähnlich verlaufen wie beim Primitiven“.[28] Die Auswahl der Themen für die künstlerische Produktion in Gefangenschaft entspränge dennoch nicht urzeitlichen Quellen, sondern einer ausgeprägten Egozentrik der Gefangenen, die zudem den Bildgegenständen einen sehr konventionellen, sentimental gefärbten Grundton verliehen; beides führt Prinzhorn auf die spezielle Situation der Gefangenschaft zurück.[29] Allerdings verwies er zugleich ausdrücklich darauf, dass die starre Typik der Motive ebenso, wie die formal inkonsequent eingesetzte Ornamentik und die Schematisierung und Vergröberung in der Ausführung die Bildnerei der Gefangenen – insbesondere auch die von Emil Nolde fotografierten Graffiti aus Tønder – als einen „Ausschnitt der Volkskunst unter dem abgrenzenden Gesichtspunkt der Straftat“ erscheinen lassen.[30] Er erkannte in den Bildwerken durchaus „primitive Züge und deutliche Ähnlichkeiten mit gewissen primitiven Kunstwerken“, und hinsichtlich der Ausführung sogar Ähnlichkeiten mit Kinderbildern.[31]

Ausführlicher hatte Prinzhorn seine Gestaltungstheorie 1921 in seinem Hauptwerk über die „Bildnerei der Geisteskranken“ dargelegt.[32] Hier postulierte er ein menschliches Ausdrucksbedürfnis, das sich in unterschiedlichen „Ausdrucksvorgängen“ niederschlägt, „in denen Seelisches Gestalt gewinnt“ – das geschieht beim Primitiven, „der in seiner Tanzmaske irgendwie sein von magischen und dämonischen Vorstellungen erfülltes Weltgefühl zum Ausdruck bringt“, ebenso wie beim Kind, das „eine Kritzelei auf der Tafel entwirft“.[33] Gemeinsam

---

Berliner Abortinschriften und skatologische Sprüche, in: Moral 7 (1910), S. 403–404. – Friedrich Erich Schnabel, Thüringer Abortinschriften, in: Moral 8 (1911), S. 406–422. – H. Ihm, Skatologisches aus der Maingegend, in: Moral 9 (1912), S. 493–500. – Anonymus, Skatologische Inschriften, in: Moral 9 (1912); S. 503–510.

26 Friedrich Salomo Krauss: Vorwort, in: Antropophyteia. Jahrbücher für folkloristische Erhebungen und Forschungen zur Entwicklungsgeschichte der geschlechtlichen Moral 1 (1904), S. VII–XXI, hier S. VIII.

27 Brief von Franz Boas an Friedrich Salomo Krauss vom 2.5.1904, in: Antropophyteia. Jahrbücher für folkloristische Erhebungen und Forschungen zur Entwicklungsgeschichte der geschlechtlichen Moral 1 (1904), S. Vf., hier S. V.

28 Prinzhorn, Bildnerei der Gefangenen, S. 40.

29 Ebd. S. 29 u. 37.

30 Ebd., S. 29 u. 39f.

31 Ebd. S. 40f.

32 Hans Prinzhorn, Bildnerei der Geisteskranken. Ein Beitrag zur Psychologie und Psychopathologie der Gestaltung, Berlin ²1923.

33 Ebd. S. 17f.

mit dem Spiel- und dem Schmucktrieb würde dieses Ausdrucksbedürfnis unter anderem zum Urgrund des menschlichen Gestaltungsdrangs werden, der sich zunächst in „objektfreie[r] ungeordnete[r] Kritzelei" äußerte, bevor Ordnungs- und Abbildungstendenzen sowie das Symbolbedürfnis sich seiner bemächtigten und ihn zweckgebunden ausrichten würden.[34] Bei bestimmten Menschen, namentlich bei Geisteskranken, überwiegt die spielerisch zweckfreie Gestaltung, mithin „die Urform jedes Gestaltungsvorganges",[35] und gerade deshalb wirken diese bildnerischen Arbeiten auch in besonderer Weise auf den Betrachter: „Es gibt seelische Äußerungsformen und entsprechende anschauliche Gestaltungen, die bei allen Menschen unter gleichen Bedingungen zwangsläufig fast gleich sein würden, ähnlich, wie physiologische Vorgänge. Unter Einwirkung von zivilisatorischen Sitten und beschränkenden Regeln ist ein solcher normaler Ablauf gestört und gehemmt. Ausnahmezustände aller Art aber, in denen die alltägliche Bindung aufgehoben ist, begünstigen jene urtümlichen Ablaufformen".[36] Bei Geisteskranken fehlt diese zivilisatorische Beschränkung, ebenso bei Kindern und natürlich bei den „Primitiven", mit graduellen Differenzierungen also bei frühgeschichtlichen Völkern, außereuropäischen Ethnien und der Landbevölkerung auf dem eigenen Kontinent. Die Ähnlichkeiten in deren Bildwerken sind nach Prinzhorn und aufbauend auf die Völkerpsychologie demnach in den einheitlichen Gesetzmäßigkeiten des Psychischen zu suchen, „wie es sich in Menschen aller Entwicklungsstufen und aller Zeiten abspielt".[37]

Prinzhorns in Heidelberg zusammengetragene Sammlung mit Bildwerken der Insassen psychiatrischer Anstalten und mehr noch sein darauf basierendes Werk über die „Bildnerei der Geisteskranken" übten auf zahlreiche Künstler, vor allem auf die französischen Surrealisten, einen enormen Einfluss aus.[38] Schon in einem der aller ersten Hefte der von André Breton (1896–1966) und Pierre Mabille (1904–1952) redigierten Künstlerzeitschrift „Minotaure" publizierte der als Gyula Halász im damaligen Österreich geborene Fotograf Brassaï (1899–1984) Fotos von Ritzzeichnungen an Pariser Hauswänden. Der Titel des kurzen zugehörigen Textes war programmatisch: „Du mur des cavernes au mur d'usine".[39] Brassaï beschwor darin die Möglichkeiten einer optisch begründeten Analogiebildung über alle Epochen hinweg, „par simple élimination du facteur temps". Im Licht der Ethnografie erschien Brassaï die Steinzeit als ein Geisteszustand, der dem der Kindheit entspricht und daher erinnern die Mauerbilder aus Paris nicht zufällig an die Höhlenmalereien der Dordogne; in ihnen kommt die gleiche tiefsitzende Urangst – „la même angoisse" – zum Ausdruck. Graffiti, so konstatierte Brassaï, geben Einblick in die Anfänge des Menschseins, in denen Spontaneität eine Lebensfunktion – „un fonction vivante" – war. 1957 stellten schließlich das Museum Of Modern Art in New York und das Institute Of Contemporary Arts in London Brassaïs Graffiti-Fotografien

34 Ebd. S. 19f. – Belegbeispiele für seine Theorie findet Prinzhorn immer wieder im Bereich der Graffiti: „Das Beschmieren der Wände, das Kinder und auch Erwachsene zum Ärger ordnungsliebender Mitmenschen so gern vollführen, entspringt in der Hauptsache einem spielerischen Betätigungsdrang. […] Von den spielerischen Betätigungen der Naturvölker ist vor allem ein Vorgang ziemlich einwandfrei beschrieben: ein Teil der südamerikanischen Felszeichnungen findet sich an Stromschnellen, wo die Bootsfahrer zu rasten pflegen. Die „Zeichnungen" bestehen eigentlich aus Rillen, die ziemlich tief in den Felsen gekratzt sind und teils geometrische Figuren, teils menschliche Gestalten nach der Art von Strichmännchen darstellen. […]." Ebd. S. 24.

35 Ebd. S. 296.

36 Ebd. S. 306, s. auch S. 343f.

37 Ebd. S. 323.

38 Max Ernst brachte „Prinzhorns Standardwerk" kurz nach dessen Erscheinen 1922 von Köln nach Paris mit. Vgl. Werner Spies, Meine Unruhe, mein Glauben, in: Max Ernst. Retrospektive zum 100. Geburtstag. Ausstellungskatalog, München 1991, S. 9–53, hier S. 14.

39 Brassaï, Du mur des cavernes au mur d'usine, in: Minotaure. Revue artistique et littéraire. Arts Plastique, Poésie, Musique, Architecture, Ethnographie et Mythologie, Spectacles, Etudes et Observations Psychoanalytiques 1 (1933), H. 3/4, S. 6f. – Übers. v. Johannes Stahl in: ders., An der Wand, S. 196f.

erstmals aus. Drei Jahre später erschien dazu unter dem schlichten Titel „Graffiti" ein Bildband, in dem der Fotograf sein Interesse für die Wandbilder differenzierter begründet und dabei unverkennbar Prinzhorns Gestaltungstheorie antizipiert. Allerdings wehrte er sich vehement dagegen, Graffiti als Atavismen, Archaismen oder Archetypen zu deuten, die in irgendeiner Form kausal mit der Urzeit in Verbindung stehen. Stattdessen waren ihm seine Graffiti zeitbedingte Neuschöpfungen, die lediglich ähnlichen Ausgangssituationen entsprangen. Brassaï stellte die Analogie explizit vor die Kausalität.

Die enge Verknüpfung von Psychoanalyse und prähistorischer Höhlenmalerei findet sich, genährt von einer zeitgleichen Entdeckungswelle immer neuer urzeitlicher Kunstwerke in Südfrankreich und Nordspanien, auch bei anderen Künstlern im Umkreis des Surrealismus. Als im Jahr 1879 Don Marcellino S. de Sautuola (1831–1888) die ersten prähistorischen Malereien in der Höhle von Altamira, etwa 30 km westlich von Santander in Nordspanien, entdeckte und seine Entdeckungen ein Jahr später publizierte, glaubte niemand an urzeitliche Bildwerke. Die Bilder von Altamira galten, wie die in anderen wenig später entdeckten Höhlen auch, als Fälschungen des späten 19. Jahrhunderts; ihre künstlerische Qualität und Farbkraft waren mit den damaligen Vorstellungen von urzeitlicher Kultur unvereinbar.[40] Erst zu Beginn des 20. Jahrhunderts setzte sich in Fachkreisen die Erkenntnis durch, dass es sich um originale Überlieferungen aus der Steinzeit handelte;[41] vereinzelt hielt sich der Fälschungsverdacht jedoch bis nach 1950, obwohl zeitgleich die 1940 entdeckte Höhle von Lascaux zum „Geburtsort der Kunst" erklärt wurde.[42] Prominentester Zweifler war sicherlich André Breton, der im Juli 1952 die „Grotte du Pech-Merle" bei Cabrerets besuchte und dabei mit dem Finger angeblich feuchte Zeichenkohle am Bild eines Mammuts entdeckte, die er verwischen konnte. Im Zuge dieser unerlaubten Untersuchung kam es zu handgreiflichen Auseinandersetzungen zwischen Breton und einem Aufseher, der die Malereien zu schützen suchte.[43] Im November des folgenden Jahres verurteilte ein Gericht Breton zu einer Geldstrafe und stattlichen Entschädigungszahlungen wegen Sachbeschädigung. Die öffentliche Unterstützung durch namhafte Schriftstellerkollegen, wie André Malraux, Albert Camus, Jean Paulhan oder Raymond Queneau blieb wirkungslos.[44]

Der letztgenannte Raymond Queneau (1903–1976) verarbeitete jedoch die „affaire de Cabrerets" in seinem 1965 erschienenen Roman „Les fleurs bleues" und entwickelte dabei zugleich eine weitere psychoanalytischem Denken verpflichtete Deutungsvariante zum Verhältnis prähistorischer und moderner Graffiti. Das Graffitimotiv verwob Queneau zweifach in die beiden parallel verlaufenden Handlungsstränge seines Romans: Darin durcheilt einerseits der Herzog von Auge in großen Schritten mehrere Epochen der französischen Geschichte. 1789 fälscht er prähistorische Malereien in den Höhlen des Perigord, um der Kirche die Existenz von Präadamiten zu beweisen, die „die Reinheit von Kindern [hatten] und [...] natürlich wie Kinder" zeichneten, zugleich jedoch „geschickt wie ein Akademiemitglied" waren.[45]

40 Henri Breuil/Hugo Obermaier, The cave of Altamira at Sautillana del mar, Spain, Madrid 1935, S. 3ff.

41 Als Meilenstein in diesem Prozess der Neubewertung gilt das Jahr 1902, als Emile Cartailhac, Präsident der Gesellschaft für die Vorgeschichte Frankreichs, seine Zweifel an der Echtheit der Höhlenbilder aufgab. Vgl. J. Carballo, Die Höhle von Altamira und anderer Höhlen mit Malereien in der Provinz Santander, Santander 1964, S. 8ff. – Henri Breuil/Raymond Lantier, The men of the old stone age, London 1965, S. 174ff.

42 Georges Bataille, Die Vorgeschichte der Malerei. Lascaux oder die Geburt der Kunst (Die großen Jahrhunderte der Malerei 1), Genf 1955.

43 André Breton, Déposition sur l'affaire de Cabrerets (28. Juli 1952), in: ders., Œuvres complètes, hg. v. Marguerite Bonnet, Bd. 3, Paris 1999, S. 1074f. – Ders., Lettre à «Combat» sur l'affaire de Cabrerets. (6. August 1952), in: ebd., S. 1073f.

44 Chronologie, in: Breton, Œuvres, Bd. 3, S. XLVII.

45 Raymond Queneau, Die blauen Blumen, Berlin 2001, S. 178ff.

Der revolutionären Wirkung seiner Fälschungen auf die kirchlichen Glaubenssätze kommt allerdings die französische Revolution zuvor. Parallel dazu tauchen in der Gegenwart am Zaun vor dem Hausboot des vor kurzem aus Untersuchungshaft entlassenen Cidrolin immer wieder Graffiti auf, die ihn als Mörder beschuldigen. Es stellt sich heraus, dass Cidrolin selbst nachts immer wieder diese Schmähinschriften anbrachte, um sie tags darauf jedes Mal wieder zu übermalen.[46] Am Ende des Romans schließlich begegnen sich die beiden Hauptfiguren. Bislang hatten sie einander wechselseitig geträumt, doch in der Gegenwart entpuppen sie sich als geeinte und mithin neue Persönlichkeit, in der historisch-biografische Prägungen mit unbewussten Handlungsmustern zusammenfließen.[47] Graffiti sind für Queneau Bestandteil von beidem und mithin eine in die tiefsten Schichten des menschlichen Individuums eingeschriebene potentielle Ausdrucksform: Eine Menschheitskonstante.

Auch Raymond Queneaus Jugendfreund, der bildende Künstler, Schriftsteller und Kunsttheoretiker Jean Dubuffet (1901–1985), beschäftigte sich sowohl in seinem künstlerischen Werk – 1945 erschien der lithografische Zyklus „Les murs“ – als auch in seinen theoretischen Schriften mit Graffiti und Wandinschriften. Dabei wandte er sich kämpferisch gegen die „kulturelle Kunst“, die ihre künstlerische Bedeutung allein aus ihrem Platz innerhalb einer historischen Kunstgeschichte beziehe, und entwarf als Gegenbild eine ursprüngliche Kunst, die „als unhistorisches, zur jeweils vorherrschenden Kunstform parallel, aber im Verborgenen existierendes Phänomen [anzusehen sei], das selbst nicht der Geschichte unterworfen ist“.[48] Für diese zeitlose Kunst außerhalb oder am Rande des anerkannten Kulturbetriebs prägte Dubuffet den Begriff der „Art brut“, ohne allerdings exakt zu definieren, welche künstlerischen Ausdrucksweisen er darunter subsummiert sehen wollte.[49] So bleibt fraglich, inwiefern paläolithische und ethnologische Kunstwerke der „Art brut“ zugerechnet werden können.[50] In jedem Fall nahm Dubuffet jedoch Wandsprüche und absichtslose Kritzeleien als ureigenste Spontaneität der menschlichen Hand wahr. Der Drang, Gedanken durch Zeichen und Bilder auszudrücken, mache – so Dubuffet – jeden Menschen zu einem Maler.[51] Diesen Ansatz verfolgte unter expliziter Berufung auf Dubuffet die einmal mehr aus unterschiedlichen Strömungen des französischen Surrealismus erwachsene, hoch politisierte internationale Künstlergruppe COBRA konsequent weiter:[52] Ihre Mitglieder entwarfen zum Teil schon im Vorfeld der eigentlichen Gründung 1948 das Konzept einer anti-bürgerlichen Volkskunst, das nicht allein die klassische Ästhetik akademischer Kunst ablehnte, sondern in sozialistischem Sinn Kunst für das Volk schaffen wollte. Diese Volkskunst sollte von bürgerlichen Verkrustungen befreit „eine Äußerung des Lebens [sein], die ausschließlich gespeist wird von einem natürlichen und

46 Ebd., S. 160 u. S. 222ff.

47 Carl Gustav Jung bezeichnet das Entstehen einer solchen seelischen Ganzheit als „Individuationsprozess“, der dazu dient, gegensätzliche Tendenzen im Menschen zu überwinden. Die Bezüge zwischen Jungs Theorie und Queneaus Roman zeigt Jürgen Pauls auf. Vgl. Jürgen Pauls, „Les Fleurs bleues“ von Raymond Queneau. Eine Analyse des Romans unter besonderer Berücksichtigung der Symbolik, Diss., Hamburg 1973, S. 106ff.

48 Leonhard Emmerling, Die Kunsttheorie Jean Dubuffets, Diss., Heidelberg 1999, S. 85.

49 Mithilfe der 1948 gemeinsam mit André Breton, Jean Paulhan, Charles Ratton, Henri-Pierre Roché und Michel Tapié gegründeten „Compagnie de l'art brut“ verwaltete und erweiterte Dubuffet seine Sammlung zur „Art brut“, die in der Hauptsache Kunstwerke aus psychiatrischen Anstalten und Gefängnissen enthielt. Die „Collection de l'Art Brut“ befindet sich nach mehreren Umzügen heute in Lausanne.

50 Klar für eine Ausweitung des Begriffs auf urzeitliche und außereuropäische Kunstformen spricht sich beispielsweise aus: André Berne-Joffroy, L'exposition Jean Dubuffet, in: La Nouvelle Revue Française 2 (1954), Nr. 17, S. 916–920, hier S. 919.

51 Jean Dubuffet, Anmerkungen für Schöngeister – Notes pour les fins-lettrés. (1945/46), in: ders., Die Malerei in der Falle. Antikulturelle Positionen. (Schriften 1), hg. v. Andreas Franzke, Bern, Berlin 1991, S. 39 u. 75.

52 Zu COBRA: COBRA 1948–51. Katalog zur Ausstellung des Kunstvereins in Hamburg (25.9.1982 –7.11.1982), Hamburg 1982.

demzufolge allgemeinen Trieb nach Lebensexpression". Ihr Wert liegt darin, „dass sie, gerade weil sie eine Äußerung von Unausgebildeten ist, den größtmöglichen Spielraum für die Aktivitäten des Unterbewussten lässt und dadurch für das Begreifen des Geheimnisses des Lebens immer weitere Perspektiven öffnet".[53] Es ist unschwer zu erraten, dass als Vorbilder für eine solche Ausdrucksform neben Kinderzeichnungen und primitiven Kunstwerken erneut explizit Graffiti genannt wurden. Bereits in der zweiten Ausgabe der Zeitschrift COBRA erschien eine Gegenüberstellung von prähistorischen Zeichnungen und Arbeiten des Dänen Asger Jorn (1914–1973).[54]

Damit lag um 1950 das kunsttheoretische Werkzeug zur Beurteilung von Graffiti in der zweiten Hälfte des 20. Jahrhunderts bereit: Psychologische, psychoanalytische und völkerpsychologische Überlegungen waren insbesondere im Umfeld des Surrealismus zur Vorstellung von Graffiti als einer menschheitsimmanenten Ausdrucks- oder Kunstform weiterentwickelt worden, in der sich prähistorische Malereien, kindliche Wandbilder und unbewusste Kritzeleien losgelöst von ihren realen und historischen Entstehungshintergründen auf der Grundlage ästhetischer Analogiebildung vereinigten. Dieser ästhetischen Verschmelzung im Kunstwerk entsprach die Postulierung eines über Zeit und Raum hinweg unveränderlichen Ausdrucksbedürfnisses des Menschen, das die Gegenwart gleichermaßen mit den menschheitsgeschichtlichen und den individuellen Anfängen in direkte Verbindung setzt. Graffiti geben den authentischen Blick auf das ursprüngliche Leben frei. Spätestens gegen Ende des Zweiten Weltkriegs werden diese passiven Erkenntnisse in sozialistischen Künstlerkreisen zu aktiven Handlungsoptionen weiterentwickelt, so dass Graffiti nun zu einer Kunstform werden, die jeden – das „Volk" – in die Lage versetzen sollte, sich selbst auszudrücken und künstlerisch tätig zu werden. Harald Nägeli, der zu neun Monaten Haft verurteilte Sprayer von Zürich (er hatte mit seinen Sprühbildern den „auf unserer Rechtsordnung beruhenden Glauben an die Unverletzlichkeit des Eigentums" erschüttert),[55] aber auch die Parolen und Politgraffiti der 1960er und 70er Jahre sind eine Folge dieser Gedankengänge.[56]

Als mit Beginn der 1970er Jahre in New York zunächst einfache Namensinschriften, sogenannte „Tags", und später farbenprächtig ausgestaltete großformatige Schriftzüge, die „Pieces", auf U-Bahnzügen und Hauswänden auftauchten,[57] konnte die Kunstkritik augenblicklich auf diese vorgeprägten Interpretationsmuster zurückgreifen. Reflexhaft wurden im Hinblick auf die „American Graffiti" deren angebliche Ursprünge in urzeitlichen Höhlen beschworen, wobei sich die Analogien bisweilen ganz banal auf den gleichbleibenden Malgrund

53 Die Zitate zur neuen Volkskunst entstammen einem Manifest des niederländischen Künstlers Constant. Er publizierte es in der ersten Ausgabe von „Reflex", der Zeitschrift einer von Constant, Karel Appel, Corneille und anderen gegründeten Künstlervereinigung mit dem Namen „Experimentele Groep". Constants Manifest bildete wenige Monate später eine zentrale Grundlage für die Gründung von COBRA. Vgl. Constant, Manifest, in: Reflex. Orgaan van de experimentele Groep in Holland 1 (1948). Zit. nach COBRA 1948–51, S. 15f.

54 COBRA. Bulletin pour la coordination des investigations artistiques lien souple des Groupes expérimentaux Danois (Host), Belge (Surréaliste – Révolutionnaire) et Hollandais (Reflex) 2 (März 1949).

55 Marina Schneede, Graffiti, in: Anziehungskräfte. Variété de la mode 1768–1968, Ausstellungskatalog, München 1986, S. 171–174.

56 In der 1979 erschienenen Dokumentation seiner Sprühbilder schreibt Nägeli (damals noch anonym als „Zürcher Sprayer") u. a.: „es gibt bürgerkünstler – und künstler, der bürgerkünstler schafft ein spezialistentum, irgendeine virtuosität das „kunstwerk" der künstler tut nur das notwendige". Vgl. [Harald Nägeli], Mein revoltieren mein sprayen. Dokumentation von Fotos, Zeichnungen und Texten, ausgewählt und zusammengestellt vom Zürcher Sprayer, Bern 1979, ohne Seitenzählung.

57 Aus Platzgründen muss an dieser Stelle auf die aufschlussreiche Entstehungsgeschichte der „American Graffiti" verzichtet werden. Nachzulesen in: Jack Stewart, M.T.A. Die Kunst der Massenverkehrsmittel, in: Coming from the Subway – New York Graffiti Art. Geschichte und Entwicklung einer außergewöhnlichen Bewegung, Erlangen 1992, S. 8ff.

(Wand) und die entsprechende Technik (Ritzung und Farbauftrag) beschränken,[58] oder ambitionierter Parallelen in den Darstellungen (Zeichen und Symbole) erkennen.[59] Deutlich folgenreicher waren Analogien, die auf der sozialen Bedeutung von Höhlenbildern und American Graffiti basierten und ihren revolutionären Charakter betonen. Erstmals trug sie wohl der amerikanische Linksintellektuelle Norman Mailer (1923–2007) 1974 dezidiert vor, als er im Hinblick auf künstlerische Tendenzen der 1960er Jahre, die das Kunstwerk an sich abwerteten und stattdessen seine Beziehung zur Gesellschaft in den Vordergrund rückten (was in den Happenings dieser Zeit besonders augenfällig wurde), auch die mit den Namens-Graffiti verbundene Selbstdarstellung der Schreiber zu einer riskanten Ausdrucksform erklärte, deren soziale Folgen nicht abschätzbar waren. Dieselbe Risikobereitschaft erkannte er in den Höhlenmalereien der Urzeit, in der sich die Menschheit, ohne Wissen um die Folgen, zum ersten Mal selbstbewusst selbst darstellte und so von ihren Gottheiten emanzipierte. American Graffiti zielten analog dazu auf eine Emanzipation von der Bürgerlichkeit und ihrem Kunstverständnis.[60] Unverkennbar schwingen in Mailers These die von Dubuffet und COBRA vorformulierten linken, antibürgerlichen Vorstellungen einer aus primitiven Wurzeln gespeisten „Volkskunst" mit. Sie erfuhren in den American Graffiti erstmals eine konkrete Umsetzung.

Das bürgerliche Lager musste auf solche Angriffe reagieren. Schon zur Mitte des 20. Jahrhunderts hatten konservative Kunstwissenschaftler, wie Hans Sedlmayr (1896–1984), die Aufwertung einfacher Bildnerei (etwa von Kindern und Geisteskranken) zur Kunst kritisiert und als „zutiefst unmenschlich" abgelehnt.[61] Als dann Anfang der 1980er Jahre die American Graffiti von der Straße in die Kunstgalerien gelangten, sprachen konservative amerikanische Kritiker von „Bildern aus Kinderhand, von Sprayern und anderen amateurhaften oder primitiven Künstlerhänden", mithin von einem Kunstverständnis, das ihnen 40 Jahre nach Dubuffets Beschreibung der Art Brut „ausgelaugt zu sein" schien.[62] Die von der politischen Linken gepriesene Ursprünglichkeit der Graffiti wendete der Konservatismus ins Negative; Graffiti wurden Kennzeichen für den Verlust zivilisatorischer Errungenschaften. Bezeichnend für diese Stoßrichtung ist eine Werbeanzeige der schwedischen Automobilfirma Volvo, die im November 1973 im Time Magazin erschien. Auf dem Bild steht ein schwerer Volvo, Inbegriff bürgerlichen Standesbewusstseins, in einer mit Graffiti übersäten Straßenunterführung. Der zugehörige Slogan lautet: „A civilized Car built for an uncivilized World".[63] Konservative Politik

58 Vgl. z. B. Peter Kreuzer, Das Graffiti-Lexikon. Wandkunst von A bis Z, München 1986, S. 152f. u. 197f. – New York Graffiti. Ausstellungskatalog, hg. v. Richard Gassen, Ludwigshafen 1987, S. 10f. – Aurelio Skrotzki, Graffiti. Öffentliche Kommunikation und Jugendprotest, Stuttgart 1999, S. 13f.

59 Vgl. Hugo Jung, Zeichen, Symbole und Graffiti, in: Zeichen, Symbole und Graffiti in der aktuellen Kunst. Sammlung Jung III, Ausstellungskatalog, Aachen 1986.

60 Norman Mailer, The faith of graffiti, New York 1974, [S. 15f]. Eine vergleichbare Deutung nahm Joseph Beuys im Hinblick auf Harald Nägeli, den Sprayer von Zürich, einige Jahre später vor, als er dessen Werke zu „sozialen Plastiken" erklärte, die für einen Kunstbegriff stünden, „der nicht auf kontemplativen Genuss zielt, sondern den Lebensprozess, die Evolution zum Inhalt hat". Beuys vermied allerdings explizite Analogien zur Prähistorie. Vgl. Joseph Beuys, Die Logik der Kunst, in: Michael Müller (Hg.), Der Sprayer von Zürich. Solidarität mit Harald Nägeli, Reinbek bei Hamburg 1984, S. 10–16, hier S. 15.

61 Hans Sedlmayr, Verlust der Mitte. Die bildende Kunst des 19. und 20. Jahrhunderts als Symptom und Symbol der Zeit, Frankfurt/Berlin/Wien 1977, S. 105 (Originalausgabe Salzburg/Wien 1948).

62 Die Zitate entstammen einer Kritik von Peter Schjedahl, die anlässlich der Ausstellung „New York / New Wave" 1981 in der New Yorker Zeitschrift „The Village Voice" erschien, zit. nach Yasmin Ramirez, Ein Überblick über kritische Antworten auf die Graffiti Kunst, in: Coming from the Subway, S. 37f.

63 Time Magazine (12.11.1973), S. 42. Die Anzeige nebst einer knappen Analyse findet sich abgedruckt bei: Barbara Rubin, Aesthetic ideology and urban design, in: Alexander R. Cuthbert (Hg.), Designing cities. Critical readings in urban design, Malden/Oxford/Melbourne/Berlin 2003, S. 290–311, hier S. 290f.

verhielt sich dementsprechend und brandmarkte Graffiti als Bedrohung der bürgerlichen Ordnung, gegen die eingeschritten werden musste. Dabei akzeptierte sie die Deutungsmuster, die Graffiti zu einer ursprünglichen – hier negativ zur unzivilisierten – und damit unkalkulierbaren und bedrohlichen Ausdrucksform des „Volkes" oder zumindest bestimmter Bevölkerungsgruppen machten. Bis heute verlaufen genau hier die Frontlinien zur politischen Linken, die diese Ausdrucksform positiv als Möglichkeit zur sozialen Partizipation dieser Bevölkerungsgruppen – durchaus mit revolutionärem Potential – verstehen.[64] In jedem Fall jedoch zeigt sich darin der Mensch in seinem Urzustand.

Während im öffentlichen Raum eine auf Rechtssicherheit gerichtete Politik der Verbreitung von Graffiti mit wechselndem Erfolg entgegentrat, stand ihrem Durchbruch auf dem Kunstmarkt kein nennenswerter Widerstand entgegen: Zu Beginn der 1980er Jahre eroberten Graffiti die Galerien in Amerika und kurz darauf in Europa. Den Auftakt bildete hier nicht zuletzt die Präsentation von Werken der Graffiti- und Street-Art-Künstler Keith Haring (1958–1990), Lee Quinones (* 1960) und Jean Michel Basquiat (1960–1988) auf der documenta 7 1982 in Kassel[65]. In Deutschland trafen American Graffiti auf ein zeitgleiches Interesse von Künstlern und Ausstellungsmachern an einer neuen Art der „Volkskunst". Dieses Interesse, das auch den Graffiti eng verwandte Phänomene umfasste, zeigte sich deutlich in einigen Ausstellungsprojekten, etwa bei „Szenen der Volkskunst" im Württembergischen Kunstverein Stuttgart 1981[66] oder im selben Jahr und für das Thema Graffiti besonders einschlägig bei „Abortkunst – Erotische Graffiti aus öffentlichen Toiletten" im Kunstverein München.[67]

Der volkskundlichen Forschung wurden diese in weiten Teilen fachfremden Denkansätze zum künstlerischen Wert der Graffiti genau in dem Moment aufgezwungen, als sie selbst dabei war, den Begriff der „Volkskunst" als Beschreibungskategorie endgültig aufzugeben.[68] Die Vorstellung vom schöpferischen Kollektiv des „Volkes", wie sie Künstler und Kunstwissenschaftler in den ersten Jahrzehnten des 20. Jahrhunderts meist anhand von Erzeugnissen der Hausindustrie und im Gegensatz zur Elitenkunst entwickelt hatten, ließ sich zu dieser Zeit nicht mehr mit den detaillierten empirischen Forschungen der Volkskunde zu konkreten Entstehungszusammenhängen einzelner ästhetischer Gebildeproduktionen in Übereinstimmung bringen. Die ästhetisierte „Volkskunst" der Klassischen Moderne beschrieb die Volkskunde immer nüchterner in ihren historischen Herstellungs-, Vertriebs- und Gebrauchszusammenhängen.[69] Im Zusammenhang mit der Entdeckung der „Naiven Kunst" und ihrer kunstwissenschaftlichen Annäherung an den Begriff der „Volkskunst" während der 1970er Jahre, erwachte jedoch auch in den Kulturwissenschaften ein neues Interesse an populärästhetischen Praktiken, das die historische Eingrenzung der „Volkskunst" als einem Phänomen hausindustrieller Gebildeproduktion des 18. und 19. Jahrhunderts zu Gunsten einer epochenübergreifenden

64 S. z. B. das Protokoll zur Bundestagsdebatte über das Graffiti-Bekämpfungsgesetz vom 17.06.2005 (www.bundestag.de/aktuell/archiv/2005/graffiti/graffiti_2005_06_17.pdf (20.03.2009) und als Ergänzung die Rede des Abgeordneten von Bündnis 90 / Die Grünen Hans Christian Ströbele bei einer vorangegangenen Debatte am 2.7.2004 (www.stroebele-online.de/bundestag/reden/44164.html (20.3.2009).

65 documenta 7. Ausstellungskatalog, Kassel 1982, Bd. 1, S. 429f., 431, 433 u. Bd. 2, S. 38f., 144f., 270f.

66 Szenen der Volkskunst. Ausstellungskatalog, Stuttgart 1981 (s. darin z. B. Sabine Weißinger, Wandmalerei – Kunst des Volkes, S. 5.1–5,35).

67 Abortkunst. Erotische Graffiti aus öffentlichen Toiletten. Sammlung Horndash, Ausstellungskatalog, München 1981.

68 S. die Zusammenfassung der Volkskunstdebatte etwa bei: Doris Tillmann, Volkskunst – Ein Begriff in der Diskussion, in: Heinrich Mehl (Hg.), Volkskunst in Schleswig-Holstein. Alte und neue Formen, Heide 1998, S. 19–32, hier S. 31f.

69 S. u. a. Wolfgang Brückner, Gewerbeforschung und Volkskunsttheorie. Versuch eines Einstiegs, in: JbfVk NF 18 (1995), S. 29–42.

Ethnologie der ästhetischen Ausdrucksformen aufheben wollte.[70] Den Auftakt markierte Gottfried Korffs Ausstellung „Volkskunst heute?“ 1986 in Tübingen,[71] und es ist sicherlich kein Zufall, dass Graffiti in Korffs Argumentation für eine Ausdehnung des Volkskunstbegriffs in die Gegenwart hinein eine entscheidende Rolle spielen: Sie tauchten kurz zuvor erst in Europa auf und entwickelten sich schnell zu einem Massenphänomen, das sich durchaus mit Begriffen der Volkskunstforschung beschreiben ließ.[72] Für eine volkskundliche Erforschung von Graffiti war diese zeitliche Koinzidenz allerdings verhängnisvoll, führte sie doch verlässlich jede folgende Untersuchung auf die Frage nach Zusammenhängen zwischen Graffiti und „Volkskunst“ zurück;[73] historisch oder sozialwissenschaftlich ausgerichtete Ansätze verhallten dabei weitgehend ungehört.[74] Fruchtbar ist diese Diskussion heute längst nicht mehr, und daher ist es an der Zeit, Graffiti endlich in ihrer phänomenologischen Vielfalt in den Blick zu nehmen und sie – analog zu vielen anderen Erscheinungsformen populärästhetischer Gebildeproduktion – hinsichtlich ihrer Entstehungs- und Funktionszusammenhänge eingehender zu untersuchen und zu beschreiben.

70 Programmatisch dazu: Gottfried Korff: Volkskunst heute?, in: ders. (Hg.), Volkskunst heute? Vogelscheuchen, Hobby-Künstler, Vorgarten-Kunst, Fronleichnamsteppiche, Krippen, Graffiti, Motorrad-Tanks, Autobemalungen, Tätowierungen, Punk-Ästhetik, Ausstellungskatalog, Tübingen 1986, S. 7–25, hier S. 15ff.

71 Ursula Böhm/Heiner Holtbrügge/Annette Nies, „Unruhe in der Tiefkühltruhe“ – Graffiti in Stuttgart, in: Korff, Volkskunst heute?, S. 81–93.

72 Vgl. Korff, Volkskunst im Wandel. – Barbara Lang, Urbane Volkskunst. Graffiti zwischen Selbst- und Fremdinterpretation, in: Volkskunst. Referate, S. 437–447, hier S. 1351.

73 Mittlerweile sind Graffiti fester Bestandteil jeder umfassenderen Publikation zum Thema „Volkskunst“. Vgl. Dieter Schrage, Warum Graffiti schwerlich eine Sachbeschädigung sein können, in: Volkskunst. Referate, S. 449–453. – Torkild Hinrichsen, Graffiti. Im Sprühnebel zwischen Volkskunst und Gefängnis, in: Heinrich Mehl (Hg.), Volkskunst in Schleswig-Holstein. Alte und neue Formen, Heide 1998, S. 227–238. – Carolin Steinat, Graffiti. Auf Spurensuche im urbanen Zeichendschungel, Marburg 2007.

74 Gisela Welz, Die wilden Bilder von New York City, in: Naif. Alltagsästhetik oder ästhetisierter Alltag (Schriftenreihe des Instituts für Kulturanthropologie und Europäische Ethnologie der Universität Frankfurt a. M. 19), Frankfurt a. M. 1984, S. 191–207. – Rainer Wehse, Graffiti. Wandkritzeleien als Gegenstand der Volkskunde, in: ZVK 80 (1984), S. 207–215.

Nimm, betrachte, lies und merke!

Kleine evangelische Drucke vom 19. bis zum 21. Jahrhundert

Sigrid Nagy

Für diese Arbeit standen mir mehr als dreitausend evangelische Drucke zur Verfügung, im Format vom kleinsten illustrierten, briefmarkenähnlichen Bogenbild über das Bibelspruchkärtchen und Lesezeichen aufwärts. Sie sind den verschiedensten Gelegenheiten zuzuordnen und bilden die Grundlage für diese Ausführungen, die hier, bedingt durch den Umfang, nur einen Bruchteil der Möglichkeiten spiegeln können.

Für den evangelischen Christen steht die Bibel im Mittelpunkt. Als Jubiläumsgruß aus dem Stuttgarter Bibelhaus verteilte die 1812 gegründete Privilegierte Württembergische Bibelanstalt anlässlich ihres 125-jährigen Bestehens im Jahre 1937 ein Lesezeichen (13,6 x 6,2 cm) in zwei Farbgebungen. Die eine Fassung zeigt auf beigefarbenem Papier in braunem Farbdruck zwei Arme, deren Hände eine Bibel hochhalten. Die andere Fassung wurde zusätzlich mit etwas gelbem, überwiegend aber rotem Druck versehen. Unter dieser Darstellung steht der Vers „Gott sei Dank für Seine unaussprechliche Gabe. 2. Kor. 13“. Der Text auf der Rückseite, der die ganze Fläche füllt, gibt einen Einblick in die 125-jährige Tätigkeit der Bibelgesellschaft.

Zum Andenken an eine Hamburger Ausstellung der Nationalen Bibelgesellschaft von Schottland wurde 1889 eine im Stil des Historismus sehr ansprechend gestaltete chromolithografierte Karte (15,7 x 11,1 cm) verteilt. Mit einer sehr großen Initiale, in deren Mitte ein aufgeschlagenes Buch sichtbar ist, wurde der Vers „Dein Wort ist meines Fußes Leuchte und ein Licht auf meinem Wege. Ps. 119,105“ gestaltet. An die Initiale unten angefügt ist die gerahmte Darstellung eines jugendlichen Pilgers. Die Rückseite der Karte bringt in rot ornamentiertem Rahmen in blauem und rotem Druck Hinweise auf die Adressen in Edinburgh und Glasgow und diejenige der Filiale in Hamburg, sowie Angaben zu Bibeln und Testamenten, deren Preise, wo sie zu erwerben sind und wie viele Bibeln und Bibelteile in zehn Jahren von der Hamburger Filiale gedruckt, gebunden und verbreitet wurden. Angegeben wurde der Name des Direktors Philipp Bickel.

Philipp Bickel (1829–1914) ist u. a. bekannt als Herausgeber des bis heute aufgelegten Kindergottesdienstliederbuches *Singvögelein*. In Weinheim geboren, wanderte er 1848 in die Vereinigten Staaten aus. Dort kam er in Kontakt mit der Baptistenkirche. Er studierte daraufhin Theologie. Als Leiter der German Baptist Publication Society in Cleveland kehrte er nach Deutschland zurück, um den J. G. Oncken Verlag und die mit ihm verbundene deutsche Agentur der Schottischen Bibelgesellschaft zu übernehmen.[1]

Jedes neue Jahr steht im deutschen Sprachraum unter einem neuen Bibelwort, der sogenannten Jahreslosung. Die Jahreslosung wird von vielen Herausgebern jeweils anders grafisch

1 Den J. G. Oncken Verlag verlegte Bickel später nach Kassel; vgl. Albert Hoefs/Philipp Bickel, Ein Führer der zweiten baptistischen Generation in Deutschland, Kassel 1936. – Gustav Fick (Hg.), Der Evangelische Buchhandel, Leipzig 1921, S. 349–350.

gestaltet und in verschiedenen Formaten verlegt, angefangen beim Lesezeichen über die Faltkarte und Postkarte zum Kunstblatt oder Poster in verschieden großen Formaten. Der Präsenzverlag Gnadenthal beispielsweise publizierte seine von Andreas Felger gestaltete Fassung (für 1990: Joh. 8,12) sogar als Konfirmationsschein und Diaserie.

Die erste Jahreslosung gab Otto Riethmüller, langjähriger Vorsitzender des Bruckhardthauses, in Absprache mit dem Reichsverband der Evangelischen Jungmännerbünde im Jahre 1930 heraus. Sie lautete: „Ich schäme mich des Evangeliums von Jesus Christus nicht (Römer 1,16)".[2] Seit 1934 wurden die Jahreslosungen allgemein verlegt. Inzwischen werden die Texte für die jeweiligen Jahreslosungen von der Ökumenischen Arbeitsgemeinschaft für Bibellesen (ÖAB) vier Jahre im Voraus ausgewählt.

Heute werden die Jahreslosungen auch auf einem stabilen Scheckkarten-Material, ideal zum Einstecken in die Geldbörse oder Handtasche, mit einem Jahreskalender auf der Rückseite, angeboten. Diese Karten werden als Pockets bezeichnet.

Ebenfalls 1934 erschienen die Monatssprüche zum ersten Mal. Sie waren für den Hausgebrauch postkartengroß und wurden in einem Umschlag gehandelt. In vielen evangelischen Häusern stellte man sie in einem neutralen Aufsteller auf, und sie konnten dann Monat für Monat ausgewechselt werden. Um nur zwei Beispiele zu nennen: So gab der Verlag des Burckhardthauses GmbH in Berlin, der Nachkriegszeit geschuldet, die Jahreslosung für 1948 mit den Monatssprüchen auf schlechtem, dünnen, fast braunem Papier heraus. Die einzelnen Texte aus der Bibel waren im schwarzen Druck unter Einbezug der Symbolzeichen nach Rudolf Koch von verschiedenen Künstlern (Christian Rietschel, Robert Eberwein, Karlgeorg Hoefer etc.) kalligrafisch gestaltet. Die Monatslosungen für das Jahr 1980, die der Stiftungsverlag Potsdam in rotem und schwarzen Druck verlegte, wurden von dem Leipziger Künstler Matthias Klemm (geb. 1941) entworfen, der auch die Jahreslosungen u. a. für die Jahre 1977, 1979, 1980 und 1981 für den Schäfers Feinpapier und Verlag, Plauen im Vogtland, gestaltete.

Bibelspruchkärtchen, oft kunstvoll kalligrafisch gestaltet, und Lesezeichen oder Buchmerker, wie sie um 1900 auch genannt wurden, konnten zum Bibelspruch, Kirchenliedvers, Gebet oder auch Zitat christlicher Autoren handgeschrieben und zusätzlich bemalt sein. In der Regel aber wurden sie von zahlreichen Verlegern, Ende des 19. Jahrhunderts nicht nur von den evangelischen sondern auch von großen Bildverlagen, wie beispielsweise Albrecht & Meister in Berlin oder Gebr. Obpacher in München, hergestellt und über den evangelischen Buchhandel vertrieben. Sie können verschieden groß sein und zeigen zum Spruch unterschiedliche Bildgestaltungen, etwa die Außenansicht einer Kirche oder ihren Altarraum, sind mit einer aufgeschlagenen Bibel, einer brennenden Kerze, mit Blumen, Vögeln, Obst, Ornamenten, Landschaften oder Christusdarstellungen geschmückt. Die mit Blumen verzierten Bibelspruchkärtchen wurden bereits im 19. Jahrhundert als Blumenkarten bezeichnet.[3] Mit entsprechendem Aufdruck oder mit einer handschriftlichen Widmung versehen, wurden sie gern zu den verschiedensten Anlässen des Kirchenjahres, zu den christlichen Festen des Lebens (Taufe, Konfirmation, etc.) oder mit Genesungswünschen bei Krankheit gewidmet.

Als Grundmaterial diente außer Papier und Karton auch Zelluloid für die Lesezeichen. Heutzutage sind Farbdrucke nach Photos von Kindern, Tieren, Blumen und Landschaften zu den Sprüchen beliebt. Bibelspruchkärtchen wurden auch für Blinde hergestellt. Auf einem

2 http://www.jahreslosung.net/faq.htm (16.11.2009).

3 Sigrid Nagy, Blumenmission und Blumenkarten, in: Wolfgang Brückner u. a., Arbeitskreis Bild Druck Papier, Tagungsband 13, Hagenow/Münster u. a. 2009, S. 115–118.

vorliegenden Kärtchen (4,0 x 14,8 cm) aus hellgrünem Karton ist ein Bibelspruch zweimal vorhanden: einmal in Fraktur gedruckt, dazu darunter in Blindenschrift.

Eine Besonderheit stellen neben den farbigen, mit Gold- oder Silberdruck versehenen Hauchbildchen die beschriebenen, bedruckten oder gewebten Seidenbänder dar. Der Hauptverein für christliche Erbauungsschriften in Berlin bot in 1880er Jahren zwanzig verschiedene Hauchbildchen mit Sprüchen und Liedversen in Gold gedruckt als „Hornbilder (Gelatine)" an. Ein solches Bildchen kostete fünf Pfennig.[4] Die ca. 10 x 7 cm großen Bildchen dokumentieren, an den unteren Rand gedruckt, den Namen und die Adresse des Vereins. Die Seidenbänder können einen Spruch, eine bestimmte Kirche oder sogar Martin Luther zeigen, bzw. Erinnerung an einen Kirchentag sein.

Speziell Oblaten mit religiösen Inschriften hatte die 1854 gegründete Lithographische Kunstanstalt Hyll & Klein in Barmen, die u. a. auch Denksprüche für Konfirmanden herausgab, im Angebot.[5] Der Verlag gab sie um 1893 in Schachteln per hundert Stück ab.[6]

Vielfältig in Form, Größe und Gestaltung sind die gestanzten kleinen Kreuzchen, ob aus Papier oder Zelluloid. Wie die Lesezeichen auch, können sie zusätzlich noch, durch ein gestanztes Loch geknüpft, mit einer Seidenquaste versehen sein.

Besonders aussagekräftig sind die in Serien verlegten biblischen Bildchen, vor allem jene nach Entwürfen bekannter Künstler. Zu den frühen im 19. Jahrhundert massenhaft auch über den Kolportagehandel vertriebenen Bildchen gehörten die biblischen Bilder des Malers Renz in Stuttgart, die Stuttgarter und die Baseler Bildchen.[7] Die Stuttgarter illuminierten biblischen Bildchen, herausgegeben von der Evangelischen Gesellschaft, erschienen in zwei verschiedenen Formaten. Im Jahre 1870 umfasste die größere Serie 136 und die kleinere 64 Nummern.[8]

Im letzten Drittel des 19. Jahrhunderts wurden biblische Bildchen nach Julius Schnorr von Carolsfeld, Julius Steglich, Paul Händler, Carl Schönherr und Franz Heynacher angeboten. Zum Verteilen an Kinder, auch auf Schulfesten, wurden 84 biblische Bildchen in Holzschnitt nach Zeichnungen von Julius Steglich (1839–1913) vom H. J. Naumann Verlag in Dresden 1870 bis 1873 ediert. Die sieben Lieferungen à zwölf Bilder konnten auch koloriert erworben werden. Wertvoll als Geschenk zum Christfest wurden die acht Weihnachtsdarstellung außerdem separat gehandelt.[9] Nach Übernahme der Bildchenserie 1887 durch den Calwer Verlag verkaufte dieser schließlich achtzig kolorierte Einzelblätter.[10]

Der Verlag Ernst Kaufmann in Lahr gab chromolithografierte Serien in verschiedenen Größen nach der *Bibel in Bildern* von Julius Schnorr von Carolsfeld (1794–1872) heraus. Es handelte sich aber um Umzeichnungen, die alttestamentlichen Darstellungen von Paul Wagner (1852–1937) und die neutestamentlichen von Prof. Wilhelm Zimmer (1851–1937) zur Grundlage hatten.[11]

---

4 Bericht des Hauptvereins für christliche Erbauungsschriften über das Jahr 1881, Berlin 1882, S. 24. – Dto. 1882, Berlin 1883, S. 25. – Dto. 1886, Berlin 1887, S. 26.

5 Fick, Evangelischer Buchhandel, S. 416.

6 Gesamt-Verlags-Katalog des Deutschen Buchhandels. XVI, 1, 1893, Sp. 229.

7 Vgl. Martin Scharfe, Evangelische Andachtsbilder. Studien zur Intention und Funktion des Bildes in der Frömmigkeitsgeschichte vornämlich des schwäbischen Raumes (Veröffentlichungen des Staatlichen Amtes für Denkmalpflege, Stuttgart. Reihe C 5), Stuttgart 1968.

8 Rechenschafts-Bericht der Evangelischen Gesellschaft in Stuttgart, Mai 1863–1870, S. 31.

9 Volksblatt für Stadt und Land. 27 (1870) No. 98, Sp. 1567–1568. – Ebd. 30 (1873), Nr. 50, Sp. 846–847. – Bausteine, Dresden 1870, S. 315. – Ebd. 1873, S. 95. – Der Bethlehemsbote 1884, Nr. 32, S. 247.

10 Sibylle Fritz-Munz/Katharina Kley, 150 Jahre Calwer Verlag 1836–1986. Ein bibliographisches Verzeichnis, Stuttgart 1986, S. 35.

11 Sigrid Nagy, Julius Schnorr von Carolsfelds „Bibel in Bildern" und ihre Popularisierung (Veröff. z. Volkskunde und Kulturgeschichte 70), Würzburg 1999, S. 107ff. und S. 138.

Morstatt, Schrodt & Co. in Frankfurt/M. verlegte chromolithografierte Serien nach den Entwürfen von Paul Händler (1833–1903), die in fünf Serien à zwölf Bilder in den Jahren 1877 bis 1879 erschienen. Seit 1893 war Johannes Schrodt Inhaber der Firma, die dann seinen Namen trug. Er verlegte um 1900 biblische Bilder (9,6 x 12,7 cm) nach den Zeichnungen von Prof. Carl Schönherr (1842–1906) in feinem Farbendruck mit den entsprechenden Texten auf der Rückseite in drei Lieferungen à 25 Bilder. Die Serien I. und III. betrafen das NT, die Serie II. das AT. Nach Auflösung des Verlages wurden die Bildchen von der Agentur des Rauhen Hauses bei Hamburg in mehreren Sprachen verlegt. Eine Auswahl aus diesen Bildchen, nämlich 25 für das NT brachte die St. Johannis-Druckerei in Lahr-Dinglingen unter der Seriennummer 6864 in etwas kleinerem Format und in Farbendruck erneut in den 1960er Jahren heraus.

Die St. Johannis-Druckerei hatte auch einige neutestamentliche Bilder des Malers Ludwig Max Roth (1858–1952) im Angebot, auch als Bogenbildchen. Der Bogen mit dem Titel *Meine Schafe hören meine Stimme* Nr. 2539 wurde noch in den 1980er Jahren gehandelt. Eins der Bildchen dieser Serie, es zeigt den an der Tür anklopfenden Christus mit dem darunter gesetzten Bibelvers Offb 3,20, das vorliegt, trägt auf der Rückseite zusätzlich den Bibelvers in fünf Sprachen, darunter in Russisch, in Polnisch und in Ungarisch.

Die im Jahre 1871 gegründete Lithographische Anstalt H. Großmann in Berlin, der ab 1877 zusätzlich eine Kunst- und Verlagshandlung führte, hatte ihren Sitz zunächst in der Louisenstraße 21 in Berlin-Mitte. 1880 zog er in die Carlstraße 11 um. Laut Berliner Adressbuch war Hermann Großmann bis 1893 als alleiniger Inhaber aufgeführt. Ab 1894 wird als Inhaber Max Pasch genannt, der das Unternehmen in die Ritterstraße 50 in Kreuzberg verlegte. H. Großmanns Spezialität waren Blumenkarten, biblische Bilder mit religiösen Texten und Bibelsprüche gewesen. 1889 brachte er als Neuheit *Fünfzig Bibelsprüche mit kleinen Bildern in sechs verschiedenen Zeichnungen und buntem Umschlage* für eine Mark zur Anzeige, mit dem Hinweis: „... daß wir jedem Konfirmanden bei Verabreichung der Konfirmationsscheine ein Kärtchen in weißem Kouvert zur Erinnerung mitgeben“.[12] Im Jahre 1876 pries H. Großmann ein Büchlein mit dem Titel *Die Kindheitsgeschichte unseres Heilandes Jesu Christi ... mit biblischem Text, Spruch und Lied* für die Jugend mit sieben Öldruckbildern nach Aquarellen des Künstlers Franz Heynacher für Kindergottesdienste und Sonntagsschulen an. Dazu wurde bemerkt, dass der Künstler ein Schüler des Herrn Professor Carl Gottfried Pfannschmidt sei.[13] Diese und weitere Entwürfe von Heynacher wurden außerdem als einzelne biblische Bildchen, und zwar mit nur biblischem Text bzw. mit biblischem Text, Spruch und Lied auf der Rückseite herausgegeben. Dazu kamen acht biblische Bilder zu den Evangelien nach Gemälden von Franz Heynacher. Im Couvert kosteten sie achtzig Pfennig. Ferner gab es bei Großmann sechs Farbendruckbilder von Heynacher im Umschlag für 75 Pfennig, betitelt: *Weihnachtsfreude in Lied und Bild.* Auf der Rückseite der Bildchen standen die Texte folgender Lieder: 1. Vom Himmel hoch, da komm ich her. 2. Dies ist die Nacht, da mir erschienen. 3. Ich steh' an deiner Krippe hier! 4. Herr Jesu, Licht der Heiden. 5. Dies ist der Tag, den Gott gemacht. 6. Fröhlich soll mein Herze springen. In welchem Umfang weitere biblische Bilder von Franz Heynacher bei Großmann verlegt wurden, ist unbekannt. Auch ist auf den Bildchen niemals der Name des Künstlers genannt.

Durch persönliche Geschäftsbeziehungen zwischen dem Buchhändler und Verlagsinhaber für Kolportageliteratur in Berlin, Ulrich Meyer (1858–1931) und Carl Hirsch (1862–1933)

---

12 Der Sonntagsschulfreund, Berlin 1889, S. 144.

13 Evangelischer Anzeiger von Berlin. 27 (1876) No. 42, S. 395.

kam diese Sparte des Großmannschen Verlages wahrscheinlich um 1894 an den 1892 gegründeten Christlichen Buch- und Kunstverlag von Carl Hirsch A.-G. in Konstanz.[14] Nun verlegte Carl Hirsch die biblischen Bilder von Franz Heynacher, ebenfalls ohne Namensnennung. Zusätzlich brachte er sie als Leporello-Alben auf Kartonpapier mit Golddruck-Umschlag heraus: Verlags-Nr. 3751 *Die Kindheitsgeschichte unseres Heilandes* sechs biblische Darstellungen mit erläuternden Texten (15 x 10 cm) und Verlags-Nr. 3752 *Ehre sei Gott in der Höhe!* Sechs biblische Darstellungen aus der Kindheitsgeschichte Jesu mit erläuternden Texten (12 x 15 cm).[15] Somit verwundert es nicht, wenn die chromolithografierten biblischen Bildchen auch für die Titelseite der 16 Seiten umfassenden Weihnachtshefte des Verlages als Titelbilder gewählt wurden, wie auf Heft Nr. 82 *Eine Rosenknospe* von Felix Christlieb das Bild: Die Verkündigung an die Hirten und auf Heft Nr. 88 *Das Weihnachtsfenster* von N. Fries das Bild: Die Anbetung der Heiligen Drei Könige. Die Rückseiten der Hefte zeigen kleinformatige biblische Bildchen mit mehrfacher Umrandung, die vermutlich auch auf Heynacher zurückgehen. Auch diese Bildchen wurden als Einzelbildchen verkauft. Zudem fanden die Heynacherschen biblischen Bilder bei der Umschlaggestaltung und als eingeschaltetes chromolithografiertes Bild Verwendung, zum Beispiel für den *Kalender für deutsche Christenkinder*, der im Auftrag des Vereins zur Förderung der Sonntagsschulsache in Deutschland von Ulrich Meyer herausgegeben wurde, u. a. im Jahr 1901 und 1904. Für das Jahr 1901 war die Anbetung der Weisen aus dem Morgenland mit dem Liedtext „Dies ist der Tag …“ auf der Rückseite als Einschaltbild beigegeben worden. Um das Format einzuhalten, wurde neben dem Bild ein zusätzliches Ornament zu beiden Seiten angebracht. Der Titel des Heftes zeigte das Bild *Der 12jährige Jesus mit den Schriftgelehrten*.

Äußerst beliebt waren, obwohl durchaus mit Kritik besprochen, über einen längeren Zeitraum die biblischen Bildchen nach Robert Leinweber (1845–1921).[16] Robert Leinweber hatte Nordafrika bereist und sich von dem dort kennengelernten Volksleben bei seinen Bildern inspirieren lassen.[17]

Der Verleger Carl Hirsch in Konstanz erwarb vermutlich bereits während des Ersten Weltkrieges den „gesamten Leinweber-Verlag, die Heilige Schrift in Bildern in feinstem Farbendruck“ durch Ankauf von der Firma Hans Kohler & Co. in München.[18] Schon 1917 wurden die ersten Wandbilder im Buch- und Kunstverlag Carl Hirsch A.-G. zur Anzeige gebracht. Das Verlagsverzeichnis von 1927 wies die ganze Bandbreite der Leinweber Darstellungen als Postkarten, Fleißkarten, Kunstblätter und Wandsprüche und als Album aus. Für Schule und Haus, Religionsunterricht und als Geschenkartikel in feinstem Vierfarbendruck wurden die *Biblischen Bilder. 100 Darstellungen aus der Heiligen Schrift*, je fünfzig Bildchen zum Alten und zum Neuen Testament im Format 6 x 9 cm angeboten. Sie waren zuvor von Hans Kohler

14 Als 1922 Ulrich Meyer die Leitung der Preußischen Haupt-Bibel-Gesellschaft antrat, erwarb Carl Hirsch in Konstanz im gleichen Jahr den Verlag Ulrich Meyer und übernahm dessen Sohn Johannes Meyer. Dessen Name wurde 1929 in Meyer-Stoll geändert. Ulrich Meyer blieb bis zu seinem Ableben dem Carl Hirsch Verlag durch das Herausgeben von Jugendschriften treu. Vgl. Fick, Evangelischer Buchhandel, S. 119f. u. 220ff.

15 Verlags-Katalog von Carl Hirsch, Verlagsbuchhandlung für christliche Literatur und Kunst, Konstanz (Baden), o. J. [ca. 1894], S. 48; Jg. 1909/10, S. 46. – Weihnachts- und Lager-Katalog 1916/17, S. 14.

16 Christliches Kunstblatt für Kirche, Schule und Haus 52 (1910), Nr. 9, S. 321.

17 Ulrich Thieme/Felix Becker, Allgemeines Künstlerlexikon der bildenden Künste von der Antike bis zur Gegenwart, Leipzig 1929, Bd. XII, S. 597.

18 Vgl. Adreßbuch des Deutschen Buchhandels, Leipzig 1932, I Abt. S. 268 u. 331. – Christa Pieske, Bilder für jedermann. Wandbilddrucke 1840–1940 (Schriften des Museums für Deutsche Volkskunde Berlin 15), Berlin 1988, S. 229.

in München verlegt worden, und zwar mit der Bezeichnung: „H. K. & Co. M.". Für diese kleinen Bildchen wurden zwei sogenannte „Einklebealben" herausgegeben. Ausgabe A: Altes Testament, Ausgabe B: Neues Testament, in die die Kinder die Bildchen einkleben konnten. Als Neuheit waren außerdem vier verschiedene Bogen mit jeweils 25 Darstellungen zum NT: Bogen 1: Kindheitsgeschichte Jesu; Bogen 2: Jesu Wirken I; Bogen 3: Jesu Wirken II; Bogen 4: Leiden Jesu als sog. „Leinweber-Fleißbogen" erschienen. Jedes Bildchen war auf der Rückseite mit dem betreffenden Bibeltext bedruckt. Die biblischen Bilder von Robert Leinweber wurden auch in anderen Sprachen verlegt, so gab beispielsweise der Herausgeber Voorhoeve in den Haag sie mit niederländischem Text heraus.[19]

Vor allem für den amerikanischen Markt werden sie in englischer Sprache verlegt worden sein, denn dort waren bereits nur für ein Jahr (1911/12) acht Millionen Leinweber-Postkarten aus dem Verlag Hans Kohler & Co. in München verkauft worden.[20]

Gegen Ende der 1920er Jahre erschienen die ersten biblischen Anschauungsbilder nach Gemälden der Künstlerin Mate Mink-Born (* 1882; Sterbejahr unbekannt) im Hermann-Appel-Verlag in München in „farbenprächtiger Photo-Litho-Technik". Sie lieferte in den darauf folgenden Jahren weitere Bildentwürfe.[21] Diese Bilder wurden von beiden christlichen Konfessionen sehr positiv aufgenommen, zugleich wurde aber auch bedauert, dass sie nicht in kleineren Formaten verlegt worden sind.[22] Wahrscheinlich schon 1930 wurden dann auch kleinformatige Bilder verlegt, deklariert als Geschenkbildchen. Im Jahre 1931 lagen davon 49 verschiedene Themen vor, die als „den pädagogischen Anforderungen ganz entsprechend" gepriesen wurden.[23] Im November 1932 inserierte der Hermann-Appel-Verlag im Deutschen Pfarrerblatt. Damit brachte er nicht nur die neu erschienenen Titel der biblischen Wandbilder für Kindergottesdienste und Sonntagsschulen zur Anzeige, sondern verwies auf eine Neuheit, *Das Merkbüchlein für den Kindergottesdienst* von Pfarrer Uhlig, Oelsnitz, auf das Jahr 1933, geschmückt mit verkleinerten Wiedergaben der Mink-Born-Bilder."[24]

Schließlich hieß es 1936 in einer Besprechung: „Auch kleine Nachbildungen als Fleißbildchen oder regelmäßig zur Erinnerung etwa zum Einkleben in ein Sammelheft sind beim Verlag zu haben."[25]

Die Preußische Haupt-Bibelgesellschaft in Berlin brachte in den Jahren 1924 bis 1929 nach Originalgemälden des Malers Hans Lietzmann (1872–1955) sechzig Bilder aus dem Leben Jesu als Anschauungsbilder heraus. Zu den ersten dreißig Bildern schrieb Hans Lietzmann auf Wunsch des Verlages selbst die Texte. Mit einer Einführung von 1926 wurden diese Texte 1928 als Buch veröffentlicht. 1931 folgte der zweite Band mit einer Einführung des Verlegers zu den restlichen 30 Bildern.[26]

In ebenfalls siebenfarbigem Druck wurden diese biblischen Bilder auch als Postkartenserien, sechs Reihen zu je zehn Karten, vereinigt in Mappen, unter dem Titel „Die frohe Botschaft", und außerdem fünfzig biblische Bildkarten als Verteilbilder für Sonntagsschulen und

19 R. P. Zijp, Religieus beloningsmateriaal op school en zondagsschool, in: Vroomheid per dozijn, Utrecht 1982, S. 62–67.

20 Lutherischer Zions-Bote. Organ für die Deutschen in der Generalsynode der Ev.-Luth. Kirche Nord-Amerika, XVI (Chicago 1912), No.15, S. 239.

21 Bildformat 80 x 50 cm, Blattgröße 90 x 60 cm.

22 Pfarrer Rückert (Darmstadt), Biblische Anschauungsbilder von Mate Mink-Born, in: Monatsschrift für Gottesdienst und christliche Kunst, 1929, S. 358–360.

23 Josef Krones, Die Neuzeitlichen Anschauungsmittel und ihr didaktischer Wert für den Religionsunterricht, München 1931, S. 72–75.

24 Deutsches Pfarrerblatt 36 (Essen 1932), Nr. 40, S. 552.

25 Deutsches Pfarrblatt 40 (Essen 1936), Nr. 14, S. 236.

26 Hans Lietzmann, Aus dem Leben Jesu. Gemalte und geschriebene Bilder. Bd. I, Berlin 1928; Bd. II, Berlin 1931.

Kindergottesdienste verlegt.[27] Die hoch- bzw. querformatigen Bildkarten (ca. 9,5 x 13 cm) brachten auf der Rückseite den Titel und den dazu gehörenden Text mit Nachweis der Bibelstelle. Die Frohe Botschaft-Postkarten benutzte man 1931 in einer Kirchengemeinde in Buchholz/Sa. als Fleißkarten für treuen Kindergottesdienstbesuch. Dazu wurden die Rückseiten der Karten mit dem Kirchensiegel und einem Text bestempelt, der nur noch auszufüllen war. Handschriftlich hineingesetzt wurde der Name des Kindes, der Ort, das Datum und die Unterschriften des Pfarrers und der Kindergottesdienstleiterin, außerdem eine Zahl, die angab, um die wievielte Fleißkarte es sich handelte, die das Kind bereits erhielt. Zehn Jahre zuvor waren dort zu dem gleichen Anlass die Postkarten mit den Darstellungen zur Heiligen Schrift nach Robert Leinweber benutzt worden.

Nach dem Zweiten Weltkrieg gab die Kammer für Erziehung und Unterricht in Berlin, die dem evangelischen Bischof unterstand, einige biblische Bilder (10,5 x 14,8 cm) nach den Holzschnitten von Annemarie Naegelsbach heraus. Der Umfang ist leider nicht bekannt. Die Bildchen fanden vermutlich im Religionsunterricht, vielleicht auch im Konfirmandenunterricht Verwendung. Es handelte sich um Verkleinerungen der Holzschnitte, die Annemarie Naegelsbach für „Die Biblische Geschichte. Mit den Worten der Heiligen Schrift, erzählt von Otto Dietz" schuf, die 1932 im Verlag der Allgemeinen Pfarrwitwen- und Waisenkasse in Bayern verlegt worden war. Die ersten Auflagen nach Kriegsende erschienen mit einer Genehmigung der „Education and Religions Affairs Branch OMGUS 18.1. 1946 GE-1 A 305/01".[28] Mir liegt eine komplette Serie B von acht Bildchen zum NT, Reihe II: Passions- und Osterkreis vor. Zusätzlich daraus ein einzelnes Bild „Einsetzung des Abendmahls". Der Preis für ein einzelnes Bild betrug dreißig Pfennig. So wird verständlich, dass der frühere Besitzer der genannten Serie die Bilder zum Teil kolorierte, sie dann zusammenheftete und mit einem Umschlag aus brauner, stark geprägter Papier-Lederimitation versah, so dass ein kleines biblisches Bilderbuch entstand.

Anlässlich des 70. Geburtstages von Rudolf Schäfer (1878–1961) am 16.9.1948 wurden biblische Bildchen (7,5 x 10,5 cm) nach der sogenannten „Rudolf-Schäfer-Bilder-Bibel", die 1929 bei der Privileg. Württ. Bibelanstalt in Stuttgart erschienen war, herausgegeben, was in Kurzform zu der Angabe „025 14083 (Rudolf-Schäfer-Reihe 1–20)" auf der Rückseite vermerkt wurde. Außerdem wurden der Bildtitel und ein Bibelvers, beides mit Bibelstellennachweis und einer Liedstrophe, hierher gesetzt. Ein vorliegendes Bildchen gab das Luther-Lied „Vom Himmel hoch...", jedoch mit einer Quellenangabe aus dem Thüringischen Gesangbuch, an. Da seinerzeit jede Landeskirche noch ihr eigenes Kirchengesangbuch hatte, kann angenommen werden, dass in der schwierigen Nachkriegszeit diese Bildchen als Spende in die Evangelisch-Lutherische Landeskirche Thüringens gelangten.

Mit Genehmigung der „Publication Control Branch, OMG, Württemberg-Baden..." wurden zudem kleine, sechzehn Seiten umfassende Heftchen (12,0 x 8,5 cm) mit illustriertem Titel und mehreren biblischen Bildern nach den Schäferschen Zeichnungen zu bestimmten Themen verlegt, wie etwa „Was weinest Du? Trost für Trauernden aus Gottes Wort". Hierbei handelte es sich jedoch nur um eine Neuauflage. Es gehörte zu einer Reihe schön gestalteter kleiner, billiger Verteilheftchen, die mit ausgewählten Bibelworten zu den verschiedensten Anlässen für die evangelische Gemeindearbeit herausgegeben wurden, die ersten bereits 1916. Mitte der

27 Ferner wurde 1928 „Das Neue Testament nebst dem Psalter" in verschiedenen Ausführungen mit 30 farbigen Evangelienbildern nach den Gemälden von Hans Lietzmann verlegt. Vgl. 125 Jahre Bibelarbeit. Preußische Haupt-Bibelgesellschaft 1814 bis 1939. Jubileumspreisverzeichnis, S. 22, 28 u. 30–31. – Deutsche Mädchen-Zeitung 64 (Berlin 1932), S. 55.

28 München [7]1949.

Abb. 1: Serie biblischer Bilder nach Rudolf Schäfer. Herausgeber: Evangelische Haupt-Bibel-Gesellschaft zu Berlin.

1930er Jahre waren 19 Titel vorrätig, die jeweils sechs Pfennig kosteten.[29] Darunter befand sich ein „Biblisches Betbüchlein". Zur Illustrierung von Titel und Text waren Bilder von Rudolf Schäfer aus dem Dresdner Schmucktestament gewählt worden.

Die Evangelische Haupt-Bibel-Gesellschaft zu Berlin, wie die Preußische Haupt-Bibelgesellschaft seit der Namensänderung im Jahre 1947 hieß, gab mit Genehmigung der Sächsischen Haupt-Bibelgesellschaft unter der Bestellnummer 803 ebenfalls eine Serie biblischer Bilder nach Rudolf Schäfer heraus.[30] Bei diesen Bildern (10 x 7 cm) war lediglich der Titel mit dem Bibelstellennachweis unter das Bild gedruckt worden (Abb. 1).

Doch schon vor dem Krieg waren sechs kleinformatige biblische Schäfer-Bilder (12 x 10 cm) beim Verlag B. G. Teubner in Leipzig und in Berlin erschienen. Es handelte sich um schwarz-weiß Drucke nach den sechsfarbigen Künstler-Steinzeichnungen, deren Vorlagen Rudolf Schäfer bereits 1911/12 für den Verlag fertigte. Bildtitel und Name des Künstlers waren auf die Bildseite, Bibelverse und Spruch auf die Rückseite gedruckt.

29 Neue Saat, Göttingen 10(1935) H. 14, S. 217.

30 Die Sächsische Haupt-Bibelgesellschaft hatte 1913 „Das Neue Testament und die Psalmen mit Buchschmuck von Rudolf Schäfer" herausgebracht. Ihr Vorhaben, eine komplette Bibel mit Schäfers Bildern zu verlegen, konnte, bedingt durch den Ersten Weltkrieg und die anschließende finanzielle Situation, nicht mehr fortgeführt werden. Deswegen trat man an die Württ. Bibelanstalt heran, mit der das Projekt gemeinsam vollendet wurde. 1929 erschien dann „Die Bibel, oder die ganze Heilige Schrift des Alten u. Neuen Testaments, nach der deutschen Übersetzung D. Martin Luthers, neu durchgesehen nach dem von Deutschen Evangelischen Kirchenausschuß genehmigten Text. Mit Bildern von Rudolf Schäfer, hg. v. der Sächs. Hauptbibelgesellschaft und der Privileg. Württ. Bibelanstalt. Stuttgart 1929". Vgl. dazu Gerhard Kropatscheck (Hg.), Im Dienst am Heiligtum. Rudolf Schäfers Schaffen für Kirche und Haus. Eine Freundesgabe zu des Künstlers 60. Geburtstag, Leipzig/Hamburg 1938, S. 31ff.

Abb. 2: Bilder zur Biblischen Geschichte nach Paula Jordan. Lizenzausgabe der Evangelischen Verlagsanstalt in Berlin Ost für die DDR.

Als Lizenzausgabe für die Deutsche Demokratische Republik, mit dem Hinweis: „Vertrieb in Westdeutschland und Westberlin nicht gestattet", brachte im Jahre 1952 die Evangelische Verlagsanstalt (EVA) in Berlin-Ost (DDR) 56 Bilder (6,9 x 9,9 cm) auf Einzelblättern „Bilder zur Biblischen Geschichte" nach Zeichnungen von Paula Jordan (1896–1986) mit Texten auf der Rückseite von Jörg Erb (1899–1975) in einer Mappe heraus. Auf der Innenseite der Mappe waren alle 56 Bilder mit Titel aufgelistet. Sie kosteten 50 Pfennig. 1956 erschien die zweite, 1961 die fünfte und 1970 die achte Auflage.[31] Hierbei handelte es sich um die sogenannten Ankerketten: Glied 1 und 2 „Heilandsleben" von 1950, Glied 5 „Gleichnisse Jesu" und Glied 6 „Geschichten des AT (Joseph, Mose, David)" von 1951 aus dem Johannes Stauda-Verlag in Kassel. Diese Bilder, die sich hervorragend zum Ausmalen eigneten, stammten aus dem biblischen Geschichtenbuch „Schild des Glaubens", das der Verlag erstmals 1941 publizierte. Die 4. Auflage wurde 1950 in Lizenz auch von der Evangelischen Verlagsanstalt zu Berlin herausgegeben (Abb. 2).

Karl Vötterle (1903–1975), der Begründer des Bärenreiter Werkes, in dem der Johannes Stauda-Verlag für die kirchliche Arbeit integriert ist, bemerkte in seiner Erinnerung dazu: „Der Johannes Stauda-Verlag brauchte für eine Reihe kleiner Verteilkärtchen, die man land-

31 Friedrich Bartsch (Hg.), Zehn Jahre Evangelische Verlagsanstalt Berlin. Bibliographie der Verlagsarbeit 1946–1956, Berlin 1956, S. 59 u. 136; Evangelische Verlagsanstalt GmbH Berlin. Gesamtverzeichnis der Veröffentlichungen aus den Jahren 1946–1970, S. 53.

Der Sohn Gottes tut sein erstes Zeichen
(Joh. 2, 1–11)

16. 1. 1966 – 2. Sonntag nach Erscheinung

Spruch: „Er offenbarte seine Herrlichkeit."
(Joh. 2, 11b)

Abb. 3: Bildblätter für den Kindergottesdienst. Entwürfe für die westlichen Landeskirchen von Heinz-Wilhelm Heinsohn.

läufig etwas moralisch „Fleißkärtchen" nennt, einen einprägsamen und volkstümlichen Titel. … Der Idealtitel mußte eine Beziehung zum Inhalt, hier also zur christlichen Botschaft haben; er mußte andeuten, daß es sich um eine Folge kleiner Einzelstückchen handelte – die biblischen Senfkörner wären eine gute Bezeichnung gewesen, aber die gab es bereits – und zu guterletzt sollte der Titel möglichst noch Beziehung zum Verlagsnamen haben. … Beim Überlegen malte ich das Verlagszeichen des Johannes Stauda-Verlages, das Ankerkreuz, auf einen Zettel vor mich hin – und plötzlich wußte ich, mit einer geradezu unheimlichen Deutlichkeit: Die Kärtchen müssen ‚Ankerketten' heißen! Das Ankerkreuz gab den Hinweis auf Christus, den Herrn der Kirche, in zurückhaltender, doch dem Kundigen klarer Weise. Gleichzeitig drückte es den Zusammenhang mit dem Verlag aus. Ketten bestehen aus vielen einzelnen Gliedern. Der Name war also prächtig geeignet für unser Vorhaben. Die häßliche Bezeichnung ‚Serie' war durch ‚Kette' ersetzt, das einzelne Blättchen mit Bild, Symbol oder Spruch war das Glied der Kette, die verschieden lang sein konnte und obendrein ein anschauliches Bild für die Jungen und Mädchen bedeutete."[32] Biblische Reihenbilder (7,2 x 5,2 cm) in mehreren Serien verlegte außerdem der Verlag Junge Gemeinde in Stuttgart nach Originalen von Paula Jordan in Farbendruck mit entsprechendem Text auf der Rückseite.

Durch ihre biblischen Bilder bekannt wurde auch die Künstlerin Ursula Kükenthal (1899–1996), von der die St. Johannes Druckerei in Lahr-Dinglingen noch 1983/84 neutestamentliche Serien als Bogenbildchen Nr. 62559 und Nr. 62599 und auch als Verteilkärtchen (7,6 x 10,3 cm) Nr. 68001 mit 16 verschiedenen Motiven in Mehrfarbendruck ohne Rand anbot.

32 Karl Vötterle, Haus unterm Stern. Über Entstehen, Zerstörung und Wiederaufbau des Bärenreiter-Werkes, Kassel u. a. 1963, S. 84.

Abb. 4: „Die Berufung des Petrus" nach Christian Rietschel

Für die Ev.-Luth. Freikirche in Sachsen lieferte die Künstlerin Elisabeth Reuter (1902–1973) zahlreiche Entwürfe, die bei Johannes Herrmann in Zwickau verlegt wurden. Darunter gab es ein kleines Heftchen (9,8 x 10,4 cm): „Biblisches ABC. 24 Bibelsprüche für die Jugend" zusätzlich in einer perforierten Ausgabe, so dass die Bilder auch einzeln zu verwenden waren. Kindgerechte kleine Szenen waren in die großen farbigen Initialen gemalt.[33] Denkbar ist auch, dass die farbigen biblischen Bildchen, die zu einem Heftchen (10 x 7 cm) mit dem Titel „Der Welt Heiland" (7. Aufl. 1985) zusammengefasst sind, einzeln zu erhalten waren.

Biblische Bildchen wurden bis in die 1960er Jahre in vielen Sonntagsschulen bzw. Kindergottesdiensten passend zu der jeweils besprochenen biblischen Geschichte verteilt und enthielten, zum Bild gesetzt, den entsprechenden Bibelvers und einen Merkvers, der von den Kindern auswendig zu lernen war. Mitunter jedoch waren sie von vornherein einer verbindlichen Lektion an ein genaues Datum festgelegt.[34] Diese Methode dürfte aus Amerika und England übernommen worden sein, wo das offensichtlich üblich war, wie verschiedene Beispiele zeigen. Daneben wurden sie als kleine Geschenke für die Kinder zum Geburtstag und zum Weihnachtsfest verwendet.

Nach dem Ersten Weltkrieg gelangten, vermutlich durch Spenden aus Amerika, biblische Bildchen in deutscher Sprache nach Deutschland, die sich „Sonnenstrahlen" („Sunrays") nannten. Die ca. 12,6 x 7,5 cm großen Bildchen wurden durch „The United Lutheran Publication House", Philadelphia (PA) vierteljährlich herausgegeben. Auf jedem Bild gab es genaue

33 7. Aufl. 1963. Zu Elisabeth Reuter vgl. Gottfried Herrmann, Elisabeth Reuter (1902–1973), in: Ev-Luth. Volkskalender 1992, Zwickau 1991, S. 46f. Für die Überlassung des Textes danke ich dem Verfasser.

34 Vgl. Nagy, Julius Schnorr von Carolsfelds (wie Anm. 11), S. 107ff. und S. 138.

Angaben über Zeit und Lektion. Unter diesen Angaben war jeweils ein biblisches Bild in Farbendruck mit Titel und Bibelstelle abgebildet. Auf der Rückseite standen zum Titel eine Kurzfassung der Geschichte und außerdem vier oder fünf Fragen mit Antworten dazu. Zusätzlich darunter waren fünf weitere Fragen aufgelistet, mit Antwort und Angabe der Bibelstelle zur jeweiligen Frage. Diese Fragen waren über eine größere Partie fortlaufend nummeriert, so dass auf einem Bildchen beispielsweise nur die Frage 123–127 zu finden ist.

Wahrscheinlich bereits Ende der 1920er Jahre kamen für den Gebrauch in den Kindergottesdiensten Hefte, auch Bildblätter genannt, zum Kirchenjahr auf. Sie enthielten für alle Sonn- und Feiertage zum jeweiligen Datum die nacherzählte biblische Geschichte mit Bibelstellennachweis und einem Merkspruch. Dazu passend bekamen die Kinder jedes Mal ein biblisches Bild, das in das Heft neben die Geschichte einzukleben war. Die schwarzweißen oder auch farbigen Bildchen waren zu diesem Zweck meist auf einen perforierten Bogen gedruckt. Bei regelmäßigem Besuch des Kindergottesdienstes war am Ende des Kirchenjahres ein illustriertes Bilderbuch entstanden. Anderenfalls wies es Lücken auf. In den Kindergottesdiensten der westlichen Landeskirchen wurden dafür u. a. die Entwürfe von Heinz-Wilhelm Heinsohn (*1920; Sterbejahr unbekannt) benutzt (Abb. 3), und in der DDR die von Christian Rietschel (1908–1997). „Mit dem Kindergottesdienst durch das Kirchenjahr 1967" lautet der Titel eines Heftes, erschienen im Kirchlichen Kunstverlag C. Aurig, Dresden. Die darin enthaltenen Schwarz-weiß-Bilder von Rietschel waren mit den entsprechenden Farbdruckbogenbildern zu überkleben (Abb. 4).

Neues von der Beichtfront

Beichtstühle auf Karikaturen aus Unterfranken

Hildegard Heidelmann

Seit der Beschäftigung mit evangelischen Beichtstühlen in Franken sind „Beichte“ und „Beichtstuhl“, wo immer sie ihr begegnen, Reizwörter für die Autorin geblieben.[1] Die jüngsten Funde, ein für einen Bierdeckel der Aschaffenburger Brauerei „Schlappeseppel“ gezeichneter Witz und eine 2001 gedruckte Karikatur, sind abgebildet.[2] Die Aschaffenburger Achim Greser und Heribert Lenz[3] haben katholische Beichtstühle gezeichnet, wie sie nach dem Trienter Konzil (1545–1563) üblich wurden. Der Mailänder Kardinal Karl Borromäus (1538–1584) schlug eine zweckmäßige Form des Beichtstuhls und dessen Standort in der Kirche vor. Im Rituale Romanum wurde 1614 der im Tridentinum einheitlich geregelte Vollzug des Bußsakraments durch detaillierte Vorschläge für den Beichtstuhl ergänzt. Bereits 1591 wurden die Empfehlungen des Karl Borromäus von Jacob Müller ins Deutsche übertragen und mit Musterzeichnungen versehen in München veröffentlicht. Der zweiteilige Beichtstuhl, den Müller vorstellte (Abb. 1), konnte sich auf die Dauer jedoch nicht durchsetzen. Für die in der Gegenreformation vom Jesuitenorden geübte Beichtpraxis mit großem Andrang bei Wallfahrten und an Kirchen- und Heiligenfesten eignete sich insbesondere der dreiteilige Beichtstuhl mit zwei Seiteneingängen (Abb. 2). Dessen handwerkliche und künstlerische Durchbildung erfolgte im Barock. Bis heute ist er in katholischen Kirchen in Gebrauch. Die eingeführte Beichtpraxis prägte die Form des Möbels und die Beichtfrömmigkeit der Gläubigen.[4] Letztere wurde noch gestärkt durch die Einführung eines für die Beichte zuständigen Heiligen. Johannes Nepomuk (um 1350–1393), 1729 heilig gesprochen, war als Wahrer des Beichtgeheimnisses schon im Jahrhundert davor bei allen Bevölkerungsschichten äußerst populär. Die Blüte der Beichte im 17. und 18. Jahrhundert ist ihm zu verdanken. Verehrt wird vor allem die Zunge des in der Moldau ertränkten Heiligen. Seine Statue, die 1693 auf der Prager Karlsbrücke errichtet wurde, ist Vorbild für unzählige weitere auf Europas Brücken.

Mit ihren gezeichneten Beichtwitzen stehen Greser und Lenz in einer langen Tradition. Seit dem 12. Jahrhundert sind Schwänke, die besonders gern die Beichte der Eheleute parodieren, bekannt. Teufelserzählungen in Verbindung mit der Beichte hat Wolfgang Brückner zusam-

1 Magisterarbeit bei Wolfgang Brückner 1996, Katalog „Evangelische Beichtstühle in Franken“, zus. mit Helmuth Meißner (Schriften und Kataloge des Fränkischen Freilandmuseums 33), hg. im Auftrag des Bezirks Mittelfranken von Konrad Bedal, Bad Windsheim 2001.

2 Achim Greser und Heribert Lenz, Aufstand der Anständigen, München 2001, S. 35.

3 Mehr über die Zeichner auf ihrer Webseite http://www.greser-lenz.de (16.11.2009). Sie zeichnen seit 1996 für die Frankfurter Allgemeine Zeitung.

4 Vgl. Wolfgang Brückner, Die Neuorganisation von Frömmigkeit des Kirchenvolkes im nachtridentinischen Konfessionsstaat, in: ders., Frömmigkeit und Konfession. Verstehensprobleme, Denkformen, Lebenspraxis (Veröff. z. Volkskunde und Kulturgeschichte, Bd. 86, zugl. Gesammelte Schriften von W. B., Bd. 10), Würzburg 2000, S. 297–323, zuerst italienisch erschienen u. d. T.: La riorganizzazione della devotione dei fedeli nello Stato confessionale post-tridentino, in: Paolo Prodi/Wolfgang Reinhard (Hgg.): Il Concilio di Trento e il moderno (= Annali dell'Istituto storico italo-germanico, Bd. 45). Bologna 1996, S. 187–223.

Abb.1: Karikatur mit Beichtstuhl, 2001.

mengetragen.[5] Was den Sprechblasentext der Witze angeht, so geht der des Bierdeckels auf den Auftraggeber ein, der andere entgegnet mit einem biblischen Gleichnis spöttisch auf das zeitgenössische Fehlverhalten der Bankmanager. Der beichtende Banker ist mit dem beichtenden Dopingsünder zu vergleichen. Im Jahre 2009 wurden in vielen Karnevalszügen Beichtstühle mitgeführt, in denen vor allem Radsportler tränenreich ihr Doping einräumten. Aufgegriffen wurde hier das öffentliche Sündenbekenntnis in Talkshows der Fernsehsender.

Beichte und Beichtstuhl sind in den Köpfen der Menschen präsent, auch wenn das Beichten selbst im Schutzraum des Beichtstuhls oder der Sakristei immer weniger gepflegt wird. Beichte wird im Internet angeboten. Die Webseiten „www.beichte.de – Online mit Jesus" und „www.beichthaus.de" wurden von Privatleuten ins Netz gestellt. Das „Beichthaus" besuchen laut Betreiber (15.8.09) täglich 300 Nutzer. Auf der Seite „www.beichte.net" kommentiert der katholische Pfarrer Christian Sieberer die Online-Beichte: Die „wahrscheinliche" Vergebung der bei „Beichte.de" anonym mit einem Segen zum Himmel geschickten Sünden stehe der Ohrenbeichte grundlegend entgegen. Sieberer erklärt, dass die Gültigkeit des Bußsakraments wie die aller anderen Sakramente „grundsätzlich an die persönliche Anwesenheit des Spenders

5 Wolfgang Brückner (Hg.), Volkserzählung und Reformation. Ein Handbuch zur Tradierung und Funktion von Erzählstoffen und Erzählliteratur im Protestantismus, Berlin 1974.

Abb. 2: Bierdeckel der Schlappeseppel-Brauerei in Aschaffenburg.

und Empfängers am selben Ort gebunden ist". Es fehlen bei der virtuellen Beichte das individuelle, tröstende Gespräch zwischen „Verbündeten", dem Beichtenden und dem Beichtvater, Reue und Vorsatz zur Wiedergutmachung und die Vollendung der Ohrenbeichte durch die Absolution des Pfarrers – bei der evangelischen Beichte mittels Handauflegung. Der Vatikan erteilt der Online-Beichte eine Absage. Im Übrigen hält er „das Internet für ein wertvolles Instrument zur Glaubensverkündung und für geistliche Dienste".[6] Schon 2000 erklärte der Bischof von Trier, Hermann Josef Spital: „Beichten über das Internet sind ungültig und unzulässig."[7] „Englands katholische Kirche verurteilt die Beichte via Internet und kann nicht garantieren, dass die Sünden danach vergeben sind."[8]

6 www.beichten.info/online_beichten.htm (18.8.09).
7 Unicum Beruf. 3. Jg. Nr. 2, März/April 2000, S. 4.
8 Martin Weber, 22. Januar 2000. Quelle: http://www.baz/ch/archiv/article_96302.html.

Beichte ist nicht nur durch Kulturprägung bekannt geblieben, sondern entspricht dem Grundbedürfnis des Menschen, Verfehlungen zu verarbeiten. Man kann seine Vergehen einem Tagebuch anvertrauen, einem verschwiegenen Freund bekennen, einem Psychiater erzählen oder einem an das Beichtgeheimnis gebundenen Geistlichen, der als Träger des kirchlichen Schlüsselamtes im Namen Gottes Sünden vergibt oder die Lossprechung verweigert. Tagebücher sind voll von Sündenbekenntnissen (Confessiones), deshalb mussten sie versteckt werden. Der englische Beamte und Schriftsteller Samuel Pepys (1633–1703) erfand für seine Tagebücher, in denen er auch seine Bestechlichkeit und eheliche Untreue festhielt, eine geheime Kurzschrift. Seine größte Sorge war, dass seine Frau sie finden könnte. Sie wurden erst 1825 entziffert und gelten heute als bedeutende Quellen der Kulturgeschichte der Zeit.

Die modernen Beichtstühle stehen in Fernsehstudios. „Arabella als Beichtmutter" überschrieb die Berliner Morgenpost einen Artikel über die Beichtshow „Verzeih mir", in der Moderatorinnen als Beichtmütter fungierten.[9] Auch Friseurinnen gelten als Beichtmütter.

Geistliche beklagen den Rückgang der Beichte. Alte Leute halten an ihr fest, Erstkommunikanten und Konfirmanden lernen ihre Ausübung. Nur Wenige greifen später auf den befreienden Gang in den Beichtstuhl oder zum Beichtgespräch zurück. Einen Anreiz zur Beichte versucht der Wiener Kapuzinerpater Markus Machudera mit einem Beichtautomobil und Beichtgutscheinen zu schaffen. Sie sind im Internet anzuschauen und per E-Mail zu bestellen.[10] Auf dem Gutschein ist zu lesen: „Gilt für jeden Getauften (Katholiken), der seine Sünden bereut und sein Leben ändern möchte. Gültig bis zum Tod."[11] Aufgedruckt sind die Beichtzeiten in der Kapuzinerkirche. Mit seiner Idee kommt der Pater dem Zeitgeist der Rabattgesellschaft entgegen.

„Das kirchliche Bekenntnis ist immer weniger gefragt, doch das Bedürfnis nach Beichte bleibt ...Verweltlichung des katholischen Bußsakraments noch kaum erforscht..."[12] Religionssoziologen und Sozialhistoriker beschäftigen sich am Rande mit der Beichte, ebenso Philosophen in der Individualismusforschung. Es handelt sich also so recht um ein Gebiet für die Kulturgeschichte und besonders für Volkskundler, die sich mit der Auswirkung von Religion und Konfession auf die Alltagskultur befassen.

In manchen, nicht nur neu erbauten Kirchen, wurden die traditionellen dreiteiligen Beichtstühle entfernt und durch Beichtkammern ersetzt, die begehbaren Tresoren gleichen. Mit Armaturen und Ampeln versehen wirken sie noch technischer. Rom verkaufte gebrauchte Beichtstühle und andere Kirchenmöbel und schaltete Anzeigen in der Zeitschrift „Vita Pastorale". Die Preise für gut erhaltene Beichtstühle bewegten sich 1997 zwischen umgerechnet 350 DM und 1500 DM.[13]

Als neueste Nachricht von der Beichtfront und auf Konfrontation wird derzeit in den Medien die beabsichtigte Bußfahrt des sexuell hyperaktiven italienischen Präsidenten Silvio Berlusconi verbreitet. Die Wochenzeitung „Die Zeit" vermutet einen Rechtschreibfehler. Möglicherweise will er nur eine Busfahrt – zu Pater Pio – antreten.[14]

---

9 Hendrik Werner, Arabella als Beichtmutter, in: Berliner Morgenpost, 9.11.1998.

10 http://www.kath.net/detail.php?id=18953 (16.11.2009). – Email-Adresse: br.markus@gmail.com.

11 www.stephanscom.at/news/articles/2006/04/04/a10529.

12 Berliner Morgenpost, wie Anm. 9.

13 Maria vom guten Rat, Heft 3/1997, S. 7.

14 Die Zeit Nr. 31 vom 23. Juli 2009, S. 16, Glosse ohne Angabe eines Autors.

Kulturelles Gedächtnis und Erinnerungsorte

Die Anfänge der Diözesanmuseen im Zeugnis ihrer Initiatoren

Nikolaus Gussone

Am 15. September 2007 hielt Joachim Kardinal Meisner, Erzbischof von Köln, im Kölner Dom eine Predigt, die großes Aufsehen erregte und Anstoß zu heftigen Diskussionen gab. Anlass der Predigt war die Eröffnung – bemerkenswerterweise in Form eines Gottesdienstes, worauf der Prediger eigens hinwies – des Neubaus für das traditionsreiche Erzbischöfliche Diözesanmuseum, das über den Trümmern der altkölner Pfarrkirche St. Kolumba errichtet wurde und deshalb den Namen „Kolumba“ erhielt. Grund für die Diskussionen über die Predigt waren Äußerungen des Kardinals zur Kunst und ihrer Verankerung in der christlichen Anschauung von Gott, Mensch, Schöpfung und Erlösung: „In den Werken der Schöpfung dem Schöpfer auf die Spur zu kommen, ist Sache und Berufung der Künstler.“[1] Für das Museum folgt daraus: „Wir erwarten von unserem Museum, also von Kolumba, dass es gleichsam ein Areopag wird, auf dem sich Künstlerinnen und Künstler, Interessierte, Jugendliche und Ältere begegnen, um aus der Gegenüberstellung von moderner und alter Kunst, von profaner und sakraler Kunst, sich selbst besser zu erkennen und damit ihren Auftrag für den Weltdienst. Vergessen wir nicht, dass es einen unaufgebbaren Zusammenhang zwischen Kultur und Kult gibt. Dort, wo die Kultur vom Kultus, von der Gottesverehrung abgekoppelt wird, erstarrt der Kultus im Ritualismus und die Kultur entartet. Sie verliert ihre Mitte.“[2]

Von der erwähnten Diskussion soll hier abgesehen, vielmehr die vom Prediger aus dem gegebenen Anlass geknüpfte Verbindung seiner Auffassung von der Rolle der Kunst mit der von ihm gestellten Aufgabe eines Erzbischöflichen Diözesanmuseums aufgegriffen werden. Mit dieser Frage und problemgeschichtlich orientiert soll ein Blick auf die Anfänge der Diözesanmuseen in Deutschland und deren Kontext geworfen werden. Dabei ist von besonderem Reiz, dass diese Anfänge nicht nur mehr als 150 Jahre zurückliegen, sondern auch, dass sie in Köln ihr ideelles und organisatorisches Zentrum hatten.

Die folgenden Überlegungen sind bestimmt von kirchengeschichtlichem und museumskundlichem Interesse. Sie sind aus Raumgründen knapp, auch noch vorläufig, doch geleitet von dem Wunsch, dass sie das Interesse von Wolfgang Brückner finden, der sich in vielfältiger Weise mit dem Museumswesen beschäftigt hat.

Als Quellen dienen im Wesentlichen Äußerungen der Initiatoren. Sie bezeugen ihre für die Öffentlichkeit bestimmten Absichten und deren Kontext. Die Studie soll einen Anstoß zur Beschäftigung mit der noch wenig bearbeiteten Geschichte dieses Museumstyps geben.[3]

---

1 http://www.erzbistum-koeln.de/export/sites/erzbistum/dokumente/erzbischof/predigten/jcm_pr_070914_kolumba.pdf (12.02.2010).

2 Ebd.

3 Eine umfassende Darstellung der Geschichte der Diözesanmuseen im deutschen Sprachraum fehlt. Einen aktuellen Überblick bietet: Kirchliche Museen und Schatzkammern in Deutschland, hg. v. Sekretariat der Deutschen Bischofskonferenz (Arbeitshilfen 96), Bonn 1992; dort sind u. a. die Gründungsdaten sowie eine Übersicht über die Sammlungen und die Schwerpunkte der Arbeit vermerkt. – Wichtige Hinweise zur Geschichte der Diözesanmuseen geben Peter Steiner, Kirche und Musentempel, in: Bayer. Bll. f. Volkskunde 10

Die Entstehung der Diözesanmuseen gehört in das Umfeld der Bewegung für eine Erneuerung der Kunst in christlichem Sinn. Dabei stellt sich die Frage, wieweit diese Bewegung mit der geistlichen und organisatorischen Neuorientierung des Katholizismus in Deutschland in dem halben Jahrhundert seit den politischen und sozialen Umwälzungen als Folge der Französischen Revolution zusammenhängt, wobei besonders an die Säkularisation der geistlichen Herrschaften und der Klöster zu erinnern ist.

Große Bedeutung bei dieser Neuorientierung gewannen Vereine, eine im 19. Jahrhundert aufblühende Organisationsform des bürgerlichen Lebens. Auch Katholiken unterschiedlicher kirchlicher und politischer Ausrichtung nutzten sie, verstärkt seit der Revolution von 1848/49.[4]

Ein Kristallisationspunkt zur Bündelung dieser Bestrebungen waren seit 1849 die „General-Versammlungen des katholischen Vereines Deutschlands“, die Vorgänger der heutigen Katholikentage (im Folgenden „General-Versammlung“). Bereits der vierten „General-Versammlung“ vom 24.–27. September 1850 in Linz/Donau lag ein Antrag vor, demzufolge *„ein eigener katholischer Kunstverein in's Leben gerufen oder doch die Förderung der katholischen Kunst unter die Zwecke des katholischen Vereines selbst aufgenommen werden“* sollte.

Der Referent meinte, „es bedürfe keiner näheren Auseinandersetzung, von welchem Einfluße die Wiederbelebung der katholischen Kunst und Poesie in weitester Bedeutung auf die Wiederbelebung des katholischen Bewußtseins im Volke sei. Jedoch bedarf es ebensowenig eines näheren Beweises, daß dieses Ziel, wie jedes andere, nur durch Vereinigung aller Kräfte erreicht werden könne.“

Zudem stellte er den Antrag vor, eine dreiköpfige Kommission mit dem Auftrag zu bilden, Kontakt mit bekannten Dichtern, Künstlern, Kunstverständigen und Kirchenobern aufzunehmen, um Vorschläge zu sammeln, die Meinung in den Diözesen einzuholen und daraus eine Vorlage für die nächste „General-Versammlung“ zu erarbeiten. Der Antrag fand nach einer Diskussion Zustimmung.[5]

Die Erneuerung der Kunst in christlichem Sinn war damit als wichtiger Beitrag zur „Wiederbelebung des katholischen Bewußtseins im Volke“ anerkannt und zum Anliegen der „General-Versammlung“ geworden. Von Sammlungen oder Museen sollte erst später die Rede sein. Der Vorschlag, einen katholischen Kunstverein zu gründen, zielte auf die

---

(1983), S. 84–91 und Elsbeth de Weerth, Die Altarsammlung des Frankfurter Stadtpfarrers Ernst Franz August Münzenberger (1833–1890). Ein Beitrag zur kirchlichen Kunst in der zweiten Hälfte des 19. Jahrhunderts (Europäische Hochschulschriften, Reihe XXVIII, Kunstgeschichte 174), Frankfurt a.M. u.a. 1993, S. 15–33. – Dazu gibt es historische Übersichten zu einzelnen Häusern; im Zusammenhang dieser Studie sind wichtig: Christoph Stiegemann (Hg.), Diözesanmuseum Paderborn 1913–1933. Erzbischöfliches Diözesanmuseum und Domschatzkammer. FS aus Anlaß der Wiedereröffnung am 18. Juni 1993 (Erzbischöfliches Diözesanmuseum Paderborn, Schriften und Bilder 2), Paderborn 1993. – Wolfgang Schmitz, Geschichte des Vereins für christliche Kunst, in: Dominik M. Meiering/Karl Schein (Hgg.), Himmel auf Erden? FS zum 150-jährigen Jubiläum des Vereins für christliche Kunst im Erzbistum Köln und im Bistum Aachen e.V., Köln 2003, S. 17–175. – Neuere Publikationen sind meist aktuellen Problemen und Standortbestimmungen gewidmet, sie finden sich immer wieder in „das münster. Zs. f. christliche Kunst und Kunstwissenschaft“, z.B. 48 (1995), 56 (2003), 58 (2005) u. 61 (2008). Für Hinweise und Materialien danke ich Herrn Domkapitular Dr. Jürgen Lenssen, Würzburg.

4 Die bisherige Forschung zur Geschichte des katholischen Vereinswesens würdigt auf der Grundlage von Material aus Südwest-Deutschland kritisch Dominik Burkard, 1848 als Geburtsstunde des deutschen Katholizismus? Unzeitgemäße Bemerkungen zur Erforschung des „Katholischen Vereinswesens“, in: Saeculum 49 (1998), S. 61–106. – Zu Rheinland und Westfalen vgl. Ernst Heinen, Katholizismus und Gesellschaft. Das katholische Vereinswesen zwischen Revolution und Reaktion (1848/49–1853/54) (Historisches Seminar NF 4), Idstein 1993 und Jürgen Herres, Städtische Gesellschaft und katholische Vereine im Rheinland 1840–1870, Essen 1996; vgl. auch unten Anm. 25.

5 Verhandlungen der vierten General-Versammlung des katholischen Vereines Deutschlands am 24., 25., 26. und 27. September 1850 zu Linz. Amtlicher Bericht, Linz 1850, S. 177–180; vgl. auch S. 244 u. 259.

genannte typische Organisationsform in dieser Zeit – allgemeine Kunstvereine gab es bereits – und die Forderung nach „Vereinigung aller Kräfte“ auf ein zentrales Prinzip der „General-Versammlungen“.

Der Antrag und die sich anschließenden Beratungen[6] lassen die an verschiedenen Orten schon laufenden Bemühungen um die Erneuerung der Kunst in christlichem Sinn erkennen, bei der sich auch einige Bischöfe engagierten, auch dass vergleichbare Bemühungen in Frankreich und England bereits weiter gediehen waren. Dabei war die Rede von „katholischer Kunst“, auch von „christlicher Kunst“, eine Variante, die sich später durchsetzte. Gemeint waren Werke im gotischen Stil.

Der Gedanke einer Erneuerung der Kunst im Zeichen der Religion, auch deren Rückwirkung auf das Leben, begegnet kurz vor der Wende zum 19. Jahrhundert.[7] Aus dieser Zeit stammt auch der Begriff „christliche Kunst“.[8] Die Entwicklung der christlichen Kunstbewegung und die Diskussion darüber in der ersten Hälfte des 19. Jahrhunderts können an dieser Stelle nicht weiter verfolgt werden.[9] Die hier wichtigen Positionen um die Jahrhundertmitte werden sich aus dem Folgenden ergeben.

Besonders wichtig ist in diesem Kontext August Reichensperger (1808–1895).[10] Der seit 1841 in Köln tätige Jurist und christliche Politiker war der führende Publizist einer Erneuerung der christlichen Kunst. Er kannte die neue Sicht auf das Mittelalter in Frankreich und die englische Neugotik. 1840 hatte er anonym die Schrift *Einige Worte über den Dombau zu Köln, von einem Rheinländer an seine Landsleute gerichtet* in Koblenz publiziert und für die Vollendung des Kölner Doms geworben. Seit 1842 redigierte er das *Kölner Domblatt*, eine wichtige Zeitschrift der christlichen Kunstbewegung, die ebenso einflussreich war wie seine Schrift *Die Christlich-germanische Baukunst und ihr Verhältniß zur Gegenwart*, die erstmals 1845 in Trier erschienen war. So war es verständlich, dass Reichensperger von der „General-Versammlung“ in Linz in die Kommission zur Vorbereitung eines „katholischen Kunstvereins“ berufen wurde.[11]

Schon im Juni 1851 unterbreitete er den Entwurf eines Statuts unter dem Titel „Ein Verein für kath. Kunst“ zur Vorbereitung der Diskussion auf der nächsten „General-Versammlung“ in Mainz. In seinem Begleitschreiben[12] wies er für Einzelheiten auf ein Buch in Vorbereitung,

6 Zur Diskussion über Kunstfragen auf den frühen „General-Versammlungen“ vgl. Johannes B. Kißling, Geschichte der deutschen Katholikentage, 2 Bde., Münster 1920, Bd. 1, S. 319–323.

7 Nikolaus Gussone, Christliche Kunst aus dem Rheinland in Schlesien. Das Bild der hl. Hedwig von Franz Ittenbach für die Kirche St. Michael in Breslau, in: Berichte und Forschungen. Jahrbuch des Bundesinstituts für Kultur und Geschichte der Deutschen im östlichen Europa 15 (2007), S. 153–174, hier S. 159–161 mit weiterer Literatur.

8 Vgl. Hans Eichner, Einleitung zu Friedrich Schlegel, Ansichten und Ideen von der christlichen Kunst, hg. und eingeleitet von Hans Eichner (Kritische Friedrich-Schlegel-Ausgabe 4,1), Paderborn u. a. 1959, S. XI–LVI.

9 Vgl. z. B. zu den Münchner Kreisen in den 1830er Jahren Gudrun Jansen, Die Nazarenerbewegung im Kontext der katholischen Restauration. Die Beziehung Clemens Brentano – Edward von Steinle als Grundlage einer religionspolitischen Kunstkonzeption (Kunstwissenschaft in der Blauen Eule 8), Essen 1992.

10 Zu Reichensperger vgl. Ludwig Pastor, August Reichensperger. 1808–1895. Sein Leben und Wirken auf dem Gebiet der Politik, der Kunst und der Wissenschaft, 2 Bde., Freiburg 1899; zu den kunstpolitischen Schriften der 1840er und 1850er Jahre vgl. Bd. 1, S. 161–166, 186–197 und 509–515. – Helmut Prößler/Udo Liessem/Hans-Josef Schmidt (Bearb.), August Reichensperger (1808–1895) und die Kunst des 19. Jahrhunderts. Dokumentation (Stadt Koblenz, Stadtbibliothek/Stadtarchiv), Koblenz 1985. – Michael J. Lewis, The Politics of the German Gothic Revival. August Reichensperger (1808–1895), Cambridge Mass. u. a. 1993. – Mario Kramp/Rolf Lauer/Werner Schäfke (Hg.), August Reichensperger: Koblenz – Köln – Europa. Ausstellungskatalog (Mittelrhein-Museum Koblenz, Kleine Reihe 7), Koblenz 2004.

11 General-Versammlung Linz, S. 244 u. 259.

12 Organ für christliche Kunst (im Folgenden Organ) 1 (1851), S. 25.

„eine Art Katechismus für christliche Kunst" und berief sich neben der Diskussion mit „Sachkundigen" auf „die in Frankreich und England gemachten Erfahrungen" für seinen Entwurf,[13] den er in zehn Paragraphen gliederte:

„1. Die Pflege der christlichen Kunst soll in möglichst engem Anschluss an die Vorschriften, die Traditionen und die bestehende Organisation der Kirche, sowie an anerkannte Musterwerke stattfinden". Zur Organisation empfahl er unter anderem die Gliederung nach Diözesen und entsprechende Untergliederungen (d. h. analog zum „katholischen Verein") und die Herausgabe eines Vereinsblatts. „5. Die einzelnen Vereine haben vor Allem dahin zu wirken, dass die vorhandenen christlichen, insbesondere die kirchlichen Kunstwerke *erforscht, erhalten* und *würdig restauriert* werden, wenn Letzteres ihr Zustand erfordert, sowie dass bei neuen Anlagen und Anschaffungen dieselben im Plan und Ausführung ihrer Bestimmung und dem Geiste der Kirche entsprechen. Sie werden ferner das Studium der Kunstgeschichte und die Aufstellung aller in das Gebiet der kirchlichen Kunst fallenden Fragen möglichst fördern, endlich auch durch Sammlungen und Veröffentlichungen für die Verbreitung eines richtigen Geschmackes und gediegener Kenntnisse Vorkehr treffen." Um diese Ziele zu erreichen, sollten „in den Seminarien Vorlesungen über kirchliche Kunst statthaben" sowie „Sammlungen von Werken, Abbildungen und Kunstgegenständen angelegt werden, von letzteren jedoch nur in so weit, als sie einem praktischen Zwecke nicht mehr dienen können." Die noch vorhandenen unbeweglichen wie beweglichen „Kunstdenkmäler und Geräthschaften" sollten nach und nach inventarisiert werden. Dazu gab der Entwurf praktische Hinweise, ebenso zur Restaurierung, auch zur Herstellung neuer Kunstwerke „in echt kirchlichem Style". Es folgten Vorschläge zur Zusammenarbeit mit Vereinen ähnlicher Zielsetzung und zur Finanzierung.

Die Sammlungen sollten neben Veröffentlichungen den Geschmack bilden und Kenntnisse vermitteln. Diejenigen in den Priesterseminaren – ob sie mit Ersteren identisch sind, bleibt offen – sollten neben Kunstwerken auch Kunstliteratur und Abbildungen enthalten und offensichtlich der Belehrung dienen, wie auch die dort zu haltenden Vorträge, wie sie Reichensperger selbst in Köln anbot, denn die Unwissenheit des Klerus in Kunstdingen wurde oft beklagt. Aufhorchen lässt die Bestimmung, dass nur Kunstwerke aufgenommen werden sollten, die keinem praktischen Zweck mehr dienten.

Die Grundtendenz und viele Einzelheiten dieser Vorschläge Reichenspergers finden sich schon in seiner erwähnten Schrift *Die Christlich-germanische Baukunst und ihr Verhältniß zur Gegenwart*,[14] in der er den Verfall der Kunst seit der als heidnisch gedeuteten Renaissance beklagt und Vorschläge zu ihrer Erneuerung in christlichem – und auch deutschem[15] – Geist macht. Genannt seien hier die Erneuerung der Architektur im Geist der Bauhütte des Mittelalters, wie sie am Kölner Dom, dessen Weiterbau Impulse zur Erneuerung der Kunst gab, entstanden war und zur Pflanzstätte der neuen Kunst wurde,[16] dann – gegen die Kunstindustrie – die Erneuerung des Handwerks durch gute Vorbilder,[17] ein praxisorientierter Kunstverein mit den schon bekannten Aufgaben,[18] die Gründung einer Zeitschrift[19] und gemeinsame Anstrengungen der Bischöfe.[20] Schließlich plädierte er für die Einrichtung von Museen für christliche Kunst in den Diözesen:[21] „Sehr wünschenswerth erscheint es ferner, daß für diejenigen Frag-

13 Organ 1 (1851), S. 44.
14 Vgl. dazu Lewis, Politics, S. 57–85.
15 Reichensperger, Baukunst (zitiert wird die 1. Auflage Trier 1845), S. 66f.
16 Ebd., S. 26f., 59f., 68, 71 Anm. 1 u. 81.
17 Ebd., S. 44, 73–75 u. 106f.
18 Ebd., S. 69–76.
19 Ebd., S. 97 u. 100 Anm. 1.
20 Ebd., S. 107.
21 Ebd., S. 105–107.

mente und zerstreuten Einzelheiten, denen in einem größeren Ganzen eine Bestimmung nicht angewiesen werden kann, falls sie für die Kunst oder die Geschichte nicht ganz ohne alle Bedeutung sind, in dem Hauptorte einer jeden Diözese ein Sammelplatz angewiesen würde, woraus denn allmälig eine Art von *Museum für die christliche Kunst* leicht erwachsen könnte.

Aber nicht bloß auf das Vorhandene und zu Erhaltende muß ein stets wachsames Auge gerichtet sein, sondern auch auf die durch das Bedürfniß gebotenen *neuen Anlagen und Erwerbungen.*“ Er empfahl, daß „unter kirchlicher Autorität aus den vielen hierhin gehörigen, trefflichen Sammlungen,[22] wie aus dem noch im Gebrauche befindlichen, eine Zusammenstellung *guter* Muster zu kirchlichen Gebäuden und Geräthschaften angefertigt und an die Pfarrer ausgetheilt“ würden.[23]

Hier ist von Museen in den Diözesen die Rede, nicht nur von Sammlungen, die vielleicht als Vorstufen gedacht waren. Doch sollten an beiden Orten nur Objekte aufgenommen werden, die ihren ursprünglichen Funktionszusammenhang verloren hatten.

Reichenspergers Vorschläge, historische christliche Kunstwerke zu erforschen, erhalten, restaurieren, inventarisieren, klassifizieren und publizieren, Sammlungen anzulegen, um über sie – auch in Wort und Schrift – zu belehren, den Geschmack zu bilden, das Handwerk zu beleben, um nach historischen Vorbildern neue Werke in christlichem Geist zu schaffen, sollten die christliche Kunstbewegung für Jahrzehnte prägen.

Die fünfte „General-Versammlung“, die vom 7.–10. Oktober 1851 in Mainz tagte, „erklärt den katholischen Kunstverein als gegründet und ernennt zur Förderung desselben einen geschäftsführenden Ausschuß, dessen Mitglieder in Köln ihren Wohnsitz haben sollen.“ Die Vereinsziele sind schon aus Reichenspergers Statuten-Entwurf bekannt: „Der Zweck des katholischen Kunstvereines ist: den Sinn für die christliche Kunst auf allen Gebieten immer mehr zu wecken, zu beleben und in die rechte Bahn zu lenken, so wie für Erforschung, Erhaltung und Wiederherstellung alter und für die Ausführung neuer Kunstwerke Sorge zu tragen.“ Sammlungen und Museen wurden nicht erwähnt.

Der geschäftsführende Ausschuss sollte ein endgültiges Statut ausarbeiten, die Wahl eines endgültigen Vorstands vorbereiten, die möglichen Kunstvereine in den Diözesen unterstützen und darauf achten, dass deren Statuten denen des zentralen Vereins nicht widersprachen. Das soeben in Köln gegründete *Organ für christliche Kunst* (im Folgenden *Organ*) wurde zum zentralen Kommunikationsmedium bestimmt.[24] Köln wurde so zum Mittelpunkt der christlichen Kunstbewegung. Das erleichterte nicht nur deren Organisation und Kommunikation, sondern würdigte auch Kölns Beitrag zu dieser Bewegung und die Bedeutung dieser Stadt als ein Zentrum des sich erneuernden Katholizismus.

In Köln hatten sich im katholischen Bürgertum Kräfte entwickelt – auch in den zeittypischen Vereinen organisiert –, die an der Neuorientierung des Katholizismus gegen Geist und Praxis der Aufklärung, die der Kölner Oberhirte Johannes von Geissel (amtierte 1845–1864, 1850 Kardinal) betrieb, Anteil nahmen, für die Freiheit der Kirche von staatlicher Bevormundung stritten und die soziale Frage in den Blick nahmen, also auch von der Politik berührt

22 Es ist nicht auszuschließen, dass hier nur Abbildungen gemeint sind, ebenso wie die auf S. 102 geforderte „Mühe des Suchens, Sammelns und Ordnens“ als Beitrag zur Forschung.

23 Vgl. S. 74 die Kritik an bestehenden Sammlungen mittelalterlicher Kunst, weil sie Alltagsgegenstände, die als Muster dienen können, vernachlässigen.

24 Verhandlungen der fünften General-Versammlung des katholischen Vereines Deutschlands am 7. 8. 9. und 10. October 1851 zu Mainz. Amtlicher Bericht, Mainz 1852, S. 146f. – Vgl. auch Organ 1 (1851), S. 57f.

wurden.[25] In diesem Milieu bildete sich aus katholischen Bürgern und Geistlichen ein Kreis,[26] der – ebenfalls getragen von Erneuerungsimpulsen für Kirche und Gesellschaft angesichts der sozialen Spannungen und des Materialismus im Industriezeitalter – als Teil einer Erneuerung des religiösen Lebens auch eine Erneuerung der Kunst in christlichem Sinn unter Führung der Architektur erstrebte. Vorbild war das Mittelalter, als die Religion Leben und Handeln der Gesellschaft bestimmt habe, besonders das Zeitalter der Gotik, ähnlich wie es in der Diskussion der „General-Versammlung" in Linz deutlich wurde. Die christliche Kunstbewegung sah sich also in einem gesellschaftspolitischen Kontext.[27] Gegenbild waren der Klassizismus und die entsprechende akademische Ausbildung, ja die ganze Kunstentwicklung seit der Renaissance. Die Abwertung der nachmittelalterlichen Kunst wurde schon bei Reichensperger deutlich und war in der christlichen Kunstbewegung weit verbreitet.

Ein Kristallisationspunkt der christlichen Kunstbewegung war der Kölner Dom, dessen seit dem Beginn des Jahrhunderts erstrebte Vollendung mit dem Dombaufest von 1842 einen entscheidenden Impuls erhielt. Die Domvollendung war Projektionsziel unterschiedlicher Anliegen; sie diente zum Beispiel als Symbol der ersehnten Einheit Deutschlands und als Stimulans der Erneuerung des Katholizismus.[28] 1841 wurde der Zentral-Dombauverein gegründet, sowohl ein Spiegel der Kölner Gesellschaft und eng mit der christlichen Kunstbewegung verbunden als auch in seinen Zweigvereinen eine überregionale Bürgerbewegung.[29] Die in mittelalterlichem Sinn gebildete Dombauhütte war – wie schon Reichensperger bemerkte – eine weithin ausstrahlende Lehrstätte der neugotischen Kunst.[30] Diese sollte keine Kopie der Vorbilder aus dem Mittelalter sein, sondern Neuschöpfung in seinem Geist und mit seinen künstlerischen Prinzipien.[31]

Zu dem genannten eng verbundenen Kreis gehörten unter anderem Johannes Baudri (1804–1893), Weihbischof und Generalvikar in Köln,[32] und die Personen, die von der „General-Versammlung" in Mainz in den geschäftsführenden Ausschuss des katholischen Kunstvereins gewählt worden waren: August Reichensperger, der – wie man sagte – wegen seiner Wahl zum Abgeordneten im Preußischen Landtag nur als Berater mitwirken konnte, ebenso wie später im Kölner christlichen Kunstverein; Vinzenz Statz (1819–1898), Baumeister am Kölner Dom und einflussreicher Vertreter der neugotischen Architektur;[33] Johann Peter Balthasar Kreuser (1795–1870), ein über christliche Kunst publizierender Gymnasiallehrer,[34] und der um die Kölner Kirchenmusik verdiente Pfarrer Albert Gereon

25 Aus der umfangreichen Literatur seien genannt: Eduard Hegel, Das Erzbistum Köln zwischen der Restauration des 19. Jahrhunderts und der Restauration des 20. Jahrhunderts 1815–1962 (Geschichte des Erzbistums Köln 5), Köln 1987 (für einen allgemeinen Überblick). – Josef Linn, Ultramontanismus in Köln. Domkapitular Baudri an der Seite Erzbischof Geissels während des Vormärz (Studien zur Kölner Kirchengeschichte 22), Siegburg 1987. – Georg Mölich (Hg.), Katholisches Milieu im Rheinland (Arbeitstitel), in Vorbereitung. – S. auch oben Anm. 4.

26 Zu diesem Kreis vgl. Schmitz, Geschichte, S. 22–29.

27 Vgl. Reichensperger, Baukunst, S. 47 u. 62 zum Zusammenhang von Kunst und allgemeiner gesellschaftlicher und kultureller Entwicklung.

28 Hegel, Erzbistum, S. 494–503.– Kathrin Pilger, Der Kölner Zentral-Dombauverein im 19. Jahrhundert. Konstituierung des Bürgertums durch formale Organisation (Kölner Schriften zu Geschichte und Kultur 26), Köln 2004, S. 26–56.

29 Pilger, Zentral-Dombauverein.

30 Sybille Fraquelli, Im Schatten des Domes. Architektur der Neugotik in Köln 1815–1914 (Atlas, Bonner Beiträge zur Kunstgeschichte NF 5), Köln u. a. 2008, S. 71 u. 149f.

31 Zur Neugotik allgemein vgl. Georg Germann, Neugotik. Geschichte ihrer Architekturtheorie, Stuttgart 1974. – Jan De Maeyer/Luc Verpoest (Hgg.), Gothic Revival. Religion, Architecture and Style in Western Europe 1815–1914 (KADOC, Artes 5), Leuven 2000 und zuletzt Fraquelli, Im Schatten des Domes, bes. S. 19–85.

32 Schmitz, Geschichte, S. 24f. – S. auch Anm. 25.

33 Hans Vogts, Vinzenz Statz (1819–1898). Lebensbild und Lebenswerk eines Kölner Baumeisters, Mönchengladbach 1960.

34 Schmitz, Geschichte, S. 25.

Stein (1809–1881).[35] Diesem Kreis schloss sich der Maler Friedrich Baudri (1806–1874) an, ein Bruder von Johannes Baudri. Er betrieb in Köln eine Werkstatt für Glasmalerei und war sowohl Stadtverordneter als auch Abgeordneter im Preußischen Landtag und im Reichstag.[36]

Schon 1845 hatte er dem Kölner Oberhirten vorgeschlagen,[37] einen „Verein für christliche Kunst im Erzbisthum Cöln" zu gründen – einen allgemeinen Kunstverein gab es seit 1839. Ziel war es, u. a. „die vorhandenen Kunstwerke der Kirchen und kirchlichen Gebäude zu erhalten und herzustellen und durch neue den Bedürfnissen auf eine würdige Weise abzuhelfen". Er begründete das mit dem Verfall der Kunst.[38] Sammlungen und Museen wurden nicht erwähnt. Der Vorschlag hatte zunächst keinen Erfolg, doch gab es Maßnahmen zum Schutz und zur Inventarisierung kirchlicher Kunstwerke. Baudri gründete und redigierte das *Organ*, das am 1. Juli 1851 erstmals erschien.[39] Es wurde das Zentralorgan der christlichen Kunstbewegung und ist eine wichtige Quelle zu deren Geschichte. Die Artikel sind meist anonym. Viele lassen erkennen, dass sie vom Herausgeber verfasst wurden.

Auf der sechsten „General-Versammlung" vom 21.–23. September 1852 in Münster berichtete Friedrich Baudri als Schriftführer für den geschäftsführenden Ausschuss über die bisherige Arbeit.[40] Es wurden „Ordnungen des christlichen Kunstvereins für Deutschland" erarbeitet und am 2. März 1852 im *Organ* veröffentlicht:[41] „Der Zweck des Vereins umfasst: 1) die christliche Baukunst; 2) die christliche Bildnerei; 3) die christliche Dichtkunst; 4) die christliche Tonkunst". Auch dieses Mal wurden Sammlungen und Museen nicht erwähnt, nur im Zusammenhang mit der Sorge um historische Baudenkmäler die „Sammlung ihrer baulichen und geschichtlichen Ueberbleibsel".

Baudri berichtete, dass am 17. März 1852 in Paderborn der erste christliche Kunstverein auf Diözesanebene vom Erzbischof genehmigt worden war, dessen Statuten Sammlungen oder Museen nicht erwähnen,[42] in Rottenburg eine Gründung geplant sei und in Köln noch abgewartet würde.[43] Auf die weitere Geschichte der sich organisatorisch etablierenden christlichen Kunstbewegung wird im Folgenden nur soweit eingegangen, als Museen und Sammlungen betroffen sind.[44]

Das Jahr 1853 war – folgt man den Berichten im *Organ* – entscheidend für die Gründung von Diözesanmuseen. Dem zweiten Jahresbericht des Paderborner Diözesan-Kunstvereins vom Januar entnahm das *Organ*,[45] dass *„die Errichtung eines Diöcesan-Museums kirchlicher Kunstgegenstände"* vorbereitet wird. Man begrüßte das Vorhaben, da es gefährdeten Kunstwerken „ein sicheres Asyl" sowie „Künstlern, Handwerkern und Kunstfreunden" die Möglichkeit des Studiums und der Geschmacksbildung biete und empfahl es zur Nachahmung in anderen Diözesen.

35 Ebd., S. 28f.

36 Ernst Heinen, Friedrich Baudri (1808–1874) – ein bedeutender Vertreter des politischen Katholizismus in Köln, in: Jahrbuch des Kölnischen Geschichtsvereins e.V. 74 (2003), S. 31–58.

37 Zum Folgenden vgl. Schmitz, Geschichte, S. 29–36.

38 Organ 1 (1851), S. 25f.

39 Ebd., S. 1 u. 34f. – Siehe auch oben bei Anm. 24.

40 Verhandlungen der sechsten General-Versammlung des katholischen Vereines Deutschlands am 21. 22. und 23. September 1852 zu Münster. Amtlicher Bericht, Münster 1853, S. 161–166, siehe auch S. 166–173 (Diskussion) und S. 248 (Beschlüsse). – Vgl. auch Organ 2 (1852), S. 165–168.

41 Organ 2 (1852), S. 50–52.

42 Organ 2 (1852), S. 65–68.

43 Vgl. dazu auch Organ 1 (1851), S. 34f. und Schmitz, Geschichte, S. 37.

44 In diesem Zusammenhang sei erwähnt, dass sich in Berlin ein „Christlich-evangelischer Kunstverein" gebildet hatte; vgl. Organ 2 (1852), S. 62f.

45 Organ 3 (1853), S. 33f. – Vgl. zum Folgenden auch Stiegemann, Diözesanmuseum Paderborn, S. 47–59.

Am 22. März erließ der Generalvikar des Erzbistums Paderborn folgende Verfügung: „Unter den Mitteln, welche das in erfreulicher Weise rege gewordene Streben nach Pflege und Förderung kirchlicher Kunst zu unterstützen geeignet sind, nimmt unstreitig die Anlegung von Sammlungen solcher Kunstgegenstände, die durch reinen Styl, geläuterten Geschmack, wie durch gediegene Ausführung sich auszeichnen, eine der wichtigsten Stellen ein. Der Anblick der in einer solchen Sammlung aufgestellten mustergültigen Gegenstände wird vorzugsweise dazu beitragen, den Sinn für christliche und kirchliche Kunst bei Geistlichen und Laien anzuregen, das Urtheil und den Geschmack in Beziehung auf Kunstgegenstände der genannten Art zu berichtigen und zu erläutern. Auf den Antrag des leitenden Ausschusses des Paderborner Diözesan-Kunstvereins haben wir deshalb gern zur Errichtung eines in dem Kapitelsaale der hiesigen Bussdorfkirche aufzustellenden *Diözesan-Museums kirchlicher Kunstgegenstände* unsere Genehmigung ertheilt." Es folgen Hinweise, welche Gegenstände aufzunehmen sind mit der Einschränkung „welche aus irgend einem Grunde dem kirchlichen Gebrauche nicht mehr dienen", dann Leihgaben, Gegenstände zur Begutachtung für eine Reparatur, Gipsabgüsse und Zeichnungen von Kunstwerken. Zum Schluss wird gebeten, das Museum zu empfehlen und Objekte zur Verfügung zu stellen.[46]

In Paderborn scheint erstmals die Bezeichnung „Diözesan-Museum" gebraucht worden zu sein. Es ist erstaunlich, dass dieses wichtige Projekt in den „Statuten" des christlichen Kunstvereins nicht erwähnt wird. Wenig später dokumentiert das *Organ* eine Diskussion in Paderborn über die Arbeit im christlichen Kunstverein, auch über die Schwierigkeit, Objekte für das Museum zu finden.[47]

In Köln hatte der Generalvikar des Erzbistums, Johannes Baudri, am 12. November 1852 bekannt gegeben, „daß wir solche Gegenstände der alten Kunst, welche entweder für die Kirchen keinen besonderen Werth mehr haben, oder in denselben nicht sicher und zweckmäßig aufbewahrt werden können, hier zu sammeln beabsichtigen, um durch eine Zusammenstellung kirchlicher Alterthümer in der Metropole dem Klerus, wie überhaupt den Kunstfreunden eine Gelegenheit darzubieten, sich mit denselben, so wie mit einer echt christlichen Kunstrichtung näher bekannt zu machen".[48] Es ist wohl das erste Beispiel einer Sammlung, wie sie Reichensperger empfohlen hatte.

Am 14. Februar 1853 hat Kardinal von Geissel die „Ordnungen des christlichen Kunstvereins für das Erzbisthum Cöln" genehmigt und Weihbischof Johannes Baudri zum Vorsitzenden ernannt.[49] Der Veröffentlichung der „Ordnungen" im *Organ*[50] stellte er ein Begleitschreiben voran,[51] in dem er die Wechselwirkung von christlicher Kunst und christlichem Leben betonte und auf den Rang Kölns hinwies, der ihm durch den Dom und als ein Ausgangsort der kirchlichen Erneuerung zukomme. Die „Ordnungen" wiederholen schon bekannte Bestimmungen: bei den Baudenkmälern die „Sammlung ihrer baulichen und geschichtlichen Ueberbleibsel" und „endlich auch durch *Sammlungen*, *Vorträge* und *Veröffentlichungen* für die Verbreitung eines richtigen Geschmackes und gediegene Kenntnisse Vorkehr treffen".[52]

46 Organ 3 (1853), S. 57.

47 Ebd., S. 121–123, 133–135 u. 197–200; vgl. auch S. 155f. den Bericht, dass auf einer Mitgliederversammlung des christlichen Kunstvereins alte und neue Kunstwerke gezeigt wurden.

48 Karl Theodor Dumont (Hg.), Sammlung kirchlicher Erlasse, Verordnungen und Bekanntmachungen für die Erzdiöcese Köln, Köln 1874, S. 251f.

49 Organ 3 (1853), S. 33 u. 42. – Zum Folgenden vgl. Schmitz, Geschichte, S. 38–41.

50 Organ 3 (1853), S. 42–44; vgl. S. 45f. den „Aufruf zur Betheiligung am christlichen Kunstvereine".

51 Organ 3 (1853), S. 41.

52 Ebd., S. 42f.

Gegenüber diesen knappen Bestimmungen überrascht ein Antrag, den der Vorstand (dem Reichensperger nicht angehörte) dem Kölner Erzbischof am 30. März 1853 unterbreitete: „Der Vorstand des christlichen Kunstvereines hat in seiner Sitzung vom 10. d. M. den Beschluß gefaßt, hier in Köln ein Museum für Gegenstände der christlichen Kunst zu errichten, um in der Metropole selbst durch Aufstellung verschiedener, in reinem Style ausgeführter Kunstwerke den Sinn für die christliche Kunst zu beleben und auszubilden, und dabei zugleich unserer Zeit zur Nachahmung würdige Muster darzubieten. Es ist der Wunsch des Vereins-Vorstandes, daß diese Sammlung, welche bereits in mehreren dazu hergegebenen Gegenständen alter Kunst einen Anfang gefunden, als Eigenthum des Erzbischöflichen Stuhles unter den besondern Schutz Euer Eminenz gestellt werde."[53] Die Zustimmung erfolgte am 2. April 1853. Damit ist wenige Tage nach dem „Diözesan-Museum kirchlicher Kunstgegenstände" in Paderborn das „Museum für Gegenstände der christlichen Kunst" in Köln gegründet. Bemerkenswerterweise konnte das Museum schon auf eine Sammlung zurückgreifen, die wenig später schon 500 Objekte umfasste. Vermutlich war sie mit der wenige Monate zuvor vom Generalvikar angekündigten Sammlung identisch.

Auf der siebten „General-Versammlung" vom 20.–22. September 1853 in Wien[54] wurde erstmals eine Ausstellung von neuen Werken christlicher Kunst gezeigt, die heftige Diskussionen hervorrief. Friedrich Baudri gab einen ausführlichen Bericht über die bisherige Tätigkeit des christlichen Kunstvereins und betonte dabei die Rolle Kölns, denn „mit dem Wiederherstellungsbau des unvergleichlichen *Kölner Domes*, trat auf dem ganzen Kunstgebiete ein Umschwung zum Bessern ein." Die Dombauhütte sei zum Ort der Wiederbelebung der Künste geworden und im Kirchenbau habe sich die Neugotik durchgesetzt.

Baudri erwähnte erstmals auf einer „General-Versammlung" Diözesanmuseen und sprach ausführlich über sie: „Eine der einflußreichsten Unternehmungen dieser Art ist die Errichtung eines *Diözesan-Museums christlicher Kunstwerke*, wozu der Verein für Cöln bereits über 500 Gegenstände erworben hat. Auch der Verein von Paderborn hat eine solche Sammlung angelegt.

Diese ‚Sammlung christlicher Kunstwerke' ist aber durchaus anderer Art, als jene Museen, in welchen seither Kunstschätze aller Zeiten und Zonen aufgehäuft wurden. Wir müssen uns nämlich sehr wohl hüten, sie nicht in ähnlicher Weise zu behandeln, und es darf überhaupt durch dieselbe den Kirchen nichts entzogen werden, was in ihnen noch beim Gottesdienste oder zur Ausschmückung verwendet werden kann.

Das *Diözesan-Museum* hat den Zweck, zunächst alle jene Überreste der Kunst des Mittelalters, welche den Künstlern und Handwerkern noch zum Studium dienen können und sonst dem Verderben oder der Verschleuderung ausgesetzt wären, in sich aufzunehmen. Sodann sollen in demselben Abgüsse, Modelle, Zeichnungen, Schriften u. dgl. angesammelt werden; endlich auch solche Kunstwerke *zeitweise* eine Aufnahme finden, deren Aufstellung in irgend einer Beziehung der Sache der christlichen Kunst ersprießlich sein kann. Läßt sich damit eine

53 Historisches Archiv des Erzbistums Köln CR I 22.10.1., fol. 9. Für die Vermittlung von Archivalien danke ich Herrn Archivoberrat Prof. Dr. Dr. Reimund Haas, Köln. – Zum Folgenden vgl. Schmitz, Geschichte, S. 47f.

54 Verhandlungen der siebenten General-Versammlung des katholischen Vereines Deutschlands am 20. 21. und 22. September 1853 zu Wien. Amtlicher Bericht, Wien 1854, S. 40 (Ausstellung), S. 249–256 (Bericht Baudris, zu den Diözesanmuseen S. 252f.). – Vgl. auch Organ 3 (1853), S. 157f., 169f., 177–179 u. 185f. (Diskussion über die Ausstellung, S. 186 Hinweis auf Bedeutung der Diözesanmuseen, S. 165–168 Bericht Baudris).

fortlaufende Ausstellung neuer Werke der Kunst und des Handwerks verbinden, wie es in Cöln eingerichtet wird, so erhält das Ganze eine noch höhere praktische Bedeutung. [...]

Nur dadurch kann es endlich gelingen, die Alterthümer christlicher Zeit den heidnischen Antiquitäten mindestens gleichzustellen, und einem richtigen Geschmacke in der christlichen Kunst Bahn zu brechen." Neu scheint der Gedanke zu sein, in den Diözesanmuseen auch neue Kunstwerke auszustellen.

Hiermit ist nach den Museumsgründungen in Paderborn und Köln auf dem Forum des organisierten Katholizismus das maßgebende Programm für Diözesanmuseen verkündet worden.

1854 veröffentlichte Reichensperger in Leipzig seine schon 1851 angekündigte Schrift *Fingerzeige auf dem Gebiete der kirchlichen Kunst* mit einem Kapitel zum Thema „Museen und Vereine für kirchliche Kunst".[55] Einzugehen ist auf seine scharfe und grundsätzliche Museumskritik,[56] die auch in Baudris Bericht angeklungen ist und die die Diözesanmuseen von anderen Museen abgrenzen soll: „Eine solche Kunstsammlung sollte zwei Abtheilungen haben, von welcher die eine den *bleibenden*, die anderen den *wechselnden Bestand* bildet. In ersterer dürfte nichts Aufnahme finden, was dem Leben noch irgend dienen, noch irgend einen praktischen Zweck erfüllen kann. Was soll man in der That dazu sagen, wenn man in den sog. Museen Reliquiarien, Monstranzen, Crucifixe und sonstiges dem Cultus geweihtes Kirchengeräthe aufgestellt sieht? – Ist dieser Cultus etwa bereits blos historischer Stoff oder Mythe geworden?"[57]

Noch schärfer ist seine Kritik an Wechselausstellungen, nicht nur wegen der den Objekten drohenden Gefahren: „Das Schlimmste aber ist die mit solchen Ausstellungen verbundene *Profanation* [...] Schon das Zusammenraffen, Ver- und Auspacken, Classificiren und Aufhängen in Reih und Glied, kurz alle die vielfachen und von den verschiedensten Personen vorzunehmenden Manipulationen entsprechen wenig der Würde gottgeweihter Gegenstände. Diese Würde ist überdies auch in der That, wenigstens theilweise, an gewisse Localitäten geknüpft: ein Kelch, ein priesterliches Gewand oder gar ein Reliquiarium – sie haben eine ganz andere Bedeutung an dem Orte, wohin sie gestiftet und wo sie seit Jahrhunderten aufbewahrt worden, als wenn man sie abgesondert für sich betrachtet; sie bilden gleichsam ein Glied, einen integrirenden Bestandtheil des betreffenden Gotteshauses; das zarte Gewebe, durch welches die Geschichte sie allmählig verbunden hat, soll man ohne Noth nicht zerreißen".[58] Während die Befürworter des Museums das Zusammentragen von Kunstwerken an einen Ort mit der Möglichkeit zu besserem Studium und der besseren Verfügbarkeit als Muster begründen, empfiehlt Reichensperger das Aufsuchen der Kunstwerke an ihrem angestammten Ort.[59] Reichenspergers Kritik des Museums, von dem die Diözesanmuseen sich abgrenzen müssen, zielt auf den Verlust des Kontextes der sakralen Objekte, wenn sie ins Museum gelangen.

Diese Kritik gibt Anlass zu Bemerkungen über die Stellung der Diözesanmuseen im modernen Museumswesen, das sich ab ca. 1800 in unterschiedlichen Museumstypen ausbildete.[60] Konstitutiv ist die Auflösung des ursprünglichen Kontextes der Objekte, wozu die Umwälzungen der Zeit Anlass boten, und die Stiftung eines neuen Zusammenhangs.[61] Die Nutzung historischer Gebäude, zum Beispiel aufgelassener Kirchen für sakrale Kunst, zum jeweiligen Thema

55 Reichensperger, Fingerzeige (zitiert wird die 1. Auflage), S. 106–124.

56 Vgl. auch in der Einleitung S. 12–15 die Kritik an Galerien, die nebeneinander Bilder mit christlichem und mythologischem Inhalt und entfremdetes Kirchengerät zeigen, und Reichensperger, Baukunst, S. 77.

57 Reichensperger, Fingerzeige, S. 106.

58 Ebd., S. 112.

59 Ebd., S. 113.

60 Vgl. zur ersten Orientierung Walter Hochreiter, Vom Musentempel zum Lernort. Zur Sozialgeschichte deutscher Museen 1800–1914, Darmstadt 1994.

61 Krzysztof Pomian, Der Ursprung des Museums. Vom Sammeln, Berlin 1988.

passend errichtete Architektur, sogenannte Stilräume, Inszenierungen etc. zeigen, dass dies von jeher als Problem empfunden wurde. Die Änderung des Kontextes gilt für Sammlungen aller Art.Neben den schon älteren höfischen und privaten Sammlungen sowie Kunst- und Wunderkammern in Klöstern führte die Auflösung alter Kontexte vieler Objekte zu neuen Sammlungen und Museumsgründungen. [62] So sammelten Vereine kulturgeschichtliche Objekte,[63] sowohl um sie zu sichern, als auch zur politischen und nationalen Bildung. Diese Sammlungen bildeten vielfach den Grundstock kulturgeschichtlicher Museen.[64] Mit diesen haben die Diözesanmuseen zum Beispiel die starke Betonung des Belehrens gemeinsam. Reichenspergers Forderung nach Inventarisierung, Klassifizierung, Dokumentation und Publikation erinnert an die Arbeit des Germanischen Nationalmuseums in Nürnberg mit seinem „System der deutschen Geschichts- und Althertumskunde".[65] Das Vorhaben der Diözesanmuseen, alte Kunstwerke als Vorbild für neue bereitzustellen und neue Kunst zu präsentieren, erinnert an die Kunstgewerbemuseen.[66]

Es gab auch private Sammlungen sakraler Kunst, nicht zuletzt als Folge der Säkularisation. Ein prominentes Beispiel ist in Köln die Sammlung Boisserée, mit der kulturpolitische Absichten verbunden waren, zum Beispiel die Erneuerung der christlich-nationalen Kunst. Sie gelangte über mehrere Stationen nach München, wo sie heute in der Alten Pinakothek zu sehen ist.[67] Auch Geistliche legten Sammlungen an, wie Ferdinand Franz Wallraf in Köln.[68] Manche gelangten in Diözesanmuseen.[69] Oberhirten sammelten ebenfalls Kunst, so Bischof Johann Georg Müller in Münster[70] oder Fürstbischof Heinrich Förster in Breslau, der vor allem Werke der neuen religiösen Malerei erwarb.[71] Sammlungen in Priesterseminaren, wie sie Reichensperger empfahl, gehören in die Tradition von Sammlungen in Orten der Bildung, wie sie in Universitäts- und Schulsammlungen bis heute weiterwirken. Es sind auch öffentliche Sammlungen mit sakraler Kunst zu nennen, wie z. B. das 1844 gegründete Musée Cluny in Paris.

Die christliche Kunstbewegung um die Mitte des 19. Jahrhunderts wollte mit ihren Museen Altes bewahren und Neues fördern und sah sich als Teil einer Erneuerung des Katholizismus und als Förderer im Verhältnis von Kirche und Kunst. Sie empfand sich als neu und aufblühend, obwohl ihre Anfänge fast ein halbes Jahrhundert zurücklagen. Sie bediente sich mit Vereinen und Zeitschriften[72] sowie durch die Verbindung mit dem organisierten Katholizis-

62 Ekkehard Mai/Peter Paret (Hgg.), Sammler, Stifter und Museen. Kunstförderung in Deutschland im 19. und 20. Jahrhundert, Köln u. a. 1993.

63 Die Vereine nutzten dazu oft das Medium einer eigenen Zeitschrift.

64 Bernward Deneke/Rainer Kahsnitz (Hgg.), Das kunst- und kulturgeschichtliche Museum im 19. Jahrhundert (Studien zur Kunst des neunzehnten Jahrhunderts 39), München 1977.

65 Bernward Deneke/Rainer Kahsnitz (Hgg.), Das Germanische Nationalmuseum Nürnberg 1852–1977. Beiträge zu seiner Geschichte, München/Berlin 1978, bes. S. 974–992.

66 Barbara Mundt, Die deutschen Kunstgewerbemuseen im 19. Jahrhundert (Studien zur Kunst des neunzehnten Jahrhunderts 22), München 1974. – Für das Rheinland vgl. Max Tauch, Rheinische Kunstgewerbemuseen und Gewerbevereine, in: Eduard Trier/Willy Weyres (Hgg.), Kunst des 19. Jahrhunderts im Rheinland in fünf Bänden, 5: Kunstgewerbe, Düsseldorf 1981, S. 319–332. – Vgl. auch Organ 3 (1853), S. 66f., wo ein in Brüssel geplantes Museum für altes und neues Kunsthandwerk mit den Kölner Plänen, als „Bildungsschule ein Museum mittelalterlicher Kunstgegenstände" einzurichten, verglichen wird, und zu Kunstgewerbemuseen als Parallele auch de Weerth, Altarsammlung, S. 21.

67 Annemarie Gethmann-Siefert (Hg.), Kunst als Kulturgut, Fernuniversität-Gesamthochschule in Hagen, Hagen 1994.

68 Bianca Thierhoff, Ferdinand Franz Wallraf (1748–1824). Eine Gemäldesammlung für Köln (Veröffentlichungen des Kölnischen Stadtmuseums 12), Köln 1997.

69 Steiner, Musentempel, S. 87. – de Weerth, Altarsammlung, S. 22.

70 Organ 3 (1853), S. 35.

71 Joanna Lubos-Kozieł, „Wiarą tchnące obrazy". Studia z dziejów malarstwa religijnego na Śląsku w XIX wieku („Glaubenswarme Bilder". Studien zur Geschichte der religiösen Malerei in Schlesien im 19. Jahrhundert) (Acta Universitatis Wratislawiensis 2662, Historia Sztuki XVIII), Wrocław 2004, S. 200–245. – Vgl. auch Gussone, Christliche Kunst, S. 155–159.

72 Zur Organisation der christlichen Kunst im internationalen Vergleich vgl. Luc Verpoest, The Gothic Revival, Published and Incorporated. Conferences, Corporations, Learned Societies and Archaeological Publica-

mus moderner Strukturen. Sie wurde zu einem erfolgreichen Massenphänomen, wie zahlreiche neugotische Kirchen und ihre Ausstattung bis heute zeigen.

Mit ihrem erneuernden Rückgriff auf das Mittelalter, der als Fortschritt gedeutet wurde,[73] gehört die christliche Kunstbewegung zur „Gedächtnisgeschichte des Mittelalters" in der Moderne seit dem 18. Jahrhundert mit ihren gewaltigen Veränderungen. Die „Erfahrung von ‚neuer Zeit' und ‚Fortschritt' bewirkte, daß ‚Mittelalter' und ‚Fortschritt' in der Reflexion der Moderne in eine spezifische und spannungsreiche Polarität geraten sind, woraus sich immerfort die doppelte Frage ergibt: ob denn nun die Überwindung des Mittelalters einen Fortschritt darstellt, oder ob nicht vielmehr der Fortschritt der Moderne, gemessen am Mittelalter, sich als Unglück erweisen muß. Es ist diese doppelte Frage, die aller Mittelalterreflexion der Moderne von Anfang an zugrunde liegt und die sich gerade dann zeigt, wenn man [...] die Zeugnisse der Malerei, der Skulptur und der Architektur entschiedener als dies bisher der Fall war, in die Betrachtung einbezieht."[74]

Nach 1853 sind noch viele kirchliche Museen gegründet sowie altehrwürdige Schatzkammern dem Publikum geöffnet und – manchmal unter Beibehaltung der liturgischen Nutzung ihrer Bestände – zu Museen geworden. Heute reflektieren sie vielfach ihre Aufgabe und manche gehen neue Wege. Da mag ein Blick auf die Anfänge hilfreich sein.

tions of the Gothic Revival Movement, in: Gothic Revival, S. 105–114.

73 Vgl. Reichensperger, Baukunst, S. 49–54 u. S. 108.

74 Otto Gerhard Oexle, Bilder gedeuteter Geschichte. Eine Einführung, in: Otto Gerhard Oexle/Áron Petneki/Leszek Zygner (Hgg.), Bilder gedeuteter Geschichte. Das Mittelalter in der Kunst und Architektur der Moderne, 1. Teilband (Göttinger Gespräche zur Geschichtswissenschaft 23), Göttingen 2004, S. 9–30, S. 14 u. 16 die Zitate.

Ignorieren, renovieren, dekonstruieren?

Überlegungen zum Umgang mit „Volkskunde-Abteilungen“ in Museen

Bettina Keß

In größeren Museen ist sie ein selten geöffneter Teil der ständigen Ausstellung, manchmal unliebsamer Staubfänger oder schwer auf dem kuratorischen Gewissen lastendes Dauersanierungsvorhaben für wirtschaftlich bessere Zeiten. In kleineren Museen wird sie oft sich selbst überlassen oder dient Lokalpolitikern als pittoreske Kulisse für deren medienwirksame Demonstration von Heimatverbundenheit. Eine „Volkskunde-Abteilung“, sofern es sie noch gibt, ist in jedem Museum mehr oder weniger ein Problem. Die „alten volkskundlichen“ Ausstellungsbereiche begegnen uns „im Typus Heimatmuseum“ mit ihren inszenierten Stuben, „Bauernmöbeln“, Werkstattensembles und Trachtenkompilationen oder in Form von nüchtern und weitgehend kontextlos präsentierten Spezialsammlungen von Bierkrügen, Pflügen oder Fuhrwerken. Die inszenierte Heimeligkeit dient vielen älteren Besucherinnen und Besuchern als Identifikationsort, als Stichwort- und Impulsgeberin für nostalgisches Schwelgen in Erinnerungen. Jüngere Generationen dürften mit den Sammel- und Präsentationskriterien nur mehr bedingt etwas anfangen können. Die Folgen sind Desinteresse oder Missverständnisse.

Viele dieser Museumsabteilungen wurden in den vergangenen Jahren bereits überarbeitet, völlig neu gestaltet oder einfach abgebaut. Durch Neukonzeptionen und Überarbeitungen verschwinden Volkskunde-Museen oder -Abteilungen scheinbar zunehmend aus der Museumswelt. Eine ausgewiesene Volkskunde-Abteilung wäre in einer neuen, nach aktuellsten Kriterien der Vermittlung und Museumskommunikation konzipierten musealen Erzählung bzw. szenografischen Ausstellung inzwischen kaum mehr denkbar. Dennoch sind die „alten“ volkskundlichen Themen und deren Sachzeugnisse aktuell und finden Interesse: Alltagsgeschichte, die Ausbildung von Identitäten und Regionalitäten. In den letzten Jahren lässt sich sogar eine vermehrte Aufmerksamkeit für die damit verbundene „materielle Kultur“ innerhalb und außerhalb der ethnologischen Fächer und empirischen Kulturwissenschaften beobachten.[1] Gerade die „volkskundlichen Dinge“ und ihr jeweiliger Kontext interessieren das Museumspublikum: Sie bieten die Möglichkeit der Rückschau und der Identifikation und sind Informations- und Erlebnisträger. In der Politik, im Tourismusbereich oder in der Regionalentwicklung dienen sie als beliebtes Vehikel der Identitäts- und Markenbildung.

1 Siehe z. B. die Tagungen der Arbeitsstelle für kulturgeschichtliche Studien/Universität der Künste Berlin: „Dinge – Kultur – Geschichte“, 23. u. 24. Nov. 2007 in Berlin, http://www.kulturgeschichte.udk-berlin.de/dateien/Dinge-Kultur-Geschichte.pdf und „Der Eigensinn der Dinge“, 8. u. 9. Mai 2009, http://www.kulturgeschichte.udk-berlin.de/dateien/Der-Eigensinn-der-Dinge.pdf (28.6.2009) sowie die Tagung „Die Sprache der Dinge – kulturwissenschaftliche Perspektiven auf die materielle Kultur“. Veranstaltet von der Gesellschaft für Ethnographie e.V. In Kooperation mit dem Institut für Europäische Ethnologie, Humboldt-Universität zu Berlin und dem Museum Europäischer Kulturen – Staatliche Museen zu Berlin in Berlin am 21. u. 22. Nov. 2008. http://www.gfe-online.org/cms/index.php?option=com_content&task=blogsection&id=5&Itemid=28 (16.6.2009). Zum Umgang mit „den Dingen“ in der Ethnologie siehe z. B. Hans Peter Hahn, Materielle Kultur. Eine Einführung, Berlin 2005.

Was also tun, mit den verbliebenen und „in die Jahre gekommenen" Volkskunde-Abteilungen in den Museen? In welcher Weise ging und geht man mit thematisch gefassten Bereichen der Dauerausstellungen wie etwa „Volkskunst" oder „Trachten" um? Wie gelingt es, fachwissenschaftliche Substanz mit einem sich wandelndem Publikumsinteresse zu verbinden? Und – nicht zuletzt – wie schafft man, dass „volkskundliche" Themen, die üblicherweise dazu gerechnete Sachkultur und das Wissen darum nicht verloren gehen?

Dieser kurze Beitrag kann nicht alle damit verbundenen Aspekte erschöpfend behandeln oder gar abschließend beantworten. Er wirft Fragen auf, präsentiert Gedanken aus der Perspektive der musealen Praxis und versteht sich als Diskussionsbeitrag.[2]

Der Text greift die ausgeprägte Kultur der Selbstreflexion, des Hinterfragens eigener Standpunkte im Vielnamenfach Europäische Ethnologie auf, die auch Wolfgang Brückner seit vielen Jahren begleitet und prägt. Wolfgang Brückner verstand und versteht Museumssammlungen und ihre Expositionen nicht nur als dingliche Manifestationen kulturwissenschaftlicher Diskurse. Er hat das Repräsentiert-Sein „volkskundlicher" Themen und materieller Kultur in Museen immer auch als wichtiges Feld der Fachpolitik betrachtet und verteidigt.[3]

Mit „Volkskunde-Abteilung" ist hier vorwiegend ein Teil einer Daueraufstellung in einem Museum gemeint. Eine Volkskunde-Abteilung kann natürlich auch den kuratorischen Zuständigkeitsbereich innerhalb einer Museums- und Sammlungsorganisation bzw. die von einer Fachwissenschaftlerin oder einem Fachwissenschaftler betreute Bestandsgruppe meinen. Der „volkskundliche" Sammlungsbereich manifestiert sich nach außen in einem separaten oder integrierten, aber deutlich erkennbaren Bereich der Dauerausstellung eines Museums oder durch Sonderausstellungen deren Exponate aus der „volkskundlichen" Sammlung eines Hauses stammen.[4] Beide Bereiche hängen zusammen und bedingen sich gegenseitig, können jedoch auch unabhängig voneinander bestehen. Beim Umgang mit „Volkskunde-Abteilungen" lassen sich drei grundsätzliche Vorgehensweisen in Museen beobachten: Ignorieren, Renovieren oder Dekonstruieren.[5]

Ignorieren

Das völlige Ignorieren von Handlungsbedarf ist die radikalste Strategie. Die bestehende Sammlungsaufstellung bleibt – oft seit Jahrzehnten – unverändert. Im besten Fall wird sie gepflegt und konservatorisch betreut und ist für die Besucherinnen und Besucher dauerhaft oder

2 Herzlichen Dank an Susanne Götz M.A. (kulturplan), die mit mir diese Gedanken entwickelt und diskutiert hat.

3 Seine Texte zu Museen in: Wolfgang Brückner, Gesammelte Schriften. Bilder und Öffentlichkeit. Volkskunde als historische Kulturwissenschaft Bd. 5 (VVK 83, hg. v. Heidrun Alzheimer und Klaus Reder), Würzburg 2000, S. 249–349 (Kap. Museum und Wissenschaft, mit Verweisen auf weitere Texte zum Thema Museen/Dinge).

4 Gemeint sind Bestandsgruppen, die sich „üblicherweise" in „Volkskundesammlungen" befinden und die Sachzeugnisse „älterer" volkskundlicher Forschungsfelder (Kleidung, Möbel, Keramik, „Bilder", Handwerk, Haus, landwirtschaftliche Geräte, Nahrung etc.). Siehe dazu auch Hermann Heidrich, Von der Ästhetik zur Kontextualität: Sachkulturforschung, in: Methoden der Volkskunde. Positionen, Quellen, Arbeitsweisen der Europäischen Ethnologie, hg. v. Silke Göttsch/Albrecht Lehmann. 2., überarb. u. erw. Aufl., Berlin 2007, S. 33–56, hier vor allem S. 36f.

5 Der umgekehrte Weg, die Ausgliederung von ehemals integrierten Ausstellungsabschnitten und Sammlungen großer Museen in eigene „Volkskundemuseen", wie er im Landesmuseum Württemberg mit dem „Museum der Alltagskultur Schloss Waldenbuch" oder durch die Schleswig-Holsteinischen Landesmuseen Schloss Gottorf mit dem „Volkskunde Museum Schleswig" während der frühen 1990er Jahre erfolgte, ist hier nicht berücksichtigt und wäre eine eigene kritische Betrachtung wert.

zumindest regelmäßig zugänglich, wie die im Wesentlichen ihrer Aufstellung vor rund vier Jahrzehnten entsprechende Abteilung Volkskunst/Volkskunde im Mainfränkischen Museum Würzburg oder die volkskundlichen Bestände des Heinrich-Sauermann-Hauses auf dem „Museumsberg“ in Flensburg, deren Präsentation in die Museumsgründungszeit vom Anfang des 20. Jahrhunderts zurück reicht. Im schlechtesten Fall ist die Abteilung sich selbst überlassen. Das Ignorieren einer konservatorisch und didaktisch notwendigen Erneuerung kann verschiedene Gründe haben: Häufig geschieht es aus Geld- und Personalmangel, manchmal aus Desinteresse, aber mitunter auch aus Unkenntnis. Gerade in ehrenamtlich geführten Museumseinrichtungen besteht oft kein Bewusstsein für die Notwendigkeit, jahrzehntealte Objektkompilationen, wie ganze Interieurs, Werkstattinszenierungen oder Festtagstrachten einer kritischen (wissenschaftlichen) Überprüfung zu unterziehen und diese Darstellungen gegebenenfalls zu verändern. Aus Sicht von Forschung und Vermittlung ist das Ignorieren natürlich keine wünschenswerte Strategie im Umgang mit „in die Jahre gekommenen“ Volkskunde-Abteilungen. Denn falsche, fragwürdige oder zumindest nicht mehr dem aktuellen Kenntnisstand entsprechende Informationen erreichen so unkommentiert und ungebrochen ihr Publikum. Die präsentierten „geschlossenen Bilder“[6] laufen Gefahr, „geglaubt“ zu werden und die klassische „volkskundliche Dingwelt“ erscheint weiterhin als Parallelwelt zur musealen Welt der „hochkulturellen“ Entwicklungen (Volkskunst/Hochkunst, Volkskunde/Kunstgeschichte).

Dennoch kann das völlige Ignorieren in Ausnahmefällen für ein Museum auf mittlere Sicht legitim sein, wenn Mittel und Fachkräfte fehlen, um eine wissenschaftlich fundierte, konservatorisch angemessene und ansprechende Neuaufstellung zu realisieren. Auch das Nichtstun kann das Mittel der Wahl sein, wenn andernfalls Sammlungs- und Ausstellungszusammenhänge durch Unkenntnis oder auf Grund mangelnder Ressourcen unwiederbringlich zerstört werden würden.

Renovieren

Entscheidet sich eine Institution für die Überarbeitung oder Neugestaltung ihrer volkskundlich relevanten Bereiche, ist das „Renovieren“ eine Einstiegsstrategie: Die Museumsabteilung kann baulich erneuert, konservatorisch überarbeitet und in Didaktik und Kommunikation punktuell an aktuelle Bedürfnisse und Standards angepasst werden. Leichte Eingriffe ermöglichen in gewissen Grenzen auch inhaltlich neue Akzente: Das reicht vom Austausch inhaltlich veralteter Texte bis zur Implementierung eines mehrstufigen Informations- und Leitsystems mit Raum-, Themen- und Objekttexten sowie AV-Stationen. Die Strategie „Renovieren“ vermeidet jedoch größere Einschnitte oder gar grundlegende Paradigmenwechsel. Die Besucherinnen und Besucher eines Museums finden nach diesem Prozess eine Abteilung vor, die

6 Die Problematik der „geschlossenen“ bzw. „ganzen Bilder“ vor allem im Zusammenhang mit dem „Stuben-“ oder „Interieurprinzip“ wurde im Fach bereits ausführlich behandelt und diskutiert z. B. Martin Wörner, Vergnügung und Belehrung. Volkskultur auf den Weltausstellungen 1851–1900, Münster u. a. 1999, S. 246–272 und das Beispiel der Hindeloopen-Zimmer, Ellen van Veen/Uwe Claasen, Hindeloopen-Zimmer mal zwei. Zu aktuellen Inszenierungen eines symbolhaften Interieurtyps, in: Materielle Kultur. Sammlungs- und Ausstellungsstrategien im historischen Museum. Referate der 14. Tagung der Arbeitsgruppe Sachkulturforschung und Museum in der Deutschen Gesellschaft für Volkskunde vom 3. bis 6. Okt. 2000, hg. v. Uwe Meiners, Cloppenburg 2002, S. 79–88. – Claudia Selheim, Zum musealen Umgang mit „Bauernstuben“. Wege der Sachkulturforschung, in: Jb. f. Europäische Ethnologie 2008, S. 7–24.

vielleicht nicht mehr den Namen „Volkskunde" trägt, aber die Themen des traditionellen volkskundlichen Kanons weiterhin zusammenhängend präsentiert. In ihren Überlegungen zu einer – bisher nicht realisierten – Neukonzeption der Volkskundeabteilung im Bayerischen Nationalmuseum verfolgt die zuständige Kuratorin Nina Gockerell beispielsweise einen solchen Ansatz.[7] Das bloße Auffrischen einer Abteilung kann der Versuch sein, sich wandelnden Moden und allzu starken Einflüssen des Zeitgeistes in Museumspräsentationen zu entziehen. Diese Vorgehensweise birgt allerdings auch die Gefahr, sich der Auseinandersetzung mit neuen Forschungsparadigmen und -erkenntnissen sowie veränderten musealen Präsentationsformen zu entziehen und – wie beim „Ignorieren – die musealen „Parallelwelten" von „Volks"- bzw. Alltagskultur und „Hochkultur" zu verfestigen.

Dekonstruieren

Die Dekonstruktion einer Volkskundeabteilung „alten Typs" zielt mehr oder minder radikal auf das bewusste (Zer-)Stören des „ganzen Bildes", was auf verschiedene Arten realisiert werden kann. Optische und materielle Eingriffe oder didaktische Zutaten oder und Kommentierungen können die eindeutige Lesbarkeit der unveränderten Ausstellung stören und neue Sichtweisen bewirken: Beispielsweise könnten bei Werkstattinszenierungen die nicht selten unterschiedlichen Provenienzen ihrer Bestandteile oder Fehler in der Aufstellung gestalterisch markiert und erläutert werden.

Die konsequenteste Form der Dekonstruktion wäre die vollständige Auflösung einer Abteilung und die Integration ihrer Objekte und Themen in eine neue, museale Gesamterzählung, die immer noch vorhandene fachliche Zuständigkeitsgrenzen, wie etwa zwischen der Kunstgeschichte, Geschichte und Volkskunde, überwindet. An die Stelle der Einzelabteilungen tritt dann die multiperspektivische Darstellung historischer Epochen und (kultur-)historischer Phänomene, so z. B. die Abteilung „Baden und Europa" des Badischen Landesmuseum Karlsruhe oder der Dauerausstellungsbereich des Germanischen Nationalmuseums Nürnberg „Kleiderwechsel",[8] die beide Objekte aus den früheren Volkskunde-Abteilungen ihrer Museen in einen erweiterten Kontext setzten. Je nach Form und Qualität dieser „integrierenden Erzählungen" können sie für die Besucherinnen und Besucher sehr attraktiv, informativ und gut konsumierbar sein. Unbefriedigend hingegen dürfte die vollständige Auflösung von Fachabteilungen für ein Publikum mit Spezialinteressen oder -kenntnissen sein. Einfach gesagt: Wer die enzyklopädische Hafnerkeramikabteilung sucht und stattdessen einen einzigen Krug in der komplexen Museumserzählung findet, wird sicherlich etwas vermissen.

Die radikale Dekonstruktion birgt aber auch ganz konkrete Bedrohungen: Denn mit dem Wegfall einer bislang erkennbaren volkskundlichen Abteilung in der Dauerausstellung eines Museums wächst auch die Gefahr einer Abwicklung der dazugehörigen Sammlungsabteilung und/oder ihrer fachwissenschaftlichen Betreuung. Überspitzt könnte man formulieren „Aus-

7 Z. B. die Überlegungen Nina Gockerells zu einer – bisher nicht realisierten – Neukonzeption der Volkskundeabteilung im Bayerischen Nationalmuseum: Nina Gockerell, Die Volkskundeabteilung des Bayerischen Nationalmuseums. Gedanken zu einer Neukonzeption, in: BJV 2007, S. 121–131.

8 Friederike Lindner, Volkskunde als allgemeine Kultur- und Sozialgeschichte im Museum 2000. Überlegungen zur Neukonzeption der Dauerausstellung „19. Jahrhundert" im Badischen Landesmuseum Karlsruhe, in: JbfVK 24 (2001), S. 155–162. – Jutta Zander-Seidel (Hg.), Kleiderwechsel. Frauen-, Männer- und Kinderkleidung des 18. bis 20. Jahrhunderts, Nürnberg 2002.

stellungsfläche ist Macht." Gibt es erst einmal keine Volkskunde-Abteilung mehr, so kann bei der nächsten Umstrukturierung eines Museums die Kuratorenstelle leichter als verzichtbar angesehen werden. Die fehlende Repräsentanz im Ausstellungsbereich kann also langfristig den Verlust von Sachzeugnissen und Fachwissen bedeuten.

Was wäre also zu tun? Eine ideale und universale Lösung im schwierigen Umgang mit „Volkskunde-Abteilungen" gibt es selbstverständlich nicht: Mag für die eine Institution nur eine behutsame Renovierung ihrer „Volkskunde"-Abteilung leistbar sein, kann für eine andere die Dekonstruktion möglich sein. Wünschenswert und in vielen Fällen sicherlich die bessere Lösung sind intelligente Kombinationen aus den Strategien „Renovieren" und „Dekonstruieren", die „alte Stärken" volkskundlicher Sachzeugnisse, Themen und Fachwissen bewahren und in einen größeren Kontext einbinden. So ließen sich z. B. ein Teil der Ausstellung als didaktisch aufbereitetes „Museum im Museum" erhalten und andere Teile in fachabteilungsübergreifend und kooperativ erarbeitete Ausstellungsbereiche eingliedern.[9] Idealerweise stünden dabei Themen und Objekte und nicht konservatorische Zuständigkeiten im Mittelpunkt und weniger Ausstellungsfläche führte nicht zwangsweise zu „weniger Volkskunde" im Museum. Ein thematisch geordneter Erzählstrang kann in der Ausstellung auch mit Sammlungsbereichen, z. B. einer Schausammlung, kombiniert werden, der Objektgruppen der „volkskundlichen" Sachkultur Raum und Gesicht gibt. Gerade die Freilichtmuseen, als besondere Sachwalter volkskundlichen Fachwissens und Kompetenzen, haben in den vergangenen Jahren Ausstellungs- und Vermittlungsformen kritisch hinterfragt, erneuert, in der Praxis erprobt und dabei viele gute und manchmal vorbildliche Ergebnisse erzielt, so das LWL-Freilichtmuseum Detmold oder das Nederlands Openluchtmuseum Arnhem, um nur zwei Beispiele herauszugreifen.[10] Gefragt sind in jedem Fall pragmatische Ansätze, die sich am individuellen Fall orientieren, aber immer auf bestimmten Prinzipien und Überlegungen beruhen sollten, die hier abschließend – ohne Anspruch auf Vollständigkeit – in einigen Thesen formuliert werden.

- Neukonzeptionen müssen einem wissenschaftlichen Anspruch genügen und konservatorische Anforderungen mit zielgruppengerechter Vermittlung und Publikumsfreundlichkeit vereinen.
- Neukonzeptionen erfordern Sachkompetenz und ausreichende Ressourcen.
- Neuaufstellungen dürfen nicht hinter den Forschungsstand zurückfallen.[11]
- Besitzt ein Museum einen volkskundlichen Sammlungsbestand, sollten dessen Objekte auch in der permanenten Ausstellung wahrnehmbar repräsentiert sein.
- Komplexe Museumserzählungen unterliegen Moden. Wichtig ist es, die Sammlung zu bewahren und das Wissen darum zu erhalten und zu vermehren.

---

9 Ein Ansatz, den beispielsweise die Leiterin der Sammlung Volkskunde und Spielzeug des Germanischen Nationalmuseums Dr. Claudia Selheim für die geplante Neukonzeption der Volkskundeabteilung dieses Museums verfolgt: Claudia Selheim, Alte Objekte – neue Kontexte. Die Volkskundliche Sammlung des Germanischen Nationalmuseums und Überlegungen zu ihrer Neupräsentation anhand ausgewählter Beispiele, in: Monika Kania-Schütz (Hg.), In die Jahre gekommen? Chancen und Potenziale kulturhistorischer Museen. Tagungsband zur 18. Tagung der Arbeitsgruppe „Sachkulturforschung und Museum" vom 28.–30. Mai 2008 im Freilichtmuseum Glentleiten, Münster u. a. 2009, S. 113–121. Herzlichen Dank an Dr. Claudia Selheim für die Überlassung ihres Manuskriptes.

10 Zum aktuellen Stand der Diskussionen s. Kania-Schütz, In die Jahre gekommen? (wie Anm. 10).

11 Dies ist keine Selbstverständlichkeit, wenn Neukonzeptionen maßgeblich von fachfremden oder nicht genügend qualifizierten Kräften sowie ohne ausreichende Mittel erfolgen.

Für die Transformation „alter" musealer Volkskunde-Abteilungen in zeitgemäße und ansprechende Präsentationen braucht es einen kritischen Blick auf die „Dinge", ihre Physis, ihre Geschichte sowie auf die Historie ihrer Wertschätzung und bisherigen Präsentation. Die museale Repräsentanz „von Volkskunde" ist aber vor allem auf kundige Sachwalterinnen und engagierte Fürsprecher (i. e. KuratorInnnen) in Museen und Ausstellungen angewiesen.

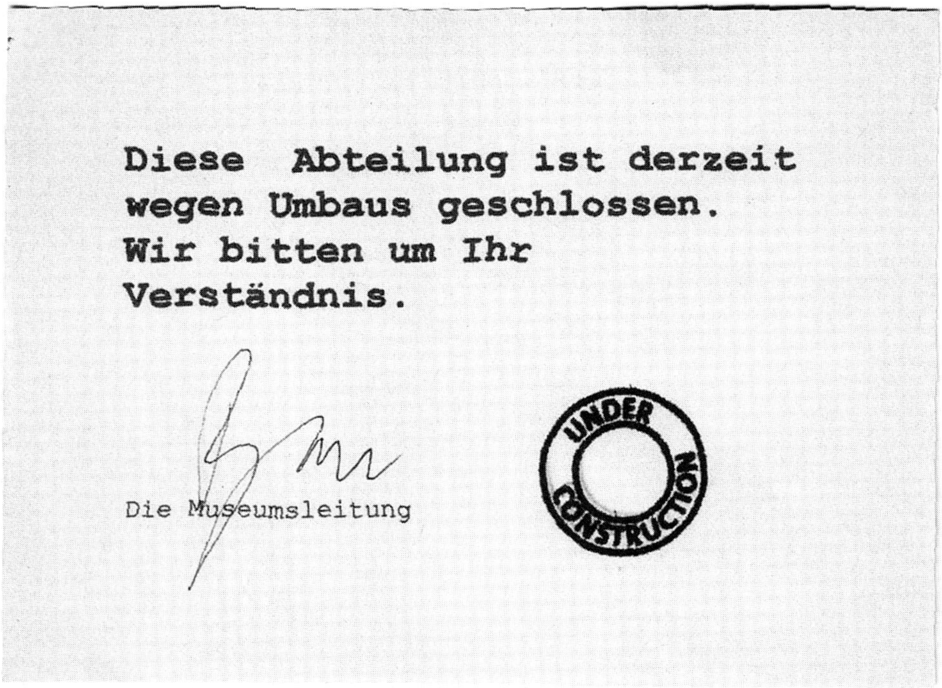

Abb. 1: Under Construction, Teil einer Installation, 2006. Privatbesitz

Heimathymnen

Zur Instrumentalisierung eines populären Liedes im 20. Jahrhundert

Armin Griebel

Seit den 1980er Jahren bin ich bei Feldforschungsaktivitäten der Forschungsstelle für fränkische Volksmusik immer wieder einer Melodie begegnet, die mit variierenden Texten als Ober-, Mittel- oder Unterfrankenlied gesungen wurde. Von Kollegen erfuhr ich, dass die Melodie auch in anderen Regionen zu Heimatliedern adaptiert wurde. Schon seit den 1940er Jahren existiere eine auf Thüringen gemünzte Version. Die ursprünglich besungene Landschaft aber sei Oberschlesien. Dort sei das Lied nach dem Ersten Weltkrieg als bekenntnishaft kämpferische Hymne deutschgesinnter Oberschlesier entstanden. Den Anstoß zu eigenen Recherchen gab Heidrun Alzheimer, Bamberg, mit ihrer Frage, ob das Lied zuerst auf Oberschlesien oder auf Oberfranken verfasst wurde. Aus dem Deutschen Volksliedarchiv in Freiburg gab es zudem einen Beleg,[1] der nicht recht zu der oben skizzierten Genese passen wollte: Die Zeitschrift „Reichsrundfunk" druckte im November 1942 eine fünfstrophige Fassung ab (Abb. 1),[2] für die Emil Wieczorek als Textautor und Herms Niel als Urheber der Melodie zeichneten. Quellenangaben in Liedpublikationen seit den 1950er Jahren suggerieren dagegen die anonyme Entstehung des Liedes in der Zeit der oberschlesischen Volksabstimmung 1921.

Oberschlesien, Grenzland zwischen Polen, der Tschechoslowakei und Deutschland, gehörte zu den Regionen, deren Grenze nach dem Ersten Weltkrieg durch den Versailler Vertrag in einer Volksabstimmung festgelegt werden sollte. Die Bevölkerung, bis dahin in der Frage des „Volkstums" eher gleichgültig,[3] war mit der Abstimmung, ob sie künftig zu Deutschland oder zum neuen polnischen Staat gehören wollte, gezwungen, sich für eine der nationalen Optionen, „deutsch" oder „polnisch", zu entscheiden.[4] Am 20. März 1921 votierten fast 60% der Oberschlesier für Deutschland, 40% für Polen, woraus die Deutschen ableiteten, das Abstimmungsgebiet müsse beim Reich verbleiben. Um Tatsachen zu schaffen, besetzten polnische „Insurgenten" die von ihnen beanspruchten Gebiete. Nachdem am 21. Mai 1921 oberschlesische Selbstschutzeinheiten, unterstützt von rechtsnationalistischen Freikorpsangehörigen vor

1 Barbara Boock, Deutsches Volksliedarchiv Freiburg und Dr. Elisabeth Fendl, Johannes-Künzig-Institut Freiburg, sei für Recherchen herzlich gedankt, weiter den Oberschlesien-Spezialisten Prof. Dr. Waldemar Grosch, Dr. Juliane Haubold-Stolle, Dr. Ulrich Schmilewski, Kulturwerk Schlesien in Würzburg und Dr. Tobias Weger, Bundesinstitut für Kultur und Geschichte der Deutschen im östlichen Europa.

2 Reichsrundfunk 1942/43, H. 16, 1.11.1942.

3 Waldemar Grosch, Deutsche und polnische Propaganda in der Zeit der Aufstände und des Plebiszits, in: Kai Struve, Oberschlesien nach dem Ersten Weltkrieg, Marburg 2003, S. 63–95, S. 78. – Juliane Haubold-Stolle, Mythos Oberschlesien. Der Kampf um die Erinnerung in Deutschland und Polen 1919–1956, Diss. Göttingen, Osnabrück 2008, S. 47–65. – Dies., Der heilige Berg Oberschlesiens. Der Sankt Annaberg als Erinnerungsort, in: Marek Czaplinski/Hans-Joachim Hahn/Tobias Weger (Hgg.), Schlesische Erinnerungsorte. Gedächtnis und Identität einer mitteleuropäischen Region, Görlitz 2005, S. 201–220, 201, Anm. 3.

4 Haubold-Stolle, Mythos Oberschlesien, S. 9. – Juliane Haubold-Stolle, Mythos Oberschlesien in der Weimarer Republik. Die Mythisierung der oberschlesischen Freikorpskämpfe und der „Abstimmungszeit" (1919–1921) im Deutschland der Zwischenkriegszeit, in: Heidi Hein-Kircher/Hans Henning Hahn, Politische Mythen im 19. und 20. Jahrhundert in Mittel- und Osteuropa, Marburg 2006, S. 279–299, 281.

allem aus Bayern, den Annaberg, als für beide Seiten symbolisch wichtigen Ort zurückeroberten, stoppte die Reichsregierung weitere militärische Aktionen. Der Völkerbund entschied am 20. Oktober 1921 die Teilung des ostoberschlesischen Industriereviers, was am 15. Mai 1922 ratifiziert wurde. Der „Sturm auf den Annaberg" wurde in den folgenden Jahren über Oberschlesien hinaus zum nationalen Heldenmythos aufgebaut, 1934 errichteten die Nationalsozialisten den gefallenen Deutschen am Annaberg ein monumentales Ehrenmal und eine an antike Theater erinnernde „Thingstätte".

Die deutsche und polnische Propaganda des „Abstimmungskampfes" (1919–1921) ist gut untersucht.[5] Auch wenn nationale Argumente eine Rolle spielten, so haben doch auf beiden Seiten wirtschaftliche und somit soziale Gesichtspunkte die Entscheidung bestimmt. Bis dahin war ein großer Teil der Oberschlesier national indifferent und in erster Linie regional und konfessionell orientiert.[6] Dass ein „Volkstumskampf" zwischen „Deutschen" und „Polen" in Oberschlesien tobte, ist spätere Deutung.[7]

Eine scherzhaft „Oberschlesische National Hymne" überschriebene Liedpostkarte, die 1912 verschickt wurde, bezeugt die von Volkstumsgegensätzen unbelastete gesamtoberschlesische Identität. Die „Hymne", ein Spottlied nach einer Tanzmelodie im Mazurka-Rhythmus, handelt im Stil von Ortsneckversen vom Suff und seinen (dem Reim geschuldeten) örtlichen Besonderheiten: „Schwien- Schwien- Schwientochlowitz, – Königshütte, Kattowitz, Beuthen [Variante: Ruda], Zabrze [der alte Name von Hindenburg], Morgenrot – Da soff' sich schon mancher tot", verkündet der erste von zehn Vierzeilern.[8]

Lieder aus der „Abstimmungszeit"

Im Vorfeld der oberschlesischen Abstimmung wurden Unmengen an Flugblättern, Plakaten und Broschüren eingesetzt,[9] Propaganda in Liedform, wie auf den folgenden Liedpostkarten, dürfte eine untergeordnete Rolle gespielt haben. Der „Gruß an die Heimattreuen", von K. Braunisch, opus 30, in Form eines hier einstimmig abgedruckten Sängergrußes, ist ein an die Sängerschaft im ganzen Reich gerichtetes hymnisches Bekenntnis zum Deutschtum: „Deutsch bleibt die Heimat, die Ostermark!". Die Postkarten-Rückseite setzt die Eingangsverse unter eine Oberschlesienlandschaft, in der agrarische und industrielle Welt harmonisch verbunden scheinen. Josef Kowalczyks „Gruß an Oberschlesien" mutet mit dem Eingang: „Mein Heimatland, mein Oberschlesien" wie ein Vorläufer unseres Liedes an: „Treu wie unsre Väter stehn wir alle Zeit zum Deutschen Reich in Einigkeit. Heimat, schöne Heimat, o bleibe

5 Waldemar Grosch, Deutsche und polnische Propaganda des Abstimmungskampfes in Oberschlesien 1919–1921, Diss. Mainz (Veröffentlichungen der Forschungsstelle Ostmitteleuropa), Dortmund 2002.

6 Haubold-Stolle, Mythos Oberschlesien, S. 47f.

7 Grosch, Plebiszit, S. 95.

8 Eingangsvers volkstümlich bis heute: http://www.oberschlesien-aktuell.de/cd-shop/2schnurren1.htm (1.10.2009). Der Reim auf den Ortsnamen „Morgenrot" präfiguriert in Wilhelm Hauffs populärem Soldatenlied „Morgenrot, Morgenrot, leuchtest mir zum frühen Tod". Von der Popularität des Liedes im Ersten Weltkrieg zeugen Postkarten, die jeweils eine Strophe illustrieren und als sechsteilige Serie das gesamte Lied dokumentieren; vgl. Heidrun Alzheimer, Religiöse Lieder im Ersten Weltkrieg, in: dies. (Hg.), Glaubenssache Krieg. Religiöse Motive auf Bildpostkarten des Ersten Weltkriegs (Schriften und Kataloge des Fränkischen Freilandmuseums, Bd. 55). Bad Windsheim 2009, S. 107–130, hier bes. S. 109. – Vgl. Horst Bienek, Beschreibung einer Provinz. Aufzeichnungen, Materialien, Dokumente, München/Wien 1983, S. 97: „Kohlengrube, Wirtshaus, Kirche, Bett – das sind die vier Pfosten des oberschlesischen Baldachins, oder drastischer gesagt: Arbeiten, Saufen, Beten, Ficken – damit war er eigentlich glücklich".

9 Grosch, Plebiszit, S. 94f.

Unser Rundfunklied

Oberschlesienlied

Worte: E. Wieczorek — Melodie: Herms Niel

1. O - ber- schlesien ist mein lie - bes Hei - mat - land, 1
wo man schaut vom An - na - berg ins wei - te Land, 1
wo die Men-schen blie - ben deutsch in schwe - rer Zeit. 1
Für dies Land zu kämp-fen, bin ich stets be - reit. 1
Für dies Land zu kämp - fen, bin ich stets be - reit. 1

2. Wo die Schalen sausen in den Schacht hinein,
wo der dunkle Himmel glüht im Feuerschein,
wo die Häuser grau und hell die Herzen sind,
dorthin ist mein Sehnen, bis ich Ruhe find!

3. Wo die Kumpels schaun dem Tod ins Angesicht,
wo die Mädchen lieblich und die Frauen schlicht,
wo an dunkler Halde steht mein Vaterhaus,
dort ist meine Heimat, da bin ich zu Haus.

4. Wo der Wind der weiten Wälder Wipfel wiegt,
wo verträumt und einsam manches Schlößchen liegt,
wo Schlageter kämpfte gegen Polenwut,
Heimat, liebe Heimat, dir gehört mein Blut.

5. Zwanzig Jahre litt'st du in der Polenzeit,
bis der Führer endlich hat auch dich befreit.
Nun halt ihm die Treue, oberschlesisch Land!
Oberschlesiens Menschen sind als treu bekannt.

Mit Genehmigung des Musikverlages Wilke & Co. K.G., Berlin-Wilmersdorf

Abb. 1: Das „Oberschlesienlied", am 1. November 1942 veröffentlicht in der Zeitschrift „Reichsrundfunk".

deutsch!“ Bei aller Emphase sind das eher papierene Bekenntnisse als Lieder, die zum volkstümlichen Gesang taugen.

Gesungen wurde das „Oberschlesier-Lied“, das Alfons Perlick, Mittelschullehrer und später Volkskundedozent an der Pädagogischen Akademie in Beuthen, aus dem Abstimmungskampf in Beuthen mitteilt: „An der Grenze, nah an Polen, an der Iser kühlem Strand schmachten viele deutschen Brüder für ein Oberschlesierland“.[10] Das gleiche „Oberschlesier-Lied“, wie es auch hier heißt, findet sich bereits im ersten Jahrbuch für Volksliedforschung 1928. Alfred Wirth hatte das Lied mit fünf Strophen, die das Schicksal der Deutschen beklagen, 1927 in Dessau aufgezeichnet und vermutet, dass es beim oberschlesischen Grenzschutz entstanden sei. Als echte „Volkspoesie“, im schlichten Gewand des formelhaften Bänkelsängerliedes, ist es auf die Melodie des in Deutschland damals (auch als Tanzmusik) populären russischen Liedes „Stenka Rasin“ verfasst.[11] In Perlicks Aufzählung von „Schutz- und Trutzgesängen“ aus der „oberschlesischen Selbstschutzzeit“ kommen unserem „Oberschlesien ist mein liebes Heimatland“ vergleichbare Lieder nicht vor.[12] Spuren von Liedern der Abstimmungszeit möchte man im 1936 aufgelegten Liederbuch der „Heimattreuen“ vermuten. Es hält die zum geselligen Singen benötigten „Heimatlieder“ bereit, in der Hauptsache populären Melodien unterlegte Kontrafakturen. Kurios erscheint heute ein „Oberschlesisches Wallfahrtslied“ auf Valentin Beckers Melodie zu Viktor von Scheffels „Frankenfahrt“. Der Oberschlesienmythos in volkstümlicher Brechung ist darin enthalten:

1. Wohlauf die Luft geht frisch und rein, wir woll’n zur Heimat fahren; wie ist es doch so schön und fein, zuhaus zu sein nach Jahren. Die Heimat ruft zu jeder Zeit: „Kommt Kinder, kommt nur alle; bei mir ist alles stets bereit in meiner großen Halle“.
2. Ja, unser liebes Heimatland, das Land, wo wir geboren, das Land am schönen Oderstrand, sei stets zu Ruhm erkoren. Wir fahren hin und hören dort die Laute, die uns eigen; wir sehen manchen lieben Ort, den wir den Kindern zeigen.
3. Dorfkirchlein winken lieb und traut im grünen Schmuck der Bäume, in alter Zeit aus Holz gebaut, die Zeugen uns’rer Träume; darunter manches stille Grab, der heimgegang’nen Lieben, das in der Fremde auch, fernab, uns Heiligtum geblieben.
4. Wir seh’n die Felder, blüh’nde Au’n, so treu mit Fleiß geheget, wohin die Augen staunend schau’n, die Eltern haben sie gepfleget; und was sie hier mit treuem Fleiß, mit ihrer Kraft geschaffen, das darf doch wohl um keinen Preis der Feinde Gier erraffen.
5. Wir sehen da den Annaberg, den alten stolzen Recken; er soll uns stets zum heil’gen Werk Herz und Gewissen wecken. Wallfahrer woll’n wir alle sein und immer wieder schwören, daß auch die Nachwelt allezeit von uns’rer Treu soll hören.“[13]

---

10 Alfons Perlick, Das Soldatenlied des Oberschlesiers, in: Der Oberschlesier 24 (1942), S. 92–96, S. 94: „Nicht zu übersehen sind in der Nachkriegszeit die Kampflieder aus den Reihen der oberschlesischen Selbstschutzleute. Ihnen wird zu gegebener Zeit eine zusammenhängende Beachtung zuteil werden müssen.“

11 Alfred Wirth, Oberschlesier-Lied, in: Jb. f. Volksliedforschung 1 (1928), S. 180f., bringt zum Vergleich zwei 1926 aufgezeichnete Fassungen.

12 „Jede Truppe hatte ihren eigenen Dichter, ihre eigenen Fassungen. Im Bereich der von Oberleutnant Karl Bergerhoff geführten ‚Schwarzen Schar‘ waren z. B. folgende Lieder heimisch: ‚Kameraden, tretet in unseren Bund...‘ (Bundeslied), ‚Was kommt dort heran in geschloss’nen Reih’n mit mächtigen Schritten gezogen?‘ (‚Das Schwarze Korps‘), ‚Ein Schreckensruf gellt durch das Land‘ (‚Lied der Schwarzen Schar‘). Aus der Beuthener Einsatzgruppe stammt das ‚Oberschlesier-Lied‘: ‚An der Grenze, nah an Polen, an der Iser kühlem Strand ...‘. Für die Beuthener Selbstschutzkämpfer schuf der 1939 im Kampf gegen Polen gefallene Selbstschutzführer Willi Pisarski eine Reihe von Liedtexten, die seinerzeit zum festen Liedbestand der Beuthener Stürme gehörten.“ Perlick, Soldatenlied, S. 94.

13 Liederbuch, hg. v. Bund heimattreuer Schlesier e. V. (Vereinigte Oberschlesier und Schlesier), Berlin [1936], S. 13f.

Volkstumsarbeit durch Volksliedpflege

1932 gab der Bezirksausschuss für Jugendpflege und das Landesjugendamt der Provinz Oberschlesien ein lange geplantes Oberschlesien-Liederbuch mit den Titel „Glückauf mein Oberschlesien!" heraus. Beabsichtigt ist „für deutsche Art und deutsches Wesen die Jugend begeistern", wie es im Vorwort heißt. Bemühungen um das „echte Volkslied", das die Singbewegung um Klemens Neumann in der katholischen Volksbildungsarbeit einsetzte,[14] wurden in der Amtszeit des Oberpräsidenten Hans Lukaschek von Oberschlesiens Regierungs- und Jugendpflegebehörden unterstützt.[15] Der Pädagoge und Volksliedenthusiast Hermann Fuhrich überzeugt von der „gemeinschaftsbildenen Kraft der Musik", führte um 1930 Singwochen in ganz Oberschlesien durch. Im „Heimgarten" zu Neisse hatte die Regierung eine „Beratungsstelle für Volksmusik" eingerichtet, die Singwochen und Volkstanzlehrgänge veranstaltete.[16] Bemerkenswert an dem volkspädagogisch engagierten Liederbuch ist die Liedauswahl bei den Heimatliedern, die unter dem Motto „Traute Heimat" in folgende drei Gruppen geordnet sind: a) „Eichendorfflieder", b) „Aus dem Oberschlesischen Volksliedarchiv", c) „Andere oberschlesische und schlesische Lieder". Die Eichendorff-Abteilung, darin drei Vertonungen Mendelssohns,[17] ist gesamtdeutsches Bildungsgut und mehr noch: „Eichendorff in Schlesien – das ist nicht Literatur. Es ist Volksgut".[18]

Die zweite, mit drei Liedern kleinste Abteilung, bestückte das von Alfons Perlick geleitete Volksliedarchiv. Sie bietet jüngste Aufzeichnungen aus dem Repertoire oberschlesischer Volkssänger- und -sängerinnen. Bei dem verbreiteten: „An der Weichsel gegen Osten",[19] ist das Reimwort: „Ei, wohin du schöne Rose, ei wohin du Himmelsknospe?", zeitgemäß umgesungen zu „... du Heimatlose". Aktuell ist auch die letzte Strophe: „An der Grenze steh'n die Feinde, und wir haben wenig Freunde".[20] Oberschlesisch-polnische Lieder sucht man vergebens.

Durch Heimatbewegung, Grenzkampf und die neue gesamtschlesische Stammesideologie motiviert ist die dritte und größte Abteilung, die am wenigsten zum Geist der Jugendbewegung zu passen scheint. Sie bedient sich aus dem Kanon (offizieller) Heimatlieder und stellt dazu einige, seit der Abstimmung entstandene, welche die aktuelle Grenz- und Flüchtlingsproblematik im Pathos der Heimatlyrik anprangern: „Hultschin, mein Heimatland", mit der dritten Strophe: „Dort, wo ein kleines Völklein einigt der deutschen Sprache festes Band, um

14 Das Buch ist Dr. Klemens Neumann (1873–1928), dem „Spielmann der oberschlesischen Jugend" gewidmet. Er war einer der drei katholischen Priester, welche die mit Burg Rothenfels in Mainfranken verbundene katholische Jugendbewegung „Quickborn" gründeten. Glückauf mein Oberschlesien! Liederbuch für die oberschlesische Jugend, o. Ort 1932, S. 6.

15 Dr. Hans Lukaschek (1885–1960), oberschlesischer Katholik und deutscher Nationalist, war als Zentrumspolitiker Oberbürgermeister von Hindenburg, bevor er 1929 Oberpräsident von Oberschlesien wurde; 1933 von den Nationalsozialisten seines Amtes enthoben; 1949–1953 erster Bundesvertriebenenminister.

16 Hermann Fuhrich, Sang und Klang in oberschlesischen Jugendvereinen, in: Der Oberschlesier 12 (1930), S. 793–795. Maria Schega, Aus der Volkstanzbewegung in Oberschesien, ebd. S. 797f. „Staatlich geförderte Jugendpflege" ist das Thema des Novemberhefts der Zs. „Der Oberschlesier", 1919 als Kampfblatt der Abstimmungszeit begründet und herausgegeben von dem Lehrer Karl Sczodrok (Schodrok), später Leiter des Kulturwerks Schlesien, Würzburg. Sein Nachfolger im Kulturwerk war Alfons Hayduk.

17 1942 vertonte Fritz Lubrich, Kattowitz, Eichendorffs „O Täler weit, o Höhen" neu, möglicherweise in offiziellem Auftrag, um Mendelssohn-Bartholdys berühmtes Chorlied zu ersetzen. In den Auflagen 1953 und 1958 des Liederbuchs „Wie's daheim war" (Anm. 42) ist Lubrichs Komposition vor der Mendelssohns platziert.

18 Bienek, Aufzeichnungen, S. 127.

19 Soldatenlied des Ersten Weltkriegs; 1933 Rundfunkpausenzeichen von Danzig. Das Deutsche Volkslied 36 (1933), S. 46.

20 Glückauf, S. 23f. Die anderen Lieder: Lob des Wassertrinkens und Tanzlied „Dort auf den Rummelshöhn geht's lustig zu", bei der bäuerlichen Jugend beliebt, hier in oberschlesischer Verortung. Vgl. Otto Mahr, Das Volkslied im bäuerlichen Jahr der Rhön, Frankfurt a. M. 1939, S. 58.

seine Zukunft bangt und ringet, da ist Hultschin, mein Heimatland!“[21] Romantische Landschaftsbilder wie: „Du oberschlesische Heimat, du wälderrauschendes Land“[22] und Franz Hoffbauers „Goldene Felder, blauende Wälder gab dir der Himmel als köstliches Pfand“,[23] finden kontrastierende Entsprechungen in unansehnlichen Industrielandschaften: „... Bist du auch arm an Reizen, verachtet und verkannt, doch mir vor allen teuer, mein oberschlesisch Land. Ob deinem Schlotenwalde wehn Rauch und Ruß im Wind, es reckt sich grau die Halde, wo Berggeists Reich beginnt. Du zeigst im Tageslichte dich rauchgeschwärzt, bestaubt, doch eine Lichterkrone setzt dir die Nacht aufs Haupt, und Hüttenfeuergluten loh'n auf am Himmelsrand, – wie bist du dann so herrlich, mein oberschlesisch Land!“[24] Das Heimatliedkapitel schließt mit dem „Schwur“, einem offiziell verbreiteten Lied, das die Überwindung der Teilung Oberschlesiens zum Thema hat: „Und reißt ihr uns auch hart entzwei durch Grenzen und durch Schranken“, und welches mit dem Schwur endet: „Kein Grenzpfahl soll uns trennen“. Unverändert, aber in neuer Bedeutung, gehört es bis heute zum Liedbestand der Landsmannschaft der Oberschlesier.[25]

Das „Oberschlesienlied“

Emil Wieczorek arbeitet für das „Oberschlesienlied“ 1941 mit Begriffen der Oberschlesien-Propaganda.[26] Dabei verwendet er bekannte Bilder und Themen. Über weite Strecken werden gefühliger Heimatton und Du-Anrede der Heimatlyrik vermieden, nicht jedoch die stereotype Einleitungsfloskel „wo ...“, mit der die meisten Bilder lakonisch in einer Zeile entwickelt werden (Abb. 1). Bisweilen wirken sie unverbunden aneinandergereiht. Bereits im ersten Wort wird das Objekt der Heimatliebe genannt, verbunden mit dem assoziationsmächtigen Namen „Annaberg“, der nicht nur vordergründig höchste Erhebung und Aussichtspunkt ist wie die Berge in Nachdichtungen anderer Regionen, sondern als „Heiliger Berg“ Synonym der Heimat Oberschlesien, aufgeladen in den Zeiten des Kulturkampfs über die Verknüpfung von Heimat und katholischer Religion mit religiöser Symbolik, und seit dem 20. Jahrhundert mit der des nationalen Grenzkampfs.[27] Die Nennung des Namens evoziert den Annabergmythos,

21 Glückauf, S. 26. Das Lied von Hermann Janosch eröffnet die Abteilung (S. 26–48), nach 1945 hat er die dritte Strophe ausgetauscht. Janosch, geb. am 13.3.1892, war ab 1929 Lehrer an der Kath. St. Johannisschule (Volksschule) in Ratibor (Hinweis Tobias Weger).

22 Glückauf, S. 28–31 zweifach vertont.

23 Glückauf, S. 42–46, zwei Vertonungen.

24 Glückauf, S. 36, Textanfang: „Wohl gibt's auf Gottes Erde der schönen Länder viel, doch eins nur ist die Heimat, ist unser Sehnsucht Ziel“. Text: Hermann Kirchner, Mel.: Paul Grabowski. Der „Bund Deutscher Osten“ arbeitete gegen dieses Image: „Landschaftlich gesehen ist Oberschlesien ein reizvolles Land, das in dem Gegensatz seiner Landschaften viele Schönheiten bietet und nicht, wie man es so oft hört, „das Land der Schlote und der Halden“ ist. Franz Flott [Andreas Pampuch], Oberschlesische Fragen, Breslau 1937, S. 5.

25 Glückauf, S. 48. Hervorgegangen aus einem Wettbewerb des Landeshauptmanns von Oberschlesien für ein „Nationales Heimatlied“; das Lied von Benno Hein in der Vertonung Hugo Wieczoreks, wurde 1934 in ein nationalsozialistisches Liederbuch für den Schulgebrauch aufgenommen: Hans Fischer, Deutschland über alles! Lieder der nationalen Erhebung, in ein- bis dreistimmigem Satz als Ergänzung zum Schulgesangbuch [o.O. 1934].

26 Zur Identität Emil Wieczoreks, in der Online-Dokumentation der GEMA neben dem Komponisten Herms Niel als Textautor genannt, bisher kein Hinweis. Fred Prieberg, Handbuch Deutsche Musiker 1933–1945, [DVD 2005] erwähnt ein weiteres Lied von Herms Niel, zu dem Wieczorek den Text lieferte: „Der Bergmann ist wie ein Soldat“ und eine Textbearbeitung des Schlesierlieds „Kehr ich einst zur Heimat wieder“.

27 Andreas Pampuch (1903–1983), gebürtiger Oberschlesier, Lehramtsstudium, Promotion zu Thema der Geographie: Die Entwicklung der polnischen Minderheit in den deutschen Ostgebieten, insbesondere in Oberschlesien, Diss. Breslau 1937, hat in den späten 1930er Jahren (meist unter Pseudonym Franz Flott) für den Bund Deutscher Osten, Niederschlesien, propagandistische Schriften und Schulungsbriefen, speziell für die Jugend und den Gebrauch an Schulen verfasst; 1941 beteiligt an Umsiedlungsaktion in Bessarabien. Aus Kurzrezension

der für die Treue zu Deutschland und, daraus erwachsend, die Kampfbereitschaft steht, die auch die Strophen vier und fünf thematisieren.

Den Menschen des Landes werden deutsche Tugenden zugeschrieben: Heldenhaft in Todesgefahr arbeiten die Männer im Industrierevier, lieblich und schlicht sind Mädchen und Frauen. Die Herzen sind hell im Gegensatz zum Grau der Häuser. Als herausragendes Charakteristikum der Oberschlesier wird ihre Treue gepriesen: sie „blieben deutsch in schwerer Zeit".[28]

Die vierte Strophe beschwört mit der Aneinanderreihung stabreimender Worte ein Idyll Eichendorffscher Anmutung. Mit dem Hetzwort „Polenwut" wird die Bedrohung von außen und mit dem Namen „Schlageter" erneut der Annabergmythos in Erinnerung gerufen. Albert Schlageter, der von den Nationalsozialisten als Märtyrer und „Erster Soldat des Dritten Reichs" vereinnahmte Freikorpskämpfer, steht stellvertretend für die aus dem Reich zu Hilfe gerufenen Freiwilligen, die durch ihr soldatisches Vorbild die Verpflichtung zum Grenzkampf bis zum Tod einfordern. Das Ende des 20-jährigen Leidens und die endgültige „Befreiung" durch den „Führer" thematisiert die letzte Strophe, woraus sich umgekehrt die Verpflichtung zu künftiger Treue ihm gegenüber ergibt. Der Überfall auf Polen und die kriegerische Fortsetzung des „Volkstumskampfes", den die Schlesienpropaganda vorbereitete, erwiesen sich in der Realität als Vernichtungskrieg gegen Polen. Oberschlesien war nach der Besetzung Polens kein Grenzland mehr, als das Lied im zweiten Jahr nach der „Befreiung" vermutlich für den 20. Jahrestag der Abstimmung in Auftrag gegeben wurde. 1941 wurde das Werk nach Auskunft der GEMA bei der damaligen Verwertungsgesellschaft STAGMA gemeldet.[29]

Ein Marschlied von Herms Niel

Für die Melodie wurde in Herms Niel einer der produktivsten Marsch-Komponisten des Dritten Reichs gewonnen.[30] Daraus könnte man schließen, dass das Lied seine Entstehung einem offiziellen Auftrag verdankt.[31] Herms Niel, den Joseph Goebbels „Gestalter unserer

zu dem von ihm herausgegebenen Buch Heimkehr der Bessarabiendeutschen, Breslau 1941: „In diesem ... Werk wird mehr als ein Zeitdokument und ein Ausschnitt aus der Neuordnung des Ostens gegeben. Im Mittelpunkt des Ganzen steht bei aller wissenschaftlichen Fundierung das frische und lebendige Umsiedlungs-Erlebnis Pampuchs, eines Oberschlesiers aus dem Kreise Oppeln, der z. Z. als Kulturdezernent beim Landeshauptmann in Breslau tätig ist." Der Oberschlesier 24 (1942) NF, S. 27. – Zum Annabergmythos: Franz Flott, Annaberg (Schriftenreihe des Bundes Deutscher Osten, Breslau), Breslau 1938, S. 3: „Der Annaberg ist ... bekannt als das Symbol eines unbeugsamen deutschen Freiheitswillens und als das Symbol deutscher Stärke und deutschen Siegens ... [A]ls im Jahre 1921 die polnischen Insurgenten das Land überfluteten und ein schwacher Staat keine Hilfe geben konnte, standen die Besten der Nation einer mehrfachen Übermacht gegenüber und haben mit ihrem Herzblut die deutsche Ehre gerettet, standen fest und stürmten gegen eine Übermacht den Annaberg ... Beseelt von dem Geiste, deutsche Ehre und deutsches Soldatentum zu tragen und deutsches Land zu verteidigen, haben sie den Kampf aufgenommen." – Pampuch war von 1955–1970 unterfränkischer Bezirksheimatpfleger und Lehrbeauftragter an der pädagogischen Hochschule Würzburg. Vgl. Heidrun Alzheimer, Volkskunde in Bayern (VVK 50), Würzburg 1991, S. 200.

28 Der Abstimmungssieg als Beweis der deutschen Treue Oberschlesiens bei gleichzeitiger Betonung der Leiden unter dem Terror der Polen und Alliierten war in beinahe allen Kreisen der oberschlesischen Gesellschaft Konsens. Haubold, Mythos Oberschlesien, S. 159.

29 In einem übersetzten Artikel der Gazeta Wyborcza, v. 18./19.9.2004 steht ohne Quellenbeleg die Behauptung, dass das Lied „anlässlich der Übernahme des polnischen Teils Ostoberschlesiens 1939 angekauft und in den späteren Jahren den Schülern und Mitgliedern der NSDAP-Jugendorganisationen aufgezwungen wurde." URL http://www.haus.pl/de/presse/presse72.html (20.5.2009)

30 Herms Niel (1888–1954), leitete den Reichsmusikzug und den Reichsspielmannszug des Reichsarbeitsdienstes. Manfred Seifert, Lied und Musik im Reichsarbeitsdienst, in: Günther Noll (Hg.), Musikalische Volkskultur und die politische Macht, Essen 1994, S. 402–436, 407.

31 Die Gauleitung des seit 1941 neu entstandenen Gaus Oberschlesien käme als Auftraggeber in Betracht.

populärsten Masssenkriegsgesänge“ nannte, hat im Auftrag der NS Führung Lieder zu den „Feldzügen“ in Frankreich, Russland und im Balkan geliefert. Seine Marschlieder erreichten im Zweiten Weltkrieg größte Popularität.[32] Nachdem das „Oberschlesienlied“ am 9. Mai 1942 vom Reichsmusikzug des Reichsarbeitsdiensts unter Leitung von Herms Niel, auf Schallplatte aufgenommen worden war,[33] druckte es die Zeitschrift „Reichsrundfunk“ am 1. November 1942 ab.[34] Bis da dürfte es reichsweit mehrfach gesendet worden sein. Das Lied im Marschliedtempo folgt einem ebenso einfachen wie raffinierten musikalischen Schema, das so eingängig ist, dass es auch im Volksgesang bis heute unverändert blieb. Lediglich die beiden ersten Takte, von der Quint zur Terz und zurück zur Quint, wurden verschliffen zum stufenweisen Abstieg auf die Terz, die dann zwei Takte repetierend beibehalten wird.[35] Damit haben die SängerInnen die Symmetrie hergestellt, die ihnen der Eingang der zweiten Zeile nahelegt, als Antwort auf die Melodiephrase der ersten Zeile, die von der Sekund zur Quart aufsteigt und diese repetiert. Auf den Schlusston jeder – auch rhythmisch gleichen – achttaktigen Phrase folgt die typische Marschliedpause („zwo, drei, vier“). Jede neue Phrase beginnt mit einer punktierten Note auf dem Ton, mit dem die vorhergehende endete. Für die musikalische Steigerung in der Wiederholung der vierten Textzeile ist die melodisch-rhythmischen Struktur verändert: Die Melodie wird über den höchsten Ton mit zwei langen Noten im dritten und vierten Takt – in der ersten Strophe fallen sie auf das Wort „kämpfen“, in der dritten und vierten auf „Heimat“ – zurück zur Oktav geführt, in die auch die Schlusswendung auflöst. Einen Eindruck von dem „Kampflied“ vermittelt das Arrangement Erich Gutzeits, das auf der Schallplatte zu hören ist. Die instrumentale Einleitung zitiert, bevor der Gesang einsetzt, die Anfangstakte des Friedrich dem Großen zugeschriebenen Hohenfriedberger Marsches „Auf Ansbach-Dragoner! Auf Ansbach-Bayreuth“ und ruft – leicht zu dechiffrieren – glorreiche, mit Schlesien verbundene Siege der Vergangenheit in Erinnerung. Wer darin den Königgrätzer Marsch erkennt, liegt auch richtig, denn Gottfried Piefkes Marsch von 1866 verwendet den Hohenfriedberger als Trio und erinnert damit an die Siege Friedrichs II. über die Österreicher. Den soldatisch zackigen Männergesang begleiten virtuose Klarinettenläufe, in die Marschliedpausen spielen Horn- und Trompetensignale. Das alles erzeugt eine Wirkung, der man sich schwer entziehen kann. Das Marschlied, eine Mischung aus Soldatenlied und Volkslied, lieferte die „Begleitmusik des Krieges“, wie Axel Jockwer in seiner Dissertation zur Unterhaltungsmusik im Dritten Reich treffend formuliert.[36] Schlagerähnlich etablierte es sich als ein neues „Volkslied“,[37] das bis in die volkstümliche Musik unserer Tage nachwirkt.

---

32 „Herms Niel, der Komponist des Engelandliedes, hat uns im Laufe der Jahre weit über ein halbes Hundert Märsche und Soldatenlieder geschenkt. Im 69. Wunschkonzert für die Wehrmacht dirigierte er sein neues Balkanlied, zu dem Heinrich Anacker den Text schrieb.“ „Reichsrundfunk“, H. 3 vom 27. 4. 1941, Titelunterschrift.

33 Politische Musik in der Zeit des Nationalsozialismus. Ein Verzeichnis der Tondokumente (1933–1945). Zusammengestellt und bearb. v. Marion Gillum/Jörg Wyrschowy. Potsdam 2000, Nr. 356, DRA: 1621031-25.

34 Rubrik: „Unser Rundfunklied“; in den 51 durchgesehenen Heften 1941/42 und 1942/43 finden sich fast durchgehend (neu gemachte) Soldaten- und Kriegslieder, zehn von Herms Niel, meist, wie das „Oberschlesienlied“, im Marschliedrhythmus.

35 Die zusätzliche Betonung auf der letzten Silbe von „Oberschlesien“, die im Original durch den Terzsprung nach oben entsteht, ist so gemildert. Daraus spitzfindig den Begriff „Volksweise“ abzuleiten, gehört zur Nachkriegsgeschichte des Liedes (vgl. Anm. 45).

36 Axel Jockwer, Unterhaltungsmusik im Dritten Reich [Diss. Konstanz: http://nbn-resolving.de/urn:nbn:de:bsz:352-opus-14740] 2005, S. 182. Jockwer bezeichnet das Marschlied als „das einzige wirklich spezifische musikalische Vermächtnis des Nationalsozialismus“, S. 563.

37 Werner Mezger, Schlager. Versuch einer Gesamtdarstellung unter besonderer Berücksichtigung des Musikmarktes der BRD, Tübingen 1975, S. 132.

Umdeutungen nach 1945

Verständlich, dass man das Lied nach 1945 nicht aufgeben wollte. Neu „in Betrieb" genommen wurde es im Umkreis der Vertriebenenverbände, der Landsmannschaft der Oberschlesier. Beim ersten Oberschlesiertreffen, Pfingsten 1951 in Bottrop, an dem auch der oberschlesischen Volksabstimmung vor 30 Jahren gedacht wurde, spielte es offiziell keine Rolle.[38] 1952, beim zweiten Treffen in Iserlohn, ist es im Programmablauf des Heimatabends als „Musikalischer Auftakt" vorgesehen und im Programmheft ein neugefasster Text mit drei Strophen abgedruckt.[39] Die Neufassung trägt der Situation nach „Flucht und Vertreibung" Rechnung. Aus den Passagen des „Kampflieds", die ihren Sinn aus dem Gedenken an die Abstimmungszeit beziehen und im Präteritum stehen, wurde das Bekenntnis zur immerwährenden Heimat, das in der Sprache die Gegenwartsform erfordert. Aus „blieben deutsch in schwerer Zeit" wurde „bleiben treu in schwerster Zeit", aus „für dies Land zu kämpfen" wird „... leben ...". Die Strophen zwei und drei sind unverändert. Diese Fassung findet sich auch in einem als Manuskriptdruck von der Landsmannschaft Schlesien herausgegebenen Liedertextheft „Wie's daheim war",[40] sowie in dem 1952 vom St. Hedwigswerk herausgegebenen Büchlein „Singende Heimat", dort erstmals mit Noten und der Angabe „Volksweise", die anonyme Entstehung suggeriert.[41]

1953 erschien ein Oberschlesier-Liederbuch „Wie's daheim war".[42] Dafür hatten die Bearbeiter die drei Strophen der Nachkriegsfassung sprachlich überarbeitet und aus den Strophen vier und fünf nicht mehr zeitgemäße Wendungen entfernt. Anstelle von: „wo Schlageter kämpfte gegen Polenwut" reimte sich jetzt: „wo im Odertale liegt so manches Gut" auf: „Heimat, liebe Heimat dir gehört mein Blut". Die fünfte Strophe: „Zwanzig Jahre litt'st du ..." heißt nun: „Bitter ist dein Leiden in der jetz'gen Zeit, bis der Tag wird kommen, der auch dich befreit." Weiter heißt es, in der Verkehrung von Subjekt und Objekt, anstelle von: „Nun halt ihm [dem Führer] die Treue, oberschlesisch Land!" jetzt: „Wahrt ihm nur die Treu, dem Oberschlesierland". Die auf Rückkehr gerichtete sechste Strophe hat wie die fünfte die gegenseitige Treue zum Thema: „Kehren wir in unsere Heimat einst zurück, so bedeutet es für uns das größte Glück. Halte uns die Treue, oberschlesisch Land, wie wir in der Fremde uns zu dir bekannt." Die Melodie, wieder „Volksweise" überschrieben, ist rhythmisch verzerrt in einen Dreivierteltakt gepresst.

Die zweite Auflage 1958 hat zusätzlich eine siebte Strophe,[43] verbunden mit der ominösen Quellenangabe: „Letzte Strophe aus der oberschlesischen Abstimmungszeit von Taubstummenoberlehrer Franz Thill, Ratibor, übermittelt". Die rhythmisch wie bei Niel notierte

38 Oberschlesien, Unvergessene Heimat, Oberschlesiertreffen Pfingsten 1951 in Bottrop [o. Ort 1951]. Das Lied ist nicht abgedruckt. S. 5–7 lieferte Alfons Hayduk, Lehrer und Literat (Verfasser der BDO-Propagandaschrift „Annabergwacht" von 1938. Der Titel spielt an auf die Sage vom unsterblichen Schlesierheer im Inneren des Berges), zum Jubiläum: 700 Jahre Gleiwitz, eine Hommage an den Intelligenzstammtisch im Café Schnapka, wo Kurt Tucholsky, Leo Weismantel, Heinrich Lersch, Josef Weinheber, Hermann Stehr, Claire Waldorff und Michael Jary („Das kann doch einen Seemann nicht erschüttern") verkehrten. Der Abriss zur 30. Wiederkehr der Abstimmung, S. 69f., konstatiert Ähnlichkeiten der Situation 1921 und 1951. Die nationalsozialistische Ära ist nicht erwähnt.

39 Glück auf Oberschlesien. Bundestreffen der Oberschlesier Iserlohn 1952, unpaginiert [o. Ort 1952].

40 Ohne bibliographische Angaben, wohl 1950er Jahre: „Für den Gebrauch an Heimatabenden der Landsmannschaft Schlesien bestimmt".

41 Johannes Smaczny, Singende Heimat, Lippstadt 1952, S. 27. Ungewöhnlich ist die Notierung im 2/2 Takt, das Fehlen der punktierten Noten und die Füllung der Marschliedpausen mit langen Notenwerten.

42 Hermann Janosch/Rudolf Woide (Bearb.), „Wie's daheim war". Liederbuch der Oberschlesier, Frankfurt a. M. 1953, S. 8.

43 „Winkt der Herrgott einstens mir zur letzten Ruh, schließ ich meine wandermüden Augen zu, ist mein letztes Wort auf Erden sicherlich, Heimat, teure Heimat, ein Gebet für dich". Hermann Janosch/Rudolf Woide (Bearb.), Wie's daheim war. Liederbuch der Oberschlesier, Bonn 1958, S. 10. Die 2. erweiterte Auflage besorgte Hermann Janosch (Anm. 21).

Melodie verweist auf den gleichen Gewährsmann: „Volksweise (Aufgezeichnet: Franz Thill)".[44] Damit wollte man wohl die wahre Herkunft verschleiern. Diese Fassung, samt Anmerkungen, wurde unverändert bis in die jüngste Ausgabe des Liederbuchs 2003 beibehalten und führt in Sekundärpublikationen zu generalisierenden Angaben: „Aus Ratibor" oder: „Aufgezeichnet aus der Abstimmungszeit 1921".[45] Kurioserweise bringt die Festschrift vom dritten Oberschlesiertreffen 1953 in Nürnberg noch einmal drei Strophen der alten Fassung mit kleinen Abweichungen, die auf mündliche Tradition hindeuten.[46]

In der sowjetischen Besatzungszone gab es nur ansatzweise und informell Zusammenschlüsse der „Umsiedler", wie Flüchtlinge und Vertriebene offiziell hießen. Mit der Gründung der DDR 1949 wurde das Thema Flucht und Vertreibung tabuisiert, die Bildung von Landsmannschaften wie im Westen nicht zugelassen. Schon zu Zeiten der DDR hat sich Ernst Kiehl, gebürtiger Oberschlesier, als Volkskundler und Volksliedforscher mit der Volksmusik der Vertriebenen beschäftigt.[47] Er hat eine bitter-anklagende Kontrafaktur des „Oberschlesienliedes" aufgezeichnet, die nach dem Krieg unter den Flüchtlingen kursierte.[48] Die zweite Strophe endet: „da war meine Heimat, da war ich daheim".[49] Der Schluss ist ein Gebet: „O so hilf uns Gott aus dieser schweren Not, gib uns wieder Heimatland und Haus und Hof. Laß uns zieh'n, wo unsrer Kinder Wiege stand, wir wollen's dir danken unser Leben lang."

Die in Oberschlesien lebende deutsche Minderheit, die sich seit 1989 wieder organisiert hat und deutsche Schulen betreibt, betrachtet das Lied, im Kern die drei Strophen aus der Nachkriegstradition der Vertriebenen, als ihre Hymne.

„Mutter" vieler Heimathymnen

Auch in Franken ist das „Oberschlesierlied" früh adaptiert worden. Vor einiger Zeit fiel mir auf, dass das „Unterfrankenlied" einer Volksmusikgruppe aus Urspringen mit dem sonst nie gehörten Originaleingang gesungen wird. Die Singvorlage stammt aus einer Publikation des vormaligen Bezirksheimatpflegers von Unterfranken, Reinhard Worschech, und war, wie dieser mitteilte, in Zusammenarbeit mit dem örtlichen Lehrer und Landjugendleiter, dem heimatvertriebenen

---

44 Franz Thill, geb. am 21.9.1883, war Taubstummenoberlehrer an der Städtischen Taubstummenanstalt in Ratibor (Hinweis Tobias Weger).

45 URL http://www.oberschlesien-aktuell.de (18.1.2009): „Text aufgezeichnet von Franz Thill, 1921 in der Abstimmungszeit erstmals gesungen."
URL http://incubator.wikimedia.org/wiki/Wp/sli/Oberschl%C3%A4sing_ies_mei_liebes_Heemteland (20.5.2009): „Doas Oberschläsing ies mei liebes Heemteland oder Oberschläsingerlied (deitsch: Oberschlesien ist mein liebes Heimatland oder Oberschlesierlied) ies a Vulkslied un gilt oals de Regionalhymne der Oberschläsing. Dar Text stoammt vo dem Schriftsteller Franz Thill eim Joahre 1921."
URL http://www.nationalanthems.us/ (20.5.2009): „The „Oberschlesierlied" war [!] probably written in 1921 as a pro-German song during the referendum campaign. The author is unknown, but the already known text has first been written down by Franz Thill. The music is a popular German folk tune of unknown origin, which appears in different regions: Mecklenburg, Upper Franconia, upper Weser river area, and in a very similar form also in the popular „Nordseewellen" tune ..."

46 Oberschlesien als deutsche und europäische Verpflichtung. 3. Bundestreffen der Oberschlesier, Nürnberg 26.–28. Juni 1953, Frankfurt 1953, S. 24.

47 Ernst Kiehl, Wurzeln in anderer Erde. Eine Würdigung der kulturellen Leistungen der Flüchtlinge und Vertriebenen nach 1945 im Harz, in: Unser Harz 56 (2008), S. 143–173, zur eigenen Vita als Volksliedforscher S. 169f.

48 Ernst Kiehl, Quedlinburg, hat mir Aufzeichnungen des Liedes zur Verfügung gestellt, die er seit mehr als 40 Jahren mit dem Tonband aufgenommen und transkribiert hat. Ihm bin ich zu besonderem Dank verpflichtet.

49 Nach dem Gesang seiner Mutter, Frieda Kiehl, geb. 1907 in Oppeln. Von ihr auch eine Version des früheren „Oberschlesierliedes" mit dem in mündlicher Tradition üblichen Melodieeingang, der Umstellung „wo vom Annaberg ..." und Textabweichungen: „vertraut" statt „verträumt". Der Text des zweiten Teils der zweiten Strophe ist mit dem der dritten Strophe vertauscht, was den Sinn nicht entstellt, da die Zeilen nicht aufeinander bezogen sind.

Egerländer Alois Worschech, für das Kreiserntedankfest des Landkreises Kitzingen 1953 in Großlangheim entstanden.[50] Auf einem dem Anlass gewidmeten Erinnerungsblatt heißt es: „Melodie nach dem Oberschlesierlied von Herms Niel. Text Grebner Hannes".[51] Gepriesen wird die engere Heimat: „Unterfranken, du mein liebes Heimatland, wo die Dörflein träumen an des Maines Strand, wo im Steigerwald die alten Eichen stehn, Unterfranken, Heimat, wie bist du so schön! Heimat, liebe Heimat, wie bist du so schön!" Es folgen Landschaftsbilder wie Stationen eines Wanderwegs. Zum Schluss heißt es: „Weit ins Frankenland hinein geht unser Blick, Frankenland, du bist des Herrgotts Meisterstück! Und so muß ich's immer wieder eingestehn: Unterfranken, Heimat ...". Alle Strophen münden in den gleichen Lobpreis. Die Formel „wo ..." ist nur in der ersten Strophe angewendet. Alois Worschech, der das Heimatlied möglicherweise anregte, hat in den frühen 50er Jahren Volkslied und Volkstanz in die dörfliche Jugendarbeit eingebracht, ähnlich wie sein Lehrerkollege Hans Beier in Aschfeld (Lkrs. Main-Spessart), der, als Böhmerwäldler im „Volkstumskampf" geschult, mit dem Konzept Volkstanz – Dorftanz gegen „städtische" Modernisierungserscheinungen ankämpfen wollte.[52]

Ob Nachklang der Kriegspropaganda oder neues Heimatbewusstsein im Umkreis der Heimatvertriebenen: Das Lied und seine Melodie scheinen nach dem Zweiten Weltkrieg in ganz Deutschland weiterhin populär gewesen zu sein. Teilnehmer eines Lehrerbildungsseminars im Harz haben im Jahre 1946 auf die Melodie gedichtet: „Wo von alten Zeiten manche Sage spricht, ... da ist meine Heimat, ist mein Harzer Land". Heimatvertriebene waren beteiligt an dem bekannteren: „Grüne Berge und ein liebes, stilles Tal, Harzer Land, ich grüße dich viel tausend mal".[53] In Thüringen erfolgte die Nachdichtung möglicherweise im Zusammenhang der Tourismus-Kampagne „Grünes Herz Deutschlands", die Mitte der 1930er Jahre intensiviert wurde. Der geringeren Silbenzahl des Mottos geschuldet, wurde ein gravierender Eingriff in die Melodie vorgenommen, die in den beiden ersten Zeilen jeweils um einen Takt verkürzt ist: „Thüringen, du mein lieb Heimatland, Deutschlands grünes Herz wirst du genannt. In der Mitte steht mein Vaterhaus, von dort zog ich in die weite Welt hinaus". Horst Traut hat das Lied in seinen regionalen Varianten mehrfach aufgezeichnet.[54] Die drei Kernstrophen des Lieds verwenden allgemeine Heimattopoi, die sich leicht auf andere Landschaften übertragen lassen. „Hessenland ...", „Frankenland ..." sind dem Thüringer Lied nachgebildet, mit dem sie die erste Strophe und das Motto „Deutschlands grünes Herz" gemeinsam haben.[55] In Franken, wo jeder Regierungsbezirk vielstrophige Fassungen besitzt, scheint kleinteiliger Regionalismus Trumpf. Die für Oberfranken gebräuchlichste Version geht auf eine Neufassung des Kronacher Hobbymusikers Hans Schreiber (Jg. 1927), Bruder des ehemaligen Kreisheimatpflegers Willi Schreiber, zurück: „Oberfranken ist mein schönes Heimatland, wo der Main sich schlängelt wie ein Silberband, wo der Kuckuck ruft weit in das Tal hinaus, da ist meine Heimat, da bin ich zu Haus'", hat er 1969 mit den „Singenden Jägern" beim Bayerischen Rundfunk eingesungen. Zu finden ist sie – quasi offiziell – auf der Internetseite der Regierung

50 Den Hinweis und das gedruckte Erinnerungsblatt verdanke ich dem Sohn, Dr. Reinhard Worschech, 1972–1999 Bezirksheimatpfleger von Unterfranken. Die Melodie-Vorlage der 1950er Jahre ist nicht erhalten.

51 Hannes Grebner (1921–1971) hat neben diesem Lied auch Mundartlieder und Gedichte geschaffen. Reinhard Worschech, Hannes Grebner. Mundartliches aus Großlangheim. [Würzburg] o.J., Unterfrankenlied S. 18f.

52 Einer der originellsten Tänze Frankens kommt aus Beiers Landjugendgruppe: Armin Griebel, „Der Schlamperer" – ein fränkischer Tanz wird 50, Volksmusik in Bayern 24 (2007), S. 49–56.

53 Ernst Kiehl, Wurzeln, S. 145.

54 Horst Traut, Der Hallodri. Liedersammlung aus mündlicher und schriftlicher Überlieferung Ende des 20. Jahrhunderts im Thüringer Wald, Jena 2007, Nr. 27, und mündliche Auskunft, August 2009.

55 Einziger Beleg einer gesamtfränkischen Fassung, Wirtshausrepertoire aus dem Spessart zwischen Wertheim und Marktheidenfeld.

von Oberfranken.[56] Neben den Bamberg-Kronacher gibt es Bayreuth-Kulmbacher Fassungen, dazu in großer Zahl lokale Zusatzstrophen. Zum Kern gehört meist: „Wo Schloss Banz hoch droben auf dem Berge steht, wo man sonntags gern nach Vierzehnheil'gen geht, wo der Staffelberg weit grüßt ins Tal hinaus, da ist meine Heimat, da bin ich zu Haus."[57]

Ein anderes Schema taucht mit dem Mecklenburger Heimatlied, auf: „Wo die grünen Wiesen leuchten weit und breit, wo die Ähren wogen zu der Erntezeit, wo die Kiefernwälder stehn am Ostseestrand, da ist meine Heimat Mecklenburger Land". Die Region wird nicht als Eingangswort, sondern in jeder Strophe in der wiederholten letzten Zeile genannt. Oft bleibt der Blick eingeengt auf Teilregionen, den Landkreis, wenn das größere Ganze gemeint ist. Oder die Hymne richtet sich an einen Ort: Cadolzburg (Mfr.), Löffelsterz (Ufr.) , Haßlacherberg (Ofr.). Zufallsbelege, die nichts über die Verbreitung sagen, aber viel über ein ungebrochenes Bedürfnis, sich in Liedern auszudrücken.[58]

Nach- und Nebenklänge

Man mag an John Meiers „Herrenrecht des Volkes am Lied" denken, wenn aus den „hinteren" Hälften zweier Lieder ein Neues entsteht: Der „kopflosen" Oberschlesier-Melodie wurde, aus einem Soldatenlied,[59] ein Refrain verpasst und fertig war das Lied: „Wo die Weser einen großen Bogen macht". Der Refrain hieß: „Wir zieh'n ins Weserland, in's schöne Heimatland, ich will dich lieben bis in den Tod!" Das „Weserbogenlied" ist ebenfalls Soldatenlied und Vorlage für Umdichtungen geworden. Die bekannteste, Fußballfans bundesweit haben sie im Ohr, ist das seit den 1980er Jahren gesungene Vereinslied von Werder Bremen: „Wo die Weser einen großen Bogen macht, wo das Weserstadion strahlt in neuer Pracht, wo man trägt die allerschönsten Spiele aus, da ist Werder Bremen, da sind wir zu Haus ..." Refrain: „Wir steh'n für Werder ein, für SV Werder ein, ... unsern Verein."

Musikalisch wenig Versierte werfen diese musikalischen „Stiefkinder" mit dem „Oberschlesierlied" und seinen Ablegern in einen Topf. Lassen wir die Gedanken schweifen, so kommt uns noch eine Fußballhymne in den Sinn, die im Sommer 2009 kurz „der Aufreger" war, weil sie angeblich den Propheten Mohammed beleidigt.[60] Wie kam der Prophet ins Lied? Ein Lied des späten 18. Jahrhunderts auf die Farbe Grün, das deshalb im 20. Jahrhundert in Maibräuchen des Rheinlands auftaucht: „Grün, ach Grün, wie lieb ich dich", hat eine Strophe, die dem Propheten und seiner Farbvorliebe gewidmet ist. Die musste „mit", als ein Gelsenkirchener Verein seine Hymne „schuf" und aus „Grün ...", entsprechend den Farben von „Schalke 04", „blau und weiß" wurde. Das weiß natürlich kein Islamwissenschaftler, ein Volkskundler schon. Allen anderen erscheint ein Volkslied, wie eh und je: alt und original.

56 URL http://www.regierung.oberfranken.bayern.de/oberfranken/kultur/oberfrankenlied.php (20.5.2009).

57 Auch: „... wo vom Staffelberg man blickt ins weite Land, das ist Oberfranken, unser Heimatland". Erste Strophe auch: „... wo der Main durch Auen zieht sein silbern Band, wo die Burgen grüßen in das Tal hinaus, da ist meine Heimat, da bin ich zu Haus".

58 URL http://www.ioff.de/archive/index.php/t-254876.html (20.5.2009): Frage nach der schönsten Regionalhymne.

59 „Es stehn an meinem Wege viel schöne Blümelein", T. u. M.: Kurt Heise 1936. Refrain „Wir ziehn ins Märkerland ...", im Zweiten Weltkrieg umgesungen auf: Sauerland, Pfälzerland, Hessenland, Badnerland, Schwabenland, Donauland, (Hinweis Barbara Boock). Auch: Frankenland; Schlesien, nach 1945: „Es liegt im deutschen Osten, dem Herzen wohlbekannt, die Heimat unsrer Ahnen, das schöne Schlesierland. Das schöne Schlesierland ...".

60 Der Prophet auf Schalke, Süddeutsche Zeitung, 3.8.2009. NRW-Mitarbeiter Johannes Nitschmann wollte auf meinen Hinweis zur Liedgeschichte hin „nachlegen". Dazu kam es nicht.

Aus Franken in die Neue Welt

Alexander von Humboldt (1769–1859) als Ethnograph und Naturforscher

Klaus Guth

Das Gedächtnisjahr zum 150. Todestag Alexander von Humboldts ist Anlass, an seinen Aufbruch in die Neue Welt zu erinnern, seinen vorübergehenden Aufenthalt in Franken vorzustellen und ihn als vergessenen Vertreter der Ethnographie in der Fachgeschichte Europäische Ethnologie zu problematisieren. Dort bleibt er auch als Wiederentdecker der Neuen Welt unerwähnt.[1] Seine Berufsjahre in Franken schulten den Blick des Naturforschers und Bergbau-Ingenieurs in vielfacher Hinsicht. Der Auftrag, den „Zustand des Bergbaus und Hüttenwesens" in den ehemaligen Fürstentümern Bayreuth und Ansbach[2] zu erfassen und zu reformieren, diente zugleich indirekt dem Ziel seiner Sehnsucht, die Neue Welt zu bereisen. Der Ertrag dieser Reise begründete den Anfang neuer Wissenschaftsdisziplinen.[3] Nach Leibniz kann er als der letzte Universalgelehrte gelten, „der eine Akademie in seiner Person und in der Weite seiner Forschungen darstellt".[4]

Äußere Lebensumstände und der unwiderstehliche Drang nach verschiedenartigem Wissen veranlassten Humboldt, sich über Jahre mit einzelnen Zweigen der Wissenschaft zu beschäftigen.[5] Sein Studium diente auch der Vorbereitung und Erfüllung seiner großen Sehnsucht, durch Reisen fremde Länder und Kulturen zu erforschen. Hauptantrieb dabei war letztlich das Bestreben, „die Natur als ein durch innere Kräfte bewegtes und belebtes *Ganzes* (kursiv der Verf.) aufzufassen".[6] In seinem *Kosmos, Entwurf einer physischen Weltbeschreibung*, in Stuttgart und Tübingen 1845–1862 in 5 Bänden publiziert, hat er die Summe seines Lebens gezogen; an ihr hatte er nach eigener Angabe ein halbes Jahrhundert gearbeitet.[7] Der Plan zu dieser Gesamtschau, einer physikalischen Beschreibung der Welt mit allen Himmels- und Erdphänomenen, fiel bereits in die Jahre 1793/94, als er seine Stelle als Bergbauingenieur in den Fürstentümern Ansbach-Bayreuth angetreten hatte. Dort wurde er im April 1794 zum Bergrat ernannt. Ansbach-Bayreuth stand seit der Abdankung des Markgrafen Karl Alexander unter preußischer Verwaltung. Minister Friedrich Anton Freiherr von Heinitz (1725–1802) war sein Vorgesetzter in Berlin und für das Bergbauwesen zuständig. Jahre zuvor hatte er die Bergakademie Freiberg in Sachsen gegründet.[8]

---

1 Vgl. Urs Bitterli, Die Entdeckung Amerikas. Von Kolumbus bis Alexander von Humboldt, München 1992, S. 445–479.

2 Edition des Zustandsberichts von 1792 durch Herbert Kühnert in Verbindung mit O. Oelsner, Berlin 1959 (wie Anm. 13).

3 Vgl. Geophysik, Geologie, Geomorphologie, Pflanzengeografie, Temperaturmessungen und vieles andere mehr. Seine Beobachtungen in den unterschiedlichsten Landschaften Südamerikas wertete er in zahlreichen Publikationen aus.

4 Franz Schnabel, Alexander von Humboldt (Deutsches Museum, Abhandlungen und Berichte, H. 2), München 1959, S. 3.

5 Vgl. Alexander von Humboldt – Aufbruch in die Moderne, hg. v. Ottmar Ette u. a. (Beiträge zur Alexander-von-Humboldt-Forschung, 21), Berlin 2001.

6 Alexander von Humboldt: Kosmos. Entwurf einer physischen Weltbeschreibung, Bde. I–II, hg. v. Hanno Beck, Darmstadt 1993 (Studienausgabe), hier: Bd. I, S. 7.

7 Kosmos (wie Anm.6), Bd. II, S. 348.

8 Die Jugendbriefe Alexander von Humboldts (1787–1799), hg. und erläutert von Ilse Jahn und Fritz G. Lange, Berlin 1973, S. 773.

Lehrjahre in Franken. Anmerkungen zur Ausbildung des Naturforschers

Mit seinem um zwei Jahre älteren Bruder Wilhelm (1767–1835), der in die Wissenschafts- und Bildungsgeschichte als der große Reformer eingegangen ist und als Philologe, Diplomat und Staatsmann das preußische Schulwesen erneuerte und die Gründung der Universität zu Berlin betrieb,[9] erhielt er die Grundlagen der allgemeinen Bildung auf Schloss Tegel bei Berlin durch Hauslehrer. Christian Kunth unterrichtete die Fächer Mathematik, Deutsch, Latein, Griechisch, Französisch und Geschichte, andere, wie der Mediziner Dr. Ernst Ludwig Heim, vermittelten die Grundlagen der modernen Botanik. In Anlehnung an das Linnésche System wurden die Pflanzen nach ihren geschlechtlichen Merkmalen klassifiziert und nach Gattungsnamen, Artnamen und Familienbezeichnungen geordnet. Der physikbegeisterte Arzt Marcus Herz weckte Alexander von Humboldts Interessen für galvanische Experimente, die den Einfluss elektrischen Stroms auf Muskelbewegungen untersuchten. In beiden Bereichen, der Botanik und der Physik, äußerte sich sein großer naturwissenschaftlicher Wissensdrang. Wissenschaftliche Neugier war auch der Motor in seiner beruflichen Laufbahn.

An den Universitäten Frankfurt a. d. Oder (1787–1788) und Göttingen (1789–1790) knüpfte Alexander von Humboldt in seinen Interessensgebieten Botanik, Pflanzengeographie und Physik ein wissenschaftliches Netzwerk. Freundschaften mit dem Botaniker und späteren Professor Carl Ludwig Willdenow, der aus einer Berliner Apothekerfamilie stammte,[10] oder die Experimente des Physikers Georg Christoph Lichtenberg in Göttingen, dort seit 1770 Professor für Physik, Astronomie und Mathematik, schulten das streng naturwissenschaftliche Denken Humboldts. Expeditionen und Reisen mit Freunden bereits vor Abschluss seines Studiums an den Rhein, in die Niederlande sowie nach England (1790), so mit Georg Forster oder mit Steven Jan van Geuns im Herbst 1789 „durch Hessen, die Pfalz, längs des Rheins und durch Westfalen“[11] lassen ein geologisches und sozialgeschichtliches Interesse erkennen. Es geht um „Land und Leute“, um Bereiche der Kameralistik (Staatswissenschaften später genannt), die auch Alexander von Humboldt in Göttingen kurzzeitig belegte. Sein von der Familie vorgesehenes Berufsziel aber war die Anstellung als preußischer Beamter im Bergbaudienst. Darauf bereitete er sich in Hamburg an der Handelsakademie (1790/91) und an der Bergakademie im sächsischen Freiberg vor (1791/92). Die Verwaltung des Bergbauwesens, dessen geologische Erkundungen und Optimierung unter Tag, umfassten sein neues Aufgabengebiet.

Das Studium an der Bergbauakademie in Freiberg in Sachsen öffnete ihm das Tor zu einer erfolgreichen Beamtenkarriere im preußischen Staat: Assessor im preußischen Bergwerk- und Hüttendepartement (1792),[12] Beförderung zum Oberbergmeister in den fränkischen Fürstentümern (6. September 1792), bergbauliche Erkundungsreisen im gleichen Jahr – sie führten ihn durch Franken, Bayern, Österreich und Polen – , bereiteten seinen endgültigen Dienstantritt in Franken vor. Dort wurde er im April 1794 zum Bergrat befördert.

9 Vgl. Karl Bosl/Günther Franz/Hanns Hubert Hoffmann, Biographisches Wörterbuch zur deutschen Geschichte, Bd. 1, München 1973, Sp. 1257–1260.

10 Vgl. Carl Ludwig Willdenow, Grundriß der Kräuterkunde, Standardwerk um 1800. 1798 wurde er Professor am Berliner Collegium medicorum. Vgl. Thomas Richter, Alexander von Humboldt (Rowohlts Monographien 50712), Reinbek bei Hamburg 2009, S. 19.

11 Steven Jan van Geuns, Tagebuch einer Reise mit Alexander von Humboldt durch Hessen, die Pfalz, längs des Rheins und durch Westfalen im Herbst 1789, hg. v. Bernd Kölbel/Lucie Terken (Beiträge zur Alexander-von-Humboldt-Forschung, Bd. 26), Berlin 2007.

12 Vgl. Brief an Carl Freiesleben, Hamburg, 7. Februar 1792: Die Jugendbriefe (wie Anm. 8) Nr. 98, S. 174ff., hier: S. 175. Zu den übrigen Daten der Beförderung ebd. Nr. 116, 116a, 117. Carl Freiesleben, Mitstudent an der Bergakademie Freiburg 1792, später im Bergbau Sachsens und Thüringens tätig, 1816 Bergrat in Freiberg.

Briefe aus dieser Zeit bestätigen, wie engagiert sich Alexander von Humboldt der geologischen Erkundung der Zechen im Freiberger Raum und in Saalfeld/Thüringen zuwandte oder wie er sich um die Bestandsaufnahme der Salinen in Halle und Schönebeck mühte. Bereits während seines Aufenthaltes in Freiberg erstellte er ein „Memoire über das Salzwesen, das die chemischen Grundsätze der ‚Hallurgie' enthielt"[13] oder schrieb die Abhandlung über Pflanzen, die ohne Licht untertag wachsen, in französischer Sprache.[14] 1793 wurde die Schrift in Berlin in lateinischer Sprache publiziert.[15] Zusammen mit dem Bericht über den Zustand des Bergbaus und Hüttenwesens in den Fürstentümern Bayreuth und Ansbach vom September 1792,[16] eine Auftragsarbeit an Karl-August Freiherrn von Hardenberg vom Verfasser in Ansbach überreicht, beleuchten dessen Geschick als genauen Beobachter, Statistiker, Ingenieur und empirisch arbeitenden Naturforscher. Nach eigenem Bekunden gab es noch keine Zeit in Humboldts Leben, in der er so beschäftigt war wie hier (in Freiberg).[17] Dort hatte er nicht nur die praktischen Dinge des Bergbauwesens bei Abraham Gottlieb Werner kennengelernt, der Professor für Mineralogie und Bergbaukunde in Freiberg war; dieser hatte auch mit naturwissenschaftlichen Argumenten im damaligen Streit um die Entstehung der Welt aus Wasser oder Feuer die Position der „Neptunisten" vertreten. Humboldt schloss sich der Hypothese seines Lehrers an, da die geologischen Funde und Versteinerungen auf ein Jurameer hinwiesen. Spätere Tropenreisen überzeugten ihn vom Gegenteil, als er Vulkane in Mittel- und Südamerika aus der Nähe beobachtete. In den Augen Goethes war das Wasser der Ursprung des Lebens, ein Symbol für den allmählichen Wandel aller Dinge.[18]

Zustandsbericht über den Bergbau und das Hüttenwesen in den Fürstentümern Bayreuth und Ansbach (1792)

Der im Jahre 1793 (17. April) an den kgl. Preußischen Staatsminister Friedrich Anton Freiherrn von Heinitz (1725–1802) in erweiterter Form übergebene Zustandsbericht über den Bergbau und das Hüttenwesen in den Fürstentümern Bayreuth und Ansbach vom Jahre 1792 kann als das Meisterstück des Bergbau-Ingenieurs und Kameralisten gelten. Unterschiedliche Wissenschaften und Zugänge spiegeln die Beschreibungen des angehenden Ethnografen. Der 70 Bogen lange „Befahrungsbericht über das hiesige Land"[19] wurde in Ansbach am 22. September 1792 dem späteren preußischen Minister Karl-August Freiherrn von Hardenberg in einer verloren gegangenen ersten Fassung überreicht.[20] Zu diesem Zeitpunkt hatte Hardenberg

13 Alexander von Humboldt, Über den Zustand des Bergbaus und Hüttenwesens in den Fürstentümern Bayreuth und Ansbach im Jahre 1792, Berlin 1959, hg. v. Herbert Kühnert, Einleitung S. 22, 24f.

14 Alexander von Humboldt, Briefe aus Amerika 1799 bis 1804, hg. v. Ulrike Moheit (Beiträge zur Alexander-von-Humboldt-Forschung, Bd. 16). Berlin 1993, S. 326.

15 Florae Fribergensis specimen plantas cryptogamicas praesertim subterraneas exhibens, Berlin 1793.

16 Alexander vom Humboldt, Über den Zustand (wie Anm. 13), S. 64: Die Schrift wurde in Ansbach Minister von Hardenberg am 22. September 1792 überreicht.

17 Alexander von Humboldt, Über den Zustand (wie Anm. 13), S. 23 oder ders., Die Jugendbriefe (wie Anm. 8) an Paul Christian Wattenbach vom 18. Februar 1792, S. 169ff.

18 Vom Lager der Neptunisten oder Plutonisten, die mit dem Philosophen Thales die Entstehung der Welt aus Wasser begründeten, wechselte er in das Lager der Vulkanisten. Bereits in der Antike hatte der Philosoph Anaxagoras die Feuertheorie vertreten. Vgl. Goethe Handbuch Bd. 4/2: Personen, Sachen, Begriffe, Stuttgart/Weimar 2004, S. 801ff: Artikel Neptunismus/Vulkanismus.

19 Alexander von Humboldt, Die Jugendbriefe (wie Anm. 8), Nr. 119: Brief vom 23. September 1792 an Carl Freiesleben, S. 215.

20 Alexander von Humboldt, Über den Zustand des Bergbaus (wie Anm. 13), S. 9f., 62. Es sind jedoch drei Abschriften des Originalberichts überliefert.

bereits die Leitung der beiden nun preußischen Provinzen Ansbach und Bayreuth übernommen, da Markgraf Karl Alexander abdankte (1791) und in England Lady Craven nach dem Tod seiner getrennt von ihm lebenden Gattin heiratete.

Mit Friedrich Karl Alexander von Brandenburg-Ansbach und Bayreuth (1736–1806) hatte die Aufklärung in allen Bereichen der beiden Fürstentümer[21] nach dem frühen Tod des Erbprinzen (1737) Einzug gehalten. Über seine Mutter, Markgräfin Wilhelmine von Bayreuth, die Schwester Friedrichs II. (des Großen), war der Kontakt zu Berlin und der dort praktizierten Regierungsform des aufgeklärten Absolutismus hergestellt. Die von Preußen jetzt in Auftrag gegebene Bestandsaufnahme über den Bergbau und das Hüttenwesen in den fränkischen Fürstentümern diente der Verbesserung der Verwaltung, der Hebung der Rentabilität eines Wirtschaftszweiges und damit der Wohlfahrt des Landes.

In diesem Zusammenhang bedeutete Humboldts Bericht in der Kürze der Abfassungszeit und im vorgelegten Ergebnis eine erstaunliche Leistung. In nur drei Wochen erkundete er in geologischer, bergbautechnischer und ökonomischer Hinsicht ein Herrschaftsgebiet, das bereits durch die Überwindung der Entfernungen und die Beobachtungen der Formationen vor Ort im Bergwerk wie bei der statistischen Aufnahme der geförderten Rohstoffe und ihrer Verarbeitung im Hüttenwerk auch für einen kaum 23-jährigen jungen Mann eine Riesenarbeitsleistung darstellte.

Es würde zu weit führen, alle inspizierten Bergwerke und Hütten im Einzelnen aufzuführen. Humboldt selbst hat die Grenzen seiner Beobachtungen auf den Erkundungsreisen erfahren: „Ich musste mich daher ... begnügen, ... mich bloß auf die jetzigen Verhältnisse der einzelnen Grubengebäude einzuschränken, das Aufsammeln historischer Notizen, so lehrreich sie an sich sind, zu übergehen und mein Hauptaugenmerk auf die Mittel zu richten, welche mir die leichtesten und vorteilhaftesten schienen, einen *schwunghafteren* (Hervorhebung durch den Verf.) Betrieb zu verschaffen."[22]

Der betriebswirtschaftliche Gesichtspunkt, der in zahlreichen Tabellen über den Ertrag der Gruben und einzelnen Zechen, über die Anzahl der Bergleute oder in Beschreibungen über den Zustand der Gebäude und technischen Einrichtungen sich offenbarte und zugleich konkrete Verbesserungen vorschlug,[23] verhinderte nicht allgemeine Stellungnahmen. Sie betrafen die geologische Formation des Untersuchungsgebietes, so in der Einleitung,[24] die technischen Mängel der Verhüttung durch vorhandene „Hochöfen"[25] – Defizite, die an Schachtanlagen[26] und Salinen zu beobachten waren – oder umfassten Bemerkungen über Solequellen in den „Deutschen Flözgebirgen" bis hin zur chemischen Herstellung von Vitriol aus Alaunschiefer.[27]

21 Das Fürstentum Bayreuth wurde ab 1769 mit Ansbach vereint. Regierungsantritt des Markgrafen Alexander erfolgte 1757. Die beiden Fürstentümer standen durch den Fürther Rezess von 1757 zur Disposition der Krone Preußens.

22 Alexander von Humboldt, Über den Zustand des Bergbaus (wie Anm. 13), S. 75.

23 So im Wunsiedler, Nailaer, Goldkronacher Bergamtsrevier: ebd., S. 82–99.

24 Ebd., S. 75–83 und öfter bei den einzelnen Förderstellen.

25 Ebd., S. 175–178.

26 Ebd., S. 175–194.

27 Alexander von Humboldt, Über den Zustand des Bergbaus, in: Die Jugendbriefe (wie Anm. 8), S. 203–207: an Carl Freiesleben vom 7. September 1792, Nr. 113; Nr. 114; Nr. 117, S. 211f. (Deutsche Flözgebirge).

Analyse des Zustandsberichts als Vorbereitung der Reise in die Neue Welt

Die Bergämter Naila, Goldkronach und Wunsiedel gehörten zum Oberbergamts-Departement bei der Fürstlichen Kammer zu Bayreuth. Das Amt Lauenstein lag bereits räumlich außerhalb des Fürstentums Bayreuth, wurde aber auf Grund des Auftrages durch Minister Heinitz in die Erkundung und Beurteilung des Bergbaus und Hüttenwesens einbezogen. Neben dem Auftragsbericht an das preußische Oberbergamts-Departement zu Bayreuth bezeugen die zahlreichen Briefe aus den Jahren vor dem Abschied aus dem Staatsdienst (31. Dezember 1796) einen lebhaften Austausch mit Freunden, Wissenschaftlern und Beamten über naturwissenschaftliche, kulturelle und philosophische Fragen. Ein dichtes Netzwerk war von Hamburg (vor allem mit Dr. H. C. Freiesleben) über Berlin, Marburg, Jena, Weimar, Leipzig, Zürich, ja bis in die ganze europäische Welt geknüpft. Die beruflich aktive Zeit in Franken[28] förderte den persönlichen Kontakt mit seinem Bruder Wilhelm von Humboldt (1767–1835) in Erfurt und Jena. Dessen Frau Karoline, geb. von Dacheröden, war mit Lotte Schiller befreundet. Das erleichterte den Kontakt mit dem Dichter und Professor.[29] Mit ihm verbanden Alexander von Humboldt naturwissenschaftliche und philosophische Interessen. Als ausgebildeter Arzt war Friedrich Schiller der Ansicht, dass physiologische Vorgänge bei Mensch und Tier nicht auf eine Lebenskraft zurückzuführen wären. Daher interessierten ihn die galvanischen Experimente des jungen Alexanders von Humboldt besonders. Goethe, Wilhelm von Humboldt und ein ausgewählter Kreis von etwa 20 Zuhörern nahm an dem Experiment in einem Hörsaal der Universität Jena im März 1797 teil. Goethe und der anwesende Herzog Carl August von Weimar äußerten sich anerkennend zum Versuch.

Die Kontakte Humboldts mit Goethe seit 1794 waren von unterschiedlichen philosophischen Positionen bestimmt. Goethe, der sich mit vielen naturwissenschaftlichen Frage beschäftigte, neigte zu ganzheitlichen Erklärungen in der Natur, ohne die chemisch-physikalischen Gesetze mit einzubeziehen. Für Alexander von Humboldt stand die Beobachtung, das Experiment an erster Stelle. Von den Ergebnissen daraus leitete er seine Theorien ab. Daher verbanden ihn mit Schiller,[30] der sich in zwei Dissertationen als Philosoph und Arzt mit physiologischen Vorgängen in Mensch und Tier, im besonderen mit der Theorie von Fiebererkrankungen beschäftigt hatte, ähnliche Vorstellungen über Lebensvorgänge. Diese unterstünden der Anschauung und Beobachtung und spiegelten chemisch-physikalische Gesetze.[31] Über Humboldts Position zur Lebenskrafttheorie der Romantik berichtet seine allegorische Erzählung „Der Rhodesische Genius“.[32] Darin setzt er sich mit der Lebenskraft auseinander, eben mit dem Leben, das nach ihm im Zerfall der Atome ende.

Diese Position widersprach Schillers Auffassungen von Natur und Leben. Die Natur lebe in der Anschauung und Empfindung, „in ihren einzelnen Erscheinungen wie in ihren höchsten Gesetzen.“[33] Ein Auseinanderfallen des Lebendigen im naturwissenschaftlichen Sinn, in seine

28 Antritt der Stelle als Oberbergmeister im Markgraftum Ansbach-Bayreuth am 6. September 1792, Abschied als Oberbergrat aus dem preußischen Staatsdienst am 31. Dezember 1796.

29 Alexander von Humboldt, Die Jugendbriefe (wie Anm. 8), Nr. 112, 137, 138, 164, 264, 296 u.ö.

30 Wolfgang Riedel, Die Anthropologie des jungen Schiller. Zur Ideengeschichte der medizinischen Schriften und der „Philosophischen Briefe“, Würzburg 1985.

31 Helmut Koopmann (Hg.), Schiller-Handbuch, Stuttgart 1998, S. 547.

32 Thomas Richter, Alexander von Humboldt: Ansichten der Natur. Naturforschung zwischen Poetik und Wissenschaft, Tübingen 2009. – Alexander von Humboldt, Ansichten der Natur, hg. v. Adolf Meyer-Abich, Stuttgart 1999, S. 112–117 (Die Lebenskraft oder der rhodische Genius).

33 Schillers Werke, Nationalausgabe, Bd. 29, Briefwechsel. Schillers Briefe vom 1. November 1796 bis 31. Oktober 1798, hg. v. Norbert Oellers/Friethjof Stock, Weimar 1977. Hier: Brief an Körner vom August 1797, S. 112f.

Atome, war für Schiller unannehmbar. Mit der Entfremdung der Anschauungen über die Natur endete auch die Kommunikation zwischen beiden Männern. Der Abstand der Erkenntnisse aus Natur- und Geisteswissenschaft war nicht zu überbrücken. In Schillers Urteil waren die Brüder Humboldt ihrem „absoluten Wert nach“ nicht miteinander zu vergleichen: Wilhelm erscheine ihm als der „achtungswürdigere“.[34]

Alexander von Humboldts Würdigung als Ethnograph und Naturforscher in der Fachgeschichte Europäische Ethnologie

Mit dem Tod der Mutter am 19. November 1796[35] endeten die „fränkischen Jahre“ des preußischen Beamten. Das Ableben der Mutter brachte ihn in den Genuss eines großen Vermögens und damit die finanziellen, und nach dem Abschied aus dem preußischen Staatsdienst, auch die zeitlichen Möglichkeiten, seine große Entdeckungsreise nach Übersee vorzubereiten. Über Spanien reiste er in die Neue Welt. Damit erfüllte sich eine Sehnsucht, die in ihm seit seiner Jugendzeit lebte. Doch waren ihm auch seine eigenen Grenzen bewusst: „Ich weiß wohl, dass ich meinem großen Werk über die Natur nicht gewachsen bin, aber dieses ewige Treiben in mir ... wird nur durch die stete Richtung nach etwas Großem und Bleibendem erhalten.“[36] Die genaue zeitliche Planung der fünfjährigen Reise nach Paraguay, Patagonien, Peru, Chile, Mexiko, Kalifornien, in das Südmeer, dann nach Madagaskar und Guinea erfolgte 1799 von Spanien aus.[37] Es wurde eine große Entdeckungsreise. Die Auswertung beschäftige ihn ein Leben lang.

Die eingangs gestellte Frage, warum Alexander von Humboldt in der Fachgeschichte zur Europäischen Ethnologie unbeachtet blieb,[38] mag mit seiner naturwissenschaftlich-technischen Ausbildung, seinem Beruf als Bergbau-Ingenieur und als Verwaltungsmann wie mit den Schwerpunkten seiner Forschungsreise nach Übersee zusammenhängen. Man vergaß jedoch dabei, dass er als Universalgelehrter den in der damaligen Wissenschaftspraxis propagierten Gegensatz zwischen Natur- und Kulturwissenschaften[39] aufhob und adäquate oder gleiche Verfahrensweisen zum wissenschaftlichen Erkenntnisgewinn anwandte. Bereits in seinen frühen Jahren in Franken sammelte er auf Erkundungsreisen Erkenntnisse über den Zustand des Bergbaus und Hüttenwesens in Süddeutschland, Österreich und der Schweiz. Sie ermöglich-

34 Schiller, Briefe, Bd. 29 (wie Anm. 33), S. 112f. Bibliographie der Publikationen Alexander von Humboldts in: Alexander von Humboldt. Briefe aus Amerika 1799–1804, hg. v. Ulrike Moheit, Berlin 1993, S. 326–329. Die Veröffentlichungen sind unter den Begriffen: Briefe, Beiträge, Versuche, Skizzen, geografische Tafeln, Beobachtungen, Essais, Sammlungen, Blicke (Vues des Cordilléres z. B.), Recueil d'observations, Voyage bis zu kritischen Untersuchungen zusammengefasst.

35 Die Jugendbriefe Alexander von Humboldts (wie Anm. 8) Nr. 383: an Carl Freiesleben, Hamburg, vor und nach den 25. November 1796, S. 551–553, hier: S. 553 (Nachtrag).

36 An David Friedländer, Madrid, 11. April 1799: Die Jugendbriefe Nr. 469, S. 657f.

37 An Karl Ludwig Willdenow, Aranjuez 20. April 1799: Die Jugendbriefe Nr. 471, S. 660–663, hier: S. 661.

38 Vgl. zur Positionierung Humboldts in der Fachgeschichte: Andreas Hartmann, Die Anfänge der Volkskunde, in: Rolf W. Brednich (Hg.), Grundriß der Volkskunde. Einführung in die Forschungsfelder Europäische Ethnologie, Berlin 1988, S. 9–30, hier bes. S. 13–17. Dort der Hinweis, dass die Vertreter der Statistik, Geografie und der Geschichte ähnliche Forschungsinteressen verfolgten. Johann Christoph Gatterer (1737–1799) schrieb als Geschichtsforscher einen „Abriß der Geographie“ (1778 erschienen). Darin entwarf er das „Programm einer historisch-ethnographischen Ethnologie“ (A. Hartmann, S. 34). Aus seiner Göttinger Zeit kannte Alexander von Humboldt dieses Werk. Ähnlich urteilt Ingeborg Weber-Kellermann, Deutsche Volkskunde zwischen Germanistik und Sozialwissenschaften, Stuttgart 1969, S. 6–10.

39 Helge Gerndt, Kulturwissenschaft im Zeitalter der Globalisierung. Volkskundliche Markierungen, Münster 2002, bes. S. 191–206 (über den Kulturbegriff). – Klaus Guth, Lebenswelten im Wandel. Beiträge zur Europäischen Ethnologie/Volkskunde und Historischen Landeskunde, St. Ottilien 2009, bes. S. 11–13.

ten ihm den Vergleich mit geologischen Strukturen der Mittelgebirge in Franken, Thüringen und Sachsen. Genaue Beobachtung der Pflanzenwelt, der Gesteinsarten, technische Erkenntnisse beim Abbau der Erze, Rentabilitätsberechnungen des Ertrages der Bergwerke in Statistiken, schulten Auge und Arbeitsweisen bei der Auswertung. Die Vorgaben der preußischen Regierung in Franken konzentrierten seinen Blick auf geologische, technische und ökonomische Gegebenheiten im Bergbau und im Hüttenwesen. Erkenntnisse über die Geschichte der Hüttenorte, über die Menschen und das Land, verbergen sich in Nebenbemerkungen des Bergbau-Erkundungsberichts oder in brieflichen Darlegungen.

Für Alexander von Humboldt bedeuteten Natur und Kultur keine Gegensätze.[40] Beide Bereiche umfassen die Lebenswelt[41] des Menschen und ergänzen sich gegenseitig. Ohne genaue Kenntnisse über die Naturgegebenheiten in der Alten oder Neuen Welt würden den Bewohnern heute die Voraussetzungen, sie zu nutzen, zu erhalten oder zu gestalten, fehlen. Nur ein verantwortlicher Umgang mit der Natur als Lebensraum kann heute eine weltweite Kultur der Achtung und Toleranz im Umgang mit der Natur, mit Mensch und Tier, erleichtern. Alexander von Humboldt war diese Problematik noch nicht bekannt. Er erforschte als Ethnograf in der Tradition der Aufklärung[42] ihm unbekannte Regionen und Erdteile. Die Lehrjahre in Franken dienten der Vorbereitung und Schulung seiner Arbeitsweisen wie den Darstellungsformen seiner Beobachtungen.[43] Die Reise in die Neue Welt stellte zwar neue und umfangreichere Aufgaben als es sein Arbeitsauftrag in Franken von ihm forderte, doch waren sie analog mit den erprobten Techniken des Naturforschers zu bewältigen. Mit den Augen des Fremden[44] erfasste Alexander von Humboldt Bekanntes und Unbekanntes in neuer Umgebung und ordnete seine Beobachtungen durch Vergleich in vorhandenes Wissen oder in neue Einzeldisziplinen ein. Den materiellen Ertrag der Expeditionen, sichtbar in Herbarien, langen Listen mit eigenen Messungen, statistischen Aufzeichnungen, astronomischen, historischen und geologischen Notizen, dazu mexikanische Statuetten, altamerikanische Medaillen und vieles andere mehr, dokumentieren seine Publikationen und Sammlungen. Sie haben das Wissen in zahlreichen Wissenschaftszweigen erweitert oder neu gefasst.[45] Doch das Einzelne ist für ihn nur Ausdruck des Ganzen: „Die Natur … ist ein lebendiges Ganzes.“ Ihren Geist zu ergreifen, „welcher unter der Decke der Erscheinungen verhüllt liegt“, bedeutet, „… den rohen Stoff empirischer Anschauung gleichsam durch Ideen zu beherrschen.“[46]

40 Dazu Gerndt, Kulturwissenschaft (wie Anm. 39), bes. S. 194–203. – Nils-Arvid Bringéus, Der Mensch als Kulturwesen (Veröff. z. Volkskunde und Kulturgeschichte 44), Würzburg 1990, S. 14–20.

41 Dazu Klaus Guth, Lebenswelten (wie Anm. 39), S. 11ff. u. ö.

42 Wolfgang Brückner hat diese Epoche in ihrer Bedeutung für „Land und Leute“ einer Region wiederholt in den Blick genommen; vgl. Volkskunde als historische Kulturwissenschaft. Gesammelte Schriften von Wolfgang Brückner in 12 Bänden (Veröffentlichungen zur Volkskunde und Kulturgeschichte, hg. von Heidrun Alzheimer-Haller/Klaus Reder), Würzburg 2000–2002, passim.

43 Vgl. zur Form der Veröffentlichungen: weiter oben, Anm. 34.

44 Karl-Heinz Kohl, Ethnologie – die Wissenschaft vom kulturell Fremden. Eine Einführung, München ²2000.

45 Humboldt steht am Anfang des Faches Klimatologie (vgl. seine Listen der Jahresisothermen) und der Pflanzengeografie; ebenso erweiterte er die Fakten der Geologie, Mineralogie, Vulkanologie, der Ozeanografie, Meteorologie und die der Geschichte der spanischen Kolonialgesellschaft; vgl. Urs Bitterli, Die Entstehung Amerikas. Von Kolumbus bis Alexander von Humboldt, München 1992, S. 445–479, hier S. 471–476. – Franz Schnabel: Alexander von Humboldt (wie Anm. 4), bes. S. 19–22.

46 Beck (Hg.), Kosmos (wie Anm. 6), Bd. I, S. 3. – Alexander von Humboldt in Berlin. Sein Einfluss auf die Entwicklung der Wissenschaften, hg. v. Jürgen Hamel/Eberhard Knobloch/Herbert Pieper, Augsburg 2003, S. 281–314, bes. S. 291–311 (Ottmar Ette).

Abb. 1: Im Jahre 1928 erschien erstmals Fritz Knapps Beschreibung einer „heimatlichen Studienfahrt" durch Mainfranken. Hier der Titel der Ausgabe von 1937 aus dem Würzburger Stürtz-Verlag.

Kunstgeschichte als Heimatkunde

Ein Bericht Fritz Knapps über eine „heimatkundliche Studienfahrt durch Mainfranken" im Jahre 1920

Stefan Kummer

Fritz Knapp, der erste Professor für mittlere und neuere Kunstgeschichte an der Julius-Maximilians-Universität Würzburg, ist weitgehend vergessen. In keiner Geschichte des Faches Kunstgeschichte, in keinem biografischen Lexikon wird er erwähnt. Selbst in Würzburg, wo er seit seiner Berufung auf ein neu geschaffenes kunstgeschichtliches Extraordinariat genau 29 Jahre, vom 1. April 1907 bis zum 31. März 1936, wirkte, ist die Erinnerung an ihn fast vollständig verblasst, obwohl er zu Lebzeiten (* 1870 zu Halle; † 1938 zu Bamberg) zwar nicht einer der tonangebenden, aber zweifellos einer der bekanntesten deutschen Kunsthistoriker war.[1] Denn seine dreibändige Kunstgeschichte „Die künstlerische Kultur des Abendlandes", die zwischen 1921 und 1932 fünf Auflagen erlebte,[2] machte seinen Namen einem großen Lesepublikum bekannt. Auch einige seiner weitverbreiteten Monografien über Maler und Bildhauer der italienischen Renaissance wurden mehrfach aufgelegt. Knapp war in den ersten Jahrzehnten des 20. Jahrhunderts einer jener deutschen Kunsthistoriker, welche auf dem Buchmarkt durch herausragende Präsenz glänzten. Davon zeugen heute noch die Lagerbestände deutscher Antiquariate. Aber mit seiner einstigen, zweifellos begeisterten Leserschaft schwand in den letzten sieben Jahrzehnten Fritz Knapps literarischer Ruhm dahin. Schuld daran ist in erster Linie die Zeitgebundenheit der meisten seiner Publikationen, sicherlich aber auch die bescheidene wissenschaftliche Reputation, die Knapps Schriften genießen, weshalb sie von der Forschung kaum mehr zur Kenntnis genommen werden. Seine Erstlingswerke, die er florentinischen Malern der Renaissance widmete, erhielten allerdings im Gegensatz zu den späteren Büchern nach ihrem Erscheinen recht anerkennende Besprechungen[3] und werden sogar heute noch gelegentlich zitiert. Sie bezeugen durch ihre kulturgeschichtlichen Interessen die Schulung, die er von Carl Justi in Bonn und von Jacob Burckhardt in Basel erfahren hatte.[4] In der Handhabung der stilgeschichtlichen Methode verraten sie indessen das Vorbild seines Lehrers Heinrich Wölfflin, unter dessen Betreuung Knapp 1896 an der Universität Basel promoviert worden ist.

---

1 Gewürdigt wurden Person und Wirken Fritz Knapps von: Max H. von Freeden, Prof. Fritz Knapp zum Gedächtnis, in: Würzburg heute 45 (1988), S. 175f. – Bettina Keß, Kunstleben und Kulturpolitik in der Provinz. Würzburg 1919–1945 (VVK 76), Würzburg 2001, S. 111, 115–117, 370–372, 480.

2 Fritz Knapp, Die künstlerische Kultur des Abendlandes, Bd. 1–3, Bonn/Leipzig [1]1921/1922.

3 Siehe z. B. Hans Mackowsky, Rezension von: Fritz Knapp, Piero di Cosimo, Halle a. S. 1899, in: Repertorium für Kunstwissenschaft 22 (1899), S. 496–501. – Georg Biermann, Rezension von: Fritz Knapp, Die Kunst in Italien, Berlin 1908, in: Monatshefte für Kunstwissenschaft 1 (1908), S. 1158. – Sebastian Staudhamer, Rezension von: Fritz Knapp, Andrea Mantegna, Leipzig 1910, in: Die christliche Kunst 8 (1911/1912), Beilage, S. 3.

4 Hierzu und zu den im Folgenden genannten biografischen Daten s. v. Freeden, Fritz Knapp, S. 175. – Keß, Kunstleben (wie Anm. 1), S. 111 u. S. 480. – Archiv des Rektorats und des Senats der Universität Würzburg (ARS), Personalakt Nr. K. 9, Dr. Knapp Fritz, hier insbesondere Personalfragebogen der 1930er Jahre, sowie den „Vormerkungsbogen" vom 27. Oktober 1910.

Die Jahre, in denen der junge Gelehrte nach seiner Promotion als Volontär und als wissenschaftlicher Hilfsarbeiter an den Kgl. Preußischen Museen in Berlin unter Wilhelm Bode wirkte, bekräftigten seinen Ruf als Kenner der Malerei, insbesondere der italienischen. Dies war wohl der ausschlaggebende Grund für die Aufnahme Knapps in den Berufungsvorschlag der Philosophischen Fakultät der Universität Würzburg.[5] Nachdem er sich in den ersten Würzburger Jahren zunächst im gewohnten wissenschaftlichen Fahrwasser weiterbewegt hatte, wovon beispielsweise seine Bücher über Andrea del Sarto, Perugino (1907) und Andrea Mantegna (1910) sowie sein Bestandskatalog der Gemälde und Plastiken des Martin-von-Wagner-Museums der Universität Würzburg (1914) Zeugnis ablegen, nahm seine weitere wissenschaftliche Entwicklung nach 1920 plötzlich einen anderen Verlauf. Spätestens seit seiner Berufung auf den 1921 neu an der Universität Würzburg errichteten Lehrstuhl für Kunstgeschichte, der geschaffen wurde, um eine sich abzeichnende Wegberufung des Extraordinarius nach Dorpat abzuwenden,[6] wandte sich Fritz Knapp von der sachorientierten kunstgeschichtlichen Forschung ab und verlegte sich weitgehend auf populärwissenschaftliche Schriftstellerei, wozu ihn vielleicht seine Herkunft aus einer Familie von Verlagsbuchhändlern prädestinierte.[7] Jedenfalls war ihm kaum mehr an fachwissenschaftlicher Reputation gelegen. So dürfte ihn Erwin Panofskys Kritik an seiner 1925 erschienenen Edition der Michelangelo-Zeichnungen, die der Hamburger Kunsthistoriker als hinter den „heute billigerweise zu stellenden Anforderungen" erheblich zurückbleibend beurteilte,[8] nicht sonderlich berührt haben. Sicherlich empfand der Würzburger Gelehrte die Kritik Panofskys – wie dieser wohl nicht zu Unrecht vermutete – als „Tatsachenkleinkrämerei". Denn mit seinen seit den 1920er Jahren veröffentlichten Schriften und wahrscheinlich auch mit seiner universitären Lehrtätigkeit strebte der Würzburger Kunstgeschichtsprofessor nach wesentlich ‚Höherem', als danach, den üblichen wissenschaftlichen Fragestellungen, Maßstäben und Zielen zu genügen. Schuld daran trug sicherlich, wie bei vielen anderen Kunstgeschichtsgelehrten, die geistige und seelische Erschütterung, die Knapp durch den Ersten Weltkrieg erfahren hatte.

Das Dokument seiner Wandlung als Kunstwissenschaftler und als Kunstschriftsteller ist das erwähnte Werk „Die künstlerische Kultur des Abendlandes", dessen erster Band 1921 erschien. Es ist nach Eingeständnis seines Autors zwar im „Kampfesgedröhn des [Ersten Welt-] Krieges und beim Geschrei der Revolution", aber dennoch „fernab vom Lärmen des Tages entstanden".[9] Die naheliegende Vermutung, auch Knapps „Künstlerische Kultur" sei eines der zahllosen, wenn auch erst postum erschienenen Erzeugnisse geistigen Waffendienstes gewesen, die von Karl Kraus angeprangert wurden,[10] geht indessen fehl. Ungeachtet des patriotischen Grundbasses, der es durchzieht, ist es kein chauvinistisches Werk, sondern verfolgt andere Ziele. Knapp verrät dem Leser im Vorwort des 1921 in erster Auflage erschienenen ersten Bandes, dass sein

5 ARS, Personalakt Nr. K. 9, Dr. Knapp Fritz, Berufungsvorschlag der Philosophischen Fakultät vom 30. Juni 1906 an den Senat der Universität Würzburg („Betreff: Besetzung der neu zu errichtenden Professur für neuere Kunstgeschichte"), S. 5–6. Knapp wurde an 3. Stelle genannt. Da die vor ihm platzierten Dozenten (Karl Voll, 1. Stelle; Wilhelm Vöge, 2. Stelle) den an sie ergangenen Ruf nicht annahmen, wurde Fritz Knapp berufen.

6 ARS, Personalakt Nr. K. 9, Dr. Knapp Fritz, Antrag der Philosophischen Fakultät an den Senat der Universität Würzburg auf Umwandlung des Extraordinariats für Kunstgeschichte in ein Ordinariat vom 11. Dezember 1920; „warme Befürwortung" des Antrag durch den Rektor und den Senat vom 20.12.1920; Ernennung Knapps zum Ordinarius durch das Ministerium vom 7. Juni 1920.

7 Vgl. Anm. 4.

8 Erwin Panofsky, Rezension zu: Fritz Knapp, Nachtrag zu den von Karl Frey herausgegebenen Bänden der Zeichnungen Michelagniolos Buonarroti, 1. Teil, Berlin 1925, in: Repertorium für Kunstwissenschaft 48 (1927), S. 25–58.

9 Knapp, Künstlerische Kultur, Bd. 1., S. XI.

10 Karl Kraus, Weltgericht (Bd. 13 der Werke v. Karl Kraus, hg. v. Heinrich Fischer), München o. J., passim.

Werk als „eine Art innere Sammlung“ und „ein Sichbesinnen auf andere, höhere Güter des Lebens“ zu verstehen sei. Er fährt fort: „Im Anblick der Schönheit wurde uns das Glück innerlich heiterer, künstlerischer Daseinsfreude [zuteil]. Von diesem warmen Glanze möchte ich auch anderen Anteil gewähren, ihn zu den Seelen in ihrer Zeittrübsal hinüber strahlen lassen.“[11] „Grausen“, so Knapp, „packt uns bei der ganzen materialistischen Trostlosigkeit der Zeit, die ohne Menschheitsideale ist. Dieser Welt entgegen rufe ich: Zurück zur künstlerischen Kultur!“ Auf diesem Weg käme, wie Knapp meint, dem „Deutschtum“ wie „schon oftmals in der Weltgeschichte“ die Aufgabe zu, „die verglimmende Weltseele zu neuer innerer Glut“ anzufachen.[12] Mit seinem Aufruf zur Besinnung auf ‚deutsche Innerlichkeit‘ stand Knapp wahrlich nicht allein in seiner Zeit, sondern reihte sich in eine breite Strömung deutschen Denkens in den Jahren kurz vor und nach dem Ersten Weltkrieg ein. Stellvertretend sei hier nur Rudolf Eucken genannt, in dessen 1913/14 erschienener Schrift „Zur Sammlung der Geister“ sich Gedankengänge finden, die mit Knapps Postulaten durchaus vergleichbar sind.[13]

Die „Künstlerische Kultur des Abendlandes“ ist ein um ‚ganzheitliche‘ Sicht der europäischen Kunstgeschichte bemühtes Werk. Entsprechend seinem „holistischen“ Ansatz,[14] begreift Fritz Knapp die künstlerische Einzelleistung aus dem inneren Zusammenhang der europäischen Geistesgeschichte. Er habe, so Knapp „die große [europäische] Menschheit als ein Ganzes zu fassen versucht“, in dem er „im historischen Wesen einen Organismus ahnte, der in steter Fortentwicklung ein fortschreitendes Spiel und Gegenspiel der treibenden Kräfte bedeutet. Im Spiegel der Kunst wollte mir aus dem toten Nacheinander der Ereignisse ein treibendes und notwendiges Aufeinander, ein entwicklungsgeschichtliches Wachsen und Werden im Ringen und Streiten werden. Nicht ein seelenloser Mechanismus, sondern ein lebendiges Wesen erschien es mir.“[15] Solche Gedankengänge lassen Knapp als Anhänger oder zumindest als Geistesverwandten Oswald Spenglers erscheinen, der die gesamte geschichtliche Welt und insbesondere die Stilgeschichte als „Organismus“ begriff.[16] Allerdings ignorierte der Würzburger Kunsthistoriker Spenglers Aufforderung, die Geschichte der Stile völlig neu zu schreiben, sondern hielt an dem damals bereits kanonischen Modell der chronologischen Abfolge der europäischen Stilepochen fest.

Eine gewisse Nähe zu Spengler zeigt sich auch darin, dass Knapp der „makrokosmischen“[17] Sicht der „Künstlerischen Kultur des Abendlandes“ gewissermaßen als Gegenstück die „mikroskopische“[18] Darstellung eines relativ eng umgrenzten Teilbereiches folgen ließ: Im Jahre 1928 erschien Knapps weitverbreitetes Buch „Mainfranken. Bamberg. Würzburg. Aschaffenburg. Eine fränkische Kunstgeschichte“ (Abb. 1).[19] Dass seine dreibändige Darstellung der abendländische Kunst und das „Mainfranken“-Buch eine innere Einheit bilden sollten, beleuchtet der folgende Abschnitt in der Einleitung des jüngeren der beiden Werke: „Ringen so Architektur, Plastik und Malerei ein Jahrtausend (800–1800) in der künstlerischen Kultur des Abendlandes nach großer Formung religiöser Gefühlswelten und hoher Ideen, so

11 Ebd.

12 Knapp, Künstlerische Kultur, Bd. 1, S. XII.

13 Rudolf Eucken, Zur Sammlung der Geister, Leipzig ²1914, hier bes. S. 5ff. („Die Gefährdung der Innerlichkeit“), S. 33ff. („Innenkultur“ und „Innerlichkeit“), S. 55 („Innenwelt“), S. 91 („Heutige Bewegung nach mehr Tiefe“).

14 Zur Fragwürdigkeit der „holistischen“ Methode vor allem in den Geschichts- und Sozialwissenschaften s. insbesondere Karl R. Popper, Das Elend des Historizismus, Aufl. Tübingen ⁵1979, S. 14–16, 61ff.

15 Knapp, Künstlerische Kultur, Bd. 1, S. XIII.

16 Oswald Spengler, Der Untergang des Abendlandes. Umrisse einer Morphologie der Weltgeschichte, 2 Bde., München 1950, hier: Bd. 1, S. 264ff.

17 Ebd., S. 213.

18 Ebd. Bd. 2, S. 4ff.

19 Fritz Knapp, Mainfranken. Bamberg, Würzburg, Aschaffenburg. Eine fränkische Kunstgeschichte, Würzburg 1928.

sehen wir im kleinen in unserem Gebiet ein lebendiges Widerspiel dieses Ringens und Gestaltens. Dies Stück fränkischer Kunstgeschichte ist ein Teil der Weltgeschichte. Dieser Führer ist gedacht als ein Begleiter durch diese Weltgeschichte der Kunst [!] an der Hand der Denkmäler unseres Gebietes. Wir werden mit Stolz feststellen können, dass Mainfranken zu allen Zeiten große Werte geprägt und in allen Künsten starken schöpferischen Geistern Raum gegeben hat."[20] Wichtig ist Knapps Hinweis am Ende seines Vorwortes, dass das „Mainfranken"-Buch als Teil einer Reihe ähnlicher Schriften geplant war, die in ihrer Gesamtheit ein „Inventarwerk" deutscher Kunst bilden sollten, woraus „der deutschen Schöpferkraft gewaltiges Vermögen" erkennbar geworden wäre. „Der große Zusammenbruch [des Jahres 1918] vernichtete die Hoffnung auf diese große Publikation, die zur Wahrung des Deutschtums, ein Mahnmal, die ein Nationaldenkmal sein sollte, diese ‚deutsche Heimat – deutsche Kunst'."[21]

Im Lichte solcher Prämissen kann es nicht erstaunen, dass die 1937 erschienene zweite Auflage des Mainfranken-Buches nunmehr den neuen Untertitel „Eine kunstgeschichtliche Heimatkunde" erhielt.[22] Sicherlich ist die auffällige Modifikation auch ein Tribut an die Zeitumstände, zumal Fritz Knapp, der ursprünglich der Deutschnationalen Volkspartei angehört hatte, im April 1933 in die NSDAP eingetreten war.[23] Man würde aber zu weit gehen, in der Neufassung des Untertitels allein einen Akt politischen Opportunismus' zu erblicken. Denn schon wesentlich früher gebrauchte Knapp die Bezeichnung „künstlerische Heimatkunde".

Bereits seit dem Sommersemester 1909 hatte Knapp laut Vorlesungsverzeichnis der Julius-Maximilians-Universität Lehrveranstaltungen und Exkursionen angekündigt, die der Kunst der fränkischen Region gewidmet waren.[24] Allerdings bezeichnet Knapp erst seit dem Sommersemester 1922 das Thema dieser Übungen als „künstlerische Heimatkunde",[25] wobei in diesem Zusammenhang der Begriff „Mainfranken" nicht vor dem Sommersemester 1930 erscheint.[26] Mit der Kennzeichnung seiner Lehrveranstaltungen zur regionalen Kunstgeschichte als „heimatkundliche" erweckt Fritz Knapp den Anschein, Anhänger aktueller Bildungsbestrebungen der 1920er Jahre zu sein: „Heimatkunde" wurde nämlich zu dieser Zeit ein Schulfach, nachdem namhafte Pädagogen sich dafür eingesetzt hatten.[27] Eduard Spranger schrieb in seiner 1923 erstmals erschienenen und durch sechs weitere Auflagen bis 1967 weit verbreiteten und einflussreichen Schrift über den „Bildungswert der Heimatkunde" unter anderem: „Lernen wir, diese Heimat mit der verstehenden Liebe zu sehen, die uns erst zu uns selbst führt, weil sie im tiefsten Sinne ein Stück von uns selbst ist! Lauschen wir der Sprache, die die Denkmäler ihrer Natur und ihrer Geschichte zu uns reden! Da liegen die Wurzeln unserer Kraft! Der Weg zum Menschentum führt nur über das Volkstum und das Heimatgefühl. Indem wir das Leben der Heimat verstehen lernen, lernen wir uns selbst besser verstehen. Sie ist es, die uns im geistigen Sinne geboren hat; sie ist es, die uns bildet. Bildung aber heißt: über sich hinauswachsen, dadurch, dass man zu sich selbst gekommen ist."[28] Speziell das Interesse an „künstlerischer" beziehungsweise „kunstgeschichtlicher Heimatkunde" scheint im

20 Ebd., S. V–VI.
21 Ebd.
22 Fritz Knapp, Mainfranken. Bamberg, Würzburg, Aschaffenburg. Eine kunstgeschichtliche Heimatkunde, Würzburg ²1937.
23 ARS, Personalakte Nr. K. 9, Dr. Knapp Fritz, Fragebogen der 1930er-Jahre.
24 Siehe Verzeichnis der Vorlesungen, welche an der königlich-bayerischen Julius-Maximilians-Universität zu Würzburg gehalten werden, Sommersemester 1909ff.
25 Vorlesungen an der Julius-Maximilians-Universität Würzburg, Sommersemester 1922.
26 Vorlesungs- und Personal-Verzeichnis der Julius-Maximilians-Universität Würzburg, Sommersemester 1930. Siehe auch Keß, Kunstleben, S. 116.
27 Hartwig Fiege, Der Heimatkundeunterricht (Didaktische Grundrisse), Bad Heilbrunn 1967, S. 18–21.
28 Eduard Spranger, Der Bildungswert der Heimatkunde (Reclam Universalbibliothek 7562), Stuttgart 1958, S. 44.

Jahrzehnt vor dem Ersten Weltkrieg gewachsen zu sein, wie verschiedene Veröffentlichungen[29] und namentlich die Programme deutscher Gymnasien dieser Zeit zu erkennen geben.[30] Eine Programmschrift des Alten Gymnasiums zu Würzburg aus dem Jahre 1909 begründet ausführlich den Nutzen des kunstgeschichtlichen Heimatkundeunterrichts:[31] Er fördere durch das Studium der Originale das Kunstverständnis sowie den Patriotismus. In Knapps „Mainfranken"-Buch, das sich in die Tradition dieser Schriften einzureihen scheint, finden sich allerdings keine näheren Ausführungen über das Interesse des Autors an der Heimatkunde. Lediglich seinen ‚mikrohistorischen' Ansatz rechtfertigt er, wie bereits ausgeführt, im Hinblick auf seine ‚makrohistorische' Darstellung der europäischen Kunstgeschichte in der „Künstlerischen Kultur des Abendlandes".[32]

Umso willkommener muss deshalb ein Bericht Fritz Knapps über eine im Jahre 1920 unternommene „heimatkundliche Studienfahrt durch Mainfranken" sein, die sich in der Personalakte des Gelehrten im Archiv der Würzburger Universität befindet; denn dieses circa sechs Schreibmaschinenseiten umfassende Referat gibt umfassenden Einblick in die Motive der „kunstgeschichtlichen Heimatkunde", so wie sie Knapp verstand.[33] Veranstalter dieser vom 1.–7. August dauernden Exkursion, an der 128 Lehrerinnen, Lehrer und Direktoren höherer Schulen aus nahezu allen Ländern Deutschlands teilnahmen, war das Zentralinstitut für Erziehung und Unterricht in Berlin.

Fritz Knapp war der verantwortliche Exkursionsleiter, denn die Kunstdenkmäler sollten anscheinend im Vordergrund der Besichtigungen stehen. Diese beschränkten sich im wesentlichen auf Würzburg und Bamberg sowie die nähere Umgebung beider Städte. Unterstützt wurde Knapp bei seinen Führungen von dem Würzburger Geologen und Privatdozenten Dr. Otto Schlagintweit. In Bamberg beteiligte sich an dem Führungsprogramm der pädagogisch und historisch gleichermaßen geschulte Verleger Dr. Wilhelm Ament. Entsprechend dem primär kunsthistorischen Konzept der Exkursion waren die „Führungen" programmiert: Die Besichtigungen des ersten Tages in Würzburg galten nach einer Einführung „über Städtebau" den Kirchen der Bischofsstadt, um eine „lebendige Vorstellung von den Kunstwellen der Zeiten", d. h. von der Romanik bis zum Rokoko, zu vermitteln. Der zweite Tag hatte die städtebaulichen Qualitäten Würzburgs und Karlstadts zum Thema. Sicherlich um die Eigenart und die Herkunft des verwendeten historischen Baumaterials zu würdigen, wurden im Zuge der Exkursion die „geologischen Formationen der Mainlandschaft" unter besonderer Berücksichtigung des Muschelkalk- und Rotsandsteinvorkommens von Dr. Schlagintweit erläutert. Den dritten Tag, der dem Thema Schlossbau gewidmet war, bezeichnet Knapp wegen des Besuchs der Residenz und des Ausflugs zum Veitshöchheimer Hofgarten als „Höhepunkt der Würzburger Tage". Ein „sehr vergnügtes Zusammensein bei Gesang und Tanz" (letzteres Wort wurde von Knapp aus dem Text getilgt!) beschloss das Tagesprogramm. Am vierten Tag ging es nach kurzem Besuch im Würzburger Luitpoldmuseum, wo der damals aufgestellte romanische Kreuzgang aus Neumünster betrach-

29 Alois Holtmeyer (Hg.), Hessische Rathäuser. Ihre Erhaltung und Entstellung (Alt Hessen. Beiträge zur kunstgeschichtlichen Heimatkunde 1), Marburg 1912. – Ders., Alt Cassel (Alt Hessen. Beiträge zur kunstgeschichtlichen Heimatkunde 2), Marburg o. J.

30 Siehe dazu z. B. die Rezensionen solcher Programmschriften in: Die deutsche Schule. Zeitschrift für Erziehungswissenschaft 12 (1908), S. 57 (hier: Rezension zu: Richard Maack, Künstlerische Heimatkunde von Hamburg und Umgegend, Leipzig o. J.). – Monatsschrift für höhere Schulen 7 (1908), S. 663. – Ebd. 9 (1910), S. 303–306. – Ebd. 10 (1911), S. 22–23, 315–316. – Ebd. 12 (1913), S. 31–32, 594–595.

31 Hermann Wiehl, Kunstgeschichtliche Heimatkunde als Wahlfach. Wissenschaftliche Beilage zu: Jahresbericht über das Kgl. Alte Gymnasium zu Würzburg für das Schuljahr 1908/09, Würzburg 1909.

32 Knapp, Mainfranken, 1928, S. V–VI.

33 Siehe Anhang.

tet und Walthers von der Vogelweide gedacht wurde, nach Bamberg. Dort fand eine Abendveranstaltung statt, auf der nach der Begrüßung der Gäste durch einen Vertreter der Stadt, den Kreisarchivar Dr. Paul Glück und den Verleger Dr. Wilhelm Ament der Letztgenannte einen Vortrag über die Pfalz Kaiser Heinrich II. hielt. Am fünften Tag fand eine mehr oder weniger unsystematische Stadtbesichtigung statt, die einigen Glanzpunkten Bambergs galt. Am sechsten und letzten Tag ging es nach Staffelstein und auf den Staffelberg, wo „romantische Erinnerungen an Scheffel lebendig wurden". Nach dem Besuch der Wallfahrtskirche Vierzehnheiligen wurde der Tag im ehemaligen Kloster Banz abgeschlossen. Dort kam auch ein weiteres und letztes Mal der Geologe Dr. Otto Schlagintweit zu Wort, um die „Bildungen des Jura" und „die interessanten Fundstellen praehistorischer Tiere in Banz" zu erläutern.

Der Überblick über das Besichtigungsprogramm macht deutlich, dass Knapps Begriff von Heimatkunde sehr eng gefasst ist. Seine im wahrsten Sinne des Wortes „kunstgeschichtliche" beziehungsweise „künstlerische" Heimatkunde schließt allenfalls die Geschichte in ihren wichtigsten Zügen, gelegentlich die naturräumlichen und speziell die geologischen Gegebenheiten sowie ein wenig Paläontologie mit ein. Völlig abgesehen wurde auf dieser „heimatkundlichen Studienfahrt" von der facettenreichen fränkischen Landesgeschichte, der Kulturgeschichte, dem Brauchtum, der Sprachwissenschaft, der Wirtschaftgeografie, der Botanik usw. Es ist wohl keine Übertreibung, wenn man diese Fahrt als einen Kursus durch die deutsche Kunstgeschichte anhand der Denkmäler vor allem in Würzburg und Bamberg bezeichnet, wobei Knapp sicherlich, wie gelegentlich in seinem „Mainfranken"-Buch[34], Bemerkungen zu Charakteristika der „mainfränkischen" Kunst einflocht.

Wodurch wurde diese Exkursion aber zu einer „heimatkundlichen"? Zweifellos versuchte Knapp weniger durch die Vermittlung einschlägigen Wissens als durch die Erzeugung von Stimmung im Sinne der Heimatkunde zu wirken: Verschiedene seiner Äußerungen in dem Bericht lassen klar erkennen, dass der Kunstgeschichtsprofessor vor allem bestrebt war, in den Teilnehmern das Gefühl der Heimatliebe zu stärken beziehungsweise zu wecken. Diesem Ziel zuliebe wurde sorgsam darauf geachtet, keinen Anschein trockener Gelehrsamkeit aufkommen zu lassen: „Es war vermieden worden, durch ernüchternde Einseitigkeit und starre akademische Formel zu ermüden". Deshalb gab es ständigen Wechsel „von einleitendem Vortrag zu lebendiger Führung", zu „Ausruhen in landschaftlicher Schönheit" und schließlich „zu heiter-fröhlichem Beisammen am Abend, wo sich die Herzen erwärmten und sie bald ein heimatliches Band deutscher Freundschaft und Vaterlandstreue umschlang". Schon in seinem Begrüßungsvortrag habe er betont, so Knapp, „dass es ihm nicht sowohl um gestrenge ‚Kunstwissenschaft' als vielmehr um das lebendige Kunstempfinden zu tun" sei. Deshalb sei es auch sein „Streben" gewesen, „vorzüglich Stimmung, das Gefühl eines gewissen Sichausschwingens der Seele zu wecken. Nur die Teilnehmer werden wissen, was damit gesagt sein will, dass dies nicht leere Phrase ist". Dank dieser „Art" der „Führung" sei die Veranstaltung für Knapp selbst wie für die Teilnehmer zu „einer wahren Labsal, zu geistiger Ausweitung, zu seelischer Erhebung in dieser schweren Zeit" geworden.

Obwohl es Fritz Knapp auch und in nicht unbeträchtlichem Maße um „Erziehung zu künstlerischem Wesen" sowie – im Sinne seines Lehrers Wölfflins – um das ‚richtige' Sehen

34 Siehe z. B. Knapp, Mainfranken, 1928, S. 326ff: „Kurz fassen kann ich mich über die Malerei [in Mainfranken]. Unser Gebiet hat nicht eine große Malschule zu verzeichnen, Die Begabung des Franken liegt wohl mehr auf dem Gebiet plastischer Wirklichkeitsgestaltung."

von Kunstwerken der Vergangenheit ging, war sein vorrangiges Anliegen wohl eher ein patriotisches. Hierin darf man wahrscheinlich sogar das ausschlaggebende Motiv für Knapps „kunstgeschichtliche Heimatkunde" erblicken. Dies kommt im Resümee am Ende seines Berichtes noch einmal sehr klar zum Ausdruck, in dem er den Wunsch äußert, dass „derartige Studienfahrten" noch öfters stattfinden sollten: Das sei nicht nur im künstlerischen beziehungsweise kunsthistorischem Interesse „zur Erziehung der Menschheit zu künstlerischem Erkennen und Empfinden", sondern auch „ein bedeutsames Hilfsmittel zur Kräftigung unserer Heimatliebe, zur Verbindung von Nord und Süd, Ost und West in einem einheitlichen Vaterlandsgefühl und zur Stärkung der tief gedrückten, deutschen Volksseele". „Gerne", so schließt der Bericht Fritz Knapps, stelle er sich „weiterhin in den Dienst dieser großen Aufgabe, die jeder wahrhaftige Freund geistiger Betätigung als eine Zeitnotwendigkeit erkennen" müsse, und er sei „bereit, auf Wunsch Vorschläge zu weiteren Führungen zu machen".

Es ist unbekannt, ob der Würzburger Professor für Kunstgeschichte tatsächlich weitere solcher „Führungen" für die deutschen Oberlehrer durchgeführt hat. Festzuhalten bleibt indessen, dass die von Knapp geleitete „heimatkundliche Studienfahrt durch Mainfranken" im Jahre 1920 nicht durch spezifisch heimatkundliches Interesse motiviert war. Es ist deshalb anzunehmen, dass es sich mit den von Knapp in jedem Sommersemester unternommenen „Ausflüge[n] zur Heimatkunde"[35] nicht anders verhält. Auch sein „Mainfranken"-Buch lässt keine tiefer gehende Auseinandersetzung mit regionaler Geschichte und Kultur erkennen. Abgesehen davon, dass seine Lehrveranstaltungen zur Regionalkunst und sein Buch über die Kunst Mainfrankens, wie dargelegt, der ‚mikrohistorischen' Ergänzung des ‚makrohistorischen' Überblicks über die ‚abendländische' Kunst dienten, betrachtete Knapp die „kunstgeschichtliche Heimatkunde" spätestens seit den zwanziger Jahren, wie der Bericht über die „Studienfahrt" bezeugt, als Heilmittel zur Gesundung des durch den Versailler Vertrages schwer verwundeten deutschen Selbstgefühls. Hierin dürfte Fritz Knapp wohl die wichtigste Aufgabe der zur Heimatkunde gewendeten Kunstgeschichte erkannt haben, und hierin zeigt sich jenseits aller seiner Verwicklungen in die Zeitgeschichte die Verwurzelung des Kunsthistorikers in der Gedankenwelt der Romantik, indem er die Kunst als Wegweiserin durch das Leben begriff.

Anhang

An das Rektorat der Universität [Würzburg]
erlaubt sich der ergebenst Unterzeichnete über die „heimatkundliche Studienfahrt durch Mainfranken", die am 1.–7. August 1920 im Zusammenhang mit dem Zentralinstitut für Erziehung und Unterricht in Berlin und im Einvernehmen mit dem bayerischen Ministerium des Inneren für Kirche und Schule veranstaltet wurde, zu berichten.

Zunächst war die Nachfrage eine überraschend große. Die Bedenken, die ich wegen der Reisekosten und der vom Zentralinstitut auf 30.- M festgelegten Teilnehmergebühr hegte, verstreuten sich sehr schnell. Trotzdem die Bekanntgabe ziemlich spät erfolgte, waren schon am

35 So heißt es wortwörtlich in: Vorlesungen an der Julius-Maximilians-Universität Würzburg, Sommersemester 1922, S. 15.

18. Juli die Anmeldungen weit über das mögliche Maß angewachsen. Nicht nur in Berlin, sondern auch in Würzburg waren schnell je mehr als 60 Karten verkauft und musste bald die Zulassung ausgeschlossen werden. Viele weitere Nachfragen wurden abgewiesen.

Zur Statistik der Teilnehmer sei folgendes mitgeteilt. Die auf 128 angeschwollene Zahl setzte sich durchgehends aus Direktoren, Lehrern und Lehrerinnen von höheren Schulen (Mittelschulen) zusammen. Sie kamen aus allen Teilen Deutschlands; selbst Danzig hatte zwei Vertreter zu verzeichnen. Bei weitem der größte Teil kam aus den Rheinlanden (50) und ebenso waren Westfalen, Berlin und die Mark Brandenburg (16) ferner Württemberg (22) und Hessen (8) stark vertreten; auch Sachsen und Thüringen (13), Bayern (16) hatte Vertreter gesandt. Eigentümlicher Weise fehlte Baden vollständig. Eine genaue Zusammenstellung der Berliner und Würzburger Teilnehmerliste wird die genauen Zahlen erkennen lassen. Die meisten nahmen an der ganzen Führung teil.

Jedenfalls erhellt aus der Teilnahme, wie viel Beifall der Plan einer solchen Führung, die die deutsche Kunst nicht nur im Bilde, sondern an den Denkmälern selbst verstehen lehrt, Freude an der Heimat, an Kunst wie Natur wecken soll, gefunden hat. Und wäre die Zahl der Teilnehmer ein andermal auf das Höchstmaß von 100 zu beschränken, indem nicht wie diesesmal doppelter Kartenverkauf die Übersicht und das Einhalten erschwert, sondern eben allein bei dem Veranstalter der Führung stattfinden darf.

Der Verlauf der Führung und die allseitige Anteilnahme, wie die allerherzlichsten Dankesäußerungen, bestätigen weiterhin, dass auch die Art, wie die Führung veranstaltet wurde, durchaus den Wünschen entsprochen hat. Es war vermieden worden, durch ernüchternde Einseitigkeit und starre akademische Formel zu ermüden. Es war ein andauernder Wechsel gegeben von einleitendem Vortrag zu lebendiger Führung, an den Denkmälern, vom Ausruhen in landschaftlicher Schönheit, indem auch die Schönheiten der Natur und ihr lokaler Charakter nicht vergessen wurden, zu heiter-fröhlichem Beisammen am Abend, wo sich die Herzen erwärmten und sie bald ein heimatliches Band deutscher Freundschaft und Vaterlandstreue umschlang. Der Veranstalter [sc. Knapp] betonte es selbst in seinem ersten Begrüßungsvortrag, dass es ihm nicht sowohl um gestrenge „Kunstwissenschaft“ als vielmehr um das lebendige Kunstempfinden zu tun ist. Darum war es auch sein Streben, vorzüglich Stimmung, das Gefühl eines gewissen Sichausschwingens der Seele zu wecken. Nur die Teilnehmer werden wissen, was damit gesagt sein will, dass das nicht leere Phrase ist, sondern dass auf diese Weise für den Veranstalter selbst, wie für die Teilnehmer die Führung zu einer wahren Labsal, zu geistiger Ausweitung, zu seelischer Erhebung in dieser schweren Zeit wurde.

Der Unterzeichnete hebt im Voraus diese grundlegenden Gesichtspunkte hervor, weil er fest glaubt, dass uns auf solche Weise fruchtbringende Arbeit in Erziehung zum künstlerischen Wesen geleistet werden kann. Das Vielfache der Fragestellungen, indem am ersten Würzburger Tag von Kirchenbau, am zweiten vom Städtebau die Rede war, während der dritte den Schlossbau brachte über die der einleitende Vortrag ergänzt durch Führung durch das Würzburg [!] oder zu eine fränkische Landschaft [!] hinaus, das sprechende Gegeneinander der verschiedenfachen Stilformen, indem etwa in Bamberg am ersten Tag das große deutsche Mittelalter im Dom vorgeführt wurde, während am letzten Tag Kloster Banz und Vierzehnheiligen das geistvolle Ausleben künstlerischer Empfindsamkeit in Barock und Rokoko brachte, all das trug dazu bei, die Geister lebendig und aufnahmefreudig zu halten. Wichtiger als alle gelehrte Kleinweisheit erschien Unterzeichnetem die wichtigste Aufgabe künstlerische Erziehung: wie soll man die Denkmäler anschauen. Das Mittelalter erfordert ein anderes Sehen als das Roko-

ko. Und ich glaube, den meisten Teilnehmern – die lebhaften Äußerungen bestätigen dies – ist mit der Führung eine Art Offenbarung geworden.

Die Führung im einzelnen verlief durchaus programmgemäß und abgesehen von kleinen Störungen, die vorzüglich darin bestanden, dass etwa in Bamberg auf der Altenburg das bestellte Abendessen nicht da war, erledigte sich alles glatt. Der Begrüßung im Würzburger Ratskeller (1. August), folgte am Montag (2. August) Vortrag und Führung über Städtebau. Der Dom und die Burkarderkirche, das Neumünster als romanische Bauwerke, die Deutschhauskirche, Franziskanerkirche und Marienkapelle als Beispiele der Gotik, die Universitätskirche zur Renaissance überleitend, die Karmelitenkirche und Stift Haug als barocke Bauten, Neumünster an Fassade [!] und im Inneren, ferner St. Peter, zur Schönbornkapelle und Käppele als Zeichen des Rokoko überleitend gaben eine lebendige Vorstellung von den Kunstwellen [!] der Zeiten. Der Nachmittagsausflug über das Käppele nach dem Guttenbergerwald und heitere Abendunterhaltung in der Waldesruh gaben den Abschluss. Am zweiten Tag wurde der Vortrag über Städtebau mit Würzburg vorzüglich als Barockstadt, der Festung auf dem Marienberg ergänzt am Nachmittag durch den Besuch von Karlstadt als einem typisch mittelalterlichen, fränkischen Städtebild. Hier traten ergänzend die treffenden Ausführungen des Geologen Privatdozent Dr. Schlagintweit hinzu, der die geologischen Formationen der Mainlandschaft mit Muschelkalk und Rotsandstein besonders in Gambach und am Steinbruch der Cementfabrik erläuterte. Den Schluss bildete ein gemeinsames Abendessen in Karlstadt. Der dritte Tag bedeutete mit dem Schlossbau und der Führung durch die Residenz einen Ausflug in den Rokokopark von Veitshöchheim [!] den Höhepunkt der Würzburger Tage, dem ein sehr vergnügtes Zusammensein bei Gesang [gestrichen: und Tanz] in Veitshöchheim den Abschluss gab. Am Vormittag des vierten Tages erfolgte eine kurze Führung zu dem romanischen Kreuzgang im Luitpoldmuseum, zugleich an Deutschlands großen Minnesänger Walter von der Vogelweide, der hier seine letzte Ruhestätte gefunden haben soll, erinnernd.

Dann ging die Fahrt nach Bamberg. Dank den vielfältigen Bemühungen des Herrn Dr. Ament hatten sich Vertreter der Stadt Bamberg, des Fremdenverkehrvereins und des historischen Vereins am Abend im Schützenhaus zusammen gefunden. Nachdem Herr Rechtsrat Rückel im Namen des Stadtrates, Herr Dr. Ament und Kreisarchivar Glück freundliche Worte der Begrüßung gesprochen, hielt Herr Dr. Ament einen sehr anregenden Vortrag über die alte Kaiserpfalz Heinrich II., die neuerdings vorzüglich von ihm wieder klar gelegt und deren Formen als Palas des 11. Jahrhunderts als verwandt denen der Goslarer Kaiserpfalz erkannt wurden. Am Tag darauf erfolgte am Vormittag die Besichtigung der Stadt und besonders des Domes als architektonischer Bau des spätromanischen Stiles wie als bedeutendste Werkstätte deutscher Plastik der Hochblüte des 13. Jahrhunderts. Dr. Ament übernahm die Führung für die älteren Bestandteile der Kaiserpfalz, der Domherrenhöfe u. a. Am Nachmittag war der Ausflug auf die Michaelsbergterrasse nicht nur der dortigen romanischen Kirche, sondern vorzüglich der herrlichen Aussicht in das weite Frankenland gewidmet. Dann ging es zur Altenburg und am Abend zurück in die Stadt. Der letzte Tag brachte mit dem Ausflug nach Staffelstein, nach dem Staffelberg, bei dem romantische Erinnerungen an Scheffel lebendig wurden, nach B. Neumanns Rokokokirche zu Vierzehnheiligen und über Kloster Banz H. Dientzenhofers Spätbarockkirche seinen glänzenden Abschluss [!]. Der Herr Bezirksamtmann Dr. Herfurt von Staffelstein war überall freundlichst zur Hand. Auch hier kam der Geologe wieder zu Worte. Dr. Schlagintweit hatte die Bildungen des Jura, die interessanten Fundstellen prähistorischer Tiere in Banz mit erklärendem Vortrage begleitet.

All den Herren, die mich bei der Führung freundlichst unterstützten, sei auch an dieser Stelle mein besonderer Dank ausgesprochen. So konnte sich die ganze anstrengende Führung glatt und ohne Hemmnisse entwickeln. Vorzüglich aber sei des herzlichsten Dankes, der mir von den Teilnehmern in Wort und Tat, letzterer durch Überreichung eines Albums mit Namenliste – vorzüglich Herr Gymnasialdirektor Dr. Brand aus Essen übernahm die Führung in der begeisterten Teilnehmerschaar – gewährt wurde, mit besonderer Genugtuung gedacht. Kaum ein Unternehmen hat mir soviel Freude und zugleich liebevolle Anerkennung eingebracht, wie diese Führung. Ich hoffe darum in einer illustrierten Zeitschrift bei Westermanns- oder Velhagen und Klasings Monatsheften einen ausführlichen Artikel mit Abbildungen zu bringen und den Teilnehmern als Erinnerung zu übersenden. Weiterhin muss ich auch dem freundlichen Entgegenkommen des Rektorates der Universität danken, indem abgesehen davon, dass die Vortragsräume der Universität zur Verfügung standen, durch Zulassung der Teilnehmer in die Räume des Studentenheimes in der Residenz manchem eine angenehme Erleichterung der Unkosten geboten wurde.

Von einer genauen Verrechnung der Unkosten kann ich an dieser Stelle wohl absehen; ich bin natürlich jederzeit zu genauer Auskunft bereit. Aber ich glaube übersehen zu können, dass die Einnahmen, die das Zentralinstitut durch die Teilnehmergebühr von 30 M gehabt hat, die Ausgaben überragen.

Zum Schluss sei noch der Wunsch ausgesprochen, dass derartige Studienfahrten öfters noch stattfinden. Das ist nicht nur im künstlerischen [überschrieben wurde das Wort: kunsthistorischem] Interesse zur Erziehung der Menschheit zu künstlerischem Erkennen und Empfinden, sondern ich sehe darin auch ein bedeutsames Hilfsmittel zur Kräftigung unserer Heimatliebe, zur Verbindung von Nord und Süd, Ost und West in einem einheitlichen Vaterlandsgefühl und zur Stärkung der tief gedrückten, deutschen Volksseele. Die Teilnehmer, fast sämtliche Lehrer an höheren Schulen, werden das Empfangene der heranwachsenden Jugend weitergeben und idealistische-künstlerisches [!] Wesen weitertragen. Gerne stelle ich mich weiterhin in den Dienst dieser großen Aufgabe, die jeder wahrhaftige Freund geistiger Betätigung als eine Zeitnotwendigkeit erkennen muss, und ich bin bereit, auf Wunsch Vorschläge zu weiteren Führungen zu machen.

Prof. Dr. Fr. Knapp

[Archiv des Rektorats und des Senats der Universität Würzburg (ARS), Personalakt Nr. K. 9, Dr. Knapp Fritz, Abdruck eines maschinenschriftlichen Schreibens, adressiert an das Rektorat der Universität Würzburg, versehen mit handschriftlichen Vermerken und Korrekturen Knapps; eigenhändig unterschrieben.]

Heimat und Globalisierung

Skizzen zu einem ausgreifenden Thema

Heinz Schilling

Frankfurt am Main: Im Schatten des Finanzghettos mit einer zum Himmel wachsenden Wolkenkratzerarchitektur, abgekoppelt von seinen regionalen Bezügen, reden Bürger darüber, ob Teile der Altstadt „original“ wieder aufgebaut werden sollen. Im mit der Welt verlinkten Hochhaus-Frankfurt, Knotenpunkt eines globalen Wirtschafts-Netzwerks,[1] diskutieren Einwohner also plötzlich über heimisches Fachwerk. Aus Sehnsucht nach Überschaubarkeit, kleinem Maßstab, Schnuckeligkeit? Ist das ein Reflex auf Globalisierungsdruck und Dauer-Fortschritt in dieser „Hauptstadt des Wechsels“,[2] der Wunsch nach Lesbarkeit einer „wirklichen“ Mitte, nach ein bisschen Rothenburg, Bamberg, Distelhausen? Oder wollen Lokalpatrioten ihre Erinnerungen an ein Frankfurt von früher retten?[3] Während die Wirtschaftspresse die täglich wechselnde Position der Stadt in den globalen Zukunftsrankings kommentiert, taucht in Leserbriefen der Lokalzeitungen ein Wort auf, das nicht so recht zu Frankfurt zu passen scheint, einer Stadt, die statistisch alle fünfzehn Jahre ihre Bevölkerung auswechselt: Heimat.[4]

Bensheim an der Bergstraße: Seit 150 Jahren war die Papierfabrik Euler eine Institution als Arbeitsplatz; in guten Zeiten „schafften“ vierhundert Leute „beim Euler“. Am Ort ein Symbol für unternehmerische Initiative. Der Fabrikant „unternahm“ Bensheim als Bürger, Mäzen, Politiker, Vereinsgründer. Die Fabrik wirkte in den Ort hinein, in das Leben der Menschen. Euler wurde Teil der regionalen Geschichte wie auch des Wir-Bewusstseins einer Kleinstadt.[5] 2007 kam das Aus, die noch 120 Beschäftigten wurden arbeitslos. Die digitalisierte Welt braucht weniger Papier. Seitdem ist Euler *nur noch* Geschichte. Der historische Bogen reicht von der Epoche der Industrialisierung bis zu dem, was heute Globalisierung genannt wird.

Wie wirkt sich das Ende einer Traditionsfirma auf das offizielle wie inoffizielle lokale Bewusstsein aus? Was ändert sich am Heimatgefühl? Dies untersuche ich jetzt mit einer Forschungsgruppe vor Ort. Aber auch, wie sich einige Eulerianer nun aktiv globalisieren, neuer Arbeit nachgehen – in Dubai oder Schweden. Und wie eine ganze Region namens Bergstraße der ankommenden Globalisierung in großem Stil sich anschmiegt, die „alten“ Industrien durch neue ersetzt, deren Unternehmer anstelle von Orten etwas anderes sehen: Standorte.[6]

1 Frankfurt unterstreicht seine Zentralität auch als Standort des größten europäischen Internetknotens („Peering-Stern“) DE-CIX (Quellen: www.golem de; 25.7.2009).

2 Markus Thiel, Kapitale des Wechsels, in: Heinz Schilling/Peter Klös (Hgg.), Stadt ohne Eigenschaften. Frankfurt – Einsichten von außen (Kulturanthropologie Notizen 75), Frankfurt a. M. 2005, S. 230–249.

3 Kritisch dazu der Psychoanalytiker Wolfgang Leuschner, Klappergass‘ am Dom. Ein „Little Frankfurt“ auf dem Boden der Altstadt wird die durch Krieg und Wiederaufbau verlorene Tradition nicht zurückbringen, in: Frankfurter Rundschau vom 7.11.2005.

4 Ein seltener Fall, dass Frankfurt über sich selbst diskutiert ist die Fachwerk-Debatte. Sie flammt seit 2005 immer wieder auf und hatte 2006 auch das überregionale Feuilleton erreicht mit dem Essay des Schriftstellers Andreas Maier, „Fachwerk für alle!“, in: Die Zeit vom 18.5.2006.

5 Heinz Schilling/Stephanie Lunau, Heimat Bensheim, in: Rainer Maaß/Manfred Berg, Bensheim. Spuren der Geschichte, Weinheim 2006, S. 187–223.

6 Projekt „Regionales Heimatbild und Globalisierung“ seit 2009. Träger ist das Forschungsnetzwerk Industriekultur und Lokales Gedächtnis e. V.

Distelhausen an der Romantischen Straße: Der nette Ort im Tal der Tauber hat eine Barockkirche, ein Barockschloss, die Brauerei, das nagelneue Medienzentrum des Landkreises Main-Tauber und das Privatmuseum der Familie Hollerbach mit fünftausend Exponaten „aus dem bäuerlichen Leben". Man pflegt altes Brauchtum: Jährlich an Pfingsten kommen Gläubige aus nah und fern zum St.-Wolfgangs-Ritt, dessen Höhepunkt die Segnung von Pferden, Kutschen und Reitern an der Wolfgangskapelle von 1472 ist. 125 Pferde zählt man im Jahr 2009, zugerechnet werden sie nicht mehr dem bäuerlichen Leben, sondern Freizeit und Reitsport. Die Touristikgemeinschaft „Liebliches Taubertal" wirbt mit Wilhelm Heinrich Riehl, der 1865 die Gegend zu Fuß durchwanderte und dies als „Gang durch die deutsche Geschichte" erlebte. Für die Radwanderer von heute ist Distelhausen nicht mehr wie einst der wegen des Weins gerühmte Ort, ihr Ziel ist die Brauereibesichtigung, sie sollen einkehren „im kleinen Dorf bei der großen Frische". Frische, das aktuell magische Wort der Einkaufs-, Zubereitungs- und Genießerkultur, saugt die Touristen regelrecht zur Brotzeitstation, aufgefächert zu einer „Erlebniswelt" der Distelhäuser Brauerei, die ihre gesamte Werbung überdies auf die Begriffe Dorf, Familie, Heimat und Region stellt. Im Hochwertpathos der Reklame heißt es: „Wir bekennen uns ganz bewusst zu unserer Herkunft, dem kleinen Dorf im lieblichen Taubertal. Wir tragen aus Überzeugung unseren Teil dazu bei, dass vieles hier so bleibt, wie die Menschen es schätzen und mögen. Das bedeutet, immer das Beste zu geben für zufriedene Kunden und für eine starke Region." Als Zuspitzung des Credos kann man im Jahr 2008 die Bierwerbung der Distelhäuser Brauerei sehen (vgl. Abb. 1).

Eine klare Botschaft, und doch eine Botschaft mit Augenzwinkern. Denn das mittelständische Unternehmen mit 147 Beschäftigten ist längst über seinen erklärten Aktionsradius von einhundert Kilometern in Baden, Franken und Hessen hinaus präsent. Bei internationalen Konkurrenzen („World Beer Cup"; „European Beer Star Award") erringt man Goldmedaillen und wird 2009 sogar in einem internationalen Feld von 190 Rivalen in Berlin als deutsche „Brauerei des Jahres" ausgezeichnet.[7] Kann man da glaubhaft zur Globalisierungsabwehr animieren? Das Augenzwinkern war kurz, inzwischen hat man das Werbemotiv „Manchmal ist es so einfach, etwas gegen die Globalisierung zu tun" wieder aufgegeben. Der Unternehmensphilosophie bleibt man jedoch treu: „Familiengeführt, regional, nachhaltig und unabhängig seit 1876".[8]

Facetten von Heimat, zugleich Dimensionen von Globalisierung. Was hat Globalisierung mit Heimat zu tun? Indem Ereignisse, Entscheidungen, Entwicklungen irgendwo in der fernen Welt sich auf den nahen Ort auswirken, wo man zuhause ist. Das heißt auch, dass Globalisierung die Frage nach dem stellt, was Heimat ist.

Die Veränderungszumutungen an Heimat sind mit Begriffen wie Modernisierung oder Wandel kaum noch zu fassen.

Darüber möchte ich nachdenken: Was Heimat *ist* und was Heimat *nicht* mehr ist. Dass Heimatbedürfnis als anthropologische Konstante aber *bleibt*, wie auch immer sich die weltweiten Rahmenbedingungen verändern. Und dass Heimat gerade *dann* bleibt. Als symbolisches Territorium auf realem Feld.

---

7 Heilbronner Stimme vom 27.2.2007.

8 Mitteilung Distelhäuser Brauerei Ernst Bauer an den Autor am 22.7.2009.

Abb. 1: Brauereiwerbung 2008.

Jeder Mensch hat eine Heimat, hat *seine* Heimat

Das Wort Heimat scheint eines jener „inneren“ deutschen Worte zu sein wie Weihnachten, Muttersprache, Habseligkeiten, Kleinod. Worte, die Geborgenheit anbieten, Zugehörigkeit zu einer Gruppe, Hingehörigkeit zu einem Raum. Heimat – das ist ein Teil von mir. Bin ich auch ein Teil dieser Heimat? Merkt man es dieser Heimat an, dass ich hier lebe?

Heimat – das war einst der Geburtsort, der dann für mich aufzukommen hatte, wenn es mir schlecht ging in der Fremde. Heimat war ein Rechtstitel. Die Auswanderer des 19. Jahrhunderts, darunter ganze Dörfer, die etwas zu essen und Freiheit für den Kopf suchten und sich aufmachten ins Amerika von Milch und Honig, wurden zunächst aus der „Heimat“ entlassen, bevor sie fortgehen durften; ein juristischer Akt.

Was Menschen als ihre Heimat bezeichnen ist unterschiedlich genug. Für viele ist Heimat der Geburtsort, andere sagen: die Gegend, wo ich groß geworden bin. Über die Hälfte aller Deutschen wohnt heute noch am Geburts- oder einem Nachbarort.[9] Heimat als Begriff der Herkünftigkeit, als *Ort* und als *Hort* der Erinnerungen.

9 Im Sommer 2008 veröffentlichte das Internetportal „www.meinestadt.de“ die als repräsentativ gewerteten Ergebnisse einer Umfrage bei 10.500 seiner Nutzer zum Thema Heimat. Demnach gaben 54,7 % der Befragten an, noch in ihrem Geburtsort oder im direkten Umkreis zu wohnen. 33,5 % dieser Heimatverbundenen wohnen heute noch in ihrem Elternhaus oder in der Straße, in der ihr Elternhaus steht. Von den 45,3 %, die nicht mehr in ihrem Geburtsort oder in dessen Nachbarschaft wohnen, leben 26,5 % im Bundesland, in dem sie geboren sind. 40,2 % sind in ein anderes deutsches Bundesland gezogen und 10,7 % leben im Ausland. Von den Weggezogenen gaben 25,6 % an, mehrmals im Jahr den Geburtsort zu besuchen. 13,3 % kommen einmal im Monat und 11,4 % mindestens einmal pro Woche zurück in ihren Heimatort. Lediglich 17,8 % haben keinerlei Bezug mehr zum Geburtsort. „Die Umfrage bestätigt das, was wir schon lange an dem Suchverhalten unserer Internetnutzer ablesen konnten: Auch in Zeiten der Globalisierung und grenzenlosen Mobilität hat die

Der Sehnsucht zurück zu dem, was *war* scheint Ernst Blochs Wunschbild einer Hinkünftigkeit jener „Heimat, worin noch *niemand* war" entgegenzustehen.[10] Die Zukünftigkeit seiner Hoffnung – verrät sie nicht eine in eine dereinst geglückte Welt gewendete Nostalgie? Seine Bilanz des bislang Unvollkommenen mündet in eine aktive Antwort auf die tendenzielle Weltverlorenheit des Menschen in der Moderne, fokussiert sich in einer letzten utopischen Kategorie – Heimat. Blochs Entwurf nach vorn enthält eine Antwort auf die Frage, ob der Mensch ohne Heimat existieren könne. Für ihn ist Heimat Begriff einer Sehnsucht, Ort eines bislang versagt gewesenen prinzipiellen Zustands.

Jeder Mensch braucht eine Heimat, *gebraucht* sie wie ein zeitliches, räumliches Koordinatensystem, wenn er sich fragt: Wer bin ich, woher komme ich, wo gehöre ich hin? Das ist die Identitätsfrage des Menschen. Heimat – das ist *eine* der Antworten auf die Identitätsfrage des Menschen. Und keine Heimat ist das genaue Abbild einer anderen, jede Heimat ist ein Unikat.

Heimat wird erst beim Verlust erfahren

Ein Wort von Jean Améry geht mir nicht aus dem Sinn: „Man muss Heimat haben, um sie nicht nötig zu haben"[11]. Eine Erkenntnis, deren Schlichtheit auf der Erfahrung des Exilanten gründet, der als Hans Chaim Mayer 1938 aus der Heimat Österreich getrieben wurde.

Heimat gehört zu jenem unbefragt Vorhandenen, was im Kern unseren Alltag ausmacht; ist Teil der Selbstverständlichkeiten von relevanten, plausiblen Dingen wie der erste Knopf am Autoradio: Ich verlasse meine Gegend, und die Programmierung stimmt nicht mehr. Fading, andere Stimmen, Klangfetzen mischen sich ein. Das Verstehen meiner eigenen Welt klappt woanders nicht mehr gut; es steht zur Disposition, was zuhause noch galt. Von weitblickenden Medien vorbereitet, von Navigatoren geleitet war ich schon überall, doch das Überall ist nicht in mir. Es dringt, ähnlich einer Powerpointpräsentation, nicht in mich ein, wenn dem bloß gewussten Kosmopolitanismus die biografische Erdung fehlt. Das alte Wort „Kulturschock" ist wieder da, scheint nicht überzogen.[12] Ein zunächst nur störendes Gefühl der Desorientierung und Hilflosigkeit kann dann, wenn meine Bedeutungen nicht mehr sicher sind, sich zur Angst auswachsen. Angst, so die Neurobiologie, „ist jenes Gefühl, das sich einstellt, wenn wir etwas wahrnehmen, was nicht zu dem passt, was wir erwarten".[13]

Verbundenheit zur Heimatstadt bzw. die Rückkehr zu den eigenen Wurzeln eine maßgebliche Bedeutung für die Menschen", so ein Unternehmenssprecher von „alleskIar.com AG" (Sitz: Siegburg), die das o. a. Internetportal mit Informationen über alle 12.241 deutsche Städte und Gemeinden betreibt (Zahlen lt. Firmenangaben).

10 „Der Mensch lebt noch überall in der Vorgeschichte, ja alles und jedes steht noch vor Erschaffung der Welt, als einer rechten. Die wirkliche Genesis ist nicht am Anfang, sondern am Ende, und sie beginnt erst anzufangen, wenn Gesellschaft und Dasein radikal werden, das heißt sich an der Wurzel fassen. Die Wurzel der Geschichte aber ist der arbeitende, schaffende, die Gegebenheiten umbildende und überholende Mensch. Hat er sich erfaßt und das Seine ohne Entäußerung und Entfremdung in realer Demokratie begründet, so entsteht in der Welt etwas, das allen in die Kindheit scheint und worin noch niemand war: Heimat. Ernst Bloch, Das Prinzip Hoffnung (Werkausgabe, Band 5), Frankfurt a. M. 1985, S. 1628.

11 Jean Améry, Örtlichkeiten, Stuttgart 1980, S. 135.

12 „Kultur in ihrem weitesten Sinne ist das, was dich zum Fremden macht, wenn du von daheim fort bist. Kultur umfasst alle jene Überzeugungen und Erwartungen, wie Menschen zu sprechen und sich zu verhalten haben. Diese sind als Resultat sozialen Lernens eine Art zweite Natur für dich geworden. Wenn du mit Mitgliedern einer Gruppe zusammen bist, die deine Kultur teilen, musst du nicht darüber nachdenken, denn ihr alle seht die Welt in gleicher Weise und ihr alle wisst im großen und ganzen, was ihr voneinander zu erwarten habt. Jedoch, einer fremden Gesellschaft direkt ausgesetzt zu sein, verursacht im allgemeinen ein störendes Gefühl der Desorientierung und Hilflosigkeit, das *Kulturschock* genannt wird." Philip Bock, Preface, in: ders. (Hg.), Culture Shock, New York 1970, S. IX.

13 Gerald Hüther, Bedienungsanleitung für ein menschliches Gehirn, Göttingen [8]2009, S. 108.

Dass der Sinnraum Heimat nicht mehr stimmt, dem kann eine gewaltsame Wegnahme des Territoriums vorausgehen. Ein Usurpator dringt ins Land ein, unterdrückt Menschen, vertreibt sie aus dieser Heimat. Ein totalitäres Regime drängt Bürger zur Emigration. Eine Hungersnot zwingt Menschen auszuwandern. Dem realen Verlust eines Territoriums begegnen Menschen mit der unmittelbaren Kompensation an einem anderen Ort. Die nostalgische Reaktion, dort eine zweite Heimat aufzubauen, erscheint wie ein anthropologischer Imperativ: Menschen errichten, in Gemeinschaft mit Schicksalsgefährten, ihr *Neu*-Isenburg, ihr *Neu*-Gablonz, ihr kleines Schweden in Minnesota. Man versucht, die Ersatzräume mit dem alten Sinnsystem zu füllen, sorgt dafür, dass die gültig gewesenen Bedeutungen doch irgendwie noch stimmen. Oft werden Menschen mit minoritärem Status dann deutscher, türkischer, islamischer, als sie es je in der alten Heimat waren. Man erinnert sich radikal an die Fundamente dessen, was man war, um sich zu bestätigen, wo man nun ist. Das soll Sicherheit bringen. Manchmal treten Helfer auf, ersetzen das Heimatgefühl durch Nationalgefühl und das Nationalgefühl durch Nationalismus, das Fundament durch Fundamentalismus, machen ihr Geschäft damit. Doch der neue Ort birgt nicht die alten Erinnerungen; er erschafft ein anderes Gedächtnis.[14] Eine neue Heimat ist eine Frage von Dauer, nicht des Tempos.

Wenn in zu kurzer Zeit zu viele Selbstverständlichkeiten nicht mehr stimmen, wenn die Welt um mich allzusehr ver-rückt wird, führt das zu kleinen oder größeren Schocks. Eine Regierung beschließt eine Verwaltungsreform, polt die Menschen um, die jetzt nicht mehr auf sich selbst, sondern auf einen anderen Ort hin zentriert werden. Als Folge der kommunalen Neuordnung der 1970er Jahre in Deutschland sind viele Heimatvereine entstanden, die im Prinzip ähnlich verwirrungs- bis trotznostalgisch reagierten wie aus der Heimat Vertriebene. Nostalgie – das war nicht immer eine nette Spitzendeckchenstimmung, sondern, im alten Sinn des Wortes, die Heimwehkrankheit von Soldaten und Ausgewanderten. Eine Krankheit.

Heimatvereine, Heimatfeste, Heimatmuseen und Heimatdiskussionen kamen bislang immer dann auf, wenn Heimat verloren ging oder in Frage stand.

Bei „Heimat" denken die meisten an Dorf und Kleinstadt, an Fachwerk und Überschaubarkeit. Das urbane Chaos der Großstadt hat – auf den ersten Blick – mit „Heimat" wenig zu tun. Frankfurt als Ganzes mag nicht für Heimat stehen, aber die Stadt ist durchzogen und umstanden von vielen Heimaten.[15] Die pfiffige Antwort auf eine Eingemeindung war der Autoaufkleber „Wir Frankfurter bleiben Bergen-Enkheimer". Ein merkwürdiger Effekt: Die Zuordnung zu Frankfurt brachte die Bergener, im traditionellen Selbstbild eine bürgerlich-bäuerliche Bevölkerung, mit den als proletarisch geltenden Enkheimern über alte Gräben hinweg zu einer neuen Heimatvereinbarung.[16]

14 In kulturellen Selbstverständlichkeiten, v. a. im überkommenen, gemeinsam geteilten Gedächtnis weiter zu leben ist eine Möglichkeit, die definierte Einwanderergesellschaften bieten können. Die erste systematische Migrantenuntersuchung in den USA (1916ff.) erbrachte den erstaunlichen Befund des Gewahrwerdens der Identität im Moment der Reflektion *veränderter* Bedingungen. Darauf wies Robert Ezra Park des Öfteren hin, was wiederum Lindner markant so formuliert: „Erst der Pole in Amerika wird sich seiner selbst als Pole bewusst." Rolf Lindner, Die Entdeckung der Stadtkultur. Soziologie aus der Erfahrung der Reportage, Frankfurt a. M. 1990, S. 209. – S. a. William I. Thomas/Florian Znaniecki, The Polish Peasant in Europe and America [5 Teile, Boston 1918–1920], 2 Bde., New York 1927 u. ö.

15 S. Chlodwig Poth, Last Exit Sossenheim, München 1993. – Ders., Poth für die Welt. Sossenheim ist überall, München 2005.

16 Ina-Maria Greverus/Heinz Schilling (Hg.): Heimat Bergen Enkheim. Lokale Identität am Rande der Großstadt (Notizen. Institut für Kulturanthropologie und Europäische Ethnologie 12), Frankfurt a. M. 1982.

Heimat ist ein Symbol für Gemeinschaft

Gemeinschaft ist wiederum ein Konstrukt. Ein Symbol. Ein Symbol für Zugehörigkeit und auch Zusammengehörigkeit. *Belonging* und *togetherness* sind zentrale Begriffe aus einer Untersuchung über eine Shetlandinsel namens Whalsay.[17] Man könnte meinen, eine Insel biete immer noch die Übereinstimmung von Heimat, Gemeinschaft, *belonging* und *togetherness* in idealer Weise. Es ist aber auch im Fall Whalsay so: Jeder konstruiert dort längst sein Bild, seinen Sinn von dieser Insel für sich, besetzt das Symbol „Heimat" eigenwillig. Erklärt wird das mit dem Eindringen der „outside world" auf die Insel. Das sind nicht nur die Fremden, die inzwischen dort leben, sondern auch der Staat, die Bürokratie, Brüssel (die EU setzt die Fischfangquoten fest), die Medien und … die eigenen Leute, die *Expats*, welche ihre Heimat jetzt als Amerikaner oder Australier besuchen, zwischen Heimaten pendeln.

Eine Erosion von innen (variantenreiche Konstruktion des Symbols „Gemeinschaft") und außen (Zuzüge von Menschen mit anderen Lebensentwürfen). In der Stadt haben sie gelernt, damit umzugehen. Kennzeichen der Stadt sind Heterogenität, Freiheit und Öffentlichkeit; Distanz erscheint als zivilisatorische Kategorie.[18] Das städtische Denken ist vielfältiger, optionaler, variantenreicher. Die Stadt gilt als „der institutionalisierte Ort, wo Menschen sich als Fremde begegnen" und – sich fremd bleiben können, wenn sie wollen.[19] Was heute als „global Heimat" Karriere macht, wird in Großstädten erforscht[20] und ist im Grunde genommen eine urbane Heimat, deutbar aus der soziologischen Makroperspektive.

Als typisch für das dörfliche Denken gelten hingegen noch immer die Beharrung, die Einhelligkeit, die Geschlossenheit – vielleicht auch Eingeschlossenheit, Abgeschlossenheit, Verschlossenheit; Letzteres dann, wenn Heimat, Gemeinschaft und Tradition auf eine einheitliche Weise als Symbol festgelegt werden sollen und die lokale Gemeinschaft – das droht hie und da schon bei Nachbarschaften in unseren pastellfarbenen Neubausiedlungen – sich als Tyrannei der Intimität entfaltet. In eine Heimat kann man nicht eintreten wie in einen Verein.

Heimat ist ein Raum der Identifikation

Identifikation bedeutet nicht nur, dass man Heimat unterscheiden und erkennen kann (Identifizierung), sondern auch, dass man diesen Raum anerkennen kann (Identität).

Ein Mensch erwartet – bisher – von einem je gegebenen Ort oder einer Gegend,

1. dass dieser Ort Existenzsicherung und Schutz gewährt (ein Dach über dem Kopf, Arbeit, Bildung, Ausbildung, Mobilität …);
2. dass er als Bürger bei politischen Entscheidungen mitwirken oder sie kontrollieren kann;
3. dass er Kontakt mit anderen haben kann (denn der Mensch lebt nicht gerne lange ohne seinesgleichen) und

---

17 Anthony P. Cohen, Whalsay. Symbol, segment and boundary in a Shetland island community, Manchester 1987.

18 Vgl. Lindner, Stadtkultur, S. 209.

19 Richard Sennett, Verfall und Ende des öffentlichen Lebens. Die Tyrannei der Intimität, Frankfurt a. M. 1983.

20 S. Sven Bergmann/Regina Römhild (Hgg.), Global Heimat. Ethnographische Recherchen im transnationalen Frankfurt (Kulturanthropologie Notizen 71), Frankfurt a. M. 2003.

4. dass er die Sprache, Zeichen, Symbole und Bedeutungen eines Raums lesen kann und selbst verstanden wird.[21]

Es geht hier um Bedürfnisse, um menschliche Bedürfnisse in ihrer existentiellen, politischen, sozialen und ästhetischen Dimension. Ich verstehe das Raumorientierungsmodell von Ina-Maria Greverus so: Je mehr Befriedigungsmöglichkeiten Menschen für sich in einem Raum erkennen, umso mehr identifizieren sie sich mit ihm und nehmen ihn emotional als etwas eigenes, als *Heimat* an.

Heimat sollte aber weder von oben verordnet noch auf dem goldenen Tablett serviert werden, sondern: Für diese Heimat muss ich aktiv etwas tun, muss mich mit anderen auseinandersetzen und mich abstimmen mit denen, die sie anders haben wollen. Ich trete auch in Konkurrenz ein um Entwürfe und Postulate: Wie soll der Raum genutzt werden? Wohin sollen Ort und Region sich entwickeln? Die Fremden am Ort, die mit dem anderen Horizont, ergreifen die Initiative – sie verändern; die Einheimischen beharren. Ein markanter Zusammenhang.[22]

Zu den Bedürfnissen des Menschen gehört das Bestreben, sich einen jeweiligen Raum ganz persönlich anzueignen, seine Bedeutung zwar mit anderen zu teilen, aber auch: ihn mit individuellen Gefühlen zu besetzen, ihn nicht nur irgendwie zu „haben", sondern ihn gestalten, ihn lieben oder hassen zu können.[23]

„Es ist eigenartig, dass man Heimat dann verliert, wenn man den Ärger über sie verliert. ... Die Heimat verblasst dann, wenn der Ärger über sie verblasst ... Heimat ist wohl einfach nicht nur das, wo ich meine Liebe und meine Freude habe. Auch Ärger und Engagement gehören zu meinen Gefühlen", schreibt der Schweizer Autor Peter Bichsel als er nach einigen Monaten feststellt, dass er die in seine Stadtschreiberresidenz nach Deutschland nachgeschickten heimischen Zeitungen ungeöffnet lässt.[24]

Ein aktiv gewonnenes, selbstbewusstes Heimatbewusstsein ist mir lieber als eine Heimatliebe, die mir vermittelt, beigebracht, vorgesetzt wird und deshalb auch politisch gesteuert werden kann. „Heimatliebe" wird – in Form einer Trauer oder Frustration überdeckenden Trotz-Identifikation – kaum jemals so betont wie bei Heimatverlust, in Grenzgebieten oder wirtschaftlich prekären Regionen, das heißt: Krisen und Defizite versucht man, symbolisch auszugleichen und sich eine Heimat mit Goldrand zusammenzudenken.

Wenn die Erwartungen an einen Raum nicht mehr erfüllt werden, führt das realistischerweise auch zu einem Verlust von Identifikation mit diesem Raum; nicht selten wird dann versucht, die partielle Wegnahme von Heimat zu kompensieren. Die Gemeindereform der 1970er

---

21 Ich folge hier dem kulturökologischen Raumorientierungsmodell von Ina-Maria Greverus, das richtungweisend wurde für eine anthropologische Mensch-Raum-Diskussion in Deutschland; s. Ina-Maria Greverus, Kultur und Alltagswelt, München 1978, S. 275f. – Dies., Region zwischen Planung und Protest, in:, Dies./Erika Haindl (Hgg.), Ökologie – Provinz – Regionalismus (Notizen. Institut für Kulturanthropologie und Europäische Ethnologie 16), S. 15–45. – Dies., Menschen und Räume. Vom interpretativen Umgang mit einem kulturökologischen Raumorientierungsmodell, in: Ina-Maria Greverus u. a. (Hgg.), Kulturtexte. 20 Jahre Institut für Kulturanthropologie und Europäische Ethnologie, (Kulturanthropologie Notizen 46), Frankfurt a. M. 1994, S. 87–111. – Dies., *Die Anderen und Ich. Vom Sich Erkennen, Erkannt- und Anerkanntwerden.* Kulturanthropologische Texte, Darmstadt 1995.

22 Utz Jeggle, Fremdheit und Initiative. Vorbemerkungen zu einer Variante des soziokulturellen Wandels, in: ZVK 68 (1972), S. 42–60.

23 Beatrice Ploch/Heinz Schilling, Region als Handlungslandschaft. Überlokale Orientierung als Dispositiv und kulturelle Praxis: Hessen als Beispiel, in: Rolf Lindner (Hg.), Die Wiederkehr des Regionalen. Über neue Formen kultureller Identität, Frankfurt a. M./New York 1994, S. 122–157. – Heinz Schilling, Auf der Suche nach Region. Ergebnisse und Trends der quantitativen Befragung, in: ders./Beatrice Ploch (Hgg.), Region. Heimaten der individualisierten Gesellschaft (Kulturanthropologie Notizen 50), Frankfurt a. M. 1995, S. 71–148.

24 Peter Bichsel, Objektivität und Heimat, in: ders., Irgendwo anderswo. Kolumnen 1980–1985, Darmstadt/Neuwied 1986, S. 45f.

Jahre hat in Deutschland Dinge wegrationalisiert, für die sie auf den Landkarten keinen Namen haben, wie etwa Zuständigkeit, Bedeutung, soziale Anerkennung. Menschen beispielsweise, denen ein politisches Amt genommen wurde, haben sich ersatzweise in die Vereinsarbeit gestürzt oder ins lokale Identitätsmanagement.[25]

Heimat ist ein langer Prozess. Heimat ist nie zu Ende

Heimat ist *nicht* die sichere, idyllische Nahwelt nach der egoistischen Formel „Heimat ist, wo es *mir* gut geht", sondern eine dynamische, zum Teil kontroverse Reihe von Prozessen. Ist nicht fertiges Produkt, sondern stets vorläufiges *nicht*amtliches Endergebnis von Auseinandersetzungen und Anpassungen, die sich beispielsweise zwischen Menschen der Peripherie und der Zentralgewalt oder zwischen Ortsansässigen untereinander abspielen – mit je verschiedenen Horizonten und Entwürfen für ein und denselben Raum.

Was eine jeweilige Heimat sei, ist auch ein dynamischer Aushandlungsprozess zwischen den Generationen; zwischen sozialen Gruppen, Alt- und Neubürgern, Museumsleitern, Vereinsmenschen und Politikern, die jeweils auch ihre individuellen Postulate repräsentieren. Dabei geht es letztlich um Bedeutungen und Werte, was Heimat sei. „Was Heimat sei" – das ist sowohl Imperativ als auch Konjunktiv. Doch keineswegs alle beteiligen sich an diesem Aushandeln.

Aushandeln? Wie Heimat zu definieren sei wurde stets mehr von außen und oben vorgegeben.[26] Die hier skizzierte Vorstellung einer von den Bedürfnissen der Individuen ausgehenden, letztlich demokratisch verhandelbaren Heimat, das Konzept einer Heimat „von innen und unten", ist wohl den Ethnologen vertrauter als den Historikern. In der Moderne der Nationalstaaten und Industriegesellschaften ist „Heimat" in den normativen Struktur-Entwürfen von Entwicklung durch Veränderung und den darauf bezogenen operativen Prozessen kein Kriterium. Raum ist Raum für Planung, Flächen sind Flächen für Flächennutzungspläne und mit der Schaffung von Bedeutungen werden Identitätsdesigner betraut. In einer übernationalstaatlichen Logik wie derjenigen der EU besitzt Heimat allenfalls im Ressort Regionalpolitik eine gewisse Bedeutsamkeit, dies allerdings hauptsächlich im Funktional-Kontext tourismuswirtschaftlicher Folklore-Infrastruktur.

Obwohl einer über Nationalstaat und Staatengemeinschaft hinausreichenden „globalisierten Welt" ein Begriff wie Heimat sich entzieht, greift – dies meine These – Globalisierung auf Heimat zu – massiver als je zuvor. Obwohl und gerade weil. Wird, indem sie globalisiert wird, Heimat global?

Seit den 1990er Jahren hat sich das Wort Globalisierung in unserer Alltagssprache eingebürgert; es wird von jedem etwas anders buchstabiert. Generell geht es um die Vorstellung einer sogenannten neoliberalen Ökonomie, die weltweit über Produktion, Kommunikation, Kapitalströme miteinander vernetzt ist. Bei „Globalisierung" mitempfunden werden auch kleinere Prozesse wie Europa als integrales Wirtschaftssystem oder bereits lange bestehende Abhän-

25 Heinz Schilling, Neue Dörflichkeit. Urbanisierung ohne Urbanität im Rhein-Main-Gebiet. Habilitationsschrift Frankfurt a. M. 1992, Kap. 6 (Die Notwendigkeit, unter sich zu sein. Dörfliche Vereine als Garantien dörflichen Überlebens. Eine skeptische Perspektive), S. 290–344.

26 Zur Genese des Heimatbegriffs s. Alexander von der Borch-Nitzling, (Un)heimliche Heimat. Deutsche Juden nach 1945 zwischen Abkehr und Rückkehr (Lebenswelten 1), Oldenburg 2007, Kap. 3., S. 32–74.

gigkeiten, etwa vom Öl. Nun hat es Fernrelationen immer schon gegeben, viele davon werden nicht gewusst, Kontinuitäten, begriffliche Wiederaufnahmen nicht immer zurückgeführt auf originäre Sachverhalte.[27]

Heimat unter Globalisierungseinfluss. Ansätze zu einer Inventur

In dem jetzt wahrzunehmenden Ausmaß, in dieser geografischen Ausdehnung und mit dieser offenbar nichts auslassenden Wucht und in solch kurzem Zeitraum hat die Welt noch keine Veränderungen erfahren. Mit *Welt* meine ich die Wirkungen auf Menschen, wobei Arbeitsplatzverlagerungen, Migrantenströme, Tourismus und Klimawandel das Offenbare sind. Weniger augenfällig ist eine regelrechte Revolution des herkömmlichen Raum-Zeit-Verhältnisses. Zentralbegriffe sind dabei Mobilität und Flexibilität. Flexibilität bedeutet Konzentration der Macht ohne Zentralisierung; heißt: diskontinuierlicher Umbau von Institutionen; heißt: Der Mensch ist einsetzbar als ein elastischer Spezialist, der heute dies hier tut und morgen woanders das.[28] Man könne ja von Bochum aus mit umziehen nach Cluj-Napoca in Rumänien, sagten 2008 die mobilen, aus Finnland einst nach Deutschland gezogenen Direktoren der Mobiltelefonfabrik Nokia ihren Technikern wie auch Fließbandarbeiterinnen.[29]

Folge von Flexibilität ist ein fundamentaler Bedeutungsverlust von Raum bei globalen Akteuren. Während Zeit – nicht Dauer, sondern das Tempo-Paradigma – die alles dominierende Größe wird, scheint der Raum seine Relevanz zu verlieren, Orte werden unwichtiger, weil, ökonomisch gesehen, alles überall *statt-* – also seinen Ort – *finden* kann. Dinge, Menschen, Geschehnisse bestimmten Orten zuzuordnen und damit eine Vorstellung zu verbinden ist in der ökonomischen Kurzzeit-Logik unrationell. Die Agenda ist *just in time*, die Instanz für die Verwirrten heißt heute Callcenter, die Notrufsäule der Verirrten hängt am Himmel und heißt GPS. Das Global Positioning System dient vornehmlich Raumkontrolle und Mobilitätsmanagement, es ist ein kulturelles Phänomen aber kein dezidiert kulturwissenschaftliches Thema.

Von einer „globalisierten Gesellschaft" zu sprechen nimmt die Logik von Globalisierung auf, Prozesse in großem Maßstab zu betrachten und sie aus der Makroperspektive zu analysieren. Als Kulturanthropologe sind mir jedoch die kleinen Lebenswelten, die privaten Sphären, die individuellen Alltagspraktiken von Menschen forscherlicher Gegenstandsbereich. Dabei ist die „Kultur der Nähe"[30] zweifellos von den „gesellschaftlichen" Tatbeständen umgeben und von entsprechenden großformatigen Strukturen determiniert. Indem ich mich seit langem mit Leben und Verwirklichungsmöglichkeiten von Menschen in Dörfern, Kleinstädten und Großstadtvierteln, in Regionen und an territorialen Grenzen beschäftige gewinnt für mich die Frage nach dem *Ankommen der Globalisierung* in diesen Raumkategorien mehr und mehr an Boden.

Den Begriff der Glokalisierung dafür zu verwenden scheint eher einer vergröbernd globalen als einer lokalen Perspektive zu entsprechen, ob damit nun strategische Anpassungs-

27 „Transnational", ein derzeit hoch gesetzter Begriff in den Kulturwissenschaften, rangiert als Erscheinung unserer Tage. Erasmusstudierende bearbeiten die von ihrem Auslandssemester mit nach Hause gebrachten Feldforschungserfahrungen gern als „transnationales" Thema. Sie nach den Initialworten des Akronyms Erasmus zu fragen gilt als unfair. Worauf der Name des EU-Austauschprogramms „kulturell" hindeutet ist künftigen Kulturwissenschaftlern heute meist unbekannt, so wie das in heutiger Lesart durchaus „transnationale" Leben des Erasmus von Rotterdam.

28 Richard Sennett, Der flexible Mensch. Die Kultur des neuen Kapitalismus, Berlin ^{2}1998.

29 Im Jahr 2009 wurde bekannt, dass das neue Nokia-Werk in Rumänien weniger der Herstellung als der Verpackung dient, s. Handelsblatt vom 2.8.2009.

30 Heinz Schilling, Kleinbürger. Mentalität und Lebensstil, Frankfurt a. M./New York 203, insbes. S. 231–240.

leistungen einer weltweit operierenden Ökonomie an die Orte des Konsums oder der Aspekt der Modellierung des globalen Outputs gemäß einem lokalen Habitus durch örtliche Akteure gemeint ist. So zweifle ich an der Seriosität der These Robertsons, wonach der Glokalisierungsbegriff recht gut Phänomene wie Heimat, Gemeinschaft und Ort fasse und die Globalisierung sogar eine Revitalisierung örtlich-territorialer Heimat bewirkt habe und einen Gegenentwurf zur Globalisierung selbst hervorbringe.[31]

Meine Frage ist also nicht ob, sondern *wie* auch der Ort in den Sog einer weltweiten Entwicklung geraten ist, ob lokale Gemeinschaft (oder die Konstruktion davon) sich dadurch wie verändert und was beispielsweise Tradition (oder eine als traditionell erachtete Bedeutungswelt) dann besagt oder leisten soll. Damit geht man von der Makro-Ebene Globalisierung schürfender auf die Mikro-Ebene des Lokalen und untersucht, wie die Ferne in der Nähe – auf dieses spezielle sozio-emotionale Bindegewebe namens Heimat – wirkt.

Raum ist fundamental für jedes Lebewesen. Wenn gilt: Je mehr Befriedigungsmöglichkeiten Menschen in einem gegebenen Raum für sich erkennen, um so mehr identifizieren sie sich mit ihm als Heimat, dann stützt einiges die Vermutung, dass immer weniger *ein und derselbe Raum* die Satisfaktion fundamentaler Bedürfnisse wie auch das Kompensieren von Defiziten ermöglicht, dass sich Raum und die Anforderungen an ihn dynamisieren und dass damit der Blick auf das, was Heimat sein kann – Grundlage und Möglichkeitsrahmen von Leben und Zusammenleben – drastisch verrutschen kann.

Deshalb soll im Folgenden die Aufmerksamkeit erneut auf menschliche Bedürfnisse in ihrer existentiellen, politischen, sozialen und ästhetischen Dimension gelenkt werden. Sie leiten vier Fragen danach, was sich in Zeiten der Globalisierung hinsichtlich des Raums verändert:

Wie steht es um die materiellen Grundbedürfnisse?

Die Industrieproduktion ist weltweit geworden. Wo Dinge hergestellt werden scheint für die Unternehmensphilosophie ohne Relevanz; wer sie anfertigt ist für die Deckung des sogenannten Massenbedarfs unerheblich. Wo etwas wann wächst ist für die Logik des allverfügbaren Raums bedeutungslos, da zu jeder Zeit irgendwo auf dem Globus geerntet wird und die Distanz zum Verbraucher durch Logistik aufgehoben wird. Erdbeerbedarf zum Nachtisch beim Weihnachtsessen kann gedeckt werden. „Bedarf“ als ökonomische Kategorie ist freilich zu unterscheiden vom anthropologischen Begriff „Bedürfnis“.

Im Jahr 2009 registriert man: Destabilisiertes globales Finanzsystem, Insolvenzen, heikles Gleichgewicht der Energie- und Rohstoffmärkte, prekäre Klimabilanzen, Teuerung und Inflation, globale Migrantenströme.

Das tendenziell verarmende Drittel der Gesellschaft in Deutschland lappt über zur Mittelschicht. Die Internationalisierung des Arbeitsortes bedeutet einerseits strukturelle Binnenerwerbslosigkeit, andererseits steigende Zumutungen an Pendlermobilität, also längere Strecken und Abwesenheiten von zuhause. Beklagt werden Wasserknappheit, Luftverschmutzung, Erderwärmung – Stichwort Klimawandel – durch hohen Energieverbrauch und Zunahme des Verkehrs; Autobahnen werden gefordert, gebaut und gepriesen als Existenzchance der

31 Roland Robertson, Glokalisierung. Homogenität und Heterogenität in Raum und Zeit, in: Ulrich Beck (Hg.), Perspektiven der Weltgesellschaft, Frankfurt a. M 1998, S. 192–220.

Provinz; Bahnfernlinien expandieren, Eisenbahnen gerieren sich als Airlines, gleichzeitig wird der öffentliche Personennahverkehr ausgedünnt oder abgehängt. Nicht zu vergessen die globale Standardisierung und Homogenisierung von Konsumgewohnheiten und Geschmack. Es gibt Gegenbewegungen, eine Ökonomie der Nähe – direktvermarktende Bauern als Beispiel – sowie weitgespannte Konsumentennetzwerke.[32]

Derlei wohl generelle Entwicklungen lassen sich abbilden am konkreten Ort als verschränkte Folgen *ferner* Ursachen und Strukturen, mit dem Blick auf „existentielle" Raumbedingungen und Satisfaktionsparameter. Bemerkenswert sind die stetige Zunahme von Tempo und Dichte in Produktion und Transport und die Konzentrationsprozesse in der Energieversorgung und im Handel. Gleichzeitig werden Leistungen der kommunalen Daseinsvorsorge dezimiert.

Ist dieser Raum mein Raum, wie kann ich ihn mitgestalten und politische Entscheidungen kontrollieren?

Nun kommt ein Wort wie „Unmittelbarkeit" ins Spiel. Zentrale Planung nimmt zu, örtliche Zuständigkeit nimmt ab, wird durch überlokale Finanzierungsströme so gesteuert, dass die Gemeinden immer weniger selbst zu entscheiden haben. Das ist ein Prozess in nationalem Maßstab seit langem, doch inzwischen überformt durch „Europa", das als fernes Machtzentrum und bürokratische Bremse empfunden wird. In einer Gemengelage von Regelungsinstanzen konkurriert die EU mit den Nationalstaaten, und setzt gegen deren durchaus angestrebten Bedeutungsverlust die Aufwertung der Regionen. Die Planungsgröße heißt – wohlgemerkt – Region, nicht Heimat, aber sie krempelt Heimat um. Politik*er*verdrossenheit wächst sich aus zur Politikabstinenz. Demokratisches Engagement verliert an Wert und Relevanz für den einzelnen, weil Verantwortung im bürokratischen Gestrüpp, in einer Hierarchie der Unverantwortlichkeiten, schwer zu orten ist. Die Wählerquote sinkt lokal am deutlichsten.

Unmittelbarkeit? Gemeinden können kaum noch über sich selbst entscheiden und wenn doch, dann nicht wirklich. Die EU bestimmt die Entwicklungsbänder der Raumplanung quer über den Kontinent, der internationale Bodenmarkt fordert Flächenreserven, die Regionalplanung stellt Ressourcen bereit – auch hier Konzentration und Vereinheitlichung. Und das Ergebnis ist eine weltweite Vervorstädterung mit identischer Versorgungsstruktur. Das kommunale Autonomie-Ideal des frühen deutschen Grundgesetzes ist Geschichte.

Wie wirkt sich Globalisierung auf das Zusammenleben aus?

Es sind also unsicher werdende Lebensverhältnisse, die dem Phänomen Globalisierung zugeschrieben werden können. Darauf deutet die bisherige Bilanz der existentiellen und politischen Bedürfnisse als Erwartung an einen als Heimat anzuerkennenden Satisfaktionsraum,

32 Beispiel Ernährung und Genuss: Die Organisation „Slowfood", eine italienische Gründung, zählt derzeit 80.000 Mitglieder. Es handelt sich um eine inzwischen weltweit tätige, regional argumentierende Initiative. Ein anderes Beispielfeld sind Ansätze zur Relokalisierung der Energiewirtschaft. Nach der Katastrophe von Tschernobyl 1986 haben Bürger der Schwarzwaldgemeinde Schönau beschlossen, „für eine atomstromlose und nachhaltige Energieversorgung einzutreten. Neun Jahre und zwei Bürgerentscheide später konnten sie das örtliche Stromnetz von einem Atomkraftwerksbetreiber freikaufen. Seitdem betreiben die bürgereigenen Elektrizitätswerke Schönau (EWS) das Ortsnetz ökologisch vorbildlich und wirtschaftlich erfolgreich" (Quelle: http://www.ews-schoenau.de; 2.8.2009).

wobei eine „gefühlte Globalisierung“ als Etikett bislang noch die exakte Analyse ersetzt. Letztere wäre eine kulturwissenschaftliche Aufgabe.

Um die Frage „Was ist Globalisierung?“ bemühen sich vornehmlich wirtschafts- und sozialwissenschaftliche Disziplinen. Aktuelle Medien kommentieren öfter Stand und Tempo des Globalisierungsprozesses.[33] Kulturwissenschaftliches Interesse könnte etwa auch der Frage gelten, wie Globalisierung wahrgenommen wird – von wem, wo, warum, mit welchen Konsequenzen.

Heimat als historische Metapher und heute weithin individuell gefüllter Begriff scheint mir ein durchaus relevanter Gegenstand, weil – entgegen allen Flexibilisierungs- und Deterritorialisierungsthesen und wider einen den Diskurs färbenden globalistischen Imperativ, ja geradezu als eine Trotzreaktion auf die scheinbar obwaltende Globalismus-Euphorie[34] – das Thema der konkreten Verortung präsent ist und Leben wie soziales Handeln sich dauerhaft nicht in der virtuell-flüchtigen Realität imaginärer Räume verwirklicht. Heimat existiert.[35]

Der konkrete Ort dafür erscheint – unabhängig von je individuellen Soziosphären, die seine Bewohner mit sich herumtragen – für viele Menschen als ein Gegenstand der Indifferenz. Wenn aber selbst Globalisten wie Martin Albrow „eine Wertschätzung von Örtlichkeit als Konsumgut“[36] konstatieren – kann dies nicht auch gelesen werden als Angebot eines Ortes, einem Menschen Bedürfnisse nach Schutz und Sicherheit, Impuls und Anerkennung zur Identitätsbildung zu erfüllen? Plakatiert „Örtlichkeit als Konsumgut“ nicht den einem Raum anhaftenden Aufforderungscharakter, ihn sich aktiv anzueignen, sich auf ihn einzulassen, ihn – zusammen mit anderen – zu gebrauchen als Ort des Zuhauseseins im Wechsel zwischen privater und öffentlicher Sphäre?

Traditionell gab es die Vorstellung, dass *der Ort* ein lokales Wir konstituiert – *ein* Wir. Heute ist es so, dass der offizielle Ort öfter ein großes Wir beschwört, dass es jedoch viele kleine segregierte Wir gibt. Also Gemein*schaften* statt Gemein*schaft*, Heimaten nebeneinander. Das ist nicht gar so heutig; die Arbeitsimmigration seit den 1950er Jahren („Gastarbeiter“-Epoche) überlappt sich zeitlich mit der quantitativ umfassenderen Binnenwanderung in Deutschland (insbesondere Stadt-Land-Mobilität seit 1965) und war kulturell in gewissem Sinn vorbereitet

---

33 So Moritz Koch, Die Globalisierung geht erst los, in: Süddeutsche Zeitung vom 25.3.2009.

34 Kurzes Referat über Martin Albrow, für den deutschen wissenschaftlichen Diskurs wohl einflussreichster Theoretiker: Unter *Globalismus* versteht Albrow eine Art Endergebnis des Globalisierungsprozesses, insbesondere die Tatsache, dass die Wertekonstruktion sowohl auf realer als auch imaginierter Basis erfolgt und nicht mehr das territoriale Umfeld allein ausschlaggebend ist. *Globalität* meint die Zunahme der globalen Einflüsse auf das lokale Leben durch die neuen Informationstechnologien sowie die immer, überall und für immer mehr Menschen zugänglichen Informationen und Waren. Eine weitere These betrifft die *Zeit-Raum-Verdichtung*: Neue Informations- und Kommunikationstechnologien ermöglichen die Aufrechterhaltung von sozialen Kontakten weltweit und direkt, d. h. ohne zeitliche Verzögerung und mit der Möglichkeit zur direkten Interaktion. *Entwurzelung* ist für Albrow ein vierter wichtige Aspekt: Die Möglichkeit, aber auch der Zwang zur Mobilität wird immer größer, was für Unterprivilegierte soziale Entwurzelung bedeuten kann, wenn sie nicht durch die Zugehörigkeit zu einer *Community* des Herkunftslandes kulturell kompensiert wird. Zugleich steigt für Angehörige der privilegierten Schicht die Sicherheit, überall ähnliche Lebensbedingungen vorzufinden und überall die Chance zu wahren, ihren Lebensstil in unveränderter Weise fortzuführen. S. Martin Albrow, Abschied vom Nationalstaat. Staat und Gesellschaft im Globalen Zeitalter, Frankfurt a. M. 1998, S. 9ff.– Erweitert in ders., Das globale Zeitalter, Frankfurt a. M. 2007. – Der bislang überzeugendste kulturwissenschaftliche Beitrag zum vorwiegend soziologischen Globalisierungsdiskurs ist immer noch der von Johannes Moser, Gemeindeforschung in der Spätmoderne, in: Schweizerisches Archiv für Volkskunde 98 (2002), S. 295–315.

35 Gustav Seibt, Heimat existiert, in: Süddeutsche Zeitung vom 19.7.2008. Manche mag die Beobachtung überraschen, mit welch nachdenklicher Ernsthaftigkeit die Frage nach „Heimat“ bei Passantenbefragungen in Frankfurt angenommen, mit welcher Ausführlichkeit sie oft beantwortet wird. Interviewte vergessen, indem sie sich einlassen auf das Thema, nicht selten Raum und Zeit; s. u.

36 Martin Albrow, Auf Reisen jenseits der Heimat. Soziale Landschaften in einer globalen Stadt, in: Ulrich Beck (Hg.), Kinder der Freiheit, Frankfurt a. M. 1997, S. 288–314, hier S. 301.

durch den Zuzug von rund zwölf Millionen Heimatvertriebenen und Flüchtlingen ab 1946. Derartige – erzwungene wie freiwillige – Wanderungsbewegungen bedeuteten nicht nur das Verlassen alter Heimaten, sondern auch das Ankommen in neuen Räumen der Verortung, die nicht automatisch als neue Heimat gewertet wurden. Die Konfrontation der bisherigen Territoriumsbesitzer und ihrem „angestammten" Heimatkonzept mit den „mitgebrachten" Heimaten war nicht selten traumatisch. Die Frage, wer sich wem, d. h. welcher Kultur anzupassen hatte, war nur in längeren Aushandlungsprozessen zu klären.

Die Vorstellung von einer sozialen und kulturellen Einhelligkeit je in Dorf oder Kleinstadt – den deutschen „Heimat"-Territorien schlechthin – waren jedoch bereits mit der Industrialisierung aufgebrochen, als die Existenzbedingungen sich diversifizierten, die Ordnung der Werte sich aufspaltete, kontroverse Loyalitätskontexte entstanden.[37] Was mit dem Konzept der (verspäteten) Nation mit Rückwendungen bis in Mythen der Vormoderne heilend auch auf die gebrochenen lokalen Gemeinschaftsideale einwirken sollte und tatsächlich Gemeinschaften politisch als Schicksalsgemeinschaften jenseits aller realen sozialen Segregationen definierte, was in den vor allem technischen und demografischen Modernisierungsprozessen durch bemühte Sinn- und Symbolarbeit als gesellschaftliche Entwürfe von oben und außen zum sozialen Lernstoff wurde, all dies scheint zumindest ein nicht bloß suggeriertes Identifikationsbedürfnis aufzugreifen, das – ein Blick auf das Medium Geschichte zeigt es – stets seinen Ort benötigte, um letztlich sogar Fiktionen Materialität zu verschaffen, damit sie als konkret und glaubhaft gelten konnten. Heute, unter den Bedingungen einer forcierten Modernisierung namens Globalisierung, scheint dieses Bedürfnis als Sehnsucht nach Zugehörigkeit zu einem Gemeinsamkeitsgefühl in der individualisierten Gesellschaft lebendig zu sein. Sehnsucht danach, einem Gefühl anzugehören? Eine merkwürdige Formulierung.

Es ist also nicht die physische Gemeinschaft, die Heimat heute definieren muss, sondern das Gefühl von Gemeinschaftlichkeit als Modus des Zusammenlebens von Menschen. Dem liegt die Vorstellung von frei handhabbaren Kommunitäten zugrunde, was wiederum die Idee eines in seinem Handlungs- und Lebensentwurf völlig freien, in Obligationen weder an Orte und Menschen noch an Normen und zeitliche Dauer gebundenen Individuums voraussetzt. Dies erscheint wie eine quasi-anthropologische Kondition in der aktuellen Debatte über Transnationalität und Kosmopolitanismus.

Drei Intermezzi

„Kürzlich zeigte mir die Unterhaltung mit einer *echten Kosmopolitin*, wie wichtig *reale* Anwesenheit ist: Eine Londoner Studentin deutscher Herkunft wird erst einmal so lange in London bleiben, bis sie dort Menschen hat, zu denen sie ‚später wieder zurückkommen kann'."[38]

---

37 Lohnarbeiter in Industrie und Landwirtschaft bildeten für Riehl Mitte des 19. Jahrhunderts den neuen „Stand der Standeslosen" jenseits von Aristokratie, Bürgertum und Bauern – eine „zerrüttete und zerrüttende Volksschicht". Vgl. Wilhelm Heinrich Riehl, Die Bürgerliche Gesellschaft (Die Naturgeschichte des Volkes als Grundlage einer deutschen Sozialpolitik, 2. Bd.), Stuttgart/Berlin 1930, S. 180ff. Wie sich der Stand der Standeslosen im zuvor als einhellig geltenden Dorf kulturell eigensinnig artikuliert, neue Werte und Loyalitäten ein- und politische Gegengründungen hervorbringt beschreibe ich in Schilling, Kleinbürger, S. 66f. – Vgl. auch Gertrud Hüwelmeier, Hundert Jahre Sängerkrieg. Ethnographie eines Dorfes in Hessen, Berlin 1997.

38 Tobias Hering in einer Klausur (Haben Kosmopoliten eine Heimat?), Frankfurt Sommersemester 2008.

Eine junge Frau aus Köln, beruflich nach Frankfurt „verschlagen“, antwortet in einem Passanteninterview auf die Frage, ob sie in Frankfurt bleiben werde: „Ich überlege mir, ob diese Stadt mal die Heimat meiner Kinder sein soll.“[39]

Martin Albrow notierte die Antwort eines jungen „asiatischen“, bereits in England geborenen Ladenbesitzers auf die Alternative, in die Metropole London zu ziehen oder in der Vorstadtsiedlung Tooting zu bleiben, er werde in der Suburb bleiben, um seiner Tochter die Möglichkeit zur Verheimatung zu bieten. Das Beispiel aus Albrows eigener Feldrecherche widerspricht seiner sonstigen Einschätzung, sesshaft zu werden sei eher von Zufällen als von zukunftsgerichteten Erwägungen abhängig.[40]

Sehnsucht nach Hafen und Verankerung, Bedürfnis nach Erdung und Verwurzelung. Jenes Gefühl von Gemeinschaftlichkeit als Modus des Zusammenlebens von Menschen reicht hier vom individualistischen Interesse an Unterkunft und der Verlässlichkeit einer Adresse irgendwo auf der Welt über die eigene Mobilitätspraxis der temporären Migration bis hin zum Blick auf die Heimat der nächsten Generation oder schließt die Emigrationserfahrung der vorhergehenden ein. Alle drei Stimmen sagen etwas aus über essentielle Bedürfnisse, sie sind zugleich aber gefärbt, beeinflusst, bestimmt von Globalisierung als der gegenwärtigen Bedingung menschlichen Handelns.[41]

Eine Heimat aushandeln? Die überkommenen Vorstellungen von „Diskurs“ treffen nur noch einen Teil der Wirklichkeit. In einem Quartier wie dem Gallusviertel in Frankfurt, lange Zeit stadtoffizieller Multikulti-Bezirk par excellence, vollzieht sich das Aushandeln junger Menschen anders als nach den Regeln einer traditionellen urbanen Debatte. Die Tagesordnung wird hier zuerst dadurch bestimmt, dass ihre Lebenswelt weit über das Viertel hinausreicht: „Sie wird geprägt und durchkreuzt von persönlichen Beziehungen in andere Teile des Globus“, resümiert Regina Römhild, die das kulturanthropologische Studienprojekt „Global Heimat“ leitete. Es zeigte, dass sich die urbane Multikultur „weder den Assimilationserwartungen der Mehrheitsgesellschaft unterordnet, noch als das beschauliche Nebeneinander funktioniert, das sich der gängige Multikulturalismus wünscht. Stadtkultur erwies sich vielmehr als Schauplatz beständiger Zugehörigkeits-, Verteilungs- und Anerkennungskämpfe, als Arena politischer Ein- und Ausgrenzung entlang konstruierter kultureller Grenzen zwischen Eigenen und Fremden.“[42]

Es gibt – nach diesem Blick ins vitale Chaos – Menschen, die sich an Vereinbarungsprozessen von „Heimat“ je nach den Usancen der mobilen oder der Rückzugsgesellschaft beteiligen. Erstere sind diejenigen, die sich überörtlich orientieren, ihren Alltag regional gestalten, also hier wohnen, dort arbeiten, da einkaufen und wieder woanders Freizeit verbringen. Die Mobilen, die ständig auf Achse sind in einem Nahbereich von etwa dreißig auf dreißig Kilometer; für sie ist Region eine Erfahrungs-Landschaft, die alles beinhalten kann, was Heimat ergibt.

Eine merkwürdige Dreiteilung erbrachte mein Forschungsprojekt in zwei Landkreisen Hessens.[43] Die regional mobilen Menschen, so ein Ergebnis, machen gut ein Drittel der

39 Für mein Seminar „Am Ende der Heimat?“ (Universität Frankfurt, Sommersemester 2007) wurden von studentischen Teams rund 60 Passanten zur Frage „Ist Frankfurt Ihre Heimat?“ interviewt. Die hier zitierte Stimme entstammt dem Protokoll von Daniela Milosevic und Raffaela Schoebel (Sitzung am 30.5.2007).

40 Albrow, Reisen, S. 304f.

41 S. Corinna Noatschk, Die soziologische Globalisierungsdebatte, in: [Marc Böckler: (Hg.)], Geographien globaler Warenketten. Katholische Universität Eichstätt-Ingolstadt. Lehrstuhl für Kulturgeographie. Wintersemester 2007/2008, Eichstätt 2008, S. 1–14.

42 Regina Römhild, Welt Raum Frankfurt, in: dies./Bergmann, Global Heimat, S. 9.

43 Main-Kinzig-Kreis (408.000 Einw.) und Vogelsbergkreis (114.000) haben annähernd gleich große Flächen, jedoch höchst unterschiedlichen Raumcharakter (Anteil an der hessischen Bevölkerung 9 zu 2 %). Das Forschungsprojekt ist umfangreich dokumentiert in Schilling/Ploch, Region.

Befragten aus. Ein weiteres Drittel stellen die Gruppe der traditionellen Lokalpatrioten dar, für welche eigene Kleinstadt oder Dorf quasi schicksalhaft-unentrinnbar das Ein und Alles ist. Und etwa das letzte Drittel scheint der Heimat den Rücken zu kehren – nicht aus Kosmopolitanität oder per Wegzug, sondern durch Rückzug. Es sind Menschen die – aus mannigfachen Gründen – nicht mehr beteiligt sein wollen am dynamischen Prozess Heimat. Über Dutzende von TV-Kanälen mit der „Welt" verbunden, dem Nachbarn kein Wort.

Ein Ergebnis, das mindestens die Akteure auf der Ebene der Gemeinwesenengagements nachdenklich machen sollte. Es belegt nicht nur den allgemeinen gesellschaftlichen Trend der Krise der Kommunität, den Kohäsionsverlust von Kirchen, Parteien, Vereinen, sondern auch eine Krise der Kommunalität, denn der Befund besagt insgesamt, dass für rund zwei Drittel der Bewohner eines Ortes dieser Ort selbst nicht mehr so wichtig ist. Das heißt: Heimat verliert ihre konkrete Ortsbindung und siedelt sich irgendwo an zwischen Region und globalisiertem Medienraum.

Anonymität und Beziehungslosigkeit gelten überkommener Weise als Phänomene der Stadt. Die Forschung in Hessen erfolgte in einer in Selbstbildern als ländlich geltenden Gegenden, wo es allerdings heißt, man sei nicht hinterm Mond und pflege durchaus eine kleinstädtische Urbanität – technisch modern und gemeinschaftlich intakt. Einbinden kann man den Befund in das gesamtgesellschaftliche Bild des *Cocooning* in den Bungalow mit Bewegungsmelder oder den Vierzimmer-Singlehaushalt. Das bedeutet auch: Medien als Sozialersatz, weg vom Gespräch mit einem leibhaftigen Gegenüber, hin zu einer Kultur der Fernanwesenheit.

Wo bleibt bei der heutigen Superkommunikation das örtliche Wir, das Wir des wirklichen Zusammenseins, dem man unterstellen mag, dass es Heimat ist? Vereine und Firmen mit Weihnachtsfeier werden selten. Der Vereins-Aushangkasten wird Heimat-Seite[44], Vereinstreffen werden ins Internet verlagert, Einladungen dazu kommen per E-Mail.

Wo finden wir das Wir, das Heimat werden kann? Im Fußballstadion – vielleicht, einem Ort, der Emotionen aktualisiert und synchronisiert. Doch die „Heimat des Fußballs" ist die Sportschau – für eine Saison (2007/08). In der Fanmeile beim Public-Viewing? Man hat Spaß, jubelt, umarmt sich, ist zusammen, die Party lässt Heimatgefühl für Stunden zu. Publikum bedeutet Gemeinschaft ohne Verpflichtung. Menschen suchen Menschen und haben doch auch Angst vor dem Finden. Solche Mega-Events gehören zur Signatur unserer Tage, die Mitglieder der individualisierten Gesellschaft suchen in ihren optionalen, zeitlich limitierten Gemeinschaften Heimaten auf Zeit.

Was passiert am Ort? Organisierte Gemeinschaften wie Feuerwehren oder Gesangvereine haben kaum Nachwuchs. Immer noch wollen Menschen singen, meiden jedoch den Verein, gründen A-capella-Gruppen. Spaß statt Pflicht, sagen sie; Stress hat man wegen der Arbeit genug. Insgesamt regionalisieren sich Vereine, florierende Sportclubs rekrutieren bis zu einem Viertel ihrer Nutzer aus der Umgebung. In der Provinz finden sich durchaus Teams aus „drei Dörfern, die eigentlich nicht miteinander können" zusammen, um überhaupt am Ligabetrieb teilzuhaben.[45]

---

44 Google zählt „1.680.000" Treffer für „Heimatseite". Mehrfacheintragungen abgerechnet bleiben einige Hunderttausend Nachweise jeglicher Couleur, z. B. www.eintracht-kleinsachsenheim.de (Heimatseite e. Gesangvereins im Kr. Ludwigsburg); www.rommerz.de (Heimatseite des Dorfs Rommerz im Kr. Fulda); www.offenbach-main.de („die inoffizielle Heimatseite mit Informationen zur Stadt von einem Offenbacher").

45 Periphere Dörfer bringen immer seltener komplette Teams auf die Beine, deshalb gibt es ortsübergreifende Zusammenschlüsse, die „Mannschaften mit den langen Namen", ein Schrecken der Sportjournalisten von Lokalzeitungen; vgl. Heinz Schilling, Eine Welt von

Nun kann ein Verein wohl Heimat werden, wo Menschen aufgrund ähnlicher Interessen Zugehörigkeit und Zusammensein – Gemeinschaft erfahren können. Wohlgemerkt: eine optionale Heimat.

Kann man in eine Heimat eintreten wie in einen Verein? Die aktuelle Diskussion über Migration und Integration lässt mich zweifeln: Das Wort Integration ist von der Gesellschaft aus gedacht, Menschen sollen sich in die Struktur Gesellschaft einfügen. Was Menschen – von sich aus – vielleicht viel eher wollen, würde ich lieber Partizipation nennen, also nicht dem Gebot „Du hast dich zu integrieren" zu folgen, sondern dem Bedürfnis teilzuhaben. „Teilhabe" wäre die Einladung, nicht die Forderung. Teilhaben an was? Sich verständigen können; erfahren was andere denken, wie und warum sie handeln, ja wie die so sind; lernen: was war hier früher, rausbekommen: wo bin ich hier gelandet – und was heißt eigentlich „hier", woraus besteht die Heimat der anderen?

Hat Heimat nicht doch ganz eigene Bedeutungen und Symbole?

Heimat als Ort, konstituiert von durchaus individuellem Eigensinn und Eigennutz, von einer Gemeinsamkeitsvorstellung gerahmt. In diesem Bild von *Community spirit* lässt sich der „aktive" Heimatbegriff, wie er in diesem Aufsatz thematisiert wird, gut denken. Heimat als Objekt der Bedeutungsvereinbarung indes wird seit längerem in Frage gestellt zum einen von den Bewohnern des Ortes, die – egal wo sie zu Hause sind – in einer individualisierten Gesellschaft leben und Symbole und symbolisches Handeln auch individuell formen,[46] zum anderen von dem, was hier als Globalisierung beschrieben wird.

Die von außen wahrgenommene Eigentümlichkeit lokaler Kultur ist nicht identisch mit einer kulturellen Einheit im Inneren; die Diversität der Bevölkerung – auch jener klassischen deutschen Heimat-Territorien – mit ihrer ausgeprägten Heterogenität der Symbolbildung scheint Vereinbarungen über „Heimat" nicht vorzusehen. Allerdings gibt es spektakuläre Aufwallungen praktizierter Kultur von Gemeinschaft, die an den Ort gebunden sind; die Motive dafür reichen von Begeisterung (in Fußballstadien) bis zu Depression (bei Trauerfeiern nach Amokläufen), die Anlässe von innerhalb bis außerhalb eines *Common sense*; die performative Ästhetik der Rituale – verstanden als Aktualisierung gemeinsam geteilter Werte – scheint Objekt einer Akkomodation unter Medieneinfluss.

Die Standards des globalisierten Raums überwölben den Eigensinn von Heimat. Ein Beispiel bietet die universelle Ikonografie des Computerunternehmens Microsoft, die unseren Alltag durchzieht – Logos, Zeichen, Clips für Geburtagsmails, Werbeflyer und Powerpointpräsentationen; sie informieren kaum, stören nicht und scheinen auf Dauer unverbindlich. Raumgreifender wirken die Agenturen universeller Bauästhetik. Die Fertighausausstellung „Eigenheim und Garten" etwa klappt von meiner Nachbarstadt Bad Vilbel aus ihre Muster 1:1 in die Landschaft, in Estenfeld bei Würzburg ist dann, neben dem neuen Ikea-Möbelmarkt, die nächste der insgesamt 17 deutschen Beispielsiedlungen, wo u. a. der Haustyp „Passau" gezeigt wird.

Grenzen. Nachbarschaften und Identitäten in der hessischen Peripherie, in: ders. (Hg.), Peripherie. Lokale Identitäten und räumliche Orientierung an der Grenze (Kulturanthropologie Notizen 65), Frankfurt a. M. 2000, S. 9–56, hier S. 36.

46 Ein Beispiel dafür ist der in Alltagsgesprächen recht verflüssigte Ritualbegriff, der etwa das Zähneputzen durchaus mit einbegreift.

Community spirit, darauf hat Alexander Mitscherlich in seinem noch immer frischen Pamphlet über die Unwirtlichkeit der Städte vor bald einem halben Jahrhundert hingewiesen, kann auch in Architektur sichtbar werden. Der Psychoanalytiker tat dies mit Blick auf die Rheinfront Basels, Zeugnis einer prosperierenden Bürgerschaft, sichtbar als gebautes Dokument „intensivsten Eigensinns (wahrhaft protestantischer Qualität)" und des „intensivsten Willens zum Eigennutz", allerdings „von stadtbürgerlichen Obligationen in Schach gehalten, denen der Einzelne sich zu beugen hatte".[47] Mitscherlich schrieb dies eingedenk aufblühender Eigenheimplantagen im Taunus, die er nicht mehr als *unverwechselbare* Orte und damit als affektiven Gegen-Stand von Identitätsbildung – je der Orte und einzelner Einwohner – deutete.

Unverwechselbare „Heimat" (im Singular) für globale Nomaden offerieren heute beispielsweise weltumspannende Hotelketten. Die Probe auf das Exempel „Novotel" mit 412 Häusern in 56 Ländern ergibt, dass über genormte Qualität hinaus zwar mit der Spezifik je der Orte geworben wird, primäres Motiv aber nicht das Versprechen ihrer Wiedererkennbarkeit ist. Als „Heimat" figuriert stattdessen die Ubiquität der Marke Novotel. Standardisierung erspart dem Reisenden die Mühe, sich zurechtzufinden. Der lokale Gegenentwurf – etwa „regionaltypische Küche" als Diversitätsverheißung – soll von der totalen Verwechselbarkeit der Marke als „Heimat" zwar ablenken, doch auch hier wiederum regiert die Typik der Spezifika: Der die Unterkunft umgebende Ort wird in Werbung und Hotel-Dekor jeweils mit Bildern seines „unverwechselbaren" *local flavors* präsentiert, dessen zentrales Zeichen meist eine – verwechselbare – Flaniermeile des Modells Portobello Road ist.

Region als Puffer

So, wie die Welt aus vielen Heimaten in unzähligen kleinen geografischen, sozialen und kulturellen Räumen besteht, so ist *jede* Heimat oft schon länger als in den aktuellen Diskursen veranschlagt von der Welt berührt,[48] jedoch noch nie so von Welt durchzogen wie heute. Wenn die Welt in der eigenen Heimat mit einer nie gekannten Wucht ankommt – ist dies das Ende von Heimat? Oder handelt es sich lediglich um Maßstabsvergrößerung und Delokalisierung, die viele Menschen überfordern und diffuse Ängste auslösen?

Vielleicht sollten man die Perspektive eher umdrehen: Heimat *bleibt*, so lange sie den von Globalisierung Irritierten zuverlässig Orientierung und Aktionsraum bieten kann. Ich denke: Heimat hat durchaus Antworten auf die globalisierte Welt, ja *ist* eine Antwort. Weil es um Werte geht, die als Bedürfnisse tief im Menschen haften und nicht mit jeder Mode wechseln.

Der Globalisierungs-Diskurs hat inzwischen nicht nur zu einer umfangreichen Auseinandersetzung mit dem Konzeptbegriff des Globalen geführt, sondern auch zu einer Kritik an der „Trivialisierung des Lokalen", der „Vernachlässigung und Entwertung von Orten und territorialen Vergesellschaftungsformen"; der Soziologe Helmuth Berking plädiert sogar für eine

47 Alexander Mitscherlich, Die Unwirtlichkeit unserer Städte, in: ders., Die Unwirtlichkeit unserer Städte. Anstiftung zum Unfrieden, Frankfurt a. M. 1965, S. 9–27, hier S. 35.

48 In diesem Sinn argumentiert Johannes Moser: „Ich will … keineswegs behaupten, dass Phänomene der Individualisierung, der Mobilität und der Enttraditionalisierung keine Rolle spielen, aber die Welt war schon immer komplexer, als die Produzenten ‚einfacher' Wahrheiten und ‚logischer' Entwicklungsmuster uns glauben machen wollten." Moser, Gemeindeforschung, zit. nach der Internetpublikation http://www.kakanien.ac.at/beitr/theorie/JMoser1.pdf/show_pdf, 1–11 (1.8.2009), hier S. 11.

Rehabilitation des Ortes, wenn er sagt, dass die Macht des Lokalen nicht an Bedeutung verliert, sondern beträchtliche Auswirkungen auf das Globale hat.[49]

Richard Sennett geht in dieselbe Richtung, zielt allerdings auf andere Adressaten und mit einem anderen Argument, einem genuin anthropologischen, bedenkt man den Originaltitel seines Buchs über den „flexiblen Menschen": ‚The corrosion of character'. Es soll hier noch einmal an Globalisierung als primär ökonomisches Phänomen erinnern:

„Der Ort wird von der Geographie definiert, die Gemeinde beschwört die sozialen und persönlichen Dimensionen des Ortes. Ein Ort wird zu einer Gemeinde, wenn Menschen das Pronomen ‚Wir' zu gebrauchen beginnen. So zu sprechen, setzt Bindung voraus, im Kleinen wie im Großen. Auch eine Nation kann zu einer Gemeinschaft werden, wenn ihre Bürger von allen akzeptierte Glaubenssätze und Werte in konkrete, tägliche Praxis übersetzen. Rousseau war der erste moderne Denker, der verstand, wie sehr die Praxis der Politik von diesen täglichen Ritualen abhängt, wie sehr die Politik sich auf das gemeinschaftliche ‚Wir' stützt.

Eine der unbeabsichtigten Folgen des modernen Kapitalismus", schreibt Sennett weiter, „ist die Stärkung des Ortes, die Sehnsucht der Menschen nach der Verwurzelung in einer Gemeinde. All die emotionalen Bedingungen modernen Arbeitens beleben und verstärken diese Sehnsucht: die Ungewissheiten der Flexibilität; das Fehlen von Vertrauen und Verpflichtung; die Oberflächlichkeit des Teamworks; und vor allem die allgegenwärtige Drohung, ins Nichts zu fallen, nichts *aus sich machen zu können*, das Scheitern daran, durch Arbeit eine Identität zu erlangen. All diese Bedingungen treiben die Menschen dazu, woanders nach Bindung und Tiefe zu suchen."[50]

Das Woanders für ein gemeinschaftliches Wir sehe ich derzeit auch in der Region, der aus der Planungswelt heraus politisch propagierten, gesetzlich definierten Raumdimension der intentional technischen Modernisierung seit den 1970er Jahren. Diese Region ist als emotionale Größe – als „Gefühl, dem man angehören möchte" – in den Menschen nie angekommen.[51] Wenn wir als Wissenschaftler, wie Johannes Moser sagt, „erst einmal die eigene Lebenswelt und die Zitadellen der Metropolen verlassen" und aufhören, „aus einer Schreibtischperspektive und vom Feuilleton gesättigt die kulturellen und sozialen Veränderungen in den europäischen Gesellschaften zu untersuchen"[52] und wieder beginnen, statt mit mitgebrachten Komplexitätsreduktionsthesen mit Neugierde und wahrnehmungsoffen ins komplexe Forschungsfeld zu gehen, dann können wir als Europäische Ethnologen zu realitätsgerechteren Bildern unserer Zeit beitragen.

In diesem Sinne plädiere ich dafür, den Ort über den Ort hinaus zu denken, Region nicht nur als individuelle Erfahrungslandschaft, sondern als überörtliche Wir-Landschaft, also ein *Wir über den Ort hinaus* zu überprüfen. Nehmen wir uns das Thema Region noch einmal vor und stellen die Frage, ob Region eine Art emotionaler Puffer sein kann zwischen Heimat und Globalisierung.

49 Helmuth Berking, Raumtheoretische Paradoxien im Globalisierungsdiskurs, in: ders. (Hg.), Die Macht des Lokalen in einer Welt ohne Grenzen, Frankfurt a. M./New York 2006, S. 7–22.

50 Sennett, Der flexible Mensch, S. 189f.

51 Heinz Schilling, Region und Identität, in: Greverus u. a., Kulturtexte, S. 61–85.

52 Moser, Gemeindeforschung.

„Naturschutz“ als historische Kategorie?

Forschungsperspektiven zur Interpretation kultureller Umweltverhältnisse

Manfred Seifert

Natur und Natürlichkeit sind in unserer Gegenwart zu bedeutsamen Chiffren avanciert. In der modernen Industriegesellschaft bedeutet Natur in vielen Bereichen ein wirkungsvolles Orientierungs- und Identifikationsmittel. Sie tritt uns in verschiedenen Bildern, Ideen und Deutungsmustern entgegen. Die Werbewirtschaft transportiert mit ihr eine hohe Wertigkeit, oftmals unter Einschluss moralischer Konnotationen. Für die Medien ebenso wie für die Politik stellt Natur mittlerweile eine prägende Leitidee dar.[1] In unserer Gesellschaft hat sich seit den späten 60er Jahren des 20. Jahrhunderts ein modernes Umweltbewusstsein ausgebildet, das mittlerweile nicht nur in breiten Bevölkerungskreisen als Einstellungs- und Assoziationsrahmen virulent ist, sondern auch über die Ökologiebewegung und den Naturschutzgedanken institutionell im Gesellschaftsleben verankert ist.[2] Infolge dieser Konjunktur erfüllt das Vorstellungsmuster „Natur“ heute eine wichtige Vorbildfunktion; Natürlichkeit ist einer der herrschenden Werte unserer Zeit.

Im Rahmen dieser Konjunktur finden auch geschichtliches Handeln und traditionelle Volkskultur neue Aufmerksamkeit. Denn vielfach wird darin ein Naturbezug entdeckt, der in der industrialisierten Alltagskultur unserer Tage weithin verloren scheint. Der Blick zurück auf historische Zeiten (und ihre Restbestände in der Gegenwart) genießt hohe Attraktivität. Denn er stellt vermeintlich Vorbilder bereit für einen bewussteren Umgang mit der natürlichen Umwelt.[3] Hierüber hofft man, eine bessere Alternative vermessen zu können, um heute naturbezogenes Handeln und ökologisches Denken für Privatleben und öffentliche Praxis zurück zu gewinnen. Zu dieser Funktion als Anknüpfungspunkt tritt die Funktion als Rückversicherung, die die ersehnten Potenziale einer gelebten Naturverbundenheit in der eigenen Kultur rekonstruiert.

---

1 Stefan Heiland, Naturverständnis. Dimensionen des menschlichen Naturbezugs, Darmstadt 1992. – Rolf Wilhelm Brednich/Annette Schneider/Ute Werner (Hgg.), Natur – Kultur. Volkskundliche Perspektiven auf Mensch und Umwelt, Münster u. a. 2001. – Andre Gingrich/Elke Mader (Hgg.), Metamorphosen der Natur. Sozialanthroplogische Untersuchungen zum Verhältnis von Weltbild und natürlicher Umwelt, Wien/Köln/Weimar 2002.

2 Jost Hermand (Hg.), Mit den Bäumen sterben die Menschen. Zur Kulturgeschichte der Ökologie, Köln/Weimar/Wien 1993. – Reinhard Mohr, Die Angst vor dem Glück, in: Der Spiegel 1996, Nr. 17, S. 228–231. – Peter Preisendörfer, Ökologisches Bewußtsein in Ost- und Westdeutschland, in: Zeitschrift für Umweltpolitik und Umweltrecht 19 (1996), S. 1–20. – Michael Hofmann/Kaspar Maase/Bernd Jürgen Warneken (Hgg.), Ökostile. Zur kulturellen Vielfalt umweltbezogenen Handelns, Marburg 1999. – Matthias Horx, Trendbuch 2. Megatrends für die späten neunziger Jahre, Düsseldorf 1995.

3 Zu fragwürdigen Argumentationen in diesem Kontext siehe z. B. Andy Baggott, Die Weisheit der Kelten, München 2002. – Ilija Trojanow, „Klopfe stets den Kuhdung ab!“ Indiens Naturschützer. Eine alte Religionsgemeinschaft gilt vielen Ökoromantikern hierzulande als Vorbild, in: Rheinischer Merkur Nr. 23 vom 4. Juni 1999. – N.N., Umweltbewußt vor 1000 Jahren. Ökologische Holzwirtschaft bei historischem Indianervolk, in: Münchner Merkur vom 3./4. November 2001. Kritisch-reflexiv hierzu Joachim Radkau, Nachdenken über Umweltgeschichte. Scheuklappen und Sackgassen der historischen Umweltforschung, in: Wolfram Siemann/Nils Freytag (Hg.), Umweltgeschichte. Themen und Perspektiven, München 2003, 165–186. – Dirk Maxeiner/Michael Miersch, Öko-Optimismus, Düsseldorf/München 1996, insbes. S. 110–112.

Ich werde mich im Folgenden mit der Analyse von Naturbezügen in historischen Kontexten befassen sowie der Frage zuwenden, wie diesbezügliche Unterstellungen aus heutiger Sicht wissenschaftlich bewertet werden können. Dazu möchte ich mit einigen Beispielen mit Bezug zur fränkischen Geschichte und Alltagskultur beginnen.

Der Ludwigskanal

Naturschutzwürdig aus heutiger Sicht erscheint etwa die Anlage des im Jahre 1846 eröffneten Ludwigskanals zwischen Kehlheim, Nürnberg und Bamberg.[4] Diese historische Anlage ist nur noch in einigen Abschnitten vorhanden und präsentiert sich dem Betrachter heute als in eine naturnahe Kulturlandschaft nahezu ideal integriertes Menschenwerk. Für diesen Eindruck sorgen nicht nur dessen maßvolle Dimensionen und die weithin gelungen wirkende Anpassung an die Topografie der Umgebung, sondern auch die sichtliche Inbesitznahme und Durchdringung des historischen Bauwerkes mit vielfältiger Flora. Dabei sind auch gerade durch das Wasser der Kanalrinne und durch die ehedem chaussierten Dämme vielfach biologische Sonderräume gegenüber den angrenzenden Wiesen, Äckern und Wäldern entstanden. Sie boten infolge ihrer Untergrundbeschaffenheit und ihrer lange Zeit erfolgten Freihaltung von unreguliertem Baum- und Strauchbewuchs einen bevorzugten Standort für sonst in starker Konkurrenz stehende oder in dieser Landschaft selten vorkommende Pflanzen. Gleiches wird man für die Fauna unterstellen dürfen, zumal seit der Kanal und seine Anlageflächen nicht mehr schifffahrtstechnisch genutzt und damit auch nicht mehr hierfür bedarfsgerecht gepflegt werden. Somit bieten sie gegenüber den agrarisch bzw. forstlich bewirtschafteten Anschlussflächen einen geeigneten Schon- und Rückzugsraum.

Aus moderner ökologiebewusster Sicht wird schon aus diesen Gründen gerne dieser historische Landschaftseingriff als naturnah und naturschonend interpretiert, wenn er denn von Zeitgenossen überhaupt durchgehend als menschlicher Eingriff zur Kenntnis genommen und nicht als längst naturalisiertes Schutzareal verstanden wird. Diesen Eindruck befördert die Tatsache, dass bereits beim Bau des Kanals die Dämme mit Rasen bedeckt und mit Obstbäumen besetzt wurden, was ex post gerne als Ausweis eines naturbezogenen vormodernen Denkens und Handelns bewertet wird.

Diese Einschätzung lässt sich jedoch bei näherer historiografischer Recherche nicht belegen.[5] König Ludwig I. griff gleich nach seiner Thronbesteigung im Oktober 1825 den bis auf Karl den Großen zurückreichenden Plan einer Verbindung von Rhein und Donau auf. Seine Interessen waren dabei staatspolitischer und handelspolitischer Natur: Zum einen sollten die neu hinzu gekommenen Landesteile im Norden Bayerns mit dem Süden durch diesen Kanal besser verbunden werden. Zum anderen verfolgte Ludwig handelspolitisch eine wahrhaft europäische Dimension: die Verbindung von Nordsee und Schwarzem Meer. Das Motiv für die Anpflanzung

4 Festschrift zur feierlichen Eröffnung des Ludwig-Kanals und Enthüllung des Kanal-Monuments am Burgberge bei Erlangen den 15. Juli 1846, Nürnberg 1846. – www.hansgruener.de/kanal/htm (16.02.2007).

5 Zum Folgenden siehe die Darstellung und die beigeordneten Archivdokumente bei www.hansgruener.de/kanal/htm (16.02.2007). Zu Schifffahrtskanälen als Techniknbauwerken und ihrem Verhältnis zur naturräumlichen Umgebung siehe Guido Fackler, Technische Bauwerke als Grenze. Schiffahrtskanäle und kultur-räumliche Differenzierungen, in: Thomas Hengartner/Johannes Moser (Hgg.), Grenzen und Differenzen. Zur Macht sozialer und kultureller Grenzziehungen, Dresden 2006, S. 295–306.

von Obstbäumen an der Trasse beruht auf nachaufklärerischen Überlegungen zu einer effektiven Landesnutzung und der Zuweisung eines Nebenverdienstes für das Kanalpersonal.

Die Planung und der Bau dieses Kanals erfolgten denn auch aus technokratischem Impetus und ökonomischem Fortschrittsdenken, auf die Landschaft und den Naturraum wurde nur insoweit Rücksicht genommen, als ihr Potenzial als Störgröße bei der Ausführung unter den vorindustriellen Arbeits- und Konstruktionsbedingungen möglichst gering gehalten werden musste. Immerhin war der Kanal mit hundert Schleusen sowie zugehörigen Schleusenwärter- und Kanalwärterhäusern versehen. Dieser Wirtschaftsweg war auch tatsächlich erfolgreich: Bis etwa 1866 war er von Lastschiffen so stark frequentiert, dass sein Betrieb rentabel war. Dann allerdings sorgte der Eisenbahnverkehr schnell für Bedeutungslosigkeit. Das letzte Schiff befuhr den Kanal im Jahr 1943; einzelne Kanalabschnitte wurden im Zweiten Weltkrieg zerstört.

Nieder- und Mittelwald

Auf dem Gebiet Deutschlands finden sich bis zur Gegenwart spezifische Waldwirtschaftsformen, denen heute eine herausragende naturschutzfachliche Bedeutung zugemessen wird. Es handelt sich dabei um sogenannte Ausschlagwälder in der Form von Nieder- und Mittelwäldern, deren Existenz auf waldbauliche Nutzungsformen aus dem Spätmittelalter (gesichert 1414 für Windsheim, ungewiss 923) zurückgeht.[6] Es handelt sich also um von Menschen gemachte Naturformen, die jedoch in der Gegenwart als besonders wertvolle Alternativform zu den monokulturell gezogenen Hochwäldern gehandelt werden: Sie generieren eigenständige Biotope und schaffen damit eine Strukturvielfalt, die Artenreichtum gewährt. Ausschlagwälder gehören aus der Sicht des Biotop- und Artenschutzes zu den hochwertigsten Lebensräumen in unseren Breiten. Sie sind strukturreich und weisen einen besonders hohen Anteil an Übergangsbereichen – an sogenannten Ökotonen – auf. Denn aus ihrer schlagweisen Bewirtschaftung resultiert ein Nebeneinander von Flächen, die je nach Einschlagzeitpunkt unterschiedliche Stadien bilden: vom frischen Kahlhieb mit offenen Bodenstellen über gras- und krautreiche, frühe Sukzessionsstadien und gering beschattete Flächen bis zum dicht geschlossenen Unterholz. Diese Stadien sind dabei für verschiedene Tier- und Pflanzenarten von besonderer Bedeutung.[7]

Die Ausschlagwaldwirtschaft bildete im späten 17. und im 18. Jahrhundert in den Laubwaldgebieten Deutschlands die vorherrschende Wirtschaftsweise. Heute sind nur noch wenige Relikte vorhanden, in Franken haben sich einige größere Bestände erhalten: die Eierberge und das Schafholz bei Bad Staffelstein in Oberfranken, Wälder bei Berolzheim, Burgbernheim oder Ermelzhofen in Mittelfranken, Wälder bei Iphofen, Michelfeld oder Willanzheim in Unterfranken.[8]

Der genaue Zeitpunkt der Einführung solcher Ausschlagwälder ist nicht bekannt. Jedenfalls ist deren Entstehung gekoppelt an den Übergang von der freien und unreglementierten Waldnutzung hin zu einer auf die Gemeindemitglieder beschränkten Nutzung als Allmendwald bzw. Markwald, also dem unverteilten Grundbesitz einer Gemeinde. Diese Einschränkung war motiviert durch die hochmittelalterliche Bevölkerungszunahme, die einen erhöhten Bedarf an Brenn- und Bauholz

6 Renate Bärnthol (Hg.), Nieder- und Mittelwald in Franken. Waldwirtschaftsformen aus dem Mittelalter, Bad Windsheim 2003.

7 Bärnthol (Hg.), Nieder- und Mittelwald, S. 69f.

8 www.agrarkulturerbe.de (23.01.2007). – Bärnthol (Hg.), Nieder- und Mittelwald, S 6f.

nach sich zog, was erste Verteilungsregelungen der Holzentnahme notwenig werden ließ. In der Regel sind die bis zur Gegenwart existenten Ausschlagwälder nach wie vor im Besitz bzw. Nutzungsrecht von Gemeinden oder Rechtlergemeinschaften. Ein wesentliches Wirtschaftsziel der Nieder- und Mittelwaldwirtschaft war somit von Anbeginn die Erzeugung von Brennholz. Die naturschutzrelevante Bedeutung dieser Wirtschaftsweise ergab sich als Nebeneffekt.

Ob der ökologische Wert erst modernen Zeitgenossen bewusst ist oder auch den historischen Nutzern bekannt war, ja von Ihnen sogar berücksichtigt und auch gewollt wurde, ist freilich spekulativ. Jedenfalls fehlen in eine solche Richtung gehende Quellenaussagen. Eher konzentrierte sich das historische Interesse auf eine möglichst effektive wirtschaftliche Nutzung, wie sich an der überlieferten Nutzungsbreite dieser Waldformen ablesen lässt.[9] Neben dem Brennholzeinschlag nutzte man diese Wälder zur Gewinnung von Stangenholz, von Daubholz, von Haselästen für Hausgefache, von Material für Flechtzäune; man fertigte Eichenlohe für die Gerberei, sammelte Streu, führte das Vieh in die Waldweide und betrieb Köhlerei. Dies deutet eine ziemlich schonungslose Instrumentalisierung für die menschlichen Bedürfnisse an ohne sichtbare Berücksichtigung der Natur und ihre eigengesetzliche Entwicklung. Allerdings unterschied sich dieses historische Bewusstsein in zwei markanten Punkten von klassischen modernen Einstellungen zur Naturbearbeitung in Land- und Forstwirtschaft:

1) in der Sorge um Nachhaltigkeit
2) in einer durchaus deutlichen mentalen und auch emotionalen Hinwendung zur Naturlandschaft aufgrund der an naturgegebenen Bedingungen und Ressourcen orientierten ländlichen Alltagspraxis in der Vormoderne.

Dorflinden

Weitaus gediegener lässt sich ein Urteil zum naturschützerischen Effekt historischen Handelns am Beispiel der Dorflinden führen. Bei den Dorflinden handelt es sich um meist in dörflichen Siedlungskernen stehende Einzelexemplare, die seit dem Spätmittelalter nachweisbar sind und besondere Bedeutsamkeit für die Siedlungsgemeinschaften hatten.[10] Dorflinden sind vor allem aus Thüringen, Hessen und Franken, daneben auch aus Nordwestdeutschland (Mansfeld, Ruhrgebiet, Harz, Sachsen, Rinteln, Kleverland, Region Trier) bekannt.[11] Neben ihrem Einsatz als Dorflinde genießt die Linde noch als Alleebaum eine herausgehobene Bedeutung. Im Übrigen tritt die Linde unter den heimischen Baumarten nicht besonders hervor. In Deutschland sind zwei Lindenarten heimisch: die Sommerlinde und die Winterlinde. Beide Lindenarten sind nacheiszeitlich aus Südosteuropa nach Mitteleuropa eingewandert und bleiben Begleitbaumart zu Buche, Eiche oder Kiefer, ohne in der Regel eigene Bestände auszuprägen. Geschätzt wurde und wird sie wegen ihrer exzellenten Holzeigenschaften als Werkholz. Zudem erreicht sie von den heimischen Waldbäumen das höchste Alter – tausend Jahre und mehr.[12]

9 Helmut Jäger, Einführung in die Umweltgeschichte, Darmstadt 1994, S. 78–111. – Margit Irniger, Wald und Waldnutzung im Umbruch des 18. Jahrhunderts, in: Geographica Helvetica 1993, Nr. 2, S. 67–71. – Bärnthol (Hg.), Nieder- und Mittelwald, S. 29–50.

10 Karl-Sigismund Kramer, Bauern und Bürger im nachmittelalterlichen Unterfranken. Eine Volkskunde auf Grund archivalischer Quellen, Würzburg 1984, S. 24–27 und 76.

11 www.agrarkulturerbe.de (23.01.2007). –Siehe auch als Beispiele zahlreiche Links zum Thema: www.tanzlinde-peesten.de/links/linkstanzlinden.htm. – www.uni-goettingen.de/de/41768.html. – www.altebaeume.de/PoehLi.html (alle 18.05.2009).

12 Bayerischer Forstverein (Hg.), Bäume und Wälder in Bayern. Geschichtliche und kulturelle Darstellung der Baumarten und Waldlandschaften, Landsberg ^{2}1997, S. 76–82.

Die Wertschätzung im Siedlungsraum und Sozialleben historischer Gesellschaften ruht jedoch nicht auf diesen botanischen Eigenschaften. Vielmehr dienten die Dorflinden, die als freistehende Einzelexemplare starke Stämme mit mächtigen Kronen ausbilden, als Gerichtslinden und als Tanzlinden.[13] Diese Namengebungen deuten die kulturellen Bezüge an, die der Linde affiziert wurden. Die beiden Bezüge der Rechtsprechung und der feierlichen Geselligkeit markieren zentrale Faktoren der vormodernen Gesellschaftsverfassung. Als Gerichtslinden bildeten sie den Ort der nieder- wie auch hochgerichtlichen Rechtssprechung und der Dorfversammlung unter freiem Himmel bis zum Übergang der ständischen Gerichtspraxis zur staatlich zentralisierten und egalisierten Rechtssprechung im 19. Jahrhundert. Als Ort termingebundener Tanzveranstaltungen stellten sie einen Fixpunkt innerhalb des Siedlungsverbandes wie auch des Lebensvollzuges seiner Mitglieder dar. Getanzt wurde entweder am Boden unter der Linde oder aber auf einer Holzkonstruktion in der Höhe der ersten Astreihe, die hierzu eigens waagrecht vom Stamm abgeleitet wurde. Die für die Gemeinden wesentliche Gerichtsfunktion wie die Tanzfunktion sorgten für eine Standortwahl im Zentrum der Siedlungen, meist nahe der Kirche oder an wichtigen Straßenkreuzungen.

Ausgehend von diesen genannten Funktionen dienten die Linden der Zusammenkunft der Gemeinden bei den verschiedensten Anlässen. Damit waren sie „Kennzeichen des gemeinschaftlichen Lebens“, wie der Volkskundler Karl-Sigismund Kramer formulierte.[14]

Als solche waren sie auch Gegenstand hingebungsvoller Pflege, wie etwa aus unterfränkischen Archivquellen erschließbar ist. Dies dokumentieren die Zahlungen der Kommunen an verschiedene Personen, die den jungen Baum regelmäßig gießen, und an verschiedene Handwerker (Zimmermann/Schmied), die fortwährend die Tanzbodenkonstruktion zum Schutz der Äste stabilisieren oder das Fundament der Linde sichern. Auch wurden diese Linden durch umlaufende Holzgestelle gegen Schäden durch Nutzvieh gesichert. Und es wurde als Frevel betrachtet, die Linde zu beschädigen: Dies soll ein Fall veranschaulichen, der in den Zentgerichtsprotokollen von Gerolzhofen vermerkt ist: Dort hatten im Jahre 1675 drei junge Männer auf ihrem Heimweg von der Schallfelder Kirchweih „im durchgehen zue Dingoltshausen mit degen die lindten daselbst abgestutzt“, was den Anlass zu einer zentgerichtlichen Verfolgung gab.[15] Die Eigenart des pfleglichen Umgangs mit den Dorflinden lässt sich also näherungsweise charakterisieren als naturschützerisches Motiv, das von zeitspezifischen kulturell-gesellschaftlichen Zielen getragen ist, die den Schutz des Baumes mehr oder weniger willkürlich einschließen. Naturschutz im modernen Sinne war jedoch nicht beabsichtigt.

Weitungen zum Prinzipiellen

Lässt sich nun eine Summe aus den vorgestellten drei Beispielen ziehen? Die junge Umweltgeschichtsschreibung ist sich in ihrer Beurteilung weitgehend einig: Das naturbezogene Denken und Handeln ist demnach in der Vergangenheit durchweg am Interesse der Menschen orientiert.[16] Diesen ausschließlich am menschlichen Interesse orientierten Umgang

13 Zum Folgenden siehe insbes. Kramer, Bauern, S. 24–27.

14 Kramer, Bauern, S. 24.

15 Kramer, Bauern, S. 76 (mit Zitat).

16 Karen Gloy: Das Verständnis der Natur. Bd. 2: Die Geschichte des ganzheitlichen Denkens, München 1996. Siehe hierzu auch aus philosophischer und aus rechtswissenschaftlicher Sicht: Hans-Peter Breßler, Ethische Probleme der Mensch-Tier-Beziehung. Eine Untersuchung philosophischer Positionen des 20. Jahrhunderts zum Tierschutz, Frankfurt a. M. u. a. 1997. – Gieri Bol-

mit der Natur bezeichnet man als anthropozentrisches Naturverhältnis. In seinem Rahmen kann es freilich auch zu Naturschutzmaßnahmen kommen, die jedoch dann ebenfalls anthropozentrisch motiviert sind. Der moderne Naturschutz unterscheidet sich davon, denn er ist getragen von der Maxime, dass die Natur um ihrer selbst willen zu schützen sei. Diese Form des Naturbezuges wird als ethisches Naturverhältnis bezeichnet. Zu einem gesellschaftswirksamen Trend mit Niederschlag in der Gesetzgebung wie im staatlichen und institutionellen Handeln entwickelte sich das ethische Naturverhältnis in Europa erst seit Beginn des 19. Jahrhunderts. Seine Vorläufer in Philosophie und Religion reichen allerdings bis in die griechische Antike zurück (Pythagoras). In Bayern entstand eine erste Naturschutzbewegung wie im übrigen Europa und in Amerika um 1900. Privatrechtlichen Vereinsgründungen folgte schon 1905 ein staatlicher Landesausschuss für Naturpflege – wie er sich nannte. In der Gesetzgebung wurde der Naturschutz allerdings erst in der Weimarer Reichsverfassung näher berücksichtigt und schließlich im Reichsnaturschutzgesetz von 1935 verankert. Die Programmatik entwickelte sich dabei weithin vom ästhetisch geleiteten Landschaftsschutz und der Naturdenkmalpflege erst nach 1950 zum ethischen Naturschutz aktueller Konzeption.[17]

Das interpretatorische Dilemma

Im Blickwinkel der aktuellen Naturschutzkonzeption wird das Kulturverhalten historischer Zeiten durchaus zu Recht kritisch reflektiert. Zugleich konturiert sich dabei allerdings ein zu eindimensionaler Interpretationsmaßstab, der vor den differenzierten Befunden, wie sie sich auch schon bei den vorangestellten Beispielen ergeben, letztlich in ein Dilemma gerät. Sind denn die Eingriffsweisen und Umgangsformen des Mittelalters und der Frühen Neuzeit bis herauf zum 19. Jahrhundert tatsächlich so wenig an implizite Naturschutzpraktiken angelehnt gewesen, wenn man ihre Effekte betrachtet, die heutzutage durchaus in Teilen als naturschutzrelevant gewertet werden? Etwa bei historischen Kanalanlagen oder bei den an die Schwelle zum Mittelalter zurückreichenden Waldnutzungsformen des Nieder- und Mittelwaldes? Dieses interpretatorische Dilemma umschließt zwei Komponenten.

Zum veränderlichen Ausmaß menschlicher Eingriffe in die Natur

Eine erste Komponente möchte ich am Beispiel des bäuerlichen Umgangs mit der Naturlandschaft deutlicher sichtbar machen. Dazu konzentriere ich mich auf den Umgang mit dem Wald. Hier profiliert sich aus der Perspektive der Umweltgeschichte eine vielgestaltige Nutzung, die mit der Zeit zu mehr oder minder massiven Beeinträchtigungen der Bodengüte und der Vegetation führte: Neben punktuellen Rodungen und der Waldweide war eine breit

liger, Europäisches Tierschutzrecht. Tierschutzbestimmungen der Europäischen Union und des Europarats (mit einer ergänzenden Darstellung der Schweizer Rechtslage), Zürich 2000 (Dissertation).

17 Richard Hölzl, Naturschutz (Von den Anfängen bis Mitte des 20. Jahrhunderts), in: Historisches Lexikon Bayerns, www.historisches-lexikon-bayerns.de/artikel/artikel_44778 (16.02.2007). Zu vorangehenden Initiativen der Landesverschönerung siehe etwa Dagmar Stonus, Landesverschönerung in Bayern. Ein Kulturprogramm aus dem ersten Viertel des 19. Jahrhunderts, in: JbfVk 22 (1999), S. 7–29.

gefächerte Sammelwirtschaft üblich:[18] das Sammeln von Beeren, Pilzen und Wildobst, das Auflesen von Bucheckern und Eicheln zur winterlichen Viehfütterung, dann die Gras-, Laub- und Streunutzung, ferner die Gewinnung von Bast und Rinde (etwa für Gerbstoffe). Hinzu kamen die Entnahme von Brennholz, Bauholz und anderem Nutzholz, die Köhlerei und die Aschenbrennerei, die Teerbrennerei und die Pechbereitung, die Gewinnung von Harz sowie die Waldbienenwirtschaft. Zusätzlich beanspruchten Gewerbebetriebe wie Ziegeleien, Kalköfen, Glas- und Metallhütten den Naturraum Wald. Durch diese multifunktionale Nutzung wurde der Wald regional zum Teil schwer geschädigt, wiewohl diese Nutzungsformen vor allem im bäuerlichen und kleingewerblichen Bereich ein aus heutiger Sicht deutlich naturverbundenes Gepräge aufwiesen. In diesen Kreisen basierte die Nutzung nicht auf wertbesetzten und ideell reflektierten Ansprüchen, sondern auf einer praxisorientierten Inanspruchnahme zur Sicherung der persönlichen Lebensverhältnisse bzw. auf herrschaftlichem Wirtschaftshandeln. Begleitend dazu ist freilich fallweise eine affektive Verbundenheit und Wertschätzung des Naturraumes Wald mit seinen Pflanzen und Tieren durchaus anzunehmen – jedoch nur vage zu belegen.

Exemplarisch ist diese instrumentelle Nutzung mit ihren Auswirkungen beim Nürnberger Reichswald nachzuverfolgen.[19] Dieser Wald war im Frühmittelalter ein laubholzreicher Mischwald mit stattlichen Eichen und beigemischten Buchen, Linden, Birken, Espen, Erlen, Kiefern und Fichten. Unter Karl dem Großen wurde er im 8. Jahrhundert königlicher Bannforst, später Reichsgut der deutschen Kaiser. Der Reichswald bildete das Rückgrat und die Voraussetzung für den steilen Aufstieg Nürnbergs. Alle Gewerbetreibenden und Bürger der Stadt nutzten diese Ressource, was zu einem Raubbau führte, dem im Jahre 1340 ein kaiserliches Dekret entgegentrat (Verbot von Kohlemeilern). Zeitgleich begann unter dem Druck der zunehmenden Energiekrise der städtischen Gewerbe der Montanunternehmer Peter Stromer um 1368 mit der Ansaat von Föhren auf den bereits verarmten Böden. Im Jahr 1400 kaufte schließlich die Stadt Nürnberg den Reichswald. Seine maßlose Inanspruchnahme setzte sich fort und ruinierte die Waldbestände nachhaltig bis 1806, als der Wald in das Eigentum des bayerischen Staates überging. Auf den ausgeplünderten und durch vielfältige Nutzung devastierten Arealen gelang es zwar der bayerischen Forstverwaltung zügig, den Baumbestand neu aufzubauen. Zwischen 1892 und 1996 zerstörte jedoch der Kieferspanner rund ein Drittel der erneuerten Waldfläche, die aufgrund der ausgelaugten Böden nach wie vor instabil war. Die Waldqualität konnte dann bis zur Gegenwart merklich angehoben werden, seit Jahrzehnten ist der Reichswald ein geschätztes Naherholungsgebiet. Seit 1900 allerdings bedrohen nun die Expansion des städtischen Siedlungsraumes, der Main-Donau-Kanal, die ICE-Strecken der Deutschen Bahn usw. seine Existenz: immerhin schrumpfte dadurch seine Fläche bereits um über zwanzig Prozent. 1979 wurde der Nürnberger Reichswald schließlich unter Schutz gestellt.

Auf eine andere Seite der bäuerlichen Wald- und Landschaftsnutzung jenseits des Faktums eines konsequent instrumentellen Umgangs bis hin zur Ausbeutung verweist nun der Umstand, dass sich die bis ins 19. Jahrhundert herkömmliche bäuerliche Wirtschaftsweise in einer

---

18 Zum Folgenden siehe u. a. Werner Konold (Hg.), Naturlandschaft Kulturlandschaft. Die Veränderung der Landschaften nach der Nutzbarmachung durch den Menschen, Landsberg 1996. – Jäger, Einführung, S. 78–111. – Elisabeth Weinberger, Waldnutzung und Waldgewerbe in Altbayern im 18. und frühen 19. Jahrhundert, Stuttgart 2001. – Bayerischer Forstverein (Hg.), Bäume, S. 9–14. – Irniger, Wald, S. 67–71. – Bärnthol (Hg.), Nieder- und Mittelwald, bes. S. 47–50.

19 Hierzu etwa Roland Seßner, Der Nürnberger Reichswald, in: Bayerischer Forstverein (Hg.), Bäume, S. 238–240. – Vgl. auch z. B. Florian Sepp/Claudius Stein, Trockenlegung des Erdinger Mooses, in: Historisches Lexikon Bayerns, www.historisches-lexikon-bayerns.de/artikel/artikel_44866 (16.02.2007).

gleitenden Abnahme der Kultivation von den siedlungsnahen Äckern über Wiesen und Weiden hin zu den Waldweiden, Moosen und Wäldern ausdrückte. Darauf hat neben anderen der Historiker Rainer Beck deutlich hingewiesen.[20] Es gab zwar beinahe nirgendwo ungenutztes Land. Doch erfolgte dieser Zugriff in einer Abstufung und Mischung, die die Vielfalt der Tier- und Pflanzenarten und die Buntheit der Landschaft begünstigte. Den Wäldern und Mooren am Rande der Gemarkung entzog man in Form von Laub- und Grasstreu sogar einen Teil ihrer Nährstoffe, um diese, zu Stallmist verwandelt, den Äckern zukommen zu lassen. So erhielten sich in der Peripherie der Siedlungen wie auch als Einstreusel in der dorfnäheren Flur halbnatürliche Vegetationsbestände wie Magerwiesen, Moore oder Streugründe in einem maßgeblichen Umfang. Gleitend und nicht nach Art einer scharfen Grenzziehung gestaltet war dann meist auch der Übergang zwischen offener Flur und den Gehölzen und Wäldern. Auf den Weidegründen Richtung Wald ergaben einzeln stehende Eichen, Tannen oder Eschen eine Art Parklandschaft; ihnen schlossen sich mitunter lichte und locker bestandene Haine an, bevor der eigentliche Wald begann. Vielfach handelte es sich dabei um artenreiche Laub- und Mischwälder, die immer wieder von Lichtungen durchsetzt waren. Aus dieser Perspektive präsentiert sich das vorindustrielle ländliche Wirtschaften im Rückblick doch entschieden naturverträglicher, da es normalerweise weit weniger in die vorgegebenen Landschaft eingriff als die moderne Agrarwirtschaft dies in ihrer konventionellen und hochindustriell ausgestalteten Form unternimmt.

Diese insgesamt höhere Naturverträglichkeit vorindustrieller landwirtschaftlicher Wirtschaftsformen aber sticht vor allem vor dem Hintergrund der Ressourcen verzehrenden hocheffizienten Agrarindustrie ins Auge, die analog zu ihrem Wachstum ihre geringe Umweltverträglichkeit offenbart hat.[21] Daran schließt die Einsicht an, dass der Umgang mit der natürlichen Umgebung jedenfalls in Europa für die Vergangenheit wie für die Gegenwart ein Spiegelbild der jeweils vorherrschenden Produktions- und Lebensweise einer Bevölkerung ist. Also hat sich nicht die Tatsache menschlicher Eingriffe in die Natur *an sich* verändert, sondern vielmehr ihr *Ausmaß*. Das heißt: „Frühere Eingriffe gestalteten sich weniger massiv und weniger tief greifend, da den traditionell wirtschaftenden Bauern keine großtechnischen Hilfsmittel sowie kaum naturferne Materialien zur Verfügung standen. Deshalb gerieten die durchführbaren Eingriffe in die Umwelt weniger radikal und führten in ihrer Konsequenz auch nicht zu so starken Umgestaltungen der Natur- und Kulturlandschaft als dies seit dem 20. Jahrhundert der Fall ist."[22]

Zum Wechselverhältnis von Handlungsweisen und Bewusstseinsformen

Die erste Komponente des Dilemmas eines angemessenen Interpretationsmaßstabes für das Kulturverhalten historischer Zeiten scheint mir in der Kombination beider Perspektiven des instrumentellen Umgangs (anthropozentrisches Naturverhältnis) und der Kultivationsschwankungen – wie für die Landschafts- und Waldnutzung gezeigt – grundsätzlich lösbar.

20 Rainer Beck, Die Abschaffung der „Wildnis". Landschaftsästhetik, bäuerliche Wirtschaft und Ökologie zu Beginn der Moderne, in: der Bürger im Staat 44 (1994) H. 1, S. 14–21. Hierauf basieren die nachfolgenden Ausführungen.

21 Beck, Abschaffung, S. 14. – Im gewerblichen und (proto)industriellen Sektor freilich fällt der Vergleich zwischen historischen und modernen Betriebsformen wesentlich differenzierter aus – nicht selten sogar mit gegenteiliger Tendenz.

22 Thomas Adam, Mensch und Natur: das Primat des Ökonomischen. Entstehen, Bedrohung und Schutz von Kulturlandschaften aus dem Geiste materieller Interessen, in: Natur und Landschaft 71 (1996), H. 4, S. 155–159, hier S. 157.

Was allerdings hierüber nicht klärbar ist, ist die Art des Wechselverhältnisses von Handlungsweisen und Bewusstseinsformen in historischen Verhältnissen. Dieses Wechselverhältnis ist die zweite Komponente des Interpretationsdilemmas. Wo entsprechende Quellenaussagen fehlen, wird vielfach die These bemüht, der zufolge naturbezogenes Verhalten korreliert mit einem Naturbewusstsein und Naturverständnis, das den modernen ökologischen Werten und Normen verwandt sei. Dagegen zeigten vor allem ethnologische Befunde, dass auch dort, wo Bevölkerungsgruppen formal im Einklang mit ihrer natürlichen Umgebung leben, vielfach Ausprägungen eines Naturverhältnisses vorherrschen, die dem ökologisch grundierten und emotional angereicherten Naturkonzept in den westlichen Industriegesellschaften nicht entsprechen.[23]

Die beiden vorgestellten Beispiele der Dorflinden und der Nieder- bzw. Mittelwaldwirtschaft illustrieren, wie ich meine, recht deutlich, wie notwendig für eine exakte Analyse eine differenzierende Betrachtung möglicher Naturbezüge in den historischen Lebensverhältnissen und Daseinsformen ist, die in die beiden Ebenen des Verhaltens und des Bewusstseins unterscheidet. Auf der Ebene des kulturellen Verhaltens ist hierbei relativ regelmäßig ein offenkundiger Naturbezug zu registrieren, der in der praktischen Verwendung von Naturmaterialien als Requisiten zu Arbeit, Fest und Brauchausübung besteht. Aus den Handlungsmustern allerdings lassen sich keine deutlichen Naturbezüge ableiten, die über den Umgang mit diesen Naturmaterialien als Requisiten hinausgehen. Hinzu kommt die Terminierung vieler Handlungsvollzüge in Arbeit, Brauch etc., die sich an den Vegetationsverlauf der für die bäuerliche Wirtschaft relevanten Weidepflanzen anlehnt. Diese Bezüge führen nun jedoch nicht automatisch zu einer ideellen Einstellung mit gleicher Orientierung. Auf der Ebene des geistig-mentalen Naturbezugs stellt sich die Situation somit wesentlich vager dar. In den Vordergrund rücken dort regelmäßig wirtschaftliche, soziale, rechtliche und christlich-religiöse Orientierungen. Etliche Vollzüge in historischer Zeit waren ja losgelöst vom tatsächlichen Verlauf der Naturprozesse (vgl. den christlichen Kalender mit dem beweglichen Osterfest und Pfingsten), was eine relative Distanz zu ökologischen oder gar naturkultischen Konzeptualisierungen markiert.[24]

Die scheinbare Widersprüchlichkeit, die sich hier abzuzeichnen scheint, ist in Wahrheit jedoch keine. Denn der wesentliche Grund für Naturbezüge in Verhaltensweisen und bei Requisiten ist dem jeweiligen gesellschaftlichen und sachkulturelle-technischen Stand der Entwicklung zu suchen. In vorindustriellen Zeiten, zumal im ländlich-agrarischen Umfeld, waren Holz und weitere pflanzliche wie auch tierische Materialien neben Ton und Stein die Hauptgrundlage der Kultur. Nicht von Ungefähr hat man diese Zeitphase mit dem Etikett des „hölzernen Zeitalters“[25] pointiert zu charakterisieren versucht. Zudem veranlassen die Spezifika der vorindustriellen Landwirtschaft mit ihren rechtlichen und organisatorischen Regularien Formen des äußerlichen Naturbezugs, denen nicht automatisch eine innerlich-wertbesetzte Hinwendung zur Natur folgte. Das tatsächliche Verhalten lässt somit nur sehr eingeschränkt

23 Thomas Bargatzky, Naturvölker und Umweltschutz. Ein modernes Missverständnis, in: Universitas 47 (1992), S. 876–886. – Jürg Helbling, Ökologie und Politik in nichtstaatlichen Gesellschaften. Oder: Wie steht es mit der Naturverbundenheit sogenannter Naturvölker?, in: Kölner Zeitschrift für Soziologie und Sozialpsychologie 44 (1992), S. 203–225. – Andre Gingrich/Elke Mader (Hgg.), Metamorphosen der Natur. Sozialanthropologische Untersuchungen zum Verhältnis von Weltbild und natürlicher Umwelt, Wien/Köln/Weimar 1993.

24 Hierzu exemplarisch: Ulrike Kammerhofer-Aggermann, Bräuche und Landschaft. Sinnstiftung über integrative Natur-Kultur-Konzepte, in: Lucia Liudold/Ulrike Kammerhofer-Aggermann (Hgg.), Bräuche im Salzburger Land. Zeitgeist Lebenskonzepte Rituale Trends Alternativen (CD-ROM-Reihe), Nr. 3, Salzburg 2005. – Manfred Seifert, Pfingstlümmel und Heiliggeisttaube. Pfingstbräuche in Bayern, in: Schönere Heimat 95 (2006), H. 2, S. 103–107. – Walter Hartinger, Religion und Brauch, Darmstadt 1992, bes. S. 29–32.

25 Vgl. Uwe Beckmann/Birgit Freese (Red.), Hölzerne Zeiten. Die unendliche Karriere eines Naturstoffes, Hagen 1994.

Rückschlüsse auf das Naturverständnis einer historischen Epoche und ihrer Akteure zu. Gegenüber der Neigung zu vorschnellen Parallelisierungen des menschlichen Naturbezugs in Verhalten und Bewusstsein ist eher die These zu prüfen, der zufolge von einer Grunddisposition des Menschen auszugehen ist, die beim Kontakt mit der Natur zu instrumentellen Funktionalisierungen tendiert – und die bis zur forcierten Nutzung gemäß den menschlichen Bedürfnissen und Wünschen gehen kann.

Wege aus dem Interpretationsdilemma? – Zwei perspektivische Blicke

Um die Art und die Qualität des Naturbezugs von historischen bzw. von kulturspezifischen Verhaltensweisen näher zu bestimmen, wurden von der Forschung zwei Ansätze vorgelegt. Ein Ansatz stammt aus der Umweltgeschichte. Er versucht, angelehnt an das Modell der Nachhaltigkeit, die Austauschbeziehungen zwischen sozialen Organisationsformen und ihrer naturalen Umwelt zu bestimmen.[26] Das hierzu verwendete ökologische Konzept von Nachhaltigkeit benutzt vier Kriterien: Energie, Materialien (Ressourcen, Deponien), Biodiversität und Bevölkerungsdynamik (neben diesen prominentesten Kriterien existieren weitere). Für jede Gesellschaft lässt sich auf dieser Grundlage eine sie kennzeichnende stabile Organisationsform ihres stofflichen und energetischen Austausches mit ihrer natürlichen Umwelt erschließen. Dazu werden die Energieflüsse zwischen dem sozialen und dem naturalen System quantifiziert. Die Materialflüsse werden annäherungsweise über die Masse der Materialien bestimmt, die durch das soziale System Gesellschaft hindurch geschleust werden. Den Referenzwert für die Bestimmung des Grades an Nachhaltigkeit in einer Gesellschaft bildet der „basale Metabolismus“. Hierunter wird das physiologische Minimum des menschlichen Stoffwechsels verstanden. Energetisch sind dies ca. zehn Megajoule pro Tag, also etwa 3,5 Gigajoule pro Jahr; stofflich sind dies am Tag mindestens drei Kilogramm, wenn der Wasserverbrauch einbezogen wird, also insgesamt über eine Tonne pro Jahr. Auf dieser Basis kann man in einem universalgeschichtlichen Ansatz drei sozial-metabolische Regimes unterscheiden, die als Leitkategorien für die qualitative Zuordnung aller real erfassbaren Gesellschaftsformationen dienen. Diese drei Leitkategorien sind die Jäger und Sammlergesellschaften, die Agrargesellschaften und die Industriegesellschaften.

	Energie in Gigajoule	Material in Tonnen
Basaler Metabolismus	3,5	1–2
Jäger/Sammler	10–20	2–3
Agrargesellschaften	60–80	4–5
Industriegesellschaften	250	20–22

Tabelle: Jährliche Pro-Kopf-Nutzung von Energie und Materialien in unterschiedlichen sozial-metabolischen Regimes[27].

26 Zum Folgenden Rolf Peter Sieferle, Nachhaltigkeit in universalhistorischer Perspektive, in: Siemann/Freytag (Hgg.), Umweltgeschichte, S. 39–60.

27 Nach Ian G. Simmons, Changing the face of the earth. Culture, environment, history, Oxford 1989, S. 379 sowie Marina Fischer-Kowalski/Helmut Haberl, Tons, joules and money: Modes of production and their sustainability problems, in: Society and Natural Resources 10 (1997), S. 70 gemäß Sieferle, Nachhaltigkeit, S. 43.

Ein zweiter Ansatz stammt aus der Kulturökologie. Sie sieht als Ursache kultureller Differenzen bzw. Übereinstimmungen verschiedener Gesellschaften die Wechselwirkung zwischen natürlichen Bedingungen wie Böden oder klimatischen Gegebenheiten einerseits und kulturellen Faktoren wie Technologie und Wirtschaftsweise andererseits. Die Kulturökologie sucht dabei die besondere Ausgestaltung der Mensch-Natur-Beziehungen als Folge kultureller Leistungen zu erklären. Ihr Programm ist die Erforschung derjenigen Prozesse, durch die eine Gesellschaft sich ihrer Umwelt anpasst.[28] Ausgangspunkt hierfür ist der Versuch, einen Kulturkern und die natürlichen Gegebenheiten in eine kausale Beziehung zueinander zu setzen. Wesentlich ist, dass kein strenger Determinismus zugrunde gelegt wird. Vielmehr operiert das Modell der Kulturökologie mit der Vorstellung eines dialektischen Prozesses, in dem die Umwelt ebenso wie die Kultur eine aktive, gestalterische Rolle übernehmen. Das zentrale Element des kulturökologischen Modells seines Gründers Julian Steward ist der Kulturkern, der bei ihm drei miteinander verbundene Vorgänge bzw. Verfahren umfasst, die als fundamental angesehen werden:

- die materielle Kultur, die die Existenz der jeweiligen Gruppe und deren Techniken in der Auseinandersetzung mit der natürlichen Umwelt, deren Ressourcen und Engpässen sichert;
- die soziale Organisation, d. h. die mit der Produktion zusammenhängenden Formen der Kooperation und sozialen Organisation;
- und die immaterielle Kultur, sofern sie mit den anderen beiden Bereichen in enger Verbindung steht.

Dabei konzentriert sich die Analyse auf das Zusammenwirken dieser verschiedenen Elemente im Produktionsbereich.

Fazit

Diese beiden Ansätze ermöglichen eine systematische Fortführung und Vertiefung der Diskussion um das Wechselverhältnis zwischen Natur und Kultur auch und gerade für historische Gegebenheiten. Sie haben den Vorzug, dem skizzierten Interpretationsdilemma durch ihre rationalistischen Zugriffe eine besser objektivierbare Charakterisierung historischer und ethnologischer Naturverhältnisse zu ermöglichen. Eine neutrale Bewertung oder eine Schlussfolgerung, „wie es wirklich war“, lässt sich damit gleichwohl nur angenähert erreichen, da auch diese Konzepte nicht voraussetzungslos sind. Immerhin jedoch bieten sie eine solide wissenschaftliche Alternative zu der vielfach diffusen und emotionalisierten reflexiven Problematisierung der eigenkulturellen Traditionen des Umgangs mit der Natur, die unser modernes Naturbewusstsein anstößt.

28 Michael J. Casimir, Gegenstandsbereiche der Kulturökologie, in: Thomas Schweizer (Hg.), Handbuch der Ethnologie, Berlin 1993, S. 215–239. – Bernhard Glaeser/Parto Teherani-Krönner (Hg.), Humanökologie und Kulturökologie. Grundlagen, Ansätze, Praxis, Opladen 1992. – Julian H. Steward, The Theory of Cultural Change. The Methodology of Multilinear Evolution, Urbana 1955. – Julian H. Steward, „Cultural Ecology“, in. – The Encyclopedia of Social Sciences, New York, Vol. 4 (1968), S. 337–344.

Der Deutsche Lyceum-Club in Berlin

Aspekte zur Gleichschaltung 1933–1937

Matthias Wagner

In Berlin gründete sich 1905 der Deutsche Lyceum-Club[1] als Ableger einer international ausgerichteten Club-Organisation und bildete eine Plattform für kulturell, künstlerisch und gesellschaftlich engagierte Frauen. Zahlreiche, an aktuellen Gesellschaftsentwicklungen ausgerichtete Aktivitäten, besonders die Organisation publikumswirksamer Ausstellungen, verschafften dem weitgehend aus Frauen der bürgerlichen und aristokratischen Schicht zusammengesetzten Club eine hohe Anerkennung auf nationaler und internationaler Ebene.

In den vergangenen Jahren avancierte die Geschichte des nach wie vor aktiven Clubs zunehmend zu einem Untersuchungsfeld in der Musik-, Frauen- und der Volkskunstforschung.[2] Die 100-jährige Wiederkehr der vom Lyceum-Club 1909 in Berlin im Warenhaus Wertheim organisierten „Internationalen Volkskunstausstellung" war Thema innerhalb verschiedener DFG-Forschungsprojekte am Institut für europäische Ethnologie der Humboldt-Universität Berlin,[3] deren Ergebnisse in Examensarbeiten sowie dem kürzlich veröffentlichten Band „Horizonte ethnografischen Wissens" zusammengefasst sind.[4]

Bis 1915 war der Lyceum-Club bereits auf über 1.000 Mitglieder angewachsen.[5] Nach verschiedenen Standorten bezog der Lyceum-Club schließlich 1915 ein eigenes Haus in Berlin am Lützowplatz. Schillernde Führungsfigur war die Gründerin Hedwig Heyl, die den Lyceum-Club bis 1920 als Vorsitzende zu bedeutender gesellschaftlicher Anerkennung führte und als Ehrenvorsitzende bis zu ihrem Tod 1934 wesentlichen Einfluss auf das Vereinsleben ausübte. Besonders in den Jahren nach dem Ersten Weltkrieg öffnete sich der Lyceum-Club einer breiteren Gesellschaftsschicht und etablierte sich bis 1933 als führender Frauenverein mit einem hervorragenden Netzwerk. Nach der Machtübernahme durch die Nationalsozialisten am 13. März 1933 war der Deutsche Lyceum-Club, wie alle Organisationen und Verbände, zum Zwecke des staatlichen Zugriffs in den Gleichschaltungsprozess der neuen Machthaber einbe-

---

1 Im Folgenden mit „Lyceum-Club" abgekürzt. Der 1905 als „Lyceum-Club Berlin" gegründete Verein nannte sich ab 1907 „Deutscher Lyceum-Club".

2 Zur Aktivität des Deutschen Lyceum-Clubs bei Ausstellungen, insbesondere der Volkskunstausstellung von 1909 vgl. Friedrich von Bose, Schauraum Warenhaus. Praxen des Ausstellens im Berliner Warenhaus Wertheim, Mag. Arb., Berlin 2008. – Franka Schneider, Städtische Arenen volkskundlicher Wissensarbeit. Die Internationale Volkskunstausstellung 1909 im Berliner Warenhaus Wertheim, in: Ina Dietzsch/Wolfgang Kaschuba/Leonore Scholze-Irrlitz (Hgg.), Horizonte ethnografischen Wissens (= alltag & kultur 12), Wien u. a. 2009, S. 54–86. – Gudrun M. König, Konsumkultur. Inszenierte Warenwelt um 1900, Wien u. a. 2009, (hier besonders S. 236–260: Volkskunsterfindung und Geschmacksproduktion). – Matthias Wagner, Möbel aus Schnett. Produktion – Gebrauch – Folklorisierung, hier besonders S. 141–156: Schnetter Truhen in der Volkskunst-Abtlg. des Warenhauses Wertheim in Berlin. – Zu den Musikerinnen und Komponistinnen im Lyceum-Club vgl. Claudia Friedel, Komponierende Frauen im Dritten Reich. Versuch einer Rekonstruktion von Lebensrealität und herrschendem Frauenbild, Diss. Oldenburg 1992, S. 133–185.

3 Dietzsch/Kaschuba/Scholze-Irrlitz (wie Anm. 2), S. 7: Die DFG-Projekte sind betitelt: „Volkskunde in der Metropole. Zur Entstehung eines volkskundlichen Wissensmilieus und zur Produktion kultureller Wissensformate in Berlin" und „Volkskunde als öffentliche Wissenschaft. Die Wissens- und Wissenschaftsgeschichte der Berliner Volkskunde 1860–1960".

4 Dietzsch/Kaschuba/Scholze-Irrlitz (wie Anm. 2).

5 Deutscher Lyceum-Club 6 (1915), S. 129.

zogen. Diese Vorgabe bedeutete für viele Vereine vor allem eine radikale Veränderung ihrer bisherigen Personal- und Organisationsstrukturen.

Den Lyceum-Club betreffend, ist die Zeit zwischen 1933 und 1945 vor allem aus Gründen mangelnder schriftlicher Überlieferung bisher kaum erforscht.[6] Einige Anhaltspunkte zur Entwicklung des Lyceum-Clubs bieten zwar clubinterne Schriften zur Vereinsgeschichte,[7] da jedoch die clubeigene Zeitschrift im Jahr 1934 zunächst eingestellt wurde,[8] sind aus dem Vereinsleben des Lyceum-Clubs nur wenige Berichte überliefert. Anschließend übernahm diese Funktion bis 1937 die „Neue Deutsche Frauenzeitschrift" als offizielles Medium des „Kartells der Deutschen Frauen-Klubs", in die der Lyceum-Club integriert war.[9] Nachrichten über den Lyceum-Club spielten darin jedoch nur eine untergeordnete Rolle. Von 1938 bis 1939 existierte das „Mitteilungsblatt der Deutschen Lyzeum-Klubs und der Deutschen Frauenklubs im Deutschen Frauenwerk".[10]

Eine Lücke der Überlieferung des Lyceum-Clubs zwischen 1933 und 1937 schließt ein Aktenbestand[11] von 200 Seiten mit Dokumenten zur Gleichschaltung aus dem Bundesarchiv in Berlin. Aus der Bewertung dieser Akten lässt sich schließen, dass der Lyceum-Club aufgrund seiner gesellschaftlichen Bedeutung in kultureller und sozialer Sicht sowie seiner internationalen Kontakte innerhalb des Gleichschaltungsprozesses unter besonderer Beobachtung stand. Dies wird insofern deutlich, dass innerhalb des Aktenbestandes zumindest für keinen anderen Verein ein ähnlicher Schriftsatz überkommen ist.[12] Dass dieser Vorgang in den Akten der Reichskulturkammer[13] zu finden ist, liegt an der Zuständigkeit von Hans Hinkel,[14] der als Reichsorganisationsleiter des „Kampfbundes für deutsche Kultur" [15] in den Gleichschaltungsprozess des Lyceum-Clubs eingebunden war. Hinkels Verantwortungsbereich im preußischen Ministerium für Wissenschaft, Kunst und Volksbildung war der Lyceum-Club seit 1933 angegliedert.

Die Überlieferung der Gleichschaltung des Lyceum-Clubs, deren Auswertung im weiteren Verlauf chronologisch erfolgen soll, beginnt mit einem Brief von Staatskommissar Hans Hinkel

6 Das Archiv des Lyceum-Clubs aus der Zeit bis 1945 existiert nicht mehr.

7 Friedel Hömke/Albertine Maier-Dependorf, Zum 75-jährigen Bestehen der Deutschen Lyceum-Clubs 1905–1980, Berlin 1979.

8 Die Zeitschrift „Deutscher Lyceum-Club" ist von 1906 bis 1934 nachgewiesen. Nachfolgend zitiert mit „DLC".

9 S. Friedel (1992), S. 140: Die „Neue Deutsche Frauenzeitschrift. Die deutsche Frau in Haus, Beruf und Staat. Offizielles Organ des Kartells der Deutschen Frauen-Clubs". Die Zeitschrift blieb Mitteilungsblatt der Frauenklubs bis 1937. 1939 wurde sie Zeitschrift der GEDOK (siehe Anm. 80) und erschien bis 1941.

10 Vgl. Anm. 42; Nachgewiesen ist das „Mitteilungsblatt" für 1938 und 1939 (Archiv des Vereins der Berliner Künstlerinnen, Bestand DLC 1.40). Wegen einer temporären Schließung des Archivs war keine Einsicht in die betreffenden Schriften möglich.

11 Bundesarchiv (BAB) R 56-I/83: Reichskulturkammer, Zentrale einschließlich Büro Hinkel, 1 Büro Hinkel 1.1 Allgemeines und Korrespondenzen, Deutscher Lyzeumsklub: Gleichschaltung, Tätigkeit, 1933–1937.

12 Die Möglichkeit, dass diese Einschätzung dadurch verzerrt wird, dass wegen Kriegsverlustes die Akten anderer Verbände nicht präsent sind, soll hier nicht ausgeschlossen werden.

13 Zur Reichskulturkammer s. u. a. Bärbel Schrader, „Jederzeit widerruflich". Die Reichskulturkammer und die Sondergenehmigungen in Theater und Film des NS-Staates, Berlin 2008.

14 Ernst Klee, Das Kulturlexikon zum Dritten Reich, Frankfurt 2007, hier S. 249f. zu Hans Hinkel (1901–1960): u. a. 1921 Beitritt in die NSDAP. 1930 Reichstagsabgeordneter und Mitglied der Reichsleitung und Vorstand der preußischen Landesleitung des Kampfbundes für deutsche Kultur. 1930 Schriftleiter beim Völkischen Beobachter. 30.1.1933 Staatssekretär im Preußischen Ministerium für Wissenschaft, Kunst und Volksbildung, mit besonderer Aufgabe der „Entjudung". 1. Mai 1935 Geschäftsführer der Reichskulturkammer (Titel: Reichskulturwalter), 1941 Ministerialdirigent im Reichsministerium für Volksbildung und Propaganda, 1944 Vizepräsident der Reichskulturkammer. –Vgl. u. a. Peter Patzelt, Ein Bürokrat des Verbrechens. Hans Hinkel und die „Entjudung" der deutschen Kultur, in: Markus Behmer, Deutsche Publizistik im Exil 1933 bis 1945, Münster/Hamburg/London 2000, S. 307–317.

15 Vgl. Jan-Pieter Barbian, Die Beherrschung der Musen. Kulturpolitik im „Dritten Reich", in: Hans Sarkowicz (Hg.): Hitlers Künstler: Die Kultur im Dienst des Nationalsozialismus. Leipzig 2004, S. 47f: Der „Kampfbund für Deutsche Kultur" spielte bei der Gleichschaltung des kulturellen Lebens in Deutschland eine wichtige Rolle.

vom 15. Juli 1933, in dem er das Club-Mitglied Gräfin von Arnim-Muskau bevollmächtigt, „den Deutschen Lyzeum-Klub in enger Fühlungnahme mit dem „Kampfbund für Deutsche Kultur" im Sinne der Gleichschaltung umzugestalten".[16] Auf einer internen Sitzung am 21. Juli 1933 wird der Club den neuen Strukturen angepasst und das Führerinnenprinzip eingeführt. Der Prozess der Gleichschaltung beginnt im Lyceum-Club 1933 mit der Aufnahme neuer Vorstandsmitglieder, als die bisherigen Kommissionen und Abteilungen aufgelöst und durch Ausschüsse ersetzt werden.[17] Neuen Einfluss im Vorstand gewinnen Ehefrauen oder Verwandte von NS-Politikern, wie z. B. Luise Schacht, Margarete von Hindenburg, Freifrau von Neurath, Martha von Papen und Anneliese von Ribbentrop.[18] Auch in anderer Hinsicht wird der Vorstand des Lyceum-Clubs im Sinne der Anforderungen der Gleichschaltung umgebaut: Jüdinnen müssen den Vorstand verlassen,[19] ebenso Vertreter der Bürgerlichen Frauenbewegung.

Im September des Jahres 1933 erscheint eine Dokumentation zur Geschichte des Deutschen Lyceum-Clubs, die gleichzeitig die neuen Strukturen des Lyceum-Clubs kommunizieren soll. Autorin ist die langjährige Schriftführerin Luise Marelle.[20] Einleitend lobt die Ehrenvorsitzende Hedwig Heyl die Autorin als dafür besonders befähigt, da diese seit langem die Geschichte der Deutschen Frauenbewegung und des Lyceum-Clubs verfolge und bereits schriftstellerische Erfahrung habe.[21] Marelle selber bezieht im Vorwort eindeutig Stellung zum bisherigen Gleichschaltungsprozess und den damit verbundenen internen Umgestaltungen: „Durch die notwendige zeitgemäße Einordnung des „Deutschen Lyceum-Klub" in den Arbeitsplan des neuen Reiches erhält er eine neue Bedeutung und neue Züge".[22] Der ergänzende Verweis Marelles an das Pflicht- und Verantwortungsgefühl der Mitglieder ist als Appell zu einem einvernehmlichen internen Diskussionsprozess im Sinne der Gleichschaltung zu sehen, lässt andererseits auf Differenzen innerhalb des Lyceum-Clubs als Folge der aktuellen Entwicklungen schließen. Zudem verweist Marelle auf den Lyceum-Club als „Gemeinschaft, [in] der Einzelpersönlichkeiten zurückstehen".[23] Mit dieser Formulierung vermeidet sie geschickt die Aufzählung verdienter Clubmitglieder, unter denen sich sowohl Kritiker des Gleichschaltungsprozesses, als auch zahlreiche Jüdinnen befanden. Die Betonung, dass einige „Männer [...] die Einblick in die Organisation gewinnen, und oft aus anfänglichen Zweiflern, ja Gegner, Freunde und Förderer wurden", ist als Hinweis auf die mit der Gleichschaltung erfolgte Kontrolle der von Männern dominierten NS-Organisationen und Verbände, wie des Kampfbundes für deutsche Kultur und der Reichskulturkammer zu sehen.[24]

Wie im Weiteren gezeigt wird, ist es im Verlauf des von den NS-Behörden geforderten Gleichschaltungsprozesses innerhalb des Clubs entgegen bisheriger Vermutungen[25] zu erheblichen Widerständen gekommen. Aus der Zeitschrift des Lyceum-Clubs gehen zwar weitgehend die personellen und strukturellen Veränderungen innerhalb des Clubs hervor, allerdings werden die internen Diskussionen um den Gleichschaltungsprozess nicht vermerkt. Diese lassen sich fast ausschließlich aus den Akten des Bundesarchivs bewerten, ergänzt von Informationen

16 BAB: R 56-I/83, S. 179.

17 Vgl. Luise Marelle, Die Geschichte des Deutschen Lyceum-Clubs und seine Aufgaben in Gegenwart und Zukunft, [Berlin] 1933, S. 60–63.

18 Friedel (wie Anm. 2), S. 155. – Vgl. Liste der Vorstandsmitglieder im Dezember 1933 in BAB: R 56-I/83, Bl. 159.

19 Die Gleichschaltung gilt innerhalb der Vereine als vollzogen, wenn 51% der Vorstandsmitglieder NSDAP-Mitglieder sind.

20 Marelle (wie Anm. 17). – Mitherausgeberin ist zwar Hedwig Heyl, allerdings tritt diese als Autorin in den Hintergrund.

21 Marelle (wie Anm. 17), S. 3.; Im Bestand BAB: R 56-I/83, u. a. Brief an Hinkel vom 20. Februar 1934 (Bl. 171–174).

22 Marelle (wie Anm. 17), S. 6.

23 Ebd., S. 5.

24 Ebd., S. 35.

25 Friedel (wie Anm. 2), S. 154.

aus der Clubzeitschrift bzw. der „Neuen Deutschen Frauenzeitschrift". So berichtet die Oktoberausgabe 1933: „Der Deutsche Lyzeum-Club Berlin, ein Mittelpunkt gesellschaftlichen Lebens, hat eine neue Gliederung erfahren",[26] während die Ausgabe der clubeigenen Zeitschrift vom Oktober 1933 meldet, dass „die Neugestaltung unseres Klubs vorläufig beendet ist".[27] Zudem sind „Alle Ausschüsse eifrig am Werke, die Winterarbeit im Geiste Adolf Hitlers zu gestalten".[28] Weiterhin wird von der angespannten Finanzlage des Clubs berichtet, was sicherlich mit dem beginnenden Austritt unzufriedener Mitglieder bzw. dem Ausschluss jüdischer Mitglieder zusammenhängt.[29] Diese wegen des fehlenden Quellenmaterials angestellte Vermutung zur Situation des Lyceum-Clubs beschreibt ein Artikel in der Neuen Zürcher Zeitung vom 6. September 1933: „Der Deutsche Lyceum-Club [...] durfte sich rühmen, zu einer der bevorzugten Institutionen zu gehören, die abseits aller Parteipolitik, lediglich den Interessen wissenschaftlich und künstlerisch tätiger Frauen dienen. [...] Der Klub hat sich [...] dem Kampfbund für deutsche Kultur angeschlossen und den von diesen vorgeschriebenen Gesetzen Rechnung getragen. Das bedeutet, daß alle nicht ‚rein-arischen' Mitglieder [...] aus leitenden Stellen entfernt werden mußten. Von einem Ausschluß aus dem Klub hat man – wohl aus materiellen Gründen – einstweilen abgesehen. [...] Eine größere Zahl nicht arischer Mitglieder hat infolgedessen feiwillig ihren Austritt erklärt. Und diesen Frauen haben sich auch solche angeschlossen, die mit der Gleichschaltung nicht völlig einverstanden waren".[30] Dass im Lyceum-Club der Rückzug der jüdischen Mitglieder dem „Kampfbund für deutsche Kultur" zu schleppend verlief, belegt eine Einladung des Lyceum-Clubs vom 9. November 1933 an Hans Hinkel zu einem Tee-Empfang in den Räumen des Clubs.[31] Der von Gertrud von Laffert, Mitglied des Kulturausschusses des Lyceum-Clubs übermittelten Einladung kam Hinkel jedoch nicht nach. Den wahren Grund dürfte er nicht übermittelt haben, dieser ist jedoch als Empfehlung an Hinkel, der im Januar 1933 mit der „Entjudung" im Kultursektor beauftragt wurde,[32] von einem Mitarbeiter auf der Einladung vermerkt: „Hi[nkel] Der Lyceumclub ist immer noch nicht judenrein und außerdem zu ‚vornehm-reaktionär'. Schlage vor, nicht dort zu erscheinen."[33]

Nach einem Propaganda-Abend der neuen Jugendgruppe des Lyceum-Clubs vom 28. November 1933 unter Schirmherrschaft von Frau v. Papen und Frau v. Hindenburg müssen zur Jahreswende 1933/1934 erhebliche interne Diskussionen sowie der fortgesetzte Austritt zahlreicher Mitglieder den Lyceum-Club vor eine Zerreißprobe gestellt haben.[34] Ob diese Auseinandersetzung grundsätzlich geführt wurde oder lediglich als der letzte Anlass sich lange verhärtender Positionen darstellte, bleibt unklar. Die Ausrichtung der gemeinnützigen Aktivi-

26 N.Dt.Fr. 10 (1933), S. 165.

27 DLC 10 (1933), S. 4.

28 Ebd.

29 Ebd. – Vgl. Friedel (wie Anm. 2), S. 156.

30 Neue Zürcher Zeitung, 6. September 1933 (vgl. BAB: R 56-I/83, Bl. 186). – Vgl. BAB: R 56-I/83, Bl. 185: Paula Siber sendet in einem Brief vom 18. September 1933 an Hinkel diesen Zeitungsbericht als Anlage, verweist an Hinkel auf den Beitritt des Lyceum-Clubs zum Kampfbund für deutsche Kultur, benennt den Umstand des mangelnden Ausschlusses der Juden und meldet, dass der Verleger der Zeitschrift „Deutscher Lyceum-Club" ein Jude ist.

31 BAB: R 56-I/83, Bl. 180.

32 Klee (wie Anm. 14), S. 249.

33 BAB: R 56-I/83, Bl. 180. Das Kürzel des Mitarbeiters von Hans Hinkel ist leider nicht zu entziffern.

34 DLC 11 (1933), S. 2: Jugend-Propaganda-Abend mit „Lebenden Bildern", erläutert durch Lieder der Jungsingschar des DLC. – Siehe auch BAB: R 56-I/83, Bl.160–163: Um diesen Liederabend gab es Diskussionen, was aus einem Briefverkehr zwischen den beiden Mitgliedern Annie Gallus und Erica von Geldern-Crispendorf hervorgeht. Im Vorfeld des „Propaganda-Abends" gab es erheblichen Abstimmungsbedarf um Details, wie das korrekte Absingen der National-Hymne und des Horst-Wessel-Liedes (s. BAB: R 56-I/83I, Bl.160–161). Die Unstimmigkeiten sprach die Initiatorin des Abends, Erica v. Geldern-Crispendorf in ihrer Rede des Abends über „ihre Arbeit[, die] nicht irgendeinem persönlichen Geltungsbedürfnis" gelte (DLC 12 [1933], S. 3) aus.

täten fast ausschließlich auf Ziele des nationalsozialistisch geprägten Winterhilfswerkes war ein Bruch der bisher nicht politisch oder ideologisch motivierten Vereinsarbeit, denn der Lyceum-Club verstand sich ganz bewusst unparteiisch und ohne „religiöse oder politische Färbung".[35] Möglicher Weise waren die Spannungen um den erwähnten Propaganda-Abend von einem so erheblichen Ausmaß, dass Gräfin von Arnim-Muskau im Januar 1934 das Amt der „Führerin" wegen „zu großer Schwierigkeiten, die einer Gleichschaltung entgegenstanden"[36], niederlegte.

Die erwähnte Zerreißprobe verdeutlicht die erneute Wahl der inzwischen 83-jährigen Gründerin und Ehrenvorsitzenden des Lyceum-Clubs Hedwig Heyl Anfang Januar 1934 zur neuen „Führerin".[37] Diese erklärte kurz nach ihrer Wahl am 8. Januar 1934 in einem Brief den Austritt aus dem „Kampfbund für Deutsche Kultur": „Sehr geehrtes Fräulein Doktor. Nach eingehender Prüfung und mit Genehmigung von autoritativer Stelle haben wir Herrn Kochanowski unsern Austritt aus dem „Kampfbund für deutsche Kultur" erklärt. Wir beabsichtigen uns wegen des Übergewichts unserer Auslandsarbeit[38] den Organisationen des Auswärtigen Amtes unmittelbar zu unterstellen. Wir verbinden hiermit unsern herzlichsten Dank für die gehabte grosse Mühewaltung und hoffen, Sie in unserm Klub als gern willkommener Gast begrüssen zu können".[39] Am 16. Januar 1934 teilt Hans Hinkel in einer behördeninternen Mitteilung an Oberregierungsrat Zierold mit: „[...] Die weitere Gestaltung des Klubs wird nunmehr zusammen mit Frau Paula Siber,[40] Referentin für Frauenfragen im Reichsinnenministerium, durchgeführt. – Zurzeit kann der Lyzeum-Klub noch nicht als gleichgeschaltet betrachtet werden!"[41] Die Beteiligung Sibers an diesen Vorgängen ist auf jeden Fall im Zusammenhang mit der bevorstehenden Einbindung des Clubs in die NS-Frauenschaft und des im Herbst 1933 gegründeten Deutschen Frauenwerks[42] zu sehen. Die Zuständigkeit Sibers endete weitgehend mit der kurz darauf am 24. Februar 1934 erfolgten Ernennung von Gertrud Scholtz-Klink[43] zur „Führerin" der NS-Frauenschaft und des Deutschen Frauenwerks.[44] Die

35 Marie von Bunsen, Der Deutsche Lyzeumklub, in: Elise von Hopffgarten, Hedwig Heyl. Ein Gedenkblatt zu ihrem 70. Geburtstage, Berlin 1920, S. 111.

36 BAB: R 56-I/83, S. 178. Zitat aus einem Schreiben Hinkel an Oberregierungsrat Zierold im Hause.

37 Vgl. DLC 3 (1934), S. 1–6. Dies wird aus den Ansprachen zum Tod Hedwig Heyls deutlich. Als offizielle Mitteilung findet es keine Erwähnung in der Clubzeitschrift. Das Datum ihrer Ernennung ist nicht bekannt. Da der Austritt aus dem KfdK „zum 8. Januar" erklärt wurde, wird die Wahl kurz vor diesem Termin erfolgt sein. Evtl. war die Wahl auch am 18. Januar zur Sitzung des Gesamtvorstandes des Lyceum-Club. Dann wäre auf dem Datum des Briefes zum Austritt aus dem KfdK mit dem „8. Januar" statt dem „18. Januar" ein falsches Datum eingetragen. – Die Geschwindigkeit der Ereignisse konnte selbst die Redaktion der Lyceum-Club-Zeitschrift nicht bewältigen. In der Februarausgabe des DLC 1934 ist als Führerin noch Sophie Gräfin Arnim-Muskau genannt, obwohl diese bereits zurückgetreten war und Hedwig Heyl bereits ihre Nachfolge angetreten hatte.

38 Die Internationalität des Lyceum-Clubs war eine herausragende Eigenschaft des Vereins. Vgl. dazu Schneider Franka (2009), S. 59f.: Die Volkskunst-Ausstellung 1909 lag dem „vereinsinternen Gedanken [zugrunde], dass Volkskunst das Potential zu einem internationalen Thema hatte und ein tragfähiges Konzept bot, das gesellschaftliche Aufmerksamkeit sichern und gleichzeitig die eigenen internationalen Netzwerke vertiefen half." S. auch Gudrun König (2009), S. 249f.

39 BAB: R 56-I/83, Bl. 184. Der Adressat ist unbekannt. Das Schreiben an Kochanowski ist nicht überliefert.

40 Vgl. Andrea Böltken, Führerinnen im ‚Führerstaat' (Forum Frauengeschichte 18), Pfaffenweiler 1995, S. 38–40: Paula Siber tritt 1931 der NSDAP bei. 1933 bis 30.6.1934 „Referentin für Frauenfragen" innerhalb des Reichsinnenministeriums. Siber gerät in Konkurrenz zu Gertrud Scholtz-Klink, auch innerparteilich hat sie Schwierigkeiten. 1935 verwehrt Gertrud Scholtz-Klink die Zusammenarbeit mit Siber. 1935 verlor Siber die bisherigen Ämter und wurde Beraterin in der Reichskulturkammer.

41 BAB: R 56-I/83, Bl. 178.

42 Vgl. Böltken (1995), S. 37f.:Das Deutsche Frauenwerk wurde im September 1933 aus den aufgelösten Verbänden „Reichsarbeitsgemeinschaft Deutscher Frauenverbände" und der „NS-Frauenfront" gegründet.

43 Zit. nach Böltken (wie Anm. 40), S. 29ff.: Gertrud Scholtz-Klink (1902–1999). Beitritt zur NSDAP 1930. 1931 Gaufrauenschaftsleiterin der NS-Frauenschaft in Baden. Im Mai 1933 beauftragt mit dem Aufbau des Deutschen Frauenarbeitsdienstes für Südwestdeutschland, betraut mit Gleichschaltung der der badischen Frauenverbände und Aufbau eines „Badischen Frauenwerks". 1.1.1934 Wechsel nach Berlin als Leiterin des Deutschen Frauenarbeitsdienstes (DFAD). 24.2.1934 Ernennung zur „Führerin der NS-Frauenschaft" und

im November 1934 zudem zur „Reichsfrauenführerin“ ernannten Scholtz-Klink sah das Deutsche Frauenwerk als Sammelbecken der bürgerlichen Frauenverbände vor,[45] dem im Mai 1934 bereits 31 der über 80 Frauenverbände im Deutschen Frauenwerk „mehr oder minder freiwillig“ angeschlossen waren.[46] Als es im Februar 1934 zu einer regelrechten Machtprobe zwischen einzelnen Flügeln des Clubs und den zuständigen Verbänden und NS-Behörden kommt, spielt der daraus folgende Beitritt zum Deutschen Frauenwerk sicher eine wichtige Rolle.[47] Nach dem Rücktritt Arnim-Muskaus soll Maria Lehmann zu Beginn des Jahres 1934 die Führung des Lyceum-Clubs übernehmen. Paula Siber, zu dieser Zeit noch stellvertretende Leiterin des Deutschen Frauenwerks, hat in der Lösung der Vorstandsfrage beim Lyceum-Club für das Amt der „Führerin“ bereits im Januar 1934 Maria Lehmann dem Leiter des Arbeitsausschusses Deutscher Verbände, Dr. Hans Draeger, vorgeschlagen.[48] Am 7. Februar 1934 teilt Draeger in einem Brief an Paula Siber mit: „ Sehr geehrte gnädige Frau! Auf Grund Ihres gefälligen Schreibens vom 16.v.Mts. habe ich gemeinsam mit Herrn Kochanowski vom Kampfbund für Deutsche Kultur eine Unterredung mit Frau Generaldirektor Lehmann geführt, auf Grund deren ich gern meine Zustimmung gegeben habe, Frau Lehman die Führung des Lyzeumklubs zu übergeben. Nachdem Frau Lehmann dem Wunsche auf Übernahme des Amtes der Führerin entsprechen will, scheint es mir geboten, möglichst bald ihre Einsetzung praktisch durchzuführen, weil in der Zwischenzeit aus Kreisen des Lyzeumklubs Versuche unternommen werden, in der ganzen Frage andere Regelungen durchzuführen. [...] Da in meinem Arbeitsbereich mit der Frage des Lyzeumklubs noch eine Reihe von anderen Angelegenheiten in Zusammenhang stehen, würde ich vom Standpunkt der außenpolitischen Interessen aus sehr dankbar sein, wenn schon in den nächsten Tagen die erforderlichen Schritte durchgeführt werden könnten“.[49] Am selben Tag, dem 7. Februar 1934, teilt der stellvertretende Landesleiter für Berlin – Brandenburg – Grenzmark im Kampfbund für deutsche Kultur, Erich Kochanowski, Paula Siber aus dem Reichsministerium des Innern die Berufung Maria Lehmanns als neue Vorsitzende mit. Gleichzeitig wird aus diesem Schreiben die inneren Diskussionen im Lyceum-Club um die weitere Entwicklung deutlich: [...] „Sehr geehrte Frau Siber! Frau Maria Lehmann, Berlin-Charlottenburg, Kaiserdamm 24, teilte mir am 29. Januar 1934 ihren Entschluss mit, die Führung im Deutschen Lyceum-Club zu übernehmen. Nachdem ich Frau Lehmann persönlich kennengelernt habe, bin ich der Überzeugung, dass es ihrer zielbewussten, energischen Art gelingen wird, Ordnung in die schwierigen Verhältnisse des Lyzeum-Clubs zu bringen. Wie mir gestern Frau Gräfin Armin[-Muskau] telefonisch mitteilte, herrscht gegenwärtig im Lyzeum-Club noch immer große Unruhe über die Zukunft. Andererseits sei man bereit und wartet geradezu darauf, vom Reichsministerium die notwendigen Anweisun-

„Führerin des Deutschen Frauenwerks“. Im November 1934 von Hitler zur „Reichsfrauenführerin“ ernannt. – Vgl. Massimiliano Livi, Gertrud Scholtz-Klink. Die Reichsfrauenführerin (Politische Soziologie 20), Münster 2005. – Vgl. Christiane Berger, „Reichsfrauenführerin“ Gertrud Scholtz-Klink, Saarbrücken 2007.

44 Siber betreut den Vorgang „Lyceum-Club“ allerdings noch im weiteren Jahresverlauf.

45 Berger (wie Anm. 43), S. 104.

46 Friedel (wie Anm. 2), S. 137f.

47 BAB: R 56-I/83, Bl. 114: Der Lyceum-Club ist dem DFW seit 1934 korporativ angeschlossen.

48 BAB: R 56-I/83, Bl. 190. – Zum Arbeitsausschuss Deutscher Verbände s. Wolkowitz, Max: „Arbeitsausschuß Deutscher Verbände (AADV) 1921–1937“, in: Dieter Fricke (Hg.): Lexikon zur Parteiengeschichte. Die bürgerlichen und kleinbürgerlichen Parteien und Verbände in Deutschland (1789–1945). Bd. 1, Leipzig 1968, S. 102–113; zu Hans Draeger s. S. 111f.: Hans Draeger gehörte seit 1931 dem Präsidium des Arbeitsausschusses an. 1933 wurde Draeger Abteilungsleiter beim wehrpolitischen Amt der NSDAP in Berlin, behielt seine Funktion innerhalb des AADV bei. 1937 löste sich der AADV auf.

49 BAB: R 56-I/83, 56, Bl. 190.

gen zu erhalten. Ich halte daher die Zeit für gekommen, dass sie in einem Schreiben an den Lyzeum-Club Frau Lehmann als Führerin einsetzen und gleichzeitig den Lyzeum-Club dem ‚Frauenwerk' unterstellen. Dr. Draeger hat sich damit einverstanden erklärt und würde, da er hauptsächlich an den Auslandsbeziehungen des Clubs interessiert ist, direkt durch Frau Lehmann die in sein Ressort fallenden Fragen regeln. Der Kampfbund für Deutsche Kultur ist lediglich an den kulturellen Veranstaltungen des Clubs interessiert und würde ebenfalls durch direkte Fühlungnahme mit der neuen Führerin diese Fragen behandeln. Das Wichtigste scheint mir eben, dass in klarer, eindeutiger Weise der Lyzeum-Club ihrer Abteilung resp. dem ‚Frauenwerk' unterstellt wird und Frau Lehmann von dieser zuständigen Behörde offiziell die Ermächtigung erhält, die Führung im Club zu übernehmen".[50]

Sowohl die internen Diskussionen im Januar 1934, als auch die Berufung Lehmanns zur „Führerin" am 7. Februar 1934 stehen eindeutig im engen zeitlichen Zusammenhang mit dem Tod der Ehrenvorsitzenden Hedwig Heyl am 23. Januar 1934. Bis zuletzt hatte Hedwig Heyl, die im Haus des Lyceum-Clubs wohnte, Einfluss auf die Entwicklung des Vereinslebens. Noch am 18. Januar 1934 formuliert sie in einer Rede: „Die Einheitlichkeit der geistigen Idee des Klubs soll dadurch gewährleistet werden, dass man mich benutzt, nicht dass ich Sie benutze. [...] Unsere Zeit stellt Forderungen, die sehr einfach sind, wo Hitlers Wesen und Gesetz Inhalt sind. Seine Forderung ist, dass wir nur das Gute, nur das Edle wollen [...]. Wir leben nicht nur für die Gegenwart, sondern für die Zukunft. Wenn Hitler die Mütterlichkeit verlangt, so ist der Lyzeum-Club immer die große Mutter gewesen."[51] Heyl wusste um ihre herausragende Stellung innerhalb des Clubs und um die Diskussionen der Gleichschaltung sowie der beginnenden Auflösung der von ihr seit fast 30 Jahren vorgelebten und beeinflussten Clubideale. Angesichts des nur zehn Tage zurückliegenden Austritts aus dem „Kampfbund für Deutsche Kultur" formuliert die national-konservativ eingestellte Heyl die Empfehlung, sich an die bestehenden Gesetze zu halten. Sie denkt dabei an die Zukunft des Clubs, die sich schon immer in den Dienst der Gesellschaft stellte, aber deshalb dem Nationalsozialismus nicht anbiedern soll, wenn sie in derselben Rede sagt: „Man kann ein Haus nicht zerfallen lassen, wo eine so große Zahl von Frauen das Empfinden hat, hier eine Heimat zu finden."[52] Allerdings lassen sich ihre Ausführungen auch dahingehend interpretieren, dass der Prozess der neuen Ordnung aus ihrer Sicht nicht mehr aufzuhalten war und eine mögliche Rettung in der geforderten Anpassung unter Beibehaltung möglichst vieler Traditionen und Werte des Lyceum-Clubs lag.

Nach Heyls Tod eröffneten sich für beide Flügel innerhalb des Clubs neue Handlungsspielräume. Schon am 8. Februar teilt Paula Siber der „geehrten Frau Parteigenossin" Maria Lehmann mit: „Im Einverständnis mit dem „Kampfbund für Deutsche Kultur", Landesleitung Berlin-Brandenburg-Grenzmark, und Herrn Dr. Hans Draeger, Geschäftsführender Vizepräsident des Arbeitsausschusses Deutscher Verbände, ernenne ich Sie hiermit zur Führerin des Deutschen Lyzeum-Klubs. Ich bitte Sie, in Erfüllung dieses Auftrages eine Reorganisation des Klubs vorzunehmen und erwarte Ihren baldigen Bescheid über die Eingliederung des Deutschen Lyzeum-Klubs in das Deutsche Frauenwerk".[53]

Die Situation im Club spitzt sich innerhalb weniger Tage zu. Der interne Machtkampf veranlasst den Vorstand des Clubs, in Kenntnis der Absprachen um die Einsetzung von Maria

50 BAB: R 56-I/83, Bl. 189, Schreiben von Kochanowski an Siber vom 7. Februar 1934.
51 DLC 3 (1934), S. 6.
52 Ebd.
53 BAB: R 56-I/83, Bl. 187.

Lehmann als „Führerin“, noch am selben Tag, dem 8. Februar 1934 zum Handeln. Rose Heyl, Tochter von Hedwig Heyl, wird vom Vorstand aus gebeten, als „Angehörige der Partei und der Frauenschaft“ den „Klub unter Pflege seiner Überlieferung unter nationalsozialistische Führung zu stellen und mit dem Geist des III. Reiches zu erfüllen“,[54] wie Rose Heyl unter Hervorhebung ihrer Mitgliedschaft in Partei und Frauenschaft in einem Schreiben an Staatskommissar Hinkel am 9. Februar 1934 selber formuliert.[55] Somit hat der Lyceum-Club am 8. Februar 1934 zwei „Führerinnen“: Maria Lehman und Rose Heyl. Daraufhin lädt Hans Hinkel am 12. Februar 1934 Gräfin von Armin-Muskau für den 16. Februar zu einer Besprechung „in Sachen Deutscher Lyzeum-Klub“, zusammen mit Paula Siber und Maria Lehmann.[56] Die Wahl der Teilnehmer dieser Besprechung ohne Rose Heyl bestätigt das Festhalten Hinkels an der „Führerin“ Lehmann.[57]

Am 6. März 1934 kommt es zu eine erneuten Sitzung bei Hinkel, zu der der engere Vorstand des Lyceum-Clubs geladen war.[58] Gräfin Armin-Muskau teilt dazu vor der Sitzung schriftlich an Hinkel mit, dass sie zwar im Vorstand des Lyceum-Clubs geblieben sei, aber keine persönliche Verbindung mit den Damen des Clubs mehr bestehe.[59] Draeger konnte an der Sitzung am 6. März bei Kochanowski nicht teilnehmen, formulierte diesem gegenüber jedoch nochmals seinen Standpunkt, den er auf Grund seiner „amtlichen Vollmacht in der ganzen Organisationsfrage einnehme“.[60] Draeger macht in seiner Funktion als Geschäftsführer und Vizepräsident beim „Arbeitsausschuß Deutscher Verbände“ deutlich, dass er – wie zwischen ihm und Kochanowski vereinbart – an Lehmann als Vorsitzender festhält, da die „Neugestaltung der personellen Verhältnisse beim Lyzeum-Klub unter besonderer Berücksichtigung der Auslandsbeziehungen dieses Klubs erfolgen solle […]“. Auf nicht näher benannte „Maßnahmen“ hat Draeger bis zu diesem Termin verzichtet und bittet „endlich um eine Regelung der ‚Organisationsfragen‘, da sich im ‚Gesamtbezirk‘ seiner Tätigkeit […] dieser ungeklärte Zustand unliebsam und arbeitshemmend bemerkbar“ macht.[61] Aus dem Protokoll der Sitzung am 6. März gehen Differenzen vor allem zwischen Rose Heyl und Draeger hinsichtlich der Wahl der „Führerin“ des Lyceum-Clubs hervor.[62] Vom 9. März 1934 datiert ein interner Brief mit finanzrelevantem Inhalt von der geschäftsführenden Vorsitzenden Annie Gallus[63] an Else Becker.[64] Der Brief von Frau Gallus, womöglich eine Folge der Besprechung vom 6. März 1934, belegt eine nach wie vor finanziell angespannte Lage des Clubs.[65]

Am 13. März kommt es schließlich zu einer weiteren Sitzung des engeren Vorstandes, einiger Mitglieder des erweiterten Vorstandes sowie der „Parteigenossen“ Draeger und Klein vom Propagandaministerium.[66] Der Sitzungsverlauf ist in einem vom 15. März 1934 datierten Brief von

54 BAB: R 56-I/83, Bl. 192, Schreiben des Vorstandes an Rose Heyl vom 8. Februar 1934.
55 BAB: R 56-I/83, Bl. 191.
56 BAB: R 56-I/83, Bl. 177.
57 BAB: R 56-I/83, Bl 168–169.
58 BAB: R 56-I/83, Bl. 171.
59 BAB: R 56-I/83, Bl. 170. Das Datum ist nicht zu entziffern, eine Datierung vor dem 6. März 1934 lässt sich über den Bezug auf die bevorstehende Sitzung am 6. März ableiten. Allerdings drückt diese Formulierung Arnim-Muskaus nicht den Verzicht des Amtes aus, wie in R 56-I/83, Bl. 178. formuliert ist (siehe Anm. 36 u. 41)
60 BAB: R 56-I/83, Bl. 154.
61 Ebd.
62 Ebd.
63 Annie Gallus war 1932 im Lyceum-Club stellvertretende Vorsitzende und ab 21. Juli 1933 1. Vorsitzende des Lyceum-Clubs. „Führerin“ und damit höchste Vertreterin des Clubs war Gräfin Arnim-Muskau.
64 BAB: R 56-I/83, Bl. 152–153.
65 BAB: R 56-I/83, Bl. 153. Gallus begründet in dem Brief Becker die Absage einer finanziellen Unterstützung, wobei nicht deutlich wird, ob es sich um Mittel für Frau Becker selber oder ein anderes Clubmitglied handelt. Aus dem Schreiben geht eine zuvor von Becker geäußerte Kritik an Ausgaben hervor, die in Zusammenhang mit der „Winterhilfe“ stehen.
66 BAB: R 56-I/83, Bl. 150–151.

Club-Mitglied Anneliese Bretschneider (ebenfalls NSDAP-Mitglied) an die „Führerin des Lyzeumklubs" Maria Lehmann gerichtet, die selber nicht an der betreffenden Sitzung teilgenommen hat. Der Brief bringt deutlich das Missfallen an dem Sitzungsverlauf zum Ausdruck, da die geschäftsführende Vorsitzende Gallus in der Sitzung die Abkehr vom „Führerprinzip" und die Rückkehr zu den früheren Statuten forderte. Bemerkenswert ist die Aussage von Gallus, die im Jahre 1933 erfolgten Veränderungen seien als „im Überschwange der Revolution getroffenen Maßnahmen" zu bewerten. Gallus bezeichnet „als solche Maßnahme u. a. die Einsetzung des [nationalsozialistisch] geprägten Kulturhauptausschusses" im Lyceum-Club.[67] Trotz dieser eindeutig gegen die Gleichschaltung gerichteten Vorschläge soll Maria Lehmann „als Vorsitzende kooptiert werden, bis zur endgültigen Wahl durch die Mitgliederversammlung im April [1934]".[68] Die weitere Einbindung Lehmanns kann als kalkulierte Vermeidung einer möglichen Auflösung des Clubs gewertet werden. Dagegen bezieht Rose Heyl in derselben Sitzung sehr deutlich Position gegen die Einmischung von Draegers Behörde in die Clubangelegenheiten und forderte ihn sogar auf, sich hinsichtlich seiner Befugnisse gegenüber dem Club auszuweisen, woraufhin von diesem eine schriftliche Berechtigung vorgelegt wurde, die „außenpolitischen Beziehungen des Klubs zu überwachen".[69] Interessant ist der den Brief abschließende Kommentar von Anneliese Bretschneider. Darin drückt sie neben der eigenen Missbekundung der Sitzung die Verwunderung über Draegers Zurückhaltung im Sitzungsverlauf aus und kündigt eine Meldung des Vorgangs an Staatskommissar Hinkel an. Als Vorsitzende des kritisierten Kulturhauptsausschusses des Lyceum-Clubs formuliert Bretschneider: „Ich habe als Vorsitzende des Kulturhauptausschusses ein halbes Jahr im Klub gewirkt, immer mit dem einzigen Ziel, den Boden dort zu erobern für eine Nat.-soz. Führung, nicht aber habe ich Zeit, Nervenkräfte und Geld geopfert, um durch eine Rückkehr des parlamentarischen Systems den von mir bekämpften Kräften Tür und Tor wieder zu öffnen".[70] Aus diesem Zitat lässt sich deutlich ablesen, dass innerhalb des Clubs weiterhin erhebliche Differenzen bestanden. Die Meldung des Vorgangs vom 13. März 1934 an Hinkel übernimmt schließlich Maria Lehmann selber. Am 17. März 1934 schreibt sie Hinkel, dass sie unter den Umständen einer Rückkehr zu den alten Strukturen weg vom „Führerprinzip" für eine weitere Mitarbeit nicht zur Verfügung steht.[71] Ab April 1934 ist Maria Lehmann schließlich als neue „Führerin" des Lyceum-Clubs bestätigt. Im weiteren Verlauf des Jahres 1934 hat Lehmann große Schwierigkeiten, für ein den Lyceum-Club finanziell stark belastendes Konzert zugunsten der Winterhilfe am 6. Juni 1934 entsprechende Karten zu verkaufen. Sie bittet Hinkel um finanzielle Hilfe und die Vermittlung von Konzert- und Ehrengästen.[72] War die daraus möglicher Weise abzuleitende interne Geringbeachtung des Konzerts ein Indiz für den internen Protest der Mitglieder, die sich der neuen Führung des Clubs widersetzten? Oder wollten die als Gäste angesprochenen NS-Organisationen nicht zu einer „Frauenveranstaltung" gehen, an der mit Marta Linz[73] eine Frau am Dirigentenpult stand? Das Konzert war anscheinend ein großer Erfolg und die Philharmonie „bis auf den letzten Platz gefüllt".[74] Über die erzielten Einnahmen liegen keine Aussagen vor.

---

67 BAB: R 56-I/83, Bl. 150.
68 BAB: R 56-I/83, Bl. 151.
69 Ebd.
70 Ebd.
71 BAB: R 56-I/83, Bl. 149.
72 BAB: R 56-I/83, Bl. 140–142.
73 Vgl. Friedel (wie Anm. 2), S. 363f.: Marta Linz pflegte enge Kontakte zum Deutschen Lyceum-Club, wo sie u. a. seit 1934 als Leiterin des Musikausschusses und bei mehreren Konzerten als Dirigentin und Solistin wirkte.
74 Zit. nach Friedel (wie Anm. 2), S. 156: Allgemeine Musikzeitung 25 (1934), S. 382; „Diplomatische Bulletin" vom 7. Juni 1934. – Der Erfolg relativiert sich allerdings angesichts der Tatsache, dass zahlreiche Karten verschenkt oder sehr günstig abgegeben wurden (vgl. BAB: R 56-I/83, Bl. 140–141).

Der interne Konflikt innerhalb des Clubs, für den sich inzwischen sogar die Reichsleitung der NSDAP interessierte,[75] muss weiter geschwelt haben, denn in einem Schreiben von Lehmann an Hinkel vom 17. Februar 1935 erklärt sie ihren Rücktritt von allen Ämtern und begründet diesen Schritt mit nicht näher erläuterten Denunziationen gegenüber ihrer Person.[76] Die „Reichsfrauenführerin" Gertrud Scholtz-Klink schaltet sich nun persönlich in die weitere Entwicklung des Lyceum-Clubs ein. Im Frühjahr 1935 wird in ihrer Anwesenheit als neue Vorsitzende des Lyceum-Clubs Agnes von Boemcken gewählt.[77] Es ist anzunehmen, dass sich Scholtz-Klink von einem Wechsel der Zuständigkeiten des Clubs in die unter ihrer Leitung stehende Abteilung „Ausland" des Deutschen Frauen-Werkes stärkeren Einfluss erhoffte. Dies mag ebenfalls mit dem bevorstehenden 9. Internationalen Kongress der Lyceum-Clubs 1935 in Berlin zusammenhängen, bei dem der Club seine nach wie vor präsenten internationalen Kontakte nutzen konnte und die Bedeutung dieses Kongresses schließlich durch Empfänge u. a. bei Emmy Göring und dem Oberbürgermeister von Berlin hervorgehoben wurde.[78] Die Bedeutung des Lyceum-Clubs wird deutlich, als im März 1935 die Vereine der im „Kartell der deutschen Frauenclubs organisierten Verbände" dem Deutschen Frauenwerk angegliedert und im August 1935 zusammen mit dem Deutschen Lyceum-Club Berlin in die „Vereinigung Deutscher Lyzeumklubs" umgewandelt werden.[79] Auch der Kontakt zu Hinkel bleibt bestehen. Dieser, seit 1935 „Reichskulturwalter", erhält nach einer Unterredung zwischen ihm und Frau von Fremery vom Lyceum-Club allgemeine Unterlagen zum Club, wird um interessierte Teilnahme am Vereinsleben und jeweils einen Kontaktmann für die Arbeitsgruppen gebeten, zudem wird ihm gegenüber die Mitgliedschaft [Anm.: des Lyceum-Clubs] im Deutschen Frauenwerk bekräftigt, die Hilfe Hinkels bei der Zusammenarbeit mit der „GEDOK"[80] erfragt und das Angebot des Lyceum-Clubs bekräftigt, für die Reichskulturkammer bei Bedarf „Damen aus dem Ausland durch die Länderreferentinnen gesellschaftlich und auch kulturell zu betreuen".[81] Die finanzielle Lage des Lyceum-Clubs scheint sich weiter zu verschlechtern, denn am 12. August 1937 spricht die „Geschäftsführende" des Lyceum-Clubs bei Hinkel vor. Auf dieses Gespräch beruft sich in einem Schreiben an Hinkel vom 18. August 1937 Else Paul als 1. Vorsitzende des Clubs und stellt einen Antrag auf finanzielle Unterstützung.[82] Darin

75 Der „Beauftragte des Führers für die gesamte geistige und weltanschauliche Erziehung der NSDAP – Abteilung Verbände" bei der Reichsleitung der NSDAP, Alfred Rosenberg, interessiert sich in einem Brief vom 21. Juni 1934 an Staatskommissar Hinkel für den Gleichschaltungsprozess des Vereins und bittet Hinkel um die Übermittlung der Lyceum-Club-Akten. BAB: R 56-I/83, Bl. 139: Es werden ebenfalls die Akten weiterer Verbände aus Hinkels Büro zur Übersendung angefragt.

76 BAB: R 56-I/83, Bl. 137–138.

77 N.Dt.Fr. 4 (1935), S. 65., zit. nach Friedel (wie Anm. 2), S. 157. Von Boemcken wird als „Vorsitzende" bezeichnet. Es lässt sich nicht feststellen, ob das Amt der „Führerin" des Lyceum-Clubs noch existiert.

78 Friedel (wie Anm. 2), S. 157. – Vgl. N.Dt.Fr. 1 (1936), S. 170.

79 Friedel (wie Anm. 2), S. 139f. Friedel zitiert die N.Dt. Fr. 9 (1935), S. 162: „Auf Wunsch der Führerin des Frauenwerks, Frau Gertrud Scholtz-Klink, soll sich das Kartell der deutschen Frauenklubs durch den Anschluss an den Deutschen Lyzeum-Klub Berlin bewusst in die große Arbeit einreihen und durch ihn neue Aufgaben lösen, ganz besonders durch gemeinsame Arbeit auf internationalem Gebiet. Durch den Zusammenschluß wird der Name der einzelnen Klubs, ihr selbständiger Aufbau, ihre Arbeit nicht angegriffen, sondern nur das Arbeits- und Interessenfeld, besonders für die Jugend, erweitert." – Über den Zusammenschluss der deutschen Lyceum-Clubs liegen leider keine weiteren Angaben vor.

80 Zur GEDOK vergleiche Elke Lauterbach-Philip, Die GEDOK (Gemeinschaft der Künstlerinnen und Kunstförderer e.V.) – ihre Geschichte unter besonderer Berücksichtigung der Bildenden und Angewandten Kunst, Diss. München 2003. Hier besonders S. 75–79 (Die Eingliederung der GEDOK in das Deutsche Frauenwerk): Die GEDOK wurde 1937 in das Deutsche Frauenwerk eingegliedert, aufgrund des Verbotes einer Doppelorganisation blieb sie jedoch weiterhin der „Reichskulturkammer" unterstellt. Ob eine ähnliche Situation auch auf den Lyceum-Club übertragen werden kann, lässt sich nicht erschließen, die Kontakte des Lyceum-Clubs zur „Reichskulturkammer" und die Zuständigkeit zum DFW bilden jedoch eine Parallele. Else von Fremery, Mitglied im Lyceum-Club, war stellv. Vorsitzende des GEDOK.

81 BAB: R 56-I/83, Bl. 115–119.

beschreibt Paul die „schwere wirtschaftliche“ Lage des Klubs, denn die Mittel des Lyceum-Clubs decken gerade noch den „nötigen Rahmen“, „Mittel zur Förderung der geistig und künstlerisch schaffenden Frau“ sind „trotz eigener Räume“ nicht möglich.[83] In einem weiteren Brief an Hinkel vom 19. August 1937 mit der Bitte um regelmäßige finanzielle Unterstützung unterzeichnet als „Geschäftsführende“ des Lyceum-Clubs Frau M[...] Samson-Campbell.[84] Diese Bitte des Lyceum-Clubs unterstützt Hinkel in einem Aktenvermerk vom 25. August 1937[85] an den „Herrn Minister [Anm.: Goebbels][86] über den Herrn Staatssekretär“. Darin beschreibt Hinkel die positive Zusammenarbeit mit dem Lyceum-Club und dass der „LC [...] durch die Reichsfrauenführerin und Leiterin des deutschen Frauenwerks, Parteigenossin Scholtz-Klink, bereits vor langer Zeit organisatorisch und personell vollends nationalsozialistisch ausgerichtet“ wurde. Goebbels wird der Antrag angeblich persönlich vorgelegt.[87] Der in diesem Aktenvermerk beschriebene Vorschlag, Mittel für den Lyceum-Club aus dem „Künstlerdank“ bereit zu stellen, wird in einem Schreiben vom 1. September 1937 abgelehnt,[88] eine Unterstützung aus dem „Reichsfonds zur Förderung der bildenden Künste“ wird vom Präsidenten der „Reichskammer der bildenden Künste“ am 23. November 1937 ebenfalls abschlägig beschieden.[89] Interessant erscheint die Begründung der Ablehnung, da „der Tätigkeit des Vereins auf dem Gebiete der bildenden Kunst eine besondere Bedeutung nicht zukommt“.[90] Diese Formulierung lässt auf das weitgehende Ende der bis 1933 so bedeutenden künstlerischen Aktivitäten des Clubs und eine Reduzierung der beiden Gruppen durch Ausschluss bzw. Abwanderung zahlreicher künstlerisch aktiver Mitglieder schließen. Am 10. Dezember 1937 wird eine Zuwendung aus Mitteln des Kunstfonds ebenfalls abgelehnt.[91]

Nach dem Dezember 1937 liegt aus dem betreffenden Aktenbestand der Reichskulturkammer keine Überlieferung mehr vor. Die Intensität der Einbindung des Lyceum-Clubs in die Arbeit der Reichsfrauenführung lässt schließen, dass es mit dem Deutschen Frauenwerk einen regen Briefverkehr gab.[92] Diese Vermutung erhärtet der Umzug des Lyceum-Clubs 1937 von seinem Haus Lützowplatz 15 in das „gegenüberliegendes Haus“ Lützowplatz 17, da es finanziell nicht mehr zu halten war,[93] obwohl der Club 1937 von den ca. 600 Mitgliedern teilweise mit hohen Zuwendungen unterstützt wurde.[94] „Reichsfrauenführerin“ Gertrud Scholtz-Klink nahm diesen Umzug zum Anlass, im Rahmen einer Teestunde den Club zu besuchen und mit einem „Führerbild“ zu beschenken.[95]

Wohl 1938 übernahm Freifrau von Riedesel „aufs neue den Vorsitz, hatte aber keinerlei Vollmachten mehr“.[96] 1939 übersiedelte dann der Lyceum-Club in ein großes, „schlossartiges“ Gebäude in der Peter-Lenne-Straße 1–3 in Dahlem.[97] Über diesen Vorgang wundert sich die Autorin und Club-Mitglied Marta Koch in ihrem Rückblick nachvollziehbar, da dies zu-

---

82 BAB: R 56-I/83, Bl. 114.

83 Ebd.

84 BAB: R 56-I/83, Bl. 130.

85 BAB: R 56-I/83, Bl. 112–113.

86 Als Adressat war Minister Goebbels gemeint, dessen Ministerium die Reichskulturkammer angegliedert war.

87 BAB: R 56-I/83, Bl. 131

88 BAB: R 56-I/83, Bl. 126.

89 BAB: R 56-I/83, Bl. 122.

90 Ebd.

91 BAB: R 56-I/83, Bl. 120.

92 BAB NS 44/151 Bestand „Reichsfrauenführung/NS-Frauenschaft und Deutsches Frauenwerk“. S. Auflistung bei Massimiliano Livi, Gertrud Scholtz-Klink. Die Reichsfrauenführerin, Münster 2005, S. 259. – Die Akten des DFW sind im Bundesarchiv überliefert, ein eigener Bestand für den Lyceum-Club ist nicht bekannt.

93 Hömke/Maier-Dependorf (wie Anm. 7), S. 25f.: Nach den Erinnerungen der damaligen Mitglieds Marta Koch.

94 Ebd. – Nicht geklärt ist, ob der Umzug aufgrund der gescheiterten Zuwendungsanfragen erfolgen musste oder bereits länger beabsichtigt war, was aufgrund des zeitlichen Vorlaufs eines Umzugs eher anzunehmen ist.

95 Friedel (wie Anm. 2), S. 157.

96 Ebd.

97 Hömke/Maier-Dependorf (wie Anm. 7), S. 25.

nächst eine deutliche Verbesserung und Aufwertung des Lyceum-Clubs darstellte: „Das Haus besaß alles, was sich der Club für seine Mitglieder wünschte – große Gesellschaftsräume, Speisesaal, Bibliothek und viele Gästezimmer“ [...] ein Hauswartsehepaar, ein Diener, drei Zimmermädchen, eine Köchin, eine Hausdame. Im Büro: eine Sekretärin, eine Kontoristin und ein kaufmännischer Lehrling“.[98] Diese Erinnerung verklärt allerdings, dass die Größe und Ausstattung des Hauses auf der Tatsache beruht, dass zahlreiche Verbände in diesem Haus untergebracht waren und das Haus gleichzeitig als Gästehaus der Reichsfrauenführung dient, als das es am 3. Dezember 1938 eingeweiht wurde.[99] Die Einladung zur Einweihung formuliert dies als „Eröffnung seines [Anm.: des Lyceum-Clubs] neuen Heimes in den Räumen der Reichsfrauenführung“.[100] Die Besitzverhältnisse werden aus dem begleitenden Rundschreiben an alle Mitglieder vom 29. Oktober 1938 zur Einweihung des neuen Clubhauses deutlich: „ Mieter des Hauses wird die Reichsfrauenführerin, Untermieter und Bewirtschafter der Deutsche Lyzeum-Klub, dessen Betrieb sich wesentlich vergrössert, aber in demselben Sinne wie bisher weitergeführt wird. Es stehen [...] außerdem zum Teil 2 bettige, neuzeitlich eingerichtete [...] Gesellschaftsräume zur Verfügung“.[101] Gertrud Scholtz-Klink, so wird in der Vereinsgeschichte berichtet,[102] steht in unmittelbarem Zusammenhang mit der Auflösung des Clubs, denn „als der Krieg 1939 ausbrach, ließ sich Frau Scholtz-Klink alle Schlüssel vom Club geben und schloss ihn mit der Begründung, dass das Haus ab sofort als Offiziers-Lazarett eingerichtet würde. Alle Vorräte, die der Club für seine Gäste und deren Verpflegung angeschafft hatte, wurden von ihr beschlagnahmt. Sämtliche Möbel, der Bechsteinflügel, die Bibliothek des Clubs usw. wurden enteignet, ebenso Bank- und Potscheckkonto. Eine Entschädigung hat der Club nie erhalten, nicht mal eine Quittung oder Liste über die Enteignungsgegenstände. [...] 1941 existierte der [Deutsche Lyceum-Club] nicht mehr“.[103] Dieser aus der Erinnerung der Autorin und in zeitlich großem Abstand verfasste Text kann in einigen Aspekten konkretisiert werden. Das Mitteilungsblatt des Lyceum-Clubs vom Dezember 1939 belegt zwar den Verlust des Mobiliars: „Der Deutsche Lyzeum-Klub hat, um einen vorläufigen Beitrag zum Kriegsopfer zu bringen, seine Räume und sein Mobiliar seit Kriegsbeginn zu einem kriegswichtigen Zweck zur Verfügung gestellt“.[104] Jedoch stehen dem Lyceum-Club weiterhin die Bibliothek, sowie ein weiterer Raum für die Clubaktivitäten zur Verfügung.[105] Die Aktivitäten des Lyceum-Clubs reduzieren sich deutlich und sind noch bis

98 Ebd. – Vgl. Reichsfrauenführung (Hg.): Künstlerisches Frauenschaffen der Ostmark. Kunstausstellung der Reichsfrauenführung. Berlin 1941: Der Ausstellungskatalog benennt: „Eßraum“, „Großer Teeraum“, „Kleiner Teeraum“, „Lesezimmer“ und „Arbeitszimmer“.

99 Scholtz-Klink, S. 102. – Abb. In. Reichsfrauenführung (Hg.): Die Frau für ihr Volk. Deutsches Frauenwerk, Berlin [1941], S. 28.

100 Archiv des Vereins der Berliner Künstlerinnen von 1867, Bestand „Deutscher Lyceum-Club“ (VDBK-DLC).

101 Ebd. VDBK-DLC 1.37: Das Rundschreiben ist unterzeichnet von der 1. Vorsitzenden Else Paul.

102 Hömke/Maier-Dependorf (wie Anm. 7), S. 27.

103 Ebd., S. 27f.

104 VDBK-DLC 1.47: Mitteilungsblatt für Dezember 1939.

105 Ebenso geht aus dem Mitteilungsblatt hervor, dass 1940 eine Bibliothek des Clubs existierte. VDBK-DLC 1.47: Die Veranstaltungsliste des Lyceum-Clubs für Januar weist die Öffnungszeiten der Bibliothek aus. – Zur Bibliothek des Lyceum-Clubs vgl. N.D.Fr. 11 (1936), S. 83–84: Der Artikel (ohne Autor) beschreibt die Bedeutung der Bibliothek des Clubs, beklagt den teilweise rücksichtslosen Umgang mit den Büchern. Die Bibliothek des Lyceum-Clubs wurde 1936 nach nicht NS-konformen Büchern aussortiert, die separierten Bücher allerdings nicht vernichtet, sondern nur für „Spezialstudien“ zugänglich gemacht. Der Artikel schließt mit einem Appell für neue Bücherspenden an die für den Club schon immer wichtige Bibliothek, um im Jahr der Olympiade 1936 mit dem „Aufbau der Bibliothek die geistige Olympiade der Frauen zu bestehen“. Es ist zu vermuten, dass schon bei dem Umzug 1937 die separierten Bücher keine Verwendung mehr fanden, sicherlich spätestens bei dem nachfolgenden Umzug 1939 ausgesondert wurde. – Wenn Marta Koch von der „Enteignung“ der Bibliothek spricht, betraf dies sehr wahrscheinlich nur noch einen Teil der ursprünglich vorhandenen Bibliothek.

März 1940 belegt. Im Januar 1939 veranstaltet der Deutsche Lyzeum-Club in seinem Haus in der Peter-Lenne-Str. 1–3 einen Kompositionsabend mit Werken von Grete von Zieritz,[106] einen Schubert-Abend im März 1940 und neben zahlreichen Veranstaltungen der „Wandergruppe" u. a. auch einen Besuch der „neu aufgebauten Volkskunstabteilung – der gedeckte Tisch – bei Awag (früher Wertheim Leipziger Platz)".[107] Als Rest der bis 1933 so bedeutenden künstlerisch geprägten Gruppen organisiert der Lyceum-Club einzelne Ausstellungen, einerseits in der Galerie eines Mitglieds,[108] zeigt andererseits Ausstellungen auch in seinen eigenen Räumen, wie z. B. im Januar 1940 die „Kunstschau: Wie sieht die deutsche Malerin den Süden".[109] Weitere Kunstausstellungen werden von der Reichsfrauenführung geplant und möglicher Weise vom Lyceum-Club organisiert, wie z. B. die Reihe „Werke im Felde stehender Berliner Künstler" 1940[110] oder 1941 eine Ausstellung österreichischer bzw. 1943 eine Ausstellung finnischer Künstler.[111] Von einer zeitlichen und thematischen Abstimmung der Ausstellungen zwischen der Reichsfrauenführung und dem Lyceum-Club ist auszugehen, denn für die Umsetzung der Ausstellungen der Reichsfrauenführung war teilweise Lotte Schröder-Krüger, gleichzeitig Mitglied des Lyceum-Clubs, mit verantwortlich.[112] Der Betrieb des Gästehauses der Reichsfrauenführung ist in der Literatur über Kunstkataloge bis 1943 nachzuweisen. Offiziell bleibt der Lyceum-Club bis 1943 bestehen.[113]

Die Auswertung der Vorgänge um die Gleichschaltung des Deutschen Lyceum-Clubs zwischen 1933 und 1937 belegt die zum Teil erheblichen Auseinandersetzungen, denen die vom Prozess der Gleichschaltung ab 1933 betroffenen Vereine und Verbände ausgesetzt waren. Selbst wenn nicht sofort die Gleichschaltung im Sinne der NS-Ideologie gelang, war der Austausch der etablierten und entsprechend vernetzten Vereinsvorstände sowie das Wegbrechen der ausgeschlossenen Mitglieder, allen voran den Juden oder den Vereinsmitgliedern mit bürgerlich geprägten Gesellschaftsidealen, ein häufig zu starker Bruch innerhalb der Vereinsstruktur, um den ursprünglichen Vereinscharakter zu bewahren.

Beim Deutschen Lyceum-Club blieb der zu Beginn der Gleichschaltung engagierte und teilweise offen gegen die NS-Organisationen artikulierte Widerstand schließlich chancenlos. Die Gleichschaltung des Lyceum-Clubs war, neben dessen bedeutender gewachsener Position bis in höchste Gesellschaftskreise hinein, vor allem durch die für die „Reichsfrauenführung" und andere Verbände wichtige internationale Vernetzung von hoher Priorität.

Für den Betrieb des neuen Gästehaus nutzte die „Reichsfrauenführung" sicherlich ganz bewusst den Lyceum-Club als Repräsentanz, da der Verein über die entsprechenden interna-

106 Friedel (wie Anm. 2), S. 162. – Vgl. Hömke/Maier-Dependorf (1979), S. 27.

107 VDBK-DLC 1.50: Mitteilungsblatt März 1940.

108 VDBK-DLC 1.47: Mitteilungsblatt Dezember 1939. In der Galerie von Frau von der Heyde hat die Abteilung Bildende Kunst (verantwortlich Lotte Schröder-Krüger) für Januar 1940 eine Ausstellung Gemälde, Aquarelle, Grafiken, Plastiken organisiert.

109 VDBK-DLC 1.49.

110 Überliefert ist der Berliner Maler Andreas Funke (1909–1941) mit einer Ausstellung vom 30.8. bis 30.10.1940, vgl. http://www.andreas-funcke.de/ausstellungen.html vom 18. Juli 2009. Der andere Künstler ist nicht bekannt. – Scholtz-Klink vermerkt dazu: „Viel Beachtung fanden auch die zwei Ausstellungen von Werken im Felde stehender Berliner Künstler. Sie stellten nach einem Wort der Reichsfrauenführerin den Dank der deutschen Frauen dar für den Künstler, der die Stätte seines Wirkens verließ, um mit der Waffe in der Hand die Heimat zu schützen." (Scholtz-Klink, Gertrud: Die Frau im Dritten Reich, Tübingen 1978, S. 89).

111 Reichsfrauenführung (Hg.): Künstlerisches Frauenschaffen der Ostmark. Kunstausstellung der Reichsfrauenführung. Berlin 1941. – Ina Colliander, Ausstellung finnischer Künstlerinnen und Kunsthandwerkerinnen, Berlin [1943].

112 S. Anm. 108.

113 Stadtarchiv Berlin, Rep. 105, Nr. 4375, Hedwig-Heyl-Stiftung, 5, Bl. 1943. Zit. nach Sabine Sander, Nur für geladene Gäste. Der Deutsche Lyceum-Club, in: Bezirksamt Schöneberg von Berlin (Hg.): Ich bin meine eigene Frauenbewegung, Berlin 1991, S. 57.

tionalen Kontakte verfügte[114] und mit dem Netzwerk des Internationalen Lyceum-Verbandes[115] zudem die Möglichkeit hatte, im Ausland das Bild der weltoffenen deutschen Frau zu vermitteln.[116] Womöglich war die „Be(nutzung)" des Lyceum-Clubs mit dem fortschreitenden Kriegsverlauf und dem Ausbleiben von internationalen Gästen soweit abgeschlossen, dass der Club ohne die Funktion der Gästebetreuung 1943 aufgelöst wurde.[117]

Mit dem Widerstand gegen die Gleichschaltung haben Teile des Lyceum-Clubs Verantwortung wahrgenommen und ihre persönliche Überzeugungen zum Ausdruck gebracht. Eine Einschätzung des Gesamtverhaltens der Mitglieder bzw. der Leitung des Lyceum-Clubs hinsichtlich des Ausmaßes der Anpassung, Assimilation oder einer Ablehnung des Nationalsozialismus kann aufgrund der einseitigen Aktenlage nur zu einem Teil und demnach nur mit der gebotenen Zurückhaltung abgeleitet werden. Für eine weitergehende Bewertung ist eine umfassenderer Analyse anzustreben. Diese Feststellung ist ein Hinweis auf die erst lange nach 1945 erfolgte teilweise Aufarbeitung der Clubgeschichte in der Zeit des Nationalsozialismus, ein Umstand, den der Verein nach seiner Neugründung 1956 und dem völligen Neuaufbau zunächst gar nicht leisten konnte. Erst 1979 wird eine längere Abhandlung zur Vereinsgeschichte veröffentlicht, die jedoch die Zeit der Gleichschaltung nicht näher beleuchtet. Daher mag diese Abhandlung ein Beitrag zur Aufarbeitung der Zeit zwischen 1933 und 1945 dieser beeindruckenden, inzwischen über 100-jährigen[118] Vereinigung sein.

114 Scholtz-Klink (wie Anm. 110), S. 70f.: Innerhalb der Organisation der Reichsfrauenführung war der Lyceum-Club nicht der Hauptabteilung V (Kultur, Erziehung und Schule), sondern in der Hauptabteilung X der „Auslandsarbeit" unterstellt.

115 Interessant wäre die Analyse der ausländischen Lyceum-Clubs zur Entwicklung in Deutschland nach 1933.

116 Friedel (wie Anm. 2), S. 165.

117 Es liegt allerdings bislang kein Dokument über die Auflösung des Vereins vor.

118 Antje Siebenmorgen (Hg.), Hundert Jahre Internationaler Lyceum-Club Berlin e. V., Berlin 2005.

Gut katholisch

Gau-Bickelheim und der Aufstieg des Nationalsozialismus im Alzeyer Land[1]

Eva Heller-Karneth

Mit einem Stimmenanteil von 36 % zählt Rheinhessen zu den Regionen des Deutschen Reiches, in denen die NSDAP bei der Reichstagswahl vom 6. November 1932 einen beachtlichen Wahlerfolg verbuchen konnte. Dies gilt insbesondere für die beiden rheinhessischen Landkreise Alzey und Oppenheim, wo die Partei der Nationalsozialisten 50 % der abgegebenen Stimmen bei einer Wahlbeteiligung von 85 % erreichte. Mit deutlichem Abstand folgten die Zentrumspartei und die SPD mit 22,4 und 17,0 % der Stimmen im Kreis Oppenheim bzw. 17,2 und 18,0 % im Kreis Alzey. Die in diesen beiden Landkreisen für die NSDAP erzielten Wahlergebnisse lagen merklich sowohl über dem reichs- als auch dem landesweiten hessischen Durchschnittswert von 33,1 bzw. 40,3 %.[2]

Aus dem wahlstatistischen Ergebniszusammenhang der Kreise Alzey und Oppenheim fallen allerdings drei Gemeinden heraus: Gabsheim, Sulzheim und Gau-Bickelheim.[3] Die Wahlberechtigten dieser Orte zeigten sich dem Nationalsozialismus gegenüber offensichtlich erheblich zurückhaltender und gaben der NSDAP nur 1,6, 6,0 bzw. 19,1 % ihrer Stimmen.

Die Feststellung Hans-Ulrich Wehlers, dass „kein anderes ‚Sozialmerkmal' die ‚nationalsozialistischen Wahlerfolge so nachhaltig beeinflußt(e)' wie die Konfession", [4] bietet eine erste Erklärung für diesen Befund. Denn bei diesen Gemeinden handelt es sich um „katholische Enklaven" im protestantisch dominierten rheinhessischen Hinterland mit einer weitgehend einheitlich katholischen Bevölkerung.[5] Lediglich hier blieb – zwar mit Stimmenverlusten, aber dennoch ebenso eindeutig wie bei den vorausgegangenen Wahlen – die überragende Stimmenmehrheit unverändert bei der katholischen Zentrumspartei. Für diese votierten in Gabsheim 95,9 %, in Sulzheim 89,0 % und in Gau-Bickelheim immerhin noch 75,8 % der Wähler.

Die Beobachtung einer relativen Immunität, ja Resistenz der Katholiken gegenüber dem Nationalsozialismus – unabhängig von ländlichen und städtischen Verhältnissen – ist an und für sich nichts Neues und aus Untersuchungen der historischen Wahlforschung hinreichend bekannt.[6] Zur Erklärung dieses Sachverhalts wurde und wird dabei vielfach auf die analytisch-begriffliche Kategorie des/der „sozialmoralischen Milieus" zurückgegriffen, die der

---

1 Dieser Beitrag basiert auf Vorarbeiten zu einer im Museum Alzey geplanten Sonderausstellung zur „NS-Zeit im Alzeyer Land".

2 Zahlen aus Thomas Klein, Die Hessen als Reichstagswähler. Dritter Band: Großherzogtum/Volksstaat Hessen, Marburg 1995; Dieter Hoffmann, „... wir sind doch Deutsche". Zur Geschichte der Landjuden in Rheinhessen, Alzey 1992, S. 147.

3 Diese drei Gemeinden kamen 1938 nach der Auflösung des Landkreises Oppenheim zum Kreis Alzey.

4 Hans-Ulrich Wehler, Deutsche Gesellschaftsgeschichte, Bd. 4, München 2003, S. 574.

5 Der Anteil von Katholiken betrug nach der Volkszählung vom 16. Juni 1925 in Sulzheim 99 %, in Gabsheim 98 % und in Gau-Bickelheim 87 % der Gesamtbevölkerung (Gemeindeverzeichnis für den Volksstaat Hessen, hg. v. d. Zentralstelle für die Landesstatistik, Darmstadt 1926, S. 60f.).

6 Jürgen Falter, Wahlen und Wählerverhalten unter besonderer Berücksichtigung des Aufstiegs der NSDAP nach 1928, in: Bracher, Karl Dietrich u. a. (Hg.), Die Weimarer Republik 1918-1933, Bonn [2]1988, S. 484-504, s. z. B. S. 501.

Soziologie M. Rainer Lepsius in den 1960er Jahren angesichts der trotz eines rasanten industriellen Wandels, trotz Weltkrieg und einem politischen Systemwechsel erstaunlichen Konstanz des Wahlverhaltens und damit des deutschen Parteiensystems in der Zeit von der Reichsgründung 1871 bis zum Ende der Weimarer Republik in die Forschungsdiskussion einbrachte.[7] Für Lepsius erklärte sich diese Stabilität aus der besonderen Beharrungskraft, dem inneren Zusammenhalt und der äußeren Abgrenzung soziokultureller Milieus, denen das deutsche Parteiengefüge eng verbunden war. Insbesondere vier Milieus erwiesen sich Lepsius zufolge dabei als politisch dominant: ein protestantisch-liberales, ein protestantisch-konservatives, ein katholisches und ein sozialdemokratisches Milieu.[8]

Die von Lepsius in Anschlag gebrachten sozialmoralischen Milieus sind im Gegensatz zu den eher eng geführten, vor allem ökonomisch begründeten Kategorien Klasse bzw. Schicht mehrdimensional konstruierte soziale Einheiten. Neben einer gemeinsamen materiellen Interessenlage eignete ihnen auch und vor allem ein festes, weltanschaulich integrierendes Wert- und Normensystem, eine breite organisatorische Infrastruktur aus Anstalten, Verbänden, Vereinen und sonstigen Vereinigungen, die die Lebensweise und die Weltsicht ihrer Angehörigen prägten und zu einer weitgehend homogenen „alltäglichen Lebenswelt" verfestigten. Eine milieuspezifische Sozialisation spielte dabei eine ebenso wichtige Rolle wie ein obwaltender sozialer Konformitätsdruck und die soziale Abgrenzung zu anderen Milieus, wobei insbesondere „Schlüsselkonflikte" wie die Sozialistengesetze oder der Kulturkampf wesentlich zur Integration der Milieus beitrugen.

Im Folgenden soll in Anlehnung an das eben skizzierte Konzept der sozialmoralischen Milieus der Frage nachgegangen werden, ob sich der unübersehbare Wahlerfolg der katholischen Zentrumspartei, die im rheinhessischen Gau-Bickelheim, auf das sich die Ausführungen konzentrieren werden, 1933 bei den Märzwahlen noch einen Stimmenanteil von 72 % erreichte, wohingegen die NSDAP nur auf magere 25 % der Wählerstimmen kam,[9] als Ausdruck der Dominanz eines gefestigten katholischen Milieus verstehen lässt. Zugleich soll in dem Beitrag die generelle These, wonach sich die Katholiken als eine dem Nationalsozialismus gegenüber weitgehend resistente gesellschaftliche Großgruppe zeigten, aus einer lokalen Perspektive in den Blick genommen werden. Wie der Mainzer Zeithistoriker Michel Kißener betont, kann es nämlich ein besonderer Vorteil lokal- bzw. regionalhistorischer Untersuchungen sein, dass durch sie verallgemeinernde Befunde zwar nicht revidiert, wohl aber differenziert und mit jener notwendigen historiographischen Tiefenschärfe versehen werden, die es überhaupt erst erlaubt, mögliche Antinomien in Bezug auf die Einstellung genauer anzusehen.[10]

---

7 M. Rainer Lepsius, Parteiensystem und Sozialstruktur, in: ders., Demokratie in Deutschland. Soziologisch-historische Konstellationsanalysen, Göttingen 1993, S. 25-50. – S. hierzu auch Gangolf Hübinger, „Sozialmoralisches Milieu". Ein Grundbegriff der deutschen Geschichte, in: Steffen Sigmund u. a. (Hg.), Soziale Konstellationen und historische Perspektive. FS für M. Rainer Lepsius, Wiesbaden 2008, S. 205-227.

8 In der neueren historischen Forschung wird über die Anzahl der Milieus diskutiert, s. hierzu Detlev Schmiechen-Ackermann (Hg.), Anpassung, Verweigerung, Widerstand. Soziale Milieus, politische Kultur und der Widerstand gegen den Nationalsozialismus in Deutschland im regionalen Vergleich, Berlin 1997.

9 Klein, Reichstagswähler, S. 1306f.

10 Michael Kißener, Das Dritte Reich, Darmstadt 2005, S. 73. Insbesondere für Gau-Bickelheim, das 1910 noch zu 95 % katholisch war und erst im Laufe des folgenden Jahrzehnts mit 12 % Protestanten konfessionell „ausfranste", scheint dieser Ansatz besonders geeignet. Er könnte selbst unter der Voraussetzung, dass alle Protestanten die NSDAP gewählt haben, Wesentliches zur Klärung der Frage nach der bestehenden Differenz zwischen dem Anteil der Konfessionen und der Stimmen für die NSDAP beitragen. – Programmatisch zur Verbindung Sozialmilieu- und Regionalforschung, s. Cornelia Rauh-Kühne, Katholisches Sozialmilieu, Region und Nationalsozialismus, in: Nationalsozialismus in der Region, hg. v. Horst Möller u. a., München 1996, S. 213-235; Exemplarisch für eine gelungene Regional-

Bis November 1932 gab es für die Mehrzahl der Wähler in Gau-Bickelheim, die traditionellerweise in der katholischen Kirche ihre geistige und soziale Heimat hatten, offensichtlich keine andere Wahl als die Partei des katholischen Zentrums, die eben von jeher im Ort gewählt wurde und mit der man auch groß geworden war. Gleichwohl zeichneten sich Veränderungen ab. Denn selbst in diesem sicheren Stimmenbringer hatte die Zentrumspartei bei der Reichstagswahl 1932 im Vergleich zur ersten Wahl der Weimarer Republik im Jahr 1919 weit über 10 % der Stimmen eingebüßt, bei gleichzeitig steigendem Stimmenzuwachs für die liberale DDP und das christlich-nationale Hessische Landvolk. Diese verloren ihre Stimmen an die NSDAP, die bei den Reichstagswahlen des Jahres 1932 ein Fünftel, bei der nur mehr „halbfreien" Wahl im März 1933 ein Viertel der Stimmen einfing. Die Wahlergebnisse deuten auf einen Einstellungswandel zumindest in Teilen der Bevölkerung hin. Eine wachsende Anzahl von Menschen hatte sich von den bestehenden örtlichen Traditionen entfernt, sich für die „nationale Bewegung" geöffnet und ihr in der Wahlkabine schließlich gar den Vorzug gegeben. Solche Veränderungen treten nicht unvermittelt auf, sie haben vielmehr stets eine Vorgeschichte, der es im folgenden nachzugehen gilt. Einen ersten Schritt hierzu stellt die Bestanderhebung der örtlichen Gegebenheiten und Lebensverhältnisse wie auch des vorherrschenden katholischen Sozialmilieus dar. Sie bildet gleichermaßen die Folie für den zweiten Teil und die Frage nach der nationalsozialistischen Durchdringung Gau-Bickelheims während des Dritten Reiches. Der Zugang zum Thema wird dabei vorrangig über die Annäherung an zwei exponierte, sich politisch gegenüberstehende und polarisierende Persönlichkeiten des Ortes gewählt. Die eine, Lehrer an der örtlichen Volksschule, bekannte sich öffentlich zum Nationalsozialismus und warb für diesen, während die andere, der Ortspfarrer, sich dem totalitären NS-Regime widersetzte oder es zumindest versuchte.

Der Ort Gau Bickelheim

Der von Arno Schmidt – er kam 1950/51 für wenige Monate als Flüchtling nach Gau-Bickelheim – schriftstellerisch geadelte Ort[11] liegt im westlichen Rheinhessen am Fuße des sich auf 270 m erhebenden Wißberg im sogenannten Wiesbachtal. Gesegnet mit fruchtbaren Böden in den Talauen und an den -hängen war die Landwirtschaft im Wiesbachtal von jeher begünstigt. Neben Acker- und Getreideanbau sowie Viehhaltung wurde in Gau-Bickelheim bereits seit dem Mittelalter Weinbau betrieben.[12] Die für Rheinhessen charakteristische eher kleinbäuerliche Struktur als Folge der hier praktizierten Realerbteilung kennzeichnet auch Gau-Bickelheim. Zu Beginn der 1930er Jahre umfasste die Mehrzahl der landwirtschaftlichen Betriebseinheiten weniger als 10 ha. Lediglich drei waren mit knapp 19 ha bzw. jeweils rund 13 ha größer.[13]

Gau-Bickelheim konnte im ausgehenden 19. und beginnenden 20. Jahrhundert weder eine Bevölkerungszunahme noch die Entstehung neuer Gewerbe- und Industriezweige verzeich-

studie s. Arnold Klein, Katholisches Milieu und Nationalsozialismus. Der Kreis Olpe 1933-1939, Siegen 1994. – Als jüngere rheinland-pfälzische Lokalsstudie s. Theo Schwarzmüller, Hauenstein gegen Hitler, Kaiserslautern 2007.

11 „Drecknest" lautete seine Charakterisierung, s. Hans-Jörg Koch, Arno Schmidt in Rheinhessen, in: Alzeyer Geschichtsblätter 29 (1995), S. 86-90, hier S. 89.

12 Franz-Joseph Spang, Vom Weinbau in Gau-Bickelheim, Gau-Algesheim (1947), S. 29f.

13 Zahlen aus: Niekammer's Landwirtschaftliche Güter-Adreßbücher, Bd. XXII, Freistaat Hessen, Leipzig 1932, S. 163.

nen. Vielmehr verringerte sich zwischen 1861 und 1925 die Bevölkerung des Ortes um 8,5 % von 1326 auf 1213 Einwohner wie auch der gewerbliche Sektor auf weniger als die Hälfte von 25,6 % auf 11,2 % schrumpfte. Da keine Industrie vorhanden war und auch das Handels- und Verkehrswesen nur geringfügig stieg, erhöhte sich der Anteil der in der Landwirtschaft Tätigen von 58,7 % auf 73,8 %.[14] Damit zeichnete sich in einer Zeit der Expansion, in der die ländlichen Strukturen anderswo aufzubrechen begannen, für Gau-Bickelheim die geradezu gegenläufige Tendenz einer „Verbäuerlichung" ab. Weder die Lage an einer Verbindungsstraße noch ein Eisenbahnanschluss konnte diese Entwicklung verhindern.

Gut katholisch – von der Wiege bis zur Bahre

Zum unverkennbaren Wahrzeichen Gau-Bickelheims wie auch des konfessionellen Bekenntnisses seiner katholischen Einwohner avancierte die Kreuzkapelle auf dem Wißberg, die das Zentrum der Mitte des 18. Jahrhunderts installierten Kreuzwallfahrt bildete.[15] Die um die Wallfahrt etablierten Festabläufe und Brauchformen gaben Gau-Bickelheim sein unverkennbares spezifisch katholisches Gepräge ebenso wie die im öffentlichen Raum aufgestellten Bildwerke, angefangen vom Kreuzweg mit seinen Stationen, der vom Ortsausgang zur Kreuzkappelle führt, bis hin zu Kreuzigungsgruppen oder Kruzifixen und Heiligen- oder Marienfiguren im Ort.

Diese rein baulichen Manifestationen und die in ihrem Zusammenhang praktizierten Frömmigkeitsformen des Katholizismus fanden ihre Entsprechung in der Strukturierung des individuellen Lebenslaufes und der Gestaltung des kirchlich geprägten Soziallebens. Eingebunden in den katholisch-brauchtümlichen Rahmen begleiteten katholische Frömmigkeitsformen den Lebenslauf von der Geburt bis zum Tod und bestimmten zugleich als brauchgestützte Rituale den Tages- wie den Jahreslauf der Gläubigen in Gau-Bickelheim. Durch die stete Wiederholung bestätigten und bekräftigten die Rituale den Kosmos der katholischen Weltsicht und Verhaltensnormen immer wieder aufs neue und trugen so auch zur Integration des einzelnen in das katholische Sozialmilieu wie zur Verfestigung der sozialen Bindung bei. Als Indiz dafür mag der Hinweis auf die im Untersuchungszeitraum übliche, amtskirchlich auch verlangte konfessionelle Übereinstimmung der Brautleute genügen. Konfessionelle Mischehen blieben in Gau-Bickelheim die Ausnahme.[16]

Der Einfluss der katholischen Kirche erstreckte sich in Gau-Bickelheim dabei weit über den Radius genuin kirchlicher Aufgaben hinaus. Durch eigene Einrichtungen war die Kirche in verschiedensten Lebensbereichen vertreten und bestimmte das Sozialleben Gau-Bickelheims nahezu allumfassend. So unterhielt sie seit 1899 eine von katholischen Schwestern betreute Krankenstation, die für die häusliche Krankenpflege zuständig war, und eröffnete eine im Volksmund als „Nähschule" bezeichnete Industrieschule. Weiterhin setzte die Kirche gegen den Willen des großherzoglich-hessischen Innenministeriums schließlich auch die Einrichtung einer ebenfalls in den Händen der Ordensschwestern liegenden „Kleinkinder-Bewahran-

14 Daten nach Hans Benz, Die Gliederung und Entwicklung der Berufsbevölkerung in Rheinhessen, Gießen 1930.

15 Rudolf Fischer-Wollpert, Wallfahrtsstätten im Bistum Mainz, München/Zürich 1983; Dom- und Diözesanarchiv Mainz (= DDAMz), PA Gau-Bickelheim 7c.

16 Das zeigt die Auswertung der Aufgebote der in Gau-Bickelheim zwischen 1911 und 1938 geschlossenen Ehen, Gemeindearchiv Gau-Bickelheim (= GA GB), XI.

stalt“ durch. Selbstverständlich war die im Ort vorhandene Bücherei ebenso eine kirchliche Einrichtung[17] wie die im 19. Jahrhundert entstandenen Vereine – vom Männergesangverein bis zum Sportverein oder die in den 1890er Jahren gegründeten beiden landwirtschaftlichen Selbsthilfeeinrichtungen –, die stets eine Nähe zum Klerus aufwiesen. Denn in allen hatte der Ortspfarrer entweder als „erster Repräsentant“ (Valentin Faßbinder) selbst den Vorsitz inne oder war zumindest Mitglied des Vorstandes. Die Gründungen der letztgenannten Vereine, des Darlehenskassen- und Winzervereins gingen sogar auf die Initiative des damaligen Ortsgeistlichen zurück.[18] Aber auch in der Dorfpolitik mischte die Kirche mit. Sei es indirekt durch Gemeinderäte, die der Zentrumspartei angehörten, sei es durch politisch tätige Pfarrer wie im Falle des seit 1923 in Gau-Bickelheim amtierenden Pfarrers Carl Joseph Mayer, der als zweiter Vorsitzender der Partei des politischen Katholizismus vehement in das lokalpolitische Geschehen eingriff.

Gerade das Beispiel des Ortspfarrers zeigt zugleich, wie sehr einzelne Persönlichkeiten auch in einem gefestigten Milieu dabei strukturbestimmend agierten. So wirkte der Geistliche in einzelnen Fällen als Schaffer von Einrichtungen, indem er z. B. die schon genannten landwirtschaftlichen bzw. weinbaulichen Selbsthilfevereinigungen oder 1924 einen Katholischen Musikverein ins Leben rief. So aber auch, wenn er – wie Pfarrer Mayer – mit der Autorität seiner Person versuchte, neuen politischen Entwicklungen zu begegnen und auch auf diesem Gebiet, wie es in einem Verhörprotokoll aus der NS-Zeit heißt, meinte, „er habe zu bestimmen“.[19]

Tradition contra Neuerung

Gleichwohl war es den Amtsvorgängern von Pfarrer Mayer nicht gelungen, eine monolithische Einheit im politischen und geselligen Leben zu wahren. Mit dem Einzug liberalen Gedankengutes in Gau-Bickelheim trennte sich bereits im ausgehenden 19. Jahrhundert von der bisher einheitlichen katholisch-konservativen Bevölkerung ein eher katholisch-liberal orientierter Teil ab. Es kam zur Bildung von zwei Fraktionen, den „Blauen“ und den „Weißen“.[20] Die Gräben zwischen beiden rissen so weit auf, dass über die Grenzen hinweg nicht mehr geheiratet wurde und sich zu bereits bestehenden Organisationen jeweils Paralleleinrichtungen konstituierten. In dem rund 1300 Seelen zählenden Örtchen Gau-Bickelheim gab es deshalb zu Beginn des 20. Jahrhunderts doppelt so viele Vereine wie gut zwei Jahrzehnte zuvor. Auch bei den genossenschaftlichen Landwirtschaftsvereinigungen war eine Zusammenarbeit nicht mehr möglich. Eher gezwungenermaßen hatten die abtrünnigen „Weißen“ sich 1903 und 1912 in der „Winzergenossenschaft der vereinigten Weinbergsbesitzer Gau-Bickelheim“ sowie der „Spar- und Darlehnskasse Gau-Bickelheim“ zusammengeschlossen, weil ihnen Altbürgermeister Faßbinder zufolge die „Blauen“ den Zugang zu den bestehenden Vereinigungen verwehrten.[21]

---

17 S. hierzu Dieter Langewiesche, „Volksbildung“ und „Leserlenkung“ in Deutschland von der wilhelminischen Ära bis zur nationalsozialistischen Diktatur, in: IASL online Archiv (28.12.2000).

18 Spang, Weinbau, S. 55f.; Vereinsporträts in FS 1200-Jahrfeier der Weinbau-Gemeinde Gau-Bickelheim, o. O. (1971). Hinweis des langjährigen Ortsbürgermeisters Valentin Faßbinder in einem Gespräch am 5. März 2009.

19 Verhörprotokoll v. 10.3.1933, Landesarchiv Speyer, Best. H 51, 2642 Nr. 5 (= LASP, H 51, 2642,5). Diese Akte enthält umfangreiches Material aus Verfahren gegen Pfarrer Mayer in den Jahren 1933-1938. Zur Gegenüberlieferung s. DDAMz, 52/54.

20 Die Gründe für die Namensgebung konnten bislang nicht geklärt werden.

21 So Valentin Faßbinder in einem Gespräch am 29.5.2009.

Ihre Spuren hinterließ die Spaltung natürlich auch auf dem Feld der Politik. So hatte während der gesamten 1920er Jahre – abgesehen von der Reichstagswahl 1920 – mit rund 80 % der Wähler zwar noch immer die Mehrzahl der Gau-Bickelheimer ihre politische Heimat in der Zentrumspartei. Gleichwohl fiel der liberalen DDP bei den Wahlen ein konstanter Stimmenanteil von mehr als zehn Prozent zu. Und auch in der Besetzung des örtlichen Gemeinderates, der sich 1925 aus den Vertretern zweier Personenlisten zusammensetzte, scheinen sich die beiden politischen Orientierungen widerzuspiegeln.[22]

Es mag für den Großteil der Gau-Bickelheimer Bevölkerung die Existenz politisch unterschiedlich ausgerichteter Fraktionen im Ort keine Rede wert gewesen sein. Bei einem Teil der konservativ kirchlichen Kreise stieß diese Entwicklung indes auf nur wenig Gegenliebe. Insbesondere Pfarrer Mayer war sie ein Dorn im Auge, sah er hierin wohl auch zunehmend die Gefahr einer Erosion bestehender und seiner Meinung nach bewährter Werte der katholischen Kirche, der er selbst in den eigenen Reihen entgegentreten zu müssen meinte. Selbst Zweiter Vorsitzender der Zentrumspartei, lehnte er die Politik seiner Parteigenossen ab und betrieb 1929 die Abspaltung eines konservativeren Flügels des Zentrums als deren *spiritus rector* er wohl gelten darf. Nicht nur, dass er im Gottesdienst für die alternative Zentrumsliste mit dem Namen „Gemeinwohl" warb, indem er darauf verwies, „daß er diese wählen müsse", griff er vielmehr auch ganz aktiv in den Wahlkampf um den Gemeinderat ein und riss „eigenhändig Wahlplakate" der von ihm als „Schurken" bezeichneten Gegner ab mit dem Hinweis: „auf dem Plakat habe etwas gestanden, worüber er nicht gefragt sei".[23]

Bei den Wahlen zum Gemeinderat kandidierten 1929 sogar drei Listen: zwei Listen des Zentrums: „Zentrum Erbenich–Schnabel" und „Gemeinwohl – Staudt–Weis" und – so Valentin Faßbinder – die liberalere Liste „Fuhr–Hees". Die intensiven Bemühungen des Pfarrers wurden belohnt. In einer wohl auch dezidiert vorangetriebenen Polarisierung zwischen „alten" und „neuen Kräften" erzielte allen Aufregungen um den Pfarrer im Vorfeld der Wahlen zum Trotz „seine" Liste „Gemeinwohl" mit gut 42 % der abgegebenen Stimmen das beste Ergebnis und stellte damit fünf der zwölf Gemeinderäte. An zweiter Stelle rangierte die Liste „Fuhr–Hees" mit knapp 36 % und vier Vertretern im Gemeinderat, wohingegen dem „zwischen den Fronten" zerriebenen „Zentrum Erbenich–Schnabel" nur mehr knapp 22 % der Stimmen und damit drei Gemeinderatssitze zufielen.

Die Gemeinderatswahl vom 17. November 1929 macht gleichwohl deutlich, dass die Gau-Bickelheimer Bevölkerung politisch keineswegs einheitlich und nur eingeschränkt auf die Zentrumspartei als die von Katholiken bevorzugte Partei festgelegt war. Es herrschte vielmehr ein politischer Pluralismus mit einem Spektrum von kirchlich-konservativ, national bis liberal vor, wodurch es je nach politischer Couleur zu verschiedenen Einschätzungen des aufziehenden Nationalsozialismus und sich daraus ergebend diesbezüglich sehr unterschiedlichen Reaktionen kam.

22 GA GB, XV-1 (1831–1964).

23 Zeugenaussage im Verfahren gegen Pfarrer Mayer v. 10.3.1933, LASP, H 51, 2642,5.

Die NS-Zeit

Was sich bereits seit den 1880er Jahren abzeichnete, dass sich das katholische Milieu allmählich dissoziierte und dies nicht zuletzt im Bereich des Politischen, zeigte sich auch bei den Wahlen im Vorfeld der NS-Zeit. Ein Bevölkerungsanteil von jeweils über 20 %, der die DDP gewählt hatte und 1930 auch dem Hessischen Landvolk seine Stimmen gab, scheint mit dem rasanten Aufstieg der Nationalsozialisten in Rheinhessen ab 1932 auch in Gau-Bickelheim zur NSDAP umgeschwenkt zu sein.[24]

Und auch auf der kommunalpolitischen Ebene finden sich die Wähler bzw. Unterstützer der Liste Fuhr–Hees zumindest teilweise bei den Nationalsozialisten wieder. Ja, einer der Listenanführer, Johann Fuhr 2., wurde 1936 nationalsozialistischer Bürgermeister. Mit seinem Eintritt in die NSDAP am 1. April 1933 dokumentierte er seinen Wechsel zu den Nationalsozialisten.[25]

Trotzdem blieb das Zentrum anfänglich weiterhin in einer starken Position. Den Nationalsozialisten gelang es nicht, im örtlichen Parlament die Oberhand zu gewinnen. Im Oktober 1933 beklagte deshalb der Schullehrer und bekennende Nationalsozialist Sch., der Dorfvorsteher sei „immer noch [ein Bürgermeister] von Zentrums Gnaden wie 2/3 der Gemeinderäte!“[26].

Während sich bis zu diesem Zeitpunkt die Mehrzahl der Ortsbewohner und selbst die Anhänger der Nationalsozialisten politisch eher zurückhaltend gerierten, konzentrierte sich die Konfrontation der politischen Positionen auf die stark personalisierte Auseinandersetzung zwischen dem genannten Schullehrer als überzeugtem Protagonisten des neuen Systems und dem Pfarrer als dem Bewahrer des katholisch dominierten örtlichen Milieus.[27] Obwohl die offizielle Politik der Kirche gegenüber dem NS-Staat seit der Fuldaer Bischofskonferenz Ende März 1933 eine defensive Haltung einnahm und die Pfarrer nur Seelsorge im engeren Sinn praktizieren sollten, verfolgte Pfarrer Mayer weiterhin die zuvor vom Mainzer Bischof Ludwig Maria Hugo vertretene kompromisslose Linie.[28] Der äußerst streitbare und politisch sehr engagierte Pfarrer (s. o.) hatte bereits im Frühjahr/Sommer 1932 Flagge gezeigt und nationalsozialistische Demonstrationsveranstaltungen wie die Feier der Sonnenwende im Juni, bei der „ein Sturmbann der Standarte 117 durch Gau-Bickelheim auf den Wißberg zog, wo das Feuer abgebrannt wurde“, oder einen „Propagandamarsch“ der NS-Frauenschaft um dieselbe Zeit nicht unkommentiert vorübergehen lassen. Verlieh er seinem Missfallen über den auch am Pfarrhaus vorbeiziehenden Zug der Frauenschaft nur mit der laut vernehmbaren Bemerkung „Karl, hol schnell die Feuerwehr“ Ausdruck, so reagierte er demgegenüber auf die Sonnenwendefeier wesentlich schärfer und ungleich plakativer mit einer „Sühneprozession“ zur Wallfahrtskapelle am nächsten Tag, weil der zur Kapelle führende Kreuzweg seiner Meinung nach durch die vorbeimar-

24 Selbst unter der Prämisse, dass die ortsansässigen Protestanten die NSDAP gewählt haben, stammte die Hälfte der Stimmen von katholischen Wählern. Zu Wanderungsbewegungen der Wählerschaft hin zur NSDAP s. Falter, Wahlen, S. 503.

25 Protokollbuch der Gemeinde vom April 1926 – Februar 1937, Ortsbürgermeisterei Gau-Bickelheim; LASP, H 51, 1004 bzw. 1014 zitiert nach Kopien im Museumsarchiv Alzey.

26 Schreiben von Lehrer Sch. an das Kreisamt v. 3.10.1933, LASP, H 51, 2642,5.

27 Allgemein kann die Feststellung getroffen werden, dass die Resistenz des Katholizismus gegenüber dem Nationalsozialismus dort signifikant war, wo Pfarrer selbst deutliche oppositionelle Haltungen vertraten, s. Werner Troßbach/Clemens Zimmermann, Die Geschichte des Dorfes, Stuttgart 2006, S. 247.

28 Zur Stellung der katholischen Kirche und des Bistums Mainz im Untersuchungszeitraum, s. Hermann-Josef Braun, Das Bistum in der Weimarer Republik und in der Zeit des Nationalsozialismus, in: Handbuch der Mainzer Kirchengeschichte, Bd. 3, T. 2, Würzburg 2002, S. 1199–1260.

schierende SA entweiht worden war.[29] Und nicht zuletzt nutzte der Geistliche immer wieder die Kanzel zum Protest gegen den seit 1932 intensiv geführten Wahlkampf der NSDAP.

Selbst am Wahlsonntag des 5. März 1933 betrieb Pfarrer Mayer wie so häufig zuvor „Wahlpropaganda“ im Gottesdienst mit der Bemerkung „Mach ein Kunststückchen zwei drei Jahre, dann hast Du die Massen hinter Dir“[30] und führte schließlich gar noch am Vormittag eine so stark „erregte Auseinandersetzung“ mit den Nationalsozialisten um die Aufhängung von Hakenkreuz- bzw. Kirchenfahnen und solchen der DJK am Rathaus, dass sich ein Tumult bildete und „bald die ganze Bevölkerung um“ die Streitenden „herumstand“.[31]

Obgleich bei dieser nur mehr „halbfreien“ Wahl die NSDAP lediglich auf 25 Prozent der Wahlstimmen kam, mussten sich auch die Gau-Bickelheimer mit der politischen Realität arrangieren. Die Nationalsozialisten hatten mit dem Ermächtigungsgesetz vom 23. März endgültig die Macht übernommen. Dies war der Augenblick, in dem sich der seit September 1931 in Gau-Bickelheim im Schuldienst stehende, sich bis dahin eher defensiv verhaltende Schullehrer Sch. offen als nationalsozialistischer Gegenspieler des Ortspfarrers positionierte. Ursprünglich Mitglied des nationalkonservativen Wehrverbandes Stahlhelm und noch nach dem 5. März 1933 bestrebt,[32] zusammen mit dem Pfarrer, der dies allerdings ablehnte, eine eigene Ortsgruppe in Gau-Bickelheim zu gründen, sah der ehrgeizige Beamte, der „nicht die Absicht (hatte) (s)ich in Gau-Bickelheim begraben zu lassen“, in dem neuen System für sich und seine Karriere eine Zukunft. Als „Märzgefallener“ trat er zwar relativ spät erst am 30. April in die NSDAP ein, um sich dann umso engagierter in ihren Dienst zu stellen oder, wie er es formulierte, „um der nat.-soz. Idee in dem rein kath. Dorf Gau-Bickelheim zu dienen“.[33]

Konkret hieß dies vor dem Hintergrund des damals geführten allgemeinen Kirchenkampfes, zunächst dafür zu sorgen, dass der Ortsgeistliche und maßgebliche Meinungsführer Pfarrer Mayer, der laut Lehrer Sch. „weiß, daß er in fast sklavischer Gefolgschaft der hiesigen Ortsbürger eine willige Zuhörerschaft findet“ und „es in fast keiner Predigt versäumt hat in irgendeiner Form gegen die nationale Regierung und ihren Führer zu eifern, (wie) … auch jede Gelegenheit – so besonders bei Vereinszusammenkünften – in mehr oder weniger versteckter Form gegen den Nationalsozialismus zu agitieren“ nutzte, aus dem Ort verschwand. Und dafür war dem Dorfschullehrer offensichtlich jedes Mittel recht. Mit beharrlicher Akribie verfolgte er jegliches Tun und Handeln des Pfarrers, notierte jede systemkritische Äußerung, die dieser im Gottesdienst von sich gab. Nahezu legendär, und durch ein Schreiben des Lehrers an den Kreisschulrat wörtlich überliefert, wurde diesbezüglich die Predigt am 1. Ostertag 1933. In dieser „leistete“ sich der Pfarrer – so Sch. – „unstreitig die größte Unverschämtheit, ja das schwerste Verbrechen“, als er „von der Kanzel herab verkündete, daß es nur einen Herrn gäbe und dieser sei ‚Christus‘. Einen anderen Herrn gäbe es nicht“, und mit erhobener Stimme weiter ausführte, „Wie kann man überhaupt einem so charakterlosen (gemeint war unzweideutig unser Führer Adolf Hitler) nachlaufen, der schon jahrelang seine Pflichten der katholi-

29 Vernehmungsprotokoll v. 23.8.1933, LASP, H 51, 2642,5.

30 Beschwerdeschreiben eines Zentrumsvertreters der Liste „Erbenich-Schnabel“ an das Bischöfliche Ordinariat v. 19.3.1933, LASP, H 51, 2642,5.

31 Zeugenaussage des Zellenleiters 1933/34 v. 10.3.1933, LASP, H 51, 2642,5.

32 Verhör Pfarrer Mayers auf dem Kreisamt am 3.7.1933; Schreiben des Hess. Staatspolizeiamts an das Kreisamt Oppenheim v. 20.2.1934, LASP, H 51, 2642,5.

33 Verhöraussage von Lehrer Sch. am 26.2.1934, LASP, H 51, 2642,5. Dort konnte er sich, dies sei angemerkt, angesichts der vorherrschenden nationalsozialistischen Abstinenz besondere Sporen für sein persönliches Vorankommen verdienen.

schen Kirche gegenüber nicht erfüllt hat!"[34] Gefallen sollen in diesem Gottesdienst auch die Worte sein: „Es gibt für uns keinen Führer außer Christus. Der hatte keine uniformierte S.A. oder SS."[35] Sch. leitete sämtliche „Verfehlungen" des Pfarrers an staatliche Stellen weiter und organisierte zur Untermauerung seiner Aussagen zusätzlich Zeugen gegen den ihm wie auch der Partei unliebsamen Geistlichen, der sich nicht einschüchtern ließ, sondern – so die Einschätzung von Sch. – vielmehr auch andere Personen gegen die Nationalsozialisten instrumentalisierte. In den Augen des Lehrers war nämlich auch Pfarrer Mayer der Urheber der von einem auswärtigen Kapuzinerpater am Fest Kreuz-Auffindung gebrauchten Worte, „... daß es nur ein Kreuz gäbe, das mit den Längs- und Querbalken. Ein anderes gäbe es nicht."[36]

Die Zusammentreffen beider Kontrahenten, die sich keineswegs aus dem Weg gingen und einen nur wenig zimperlichen Umgang miteinander pflegten,[37] endeten unweigerlich im Disput um die gleichermaßen gegensätzlichen wie unverrückbaren Standpunkte. So gab z. B. Lehrer Sch. auf die Frage des Pfarrers an Pfingsten 1933: „Sagen Sie, Herr Lehrer, müssen Sie unbedingt die Jugend im nationalsozialistischen Sinne beeinflußen und erziehen?!" die abweisende Antwort: „Ich muß es nicht nur, sondern ich kann gar nicht anders! Denn es ist meine felsenfeste unerschütterliche Ueberzeugung." Mit jedem Streit verhärteten sich die Fronten zwischen beiden mehr, drehte sich die Spirale von Aktion und Reaktion weiter. Die wiederholte Aufforderung des Pfarrers, „nicht nur einseitig zum Eintritt in die Hitler-Jugend und das Jungvolk zu werben, sondern auch für die Deutsche Jugendkraft einzutreten", empfand Lehrer Sch. nur als einen weiteren unzumutbaren Affront und lehnte energisch ab. Der Pfarrer hingegen sah sich daraufhin und im Gegenzug dazu veranlasst, Schritte gegen „das abendliche Marschieren der hießigen S.A." einzuleiten.[38]

Gegen den im Ort zwar nicht immer ganz unumstrittenen, weil polarisierenden Pfarrer vermochte der Lehrer indes nur wenig auszurichten. Zu groß waren, wie Sch. richtig erkannte, das Ansehen und die Reputation des in den zehn Jahren seiner Anwesenheit ebenso emsigen wie erfolgreichen Mittfünfzigers, der zahlreiche Bau- und Verschönerungsmaßnahmen angeregt und durchgeführt sowie einen Kirchenmusikverein gegründet hatte.[39] Fest verankert in der Gemeinde blieb Pfarrer Mayer weiterhin der Repräsentant und die bewahrende Integrationsfigur des katholischen Sozialmilieus.[40] Der jüngere Kontrahent, der selbst nach Aussagen eines 1934 als „alte(r) Pg" bezeichneten Einwohners und Parteifreundes „nicht recht hierher passt(e), da er mit der ländlichen Bevölkerung keinen Kontakt bekommen" konnte und „die Verbindung mit der Bevölkerung nicht" suchte,[41] blieb den Gau-Bickelheimern fremd, wie er auch selbst einräumte. „... der Bürgermeister achtet auch mich nicht mehr, wie überhaupt der ganze nicht nationalsozialistisch eingestellte Teil der Bevölkerung mich ... keines Grußes

34 Schreiben von „Lehrer (Sch.) und Truppführer der hiesigen S.A." an den Schulrat v. 30.6.1933, LASP, H 51, 2642,5.

35 Zeugenaussage v. 28.8.1933, LASP, H 51, 2642,5.

36 Schreiben von Lehrer Sch. an den Schulrat v. 30.6.1933, LASP, H 51, 2642,5.

37 Jeder suchte den anderen zu denunzieren: Der Lehrer den Pfarrer in der genannten Weise. Pfarrer Mayer wiederum sagte bei einer Vernehmung im Kreisamt am 3. Juli 1933 aus, dass Lehrer Sch. sich erst nach dem 5. März um die Gründung einer Stahlhelmgruppe an ihn wandte, wie auch dass dieser „damals noch nicht Mitglied der S.A. und auch noch nicht zu erkennen gewesen, daß er etwa Mitglied der N.S.D.A.P. sei" (Verhöraussage Pfarrer Mayers am 3.7.1933, LASP, H 51, 2642,5).

38 Schreiben von Lehrer Sch. v. 30.6.1933, LASP, H 51, 2642,5.

39 Valentin Faßbinder, Einhundertfünfzig Jahre. 1853–2003, in: FS Pfarrkirche St. Martin Gau-Bickelheim 1853-2003, hg. v. d. Katholischen Kirchengemeinde, Gau-Bickelheim 2003, Gau-Bickelheim, 2003, S. 11–78, hier S. 31–38.

40 S. Troßbach, Dorf, S. 247.

41 Verhöraussage am 26.2.1934. Zum Schluss seiner Aussage ergriff der Pg ausdrücklich Partei für Lehrer Sch., dessen Glaubwürdigkeit von Einzelnen in Frage gestellt war, LASP, H 51, 2642,5.

mehr würdigt".[42] Eine kurze Liaison mit einem jüdischen Mädchen im Herbst 1932 ließ seine Person schließlich auch in den Augen der Nationalsozialisten als unglaubwürdig erscheinen. Zum 1. April 1934 wurde er nach Bingen-Büdesheim versetzt.[43]

Obwohl zwar auch Pfarrer Mayer auf ein vom „Hess. Staatspolizeiamt Darmstadt gemäß § 1 der Verordnung zum Schutze des Volkes" erlassenes unbefristetes Aufenthaltsverbot im Kreis Oppenheim hin Gau-Bickelheim am 5. Februar 1934 verlassen musste, sah zumindest die nationalsozialistische Kreisbehörde in ihm weiterhin einen unliebsamen Störenfried.[44] Dafür sprach u. a. ihre Reaktion auf im Februar kursierende Gerüchte über Unterschriftensammlungen zur Aufhebung des Aufenthaltsverbots von Seiten dreier Kirchenvorstände, denen unter Androhung einer Schutzhaft verboten worden war, derartige Umtriebe weiterzuführen.[45]

Gleichwohl differierten die Ansichten über die mögliche Rückkehr des Pfarrers in den Ort innerhalb der Bevölkerung. Lag es auf der Hand, dass ebenso wie das Kreisamt auch die örtlichen Nationalsozialisten in ihm einen unablässigen Mahner und Kritiker des neuen Systems sahen und sich deshalb intensiv für sein Fernbleiben einsetzten, so sprachen sich sogar auch Kirchenvorstände und dem Pfarrer nahe stehende Personen dafür aus, weil sie sich um seine angeschlagene Gesundheit sorgten. Viele indes verbanden mit dem endgültigen Weggang des Pfarrers hauptsächlich die Hoffnung auf Ruhe und Ordnung. Vor allem aber erhofften sie sich die Wiederherstellung der seit Sommer 1933 empfindlich gestörten kirchengemeindlichen Verhältnisse und Abläufe, die sich darin äußerten, dass der Pfarrer keinen Religions- und Kommunionunterricht mehr erteilen durfte und auch Predigtverbot hatte. Seine Vertretung übernahm vorübergehend zuerst ein Kapuzinerpater, ab Oktober 1933 der sehr geschickt agierende Kaplan Alfred Bang-Kaup, der „infolge seines taktvollen Verhaltens und seiner Beredsamkeit" in der Bevölkerung große Sympathie gewann. Darauf verwies der örtliche stellvertretende Zellenleiter in einem „streng vertraulichen" Schreiben an das Kreisamt vom „11. Hartung 1934".[46]

In einer wesentlich subtileren Form als der extrovertierte Pfarrer Mayer – ganz im Sinne der kirchenpolitischen Linie des Bischöflichen Ordinariats, das bereits im Juli 1933 als Repressalie wegen des Vorgehens gegen den Pfarrer ein Amtsverbot verhängt sowie das Allerheiligste aus der Kirche entfernt und die Kirche geschlossen hatte[47] – führte der Kaplan den Kampf des Klerikers gegen die nationalsozialistischen Übergriffe weiter, bediente sich dabei allerdings neuer Mittel. So verweigerte er Lehrer Sch. am 23. Dezember 1933 die Absolution, weil er „vor der Wiedergutmachung (s)eines öffentlichen Aergernisses (d. i. die Anzeige gegen den Pfarrer) (ihm) die Absolution nicht geben könne. Auch würde (der Lehrer) an einem evtl. gesundheitlichen Schaden des Pfarrers Schuld tragen."[48] Weiterhin nutzte der Kaplan seine dem Stelleninhaber gegenüber nur eingeschränkten Befugnisse dezidiert dazu, den Gläubigen zu vermit-

42 Schreiben von Lehrer Sch. an den Schulrat v. 3.10.1933, LASP, H 51, 2642,5.

43 S. die Schreiben des Hess. Staatspolizeiamts Darmstadt an das Kreisamt Oppenheim v. 20.2.1934 und des Kreisschulamts Oppenheim an das Hess. Staatsministerium v. 27.2.1934, LASP, H 51, 2642,5; Hess. Staatsarchiv Darmstadt, Best. S 1.

44 Schreiben des Kreisamts Oppenheim an die Gendarmeriestation Wallertheim v. 1.2.1934, LASP, H 51, 2642,5. Die Aussage des Geistlichen, dass er zwar „die NSDAP als Partei und Träger des Staates, der das Konkordat abgeschlossen hat, anerkenne, sich „aber weltanschaulich niemals hinter die Bewegung stellen, (sondern) im Gegenteil den Kampf aufnehmen" würde, machte ihn in den Augen des Kreisamts zur Quelle steter Unruhe, weshalb seine weitere Anwesenheit, so befürchtete man noch Monate später, „über kurz oder lang zu Unerträglichkeiten führen" würde; Schreiben des Kreisamts an die Hess. Staatspolizei v. 15.5.1934, LASP, H 51, 2642,5.

45 Schreiben der Gendarmeriestation Wallertheim an das Kreisamt v. 13.2.1934.

46 LASP, H 51, 2642,5.

47 Undatierte Notiz des Kreisamt (wohl Frühjahr/Sommer 1933), LASP, H 51, 2642,5.

48 Verhöraussage von Lehrer Sch. am 26.2.1934.

teln, dass er die seelsorgerlichen Aufgaben nur ungenügend erfüllen könne. Er forderte sie dadurch auf, sich aktiv für die Rückkehr ihres Pfarrers einzusetzen. Die Erstkommunion am Weißen Sonntag 1934, stellte er z. B. zunächst in Frage, weil „dies die Sache des angeordneten Pfarrers Mayers sei." Er führte sie allerdings „in einer solch kleinen Aufmachung, dann doch noch durch, dass – laut Bericht eines Alzeyer S.A. Sturmbannführers – die katholischen Kreise vielfach daran Anstoß" nahmen.[49] Da es die Mitglieder der Katholischen Kirchenmusik aus Trauer über den des Kreises verwiesenen Pfarrer ablehnten, wie sonst üblich die Kommunionkinder vom Pfarrhaus zur Kirche musikalisch zu begleiten, erhielt dieser ursprüngliche Festtag im katholischen Kirchenjahr den Charakter einer stillen Trauerveranstaltung für den abwesenden Pfarrer.[50] Derartige nach Meinung der Nationalsozialisten von Bang-Kaup initiierte Demonstrationen wie auch der persönliche Einsatz des Kaplans, der wiederholte Gespräche mit vorgesetzten Dienststellen der NSDAP in Darmstadt führte und sich schließlich an den Vizekanzler von Papen wandte, verfehlten ihre Wirkung nicht.[51]

Ende August 1934 zog Pfarrer Mayer wieder ins Pfarrhaus ein, womit in Gau-Bickelheim zumindest partiell die alte Ordnung wieder hergestellt war. Unverändert in seiner Einstellung hielt Pfarrer Mayer – wohl etwas gebremster als vorher – auch weiterhin nicht mit seiner Meinung über den Nationalsozialismus und das herrschende System hinter dem Berg. Außerdem trug er jede sich bietende Gelegenheit nutzend in den folgenden Jahren den Katholizismus nach außen, so unter anderem bei den Firmungen im November 1935 und Juni 1938 unter Anwesenheit des Mainzer Bischofs Albert Stohr oder bei der Übertragung der Kreuzwegstationen in die Pfarrkirche 1937.[52] Dennoch schritt weder eine Amts- oder Parteinstanz gegen Pfarrer Mayer ein, noch kam es zu einer öffentlich geführten Auseinandersetzung zwischen ihm und einem örtlichen Parteimitglied. Im Gegensatz zu dem auswärtigen Lehrer scheuten diese, offensichtlich gefangen im örtlichen Beziehungsgeflecht, die direkte Konfrontation mit dem ihnen über die Jahre hinweg vertraut gewordenen Geistlichen und der gleichermaßen kirchlichen Autorität vor Ort.

Der Nationalsozialismus beginnt sich zu etablieren

Der totalitäre Anspruch des Nationalsozialismus war es, alle Bereiche des Staates und des gesellschaftlichen Lebens zu beherrschen. Hierzu diente vor Ort ein ganzes Bündel von Maßnahmen, zu denen die politische Bereinigung des Gemeinderates, die „Gleichschaltung" bzw. das Verbot von Vereinen und Organisationen oder die Entchristlichung des öffentlichen Lebens zählten. Im Gegenzug wurden gleichzeitig die Installierung nationalsozialistischer Einrichtungen und die Erfassung möglichst aller in die neue „Volksgemeinschaft" betrieben. Im Folgenden werde ich mich auf die Einflussnahme der NSDAP auf den örtlichen Gemeinderat beschränken.

Die nach 1933 für die nächsten Jahre unveränderte Besetzung des Gemeinderates mit einer Zweidrittelmehrheit von Zentrumsvertretern unter dem weiteren Vorsitz des alten, nicht nationalsozialistischen Bürgermeisters Johann Heinrich Boos, gab Lehrer Sch. den Anlass zu der kritischen Bemerkung, dass der Gemeinderat samt Bürgermeister „von Zentrums Gnaden" sei. Somit ging – zumindest was die gemeindepolitische Vertretung betraf – die „nationalsozi-

49 Schreiben des Kreisamts an die Gendarmeriestation Wallertheim v. 9.4.1934, LASP, H 51, 2642,5.

50 S. Verhöraussage am 12.4.1934, LASP, H 51, 2642,5.

51 Notiz Kreisamt Oppenheim v. 6.4.1934, LASP, H 51, 2642,5; s. auch Faßbinder, Pfarrkirche, S. 40f.

52 Faßbinder, Pfarrkirche, S. 43.

alistischen Revolution“ an Gau-Bickelheim zunächst mehr oder weniger spurlos vorüber. Aufgrund einer zu geringen Zahl örtlicher Nationalsozialisten kam es im April 1933 „für die Neubildung der gemeindlichen Selbstverwaltungskörper“ [53] zu einem gemeinsamen Wahlvorschlag des Zentrums und der NSDAP, bei dem die Anhänger des Zentrums noch deutlich die Mehrzahl an Personen zur Wahl stellte. Die alten Gemeinderäte waren die neuen; geändert hatte sich nur, dass nun ein Zweiter von ihnen mittlerweile Mitglied der NSDAP war.[54]

Die von den Nationalsozialisten systematisch in Angriff genommene Entmachtung der kommunalen Selbstverwaltung, die durch die personale Kontinuität in Gau-Bickelheim zunächst nur eine untergeordnete Rolle spielen sollte, kam schließlich auch hier zum Vollzug. Auf die Verfügung des Kreisamts hin wurde am 22. Oktober 1934 der bisherige Beigeordnete „neu ernannt“ und mit der Leistung des Diensteides von Beamten belegt. Das Mitspracherecht der Gemeindevertretung vollends zum Erliegen brachte letztlich die Gemeindeordnung vom 30. Januar 1935. Von nun an lag die Befugnis der Besetzung und Abberufung von Gemeinderäten und Beigeordneten in der Hand des nationalsozialistischen Kreisleiters, der als Beauftragter der NSDAP eine Art Kontrollinstanz bildete.

Wenn auch – aus Mangel an geeigneten Personen oder auch aus taktischen Überlegungen – in Gau-Bickelheim nicht der gesamte Gemeinderat komplett ausgetauscht und auf Linie gebracht wurde, hielt die „neue Zeit“ gleichwohl sukzessive auch im politischen Gremium des Ortes Einzug. Am 29. September 1935 wurde laut Protokollbuch der Gemeinde „der neu gebildete Gemeinderat unter Ablegung des Treueids auf den Führer eingeführt. Die Berufung fand durch den Kreisleiter Dr. Schilling statt“. Die Bestätigung und Verpflichtung des bisherigen zweiten Beigeordneten in der Sitzung am 26. Oktober basierte ebenfalls auf der vorausgegangenen Verfügung des Kreisamts. Nicht zuletzt spiegelt sich die zu Beginn des Jahres in der Gemeindeordnung verankerte alleinige Entscheidungsgewalt des Bürgermeisters in der seit dem 2. Dezember 1935 gebrauchten Formel im Protokollbuch des Gemeinderates wider. Dort hieß es seitdem unmissverständlich: „... der Bürgermeister bestimmt“. Der seit 1925 amtierende und 1931 ohne einen Gegenkandidaten erneut gewählte einstige Zentrums-Bürgermeister Johann Heinrich Boos reagierte auf die politische Entwicklung auf seine Art. Im Januar 1936 stand er das letzte Mal dem Gemeinderat vor und legte Anfang September 1936 „aus gesundheitlichen Gründen“ sein Amt nieder. Seine Nachfolge trat „auf Vorschlag des Beauftragten der NSDAP, Kreisleiter Dr. Schilling, Alzey, und mit Zustimmung des Kreisamts Oppenheim ... der seitherige Beigeordnete“ Johann Fuhr 2., Zellenleiter in Gau-Bickelheim 1934/35 und Stellvertreter des Bürgermeisters an. 1939, sechs Jahre nach der nationalsozialistischen Machtergreifung hatten sich die gemeindepolitischen Verhältnisse umgedreht. Unter dem Vorsitz des allmächtigen NSDAP-Bürgermeisters gehörten dem siebenköpfigen Gremium nunmehr „von Schillings Gnaden“ vier Vertreter der NSDAP an.[55]

Die vorliegenden Befunde eröffnen Ausblicke auf die weitergehende Fragestellung, die an anderer Stelle aufgegriffen wird (s. o.): Ob und inwieweit verlor das katholische Milieu, das zumindest in Gau-Bickelheim bereits im ausgehenden 19. Jahrhundert erste Erosionserscheinungen aufwies, in den Folgejahren der nationalsozialistischen Herrschaft seine vor allem durch die Autorität des streitbaren Geistlichen mehr oder weniger bewahrte Geschlossenheit und öffnete sich sukzessive dem Nationalsozialismus?

---

53 „... auf Grund des vorläufigen Gesetzes zur Gleichschaltung der Länder mit dem Reich“, GA GB, XV-2.

54 Ebd.; s. auch Protokollbuch der Gemeinde.

55 Erhebung des Gemeindetags im Frühjahr 1939, GA GB, XV-1.

Zwischen osmanischem Erbe und Europäischer Union

Vom Umgang mit historischen Mythen in Südosteuropa

Klaus Roth

I

Zu den Eigenschaften, die den Völkern Südosteuropas zu eigen sind und die für sie ein schweres Erbe darstellen, gehört nach Meinung vieler Beobachter das Festhalten an historischen Mythen. Deren Zahl und vor allem deren soziale und politische Wirkmächtigkeit ist immer wieder konstatiert worden. Für den Historiker Holm Sundhaussen etwa ist es unbestreitbar, „dass der Balkan mehr historische Mythen, mehr Helden und Märtyrer hervorgebracht hat, als er verdauen kann".[1] Neben dem Mythos der „goldenen" vor-osmanischen Zeit, dem „Kosovo-Mythos", dem Mythos vom „türkischen Joch", dem „Hajduken-Mythos" und dem Mythos von der „Reinheit der Nation" habe vor allem der „Opfer-Mythos" eine „ungeahnt destruktive Wirkung entfaltet" und ein mythisches Denken gefördert und bewahrt.

In der Tat ist in weiten Teilen der Bevölkerung Südosteuropas ein ahistorisches Denken verbreitet, ein Denken, in dem die Zeit nicht so sehr als linear, sondern eher als liminal wahrgenommen wird. Es ist eine Zeit, die gegliedert ist von epochalen Ereignissen (wie etwa der Schlacht auf dem Amselfeld 1389) und in der der konkrete Ablauf historischer Ereignisse eine untergeordnete Rolle spielt.[2] Bei der Vermittlung der historischen Mythen in den Jahrhunderten der osmanischen Fremdherrschaft und danach spielte die Volksüberlieferung, insbesondere das Heldenlied und die Sage als Ausdruck dieser mythisch-subjektiven Weltsicht[3] eine herausragende Rolle. Es war diese mythische Weltsicht und die sie bewahrende, als kulturelles Gedächtnis fungierende Volkstradition, die die kroatische Ethnologin Vera Erlich für das damalige Jugoslawien zu der Aussage bewegte, dass „historical memories ... nearly an obsession" seien.[4]

Vera Erlichs Aussage hat auch für andere Balkanländer Gültigkeit, zumal in den Prozessen der Nationsbildung des 19. und frühen 20. Jahrhunderts in allen jungen Nationen Südosteuropas die Volkstradition als „Stimme des Volkes" in die staatliche Geschichtspolitik eingebunden wurde. Auf diesen Überlieferungen aufbauend und sie instrumentalisierend verfolgte die Politik das Ziel, die aus den Vielvölkerstaaten hervorgegangenen Nationen als *imagined communities* zu legitimieren und in den Gesellschaften nationale Identitäten zu stiften. Die enge Verbindung von staatlicher Politik und Volkstradition wirkt, wie etwa die Folkloristen Ivan Čolović (1994) und Mirjana Prošić-Dvornić (2000) für das Serbien der Milošević-Ära aufgezeigt haben, bis in die Gegenwart fort. Sie führt zu Spannungen sowohl innerhalb der Gesellschaften als auch mit den Nachbarstaaten. Das in die „nationale Erzählung" transponierte

1 Sundhaussen 1999, S. 649ff.
2 Vgl. Roth 1999, S. 33.
3 Vgl. Skendi 1971.
4 Erlich 1984, S. 105.

Erinnern des Volkes hat somit in den Balkanländern stets das Potenzial, Konflikte zu entzünden oder zu eskalieren. In Serbien fokussiert das für das nationale Selbstverständnis konstitutive Erinnern ganz auf den Kosovo-Mythos und damit auf den Opfer-Mythos,[5] für Albanien ist es der Skanderbeg-Mythos,[6] Griechenland und Mazedonien konkurrieren – bis heute mit erheblichen Folgen für die internationale Politik – um das Erbe Philipps von Mazedonien und Alexanders des Großen, in der ungarischen Gesellschaft und Politik wiederum spalten entgegengesetzte historische Mythen die Gesellschaft,[7] und auch in der rumänischen Gesellschaft konkurrieren historische Mythen um die Vorherrschaft.[8] In der bulgarischen Gesellschaft spielte – wie auch in anderen Balkanländern – das „türkische Joch“, die Opferrolle wie auch der „heldenhafte Widerstand gegen die Osmanen“ bei der Konstruktion der Nation und der nationalen Identität eine zentrale Rolle.

Angesichts der konstitutiven und identitätsstiftenden Bedeutung und der langen Tradition der politischen Instrumentalisierung der historischen Mythen war und ist die historisierende Betrachtung der eigenen Geschichte und damit die kritische Überprüfung der Mythen eine für die Geschichtswissenschaft notwendige, aber schwierige Aufgabe. Nüchterne, quellengestützte Analysen der Osmanenherrschaft, wie sie sich etwa in dem von H. G. Majer (1989) herausgegebenen Band *Die Staaten Südosteuropas und die Osmanen* sowie in Publikationen der 1990er Jahre finden, wurden in den betroffenen Ländern zumeist kritisch rezipiert. Die Versuche des Hinterfragens historischer Mythen, insbesondere wenn sie von außerhalb des Landes kamen, riefen sowohl in der politischen Öffentlichkeit als auch bei vielen Historikern scharfe Gegenreaktionen hervor. Das gilt in besonders eklatanter Form für das im Folgenden behandelte Beispiel, den im April 2007 von der Arbeit einer bulgarischen Doktorandin an der Freien Universität Berlin ausgelösten politischen Skandal um das „Massaker von Batak“. Er veranschaulicht in besonders drastischer Form die Probleme des politischen, gesellschaftlichen und wissenschaftlichen Umgangs mit historischen Mythen in Südosteuropa.

II

Der Skandal, der für einige Wochen nationale und internationale Dimensionen annahm, begann am 23. April 2007, einem Montag, mit sensationell aufgemachten Meldungen des bulgarischen Fernsehens und der Tageszeitungen. Eine deutsche Stiftung, gemeint war die Robert-Bosch-Stiftung, wolle mit einem von ihr finanzierten Forschungsprojekt an der Freien Universität Berlin das „Massaker von Batak“ des Aprils 1876 zum Mythos, also zur Lüge erklären und damit den Bulgaren ihre leidvolle Geschichte in Frage stellen. „Die Deutschen wollen uns unsere Geschichte stehlen“ – so oder ähnlich lauteten die Schlagzeilen. „Die Deutschen“ – das war der aus Österreich stammende und damals am Osteuropa-Institut in Berlin lehrende Osteuropa-Historiker Ulf Brunnbauer und seine aus Bulgarien stammende Doktorandin, die Kunsthistorikerin Martina Baleva, auf deren Idee und Initiative das Projekt zurückging. Die Wogen der Empörung über das Forschungsvorhaben sowie über eine für Mitte Mai geplante Tagung und Ausstellung am Ethnographischen Institut der Akademie der Wissenschaften in Sofia schlugen so hoch, dass der Staatspräsident Georgi Părvanov, der Ministerpräsident Sergej Stanišev und der Parlaments-

5 Vgl. Čolović 1994, Lauer 1993, 1994, Richter 1999.
6 Schmitt 2005, 2009.
7 Hofer 1991, vgl. Swartz 2009.
8 Ursprung 2005.

präsident sowie dann auch die Akademie der Wissenschaften und die Universität Sofia sich mit offiziellen Erklärungen an die bulgarische und internationale Öffentlichkeit wandten. Der Staatspräsident, selbst ein Historiker, bezeichnete das Forschungsprojekt als eine „scharfe Provokation der deutschen Universität, durch die eine der tragischsten Seiten des Aprilaufstandes verfälscht" und das „Opfer der Einwohner von Batak", das damals die Welt aufgerüttelt [und 1877 zum Eingreifen Russlands geführt] habe, verhöhnt werde.[9] Ein solches „Umschreiben der Geschichte" werde von der gesamten bulgarischen Gesellschaft abgelehnt. Er kündigte an, in dem kleinen Rhodopen-Städtchen Batak an einer „offenen Geschichtsstunde"[10] teilnehmen zu wollen. Am 16. Mai nahm er dann in Batak demonstrativ und symbolträchtig an der traditionellen Feier zum Jahrestag des Aufstandes teil, was im Fernsehen ausführlich übertragen wurde.

Weniger symbolisch waren die unmittelbaren Folgen dieses Medienskandals und der regierungsamtlichen Verlautbarungen. Martina Baleva, die sich zur Vorbereitung der Tagung in Sofia befand, erhielt zahllose Morddrohungen und musste, öffentlich als „Verräterin" gebrandmarkt, fluchtartig ihr Heimatland verlassen. Sie und ihr Projektleiter wurden von den Medien, insbesondere von dem der rechten Partei *Ataka*[11] nahestehenden Fernsehsender *Skat* sogar in Berlin verfolgt und erhielten dort für einige Zeit Polizeischutz. Kopfprämien wurden ausgeschrieben, Belohnungen ausgelobt für die Berliner Adresse und ein Foto der „Verräterin", im Haus ihrer Eltern und in dessen Umgebung in Sofia wurden Drohungen gesprayt. Ulf Brunnbauer und die Geldgeber des Projekts wurden durch das bulgarische Außenministerium über die damalige bulgarische Botschafterin in Berlin in Presseartikeln massiv angegriffen und unter Druck gesetzt.[12] In den Medien wurde sogar zum Boykott von Bosch-Produkten aufgerufen in der irrigen Annahme, dass die Firma Bosch etwas mit der Stiftung zu tun habe. Der Präsident der Akademie der Wissenschaften, die die im Ethnographischen Institut geplante Ausstellung und Tagung bewilligt hatten, wurde scharf angewiesen, beides sofort abzusagen. Der zweisprachige Katalog zur Ausstellung[13] erschien einige Monate später, doch auch auf ihn gab es wütende Reaktionen: „Als Zeichen des Protests hat ein bulgarischer Bürger das Buch auf dem zentralen Platz von Ruse öffentlich verbrannt".[14] Die Kampagne gegen die beteiligten Wissenschaftler zog sich über mehrere Monate hin, wenn auch in schwächer werdender Form, doch führt „jeder neue Versuch der Debatte über das Projekt zur Reaktivierung des Skandals".[15]

III

Was war wirklich geschehen und was war der tiefere Grund dieser für bulgarische Medien und Politiker ungewöhnlich scharfen Kampagne? Das von Ulf Brunnbauer geleitete Forschungsprojekt „Feindbild Islam – Geschichte und Gegenwart antiislamischer Stereotype in Bulgarien am

9 S. die Meldung in www.gbg.bg vom 25.4.2007 „Dass man die Geschichte des Massakers von Batak verändert, ist eine Provokation". In der Pressemeldung hebt der Staatspräsident das „Selbstopfer der Bewohner von Batak" hervor.

10 S. die Meldung der Bulgarischen Nachrichtenagentur BTA vom 26. April 2007.

11 Der Parteivorsitzende forderte die Änderung von Artikel 108 des Strafgesetzbuches, so dass derartige Leugnungen mit hohen Geldstrafen geahndet werden können, und verlangte, dass dieser „verrückte Versuch, die bulgarische Geschichte zu fälschen" vor das EU Parlament gebracht wird (http://international.ibox.bg/news/id_1414239125).

12 S. das Interview in der Zeitung 24 Časa [24 Stunden] vom 27.4.2007, S. 35, mit dem Titel „Von der [Robert Bosch]-Stiftung hat man mir versprochen, dass sie die Gelder stoppen".

13 Baleva, Brunnbauer 2007.

14 Vezenkov 2009, S. 133.

15 Ebd., S. 132.

Beispiel des Mythos vom Massaker in Batak" wurde vom Fonds „Erinnerung und Zukunft" der Stiftung „Erinnerung, Verantwortung und Zukunft", der Robert-Bosch-Stiftung, dem Goethe-Institut Bulgarien und anderen Institutionen gefördert und verfolgte das Ziel, „Batak als bulgarischen Erinnerungsort", der im kulturellen Gedächtnis der Nation unauslöschlich mit dem „türkischen Joch" und mit dem heroischen Freiheitskampf der Bulgaren verbunden ist, zu beleuchten. Durch den analytischen Blick sollten „die Konstruktionsmechanismen der kollektiven Erinnerung an das Massaker in Batak" und dadurch „weitere Bedeutungsebenen" eröffnet werden. Bei der Konstruktion von Batak als herausragendem politischem Mythos kam, so die Hauptthese des Projekts im Ankündigungstext der geplanten Tagung[16] und im Ausstellungskatalog,[17] *Bildern* eine eminente Rolle zu, insbesondere dem Ölgemälde „Das Massaker von Batak" des polnischen Malers Antoni Piotrowski aus dem Jahre 1892 sowie den von ihm zuvor angefertigten Fotografien des Massakers. „Die von ihm inszenierten fotografischen Vorlagen", so der Text, „prägen bis heute die visuelle Vorstellung vom Massaker und der Brutalität der ‚Türken'. Die besondere politische Dimension dieses Erinnerungsortes ergibt sich aus den komplexen Beziehungen zwischen Christen und Muslimen nicht nur in der Region um Batak, sondern im ganzen Land". Daher sei es wichtig, die „politische Instrumentalisierung der Erinnerung" offenzulegen. Von den zehn Referenten der für Mitte Mai geplanten Tagung waren acht aus Bulgarien. Die Ausstellung unter dem Titel „Batak als bulgarischer Erinnerungsort" sollte zeitgleich eröffnet werden.

Dass es am 23. April zu der enormen landesweiten Protestkampagne in den Medien kam, war für die unmittelbar Betroffenen überraschend. Bereits ein Jahr zuvor, im Mai 2006, hatte nämlich Martina Baleva in der Wochenzeitung *Kultura* unter dem Titel „Wer hat die Wahrheit über Batak gesagt (belegt)?" einen ausführlichen Artikel publiziert, in dem sie ihre These ausführte, dass das 16 Jahre nach dem Massaker entstandene Gemälde Piotrowskis auf Fotografien basiert, die er mehr als ein Jahrzehnt nach dem Massaker mit der lokalen Bevölkerung und mit muslimischer Bevölkerung aus den Nachbarorten inszeniert hatte.[18] Diese Fotografien seien dann massenhaft reproduziert und als authentische Aufnahmen vom Massaker verbreitet worden; zudem sei das Gemälde von Piotrowski in Schulbüchern sehr oft reproduziert worden. Erst um 1892 sei Batak somit zu dem herausragenden Erinnerungsort und politischen Mythos gemacht worden, und zwar auf Anregung und mit Hilfe namhafter bulgarischer Intellektueller und Politiker. Die Thesen von Baleva wurden nach ihrer Publikation – abgesehen von der sachlichen wissenschaftlichen Kritik des Historikers Naum Kajčev (2006) – in der bulgarischen Geschichtswissenschaft und Öffentlichkeit überhaupt nicht wahrgenommen und diskutiert. Sie bildeten die Grundlage des Berliner Forschungsprojekts.

Es ist deutlich, dass die gesamte Argumentation des Projekts – ganz im Sinne dekonstruktivistischer Ansätze – auf die kritisch-rationale Hinterfragung und Relativierung des zentralen nationalen Mythos und die Neubestimmung des Verhältnisses zu den Muslimen im Lande zielte. Da diese Absicht vorab bekannt war, darf davon ausgegangen werden, dass auch die zur Tagung eingeladenen und im Ausstellungskatalog mit Beiträgen vertretenen Referenten diese teilten, möglicherweise auch die Verantwortlichen in der Akademie der Wissenschaften, die beide Veranstaltungen genehmigt hatten. Dem zuständigen Ministerium war der Antrag zur Genehmigung vorgelegt worden. Der Akademiepräsident und der Institutsdirektor wurden erst nach dem Medienskandal von höchster Stelle genötigt, sich zu distanzieren.

---

16 http://www.oei.fu-berlin.de/termine/2007_05_17_batak.html der Freien Universität Berlin.

17 Baleva, Brunnbauer 2007, S. 11f.

18 Baleva 2006.

Wie also konnte es zu dem nationalen Skandal kommen, der über mehrere Wochen alle Medien, darunter auch das Internet in zahllosen Diskussionsforen beherrschte und neben politischen Reaktionen sogar zu diplomatischen Verstimmungen zwischen Sofia und Berlin führte? Die Gründe sind, wie zu erwarten, zahlreich und komplex. Sie sind sowohl auf individuelle als auch gesellschaftlich-strukturelle Faktoren zurückzuführen. Ausgelöst wurde die Kampagne durch eine Folge der populären Fernsehsendung *Pamet bălgarska* [Bulgarischen Gedächtnis] des politisch einflussreichen und charismatischen Historikers und Direktors des Nationalen Historischen Museums, Prof. Božidar Dimitrov. In der Sendung vom Samstag, den 21. April 2007 behauptete er in „einem kurzen manipulativen Kommentar, ... dass das Projekt das Massaker von Batak leugne",[19] und sprach sich deutlich gegen das Projekt, die Tagung und die Ausstellung aus. Zudem äußerte er den Verdacht, das Projekt werde von türkischer Seite finanziert – ein absurder, für Bulgarien aber tödlicher Verdacht. Entscheidend war dabei, dass ihm als Historiker ohne Zweifel die wissenschaftliche Bedeutung des Begriffs „politischer Mythos" bekannt war, er in seinen öffentlichen Aussagen aber die populäre Bedeutung Mythos = Lüge verwendete – ein sehr folgenschweres Spiel mit Begriffen, war doch in dem Projekt nie behauptet worden, dass es das Massaker nie gegeben habe.

Dem Projekt wurde also von Božidar Dimitrov „etwas Zusätzliches zugeschrieben"[20] und es war dieses „Zusätzliche", die angebliche Leugnung des Massakers, das den Skandal auslöste. Gleich zu Wochenbeginn reagierten die Medien, die Politik und dann auch sehr schnell die breite Bevölkerung. Die größten Tageszeitungen des Landes prangerten das Projekt als „Leugnung des Massakers von Batak" an, als „skandalöse Korrektur" oder „Fälschung unserer Geschichte", die zum Ziel habe, eine „Revision der nationalen historischen Mythen" durchzuführen und „die Geschichte des Landes im europäischen Kontext zu revidieren". Pathetische Bilder, Emotionen und Affektreaktionen auch von hohen Politikern und Diplomaten beherrschten die Medien, häufig fielen Begriffe wie „Heiligtum", „Beschmutzung", „Lüge" u. ä. Die Internet-Foren quollen über von kritischen bis radikalen Kommentaren – und es dauerte einige Tage, bis sich kritische Intellektuelle an die Öffentlichkeit wagten[21] und versuchten, der Kampagne mit sachlichen Argumenten entgegenzutreten. Viele von ihnen formulierten ihren Protest im Internet in einer Petition[22], in der sie sich gegen jede politische Zensur und Manipulation wandten und nachdrücklich auf der Freiheit wissenschaftlicher Forschung bestanden, auch bei schmerzhaften Fragen der nationalen Geschichte.[23] Ein rasch einberufener „Runder Tisch" brachte kaum greifbare Ergebnisse und noch Monate später, Mitte Dezember 2007, musste eine öffentliche Diskussion unter Polizeischutz abgehalten werden.[24]

Die diffamierende Initiative des für seine nationalistisch-populistischen Aussagen bekannten Historikers Božidar Dimitrov,[25] der in der Petition der liberalen Historiker als „Pseudohistoriker" und „Berufsmanipulator" bezeichnet und von manchen Kollegen als „Čalga-

19 Vezenkov 2009, S. 135.
20 Vezenkov 2009, S. 134.
21 S. Ditchev 2007, Vezenkov 2007.
22 http://www.bgpetition.com/apel_na_bg_istorici/index.html sowie den Bericht in der Zeitung Dnevnik vom 2. Mai 2007 „Zur Verteidigung der akademischen Freiheit" (http://www.dnevnik.bg/show/?storyid=335640).
23 „Wir erklären uns für die Verteidigung der Autonomie der Wissenschaft, der akademischen Freiheit und der Gleichberechtigung beim Ausdruck anderer Meinungen, auch bei für das nationale Gedenken schmerzhaften historischen Fragen sowie auch für die Vorstellung unterschiedlicher wissenschaftlicher Zugänge zu historischen Erscheinungen."
24 http://www.segabg.com/online/article.asp?issueid=2843&sectionid=2&id=0000504.
25 Ich habe mir 2007 und 2008 einige Folgen seiner Fernsehsendung *Pamet bălgarska* angesehen und war von der stark nationalistischen Tendenz betroffen. Dimitrov hat – in z.T. beleidigender Ausdrucksweise – seine Position und seine Vorwürfe in einem hinzugefügten Kapitel zu seinem populärwissenschaftlichen Buch *12 Mythen der bulgarischen Geschichte* (Dimitrov 2007, S. 147–151) wiederholt.

Historiker"[26] eingeschätzt wird,[27] hätte allein sicher nicht ausgereicht, eine solche nationale Kampagne auszulösen, wenn sie nicht ein in der Bevölkerung bereits vorhandenes Unbehagen angesprochen hätte. Nach fast 18 Jahren Transformationskrise, die wenige Gewinner und sehr viele Verlierer hervorgebracht hat, und angesichts der Tatsache, dass die DPS,[28] die Partei der türkischen Minderheit, seit Jahren als Zünglein an der Waage überaus einflussreich an der politischen Macht beteiligt ist, herrscht in der breiten Bevölkerung eine erhöhte Sensibilität gegenüber den Muslimen im Lande, eine Tatsache, die zu einem Anwachsen nationalistischer und rechtsradikaler Strömungen geführt hat.[29] Ihnen wird von den rechten Parteien und ihren Medien eine lautstarke Stimme verliehen, was in den Wahlergebnissen der letzten Jahre einen deutlichen Niederschlag gefunden hat.

Der Resonanzboden ist aber noch breiter. Die „Erinnerung an Batak" ist für das Selbstverständnis der Bulgaren nicht irgendeine beliebige Erinnerung, sondern sie ist im kulturellen Gedächtnis neben dem „türkischen Joch" der für das nationale Selbstverständnis zentrale politische Mythos. „Batak" steht nicht nur für den blutig niedergeschlagenen Aufstand gegen die osmanische Herrschaft im April 1876, sondern bildet ein für die nationale Identität konstitutives Schlüsselereignis. Das Massaker symbolisiert zum einen die historische Tatsache von fünf Jahrhunderten Fremdherrschaft und Leiden; zum andern steht es – und hier herrscht Uneinigkeit unter Historikern, ob das Massaker wirklich Teil des Aprilaufstandes war – sowohl für eine *heroisierende* als auch für eine *Opfer*-Interpretation: Während „das öffentliche Bewusstsein das Massaker von Batak erinnert, versuchen Historiker und Lokalpatrioten, den Aufstand und die heldenhafte Verteidigung des Orts in den Vordergrund zu rücken".[30] Beide Deutungen, das Heldentum schlecht ausgerüsteter Freiheitskämpfer gegen die verhasste Türkenherrschaft wie auch das Opfer der Unschuldigen,[31] das zur „bewussten Selbstaufopferung für die Freiheit des Vaterlandes" stilisiert wird,[32] haben ihren festen Platz im offiziellen historischen Erinnern. Alle Geschichtsbücher künden von ‚Batak' und alle Regierungen des 20. Jahrhunderts haben dieses Ereignis in der einen oder anderen Weise instrumentalisiert. Das gilt in besonderem Maße für die von 2005–2009 amtierende Regierung, an der die Partei der ehemaligen Kommunisten maßgeblich beteiligt war. Sie betrieb eine sehr offensive Vergangenheitspolitik, in der die ältere Geschichte – von den Thrakern, den mittelalterlichen bulgarischen Reichen und der osmanischen Herrschaft bis hin zum Aufstand von 1876 – ganz im Vordergrund stand, während die ebenfalls leidvollen Jahrzehnte sozialistischer Herrschaft verdrängt und verschwiegen wurden.[33] Der zuerst aus der politischen Elite kommende Aufschrei wegen des Batak-Projekts ist also auch in diesem Kontext zu verstehen, und zwar als eine Ersatzhandlung und Ablenkung. „Es ist symptomatisch", schreibt Vezenkov[34], „dass sich an der ‚Entlarvung' des Projekts etliche ... Historiker

26 Das Wort ‚Čalga' bezeichnet einen seit den 1990er Jahren überaus populären Pop-Folk mit orientalischen und westlichen Elementen, der als symptomatisch für die Transformationsperiode und auch für die neuen politischen und wirtschaftlichen Eliten gilt (s. Ivanova 2004). ‚Čalga Historiker' bezeichnet „those authors of nationalistic books and TV programmes that provide disinformation under the guise of 'revealing secrets about Bulgaria's past" (Trankova 2009, S. 34). Diese Qualifikation zielt sehr eindeutig auf das Buch Dimitrovs aus dem Jahre 2007 (Dimitrov 2007).

27 Vezenkov 2009, S. 136.

28 Dviženie za prava i svobodi (Bewegung für Rechte und Freiheiten), eine de facto *ethnische* Partei, die es laut Verfassung eigentlich gar nicht geben dürfte.

29 Vgl. Ditchev 2007.

30 Vezenkov 2009, S. 158.

31 Die genaue Zahl der Opfer des durch irreguläre Soldaten (bašibozuci) ausgeführten Massakers ist nicht bekannt: Die Angaben verschiedener Quellen schwanken zwischen 1500 und 5000 Bewohnern, unter ihnen sehr viele Frauen und Kinder.

32 Vezenkov 2009, S. 160.

33 Gazdov 2007.

34 Vezenkov 2009, S. 141.

beteiligt haben, die unter den offiziell bekannt gegebenen Mitarbeitern der einstigen Staatssicherheit sind (Božidar Dimitrov, Georgi Părvanov, ... u. a.)".

IV

Das Historische Museum und die niedrige Kirche in Batak, in der die Knochen der Erschlagenen sichtbar aufgehäuft sind, beide eingebettet in eine gepflegte Parkanlage, gleichen einem nationalen Heiligtum. Die „Heiligkeit" Bataks, des Massakers und der Erinnerung daran wurde in der öffentlichen Diskussion auch mehrfach hervorgehoben. Der Historiker Ilija Todev erklärte, dass die zum Ausdruck gekommene Erregung „verständlich, vielleicht sogar notwendig sei, wenn unvorsichtige Hände unsere Heiligtümer anfassen".[35] Ivan Ilčev, Dekan der Historischen Fakultät der Universität Sofia, warnte, „dass die Wunden nicht berührt werden sollten, die noch bluten, bis auf die blanken, schmerzenden Nerven", und die „‚akademische Versammlung' der Universität Sofia vom 27. April präzisierte, dass in wissenschaftlichen Forschungen ‚die Würde und das historische Erinnern des bulgarischen Volkes nicht angetastet werden dürfen'".[36] Gegen eben diese Sakralisierung und Tabuisierung[37] wandten sich die Verfasser und Unterzeichner der Petition,[38] doch bleibt die extreme politische und emotionale Aufladung dieses *lieu de mémoire* in der bulgarischen Gesellschaft eine Tatsache. Vor diesem Hintergrund war es vielleicht keine sehr sensible Idee der Organisatoren, die Veranstaltungen, die sich mit der Genese dieses „Nationalheiligtums" kritisch auseinander setzen sollten, exakt auf den Gedenktag des Massakers zu legen. Ein neutralerer Termin wäre der Aufarbeitung dieses politischen Mythos wohl dienlicher gewesen.

An der Notwendigkeit der wissenschaftlichen Aufarbeitung dieses historischen Ereignisses und seiner politischen Überhöhung kann kein Zweifel bestehen, doch merkt Aleksandăr Vezenkov[39] an, dass sich „die bulgarische Geschichtswissenschaft bis heute mit den Inhalten des Projekts und mit den Aufsätzen im Katalog nicht ernsthaft auseinander gesetzt hat, nur mit dem ‚Skandal Batak'". Sein eigener umfangreicher Artikel leistet hier einen verdienstvollen Beitrag, etwa auch zur zentralen Frage des Projekts, wann und wodurch das ‚Massaker von Batak' zum wichtigsten nationalen Mythos avancierte und warum es gerade Batak war, wiewohl es 1876 Massaker in etwa zwanzig Orten des Landes gab. Das Massaker war, wie er anhand von Quellen aufzeigt, in der Tat das größte und es ging in das kollektive und kulturelle Erinnern ein, und zwar unabhängig von den im Forschungsprojekt so sehr ins Zentrum gerückten Bildquellen. Vezenkov korrigiert damit die Hauptthese des Projekts; und kritisch sieht er auch eine andere These, dass es sich beim Massaker eher um eine lokale Auseinandersetzung zwischen christlichen und pomakischen[40] Dörfern gehandelt habe.

Angesichts der Tatsache, dass ‚Batak' im emotionalen Haushalt der (ethnischen) Bulgaren eine Ressource ist, die jederzeit für Ressentiments gegen die türkische und pomakische Min-

35 Ebd., S. 138.

36 Ebd., S. 137.

37 Ähnliche Tendenzen der Tabuisierung der Geschichte zeigen sich in der Russischen Föderation, wo der Staatspräsident am 15. Mai 2009 einen Gesetzentwurf eingebracht hat, der alle Versuche „der Fälschung der Geschichte zum Schaden der Interessen Russlands" unter Strafe stellen soll (http://www.rg.ru/2009/05/20/komissia-dok.html).

38 „Wir erklären uns gegen sakrale ‚Tabuthemen' und gegen den Zwang, alle auf die gleiche Art zu denken. Wir werden für das Recht, dass wir unsere Unterschiede in einem offenen und zivilisierten Dialog austragen, kämpfen."

39 Vezenkov 2009, S. 138.

40 Pomaken sind islamisierte ethnische Bulgaren, die vor allem in Südbulgarien und Nordgriechenland leben.

derheit im Lande und gegen Türken schlechthin aktiviert werden kann, ist eine fundierte sachliche Behandlung der Ereignisse durch die Geschichtswissenschaft in der Tat unabdingbar. Gerade die Tatsache aber, dass die provokanten Thesen der Kunsthistorikerin Baleva ein Jahr lang niemanden in Bulgarien interessierten, lässt vermuten, dass der Medienskandal noch andere, aktuellere Ursachen hat. In einigen der z. T. sehr aggressiven und gehässigen Zeitungskommentare und Internet-Foren finden sich Hinweise darauf, dass der Zeitpunkt des Skandals in der Tat bedeutsam war. Im April 2007 war Bulgarien gerade vier Monate Vollmitglied der Europäischen Union. Der – gegen viele Bedenken in der EU – rasche Beitritt des Landes war ein Ereignis, auf das die politischen und wirtschaftlichen Eliten, die den Beitritt in Brüssel ausgehandelt hatten, ihr Volk fast überhaupt nicht vorbereitet hatten. Der Beitritt zum 1. Januar 2007 traf die Bevölkerung Bulgariens (wie auch des Nachbarlandes Rumänien), die „Europa" bislang nur als einen fernen Sehnsuchtsraum wahrgenommen hatte,[41] fast wie ein Schock. Vor allem die sofort in Kraft tretenden europäischen Gesetze und Verordnungen wie auch die hohen Anforderungen in vielen Bereichen der Wirtschaft erregten die Gemüter. Exemplarisch dafür stehen die scharfen landesweiten Proteste vor allem der ländlichen Bevölkerung bereits im Januar 2007 gegen die Einführung einer relativ hohen Steuer auf Alkohol – und zwar auch auf selbstgebrannten Schnaps, der für die ländliche Bevölkerung nicht nur ökonomische Bedeutung hat, sondern vor allem auch zentraler Teil ihrer Lebensweise ist. „Die in Brüssel wollen unsere Kultur und Identität vernichten" war, wie die Volkskundlerin Radost Ivanova[42] in einer empirischen Studie herausgearbeitet hat, die Kernaussage dieses antieuropäischen Protests. Dass dieser Aspekt für den Medienskandal und die Reaktionen aus der Bevölkerung relevant war, zeigt etwa der scharfe Artikel des bekannten Literaturwissenschaftlers Nikola Georgiev in der Tageszeitung *Monitor* vom 26.4.2007 unter dem Titel „Das sind die ersten Früchte unseres Beitritts zur EU". Hinzu kam als wichtiger aktueller Anlass, dass am 20. Mai die für Bulgarien ersten Wahlen zum EU-Parlament bevorstanden, „die von allen Parteien benutzt werden, um sich als Verteidiger der nationalen Interessen gegen ‚Europa' zu stilisieren".[43]

Die Tagung und Ausstellung vom Frühjahr 2007 trafen also auf eine gegenüber „Europa" sensibilisierte und verunsicherte Bevölkerung. Das „deutsche" Projekt – und Deutschland ist für Bulgaren bis heute das wichtigste Referenzland in Europa – wurde gedeutet als ein impertinenter Versuch „Europas", „uns" das wichtigste Symbol unserer Jahrhunderte währenden Opferrolle und unseres kämpferischen Heldenmuts wegzunehmen. Anders sind die scharfen medialen und politischen Reaktionen (bis hin zum Staatspräsidenten) und die anhaltenden Diskussionen in der Öffentlichkeit, besonders in Internet-Foren, auf das Dissertationsprojekt einer Kunsthistorikerin wohl kaum zu erklären. Durch ihre Einbindung in ein „deutsches" Projekt war sie zur Nestbeschmutzerin geworden, die es zu pfählen galt und der man ihre bulgarische Staatbürgerschaft, ja sogar ihren bulgarischen Namen aberkennen müsse. Das ganze Projekt wurde als eine „wohlüberlegte antibulgarische Initiative" und Verschwörung „Europas" und der Türkei hingestellt,[44] Die Wucht der Reaktionen auf die Medienkampagne überstieg dann aber doch „nicht nur die Bedeutung des Projekts, sondern wohl auch die Erwartungen der Initiatoren der Medienkampagne";[45] sie waren teilweise erschrocken über die sehr negativen Reaktionen aus dem Ausland, vor allem aus Deutschland, die dem Ansehen des Landes schadeten.

41 Vgl. Roth 2008.
42 Ivanova 2008.
43 Ditchev 2007.
44 Vezenkov 2009, S. 135.
45 Ebd.

V

Die Auswertung des reichhaltigen Datenmaterials macht somit dreierlei sehr deutlich: dass (1) im öffentlichen Diskurs in Bulgarien um das Berliner Projekt nicht nur antitürkische, sondern auch EU-feindliche Haltungen virulent wurden, dass (2) die Art des öffentlichen Diskurses Indiz dafür ist, dass die Überwindung des sozialistischen Erbes und die Einübung zivilgesellschaftlicher Diskurs- und Umgangsformen weiterhin ein Grundproblem der Gesellschaft ist und dass (3) die Reaktionen und Meinungen in der öffentlichen Debatte soziokulturelle Dichotomien in der Gesellschaft sowie Spannungen und Widersprüche bezüglich der nationalen Identitätskonstruktionen offenbart haben. Bulgarien als eines der jüngsten EU-Mitglieder ist, so zeigen diese Diskussionen, die Reaktionen auf Maßnahmen der EU und andere aktuelle Entwicklungen, schon kurz nach dem EU-Beitritt in jene Krise geraten, die fast alle neuen EU-Mitgliedsländer erfasst hat und für die im politischen Diskurs der Begriff ‚Post-Beitritts-Syndrom' verwendet wird.[46] Die extremen Reaktionen auf die kritische Beleuchtung eines nationalen historischen Mythos werden erst in diesem Kontext ganz verständlich, geben sie doch der Angst vor dem Verlust der ohnehin durch das historische Erbe beschädigten nationalen Identität Ausdruck.

Der Skandal zeigt aber darüber hinaus, dass bei der Vermittlung der Bilder der eigenen Geschichte und von „Europa" den Medien – neben Schulbüchern – eine ganz entscheidende Rolle zukommt. Gerade die größten Printmedien und das Fernsehen neigen in Bulgarien und anderen südosteuropäischen Ländern sehr zu populistischen Äußerungen und zur Instrumentalisierung von antitürkischen und Anti-EU-Gefühlen. Doch gerade hier nimmt das Ganze eine fast ironisch zu nennende Wendung, wie der späte Bericht des *Spiegel*[47] erschreckend deutlich macht. Die größten und lautesten, in ihrer Berichterstattung über „Batak" gehässigsten Tageszeitungen des Landes, *Dneven trud* und *24 Časa*, sind ausgerechnet jene, die dem Essener WAZ-Konzern gehören. Erst der kritische *Spiegel*-Bericht brachte dessen Chef Bodo Hombach dazu, in Sofia nach dem Rechten zu sehen – mehr als ein halbes Jahr zu spät.

Die Sensibilitäten gegenüber der EU bzw. „Europa" sind sicherlich geblieben und werden, das zeigt die Erfahrung der anderen neuen EU-Länder, angesichts der Schwierigkeiten der EU-Integration auch noch einige Zeit anhalten. Der hier dargestellte Skandal bezog einen großen Teil seiner Wucht aus eben diesen Stimmungen wie auch aus der Geschichtspolitik einer politischen Elite, die selbst sehr tief in ihre kommunistische Vergangenheit verstrickt ist. Dennoch hat der Skandal auch positive Wirkungen gezeitigt. Er hat unter Intellektuellen im Land, die sich unerschrocken im Internet an die Öffentlichkeit wagten, eine kritische Diskussion über das nationale Selbstverständnis und über die Freiheit und Verantwortung der Forschung ausgelöst und sie für die politische Inanspruchnahme der nationalen Geschichte sensibilisiert. Zudem hat er gewisse Auswirkungen auf die zivilgesellschaftliche Entwicklung, denn er hat deutlich gemacht, „dass in einer pluralistischen Gesellschaft die Kulturpolitik kein Monolog der Staatsverwaltung und der in ihr Beschäftigten ist – die Initiative von Privatpersonen und Nicht-Regierungsorganisationen hat ihren legitimen Platz in ihrer Formierung".[48] Diesen Anspruch betonen die inzwischen über 730 Unterschriften unter der Petition im Internet sowie kritische

46 Zum Post-Beitritts-Syndrom und zum Populismus nach dem EU-Beitritt siehe die Beiträge von Heinz-Jürgen Axt (zu Griechenland), Anneli-Ute Gabanyi (zu Rumänien), Attila Ágh (zu Ungarn) und Sonja Schüler (zu Bulgarien) in den Südosteuropa-Mitteilungen 48,2 (2008), S. 38–98.

47 Kraske/Schmitter 2007.

48 Vezenkov 2009, S. 148.

Veröffentlichungen jüngerer Historiker und anderer Wissenschaftler. Ob aber der Skandal dazu beiträgt, dass die große Bevölkerungsmehrheit ihr Verhältnis zu „Europa", zu den „Türken", zur türkischen Minderheit im Land und damit letztlich zu ihren eigenen historischen Mythen ändern wird,[49] das darf angesichts der generellen Zunahme populistischer und nationalistischer Tendenzen in Südosteuropa zumindest für die absehbare Zukunft bezweifelt werden.

Was die Einordnung des Skandals in das eingangs angesprochene weite Feld der historischen Mythen in Südosteuropa betrifft, hat er noch einen weiteren, überaus wichtigen Punkt deutlich gemacht. Er hat gezeigt, dass die aus der historischen Erfahrung und der starken Volkstradition herrührende Neigung zu ahistorischem Denken und damit zur Mythenbildung als Ressource in der Tat vorhanden und auch abrufbar ist, dass es aber stets der gezielten Manipulation durch die Eliten bedarf, dieses Potenzial zu aktivieren. In Bulgarien haben – ähnlich wie im Serbien der 1990er Jahre oder im Namensstreit zwischen Griechenland und der Republik Mazedonien – Teile der *politischen* Elite ihre Macht in der Tat manipulativ eingesetzt. Noch schwerwiegender ist aber die Tatsache, dass auch Mitglieder der *akademischen* Elite, die eigentlich um die Macht der Mythen wissen und zu deren kritischer Überprüfung beitragen sollten, nicht als Aufklärer, sondern als Brandstifter gewirkt haben. Nicht so sehr der generelle Hang zur Mythenbildung und der konkrete Batak-Mythos als vielmehr dessen bewusste Nutzung zum Schüren „chauvinistischer Hysterie"[50] durch Teile der Elite haben jene „ungeahnt destruktive Wirkung" entfalten können, von der Holm Sundhaussen vor zehn Jahren gesprochen hat.

Literatur

Baleva 2006: Martina Baleva, Koj (po)kaza istinata za Batak? [Wer hat die Wahrheit über Batak gesagt (belegt)], in: Kultura 17, 3.5.2006.

Baleva/Brunnbauer 2007: Martina Baleva/Ulf Brunnbauer (Hg.), Batak kato mjasto na pametta/Batak als bulgarischer Erinnerungsort. Sofia 2007.

Behring/Richter/Schwarz 1999: Eva Behring/Ludwig Richter/Wolfgang Fr. Schwarz (Hgg.), Geschichtliche Mythen in den Literaturen und Kulturen Ostmittel- und Südosteuropas. Stuttgart 1999.

Čolović 1994: Ivan Čolović, Die Erneuerung des Vergangenen. Zeit und Raum in der zeitgenössischen politischen Mythologie, in: Nenad Stefanov/Michael Werz (Hg.), Bosnien und Europa. Die Ethnisierung der Gesellschaft. Frankfurt a. M. 1994, S. 90–103.

Dimitrov 2007: Božidar Dimitrov, 12 mita v bălgarskata istorija i „Mităt" za Batak [12 Mythen in der bulgarischen Geschichte und der „Mythos" über Batak], Sofia 2007.

Ditchev 2007: Ivaylo Ditchev, Der bulgarische Bilderstreit, in: taz Nr. 8263, 30.4.2007, S. 17.

Erlich 1984: Vera St. Erlich, Historical Awareness and the Peasant, in: I.P. Winner u. a. (Hgg.), The Peasant and the City in Eastern Europe, Cambridge, Mass., S. 99–109.

Gazdov 2007: Nikola Gazdov, Symbolpolitik und ‚Europäisierung' im postsozialistischen Bulgarien, Masterarbeit, LMU München 2007.

Hein 2008: Barbara Hein, Mythenkontrolle, in: Das Kunstmagazin 1/2008, S. 58–59.

Hofer 1991: Tamás Hofer, Construction of the „Folk Culture Heritage" in Hungary and Rival Ver sions of National Identity, in: Ethnologia Europaea 21, S. 145–170.

49 Vgl. Roth 1999.

50 Mappes-Niediek 2007.

Ivanova 2004: Radost Ivanova, Die *Čalga* als kultureller Ausdruck der Transformation, in: Ethnologia Balkanica 8, S. 227–238.

Ivanova 2008: Radost Ivanova, Für 20 Leva und eine Flasche Schnaps: Der Schnaps im Leben des bulgarischen Dorfes, in: K. Roth (Hg.), Europäisierung von unten? Beobachtungen zur EU-Integration Südosteuropas. Forost Arbeitspapiere 44. München 2008, S. 115–124.

Kajčev, Naum 2006: Naum Kajčev, Kak Batak vleze v bălgarskijat nacionalen razkaz [Wie Batak in die bulgarische nationale Erzählung einging], in: Kultura 24, 21.6.2006.

Kraske/Schmitter 2007: Marion Kraske/Elke Schmitter, Terror um ein Bild. Zwei dem WAZ-Konzern gehörende Tageszeitungen in Bulgarien machen mit nationalistischen Parolen Jagd auf eine Wissenschaftlerin, in: Der Spiegel 47/2007, S. 74–76.

Lauer 1993: Reinhard Lauer, Aus Mördern werden Helden. Über die heroische Dichtung der Serben, in: Frankfurter Allgemeine Zeitung, Nr. 55, 6.3.1993, S. 1.

Lauer 1995: Reinhard Lauer, Das Wüten der Mythen. Kritische Anmerkungen zur serbischen heroischen Dichtung, in: Reinhard Lauer/Werner Lehfeldt (Hg.), Das jugoslawische Desaster. Historische, sprachliche und ideologische Hintergründe, Wiesbaden 1995, S. 107–148.

Mappes-Niediek 2007: Norbert Mappes-Niediek, „Auf den Pfahl". Todesdrohungen gegen deutsche Forscher in Bulgarien. Staatsspitze schürt chauvinistische Hysterie, in: Frankfurter Rundschau, 26.7. 2007.

Prošić-Dvornić 2000: Mirjana Prošić-Dvornić, Apocalyptic Thought and Serbian Identity: Mythology, Fundamentalism, Astrology and Soothsaying as Part of Political Propaganda, in: Ethnologia Balkanica 4, S. 163–181.

Richter 1999: Angela Richter, Rückgriffe auf den Vidovdan-Mythos in literarischen Werken des 20. Jahrhunderts, in: Eva Behring u. a. (Hg.), Geschichtliche Mythen in den Literaturen und Kulturen Ostmittel- und Südosteuropas. Stuttgart 1999, S. 381–392.

Roth 1995: Klaus Roth, Zeit, Geschichtlichkeit und Volkskultur im postsozialistischen Südosteuropa, in: Zeitschrift für Balkanologie 31, S. 31–45.

Roth 1999: Klaus Roth, Coming to Terms with the Past? The Ottoman Legacy in Southeast Europe, in: Zmago Šmitek/Rajko Muršić (Hgg.), MESS. Mediterranean Ethnological Summer School, Bd. 3. Ljubljana 1990, S. 219–235.

Roth 2008: Klaus Roth, Von Europa schwärmen? ‚Europa' und die Europäische Union in den Vorstellungen der Menschen in Südosteuropa, in: Gabriella Schubert/Holm Sundhaussen (Hgg.), Prowestliche und antiwestliche Diskurse in den Balkanländern/Südosteuropa. München 2008, S. 165–179.

Schmitt 2005: Oliver J. Schmitt, Export eines Nationalhelden? Der schwierige Umgang mit Skanderbeg im albanischsprachigen Westbalkan, in: Neue Zürcher Zeitung Nr. 152, 2.7.2005, S. 55.

Schmitt 2009: Oliver J. Schmitt, Skanderbeg. Der neue Alexander auf dem Balkan, Regensburg 2009.

Skendi 1971: Stavro Skendi, The Songs of the Klephts and the Hayduks – History or Oral Literature?, in: Wolfgang Gesemann u. a. (Hg.), Serta Slavica. In Memoriam Aloisii Schmaus, München 1971, S. 666–673.

Sundhaussen 1999: Holm Sundhaussen, Europa balkanica. Der Balkan als historischer Raum Europas, in: Geschichte und Gesellschaft 25, S. 626–653.

Swartz 2009: Richard Swartz, „Nein, nein, niemals!" Zwischen Krise und Europawahl: Populismus und Nationalismus bestimmen die Politik in Ungarn, in: Süddeutsche Zeitung, 4.5.2009.

Trankova 2009: Dimana Trankova, The Chalga Way of Life, in: Vagabond 32, Mai 2009, S. 34–37.

Ursprung 2005: Daniel Ursprung, Vom Türkenkämpfer zur erfundenen Tradition. Geschichte im Spannungsfeld divergierender Nationskonzepte, in: Neue Zürcher Zeitung Nr. 152, 2.7.2005, S. 57.

Vezenkov 2007: Aleksandăr Vezenkov, Novijat debat za Batаškoto klane – istoriografski aspekti [Die neue Debatte über das Massaker von Batak – historiografische Aspekte], in: Dnevnik, 26.4.2007 (http://www.dnevnik.bg/show/?storyid=334453).

Vezenkov 2009: Aleksandăr Vezenkov, Proektăt i skandalăt ‚Batak'. Razkaz na edin očevidec [Das Projekt und der Skandal ‚Batak'. Erzählung eines Augenzeugen], in: Anamneza IV,1, S. 132–203.

Zekri 2007: Sonja Zekri, Die Barbaren von Batak. Schafott oder Pfahl: Bulgarische Nationalisten bedrohen zwei Kunsthistoriker, die die Geschichte eines Gemäldes untersuchen, in: Süddeutsche Zeitung, 17.10.2007, S. 13.

Ritual und Zeichen

Der feine Griff zum Glas

Zur Anatomie einer frühneuzeitlichen Handgeste

Ruth-E. Mohrmann

In der 1550 erschienenen Ausgabe des „Emblematum Liber“ des Andrea Alciato gibt es ein bemerkenswertes Bild in der von Alciato zur vollendeten Form des Emblems erhobenen Trias von Motto, Bild und Epigramm. Es zeigt einen groß gewachsenen, aufrecht stehenden Mann, der durch einen langen Bart als *alter Mann* gekennzeichnet ist und der an seiner weit ausgestreckten rechten Hand einen mutmaßlich Kilo schweren Pokal aus *klarem Silber* und *tichtem Gold* hält. Zudem wissen wir aus Homers Ilias, dass ausschließlich Nestor, und um ihn und seinen Becher handelt es sich bei diesem Bild, diese *Credentz*, wenn sie gefüllt war, heben konnte. Das Auffallende an dem Bild im folgenden Zusammenhang ist nicht der mit seinem Taubenschmuck und den doppelten Reifen detailliert dargestellte Pokal, sondern Nestors Handhaltung – er trägt den mit Wein gefüllten schweren *scyphus* ausschließlich zwischen Daumen und drei oder auch vier Fingern seiner rechten Hand am Fuß des Pokals (Abb. 1).[1]

Am anderen Ende der hier ins Auge gefassten Zeitachse mag ein Hinweis auf ein Bild des französischen Künstlers Nicolas Bernard Lépicié (1735–1784) stehen. Sein 1746 entstandener Kupferstich „Le Jeu des Échecs“ zeigt zwei jugendliche Schachspieler in gepflegter häuslicher Atmosphäre, hinter denen ein älterer Mann mit einem Weinglas in der Hand steht – auch er hält das Glas am unteren Fuß mit drei bzw. vier Fingern seiner rechten Hand.[2]

Augenscheinlich über mehrere Jahrhunderte ist dies eine Handgeste gewesen, die beim Halten eines Trinkgefässes wenn nicht geläufig, so doch bekannt war und die auch in zahlreichen Bildquellen überliefert ist. Heute ist diese Handhaltung unüblich geworden und ist wohl irgendwann aus dem Katalog der zwingend zu beachtenden Etikettevorschriften heraus gefallen.[3] Ausschließlich um diese Handgeste aber soll es in der folgenden kleinen Skizze gehen, die vor allem Bilder, aber auch zeitgenössische Literatur als Quellen heranzieht. Doch wie selbstverständlich war im 17. Jahrhundert, das hier im Zentrum stehen soll, diese Handhaltung? Ist

1 Arthur Henkel/Albrecht Schöne (Hgg.), Emblemata. Handbuch zur Sinnbildkunst des XVI. und XVII. Jahrhunderts, Stuttgart 1967, Sp. 1401f.

2 Nicolas Bernard Lépicié, Das Schachspiel – Le jeu des échecs. Kupferstichkabinett Dresden Inv.-Nr. 283720. – Als späte französische allerdings undatierte Beispiele sei hier auf die Radierungen von Jean Moyreau (1690–1762), La buvette des Cavaliers und Le vin de l'etrier, verwiesen, die beide elegant gekleidete Reiter im Sattel mit hoch erhobenen Weingläsern und entsprechender Handhaltung zeigen: Inv.-Nr. 283732 und 283721, Kupferstichkabinett Dresden; s. auch Nicolas Lancret, Das Schinkenfrühstück, 1735, Chantilly, Musée Condé, Abb. in Philippe Ariès/Roger Chartier (Hgg.), Geschichte des privaten Lebens, 3. Band: Von der Renaissance zur Aufklärung (Titel der Originalausgabe: Histoire de la vie privée. De la Renaissance aux Lumières, Paris 1986), Augsburg 1999, S. 268. – Die hier und im Folgenden genannten Kupferstiche, Radierungen u. a. sind Teil der Bilddatenbank des Teilprojektes C2 im Sonderforschungsreich 496 „Symbolische Kommunikation und gesellschaftliche Wertesysteme“ an der Universität Münster.

3 In Frankreich ist diese Handhaltung allerdings vor allem bei festlichen Anlässen mit Champagnerschalen und bei Weinverkostungen u. ä. noch heute geläufig. – Auch die Trinkgefäße für die neuen Heißgetränke Kaffee, Tee und Schokolade sind noch bis ins 18. Jahrhundert mit vergleichbarer Handgeste gehalten worden; s. Abb. in Wolfgang Schivelbusch, Das Paradies, der Geschmack und die Vernunft. Eine Geschichte der Genußmittel, Frankfurt a. M. u. a. 1983, S. 49, 74f.

Abb. 1: Andrea Alciato, Nestor mit dem Becher (Scyphus Nestoris), 1550, 63 x 60 mm, S. 110. Henkel/ Schöne (Hg.), Emblemata, Sp. 1401. DFG-Projekt CAMENA, Heidelberg-Mannheim

sie ausschließlich in bildlichen Quellen überliefert und somit möglicherweise ausschließlich ein Produkt der Imagination der Künstler? War sie vornehmlich in der – adeligen und bürgerlichen – Oberschicht verbreitet und galt sie hier als Distinktionsmerkmal einer auf „Fingerspitzengefühl" ausgerichteten Gesellschaft und das gleichermaßen für Männer wie für Frauen? Oder lässt sich diese Handhaltung, die auch unterhalb von Nestors voluminösem und schwergewichtigem Silberpokal eine präzise Körperbeherrschung verlangt, auch in unteren sozialen Schichten finden? Da im Folgenden Bilder als vorrangige Quelle herangezogen werden, die mehrheitlich aus den Niederlanden stammen, so ist hier – neben vielem anderen – nach der Bildsymbolik dieser Geste und der Trinkgefäße, aber auch nach der Symbolik von Glas zu fragen, dem Material, aus dem die meisten der dargestellten Trinkgefäße waren.

Dass gerade das 16. und 17. Jahrhundert in der abendländischen Trinkkultur eine Zeit außerordentlich hohen Alkoholkonsums waren, ist hinlänglich bekannt. Die Berichte über große, oft tagelange Trinkgelage sind Legion und die „Tischzuchten" des 15. und 16. Jahrhunderts wissen vom Zutrinken, vom Bescheid Geben, vom Weiterreichen des Bechers detaillierte Einzelheiten der Trinksitten zu berichten.[4] Das Trinken mit einer Hand galt lange noch als verpönt,[5] aber die Regularien waren oft recht kompliziert – Festgelage waren vom Willkommensgruß über die zahlreichen auszusprechenden Toasts an adeligen Tafeln ebenso wie in Zunftstuben häufig strengen Normen unterworfen, während die ländliche Kirmes ebenfalls den exzessiven Alkoholgenuss, aber weniger strenge Regeln kannte. Auch häusliche Feste und Wirtshausbesuche endeten nicht selten im Vollrausch der Beteiligten. Und der Verlauf derartiger Szenarien nahm bei dem hohen Alkoholkonsum oft bizarre Formen an – das Trinken bis zur Trunkenheit, ja Bewusstlosigkeit war in allen sozialen Schichten und auch bei beiden Geschlechtern zu finden. Doch die Stimmen zur Mäßigung waren nicht erst seit Erasmus von Rotterdam und mit den Reformatoren immer lauter geworden.[6] Der Siegeszug der großen Ernüchterer Kaffee, Tee und Schokolade, der die Trinkkultur revolutionieren sollte, hatte aber erst zaghaft begonnen.[7] Dass im 17. Jahrhundert, einer Zeit des noch immer sehr hohen Alkoholkonsums, eine so elegante und hohe Konzentration erfordernde Handgeste wie die hier in Frage stehende verbreitet gewesen sein soll, überrascht denn doch und ist einer näheren Betrachtung wert. Da nur dieser spezielle Aspekt interessiert, werden keine ausführlichen Bildbeschreibungen und Gesamtinterpretationen geboten.

Die Erforschung der Gesten und Gebärden und der Körpersprache in der Frühen Neuzeit hat in den letzten zwei Jahrzehnten große Fortschritte gemacht. War schon mit Norbert Elias der Übergang vom „unordentlichen Leib" zum zivilisierten und disziplinierten „geordneten Körper" in zahlreichen Einzelheiten zu beobachten und mit Mary Douglas der Körper und die Körpersprache als Symbol für soziale Beziehungen zu interpretieren,[8] so ist das Feld der nonverbalen Kommunikation inzwischen reich bestellt. Aus der umfangreichen Literatur sei hier nur auf einige wenige einschlägige Titel verwiesen, die direkt zum

4 Helmut Hundsbichler, Tischsitten, Tischzuchten, in: Lexikon des Mittelalters Bd. VIII, München 1997, S. 806–811.

5 Arthur Denecke, Beiträge zur Entwicklungsgeschichte des gesellschaftlichen Anstandsgefühls in Deutschland, in: Zeitschrift für Deutsche Kulturgeschichte NF 2, 1892, S. 145–204, hier S. 173.

6 S. Dilwyn Knox, Erasmus's *De civilitate* and the Religious Origins of Civility in Protestant Europe, in: Archiv für Reformationsgeschichte 86, 1995, S. 7–55. – Erasmus' *De civilitate* von 1529 widmet dem Trinken zwar einen eigenen Absatz, sagt aber über die Haltung der Trinkgefäße nichts Näheres. Ob spätere Ausgaben und Übersetzungen hier Änderungen und Zusätze vorgenommen haben, wäre eine Untersuchung wert. Für Frankreich s. dazu Robert Muchembled, Die Erfindung des modernen Menschen. Gefühlsdifferenzierung und kollektive Verhaltensweisen im Zeitalter des Absolutismus (Titel der Originalausgabe: L'invention de l'homme moderne. Sensibilités, mœurs et comportements collectifs sous l'Ancien Régime, Paris 1988), Reinbek bei Hamburg 1990, S. 220ff.

7 Hasso Spode, Die Macht der Trunkenheit. Kultur- und Sozialgeschichte des Alkohols in Deutschland, Opladen 1993, S. 55ff. – Der Alkoholkonsum gerade in den Niederlanden wird für das 17. Jahrhundert als sehr exzessiv dargestellt; s. Simon Schama, Überfluß und schöner Schein. Zur Kultur der Niederlande im Goldenen Zeitalter (Titel der Originalausgabe: The Embarrassment of Riches, London u. a. 1987), München 1988, S. 207ff.; A. Th. van Deursen, Het kopergeld van de Gouden Eeuw. II.Volkskultuur, Amsterdam 1978, S. 38ff.; R. Murris, La Hollande et les Hollandais au XVIIe et au XVIIIe Siècles vus par les Français, Paris 1925, S. 121ff.; Paul Zumthor, Das Alltagsleben in Holland zur Zeit Rembrandts (Titel der Originalausgabe: La vie quotidienne en Hollande au temps de Rembrandt, Paris 1959), Leipzig 1992, S. 194ff. – Bildbeispiele für die Folgen der Trunkenheit besonders für Frauen sind vor allem im Werk von Jan Steen zu finden, siehe dazu: Guido M. C. Jansen (Hg.), Jan Steen – Painter and Storyteller, Washington, Amsterdam 1996, S. 222ff. – Niederländische Meister des 17. Jahrhunderts, Bielefeld/Leipzig o. J. [1937], S. 62: Nach dem Gelage, Rijksmuseum Amsterdam.

8 Norbert Elias, Über den Prozeß der Zivilisation. Soziogenetische und psychogenetische Untersuchungen. Erster Band: Wandlungen des Verhaltens in den weltlichen Oberschichten des Abendlandes, Bern [2]1969; Mary Douglas, Ritual, Tabu und Körpersymbolik. Sozialanthropologische Studien in Industriegesellschaft und Stammeskultur (Titel der Originalausgabe: Natural Symbols. Explorations in Cosmology, London 1970), Frankfurt a. M. 1974.

Thema hinführen. Mit Keith Thomas seien Gesten als „any kind of bodily movement or posture [...] which transmit a message to the observer" verstanden.[9] Gegen den Vorwurf der Trivialität, gegen den 1989 noch Peter Burke argumentierte, ist das Studium der Gesten und Gebärden schon lange nicht mehr zu verteidigen. Als „Subsystem innerhalb des größeren Systems der Kommunikation, das wir ‚Kultur' nennen"[10] und als wesentliches Element der symbolischen Kommunikation sind Gesten und Gebärden inzwischen vielfältig untersucht. Eine der wichtigen jüngeren Untersuchungen, die auch direkt Bezug auf die hier in Frage stehende Handhaltung nimmt, ist Herman Roodenburgs gründliche Studie über die Körpersprache.[11]

Roodenburg setzt sich u. a. intensiv mit zeitgenössischen Künstlern und Autoren auseinander, die sich in kunsttheoretischen Schriften mit teils recht praktischen, aber auch theoretisch anspruchsvollen Grundlagen der Kunst beschäftigten, so besonders Karel van Mander (1548–1606) und Gerard de Lairesse (1640–1711). Van Manders 1604 publiziertes *Schilder-Boeck* ist in Bezug auf das hier im Mittelpunkt stehende Sujet vor allem deshalb bemerkenswert, da van Mander die Künstler ermahnt, von der Fantasie zur Wirklichkeit, das heißt zum Leben überzugehen und betont, dass die Natur Amme und Mutter der Malerei sei.[12] Eine der zentralen Aussagen in Gerard de Lairesses *Groot Schilderboek* ist hier vor allem bedeutsam, da er die generelle Regel aufstellt, dass ein Künstler seine Personen immer „in accordance with their status, office or dignity" darstellen solle.[13] Mit einer Abbildung über „die verschiedene Manierlichkeit bey Anfassung eines Glases" durch „Personen mancherley Standes" gibt de Lairesse dafür eines seiner zahlreichen Beispiele (Abb. 2):

„[...] der eine ergreiffet es mit voller Hand N. 1. Der andere mit etwas besserer Art unten an N. 2. Dagegen siehet man N. 3. wie eine Fürstin, einen Becher mit den Spitzen ihrer drey Finger hält, wobey sie den kleinen Finger behutsam und auf eine angenehme Weiße von dem Glaß hinweg recket. N. 4. Zeigt die Hand einer Staatsdame, die es zwar wohl hurtig aber nicht so gefällig, sondern verzagt führet, aus Furcht sie möchte etwas verschütten. N. 5. Ein Fürst, welcher es geschwind und vorsichtig unten bey dem Fuß anfässet."[14]

Den möglichen Einwand der Künstler, dass es ihnen an Gelegenheiten mangele, „in ansehnliche Gesellschaft" zu kommen, lässt de Lairesse nicht gelten: „Können ihnen, die Kirche, die

9 Keith Thomas, Introduction, in: Jan Bremmer/Herman Roodenburg (Hgg.), A Cultural History of Gesture. From Antiquity to the Present Day, Oxford, 1993, S. 1–14, hier S. 1.

10 Peter Burke, The language of gesture in early modern Italy, in: Bremmer/Roodenburg, History of Gesture, S. 71–83. hier S. 72.

11 Herman Roodenburg, The Eloquence of the Body. Perspectives on gesture in the Dutch Republic, Zwolle 2004.

12 Hessel Miedema (Hg.), Karel van Mander, Den grondt der edel vry schilder-const, Teil 1, Utrecht 1973, S. 105: „[...] go daan van de fantasie over op de werkelijkheid„ d.w.z. tot het leven, dat ons het meest gunstig is [...]"; S. 249f.: „Zo ist de natuur, die ons alles leert, voedster en moeder van de schilderkunst."

13 Roodenburg, Eloquence of the Body, S. 124. Zum Gesamtzusammenhang s. ebd. S. 120–142 und zur späten Zeitstellung von de Lairesse ebd. S. 127f.

14 Gerhard de Lairesse, Großes Mahler=Buch worinnen die Mahlerey nach allen ihren Theilen gründlich gelehret, durch vernünftige Raisonnements über Gemählde erklärt, und aus den besten Kunststücken der alten und neuen berühmtesten Mahler in Kupferstichen deutlich dargestellt wird, Erster Band, Nürnberg 1784, S. 60 (Originalausgabe: Gerard de Lairesse, Het groot schilderboek, Amsterdam 1707). – Da John Bulwers berühmte Chironomia von 1644 ausschließlich Handgesten ohne Bezug zu Gegenständen zeigt, kann auf ein näheres Eingehen verzichtet werden. So zeigt zwar seine Abbildung D auf der Tafel F (s. Abb. in Gabriele Groschner (Hg.), Beredte Hände. Die Bedeutung von Gesten in der Kunst des 16. Jahrhunderts bis zur Gegenwart, Salzburg 2004, S. 69 nach dem Exemplar der Niedersächsischen Staats- und Universitätsbibliothek Göttingen Inv.-Nr. 8 ART ILL 2170) eine rechte Hand, der zwischen Daumen und Mittel- und Ringfinger bei abgespreiztem kleinen Finger nur noch ein gehaltenes Glas fehlt, doch ist dies bei Bulwer ein Gestus der Argumentation und des Vorwurfs (Instabit).

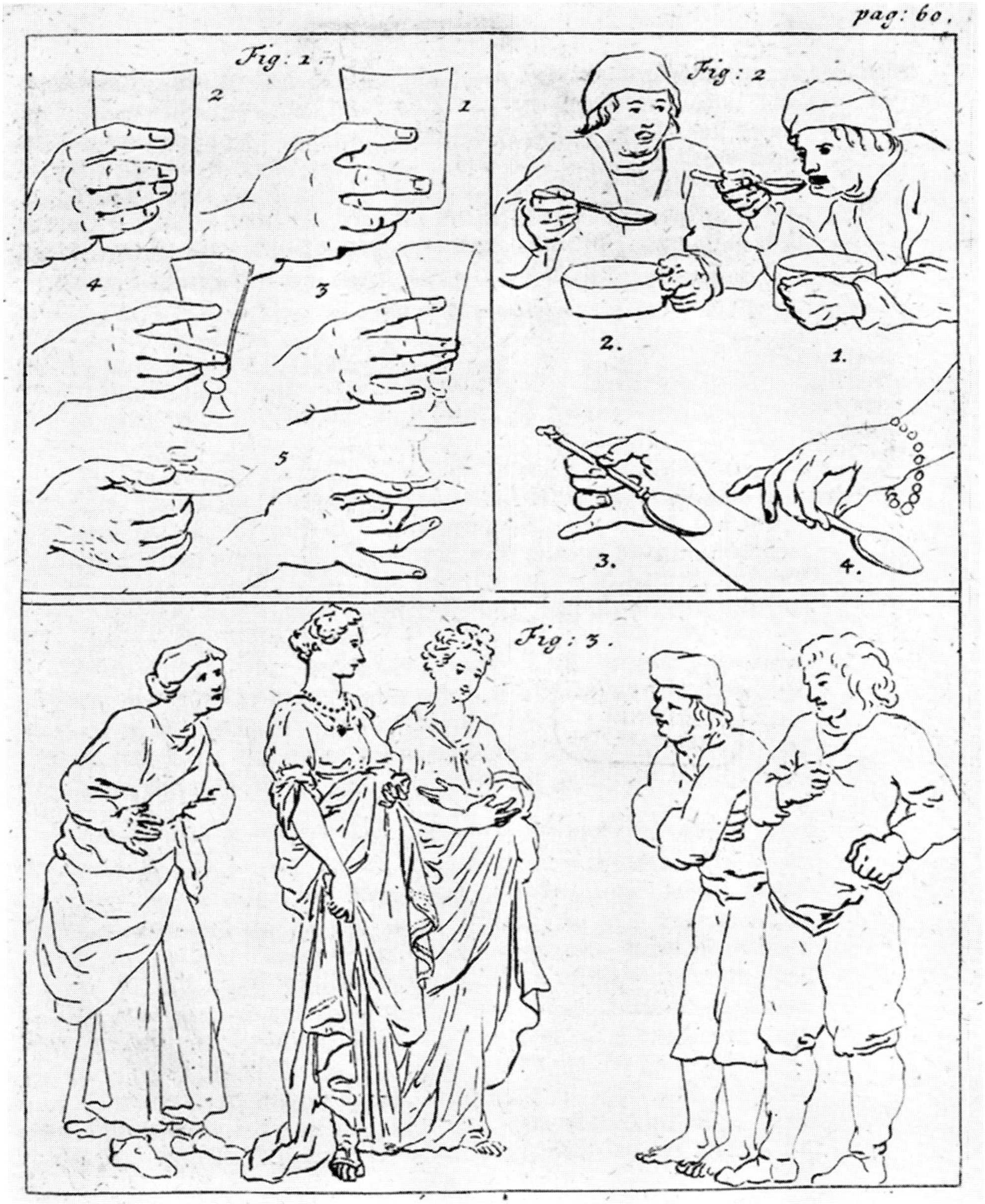

Abb. 2: Illustration über „die verschiedene Manierlichkeit bey Anfassung eines Glases", in: Gerhard de Lairesse, Großes Mahlerbuch, Nürnberg 1784. Universitätsbibliothek Heidelberg, Sign. C6812-23-2 RES:1, S. 60b

Schaubühne und Spaziergänge nicht Gelegenheit genug verschaffen, schöne Leute zu sehen, und auf deren gute Manieren Achtung zu geben?“[15]

Um nur van Mander und de Lairesse hier anzuführen, so bleibt festzuhalten, dass das Leben und die Wirklichkeit Vorbild für die Künstler sein und die Personen ihrem sozialen Rang und Status nach in ihrer Körpersprache und -haltung dargestellt werden sollten. Dass die fragliche Handhaltung nicht nur der Fantasie der Künstler entsprungen, sondern in unterschiedlichen Kreisen auch praktiziert worden ist, darf wohl als gegeben angenommen werden. Im Folgenden wird zu zeigen sein, wie einzelne Künstler vor allem die Forderung von de Lairesse nach sozialer Distinktion gekonnt unterlaufen haben.

Einer der niederländischen Künstler, dem wir eine Vielzahl von Bildern mit Personen und der fraglichen Handhaltung ihrer Trinkgefäße verdanken, ist der Maler Jan Steen (1626–1679). In seinen rund 800 Gemälden hat er immer wieder häusliche Trink- und Festgelage sowie Wirtshaus- und Bordellszenen dargestellt, die oft nicht nur eine, sondern zahlreiche Personen mit der fraglichen Handhaltung am Fuß ihres Trinkgefäßes zeigen. Es lohnt sich also, sich mit Jan Steen und seinem Werk näher auseinanderzusetzen. Jan Steen, 1626 in Leiden als Sohn eines Brauers geboren und ebenda 1679 gestorben, ist in zahlreichen holländischen Städten nachweisbar – von Utrecht über Delft bis Haarlem und Amsterdam. Seine finanzielle Lage ist Zeit seines Lebens allerdings prekär gewesen. Zeitweise war er als Brauer und Gastwirt tätig, was ihm einen tieferen Einblick in dieses spezielle Milieu gegeben haben wird. Jan Steens Werk mit seiner überbordenden Erzählfreude und seiner detailreichen und peniblen Darstellung zahlloser Alltagsszenen und -gegenstände hat immer wieder zu zahlreichen Neuinterpretationen geführt. Die Zeiten, in denen die Interpreten meinten, dass jedes Detail der Realität entlehnt sei und für diese genommen werden dürfe, ja müsse,[16] sind allerdings nicht vorbei. Svetlana Alpers hat dies erneut in die Diskussion gebracht.[17] Ich folge allerdings der Forschungsmeinung, dass Jan Steens Werk voller symbolischer Anspielungen ist, ohne deren Auflösung und Kenntnis seine Bilder nicht verständlich sind.[18]

---

15 De Lairesse, Mahler=Buch, S. 62. – Nicht näher eingegangen werden soll hier auf den Unterschied zwischen den „two gestural cultures“, wie ihn Peter Burke für den disziplinierten protestantischen Norden, besonders England und die Niederlande, und den katholischen Süden, vor allem das Stereotyp des übertrieben gestikulierenden Italieners, darstellt. S. Burke, Language of gesture, S. 76–81. S. hierzu auch Dilwyn Knox, Gesture and comportment: diversity and uniformity, in: Herman Roodenburg (Hg.), Cultural Exchange in Early Modern Europe, Bd. IV: Forging European Identities, 1400–1700, Cambridge University Press 2007, S. 289–307.

16 So schon Jan Steens erster Biograph Arnold Houbraken, De groote schouburgh der Nederlantsche konstschilders en schilderessen, Bd. 3, Amsterdam 1721, S. 12–30; s. hierzu Mariet Westermann, How Was Jan Steen Funny? Strategies und Functions of Comic Painting in the Seventeenth Century, in: Jan Bremmer/Herman Roodenburg (Hgg.), A Cultural History of Humour. From Antiquity to the Present Day, Cambridge 1997, S. 134–178, hier S. 136; s. auch Wilhelm Martin, Jan Steen, Amsterdam 1954. – Für die Neubewertung der Malerei des 17. Jahrhunderts insgesamt besonders wichtig Eddy de Jongh, Zinne- en minnebeelden in de schilderkunst van de zeventiende eeuw, Amsterdam 1967. – Ders., The Iconological Approach to Seventeenth-Century Dutch Painting, in: Franz Grijzenhout/Henk van Veen (Hgg.), The Golden Age of Dutch Painting in Historical Perspective, Cambridge 1999, S. 200–223.

17 Svetlana Alpers, Kunst als Beschreibung. Holländische Malerei des 17. Jahrhunderts (Titel der Originalausgabe: The Art of Describing. Dutch Art in the Seventeenth Century, Chicago 1983), Köln 1985. – Die Bedeutung von Alpers' „Schlüsselwerk der aktuellen Kunstgeschichte“ (so Albrecht Lehmann, Bilder als Vorbild. Zur Ikonologie des „landschaftlichen Auges“, in: Helge Gerndt/Michaela Haibl (Hgg.), Der Bilderalltag. Perspektiven einer volkskundlichen Bildwissenschaft (Münchner Beiträge zur Volkskunde 33), Münster u. a. 2005, S. 157–168, hier S. 159f.) für die niederländische „Sehkultur“ wird hier nicht weiter verfolgt. Jan Steens Leistung allerdings auf den „highest level of skill of the descriptive mode“ (Alpers, Art of Describing, S. 266) zu reduzieren, erscheint mir unangemessen.

18 S. hierzu vor allem Bernd Roeck, Das historische Auge. Kunstwerke als Zeugen ihrer Zeit. Von der Renaissance zur Revolution, Göttingen 2004, bes. S. 150–154, S. 263–265. – Peter Burke, Augenzeugenschaft. Bilder als historische Quellen (Titel der Originalausgabe: Eyewitnessing: The Uses of Images as Historical Evidence, London 2001), Berlin 2003, bes. S. 99–105. – Mariet

Auffällig ist, dass es für die einschlägigen Bilder Jan Steens zahlreiche detaillierte Interpretationen gibt, die der symbolischen Bedeutung noch der entlegensten Details nachspüren, die aber die fragliche Handgeste kaum erwähnen geschweige denn interpretieren. Dies gilt etwa für die ausführliche Deutung von Jan Steens „Soo gewonnen, soo verteert (Wie gewonnen, so zerronnen)“ von Robert Keyszelitz. In diesem von Jan Steen in zwei Fassungen gemalten Sujet hat sich der Künstler wie in zahlreichen seiner Gemälde selbst porträtiert – hier als lachender Kavalier im Ambiente eines prachtvollen Interieurs beim Austernessen, dem „[v]on rechts[...] eine junge Frau ein Kelchglas mit Wein“ anbietet. Die „junge Schöne mit dem Kelchglas“ wird in dem Text als Prostituierte dekodiert, die gemeinsam mit der alten Kupplerin, die die Austern öffnet, ihr „Opfer“ verführen will. Aber so detailliert wie der Kamin mit seiner Fortuna di mare-Darstellung, der Würfel, die Austern, der Hund, die Zitrone, das Tric-trac-Spiel und vieles anderes mehr in ihren symbolischen Bedeutungen entschlüsselt werden – zum Glas und seiner speziellen Haltung zwischen Daumen und Zeigefinger der rechten Hand der jungen Schönen erfahren wir hier nichts[19] und in einer anderen Beschreibung ist lediglich von einer „eleganten Geste“ die Rede.[20] Etwas überraschend ist dagegen die Interpretation, die H. Perry Chapman der jungen Frau gibt. Er meint, dass für die zeitgenössischen Betrachter, die die Bildtradition der Kupplerin und einer jungen Frau kannten, „the young seductress' genteel holding of the wine glass have seemed comically out of place in such uncouth company“.[21] Allerdings dürften die potentiellen Käufer von Jan Steens Bildern mit der Tatsache vertraut gewesen sein, dass es neben den Dirnen in den schäbigen Hafenbordellen auch Luxushuren gab, die die eleganten Manieren der Zeit beherrschten. Ein auffällig großes Schönheitspflaster und die sich selbst anpreisende Geste ihrer linken Hand machen die junge Frau deutlich zu einer „Halbweltdame“, die mit einem einfachen Dienstmädchen nichts mehr gemein hat.[22]

Auf der anderen Seite gibt es die Interpretationen, die ausführlich auf Steens subtile Art der Handdarstellungen und die fragliche Glashaltung eingehen und dabei selbst auf Gerard de Lairesse Bezug nehmen, dies aber auf ihre eigene Bildinterpretation nicht anwenden. So erfahren wir in Margarettas M. Salingers Interpretation von Steens berühmter „Merry Company“ (Abb. 3), dass „Steen was a master of the gestures of the hand, which he painted with the greatest truth and eloquence [...] with the management of jugs and pitchers, and is frequently shown at its loveliest in the delicate maneuvering of fine-stemmed wineglasses".[23] Über die in

Westermann, The Amusements of Jan Steen. Comic Painting in the Seventeenth Century (Studies in Netherlandish Art and Cultural History I), Zwolle 1997, passim. – S. auch Peter Hecht, Das Vergnügliche erkennt man leicht, aber nicht die Bedeutung, in: Jeroen Giltaij, Peter Hecht (Hgg.), Der Zauber des Alltäglichen. Holländische Malerei von Adriaen Brouwer bis Johannes Vermeer, Rotterdam/Frankfurt a. M. 2005, S. 20–29.

19 Robert Keyszelitz, Zur Deutung von Jan Steens „Soo gewonnen, soo verteert“, in: Zs. f. Kunstgeschichte 22 (1959), S. 40–45.

20 Pieter Biesboer, Wie gewonnen, so zerronnen, in: Pieter Biesboer/Martina Sitt (Hg.), Von Frans Hals bis Jan Steen. Vergnügliches Leben – Verborgene Lust. Holländische Gesellschaftsszenen (Originaltitel des Kataloges: Satire en Vermaak. Het genrestuk in de tijd van Frans Hals, Zwolle 2004), Stuttgart 2004, S. 208.

21 H. Perry Chapman, Easy Come, Easy Go, in: Jansen, Jan Steen – Painter and Storyteller, S. 146–149, hier S. 146. Ganz auf eine Interpretation verzichtet Jeroen Giltaij in: Der Zauber des Alltäglichen, S. 198, der in seiner ausführlichen Bildbeschreibung lediglich die junge Frau mit einem „Facon-de-Venise-Kelchglas mit Wein“ nennt.

22 Zu der von „Halbweltdamen“ gefüllten moralischen Grauzone zwischen vornehmen Mätressen und gewöhnlichen Dirnen s. Schama, Schöner Schein, S. 496ff. – Lotte van de Pol, Der Bürger und die Hure. Das sündige Gewerbe im Amsterdam der Frühen Neuzeit, Frankfurt/New York 2006, S. 27ff. vertritt die Ansicht, dass Mätressen und Kurtisanen in den Niederlanden – im Gegensatz zu Frankreich – keine bedeutende Rolle gespielt haben, was sicher zutrifft, aber die Prostitution im Luxussektor in den Niederlanden nicht wirklich erfasst.

23 Margaretta M. Salinger, Jan Steen's Merry Company, in: The Metropolitan Museum of Art Bulletin, New Series, Vol. 17, No. 5 (1959), S. 121–131, hier S. 131. Das Gemälde trägt auch den Titel „As the Old Sing, So Pipe the Young“ (Wie die Alten sungen, so pfeifen's auch die Jungen), Königliche Gemäldegalerie Mauritshuis/Den Haag.

der Bildmitte wirkungsvoll in Szene gesetzte Glashaltung heißt es hier nur, dass „[t]he mistress of the house [...] extends her glass to a servant who, with a high and flourishing gesture, pours her yet another goblet of ruby wine".[24] Eine ausführlichere Interpretation dieses und der anderen herangezogenen Gemälde wird jedoch nicht geboten. Salinger postuliert allerdings, dass die zahlreichen Trinkszenen in der niederländischen Malerei des 17. Jahrhunderts deutlich machen „that good manners in Holland at that time rigorously demanded skillful handling of glasses, which are usually held at the base by a practiced thumb and forefinger", was schon nach dem zweiten geleerten Glas ein schwieriges Kunststück sei.[25] Die Frage, ob dies für alle sozialen Schichten verbindlich war, stellt Salinger allerdings nicht. In der „Fröhlichen Gesellschaft" lässt Jan Steen wie auch in einigen anderen Bildern die trinkende Protagonistin das Glas in der linken Hand halten.[26] In der Interpretation eines dieser Bilder, das eine hochschwangere Magd in einer schäbigen Kneipe mit drei lüsternen Männer am Tisch zeigt, wird deren vornehme Geste mit Bezug auf Gerard de Lairesse als „of course, humorous" bezeichnet.[27] Bevor auf diese Interpretationen noch näher eingegangen wird, ist der Blick auf ein anderes Werk notwendig.

Zum Verständnis der Handgeste ist es unumgänglich, auf Baldesar Castigliones *Il Libro del Cortegiano* zu verweisen. Castigliones Buch vom Hofmann, das erstmals 1528 im Druck erschien, hat allein bis 1600 schon 50 Auflagen und Übersetzungen erfahren und ist von entscheidendem Einfluss auf die Ausbildung des idealen höfischen Verhaltens geworden. Hier interessiert vor allem Castigliones Begriff der *Sprezzatura* als Fähigkeit, auch anstrengende Taten leicht und mühelos erscheinen zu lassen. In der deutschen Übersetzung stellt Castiglione dies als „allgemeine Regel" auf, „nämlich so sehr man es vermag, die Künstelei als eine rauhe und gefährliche Klippe zu vermeiden und bei allem, um vielleicht ein neues Wort zu gebrauchen, eine gewisse Art von Lässigkeit [*sprezzatura*] anzuwenden, die die Kunst verbirgt und bezeigt, daß das, was man tut oder sagt, anscheinend mühelos und fast ohne Nachdenken zustandegekommen ist."[28] Englische Übersetzungen sprechen von *nonchalance*, von *naturalness*, *grace* und *effortlessness*; die niederländische Übersetzung ist *lossigheydt*.[29] Ein Blick zurück auf die Bilder des 17. Jahrhunderts, die Personen mit der fraglichen Haltung von Trinkgefäßen zeigen, verdeutlicht sehr eindrucksvoll die Anmut und Grazie und scheinbare Lässigkeit auch bei höchst unbequemen Sitzpositionen und Körperhaltungen dieser Personen. Vor allem bei Jan Steens trinkenden oder das Trinkgefäß präsentierenden Personen ist ihre elegante Leichtigkeit und Unangestrengtheit ins Auge springend. Dass Jan Steen Castigliones *Cortegiano* wirklich kannte – die niederländische Übersetzung erschien erst 1662 – ist nicht überliefert. Doch dass auch in niederländischen Künstlerkreisen Castigliones Werk bekannt war, ist verbürgt.[30]

24 Salinger, Merry company, S. 123.

25 Ebd.

26 Vgl. z. B. die „Zügellose Gesellschaft" (in der englischsprachigen Literatur als „Dissolute Household" oder „In Luxury Beware" bezeichnet) im Kunsthistorischen Museum Wien, das gleiche Thema im Metropolitan Museum of Art, New York; die „Gasthausszene mit der schwangeren Dienstmagd", John G. Johnson Collection, Philadelphia; Die Hochzeit zu Kana, National Gallery of Ireland, Dublin.

27 Peter C. Sutton/Marigene H. Butler, The Life and Art of Jan Steen, in: Philadelphia Museum of Art Bulletin 78, Nr. 337/338, 1982, S. 1–63, hier S. 34. „The hostess in the Philadelphia painting holds her glass, perhaps in the attitude of a toast, with exaggerated delicacy. Her grasp, pinching the base, was prescribed be Gerard de Lairesse as the most decorous way to depict the ‚graceful taking hold of a glass' ... In the rough company she serves, her refinements are, of course, humorous."

28 Benutzte Ausgabe Baldesar Castiglione, Das Buch vom Hofmann, übersetzt und erläutert von Fritz Baumgart, München 1986, Buch 1, Kapitel 26, S. 53.

29 Roodenburg, Eloquence of the Body, S. 11ff., 65ff. und passim.

30 Mariet Westermann, Von Rembrandt zu Vermeer. Niederländische Kunst des 17. Jahrhunderts (Titel der Originalausgabe: The Art of the Dutch Republic, London 1996), Köln 1996, S. 45.

Abb. 3: Jan Steen, Wie die Alten sungen, so pfeifen's die Jungen, um 1665, Öl auf Leinwand, 134 x 163 cm. Königliche Gemäldegalerie Mauritshuis, Den Haag

Gerade von Jan Steen wissen wir, dass er mit Gesten und Gebärden auch glänzend zu spielen verstand. So hat er vor allem Frauen in der Rolle der Verführerin in anmutigen Körperhaltungen und mit vornehmen Handgesten, eben auch bei der Fußhaltung von Gläsern, gemalt. Meisterhaft hat er hierbei die Zuschreibung distinktiver Codes an soziale Gruppen unterlaufen und eine „ill-mannered maidservant" zu einer „fancy salon lady" werden lassen.[31] Dass Jan Steen hierbei vor allem bei Wirtshausszenen auch auf das Agieren von Schauspielern auf den zeitgenössischen Bühnen zurückgegriffen haben könnte, ist mehrfach diskutiert worden.[32]

31 Roodenburg, Eloquence of the Body, S. 140–142, hier S. 141; s. auch Westermann, The Amusements of Jan Steen, S. 115. – Bildbeispiele hierfür sind etwa The Dissolute Household, London, Apsley House, Wellington Museum, London; The Dissolute Household, The Jack und Belle Linsky Collection, Metropolitan Museum of Art, New York; Verkehrte Welt (In Luxury Beware), Wien, Kunsthistorisches Museum; Besuch kommt, Magyar Szépmüvészeti Museum, Budapest; Der müde Reisende, Upton House, Banbury, National Trust u. a. – Allerdings spielen die Künstler auch mit der umgekehrten Lesart, nämlich dem wohlerzogenen Mann mit schlechten Trinkmanieren. S. Abraham Bosse (Tours 1602 – Paris 1676), Gustus (der Geschmack), das einen elegant gekleideten Mann in einem vornehmen Ambiente zeigt, der sein Weinglas zwar kennerhaft am Fuß mit zwei Fingern seiner linken Hand hält, aber dabei seinen Ellbogen auf den edel eingedeckten Tisch stützt – ein Verhalten, das schon bei Erasmus' *De Civilitate* als anstößig galt.

32 S. J. Gudlaugsson, The Comedians in the Work of Jan Steen and his Contemporaries, Soest 1975; Westermann, How Was Jan Steen Funny?, S. 134–178.

Doch nicht nur Jan Steen, auch zahlreiche andere niederländische Künstler haben die dramatis personae ihrer Bilder mit der fraglichen Handhaltung dargestellt. Zu nennen ist hier zunächst Willem Buytewech (1591[?]–1624), der einige seiner Gemälde der extravagant gekleideten und gelangweiltes Wohlleben demonstrierenden *jeunesse dorée* seiner Zeit widmete. Ist in seiner „Fröhlichen Gesellschaft“ im Museum Boijmans-Van Beuningen in Rotterdam einer der männlichen Protagonisten mit einem Berkemeyer und der fraglichen Handhaltung abgebildet,[33] so sind auch auf der Budapester „Fröhlichen Gesellschaft“ durchaus Gläser zu sehen, allerdings ohne direkten Handbezug zu einer der Personen. Eines steht unberührt auf dem Tisch, während das zweite eines der seltenen Beispiele eines der unzerbrochen auf dem Boden platzierten Gläser ist.[34] Das Gemälde ist, wie Cynthia von Bogendorf Rupprath feinsinnig interpretiert, voller erotischer Anspielungen.[35] Neben der von ihr dem Glas beigemessenen Bedeutung des Geschmacks möchte man dem auf dem Dielenboden direkt mit der Öffnung zum Betrachter hin postierten kostbaren Glas, auf das auch noch der wirkungsvoll positionierte Fuß der besonders anzüglich mit seiner Tonpfeife agierenden männlichen Person hinweist, allerdings durchaus auch eine sexuelle Botschaft zuweisen. Eine Anspielung auf das Verhältnis der einzigen weiblichen Figur zu den drei lüsternen jungen Männern ist angesichts der zahlreichen sexuellen Bildzeichen des Gemäldes nicht abwegig.[36]

Gläser als Trinkgefäße haben seit dem 14. Jahrhundert einen hohen Rang als Statussymbol erhalten, den sie bis weit in die Frühe Neuzeit behielten. Allerdings sind hiermit nicht die meist einfachen grünfarbigen Gläser der deutschen Waldglashütten, die groben Formen der Krautstrünke und Nuppenbecher gemeint, sondern die überaus kostbaren und makellosen

33 Cynthia von Bogendorf Rupprath, Willem Buytewech, Fröhliche Gesellschaft (um 1616–1617), in: Biesbor, Vergnügliches Leben, S. 78–81.

34 Auch Jan Steen, auf dessen Bildern Fußböden fast immer mit einer Vielzahl symbolisch bedeutsamer Gegenstände bedeckt sind („Wie in Jan Steens Wohnzimmer“ ist im Niederländischen sprichwörtlich für häusliche Unordnung), hat Gläser hier höchst selten platziert. Als einziges mir bekanntes Beispiel sei hier die Bordellszene aus dem Louvre, Paris, genannt, die neben Spielkarten, Austernschalen, einer Pfeife und dem Hut des im Schoß der Dirne schlafenden und schon Teilen seiner Kleidung und Uhr beraubten Kunden sowie dem sogenannten Jan Steen-Krug auch ein kostbares Glas mit abgebrochenem Fuß auf dem Fußboden zeigt. Es dürfte wie die Pfeife dem Mann aus der Hand gefallen sein, denn die Dirne hält graziös ein hohes Flötenglas am Glasfuß in der Hand; Abb. 47 in Martin, Jan Steens, dazu S. 49f. – S. auch Salinger, Merry Company, S. 128, die die „accessories of frivolity and entertainment“ „on the floor“ aufzählt, die Jan Steen „seems to have enjoyed so much“. – Eine besondere Haltung von Weingläsern war nach Schama, schöner Schein, S. 506 auch in Bordellen üblich, um auf drohende Razzien hinzuweisen, ohne dass er diese spezielle Haltung benennt. – Gegenüber Cynthia von Bogendorf Ruppraths Interpretation, dass zwischen den Fingern nach unten gehaltene Gläser als Aufforderung zum Nachschenken zu interpretieren seien (Dirck Hals, Fröhliche Gesellschaft bei einem Gelage im Park (um 1620), in: Biesboer, Vergnügliches Leben, S. 88), habe ich angesichts von Pieter de Hoochs „Das leere Glas“ und Everhard Korthals Altes' Interpretation in Giltaij, Zauber des Alltäglichen, S. 228 Zweifel. Hier ist die Abwehrhaltung des Mannes gegenüber dem Einschenkversuch der Dienstmagd eindeutig. – In anderen Beispielen, vor allem Jan Steens, drohen die Gläser aus den Fingern der – zumindest leicht – Beschwipsten oder gar Schlafenden eher zu entgleiten und auf dem Boden zu zerbrechen (s. dazu auch Zumthor, Alltagsleben, S. 196). S. z. B. Jan Steen, Lustige Gesellschaft auf einer Terrasse, Metropolitan Museum of Art, New York und die Interpretationen dazu von Salinger, Merry Company; Jan Steen, Mann, der einer Frau Rauch in den Nacken bläst, National Gallery London, Abb. in Schama, Schöner Schein, S. 226.

35 Cynthia von Bogendorf Rupprath, Willem Buytewech, Fröhliche Gesellschaft (um 1620–1622), in: Biesbor, Vergnügliches Leben, S. 82–85.

36 Glas ist wegen seiner Durchsichtigkeit und Zerbrechlichkeit häufig als Metapher für Klarheit und Reinheit, aber auch für Vergänglichkeit aufgefasst worden; s. Thomas Raff, Die Sprache der Materialien. Anleitung zu einer Ikonologie der Werkstoffe (Münchner Beiträge zur Volkskunde 37), München 2008, S. 66. Hieraus für das Buytewechsche Bild auf die (noch) vorhandene Jungfräulichkeit der weiblichen Figur zu schließen, erscheint interpretatorisch allerdings gewagt. – Auch auf Buytewechs Rotterdamer „Fröhlichen Gesellschaft“ sind zwei unzerbrochene Gläser auf dem Fußboden platziert, die allerdings eine weniger eindeutige symbolische Bedeutung erkennen lassen – die „jungen Nichtsnutze“ führen sich zwar „scham- und zügellos auf“ (Bogendorf Rupprath, S. 78), doch ist die einzige weibliche Figur eine ältere Kellnerin, die nicht in das Bildgeschehen einbezogen ist. – S. auch Jeroen Giltaij, Willem Pietersz Buytewech, in: Der Zauber des Alltäglichen, S. 42–49.

Abb. 4: Adriaen van Ostade, Die drei trinkenden und rauchenden Bauern am Tisch, Kupferstich, Radierung, 219 x 190 mm (beschnitten). Kupferstichkabinett Dresden

Produkte der venezianischen Glasproduktion, die seit dem 13. Jahrhundert auf der Insel Murano konzentriert war.[37] Während Silber- und Goldpokale edle Trinkgefäße, aber auch eine durchaus nützliche Geldanlage waren, die allerdings auch jeder Neureiche anhäufen konnte, waren die immens teuren venezianischen Gläser wegen der deutlich höheren Gefahr der Zerbrechlichkeit vergängliche Wertobjekte, mit denen nur der wirklich Reiche sein Vermögen zur Schau stellte.[38] Vor allem Jan Steen lässt die meisten seiner Personen, bevorzugt Frauen als Verführerinnen, mit der fraglichen Haltung von Trinkgefäßen ein kostbares Glas venezianischer Art präsentieren, was seinen komödiantischen Schalk und ironischen Umgang mit distinktiven Zuschreibungen besonders deutlich macht.

Von den zahlreichen Künstlern des 17. Jahrhunderts, die außer Jan Steen die fragliche Handgeste in unterschiedlichen Kontexten dargestellt haben – genannt seien hier nur Pieter de Hooch, Frans Hals, Gerard ter Borch, Jacob Jordaens, Dirck Hals, David Teniers, Esaias van de Velde, Frans van Mieris, Hendrick Pot, Symon Kick, Jacob Ochtervelt und andere[39] –, sei kurz auf Adriaen van Ostade (1610–1685) eingegangen. Von van Ostade sind nahezu eintausend Bilder erhalten, zumeist bäuerliche Genreszenen in Bauernkaten und Ställen, in Schänken und Herbergen mit meist altersschwachem Hausrat und mit Bauerngestalten, die trinken und tanzen, spielen und raufen, aber auch in beschaulichem Beisammensein gezeigt werden. Trinkende Männer der bäuerlichen Bevölkerung hat Adriaen van Ostade fast immer mit Krügen und Bechern, mit Kannen und Humpen dargestellt, die oft mit beiden Händen zupackend angefasst werden.[40] Gläser in der Hand trinkender Bauern sind höchst selten und wenn dann überraschenderweise mit der am Fuß gehaltenen Handhaltung (Abb. 4).[41] Es kann hier nicht diskutiert werden, inwieweit auch van Ostade ähnlich wie Jan Steen die sozial distinktiven Codes seiner Zeit bewusst ironisch gebrochen hat. Aber dass er im Sinne von van Mander auf „das Leben und die Wirklichkeit" zurückgegriffen hat, erscheint nicht ganz abwegig. Denn auch andernorts ist belegt, dass Bauern ihrer „kostbahren gewohnheit nach wein auß gläsern"

37 Allerdings hatten auch schon in den Kreuzzügen kostbare emaillierte Glasgefäße aus Syrien, Ägypten und dem Irak ihren Weg in die Schatzkammern der hohen Geistlichkeit und des Adels Europas gefunden. S. Harry Kühnel, Kommunikation zwischen Orient und Okzident. Alltag und Sachkultur. Versuch eines Resumées, in: Hundsbichler, Orient und Okzident, S. 5–24, hier S. 13; Brigitte Klesse, Gisela Reineking-von Bock, Glas. Kunstgewerbemuseum der Stadt Köln, Köln 1973, 2. erweiterte Aufl., S. 8–16.

38 Zur Höherwertigkeit der venezianischen Gläser gegenüber den silbernen und vergoldeten Trinkgefäßen mit eingängigen Beispielen s. Helmut Hundsbichler, Nahrung, in: Harry Kühnel (Hg.), unter Mitarbeit von Helmut Hundsbichler, Gerhard Jaritz, Elisabeth Vavra, Alltag im Spätmittelalter, Graz/Wien/Köln 1984, S. 196–231, hier S. 213f. – Peter Volk, Pokal. Venedig, letztes Viertel des 15. Jahrhunderts, in: Brigitte Klesse/ Hans Mayr, Verborgene Schätze aus sieben Jahrhunderten. Ausgewählte Werke aus dem Kunstgewerbemuseum der Stadt Köln, Köln 1977, S. 34–37. S. auch ebd. S. 42 und S. 50. Ob hier schon mit Thorstein Veblen von Statussymbolen des demonstrativen Konsums gesprochen werden kann, sei dahin gestellt. – Ein überraschend anmutendes Beispiel für den demonstrativen Konsum im Zerschlagen kostbarer Gläser bei Maria Bogucka, Gesture, ritual and social order in sixteenth- to eighteenth-century Poland, in: Bremmer/Roodenburg, Cultural History of Gesture, S. 190–209, hier S. 197. Nach dem Ausbringen eines Toastes auf einen besonders zu ehrenden Gast zerschlug der adelige Gastgeber sein kostbares Glas auf seinem eigenen Kopf.

39 Abbildungen siehe besonders in den beiden Katalogbänden „Vergnügliches Leben" und „Der Zauber des Alltäglichen".

40 Dies gilt auch generell für bäuerliche Genredarstellungen des 16. und 17. Jahrhunderts; s. hierzu Hans-Joachim Raupp, Bauernsatiren. Entstehung und Entwicklung des bäuerlichen Genres in der deutschen und niederländischen Kunst ca. 1470–1570, Niederzier 1986 mit zahlreichen Abbildungen.

41 S. auch Jeroen Giltaij, Adriaen van Ostade, Raucher und Trinker, in: Zauber des Alltäglichen, S. 136f. Der trinkende Mann hält in seiner rechten Hand einen Westerwälder Krug, aus dem er sich Wein oder Bier in seinen von unten gehaltenen gläsernen Becher in seiner Linken eingeschenkt hat. Glas und Krug im Dresdner Kupferstich (Abb. 4) werden dagegen umgekehrt gehalten. – S. auch die Radierung eines unbekannten Künstlers nach David Teniers d. J. Sich unterhaltendes Paar, British Museum, London, Department Prints & Drawings, Inv.-Nr. S. 4210, das ein sehr einfach gekleidetes älteres Paar in schlichtem Ambiente zeigt mit einem von dem Mann elegant mit drei Fingern gehaltenen Glasbecher.

getrunken haben, was allerdings als befremdlich und keineswegs selbstverständlich vermerkt worden ist.[42] Auch in Jan Steens Werk sind bäuerliche Genredarstellungen häufig. Allerdings sind meiner Kenntnis nach hier keine trinkenden Personen mit Weingläsern und der fraglichen Handhaltung dargestellt. Männer trinken bei Steen meistens aus Bechern oder Römern und die zierliche Haltung eines kostbaren Weinglases venezianischer Art am Fuß wird fast ausschließlich von Frauen praktiziert.[43]

Die Frage nach der Herkunft der Handhaltung lässt sich kaum eindeutig beantworten. Möglicherweise beruht sie auf einem der zahlreichen Kulturtransfers vom Orient zum Okzident.[44] Denn auch auf persischen Miniaturen schon aus dem 14. Jahrhundert gibt es Belege für diese „untergriffige" Art, einen Kelch, einen Becher oder eine Trinkschale zu halten. Dass hierbei die soziale Distinktion – etwa bei der Darstellung von Herrscherpaaren bei offiziellen zeremoniellen Anlässen – eingehalten worden ist, legt einen Kulturaustausch innerhalb der Oberschicht nahe.[45] Der abendländische Klerus ist aber wohl nicht an dem Transferprozess beteiligt gewesen.[46]

Der Verbreitungsgrad der Handgeste in bildlichen Darstellungen bis zum 16. Jahrhundert ist uneinheitlich. Einzubeziehen sind hier auch Bildquellen, die die fragliche Handhaltung außerhalb von Trinksituationen zeigen. So sind im Hoch- und Spätmittelalter häufig Heilige mit ihren Attributen in entsprechender Handhaltung zu sehen, wenigstens einer der Heiligen Drei Könige präsentiert sein Geschenk oft entsprechend und Darstellungen aus der antiken Mythologie, weltlicher Allegorien u. a. bieten reiches Anschauungsmaterial.[47] So ist die fragliche Haltung von Trinkgefäßen auch vom Meister des Wiener Schottenaltars (1469/1480)

42 Ruth-E. Mohrmann, Volksleben in Wilster im 16. und 17. Jahrhundert (Studien zur Volkskunde und Kulturgeschichte Schleswig-Holsteins 2), Neumünster 1977, S. 256 für das Jahr 1630. – Eine bemerkenswerte Darstellung der fraglichen Handgeste findet sich in Dirck Pietersz Pers, Bacchus wonder-wercken: Waer in het Recht Gebruyck en Misbruyck des Wijns [...] wort afgebeeld [...], Amsterdam 1628. Ganz im Stil der Tierfabeln und Emblembücher zeigt eine der vier Illustrationen ca. zwanzig Tiere, die in prächtigem Ambiente als fröhliche Gesellschaft um einen Tisch gruppiert sind und von denen etliche kostbare Pokale elegant am Fuß der Gefäße halten. Im Text dazu heißt es, dass sie „[beim Trinken] aus den Schalen sabberten und aus den Bechern gierige Schlucke nahmen", sich also der anmutigen Handgeste konträr benahmen; s. ebenda S. 19f.: „Hy slabden uyt de schael, en gulpten uyte kroesen." Für Übersetzungshilfe danke ich herzlich Dr. Joost Robbe, Leuwen/Münster.

43 Als einige der wenigen Beispiele männlicher Trinker mit entsprechender Handgeste und einem kostbaren Weinglas s. Jan Steens Gartenfest von 1677 in belgischem Privatbesitz; Abbildung in Jansen, Jan Steen – Painter and Storyteller, S. 258; zur Interpretation des jungen Mannes als verlorener Sohn s. ebenda S. 257–259 und Jan Steens Taufe, Staatliche Museen Berlin, Schloss Charlottenburg. – In der Abbildung aus dem Zunftbuch mit Darstellungen des Umzug der Messerschmiede, Nürnberg, um 1600, das im Eingangsbereich der Herberge Zum silbernen Fisch einen Mann mit hohem Weinglas in zwei Fingern seiner linken Hand zeigt, dürfte es sich um einen Diener oder Mundschenk handeln; Inv.-Nr. HB 3437, Germanisches Nationalmuseum Nürnberg, Graphische Sammlung. – Sehr selten sind Porträts von Einzelpersonen mit dem fraglichen „feinen Griff"; s. zum Beispiel Lukas Emile I Vorstermann (1595–1675), Mann mit Federhut und Trinkglas zwischen den Fingerspitzen, Kunstsammlung Veste Coburg K 483 I.; Raymond Lafage, Selbstkarikatur, gestochen von Arthur Pond, um 1730, Abb. in Roeck, Das historische Auge, S. 248.

44 Vgl. Helmut Hundsbichler (Hg.), Kommunikation zwischen Orient und Okzident. Alltag und Sachkultur (Veröffentlichungen des Instituts für Realienkunde des Mittelalters und der frühen Neuzeit 16), Wien 1994.

45 Für diesen Hinweis danke ich herzlich Birgitt Hoffmann, Bamberg, und Andreas Hartmann, Münster.

46 In den nachtridentinischen Missalia wird für die Messfeier auch auf das Halten des Kelches eingegangen. So wird der Kelch beim Offertorium mit der rechten Hand unter der Cuppa, mit der linken am Fuß gefasst, bei der Elevation wird der Kelch mit beiden Händen unter der Cuppa gefasst. Für diese Hinweise danke ich herzlich Hubert Wolf, Münster, und Bernward Schmidt, Münster. – Jean-Claude Schmitt, einer der besten Kenner der Gesten, widmet der Symboldeutung der liturgischen Gesten ein eigenes Kapitel, sagt aber zur Haltung des Messkelches nichts aus. S. Jean-Claude Schmitt, Die Logik der Gesten im europäischen Mittelalter (Titel der Originalausgabe: La raison des gestes dans l'Occident médiéval, Paris 1990), Stuttgart 1992, S. 115ff. – Dies bedeutet allerdings nicht, dass der Klerus nicht außerhalb der Messliturgie den fraglichen Handgestus praktizierte.

47 Auf Einzelnachweise wird angesichts der großen Zahl von einschlägigen Bildern hier verzichtet.

gleich mehrfach dargestellt und wird hier mit anmutiger Geste bei abgespreiztem Finger selbst von einer einfachen Magd angewandt.[48] Lucas von Leyden zeigt schon um 1520 einen Mann mit der fraglichen Handhaltung, hier in der linken Hand, in einer Wirtshaus- oder Bordellszene,[49] während andererseits noch 1535 ein Nürnberger Patrizier mit kräftig zupackender Haltung seines kostbaren Pokales am Stiel zu sehen ist.[50]

Auch die Bildsymbolik der Handgeste ist, wie zu sehen war, nicht eindeutig zu interpretieren. Den hohe Aufmerksamkeit heischenden Zeigegestus kannte mit unterschiedlichen Objekten schon die spätmittelalterliche Tafelmalerei, wie sie auch in späteren Porträts zum Beispiel von Kindern mit Spielzeug, Blumen, Obst und Amuletten zu sehen ist. Die fragliche Handhaltung mit Trinkgefäßen, in frühen Belegen vor allem Pokalen aus Edelmetall, später oft kostbaren Weingläsern venezianischer Art, aber auch Stangengläsern und Glasbechern, steht zunächst für elegante Manieren dank bester Erziehung, wie sie für die Oberschicht kennzeichnend war. Die Geste repräsentiert so die Disziplinierung eines zivilisierten Körpers, der mit seiner kontrollierten Körpersprache die Beherrschung der standesgemäßen Etikette dokumentiert. Der Habitus der *sprezzatura* des Adels hatte aber schon früh seine soziale Distinktionskraft verloren, denn schon im 16. Jahrhundert wird nicht nur das meist männliche Dienstpersonal des Adels mit perfekter Beherrschung der Handgeste beim effektvollen Einschenken von Pokalen dargestellt,[51] sondern auch schon Dienstmägde in bürgerlichem Ambiente. Die ironische Brechung mit erotischen Anspielungen in zwielichtigem Ambiente hat aber erst die niederländische Malerei des Goldenen Zeitalters zur Perfektion geführt, für die hier vor allem Jan Steen beispielhaft stand. Allerdings sagt diese Bildsymbolik nichts über die historische Realität der Trinkgelegenheiten aus, für die die dargestellte perfekte Körperbeherrschung und das notwendige Fingerspitzengefühl in den verbürgten Trinkexzessen kaum vorstellbar ist – es sei denn als gelegentliches knappes Zitat einer weithin bekannten Handgeste.

48 Kühnel, Alltag im Spätmittelalter, S. 197 und 301.

49 Abb. in Raupp, Bauernsatiren, S. 204.

50 Wilhelm Hansen, Kalenderminiaturen der Stundenbücher. Mittelalterliches Leben im Jahreslauf, München 1989, S. 69, Abb. 23.

51 Für Bildbeispiele s. z. B. Claes Jansz. Vischer (um 1550 – um 1612), Der reiche Mann und der arme Lazarus, Clemens-Sels-Museum Neuss, 1981 Inventarnr. Gr1272; Jan Pietersz. Saenredam (um 1565/66–1607), Abend aus der Folge Die vier Tageszeiten, Kunstsammlung Veste Coburg, Inv.-Nr. VII, 145, 131. Das Dienstpersonal in vornehmen Gelagen hält das Trinkgefäß fast ausschließlich in der linken Hand, die vornehmen Gäste dagegen in der rechten. Erst die niederländische Malerei des 17. Jahrhunderts beginnt mit dieser Dichotomie von richtig und falsch, von gut und böse und von (sozial) oben und unten spielerisch umzugehen; als frühes Beispiel s. Jan Sadeler (1550–1600), Der verlorene Sohn in Schwelgerei, Kupferstich, Kunstsammlung Veste Coburg, Inv.Nr. VII, 255, 442.

Von Tanzverboten und Ballordnungen zur Disco

Würzburger Quellen zur Sozialgeschichte des Tanzens

Erich Wimmer

„... und baten die burgere ire weiber vnd dochtere geschmuckt vnd getziret auch dahin vnd hielten dem kunig vnd seinem adel ain dantz. ... Vnd zu ainer ewigen gedechtnus dieser fraide vnd froligkait sind die gemelten burgere des raths zu Wirtzburg vnd ire nachkomen hinfur alle jor vff sant Gemerers tag [30. August] mit iren hausfrawen vnd kinden in dem gemelten hof Greue Eckarts zusammen komen vnd haben darin froliche nachtmal vnd dantz gehalten".[1]

Abb. 1: Domkapitel-Exemplar der Fries-Chronik, fol. 160v. Stadtarchiv Würzburg

Anlaß zu dem Festmahl mit Tanz, zu dessen Gedächtnis später jährlich das Bürgermahl gefeiert wurde, war eine Aussöhnung, so berichet Lorenz Fries in seiner Bischofschronik, zwischen König Albrecht I. und der Würzburger Bürgerschaft im Jahr 1303. Der Künstler des Domkapitel-Exemplars der Chronik zeigt einen lockeren Paartanz beim Bürgermahl im Hof des Grafeneckarts im Gewand des 16. Jahrhunderts, während das Echter-Exemplar den zeremoniellen Einzug von 1303 in den Festsaal vorstellt.[2]

Die Ratsprotokolle der Stadt wissen seit dem 15. Jahrhundert von Festmahlzeiten im Grünen Baum, dem Rathaus, zu den Festtagen wie Neujahr, Dreikönig, Fastnacht, Ostern, zur Kirchweihe.[3] Der Tanz gehörte zu solchen Festmahlzeiten. Und vielleicht war es auch wegen

1 Lorenz Fries, Chronik der Bischöfe von Würzburg, 742–1495, hg. v. Ulrich Wagner und Walter Ziegler. Bd. II. Würzburg 1994, S. 251.

2 Abb. in: Gottfried Mälzer (Bearb.), Die Fries-Chronik des Fürstbischofs Julius Echter, Würzburg 1989, Abb. 2.

3 Erich Wimmer, Alltag, Feste und Bräuche, in: Geschichte der Stadt Würzburg, hg. v. Ulrich Wagner. Bd. II, Stuttgart 2004, S. 506–535, hier S. 524, 528. – Weitere Nachweise bei Wolfgang Schneider, Volkskultur und Alltagsleben, in: ebd. Bd. I (2001), S. 491–514, hier S. 499–501. – Rolf Sprandel, Das Würzburger Ratsprotokoll des 15. Jahrhunderts, Würzburg 2003, S. 196, 237, 263–265.

der entgangenen Tanzgelegenheit, daß die Frauen der Ratsherren heftig protestierten, als die Mahlzeit zur Fastnacht 1592 wegen der hohen Kosten eingestellt war.[4] Einen besonderen Rang nahmen die Kilianstänze ein. An ihnen beteiligten sich neben den Ratsherren mit ihren Frauen und Töchtern auch Vertreter des Domkapitels, Prälaten und Hofjunker und ausgewählte Amtsträger.[5] Um den Kilianstag 1484 tanzten die Junker an drei Abenden im Rahmen eines Turniers: „So machten die Junge Hrn. zum Thume Jne am Dornstag sanndt kilians tag zunacht ein tantz, batten ein Rathe vmb das tantzhaws zum greueneckartt, Da tantzten sie Costlich vnd Zirlich bis es Zehenn geslüge ... Darnach am freytag stachen etlich edelleut uf dem Judenplatz ... vnd abents tantzten sie aber zum Greueneckhart bis vmb Eylff ore ... Am Sambstag stachenn aber etlich edellewt vnd des abennts hetten sie ein Tantzs In Hrn Jorgen von Gichs Hoff bis umb Eylffe, vnd die Frawen vnd Junckfrawen waren gar costlich gecleyt."[6]

Wie beim Bürgerfest war auch sonst das Tanzen im Freien üblich. Zur Sommerzeit gab es Abendtänze, wobei auch um den Kranz gesungen wurde.[7] Im Mainviertel ist 1378 ein Platz „auf dem Tanzflecken oder auf der Tanzstatt" nachgewiesen.[8] Auch in der Pleich gab es einen „Tanzflecken".[9] 1468 begehrten die „jungen Gesellen" eine Tanzstatt vor dem Sandertor.[10] Für Hochzeiten konnte das Tanzhaus im Grünen Baum gemietet werden. Auch für andere reguläre Tanzveranstaltungen stand das Tanzhaus offen.[11] Außerdem stellten Bürger größere Räume etwa für Hochzeiten in ihren Häusern zur Verfügung.[12]

Die Handwerker hatten ihre Tänze zu festen Terminen im Jahr. So tanzten am zweiten Pfingsttag die Fischer, gleichfalls zu Pfingsten und dazu am zweiten Weihnachtstag hielten die Bäckersknechte ihre Tänze.[13] Wiederholt kam es bei den Tänzen der Handwerksgesellen zu Auseinandersetzungen. „Ein groß slahen und aufrure" fing an, als 1479 die Häcker und Metzger am gleichen Tag im Pleicher Viertel ihren Tanz hielten. Daraufhin ließen die Bürgermeister „die meyen an beyden pletzen" ausreißen, also die Tanzplätze abräumen und „bede tantz" einstellen.[14] 1473 war an die Metzger und Lohgerber die Mahnung ergangen, „zuchtiklich zu tantzen" und „friedlich" zu sein und sich gegenseitig bei den Tänzen zu dulden.[15]

Besonders turbulent und gewalttätig ging es zu, wenn Studenten in eine fremde Tanzgesellschaft einbrachen. Am Fastnachtsdienstag 1596 drängten sich zwei Studenten ins Wirtshaus Zum Baumgarten (Ursulinergasse 12), wo die Schuhmacher einen Tanz hielten. Als diese sie hinauswarfen, zogen die Studenten den Degen und verletzten einen Handwerker schwer.[16] 1618 drangen Studenten in eine Hochzeitsgesellschaft im Rathaus ein und mischten sich ohne Erlaubnis unter die tanzenden Paare. Auch sie beförderte man auf die Straße; dabei wurde einem der Hochzeitsgäste der Daumen abgeschlagen.[17]

---

4 Sebastian Göbl, Die Rathsschenke und der „Willkomm" der Stadt Würzburg, in: Archiv des Hist. Vereins für Unterfranken und Aschaffenburg 37 (1895), S. 103–157, hier S. 107.

5 Carl Gottfried Scharold, Würzburg und seine Umgebungen. Würzburg 1836, S. 33f.

6 Ders., Das Turnier zu Würzburg im Jahre 1484, in: C.G.S., Beyträge zur älteren und neueren Chronik von Würzburg. Bd. 1, H. 1, Würzburg 1818, S. 33–39, hier S. 38.

7 Ders, Würzburg 1836, S. 33.

8 Joseph Anton Oegg, Entwicklungsgeschichte der Stadt Würzburg, hg. v. August Schäffer. Würzburg 1881, S. 200, Anm. 3.

9 Ebd., S. 194, Anm. 4; auch S. 334f.

10 Schneider (wie Anm. 3), S. 500.

11 Ebd., S. 494, 500.

12 Karl Sigismund Kramer, Bauern und Bürger im nachmittelalterlichen Unterfranken. Würzburg 1957, S. 185.

13 Arthur Bechtold, Die Pfingstkränze der Würzburger Fischer, in: A.B., Kulturbilder aus dem alten Würzburg. Würzburg 1935, S. 105f. – Bernhard Schemmel, Fest und Brauch, Kostüm und Tracht, in: Würzburg. Geschichte in Bilddokumenten, hg. v. Alfred Wendehorst. München 1981, S. 94–100, hier S. 96f.

14 Schneider (wie Anm. 3), S. 500.

15 Ebd.

16 Arthur Bechtold, Würzburger Studentenleben in alter Zeit, in: A.B., Aus dem alten Würzburg. Würzburg 1940, S. 219.

17 Ebd., S. 223.

Einer ausufernden Tanzlust setzten Gebote und Verordnungen der Obrigkeit Grenzen. Insbesondere sollte „unzüchtiges Tanzen“ nicht geduldet werden. Nach der Polizeiordnung von Fürstbischof Friedrich von Wirsberg (1518–1573) sollte mit Strafe vorgegangen werden „gegen die, so sich bey den Tänzen mit unzüchtigen Gebärden, ungebührlichem Verdrehen und Schwänken, unflätigem Geschrey und anderm tollen Wesen“ hervortun.[18] Ähnliche Verfehlungen beim Bäckertanz zu Pfingsten brachte der Stadtmagistrat 1584 dem Bischof Julius Echter (1573–1617) zur Anzeige, wo nichts als „Sünde, Schande und Laster mit Fressen, Saufen, Gotteslästern, unzüchtigem Tanzen, Verdrehen (Drehen), schambaren, unehrbaren Worten und Werken getrieben werde“.[19] Derartige Mißstände dürften dazu geführt haben, daß 1542 eine Würzburger Verordnung sogar einmal „offene Tänze“, also allgemein zugängliche, ohne besonderen Anlaß abgehaltene Tänze gänzlich verbot: „... das hinfuro niemands, er sey, were der woll, ainichen offen tantz halten, noch pfeiffen und trumen uf der gassen oder [in] heusern, es sey tage oder nacht, brauchen lassen soll, alles bey vermeidung straf des thurns und zehen gulden. Welcher aber hochzeit halten will, der mage in seiner behausung mit seinen guten freunden und geladen gesten mit lauten oder geigen zimlich frolichkeit uben und tantzen“.[20]

Ansonsten regelten die Verordnungen, zu welchen Zeiten getanzt werden durfte. Nach der Kirchenordnung von Fürstbischof Johann Gottfried II. von Guttenberg (1684–1698) – die sich freilich in erster Linie an die Landgemeinden richtete – war öffentlicher Tanz an Sonn- und Feiertagen, außer an den höchsten Kirchenfesten erlaubt; allerdings mußte vorher beim Pfarrherrn und Schultheißen des Orts um Erlaubnis angesucht werden. Und erst nach Beendigung der Vesper und bis zum Einbrechen der Dunkelheit durfte getanzt werden und nur „mit geziemender Ehrbarkeit in unverdächtigen Orten ohne Tumult und Aergerniß“.[21] Doch sah man später wieder Sonn- und Feiertage „mit üppigem Aufspielen, Tanzen, Springen auf eine recht ärgerliche Art entheiliget“. Also untersagte Fürstbischof Adam Friedrich von Seinsheim (1755–1779) das Tanzen an allen Sonntagen und den großen Festen des Kirchenjahres, für die das Tanzverbot seit je galt: „... daß dahier in unserer fürstlichen Residenzstadt Würzburg, desgleichen auch auf dem Land in allen uns un- und mittelbaren unterworfenen Städten, Flecken, Dorf- und anderen Ortschaften erstens auf allen Sonntägen des ganzen Jahrs, nicht weniger auf den von der katholischen Kirch angesetzten vornehmsten Festtägen, namentlich den ersten Weihnachts- und Neujahrs- dann H.3 Königs Tag, und auf beiden Festtägen Christi Himmelfahrt und Fronleichnams Tag alles Musiciren und Tanzen in den Wirthshäusern und bey sonstigen öffentlichen Zusammenkünften gänzlich eingestellet seyn und unterbleiben; zweytens aber auf den übrigen Feiertägen des Jahrs zwar eine ehrbare Musik und Tanz jedoch nicht ehender, als nach geendigten offentlichen Andachten und nachmittägigem Gottesdienst, mithin von 5 Uhr bis Abends 10 Uhr im Sommer, im Winter aber bis 9 Uhr verstattet; dabey aber drittens die ärgerlichen Walz- und Schleifertänze ein- für allemal verbothen seyn und bleiben sollen“.[22] Wie nicht anders zu erwarten, bekräftigt der sittenstrenge Bischof Franz Ludwig von Erthal (1779–1795) die bisherigen Verordnungen und statuiert ein zwar schon 1756 ergangenes, aber offensichtlich nicht weiter verfolgtes Tanzverbot für den „ganzen Monat

18 Sammlung der hochfürstlich-wirzburgischen Landesverordnungen. Bd. I. Würzburg 1776, S. 24 (30. August 1572).

19 Scharold (wie Anm. 5), S. 32.

20 Kramer (wie Anm. 12), S. 184.

21 Sammlung der hochfürstlich-wirzburgischen Landesverordnungen. Bd. I. Würzburg 1776, S. 433 (30. Juli 1693).

22 Landesverordnungen, Bd. II. Würzburg 1776, S. 813 (18. Juni 1765).

May nur mit Ausnahme von Hochzeiten". Energisch wendet er sich zudem gegen alles „Dispensiren" von Verboten, das wohl eingerissen war".[23]

In einer Welt für sich lebte der Adel und insbesondere der Hofadel; er ging auf eigene Art seinen Vergnügungen nach. Karl Ludwig Freiherr von Pöllnitz, der 1729 auf einer Reise zu den europäischen Höfen nach Würzburg kam, erwähnt in seinen amüsanten Erinnerungen an den Aufenthalt am Hof von Fürstbischof Christoph Franz von Hutten (1724–1729) Maskenbälle bzw. Maskenfeste. Sie waren zu dieser Zeit allein dem Adel vorbehalten: „Im Karneval gibt der Bischof dem gesamten Adel von Würzburg wöchentlich zwei oder dreimal große Tafel; zuweilen gibt es Bälle bei Hof und sogar Maskenfeste".[24] Zu den Bällen am Hof gibt es eine Notiz auch unmittelbar aus der Residenz. Der Hoffourier Johann Christoph Spielberger führte ein Tagebuch über seine Dienste an der fürstlichen Tafel, über Cavaliersbesuche, Festivitäten usw., zum 12. Februar 1747 etwa vermerkt er: „Heut wurde von Ihro hochfürstl. Gnaden Pallet in der Retoute gegeben; zum ersten mahl"; dann am Dienstag, dem 14. Februar: „Ihro Hochfürstl. Gnaden gaben heut den andern baal, den der Hofmarschall abermahlen aufführte".[25] Über den Ablauf der Bälle ist aus solchen Notizen – außer daß der Hofmarschall den Ball leitete – nichts weiteres zu erfahren, dagegen mehr über einen Ball der Kammerdiener am Fastnachtsdienstag 1751. Der Tanz allerdings scheint auf diesem Ball, an dem auch der Maler Tiepolo teilnahm, nicht im Mittelpunkt gestanden zu haben: „Ball der hochfürstl. Cammerdiener. Ihro hochfürstl. Gnaden waren so gnädig und haben für Ihre Cammerdiener einen Ball gegeben. Es ist solcher celebriert worden in der Hoffourier Speisezimmer, und waren 22 ballgäste. Sie haben gehabt 18 Speisen, 5 Confectkörb, Musicanten des Hofs, auf dem Tisch 12 Waxliechter, alles ist vom Hof fouriret worden, mit einer ministermäßigen Magnificenz. Persohnen. Waren folgende: H. D. Vogelmann, sein Sohn, H. Hofcammerrath Sauer, seine 2 jungfr Döchter, H. D. Boxberger, seine Frau und Fr. Dochter, 2 Mahler Diepolo, Cammerfourier, seine Frau, Cammerdiener Schmiz, seine Frau, H. Cammerdiener Migetti, seine Frau, Cammerdiener Schauer, Kuchenmeisterin, ihr 2 Söhn und ihre Dochter, M. Adrei Canzlist. Der Ball dauerte bis um ½ 3 Uhr frühe".[26]

Die „bessere Gesellschaft" der Stadt blieb gleichfalls unter sich bei ihren Vergnügungen. Auch dazu Baron Pöllnitz: „Den Versammlungspunkt der höheren Kreise im Winter bilden einige Häuser, in welchen gespielt wird; während des Karnevals sind wöchentlich drei Bälle im Hause eines Unternehmers, bei welchem man sich abonnirt und wobei Fremde freien Zutritt haben".[27]. Mittel der Abgrenzung und Abschließung waren die Entreebälle. Hierzu war der Eintrag in Listen und vorzeitiges Lösen von Eintrittskarten erforderlich, auch gab es besondere Usancen der Etikette, etwa waren gegen Ende des Jahrhunderts dann die Tanzkarten üblich. Hiervon mußte ein fremder Ballbesucher mit Verwunderung erfahren. Man hatte ihn zwar belehrt, daß ein Entreeball kein bürgerlicher Ball wäre, „sondern er bestände aus Geheimräthen, Hofräthen, Advocaten, Canzlisten, Medicinern und Juristen, und vom schönen Geschlechte aus Personen von den nemlichen Ständen". Dennoch ist er höchst irritiert, als er von

23 Landesverordnungen, Bd. III. Würzburg 1801, S. 301–303 (16. Januar 1784).

24 Würzburg zu Anfang des vorigen Jahrhunderts. Mitgetheilt von F. v. B., in: Archiv des Hist. Vereins für Unterfranken und Aschaffenburg 37 (1895), S. 263–271, hier S. 270.

25 Staatsarchiv Würzburg, HV Ms.q. 176 c, fol. 83v, 84r.

26 Ebd., fol. 217; vgl. Tilman Kossatz, Quellen zum Würzburger Werk Giovanni Battista Tiepolos und seiner Söhne, in: Peter O. Krückmann (Hg.), Der Himmel auf Erden. Tiepolo in Würzburg. Bd. II (Aufsätze). Würzburg u. a. 1996, S. 165–181, hier S. 172. Den Hinweis auf das Tagebuch und auf die Notiz zum Ball der Kammerdiener verdanke ich Frau Archivoberrätin Dr. Ingrid Heeg-Engelhart.

27 Würzburg zu Anfang des vorigen Jahrhunderts (wie Anm. 24), S. 270.

den Damen, die er zum Tanz auffordert, nur zu hören bekommt, sie seien schon „engagiert". Sie hatten also die Tänze – oft schon lange vor dem Ball – an die Herren vergeben. „Nun sah ich", schreibt er am Ende, „daß ich in eine geistliche Stadt versetzt war. Freund, haben Sie je so etwas Lächerliches gehört? – Ich rathe jedem Fremden, den das Glück treffen sollte um eine Ballzeit nach Wirzburg zu kommen, jemand ein halb Jahr zuvor Commission zu geben; um sich Frauenzimmer zum Tanz werben zu lassen. O Zeiten! O Sitten![28]

Auseinandersetzungen in dieser Zeit zwischen dem etablierten Hoftanzmeister und Konkurrenten unterschiedlicher handwerklicher Profession, die versuchten, mit Tanzunterricht zu Verdienst zu kommen, werfen ein Licht auf bedrängte wirtschaftliche Verhältnisse, auch auf die dürftige Existenz des Hoftanzmeisters selbst und den daraus erwachsenden Brotneid. Im Jahr 1780 bat ein Schuhmachermeister, der „zeither einige Bürgers Kinder ... um ein ganz geringes Geld im Tantzen unterrichtet", den Unterricht, der ihm von der Polizeibehörde untersagt worden war, weiterführen zu dürfen. Seine Schüler wollten nicht vom Hoftanzmeister unterrichtet werden, „wo die Lectiones hoch zu stehen kommen". Zudem sei er, schreibt er in seiner Petition „als ein wegen einer anfangenden Krankheit zum Arbeiten nicht mehr tauglicher Mann" nicht in der Lage, sich und sein Weib zu ernähren. Dessen ungeachtet lautet die Resolutio Celsissimi: „Obwohlen der Hoftanzmeister kein Privilegium exclusivum eines eigenen Tanz-Bodens für sich hat, so kann und will ich doch nicht geschehen lassen, daß ein Schuhmacher sich mit Tanzen-Lehre abgeben möge".[29] 1787 klagte der Hoftanzmeister gegen einen Perückenmacher-Gesellen, der „sich anmaße, jungen Leuten, als Juristen, Studenten, Kaufmanns Dienern und Weibspersonen in verschiedenen privat Häusern, wovon sogar Sonn und Feyertäge nicht ausgenommen sind, Unterricht im Tanzen zu geben". Dadurch werde ihm genommen, was ihm „zur Erleichterung und Nahrung Behulf sein könnte", schrieb der Hoftanzmeister. Zusätzlich sah er sich „gedrungen um gnädigste Addition anzusuchen", da er mit dem jährlich „ausgeworfenen Gehalte die ...Hausgenossenschaft zu 8 Personen in victu et amictu mit Gebühr nicht unterhalten und erziehen könne". Alternativ bat er, es möge ihm „eine Fändrich Stelle unter dem Land Regiment" verliehen werden wie seinem Berufskollegen in Bamberg, der „gardieret", also in die Garde aufgenommen worden war.[30] Ein Jahr später wollte der Hoftanzmeister einen Siebmacher-Gesellen, der sich ambitiös fürs erste noch als „der Kriegs und Civil Baukunst Kandidat" ausgab, den Tanzunterricht verbieten lassen. Dieser setzt dagegen, daß der Hoftanzmeister „im Auslande zu Prag geboren und seiner Profession ein Schneider seye; also nicht Landeskindern das Brod ganz zu entreißen trachten sollte".[31] Der Siebmacher durfte ohne eigentliche Konzessionierung „indulgendo" den Unterricht weiterführen und kam wenig später – wie auch der Hoftanzmeister – um die Erlaubnis ein, auch an Sonntagen zu unterrichten. Während nun der Hoftanzmeister die Ablehnung des Gesuchs hinnahm, gab sich der Siebmacher nicht zufrieden und stiftete, so ist zu vermuten, 40 Handwerksgesellen und Handelsbediente zu einer Eingabe an, die in ihrer unbeholfenen Diktion um so eindringlicher das Bedürfnis der Handwerker nach Verfeinerung der Lebensart erkennen läßt: „... da nun uns durch dieses Verboth das Tanzlernen wegen Mangel der Zeit an Werk-Tägen gänzlich abgeschnitten, obschon sich hier ein Hof-TanzMeister befindet, so ist bey demselben für uns nichts

28 Balletiquette in Wirzburg. Ein Beytrag zur Charakteristik dieser Stadt. Aus dem Brief eines Reisenden, in: Der fränkische Merkur 2 (1795), S. 765ff.

29 Staatarchiv Würzburg, Gebrechenamt VII W 652 (15. Oktober 1780 und 1. Februar 1781).

30 Ebd. (31. Oktober 1787).

31 Staatsarchiv Würzburg, Gebrechenamt VII W 887 (29. Mai 1788).

zu providieren; dann 1mo ist er viel zu hochmüthig und giebt sich mit gemeinen Bewohnern keine Mühe, obwohlen er ein gelernter Schneider aus Prag ist. 2do Ist seine Tanzlehre auch viel zu theuer. 3tio Darf er auch an Sonntägen keine Tanzlehre geben, und die andern Täge wird uns wegen der Arbeit keine Zeit verstattet; obschon diese Lehr nicht uns zur Lustbarkeit, sondern zur Anführung guter Sitten, die den Menschen höflich bilden, angeordnet ist; auch in Erlernung eines wohlanständigen Complements, guter Stellung des Leibs, und eines ordentlichen Gangs; dann wegen Lernung der Lebens-Art und Verbesserung des Handwerks sind alle Höchste Herrschaften auserordentlich darauf bedacht, die jungen Leute in die Fremde zu schicken; dann komt einer von der Wanderschaft nach Haus, so wird derselbe gleich nach seiner Conduite beurtheilt; da wir nun gänzlich glauben, diese obschon weltliche Sittenlehr seye uns höchst nothwenig ...".[32]

Als die Franzosen in den Koalitionskriegen (1792–1815) das Land bedrohten, wurde für den Karneval 1793 die Anzahl der Bälle vermindert und ihre Dauer bis Mitternacht begrenzt. Im besonderen sollten die „Entree und Noblesse-Bälle nur abwechselnd" von Woche zu Woche stattfinden. Die fürstbischöfliche Entschließung wies betont auf die Vorbildverpflichtung des Adels hin. Es zieme sich „für die höheren Stände nicht, zu einer Zeit, wo man mehr als jemahls auf ihr Betragen, auf ihren Hang zu rauschenden Ergötzlichkeiten auf ihre Mäßigkeit und Frugalität aufmerksam ist, dem Volke durch den Taumel von einer Ergötzlichkeit zur andern, und durch pünctliche Anstellung aller sonst gewöhnlichen Carnevals-Feste gleichsam Aergerniß zu geben".[33] Im Karneval 1794 sollte auf die gleiche Weise verfahren werden. Für die Fastnacht 1795 endlich erging ob der Verschärfung der Lage – „die Nachbarschaft des Feindes und die unglücklichen Folgen des Krieges" – als Resolutio Celsissimi: „Gleichwie Ich daher mittelst eines Rescripts an Meinen Oberhofmarschall alle Noblesse-Bälle verbothen habe, so verbiethe Ich auch alle Entree-Bälle, und Schlittenfahrten, und vertraue zur Fürstlichen Regierung, sie werde pünctlich darauf sehen, daß Mein Verboth von Niemanden übertreten werde".[34]

Im Jahr 1800 wurde wieder getanzt. Die Franzosen hatten sich nach der verlorenen Schlacht bei Würzburg vom 3. September 1796 nach Westen zurückziehen müssen, ehe sie dann Ende 1800 die Stadt erneut besetzten. Da legte für den anstehenden Karneval der kaiserliche Stadt- und Festungkommandant Baron Dall'Aglio den Entwurf für eine Ballordnung vor. Es waren nämlich „erst im letztverflossenen Spät-Jahre verschiedene Exceßen zwischen den fremden Offizieren und dahiesigen Akkademicern [gemeint sind Studenten] vorgefallen ..., die also gelegentlich der entrée Bälle wieder leicht einbrechen, und erneuert werden könnten". Von bischöflicher Seite wurde ergänzend bemerkt, daß „im vorigen Jahre einige liederliche Weibspersonen sich unter die Tanzenden in den entrée Bällen gemischt hätten; es sollte daher vorzüglich Rücksicht darauf genomen werden, dieses zu verhindern".[35] Nachdem Unstimmigkeiten über die Befugnisse des kaiserlichen Militärs ausgeräumt waren, einigte man sich auf folgende Ordnung, die im Nachrichtenblatt veröffentlicht und im Tanzsaal angeschlagen wurde: „1/ Wird eine militär Wache in den Tanz-Saal comandirt. 2/ Sind civil und militär-Comißäre bestimmt, welche durch die Wache in Handhabung der guten Ordnung unterstützt werden. 3/ Durch Vorbenannte wird angeordnet werden, wie die Tänze aufeinander folgen. 4/ Außer dieser bestimten Tanz-Ordnung darf weder durch Hände-Klatschen, weder auf sonst eine Art

32 Ebd. (24. Dezember 1790).

33 Staatsarchiv Würzburg, Gebrechenamt VII W 1107 (25. Dezember 1792).

34 Ebd. (31. Dezember 1794).

35 Staatsarchiv Würzburg, Gebrechenamt VII W 1471 (13. Januar 1800).

ein anderer Tanz zu erzwingen gesucht werden. Wiedrigenfalls derjenige, so dieses unternimmt, durch die Wache abgeführt werden soll. 5/ Beym englisch-Tanzen muß Jeder in derjenigen Ordnung bleiben, die ihm die bey dem Eingange gezogene Nummer bestimmt; wer sich hiernach nicht fügen will, wird als ein Exceßen-Macher betrachtet und behandelt werden. 6/ mit Sporn kann zwar Jeder in den Tanz-Saal eintreten, wer aber tanzt, ist verbunden, dieselbe abzulegen. 7/ die aufgestellten Commißäre haben den strengsten Befehl, auf Ordnung und Ruhe zu sehen, daher Jeden, ohne Unterschied des Standes, der sich dagegen vergehen wird, durch die Wache abführen zu lassen. Welches zu Jedermanns Wissenschaft anmit deutlich bekannt gemacht wird. Würzburg am 17. Jänner 1800".[36]

Solche Ordnungen blieben weiter angeschlagen und Polizei und Militär teilten sich die Aufsicht in den Ballsälen auch noch nach dem Übergang Würzburgs an Bayern: „Im Winter, besonders zur Carnavalszeit, werden gewöhnlich an den Dienst- und Donnerstagen in den großen, freundlichen und angenehm beleuchteten Sälen des Theaterhauses bey Bevern, des Hofglasers Limb nächst der Marienkapelle und in der ehemaligen Redoute der Reurer Gasse bey Peter Himmelstein sehr zahlreich besuchte Entree- und Makenbälle gegeben und dabei soupirt. ; Die Gesetze, welche die Eintretenden zu beachten haben, sind in den Sälen öffentlich angeschlagen. Ein PolizeyCommisär und ein Officier theilen gemeinschaftlich die Aufsicht über Ruhe und Ordnung".[37] Die Maskenbälle also, ehedem Privileg der Adelsgesellschaft, waren nun allgemein in Mode gekommen. Carl Gottfried Scharold, jetzt Churfürstlich pfalzbaierischer LandesdirectionsSecretär geworden, berichtet all dies in seinem höchst verdienstvollen Stadtführer und auch geradezu von einem Ansturm auf die Maskenbälle: „... insbesondere waren die Maskenbälle im ersten Jahre ihrer Entstehung so zahlreich und glänzend, wie sie es in den größten Städten kaum anders seyn können. Das hiesige Publicum bezeigte einen wahren Heißhunger nach deren Genuß, und strömte in solcher Masse zu den Tanzsälen, daß man fürchten mußte, erdrückt zu werden".[38] Und weiter Scharold: „Die vormals steifen, nur für Titel und Rang offenen Entree-Bälle nahmen jetzt auch andere Menschen von Bildung und gutem Aeußern auf, und in den eingeführten – sonst nur vom Hörensagen bekannten Maskenbällen konnte auch der gemeine Bürgersmann mitten im Getümmel von höheren Ständen, froh und fröhlich seyn".[39] Der Wegfall der Standesgrenzen wird auch für die Casinos, die in den ersten Jahren der bayerischen Zeit bestanden, postuliert, freilich damit keine voraussetzungslose Gleichheit: „Weder Stand, noch Geburt noch Reichthum entscheiden für die Aufnahme in dieselben; Bildung und Rechtlichkeit überhaupt geben die Norm hiezu. Adeliche, Räthe, Professoren, Aerzte, Gelehrte, Künstler und Academiker erfreuen und unterhalten sich hier im gesellschaftlichen Zirkel ohne Zwang. Die Casinos dauern nur im Winter und fangen an bestimmten Tagen abends um 6 Uhr an und endigen sich um 10 Uhr, bis wohin deutsch und schottisch getanzt wird".[40] Bildung, also Gesittung, Umgangsformen, sind die neuen Anforderungen. Das bedeutet, die wirtschaftlich und in den Bildungsmöglichkeiten zurückstehende Bevölkerung suchte ihr Tanzvergnügen anderswo. Stadtphysikus Philipp Joseph Horsch macht dies im gleichen Jahr, 1805, wie Scharold deutlich: „In jeder Gasse fast fand man neben den Gasthäusern noch 2–3 Häuser, in denen getanzt werden konnte. Dreher und Schleifer waren die üblichen Tänze. Scharfe Polizeiaufsicht tat not. Der Bürgerstand hatte sich von den niedern Orten des Tanzes zurückgehalten; seine Töchter tanzten

36 Ebd. (17. Januar 1800).

37 Carl Gottfried Scharold, Würzburg und die umliegende Gegend für Freunde und Einheimische kurz beschrieben. Würzburg 1805, S. 15f.

38 Ebd., S. 34.

39 Ebd.

40 Ebd., S. 37f.

in privaten Zirkeln und in den Orten außerhalb der Stadt".[41] Auf den zweifelhaften Tanzböden ging es denn bisweilen auch recht turbulent zu. So ist z.B. in einer Stellungnahme des Stadtmagistrats zu einem Entzug der Tanzmusik-Genehmigung zu lesen: „Die Wohnung resp. der Tanzplatz des Rekurrenten liegt in einer obskuren, engen Gasse, wo sich jeder Unfug ausführen läßt. Der Tanzboden des Bittstellers wurde stets von gemeinen Soldaten und Leuten aus der niedrigsten Volksklasse besucht. Es ging daselbst äußerst roh, und unruhig, wie von solchen Leuten zu erwarten, zu ...".[42] Auch dem Wirt vom Gasthaus „Zum Kleebaum" wurde später die Genehmigung „wegen vorgefallener Excessen" entzogen; dazu wiederum der Magistrat: „ Es besuchen nämlich die Tanzmusiken im Gasthaus zum Kleebaum, vormals ‚Drei Lilien' gemeine Soldaten, Fabrikarbeiter und Taglöhner, Leute die der untersten Volksklasse angehören, oder wenigstens auf der niedrigsten Bildungsstufe stehen, und durch ein Aufstampfen der Füße und lautes Schreien einen solchen Scandel verüben, der, was Alles wohl notorisch ist, weithin über die Straße hallt, und einen großen Theil der Bewohner der Semmelstraße in der Ruhe stören muß".[43] Mit dem sozialen Status der Besucher argumentieren denn die Ballveranstalter in der Stadt, wenn es darum geht, vor ihren Konkurrenten die Genehmigung für eine Veranstaltung zu erhalten. So werden die vom Antragsgegner „verlegten Maskenbälle gewöhnlich nur von den geringeren Volksklassen besucht", während die in den eigenen „Localitaeten in früheren Jahren veranstalteten Maskenbälle von dem dahiesigen Adel sowohl als sonstigen Honoratioren und der höheren Bürger-Klasse zahlreich besucht wurden".[44]

Die „geringere Volksklasse" zu disziplinieren, war offensichtlich das Hauptanliegen der Aufsichtsbehörde im 19. Jahrhundert, wenn es darum ging, die Zahl der Tanzveranstaltungen zu beschränken. Mit folgender Erläuterung an das Innenministerium versah die Kreisregierung den Rekurs von Würzburger Gastwirten auf eine verweigerte Genehmigung: „Die eben so häufigen als leider nur zu sehr begründeten Klagen über die zunehmende Entsittlichung, so wie über den unverhältnismäßig wachsenden Luxus und die alle Schranken der häuslichen Ordnung in bedrohlicher Weise überschreitende Genußsucht der untersten Schichten der Stadtbevölkerung, namentlich aber der vorzugsweise hievon ergriffenen dienenden Klassen haben uns veranlaßt, die das Maaß überschreitende Zahl der Tanzmusiken in den Tafern- und Gartenwirtschaften insofern zu beschränken, als wir deren allwöchentliche Wiederkehr an jeden Sonn- und Feiertage den Stadtmagistraten als sehr bedenklich darstellen zu müssen glauben".[45] Wie gering ein soziales Verständnis und wie unsensibel die Diktion jener Zeit war, zeigt auch ein Brief über die Fastnachtsvergnügungen aus dem gleichen Jahr 1853. Ernst Haeckel, damals Student der Medizin in Würzburg, schrieb ihn an seine Eltern: „... Die Krone aller dieser Geschichten sind aber die sogenannten ‚Bevölkerungsbälle', welche unter diesem höchst zweideutigen Namen, den sie leider nur zu Recht führen, sowohl in den niedrigsten als in den höchsten Kreisen bekannt sind. Es sind dies Maskenbälle, welche in dem größten Lokale der Stadt stattfinden, und deren männliches Personal außer einigen Ladenbengels und Referendaren usw. hauptsächlich vom größten Teil der Studentenschaft (über 400!) gebildet wird, über deren weibliches Personal sich aber nichts weiter sagen läßt, als daß das Nobelste davon Köchinnen, Dienstmädchen usw. sind".[46]

41 Philipp Joseph Horsch, Versuch einer Topographie der Stadt Würzburg, in Beziehung auf den allgemeinen Gesundheitszustand und die dahin zielenden Anstalten. Arnstadt/Rudolstadt 1805, S. 134f.

42 Staatsarchiv Würzburg, Regierungsabgabe 1943/45, Akt Nr. 483 (26. Oktober 1820).

43 Ebd. (21. September 1861).

44 Ebd. (2. Januar 1832).

45 Staatsarchiv Würzburg, Regierungsabgabe 1943/45, Akt Nr. 483 (9. Februar 1853).

46 Ernst Haeckel, Entwicklungsgeschichte einer Jugend. Briefe an die Eltern 1852/1856. Leipzig 1921, S. 35f.

Das vornehmere gesellschaftliche Leben indes spielte sich im 19. Jahrhundert und bis zum Ersten Weltkrieg in den Geselligkeitsvereinen ab. Führend war die Harmonie-Gesellschaft, wo sich der Adel und das wohlsituierte Bürgertum mit Offizieren und Studenten zusammenfand. Große Bälle und Tanzkränzchen in der Wintersaison wechselten sich ab mit Tanzvergnügungen und Gartengesellschaften im Sommer.[47] Auf den Bällen der Harmonie genossen die Studenten das Vortanzrecht bei der Polonaise, was ihnen allerdings mehrfach von Offizieren streitig gemacht wurde.[48] An die Vereine, „die große Harmonie-Gesellschaft, an das gesellige Wittelsbach, an die fröhliche Liedertafel, an den munteren Sängerkranz und all die lebenslustigen und heiteren Vereine“, appellierte 1859 eine fiktive Bilhildis Zabulon, als das Festprogramm zur Schiller-Säkularfeier keinen Festball vorsah. Sie klagte: „Was haben denn nun wir Frauen an dem ganzen Feste, die wir, mit Ausnahme des Theaterbesuches – die große akademische Rede nicht hören, nicht mit dinieren und nicht commercieren, sondern höchstens mit oder hinter dem Fackelzug einhermarschieren dürfen? Hätte man die Feier nicht auch noch durch einen Festball, oder noch lieber durch einige Festbälle verstärken können?“ Und wirklich fand ein solcher Ball dann auch noch statt – in der Harmonie, in die diesmal allerdings die Studenten nicht eingelassen wurden, weil sie „alte Zöpfe“, die vom Vorstand hochgehaltene Etikette, nicht beachten wollten. Ein satirisches Gedicht berichtete über diesen Vorfall.[49] 1835 war zu den bestehenden Vereinen noch ein von jüdischen Bürgern gegründeter Geselligkeitsverein Casino hinzugekommen. Aufschlussreich ist eine positive Nachlese in der Presse über dessen Maskenball im Jahre 1840 – wenn man nicht fragen will, warum es überhaupt eines jüdischen Geselligkeitsvereins bedurfte: „Von dem steten Fortschreiten der Israeliten auch in socieller Hinsicht gab uns diese Woche der Maskenball des israelitischen Casinos wieder einen schönen Beweis. Wer Zeuge des heitern Scherzes, der frohen Laune und des geselligen Benehmens war, das unter allen Anwesenden, christlicher als israelitischer Confession herrschte, wird über diesen Fortschritt nur Freude empfinden, zugleich aber auch den Wunsch nicht unterdrücken können, daß bald jede Scheidewand, welche die Israeliten von ihren christlichen Mitbrüdern noch trennt, niedersinken möge. Den Direktoren des Casino's aber sagen wir unsern innigsten Dank und schließen in der Hoffnung, daß sie uns bald wieder ein ähnliches Vergnügen bereiten werden“.[50]

Seit der Mitte des Jahrhunderts mehrten sich Bälle und Tanzveranstaltungen von Handwerkervereinen, Innungen, später Sportvereinen, Künstlervereinigungen usw., so findet sich in den Akten der Behörden z. B. die „Bitte der Bedienten der adelichen Herrschaften dahier zur Abhaltung eines Balles im Theater Saale“[51] oder das Ansuchen für einen Silvesterball der „Vereinigung der Eisenbahn-Maschinisten und Lokomotivführer ‚Willkomm‘“.[52] Dies führte zwangsläufig zu spezifischeren Eigenformen der Bälle und im ganzen zu einer gewissen Lockerung der alten formellen und reglementierten Ballkultur.[53] Andererseits wurden dann in

47 Zu einzelnen Tanzveranstaltungen der Vereine im 19. Jahrhunderts, insbesondere der Harmonie-Gesellschaft vgl. Franz Bandorf: 200 Jahre Harmonie-Gesellschaft Würzburgs. Würzburg 2003, S. 111–113 – Josef Friedrich Abert, Aus Würzburgs Biedermeierzeit, in: Hundert Jahre bayerisch. Ein Festbuch. Würzburg 1914, S. 384–468, hier S. 425–429.

48 Karl Lotz, Geschichte des Corps Bavaria zu Würzburg. Würzburg 1905, S. 58.

49 Franz Bandorf, „Die Harmonie des Elysiums“. Interpretationsversuch einer aus Anlaß der Schillerfeier des Jahres 1859 in Würzburg erschienenen Satire. Ein Beitrag zur Gesellschaftsgeschichte der Stadt, in: Mainfränkisches Jahrbuch 56 (2004), S. 256–271.

50 Tages- und Erkundigungs-Blatt. Würzburg 1840, Nr. 31, S. 121 (31. Januar 1840).

51 Staatsarchiv Würzburg, Regierungsabgabe 1943/45, Akt Nr. 483 (23. Januar 1846).

52 Ebd. (29. Dezember 1854).

53 Zur Geschichte des Balls vgl. Monika Fink, Der Ball. Eine Kulturgeschichte des Gesellschaftstanzes im 18. und 19. Jahrhundert, Innsbruck 1996.

den Gründerjahren immer weitere und breitere Kreise des Bürgertums vom Ballfieber erfaßt. Dies läßt sich in der Presse der letzten Jahrzehnte des Jahrhunderts verfolgen. Nicht selten finden sich jetzt im Feuilleton, so auch in den Unterhaltungsbeilagen der Würzburger Zeitungen um das Ballwesen kreisende Themen: Ballgedanken, Ballgespräche, Ballmütter, die höhere Balltochter usw. Ein Würzburger Jurist hat einige dieser Artikel gesammelt[54] und, offensichtlich durch solche Beiträge angeregt, eigene Ball-Betrachtungen ganz aus der Stimmung und in der Diktion der Zeit in einer damaligen Kulturzeitschrift veröffentlicht.[55]

Ein besonderes Nachholbedürfnis an Vergnügungen gab es immer und überall nach Kriegen und Katastrophen. Geradezu ein Tanzfieber konstatierte der Würzburger Generalanzeiger im Jahr 1919: „Das Tanzfieber grassiert allenthalben in einer Weise, die zu dem tiefen Ernst der Zeit in schreiendem Gegensatz steht. Es ist als ob den Menschen für die bittere Not des Vaterlandes, die ja doch ihre eigene Not ist und bald noch in einem ganz anderen Maße als bisher werden wird, jedes Gefühl abhanden gekommen wäre".[56] Die Anzeigenseiten der Zeitungen waren damals voll von Tanz-Ankündigungen: Der Verein Münchner Kindl z. B. lud auf Sonntag, den 18. Januar 1920, „Anfang 3 Uhr, Ende 10 Uhr" zu einem „Grossen Tanz mit Verlosung zweier Riesentorten", im Platz'schen Garten fand am gleichen Tag ein „Grosses Tanzvergnügen mit grosser Fackelpolonaise" statt, im Hutten'schen Garten ein „Grosser Walzer-Abend", im Wintergarten des Lokals ein „Fünfuhrtee mit Tanz".[57] Nicht anders war es wieder nach dem Zweiten Weltkrieg: „Endlich wieder tanzen gehen" ist die Sammlung von Erinnerungen junger Frauen an die Nachkriegsjahre betitelt.[58] In Würzburg berichten Zeitzeugen, wie sie in den ersten Jahren, als es in der Ruinenstadt noch keine geeigneten Räumlichkeiten gab, auf die umliegenden Dörfer zum Tanzen zogen: „Tanzen das Signum der Zeit", wie es in der Dokumentation heißt.[59] Im Sommer 1946 machte eine junge Würzburgerin, eben weil es keine Räume in der Innenstadt gab, einen Tanzkurs in Heidingsfeld: „Wir lernten noch ‚Rheinländer', eine Art Volkstanz, Foxtrott, Marsch, natürlich Walzer und Tango, der schon als ziemlich verrucht galt. Amerikanischer Einfluss, also Jazz, war bei unserem Tanzlehrer noch als unfein verpönt – wir tanzten ihn natürlich doch".[60] Später gab es dann bis auf Montag täglich Tanz u. a. im Café Ludwig in der Kaiserstraße oder auf der Mainkuh, Tanzabende in den Charlott-Terassen und im Russischen Hof, bis in den 70er Jahren ein Tanzlokal nach dem anderen geschlossen wurde. [61] Zur gleichen Zeit kam auch das Ende für die großen Würzburger Faschingsbälle und die vielbesuchten Mittwochs-Redouten in den Huttensälen. Diese schlossen endgültig im Jahr 1980. Wohl meinte der Sitzungspräsident der KaGe Elferrat Würzburg in einem Interview am Ende der Fastnachts-Session 2009: „Ich könnte mir auch vorstellen, wieder einen schönen klassischen Maskenball zu veranstalten. So etwas gibt es in Würzburg nämlich gar nicht mehr; die Zeit ist aber reif dafür".[62] Im Café des Filmtheaters Cinemax

54 Sie finden sich im Nachlaß Ziegler im Stadtarchiv Würzburg.

55 A. Ziegler, Ball-Betrachtungen, in: Europa. Chronik der gebildeten Welt, Leipzig 1881, Heft 13, S. 491–498.

56 Dieter W. Rockenmaier, Schlagzeilen von vorgestern. Würzburg 1979, S. 75.

57 Werner Dettelbacher, Damals in Würzburg. Bilddokumente aus der Zeit von 1914–1945. Würzburg 1971, vor S. 41.

58 Jürgen Kleindienst (Hg.), Endlich wieder tanzen gehen. Erinnerungen 1945–1952. 45 Geschichten und Berichte von Zeitzeuginnen. Berlin 2008, S. 114.

59 Margareta Sauer, „Oben die Ruinen, unten wurde geschwoft" – Vergnügungen und Freizeit in der Nachkriegszeit, in: Christoph Daxelmüller (Hg.), „... Froh, dass der Scheisskrieg vorbei war!" Alltag in Würzburg 1945. Würzburg 2009, S. 151–183, bes. S. 161–167.

60 Roland Flade (Hg.), Hoffnung, die aus Trümmern wuchs. 1945–1948: Würzburgs dramatische Jahre. Würzburg ^{3}2008, S. 176f. (Hilma Werth).

61 Gunther Schunk/Peter Nossol, Was war los in Würzburg 1950–2000, Erfurt 2001, S. 26, 38, 83–86.

62 wob aktuell, 11.3.2009.

gibt es seit Herbst 2008 sogar zweimal im Monat einen Tanztee „Darf ich bitten?“ für „Senioren und junggebliebene Tanzfreunde“.[63] Aber die Zeit der alten Tanzcafés wird nicht wiederkommen und auch die Würzburger Faschingsbälle werden kaum wiederkehren.[64]

Die seit den 60er und 70er Jahren des vorigen Jahrhunderts herrschende Musik- und Ausgehkultur der Jugend brachte mit der Disco-Musik gänzlich neue Verhaltensweisen und Tanzstile mit sich.[65] Der Tanzstil ist nun frei und individuell, Paartanz ist unüblich: „Alle tanzen allein, aber gleichzeitig zusammen“.[66] Am extremsten zeigt sich der Bruch mit der Tradition in den Techno-Raves, in denen Regeln und Normen gänzlich abwesend zu sein scheinen. So mutet eine Bewertung und Deutung auf eine Sinnvermittlung interessant, aber paradox an: „... warum Techno trotz aller Kontingenz vielen Jugendlichen Sinn vermittelt und Halt gibt: Die Personen werden akzeptiert, ohne daß sie vorher erst Normen erfüllt oder Leistungen erbracht haben müssen. Die ‚Wertegemeinschaft‘, als welche die Technoszene auch bezeichnet wird, scheint eine Gemeinschaft nicht aufgrund von Werten, Ansichten und Ideologien, sondern aufgrund ihrer Wertelosigkeit zu sein. Das heißt nicht, daß sich die Raver unmoralisch verhalten. Meines Erachtens beherrscht vielmehr ein amoralisches Denken die Szene. Ziel ist es, Spaß zu haben, und jede gönnt jeder und jedem denselben, so daß es den Anschein hat, Wertelosigkeit sei zu Toleranz, Freundlichkeit und Fröhlichkeit mutiert“.[67]

Nachdem Franz Magnus Böhme am Beginn systematischer Tanzforschung seine „Geschichte des Tanzes in Deutschland“ als „Beitrag zur Sitten-, Litteratur- und Musikgeschichte“ verstand und damit eine Gesamtdarstellung des Tanzes gegeben hatte,[68] hat sich danach das volkskundliche Interesse für lange Zeit auf den ländlichen Volkstanz verengt.[69] Erst in neuerer Zeit werden in empirischen Studien auch wieder andere und die neuesten Erscheinungen der „Tanzlust“ miteinbezogen.[70] Demgegenüber stellen die Bände 3 bis 5 der „Musikgeschichte in Bildern“ von Walter Salmen eine Sozialgeschichte des Tanzes vom 16. bis zum 19. Jahrhundert aus europäischer Perspektive unter Einbeziehung sowohl des höfischen als auch des ländlichen und bürgerlichen Tanzes, des Gesellschaftstanzes, dar.[71] In diesem Rahmen und im Anschluß daran bieten die vorgelegten Zeugnisse aus Würzburg eine vielstimmige lokale Konkretisierung. Wenn dabei auch nicht die zentralen Themen des wissenschaftlichen Interesses von Wolfgang Brückner angesprochen sein mögen, so ist es doch die Stadt Würzburg, die dem Verfasser wie dem Jubilar zum bestimmenden Lebensthema wurde, und vielleicht mag auch dem Jubilar eine nostalgische Rückschau auf eigene Tanzaktivitäten mit dem Verfasser gemeinsam sein.

63 Ebd., 7.1.2009.

64 Andernorts gibt es folkloristische Nostalgiebälle wie den Kocherlball in München oder die Bruder Straubinger Redoute im Biedermeier-Gewand in Straubing.

65 Vgl. die kritische Analyse von Werner Mezger, Discokultur. Die jugendliche Superszene, Heidelberg 1980.

66 Ute Bechdolf (Hg.) und Projektgruppe „Tanzen“ am Ludwig Uhland-Institut für Empirische Kulturwissenschaft der Universität Tübingen, Tanzlust. Empirische Untersuchungen zu Formen alltäglichen Tanzvergnügens, Tübingen 1998, S. 192.

67 Ebd., S. 187 (Franz-Xaver Baur).

68 Franz Magnus Böhme, Geschichte des Tanzes in Deutschland. Beitrag zur deutschen Sitten-, Litteratur- und Musikgeschichte, 2 Bde, Leipzig 1886.

69 Zum Stand der volkskundlichen Tanzforschung vgl. Marianne Bröcker (Hg.), Tanz und Tanzmusik in Überlieferung und Gegenwart. Bericht über die 12. Arbeitstagung der Kommission für Lied-, Musik- und Tanzforschung in der Deutschen Gesellschaft für Volkskunde e. V. vom 12. bis 16. September 1990 in der Otto-Friedrich-Universität Bamberg. Bamberg 1992. – Günther Noll (Hg.), Musikalische Volkskunde heute. Symposion anläßlich des 25jährigen Bestehens des Instituts für Musikalische Volkskunde am 1. und 2. Dezember 1989 in Köln. Universität zu Köln 1992.

70 Ute Bechdolf (wie Anm. 56).

71 Walter Salmen, Musikleben im 16. Jahrhundert. Leipzig 1976. – Ders., Tanz im 17. und 18. Jahrhundert. Leipzig 1988. – Ders.: Tanz im 19. Jahrhundert. Leipzig1989.

Zur bürgerlichen Mentalität im Kaiserreich

Das Beispiel der fränkischen Stadt Weißenburg in Bayern

Karl Borromäus Murr

Heinrich Manns Charakterisierung von Diederich Heßling aus seinem Roman *Der Untertan* gilt noch heute vielen als prototypische Beschreibung der politischen Mentalität des deutschen Bürgertums im wilhelminischen Kaiserreich.[1] Auch im Urteil der historischen Forschung über die Gesellschaft jener Epoche dominierten lange Zeit statisch-pauschalierende Begriffe wie ‚Untertanen-Gesellschaft' oder ‚Obrigkeitsstaat'.[2] Auch wenn die sozialgeschichtliche Einschätzung der wilhelminischen Gesellschaft inzwischen weit differenzierter ausfällt, wenn etwa mit Thomas Nipperdey Reformansätze und Entwicklungsmöglichkeiten in den Blick gerückt worden sind,[3] bleibt die Frage virulent, wie der bürgerlichen Mentalität jener Epoche methodologisch beizukommen sei. Die von der Neuen Kultur- wie Politikgeschichte intensiv betriebene Erforschung des Themenkreises „Denkmal und Fest" erweist sich dabei heuristisch besonders aufschlussreich, um zumindest bürgerlichen Wahrnehmungen, Deutungen, Orientierungsleistungen oder Sinnstiftungen auf die Spur zu kommen, wenngleich solcherart Bedeutungszuschreibungen niemals für die soziale Realität selbst gehalten werden dürfen.[4]

Zentral für diesen Forschungsansatz ist ein erweiterter Politikbegriff, der das Handlungsfeld von Politik nicht allein auf den Aktionsradius des Staates und seiner Administration beschränkt, sondern der vielmehr politische Vollzüge selbst in kleinsten sozialen Räumen des Alltags am Werke sieht.[5] Ein solchermaßen entstaatlichtes Politikverständnis begreift Politik als einen andauernden Kommunikationsprozess, der mitnichten nur eindimensional in eine Richtung – wie etwa eine zu befolgende Order – von oben nach unten verläuft. Dieser Kommunikationsprozess ist vielmehr als ein offenes, multilaterales Geschehen anzusehen, bei dem Politik von den darin Involvierten in der Form eines dauernden Aushandelns, Sich-Aneignens oder auch Ablehnens betrieben wird.

Anhand der fränkischen Stadt Weißenburg in Bayern soll im Folgenden für die Zeit des Kaiserreiches dieser kommunikative, konstitutive Prozess der Ausbildung bürgerlicher

---

1 Heinrich Mann, Der Untertan, Leipzig 1918 – Vgl. Reinhard Alter, Heinrich Manns Untertan – Prüfstein für die „Kaiserreich-Debatte"?, in: Geschichte und Gesellschaft 17 (1991), S. 370–389.

2 Hans-Ulrich Wehler, Das deutsche Kaiserreich 1871–1918, in: Reinhard Rürup/Hans-Ulrich Wehler/Gerhard Schulz, Deutsche Geschichte, Bd. 3: 19. und 20. Jahrhundert 1815–1945, Göttingen 1985, S. 203–404, hier S. 301–318. – Wilfried Loth, Das Kaiserreich. Obrigkeitsstaat und politische Mobilisierung, München 1996.

3 Thomas Nipperdey, War die Wilhelminische Gesellschaft eine Untertanen-Gesellschaft?, in: Ders., Nachdenken über die deutsche Geschichte, München 1986, S. 172–185. – Winfried Becker, Das Bismarck-Reich – ein Obrigkeitsstaat? Die Entwicklung des Parlamentarismus und der Parteien 1871–1890, Friedrichsruh 2000.

4 Wolfgang Hardtwig, Nationsbildung und politische Mentalität. Denkmal und Fest im Kaiserreich, in: ders., Geschichtskultur und Wissenschaft, München 1990, S. 264–301.

5 Thomas Mergel, Überlegungen zu einer Kulturgeschichte der Politik, in: Geschichte und Gesellschaft 28 (2002), S. 574–606. – Ute Frevert, Neue Politikgeschichte. Konzepte und Herausforderungen, in: dies./Heinz-Gerhard Haupt (Hgg.), Neue Politikgeschichte. Perspektiven einer historischen Politikforschung, Frankfurt a. M. u. a. 2002, S. 7–25.

Mentalität untersucht werden, wie er sich im Medium von „Denkmal und Fest" darstellt. Als Beispiel dient das am 5. Juli 1903 feierlich enthüllte Denkmal für den mittelalterlichen Kaiser Ludwig den Bayern, der Weißenburg 1338 eine umfangreiche Waldschenkung vermacht hatte.[6] Das Weißenburger Beispiel ist deshalb so erhellend, weil es fernab urbanisierter Räume in das kleinstädtisch kleinbürgerliche Milieu einer protestantisch geprägten bayerischen Kommune führt, die mit ihren im Untersuchungszeitraum nur knapp 7.000 Einwohnern ganz beachtliche finanzielle und kulturelle Anstrengungen unternahm. Zugleich führt das Beispiel die Formierung bürgerlicher Identität im Spannungsfeld von Kommune und Staat vor Augen.

Die staatliche Dimension des Weißenburger Denkmalbrunnens

Die ersten Bemühungen der Weißenburger Kommune um ein Denkmal für Kaiser Ludwig den Bayern lassen sich bis in das Jahr 1875 zurückverfolgen.[7] Schon damals bemühte sich Bürgermeister August Fleischmann um einen staatlichen Zuschuss für das Denkmalvorhaben. Es ist durchaus möglich, dass der seit 1872 vom Staatsministerium des Innern für Kirchen- und Schulangelegenheiten (Kultusministerium) aufgelegte und ein Jahr später gesetzlich geregelte „Fonds zur Förderung und Pflege der Kunst durch den Staat", den der bayerische Kultusminister Johann von Lutz nach der Reichseinigung ins Leben gerufen hatte, überhaupt erst die Weißenburger Denkmalabsichten angeregt hat.[8] Das Kultusministerium forderte nämlich sämtliche politische Kommunen und Kirchengemeinden Bayerns auf, entsprechende Anträge zur Kunstförderung zu stellen, was keineswegs uneigennützig geschah, sondern volks- und kunstpädagogische Ziele verfolgte. Vaterländische Kunst sollte im Sinne des romantischen Kunstverständnisses in ganz Bayern verbreitet werden, um letztlich die breite Bevölkerung sittlich im Einklang mit dem monarchischen Staat zu erziehen. Mit der Gewährung der zum Teil beträchtlichen staatlichen Zuschüsse war deshalb unweigerlich eine starke Einflussnahme des Kultusministeriums auf die lokalen Projekte verbunden. Die Gemeinden mussten eine ministerielle Mitbestimmung nicht nur in der Künstlerwahl oder in der Frage nach dem Bestimmungsort des Kunstwerkes in Kauf nehmen, sondern mancherorts sogar in der inhaltlichen Entscheidung für das darzustellende Motiv. Was diese staatliche Mitbestimmung politisch bedeutete, darüber wird später noch zu reden sein. Die Gewähr von staatlichen Zuschüssen war jedenfalls in der Regel mit der Bedingung der finanziellen Beteiligung der Gemeinden an den Gesamtkosten verknüpft. Seit 1874 gingen beim Kultusministerium zahlreiche Anträge bayerischer Kommunen um staatliche Zuschüsse ein, die meist zur Ausgestaltung der kommunalen Rathäuser oder auch der Rathausplätze gedacht waren.

---

6 Eckhard Loock, Brunnen in Weißenburg. – Zeugnis lebendiger Zeitgeschichte, in: villa nostra. Weißenburger Blätter (1996), H. 2, S. 14–18.

7 Vgl. Stadtarchiv Weißenburg, Rep. III Nr. 1250; Rep. III Nr. 1255; Ludwigsbrunnen, Handakt Kammerl.

8 Vgl. zum Fonds zur Förderung und Pflege der Kunst durch den Staat: Wolfram Lübbeke, Das kleine bayerische Rathaus, in: Ekkehard Mai / Jürgen Paul / Stephan Waetzoldt (Hgg.), Das Rathaus im Kaiserreich. Kunstpolitische Aspekte einer Bauaufgabe des 19. Jahrhunderts, Berlin 1992, S. 301–357, hier S. 305–309. Der Weißenburger Denkmalbrunnen fehlt allerdings in der Auflistung der in Bayern kommunal beantragten staatlichen Mittel zur Förderung und Pflege der Kunst in dem ansonsten vorzüglichen Aufsatz von Lübbeke.

Abb. 1: Kaiser-Ludwig-Brunnen, Weißenburg in Bayern, Emil Dittler und August Drumm, 1901–1903. Foto: Robert Renner, Weißenburg

Nachdem der Weißenburger Zuschussantrag von 1875 aufgrund ungenügender Eigenbeteiligung abgelehnt worden war, fasste die Kommune den Entschluss, entsprechende Mittel anzusparen. Mit einem admassierten Kapital von gut 22.000 Mark wagte die Stadtgemeinde im November 1895 einen neuerlichen Vorstoß beim Kultusministerium, das dann im April 1897 den Weißenburger Antrag positiv beschied und sich zu einer Förderung von 20.000 Mark bereit erklärte – eine Summe, die im September 1897 nochmals um 3.500 Mark erhöht wurde. Die Stadt ihrerseits hatte dafür eine Eigenleistung von 21.500 Mark zu erbringen und darüber hinaus noch 5.000 Mark für den vom Ministerium zur Bedingung gemachten Künstlerwettbewerb. Am 1. Dezember 1897 veröffentlichte die fränkische Gemeinde den Wettbewerb, an dem ausschließlich in Bayern lebende Künstler teilnehmen durften. Anfang Juni 1898 trat die Preisjury zusammen, in der neben fünf staatlich bestimmten Juroren auch zwei städtische Preisrichter über die 16 eingesandten Wettbewerbsbeiträge zu befinden hatten.[9] Den ersten Preis errang

9 Als staatlich bestimmte Juroren wirkten durchaus namhafte Experten: die Bildhauer Jakob Ungerer und Josef Flossmann, die Architekten Georg Hauberrisser und Heinrich Freiherr von Schmidt und der Maler Rudolf

trotz des entschiedenen und vielfach vorgetragenen Widerspruchs der Stadt Weißenburg der in München tätige Bildhauer Emil Dittler, dessen Entwurf schließlich auch umgesetzt und nach dem Tod des Künstlers am 19. Januar 1902 von August Drumm vollendet wurde.[10]

Das künstlerische Ergebnis war ein Denkmalbrunnen mit einer achteckigen Brunnenschale aus Muschelkalk mit einem Durchmesser von acht Metern. Aus der Brunnenschale erhebt sich (Abb. 1) ein rundes Bassin aus Untersberger Marmor, das von wasserspeienden Köpfen kapitellartig getragen wird. Aus dem Bassin wiederum wächst ein drei Meter hoher, viereckiger, geschwungener Pfeiler, der mit Blattornamenten überzogen ist. Der Pfeiler trägt neben dem Weißenburger Stadtwappen und dem bayerischen Wappen ein Porträtrelief des Prinzregenten und daneben die Inschriften „Dem kaiserlichen Spender des Stadtwaldes Weissenburgs ewigen Dank" und „Unter Prinzregent Luitpold von Bayern errichtet im Jahre 1903". Unterhalb der beiden Wappen sind ein Hirsch- und ein Eberkopf als Wasserspeier angebracht. Auf einem drei Meter hohen Pfeiler steht schließlich die überlebensgroße Figur Ludwigs des Bayern aus Bronze. Der in Kriegsrüstung gekleidete Kaiser ist in ruhiger Haltung mit geneigtem Kopf dargestellt. Die linke Hand stützt sich auf einen Schild, die rechte hält die Urkunde, die auf die Schenkung des Weißenburger Stadtwaldes verweist.

Die Denkmalsenthüllung wurde in Weißenburg vom 4. bis 6. Juli 1903 groß gefeiert (Abb. 2). Die Feierlichkeiten fanden neben der eigentlichen Denkmaleinweihung, der auch der mittelfränkische Regierungspräsident Ludwig Freiherr von Welser als Staatsrepräsentant beiwohnte und die durch die Anwesenheit des wittelsbachischen Prinzen Alfons von Bayern gekrönt wurde, noch zwei weitere Höhepunkte. Ein Festzug mit den verschiedenen städtischen Gremien und Vereinen, einer Stadtpersonifikation und einer historischen Gruppe, in der unter anderem auch eine Ludwig-der-Bayer-Figur auftrat, führte dem Publikum wortwörtlich die gesellschaftliche Ordnung von Weißenburg vor Augen. Das dreiaktige Festspiel *Bürgertreu und Kaiserdank* aus der Feder des evangelischen Stadtpfarrers und Heimatdichters Wilhelm Albrecht brachte schließlich die historische Überlieferung von der kaiserlichen Waldschenkung in mehreren Aufführungen auf die Bühne.[11]

Geht die Frage nach den inhaltlichen Einflussnahmen des Staates auf das Weißenburger Denkmalprojekt, so sind zunächst das offiziell verfügte bayerische Wappen und das Prinzregentenporträt mit der dazugehörigen Inschrift zu nennen. Darüber hinaus kam es dem Kultusministerium sicherlich entgegen, dass die fränkische Stadt sich als historisches Sujet Ludwig den Bayern gewählt hatte. Denn betrachtet man näher, welche historischen Themen aus dem staatlichen „Fonds zur Förderung und Pflege der Kunst" bayernweit gefördert wurden, so fällt auf, wie häufig darunter die Geschichte Kaiser Ludwigs vertreten war: so etwa in Landsberg am Lech, Ingolstadt, Kaufbeuren, Mühldorf am Inn, Passau, Wasserburg oder Murnau.[12] Kam in den meisten Fällen der Vorschlag, den mittelalterlichen Wittelsbacherkaiser zu thematisieren, von den Kommunen selbst, so stammte im Falle Ingolstadts, wo vor dem

---

Seitz. Stadtarchiv Weißenburg, Rep. III Nr. 1250 (Staatsministerium des Innern für Kirchen an die fünf Juroren, 02.06.1898, Abschrift). Von städtischer Seite waren in der Preisjury vertreten: der Magistratsrat Wilhelm Michel und der Vorstand des Gemeindekollegiums Wilhelm Steger. Ebd. (Auszug aus dem Magistratsprotokoll Weissenburg, 26.05.1898).

10 Der Weißenburger Einspruch war ausschließlich ästhetisch, nicht jedoch politisch motiviert. Vgl. zum Künstlerwettbewerb auch: Das Brunnendenkmal Kaiser Ludwigs des Bayern in Weißenburg a. S., in: Das Bayerland 10 (1899), S. 162–163, 173–175, 183–185.

11 Wilhelm Albrecht, Bürgertreu und Kaiserdank. Ein Festspiel in 3 Akten, Weißenburg a. S. 1903.

12 Karl Borromäus Murr, Das Mittelalter in der Moderne. Die öffentliche Erinnerung an Kaiser Ludwig den Bayern im Königreich Bayern, München 2008, S. 446–456.

Abb. 2: Enthüllungsfeier des Kaiser-Ludwig-Brunnens in Weißenburg am 5. Juli 1903 unter Anwesenheit von Prinz Alfons von Bayern. Stadtarchiv Weißenburg

dortigen Rathaus bereits 1881 ein Ludwig-der-Bayer-Brunnen entstanden war, sogar der Motivvorschlag aus dem Kreise des Kultusministeriums.[13] Ludwig dem Bayern im Zweiten Deutschen Kaiserreich seine Reverenz zu erweisen, sollte zweifelsohne auf das im Königreich Bayern immer noch herrschende Geschlecht der Wittelsbacher positiv ausstrahlen. Zugleich mochte der Hinweis auf die ehemalige Kaiserherrlichkeit die Vorstellung von Bayerns reichspolitischer Bedeutung in der Wilhelminischen Ära evozieren.

Die bürgerliche Dimension des Weißenburger Denkmalbrunnens

Bei aller Rede von den staatlichen Interessen und Einflussnahmen beim Weißenburger Ludwig-der-Bayer-Brunnen ist es jedoch wichtig zu betonen, dass es sich zuvörderst um ein bürgerliches Denkmal der fränkischen Kommune handelte. Welche Motive waren für die kleine Stadtgemeinde ausschlaggebend, zur Erinnerung an den Wittelsbacherkaiser so beträchtliche Anstrengungen zu unternehmen?

13 Vgl. Stadtarchiv Ingolstadt, A II 5 c und A XVI/159.

Hier ist zunächst allgemein auf das im letzten Drittel des 19. Jahrhunderts deutlich gestiegene Selbstbewusstsein des bayerischen Bürgertums zu verweisen, das gerade in seiner nationalliberalen Ausprägung den Eintritt des wittelsbachischen Königreichs in den deutschen Nationalstaat euphorisch begrüßte.[14] Zugleich hatten die Gesellschaft im Allgemeinen und das Bürgertum im Besonderen damit begonnen, sich immer weiter vom Staat zu emanzipieren. Dem bayerischen Staat gelang es damals nur noch bedingt, mit seiner Innen- und Kulturpolitik die Gesellschaft zu steuern. So konnten sich beispielsweise die Kommunen im Königreich mit dem Inkrafttreten der neuen bayerischen Gemeindeordnung von 1869 von der bis dahin dominierenden Staatskuratel lösen und fortan als echte Selbstverwaltungskörper agieren. Die gewonnene kommunale Autonomie stärkte das bürgerliche Selbstbewusstsein der Städte, das auch dank wirtschaftlicher Erfolge weiteren Auftrieb erhielt, nachdem die Industrialisierung Bayerns in einigen Regionen nun ihr volles Potential entfaltete. Das im Kaiserreich merklich angewachsene bürgerliche Autonomiebewusstsein korrespondierte bei den bayerischen Städten mit einem gesteigerten Bedürfnis kultureller Selbstdarstellung. Wie im Weißenburger Fall entwickelten sich die Rathäuser und die städtebaulich ihnen zugeordneten Plätze zu den bevorzugten Darstellungsräumen bürgerlicher Repräsentation.[15]

In welcher Weise konnte das Weißenburger Ludwig-der-Bayer-Denkmal ein gewachsenes bürgerliches Selbstbewusstsein zum Ausdruck bringen? Zunächst ermöglichte die Erinnerung an den Wittelsbacherkaiser die Thematisierung einer historischen Epoche, in der die freie Reichsstadt Weißenburg noch als quasi souveräner Staatskörper agiert hatte. Geschichtspolitisch bedeutete der Weißenburger Bezug auf die mit Ludwig dem Bayern gemeinsame Geschichte jedoch noch weit mehr, nämlich die Erinnerung an den Eintritt der deutschen Städte in eine neue historische Ära, in der das Bürgertum den Adel als wichtigsten Bündnispartner des Königtums ablöste. Denn, so der Weißenburger Bürgermeister Hans Küfner in seiner Festrede anlässlich der Denkmalseinweihung: Im Kampf des Wittelsbachers mit seinem Habsburger Gegenkönig traten „die Städte fast ausnahmslos auf die Seite Ludwigs, des rechtmäßigen Kaisers, des Städtefreundes, unter diesen Städten auch Nürnberg und das mit diesem stets verbündete Weissenburg."[16] Im Spätmittelalter, so der Bürgermeister, war es doch „das Bürgertum der Städte", das „sich zum Besten des Vaterlandes" entwickelte.[17] Aus dieser Perspektive betrachtet, symbolisierte die Schenkung des Stadtwaldes durch Ludwig den Bayern nicht vordringlich ein materielles Gut, sondern vielmehr eine ideelle Anerkennung des Bürgertums als zukunftsweisende gesellschaftliche Kraft. Die in das Spätmittelalter verlegte Koalition zwischen dem Bürgertum und dem Städteförderer Ludwig spiegelte letztlich nur allzu deutlich den engen Bund des Bürgertums mit dem wittelsbachischen Herrscherhaus wider, der in Bayern ein zentrales Fundament der konstitutionellen Monarchie des 19. Jahrhunderts bildete.

Gleichwohl ist im Kreis der Weißenburger Erinnerungsmotive die materielle Seite des von Ludwig dem Bayern geschenkten Stadtwaldes nicht zu unterschätzen. Denn mit Beginn einer modernen Bewirtschaftung des Stadtwaldes seit Mitte des 19. Jahrhunderts spielte dieser etwa 1.700 Hektar umfassende Forst, zu dem im Lauf der Jahre noch gut 170 Hektar hinzukamen, im

---

14 Dieter Albrecht, Von der Reichsgründung bis zum Ende des Ersten Weltkrieges (1871–1918), in: Alois Schmid (Hg.), Handbuch der bayerischen Geschichte IV/1, München [2]2003, S. 319–438.

15 Vgl. allgemein: Heinz-Toni Wappenschmidt, Studien zur Ausstattung des Deutschen Rathaussaales in der 2. Hälfte des 19. Jahrhunderts bis 1918, 2 Bde., Bonn 1981. – Charlotte Kranz-Michaelis, Rathäuser im deutschen Kaiserreich 1871–1918, München 1976.

16 Weissenburger Wochenblatt. Amtsblatt der Magistrate und Amtsgerichte Weissenburg und Ellingen und sonstiger Behörden des Bezirks (07.07.1903).

17 Weissenburger Wochenblatt vom 06.07.1903.

Haushalt der fränkischen Kleinstadt eine herausragende Rolle.[18] Die städtischen Gremien sprachen deshalb zu Recht von Kaiser Ludwig dem Bayern, als „dem Begründer hiesigen Wohlstandes".[19] Der Erlös aus dem Stadtwald machte um 1900 mit etwa 180.000 Mark nicht weniger als die Hälfte des gesamten Jahreshaushaltes von Weißenburg aus. Die von der Stadtkämmerei aus dem Forst erzielten Gewinne befreiten die Weißenburger Bürgerschaft von einer in den meisten bayerischen Kommunen erforderlichen Gemeindeumlage. Darüber hinaus ließ die jährliche Zuteilung von Brennholz an die Gemeindebürger jedermann den unmittelbaren Nutzen des Stadtwaldes spüren. Vor dem Hintergrund der enormen wirtschaftlichen Bedeutung des Weißenburger Stadtwaldes erklärt sich, dass sich die Stadt durchaus zum Dank an den wittelsbachischen Spender verpflichtet fühlen konnte. Der Aufstellungsort des Kaiser-Ludwig-Brunnens auf dem Holzmarkt, der bereits 1901 in „Luitpoldstraße" umbenannt worden war, erscheint deshalb nicht nur städtebaulich passend gewählt, sondern verweist auch auf einen Platz, der noch zu Beginn des 20. Jahrhunderts als gewerblicher Holzmarkt diente. Das an die Waldschenkung Ludwigs des Bayern erinnernde Denkmal deutete somit symbolisch auf die Funktion des Platzes, auf dem es stand.

Für die neubayerische Stadt, die letzten Endes erst 1806 zu Bayern geschlagen worden war, darf das Denkmal für den Wittelsbacherkaiser auch als ein Zeichen der politischen Integration der ehemals freien Reichsstadt in den Verband des wittelsbachischen Königreiches gewertet werden. Bürgermeister Küfner machte dies in seiner Festansprache deutlich. „Gerade 100 Jahre steht nun unsere Stadt unter der weisen, milden und gerechten Regierung der Wittelsbacher, der Verlust jener Schein-Selbständigkeit wurde in diesem Jahrhundert reichlich aufgewogen durch die von unserem Herrscherhause der Stadt erwiesenen Wohltaten."[20] Küfner gestand durchaus ein: „Manches war in der alten Verwaltung der Stadt zu ordnen und zu verbessern und die Verwaltung des Vermögens insbesondere erfuhr eine gründliche Umgestaltung." Und, so stellte der Bürgermeister fest: Weißenburg blühte im 19. Jahrhundert „unter der fördernden Huld unserer geliebten Landesherrn neu auf." Es war mithin keineswegs nur Festtagsrhetorik, wenn Küfner bilanzierte: „Ziehen wir nach diesen 100 Jahren die Schlußsummen, so bleibt für uns nur reicher Gewinn." Die geschichtliche Bedeutung Ludwigs des Bayern im Dienste der Integration neubayerischer Territorien tritt umso schärfer ins Bewusstsein, wenn man bedenkt, dass außer der Geschichte des Wittelsbacherkaisers kaum historische Referenzpunkte existierten, auf die sich Neu- und Altbayern gleichermaßen positiv beziehen konnten.

Als weiteren Indikator für die Integration Weißenburgs in das Königreich Bayern ist auf den ehemals „Schönen Brunnen" zu verweisen, der, vom Rathaus zum Markplatz hin gelegen, im 19. Jahrhundert eine Umwidmung erfuhr. Die Weißenburger deuteten diesen Brunnen nun als Schweppermannbrunnen, wodurch er sich mit der Geschichte Ludwigs des Bayern verknüpfen ließ. In der Weißenburger Stadtchronistik tauchte erstmals 1835 die Legende auf, dass unter Seyfried Schweppermann, dem sagenhaften Feldherrn Ludwigs des Bayern, „bei dem Treffen bei Mühldorf und Gammelsdorf [...] ein Fähnlein der Weissenburger" für den Wittelsbacherkaiser stritt.[21] In das zeitliche Umfeld der Errichtung des Ludwig-der-Bayer-Brunnens wiede-

18 Vgl. Georg Krebs, „Unser Stadtwald", in: Georg Rascher (Hg.), Festschrift zur Enthüllungsfeier des Brunnendenkmals für Kaiser Ludwig den Bayern dem Spender des Weissenburger Stadtwaldes, Weißenburg 1903, S. 16–36.

19 Stadtarchiv Weißenburg, Rep. III Nr. 1250 (Beschluß des Collegiums der Gemeindebevollmächtigten, 05.11.1895).

20 Weißenburger Wochenblatt. Amtsblatt der Magistrate und Amtsgerichte Weißenburg und Ellingen und sonstiger Behörden des Bezirks (07.07.1903). Auch die folgenden drei Zitate.

21 Georg Voltz, Chronik der Stadt Weißenburg im Nordgau und des Klosters Wülzburg, Weißenburg 1835, S. 54.

rum gehört auch die bereits erwähnte Umbenennung des Weißenburger Holzmarktes in „Luitpoldstraße". Sie erfolgte am 12. März 1901, dem Geburtstag des Prinzregenten, und bereitete dem zwei Jahre später dort zu errichtenden Kaiser-Ludwig-Brunnen patriotisch den Boden. 1904 änderte schließlich die Stadt Weißenburg, die bis dahin als „Weißenburg am Sand" bzw. als „Weißenburg im Nordgau" firmiert hatte, ihren Namen in „Weißenburg in Bayern". Fasst man all diese semantischen Umwertungen zusammen, so lässt sich für die Zeit des Kaiserreiches von einer starken Bajuwarisierung des öffentlichen Stadtraumes in Weißenburg sprechen.

Eine reziproke symbolische Ordnung: „Bürgertreu und Kaiserdank"

Die oben erwähnte historische Legende von der Weißenburger Schlachtenhilfe für Ludwig den Bayern führt schließlich ins Zentrum der historischen Identitätskonstruktion der fränkischen Bürgerstadt. Denn die für die Stadtgemeinde so bedeutsame Schenkung des Stadtwaldes deutete man in Weißenburg im 19. Jahrhundert dezidiert als kaiserliche Dankesleistung für den bei der Schlacht bei Mühldorf 1322 erbrachten militärischen Einsatz (Abb. 3). Das entscheidende Handlungsmotiv der Weißenburger Bürger, Ludwig den Bayern zu unterstützen, lag, wie die Festrhetorik allenthalben bekundete, in der Treue der Stadt zum Kaiser. So bekannte Bürgermeister Küfner in seiner Festansprache, ausgehend von der Schlacht von 1322: „Viel hat unsere Stadt vorher und nachher in jenen Fehden gelitten, nie wankte sie in ihrer Treue zum Kaiser aus dem Haus Wittelsbach."[22] Im 19. Jahrhundert, in dem sich in Deutschland die napoleonischen Kriege wie auch der Krieg gegen Frankreich von 1870/71 zu zentralen nationalen Mythen ausbildeten, in dem die zur Staatsbürgerpflicht erhobene allgemeine Wehrpflicht zudem den Krieg in jeden bürgerlichen Haushalt hinein trug, war es von entscheidender Bedeutung, dass auch die auf das Mittelalter zurück projizierte Treue eine im Krieg erprobte Treue darstellte.

Aus Anlass der Denkmalseinweihung erinnerten Weißenburgs Wortführer in zahlreichen Varianten an die Treuetat der eigenen Vorfahren des 14. Jahrhunderts, nicht ohne jeweils auf die Dankesleistung von Kaiser Ludwig zu verweisen. So formte sich letztlich eine zum moralischen Exempel stilisierte Gleichung von „Bürgertreu und Kaiserdank" – zwei tugendhafte Eigenschaften, die sich einander offensichtlich aufwiegen sollten. Die ins Gedächtnis gerufene Treue der Weißenburger einerseits und der kaiserliche Dank andererseits folgten mithin einer auf Ausgleich bedachten Ökonomie von wechselseitigem Geben und Nehmen. Die Gesetzlichkeit dieser Ökonomie beruhte jedoch nicht auf einem wirtschaftlich-geschäftsmäßigen Austausch von einander aufrechenbaren Leistungen, sondern auf einem weit komplexeren Gleichgewicht wechselseitiger politisch-moralischer Verpflichtungshaltungen von „Fürst und Volk" zum Zwecke des Gemeinwesens. Diesen Konnex reziproker Leistungen von Fürst und Volk brachte geradezu idealtypisch das bereits erwähnte historische Festspiel *Bürgertreu und Kaiserdank* zum Ausdruck.[23] Sein Autor, der Weißenburger Stadtpfarrer Albrecht, stellte damit dem Kaiser-Ludwig-Brunnen ein theatralisches Denkmal zur Seite, das den Diskurs von Treue und Dankbarkeit dramaturgisch ausbuchstabierte. Das ganze

22 Weissenburger Wochenblatt. Amtsblatt der Magistrate und Amtsgerichte Weissenburg und Ellingen und sonstiger Behörden des Bezirks (07.07.1903).

23 Albrecht (wie Anm. 11).

Festspiel ist durchzogen von einer überbordenden Treue-Rhetorik, mit der selbstredend die Weißenburger Bürger charakterisiert werden.

Der Autor imaginiert eingangs seines Festspiels eine in eine stimmungsvolle Waldlichtung verlegte Schwurszene, in der die Söhne Weißenburgs vor der Mühldorfer Schlacht pathetisch ihre Treue zu Kaiser Ludwig bekennen. Inmitten von „Eichen, / den Bildern trotz'ger Kraft und Mannestreu"[24] erscheint hier die Treue der Weißenburger gleichsam naturalisiert. Nach dem siegreichen Kampf in Mühldorf werden dann die Weißenburger erwartungsgemäß als die treuesten Streiter gekürt, die der Wittelsbacherkaiser angesichts des vor ihm stehenden Bürgermeistersohnes anerkennt. „Ha, Weißenburg, ich kenne seine Treue, / Schon manche Probe hat es mir gegeben. / Mein kaiserliches Wort: ‚Es bleibt nicht unbelohnet / Die Stadt, da solch ein Heldenjüngling wohnet.'"[25] Zum Dank für die Weißenburger Treue schenkt Ludwig dann den besagten Stadtwald, was wiederum den Bürgermeister Weißenburgs in Verzückung versetzt: „Ich fühl mit Euch, Ihr Herrn, des Segens Menge, / Der unsre teure Vaterstadt beglückt. / Nun brich hervor aus unsres Herzens Enge / Die alte Treu mit Kaiserdank geschmückt."[26]

Der Weißenburger Rekurs auf die Reziprozität von „Bürgertreu und Kaiserdank", wie sie in die Geschichte des 14. Jahrhunderts verlegt wurde, lässt letztlich die komplexe Verschränktheit von Fürst und Volk in der konstitutionellen Monarchie des 19. Jahrhunderts nur erahnen.[27] Keinesfalls darf außer Acht gelassen werden, dass die von Seiten Weißenburgs bemühte Konzeption politisch-gesellschaftlicher Ordnung eine Idealvorstellung darstellte, die den im 19. Jahrhundert immer abstrakter werdenden, sich zunehmend verselbständigenden, diversifizierenden und entpersonalisierenden modernen Staatsmechanismus auf eine eingängige Handlungslogik personaler Beziehungsstrukturen zwischen Fürst und Volk reduzierte und damit anschaulich und begreifbar machte.[28] Was in dem Weißenburger Kaiser-Ludwig-Denkmal ebenso wie in dem Festspiel des Weißenburger Stadtpfarrers aufscheint, nämlich die Dialektik von „Bürgertreu und Kaiserdank", hat der Soziologe und Philosoph Georg Simmel wenige Jahre später in seinen *Untersuchungen über die Formen der Vergesellschaftung* als soziale Grundrelation herausgearbeitet in dem Exkurs „Treue und Dankbarkeit".[29]

Das nur kurz skizzierte reziproke Deutungsmuster von Treue und Dank, wie es hier für Weißenburg in der Zeit des Zweiten Kaiserreiches vor Augen geführt wurde, erhält noch mehr qualitative Schärfe, wenn man hermeneutisch die Perspektive auf den Vormärz ausweitet, in dem schon damals zahlreiche bayerische Städte nicht nur ihre kriegerisch erprobte Treue für Ludwig den Bayern, sondern auch die jeweils im Gegenzug erfolgte Belohnung durch den Wittelsbacherkaiser in Erinnerung gerufen hatten.[30] Waren im Vormärz von den bürgerlichen Kommunen jedoch unentwegt ihre historisch verbürgten Treueleistungen gegenüber Kaiser Ludwig in den Vordergrund gerückt worden, hoben die Städte im Kaiserreich wie Weißenburg eindeutig die Zuwendungen hervor, die sie von Ludwig dem Bayern erhalten hätten – so z. B. Landsberg, Kaufbeuren, Nürnberg oder auch Passau. Der Fokus politischer Bringschuld hat

24 Ebd., S. 3.

25 Ebd., S. 12.

26 Ebd., S. 16.

27 Vgl. zur Reziprozität als soziologische Grundkategorie: Frank Adloff/Steffen Mau (Hgg.), Vom Geben und Nehmen. Zur Soziologie der Reziprozität, Frankfurt a. M. u. a. 2005.

28 Vgl. allgemein zum Begriff der ‚Komplexitätsreduktion': Niklas Luhmann, Soziale Systeme. Grundriß einer allgemeinen Theorie, Frankfurt a. M. ^{5}1994, S. 47ff.

29 Georg Simmel, Soziologie. Untersuchungen über die Formen der Vergesellschaftung, Berlin 1908, S. 438–447.

30 Vgl. Karl Borromäus Murr, Treue im Zeichen des Krieges. Beobachtungen zu einem Leitmotiv bürgerlicher Identitätsstiftung im Königreich Bayern (1806–1918), in: Nikolaus Buschmann/Karl Borromäus Murr (Hgg.), Treue. Politische Loyalität und militärische Gefolgschaft in der Moderne, Göttingen 2008, S. 109–149, hier S. 118–126.

Abb. 3: Erinnerungsblatt an die Enthüllung des Kaiser-Ludwig-Brunnens in Weißenburg am 5. Juli 1903. Stadtarchiv Weißenburg

sich demnach – auf der Ebene symbolischer Ordnung – vom Vormärz zum Kaiserreich vom Bürgertum zur Monarchie hin verlagert.

Richtet man einen genaueren Blick auf die Ikonographie des Weißenburger Ludwig-der-Bayer-Brunnens, wird deutlich, dass auch in der plastischen Darstellung nicht der treue Kriegseinsatz der fränkischen Stadt für Kaiser Ludwig im Vordergrund steht, sondern vielmehr allein die ökonomisch bedeutende Gabe des Kaisers – eines Herrschers, der mit dem Schenkungsprivileg in der Hand auf das Bürgertum der Stadt zugeht. Die zahlreichen Waldattribute auf dem Brunnen veranschaulichen neben dem fließenden Wasser als Bild einer überfließenden Prosperität schon die Auswirkungen der kaiserlichen Schenkung. Lediglich in der Rüstung der Kaiserfigur verbirgt sich noch ein Hinweis auf die militärische Treuetat der Weißenburger.

Die wiederholte künstlerische Darstellung der Verleihung von Privilegien, Stadtrechten oder Zuwendungen durch Ludwig den Bayern, wie sie sich zeitgleich zu Weißenburg auch in Landsberg, Kaufbeuren, Nürnberg oder Passau finden, führt somit ein ökonomisch prosperierendes, mit gewissen politischen Freiheiten ausgestattetes Bürgertum an, das als eigenständige soziale Kraft sein Recht in der bayerischen Gesellschaft beansprucht. Können die wiederholten Verweise auf Privilegienverleihungen Kaiser Ludwigs aus staatlicher Perspektive als Versuch gesehen werden, Sympathie für eine um das Wohl der Bürger besorgte wittelsbachische Monarchie zu wecken, so lassen sie sich aus kommunaler Perspektive auch als selbstbewusste Erwartungshaltung der Bürger gegenüber Staat und herrschendem Königtum begreifen. Insofern barg das angesprochene Treuethema letztlich ein politisch-gesellschaftliches Modernisierungspotential, das durchaus einer gewissen Verbürgerlichung Vorschub leistete, wenngleich es hier geboten scheint, einschränkend von einer defensiven Modernisierung zu sprechen. Denn wenn man den fraglichen Treuebekundungen die dezidierte Anerkennung des Bürgertums als politisch-gesellschaftliche Kraft durch die Monarchie gegenüberstellt, erscheint der Treuebund zwischen Bürgertum und Monarchie als ein von verhaltener Modernität geprägter politisch-gesellschaftlicher Pakt, der im Vormärz wie im Kaiserreich die wesentliche Basis der konstitutionellen Monarchie bildete. Eine weitergehende bürgerliche Modernisierung jedoch, die im Sinne einer Republik oder Demokratie den Rahmen der konstitutionellen Monarchie sprengte, ließ sich keinesfalls im Rückbezug auf die Geschichte des Hauses Wittelsbach begründen.

Resümee

Die Untersuchung des Weißenburger Denkmals für Kaiser Ludwig den Bayern hat zu zeigen versucht, dass sich die politische Mentalität des bayerischen Bürgertums im Zeitalter des Zweiten Deutschen Kaiserreiches weit komplexer darstellt, als dass sie sich in der einfachen Dialektik von Untertanen-Gesellschaft und Obrigkeitsstaat fassen lässt. Das untersuchte Denkmalprojekt führte das Weißenburger Bürgertum keineswegs als bloßes Opfer etatistischer oder monarchischer Strukturen vor Augen, sondern vielmehr als durchaus selbstbewussten historischen Akteur im diskursiven Raum einer politischen Kultur, die gleichermaßen monarchisch wie bürgerlich geprägt war. Wenn Politik nicht nur auf Haus-, Hof- und Staatsaktionen beschränkt betrachtet wird, können die vielschichtigen diskursiven Praktiken bürgerlicher Symbolpolitik in den Gesichtskreis der historischen Forschung treten. Nur wer bereit ist, auch die zumeist kleinbürgerlichen Akteure Weißenburgs als politisch und kulturell Handelnde ernst zu nehmen, die in ihren kulturellen Aktionen eo ipso ihre eigene Identität verhandelten, wird ein differenzierteres Bild dieser gesellschaftlichen Formation der wilhelminischen Gesellschaft zeichnen können. Auch eine funktionalistische Reduktion dieser Symbolpolitik würde den eigentlichen Zweck dieser Art politischen Handelns verfehlen. Besteht diese Politik doch in einem lebendigen Kommunikationsprozess, in dem ein bayerisches Bürgertum auf kulturelle Weise seine politisch-identitären Möglichkeiten im Rahmen der konstitutionellen Monarchie auslotete.

Es mag vielleicht überraschen, wie weit sich die fränkische Stadtgemeinde um die Jahrhundertwende bajuwarisierte, wie sehr sie sich damals einen bayerischen Patriotismus aneignete, während doch ein deutscher Nationalismus weitgehend in den Hintergrund trat. Richtet die historische Forschung ihren Blick jedoch jenseits von Preußen verstärkt auf die deutschen Einzelstaaten, so wird sich der Kosmos bürgerlicher Identitätsstiftung in der wilhelminischen Epoche doch weit bunter darstellen, als das der obrigkeitsstaatliche Wilhelminismus von Heinrich Manns meisterhaft gezeichneter Romanfigur Diederich Heßling nahelegt.

Man darf jedoch nicht in die Versuchung verfallen, eine ideologische Einseitigkeit lediglich mit einer anderen zu ersetzen, indem man den bayerischen Patriotismus in den Rang erhebt, der lange Zeit dem deutschen Nationalismus zugeschrieben wurde.[31] Aus der lokalen Perspek-

31 Der Weißenburger Stadtpfarrer Wilhelm Albrecht hatte in dem von ihm verfassten Festspiel „Bürgertreu und Kaiserdank“ durchaus einen Hinweis auf Preußen versteckt. Mit der historischen Figur des Burggrafen von

tive betrachtet, handelte es sich letztlich um das vielschichtige Wechselspiel einer politisch-kulturellen Selbstkonstruktion, in dem sich das deutsche Bürgertum des Zweiten Kaiserreichs kontinuierlich selbst entwarf: im Bannkreis von kommunaler, patriotisch-einzelstaatlicher und deutscher Identität, im Horizont von Lokalismus, Regionalismus und Nationalismus.[32] Und nur zu oft erscheint dabei die Identität des Bürgertums in genau derselben Ambivalenz, die der konstitutionellen Monarchie selbst eignete – einer Identität im Spannungsfeld zwischen konservativer Bindung an ein traditionales Wertgefüge einerseits und liberaler Emanzipation im Dienste eines politisch-gesellschaftlichen Aufbruchs andererseits.

Nürnberg, mit Friedrich aus dem Geschlecht der Zollern kommt ein Vasall Ludwigs des Bayern ins Spiel, die dieser zum Dank für seinen Einsatz in der Schlacht bei Mühldorf mit dem Ehrentitel „Des Reiches Retter" auszeichnet – ein Reflex auf den „deutschen Beruf Preußens". Albrecht (wie Anm. 11), 1903, S. 11.

32 Vgl. Wolfgang Hardtwig, Nationalismus – Regionalismus – Lokalismus. Aspekte der Erinnerungskultur im Spiegel von Publizistik und Denkmal, in: Etienne François (Hg.), Lieux de mémoire, Erinnerungsorte. D'un modèle français à un projet allemand, Berlin 1996, S. 91–104. – Ders., Nation – Region – Stadt. Strukturmerkmale des deutschen Nationalismus und lokale Denkmalskulturen, in: Gunther Mai (Hg.), Das Kyffhäuser-Denkmal 1896–1996. Ein nationales Monument im europäischen Kontext, Köln u. a. 1997, S. 53–83.

Elite contra Öffentlichkeit?

Zum Selbstverständnis von Stefan Georges „Maskenzügen" in der Münchner Faschingstradition um 1900

Stefan Janson

Wir folgen fromm der jahreszeiten zug
Nach sens und sichel führen wir den pflug
Bis wir uns ganz vereinen mit der scholle.

(Stefan George: Die Aufnahme in den Orden. Ein Weihespiel[1])

„Der Dichter empfing mich in heiterer Laune mit dem Hinweis, jetzt seien die Tage des Faschings in München. [...] Er wolle, so wie die Münchner es jetzt hielten, ein Fest feiern. Er wies auf eine Kammer, wo ausgebreitet farbige und weiße Togen und burnusähnliche Gewänder lagen. Ich solle mir eines aussuchen. [...] Während ich das Gewand anlegte, hatte der Dichter [...] sich in eine weiße Toga gekleidet. In ihr sah er Dante noch ähnlicher als im täglichen Leben."[2]

In dieser Weise trug sich das Vorspiel zu einem der George'schen Maskenfeste[3] zu, die insgesamt in den Einzelheiten ihrer spezifischen Abläufe nirgends aufgezeichnet wurden, es sei denn in fiktiver Form der Erzählung. Immerhin gibt Ludwig Thormaehlen noch einen weiteren Hinweis zur ‚Inszenierung' der besonderen Stimmung, mit der das Fest seinen Anfang nahm: „Eine Unterhaltung herkömmlicher Art kam nicht zustande. Der Dichter wollte sie nicht. Es blieb bei einem lebhaften und überlegenen Spiel gemessener und scharfgezielter Fragen, scherzender Einfälle und schlagartiger Entgegnungen. Hier mitzuhalten hatte ich als Neuling einen nicht leichten Stand. Der Dichter forderte alsbald auf, mit Lesungen zu beginnen."[4] Gelesen wurde aus Georges Dante-Übertragungen, es folgten zwei Hymnen Hölderlins, Gedichte aus Georges *Stern des Bundes*; schließlich las der Dichter selbst aus seinen noch ungedruckten Gedichten.[5]

---

1 Blätter für die Kunst. Eine Auswahl aus den Jahren 1898–1904. Begr. v. Stefan George, hg. v. C.A. Klein, Berlin 1904, S. 43.

2 Ludwig Thormaehlen, Aufzeichnung aus einem Gespräch mit Stefan George im Jahre 1911, in: Erich Boehringer/Wilhelm Hoffmann (Hgg.), Robert Boehringer, Eine Freundesgabe, Tübingen 1957, S. 675–683, hier S. 682f.

3 Allgemein ist in der Forschung hinsichtlich der hier behandelten Thematik von „Maskenzügen" die Rede. Der Begriff ist unscharf, weil er nicht genau zutrifft. Er unterstellt die Ausschließlichkeit eines Umzugs in einer Maskierung. Tatsächlich standen die Umzüge aber nicht isoliert für sich, sondern fanden, wie unten erwähnt, regelmäßig im Zusammenhang mit Lesungen und/oder gemeinsamem Mahl in allerdings bescheidenem, gleichwohl antik stilisiertem, festlichem Rahmen statt. Der Maskenzug von 1903 wird als „Antikes Fest", jener des Jahres 1904 dagegen als „Dichterzug" bezeichnet (vgl. Anm. 17). Insofern ist die alternative Bezeichnung als Maskenfest oder generell als Faschings-„Umzug" zulässig.

4 Thormaehlen (wie Anm. 2), S. 683.

5 Vgl. Thormaehlen (wie Anm. 2).

Thormaehlen, damals noch ein Neuling im George-Umkreis, der gerade erst Bekanntschaft mit dem Dichter gemacht hatte, hielt diese Aufzeichnungen unmittelbar nach dem Fest im Jahr 1911 fest. Zu diesem Zeitpunkt waren die Maskenzüge im George-Kreis bereits institutionalisiert.

Den Maskenzügen Georges inmitten der Seinen haftet – Thormaehlens Eindrücke bestätigen es – ein Odium des Elitären an. Es sind Verkleidungsumzüge im Geist des Faschings – und sie sind es nicht. Dem ersten Anschein nach entziehen sie sich, allen voran ihre Protagonisten, dem Blick der Öffentlichkeit, und dies ganz bewusst: Sie stellen sich nicht zur Schau, vielmehr sondern sie sich in die Sphäre privaten Umgangs ab. Eine Elite schart sich um ihren „Meister", ihre zentrale Mitte. Verkleidung ist Gebot, aber der Beweggrund ist verwoben mit Bedürfnis und Pflicht geistiger Anregung, nicht mit platter Ausgelassenheit um ihrer selbst willen. Wenn also die Maskerade nicht karnevalistischer Vorwand ist: Ist sie insgeheim nicht doch eine Art gelebter Sonderform der Münchner bzw. Schwabinger Faschingstradition um 1900? Stehen divergierende Intentionen komplementär zueinander?

Indem die Maskenzüge im George-Kreis als Phänomen an sich, potenziert durch ihren anscheinend exklusiven Charakter, befremden, werden sie allgemein als Randerscheinung im Gesamt der gestellten Aufgaben und Zielsetzungen Georges und seiner frühen Anhänger angesehen und demgemäß nivelliert. Solche Wahrnehmung bzw. Vernachlässigung, die, von der Erinnerungsliteratur abgesehen, die George-Forschung durchgängig kennzeichnet, unterschätzt und verkennt, dass George der Erlebnis- und Erfahrungswelt von Maskenzügen emotional grundsätzlich zugänglich war, dass er sie darüber hinaus in gewissem Maß als konzeptionelle Bausteine seiner pädagogischen und – allem widersprüchlichem Anschein entgegen – öffentlichkeitsbezogenen Zielsetzungen begriff.

Selbst aus Zeugnissen und Dokumenten aus dem George-Kreis, ebenso aus den fiktiv-verfremdenden Beschreibungen stattgehabter Umzüge durch Augenzeugen, führt hingegen kein Weg zu klärenden Antworten. Wo liegen die Gründe für die Zurückhaltung im innersten Zirkel? Die Aura des Erlebten könnte jene, die an den Erlebnissen teilhatten, aus freien Stücken zum Stillschweigen bestimmt haben, um nicht durch übereifrige direkte oder indirekte Mitteilsamkeit jener Aura des Erlebten ihren ‚Zauber' zu rauben, mithin ihre Mystik, ihre singuläre Besonderheit, ihren Weihecharakter. Die Frage nach dem Verhältnis von Elite und Öffentlichkeit, wie sie sich angesichts dieses mixtum compositum sogenannter Maskenzüge stellt, lässt sich somit allein aus dem Kontext ihrer Intentionen und deren Hintergründen beantworten.

Die aus der Überlieferung bekanntesten und vorrangig dokumentierten Umzüge sind jene von 1903 und 1904. Der Beginn der Maskenzüge ist mit jenem des Jahres 1903 dokumentiert.[6] Gleichwohl hat die Genealogie dieser Veranstaltungen bei diesem Datum nicht ihren Ursprung. Deutlich früher hatte in seiner Schwabinger Wohnung Alfred Schuler, literarisch aktiv und mit Ludwig Klages einer der wichtigen Gefolgsleute Georges der ersten Stunde,[7] ein „Römisches Fest" veranstaltet, das am 29. April 1899 stattfand, bei dem George anwesend war. Das Fest zeichnete sich dadurch aus, dass Schuler, der sich selbst als einen „von den Göttern Geweihten und auch Heimgesuchten"[8] verstand, hier eine Inszenierung von antik-römisch

6 So Robert Boehringer, Mein Bild von Stefan George, München/Düsseldorf 1951, S. 119f. – Daran anschließend Hans-Jürgen Seekamp/Raymond C. Ockendem/Marita Keilson, Stefan George. Leben und Werk. Eine Zeittafel, Amsterdam 1972 (Castrum Peregrini Presse), S. 137 zum 22.2.1903.

7 Es handelt sich um die sogenannten „Kosmiker", zu denen George alsbald Distanz wahrte, um dann eine nicht ganz strikte endgültige Trennung zu vollziehen.

8 So Ludwig Curtius, Deutsche und antike Welt. Lebenserinnerungen, Stuttgart 1950, S. 249.

anmutender Gesittung bot: „Licht von Kerzen und einem Dreidochter, vor diesem auf metallenem Sockel eine Nachbildung des ‚Adoranten', dahinter Lorbeer und anderes Grün; um jeden Teller ein Kranz leuchtender Blüten; Weihrauchduft. Nach der Mahlzeit beginnt er mit dem Vorlesen seiner stärksten Fragmente."[9]

George hatte das Fest unter dem Eindruck der ihn hier und jetzt persönlich abstoßenden selbstdarstellerischen Inszenierung Schulers alsbald fluchtartig verlassen,[10] nicht aber wegen des antiken Gepräges. Vielmehr muss dieses gerade als Initialzündung für eine in George reifende Idee angesehen werden, seinerseits kultische Feier und dichterische Lesung in einer Art Festakt eigener Prägung zusammenzuführen. Aber erst für den 22. Februar 1903 findet – mit bedeutungsvoll überhöhender, aber gleichwohl ähnlich reklamierender Bezeichnung – auf Georges Veranlassung ein „Antikes Fest" in den Räumen der Wohnung Karl Wolfskehls in der Leopoldstraße 1 in München statt. Bemerkenswert ist in diesem Zusammenhang, dass erst ein Jahr zuvor Stefan George den 16-jährigen Maximilian Kronberger kennengelernt hatte. Dessen Stilisierung zu einem Gott, ja dessen ‚Vergöttlichung' durch George und letztlich auch dessen Anhänger ist dem antiken Charakter dieses Festes gemäß und dessen legitimierender ideologischer Grundakkord.

Der Ablauf dieses Festes, das am Fastnachtssonntag 1903 gegeben wurde, ist, in fiktiver Form überliefert, nur indirekt nachvollziehbar. Franziska von Reventlow hat in einer literarischen Fiktionalisierung einige atmosphärische Eigentümlichkeiten dieses Maskenzugs mit spürbar ironisch-kritischem Unterton festgehalten: „Wir sahen [...], dass man sich wieder zum Zug ordnete; von allen Seiten strömten die Bacchanten, Jünglinge und Hermaphrodite mit erhitzten Gesichtern herbei. Dionysos [i.e. Karl Wolfskehl] schwang einen laubumkränzten Stab [...], Adriano [i.e. O.A.H. Schmitz] lief an ihm vorbei und fragte, ob er sich denn nicht beteilige, aber er antwortete gemessen: ‚O nein, es handelt sich um einen Privatumzug des Cäsar.'"[11]

George also in der Gewandung des römischen Imperators: Verkleidung und Auftritt sind belegt.[12] Der ebenfalls nachweislich stattgehabte Auftritt Wolfskehls als Dionysos, gestützt auf Satyrn,[13] Maximilian Kronbergers Anwesenheit, ferner die Erwähnung von Hermaphroditen und die Weise, sich processionaliter, Verse zitierend, von Raum zu Raum zu bewegen, geben dem Aufzug das Gepräge einer kultischen Darbietung, wenn nicht gar einer saturnalischen Feier. Ergänzt um den Anlass, zeitlich genau den Fastnachtshöhepunkt, stellt sich eine nahtlos integrative Verbindung zum Münchner Fasching her, insbesondere zur bohème-geprägten Ambitioniertheit Schwabings mit seinen diversen „Künstlerfesten",[14] deren Elemente auf den Maskenzug Georges und seiner Anhänger ziemlich unverkennbar Einfluss genommen haben, berücksichtigt man allein schon die Motivation zur Verkleidung. Unterstrichen wird dies durch die im George-Kreis ansonsten eher ungewöhnliche Anwesenheit weiblicher Gäste beim Maskenzug. Die vermeintliche Privatheit des Umzugs im George-Kreis wird dadurch deutlich relativiert.[15] Das erlaubt die Behauptung, dass George als eigentlicher Urheber des

9 Seekamp u. a., Stefan George (wie Anm. 6), S. 87 zum 29.4.1899.

10 Vgl. ebd.

11 Franziska von Reventlow, Herrn Dames Aufzeichnungen, München 1913, S. 126.

12 Vgl. Boehringer (wie Anm. 2), S. 119.

13 Boehringer erinnert Wolfskehl allerdings in der Rolle des Bacchus. Ebd.

14 Sie wurden im Wesentlichen von den in Schwabing seinerzeit reichlich vertretenen Kunstakademien und privaten Ateliers organisiert, zogen aber nicht nur bildende Künstlerinnen und Künstler an.

15 Weiterer weiblicher Gast war Ria Claassen, die als Rezitatorin im Kreis bekannt war. Sie stand in engerer Beziehung zu Rilke, vgl. Boehringer (wie Anm. 2), S. 120. – Ferner werden unter den weiblichen Gästen genannt: Ludwig Klages Freundin Hedwig Bernard sowie Anna Maria Derleth, die Schwester Ludwig Derleths. Vgl. Seekamp u. a., Stefan George (wie Anm. 6), S. 137 zum 22.2.1903, der auch die Anwesenheit Schulers eigens

Festes die temporäre Öffnung des Kreises mit der Zielrichtung einer gewissen Öffentlichkeit und Verbundenheit mit dem allgemeinen karnevalistischen Treiben in München und der Schranken niederreißenden Exaltiertheit der Schwabinger Künstlerfeste nicht nur zuließ, sondern sogar demonstrativ beabsichtigte. Es entsprach seinem Bestreben, in seinem erzieherischen Einsatz im Umgang mit jungen Menschen wie über seine Dichtung stärker von der Öffentlichkeit wahrgenommen werden zu wollen.[16] Die Hoffnung auf eine Einfluß nehmende Wirkung nach außen war von George durchaus intendiert, und die Weiterung des Gästekreises auf eher Außenstehende wie Franziska von Reventlow ist dahingehend zu interpretieren, über den Transfer von Mittelspersonen, gerade auch Autoren, bis in die breiten Schichten des Volks hinein wirkmächtig werden zu wollen.

Im Folgejahr 1904 kommen die engsten Freunde Georges am 14. Februar in der Wohnung Henry von Heiselers in der Ungererstraße 11 in Schwabing zusammen. Unmittelbar zuvor war der Bruch mit den Kosmikern vollzogen. Unter denen, die nun einen „Dichterzug“ bilden, finden sich auch Wolfskehl – jetzt in der Gewandung Homers – und Maximilian Kronberger. George tritt diesmal in Kleidung und Gesittung Dantes auf,[17] jenes florentinischen Dichters, der sich aufgrund seiner Nähe zum Volk einen hohen Bekanntheitsgrad erwarb und Ansehen gewann – ein Wesenszug mithin, um den George seinen dichterischen Vorfahr beneidete. Die Identitätssuche wird in dieser rollendeckenden Verkleidung zum Spiegelbild von Georges nicht zu verleugnendem defizitären Ambitionismus zu höheren Weihen eines allseits anerkannten und verehrten Dichterfürsten. Gewand und Habitus stehen in Übereinstimmung mit der unbestreitbaren dichterischen Affinität Georges zu Dante. Demgemäß liest er an diesem Abend aus eigenen Übertragungen von Teilen der *Divina Commedia*. Nach außen ist auch diese Feier volksnah anberaumt, nämlich wiederum auf den Faschingssonntag, nach innen wird das Ereignis hingegen symbolträchtiger, wenn es nur wenig später, am 24. März, im Haus Wolfskehls wiederholt wird.[18] Die Wiederaufnahme erfolgte aus Anlass des Erscheinens der VII. Folge der letztlich ausschließlich von George verantworteten *Blätter für die Kunst*, dem elitären und exklusiven Organ des George-Kreises. Die über die *Blätter* verbreitete Kunstauffassung wie Welt- und Lebensanschauung des Kreises garantierte ob ihrer extrem geringen Auflage eine proportional umgekehrt höhere Aufmerksamkeit und genaue Beobachtung durch die literarisch-künstlerisch engagierte Öffentlichkeit, wie sie von George im Endeffekt bezweckt wurde.

Die für den Umzug im Fasching 1904 im Schrifttum gebräuchliche Kennzeichnung „Dichterzug“[19] ist allerdings weder authentisch noch plausibel. Die thematische Zuweisung ist wohl als terminologische, nicht inhaltliche Abgrenzung im Unterschied zum Fest des Jahres 1903 eingeführt. Damit wird aber die Tatsache verstellt, dass auch die Zusammenkunft am Faschingssonntag 1904 vom Wesen her gleichfalls ein „Maskenzug“ war. Das wird durch den Umstand gestützt, dass am 24. März, also noch im ziemlich unmittelbaren Nachgang zum

---

erwähnt. Ohne konkreten zeitlichen Bezug, aber als Formation einer gemischten Gesellschaft getarnt, wird das Fastnachtstreiben im Stil des George-Kreises literarisch verfremdend geschildert bei Oscar A. H. Schmitz, Bürgerliche Bohème (Druck n. d. 10. Aufl. v. „Wenn wir Frauen erwachen…“, München 1925), Bonn 1998, S. 145f., 175f.

16 Ernst Glöckner gegenüber hat sich George relativ spät in dieser Richtung geäußert: „Er beklagt nur, dass er nicht noch mehr als Erzieher tätig sein könne. Gäbe man ihm Material in die Hände, er wolle alles aus Deutschland machen.“ Friedrich Adam (Hg.), Ernst Glöckner: Begegnung mit Stefan George. Auszüge aus Briefen und Tagebüchern 1913–1934, Heidelberg 1972, hier: Tagebucheintrag zum 3. März 1916, S. 79f.

17 Vgl. Boehringer (wie Anm. 2), S. 120.

18 Vgl. Seekamp u. a., Stefan George (wie Anm. 6), S. 153f. zum 23.3.1904.

19 Z. B. Boehringer (wie Anm. 2).

Faschingstermin, ein von George in Auftrag gegebenes und durch Wolfskehl offenbar in rechter Eile verfasstes Poem zum Vortrag gelangte – sein Titel: „Maskenzug“.[20]

Die Einzelheiten der verschiedenen Umzüge und Lesungen, wie sie im George-Kreis noch bis zu Beginn des Ersten Weltkriegs üblich waren, vermitteln immerhin den Eindruck, dass es George und seinen nächststehenden Anhängern bei solchen Auftritten im Rahmen des Fasching nicht um elitären Kult um seiner selbst willen ging. Im Gegenteil ist die Offenheit der Begegnung, die Suche nach Beziehungen, wenn nicht gar eine Art ideellen Aufgehens im Faschingstreiben der breiten Bevölkerung erkennbares Anliegen, das nach bewährtem Prinzip gerade durch den Ruch des Exklusiven diesem Ziel nahekommt. In dem Zusammenhang ist darauf hinzuweisen, dass Georges Feste und Jours fixes in den verschiedenen Schwabinger Privatwohnungen der engsten Freunde, allen voran bei Wolfskehl, zuweilen von bis zu 70 Personen besucht wurden. Das trifft auch auf die Faschingsumzüge von 1903 und 1904 zu.[21] Feste in solchem Rahmen und mit diesem Zuspruch spiegeln Georges Interesse an heranwachsender bildungsbereiter Jugend und über sie seine insinuierten Erwartungen an einen jeweiligen Multiplikationsfaktor, der über Universitätskarrieren, Veröffentlichungen wissenschaftlicher oder dichterischer Werke und andere Verbreitungswege Wirksamkeit entfalten würde.

Dass George der volkhaften Seite des Münchner Faschings sehr zugetan war und ihr ausgesprochen aufgeschlossen gegenüberstand, wird zumindest indirekt nachvollziehbar aufgrund verschiedener zeitgenössischer Berichte aus dem Umkreis des Meisters. So soll George zu den berühmt-berüchtigten Faschingsveranstaltungen im „Schwabingerbräu“ noch zu später Stunde aufgebrochen sein – immer freilich auf der Suche nach seiner Einschätzung zufolge bildungsfähigen jungen Menschen, zunächst also potentiellen Gefolgsleuten.[22] Am Faschingsdienstag 1904 ließ sich George in eine illustre Tafelrunde um die Wolfskehl'sche Familie einbinden, die im Café Luitpold, einer Traditionseinrichtung in der Brienner Straße am Rande Schwabings, zusammengekommen war. George „sass still sich freuend und präsidierte ernst, aber doch genießend wie dieser Freudenrausch alle erfasst hatte. [...] Das Heimgehen auf jenen Strassen die erfüllt waren vom Lärm der bis zuletzt geniessen Wollenden, war für die Jugend, die um George geschart gewesen war, ein heiliges Fest, sie sprachen Verse von George [...].“[23] Aber auch schon 1903 besuchte er Ende Februar den traditionellen „Scharfrichterball“ in Schwabing, wo man ihm „stürmische Ovationen“ entgegenbrachte.[24]

In besonderer Weise kennzeichnend für die „Maskenfeste“ war ihre kultische Aura. Woher aber bezog George die Anregungen, woher stammen die individuellen spezifischen Vorgaben? Es sind im Wesentlichen drei Elemente, aus denen Georges Maskenfeste ihren formalen und geistigen Fundus beziehen: die Antike, die Liturgie der römisch-katholischen Kirche und die Kindheitseinflüsse der rheinischen Heimat Georges. Sie alle stehen in engem Zusammenhang mit dem öffentlichkeitswirksamen Ansatz der „Maskenzüge“.

---

20 Hinweise zur Lesung bei Seekamp u. a., Stefan George (wie Anm. 6) – Ebenso Robert Boehringer, Georg Peter Landmann, Stefan George – Friedrich Gundolf, Briefwechsel. München/Düsseldorf 1962, S.150. Dieser Dichter- bzw. Maskenzug samt Vortrag Wolfskehls hat in unmittelbarer Folge dann seine allerdings zweifelhafte volksnahe Ausfaltung erfahren, nämlich in einer parodistischen Ausschmückung in der satirischen Zeitschrift *Schwabinger Beobachter*, einem sehr kurzlebigen Blatt in der Verantwortung vor allem von Franziska von Reventlow und dem mit ihr zu diesem Zeitpunkt liierten Franz Hessel.

21 Vgl. Edgar Salin, Um Stefan George. Erinnerungen und Zeugnis. München/Düsseldorf 1954, S. 193.

22 Vgl. ebd.

23 Vgl. Boehringer (wie Anm. 2), S 121f., der wörtlich die hier zitierten Aufzeichnungen Charlotte Wendels wiedergibt.

24 Vgl. Seekamp u. a., Stefan George (wie Anm. 6), S. 137 zum 14.2.1903.

Edgar Salin, einer der späteren Weggefährten im George-Umkreis und zugleich einer seiner wichtigsten Zeugen, behauptet, Alfred Schuler sei bei einem der Maskenzüge, die im Jahr 1904 mehrfach aufgeführt wurden, zugegen gewesen.[25] Er führt außerdem aus, dass Schuler auch noch nach Georges Zerwürfnis mit den Kosmikern zum ‚Jour' bei George erschienen sei.[26] Dies unterstellt, ist davon auszugehen, dass Schuler nicht nur an der formalen ‚Inszenierung', sondern letztlich auch an dem geistigen Fundament der Maskenfeste von 1903 und 1904 federführend Anteil gehabt hatte.

Schulers enorme Affinität zur römischen Antike, speziell zu ihrer atmosphärisch-kultischen Ausstrahlung, dürfte George – allen ihn persönlich abstoßenden Einzelheiten Schuler'scher Exzentrik zum Trotz – langfristig, zumindest aber noch bis zur Institutionalisierung einer Maskenzug-Tradition wichtig, ja unverzichtbar gewesen sein.[27] Tatsächlich war Schuler mehr als nur ein fachkundiger Stichwortgeber. Seine schriftlichen Auslassungen geben nahen Einblick in eine hier nicht eingehender darstellbare staunenswerte Gesamtübersicht wie auch Detailversessenheit hinsichtlich des römischen Alltags in den Sphären der römischen Gebildeten, die allerdings nicht frei ist von abwegigen Abstrusitäten. Bemerkenswert ist aber auch dies: Schuler konstruiert vor solchem Hintergrund nicht unlogische Bezüge zu Dante, dessen Person, wie gesagt, George anlässlich zumindest zweier Maskenzüge sich amalgamierte, nachdem er zuvor bei solcher Gelegenheit den Imperator Julius Cäsar verkörpert hatte.[28] Genauer betrachtet, sieht Schuler im Imperium Romanum „die letzte großartige Zellenausgeburt der Renaissance des urtümlichen seins". Im Blick auf „das Wesen der ewigen Stadt" hat er die konkrete Vorstellung, dass in der ‚Anthus', dem Rom der späteren Kaiserzeit, die „verklärende Floreszenz" eine große Rolle gespielt hatte, vor allem im Blick auf die Adoleszenz der Knaben, die ihrerseits als Entourage der römischen Nobilität besondere Auszeichnung verliehen.[29] Dabei ging es eben nicht allein um den esoterischen Hang zu dauernder Jugendblüte, vielmehr um ein „Prinzip der sorgfältigen Pflege der Floreszenz" und die Tendenz, „diesen Zustand zu verlängern". Das führte dazu, dass für die „ungeheuren Knabenmassen, welche die Häuser der Vornehmen geradezu durchfluten", Präfekten, sogenannte ornatores, sich eigens um die Tracht und Kleidung der Knaben (und getrennt von ihnen der Mädchen) zu sorgen hatten.[30] Von dieser Welt der ‚Roma Anthusa' geht, folgt man Schuler, der Blick hinüber zum Dante'schen Himmel und damit in die Seele der katholischen Kirche, „ins Lichtreich christlicher Engel".[31]

Von der Einkleidung über die Idolatrie um den jungen ‚Gott' Maximin,[32] in dem George den „Geist der heiligen Jugend unseres Volkes"[33] stellvertretend verehrte, der sich anlässlich der Maskenfeste im Togagewand in den Kreis der George-Jünger einreihte, bis hin zu den Gesten

25 Vgl. Salin, Um Stefan George (wie Anm. 21), S. 336 Anm. 200; Seekamp bestätigt die Aussage. Vgl. Seekamp u. a., Stefan George (wie Anm. 6), S. 153 zum 5.3.1904.

26 Salin, Um Stefan George (wie Anm. 21), ebd.

27 Dabei ist es in dem Zusammenhang ohne Belang, dass nach 1914 die Maskenzüge im Zuge der vielfachen militärischen Einberufungen unter den Freunden zwangsläufig ihrem Ende entgegengingen.

28 Möglicherweise geht die Anregung zu dieser Kostümierung ebenso auf Friedrich Gundolf zurück, der sich schon früh mit der Gestalt Cäsars interessiert befasst hatte, aber erst 1924 eine eigene Publikation unter dem Titel *Cäsar. Geschichte seines Ruhms* vorlegte.

29 Vgl. Alfred Schuler, Vom Wesen der ewigen Stadt. Aus dem zweiten Vortrag: Die Häuser des Lebens, in: Der George-Kreis. Eine Auswahl aus den Schriften, hg. v. Georg Peter Landmann, Stuttgart [2]1980, S. 49–62.

30 Vgl. ebd., S. 54.

31 Vgl. ebd., S. 55.

32 Vgl. die vor allem lyrisch stärkste Gestaltung in dem Gedicht Kunfttag I „[...] Ich seh in dir den Gott/ Den schauernd ich erkannt/Dem meine andacht gilt. [...]", in: Stefan George, Der siebente Ring, in: Gesamtausgabe der Werke. Bd. VI/VII, Berlin 1931, S. 96.

33 Vgl. das Gedicht „Nun wachs ich mit dir [...]", in: Stefan George, Der Stern des Bundes, in: Gesamtausgabe der Werke. Bd. VIII, Berlin 1928, S. 15.

ist die gesamte Dramaturgie der Maskenzüge dem Geist Schulers verpflichtet, wenn nicht gar wesentlich von ihm veranlasst, womöglich auch verantwortet mit Georges Gutheißung.

Hinzu tritt die Aura Platons, nicht seiner Philosophie. Die Anverwandlung des ‚Symposions' fügt sich nahtlos in den Rahmen des Konzepts nicht nur der Maskenfeste. Betrachten wir nämlich nicht allein Herkunft, sondern auch Ziel der Umzüge, wird das antike Vorbild zum Modell der von George angestrebten Wiedererrichtung eines geistigen Deutschland: nach Weise der Antike die Unbelehrten – aber Belehrbaren – zum rechten Denken und Handeln anzuleiten,[34] um aus dieser Lebenserfahrung im je eigenen Denken und Tun selbstverantwortlich zu handeln. Eine Vorschule künstlerischer und pädagogischer Selbsttreue, wenn man so will, die aber immer von Georges Auftrag und Perspektive geprägt ist. Als Belehrbarer durch den Meister erzogen und befähigt zur Dichtung, ist das Fernziel schon eingebunden: Ordnung und Erziehung des Staates, denn der Staat verfällt, wenn die Dichtung der Gegenwart substanzlos wird und zum degenerierten Kulturgut mutiert. Das ‚Symposion' schlägt die Brücke zum Staat – für Platon wie für George.

Die in früher Jugend in George grundgelegte Affinität zu Kirche und Liturgie, die sich gänzlich undogmatisch in ihm ausfaltete,[35] dazu das Naturell rheinisch beeinflusster Sinnenfreude, die sich unter der Last des selbst gewählten Auftrags nur verbarg, um dann hin und wieder schalkhaft-heiter hervorzubrechen, steht dazu nicht in Widerspruch. Amalgamierend ist solches in die konzeptionelle Anlage der Maskenzüge eingeflossen und hat diese aus sich heraus zu einer Art ‚Gesamtkunstwerk' werden lassen.

Insofern war – in deutlicher Anlehnung an das öffentliche volkhaften Erleben der Faschingsumzüge und die allgemeinen Belustigungen – für die Umzüge des George-Kreises eine Trennung zwischen katholisch-liturgischem Kult und heidnisch-antiken Zeremonien prinzipiell unerwünscht, erst recht eine Absonderung beider Strömungen in den privaten Bereich.[36] Edgar Salin spricht davon, dass George „in gleichem Maass katholisch wie römisch" gewesen sei, zugleich religiös wie der Antike zugewandt, also ein „Berger und Hüter von zwei Weltkräften" einer überdimensionalen weltgeschichtlichen Potenz,[37] deren grundlegende Bedeu-

34 1916 hat Ernst Glöckner ein weiteres Mal diese Ambition aus dem Gespräch mit George herausgehört. George soll u. a. geäußert haben: „Platon und Dante hätten es in dem einen leichter gehabt, dass sie alles Material [an bildbaren Menschen] in den damaligen Brennpunkten des Lebens auf der Straße sahen; schwerer, weil sie gebunden waren durch die Gesellschaft, weshalb auch Sokrates zuletzt den Giftbecher trinken musste." Ernst Glöckner, Begegnung mit Stefan George. Auszüge aus Briefen und Tagebüchern 1913–1934, Heidelberg 1972, hier: Tagebuch-Eintrag zum 03.03.1916, S. 79f.

35 Erinnert sei in diesem Zusammenhang an die festlichen und aufwendigen Prozessionen und Aufzüge anlässlich des Festes des hl. Rochus, dem Patron von Bingen, der Heimatstadt Georges, mit ihrem festlich gemessenen Schreiten und Wandeln durch die Fluren. In dem kurzen Prosastück *Der kindliche Kalender* sind diese Eindrücke durch den heranwachsenden Stefan George beschrieben: Vgl. Stefan George, Tage und Taten, in: Gesamtausgabe der Werke, Band XVII, Berlin 1933, S. 14–17. Voran schreitet der liturgische Dienst, unmittelbar gefolgt vom Priester als dem eigentlichen Anführer des Umgangs. In den Maskenzügen des George-Kreises versteht sich der „Meister" sinnentsprechend, nämlich nicht herausgehoben, sondern vorbildhaft voranschreitend und somit prägend. In Georges lyrischem Schaffen wird dieses Selbstverständnis deutlich in der Entwicklung seit *Algabal*. Im Übrigen ist Georges Prägung durch das Kultische als Heranwachsender schon früh nachweisbar. Es ist zurückzuverfolgen bis in seine Darmstädter Gymnasialzeit. Vgl. Georg Fuchs, Sturm und Drang in München um die Jahrhundertwende, München 1936, insbes. S. 123ff. – Ebenso Thomas Karlauf, Stefan George. Die Entdeckung des Charisma, München 2007, S. 309.

36 Die Verbindung von Profanem und Religiösem ist auch in der Dichtung Georges nachweisbar. Es findet sich die Auffassung von Gott als dem Alpha und Omega, dem Anfang und Ende allen Seins, auch bei Platon. Diese übergreifende Sicht spiegelt sich z. B. im *Stern des Bundes*. Vgl. dazu im Einzelnen H. Stefan Schultz, Studien zur Dichtung Stefan Georges, Heidelberg 1967, S. 122. Auch der spätere unerwartete Tod Maximins (i.e. Maximilian Kronberger) wird von George als Zeichen göttlicher Erwähltheit in antikischem Sinn gedeutet, zugleich aber wird er „de facto [...] zum Anlaß dichterisch-religiöser Produktivität". Vgl. Klaus Landfried, Stefan George – Politik des Unpolitischen. Mit einem Geleitwort von Dolf Sternberger, Heidelberg 1975, S. 120.

37 Vgl. Salin, Um Stefan George (wie Anm. 21), S. 278.

tung George natürlich durchaus auch spielerisch-darstellend und – im volksnahen Bezug – ohne hierarchischen Zwang zu veranschaulichen verstand. Gesetzt den Fall, man wollte den Maskenzügen lediglich einen rein ästhetischen Kult-Charakter zuerkennen, wäre eine derart eingrenzende Verabsolutierung unzulässig, steht doch der ästhetische Wert der Maskenzüge in untrennbarem Zusammenhang mit dem literarischen Werk Georges. Und dieses hat seinerseits öffentlichkeitswirksame und damit selbstredend gesellschaftliche Auswirkung.[38]

In dieser Weise orientiert, sind die Maskenzüge Georges und seiner Anhänger neu zu bewerten.[39] Denn sie sind beides: Gemeinschaftserleben einer Elite und zugleich Ereignis im Bewusstsein einer Hinordnung auf Öffentlichkeit. Das verbindende Element ist die Identität im Selbstverständnis des Tuns: Heraustreten aus dem Alltag, dem Irdischen enthoben, jenseits von Raum und Zeit.

38 In diesem Bezugsgeflecht bewegte sich auch schon die Diskussion Anfang der 70er Jahre – ohne aber darüber zu einem Einvernehmen zu gelangen. Vgl. Eckart Heftrich u. a., Stefan George Kolloquium, Köln 1971. Siehe hier insbes. die im Nachgang zu Urs Jaeggis Referat „Am Nullpunkt der Öffentlichkeit" dokumentierten Diskussionsbeiträge, u. a. von Hans-Georg Gadamer und Benno von Wiese, der im Blick auf eine diskursiv unterstellte gesellschaftliche Unproduktivität Georges die keineswegs rhetorisch zu verstehende Frage aufwirft: „Wieso hat der ästhetische Wert nicht auch eine gesellschaftsbezogene Funktion?", S. 106–117, hier S. 107f.

39 Jedenfalls ist die bislang weitgehend einhellige Bewertung der Maskenzüge als quasi esoterisches Begebnis einer ausschließlich als solche sich verstehenden Elite nicht mehr haltbar. In der Konsequenz ist auch die Interpretation einschlägiger Lyrik Georges, soweit sie unter den Begriff ‚Volk' zu subsumieren ist, einer eingehenden Revision zu unterziehen. Davon unberührt bleibt freilich die differenzierende Einschätzung des George-Kreises als ‚Elite' eigenen Anspruchs und teleologischer Bezweckung.

„Eine Generalprobe gab es nicht!"

Beitrag zur Dramaturgie des Münchner Oktoberfestzuges im 20. Jahrhundert

Monika Ständecke

> *„Dramaturgie, die [...] 1. Lehre von der äußeren Bauform u. den Gesetzmäßigkeiten der inneren Struktur des Dramas, bes. im Hinblick auf die praktische Realisierung. 2. Bearbeitung u. Gestaltung eines Dramas, Hörspiels, [Fernseh]films o. ä. ...".*[1]

Die Geschichte des Oktoberfestzuges im 19. Jahrhundert ist hinreichend bekannt, die des darauf folgenden Jahrhunderts allerdings erst ansatzweise untersucht. Es sind keineswegs ausschließlich die das Bild dominierenden Trachten-Erhaltungs- und Schützenvereine selbst, die den Festzug als Schauumzug moderner Form verantworten.[2] Der Blick hinter die Kulissen fördert Einzelheiten zutage: Organisation und Verantwortung für die Durchführung des Festzuges lagen in den unterschiedlichsten Händen. Die Erwartungen, denen er genügen sollte, wechselten ebenso wie seine Gestalt und die Gruppen der Mitwirkenden. Gerda Möhler erstellte in ihrem grundlegenden Werk „Das Münchner Oktoberfest" eine Tabelle, die Organisatoren, Mitwirkende und Leiter der Festzüge von der Prinzregentenzeit bis in die erste Hälfte des 20. Jahrhunderts auflistet.[3] Der vorliegende Beitrag rückt nun das letzte Drittel des 20. Jahrhunderts in den Mittelpunkt. In der Überschrift ist die Rede von der Dramaturgie des Großereignisses. Mit diesem Begriff beschrieb der langjährige Leiter des Oktoberfestzuges Robert Huber sein Tätigkeitsfeld. Er sah sich in der Rolle eines Dramaturgen, dessen Schaustück immer ohne Generalprobe funktionieren musste. Zum Vorbild nahm er sich die künstlerisch gestalteten Festzüge früherer Zeit: den Festzug zur Silberhochzeit König Ludwig I. von 1835, zu dem der Ingenieur und Civilbaumeister Daniel Ohlmüller Festwägen entworfen hatte, den des Jahres 1895 unter Leitung des Schriftstellers und Politikers Maximilian Schmidt (genannt „Waldschmitt"), der auf das Tragen von „Volkstrachten" anstatt der von den Trachtenvereinen in den Jahrzehnten um 1900 bevorzugten „Gebirgstrachten" bestand, und den „Festzug der Bavaria" Ferdinand von Millers, der besonders für die Auftritte der Armbrustschützen prägend wurde. Robert Huber kannte auch die Grafiken und historischen Fotografien zum Jubiläums-Festzug von 1910, an dessen Gestaltung der Kunstmaler Hermann

---

1 Duden Fremdwörterbuch, bearb. v. Wolfgang Müller u. a., 4., neu bearb. u. erw. Aufl. (Der Duden in 10 Bänden, Bd. 5), Mannheim/Wien/Zürich 1982, S. 199.

2 Ab 1894/95 hat sich die Form des „Schauumzuges" entwickelt, s. Angelika Müllner/Wolfgang Brückner, Festzug und Tracht in Franken 1840–1855, in: Menschen und Moden (Veröff. z. Volkskunde und Kulturgeschichte 84), Würzburg 2000, S. 326–338, hier S. 327. Erstdruck in: Volkskunst 5 (1982), H. 3., S. 174–183.

3 Gerda Möhler, Das Münchner Oktoberfest. Brauchformen des Volksfestes zwischen Aufklärung und Gegenwart (Miscellanea Bavarica Monacensia 100; Neue Schriftenreihe des Stadtarchivs München, Bd. 120, zugl. Diss. zur Bayer. Landes- und Münchner Stadtgeschichte 1979), München 1980, insbes. S. 271–297 u. Tabelle 18.

Stockmann beteiligt gewesen war. Argumente und Anregungen zur Gestaltung seiner Festzüge zog er aus dieser Veranstaltung und den weiteren der ersten Hälfte des 20. Jahrhunderts jedoch nicht.

In der Zeit nach dem Ersten Weltkrieg fanden nur wenige Festzüge zum Oktoberfest statt. Mit dem heutigen Großereignis hatten sie nur einige Gruppen von Beteiligten gemeinsam. 1921 wurden organisatorisch und terminlich unabhängig voneinander ein Schützenzug und ein Volkstrachtenzug veranstaltet. Der Schützenzug war daraufhin in den Folgejahren erneut zu sehen, der Trachtenzug nicht. 1922 fand zur Oktoberfestzeit anlässlich eines Trachten-Werbetages ein Zug weniger Trachtenvereine statt. Den für 1925 geplanten Festzug mit Trachtenschau lehnte der Stadtrat in geheimer Sitzung ab. Während des Nationalsozialismus fand seit der Feier des 100-jährigen Oktoberfest-Jubiläums 1935 mit dem Festzug „Stolze Stadt – Fröhlich Land" bis 1938 jährlich ein Oktoberfestzug statt. Als Organisator trat Dr. Albert Oeckl von der Landesstelle München Oberbayern des Reichsministeriums für Volksaufklärung und Propaganda auf. Zu den Mitwirkenden gehörten 1935 neben Schützen- und Trachten-Vereinen sowie Münchner Brauereien die Kreishandwerkerschaft, die Künstlergruppe „Aufbau", die Reichswehr, SA-Schützenstandarten, Hitlerjugend und Bund Deutscher Mädel.[4] Inwiefern dieser Festzug „zur Weihe des Oktoberfest-Jubiläums" mit seinen Abteilungen Landesschützenzug, „historischer Aufmarsch", „Bayrisch Land in Sitt' und Tracht" und „Kreishandwerkerschaft" die Festzugtradition beeinflusste, wäre noch zu untersuchen.

Nach Kriegsende konnte 1948 erstmals ein „bayerischer Nachmittag mit Trachtenzug und Heimatfest" gefeiert werden,[5] ein Jahr darauf das erste „Nachkriegs-Oktoberfest". Als neuer Veranstalter trat der Verein „Münchener Festkreis" in Aktion.[6] Der Festzug bestand aus fünf Abschnitten: Die ersten drei bestritten Trachtenvereine und Kapellen, die größtenteils aus München und Umgebung kamen, den vierten Vereine aus den Trachtenverbänden Gauverband I, Loisachgau, Oberländergau, Inngau und Gau Oberbayern. Den fünften – ca. 20 Nummern von insgesamt 123 – hatte der „Münchener Festkreis" zusammengestellt. Zu sehen waren in diesem Abschnitt landsmannschaftliche Gruppen (Siebenbürger Sachsen, Egerländer, Gruppen aus dem Badischen Schwarzwald, Niederbayern und dem Kleinen Walsertal), Präsentationen verschiedener Handwerke (Kaminkehrer, Zimmerer, Kupferschmiede) und Vereine (Jäger, Haupt-Schützen-Gesellschaft) sowie Brauerei-Festgespanne. Dem bürgerschaftlichen Festkreis und der Stadt München gelang es schließlich, den Oktoberfestzug als jährliches Großereignis zu etablieren. Gerda Möhlers Tabelle endet mit dem Eintrag: „Ab 1950 regelmäßig: Trachten- und Schützenzug. Träger: Wirtschaftsreferat der Stadt München. Seit 1954 Münchner Festring e. V. Organisatoren: Rektor Hermann Hoser, Studienrat Karl Röhrl, von der Stadtverwaltung Oberinspektor Jakob Stepper. Ab 1966 Robert Huber". In Interviews gab Robert Huber 2008/09 bereitwillig Auskunft über seinen persönlichen und beruflichen Werdegang und gewährte großzügig Einblick in seine Arbeitsunterlagen.[7]

4 1810–1935 – 125 Jahre Münchener Oktoberfest. Stolze Stadt – Fröhlich Land. Jubiläums-Oktober-Festzug 1935. Festzugprogramm zusammengestellt von Kommerzienrat Baumgärtner.

5 „Aufg'schpuit, tanzt und g'sunga!" [Programm zum] Oktoberfest-Hauptsonntag, 19. September 1948.

6 Oktoberfest München 1949. Offizielle Festschrift, hg. v. „Münchener Festkreis", zusammengestellt von Hanns Vogel.

7 Die zu diesem Beitrag verwendeten Quellen befinden sich im Privatbesitz von Robert Huber, werden jedoch als Vorlass dem Stadtarchiv München übergeben. Auf Schriftstücke anderer Herkunft wird in den Fußnoten entsprechend hingewiesen.

Der „Festzug-Huber“ – Bürgersinn und Kaufmannsgeist

Robert Huber wurde 1931 in München geboren. Er wuchs als Gassenkind in der Kreitmeierstraße nahe der Bennokirche in München-Neuhausen auf. Seine Mutter, Aloisia Harvolk, war ein uneheliches Kind von Anni Harvolk, die später mit Georg Albrecht aus der Münchner Volkssänger-Familie Geschwister Albrecht verheiratet war.[8] Sein Vater, Hermann Huber, war Elektromonteur, stammte aus Mannheim und arbeitete seit 1927 in der Münchner Löwenbrauerei. Die Ehe der Eltern scheiterte. Schlechte Erfahrungen mit dem jähzornigen und prügelnden Stiefvater trieben den 17-jährigen Robert Huber dazu, in das Jugendheim in die Schwere-Reiter-Straße zu ziehen. Sein gesamter Besitz hatte in einer Aktentasche Platz. Er hatte bereits eine Lehre als Rundfunkmechaniker hinter sich und fand eine Anstellung als Bürobote in dem weltweit agierenden Unternehmen Dyckerhof & Widmann. Im Laufe seiner Ausbildung erhielt er Einblick in die Anfänge der Serienfertigung. Das Prinzip, das er dort kennen lernte, die Arbeitsschritte aneinanderzureihen, bis aus Vorprodukten ein Endprodukt entsteht, wandte er laut eigener Aussage später auf die Organisation des Festzuges an. Als „Vorprodukte“ galten ihm die getroffenen Absprachen und die genaue Planung des Ablaufs. Sein Organisationstalent stellte Robert Huber bereits während der ehrenamtlichen Tätigkeit für die Jugend der Deutschen Angestellten Gewerkschaft (DAG) unter Beweis, zu deren Ortsjugendleiter er Ende Juni 1950 gewählt wurde. Von 1954 bis zur Anstellung beim Münchner Festring e. V. 1966 war er schließlich in der Verwaltung der DAG tätig. Dort betreute er als Organisationssekretär Angestellte aus Handel, Industrie, Wissenschaft und Rundfunk. Daneben fungierte er aufgrund seiner Berufstätigkeit ehrenamtlich als Arbeits- und Sozialrichter. Im Berufsleben lernte er Alfons Bergmann kennen, der Betriebsratsvorsitzender des Kaufhof-Konzerns, Geschäftsführer des Landesverbandes Bayerischer Heimat- und Volkstrachtenvereine und 2. Vorstand des Festrings war. Dieser animierte ihn 1965 schließlich, sich dort um die ausgeschriebene Stelle des Festring-Geschäftsführers zu bewerben. Unter 120 Konkurrenten kam Robert Huber mit 30 weiteren Kandidaten in die engere Auswahl. Dem Bewerbungsgespräch saßen Bürgermeister Albert Bayerle, Jakob Stepper, Dr. Brunner, Paul Ernst Rattelmüller und der Direktor des Süddeutschen Verlags Hans Dürrmeier vor. Robert Huber überzeugte die Vorstellungsrunde mit seinem Konzept für den Festzug, nämlich den Darstellungsschwerpunkt im Alpenraum zu sehen, in der Volkskultur von Savojen bis Slowenien. Daneben versicherte er, aus der Historie Münchens und in der Tradition früherer Oktoberfestzüge arbeiten zu wollen.

Zu den beruflichen Aufgaben Robert Hubers gehörte von 1966 bis 1991 neben der Organisation des Münchner Oktoberfestzuges auch die Planung und Abwicklung weiterer Veranstaltungen rund um die „Wies'n“, allen voran die des Wiesen-Einzugs der Festwirte und Brauereien sowie der Gala „Folklore International“ im Circus-Krone-Bau (ab 1969), ferner die des Faschingstreibens „München Narrisch“ (ab 1971) in der Innenstadt und der „Schwabinger Woche“ (1966–1980), d.h. des Rahmenprogramms zur Verleihung des Schwabinger Kunstpreises. Dazu kamen noch Sommerfeste im Alten Hof, Bunte Abende zur Unterstützung des Oktoberfest-Vereins und anderes mehr. Ferner war sein Rat als professioneller Leiter derartiger Großveranstaltungen auch anderweitig gefragt. So unterstützte er 1980 zum Beispiel den

8 Fritzi Albrecht, sein Cousin, führte diese Tradition der Familie mit seinen Auftritten beim Schichtl auf dem Oktoberfest weiter. Siehe E. S., Einmal ein Blick hinter die Kulissen – Wer organisiert und lenkt den Oktoberfest-Trachtenzug, in: Münchner Palette 9/1983, S. 7f.

Bezirk Oberbayern bei der Vorbereitung der Eröffnungsfeierlichkeiten des Freilichtmuseums an der Glentleiten.

Ein breiteres Publikum lernte den „Festzug-Huber" erst in den letzten Jahren seiner Amtszeit näher kennen. Erst wenige Jahre bevor er 1992 in den vorgezogenen Ruhestand trat, registrierte die Münchner Presse den Geschäftsführer als Person von öffentlichem Interesse, berichtete über die Verleihung des Bundesverdienstkreuzes, Auszeichnungen für Verdienste um die Münchner Kultur, gratulierte zum 60. Geburtstag.[9] Paul Ernst Rattelmüller (1924–2004), der den Festzug in der zweiten Hälfte des 20. Jahrhunderts ebenfalls begleitete, stand weit mehr in der Öffentlichkeit als der Festzugleiter. Der Illustrator und Grafiker fertigte alljährlich das Titelbild des Festprogramms an.[10] Unterhaltsame heimat- und brauchkundliche Veröffentlichungen machten den in allen erwähnten Belangen überzeugten Autodidakten weithin bekannt, ebenso die ab 1965 regelmäßig im Bayerischen Rundfunk ausgestrahlte Sendung „Der Boarische Hoagascht", der er als Autor und Sprecher ein unverwechselbares Gepräge gab. Von 1966 an enthielt jedes Programm auch einen von ihm illustrierten, mehrseitigen Beitrag. Als Brauchtums-Spezialisten wurde ihm 1973 das Amt des Bezirksheimatpflegers von Oberbayern angetragen, das er bis 1989 bekleidete.[11] Seit 1982 überträgt die ARD den Oktober-Festzug alljährlich live.[12] Zusätzlich schalten sich dazu immer wieder Sender aus dem europäischen Ausland ein, wie z. B. seit 1983 aus Österreich oder seit 1990 aus der Tschechoslowakei.[13] Paul Ernst Rattelmüller war in den ersten Jahren der Kommentator dieser Übertragungen. So prägte auch er den Eindruck, den der Festzug beim Publikum hinterließ.

Nach der Pensionierung Hubers engagierte der Vereinsvorstand dessen vormalige Sekretärin und Assistentin Elisabeth Sieger (geb. 1939) als Geschäftsführerin. Sie arbeitete in seinem Sinne weiter, gab ihre Position 1998 allerdings wegen zu großer Unstimmigkeiten mit dem Vereinsvorstand bereits wieder auf. Der Vereinsvorsitzende und Kommunalpolitiker trugen zu diesem Zeitpunkt Debatten um die finanziell unbefriedigende Lage des Vereins in die Öffentlichkeit. Umstritten war – was schon Jahre zuvor immer wieder in der Diskussion gewesen ist – inwieweit die Stadt, die ideell und wirtschaftlich von der Oktoberfestzeit und den damit einhergehenden Veranstaltungen, allen voran dem Oktoberfestzug, profitierte, sich auch finanziell an dessen Absicherung zu beteiligen hätte. Den personellen Umbrüchen folgten organisatorische, verbunden mit einer Krisenzeit für das Großereignis. Im Frühjahr 2001 hat sich ein neues

9 Negative Schlagzeilen über sein Wirken entstanden schon in den 1980er Jahren, positive überwiegend erst später, z. B. nach der Verleihung des Bundesverdienstkreuzes. Vgl. Fritz Woock, Gute Laune als Geschäft. Robert Huber organisiert die größten Spektakel, in: Münchner Merkur 1987. – O. A., in: Münchner Abendzeitung, 14.07.1987, S. 12, Rubrik: Ganz privat. – M.E. Haas, Von Beruf Organisator, in: Münchner Stadtanzeiger, 21.08.1987. – Stefan Güpping, Wies'n-Umzug: Robert Huber hält die Zügel in der Hand, in: Münchner Wochenblatt, 16.09.1987.
Zum 25-jährigen Arbeitsjubiläum siehe: O. A., Robert Huber – 25 Jahre verantwortlich für den Trachtenzug und Schützenzug, in: Münchner Palette 9/1990. – Helmut Schimpke, Robert Huber, in: Trachten-Zeitung 9/90, S. 10. – Fritz Woock, 200 Trachtler kamen zur Matinee ins Wies'n-Zelt, Organisator Robert Huber feierte Jubiläum, in: Münchner Merkur, 25.09.1990. – Miryam Gümbel, Robert Huber –Festzug Organisator, in: Süddeutsche Zeitung, 22./23. 09.1990.
Zum 60. Geburtstag siehe die Rubrik Kreuz und quer über die Wies'n, in: Süddeutsche Zeitung, 25.9.1991, S. 19. – (O.A.), Die „Seele des Wies'n-Zugs" wurde 60", in: Münchner Tageszeitung, 25.09.1991. – Personalien, in: Münchner Stadtanzeiger, 04.04.1992.

10 Vgl. die Kopien der Titelseiten von 1956 bis 1995, zusammengestellt von Paul Ernst Rattelmüller für den Veranstalter Verkehrsverein-Festring e. V.

11 Zur Person Rattelmüllers s. Wolfgang Englmaier, Bezirk trauert um Paul Ernst Rattelmüller, Nachruf v. 14.01.2004, unter: www.bezirk-oberbayern.de (16.02.2009), daneben die Mitschrift der Sendung Alpha-Forum am 16.02.2001, Paul Ernst Rattelmüller im Gespräch mit Ernst Emrich, unter: br-online.de/download/pdf/alpha /rattelmueller.pdf (16.02.2009).

12 Frdl. Auskunft von Eva Lysko-Schramm, Bayerischer Rundfunk, Redaktion: Unter unserem Himmel, Februar 2009.

13 Veranstaltungen 1966–1990 (hs.) und Geschäftsbericht-Vortrag zur Generalversammlung 1984 (masch.).

Veranstalter-Gremium im „Festring München e. V.“ konstituiert und mit dem Geschäftsführer Rechtsanwalt Manfred Newrzella inzwischen etabliert.[14] Sowohl der Festzug selbst als auch das Rahmenprogramm zum Oktoberfest haben sich seitdem verändert. Beispielsweise gibt es die Gala „Folklore International“[15] am Vorabend des Festzuges inzwischen nicht mehr.

Stadt, Land, Festring

„Mir von der Stadt können dös net! Fangen's an, wenn's was brauchen, kommen's zu mir!“[16] – *„Was dieser Zug wert ist und bedeutet, wird die offizielle Stadt München wohl nie begreifen …“*[17]

Wie kein anderes Ereignis bietet der Oktoberfestzug der Stadt München die Möglichkeit, sich sinnfällig in ihrer Rolle als Landeshauptstadt inmitten von Gruppen zu zeigen, die sich wiederum als Repräsentanten bayerischer Kommunen oder Regionen verstehen. Welchen herausragenden Rang der Festzug unter den Münchner Veranstaltungen in der öffentlichen Wahrnehmung einnimmt, belegt u. a. das langjährige Engagement des Süddeutschen Verlages für die Sache. Auch die Idee zur Live-Übertragung des Festzuges im Fernsehen kam nicht etwa aus den Reihen des Senders. Der 1978 bis 1983 amtierende Münchner Oberbürgermeister Erich Kiesel hatte dies vielmehr in einem Schreiben an die BR-Intendanz ausdrücklich gefordert.[18]

Mit dem Dienstantritt Robert Hubers gab die Stadtverwaltung die organisatorische Last weitestgehend an die beteiligten bürgerlichen Vereine ab. Die öffentliche Verwaltung hatte sich schon strukturell kaum für diese Aufgabe geeignet. Der „Münchner Festring e. V.“ und der „Verkehrsverein München e. V.“ boten an, sich hier zu engagieren. Zweck des Festrings war die „Förderung und Durchführung von Festlichkeiten auf gemeinnütziger Grundlage“.[19] Die anfangs getrennt agierenden Vereine wurden zur Bewältigung der Aufgabe in einen Verein überführt, den „Münchner Verkehrsverein-Festring e. V.“, eine „Bürgerschaftliche Vereinigung“, die sich 1976 neu konstituierte.[20] Sie arbeitet freilich nicht zuletzt zum Wohle des Münchner Fremdenverkehrs und der vom Tourismus abhängigen Handels- und Dienstleistungsunternehmen.[21] Die einflussreichsten Mitglieder der Vereinigung sind Münchner Geschäftsleute mit wirtschaftlichem Interesse am Oktoberfest, wie die Vertreter der Wies'n-Wirte, der Brauereien und der Schausteller. Die Festprogramme erwähnen den ehrenamtlichen Festring-Vorstand

14 Siehe www.festring-muenchen.de, in den Sparten: „über uns“ und „Präsidium“.

15 Jährlich traten dabei rund 700 Mitwirkende aus ausgewählten Festzug-Gruppen auf und präsentierten Tanz, Musik und Brauchtum „in Originaltrachten ihrer Heimat“, vgl. Festprogramm Oktoberfest 1983, S. 20.

16 Dieser Ausspruch der Münchner Bürgermeisters Albert Bayerle haben sich Rober Huber bei seiner Anstellung 1966 eingeprägt; laut Auskunft im März 2009.

17 Fritz Zeilinger, langjähriger Kommentator der Fernsehübertragung des Festzuges, an Robert Huber im Brief v. 22.12.1998.

18 Auskunft von Robert Huber, Oktober 2008.

19 Festprogramm, Münchner Oktoberfest Trachten- und Schützenzug 1965, S. 3.

20 Vgl. Impressum der Programmhefte zum Münchner Oktoberfest Trachten- und Schützenzug 1976–1992. Die neue Gründung erfolgte laut Auskunft von Robert Huber aus organisatorischen und juristischen Gründen.

21 Abzulesen an der diesbezüglichen Anerkennung für Robert Hubers Arbeit beim Verkehrsverein-Festring, z. B. durch Dr. Gerhard Slawinger/Industrie- und Handelskammer für München Oberbayern im Brief v. 19.09.1990, Horst Rennebaum u. Rudi Deller/Bayerischer Landesverband der Marktkaufleute und der Schausteller im Brief v. 20.09.1991, H. Schoenecker/Autobus Oberbayern GmbH im Brief v. 07.04.1992.

22 Laut Auskunft Robert Hubers war Winfried Zehetmeier (CSU) auch nach 1990 noch im Verkehrsverein-Festring präsent. Erst 1996 gab er seine Tätigkeit als Stadtrat

1968 bis 1988 namentlich. Ihm gehörte demnach bis auf die Jahre 1972–1974 jeweils ein amtierender (oder ehemaliger) Bürgermeister der Stadt an. Namentlich waren dies Albert Bayerle 1968–1971, Eckhart Müller-Heydenreich 1975–1978 und Winfried Zehetmeier 1979–1990.[22]

Der Münchner Verkehrsverein-Festring e. V. sollte kostendeckend wirtschaften. Einnahmequellen ergaben sich aus dem Verkauf der Tribünen- und reservierten Stehplätze, der Oktoberfestmedaillen, -programme und allem voran durch die Werbemöglichkeiten im Programmheft und im Werbekonvoi, der dem Festzug seit 1968 vorweg zieht. Dazu kam das finanzielle Engagement der Bürgerschaft, die den Verein mit Mitgliedsbeiträgen, Spenden und Fördergeldern unterstützte. Für die Masse der Zuschauer war das Großereignis kostenlos (und ist es bis heute). Der Zulauf des Publikums und dessen Bereitschaft, für die Bequemlichkeit eines festen Zuschauerplatzes zu zahlen, steigerten sich im Laufe der Zeit deutlich. 1970 kosteten die Sitzplätze 12 bis 16 DM, günstige Stehplätze 3,50 DM, zehn Jahre später jeder Sitz 31 DM und jeder Stehplatz 7 DM. 1990 waren die Preise auf 51 bzw. 15 DM gestiegen. Der finanzielle Zuschuss aus der Stadtkasse stagnierte ab 1979 bei der Summe von 60.000 DM, unabhängig von der Teuerungsrate oder den tatsächlichen Kosten der Veranstaltung. Und dies, so merkte der Geschäftsführer des Verkehrsverein-Festring e. V. dazu im Geschäftsbericht 1984 kritisch an, obwohl dieser Zuschuss jeweils „ausschließlich aus dem Platzgeldaufkommen“ (den Einnahmen aus der Vermietung der Festwiese) stammte und somit auch „von den Oktoberfest-Betrieben erwirtschaftet“ wurde.[23]

Die Landeshauptstadt selbst präsentierte sich in den Festzügen stets mit einer eigenen Abteilung in der Mitte des Festzuges, die sich über Jahre hinweg im Großen und Ganzen ähnlich zusammensetzte. Laut Programmheft aus dem Jahr 1971 bestand Nummer 35 „München – bayerische Landeshauptstadt“ z. B. aus den Münchner Bläserbuben, der Festkutsche mit Oberbürgermeister Hans-Jochen Vogel, den Bürgermeistern Hans Steinkohl und Albert Bayerle sowie Stadtrat Hans Schemm, der Historischen Schmied-von-Kochel-Gruppe des Allgemeinen Kranken-Unterstützungs- und Sterbekassa-Vereins München-Sendling, der Jugendblaskapelle Murnau, dem Festwagen der Landeshauptstadt, entworfen und ausgeführt von Bildhauer Ludwig Rösch, und Herolden zu Pferd. Die Festkutsche mit dem Oberbürgermeister, den für das Oktoberfest zuständigen Referenten und dem städtischen Verwaltungsbeirat ging auf die Initiative des Oberbürgermeisters Thomas Wimmer zurück und war seit 1954 fester Bestandteil des Festzuges.[24] Daran änderte sich auch durch den Rückzug der Stadt aus der organisatorischen Verantwortung nichts. Die Stadt München lud zur Fahrt in der Ehrenkutsche bei gegebenem Anlass auch die Bürgermeister der Partnerstädte Sapporo und Verona zu einer Fahrt in der Festkutsche ein. Als erstem auswärtigen Stadtoberhaupt wurde diese Ehre 1977 Oberbürgermeister Itagaki aus dem japanischen Sapporo zu teil.

Der Bayerische Ministerpräsident ehrt den Festzug seit 1978 – also seit dem letzten Amtsjahr des Ministerpräsidenten Alfons Goppel. Dem liegt eine Einladung der Veranstalter zugrunde, die wiederum auf die Initiative Robert Hubers zurückgeht. Im genannten Jahr kamen der amtierende Münchner Oberbürgermeister und der Bayerische Ministerpräsident aus derselben Partei.

auf und ist seitdem bildender Künstler. Der Altphilologe und Germanist kam aus dem höheren Schuldienst. Er war seit 1966 in der Münchner Kommunalpolitik tätig und wurde 1972 zum OB-Kandidaten der CSU gewählt. Zur Zeit des OB Erich Kiesel (1978–1984) leitete er das Wirtschaftsressort. Zum seinem Selbstverständnis s. Alpha-Forum: Dr. Winfried Zehetmeier Maler und Autor im Gespräch mit Willi Streit, Sendung v. 19.12.2005, www.br-online.de/alpha/forum/vor0512/20051219.shtml.

23 Geschäftsbericht-Vortrag zur Generalversammlung 1984 (masch.).

24 Robert Huber an den Stadtdirektor von München im Brief v. 11.07.1977.

Das ließ den Organisator auf eine positive Antwort des höchsten Vertreters der Landesregierung hoffen. Wichtig war ihm die Anfrage im Bezug auf die Tradition des Festzuges. Dem „Landesvater" wurde freilich nicht gehuldigt. Diese Ehre wurde in den Festzügen des 19. Jahrhunderts dem bayerischen König zuteil. Die Mitwirkung des Ministerpräsidenten war vielmehr geeignet, der Verbundenheit zwischen Regierung und Volk Ausdruck zu geben und die Rolle Münchens als Landeshauptstadt zu betonen. Die Kutsche des Ministerpräsidenten gehört seitdem als prominenter Höhepunkt der Abteilung „München – Bayerische Landeshauptstadt" an.

Gestaltungslinien

„Alles, was im Kopf er hatte,
sei einzig und allein Krawatte.
So meinten manche Demokraten,
die leider wenig Ahnung hatten.
Wer Geld bekommt für seine Schritte,
muß halten sich an diese Bitte:
Sei Ebenbild von guter Zeit,
Komm' vollständig, im Festtagskleid!
Der Freizeit-Look – er sei geschützt –
beim Trachten-Festzug gar nichts nützt.
Denn: Zuschauer aus aller Welt
woll'n Festtracht sehen für ihr Geld!
Und Gotteslohn-Betrachter auch
wissen, was hierzu Lande Brauch:
Der Anlaß klärt die Kleider-Frage
im Leben – wie am Festes-Tage."[25]

Der Oktoberfestzug der zweiten Hälfte des 20. Jahrhunderts ist zweifellos ein gigantisches Werbe-Event, ebenso aber ein kulturelles Ereignis mit Identifikation stiftenden (und Stereotypen prägenden) Momenten. Konflikte, die zwischen jahrelang engagierten Teilnehmergruppen, Politikern, Festzugleitung und Verkehrsverein-Festring aufkamen, forderten eine Auseinandersetzung zu Bedeutung und Motivation der Veranstaltung heraus. Im Widerstreit der Interessen aller Beteiligten schärfte sich das Profil des Festzuges. Im Jahr der Olympiade 1972 ließ der Münchner Oberbürgermeister Georg Kronawitter den Festzugleiter Robert Huber wissen, der Festzug sei „von der gesamten Bürgerschaft begeistert aufgenommen worden und hat auch in der Presse einhellig Zustimmung gefunden. Die Zuschauerzahl war ungewöhnlich groß. Es steht außer Frage, daß wir ihn auch im nächsten Jahr wieder fortführen müssen". Was ihm als Stadtoberhaupt missfiel, trug er dann in Form einer Bitte vor: „Es müßte doch möglich sein, daß sich die Schützen, die einen wertvollen Beitrag geleistet haben, auf die Hälfte Zugteilnehmer beschränken können. Sonst haben wir im Oktoberfestzug einen eigenen geschlossenen Schützenzug und das ist nicht der Sinn unseres Oktoberfestzugs." Auf diese Weise stellte er die Gestaltungshoheit des Verkehrsverein-Festring nicht in Frage, verlieh der Bitte jedoch

25 Robert Huber, „Krawattenkrieg und Festkleidfrieden", unveröffentlichtes Gedicht von 1986.

Nachdruck mit dem Verweis auf den Festzug als gemeinsame Angelegenheit der Stadt und des Vereins. Offensichtlich legte er dem Festzug eine ähnliche Idee zugrunde wie der Festzugleiter Robert Huber. Der sah seine Absichten durch Dr. Alois Fink, Moderator der Fernsehübertragung des Jubiläums-Festzuges von 1985, gut erkannt und formuliert: Der Festzug sei eine Vergegenwärtigung „all der regionalen und individuellen Kräfte, denen jede Metropole ihre Bedeutung erst verdankt, die Kräfte der vielfältigen, vielfarbigen *Provinz*. Sie sind in diesem Zug lebensvoll gegenwärtig mit einigen tausend Abgesandten – den Gesandten und Botschaftern von vielen großen und kleinen *Heimaten*; ohne sie wäre *Nation* oder Vaterland nicht mehr als ein leerer Begriff, wurzellos, ein Abstraktum, für das allerdings überall auf der Welt immer wieder blühende Heimaten zerstört und geopfert worden sind. Das es damit einmal ein Ende haben soll, gehört zu dem wenn auch verborgenen Sinn und zu der Botschaft dieses Zuges".[26] Eine Neuerung während der Dienstzeit Robert Hubers war die „Öffnung des Oktoberfestzuges weit über die bayerischen Staatsgrenzen hinaus in deutsche und europäische Länder hinein".[27] Dabei präsentierten sich bald nicht nur Gruppen aus den Staaten der Alpenanrainer Österreich, Italien, Slowenien und Schweiz, sondern auch darüber hinaus.

Robert Huber setzte sich zur Aufgabe, für jeden Festzug eine Folge „lebender bewegender Bilder" zusammenzustellen. Mehrere Gruppen konnten zu einem solchen Bild gehören. Dementsprechend reduzierten sich die in den Festzugprogrammen von 1966 bis 1991 aufgeführten Programmpunkte bis 1972 von 100 auf 60 Nummern. An dieser Anzahl hielt auch seine Nachfolgerin fest. Äußerlich gleichförmig und inhaltlich teilweise variabel erreichte der Zug eine geschlossene Form, die jährlich von Neuem die Erwartungen der Zuschauer und Mitwirkenden erfüllte. Die dem Veranstalter vorliegenden Bewerbungen um eine Teilnahme übertrafen nach dem Jahr der Olympiade 1972 den Bedarf an Mitwirkenden. Über die genaue Anzahl der Beteiligten geben letztendlich nur die Handakten des Organisators Aufschluss, eine Art technisches Drehbuch für den Veranstaltungstag.[28] Der Blick in eine dieser Akten möge hier genügen: Für den Festzug am 17. September 1989 registrierten die Unterlagen 8.169 Mitwirkende einschließlich der Blaskapellen an den Tribünen. Sie erhielten eine Aufwandsentschädigung von 86.260 DM, die keineswegs der Entlohnung Einzelner diente, sondern jeweils als Pauschale für Anfahrt, Übernachtung, Verpflegung, den Transport von Pferden und anderem mehr vereinbart wurde.

Das „zahlende" Publikum des Festzuges saß jeweils auf den Tribünen, die sich an der Maximilianstraße, am Max-Joseph- und Odeonsplatz, in der Pacellistraße, am Maximiliansplatz, am Stachus, in der Sonnenstraße und am Kaiser-Ludwigs-Platz befanden. Die Kosten für den Aufbau, die Leihgebühren und den Ordnungsdienst trug der Verkehrsverein-Festring. Ungleich mehr Zuschauer standen an den Straßen entlang des Festzug-Weges. Sie konnten durch den Kauf eines Festzeichens oder -programms zur Finanzierung des Ereignisses beitragen, mussten aber nicht. Dieses Publikum galt es zufriedenzustellen. Laut Robert Huber durfte der Zug die Zuschauer nicht langweilen oder überfordern, weswegen er bei etwa zwei Stunden Dauer die „natürliche" Grenze der Veranstaltung erreicht sah. Wesentliche Punkte seiner Planung waren daher, durch die Abfolge der Gruppen auf abwechslungsreiche Sinnes-Eindrücke zu zielen und

---

26 Abschrift der Endmoderation des Festzuges von 1985 im Brief von Alois Fink an Robert Huber, 19.9.1989. Gesendet wurde die Endmoderation 1985 nicht. Die Sendezeit war bereits überschritten. 1989 überlegte der Sprecher jedoch, eine Kurzfassung der zitierten Passage zu bringen.

27 Prof. Dr. Hejo Busley, Rede zur Matinee am 24.09.1990 beim Oktoberfest aus Anlass des 25-jährigen Dienstjahres von Robert Huber (masch.).

28 Handakten 1989 u. 1991.

das Entstehen von Lücken im Festzug zu vermeiden. Aufstellung und Abmarsch der Teilnehmer waren minutiös geplant und wurden von einem Stab von ehrenamtlichen Mitarbeitern begleitet. Erfahrene „Halbzugleiter“ waren am Festzugtag organisatorisch für größere Einheiten zuständig. Die einzelnen Gruppen betreuten wiederum „Ordner“. Diese kamen traditionell aus den Kreisen des „MTV-München von 1879 e.V.“. 1988 richtete der Verkehrsverein-Festring e.V. einen Festabend für seinen Ordnerkreis aus. „Außer unserem Ordnerkreis weiß kaum jemand, daß es diesen bereits seit 1928 gibt und [dass er] immer wieder aus dessen Kindern und Kindeskindern Nachwuchs erhalten hat“ – so klärte die Einladungskarte auf.[29]

Die Gestaltungshoheit für den Münchner Oktoberfestzug übertrug der Münchner Verkehrsverein-Festring e.V. weitestgehend seinem Geschäftsführer. Dessen Handlungsspielraum hing de facto wiederum vom Erfolg der Veranstaltung ab. Dieser spiegelte sich in den Einnahmen, den Besucherzahlen, in der Presse sowie später in den Einschaltquoten der Fernsehanstalten. Erfüllte oder übertraf die Veranstaltung die Erwartung des Publikums, stärkte dies das Vertrauen der Vereinsmitglieder in ihren Geschäftsführer und dessen Position als maßgeblicher Gestalter des Festzuges. Beim Management des Zuges war Ästhetik das „oberste Prinzip“ des Organisators: „So ein Zug, sagt er, ist mehr als nur die Abfolge wechselnder Gruppen, da muß wie bei einem Musikstück Spannung und Dynamik drin sein. Um die richtige Abfolge zwischen Akustik und Optik, Musik, farbenfrohen Trachten und lebenden Bildern ginge es.“[30] An anderer Stelle verglich er den Trachtenzug mit einer „gut inszenierten Operette“, die „locker und leicht“ auf den Zuschauer wirkt, „so daß man die Inszenierung überhaupt nicht merkt“.[31] Sowohl Einzelheiten spielten eine Rolle, als auch die Umsetzung komplexer Bildideen. Den Erfolg des Festzuges maß er an den Emotionen des Publikums. Ihm kam z.B. zu Ohren, dass sich auch italienische Mode-Designer vom Festzug anregen ließen und folgerte daraus, dass der Festzug demnach ästhetisch ansprechend sein müsse. Bei anderer Gelegenheit bedankte sich der Lions-Club Australien, in München den weltweit schönsten Festzug gesehen zu haben.

Formation und Farbgebung

Die Festzugleitung bestand z.B. beim Defilee der Sportschützen auf der Formation in Siebener-Reihen. Die breiten Reihen ermöglichten ein kompakteres Auftreten der großen uniformierten Gruppen in den breiten Großstadtstraßen, als dies bei Zweier-Reihen möglich gewesen wäre, wie sie für Festzüge auf schmäleren Provinz-Straßen typisch sind. Auf diese Weise konnte eine gleichmäßigere Frequenz der Bildwechsel trotz großer Schwankungen in den Teilnehmerzahlen der einzelnen Abteilungen des Festzuges erreicht werden – ein wirksames Mittel der Langeweile vorzubeugen und die Spannung zu halten. Elisabeth Sieger regte an, hinsichtlich der Farbgebung der Kostüme auf eine harmonische und abwechslungsreiche Abfolge der Gruppen zu achten, was infolgedessen systematisch bedacht und in die Planung einbezogen wurde. Diese und weitere Einzelheiten konzipierte das Organisationsteam an der Planwand, andere im Austausch mit den Mitwirkenden. Außerdem zog es die ab 1985 jährlich erstellten Filmaufnahmen zur Kontrolle heran.

29 Einladung zum Festabend am 11. April 1988 mit „Altmünchner Festessen“ und Unterhaltungsprogramm samt Salon-Orchester bei Heide-Volm in München-Planegg.

30 Gümbel (wie Anm. 9).

31 Ebd.

Zur Kostümierung

Die Vorstellungen der Festzugleitung wirkten sich auch auf die Kostümierung der Teilnehmer aus. 1986 war der Organisator im Streit um die Teilnahmebedingungen für die Gebirgsschützen dazu angehalten, die „Spielregeln" zu erklären, die für alle Bewerber gelten sollten. Demnach zielte er darauf „immer wieder mit neuen Akzenten [...] Vielfalt, Ausgewogenheit, Attraktivität und damit Sicherung wirtschaftlichen Erfolges – in anspruchsvoller Weise"[32] zu erreichen. Nicht, dass die Träger ihre Kleidung als regionaltypisch oder traditionell erachteten war entscheidend, sondern dass die Festzugleitung ihr Erscheinungsbild für das Großereignis und seine mediale Rezeption als passend und augenfällig ästhetisch einstufte. Die teilnehmenden Gruppen wurden „bewusst nach strengen Kriterien ausgewählt oder regieähnlich erarbeitet".[33] Die teilnehmenden Gruppen sollten als optische Einheit wahrgenommen werden. Erforderlich war also ein Balance-Akt, der von uniformer bis zu individueller Kostümierung Verschiedenstes zuließ. Die Bewerbung begann mit dem Vorlegen „aussagekräftiger Gruppenfotos, die Aufschluss über die Art der Einkleidung und das aktuelle Gesamterscheinungsbild geben" und gegebenenfalls der Beantwortung von Fragen zu Details der Zusammenstellung. Bei der Auswahl waren zudem Absprachen zu den Beteiligungskonditionen – wie z. B. Personenzahl, Forderung eines Zuschusses oder einer Aufwandsentschädigung – entscheidend. Darüber hinaus gab es eine Reihe von Kriterien, die sich im Laufe der Dienstzeit des Festzugleiters als zweckmäßig und praktikabel erwiesen hatten: „Handelt es sich um eine gebietstypische alte Volkstracht, eine historisch konsequent nachempfundene Bürger-Uniform, um eine erneuerte Tracht, ist die Erneuerung stimmig, ist es eine x-beliebige Tracht oder ein Kostüm, das zwar keinen Aufschluß über die Herkunft gibt, doch vielleicht attraktiv oder in der Gesamtheit sehr sauber ausschaut, ist ggf. notwendige Bereitschaft vorhanden, sich über fachlich fundierte Vorschläge zur Weiterentwicklung offen auseinandersetzen zu wollen, kann was Zusätzliches, Besonderes, z. B. Festwagen, traditionelle Utensilien etc. im Festzug gezeigt werden."[34]

Beriefen sich Bewerber, namentlich Trachten- und Gebirgsschützen-Vereine, darauf, die Nachfolge einer Gruppe anzutreten, die bereits im 19. Jahrhundert an einem Oktoberfestzug teilgenommen hatte, maß sie der Festzugleiter an den entsprechenden historischen Berichten und Bildern. Gaben sie an, traditionelle Festtagskleidung zu tragen, waren insbesondere Kopfbedeckungen für jeden und Halsgebinde für Männer ein „Muss". Bis heute ist diese Forderung in den „Teilnahmevoraussetzungen für den Trachten- und Schützenzug" enthalten.[35] Mitunter kam es durch solche Setzungen zur Kreation eigener neuer Oktoberfestzug-Trachten, die einzelne Motive regionaltypischer Kleidung aufwiesen. Nachzuvollziehen ist dies z. B. am Auftreten der Frauen der Sportschützen aus der unterfränkischen Gemeinde Bergrheinfeld. Sie trugen zu ihren für die Teilnahme am Festzug extra angefertigten dirndlartigen Kleidern Trachtenhüte. Deren Hutschmuck aus Goldstickerei und schwarzen Moiréebändern erinnerte an die Bänderhauben der Festtagstracht. Hauben waren bis in die erste Hälfte des 20. Jahrhunderts in der Region zur „baurischen" (bäuerlichen) Kleidung getragen worden, Hüte dagegen nicht.

---

32 Robert Huber/Münchner Verkehrsverein-Festring e. V., Faire Praxis für alle Teilnehmer-Bewerbungen zum Oktoberfest Trachten- und Schützenzug [masch.], 11.08.1986.

33 Robert Huber an Simone Egger/Universität München, Brief v. 09.03.2009.

34 Robert Huber, Faire Praxis (wie Anm. 32).

35 Die aktuelle Version ist auf das Jahr 2006 datiert, siehe http://www.festring-muenchen.de/teiln03.pdf.

Reprisen aus Festzügen des 19. Jahrhunderts

Der verantwortliche Festzugleiter erwarb sich im Laufe der Zeit weitreichende Kenntnisse über die Oktoberfestzüge der Vergangenheit, indem er Festzugberichte aus dem 19. Jahrhundert und die Forschungsarbeiten von Archivaren und Wissenschaftlern rezipierte. In persönlichem Kontakt stand er mit dem Historiker Prof. Dr. Hermann-Joseph Busley und der Volkskundlerin Dr. Gerda Möhler sowie mit Florian Dering, der den Sammlungskomplex „Oktoberfest“ am Münchner Stadtmuseum betreut.

Als Maßstab für das Auftreten der Gebirgsschützen-Gruppen und der sie begleitenden Musik- und Trommlerzüge aus Dachau, Starnberg und Wackersberg zog der Festzugleiter die entsprechenden Darstellungen zum Festzug von 1835 heran. In diesem Jahr war das Oktoberfest erstmals als nationales Volksfest gefeiert worden. Pläne zum Festzug, genauer Entwürfe für Festwägen, hatte der Ingenieur und Civilbaumeister Daniel Ohlmüller angefertigt.[36] Darüber hinaus geben die Lithographien von Gustav Kraus einen Eindruck von diesem Ereignis. Das Landgericht Tölz ließ sich demnach 1835 unter anderem von einer Kompanie Schützen aus Wackersberg vertreten. Der Lithograph Kraus bildete sie in einheitlicher Kleidung ab: mit schwarzen Slippern, weißen Strümpfen mit grünem Keil, schwarzen Kniebundhosen, hellgrünen Westen, schwarzen Halsbinden, knielangen, hellbraunen Mänteln und grünen Hüten mit Federschmuck – einer Kleidung, die in der Mitte des 19. Jahrhunderts bereits als „altväterische Tracht“ wahrgenommen wurde.[37] Da sich die Schützen selbst darauf beriefen, diese Tradition zu pflegen,[38] bestand Robert Huber bei ihnen auf dem Tragen von Festtrachten mit entsprechenden Details, wie z. B. Halsbinden. In der Presse schlugen sich Auseinandersetzungen um solche Details unter anderem als „Krawatten-Streit“ und „Knöpferl-Krieg“[39] nieder. An anderer Stelle missfielen Robert Huber die „Wollpullover“ (so umschrieb er die in den leger offen getragenen Hemdausschnitten sichtbare Brustbehaarung) einer Schmied-von-Kochel Gruppe, angesichts derer er ebenfalls auf die festliche Kleidung des 19. Jahrhunderts verwies.

Zum 175. Jubiläum des Oktober-Festzuges 1985 führte der „Zierwagen der Stadt Weilheim anno 1835“ den Zug an. Bereits 1983 hatte Robert Huber Kontakt zum 1. Bürgermeister der Stadt Weilheim geknüpft und ihm den Vorschlag unterbreitet, die Weilheimer könnten mit einem Festwagen, der nach den historischen Vorlagen gestaltet sei, den Jubiläumsfestzug eröffnen. Der Bürgermeister fühlte sich geschmeichelt und veranlasste den Meister der Stadtgärtnerei, einen Nachbau des Weilheimer Festwagens nach der Lithographie von Gustav Kraus zu bewerkstelligen. Er erhielt einen Zinnen-Aufbau und wurde mit Buchs aufgesteckt anstatt mit Fichte, wie es sonst üblich ist. 2001 hätte der Wagen erneut am Festzug teilnehmen sollen, fiel jedoch aus, nachdem bei einem Wende-Manöver die Deichsel beschädigt wurde. Weitere Nachbauten historischer Festwagen kamen später aus Tutzing, Starnberg und Grafing. Die Besonderheit des Grafinger Wagens war, dass er – was Gustav Kraus 1835 festgehalten hatte – von der Deichsel aus gelenkt wurde und nicht vom Kutschbock herunter. 1986 war die „Tutzinger Fischerhochzeit mit Festwagen anno 1835“ Teil des Festzuges.[40] Die Starnberger führten

36 Hermann-Joseph Busley, Das Oktoberfest als Nationalfest – Gedanken zum Oktoberfestzug von 1835, in: Festzug zur Feier der Jubelehe des Königs Ludwig und der Königin Therese zu München am 4. Oktober 1835, München 1985, S. 29–40, hier S. 33.

37 Ebd., S. 66 u. Abb. S. 67.

38 Mittenwald: Streit um die Schützenstrümpfe. Wird 32 Jahre altes Blau durch Weiß ersetzt?, in: Münchner Merkur Nr. 74, o. D. –, Weiß-blauer Streit um Wadlstrümpf, in: Münchner Tageszeitung, 29.03.1988.

39 Knöpferl-Krieg für den OB noch nicht beendet, in: Münchner Abendzeitung, 2.11.1979.

40 Festprogramm, Oktoberfest 1986, S. 36.

ehemals drei Prunkschiffe auf Festwägen mit. Solche Schiffe gehörten in Bayern seit dem 17. Jahrhundert zur fürstlichen Repräsentation. Anfang des 19. Jahrhunderts lag eine entsprechende Flotte am Starnberger See, die zum einen vom Hof genutzt, zum anderen an Private vermietet wurde[41] – eine Attraktion für den frühen Fremdenverkehr. Schon 1885 waren die Starnberger beim Oktoberfestzug auf Anregung von Maximilian Schmidt mit einem solchen Schiff vertreten. Im 20. Jahrhundert beteiligten sie sich erneut mit einem Nachbau des Prunkschiffes „Bucentaur".

An den „Festzug der 35 Brautpaare anno 1842" erinnerte 145 Jahre später, also 1987, ein „Hochzeitszug in Kirchheimbolandener Festtracht" mit einem Brautpaar aus dem genannten Ort, das wirklich am Morgen des Oktoberfestzuges in München getraut wurde.[42] Andere Gruppen stellten im selben Jahr Hochzeitszüge aus der Iglauer Gegend, aus Oberfranken und aus dem Schwarzwald dar.[43]

Eine vollständige Auswertung der Oktoberfestprogramme der zweiten Hälfte des 20. Jahrhunderts bezüglich seiner Gestalt, der Reprisen und der mehrere Gruppen umfassenden „lebenden bewegenden Bilder" zu traditionellen Themen wie Hochzeit, Ernte, Feldarbeit, historisches Handwerk und anderen mehr steht noch aus. Folgendes lässt sich jedoch erkennen: Der Höhepunkt der Reprisen lag in den 1980er Jahren. Bedeutende Änderungen in der Gestaltung des Festzuges ergaben sich mit der zunehmenden Popularisierung des Ereignisses. Die mediale Aufmerksamkeit für München im Jahr der Olympiade 1972 und das Einsetzten der Fernsehübertragungen 1982 leisteten dem großen Vorschub. Je mehr Publikum den Festzug sehen konnte, desto unabhängiger wurde dessen Organisation von der Beurteilung durch die örtliche Presse und politischen Erwägungen. Seit 1972 überstieg die Zahl der Gruppen, die sich am Festzug beteiligen wollten, den Bedarf der Organisatoren. Sie konnten Teilnahmebedingungen entwickeln und ihre Vorstellungen allmählich auch gegenüber dem traditionellen Stamm der Mitwirkenden, den Schützen- und Trachten-Vereinen, durchsetzen. Vehemente Kritik an der Arbeit Robert Hubers kam immer wieder aus den Reihen von CSU-Politikern, die sich als Fürsprecher der Gebirgsschützen-Kompanien verstanden. Letztere versuchten, sich dem Bewerbungsverfahren zu entziehen, das die Organisatoren für unumgänglich hielten. Der Streit eskalierte 1986 so, dass die weitere Beschäftigung Robert Hubers in Frage stand.[44] Insbesondere die Festwirte und Schausteller im Festring hielten jedoch zu ihm. Ein Jahr später überreichte ihm der bayerische Staatsminister Hans Zehetmair im Auftrag des Bundespräsidenten sogar das Bundesverdienstkreuz am Bande für seine außergewöhnlichen Verdienste um den weltbekannten Oktoberfestzug. Gerade in der Begegnung mit den konservativen Gruppen, die sich Traditionspflege auf ihre Fahnen schreiben, entstand die moderne, unverwechselbare Form des Oktoberfestumzuges, der sich als Schaustück zwischen Historismus, Nostalgie und Werbe-Event bewegt, zugleich aber für jeden Mitwirkenden ein begehrter Anlass zur Selbstdarstellung ist.

41 Busley (wie Anm. 36), S. 70, mit Abb. auf S. 71 u. 73.
42 Festprogramm Oktoberfest 1987, S. 28.
43 Ebd., S. 30, 32 u. 52.
44 Siehe z. B. Angela Böhm, Dauerkrieg der Trachtler um den Wies'n-Festzug wird jetzt immer heißer. Aus Ärger über die „Bürokratie" des Festrings: Gebirgsschützen wollen nicht mitmarschieren, in: Münchner Abendzeitung, 16./17.08.1986, S. 25.

Fachwerkhäuser als „Runenhäuser"

Zur Geschichte eines ideologischen Missbrauchs

G. Ulrich Großmann

Als die NPD im April 2009 ein Berliner Rathaus für ihren Parteitag auswählte, waren sich Politiker und Bürger, Anhänger der rechtsextremen Partei(en) natürlich ausgenommen, einig in ihrer Ablehnung dieses Begehrens und taten dies durch öffentliche Äußerungen, etliche Mutige auch durch Demonstrationen kund. Wo immer Neonazis in Springerstiefeln, mit Hetzparolen oder anderswie eindeutig auftreten, ist den Kritikern daran öffentliches Lob sicher – gottseidank, möchte man ergänzen.

Doch wie verhält es sich, wenn uns rechtes Gedankengut getarnt gegenübertritt, wenn die nazistische Quelle einer Aussage nicht genannt wird, wenn es nicht – beispielsweise – in Gestalt nationalsozialistischer Judenhetze daherkommt, sondern stattdessen „nur" mit Thesen über die vermeintlich altgermanische Tradition bestimmter Osterfeiern (z. B. Osterräderlauf in Lügde) oder über das Auftreten angeblich tradierter Runen im Fachwerk? Dass zwei Verlage, die Deutsche Verlagsanstalt und der Frauenhofer-IRB-Verlag,[1] beide in Stuttgart, Bücher des gleichen Autors, Manfred Gerner, herausgebracht haben, dessen Aussagen in erkennbarem Maße auf Behauptungen in einer ausdrücklich so bezeichneten Ausbildungsschrift der NSDAP von Karl Theodor Weigel (Abb. 1) beruhten,[2] war bereits in der ersten Rezension[3] zur ersten einschlägigen Veröffentlichung Gerners eindeutig nachgewiesen und gesagt worden. Doch wie wurde reagiert? Die Deutsche Verlagsanstalt, die die Rezension kannte und sogar an ihren Autor weiterleitete,[4] druckte das fragliche Buch mit den inkriminierten Passagen unverändert zweimal nach, störte sich also offenkundig nicht an der Herkunft dieser Thesen ihres Autors, die Frauenhofer-Gesellschaft recherchierte gar nicht erst die Thesen, obwohl einige Formulierungen eindeutig völkisch waren und hellhörig hätten machen können.[5] Gerner erhielt das Bundesverdienstkreuz, an der Fachhochschule Erfurt eine Professur ehrenhalber, wurde von Kommunalpolitikern der SPD und der CDU von Melsungen bis Celle hofiert und nach einer neuerlichen Rezension zu einer weiteren Veröffentlichung, die teilweise auf den völkischen Thesen zum Runen-Fachwerk beruhte, reagierte ein führender CDU-Politiker Niedersachsens

1 Bis heute hat sich die Fraunhofer-Gesellschaft, deren Präsident um die Vorgänge weiß, weder für ihre fachliche Entgleisung entschuldigt noch die Öffentlichkeit über die Fragwürdigkeit ihres besonders von Fachhochschul-Bibliotheken erworbenen Werkes informiert.

2 Manfred Gerner, Farbiges Fachwerk, Stuttgart 1983, [3]2000 (hier Literaturverzeichnis, S. 131), unter Verweis auf Karl Theodor Weigel, Germanisches Glaubensgut in Runen und Sinnbildern (Deutsches Volkstum. Eine Schriftenreihe über deutsche Volkskunde für die Schulungs- und Erziehungsarbeit der NSDAP, hg. v. Beauftragten des Führers für die Überwachung der gesamten geistigen und weltanschaulichen Schulung und Erziehung der NSDAP), München 1939.

3 Josef Schepers, Rez. zu „Farbiges Fachwerk", in: AHF-Mitteilungen Nr. 19, hg. v. Arbeitskreis für Hausforschung, Detmold 1986, S. 9f. – Hermann Kaiser, Rez. zu „Farbiges Fachwerk", in: ZVK 81 (1985/I), S. 149ff.

4 Laut einer Aussage Gerners im Vorstand der Arbeitsgemeinschaft Fachwerkstraße; die Sitzung im November 2004 fand im Beisein des Verf. statt.

5 Wenn Gerner von „indoarischen Besiedlungsräumen" (S. 35) spricht, könnte dies bei einer modernen Wissenschaftsgemeinschaft wie der Fraunhofer-Gesellschaft zumindest Fragen aufwerfen. Man hat sich an solchen Formulierungen jedoch nicht gestört.

mit einer Dienstaufsichtsbeschwerde – nicht gegen Gerner wegen der Verbreitung von Thesen aus der NS-Zeit, sondern gegen dessen Kritiker.[6] Das seinerzeit CSU-geführte bayerische Wissenschaftsministerium schlug die Dienstaufsichtsbeschwerde nieder, jedoch nicht mit dem Argument, dass ein Eintreten gegen NS-Thesen seine Unterstützung finde, sondern mit dem, dass es nicht zuständig sei. Der damalige Verwaltungsratsvorsitzende des Germanischen Nationalmuseums, ehemaliger Minister des gleichen Ministeriums, reagierte in einer für Politiker eher unüblichen Weise: Er sagte überhaupt nichts.

Diese Vorbemerkung sei erlaubt, um klarzustellen, welchen Rückhalt wir bei der deutschen Politik zu erwarten haben, wenn es um das Eintreten gegen Thesen und Gedankengut von Rechtsaußen geht, die ihre Grundlage in der menschenverachtenden Anschauung des Nationalsozialismus und dessen völkischen Vorläufern haben. Angemerkt sei allerdings auch, dass im fraglichen Fall von etwaigen Protesten der Erfurter Professorenschaft gegen ihren seinerzeitigen Ehren-Kollegen nichts bekannt wurde und die eingangs erwähnten „uralten" Bräuche bei Fasnachtsspielen oder zu Ostern in Lügde eine stehende Formel der wichtigsten deutschen Fernsehanstalten sind, Kultursender eingeschlossen.

Die in den Jahren 2004 und 2005 öffentlich geführte Diskussion um angebliche Runen im Fachwerkbau zeigt die Zähigkeit der deutschen Politik, sich von offenbar liebgewordenen Traditionen zu lösen und womöglich Irrtümer einzugestehen. Merkwürdigerweise bringt kaum ein Politiker die zunehmende Politikverdrossenheit mit dieser – völlig überflüssigen – Verhaltensweise in Verbindung. Im Folgenden soll vor diesem Hintergrund nur ein Aspekt der damaligen Diskussion nochmals stärker beleuchtet werden, nämlich der des „Runenhauses". Dieser Begriff stand nicht im Mittelpunkt des mit einem Beitrag von Wolfgang Brückner eingeleiteten Symposions, das 2005 das Friedrich-Meinecke-Institut für Geschichtswissenschaften der Freien Universität Berlin und das Germanische Nationalmuseum gemeinsam in Nürnberg durchgeführt haben.[7]

Der Begriff „Runenhaus"

1913 wurde der Begriff „Runenhaus" von Philipp Stauff (1876–1923) als Titel eines Buches gewählt, das insbesondere Gefügeformen des Fachwerks, also Verstrebungen, aber auch Ornamente, nicht als technische Hilfsmittel zur konstruktiven Haltbarkeit des Hauses darstellte, sondern als verschlüsselte Botschaft in einer vermeintlich allseits verständlichen, auf Runen basierenden Sprache erklärte (Abb. 4).[8] Stauff erläuterte in der ersten Auflage seines Buches, dass Fachwerk im Vergleich zum Steinbau als Bauweise gar nicht zweckmäßig gewesen und offenbar mit einer bewussten Gestaltungsabsicht verwendet worden sei.[9] Er stellt fest, dass es

6 Die Dokumentation der Vorgänge um die 2004 veröffentlichte Rezension des Verf. über das Buch von Manfred Gerner befindet sich auf der Homepage des Arbeitskreises für Hausforschung (AHF), unter http://www.arbeitskreisfuerhausforschung.de/NeuerOrdner/Runendiskussion.html (17.11.2009). – Vgl. auch G. Ulrich Großmann, Völkisch und national – Der „Beitrag" der Hausforschung. Zum Wiederaufleben der Runenkunde des SS-Ahnenerbes, in: Ders./Uwe Puschner (Hgg.), Völkisch und national. Tagungsband. Darmstadt 2009, S. 31–64.

7 Wolfgang Brückner, Denkmusterkritik: Volksmythos, Urzeitwahn, Kulturideologien, in: Puschner/Großmann (wie Anm. 6), S. 15–30.

8 Gregor Hufenreuther, Philipp Stauff (1876–1923). Leben und Wirken eines völkischen Ideologen. MA-Arbeit am Friedrich-Meinecke-Institut für Geschichtswissenschaft der FU Berlin, Berlin 2004, bes. S. 156–161.

9 Philipp Stauff, Runenhäuser. Berlin-Lichterfelde 1913, S. 11f.

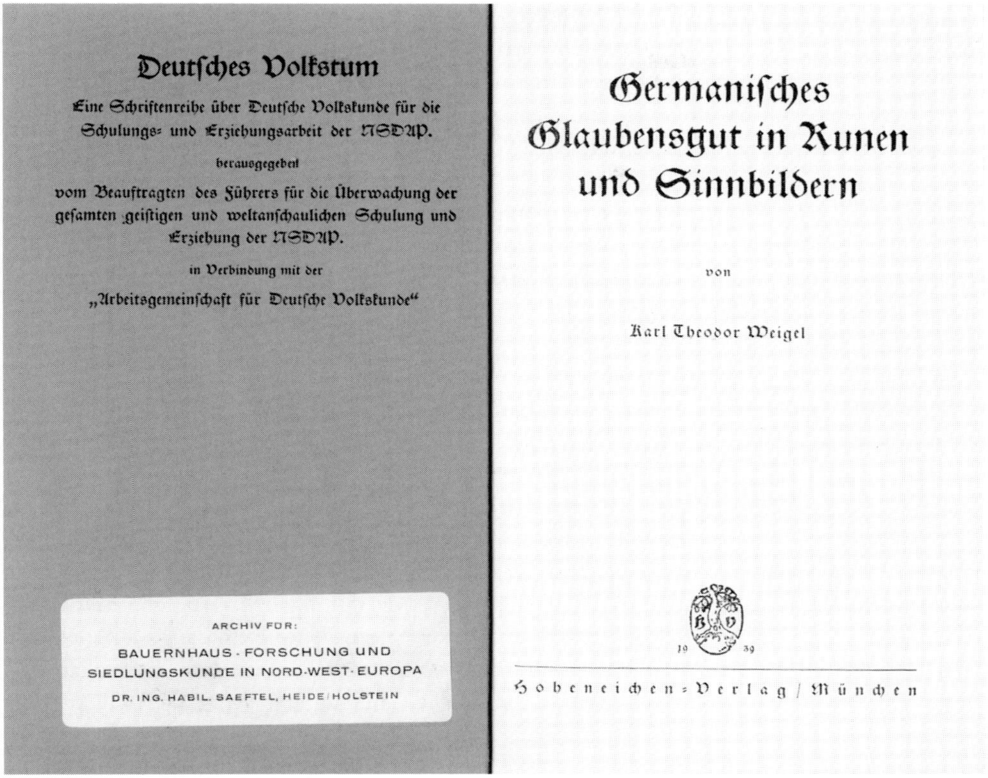
Deutsches Volkstum

Eine Schriftenreihe über Deutsche Volkskunde für die Schulungs- und Erziehungsarbeit der NSDAP.

herausgegeben

vom Beauftragten des Führers für die Überwachung der gesamten geistigen und weltanschaulichen Schulung und Erziehung der NSDAP.

in Verbindung mit der

„Arbeitsgemeinschaft für Deutsche Volkskunde“

ARCHIV FÜR:
BAUERNHAUS-FORSCHUNG UND
SIEDLUNGSKUNDE IN NORD-WEST-EUROPA
DR. ING. HABIL. SAEFTEL, HEIDE/HOLSTEIN

Germanisches Glaubensgut in Runen und Sinnbildern

von

Karl Theodor Weigel

19 39

Hoheneichen-Verlag / München

Abb. 1: Karl Theodor Weigel, „Germanisches Glaubensgut in Runen und Sinnbildern“, Innentitel. Manfred Gerner hat dieses Buch als Grundlage für sein „Farbiges Fachwerk (1983, 3/2000) genutzt. Foto: Germanisches Nationalmuseum, Nürnberg

bei Holzhäusern mühsam sei, Steine der Gefachform anzupassen und konfrontiert den Leser mit der glatten Lüge, dies sei der Regelfall gewesen.[10] Eine solch angeblich komplizierte Bauform zeige, dass das „Gebälk“ des Fachwerks etwas Metaphysisches berge. Gleich im nächsten Schritt wendete er sich der „überall in Altertum und Mittelalter [...] sehr reiche[n] Symbolik“ zu, insbesondere dem „uralte[n] Stammeswappen der Ariogermanen [...], [dem] hochheilige[n] Hakenkreuz (Swastika)“, dessen Auftreten er in knappen Sätzen von China über Indien und Tibet bis Ägypten zu verfolgen meinte.[11] Schließlich seien Wappenkunst und Hausmarken zu nennen. Daher bezeichne er die „alten Riegelfachhäuser“ einfach als „Runenhäuser“.[12] Die Erschließung der „ariogermanischen Symbolik“ sei dem „Wiener germanistischen Forscher“ Guido „von“ List zu verdanken.[13] Betrachtet man diese skurrilen Gedankengänge unter wissenschaftlichen Gesichtspunkten, wundert vor allem eines: Wie konnte es kommen, dass in einer Epoche lange nach dem Nationalsozialismus ein in politischer Hinsicht sicher unverdächtiger Autor wie Manfred Gerner ein Buch mit derart dümmlichen Scheinargumenten als

10 Ebd., S. 10–14.

11 Ebd., S. 14.

12 Ebd., S. 15.

13 Ebd., S. 15. Im anschließenden Kapitel (ab S. 16) wird das „Werkchen“ Lists, Das Geheimnis der Runen, Berlin 1907, Wien [2]1912, ausführlich zitiert.

Quelle angibt?[14] Es kann als bekannt vorausgesetzt werden, dass Stauff und sein Vorbild List als völkische Autoren Wegbereiter der nationalsozialistischen Ideologie sind. Insbesondere die völkischen Ideen Lists, die Einfluss auf das rassistische Denken Hitlers hatten,[15] beinhalten eine ausführliche Uminterpretation von Hausmarken als Heilsbotschaften auf der angeblichen Basis von Runen, dabei bezieht er auch bereits die Schrift von Bartel Hanftmann ein.[16]

Wenige Jahre vor den „Runenhäusern" Stauffs schilderte Hanftmann das Fachwerk in Hessen ausführlich unter dem Gesichtspunkt angeblich symbolischer Bedeutungen. „All dies ist sinn- und geheimbildlicher Art", schreibt er zur Fachwerkornamentik im 16. Jahrhundert.[17] Im Zusammenhang mit Runen stellt er vor allem verschiedenen Hakenkreuz- und Mäanderformen zusammen und benennt einige weitere angebliche Runen, doch zu einer Bezeichnung als Runenhaus gelangt er (noch) nicht.

Eindeutig ist damit, dass die Bezeichnung „Runenhaus" in den Bereich der völkisch-nationalistischen Bezeichnungen gehört, die von den frühen Protagonisten der völkischen Bewegung und damit den Vorläufern des Nationalsozialismus erfunden wurden. Doch selbst während des „Dritten Reichs" hat sich der Begriff kaum durchgesetzt, nur in wenigen Orten benannte man ein Bauwerk damals als Runenhaus.

Heute taucht die Bezeichnung „Runenhaus" in Deutschland jedoch bei einzelnen Fachwerkhäusern auf, mitunter sogar, wenn diese vor 1945 gar nicht so bezeichnet worden waren. Insbesondere begegnet uns der Begriff in Goslar (Niedersachsen) sowie in Stadt Blankenberg, Ortsteil von Hennef (Rheinland). Das „Runenhaus" in Wustrow ist das Wohnhaus des Künstlerehepaars Erich-Theodor Holtz und Hedwig Holtz-Sommer, angeblich haben sie ihr Wohnhaus so benannt, weil Steine mit alten Runen beim Bau verwandt worden sein sollen.[18] Schließlich gibt es ein Runenhaus in Zusammenhang mit einer in Frankfurt ansässigen völkisch-esoterischen Glaubensgemeinschaft.

Das „Runenhaus" in Goslar

Das Haus Gosestraße 6 in Goslar ist ein dreigeschossiges Fachwerk-Eckhaus aus dem Jahre 1551, laut Bauinschrift für die Gewandmacher errichtet („A MD51 Dat Hus is der Wanemaker") (Abb. 2).[19] An der Schwelle des 1. Stockwerks befinden sich Hausmarken

14 Manfred Gerner, Farbiges Fachwerk, verweist auf den Artikel „Schwäbisches Runenfachwerk" Stauffs (zwischen 1919 und 1922 erschienen) sowie auf das Buch über Runen Guido v. Lists: Das Geheimnis der Runen, Berlin 1907.

15 Helmut Zander, Okkultismus und Theosophie im Kaiserreich, in: Uwe Puschner/Walter Schmitz/Justus H. Ulbricht (Hgg.), Handbuch zur „Völkischen Bewegung" 1871–1918, München 1996, S. 224–151, hier S. 233ff.

16 Guido List, Die Bilderschrift der Ario-Germanen, Wien 1910, bes. S. 183–199, hier S. 188. Zu Hanftmann s. folgende Anm.

17 Bartel Hanftmann, Hessische Holzbauten, Marburg 1907, hier S. 160, ferner S., 168 und 170.

18 Barbara Bohn u. a., Ahrenshoop. Eine Künstlerreise an der Ostsee, Fischerhude 1990, S. 92.

19 Zu Goslar insbesondere, A. v. Behr/U. Hölscher, KDM der Prov. Hannover. Goslar, Hannover 1901, S. 317/319. – Carl Borchers/Karl Theodor Weigel, Goslar. Alte Wohnbauten und Sinnbilder, die Entwicklung des Bürgerhauses und seiner Schmuckformen und die nordisch-germanischen Sinnbilder in der Reichsbauernstadt. Goslar 1935 [Blut- und Boden-Verlag], S. 38, 63. – Carl Borchers, Der Alt-Goslarer Fachwerkbau und sein sinnbildlicher Schmuck, in: Die Kunde. Gemeinsames Mitteilungsblatt der Arbeitsgemeinschaft für die Urgeschichte Nordwestdeutschlands und der Arbeitsgemeinschaft für die Volkskunde Niedersachsens, Hannover 1938, S. 157–165 und Tafeln 45–48. – Carl Borchers, Reichsbauernstadt Goslar am Harz. Die tausendjährige Kaiser-, Reichs- und Hansestadt, Goslar 1934, 2. überarb. Aufl. o. J. [1938], S. 66. – Hans-Günther Griep, Das deutsche Bürgerhaus 1. Goslar (Das deutsche Bürgerhaus, Band 1), Tübingen 1959, S. 28, 32, 44, 151f. sowie Tafel 25b. – Werner Hillebrand, Goslar. Das Bild der Stadt im 19. und 20. Jahrhundert. Eine Photodokumentation (Beiträge zur Geschichte der

Abb. 2: Goslar, Gosestraße 6, Zunfthaus der Tuchmacher. Foto: Setzmann, Fürth

bzw. Handwerkszeichen, offensichtlich die der Tuchmacher also der gemeinschaftlichen Hauseigner. Diese heute fast nur noch bei Steinmetzarbeiten bekannten Zeichen dienten den Produzenten bzw. Händlern zur Identifizierung ihrer Waren, insbesondere im Fernhandel.

Das Haus wurde erstmals von K. T. Weigel in Zusammenhang mit dem Begriff „Runen“ erwähnt. Allerdings hat er in den Zeichen an der Schwelle dieses Hauses keine verschlüsselte Runenbotschaft gesehen, sondern durchaus zu Recht darauf verwiesen, dass es sich um die Hausmarken der Tuchmacher und Walker an deren Zunfthaus handelt. Die Hausmarken als solche führt er aber auf Runen zurück, ohne dies an dieser Stelle auszuführen.[20]

Die ältere Literatur erwähnt das Haus teilweise recht ausführlich. Die Zeichen an der Schwelle wurden bereits von Karl Steinacker als „vermutliche Meisterzeichen der Gildeglieder“ genannt, anschließend hebt er noch hervor, dass man ihre Folge als „eine Art von Spruchband“ auffassen kann, womit er jedoch die dekorative und späteren Inschriften entsprechende Anordnung meint und keineswegs irgendeine Art mystischer Erklärung geben wollte.[21]

Stadt Goslar, H. 30), Goslar 1975, Abb. 61. – Peter Schyga, Goslar als Reichsbauernstadt. Mythos und historische Wirklichkeit, in: Carl-Hans Hauptmeyer/Jürgen Rund (Hgg.), Goslar und die Stadtgeschichte. Forschungen und Perspektiven 1399–1999 (Beiträge zur Geschichte der Stadt Goslar, H. 48), Bielefeld 2001, S. 247–255.

20 Weigel 1936 (Goslar) S. 62f.

21 Karl Steinacker, Die Holzbaukunst Goslars, Ursachen ihrer Blüte und ihres Verfalls (Diss. Heidelberg), Goslar 1899, S. 48–50, hier S. 50.

1935 veröffentlichte der in Goslar ansässige Blut und Boden-Verlag eine Schrift unter dem Titel *Goslar. Alte Wohnbauten und Sinnbilder*. Der Untertitel verweist auf zwei völlig unterschiedliche Aspekte, *Die Entwicklung des Bürgerhauses und seiner Schmuckformen und die nordisch-germanischen Sinnbilder in der Reichsbauernstadt*. Autoren sind Carl Borchers und Karl Theodor Weigel. Tatsächlich besteht das Buch aus zwei völlig unterschiedlichen Abschnitten, selbst der Abbildungsteil ist strikt getrennt. Auf 27 Seiten finden sich „Abbildungen zur Geschichte des Goslarer Bürgerhauses" und auf weiteren 12 Tafeln „Abbildungen von Sinnbildern an Goslarer Häusern", Erstere stammen von verschiedenen Dienststellen der Stadt Goslar, Letztere von Mitautor Weigel, der als Fotograf dilettierte, wie der Vergleich der Aufnahmen zeigt. Borchers (1889–1970), Direktor der städtischen Sammlungen in Goslar, gibt einen mit Grundrissen und Schnittzeichnungen versehenen Überblick zum Hausbau einschließlich einer Übersicht der Schmuckformen der Goslarer Fachwerkbauten, die er mit den üblichen Fach- und Stilbegriffen belegt (S. 51). Borchers spricht von Schmuckformen, Frucht- und Blumenornamenten und zitiert Inschriften, die eine Anrufung Gottes („Hilf Gott aus No...") enthalten. Eingespannt zwischen das Vorwort des nationalsozialistischen Oberbürgermeisters Heinrich Droste und den Beitrag des dem SS-Ahnenerbe angehörenden Autors Weigel[22] wirkt sein Aufsatz auf den heutigen Leser wie ein unverhohlener Widerspruch zu nationalistischen Fehldeutungen der Fachwerkformen. 1938 scheint jedoch die „Gleichschaltung" des Museumsdirektors im Sinne der NS-Lehre gelungen zu sein. Sowohl im Führer zur „Reichsbauernstadt Goslar am Harz" als auch in einem Aufsatz über den „Alt-Goslarer Fachwerkbau" geht er auf Sinnzeichen am Haus der Tuchmacher ein, verzichtet aber weiterhin auf die Benennung als „Runenhaus".[23]

Erst nach 1945 erhalten die Runen sozusagen eine gleichberechtigte Rolle neben der seriösen und wissenschaftlichen Erklärung als Meisterzeichen. Hans-Günther Griep[24] erwähnt die „Schwelle mit 38 Runen oder Meisterzeichen".[25] Dies entspricht der auch an anderen Stellen seines Buches zu beobachtenden naiven Übernahme der völkischen Thesen Weigels, wenn auch die Darstellung des Bürgerhauses in Goslar mehrheitlich nach konstruktiven bzw. baulichen Gesichtspunkten erfolgt. In dem kurzen Abschnitt „Symbolik des Schmucks"[26] folgt Griep den Weigel'schen Deutungen von Fächerrosetten, Kreuzen und anderen Ornamenten sowie Gefügemerkmalen als Runen und Sinnzeichen. Eine politische Motivation ist hierin nicht zu erkennen, abgesehen davon, dass die mitunter erfolgreiche Einflussnahme des Dritten Reichs zumindest auf unkritische damals junge Menschen deutlich wird. Möglicherweise hatten einzelne Architekten, Griep als Autor und Adolf Bernt als leider überforderten Herausgeber der renommierten Schriftenreihe zum Deutschen Bürgerhaus, die naive Hoffnung, hier über ihre bautechnische Forschung hinaus – die bis heute Bestand hat – auch einen Beitrag zur vermeintlichen geisteswissenschaftlichen Erklärung des Hausbaues geben zu können.

---

22 Weigel hatte die Theorien Stauffs aufgegriffen. Seine Stellung in der SS-Organisation Ahnenerbe ermöglichte es ihm, auf Reisen durch ganz Deutschland zu fotografieren und seine Thesen in zahlreichen Vorträgen zu schildern. Vgl. dazu Ulrich Nußbeck, Karl Theodor Weigel und das Göttinger Sinnbildarchiv. Eine Karriere im Dritten Reich (Beiträge zur Volkskunde in Niedersachsen, Bd. 7), Göttingen 1993; und Michael Kater, Das „Ahnenerbe" der SS 1935–1945. Ein Beitrag zur Kulturpolitik des Dritten Reiches, Stuttgart 1974.

23 Carl Borchers, Reichsbauernstadt Goslar am Harz, Goslar 1934, 2. überarb. Aufl. o. J. [1938] S. 66. – In der Veröffentlichung „Der Alt-Goslarer Fachwerkbau" schildert Borchers 1938 nicht dieses Haus, wohl aber vermeintliche Sinnzeichen am Goslarer Fachwerk insgesamt.

24 Vgl. Rolf Wilhelm Brednich, Germanische Sinnbilder und ihre vermeintliche Kontinuität, in: Ders./Heinz Schmitt (Hgg.), Symbole. Zur Bedeutung der Zeichen in der Kultur. Münster 1997, S. 80–93, hier S. 85. – Ferner Klaus Freckmann, Die Sinnbildmanie der dreißiger Jahre und ihr Fortleben in der volkstümlichen Deutung historischer Bauweisen, in: ebd., S. 94–112, hier S. 96.

25 Griep (wie Anm. 19), S. 152.

26 Ebd., S. 71ff.

Heute wird in Goslar der Begriff „Runenhaus“ kaum noch verwendet, zumindest nicht in Prospekten und Publikationen. Anders sieht dies in völkisch-esoterischen und neonazistischen Kreisen aus. Unter dem Namen Rudolf John Gorsleben erscheint eine Internetseite „Armanisches Runenwesen“ mit der Unterzeile „Die Runen von Goslar“.[27] Hier wird die Folge von Hausmarken des Hauses an der Gosestraße abgebildet, mit dem Hinweis, dass sich der Autor nicht sicher sei, ob es sich hier um eine „Runenreihe aus atlantischer Zeit“ handele, daher wird des Weiteren der sachliche Text aus dem Bau- und Kunstdenkmälerinventar von Goslar übernommen. Auffällig ist vor allem, dass die gesamte Präsentation unter einem mit einem Sechsstern getarnten Hakenkreuz steht, auf der Übersichtsseite findet man die „SS-Rune“ und den „Sieg-Heil“-Slogan. Der neonationalsozialistische Bezug wird hier nicht verschleiert.

Das „Runenhaus“ in Stadt Blankenberg

Ein Werbeprospekt der Stadt Hennef stellt alle 32 im Ortsteil „Stadt Blankenheim“ interessanten Baudenkmäler vor. Dazu gehört auch ein barockes, mit Walmdach versehenes Fachwerkhaus. Es wird unter der Bezeichnung „Runenhaus“ geführt, allerdings mit der Erläuterung, dass das Haus „wegen der dekorativen Gestaltung des Südgiebels im 3. Reich fälschlicherweise ‚Runenhaus‘ genannt“ worden sei. Heute enthält das Haus einen Kindergarten und ein Weinmuseum. Das ab 1742 errichtete Haus zeige einen sog. „Wilden Mann“ (Ständer mit kurzem Kopfband und langer Fußstrebe), auf den Stockwerksschwellen angesetzte Rauten, im 3. Geschoss kleine Andreaskreuze und ein Mansarddach mit Krüppelwalm.[28] Weshalb ausgerechnet die moderne Fremdenverkehrswerbung der nach örtlicher Forschung[29] in der NS-Zeit aufgebrachten völkischen Benennung ein so breites Forum verschafft, allein dieser Prospekt erschien in einer Auflage von 10.000 Exemplaren, bleibt allerdings unklar. Sollte das Mystische, das sich mit dem Begriff „Runen“ verbindet, hier eine seriöse Bezeichnung des Hauses verhindert haben?

Gibt man im Internet den Begriff „Runenhaus“ ein, so landet man auf der Seite des Kindergartens in Hennef-Blankenberg, nunmehr mit dem falschen Hinweis, dass zu „Anfang des 19. Jahrhunderts in der Anordnung der Giebelbalken des Gebäudes Hilfs- und Schutzzeichen vermutet“ wurden.[30] Früherziehung im völkischen Sinne – das SS-Ahnenerbe hätte es nicht besser gekonnt.

Philipp Stauff erwähnt das Gebäude erst in der zweiten Auflage seines Buches *Runenhäuser* und benannte es unter Bezug auf einen Titel *Von altrheinischer Heimatkunst* aus dem Verlag der Deutschen Bauhütte in Hannover, von Stauff auch als *Rheinisches Wander- und Studierbuch* benannt, als Runenhaus.[31] Dessen Autor H. August Waldner war Architekt, der sowohl

27 http://www.unglaublichkeiten.org/ (25.5.2009).

28 Der Text des vom Heimat- und Verkehrsverein Stadt Blankenberg herausgegebenen Faltblattes stammt von Prof. Dr. Helmut Fischer, die Veröffentlichung erfolgte mit Unterstützung der Stadt Hennef im Mai 2008. Ausführlicher behandelt Fischer das Haus in seinem Aufsatz „Das sogenannte Runenhaus in Stadt Blankenberg“, in: Jb. des Rhein-Sieg-Kreises 1986, S. 24–27.

29 Fischer, Runenhaus (wie Anm. 28), S. 26.

30 http://www.stadt-blankenberg.de/index.php?option=com_content&view=article&id=33&Itemid=116 (26.4.2009). Als Verantwortlicher wird ein Volker Plückthun in Hennef genannt.

31 Stauff, Runenhäuser (wie Anm. 9), ^{2}1921, S. 75. Der Verweistitel lautet korrekt, H. August Waldner, Von alter rheinischer Heimatkunst. Ein Führer durch die baugeschichtliche Entwicklung der alten Siedlungen und Kleinorte zwischen Rhein und Westerwald. Beiträge zum Verständnis der alten Steinmetzkunst und Fachwerkbauten, der Fachfiguren und der germanischen Heilszeichen. Hannover 1916 (oder 1917). Das Buch erschien im Verlag der „Bauhütte“, der hauptsächlich eine Architektenzeitschrift herausgab, für die der Architekt Waldner häufig Beiträge schrieb.

Abb. 3: Philipp Stauff: Runenhäuser. Abbildung des „Runenhauses“ in Stadt Blankenberg in der 2. Auflage (1921).

nüchtern technische Titel als auch solche völkischen Inhalts verfasste, jedoch weder in der einen noch in der anderen Richtung größere Beachtung fand.

Auf die mehr als unglückliche Namensgebung für den Standort eines Kindergartens angesprochen – ein solcher befindet sich in freier Trägerschaft heute in dem spätbarocken Fachwerkhaus – sicherte der Bürgermeister der Stadt Hennef zu, „vor allem gegenüber unseren Gästeführern in Stadt Blankenberg deutlich [zu] machen […], dass auch sie den Begriff […] sensibel nutzen und kritisch hinterfragen“ sollten.

Runenhäuser im Internet

Moderne Medien wie insbesondere das Internet machen heute eine weite Verbreitung völkischer und selbst rassistischer Ideen nahezu ungeahndet möglich. So findet man inzwischen unter der Bezeichnung „Runenhaus“ eine Reihe von Verweisen völkischer wie esoterischer Gruppen oder Einzelpersonen. Beispielsweise wirbt eine aus der ehemaligen Sowjetunion stammende Vereinigung, die nach eigenem Bekunden eine „esoterische Bewegung [ist], die

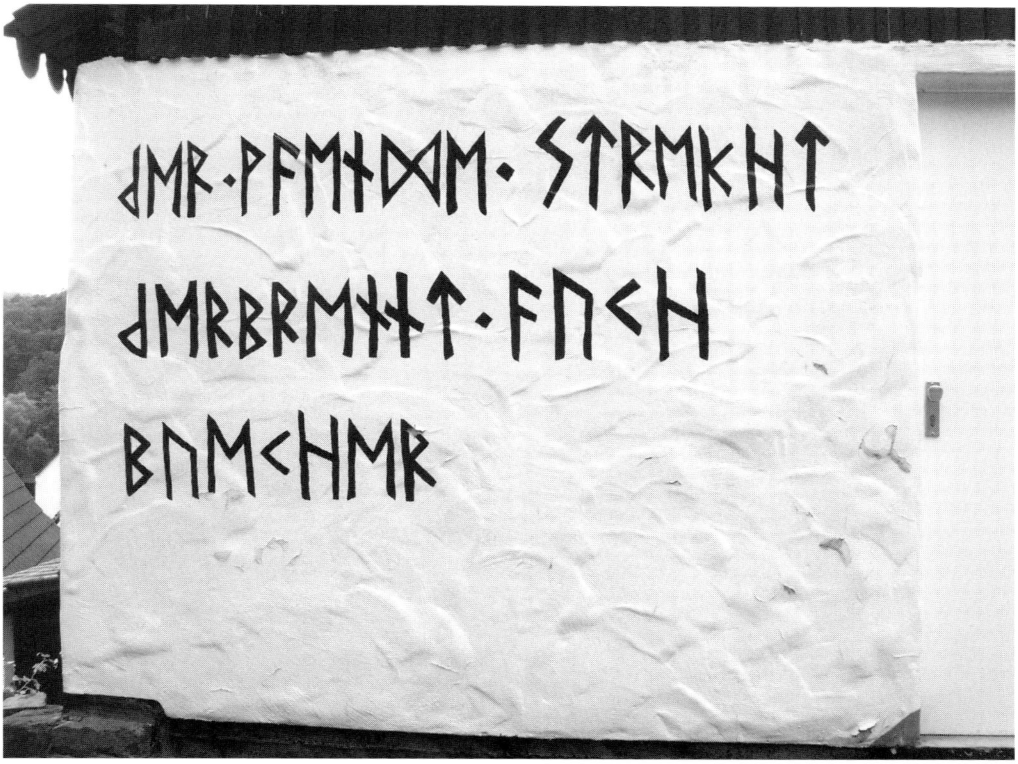

Abb. 4: Ein „Yggdrasil“-Haus gibt es in Zingst am Darß, bis auf dieses Hausschild aber ein völlig unauffälliges Bauwerk.

sich für die Wiedergeburt und Vervollkommnung des nordischen Geistes aller weißen Brudervölker einsetzt“.[32] Diese Gruppe existiert angeblich seit Oktober 2007 als deutscher Ableger einer zuvor in Russland, Weißrussland und Litauen bestehenden, faktisch allerdings unbedeutenden Gruppierung. Mangels eigener Ideen und sprachlicher Fähigkeiten greift man hier für das Internet auf einschlägige Pamphlete zurück, darunter auf ein Buch von Lothar Schreyer aus dem Jahre 1936,[33] das zunächst die Ableitung „nordischer“ wie südeuropäischer Architektur als Widerspiegelung des Himmelsgewölbes darstellt, um anschließend in einzelnen Bauelementen Runen zu erkennen und daraus Heilsbotschaften abzuleiten. Die Darstellung ist allerdings derart verworren, dass Zweifel am Verstand des Autors nicht völlig abwegig sind. Konkrete Runenhäuser werden in diesem Zusammenhang nicht angesprochen, der Verfasser nimmt lediglich eine Gleichstellung von Fachwerkhäusern und Runenhäusern vor.

Dagegen lassen sich, gleichfalls im Internet, noch zwei weitere konkrete Fälle feststellen. In Wustrow besteht ein „Runenhaus“, das Künstlern als Wohnhaus gedient hat und offensicht-

32 Internet-Auftritt der „White Traditions Society“ (http://west.white-society.org/, 30.4.2009). Es gibt aber keine Hinweise darauf, dass diese Gruppe mehr als nur wenige Personen stark ist.

33 Lothar Schreyer, Sinnbilder deutscher Volkskunst, Hamburg 1936.

lich auf die Anfänge der esoterischen Bewegung im frühen 20. Jahrhundert zurückgeht, die mit der damaligen Lebensreformbewegung zusammenhängt.[34] Ferner verfügt eine sog. Yggdrasil-Gemeinschaft über ein Runenhaus in Frankfurt, bei dem es sich offenbar um das eigene Veranstaltungshaus handelt, mit „Yggdrasil“ haben auch Anhänger dieser Sekte Häuser an anderen Orten bezeichnet (Abb. 4).

Zusammenfassung

Erste Ideen zur vermeintlichen Identifizierung von konstruktiven Bauformen im Fachwerk mit Runen gehen auf das erste Jahrzehnt des 20. Jahrhunderts zurück, wobei die wesentlichen Autoren schnell Kontakt zueinander fanden und ihre Ideen gegenseitig verarbeiteten. Insbesondere Philipp Stauff griff Ideen anderer Autoren – namentlich Bartel Hanftmann und H. August Waldner – auf und gewährte ihnen ein beschränktes Forum in völkischen Kreisen. Karl Theodor Weigel nahm für den Nationalsozialismus eine deutlich umfangreichere Verbreitung dieser Theorien vor und konnte ihnen eine größere Öffentlichkeit verschaffen, die sich allerdings im Rahmen von Schriften der NSDAP und ihrer Organisationen hielt. Bemerkenswert ist, dass beider Werke nach 1945 immer wieder aufgegriffen und inhaltlich übernommen wurden, teilweise unmittelbar zitiert, teilsweise aber auch ohne ausdrückliche Nennung dieser Quellen. Politischer Widerstand der großen Volksparteien haben diese Autoren nicht zu befürchten, auch ein Schreiben an den Bürgermeister von Hennef wegen der aus der NS-Zeit stammenden Namensgebung des heute als Kindergarten genutzten Hauses blieb ohne nachhaltige Reaktion – kleinen Kindern eine völkische Bezeichnung positiv zu vermitteln, scheint bei der Kommunalpolitik in Hennef keine Bedenken hervorzurufen.

34 Vgl. den Ausstellungskat. Wahlverwandtschaften. Skandinavien und Deutschland 1800–1914. Deutsches Historisches Museum, Berlin 1997.

Die Strohhalmkrippe

Adventspädagogik im Wandel

Alois Döring

„Wir mußten mit fünf Jahren schon beichten, daß wir unkeusch gewesen waren. Meine Schwester und ich bekamen sogar extra Unterricht von einer Seelsorgerin und mußten dann vor Weihnachten in eine kleine Krippe für jede Sünde ein Steinchen hineinlegen, auf denen das Jesuskind dann schlecht liegen würde – und für jede gute Tat einen kleinen Strohhalm. Oder es gab eine Dornenkrone, und für jede gute Tat durften wir eine rosafarbene Papierrose hineinflechten. In der Adventszeit veranstalteten die Leute im Haus bei uns das sogenannte ‚Herbergs-Singen'. Von Tor zu Tor gingen sie singend mit irgendeinem Bild vom herbergssuchenden heiligen Josef, und nach Weihnachten kamen wieder die Sternsinger und schnorrten überall herum – das ganze Leben war kirchlich bestimmt. In der Adventszeit zum Beispiel mußten wir jeden Tag um sechs Uhr morgens in die Messe gehen; im Mai war wieder die Mai-Andacht, da mußten wir jeden Abend hin: ‚Maria zu lieben ist allzeit mein Sinn' oder ‚Jesu drücke deine Schmerzen tief in aller Christen Herzen'. Das war die Quintessenz des ganzen, und das sind die Erinnerungen, die ich habe – Katholizismus pur." So erinnert sich der in Wien gebürtige Künstler Gottfried Helnwein an seine katholisch geprägte Kindheit.[1]

Der Advent ist die Zeit der Vorbereitung auf Weihnachten. Verschiedene Formen der Adventspädagogik dienen dazu, den Kindern die Wartezeit auf das Christkind einzuteilen und sie auf das Bescherfest hinzuführen. Zu den Hilfsmitteln gehörten die Klausen- oder Kerbhölzer, Christkind- oder Himmelsleitern, Strichkalender, ferner Adventskalender, Adventskranz oder Adventsbaum – und die Strohhalmkrippe.[2]

1 Gottfried Helnwein (*1948 in Wien) im Gespräch mit Andreas Maeckler (www.gottfried-helnwein-interview.com/maeckler/seite01.html); auch in: „Malerei muß sein wie Rockmusik". Gottfried Helnwein im Gespräch mit Andreas Mäckler, München 1992, S. 10.

2 Zur Adventspädagogik, speziell zur Strohhalmkrippe siehe Manfred Becker-Huberti, Feiern, Feste, Jahreszeiten. Lebendige Bräuche im ganzen Jahr. Geschichte und Geschichten, Bilder und Legenden, Freiburg/Basel/Wien 2001, S. 110. – Alois Döring, Rheinische Bräuche durch das Jahr, Köln 2006 (²2007), S. 358–366. – Ders., Die Strohhalmkrippe, in: Folget dem Stern. 11. Kölner Krippenweg 27. November 2006 bis 6. Januar 2007, Köln 2006, S. 15–17. – Esther Gajek, Adventskalender. Von den Anfängen bis zur Gegenwart, München o. J., S. 9–21. – Dies., „Erst eins, dann zwei, dann drei, dann vier..." Von Adventskränzen, Strohhalmkrippen und Adventskalendern, in: Weihnachtszeit. Feste zwischen Advent und Neujahr in Süddeutschland und Österreich 1840–1940, hg. v. Nina Gockerell, München 2000, S. 19–34. – Dies., Adventskalender aus Münchner Verlagen. Zur Geschichte und Gegenwart eines Produkts der populären Druckgraphik, Magisterarbeit München 1988, S. 18–21. – Irene Krauß, Weihnachten hierzuland. Bräuche, Symbole und Rezepte aus Baden und Schwaben, Tübingen 2005, S. 21. – Mein Dank gilt Esther Gajek, die mir freundlicherweise ihre unveröffentlichte Magisterarbeit zur Verfügung stellte.
Editha Klenk beschreibt eine Variante als „Idee des Adventopfers", die in Wiener Familien in den 1960er Jahren üblich war: „Mit dem Basteln vor allem der Kinder verbunden ist auch die Idee des Adventsopfers. Die Idee und die Art der Durchführung sind im wesentlichen immer gleich: wer über das übliche Maß hinaus brav war – was ein Opfer ist –, der wird ‚belohnt' oder, besser gesagt, die besondere gute Tat findet einen sichtbaren Ausdruck in einem materiellen ‚Gegenstand' wie z. B. in einer Korn- oder Weizenähre, einem Wollfaden, Buntpapierstreifen oder Wattebäuschchen, welche bzw. welches der Empfänger für das erwartete Christkind als Opfer in die Krippe legen warf, damit es weich liegt' [...] Wie schon angedeutet, führte die Verbindung von Strohhalmen und Buntpapier bzw. Metallfolien zu einer neuen Ausdrucksform der ‚Opferidee', nämlich in der beim Basteln zusammengestellten ‚Kette der guten Werke'. Diese kommt dann auf den Christbaum."

Die Strohhalmkrippe („Strohhalm legen", „Krippe füllen") sollte die Kinder in der Vorweihnachtszeit zu Wohlverhalten ermahnen. Bereits am ersten Adventssonntag wurde auf dem späteren Gabentisch eine leere Krippe aufgestellt. Für jede gute Tat durfte das Kind einen Strohhalm, eine Feder oder etwas Watte in eine noch leere Krippe legen. Ziel war es, „das Jesuskind zu Weihnachten möglichst weich zu betten, also mit Hilfe vieler guter Taten die Krippe mit Stroh zu füllen. Der alte Brauch vermittelt anschaulich, wird er mit Verstand ausgeführt, dass Verzicht auf Eigennutz und Streit sowie Verwirklichung von Friedfertigkeit und tätiger Nächstenliebe eine tragfähige Basis für den Christen abgeben. Ein gutes Gewissen und gute Taten sind ein sanftes Ruhekissen."[3]

Die Strohhalmkrippe zeigt beispielhaft, wie stark die Adventszeit in den Dienst der religiösen Erziehung gestellt wurde – und heute eine Wiederentdeckung erfährt.

„Strohhalme für das Jesuskind" – erinnert

Die Strohhalmkrippe war im katholischen Bereich bis etwa in die 1950er/1960er Jahre in Familien, Kindergärten und (Kloster-)Schulen weit verbreitet. Erinnerungsberichte an die Kindheit im Rheinland und in anderen katholischen deutschsprachigen Landschaften liefern ein eindrucksvolles Erscheinungsbild der Brauchpraxis und der zugrunde liegenden Pädagogik.

„Mein Vater hatte für diesen Brauch für uns Kinder in Ton einen Futtertrog geformt und dazu 1938 einen Säugling als Christkind gearbeitet (gebrannt). Eine Schwester, die in dem Jahr geboren war, hat meinem Vater als Modell gedient. Dieses Kind mit dem Trog wurde unfreiwillig durch das Abbrennen unseres Wohnhauses in Köln auf dem Eigelstein zum 2. Mal gebrannt [...] Es hat uns Kindern (6) seit 1938 zum Strohhalmlegen gedient. Am Heiligen Abend durfte immer eines der Kinder das Kind in die Krippe legen und die übrigen Kinder stellten ihr Kerzchen um das Kind. Wir Kinder durften nach dem Abendgebet ein Hälmchen in die Krippe legen, ob wir eine gute Tat vorweisen konnten oder nicht (Einübung in die Gewissens-Erforschung). Der Vorsatz, dem Christkind eine Herberge in unserem Herzen zu bereiten, war Ausschlag gebend. Es hat uns einfach Freude bereitet, dem Christkind ein wenig das harte Kripplein erträglich zu machen. Dieser Brauch diente einfach der Vorbereitung auf das Weihnachtsfest. Bei diesem Brauch spielte auch das pädagogische Geschick der Eltern und Tanten eine Rolle. [...] Mit unseren Kindern haben wir es ebenso gehalten. Für die Enkelchen steht

---

(Editha Klenk, Terminologie, Methoden und Zielsetzungen einer Wiener Volkskunde in Verbindung mit Darstellung und Einordnung zweier erneuerter gegenwärtiger Brauchformen. Dissertation Wien 1966, S. 143–144). – Mein Dank gilt dem Institut für Europäische Ethnologie der Universität Wien (Prof. Klara Löffler und Bibliothekarin Wicha-Müller), das Auszüge aus der unveröffentlichten Dissertation zur Verfügung gestellt hat.

3 Becker-Huberti, Feiern, S.110. – In einem Schreiben vom 18.12.2003 an die Redaktion eines online-Weihnachtslexikons erinnert sich Mrs. Blister aus Perth (Australien), dass es in ihrer Kindheit in Köln den Brauch des Strohhalmlegens in der Adventszeit gab und fragt an, ob er in Deutschland noch bekannt ist. Sie erhält die Antwort: „Strohhalmlegen, auch ‚Krippe füllen' genannt, soll – ganz ähnlich wie ursprünglich der Adventskalender – die Kinder in der Vorweihnachtszeit zu Bravheit und Wohlverhalten anregen. Bereits am ersten Adventssonntag wird auf dem späteren Gabentisch eine leere Krippe aufgestellt. Jedes Kind, das eine gute Tat vollbracht hat, darf einen Strohhalm in die Krippe legen, mit dem Ziel, dass das Christkind am Heiligen Abend weich gebettet werden kann. Ähnlich wie die berühmt-berüchtigten ‚Fleißkärtchen' in der Grundschule und ‚Heiligenbildchen' im katholischen Kommunions-Unterricht geriet diese pädagogische Methode spätestens seit den 60er-Jahren des vorigen Jahrhunderts mehr und mehr in Vergessenheit." www.sutter.de/weihnachtslexikon/deutsch/strohhalmlegen.htm.

Abb. 1: Strohhalmkrippe, 1950er Jahre. Der Benutzer einer solchen Krippe gab gegenüber dem Rheinischen Volkskundearchiv im Jahr 2004 zu Protokoll: „Es hat uns einfach Freude bereitet, dem Christkind ein wenig das harte Kripplein erträglicher zu machen".

nun in der Adventszeit ein Abguß vom Trog in den Familien und auch bei ihnen darf eins der Kinder das Christkind am Heiligen Abend in die Krippe legen."[4]

In einem anderen rheinischen Bericht heißt es: „Ich bin 1941 in Bochum geboren, 1945 ausgebombt und nach Elsen/Paderborn (Westfalen) gezogen, seit 1965 lebe ich in Düsseldorf. Strohhalme für die Krippe! Das ist eine der schönsten Erinnerungen an meine Kindheit. Am 1. Advent stellte meine Mutter die Krippe auf. Dann erzählte sie die Geschichte der Herbergssuche; dass die Zeit des Advent ‚Warten auf das Christkind' bedeutet. Durch mein Zutun, nämlich brav und lieb sein, beten, auf Süßigkeiten verzichten (die es sowieso nur sehr selten bei uns gab), ein Gedicht für Weihnachten lernen, konnte ich dazu beitragen, dass das Christkind zu seiner Geburt auf Heu und Stroh gebettet war und nicht frieren musste. Denn immer dann, wenn wir beim Abendgebet über den Tag gesprochen haben und ich für ‚würdig' befunden wurde, durfte ich einen Strohhalm in die Krippe legen. Und ich weiß noch sehr gut, wie stolz

4 Rheinisches Volkskundearchiv des LVR-Instituts für Landeskunde und Regionalgeschichte, Bonn [= RhVA] (R. K., 13.11.2005). – Der Ordner „Strohhalmlegen" enthält Erinnerungsberichte einer 2004 per Medienaufruf durchgeführten Erhebung im Rheinland sowie Materialien ergänzender mündlicher, Internet- und Literaturrecherchen.

ich war, als am Weihnachtsmorgen das Christkind auf ‚meinen' Strohhalmen in der Krippe lag! Später, als meine Geschwister alt genug waren, um an diesem Brauch teilzunehmen, kam es dann auch schon mal vor, dass 2 oder 3 Strohhalme in die Krippe gelegt wurden. Leider hat sich dieser Brauch nicht in meiner eigenen Familie fortgesetzt."[5]

Das „Strohhalm legen" wurde nicht nur im familiären, sondern auch im schulischen Bereich als pädagogische Methode genutzt. „Auf die Feste und Feiern des Kirchenjahres wurden die Kinder in der Roisdorfer Volksschule von ihren Lehrern und Lehrerinnen stets intensiv vorbereitet. So verfügte manche Klasse gegen Ende der 1940er Jahre über eine eigene Adventskrippe. Die besonders braven und fleißigen Kinder bekamen als Belohnung einen Strohhalm, den sie in die Krippe legen durften. Wer dann zu Weihnachten die meisten Strohhalme vorzuweisen hatte, durfte dann auch das Jesuskind hineinlegen."[6]

Für die frühen 1930er Jahre wird geschildert, wie in einer Bonner Schule die Kinder die Strohhalme anstelle der sonst das Jahr über üblichen Fleißkärtchen erhielten: „Wenn wir Kinder brav gewesen waren, die Aufgaben gut gemacht oder fleissig, gelernt hatten, bekamen wir zur Belohnung Fleisskärtchen [...] Wenn es genug waren (ich glaube 10 Stück), konnten wir sie gegen ein Heiligenbildchen eintauschen. So ging es das ganze Jahr über, aber im Advent wurde das anders. Fräulein Cartus hatte jetzt Listen und es gab statt Kärtchen einen Strich [...] Die Kinder wurden aufgerufen, durften nach vorn kommen und statt der Fleisskärtchen gab es schöne lange und weiche Strohhalme. Jedes Kind bekam so viele, wie es Striche hatte. Die Strohhalme legte es dann in die Krippe. Das Kind, das die meisten Striche bekommen hatte, durfte das Christkind auf die Halme betten. Dann sangen wir Weihnachtslieder und bekamen noch eine Geschichte erzählt."[7]

Den Bezug zu der pädagogischen Fleißkärtchen-Praxis findet sich auch in folgendem Bericht aus Westfalen: „Ich (Jahrgang 1947) ging in Paderborn zur katholischen Grundschule (Weihnachten 1954). Wir praktizierten das ‚Strohhalm-Legen' mit unserer Lehrerin: In der Ecke der Klasse stand eine leere Krippe, die von ‚braven' Kindern am Ende des Schultages in der Adventszeit mit Strohhalmen (damals gab es zum Milchtrinken in der Schule noch Naturstrohhalme) gefüllt wurde. Diese Halme hatten die Funktion von ‚Fleißkärtchen'."[8]

Den Adventsbrauch in der Klosterschule der Augustinerchorfrauen Paderborn lernte eine Ordensschwester „im ersten Schuljahr der 10. Klasse der ‚Vorschule' 1928 kennen. Der Advent galt damals als strenge Bußzeit, der auch Kindern manchen Verzicht auferlegte. Sie wurden angehalten, ‚Öpferchen' zu bringen, sowohl zuhause wie auch in der Schule. In der Klasse wurde das ziemlich große Krippchen der Kirche aufgestellt. Daneben lag ein Strohbündel. Wenn man ein ‚Öpferchen' gebracht hatte, durfte man ein Strohhälmchen aus dem Bündel nehmen und in die Krippe für das Christkind legen. Das geschah aber ganz diskret; [sie] erinnert sich nicht, dass mal jemand mit der Zahl seiner Strohhalme ‚angegeben' oder andere beim Niederlegen der Halme beobachtet hätte. Beim Beginn der Weihnachtsferien war es dann eine große Freude, dass die Krippe gut gefüllt war und dem ‚Jesulein' eine sanfte Ruhestätte bot, wenn es in der Mitternachtsmesse dort hineingebettet wurde." Ihre Nichte (Jahrgang 1945) hat den Brauch in abgewandelter Form mit ihren Kindern und Enkeln fortgeführt. Noch heute sammeln die Kinder ihrer Tochter im Advent „schöne Steinchen

5 RhVA (C. S., 27.11.2004).

6 www.heimatfreunde-roisdorf.de/kalender_05.html.

7 RhVA (E. L., 29.12.2004). – Siehe auch: Döring, Bräuche, S. 359–360.

8 RhVA (E. V., 22.12.2004).

und belegen damit einen langen, gewundenen und ansteigenden Pfad zum Stall." Ob mit einem ,Öpferchen' verbunden, weiß sie nicht mehr, aber „das Legen eines solchen Steinchens war ein innig-frommer Akt."[9]

Der Brauch wurde auch in Verbindung mit einem anderen adventspädagogischen Hilfsmittel geübt, der sogenannten Himmelsleiter: „Tante hatte eine Himmelsleiter gelaubsägt (Leiter mit einem Christkind). Bei Bravsein durfte man jeden Tag das Christkind eine Leiterstufe herunter gehen lassen und einen Strohhalm in die Krippe legen. 1950er Jahre."[10] „Brauch des Strohhalmlegens in Verbindung mit der Himmelsleiter in der Zeit im Kinderheim in Bad Rothenfeld bei Osnabrück, Anfang 1940er Jahre."[11]

Das „Strohhalm legen" war auch in katholischen Regionen der Schweiz und Österreichs bekannt: „Früher mussten die Kinder sich für die Weihnachtszeit ausweisen, dass sie gebetet hätten: Bleistiftstriche für jedes Gebet auf eine Latte. Wenn sie brav gewesen waren oder gebetet hatten, erhielten sie von der Mutter Strohhälmchen. Hatten sie derer viele, so hieß es, das Christkindlein könnte jetzt weich liegen; waren es nur wenig, so hatte es ein hartes Lager" (Wolhusen, Kanton Luzern).[12] „In St. Gallen und im St. Galler Rheintal waren anstelle von Kerbhölzern Strohhalme gebräuchlich. Jeden Tag im Advent, wenn wir Kinder uns anständig verhielten, legte die Mutter einen Strohhalm in eine kleine Krippe, in der dann das Christkind an Weihnachten unter dem Christbaum schlafen sollte. Auf diese Weise regte uns die Mutter zum Bravsein an, indem sonst das arme Kind auf dem harten Krippenholz schlafen musste" (Kanton St. Gallen).[13] Im Kapuzinerinnenkloster auf dem Gerlisberg in Luzern erinnert man sich, „dass bis etwa 1960 in der Küche und im Noviziat je ein Kripplein aufgestellt wurde, das die Schwestern im Advent mit Strohhalmen als Zeichen für sich auferlegte Opfer füllten." Eine Schwester aus dem Kloster St. Andreas in Sarnen erinnert sich, „den Brauch in ihrem Elternhaus in Gunzwil LU erlebt zu haben, wo die Mutter jeweils für die Kinder ein leeres Kripplein aufstellte".[14] „Strohhälmchen sammeln auf Weihnachten hin die Kinder in Reith bei Seefeld, Bez. Innsbruck-Land. Diese werden dem Christkind in die Wiege gelegt" (Seefeld, Tirol).[15] „Das Klausenholz ist nicht bekannt. Für jede gute Tat werden von den Kindern Strohhalme in die Krippe eingelegt" (Kennelbach, Vorarlberg).[16]

„Beim gemeinsamen Abendgebet und der Gewissenserforschung konnten wir selbst entscheiden, ob wir so brav waren, daß wir einen Strohhalm in eine Krippe legen konnten, die auf einem Regalbrett unter dem Kreuze stand [...] Der Lohn für all dieses Bravsein war aber nur die eigene Freude, durch Gutsein dem Heiland ein weiches Lager zu bereiten. Es gab durchaus auch die Situation, daß wir uns im Zweifel befanden. Ob wir wirklich würdig genug waren, Jesus diesen Dienst zu tun. Ich meine, daß nur in wenigen Fällen, unsere strenge Selbst-

9 RhVA (S. T., 27.12.2004).

10 RhVA (H., 16.12.2004).

11 RhVA (M., 16.12.2004).

12 Klaus Beitl, Das Klausenholz. Untersuchung der Gebetszählhölzer im vorweihnachtlichen Kinderbrauch, in: Rheinisches Jahrbuch für Volkskunde 20 (1969), S. 7–92, hier S. 43.

13 Beitl, Klausenholz, S. 39

14 Mathilde Tobler, Geistlicher Krippenbau. Weihnachtliche Frömmigkeit in Innerschweizer Frauenklöstern, in: Jahrbuch der Historischen Gesellschaft Luzern 6 (1988), S. 16–35, hier S. 25.

15 Beitl, Klausenholz, S. 18.

16 Beitl, Klausenholz, S. 19. – Für Böhmen: Gerhard Bogner, Das neue Krippenlexikon. Wissen – Symbolik – Glaube. Ein Handbuch für den Krippenfreund, Beuron 2003, S. 409. – Für Schlesien (Sagan, 1942–1944): „Unter Anleitung der Seelsorgehelferin Schwester Tarcisia (Ursulinen von Liebenthal) durften die Kinder dem Christkind Strohhalme in die leere Krippe legen. Das geschah während oder nach dem Religionsunterricht, der während der NS-Zeit im Kirchengebäude stattfinden musste. Die Strohhalme kamen bei uns aus dem Kaninchenstall, sie wurden beim Ährenlesen mitgesammelt. Bedingungen wurden daran nicht geknüpft. Es war ein Teil der Vorbereitung auf das Weihnachtsfest." RhVA (J. E., 8.1.2005).

kontrolle, unsere Gewissensentscheidung durch uns selbst, die Kinder aus unserer Gruppe, revidiert wurde. Nach meinem Empfinden war es unsere eigene Entscheidung [...] Es verwundert sicher nicht, daß das Strohhalmlegen zwiespältig angesehen wurde. Ich vermute, daß wenn Sie heute Psychologen dazu befragen würden, die Antwort ‚unmögliches Tun' sein dürfte." Der reflektierende Erinnerungsbericht an die schulische Betreuung sechs- bis neunjähriger Kinder durch Franziskanerinnen fährt fort: „Auch das Zünglein an der Waage dürfte eher zu ‚negativ' ausschlagen. Das Problem ist damit wohl so alt, wie der Brauch des Strohalmlegens. Dem Christkind soll in der Krippe ein möglichst weiches, wärmendes Lager bereitet werden. Aber es sind da ja noch die Bedingungen. Nur, wenn ich mein Tun des Tages, von mir selbst beurteilt, von mir selbst eingeordnet für so gut erkenne, anerkenne, darf ich an diesem Tag dem Christkind, auf das wir warten, durch den eingelegten Strohhalm eine Freude machen, wissend, daß der Strohhalm nur das äußere Zeichen für ‚gutes' Tun ist. Da gab es in den kleinen Gehirnen und Herzen vieles zu bedenken und abzuwägen. Manchesmal war es erleichternd und lösend, wenn man sich dann doch dazu durchgerungen hatte, keinen Strohhalm einzulegen. War doch ganz einfach die Beurteilung des eigenen Verhaltens auch beim besten Willen nicht auf ‚gut' hinzubiegen. Dafür war man an anderen Tagen wieder ein wenig ‚großzügiger'. Die Strafen, die sich eben aus (bewußt) nicht ganz richtiger Einschätzung ergaben, diktierte man sich eigentlich selber zu. Und, nur das eigene schlechte Gewissen ‚strafte'. Und ein Advent war früher sehr lang. Ein neuer Tag schaffte wieder die Möglichkeit die Krippe weich auszupolstern."[17]

Die Erwartung des Weihnachtsfestes mit der Geburt Jesu in einer Krippe konnte zu einem Akt „weniger der Freude denn einer des Zwangs – möglichst brav zu sein oder besonders viel zu beten – und des schlechten Gewissens [werden]: Wenn die Verhaltensregeln der Erwachsenen nicht befolgt werden, liegt das Christkind hart."[18]

So erwähnt der katholische Geistliche Georg Hain, der das Strohhalmlegen durchaus befürwortet, auch die – so Esther Gajek – „gewalttätige" Variante, nach der „der Teufel das Recht hatte, wieder so und so viele Hälmchen bei bösem Betragen herauszutun".[19] In rheinischen Erinnerungsberichten finden sich vergleichbare Praktiken: „Am 1. Advent wurde ein Adventskranz aufgehängt und ein Tisch mit einem Krippchen aufgestellt, daneben lagen die Strohhalme. Wer brav war, durfte abends einen Strohhalm einlegen, wer nicht, musste wieder einen herausnehmen. (1930er Jahre)."[20] „Holzkrippe in der Familie, Strohhalme oder Feder in die Krippe einlegen. Auch in der Schule üblich. Wenn man böse war, musste man einen spitzen Kieselstein in die Krippe legen, den durfte man nicht wieder herausnehmen (ca. 1960 noch üblich)."[21]

In einer katholischen Münsteraner Familie (1950er Jahre) „durfte jedes der Kinder jeden Abend einen Halm in die Krippe als Polster legen – wenn aber einer von denen unartig war und / oder wenn es irgendeinen Grund für Kritik gab, dann wurde er gezwungen, einen Halm

17 RhVA (C. G., 13.1.2005; betrifft die Kindheit während der Kinderlandverschickung 1941–1945, betreut von einem Schwesternkonvent in Süddeutschland).

18 Gajek, Adventskalender aus Münchner Verlagen, S. 21. Sie zitiert folgendes Beispiel: „Wir hatten eine große Krippe [...] beteten wir also wenig, mußte das Christkind hart liegen, und das konnten unsre sensiblen Kindergemüter nicht verantworten. Also gingen wir nach dem ersten Rorate gemeinsam ans Werk. Abgemacht waren fünf Vaterunser pro Tag. Bis zum zweiten Advent hielten alle durch. Dann wurden die Brüder flauer. Man konnte dies ja gut an der Anzahl der Halme kontrollieren. Wir Mädchen waren in der Mehrzahl; wenn wir also nun zwei Vaterunser mehr beteten, mußte das Christkind doch nicht hart liegen." Paul Löcher, Wie's einstens war zur Weihnachtszeit. Ein Buch der Erinnerungen, Ostfildern 1979, S. 95. – Becker-Huberti, Feiern, S. 110 spricht von „pädagogisch falsch genutzt".

19 Georg Hain, Geheiligter Jahreskreis. Gedanken und Anregungen zur Gestaltung christlicher Dorfkultur – Weihnachtsfestkreis, Würzburg 1950, S. 5. – Zitiert nach: Gajek, Adventskalender aus Münchner Verlagen, S. X.

20 RhVA (H., 17.12.2004).

21 RhVA (B., 23.12.2004).

aus der Krippe zu nehmen, dem Kindchen als etwas von der Polsterung nehmen. Grauslicher Schrecken!"[22] Bischofsheim in der Rhön (1950er Jahre): „Die katholischen Ordensschwester, die den Handarbeitsunterricht leitete, hat das mit den Kindern praktiziert. Bei ordentlichem Häkeln, Stricken o. ä. durfte man einen Strohhalm in die Krippe legen, wenn man z. B. Maschen hat fallen lassen, musste man ein Steinchen in die Krippe legen, das tat weh!"[23]

Ein frühes Beispiel aus der Schweiz: In den 1920er Jahren wurde der Strohhalmbrauch in der von Schwestern geführten Mädchenprimarschule in Sarnen geübt. Dabei wurde schlechtes Betragen damit bestraft, „dass die Schülerinnen von Pflanzen gewonnene Dornen ins Kripplein legen mussten".[24]

Auf die psychischen Folgen einer fragwürdig gehandhabten Adventspädagogik geht folgender Erinnerungsbericht ein, der Erfahrungen in einem von der Ordensgemeinschaft der Schwestern von der göttlichen Vorsehung geführten Waisenhaus im Rheinland (1946–1949) wiedergibt: „Die Heiminsassen erfuhren die Kindererziehung durch die frommen Ordensfrauen als ‚strenges Regime' mit schweren traumatischen Folgen für die Opfer (das Mädchen A. und seine Schwester, Martin H. aus Alsdorf z. B. können noch immer nicht darüber reden). Das Strohhalmlegen war ein Erziehungsinstrument der Vorweihnachtszeit. Wer besonders brav war, durfte vor versammelter Waisenhausmannschaft einen Strohhalm zur Krippe tragen. Als Auszeichnung! Waren viele Kinder brav, gab es Probleme und die Krippe wäre vorzeitig gefüllt worden. Die Schwestern griffen steuernd ein und legten die ‚Latte' höher. Wer keinen Strohhalm zur Krippe tragen durfte, der wusste, weil es den Kindern eingebläut wurde: Ich bin ein schlechtes Kind, das Jesuskind hat mich nicht lieb! Hölle und Fegefeuer standen drohend im Hintergrund. Noch schlimmer als die eines Tages zu erwartende Gottesferne war die Androhung: Warte, wenn der Herr Kaplan kommt! Diese Erziehungsmethoden schufen neue Menschentypen. Einschmeichler, Petzer. Viele Kinder des Waisenhauses freuten sich auf Weihnachten nicht wegen der Ankunft des Herrn, sondern auf den ‚Teller Lecker' und weil die Seelenqual mit den Strohhalmen aufhörte. Bis Aschermittwoch. Da wurden unartige Kinder zu Nägeln bei der Kreuzigung Christi, zu zusätzlichen Dornen an seiner Dornenkrone." Eine fragwürdige pädagogische Praxis: Die Schwestern waren „nicht ernsthaft daran interessiert, wie die Vergangenheit ihrer Klientel aussah. Ins Waisenhaus zu müssen, machte alle Kinder gleich: Asoziale. Die einen kamen aus zerrütteten Familien, die anderen waren aus den Luftschutzkellern ausgegraben worden, wieder andere hatten sich in ostdeutschen Städten aus Trümmerkellern ernährt, andere mussten in russischen und polnischen Lagern Nacht für Nacht Vergewaltigungen miterleben, sie kannten russische, polnische und tschechische Flüche und gebrauchten sie, ohne zu wissen, was sie bedeuteten, waren körperlich und seelisch verwildert. Und diese Kinder erfuhren nichts anderes als die Strohhalm-Erziehung."[25]

Der Theologe und Sozialwissenschaftler Andreas Heller ordnet die Adventsopfermethode theologisch ein: „Ziel des katholischen Lebens ist es, sich den Himmel zu verdienen. Der Katechismus reimte lapidar: ‚Eins hab ich mir vorgenommen, in den Himmel will ich kommen.' Um dieses Ziel zu erreichen, brauchte es ein gewisses Maß an Selbstverleugnung, man musste ‚Öpferchen' bringen. In der Schule war diese asketische Anstrengung etwa in der Vorweihnachtszeit damit verbunden, durch gute Werke jene Strohhalme verdienen zu können, auf denen dann das Jesuskind in der Krippe sich wohlig und weich gebettet fühlen konnte. Die

22 RhVA (H. G., 29.12.2004).
23 RhVA (O., 16.12.2004).
24 Tobler, Krippenbau, S. 25.
25 RhVA (J. E., 8.1.2005).

Schattenseite dieser schwarzen Religionspädagogik liegt auf der Hand. Durch Verfehlungen, sündiges Verhalten, durch zu geringe Opferbereitschaft verschlechterte man entscheidend die Lage des dann auf harten Brettern liegenden Jesuskindes. Diese Opfergesinnung stand im Legitimationszusammenhang einer Opfertheologie."[26]

„Dem Christkind eine Krippe im Herzen bereiten" – geistig-religiöse Idee und Praxis

Der konkret-anschauliche Brauch der Strohhalmkrippe setzt eine religiös-geistige Idee um, den „geistlichen Krippenbau". Schon im ausgehenden Mittelalter wurde den Nonnen geraten, in der Adventszeit dem Jesuskind eine Krippe aus guten Gedanken und Taten im Herzen zu bereiten. Durch bestimmte Gebetsübungen und Verhaltensweisen, für die es eigene Anleitungsbücher gab, bereiteten die Frauen zum Weihnachtsfest in ihren Herzen ein „Kripplein" für das Jesuskind.[27]

In dem Werk der Maria Anna Junius *Himmlischer Wegzeiger* nehmen Meditationen zur Weihnachtszeit als Anleitung für die Bamberger Mitschwestern einen wichtigen Platz ein: „Auch sollt du o mein hertzliebste Jungfraw Schwester / das h. aduent aus liebreichen hertzen deinem hertzallerliebsten gesponsen vnd Breüttigam iesu: dein hertz vnd seel zu einer Stallhütten vnd kripplein bereyden: in welchem dein geliebtes iesulein: solle geborn vnd erzochen werden." Maria Anna Junius ermahnt ihre Mitschwestern, während der Adventszeit Tag für Tag ein Stück mehr am geistigen „Crippelein" weiterzubauen („hertzen Baw" der „stalhütten"), für Christus, den „gespons vnd Breüttigam herr iesu". Weiter heißt es über die Bereitung einer Krippe des Herzens: „vnd als offt ich einer Schwester einen dinst thue / alls offt läse ich es o mein lieb iesus / aufgeopffert sein für ein nedlein [= kleine Naht] an deinem windelein". Aus guten Werken ergibt sich die gesamte Aussteuer des Kindes, deren letzte die Decke ist. Die Nonnen sollen „dises Beettlein täglich zum beschlus mit einer weisen teck zutecken damit nicht vnsaubers von gedancken worden oder werkken / in das Bettlein deines hertzen möge kumen". Wie konkret-analog dieses mystische Denken ist, so Christoph Daxelmüller, zeigt der Abschluss der adventlichen Vorbereitung. Die Junius bittet Maria, „du wolest mir meine arme heterlein [= Hadern] vnd lümplein deinen lieben iesulein / welches du noch in deinem Jungfrewlichen leib verschlossen hast: helffen praesentier vnd aufopffern."[28]

Die mystische Verbindung von geistigem und realem Krippenbau findet ihren Ausdruck auch in Johannes Gottfried Roetz' *Täglich Eröffnete Schul der Liebe im Hochw. Sacrament des Altars*: „So unterstehe dich dan, meine Seel, in anstehender Christ-Nacht dich selbst deinem Heyland zu praesentieren in Reinigkeit und Unschuld, in Demuth und Einfalt, in Kindlichem Vertrauen, und unverfälschten Glauben, mache dein Hertz zu einem Krippelein, ziere und butze es aus auff das allerbeste, und seye versichert, daß es weit angenehmer seyn werde, als die sonst von der andächtiger Christenheit hin und wieder gemachte materialische Krippe-

26 Andreas Heller, Du kommst in die Hölle … Katholizismus als Weltanschauung in lebensgeschichtlichen Aufzeichnungen, in: Andreas Heller/Theresa Weber/Oliva Wiebel-Fanderl (Hgg.), Religion und Alltag (Kulturstudien 19), Wien/Köln 1990, S. 28–54, hier S. 34.

27 Gertrud Mayr, Weihnachtskrippen in Münster, Münster 2009, S.40.

28 Maria Anna Junius, Himmlischer Wegzeiger, zitiert nach: Christoph Daxelmüller, Krippen in Franken, Würzburg 1978, S. 38–41. – Maria Anna Junius war Dominikanerin im Heilig-Grab-Kloster und verfasste im 17. Jahrhundert dieses handgeschriebene Erbauungs- und Gebetbuch. Ebd., S. 119 Anm. 20.

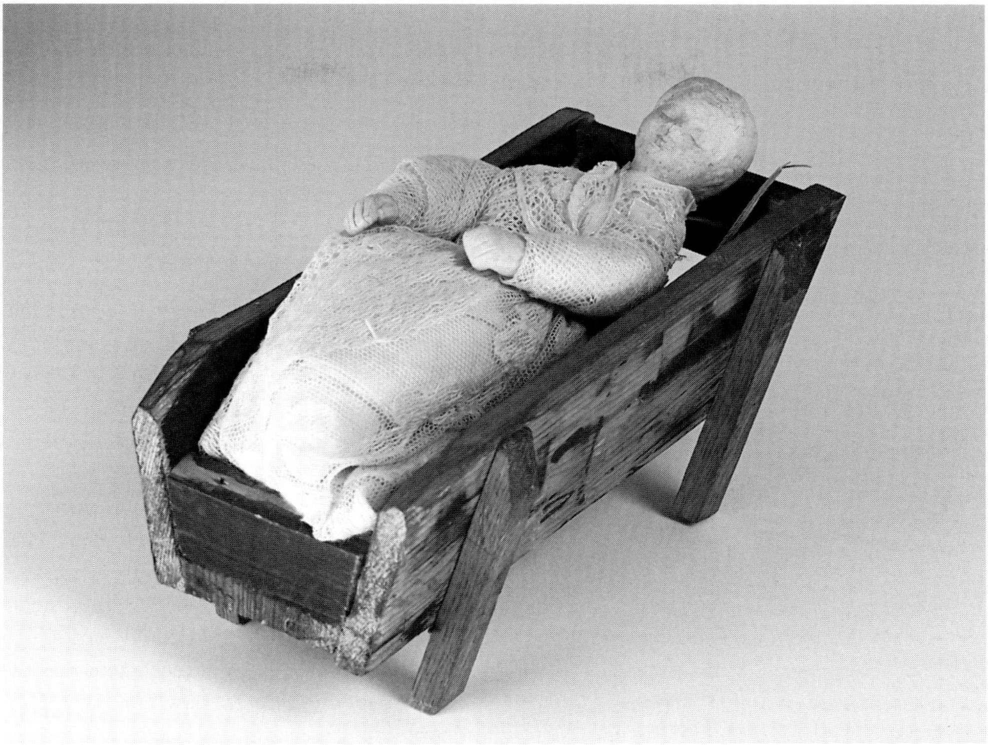

Abb. 2: Strohhalmkrippen – hier mit dem Jesuskind – waren in katholischen Regionen bis in die 1960er Jahre verbreitet. Sie waren Teil der sogenannten „Adventspädagogik".

lein so aus Papier, Holtz und Bilderwerck bestehen; bey welchem, wan nit unsere Hertzen mit außstaffiret und geopffert werden, sonderlich daviel Vorwitziges, und wenig Andacht dabey ist, geringe Verdiensten zu erwarten seynd."[29]

Ebenso bieten die beiden barocken Erbauungsbücher „Unser L. Frawen Kindbethschatz" und „Geistlicher Krippen-Bau"[30] Anleitungen für Nonnen zum geistigen Krippenbau, nämlich dem Jesuskind im Herzen eine Krippe vorzubereiten. Die fromme Seele soll das Kripplein mit Heu auslegen sowie warme Decken, Windeln und Tüchern bereitlegen und Holz und Nahrungsmittel als Vorräte herbeischaffen. Besonders stark kommt der moralische Anspruch der Adventsübung zum Ausdruck, wenn es heißt: „Bemühe dich Gott-liebende Seel, examinire dich, und erforsche dein Hertz und Gewissen, ob nichts in demselben zu finden, welches dem Kindlein zuwider seyn mögte. Findest du einen Defect, ein Unsauberkeit einer sünd-

29 Roetz, Schul der Liebe, Köln 1751, zitiert nach: Daxelmüller, Krippen, S. 42.

30 Unser L. Frawen Kindbethschatz, voll schoener anmuethiger suesser Christlicher Lehr und geistlicher Betrachtungen. Vom zarten, allersuessesten und allerliebsten Kindlein Jesu. Allen andaechtigen Liebhabern deß zarten Kindleins Jesu gar nuetzlich zu Lesen und zu betrachten, Köln 1660. – Geistlicher Krippen-Bau, Das ist: Gottseelige Übungen, Mit welchen sich ein Gottliebende Seele mit Andacht, Zu grossem Trost und Nutzen der Seelen, zu der Gnadenreichen Geburt Jesu Christi, Ihres geliebten Gespons, Durch die Advent-Zeit bereiten kann: Auff alle Tag deß Advents besonders gerichtet: Mit beygefuegten andaechtigen Tag-Zeiten und Litaney von dem Goettlichen Kindlein Jesu, München 1728. – Siehe hierzu Tobler, Krippenbau, S. 18–19.

lichen unordentlichen Begierd, ein Spinnen-Geweb der eytelen Ehr in deinem Thun und Lassen, ein Unflath auch der wenigsten Sünd; Bemühe sich nach aller Möglichkeit solche Unsauberkeit von deinem Hertzen außzuraumen."[31]

Der „geistige Krippenbau"[32] durch gute Werke zeigt analoge Brauchformen bis in die Gegenwart: „Liebe Gläubige, in manchen Familien besteht noch heute ein adventlicher Brauch, mit dem die Kinder die Ankunft des Herrn auf eine sehr anschauliche Weise vorbereiten. An jedem Tag, an dem sie ein gutes Werk vollbracht oder einen Verzicht geleistet haben, dürfen sie etwas Stroh in die leere Krippe legen. Bis zum Weihnachtsfest soll sie möglichst weich gefüttert sein, damit das Christkind liebevoller und würdigerer empfangen werde als bei Seiner Geburt vor 2000 Jahren [...] Und vergessen wir nicht, dass gerade die vielen vorweihnachtlichen Arbeiten, in der richtigen Gesinnung verrichtet, zu ‚Strohhalmen' werden, mit denen wir die Krippe unseres Herzens für den Erlöser bereiten."[33] „Das sog. Strohhalmlegen kenne ich seit meiner frühesten Kindheit. Ich lernte es durch meine Mutter (*1890 in Ahaus) kennen, die den Beginn der jährlichen Adventszeit u. a. mit diesem Begriff eröffnete. In meinem Falle vollzog sich das ‚Legen' der Strohhalme nur virtuell. Das virtuelle Strohhalmlegen vollzog sich wegen fehlender Krippe und Strohhalme bei mir als ‚gute Werke tun' oder als ‚Opfer bringen', zu denen ich (*1929 in Gelsenkirchen) immer wieder in der Adventszeit ermahnt wurde. ‚Damit das Christkind eine gute und weiche Krippe vorfindet, wenn es in der Weihnacht zu uns auf die Erde kommt', sollte Anlaß sein, ein Strohhälmchen nach dem anderen herbei zu bringen: Gehorsam sein, auf Süßigkeiten verzichten, ohne Widerspruch ins Bett zu gehen, immer den Teller leer essen, Mutter bei der Weihnachtsbäckerei helfen."[34] „Wir Kinder legten bei Bravsein gedanklich einen Strohhalm in die Krippe im Herzen (Ende 1940er Jahre)."[35] „Ich bin in Duisburg geboren und aufgewachsen und kenne das Krippefüllen ebenfalls. Für jede gute Tat, für jede Selbstüberwindung legte ich gedanklich einen Strohhalm oder eine Feder in die Krippe, ‚um dem Christkind den harten Krippenboden etwas weicher und wärmer zu machen'. Jedenfalls habe ich mich jahrelang bemüht, dass das Jesuskind etwas weicher liegen sollte. Durch den Krieg und die Bombennächte geriet das in Vergessenheit."[36]

„Krippe füllen" – wieder entdeckt

„Die Krippe füllen: Für jede Freundlichkeit, für jede gute Tat, für jeden Vorsatz und immer, wenn Liebe weitergegeben wird, legen Gemeindemitglieder der Kieler Pfarrei St. Nikolaus seit dem ersten Advent Stroh in eine Krippe. Mit dem ‚Strohhalmlegen' hat die Kirchengemeinde einen Brauch aus alter Zeit wiederentdeckt. Je mehr dabei mitmachen, umso weicher liegt das Jesuskind am Heiligen Abend in der Krippe.

Eine besondere Aktion steht jedes Jahr im Mittelpunkt der Adventszeit in der Kieler Propsteigemeinde [...] Für Berthold Ecke ist das ‚Krippefüllen' mit einer starken Symbolik verbunden. ‚Es ist wie das Anzünden einer Kerze, der Gedanke an einen anderen Menschen.

31 Geistlicher Krippenbau, S. 30–31, zitiert nach: Tobler, Krippenbau, S. 20.

32 Der Schweizer Pfarrer Albert Sutter hat das „Strohhalmlegen" zum Leitmotiv seines 1928 erstmals erschienenen Andachtsbüchleins „Geistiger Krippenbau" genommen. Während 31 Tagen soll je ein Strohhalm in die Krippe gelegt werden, für jeden Strohhalm steht eine religiöse Betrachtung. Zitiert nach Tobler, Krippenbau, S. 25 mit Anm. 28.

33 Geistlicher Krippenbau. Geistliches Wort, Dezember 2003 (www.stpelagiberg.ch/Archiv/2003-12.htm).

34 RhVA (W. R., 15.4.2006).

35 RhVA (K., 16.12.2004).

36 RhVA (R. B., 19.12.2004).

Niemand läuft nur zur Krippe, um dort einen Halm hinzulegen', weiß der engagierte Katholik. ‚Auch das Gefühl, dass da jetzt ein Strohhalm von mir, mit meinen Gedanken unter dem Jesuskind liegt, ist etwas Besonderes.' Jeder kann mitmachen, so fordert am Eingang der zur Pfarrei gehörenden Gemeinden Liebfrauen, St. Bonifatius und St. Nikolaus ein Schild auf. Für jede Freundlichkeit, für jede gute Tat, selbst für jeden Vorsatz und immer, wenn Liebe weitergegeben wurde, darf ein Halm vom Strohballen in die Krippe wandern. Viele Besucher haben bis heute einen solchen Beitrag geleistet. Bis zum vierten Advent ist noch Gelegenheit dazu. Je weicher das Kind am Heiligen Abend liegt, umso besser."[37]

„Sicher wäre es empfehlenswert, wenn von der Symbolik des Strohhalmlegens etwas für die Religionspädagogik unserer Zeit erhalten bliebe",[38] schließt ein lebensgeschichtlicher Erinnerungsbericht aus Köln. In der Tat erfährt die Strohhalmkrippe in jüngster Zeit eine beachtliche Revitalisierung in der kirchlich-liturgischen (Adventsgottesdienst) ebenso wie in der familiären Praxis („Hauskirche"). In der österreichischen Pfarrei Sandleiten (Erzbistum Wien) „ist die Adventzeit immer etwas Besonderes. Groß und Klein erlebt diese Zeit des Wartens jede Woche in der Sonntagsmesse. Gemeinsam bauten wir eine Krippe vor dem Altar. Am ersten Sonntag kam zum Stall eine leere Futterkrippe dazu. Die Krippe sollte aber nicht leer bleiben, denn jeden Sonntag legten die Kinder Stroh in die Krippe. Jeder Strohhalm symbolisierte dabei eine gute Tat, die sie während der Woche getan haben. An den weiteren Sonntagen im Advent wurde die Krippe mit Schafen, Hirten, Ochs und Esel sowie Maria und Josef ergänzt. Die Kinder waren mit großem Eifer dabei. Im Wortgottesdienst beschäftigten uns die Fragen: Was können wir tun, wenn wir auf Jesus warten? Was bedeutet teilen? Was heißt gut zueinander sein? Wo können wir Licht für andere sein? Nach jeder Messe erhielten die Kinder ein kleines Teelicht für zuhause. Am Heiligen Abend war die Zeit des Wartens dann vorbei und das kleine Jesuskind wurde in der Feier ‚Kinder kommen zur Krippe' auf das weiche Strohbett gelegt. Sehr berührend war das gemeinsame ‚Vater unser' der Kinder um den Altar. Zum Schluss bekamen alle kleinen und ‚großen' Kinder einen Strohstern geschenkt. Da die Kinder so begeistert mitgetan haben, haben wir beschlossen auch nächstes Jahr die Adventzeit wieder gemeinsam zu gestalten."[39]

Die Katholische Landjugendbewegung im Bistum Osnabrück (KLJB Osnabrück) startete 2008 eine „Aktion Strohhalmlegen" als Anregung für Familien, Kindergärten, Schulen und Pfarrgemeinden: „Weihnachten rückt immer näher und damit eine Zeit, in der viele Bräuche praktiziert werden. Ein Brauch, der derzeit fast in Vergessenheit geraten ist, ist das ‚Strohhalmlegen' oder auch ‚Krippe füllen' [...] Diesen Brauch möchten wir von der AG Himmel mit eurer Hilfe wieder aufleben lassen zu einer neuen KLJB-Aktion in der örtlichen Pfarrgemeinde. Stellt nach Absprache mit dem Pfarrer in der Kirche eurer Gemeinde, in einer Schule oder im Kindergarten schon zum ersten Advent die Futterkrippe auf, in der zu Weihnachten das Jesuskind liegen wird, und stellt einen Strohballen daneben. Macht auf diese Aktion aufmerksam – das kann zum Beispiel in Form einer Familienmesse am ersten Advent stattfinden – und fordert alle Kinder dazu auf, nach jeder guten Tat ein Strohhalm in die Krippe zu legen, damit es das Jesuskind zu Weihnachten ganz weich hat [...] Eventuell könnt ihr die Krippe für diese Aktion bekommen, die auch ab Weihnachten in der Kirche stehen wird. Oder ihr baut euch selbst eine

37 Krippe füllen. Strohhalmlegen in Kiel, damit das Kind weich liegt, in: Neue Kirchenzeitung. Die Woche im Erzbistum Hamburg 50. Woche 2007 (III. Advent).

38 RhVA (R. K., 13.11.2005).

39 Sandleitner Pfarrblatt Nr. 1 Ostern 2007 (www.pfarre.sandleiten.at/pfarrblatt_2007_1.pdf).

Krippe (eine Bauanleitung liegt bei) und stellt diese an den Ort, an dem Kinder ihre Strohhalme hineinlegen können. Wir fänden es klasse, wenn ihr bei dieser Aktion mitmacht. So tut ihr nicht nur der Gemeinde etwas Gutes, sondern zeigt auch, wofür ihr steht!"[40]

In Weingarten wurde 2008 der Adventsbrauch als ökumenische Aktion durchgeführt, dazu Pfarrer Jürgen Olf von der Weingartener Pfarrei St. Michael (Erzbistum Freiburg) in seiner Weihnachtspredigt: „Das göttliche Kind braucht Stroh, weil man, zum Beispiel, auf Stroh viel besser liegt als auf Gold [...] Ich kenne den Brauch noch aus meiner Kinderzeit. Wir durften damals Strohhalme sammeln – für gute Werke. Immer dann, wenn wir einem Menschen eine Freude gemacht haben, wenn wir jemand geholfen haben, durften wir einen Halm zu den schon gesammelten legen. Und an Weihnachten würde sich dann zeigen, wie gut wir uns auf das Kommen des Jesuskindes vorbereitet haben. Genau diesen Brauch haben die Frauen der katholischen, evangelischen und methodistischen Kirche im diesjährigen Frauenadvent aufgegriffen. Die KFD hat dazu eingeladen. Wer möchte, kann einen Strohhalm in die noch leere Krippe legen, verbunden mit dem Versprechen, irgend jemand etwas Gutes zu tun. Und jetzt liegen in unserer Krippe 92 Strohhalme. 92 gute Taten, vermutlich sind es viel mehr. Denn Gutes tun steckt an. 92 mal ist aus Stroh Gold geworden, aus einem Vorsatz eine gute Tat, aus einer guten Tat Liebe. Wir dürfen stolz sein auf dieses Stroh, hier in der Krippe, und auch sonst in unserer Gemeinde."[41]

Unter dem Motto „Leere Krippe im Advent" lud der Pfarrgemeinderat Lengdorf (Erzbistum München) zur kirchlichen Adventsaktion ein: „Liebe Eltern der Kindergarten- und Schulkinder der 1.–4. Klasse, wie in den letzten Jahren, haben wir vor, ab dem 1. Adventssonntag in der Pfarrkirche Lengdorf wieder die leere Krippe aufzustellen. Die Kinder können mit ihren guten Taten dann dafür sorgen, dass das Jesuskind am Heiligen Abend auf genügend Stroh weich gebettet liegt. Für jede gute Tat dürfen die Kinder an den Adventssonntagen (30. November, 7. Dezember, 14. Dezember und 21. Dezember) einen Strohhalm oder Wollfaden zur Kirche mitbringen und vor dem Gottesdienst in die Krippe legen. Bis Hl. Abend könnte die Krippe durch die Mithilfe der Kinder gefüllt sein und das Jesuskind weich liegen. Es wäre schön, wenn Sie uns dabei unterstützen würden."[42]

In der Pfarrei Gangkofen (Diözese Regensburg) wird „seit 4 Jahren jeden Sonntag im Hauptgottesdienst ein Element eingebaut, an dem die Kinder aktiv beteiligt werden. Und in der Adventzeit war es in einem Jahr die Idee, verschiedene Dinge in die leere Krippe hineinzulegen und so Jesus die Ankunft bei uns zu bereiten. Stroh, Fürbittzettel, ein Bild von einer guten Tat waren die Aktionen."[43] Im Pfarrbrief wurde diese Aktion angekündigt mit

40 KLJB-Aktion: Strohhalmlegen.pdf. – Freundliche Mitteilung von Markus Toppmöller, KLJB Osnabrück vom 13.6.2009. – Pastor Klaus Willmann von der St. Bartholomäus-Gemeinde in Wellingholzhausen beispielsweise hat diese Aktion aufgegriffen und seine Gemeinde ermuntert, „den Brauch zu nutzen." Strohhalme für gute Taten, in: Kirchenbote vom 14. Dezember 2008, S. 18 (www.kirchenbote.de/downloads/dm_2008/14_12_2008/14_12osnabrueck_18.pdf).

41 Jürgen Olf, Heilige Nacht (Lk 2,1–14). Predigt (www.st-michael-weingarten.de/Dateien/Predigt/Predigt/2008-12-24-Predigt.pdf).

42 Gottesdienstordnung der Pfarreien Isen, Lengdorf und Pemmering für die Zeit vom 8. Dezember bis 21. Dezember 2008, Nr. 50 und 51. Aus der Pfarrei Lengdorf (www.erzbistum-muenchen.de/archiv/iMA06388020.PDF). – Siehe beispielsweise auch Advent in der Pfarrei Dorf/Pram (Diözese Linz): „Heuer wollen wir wieder unsere große Krippe beim Altar aufstellen. Am Anfang ist sie ganz leer. Aber nicht lange, denn jedes Mal, wenn ihr in der Kirche seid, könnt ihr einen Strohhalm hineinlegen." Pfarrblatt der Pfarrei Dorf/Pram 5/2006, S. 11 (www.dioezese-linz.at/pfarren/dorf/). – Am 4. Adventssonntag 2004 wurde der Strohhalmbrauch im Rahmen des Bußgottesdienstes der Pfarrei St. Martin in Kerpen durchgeführt. RhVA, F., 20.12.2004.

43 Freundliche Mitteilung von Pfarrer Kratzer, Seelsorgeeinheit Gangkofen-Obertrennbach-Reicheneibach mit den Filialen Dirnaich und Angerbach, vom 15.06.2009.

der Einladung an die Kinder, „Jesus den Liegeplatz zu bereiten. Ihr dürft daher am 1. Adventsonntag ein paar Strohhalme mitbringen. Während der Gabenbereitung dürft ihr damit die harte Holzkrippe polstern. Am Heiligen Abend soll das Jesuskind darauf einen weichen Platz finden.“[44]

Seit einigen Jahren ist es in der Pfarrei Rottendorf (Diözese Würzburg) üblich, dass die Kinder im Anschluss an den Sonntagsgottesdienst nach vorne kommen, „wo vor dem Altar eine leere Holzkrippe steht. Jedes Kind erhält einen Strohhalm und legt diesen in die Krippe, um so die Krippe für das Jesuskind vorzubereiten. Während der Christmette findet dann die Krippenlegung statt. Eine Ministrantin trägt die geschnitzte Jesuskindfigur im Arm, zieht durch die Kirche zur Krippe und legt die Figur hinein.“[45] An Weihnachten 2002 lagen „193 Strohhalme in der Krippe und polsterten das harte Holz für's Jesuskind. Nach den Gottesdiensten an den vier Adventssonntagen durften die mitfeiernden Kinder jeweils einen Strohhalm in die Krippe legen und viele Kinder kamen!“[46]

Die Strohhalmkrippe erfährt ihre Revitalisierung auch in der familiären Adventsbegehung des „Hausgebets als Begleiter für Jung und Alt“: „Der Advent ist auch eine gute Gelegenheit uns in kleinen Diensten zu üben, auch darin, anderen eine Freude zu machen. Bei uns in Beuren machen wir das ganz symbolisch. In unserer Hauskapelle haben wir ab dem 1. Advent eine kleine Krippe, die wir für Jesus zu Weihnachten bereiten. Für jedes kleine Opfer, jede gute Tat, legen wir einen Strohhalm in die Krippe – und je mehr wir schenken, desto weicher kann Jesus an Weihnachten in unserer Krippe liegen. Wäre das nicht vielleicht auch eine Idee für euch zu Hause? Es gibt sicher viele Möglichkeiten, wie wir unser Herz – und unsere Krippe – für Jesus bereiten können. Jedem von uns werden hier sicher einige Dinge einfallen.“[47]

Impulshefte der katholischen Kirche Vorarlberg (Bistum Feldkirch) bieten Eltern, Großeltern oder Paten, LehrerInnen, KindergartenpädagogInnen und MitgestalterInnen in den Pfarrgemeinden Gestaltungsideen für die Feste im Jahreskreis unter dem Motto „Familien feiern Kirchenjahr“ an. Das Heft für die Adventszeit schlägt u. a. vor: „Allabendlich erzählen sich die einzelnen Familienmitglieder gegenseitig, was ihnen am vergangenen Tag geglückt ist, was sie mit Freude erfüllt hat, wo sie sich besonders wohlgefühlt haben. Nach jedem Beitrag legt der Erzählende etwas Stroh zur Adventkrippe oder Krippenlandschaft. So wird im Laufe der 24 Tage ein weiches Strohbett entstehen, das evtl. noch mit guten Wünschen geschmückt werden kann.“[48]

44 www.pfarrei-gangkofen.de/Aktuell/aktuell.html.

45 Freundliche Mitteilung von Susanne Seufert, Arbeitskreis Liturgie im Pfarrgemeindeart der Pfarrei „St. Vitus und Cosmas und St. Damianus Rottendorf – Rothof“, vom 21.6.2009. – In Rottendorf ist auch eine neu eingeführte, auf das Osterfest vorbereitende Fastenzeitaktion der Kinder üblich: „Zu Beginn der Fastenzeit steht vor dem Altar eine Pinnwand mit schwarzem Tonpapier. Nach jedem Sonntagsgottesdienst kommen die Kinder nach vorne und bekommen einen bunten Papierschnipsel (2 Sonntage rote Schnipsel, 2 Sonntage orange Schnipsel, 2 Sonntage gelbe Schnipsel). Diesen Schnipsel kleben die Kinder auf das Tonpapier, unten beginnend. (Umriss von Kreuz und Farbsegmente) sind leicht vorgezeichnet. So entsteht nach und nach eine Art aufgehende Sonne und durch die ausgesparte Fläche das Kreuz. Auf Ostern hin wird das Bild vervollständigt als Zeichen, dass Jesus am Kreuz den Tod überwunden hat (aufgehende Sonne). Die Kinder beteiligen sich sehr gerne an diesen Aktionen und strömen nach den Gottesdiensten schon oft unaufgefordert nach vorne, um ihren Beitrag zur Advents-zeit/Fastenzeit zu leisten.“

46 Unser Pfarrbrief. St. Vitus und St. Cosmas und Damian Rottendorf-Rothof 1/2003, S. 19; siehe auch: Unser Pfarrbrief. St. Vitus und St. Cosmas und Damian Rottendorf-Rothof 4/2002, S. 21.

47 medjugorje aktuell. Zeitschrift des Medjugorje Deutschland e.V. Nr. 75, Dezember 2008, Editorial.

48 http://old.kath-kirche-vorarlberg.at/KKV/kkv-009.nsf/InternetAllRessources/0442E3227894DBC9C12570BD003B2703/$File/Advent_05.pdf. – Es findet sich hier auch der Vorschlag für die Gestaltung einer Adventskrippe: „Wenn in der Familie eine Krippenlandschaft gebaut wird, könnten die beiden Hauptfiguren Maria und Josef jeden Tag ein Stück näher zur Krippe bewegt werden, so dass das Näherkommen des großen Festtages auch räumlich sichtbar wird. Hierfür eignen sich sehr gut Bibelfiguren, mit denen auch Kinder verschiedene Szenen nachspielen können.“ Eine schweize-

Seit dem letzten Drittel des 20. Jahrhunderts erfahren die Brauchgestaltungen der katholischen Bevölkerung manche tief greifende Veränderung. Nach dem Zweiten Vatikanischen Konzil (1962–1965) war die Frömmigkeitspraxis „einfacher, schlichter – andere sagen ärmer und trockener – geworden", wie Walter Heim ausführt.[49] Seit Ende der 1970er Jahre ist jedoch ein beachtlicher Wandel durch Innovation, Restauration oder Revitalisierung festzustellen. Wo die Bedeutung religiöser Zeichen und Handlungen zunehmend verloren geht, setzt die Kirche Zeichen gegen die Säkularisierungstendenzen der Gesellschaft. In katholischen Pfarreien werden sinnfällige spätmittelalterliche oder barocke Formen der Vorbereitung auf das Weihnachtsfest zeitgemäß revitalisiert, neue Ausdrucksformen – oft mit sozialem Sinngehalt gefüllt – entwickelt. Der Wandel ist gerade in der Vorweihnachtszeit signifikant.[50] Hier ist auch die Strohhalmkrippe und deren religionspädagogisch-pastorale Wiederentdeckung zu verorten: als Beispiel einer sich wandelnden, neu orientierenden katholischen Frömmigkeitspraxis.

---

rische Pfarrgemeinde will das „Unterwegssein mit Wegsymbolen, Spuren und Zeichen in unserer Kirche sichtbar werden lassen. So sind alle, Kinder und Erwachsene, eingeladen, das eigene Suchen und Unterwegssein in Form von kleinen Symbolen mitzubringen, um miteinander den Weg hin zur Krippe entstehen zu lassen. Z. B. mit farbigen Tüchern, einem Stein, Kerzenlicht, Papierstern, welken Blättern, Blumen, Moos, Kuscheltier, einem Gebet, einem Buch, einer Zeichnung, einer Krippenfigur, einer leeren Schale, einem Kreuzchen aus Ästen, einem Hoffnungsfaden." Kirche heute 49/2008, S. 11. Region 1. Basel–Leimental–Dorneck–Thierstein. – Zur Brauchgestaltung der Adventskrippe als Betonung des Wegcharakters der Adventszeit siehe Hermann Kirchhoff, Adventskrippen – ein neuer Brauch. Mit vielen Beispielen und Geschichten, München 2000.

49 Walter Heim, Wandel der Volksfrömmigkeit seit dem II. Vatikanum, in: Jakob Baumgartner (Hg.), Wiederentdeckung der Volksreligiosität, Regensburg 1979, S. 37–52, hier S. 48.

50 Siehe zum Beispiel Döring, Bräuche, S. 27–28 und S. 358–366. – Walter Heim, Volksbrauch im Kirchenjahr heute (Schriften der Schweizerischen Gesellschaft für Volkskunde 67), Basel 1983, S. 10–32. – Helga-Maria Wolf, Neue und alte Bräuche, Wien 1991, bes. S. 38–43. – Dies., Das neue Brauchbuch. Alte und junge Rituale für Lebensfreude und Lebenshilfe, Wien 2000, bes. S. 274–280.

„Zur Büchsenmacherei“

Annäherung an einen Rügebrauch[1]

Inge Weid

Auf den Ausdruck „Büchsenmacher“ für den Vater einer oder mehrerer Töchter rekurriert ein mittlerweile immer häufiger zu beobachtender Brauch: An einer Ortseinfahrt, großen Kreuzung oder Abbiegung steht ein Holzschild mit der Aufschrift „Zur Büchsenmacherei“/„Zur Bixnmacherei“ bzw. „Zum Büchsenmacher“/„Zum Bixnmacher“. Daran sind an einer Schnur Blechdosen befestigt bzw. stehen etliche davon auf dem Boden vor dem Schild oder am Straßenrand. Hin und wieder wird das Brauchobjekt mit Hilfe eines farbigen Holzstorches und Luftballons vergrößert, um die Aufmerksamkeit der VerkehrsteilnehmerInnen darauf zu lenken. Das Holzschild weist in die Richtung oder zur Abzweigung der privaten Zufahrtstraße, in der sich das Haus der Eltern eines neu geborenen Mädchens befindet. Dort vor dem Haus am Gartenzaun oder in der Grundstückseinfahrt sind – wieder für die Allgemeinheit bestens sichtbar – die gleichen Objekte zu finden, manchmal ergänzt durch Babywäsche, einen Holzstorch mit einer Windel und Babypuppe im Schnabel, Plüschtiere und nicht selten ein Transparent oder eine zusätzliche Tafel mit dem Namen des Mädchens. Ab und zu ist auch ein „Kinderbaum“ mit entsprechenden Versen zur „Büchsenmacherei“ dabei.[2] Hin und wieder fehlt das Hinweisschild. Die aufgestellten oder an einer Schnur aufgereihten Dosen lassen allerdings keinen Zweifel aufkommen, worum es sich hierbei handelt.

Die meisten der insgesamt 51 zusammengetragenen Belege für eine „Büchsenmacherei“ stammen aus Oberbayern,[3] was jedoch vor allem mit dem Bewegungsradius und den persönlichen Beobachtungen der Autorin zu tun hat. Ferner ist der Brauch in Schwaben,[4] Niederbayern,[5] der

---

1 Bei allen Personen, von denen ich Auskünfte und Hinweise zu diesem Thema erhalten habe, möchte ich mich herzlich bedanken!

2 Dies gilt nach meinen bisherigen Informationen vor allem für die Oberpfalz. Auskunft von Dr. Margit Berwing-Wittl, Burglengenfeld. – Siehe Abb. in: Harald Fähnrich, Lebendiges Brauchtum der Oberpfalz. 4., vollst. neu bearb. u. erw. Aufl., Pressath 2007, S. 331.

3 Für diese Belege gebe ich Jahr und Ort an: 1953: Erding; 1978: Glonn (Lkr. Ebersberg = EBE); 1982: Aßling (EBE); 2000: Berganger-Baiern (EBE); 2003: Emmering, Berganger-Baiern (2) (alle EBE); 2004: Einharding bei Glonn, Loitersdorf, Aßling (alle EBE); 2005: Wasserburg a. Inn (Lkr. Rosenheim = RO), Kleinweil (Lkr. Garmisch-Partenkirchen = GAP), Glonn, Aiterndorf b. Grafing, Längholz-Emmering (alle EBE); Winter 2005/06: Aßling (2), Glonn (alle EBE); 2006: Aßling, Dichau b. Grafing (alle EBE); 2007: Lorenzenberg-Aßling (EBE), Tegernbach (Lkr. Pfaffenhofen = PAF); 2008: Alxing (2) (EBE), Kochel (Lkr. Bad Tölz = TÖL), Esterndorf, Niederpframmern, Frauenneuharting (alle EBE), Schechen (RO), Aßling (2) Emmering (2), Oberndorf b. Grafing (2), Lorenzenberg-Aßling, Rinding (alle EBE), Gigling-Schechen (RO), Tegernbach (PAF); 2009: Jakobneuharting, Aßling, Alxing, Eisendorf-Grafing, Obereichhofen, Hafelsberg b. Glonn, Aiterndorf b. Grafing, Kastenseeon-Glonn (alle EBE), Waakirchen (Lkr. Miesbach= MB), Feldolling-Vagen (RO).

4 In Augsburg und Umgebung ist der Brauch offenkundig nicht zu beobachten, allerdings häufig im Landkreis Aichach-Friedberg sowie im westlichen Landkreis Augsburg. Auskunft von Margaretha Schweiger-Wilhelm, Universität Augsburg, Phil.-Hist. Fak., Europäische Ethnologie/Volkskunde.

5 2004: Ergolding, Lkr. Landshut; 2007: Grafing b. Massing; der „wohl junge Brauch“ ist im Bayerischen Wald und bei Passau anzutreffen, im Rottal häufiger, im städtischen Raum gar nicht. Auskunft von Dr. Martin Ortmeier, Finsterau. – 2008: Windorf bei Vilshofen. Auskunft von Dr. Monika Ständecke, Weyern.

Oberpfalz,[6] im Salzburger Flachgau und im angrenzenden Oberösterreich nachweisbar.[7] Anfragen im Fränkischen erbrachten bisher keine Nachweise.[8]

Als Quellen liegen persönliche Notizen, Fotos und Schilderungen von Gewährspersonen vor, da dieser Brauch archivalisch nicht greifbar ist. Bislang ist keine umfassende, wissenschaftliche Umfrage dazu bekannt. In der Regel wird der Brauch lediglich im Vorbeifahren oder -gehen eher zufällig wahrgenommen und zudem fast nie in der Brauchliteratur erwähnt,[9] weil er schlecht in die dort üblichen Schemata des sich regelmäßig wiederholenden „Jahres-" oder „Lebenslaufbrauchtums" passt. Selten ist in der Tagespresse die Rede davon,[10] dafür häufiger im Internet,[11] wo z. B. bei „Youtube" eine zweiminütige Filmsequenz mit dem Titel „Bixnmacherei Lüss" aus Oberbayern zu finden ist.[12]

Bisweilen konnte der Brauch bizarre Formen und Ausmaße annehmen: In Erding, einer Kleinstadt bei München, gratulierten etliche Männer im August 1953 dem dort ansässigen „Glaser-Sepp", Besitzer einer Glaserei und „Löschmeister bei der Feuerwehr Erding", sowie dessen Frau zur Geburt des ersten Kindes, einer Tochter, wie folgt: „Wer in den Morgenstunden des Samstags in der Haager Straße [...] vorbeikam, der war baß erstaunt, was hier sich alles abspielte. Freund Sepp, [...] hatte zwar den ganzen Tag über aus Tarnungsgründen mit stolzgeschwellter Brust seinen Freunden und Spezln versichert, ‚an Stammhalta hamma', aber wer ihn kannte, der spürte sogleich eine gewisse Unsicherheit hinter dieser Behauptung. Einige Telephongespräche, und alles war völlig geklärt. Der Sepp hatte wegen des alten Erdinger Brauchs seine niedliche, kleine Tochter wenigstens für die ersten Tage unterschlagen wollen. Seit Freitagnachmittag gab es für seine Kameraden kein Halten mehr. Damit man keine Zeit verlöre, wurde das übliche Plakat mit dem ominösen Pfeil gleich beim Drucker in einer Auf-

6 2009: Landkreis Cham. Hinweis von Josef Roider, Cham. – In der Kallmünzer Gegend ist der Brauch ebenfalls bekannt. Information von Dr. Margit Berwing-Wittl, Burglengenfeld.

7 Salzburger Flachgau und im angrenzenden Oberösterreich. Hinweis von Dr. Ulrike Kammerhofer-Aggermann, Salzburger Landesinstitut für Volkskunde.

8 Auskünfte von Bezirksheimatpfleger Prof. Dr. Klaus Reder, Würzburg, Dr. Claudia Selheim, Nürnberg, Thea Ströbel, Rothenburg o. T.

9 Nicht erwähnt ist der Brauch z. B. in: Günther Kapfhammer, Ein lexikalischer Führer durch den Jahreslauf, München 1977. – Karl Baum, Altbayerische Bräuche und Fest, Schrobenhausen o. J. – Paul-Ernst Rattelmüller, Bewahrtes Brauchtum, München 1989. – Adolf und Hildegard Rehm (Hg.), Lebendiges Brauchtum in Werdenfels, Garmisch-Partenkirchen 1994. –Albert Bichler, Wie's in Bayern der Brauch ist, München 2003. – In zwei Veröffentlichungen gibt es Hinweise: „Bei der Geburt eines Mädchens hat sich ein eigenartiger Brauch im bayerischen Raum entwickelt. Die Väter der neugeborenen Mädchen werden als ‚Büchsenmacher' hingestellt und dabei wird dies am Haus des Neugeborenen durch Hinweisschilder und Aufhängen von ‚Blechbüchsen-Girlanden' kundgetan. Es ist abzusehen, daß sich dieser eigenartige Brauch nicht mehr lange halten wird", in: Franz E. Penz, 2500 Jahre. Das Land um Alxing und Bruck. Von den Anfängen der Besiedlung bis zur Gegenwart, hg. v. d. Raiffeisenbank Alxing-Bruck eG., Alxing 1999, S. 155. – „Daher der Brauch, wenn ein Ehemann ‚nur' einige Töchter ‚zusammengebracht' hat, ihn bei der weiteren Geburt eines Mädchens als ‚Büchsenmacher' zu bezeichnen. Das tut man kund durch einen Bund Büchsen/Dosen am Haus des ‚armen' Vaters, vielleicht mit einem Schild mit dementsprechender Aufschrift. So gesehen z. B. 2004 in Altenstadt/Vohenstrauß [...] Ein Brauch, der aussterben kann", in: Fähnrich, Lebendiges Brauchtum, S. 331.

10 In Erding zittern die Ehemänner, in: Erdinger Anzeiger Nr. 191 v. 11.8.1953, S. 1. – Im Internet-Archiv der Süddeutschen Zeitung gibt es für die Zeit zwischen 1992 und 2009 in allen SZ-Ausgaben zusammen, dem SZ-Magazin etc. insgesamt 18 Erwähnungen zum Thema „Büchsenmacherei"/„Bixnmacherei", darunter Leserbriefe und empörte Reaktionen (18.3.1996, 14.9.1996, 19.9.1996, 10.1.1997, 04.2.1997, 14.7.1997, 3.5.1997, 27.11.1997, 24.9.1999, 15.4.2000, 11.5.2001, 30.10.2002, 9.7.2004, 2.8.2004, 23.10.2004, 29.10.2004, 9.9.2006, 1.9.2007, 19.1.2008), in: http://archiv.sueddeutsche.apa.at/sueddz/index.php?next=0 (13.7.2009).

11 Unter „Bixnmacherei" gibt es momentan 130 Einträge, denen allerdings im Rahmen dieses Beitrages nicht einzeln nachgegangen werden kann. Vor allem wird in Communities über die Herkunft der Begriffe „Büchse" und „Büchsenmacherei" im Zusammenhang mit Mädchen diskutiert, z. B. auf: http://www.gutefrage.net (Dez. 2008) sowie auf: http://www.wedding.de/hochzeits-forum/hochzeit97523,2.html (Dez. 2008) oder es werden „Bixnmachereien" erwähnt und Anleitungen gegeben, auf: http://www.club-der-teufelinnen.org/index-Dateien/Page2315.htm (Dez. 2008).

12 7.7.2008, Lüss, Lkr. Erding, in: http://www.youtube.com/watch?v=MlyhfR0_lTY (13.7.2009).

Abb. 1: Eine „Büchsenmacherei" mit Holzstorch, Namensschild und Dosen am Gartenzaun, Frauenneuharting, Landkreis Ebersberg, 2008. Foto: Inge Weid

lage von 150 Stück bestellt. Der Kare spannte seinen Traktor an und lud auf der Aufkirchner Straße über 300 leere Teerfässer auf. Der Opel-Blitz vom Toni fuhr Haus um Haus ab, um genügendes Büchsenmaterial zusammen zu bekommen. So war alles gut vorbereitet, als man ‚Vater Sepp' ebenso scheinheilig zu einem Liebesmahl lud, als er immer versicherte, daß es ein so strammer Bub sei. Inzwischen vollzogen sich draußen nach altem Brauch die Dekorationsmaßnahmen.

Man muß nur staunen, was alles nach Mitternacht noch durch Erdings Straßen spaziert: Es mochten wohl an die fünfhundert Leute gewesen sein, die zusahen, wie Erdings junge Bürgerschaft mit Leitern und Fahrzeugen das Haus der Glaserei [...] geradezu ‚fürstlich schmückten'. Ahnungslose Passanten fragten erstaunt, ist das eine Geschäftseröffnung? Alte Sachverständige meinten, solange sie sich zurückerinnern können, sei eine so umfangreiche Ausschmückung eines Hauses nicht erfolgt. Beim Wif, German und Toni habe man sich damals wirklich angestrengt, aber das, was sich jetzt hier böte, übertreffe doch wohl alles.

Überall an den Schaufenstern, Zäunen und an den Autos waren die roten Plakate angeklebt. Vor der Hausfront standen sauber aufgerichtet die Teerfaßln. An den Dachtraufen bewegten sich Kübeln und Büchsen im leichten Nachtwind. Eine alte ‚Kinderschäsn' sowie Gießkannen und Körbe bildeten den weiteren ‚Dekor'. [...] Mit Fassung überstand der junge Vater den Augenblick, als er erstmalig der Bescherung ansichtig wurde, die man ihm an seinem Haus bereitet hatte. Ein frohes Lachen, ein übermütiges Beglückwünschen und ein froher Umtrunk beendeten das nächtliche Geschehen um einen alten Erdinger Brauch."[13]

Es dürfte sich 1953 dabei kaum um einen „alten" Brauch gehandelt haben, denn wie der Berichterstatter schreibt, waren viele Passanten ahnungslos, sie kannten den Brauch gar nicht. Nach Aussage mehrerer Personen[14] kam der Brauch erst während der Nachkriegszeit in Oberbayern auf. Für diesen Zeitraum als Innovationsphase spricht auch das vermehrte Aufkommen von Selbstbedienungsläden während der 1950er/1960er Jahre sowie die abnehmende Selbstversorgung in ländlichen Regionen und Kleinstädten. Diese Entwicklung führte dazu, dass vermehrt Konserven auf den Markt kamen, wodurch erst genügend Blechbüchsen für die Ausübung dieses Brauches vorhanden waren[15] – die in Erding benutzten Teerfässer kamen nur per Zufall ins Spiel. Diese Annahme dürfte auch deshalb stimmen, weil ich Brauchbelege bislang nur in ländlichen Regionen und Kleinstädten, nie jedoch in einer größeren Stadt gefunden habe, mit einer Ausnahme im Jahr 2009: Im Münchner Stadtmuseum befestigten Mitarbeiter der Schreinerei für ihren Kollegen, seit kurzem Vater einer Tochter, am Werkstatteingang ein Schild mit der Aufschrift „Büchsenmacher".[16]

Eine andere Form nahm der Brauch in der Kristallglasfabrik im nordoberpfälzischen Windisch-Eschenbach an, wo es üblich war, dem Kollegen aus Anlass eines weiblichen Familienzuwachses Blechbüchsen an das Förderband zu hängen.[17]

In Glonn im Landkreis Ebersberg kamen Mitglieder der Freiwilligen Feuerwehr um den 4. November 1978 mit einer Lastwagenladung leerer Dosen zum Haus der Familie Bredenhöller und kippten dort die Büchsen in den Hof.[18] Anschließend gab es für alle Anwesenden, auch die Ehefrauen der Feuerwehrfreunde, eine Brotzeit. Die Handlung war, ähnlich wie in Erding, aufsehenerregend, da die Ladung etwa 8000 Dosen mit Deckeln umfasste und es in Glonn noch nie eine „Büchsenmacherei" dieses Ausmaßes gegeben hatte. Woher kamen die vielen Dosen? Von einer in Konkurs gegangenen Dosenfirma kauften die Feuerwehrmänner „für ein paar hundert D-Mark" insgesamt 8000 Dosen mit Deckeln. Viele Bewohner kamen am folgenden Tag, um sich die „Büchsenmacherei" anzuschauen und gratulierten den jungen Eltern zur Geburt ihrer Tochter.

Der junge Vater hat die Dosen anschließend selbst weggeräumt, in Säcke verpackt und aufbewahrt. Anfangs wollte Herr Bredenhöller alle Dosen bei Feuerwehrfreunden abladen, die Vater einer Tochter geworden waren. Aber es stellte sich bei ihnen nur männlicher Nachwuchs ein. Schließlich wurden die Dosen bei ihm immer wieder für andere „Büchsenmachereien" ausgeliehen, gegen einen Obulus von etwa 50 D-Mark für die Kaffeekasse der Feuerwehr. Das Ganze wurde durch einen Brand des Schuppens beendet, in dem die Dosen gelagert waren. Trotz des Dosenverleihes hat Herr Bredenhöller nie an einer Unternehmung dieser Art teilge-

13 Erdinger Anzeiger, Nr. 191 vom 11.8.1953, S. 1. Hinweis von Gisela Meier-Traub, Aßling.

14 Auskunft von Elisabeth Würz, Jg. 1926, Baiern, und Maria Huber, Jg. 1929, Emmering.

15 Hinweis von Herrn Georg Danner, Jg. 1930, Sohn einer Kramerladenbesitzerin und eines Schlossers in Baldham bei München. – Siehe auch: Torkild Hinrichsen, Dufke-Laden. Ein ländliches Gemischtwarengeschäft aus Altenwerder (Sammlungen des Altonaer Museums in Hamburg 14), Begleitheft zur gleichnamigen Ausstellung, hg. v. Gerhard Kaufmann i. A. des Altonaer Museums in Hamburg, Hamburg 1991. – Susanne Götz, „Wie ein kleines Kaufhaus". Zur Warenversorgung im ländlichen Unterfranken (Aschacher Museumshefte, hg. v. Klaus Reder i. A. des Bezirks Unterfranken), Würzburg 1997. – Bruno Langner, Verführerisch verpackt. Bunte Warenwelt und Werbung (Schriftenreihe der Museen des Bezirks Schwaben 33), Begleitheft zur gleichnamigen Ausstellung, hg. v. Ruth Kilian i. A. des Bezirks Schwaben, Maihingen 2005.

16 Hinweis von Dr. Ulrike Zischka, München.

17 Information von Dr. Josef Denz, Kommission für Mundartforschung, Bayer. Akad. d. Wissenschaften, München.

18 Auskunft von Bernhard Bredenhöller, Glonn.

nommen. Er kann sich allerdings vorstellen, dass er als Junggeselle „aus Gedankenlosigkeit mitgemacht“ hätte. Nach der Heirat, „nachdenklicher und mit einer kritischeren Sichtweise“, kam es für ihn nicht in Frage, an so einem „Spaß“ teilzunehmen, weil er die Bewertung von Kindern, vor allem die Abwertung der Mädchen, prinzipiell ablehnt.

Um die Aufmerksamkeit auf den Brauch zu lenken, wurde „oftmals [...] die Straße [selbst] mit dem Hinweis ‚Zur Bixnmacherei‘ versehen“, was die örtlichen Ordnungsämter jedoch verfolgten, weil „oft Farben verwendet werden, die jahrelang haften und einen nicht unerheblichen Eingriff in den Straßenverkehr bedeuten.“[19]

All diese Beobachtungen führen zur Frage, welche Voraussetzungen die Entstehung dieses Brauches begünstigten?

Begriffe und Definitionen

Ein literarisches Beispiel bringt uns weiter: „Eines Abends putzt die Mutter den Fußboden des Schlafzimmers, bezieht die Betten, richtet die Wäsche her. Als das Mädchen am nächsten Morgen in die Küche kommt, sagen sie ihr, daß sie ein Schwesterchen bekommen hat.

Nach der Schule ist die Gaststube voll mit ausgelassenen Männern. Sie nennen den Vater einen Büchsenmacher, und sie versteht nicht, was sie damit meinen. Er nimmt das dritte Mädchen hin als etwas Unabwendbares, und sein alter Traum versinkt an diesem Tag im Alkohol und im Geblödel der Männer.“[20]

Was die 1938 im niederbayerischen Rohr geborene Autorin Marianne Hofmann in ihrem autobiographisch gefärbten „Erinnerungsroman“ schildert, ist eine Situation im dörflich-bäuerlichen Milieu in der Holledau, wohl gegen Ende der 1940er Jahre. Im Mittelpunkt des Geschehens steht ein Bauer und Dorfgastwirt, der zum dritten Mal Vater einer Tochter geworden ist. Für ihn heißt das: Der lang ersehnte „Stammhalter“ bleibt ihm zum dritten Mal versagt. Seine männlichen Zeitgenossen im Dorf interpretieren es anders: Er hat wieder keinen Sohn gezeugt. Und deshalb stempeln sie ihn verächtlich als „Büchsenmacher“ ab.

Welche Rolle spielt das Wort „Büchse“ in diesem Kontext? In vielen Regionen ist das Wort „Büchse“ im Zusammenhang mit Mädchen bekannt,[21] allerdings meist in einem pejorativen Sinn.[22] Nach Kluges *Etymologischem Wörterbuch* reichen die Wurzeln des Wortes „Büchse“

19 http://www.bv-neufinsing.de/content/view/27/32/ (Dez. 2008).

20 Marianne Hofmann, Es glühen die Menschen, die Pferde, das Heu, Frankfurt a. M./Leipzig 1997, S. 93. – Marianne Hofmann, geb. 1938, aufgewachsen in Rohr in Niederbayern, arbeitete und studierte in München und war im Schul- und Sozialbereich tätig. Nach mehrjährigen Aufenthalten in Berlin und Liverpool ließ sie sich 1985 in München nieder, auf: http://www.lichtung-verlag.de/mehrinfo/Hofmann-Wasser.htm (18.6.2009).

21 Z. B. ist für das Ostfränkische Wörterbuch das Wort „Büchse“ im Zusammenhang mit Mädchen nicht erhoben worden, weil „der Wortgebrauch und das dazugehörige Brauchtum [...] nicht dem traditionellen Dialekt bzw. der regionalen Volkskultur zuzuordnen, sondern [...] umgangssprachlich im ganzen deutschen Sprachgebiet geläufig“ seien. Auskunft von PD Dr. Alfred Klepsch, Bayreuth.

22 Um 1970 war ich als Kind in Riedenheim im Landkreis Würzburg selbst Zeugin eines Gespräches mehrerer Senioren, die sich über ein Neugeborenes unterhielten. Auf die Frage, ob denn das erwartete Enkelkind schon zur Welt gekommen sei, antwortete der kürzlich Großvater gewordene Mann enttäuscht: „Jaja, aber es ist nur eine Büchse.“ – Der unterfränkische Bezirksheimatpfleger Prof. Dr. Klaus Reder weiß zu berichten, dass etwa um 1960 in manchen Orten im Grabfeld, eine „Büchse“ so zu sagen eine „Dorfdirne“ oder „Dorfhure“ war, zu der die sexuell unerfahrenen jungen Männer kamen. Es existierte auch der Begriff „Flüchtlingsbüchs‘“, wobei es sich um eine junge Frau handelte, deren materielle Notlage in einem Ort von den jungen Männern ausgenutzt wurde.

bis ins 10. Jahrhundert.[23] Vom Althochdeutschen „buhsa“, entlehnt aus „puxis“ bzw. „buxis“, auf das griechische Wort „pyxis“ zurückgehend, entwickelte sich der Begriff im Mittelhochdeutschen zu „bühse“ und danach zu „Büchse“. „Gemeint waren“ damit ursprünglich „kleine Kästchen für Arzneimittel, Gewürze und ähnliches“.[24] „In den Quellen des 14. und 15. Jahrhunderts ist Büchse (auch Puchse und Pixe) der allgemeine Ausdruck für eine Feuerwaffe“,[25] was er im Laufe der folgenden Jahrhunderte auch blieb.

Im *Deutschen Wörterbuch* gibt es den Hinweis, dass bei der Verwendung des Wortes „Büchse“ bereits Ende des 17. Jahrhunderts unter anderem „von einem lebhaften, dreisten mädchen“ die Rede war.[26] Das heißt, „Büchse“ bezeichnete ein nicht unbedingt sympathisches Mädchen und enthielt eine abwertende Konnotation.

Der Blick in diverse Wörterbücher aus dem deutschen Sprachraum zeigt die mittlerweile weite Verbreitung des im übertragenen Sinn bis auf wenige Ausnahmen abschätzig-derben, vielfach als sexuelle Anspielung gemeinten Wortgebrauches „Büchse“ für „Mädchen“, „Frau“, „Dirne“ oder „Weib“.[27] Außerdem ist „Büchse“ als Vulgär-Begriff für die weiblichen Geschlechtsorgane bekannt, beispielsweise für „Vulva“, „Vagina“ oder „Scheide“,[28] vereinzelt für den „Hintern des Menschen“.[29] Der Sprachwissenschaftler Heinz Küpper erklärt im *Illustrierten Lexikon der deutschen Umgangssprache* das Wort „Büchse“ sei seit mittelhochdeutscher Zeit für „Vagina“ gebräuchlich gewesen sowie etwa ab 1800 für eine „weibliche

23 Friedrich Kluge, Etymologisches Wörterbuch der deutschen Sprache, bearb. v. Elmar Seebold. 23., erw. Aufl. Berlin/New York 1999, S. 142.

24 Ebd. – Lexer fand Belege für Brief-, Elfenbein und Zauberbüchsen im Mittelhochdeutschen. Außerdem bedeutete „bühse“ auch „feuerrohr“, in: Matthias Lexer, Mittelhochdeutsches Handwörterbuch, Bd. 1, Nachdr. d. Ausg. Leipzig 1872, Stuttgart 1992, Sp. 379f.

25 Lexikon des Mittelalters, Bd. 2, München/Zürich 1983, Sp. 893.

26 Lemma „Büchse“, Abschnitt 8, in: Deutsches Wörterbuch, hg. v. Jacob und Wilhelm Grimm, Bd. II., Leipzig 1854, Sp. 477. Als Beleg dafür nennt Jacob Grimm: Johann Christoph Ettner, Deß getreuen Eckharts unwürdiger Doctor … Augsburg 1697, S. 402.

27 „Büchs“ … „6. abschätzig-derbe Bezeichnung einer Weibsperson“, „ein schlaues Weibsbild“ sowie „ein boshaftes Weib“ im Wallis, „Dirne“ in Bern im Sinn von „sittlich anrüchig“, in: Schweizerisches Idiotikon. Wörterbuch der schweizerdeutschen Sprache. Gesammelt auf Veranstaltung der Antiquarischen Gesellschaft in Zürich … Bd. 4, Frauenfeld 1901, Sp. 1001. – „Büchs(e)“, Abschnitt 9.: spöttisch = Weibsperson. Freche, liederliche, verbr.[eitet] Schwatzhafte“, in: Hermann Fischer, Schwäbisches Wörterbuch, Bd. 1, Tübingen 1904, Sp. 1496. – „Büchse“: 4. b): schlechtes Weibsbild, *bigsl* Dirne“, in: Ernst Ochs, Badisches Wörterbuch, hg. m. Unterstützung des Bad. Ministeriums des Kultus und Unterrichts, Bd. 1, Lahr (Schwarzwald) 1925–1940, S. 358. – „Büchse“:„3. b. verächtl. Mädchen“, „schnippisches Mädchen“, „dummes, gleichgültiges Weib, mit dicken Beinen“, „dickes Weib“, „Spottn. für Mädchen [im] Hunsr[ück], „dickes Kind“, in: Josef Müller (Hg. u. Bearb.), Rheinisches Wörterbuch, im Auftrag d. Preussischen Akademie der Wissenschaften der Gesellsch. f. Rhein. Geschichtskunde … Bd. 1, Bonn 1928, Sp. 1077. – „Büchse“: „3. b) (verächtl.) Weibsperson“, in: Südhessisches Wörterbuch, bearb. v. Rudolf Mulch, hg. v. d. Hessischen Historischen Kommission Darmstadt, Bd. 1, Marburg 1965–1968, Sp. 1195. – „Büchse“: „3. b) Weibsperson“ im Sinn von „dummes Frauenzimmer … (1939)“ und „ein Mädchen … (1941)“, in: Frankfurter Wörterbuch, hg. v. Inst. f. Volkskunde d. Johann Wolfgang Goethe-Universität Frankfurt am Main … Bd. 1, Frankfurt a. M. 1971, S. 409. – „Büchse … geringschätzig für Mädchen“, in: Hans Fink, Tiroler Wortschatz an Eisack, Rienz und Etsch (Schlern-Schriften 250). Nachlese zu Josef Schatz, Wörterbuch der Tiroler Mundarten, Innsbruck/München 1972, S. 54. – „Büchse“: „4. b. verächtl. Frau“, in: Thüringisches Wörterbuch, hg. v. d. Sächsischen Akademie der Wissenschaften zu Leipzig – Sprachwissenschaftliche Kommission, Bd. 1, Leipzig 1991–1999, Sp. 1050. – „Büchse“: „6. abwertende, abfällige Bezeichnung für eine Frau“, in: Sudetendeutsches Wörterbuch, Wörterbuch der deutschen Mundarten in Böhmen und Mähren-Schlesien, hg. i. A. d. Collegium Carolinum v. Heinz Engels/Otfrid Ehrismann, Bd II: B/P, München 1996, S. 700.

28 „Büchs“: „5. … Vulva [Appenzell]“, in: Schweizerisches Idiotikon, Sp. 1001. – „Büchs“: 8. weibliches Schamglied“, in: Fischer, Schwäbisches Wörterbuch I, Sp. 1496. – „Büchse“: „4) a) weibliche Scheide“, in: Ochs, Badisches Wörterbuch I, S. 358. – „Büchse“: „3. a) vagina … des Weibes“, in: Südhessisches Wörterbuch I, Sp. 1194f. – „Büchse“: „3. übertragen a) Vagina *Bichsche (weibl. jung) Vagina … ; Bichs (weibl. alt) Vagina*“, in: Frankfurter Wörterbuch I, S. 409. – „Büchse“: „4 a. weibl. Geschlechtsteil“, in: Thüringisches Wörterbuch I, Sp. 1050. – „Büchse“: „5. Geschlechtsorgan“, „5.1. Vagina verbr[eitet]“, „Scheide“, in: Sudetendeutsches Wörterbuch II, S. 700. – „Vagina“, in: Fink, Tiroler Wortschatz, S. 54.

29 „5. Hinterer des Menschen (derb) B[erner] U[nterland]“, in: Schweizerisches Idiotikon IV, Sp. 1001. – „3. a. β. das Gesäss“, in: Müller, Rheinisches Wörterbuch I, Sp. 1077.

Abb. 2: Ein Hinweisschild am Straßenrand, Feldolling-Vagen, Landkreis Rosenheim, 2009. Foto: Inge Weid

Person" beziehungsweise eine „liederliche weibliche Person" im gesamten deutschen Sprachraum bekannt.[30] Das heißt, „Büchse" war anfangs nicht per se negativ konnotiert, sondern die umgangssprachliche Wort-Variante für das weibliche Geschlecht. Als pars pro toto wurde „Büchse" zum Terminus für gering geschätzte Mädchen, Dirnen und Frauen. Somit bot der Spottbegriff mehrere Ausdrucksmöglichkeiten: Zum einen half er bei der Umgehung von Tabus oder eines Tabuausdruckes wie „Vulva" usw. und ermöglichte so erst die Diskussion über ein Tabuthema. Solcherlei Praktiken waren über Jahrhunderte üblich. Zum anderen konnten Sprecher ihre Minderbewertung und Geringschätzung von Frauen deutlich machen. In dieses „Begriffsfeld" gehört auch das wohl seit den 1920er Jahren im Bayerischen gebräuchliche Schimpfwort „Büchslmadam"[31] bzw. „Bixlmadam", was laut mündlicher Überlieferung „Dirne" bedeuten kann,[32] vor allem aber eine Frau bezeichnet, „die ihr Geld am Monatsanfang

30 Heinz Küpper, Illustriertes Lexikon der deutschen Umgangssprache, Bd. 2, Stuttgart 1983, S. 507. – Der in Ansbach geborene und in Berlin lebende Schriftsteller Herbert Pfeiffer hingegen zählt „Büchse" für eine „weibliche Person" im Allgemeinen oder „eine leichtlebige, liederliche Frau" nur zu den „oberdeutschen" Schimpfwörtern, in: Herbert Pfeiffer, Das große Schimpfwörterbuch. Über 10.000 Schimpf-, Spott- und Neckwörter zur Bezeichnung von Personen, Frankfurt a. M. 1997, S. 65. Näheres zum Autor auf: http://www.herbertpfeiffer.de (29.6.2009) – Pfeiffers Einschränkung auf den oberdeutschen Raum ist zu eng gefasst, wie einige der oben aufgeführten Beispiele zeigen, ebenso der folgende Beleg eines Sprichwortes aus der Oberlausitz: „Ihr Büchsen dreht euch, sagen die Choristen". Es „bezieht sich auf die Einrichtung in manchen Kirchen, dass die Frauen den Rücksitz mit dem Vordersitz vertauschen, wenn der Prediger die Kanzel betritt, um diesen vor Augen zu haben, während sonst ihr Blick nach dem Orgelchor gerichtet ist", in: Karl Friedrich Wilhelm Wander (Hg.), Deutsches Sprichwörterlexikon. Ein Hausschatz für das deutsche Volk, Bd. 1, Nachdr. d. Ausgabe Leipzig 1867, Augsburg 1987, Sp. 500.

31 „Büchslmadam", in: Küpper, Illustriertes Lexikon II, S. 508.

32 Mitteilung einer Gewährsperson.

auf einzelne Blechdosen aufteilt, um besser auszukommen".[33] Ludwig Zehetner, Professor für „bairische Dialektologie", versteht darunter „eine Frau aus ärmlichen Verhältnissen, die sich ‚aufdacklt' […], in Kleidung und Gehabe vornehm tut".[34] Beide Ausführungen waren in München durchaus gebräuchlich, da sie in mehreren Erzählungen vorkommen.[35]

Auf die Frage unter KollegInnen, FreundInnen, Verwandten und Bekannten aus Österreich, Bayern und Württemberg zum heutigen Gebrauch des Wortes „Büchse" oder „Bixn" für Mädchen erhielt ich folgende Antworten: Es handle sich einerseits um den scherzhaft-freundlichen Ausdruck für ein kleines, keck und lebhaft auftretendes Mädchen, andererseits um eine sexualisierende, herabwürdigende und diskriminierende Spottbezeichnung für Mädchen.

Die weitere umgangssprachliche Entwicklung von „Büchse" brachte schließlich im 19. Jahrhundert die Redensart vom „Büchsenmacher" hervor.[36] Gemeint war damit im übertragenen Sinn ein Vater mehrerer Töchter. Der schon einige Jahrhunderte bekannte Begriff für „Gewehrbauer" bzw. „Hersteller von Feuerwaffen" erhielt somit eine zusätzliche Konnotation,[37] die dem Mädchen im eingangs zitierten Nachkriegs-Roman von Marianne Hofmann vorerst verborgen geblieben war. Im Laufe der Zeit entstanden weitere Redensarten wie „Büchsenmacherin" und „Büchsenmacherei".[38] Nachdem diese Begriffe existierten, war es möglich, sie mit Hilfe entsprechender Utensilien im öffentlichen Raum greifbar zu machen.

Brauchinitiatoren

Doch welche Personen installieren eine „Büchsenmacherei"? In den Fällen der beiden außergewöhnlich großen Beispiele in Erding und Glonn waren jeweils Mitglieder der Freiwilligen Feuerwehr dafür verantwortlich. Nach Auskunft von Betroffenen sind es häufig die Burschenvereine, die diesen Brauch pflegen.[39]

Trachtenvereine beteiligen sich nicht an solchen Spektakeln, vielleicht weil hier Frauen eine größere und gleichberechtigtere Rolle spielen als etwa bei der Feuerwehr oder den Burschenvereinen. Wie mir mehrere Mitglieder des Trachtenerhaltungsvereins „Almarausch Em-

33 „Büchslmadam", in: Küpper, Illustriertes Lexikon II, S. 508.

34 Ludwig Zehetner, Von Büchsen, Britschen und Schnallen, in: www.mittelbayerische.de/_misc/print/article_print.cfm?pk=406527&pid=3406… (29.05.2009).

35 In der Erzählung von Maximilian Rott (1903–1957) streitet sich die „Büchslmadam", eine Oberinspektorswitwe, mit einer Marktfrau um die Qualität eines Huhnes, in: Maximilian Rott, Schlacht auf dem Markt, in: Alfons Schweiggert (Hg.), Das große Buch vom Viktualienmarkt. Geschichte und Geschichten rund um Münchens „grüne Insel", Dachau 1987, S. 154. – „Sie Bixlmadam, sie windige …" sagt die Händlerin zu einer Kundin, der die Eierpreise am Viktualienmarkt zu hoch sind, in der Geschichte „Am Eierstandl" von der als „Ratschkathl" bekannten Münchner Komödiantin Ida Schumacher (1894–1956), in: Schweiggert, Das große Buch, S. 117.

36 Küpper, Illustriertes Lexikon II, S. 507.

37 Siehe außerdem: „2. … Mann, der nur Mädchen zeugt, scherzh.; verbr.", in: Fischer, Schwäbisches Wörterbuch I, Sp. 1497. – „2. scherzh. ‚Vater, der nur Töchter gezeugt hat'", in: Thüringisches Wörterbuch I, Sp. 1050. – „3. (scherzh.) Vater von lauter Töchtern", in: Sudetendeutsches Wörterbuch II, S. 700. – „Büchsenmacher […] scherzhaft-spöttisch für einen Vater vieler Töchter", in: Pfeiffer, Schimpfwörterbuch, S. 65.

38 „2. […] Büchsenmacherei […]: Wer nur Mädchen zeugt, *der hodd e reini Bichsemacherei* […] Büchsenmacherin […]: (scherzh.) Frau, die nur Mädchen zur Welt bringt", in: Südhessisches Wörterbuch I, Sp. 1195. – Siehe auch „Büchsenschmied", ein „töchterreicher Vater", und „Büchsenschmiede", ein „töchterreicher Haushalt", die seit dem 19. Jahrhundert gebräuchlich sind, in: Küpper, Illustriertes Lexikon II, S. 507. – Auch vom „Taschenmacher" war früher angeblich die Rede, wenn ein Vater mehrere Töchter besaß, in: Zehetner, Von Büchsen, in: www.mittelbayerische.de/_misc/print/article_print.cfm?pk=406527&pid=3406… (29.5.2009). – Sprichwörter und sprichwörtliche Redensarten mit den Begriffen „Büchsenmacher/in" und „Büchsenmacherei" im oben ausgeführten Kontext existieren offensichtlich nicht. Weder bei Wander noch bei Röhrich gibt es Belege dafür: Wander, Deutsches Sprichwörterlexikon I, Nachdr. 1987. – Lutz Röhrich, Lexikon der sprichwörtlichen Redensarten, Bd. 1, Freiburg/Basel/Wien [3]1995.

39 Zum Beispiel die Burschenvereine in Emmering und Tulling. – Dies gilt auch für die Oberpfalz. Auskunft von Dr. Margit Berwing-Wittl, Burglengenfeld.

mering" versicherten, lehnen „Trachtler" die „Büchsenmachereien" strikt ab, denn „die Mädchen" sind ihnen „so wichtig wie die Buben".[40] Ein großer Anteil der „Büchsenmachereien" wird von nicht vereinsgebundenen Privatpersonen, d. h. Freunden, Kollegen, Verwandten, Bekannten und Nachbarn errichtet. Tatsächlich hat der Brauch für viele der Gewährspersonen seine Frauen und Mädchen diskriminierende Bedeutung verloren. Für sie ist er in erster Linie Ausdruck der großen Freude über die Geburt eines Mädchens und nicht Anlass zur Kritik der Eltern. Deshalb nehmen immer mehr Frauen als Brauchhandelnde an der Organisation und dem Aufbau mancher „Büchsenmacherei" teil![41]

Brauchfunktion

Auf der Website des Burschenvereins im nordöstlich von München gelegenen Neufinsing wird ein Funktionswandel des Brauches beschrieben. Den Burschen ist die diskriminierende und als sexuelle Anspielung zu verstehende Konnotation des Wortes „Büchse" bekannt, ebenso der Sinn des Rügebegriffes „Büchsenmacherei". Doch nehmen die Burschen davon offensichtlich Abstand, indem sie erklären: „Dieser Brauch wird von vielen in unseren aufgeklärten und stark feministisch geprägten Zeit[en] verpöhnt, da er eine gewisse Geringschätzung gegenüber Töchtern zum Ausdruck bringt. Er gehört aber zu den auf [sic.] ländlichen Gegenden meist praktizierten Bräuchen. [...] Die ursprüngliche Bedeutung des Brauches hat inzwischen – Gott sei Dank – seine Berechtigung verloren und der Brauch ist nurmehr Ausdruck der Freude über die Geburt einer Tochter."[42]

Wurden die „Büchsenmachereien" anfangs wohl ausschließlich von Männern, sprich Feuerwehr- oder Burschenvereinskameraden wie auch Kollegen ausgeführt, so stand für sie die Rüge und das öffentliche an den Pranger stellen des Vaters bzw. der Eltern im Vordergrund. Die Brauchhandlung beinhaltete den Vorwurf, der Freund oder Kollege habe keinen „Stammhalter gezeugt". Diese Rüge beruht auf archaischen Vorstellungen über die Zeugung der Nachkommenschaft. Sie ist hinfällig, seit wissenschaftlich bewiesen ist, dass Männer das Geschlecht ihrer Nachkommen nicht beeinflussen können. Der „Stammhalter",[43] die Bezeichnung für den erstgeborenen Sohn, war früher enorm wichtig, um das Erbe, den Besitz sowie den Namen innerhalb der eigenen Familie zu belassen und zu bewahren. Bekanntermaßen wird der Brauch in der Regel nur ausgeübt, wenn das erstgeborene Kind ein Mädchen ist oder die Familie ausschließlich weiblichen Nachwuchs bekommen hat. Das heißt, der Vater oder die Eltern wurden und werden – heute nur noch manchmal – öffentlich gerügt, weil sie das patriarchale System nicht aufrechterhalten. Der Rügebrauch diente somit der „sozialen Kontrolle" und der damit einhergehenden „Zurechtweisung des Abweichlers".[44] Zudem sollte die Rüge die „künftige Normkonformität"[45] der Gerügten fördern. Das heißt, mit Hilfe des Brauches wurden die gerügten

40 Auskunft von Josef Asböck, Rettenbach, Pankraz Perfler, Hirschbichl-Emmering, Martin Huber, Bruckhof-Emmering.

41 Diese Mitteilung erhielt ich von Gewährspersonen in Aßling, Dichau bei Grafing, Wasserburg a. Inn, Emmering, Einharding bei Glonn, Lorenzenberg-Aßling, Berganger-Baiern.

42 http://www.bv-neufinsing.de/content/view/27/32/ (Dez. 2008).

43 „Stammhalter, m. ältester sprößling eines geschlechtes, von dem die fortpflanzung des geschlechtes erwartet wird", in: Deutsches Wörterbuch Bd. 10, Sp. 661.

44 Martin Scharfe, Zum Rügebrauch, in: Ders. (Hg.), Brauchforschung (Wege der Forschung 627), Darmstadt 1991, S. 184–215, hier S. 202.

45 Ebd.

Eltern indirekt aufgefordert oder ermuntert, weitere Kinder in die Welt zu setzen, bis endlich ein Junge in der Familie sei, damit die alte Ordnung aufrechterhalten werden würde. Der Brauch ist eine Manifestation offenbar noch immer vorhandener Ängste vor dem unaufhaltsamen gesellschaftlichen Wandel und den sich ändernden Normen. Familien mit einem Erstgeborenen und weiteren Mädchen mussten und müssen keine „Büchsenmacherei" befürchten; sie haben die „alte" gesellschaftliche Norm erfüllt. Dabei ist diese Funktion des Brauches mittlerweile längst überholt: Töchter übernehmen genauso wie früher die Söhne den Familienbesitz. Sie können in der Bundesrepublik Deutschland seit dem 1. April 1994 beim Heiraten ihren Familiennamen behalten und auf Grund weiterer Gesetzesänderungen auf die eigenen Nachkommen übertragen.[46]

In zwei Fällen haben die betreffenden Väter oder Familien die „Bixnmacherei" selbst heutzutage als Diskriminierung empfunden: In Emmering räumte ein Mann, wahrscheinlich der Vater, mit einem Müllsack in der Hand schon nach wenigen Stunden die vielen Dosen und die Schilder am Straßenrand weg, und in Alxing war die am Gartenzaun eines Bauernhofes befestigte riesige Büchsen-Girlande binnen eines Tages entfernt.[47] Dem oberpfälzischen Heimatkundler und Brauchforscher Harald Fähnrich ist der Brauch mit seiner diskriminierenden Rügefunktion gleichermaßen „ein Dorn im Auge". In einer Veröffentlichung über oberpfälzische Bräuche kommentiert er seine Schilderung einer „Büchsenmacherei" mit den Worten: „Ein Brauch, der aussterben kann."[48]

Meistens sind die „Büchsenmachereien" am Straßenrand mehrere Wochen zu sehen, vereinzelt einige Monate. Wie mir etliche Gewährspersonen versicherten, wird mit dem Brauch die Öffentlichkeit darauf aufmerksam gemacht, dass es in eben jenem bestimmten Haus weiblichen Familienzuwachs gegeben hat: Die Veröffentlichung und der Spaß sind jetzt die Hauptfunktionen. Der rügende und diskriminierende Charakter des Brauches spielt immer seltener eine Rolle, weil er vielen Ausübenden unbekannt ist. Ihnen ist die Vorstellung, Mädchen seien weniger wert als Buben, völlig fremd, ebenso der Gedanke, eine Familie benötige unbedingt einen „Stammhalter". Der Brauch hat seine ursprünglich soziale Kontrollfunktion verloren, wie zwei Beispiele aus dem Landkreis Ebersberg zeigen: 1982 hat in Aßling der aus Berlin stammende Großvater eines neu geborenen Mädchens der jungen Familie, die bereits zwei Söhne hatte, als Ausdruck seiner großen Freude im Garten vor der Haustüre für alle Passanten sichtbar Büchsen aufgestellt. Er hatte diesen Brauch schon des Öfteren in Oberbayern beobachtet und tat einfach das gleiche.[49] Der ursprüngliche Sinn dieses Brauches war ihm völlig fremd. Zudem hat er damit eine feststehende Regel gebrochen: „Normalerweise" wurde einer Familie, die bereits einen oder gar mehrere Söhne besaß, zur Geburt einer Tochter nie eine „Büchsenmacherei" aufgestellt.

Bei einer Familie in Dichau-Grafing wurde sowohl zur Geburt der ersten Tochter im Jahr 1999 als auch zur Geburt eines zweiten Mädchens im Mai 2006 eine „Büchsenmacherei"

46 „Mit der Verabschiedung des Familiennamensrechtsgesetzes (FamNamRG) am16.12.1993, das am 01.04.1994 in Kraft getreten ist, hat der Gesetzgeber das deutsche Namensrecht neu geordnet. Durch dieses Gesetz wurden das Bürgerliche Gesetzbuch (BGB) sowie namensrechtliche Regelungen weiterer Gesetze geändert. Außerdem hat das am 01.07.1998 in Kraft getretene Gesetz zur Reform des Kindschaftsrechts (KindRG) die familienrechtlichen Verhältnisse zwischen Kindern und Eltern neu geregelt. Dies wirkt sich auf das Recht der Eltern auf Bestimmung des Geburtsnamens ihrer Kinder aus", Quelle: http://www.bruessel.diplo.de/Vertretung/bruessel/de/merkblaetter/DownloadDatei__merkblatt__deutsches__namensrecht,property=Daten.pdf (Juli 2009).

47 Ich bin zufällig innerhalb eines Tages jeweils an beiden Stellen mehrmals vorbei gekommen (2008/2009).

48 Fähnrich, Lebendiges Brauchtum, S. 331.

49 Auskunft von Anny Schmidtke, Aßling.

installiert. In letzterem Fall sorgten die aus Oberbayern stammenden Paten des Kindes dafür. Die aus Württemberg und Hessen stammenden Eltern freuten sich sehr über den „oberbayerischen Brauch“, der bei ihnen als Zugezogene ausgeübt wurde. Auch ihnen war der rügende und diskriminierende Charakter des Brauches unbekannt und damit wirkungslos. Hier ist der Funktionswandel des Brauches signifikant: Während der ersten Jahrzehnte standen für alle Beteiligten vor allem die Rüge des Vaters bzw. der Eltern sowie die Abwertung des weiblichen Geschlechts im Mittelpunkt. Herr Bredenhöller aus Glonn hat dies mit den Worten beschrieben: „Ich als Vater habe gute Miene zum bösen Spiel gemacht, meine Frau hingegen hat sich über den Brauch sehr geärgert“.

Bei diesem Brauch überwiegt inzwischen der Ausdruck der Freude über das gesunde Mädchen und – das ist seine neue soziale Funktion – er dient als verbindendes Element zwischen Einheimischen und Zugezogenen.

Dass die abwertende Haltung gegenüber weiblichem Nachwuchs allmählich verschwindet, zeigt ein anderer Brauch im Zusammenhang von Neugeborenen. In vielen Regionen wurde früher aus Anlass der Geburt des erstgeborenen Sohnes den Eltern von Mitgliedern des Trachten-, Schützen- oder des örtlichen Burschenvereins, der Feuerwehr oder von Freunden und Verwandten ein „Weisatwecken“ in Form eines überdimensional großen Weißbrotes überreicht.[50] Gemeinsam wurde er in fröhlicher Runde verzehrt. Mittlerweile gibt es, allerdings noch nicht oft, für Eltern einer Tochter zur Geburt eine „Weisattorte“, das Pendant zum „Weisatwecken“.[51] Ein weiteres Symbol belegt die sich angleichende Wertschätzung beider Geschlechter und damit die gesellschaftliche Veränderung: Statt einer „Büchsenmacherei“ für Töchter wurde den Eltern eines neugeborenen Buben an den dafür üblichen Stellen, also am Straßenrand und vor dem Haus, ein bunter Holzstorch mit einer Windel und Babypuppe im Schnabel aufgestellt, oft ergänzt durch eine Wäscheleine mit weißer und blauer Kinderkleidung sowie einem Namenschild. Immer häufiger sind solche, für Mädchen aufgestellte Störche zu beobachten, mit rosaroter Wäsche auf der Schnur, bzw. hat der Storch eine rosarote Windel mit Puppe im Schnabel.[52]

Offene Fragen

Diese holzschnittartige Analyse des Phänomens „Büchsenmacherei“ kann nicht mehr als eine Annäherung an den Brauch sein. Eine umfassende Auswertung der Quellen Zeitung und Internet wären vonnöten, noch viel mehr Gewährspersonen zu befragen, um differenziertere Einsichten zu erhalten. Etliche Fragen sind noch offen: Handelt es sich bei den „Büchsenmachereien“ überhaupt noch um einen Rügebrauch? Wie ist seine genaue regionale Ausbreitung? „Wandert“ der Brauch oder ist sein Verbreitungsgebiet gleichgeblieben? Warum ist der Brauch speziell in den erwähnten Regionen entstanden? Hat das mit den dortigen politischen Verhältnissen, womöglich mit dem früheren Erbrecht zu tun? In der Oberpfalz gehören auch

50 Zum „in manchen Teilen Oberbayerns um die Jahrhundertwende üblichen ‚Weisatwecken‘“, siehe: Walter Hartinger, Religion und Brauch, Darmstadt 1992, S. 135.

51 Zur Geburt von Herrn Bredenhöllers Sohn bekam die Familie einen etwa 20 Meter langen „Weisatwecken“ von der Feuerwehr überreicht. Gemeinsam mit den Feuerwehrkameraden wurde er bei einer zünftigen Brotzeit verzehrt. – Familie Huber, Emmering, erhielt zur Geburt ihrer Söhne jeweils einen Weisatwecken, der so schwer war wie der Neugeborene, von den Schützenvereinsmitgliedern gemeinsam mit den Theater-Freunden des Trachtenvereins und Bekannten. – Zur Weisattorte: Auskunft von Monika Huber, Emmering.

52 2007: Hirschbichl-Emmering; 2008: Schalldorf-Emmering; 2009: Wasserburg a. Inn, Aschhofen, Emmering.

Gedichte und Verse zu „Büchsenmachereien".[53] Wie lauten sie? Wer verfasst sie? Warum spielen sie im restlichen Verbreitungsgebiet keine Rolle? Allem Anschein zufolge waren für das Aufkommen dieses Brauches Vereinsstrukturen vonnöten: Sind sie immer noch von Bedeutung oder hat sich auf privater Ebene eine Eigendynamik entwickelt, die Vereine für das Bestehen des Brauches überflüssig machen? Hin und wieder kommt es vor, dass mehrere Elemente verschiedener Bräuche kombiniert werden: Manche „Büchsenmachereien" erhalten farbig gefasste Holzstörche als Ergänzung, die früher nur den Buben vorbehalten waren. Was hat zu dieser formalen Veränderung, sogar Vermischung zweier Brauchelemente geführt? Spielt die ehemals diskriminierende sexuelle Konnotation des Brauches wirklich keine Rolle mehr?

Ein Vergleich mit anderen Rügebräuchen wie dem „Jungfernkranz und Strohkranz",[54] dem „Pflug- und Blochziehen"[55] oder dem „Treppenfegen"[56] könnte möglicherweise zu neuen Aufschlüssen über das Verhältnis der Geschlechter zueinander und den damit einhergehenden gesellschaftlichen Veränderungen führen. Wolfgang Brückners Aufforderung „Brauchforschung tut not" aus dem Jahr 1998 ist immer noch gültig,[57] denn durch die Analyse solcher Bräuche werden damit verbundene gesellschaftliche Normen offensichtlich.

53 Auskunft von Dr. Margit Berwing-Wittl, Burglengenfeld.

54 Hans Moser, Jungfernkranz und Strohkranz, in: Konrad Köstlin/Kai Detlev Sievers (Hgg.), Das Recht der kleinen Leute. Beiträge zur Rechtlichen Volkskunde. Festschrift für Karl-Sigismund Kramer zum 60. Geburtstag, Berlin 1976, S. 140–161.

55 Norbert Schindler, ‚Heiratsmüdigkeit' und Ehezwang. Zur populären Rügesitte des Pflug- und Blochziehens, in: Ders., Widerspenstige Leute. Studien zur Volkskultur in der frühen Neuzeit, Frankfurt a. M. 1992, S. 175–214.

56 Michael Simon, Moderne Brauchinnovation. Geschichte und Funktion des Treppenfegens beim 30. Geburtstag, in: Jahrbuch für Volkskunde N. F. 21 (1998), S. 157–177.

57 Wolfgang Brückner, Brauchforschung tut not!, in: Ebd., S. 107–138.

Wolfgang Brückner – aus der Frankfurter Zeit

Notker Hammerstein

Als der zu Feiernde zum Wintersemester 1952/53 an die Frankfurter Johann Wolfgang Goethe-Universität kam, hatte er nicht nur bereits zwei Semester in Marburg und München sowie eines in Kiel hinter sich: er fand hier offensichtlich auch zu seiner eigentlichen wissenschaftlichen Begabung und Neigung. Hatte er in seinen ersten Semestern Geschichte, Germanistik, Volkskunde, Philosophie und Kunstgeschichte studiert, so konzentrierte er sich nunmehr auf sein Hauptfach Volkskunde vor Kunstgeschichte und Germanistik.

Das Volkskundliche Institut – wie sein Mentor Schwietering es nannte – war im Deutschen Seminar der Universität untergebracht und wurde von Mathilde Hain geleitet. Sie hatte ihre frühere Tätigkeit in diesem Umfeld im Dritten Reich verlassen müssen. Das ausgebaute und mit einem Ordinariat ausgestattete neue Institut hatte sich der windige aber mächtige SS-Obergruppenführer Harmjanz angeeignet, hatte aber die Stelle in Frankfurt nie antreten können.[1] Nach dem Krieg 1946 kehrte Frau Hain mit ihrem eigentlichen Lehrer Julius Schwietering wieder nach Frankfurt zurück. 1948 erhielt sie eine Diätendozentur, die ihr eine Existenzgrundlage sicherte. Das selbständige Institut und die vorübergehend üppige Ausstattung waren nämlich auf den ursprünglichen Status zurückgeführt worden. Es firmierte wieder als Abteilung des Deutschen Seminars, und Frau Hain sollte es in neuem Geist, der der alte wissenschaftliche der Vor-NS-Zeit war, wiederbeleben und aufbauen. 1953 wurde sie auf Antrag der Fakultät zur apl. Professorin und Leiterin des Instituts für Volkskunde ernannt. Schwieterings Versuch 1954, diese Abteilung durch die Übernahme der Arbeitsstelle des Volkskundeatlas aufzuwerten, indem er den Bonner Privatdozenten und Leiter dieser DFG geförderten Unternehmung Dr. Matthias Zender nach Frankfurt zu holen empfahl, fand allerdings keine Unterstützung in der Fakultät.[2] Die sah andere Projekte als wichtiger an.

Die Universität insgesamt und auch die Philosophische Fakultät waren 1953 immer noch damit beschäftigt, den personellen, räumlichen und materiellen Aufbau nach Krieg und Nationalsozialismus voranzubringen. Viel war schon erreicht worden, verglichen mit den Anfangsjahren nach 1946. Aber ebensoviel erschien noch notwendig, sollte die Universität an dem allgemeinen Aufschwung, dem Wirtschaftswunder, auf ihre Weise teilnehmen können. Nicht zuletzt der anhaltende Zustrom Studierwilliger in nicht erwarteter Zahl, der viele Ausbaumaßnahmen rasch wieder überholte, zwang zu immer weiteren Anstrengungen. So positiv der enorme Andrang allseits beurteilt wurde – ein Studium sollte allen zugänglich sein, nicht mehr schichtenspezifisch begrenzt –, es bescherte den Universitäten große quantitative Probleme. Dennoch meinten die meisten Professoren, daß inzwischen ein stabiler und die Not der unmittelbaren Nachkriegsjahre zurücklassender Status erreicht sei. Der Frankfurter Rektor zu Brückners Ankunftszeit, Max Horkheimer, beschrieb das in seinem Rechenschaftsbericht über die letzten zwei Jahre im

1 Vgl. Notker Hammerstein, Die Johann Wolfgang Goethe-Universität, Bd. 1, Neuwied-Frankfurt 1989, S. 371ff.

2 Universitäts-Archiv Frankfurt a. M., (hinfort UA Ffm), Abt. 13 Nr. 358, fol. 124–125.

November 1953 dahingehend, daß: „weitere Fortschritte auf eine moderne, ihren Aufgaben gewachsenen Hochschule gemacht worden sind. Unsere Universität hat sich rascher wieder erholt als manche andere, die weniger betroffen war." Das hänge „natürlich mit dem beispiellosen Aufschwung Deutschlands auf allen Gebieten zusammen." Allerdings bestehe weiterhin „ein Missverhältnis zwischen dem, was die Universität aus ihren eigenen Kräften vermag und der Pflicht, die sie in der Gegenwart zu erfüllen hat." Gleichwohl treffe es zu, „daß sich der Ruf unserer Universität als einer aufgeschlossenen akademischen Stätte freiheitlichen Sinnes, der ein große Zukunft vorauszusagen ist, so rasch wieder in der Welt verbreitet hat."[3]

Horkheimer spielte damit auf den gern herausgestellten Sonderstatus der Frankfurter Universität als einer Stiftungsuniversität an, die von Bürgern der Stadt – darunter viele jüdischer Abkunft – 1914 errichtet wurde, und die stolz auf ihre vom üblichen Kulturprotestantismus abweichende institutionelle und inhaltlich wissenschaftliche Ausrichtung war. Sie sei freier, Neuerungen aufgeschlossener als die traditionsgebundeneren Hochschulen und näher am praktischen Leben. Es kann und braucht das hier nicht näher ausgeführt zu werden. Worauf es ankommt ist, daß sich in der Professorenschaft dies Gefühl einer Sonderstellung wach gehalten hatte und sie von daher eine bindende Verpflichtung aber auch eine bevorzugte Stellung ableitete. Das war an vielen Universitäten im Blick auf ihre Vergangenheit zwar gleichermaßen der Fall, wenn auch das Frankfurter Modell diese Eigentümlichkeit aufwies, und vor allem: Es gehörte (und gehört) fast unausrottbar zum Status des Ordinarius.

Der neue – wenn insgesamt auch noch bescheidene – Wohlstand bestärkte die Vorstellung, weitgehend wieder in normalen Verhältnissen zu leben, gerade auch was die Universität betraf. Der Nationalsozialismus schien überwunden, der Spuk scheinwissenschaftlicher Disziplinen, zu denen auch die NS-Volkskunde gehört hatte, war vergangen, und so sollte und konnte wieder an die unbeschädigten, die eigentlich großen Traditionen der deutschen Universitätsgeschichte angeknüpft werden. Das sollte kein einfaches Zurück in die Vergangenheit sein, sondern den Ausgangspunkt bilden für den Gang in die Moderne, wie er sich auch in bildender Kunst, Architektur, Theater und Film abzeichnete. Für uns Jüngere bescherte das unerwartete, fremde, grandiose wie enttäuschende Einsichten und Begegnungen. Der Glaube an die Wissenschaften – und damit auch an deren Vertreter –, an die als sachgemäß verstandene Hierarchie in der Universität, an das hehre Gefäß Universität selbst, die den Geist bilde und adele, war weit verbreitet, das Ansehen der Institution in der Öffentlichkeit hoch. Freudig und unbeschwert, unbeschadet materiell meist noch recht eingeschränkter Möglichkeiten, gab man sich dem wissenschaftlichen Alltag hin, der so viel Neues, bislang Verschlossenes und Aufregendes eröffnete. Das universitäre Leben schien weitgehend konfliktfrei, die Institution konstruierte sich als traditionsgeformte und daher althergebracht hierarchisierte, obwohl sie in der Art, wie sie es in den 1950er und 1960er Jahren war, zuvor niemals existiert hatte. Den Zeitgenossen blieb das freilich verschlossen, sie lebten in dieser Vorstellung, aus der dann die 1968er Generation, um es so schlagwortartig zu formulieren, ausbrach.

In der Literatur werden diese 1950er Jahre treffend als Jahre konservativer Modernisierung beschrieben.[4] Nach wie vor bestimmten Themen, Vorstellungen, Ideale, Diskussionen des

---

3 Frankfurter Universitätsreden H. 10, Frankfurt 1954, S. 7ff. – Insges. auch Notker Hammerstein, Die Johann Wolfgang Goethe-Universität Frankfurt am Main, Bd. 2, Göttingen 2010.

4 Axel Schildt/Arnold Sywottek (Hgg.), Modernisierung um Wiederaufbau. Die westdeutsche Gesellschaft der 50er Jahre, Bonn 1998, S. 36. – Manfred Görtemaker, Die Geschichte der Bundesrepublik Deutschland, Frankfurt a. M. 2004, S. 194.

ausgehenden 19. und beginnenden 20. Jahrhunderts, der Weimarer Republik das universitäre Selbstverständnis aber auch weitgehend der Intellektuellen. Traditionelle Wertordnung galt trotz eines moderneren Lebens, das sich zwar zu „Entspannung, Entkrampfung und Entideologisierung"[5] anschickte, aber trotz Amerikanisierung oder Westernisierung sozusagen noch im Kaiserreich innehielt. Die zu Ende der 50er Jahre einsetzende und in den 1960ern zunehmende Liberalisierung des öffentlichen Lebens[6] führte in den Universitäten keineswegs zur Aufhebung und Einebnung der scheinbar traditionsgeheiligten Hierarchien. Ganz im Gegenteil kam es zu einer neuen Selbststilisierung und Selbsteinschätzung. Die inneruniversitären Umgangsformen und Verhältnisse wurden in den 1950er und 1960er Jahren noch stärker formalisiert und die Hierarchisierung steiler.

Was hat das nun mit Brückner in Frankfurt zu tun? Es bildet den Hintergrund, vor dem sich sein restliches Studium, seine Promotion und Habilitation vollzogen. Der war weit entfernt von dem, was heute universitären Alltag ausmacht. Brückner kam in ein familiäres und von einer Frau geführtes Institut. In vieler Hinsicht war das eine Ausnahme in der Universität. Die Philosophische Fakultät sah das mehrheitlich ebenso, aber eher in pejorativem Sinn. Frauen waren zu dieser Zeit eigentlich keine Professoren, Volkskunde kein sonderlich ernstzunehmendes Fach, sondern eine Unterabteilung der Germanistik, das Institut eine Beigabe des Deutschen Seminars, also nicht richtig selbständig. Keiner hätte das in dieser Weise gesagt; gedacht haben es viele.

Da kam nun der agile, lebhafte und tatendurstige junge Mann gerade recht, um in seiner eifrigen, männlich zupackenden, auch naseweisen Art dem Fach, dem Institut und seiner Außendarstellung Auftrieb zu geben. Bei Harald Keller, dem Kunsthistoriker, sicherte er sich ebenso wie bei Josef (Seppl) Kunz, dem beliebten germanistischen Extraordinarius, sowie Kurt May und Walter Höllerer, dem germanistischen Ordinarius und seinem Assistenten – sie waren 1951 nach Frankfurt gekommen – durch Auffallen und eifriges Studieren ab. Selbst bei dem undurchsichtigen, ränkereichen Altgermanisten Gottfried Weber, seit 1953 in Frankfurt, fand er Anerkennung. Daß dies im Hauptfach ebenso der Fall war, versteht sich. So ging sein Wunsch alsbald in Richtung akademische Karriere. Die Dissertation bei Frau Hain im Sommersemester 1956, mit summa cum laude bewertet, legte den Grundstein für diese Absicht. Brückner wurde Hiwi an seinem Seminar, volontierte zugleich ein Jahr am Historischen Museum der Stadt, um auch praktische Kenntnisse und Erfahrungen zu sammeln, und wurde 1958 wissenschaftlicher Assistent bei Frau Hain. Regelmäßig hielt er hinfort Proseminare ab, eine Ausnahme in damaliger Zeit, die erst Habilitierten Lehraufgaben zutraute. Er organisierte Fachexkursionen, wie eigentlich sonst in der Fakultät nur noch die Kunsthistoriker, um dabei auch selbst die Welt – und Studentinnen – kennenzulernen. Alles ließ sich gut an, und Brückner verkörperte neben Frau Hain die Frankfurter Volkskunde. Daß das nicht bei allen Fakultätsmitgliedern auf Beifall stieß, war zu erwarten, schadete andererseits aber zunächst nicht. Zu Ende des Wintersemesters 1962/63, im Februar 1963, reichte Brückner dann seine umfängliche Habilitationsschrift *Bildnis und Brauch* der „Hohen Fakultät" unter ihrem Dekan Walter Schlesinger ein.

Anders als bisher ging es nun nicht mehr zügig voran. Das Verfahren zog sich hin, was für den erfolgsgewohnten Kandidaten ungewohnt und enervierend sein mußte. Es lag das z. T. an

5 Axel Schildt, Moderne Zeiten, Hamburg 1995, S. 424.

6 Ulrich Herbert (Hg.), Wandlungsprozesse in Westdeutschland, Göttingen 2003, S. 12.

dem Selbstverständnis der Fakultät, worüber eingangs einiges gesagt wurde, und z.T. an Mißverständnissen sowie Zufällen, die Person und Habilschrift betrafen. Es verdient einen breiteren Bericht.[7]

Die im Februar 1963 gebildete Kommission bestand aus acht Mitgliedern. Darin drückte sich nicht nur die Vorsicht aus, ein kleines Fach ohne Ordinarius, hier Ordinaria, tüchtig unter die Lupe zu nehmen, sondern auch das Mißtrauen gegenüber dem wissenschaftlichen Urteil einer Frau. Sechs bis sieben Gutachter waren durchaus die Regel, wobei jeweils ein vom Fach und Institut ziemlich entfernter Kollege in Kontrollfunktion mitzuwirken hatte. Im Prinzip konnte darüber hinaus jedes interessierte Fakultätsmitglied beantragen, am Verfahren mitzuwirken. Dem wurde jeweils anstandslos entsprochen. Die Fakultät sollte nach ihrem Selbstverständnis bei einer Habilitation darauf bedacht sein, nur wissenschaftlich überzeugende und ausgewiesene Nachwuchskräfte zu fördern. Es kam durchaus vor, daß Kandidaten abgelehnt und/oder, daß ihnen die Arbeit zur Verbesserung zurückgegeben wurde. Aber selbst noch im Kolloquium war ein Scheitern nicht auszuschließen. Mit großem Ernst, unter Beteiligung unterschiedlichster Fächer, aber mitunter nicht frei von Intrigen und Trickserereien, ging ein solcher Prozeß über die Bühne.

Im Falle Brückners bestand die Kommission aus Frau Hain und den Professoren Gottfried Weber (ältere Germanistik), Adolf E. Jensen (Ethnologie), Harald Keller (Kunstgeschichte), Otto Karow (Ostasiatische Philologie), Max Horkheimer (Philosophie und Soziologie), Josef Fleckenstein (Mittelalterliche Geschichte) und Günter Smolla (Vor- und Frühgeschichte). Auf Intervention Karows wurde im November 1963 noch Rudolf Sellheim kooptiert, da die Schrift auch „wiederholt auf orientalische Motive Bezug" nehme.

Frau Hain wies in ihrem sechsseitigen Gutachten darauf hin, daß die Arbeit „sich in den interessanten Randgebieten zwischen Volkskunde und Geschichte, Archäologie und Kunstgeschichte" bewege. „Sie ist in gewissem Sinne als revolutionär zu bezeichnen", da sie gegen vorherrschende Meinungen verschiedener Disziplinen argumentiere. Sie sei ein „Musterbeispiel für eine historisch orientierte Volkskunde", die sich von romantisch geprägten Mythen löse und auf eine klare „volkskundlich-funktionalistische Methode" setze. „Der Verfasser hat eine ungemein große Zahl von historischen Quellen kritisch interpretiert und einige davon zum ersten Male in die wissenschaftliche Diskussion eingeführt." Sie referierte sodann den Gedankengang der Arbeit ausführlich, rühmte die Fülle des bearbeiteten Stoffes, „der sich räumlich über ganz Westeuropa erstreckt", und charakterisierte sie als „eine bedeutende Leistung innerhalb der volkskundlichen Forschung". Sie besitze uneingeschränkt den Rang einer Habilitationsschrift.

Gottfried Weber fühlte sich für ein „eigentliches Gutachten [...] nicht zuständig, zumal die literarische Volkskunde, dem Thema entsprechend, nur am Rande berührt wird." So könne er nur allgemeine Eindrücke wiedergeben. Die Arbeit zeichne sich durch „weitgreifende Vielseitigkeit und – wie schon die Dissertation des Verfassers – durch eine außerordentliche Sorgfalt und Gewissenhaftigkeit aus." Ihn überzeuge die Widerlegung der „herrschenden Bildzaubertheorie, wie sie von Ranke[8] und Geiger vertreten werde, die darin eine altgermanische Kontinuität zu erkennen meinten." Mit Frau Hain sei er der Auffassung, daß es sich um eine

7 Er stützt sich auf Akten im Universitäts-Archiv Frankfurt, Akten der Phil. Fakultät 134/68 sowie Protokoll Buch der Philosophischen Fakultät, Abt. 130, Nr. 83.

8 Dem Göttinger Ordinarius für Volkskunde.

glänzende und eigenständige Arbeit handle, die in ihrer Kritik an bisher gängigen Auffassungen keineswegs als „überheblich, geschweige denn als ungezügelt" bezeichnet werden könne.

Adolf E. Jensen meinte ebenfalls, nicht recht zuständig für ein Gutachten zu sein. Er habe die Schrift mit großem Gewinn gelesen und stimme der Widerlegung vorherrschender Interpretationen von Zauberhandlungen zu. „Aus meiner Kenntnis vergleichbarer Phänomene in der Ethnologie scheint auch mir die Erklärung dieser Bräuche allein als überlieferte Praktiken, die ihres ursprünglichen Sinnes längst verlustig gingen, verständlich." Er hätte sich allenfalls noch nähere Aufschlüsse über die klassischen und orientalischen Wurzeln dieser spätmittelalterlichen Praktiken gewünscht. Dieser unerhebliche Einwand hebe den „hervorragenden Eindruck, den ich von der Arbeit habe, (nicht) auf", und er schließe sich Frau Hains Votum an.

Noch weniger fühlte sich Karow als „Ostasienkundler" zu einem Fachgutachten in der Lage. Er habe die Schrift „mit wachsendem Interesse gelesen" und viel für fernöstliche Volkskunde profitiert. Brückner beherrsche in „vorbildlicher Weise die Methodik seiner Disziplin" und nutze überzeugend Erkenntnisse anderer Fächer. Auch für „Nichtfolkloristen" werde das Thema einsichtig. Er stimme mit den bisherigen Gutachten überein.

Unmittelbarer auf Stärken aber auch Schwächen ging der Mittelalterhistoriker Josef Fleckenstein ein. Er attestierte der Arbeit, „mit einem hohen Anspruch" aufzutreten. Neben Volkskunde ziehe Brückner Ethnologie, Archäologie, Kunstgeschichte und Geschichte zu Rate, um sein außerordentlich weitgespanntes Material zu analysieren. Er beabsichtige letztlich „die Volkskunde überhaupt auf eine gesicherte Grundlage zu stellen, indem er sie stärker als zuvor an der Geschichte orientiert." Inwieweit ihm die Fachkollegen darin hinfort folgten, könne er als Historiker nicht beurteilen. Das treffe auch für viele Ergebnisse Brückners zu. Allein Aussagen zu seinem eigenen engeren Fachgebiet könne er beurteilen, und da ergäben sich in seinen Augen einige Fragen. Da Brückner bestrebt sei, bestimmte Vorstellungen seines Fachs von den „Überspannungen" frei zu machen, die es „unter der Herrschaft nationalistischen Denkens im Hitlerreich in besonderem Maße erfahren hat", lehne Brückner schlechterdings Fragen nach „übergreifenden Zusammenhängen ab." Historische Kontinuität sei für ihn eine Art Mythos. Darin sei ihm aber auf Grund jüngerer historischer Erkenntnisse nicht zuzustimmen, was Fleckenstein an einigen auch von Brückner herangezogenen Beispielen exemplifizierte. „Wer, wie Brückner, das Wagnis auf sich nimmt, in seiner Arbeit mehrere Jahrtausende zu umspannen, kann schwerlich allen Einzelheiten gerecht werden." Brückner habe aber die „Neigung zur Verallgemeinerung" die ihn zu „vorschnellen Urteilen verführt", was Fleckenstein am Urteil über Grabbeigaben stellvertretend aufzuzeigen suchte. „Ich möchte aber, gerade wegen dieser Einwände nochmals hervorheben, daß die Arbeit Brückners im ganzen eine selbständige und bedeutende wissenschaftliche Leistung darstellt, deren Annahme ich deshalb der Fakultät mit den übrigen Gutachtern empfehle."

Harald Keller sah sich als Gutachter in zweifacher Position: als Urteiler über Methode und wissenschaftliche Qualität einer Habilschrift und als von Brückner angegriffener und widerlegter Kontrahent. „Die Arbeit zeigt einen jungen Gelehrten, der sein Fach zu sich zurückführen will durch Engerstecken der Grenzpfähle dieser Disziplin." Die Arbeit sei „methodisch vorzüglich aufgebaut und verrät scharfes und konsequentes Denken." Sie sei quellennah, alles sitze am rechten Ort, was die Lektüre „ohne Ermüdung" gestatte. Andrerseits teile er die Kritik, die Fleckenstein vorgebracht habe. Da Brückner „so glücklich und erfolgreich im Über-Bord-Werfen falscher Vorstellungen ist, so opfert er unversehens auch Kronzeugnisse. Auch uns sind die gelegentlichen eleganten Floskeln, hinter denen nichts ist, aufgefallen. […] Im Ganzen aber wünsche ich festzustellen, daß seit der Wiedereröffnung der Universität nach dem 2. Weltkrieg unserer Fakultät nur sehr wenige gleich gehaltvolle Habilschriften vorgelegen haben."

„Angesichte der bereits erstatteten Gutachten […] kann ich mich sehr kurz fassen", schrieb Horkheimer. Er schließe sich den Empfehlungen „entschieden und gern" an. Bedauerlich sei allenfalls, daß Brückner unter den „Wissensgebieten, die er für sein Thema fruchtbar zu machen weiß", nicht auch Soziologie, Psychologie und Sozialpsychologie mit herangezogen habe. Aber das sei mehr eine Anmerkung denn eine schwerwiegende Kritik.

Ganz anders nun das Urteil des „letzten Kommissionsmitglieds" Sellheim, der 1958 30-jährig als „jüngster Orientalist" auf den Lehrstuhl seines Lehrers Hellmut Ritter berufen worden war. Ritter hatte seine Professur überraschend wegen scheinbar antisemitischer Äußerungen, woraus ihm Kollegen einen Strick drehten, also eigentlich infolge unerquicklicher Intrigen, aufgeben müssen. Sellheim hatte zuvor eine besser bezahlte Assistentenstelle in Bonn übernehmen können und sich dort 1957 habilitiert. Er war daher zu berufen, handelte es sich insoweit doch nicht um eine befehdete Hausberufung. Die Blitzkarriere des soeben habilitierten Jungordinarius und sein selbstbewußter Charakter: Die Geringachtung nichtphilologischer Methoden und Wissenschaften kommen im Gutachten deutlich zum Ausdruck. Auch wenn manche Einwände zutreffend genannt werden können – bei anderen Kritikern führte das meist zu wohlwollendem Hinweis und freundlichen Einwendungen – Ton und Geist waren hier anders.

„Brückners Arbeit stellt auf weite Strecken eine nützliche Kompilation – nach der Sekundärliteratur – dar, schon äußerlich an den zahllosen Zitaten erkennbar." Das gehe weit über „die Zuständigkeit ihres Verfassers hinaus" und fordere die Fachvertreter heraus. „Für den alten und den islamischen Orient […] frage ich mich allerdings: Wie konnte B. nur darauf kommen, ohne jedes Rüstzeug in unbekannte Welten aufzubrechen? Die schmale Basis der vorhandenen Übersetzungen – schmal gemessen an der Fülle des nicht übersetzten Materials – läßt sich mit einem eben zugefrorenen Weiher vergleichen, auf welchem einbrechen muß, wer sich auf ihn hinauswagt." Wenn es auch beim antiken Material besser bestellt sei, „über ein Referat der Literatur einschließlich ihrer Theorien" sei B. nicht hinausgekommen. Daß er griechische Zitate verwende, sei mehr als merkwürdig, habe er die Fakultät doch um Erlaß der vorgeschrieben Griechischkenntnisse gebeten. „Sich zunächst zu bescheiden, dann aber nach erfolgter Absolution sich mit griechischen Wörtern in griechischen Lettern zu schmücken, gefällt mir nicht. […] Überhaupt finde ich, daß B. mit seinen Urteilen durchaus nicht immer abwägend ist", obwohl „Kandidaten Werturteile meiden" sollten. Die programmatische Einleitung „scheint mir fast anmaßend zu sein." Er solle „Aufgaben und Grenzen seiner Arbeit in einer neu zu schreibenden Einleitung skizzieren und dementsprechend die gesamte Arbeit überarbeiten, möglichst auch kürzen." Damit werde „Kritik von *fremder*[9] Seite der Wind aus den Segeln" genommen, wie er der auf ihre Reputation achtenden Fakultät nahelegte. „Wird beherzigt, was ich im letzten Abschnitt bemerkt habe, will auch ich die nützliche, wenn auch als Habilitationsschrift mir wenig geeignet erscheinende Arbeit der Fakultät als Habilitationsleistung empfehlen." Das Verfahren war damit aufgehalten.

Eine Unterredung mit den Herren Fleckenstein und Sellheim klärte Brückner über die Situation und die Änderungswünsche auf, die er in Absprache mit den beiden vorzunehmen

9 Im Original unterstrichen.

sich bereit erklären mußte und verständlicherweise erklärte. Im Mai schrieb Brückner Dekan Konrad Kraft, der inzwischen das Amt von Schlesinger übernommen hatte: „Seit dem Winter haben mich die dankbar akzeptierten Verbesserungsvorschläge der Gutachterkommission in die Lage versetzt, ständig an der Druckreifmachung [...] zu arbeiten.“ Das war die von vielen Fakultätsmitgliedern erwartete Sprache! Die wichtigsten Punkte führte er an, um damit anzuzeigen, daß er den Wünschen nachgekommen und die Arbeit fast fertig sei. Der Dekan antwortete ihm daraufhin, daß das Verfahren ausgesetzt sei und reichte die vorgelegte Schrift zurück. Brückner könne, „soweit [er] es für angebracht halte, Änderungen an der Arbeit vornehmen.“ Zum weiteren Procedere erklärte er: „Die Arbeit kann in angemessener Zeit wieder eingereicht werden. Das ausgesetzte Prüfungsverfahren läuft dann unverzüglich weiter. Ich darf Sie darauf aufmerksam machen, daß keine zwingende Auflage zu Änderungen besteht. Sie können aber Änderungen vornehmen. Die bisher Ihnen bekannt gewordenen Anregungen zur Änderung seitens einiger Mitglieder der Fakultät sind also nicht Auflage der Fakultät. Ferner bitte ich zu beachten, daß die Arbeit nicht in der Weise zurückgegeben wird, daß etwa die Fakultät dann, wenn die Ihnen bisher bekannt gewordenen Änderungswünsche ausgeführt sind, zur Annahme der Arbeit als ausreichende Habilitationsleistung verpflichtet wäre. Die Fakultät wird ihre Entscheidung erst an Hand der wiedereingereichten Arbeit treffen.“

Hierarchisch von oben, militärisch präzise, ordnungsbeflissen und befehlsgewohnt, wie es die Art des ehemaligen Militärs und Extraordinarius für Hilfswissenschaften der Altertumskunde war, durfte dies Schreiben kaum eine Hilfe für einen bemühten Habilitanden gewesen sein. Die harsche Auskunft gründete mit darin, daß Kraft sich über einen Nebenkriegsschauplatz geärgert hatte, dem Antrag Brückners nämlich an die DFG, einen Druckkostenzuschuß zu genehmigen. Versehentlich hatte die DFG in einer Rückfrage an den Dekan von einer vollzogenen Habilitation des Privatdozenten Brückner gesprochen. Ohne den längeren Schriftwechsel zu rekapitulieren genügt es, Krafts Mitteilung vom 6. Mai 1964 an die Fakultät wiederzugeben. „Eine Rückfrage [bei der DFG] ergab, daß sich Dr. Brückner in Wirklichkeit nicht als Privatdozent bezeichnet hat und daß Frau Kollegin Hain in einem Begleitbrief darauf hinwies, daß die Arbeit noch nicht endgültig angenommen sei. Das heißt also, daß Dr. Brückner tatsächlich nicht etwa vorgegeben hat, die Arbeit wäre schon angenommen. Natürlich muß man sagen, dann hätte der Antrag eben noch gar nicht gestellt werden sollen, zumal doch die Debatte um Änderungen ging [....] Rechtlich ist wohl so ziemlich alles noch in Ordnung. Es ist wohl eher eine Ungeschicklichkeit. Etwas Verständnis kann man für die zur Eile drängende Kurzschlußhandlung vielleicht aufbringen. Die Habilitationsschrift wurde immerhin schon am 26.2.63 eingereicht. Es dauerte also schon 12 Monate bis zum Zeitpunkt des DFG-Antrags. Natürlich billige ich das Verfahren nicht und selbstverständlich habe ich mich auch geärgert, aber im ganzen sollte man, meine ich, nicht diesen Vorgang als Ablehnungsgrund benutzen.“ Damals handelte es sich bei dieser bürokratischen Formalie ohne wissenschaftliche Bedeutung um Kardinalfragen!

Im Sommersemester 1964 begutachteten Sellheim und Fleckenstein die verbesserte Version der Habilitationsschrift. Sie gaben ihr Plazet, ohne allerdings einige ihrer grundlegenden Vorbehalte aufzugeben. Die sollten aber das Verfahren nicht aufhalten. Die Fakultät holte zu ihrer Absicherung schließlich noch zwei auswärtige Fachgutachten ein. Sowohl Matthias Zender, Bonn, wie Kurt Ranke, Göttingen – einer der von Brückner attackierten Volkskundler –, äußerten sich positiv, unbeschadet auch geäußerter Kritik. Das Verfahren konnte mit dem Habilitationskolloquium am 16. Dezember 1964 zu „Aventinus und die bayrische Kirchfahrt“ und der Antrittsvorlesung am 19.1.1965 „Das Sterben im Bußgewand“ abgeschlossen werden.

Im Mai des Jahres wurde Brückner zum Diätendozenten ernannt. Das anstehende Ausscheiden Frau Hains aus dem aktiven Dienst war für die Fakultät Anlaß, das Ministerium zu bitten, Wolfgang Brückner mit Wirkung vom Mai 1968 zum Wissenschaftlichen Rat und Professor zu ernennen und ihm die Leitung des Instituts zu übertragen. In der für Frankfurt turbulenten Zeit führte er, in neuen Räumen ein wenig abseits von den Krawallen, die Volkskunde energisch und erfolgreich in gewohnt wissenschaftlicher Weise. Auch engagierte er sich hochschulpolitisch in einer Professorengruppe, die für eine wissenschaftsorientierte, liberale und an der offenen Tradition der deutschen Universitätsgeschichte ausgerichteten Haltung eintrat. Die Auflösung der Fakultät führte zum problematischen Beitritt in einen wissenschaftlich nur halbsoliden Fachbereich und zugleich zur Lösung von der inzwischen ideologisierten und wissenschaftlich abgesunkenen Germanistik. In Brückners Institut änderte sich zunächst nichts an der in seiner Habilschrift grundgelegten wissenschaftlichen Ausrichtung seines Fachs. Das blieb dann – zum Leidwesen seiner ehemaligen Frankfurter Kollegen – seiner Nachfolgerin vorbehalten.

Abkürzungen

Anm.	Anmerkung
ders.	derselbe
dies.	dieselbe
ebd.	ebenda
FS	Festschrift
GLA	Generallandesarchiv
Hg./hg.	Herausgeber, Herausgeberin/herausgegeben
HstA	Hauptstaatsarchiv
KlosterA	Klosterarchiv
Mitt.	Mitteilung/Mitteilungen
Rp	Ratsprotokolle
s.	siehe
S.	Seite
StadtA	Stadtarchiv
vgl.	vergleiche
UB	Universitätsbibliothek
BLB	Württembergische Landesbibliothek
zit. n.	zitiert nach
z. B.	zum Beispiel

Siglen

ATU	Aarne-Thompson-Uther (Internationaler Typenkatalog zur Volkszählung)
BayHStA	Bayerisches Hauptstaatsarchiv
BJV	Bayerisches Jahrbuch für Volkskunde
EM	Enzyklopädie des Märchens
FFC	Folklore Fellows Communications
JbfVk	Jahrbuch für Volkskunde
RhVa	Rheinisches Volkskundearchiv des LVR-Instituts für Landeskunde und Regionalgeschichte, Bonn
ZfdPh	Zeitschrift für deutsche Philologie
ZSVAG	Zeitschrift des Vereins zur Ausbildung der Gewerke
ZVK	Zeitschrift für Volkskunde

Die Autoren

Alsheimer, Rainer, Dr. phil., M. A., * 1941, promovierte 1970 in Frankfurt am Main als erster Doktorand Wolfgang Brückners. Dort organisierte er Archiv und Edition des Frankfurter Wörterbuchs. Nach seiner Ausbildung zum Informationswissenschaftler im Max-Planck-Institut arbeitete er von 1974–1989 als Bibliotheksdirektor an der Bremer Staats- und Universitätsbibliothek und von 1990–2006 als Hochschullehrer des neuen Studiengangs Kulturwissenschaft der Univ. Bremen.

Alzheimer, Heidrun, Prof. Dr. phil., Dipl. Päd., * 1959, nach einer journalistischen Ausbildung Studium der Fächer Volkskunde, Pädagogik, Soziologie und Psychologie an der Univ. Würzburg, 1986 Diplom im Fach Pädagogik, 1990 Promotion im Fach Volkskunde, 2003 Habilitation, 1986–2006 Wissenschaftliche Mitarbeiterin als Assistentin, Akad. Oberrätin und Privatdozentin am Lehrstuhl für Europäische Ethnologie/Volkskunde der Univ. Würzburg, seit 2006 Inhaberin des Lehrstuhls für Europäische Ethnologie an der Univ. Bamberg. Arbeitsschwerpunkte: Brauchforschung, Erzählforschung, Wissenschaftsgeschichte.

Bausinger, Hermann, Prof. em. Dr. phil., * 1926 in Aalen, studierte nach Wehrdienst und Kriegsgefangenschaft von 1947–1952 Germanistik, Volkskunde, Anglistik und Geschichte. Studienabschluss mit Staatsexamen und Promotion; 1959 Habilitation, 1960 o. Prof. der Univ. Tübingen und bis zur Emeritierung 1992 Leiter des Ludwig-Uhland-Instituts für Empirische Kulturwissenschaft. Zahlreiche Veröffentlichungen zur Kultur- und Sozialgeschichte, zur regionalen Literaturgeschichte, zur Sprach- und Erzählforschung sowie zur gegenwärtigen Alltagskultur.

Bedal, Konrad, Prof., Dr. phil., * 1944, Studium der Volkskunde, Kunstgeschichte, Vor- und Frühgeschichte in München. 1970–74 Wissenschaftlicher Mitarbeiter am SFB 173 der Univ. Kiel. 1974–77 Wissenschaftlicher Assistent am Seminar für Volkskunde der Univ. Münster. Seit 1977 Leiter des damals gegründeten Fränkischen Freilandmuseums des Bezirks Mittelfranken in Bad Windsheim. Lehraufträge an den Univ.en Regensburg und Bamberg, seit 1991 Honorarprofessor in Würzburg. Veröffentlichungen zur historischen Bau- und Hausforschung, zur Sachkultur und zum (Freilicht-)Museumswesen.

Benker, Gertrud, Dr. phil., * 1925, Studium der Germanistik, Geschichte, Geographie, Volkskunde und Philosophie in Regensburg, Erlangen und München, 1950/51 Staatsexamen für das Höhere Lehramt, 1952 pädagogisches Examen in München, 1951 Promotion im Fach Literaturwissenschaften (bei Hans-Heinrich Borcherdt), bis 1990 Chefredakteurin der im Callwey-Verlag München erschienenen Zeitschrift „Volkskunst". Arbeitsgebiet: Keramik, Nahrungsvolkskunde, Geräteforschung (altes Holzgerät, Bestecke).

Brednich, Rolf Wilhelm, Prof. em. Dr. phil., * 1935 in Worms, 1954–1960 Studium der Germanistik, Geschichte und Volkskunde an den Univ.en Mainz und Tübingen, 1960 Promotion und 1962 Staatsexamen in Mainz, 1963–1981 Konservator am Deutschen Volksliedarchiv Freiburg, 1972 Habilitation und Privatdozent, 1976–1981 apl. Professor in Freiburg, 1981–2000 Lehrstuhlinhaber für Volkskunde an der Univ. Göttingen, seit 2001 Senior Research Fellow am Stout Research Centre und Visiting Professor of Anthropology an der Victoria University in Wellington. Forschungsgebiete: Erzähl- und Liedforschung, Bildmedien, materielle Kultur, Migration.

Breitenstein, Mirko, Dr. phil., * 1975, Mitarbeiter am Forschungsprojekt „Klöster im Hochmittelalter: Innovationslabore europäischer Lebensentwürfe und Ordnungsmodelle" der Heidelberger Akademie der Wissenschaften. Forschungsschwerpunkte: Geschichte religiöser Gemeinschaften im Mittelalter, Überlieferungs- und Rezeptionsgeschichte geistlicher Literatur.

Bringéus, Nils-Arvid, Dr. phil., cand. theol., Dr. theol. honoris causa, * 1926, 1967–1991 Ordinarius für Europäische Ethnologie an der Univ. Lund. Forschungsschwerpunkte: Nahrungsforschung, Bildlore, Religiöse Volkskunde, Fachgeschichte.

Brunner, Horst, Prof. Dr., * 1940, Altgermanist, 1981–2006 Inhaber des Lehrstuhls für deutsche Philologie der Univ. Würzburg. Zahlreiche Buchpublikationen, Editionen, Aufsätze, Rezensionen und Lexikonartikel zur deutschen Literatur des Mittelalters und der Frühen Neuzeit, ferner musikologische Arbeiten zur deutschen Liedgeschichte dieses Zeitraumes.

Cox, H. L., Univ.-Prof. Dr. phil., * 1935 in Geleen (Niederlande), 1957–1964 Studium der Fächer Germanistik, Volkskunde und Entwicklungspsychologie an den Univ.en Nijmegen und Bonn. 1964–1965 Wissenschaftlicher Mitarbeiter am Atlas der deutschen Volkskunde und 1965–1967 am germanistischen Seminar der Univ. Nijmegen, 1967 Ruf als Dozent auf den Lehrstuhl für Volkskunde; Univ. Nijmegen, 1969 Ernennung zum o. Prof. für deutsche Sprache und Literatur des Mittelalters an der Univ. Utrecht. Zum WS 1975/76 Ruf auf den Lehrstuhl für Volkskunde an der Univ. Bonn. Forschungsschwerpunkte: Kulturraumforschung, Ethnokartographie, Parömiologie und Lexikographie.

Dippold, Günter, Prof. Dr. phil., Dipl.-Historiker, * 1961, Bezirksheimatpfleger und Kulturreferent des Bezirks Oberfranken, Honorarprofessor an der Otto-Friedrich-Univ. Bamberg. Kirchengeschichte und kirchliche Volkskunde (besonders Wallfahrt), Verfassungs- und Rechtsgeschichte, Wirtschaftsgeschichte (besonders Hausindustrie), Museologie, fränkische Landesgeschichte

Döring, Alois, Dr. phil., * 1949 in Miltenberg, Studium der Volkskunde, Germanistik und Geschichte in Würzburg, 1978–1980 Mitarbeiter beim DFG-Projekt „Wallfahrtsinventarisation", seit 1980 Wissenschaftlicher Referent für Volkskunde beim LVR-Institut für Landeskunde und Regionalgeschichte. Forschungen zu Brauch und Fest, Wallfahrt und Frömmigkeit, Nationalsozialistische Festkultur, Trauerkultur. Autor volkskundlicher Dokumentarfilme. Buchpublikationen (u. a.): Rheinische Bräuche durch das Jahr, Heilige Helfer. Rheinische Heiligenfeste durch das Jahr.

Doering-Manteuffel, Sabine, Prof. Dr. phil., *1957, Studium der Völkerkunde, Philosophie und Volkskunde in Köln und Bonn. 1984–1989 Wissenschaftliche Mitarbeiterin im Institut für geschichtliche Landeskunde der Univ. Bonn, seit 1995 Professorin für Europäische Ethnologie/Volkskunde der Univ. Augsburg. Forschungsschwerpunkte: Agrargeschichte, Regionalgeschichte, Neue Weltbilder und Jugendszenen, Propaganda und Pressewesen.

Gerndt, Helge, Prof. Dr. phil., * 1939, 1980–2004 Professor für deutsche und vergleichende Volkskunde an der Univ. München. Forschungsbereiche: Kulturwissenschaftliche Theorie und Methodik, Wissenschaftsgeschichte, Erzähl- und Brauchforschung sowie Alltagskultur der Gegenwart, in jüngerer Zeit mit dem Schwerpunkt Bildanalyse.

Griebel, Armin, Dr. phil., * 1953, M. A., Volkskundler, seit 1995 Leiter der Forschungsstelle für fränkische Volksmusik der Bezirke Mittel-, Ober- und Unterfranken, Uffenheim. Forschungen zu Tracht, Folklorismus, regionale Gebrauchsmusik.

Großmann, G. Ulrich, Prof. Dr. phil., * 1953 in Marburg/Lahn, 1973–1979 Studium der Kunstgeschichte, Europäischen Ethnologie und Christlichen Archäologie an den Univ.en

Würzburg und Marburg, 1994 Habilitation an der Univ. Hannover (Fachbereich Architektur), 1997 Umhabilitation an die Univ. Bamberg (Kunstgeschichte des Mittelalters), 1980–1986 Bauhistoriker am Westfälischen Freilichtmuseum Detmold, 1986–1994 Gründungsdirektor des Weserrenaissance-Museums Schloss Brake, Lemgo, seit 1994 Generaldirektor des Germanischen Nationalmuseums Nürnberg. Forschungsschwerpunkte: Historischer Hausbau und speziell Fachwerkbau; Bauforschung aus kunsthistorischer Sicht, Schlossbau und Architektur der Renaissance, Burgenbau, Architekturdarstellungen in der europäischen Kunst, Vernetzung der europäischen und außereuropäischen Kunstgeschichte.

Gussone, Nikolaus, Dr. phil., * 1938, 1958–1969 Studium in Freiburg, München, Göttingen und Bonn, 1969 Promotion in den Fächern Geschichte und Kunstgeschichte („Thron und Inthronisation des Papstes von den Anfängen bis zum 12. Jahrhundert"); 1969–1979 Wiss. Mitarbeiter im SFB 7 „Bild, Bedeutung, Sachen, Wörter und Personen" an der Univ. Münster; danach Tätigkeiten im Museumsbereich, u. a. Aufbau des Oberschlesischen Landesmuseums in Ratingen, 1983–2003 dessen Leiter; seit 1969 Lehraufträge am Historischen Seminar der Univ. Münster. Veröffentlichungen vorwiegend zur politischen und religiös-kirchlichen Symbolik und Ikonografie, zur Liturgiegeschichte und zum Museumswesen.

Guth, Klaus, Prof. i.R. Dr. phil. habil., * 1934, Studium der Geschichte, Klass. Philologie, Germanistik, Volkskunde, Philosophie und kath. Theologie in Bamberg, München, Lille und Würzburg; Staatsexamina für das Höhere Lehramt 1961 und 1963, Promotion in Würzburg 1963. 1964–1970 Gymnasiallehrer in Oberbayern, 1970 Wissenschaftlicher Assistent, 1973 Dozent für Landes- und Volkskunde in Bamberg, 1977 Habilitation, 1980–2000 Professor für Volkskunde und Historische Landeskunde ebd. Arbeitsschwerpunkte: Migrations-, Volkskultur- und Erzählforschung. Jüngste Veröffentlichungen: Landjudentum in Oberfranken, 4 Bde. (1999–2005), Lebenswelten im Wandel (2009).

Halbritter, Roland, M. A., Kulturwissenschaftler, Studium der Volkskunde, Kunstgeschichte und klassischen Archäologie in Würzburg und Bologna. Freiberuflich für diverse Museen in Südtirol und Bayern tätig. Forschungsthemen: Populärer Wandschmuck, Amulett- und Breverlbrauch, Ansichtskarten, Fotografie, Reise, Tourismus, Südtiroler Gastgewerbe, Souvenir, Mail Art.

Hammerstein, Notker, Prof. Dr. phil., * 1930 in Offenbach a. M., Studium der Geschichte, Philosophie und Anglistik in München und Frankfurt a. M., Promotion 1956, Habilitation 1967 Mittlere und Neuere Geschichte, 1973–1999 Ordinarius für Geschichte der Frühen Neuzeit an der Univ. Frankfurt a. M. Forschungsschwerpunkte: Universitäts- und Wissenschaftsgeschichte, Geschichte des Heiligen römischen Reiches deutscher Nation. 1998 entpflichtet.

Hartinger, Walter, Univ.-Prof. Dr. phil., * 1940 in der mittleren Oberpfalz, Studium der Fächer Volkskunde, Deutsch, Geschichte und Erdkunde an den Univ.en Erlangen-Nürnberg, Würzburg, München und Kiel, u. a. bei Karl-S. Kramer, Josef Dünninger, Torsten Gebhard, Rudolf Kriss und Leopold Kretzenbacher. Arbeitsschwerpunkte: religiöse, rechtliche und musikalische Volkskultur. 1980–2006 Ordinarius für Volkskunde an der Univ. Passau.

Heidelmann, Hildegard, Dr. phil., M. A., * 1943, studierte Volkskunde, Germanistik und Kunstgeschichte in Würzburg, 1996 Magister Artium bei Wolfgang Brückner: Evangelische Beichtstühle in Franken, 2004 Promotion bei Günter Hess: Rainer Maria Rilke: Briefe an Gräfin Mirbach-Geldern-Egmont 1918–1924. Mitarbeiterin im Grafschaftsmuseum/

Otto-Modersohn-Kabinett in Wertheim am Main. Kataloge und Beihefte zu volkskundlichen Ausstellungen. Forschungen zur regionalen Kultur- und Frauengeschichte.

Heller-Karneth, Eva, Dr. phil., M. A., * 1959, Studium der Volkskunde/Europäischen Ethnologie, Soziologie und Pädagogik in Würzburg und Marburg, 1985 Magister Artium, 1996 Dissertation in Würzburg, seit 1986 Leiterin des Museums der Stadt Alzey, 1999 Regionalvertreterin der Museen in Rheinhessen und Vorstandsmitglied des Museumsverbandes Rheinland-Pfalz. Arbeits- und Forschungsfelder: Museumswesen, Historische Demographie, Sozial- und Alltagsgeschichte.

Hess, Günter, Prof. Dr. phil., * 1940 in Würzburg, Studium der Germanistik und Kunstgeschichte, der lateinischen und mittellateinischen Philologie in München und Zürich, Promotion und Habilitation in München, 1981 1983 Professor für deutsche Philologie und Renaissance-Philologie an der Univ. Göttingen, 1983 2000 Lehrstuhl für Neuere deutsche Literaturgeschichte an der Univ. Würzburg. Veröffentlichungen zur Humanismus- und Barockforschung, Studien zum Verhältnis von Text und Bild (Illustrationsgeschichte, Allegorie und Historismus) und zur Sozialgeschichte der deutschen Literatur im 19. und 20. Jahrhundert (Mythologisierungsprozesse, Klassikrezeption, Denkmalkult, Geschichte der visuellen Wahrnehmung).

Janson, Stefan, Dr. phil. M. A., * 1947 in West-Berlin, Studium der Rechtswissenschaft, Neueren deutschen Literatur, Volkskunde und Musikwissenschaft in Berlin und Würzburg, Programmdirektor eines privaten Hörfunks in Bayern, seit 1989 zugleich Lehrbeauftragter für Neuere deutsche Literatur an der Katholischen Univ. Eichstätt-Ingolstadt. Veröffentlichungen im Forschungsschwerpunkt der Literatur des 19. Jahrhunderts und des Fin de Siècle, u. a. zu Heinrich Heine, Theodor Fontane, Arthur Schnitzler und Joseph Roth. Aufsätze zu medienpolitischen Grundsatzfragen.

Kammel, Frank Matthias, Dr. phil., * 1961, Kunsthistoriker, Studium der Kunstgeschichte, Klassischen Archäologie und Kulturtheorie in Berlin, 1987–1995 Kustos an den Staatlichen Museen zu Berlin, seitdem Leiter der Skulpturensammlung und der Sammlung Historische Bauteile am Germanischen Nationalmuseum in Nürnberg. Zahlreiche Publikationen zur Bildhauerkunst des Mittelalters und der Frühen Neuzeit sowie zu kulturhistorischen Themen.

Kania-Schütz, Monika, Dr. phil., M. A., * 1956, studierte Volkskunde, Kunstgeschichte und Kirchengeschichte in Würzburg. Seit 1990 in Museen verschiedener Ausrichtung sowie in außeruniversitären Forschungseinrichtungen tätig (Geschäftsführerin der volkskundlichen Kommission für Westfalen, Wissenschaftliche Mitarbeiterin am Institut für Sächsische Geschichte und Volkskunde in Dresden, kommissarische Leiterin des Bereichs Volkskunde am ISGV, Wissenschaftliche Referentin am Westfälischen Freilichtmuseum Detmold, Wissenschaftliche Mitarbeiterin am Heimatmuseum der Stadt Neudenau). Leitet seit 2004 das Oberbayerische Freilichtmuseum Glentleiten. Arbeitsschwerpunkte: regionale Sozialgeschichte, materielle Kulturgeschichte, Populäre Druckgrafik, Frömmigkeitsgeschichte.

Keß, Bettina, Dr. phil., M. A., * 1971, Studium der Kunstgeschichte, Volkskunde, Romanistik, Geschichte und des Kulturmanagements an den Univ.en Würzburg und Hagen, Wissenschaftliche Volontariat bei der Stiftung Schleswig-Holsteinische Landesmuseen Schloss Gottorf, Wissenschaftliche Mitarbeit am Küstenmuseum Wilhelmshaven, Geschäftsführerin von kulturplan, Agentur für Kulturmanagement, Ausstellungskonzeption, Museumsberatung (Veitshöchheim).

Kilian, Ruth, Dr. phil., M. A., * 1960, Studium der Volkskunde, Vor- und Frühgeschichte und Soziologie in Würzburg, 1986 Magister Artium, 2000 Promotion: „Blicke auf das Ries. Land und Leute in der verwalteten Region“. Seit 1987 Wissenschaftliche Mitarbeiterin, dann Leiterin des Rieser Bauernmuseums Maihingen des Bezirks Schwaben. Schwerpunkte: Landwirtschaft, Sozial- und Alltagsgeschichte des ländlichen Raums.

Köhler-Zülch, Ines, Dr. phil., * 1941, 1972 Promotion in Slavistik, Germanistik und Romanistik, Mitherausgeberin der „Enzyklopädie des Märchens“ und Leiterin der EM-Arbeitsstelle an der Akademie der Wissenschaften in Göttingen (bis 2006 Wissenschaftliche Mitarbeiterin der EM). Veröffentlichungen mit den regionalen Schwerpunkten Südosteuropa, besonders Bulgarien, Gender- und Minderheitenspezifik sowie Verbreitung von Volkserzählungen und Standardisierungsprozesse bei ihrer Verschriftlichung, zahlreiche Artikel in der EM.

Kooi, Jurjen van der, Prof. Dr., * 1943, Professor für Volkskunde an der Universität Groningen/Niederlande. 1984 Dissertation über Volkserzählungen in Friesland. Arbeitsschwerpunkte: Sprache und Kultur des westfriesisch-niederdeutschen Raumes, Erzählforschung. 1997 mit dem Märchenpreis der Walter-Kahn-Stiftung ausgezeichnet.

Kühne, Hartmut, Dr. theol., Kirchenhistoriker, * 1965, 1986–1993 Studium der Evangelischen Theologie an der Kirchlichen Hochschule Berlin (Ost) und der Humboldt-Univ. zu Berlin, seit 1993 Wissenschaftlicher Mitarbeiter am Lehrstuhl für Christliche Archäologie, Denkmalkunde und Kulturgeschichte der Humboldt-Univ., 1998 dort Promotion. Forschungsschwerpunkte: spätmittelalterliche und frühneuzeitliche Frömmigkeits-, Kirchen- und Kulturgeschichte.

Kummer, Stefan, Prof. Dr. phil., * 1947, 1974 Promotion an der Univ. Würzburg, von 1975–1977 Referent am Landesdenkmalamt Baden-Württemberg, 1984 Habilitation an der Univ. Tübingen und Ruf auf Professur für Kunstgeschichte Univ. Freiburg i. B., seit 1987 Vorstand des Instituts für Kunstgeschichte und des Martin-von-Wagner-Museums der Univ. Würzburg. Arbeitsgebiete: Romanische Architektur; Kunst der Renaissance und des Barocks in Italien und in Süddeutschland.

Maierbacher-Legl, Gerdi, Prof. Dr. phil., * 1954, Leitung des Studienschwerpunkts Restaurierung von Möbeln und Holzobjekten an der Fakultät Erhaltung von Kulturgut, HAWK Hochschule für Angewandte Wissenschaft und Kunst, FH-Hildesheim/ Holzminden/ Göttingen. Arbeits- und Forschungsschwerpunkte: historische Möbelforschung, Handwerksgeschichte, Kunsttechnologie, Materialforschung, Konservierungswissenschaften.

Melville, Gert, Prof. Dr. phil., * 1944, Inhaber des Lehrstuhls für Mittelalterliche Geschichte an der Technischen Univ. Dresden, Direktor der Forschungsstelle für Vergleichende Ordensgeschichte, 1997–2008 Sprecher des Dresdner SFB 537 „Institutionalität und Geschichtlichkeit“, Projektleiter im Dresdner SFB 804 „Transzendenz und Gemeinsinn“, ständiger Gastprofessor an der Katholischen Univ. Eichstätt. Forschungsschwerpunkte: Mittelalterliche Geschichte der Orden und Klöster, der Adelskultur und der Geschichtsschreibung.

Mielke, Heinz-Peter, Dr. phil., * 1947, Direktor des Niederrheinischen Freilichtmuseums in Grefrath, Lehrbeauftragter im Fach Mittlere und Neuere Geschichte an der Univ. Duisburg-Essen. Gegenwärtige Arbeitsschwerpunkte: Kirchengeschichte des 16. Jahrhunderts.

Mohrmann, Ruth-E., Prof. Dr. phil., * 1945, Studium der Volkskunde, Geschichte und Germanistik in Marburg, Kiel und München, 1975 Promotion in Kiel, 1976–1986 Wissenschaftliche Mitarbeiterin im SFB 164 „Vergleichende geschichtliche Städteforschung", 1986 Habilitation in Münster, 1988–1993 Professorin an der Univ. Bayreuth, seit 1993 o. Professorin und Direktorin des Seminars für Volkskunde/Europäische Ethnologie an der Univ. Münster und Vorsitzende der Volkskundlichen Kommission für Westfalen. Forschungsschwerpunkte: Kultur- und Sozialgeschichte der Frühen Neuzeit, Alltagsgeschichte, Stadt- und Bürgertumsforschung, Mentalitätsforschung, Sachkulturforschung, Rechtliche Volkskunde.

Murr, Karl Borromäus, Dr. phil., M. A., * 1966, 1989–1992 Studium der Philosophie an der Hochschule für Philosophie in München, 1991–1997 Studium der Neueren Geschichte, Bayerischen Geschichte, Mittelalterlichen Geschichte und Philosophie an der Univ. München, 1997–2002 Wissenschaftlicher Mitarbeiter im Fach Landesgeschichte an der Katholischen Univ. Eichstätt-Ingolstadt, 2003–2005 Wissenschaftlicher Mitarbeiter am Lehrstuhl für Bayerische Geschichte und Vergleichende Landesgeschichte mit besonderer Berücksichtigung der Neuzeit an der LMU, 2005 Promotion, seit 2009 Leiter des Bayerischen Textil- und Industriemuseums Augsburg.

Nagy, Sigrid, * 1941 in Berlin, seit 1984 Geschäftsführerin im Arbeitskreis Bild Druck Papier. Zahlreiche Veröffentlichungen zur religiösen Volkskunde, u. a.: Der Adventsbaum. Würzburg 1998, Julius Schnorr von Carolsfelds „Bibel in Bildern" und ihre Popularisierung. Würzburg 1999, Wie Luther im 19. Jh. zum Weihnachtsbaum kam, Dompropst Bernhard Lichtenberg im Spiegel des kleinen Andachtsbildes, Die Hl. Elisabeth im kleinen Andachtsbild, Das kleine Andachtsbild und die Beuroner Kunstschule, Bibel- Feste-Spiele.

Ottenjann, Helmut, Prof. Dr. phil., * 1931 in Cloppenburg, 1951–1957 Studium in Kiel und Freiburg, 1957–1959 Wissenschaftlicher Volontariate in Schleswig, Stockholm und Nürnberg, bis 1996 Leitender Direktor des Niedersächsischen Freilichtmuseums Cloppenburg, 1987 Hon.-Professor. Arbeitsschwerpunkte: Kulturgeschichte Niedersachsens, Haus-, Möbel- und Kleidungsgeschichte. Publikationen u. a.: Alte Bauernmöbel aus dem nordwestlichen Niedersachsen. 1978, Hochzeitsschränke des Oldenburger Ammerlandes. 2006, Malende Bauernfamilien in Nordwestdeutschland. 2007.

Paas, John Roger, Prof. Dr. phil., * 1945 in Chicago, seit 1974 William-H.-Laird-Professor of German and the Liberal Arts am Carleton College in Northfield, Minnesota/USA. Forschungsschwerpunkt: deutsche Literatur im 17. Jahrhundert, hauptsächlich die der Nürnberger Poeten nach 1640. Publikationen über einzelne Verlage sowie die enge Zusammenarbeit zwischen Autoren, Künstlern und Verlegern in der zweiten Hälfte des 17. Jahrhunderts, Herausgeber der gesamten Graphikproduktion aller Sandrarts, Autor und Herausgeber einer auf 14 Bände ausgelegten, illustrierten Edition aller nachweisbaren deutschen politischen Flugblättern des 17. Jahrhunderts.

Paas, Martha White, Prof. Dr. phil., * 1946 in Birmingham, seit 1976 Wadsworth-A.-Williams-Professor of Economics am Carleton College in Northfield, Minnesota/USA. Forschungsschwerpunkt: Bevölkerungs- sowie Wirtschaftgeschichte der Frühen Neuzeit, besonders im Hinblick auf Augsburg und Nürnberg. Autorin einer bevorstehenden Publikation über die Kipper- und Wipperzeit am Anfang des Dreißigjährigen Krieges.

Pötzl, Walter, a. o. Prof. Dr. theol., * 1939 in Plan, 1960–1967 Studium der kath. Theologie, Germanistik und Geschichte in München, 1965–1969 Staatsexamina, 1967 Promotion bei H. Tüchle, 1970–1972 Wissenschaftlicher Assistent am Seminar für Kirchengeschichte der Univ. München, 1972–1983 Studienrat in Neusäß, 1975–1983 Lehrbeauftragter für Landes-

und Volkskunde an der Univ. Eichstätt, dort 1983–2003 Professor. Schwerpunkte: religiöse Volkskunde, historische Volkskultur.

Prosser-Schell, Michael, Apl. Prof. Dr. phil., M. A., * 1960, Studium der Volkskunde, Geschichte, Linguistik, Literaturwissenschaft in Freiburg i. Br. und Würzburg, 1991 Promotion, danach Wissenschaftlicher Assistent am Institut für Volkskunde der Univ. Regensburg, DFG-Stipendiat, Lehrkraft für besondere Aufgaben an der Univ. Würzburg, 2002 Habilitation, Lehraufträge an den Univ.en Würzburg, Bamberg, Erlangen-Nürnberg, seit 2004 Wissenschaftlicher Mitarbeiter am Johannes-Künzig-Institut Freiburg i. Br., seit 2009 Apl. Professur an der Univ. Freiburg. Veröffentlichungen u. a. zum Forschungsfeld Mündlichkeit-Schriftlichkeit-Gedächtniskultur, zur Kulturgeschichte des Badewesens, Publikumskultur bei Sportveranstaltungen, Festforschung, Interkulturalität im Mittleren Donauraum.

Ramming, Jochen, Dr. phil., M. A., * 1968, Studium der Volkskunde, Kunstgeschichte und Klassischen Archäologie an der Univ. Würzburg, 1996 Gründer des Kulturbüros FranKonzept, seither freiberufliche Tätigkeiten im Bereich Museums- und Ausstellungsplanung. Arbeitschwerpunkte: Museumsgeschichte und -theorie, insbesondere im Hinblick auf deren konzeptionelle, didaktische und gestalterische Anwendung. Forschungsschwerpunkte: Kleidungs- und Sachkulturforschung.

Rausch, Fred G., * 1949 in Lohr a. M., Kulturhistoriker, Studium: Deutsch, Geschichte und Sozialkunde für das Lehramt an Gymnasien in Bayern, 1977 Erstes Staatsexamen, Zulassungsarbeit über Aegidius Albertinus bei Wolfgang Brückner, 1978 Presseamtsleiter der Stadt Hamm, 1987 Präsidialabteilung Univ. Frankfurt, 1993–94 Staatskanzlei Schwerin, 1995 Presse- und Öffentlichkeitsarbeit bei der Bayerischen Staatsministerin für Bundesangelegenheiten, 1998 Bayerische Staatskanzlei, 2008 Wissenschaftlicher Mitarbeiter an der Univ. Bamberg.

Reder, Klaus, Prof. Dr. phil., M. A., * 1958, Volkskundler, Studium der Volkskunde, historischen Hilfswissenschaften, Vor- und Frühgeschichte, fränkischen Kirchengeschichte an der Univ. Würzburg, seit 1986 Wissenschaftlicher Mitarbeiter, 1994 Promotion, seit 1996 Lehrbeauftragter, seit 1999 Leiter des Referats Kulturarbeit und Heimatpflege beim Bezirk Unterfranken, seit 2007 Honorarprofessor an der Univ. Würzburg. Arbeitsschwerpunkte: Edition der unterfränkischen Physikatsberichte, Dokumentation der fränkischen Brauchkultur, Gewerbestatistik, Kulturverwaltung und Kulturpolitik.

Roth, Klaus, Prof. Dr. phil. Dr. h.c., * 1939 in Hamburg. Studium der Anglistik, Geographie, Slawistik und Volkskunde in Hamburg, Aberdeen, Freiburg und an der Indiana University, Bloomington, 1975 Promotion in Freiburg, 1976 Assistent in Münster, 1982–2005 Professor am Institut für Volkskunde/Europäische Ethnologie der Univ. München. Ehrendoktor der New Bulgarian University, Sofia. Mitherausgeber der Enzyklopädie des Märchens, Herausgeber der Zeitschrift „Ethnologia Balkanica“. Schwerpunkte: Erzählforschung, Südosteuropaforschung, Interkulturelle Kommunikation.

Rüdiger, Michael Dr. phil., M. A., * 1967, Studium der Volkskunde, Kunstgeschichte und Geschichte in Würzburg. Magister 1993, Promotion 2001. Seit 2001 Studienleiter beim „kunstforum matthäus“ in Hamburg, der größten norddeutschen Gemeindeakademie für kunst- und kirchengeschichtliche Bildungsarbeit, seit 2004 Geschäftsführer derselben. Veröffentlichungen zu Themen der religiösen Volkskunde sowie der Architekturgeschichte.

Scharfe, Martin, Univ.-Prof. Dr. phil. habil., * 1936 in Waiblingen, zunächst Volksschullehrer, dann Studium der Volkskunde, Kunstgeschichte, Soziologie in Tübingen, 1968 Promotion, 1981 Habilitation, 1968–1985 Hochschultätigkeit in Tübingen und 1985–2001 in Marburg, Gastprofessuren in Stockholm, Graz und Innsbruck. Lebt und arbeitet in Marburg an der Lahn. Jüngste Veröffentlichungen: Wegzeiger. Zur Kulturgeschichte des Verirrens und Wegfindens (1998); Menschenwerk. Erkundungen über Kultur (2002); Über die Religion. Glaube und Zweifel in der Volkskultur (2004); Berg-Sucht. Eine Kulturgeschichte des frühen Alpinismus 1750–1850 (2007).

Schilling, Heinz, Prof. Dr. phil., M. A., * 1942 in Seligenstadt, ab 1964 Studium der Volkskunde, Politik, Germanistik in Frankfurt a. M., 1968 M. A. („Jobus Fincelius und die Zeichen der Endzeit"), 1971 Promotion bei Wolfgang Brückner („Wandschmuck unterer Sozialschichten"), bis 1978 Rundfunkredakteur, 1978–2005 an der Universität Frankfurt, 1993 Habilitation in Kulturanthropologie und Europäischer Ethnologie („Neue Dörflichkeit. Urbanisierung ohne Urbanität"), seitdem Privatdozent und apl. Professor der Universität Frankfurt.

Schneider, Alois, Dr. phil., * 1950, Regierungspräsidium Stuttgart, Landesamt für Denkmalpflege, Dissertation bei Wolfgang Brückner über Narrative Anleitungen zur Frömmigkeitspraxis in jesuitischen Ascetica der Gegenreformation, 1983–84 Mitarbeit an der Edition „Illustrierte Flugblätter des 16. und 17. Jahrhunderts" (Wolfgang Harms, Univ. München), Wechsel zum Landesdenkmalamt Baden-Württemberg, dort jetzt Projektleitung im Arbeitsgebiet „Archäologisches Stadtkataster". Zahlreiche Veröffentlichungen zur südwestdeutschen Landesgeschichte.

Schneider, Erich, Dr. phil., * 1954 in Kitzingen, 1982 Promotion bei Erich Hubala mit einer Arbeit über die barocke Benediktinerabteikirche Münsterschwarzach, seit 1981 im Dienst der Stadt Schweinfurt, ab 1990 als Leiter der Museen und Galerien, Wissenschaftlicher Leiter der Gesellschaft für fränkische Geschichte, Mitglied der Kommission für bayerische Landesgeschichte. Publikationsschwerpunkte im Bereich der Landesgeschichte, der barocken Architekturgeschichte sowie der zeitgenössischen Kunst.

Schneider, Wolfgang, Dr. phil., M. A., * 1961, Studium der Volkskunde, Kunstgeschichte, Vor- und Frühgeschichte in Würzburg, Stellvertretender Kunstreferent der Diözese Würzburg. Forschungsschwerpunkte: religiöse Volkskunde, kirchliches Kunstgut.

Schopf, Josef H., Dr. phil., * 1940, 1960–1967 und 1971–1974 Studium der Germanistik, Kunstgeschichte, Sport und Volkskunde, 1967–1968 Filmreferent der Dt. Olympischen Gesellschaft, 1969–1971 und 1981–1984 Mitarbeiter an der Volkskundlichen Abteilung der Univ. Würzburg, u. a. im DFG-Projekt „Kult- und Andachtsstätten der Diözesen Freiburg, Fulda, Limburg, Mainz, Rottenburg-Stuttgart und Speyer", 1972–1978 Antiquar und Museumsberater, 1979–1980 Museumspfleger, 1996 Ausstellungsprojekt „Dienstboten in Marktbreit" (Museum Malerwinkelhaus). Arbeitsschwerpunkte: Brauch und Fest im fränkischen Raum.

Seidenspinner, Wolfgang, Prof. Dr. phil., Dr. habil., * 1952, apl. Prof. für Kulturanthropologie / Volkskunde an der Univ. Mainz, Wissenschaftlicher Angestellter am Regierungspräsidium Karlsruhe, Referat Denkmalpflege. Arbeits-/Forschungsschwerpunkte: volkskundliche Erzählforschung, Brauchforschung, Randgruppen und Unterschichten, literarische Anthropologie, Regionalkultur, Sachkultur, Archäologie des Mittelalters und der Neuzeit, Denkmaltheorie und -geschichte.

Seifert, Manfred, Prof. Dr. phil, * 1961, 1984–1989 Studium der Volkskunde, Psychologie und Geschichte an den Universitäten Passau, Tübingen und Wien, 1989 Magister, 1989–1994 Wissenschaftlicher Mitarbeiter am Lehrstuhl für Volkskunde der Universität Passau, 1994 Promotion im Fach Volkskunde, 1994–2000 Wissenschaftlicher Assistent am Lehrstuhl für Volkskunde der Universität Passau, 2001 Habilitationsstipendium der DFG, 2002 Habilitation an der Universität Passau, seit 2002 PD für Europäische Ethnologie/Volkskunde an der Universität Passau, seit 2006 Leiter des Bereichs Volkskunde am Institut für Sächsische Geschichte und Volkskunde e. V. Dresden.

Selheim, Claudia. Dr. phil., M. A., * 1959, Studium der Volkskunde und Geschichte in Wien und Würzburg, seit 1990 Wissenschaftliche Mitarbeiterin an folgenden Museen: Germanisches Nationalmuseum Nürnberg, Historisches Museum Bielefeld, Museum der Stadt Miltenberg und Bayerisches Textil- und Industriemuseum Augsburg, seit 2007 Sammlungsleiterin für Volkskunde und Spielzeug am GNM. Veröffentlichungen zu Themen aus der Sachvolkskunde, u. a. mit dem Schwerpunkt auf Kleidung, Textilien und Volkskunst.

Ständecke, Monika, Dr. phil., M. A., * 1967, Ausbildung im Damen- und Herrenschneiderhandwerk, Studium der Volkskunde, Kunstgeschichte und Pädagogik in Würzburg, 1996 Magister Artium, 1997–1998 Angestellte am Kirchenmuseum Mönchsondheim, seit 1998 freiberufliche Tätigkeit im Fachbüro für Kultur- und Textilgeschichte, 2002 Promotion („Das Deutsche Heimatwerk – Idee, Ideologie und Kommerzialisierung“). Schwerpunkte: Vereinskultur, Bräuche, Mode und Tracht.

Stonus, Dagmar, M. A., * 1967, Studium der Volkskunde, Kunstgeschichte und Neueren Geschichte an der Univ. Würzburg, Magisterarbeit über einen Interpretationsansatz der Gabentheorie, 1996 Gründerin des Kulturbüros FranKonzept, seither freiberufliche Tätigkeiten im Bereich Museums- und Ausstellungsplanung. Forschungsschwerpunkte: historische Kulturlandschaftskonzepte, Fragestellungen aus der Museumspraxis.

Thurnwald, Andrea K., Dr. phil., M. A., * 1961, Kunsthistorikerin und Volkskundlerin, Leiterin des Museums Kirche in Franken im Fränkischen Freilandmuseum des Bezirks Mittelfranken in Bad Windsheim. Arbeitsschwerpunkte: Religiöse Volkskunde, Protestantismus in Franken, Biographieforschung und Genderforschung. Veröffentlichungen: Eine Kirche wird Museum (2006); Fromme Männer (Diss., im Druck), Begleitpublikationen zu zahlreichen Ausstellungsprojekten ab 1991 im Verlag des Fränkischen Freilandmuseums u. a.

Tüskés, Gábor, Prof. Dr. phil., * 1955, Forschungsprofessor am Institut für Literaturwissenschaft der Ungarischen Akademie der Wissenschaften und Univ.-Prof. am Institut für Komparatistik an der Károly-Eszterházy-Hochschule, Eger. Forschungsschwerpunkte: neulateinische Literatur, Geschichte der Literaturwissenschaft, deutsch-ungarische Literaturverbindungen, Gattungsgeschichte in der Frühen Neuzeit.

Uther, Hans-Jörg, Apl. Prof. Dr. phil., * 1944, Studium der Germanistik, Geschichte und Volkskunde an den Universitäten München und Göttingen 1969–1973, Promotion 1980, Habilitation 1994. Wissenschaftlicher Mitarbeiter an der EM 1973–2009. Lehrtätigkeit an der Universität Göttingen 1990–1992 (2006ff.), 1993–2009 an der Universität Duisburg-Essen. Mitherausgeber der „Enzyklopädie des Märchens“ sowie der Zeitschrift „Fabula“. Arbeitsgebiete/Forschungsschwerpunkte: Komparatistische und historische Erzählforschung, Grimm-Philologie, Kinder- und Jugendliteratur, Typen-, Stoff- und Motivforschung.

Wagner, Matthias Dr. phil., M. A., * 1966, Studium der Volkskunde, Kunstgeschichte und Geschichte, sowie Kulturmanagement, stellv. Leiter des Eigenbetriebes Kloster Bronnbach

(Kultur-, Bildungs- und Tagungszentrum), Projektverantwortlicher für die dortigen Kulturveranstaltungen (Ausstellungen, Vorträge, Symposien etc.). Kulturmanager der Kurtz GmbH in Kreuzwertheim mit Konzeption internationaler Kunstausstellungen. Lehrbeauftragter am Institut für Europäische Ethnologie/Volkskunde der Univ. Würzburg. Seminare und Exkursionen zu Museologie, Sachkulturforschung, Museumsmanagement, Kultursponsoring. Forschungsschwerpunkte in der Museums- und Sachkulturforschung.

Walter, Karin, Dr. phil., * 1962, Studium der Volkskunde, Kunstgeschichte und Soziologie in Würzburg und Wien. Seit 1989 Wissenschaftliche Mitarbeiterin u. a. am Josefine-Weihrauch Heimatmuseum Neudenau, Altonaer Museum Hamburg und Museum für Kommunikation Hamburg. 2003–2007 Museumsleiterin Küstenmuseum Wilhelmshaven. Seit 2008 Kuratorin für Bildende Kunst und Kulturgeschichte am Focke-Museum, Bremen. Veröffentlichungen zu verschiedenen volkskundlichen und kunsthistorischen Themen mit dem Schwerpunkt auf Tracht und Kleidung, Kommunikation im Alltag, Postkarte und Fotografie.

Weid, Inge, Dr. phil., M. A., * 1962, Studium der Volkskunde, Geschichte und Germanistik in Würzburg, seit 1992 Wissenschaftliche Mitarbeiterin an den Museen Schloss Aschach/Bezirk Unterfranken, im Bereich Öffentlichkeitsarbeit am Germanischen Nationalmuseum, Nürnberg, freiberufliche Tätigkeit u. a. für das Museum für Kommunikation Nürnberg und das Freilichtmuseum Glentleiten. Veröffentlichungen zur Sachvolkskunde über Historische Fotografien, Postkarten, Kleidung, Tracht und Folklorismus, Bräuche.

Wimmer, Erich, Dr. phil., Akad. Direktor i. R., * 1934 in Nöham bei Pfarrkirchen/Niederbayern, Studium der klassischen Philologie, Germanistik, Volkskunde und Philosophie in München, Göttingen und Würzburg, mehrjähriger Aufenthalt als Sprachlektor in Schweden, Mitarbeiter am Institut für deutsche Philologie der Univ. Würzburg bis 1997. Veröffentlichungen u. a. zur Volksfrömmigkeit, Volksliedforschung, städtischen Alltagskultur, Geschichte der Volkskunde in Bayern.

Zull, Gertraud, Dr. phil., * 1954, Wissenschaftliche Mitarbeiterin am Institut für Volkskunde der Kommission für bayerische Landesgeschichte bei der Bayerischen Akademie der Wissenschaften in München. Forschungsschwerpunkte: Materielle Kultur, Gewerbe, Handel und Konsum, historische Quellenkunde.